AF342909

REGLES A OBSERVER PAR LES VISITEURS A L'EXPOSITION DE I

1.—Ouverture et Fermeture des Portes.

L'Exposition est ouverte à 10 heures du matin, excepté le Samedi, où elle n'ouvre qu'à midi. Elle est fermée à 7 heures du soir; l'heure de sortie est annoncée dans le bâtiment à son de cloches.—N.B. Les Commissaires se sont reservé le droit de changer les heures, selon les circonstances.

2.—Lieux d'Entree et de Sortie.

Les *voitures* arriveront *aux entrées* du *Sud* et de *l'Ouest;* elles peuvent approcher jusqu'à la grille.

Les *visiteurs à pied* peuvent entrer par les portes du *Sud*, de *l'Ouest*, et de *l'Est;* cette dernière entrée leur est spécialement reservée.

Il y a plusieurs *bureaux de perception* à chaque entrée. *Les Billets de Saison* sont admis à toutes les entrées.

Il y a plusieurs *portes de sortie* à chaque façade du bâtiment; ces portes sont indiquées sur le plan.

Aucune personne ne pourra sortir par les portes d'entrée, ni entrer par les portes de sortie.

3.—Prix d'Admission.

Le 1er Mai, les Billets de Saison seront seuls admis.

	£.	s.	d.
Les 2 et 3 Mai, le prix d'entrée par chaque personne sera de . . .	1	1	0
Du 5 au 25 Mai inclusivement . .	0	5	0
Du 26 Mai jusqu'à la clôture . . .	0	1	0
Mais les Vendredi et Samedi, le prix est de	0	2	6

N.B. On ne change aucune pièce d'or ou d'argent aux bureaux.

4.—Chemin a Suivre dans le Batiment.

Le bâtiment est divisé en sections ou groupes (ou en espaces de 24 pieds carrés, ayant une colonne à chaque angle); ces groupes sont indiqués sur le plan par des lettres sur les façades Est et Ouest, et par des chiffres sur les façades Sud et Nord: ces lettres et ces chiffres sont imprimés en caractères blancs sur chaque colonne à environ 7 pieds du sol. Les produits sont divisés par Classes et par Nations; les Noms des Classes et des Nations sont indiqués sur le Plan, et inscrits sur les solives de fer du bâtiment. Le Catalogue est classifié d'après le même système. Les articles sont généralement énumérés de l'Ouest à l'Est, par classes. Les visiteurs sont invités à suivre dans le bâtiment, et autant que possible, le cours du soliel, c'est-à-dire de se diriger de gauche à droite dans les passages et les cours, afin de prévenir la confusion.

On a placé des plans de l'Exposition à différents endroits du bâtiment.

Les visiteurs sont instamment priés de ne toucher à aucun des articles.

5.—Les Catalogues Officiels et Plans du Batiment

sont vendus pour les Editeurs privilégiés, MM. Spicer et Clowes, aux différentes entrées.

6.—Salles de Raffraichissement et Salles d'attente.

On trouve, dans les buffets, des raffraichissements légers, dont les prix *autorisés* sont portés sur des cartes appendues dans les salles. Le buffet de première classe est au Nord du Transept; les autres salles sont sur les côtés Ouest et Est du bâtiment.

Des salles d'attente et des cabinets, &c. sont contigus aux différentes salles de raffraîchissement; on peut en avoir la jouissance à des prix modérés.

7.—Cannes et Parapluies, &c.

Les Commissaires n'ont pas absolument interdit le port de cannes et de parapluies dans le bâtiment, mais ils se réservent le droit de prononcer cette interdiction, s'il y a lieu. Le public est invité de s'abstenir, autant que possible, de porter à l'Exposition des cannes et des parapluies, et il est expressément défendu de s'en servir pour toucher un article.

8.—Il est defendu de faire entrer des Chiens.

9.—Objets perdus.

Pour les objets perdus ou trouvés à l'Exposition, il faut s'adresser ou bureau de la Police, Prince's Gate, en face de la principale entrée.

10.—Employes du Comite Executif.

Il est défendu à tout officier ou serviteur de l'Exposition de recevoir aucune espèce de gratification. Il est recommandé au public de n'en offrir aucune; celui qui l'accepterait serait congédié sur le champ.

11.—Employes des Exposants.

Les stalles, montres, &c. où les exposants ont placé des surveillants, &c. sont indiquées par une carte.

12.—Vente des Articles.

Il est interdit de vendre aucun article dans le bâtiment, excepté les Catalogues Officiels, les médailles frappées à la presse, des raffraîchissements, et des fleurs; il est défendu également de sortir aucun article du bâtiment sans permission.

Par ordre du Comité Exécutif. (Signé) M. Digby Wyatt, *Secrétaire.*

CATALOGUE OFFICIEL

DE LA

GRANDE EXPOSITION

DES PRODUITS DE

L'INDUSTRIE DE TOUTES LES NATIONS,

1851.

RÉDIGÉ ET TRADUIT DE L'ANGLAIS PAR
G. F. DUNCOMBE ET **F. M. HARMAN.**

DEUXIÈME EDITION,

ENTIÈREMENT REVUE ET CORRIGÉE SUR LA DERNIÈRE ÉDITION ANGLAISE, ET AUGMENTÉE D'UNE INTRODUCTION HISTORIQUE, D'UNE NOTICE DESCRIPTIVE DU BÂTIMENT, ETC.

PAR

F. HILAIRE D'ARCIS.

LA TERRE EST AU SEIGNEUR, AINSI QUE TOUT CE QU'ELLE CONTIENT:
L'ÉTENDUE DU MONDE ET CEUX QUI L'HABITENT.

LONDRES:

SPICER FRÈRES, PAPETIERS; W. CLOWES ET FILS, IMPRIMEURS,
Editeurs Privilégiés de la Commission Royale,
29 NEW BRIDGE STREET, BLACKFRIARS, ET À L'EXPOSITION, HYDE PARK.

LONDRES : IMPRIMERIE DE W. CLOWES ET FILS, STAMFORD STREET ET CHARING CROSS.

DEUXIÈME ÉDITION.

Les fonctions que nous remplissons près du Comité Exécutif, et qui réclament tout notre temps, ne nous ont pas permis de nous occuper de la révision de ce Catalogue sur la dernière édition Anglaise. Nous avons confié cette tâche à *M. F. Hilaire d'Arcis*, au quel nous devons tous nos remerciements pour la manière dont il s'en est acquitté.

Nous désirons en même temps témoigner notre reconnaissance des services importants que nous avons reçus de *M. Duchène de Vère* et de *M. F. Hilaire d'Arcis*, dans la traduction de la première édition du Catalogue Français.

G. F. Duncombe.
F. M. Harman.

Exposition, Hyde Park,
   8 Août 1851.

La rapidité avec la quelle la première édition du Catalogue Français a été épuisée, malgré les imperfections qu'elle contenait inévitablement—soit à raison de la vaste étendue et de la grande variété des matières, soit parce que les divers départements étaient incomplets, et que de nouveaux produits y ont été incessamment introduits—est la meilleure preuve de l'utilité de ce livre.

La seconde édition que les éditeurs offrent au public, a été entièrement revue et corrigée sur la dernière édition anglaise, reconnue pour être d'une exactitude parfaite.

De plus, elle a été augmentée de l'historique de l'organisation et des progrès de l'Exposition ; d'une notice descriptive et d'un plan du bâtiment ; de la liste complète des membres de la Commission Royale et des commissions étrangères et coloniales, du jury mixte des récompenses, &c. ; en un un mot, de tous les documents importants relatifs à l'Exposition.

ARRANGEMENT.

Le mode d'arrangement du Catalogue est excessivement simple; toutefois, la vaste étendue de l'Exposition, et la variété des produits qu'elle renferme, demandent quelques explications préliminaires.

DISPOSITION DU BÂTIMENT.—Le Bâtiment est divisé par le Transept en deux parties égales. La partie occidentale est occupée par la Grande Bretagne et ses dépendances. Les produits du Royaume-Uni sont divisés en trente classes; chaque classe est indiquée par une bannière rouge, et les colonies sont désignées de la même manière.

La partie orientale du bâtiment contient les produits des nations étrangères, dont les noms sont inscrits sur de semblables bannières, placées au-dessus de chaque division.

Le Plan (pages 36 et 37) indique la position des pays et des classes au bâtiment.

ARRANGEMENT DU CATALOGUE.—Les produits Britanniques figurent dans le Catalogue dans l'ordre de classification. Les articles étrangers y sont portés suivant l'ordre indiqué dans la table des matières qui se trouve à la page suivante. Le titre et le numéro de la classe, et le nom de chaque colonie et de chaque nation étrangère, sont imprimés en gros caractères en tête de chaque page, avec indication de la localité que chaque classe, chaque colonie, et chaque pays, occupent dans le bâtiment.

ORDRE NUMÉRIQUE DES EXPOSANTS.—Chaque classe et chaque pays ont une série distincte de numéros, et les étiquettes fixées aux articles exposés, indiquent à première vue la place que les descriptions occupent dans le Catalogue.

Un certain nombre de numéros manquent dans le Catalogue; mais ces numéros ne figurent pas non plus à l'Exposition, par diverses raisons.

Depuis la première édition du Catalogue, on a ajouté, aux collections de différents pays, principalement à celles de la France, de la Russie, de la Turquie, et de l'Inde, un grand nombre d'articles qui se trouvent tous décrits dans la présente.

On n'a rien négligé pour rendre cette édition aussi correcte que possible; et on est instamment prié, dans le cas où l'on y découvrirait encore des inexactitudes, de les communiquer immédiatement à MM. Spicer et Clowes, éditeurs privilégiés de la Commission Royale, aux bureaux du Catalogue à l'Exposition, avec indication dans chaque cas, de la classe et du numéro.

TABLE.

La Table du Catalogue a été composée dans l'ordre qui a paru le plus commode pour examiner les divers départements de l'Exposition. Dans la partie anglaise, on a indiqué, à la fin de chaque classe, la classe qui est contigue à celle qu'on vient de visiter.

ROYAUME UNI.—Partie Ouest du Bâtiment.

INTRODUCTION HISTORIQUE.

La Grande Exposition de Londres commence une ère nouvelle dans l'histoire économique de toutes les nations ; elle ajoute une page glorieuse aux plus belles annales de l'Angleterre ; et le siècle et le règne qui l'ont créée, ont des droits éternels à la reconnaissance de l'humanité tout entière.

Il est impossible de calculer la somme des bienfaits que ce véritable congrès de la paix est destiné à répandre non seulement sur la génération actuelle, mais encore sur les générations futures ; et sans chercher à pressentir l'avenir, constatons quelques uns des immenses résultats déjà obtenus.

Tous les pays du globe—des Colonnes d'Hercule aux bords du Don, de la vieille Asie, le berceau du vieux monde, à la Polynésie, qui est née d'hier—ont répondu à l'appel de l'Angleterre et ont apporté leurs produits choisis à l'Exposition universelle de Londres. C'est là que chaque peuple apprend ce qui lui manque, où il peut le trouver, et ce qu'il peut donner en échange ; c'est là que son mérite relatif en agriculture et en industrie, dans les sciences et dans les arts, est proclamé par l'élite des agriculteurs, des industriels, des savants et des artistes du monde ; c'est là enfin que toutes les nations comprennent qu'elles ne forment qu'une seule famille, dont tous les membres doivent contribuer par leur travail au capital général, c'est-à-dire aux besoins, au comfort, et au bien-être de tout le genre humain.

Le Palais de Hyde Park est aussi le temple et la glorification du travail. Il a ouvert ses portes à tous les enfants du labeur, aux plus grands comme aux plus humbles ; et dans cette immense cathédrale industrielle, le rang de chacun est déterminé exclusivement par le mérite de l'offrande qu'il y a apportée. Il enseigne aussi qu'il existe d'autres luttes que celles de la force brutale, qu'on peut cueillir d'autres lauriers que sur le champ de bataille, qu'on peut remporter d'autres succès que ceux même de l'intelligence. La charrue qui nous nourrit ; le métier qui nous habille ; la forge, le marteau, et le ciseau qui nous logent ; la machine qui économise la force et multiplie les produits, qui ménage l'homme et le nourrit miex, qui donne plus et demande moins,—viennent tous chercher, dans le sanctuaire de l'industrie, une récompense, un prix, une gloire. Et c'est le plus noble triomphe au quel l'ambition humaine puisse aspirer. Car le vainqueur, par son travail et son génie, assure le bien-être de la famille, agrandit la patrie, et contribue au progrès du bonheur de tous. Enfin, les vainqueurs et les vaincus sortent de la grande arène industrielle avec une émulation vivifiée, et s'en vont propager dans tous les coins de la terre l'amour du travail. ce grand régénérateur du monde, qu'ils ont vu encouragé, récompensé, et honoré par toutes les classes, et par tous les pays.

Dans son introduction au grand Catalogue Officiel Illustré,* *M. Henri Cole,* membre du comité exécutif, dit avec raison "qu'un évènement aussi important que l'Exposition Universelle n'aurait pu avoir lieu plus tôt, ni peut-être chez un autre peuple que les Anglais. La confiance amicale que les autres nations reposent dans les institutions britanniques ; la sécurité parfaite de la propriété ; la liberté commerciale, et la facilité de transit que l'Angleterre possède à un si haut degré,—ont été autant de motifs qui ont contribué à l'établissement de l'Exposition de Londres."

De temps immémorial, il y a eu, dans les différents comtés de l'Angleterre, des foires périodiques qu'on peut considérer comme une espèce d'exhibition des produits de l'industrie. Mais ce ne fut qu'au siècle dernier qu'il s'établit des expositions analogues à celle dont nous traçons l'origine, où l'excellence est seule appelée à concourir, et dont le commerce direct n'est pas le principal objet. Chose singulière ! Ce fut la Société des Arts, à la quelle l'Exposition actuelle doit son existence, qui, la première (en 1756-7), offrit des prix, et exposa des tapisseries, des porcelaines et d'autres produits de manufacture native. Ce fut vers la même époque que l'Académie Royale organisa, également comme société privée et sans aucune subvention du Gouvernement, ses expositions de peinture, de sculpture, et de gravure.

En France, la première Exposition des produits de l'industrie, reconnue comme institution nationale, eut lieu en 1798 ; il y en eut une seconde en 1801, une

---

* Cette introduction n'est que le résumé de cet excellent travail.

troisième en 1802, et une quatrième en 1806. Mais ce n'est qu'à dater de 1819, que les Expositions de l'industrie française furent établies systématiquement, et que leur influence a été ressentie en Europe.

Le grand succès de la dixième Exposition française, qui eut lieu en 1844, et à la quelle le feu Roi Louis Philippe prit un intérêt tout particulier, décida plusieurs notabilités du parlement, de l'industrie, et du commerce, à solliciter l'appui du Gouvernement pour établir une exposition analogue, dont l'industrie britannique pourrait retirer de nombreux avantages. Ces démarches n'eurent pas de succès apparent, et il fallut perdre l'espoir de voir le Gouvernement prendre aucune espèce d'engagement pécuniare à cet égard.

Ce ne fut qu'en 1848 que le projet d'une exposition des produits de l'industrie britannique, pour la quelle on ne demanderait aucune subvention au Gouvernement, fut soumis au Prince Albert; S.A.R. le communiqua à son tour aux ministres, qui répondirent par des hésitations; il devint dès lors évident pour tous ceux qui favorisaient l'établissement d'une Exposition nationale, que ce projet, s'il devait être réalisé, devait être entrepris sans le concours de l'Etat.

C'est un des traits caractéristiques de toutes les institutions et de tous les grands travaux de la Grande Bretagne, qu'ils sont la conséquence de la volonté nationale. Ce n'est que lorsqu'un besoin devient réellement national, et que l'action combinée du peuple et du gouvernement est indispensable au succès, que le peuple demande l'assistance de l'Etat. La grande liberté constitutionelle dont l'Angleterro jouit, peut être assignée jusqu'à une certaine mesure à la répugnance que le Gouvernement apporte toujours à agir pour le peuple dans toutes les circonstances où il lui est possible de faire ses propres affaires. Personne ne doute que le succès de l'établissement de l'Exposition est dû en grande partie à la parfaite indépendance où ses promoteurs se sont maintenus vis-à-vis du Gouvernement. Ou ne lui a demandé que sa sanction et son concours moral pour correspondre avec les nations étrangères, pour sanctionner le choix de l'emplacement, pour des mesures de police, &c.

Nous avons dit que l'Exposition Universelle devait son existence à la Société des Arts. Dès 1845, elle avait formé un comité et souscrit des fonds pour les démarches préliminaires. Elle s'adressa d'abord aux manufacturiers pour les capitaux nécessaires à l'établissement d'une exposition; ils refusèrent. Cependant, en 1847, la Société, passant de la théorie à la pratique, organisa à ses propres frais une Exposition partielle des produits manufacturés, en faisant résolument connaître que ce n'était là que le commencement d'une longue série d'exhibitions. Cet essai fut couronné de succès; elle se determina à le répéter annuellement, afin de préparer à une Exposition quinquennale, qui aurait lieu en 1851. En 1849, elle se mit en rapport avec les écoles de dessin des centres manufacturiers, et forte de la promesse de la co-opération importante du "Board of Trade" (Minis-

tère du Commerce) elle s'adressa à l'administration des domaines de l'Etat pour obtenir un emplacement convenable pour le Palais de l'Industrie qu'elle se disposait à construire. Cette demande fut favorablement accueillie.

Cependant l'Exposition de 1849 eut encore plus de succès que celles des années précédentes; la Reine y avait envoyé quelques ouvrages précieux, et l'opinion publique se déclarait de plus en plus en faveur de la cause que la Société des Arts soutenait si énergiquement. Profitant de ces bonnes dispositions, et pour les activer plus encore, le conseil de la Société chargea M. Digby Wyatt de lui faire un rapport de l'exposition française de 1849, et enfin une pétition fut adressée à la Chambre des Communes pour lui demander la concession d'un bâtiment public pour 1851.

En sa qualité de Président de la Société des Arts, le Prince Albert avait été informé pas à pas de toutes ces démarches, et leur avait donné sa sanction; mais après la session de 1849, S.A.R. prit l'enterprise sous sa direction personnelle et immédiate. Bientôt on apprit que l'Exposition de 1851 ne devait pas se borner à recevoir les produits de l'industrie nationale, mais encore ceux de toutes les nations du globe. Le pays tout entier applaudit à cette pensée si noble, si élevée, si réellement philanthropique.

Le 29 Juin de la même année, dans une réunion qui eut lieu au Palais de Buckingham, S.A.R. proposa de classer en quatre grandes divisions tous les produits admis au concours, et il traça à grands traits le cadre de ces divisions. Le Prince désigna ensuite le site actuel du Palais de l'Exposition, comme l'emplacement le plus convenable pour une exhibition; il fut décidé, séance tenante, qu'on en ferait la demande à la Couronne. Il fut aussi décidé que les nations étrangères pourraient envoyer, sans restriction aucune, tous les produits de leur sol et de leur industrie, bein que le sol et l'industrie de l'empire britannique n'offrissent des produits similaires.

On arrêta enfin la formation d'une Commission Royale, dont S.A.R. le Prince Albert serait le président, sur les bases suivantes:

"La Commission Royal doit avoir une position assez élevée aux yeux du public, et planer d'assez haut au dessus des intérêts privés, pour se trouver entièrement à l'abri de tout soupçon de partialité. Mais il ne faut pas moins qu'un tribunal nommé par la Couronne et présidé par Son Altesse Royale elle-même, pour obtenir un pareil resultat non seulement dans notre pays, mais encore chez les exposants étrangers. Il est aussi indispensable que l'entreprise reçoive du pays un témoignage éclatant et irrécusable d'approbation, afin de lui donner, auprès de nos concitoyens, tout le crédit qu'elle comporte, et surtout afin de lui imprimer le caractère élevé dont elle doit être revêtue aux yeux des étrangers, chez les quels de pareilles entreprises sont dirigées et appuyées par le Gouvernement."

La Société des Arts, qui avait une administration organisée, fut chargée de recevoir les souscriptions,

Du procès-verbal de la seconde réunion, tenue à Osborne le 14 Juillet, il résulte que l'appui du Gouvernement fut demandé d'une manière formelle, et que M. Labouchère, en sa qualité de président du " Board of Trade," promit, au nom du ministère, de donner une prompte solution à toutes les questions qui lui seraient soumises.

Plusieurs points importants furent ensuite réglés successivement. Il importait à la Société des Arts de ne point placer une seconde fois devant le public la question de l'Exposition comme une hypothèse ; le seul moyen de réussir était de prouver qu'elle avait la volonté et le pouvoir de l'établir. Le bâtiment et les dépenses préliminaires avaient été estimées à 70,000l. (1,750,000 fr.) ; et bien que la Société n'eût aucun fonds pour subvenir à de si fortes avances, elle résolut d'y pourvoir, et elle y pourvut en effet sans avoir recours à un appel au public.

La question financière réglée, il restait à s'assurer de l'état de l'opinion dans les districts manufacturiers. En sa qualité de Président, le Prince Albert confia à quelques membres de la Société des Arts la mission d'aller s'assurer de la véritable situation des choses, pour qu'il en informât lui-même le Gouvernement. Cette enquête fit connaître que le projet d'établir une Exposition universelle à Londres avait été accueilli dans les centres manufacturiers de la manière la plus favorable, et que près de 5,000 personnes s'étaient organisées sous le titre de " Promoteurs" de cette Exposition.

En conséquence de ces rapports satisfaisants, le Gouvernement nomma une Commission pour régulariser et organiser l'entreprise. Elle constata que la somme de 500,000 fr., destinée à des prix d'encouragement, avait été versée entre les mains de personnages éminents et honorables ; qu'il avait été formé un Comité exécutif, chargé de pourvoir à l'accomplissement du but proposé ; et enfin, que l'opinion publique favorisait l'entreprise au plus haut point.

Le Gouvernement avisa la Reine de nommer une Commission Royale pour examiner, étudier, et résoudre les différentes questions qui se rattachaient à l'Exposition. Par ordonnance de Sa Majesté, en date du 3 Janvier 1850, la Commission Royale fut ainsi constituée :—

S. A. R. le Prince Albert, *Président.*
Sa Grâce le Duc de Buccleuch.
Le Très-Honorable Comte de Rosse.
Comte d'Ellesmere.
Comte de Granville.
Lord Stanley.
Lord Overstone.
Lord John Russell.
Sir Robert Peel.
W. E. Gladstone.
Le Major-Général Sir. A. Galloway.
Sir Richard Westmacott.
Sir Charles Lyell.
Thomas Baring, Esq.
Charles Barry, Esq.
Thomas Bazley, Esq.
Richard Cobden, Esq.
William Cubitt, Esq.

Charles Lock Eastlake, Esq.
Thomas Field Gibson, Esq.
John Gott, Esq.
Philip Pusey, Esq.
Robert Stephenson, Esq.
Alderman Thompson, M.P.
J. Scott Russell, Esq.   } *Secrétaires.*
Stafford Henry Northcote, Esq. }

COMITÉ EXÉCUTIF.

Le Lieutenant-Colonel Reid, *Président.*
Henry Cole, Esq.
Charles Wentworth Dilke, Esq.
Francis Fuller, Esq.
George Drew, Esq.
Matthew Digby, Esq., *Secrétaire.*

La Commission dut demander d'abord à la nation le capital nécessaire. La cité de Londres devait répondre et répondit la première à l'appel des Commissaires Royaux. La première liste des souscriptions de Londres présenta un total de 20,000l. (480,000 fr.) Les autres villes du Royaume imitèrent à l'envi le noble exemple de la cité de Londres ; les souscriptions nationales se sont élevées à 65,000l. (1,625,000 fr.)

Cependant, au moment de traiter définitivement pour la construction du bâtiment, le Comité des Finances de l'Exposition n'avait en caisse que 35,000l. Le Royal Président et les membres de la Commission étaient légalement responsables de tout engagement pécuniaire. Pour remédier à cet état de choses, on eut recours à une charte d'incorporation et à la formation d'un fonds de garantie. Les Commissaires étaient ainsi dégagés de toute responsabilité personnelle, tandis qu'on assurait l'achèvement de l'entreprise, sans demander aucun crédit sur les deniers de l'État à la Chambre des Communes.

Par lettres patentes du mois de Juillet 1850, la Commission Royale fut incorporée sous le titre de " Commission pour l'Exposition de 1851," et la charte fut acceptée le 15 Août suivant. Un nombre limité de souscripteurs, composé de la plupart des membres de la Commission, et d'autres partisans de l'Exposition, formèrent un fonds de garantie de 230,000l. (5,750,000 fr.) Le premier nom placé sur cette liste y figure pour 50,000l. (1,250,000 fr.) ! Et sur ce cautionnement, la Banque d'Angleterre consentit à faire toutes les avances qui seraient nécessaires.

Les principes fondamentaux de l'Exposition avaient été discutés et établis avant la formation de la Commission Royale, qui les confirma et les publia formellement en Février 1850 ; les exposants ont donc eu près de quinze mois pour se préparer.

Les instructions émanées de la Commission Royale se résument ainsi.

1. L'Exposition universelle de Londres ouvrira le 1er Mai 1851. Les produits seront reçus du 1er Janvier au 1er Mars exclusivement.

2. Ne seront admis à figurer à l'Exposition que les produits addressés par la Commission ou autorité centrale de chaque pays, ou sous le cachet et avec l'autorisation de cette Commission centrale.

C

3. La Commission anglaise ne correspondra qu'avec la Commission centrale de chaque pays.

4. Les objets seront distribués à l'Exposition par nature de produits pour l'Angleterre, et par ordre géographique pour les pays étrangers, qui devront se conformer, autant que possible, à la classification adoptée pour les produits britanniques.

6. Les exposants n'auront à supporter d'autres frais que ceux qui pourraient résulter des arrangements particuliers faits à la place qu'ils devront occuper, tels qu'établissement de vitrines, montres, châssis, appareils, ornements, &c.

7. Les produits étrangers destinés à l'Exposition seront admis en Angleterre francs de droits de douane, et placés sous le régime d'entrepôt.

8. Des agents spéciaux et officiellement désignés à cet effet, seront chargés de suivre, dans les ports anglais, les formalités de douanes, de recevoir les colis, et d'en effectuer le transport dans les salles de l'Exposition avant ouverture des dits colis.

9. Les objets ne pourront être retirés des salles qu'après clôture de l'Exposition, et par l'intermédiaire des agents spéciaux dont il vient d'être parlé. En cas de vente en Angleterre, ils devront préalablement acquitter les droits de douane.

10. La Commission anglaise prendra toutes les mesures propres à assurer la garde et la conservation des produits exposés; mais elle ne les garantira ni contre l'incendie ni contre aucun autre sinistre. Les exposants devront donc, s'ils le jugent convenable, se faire assurer à leurs frais.

11. Des mesures ont été prises pour garantir aux exposants, pendant un an à partir du 1er Mai 1851, jour de l'ouverture de l'Exposition, la propriété des inventions et des dessins de fabrique qui figureront à l'Exposition. La même garantie a été étendue aux inventions qui seraient exposées.

12. Les exposants pourront expliquer ou démontrer leurs produits, soit eux-mêmes, soit par l'entremise d'un agent accrédité pour les représenter; mais toute vente, ou provocation à l'achat des produits, dans les salles de l'Exposition, sera formellement interdite.

13. Aucune indication de prix ne pourra être portée ou inscrite sur les objets exposés. La valeur des objets ne sera indiquée que sur les bulletins ou bordereaux établis par les Commissions nationales.

14. Les exposants qui auront envoyé des machines pourront les faire fonctionner eux-mêmes ou sous leur surveillance. La vapeur nécessaire à cet effet sera fournie, à l'aide de tuyaux mobiles, par la Commission anglaise. Les exposants qui enverront des machines ou articles exigeant l'emploi de la vapeur, devront y joindre une petite machine à vapeur portative, à laquelle s'adapteront ces tuyaux. La clause ci-dessus s'applique aux machines de la force de 1 à 6 chevaux. Quant aux machines trop petites pour comporter l'adjonction d'un appareil portatif, elles pourront être placées dans les groupes de machines en communication avec la vapeur.

15. Sont exclus de l'Exposition: — 1° Les objets susceptibles de s'altérer, de se corrompre ou se détruire pendant la durée de l'Exposition; et principalement les fleurs et arbustes; les animaux vivants, sauf exceptions spéciales; les vins, spiritueux et liqueurs fermentées, à moins qu'ils ne proviennent d'éléments ou matières inusitées (*from unusual sources*). 2° Toutes les matières facilement inflammables, telles que la poudre à tirer, les matières détonnantes ou fulminantes, les allumettes chimiques, &c. 3° Enfin les peintures à l'aquarelle, à la fresque, les bustes, dessins et gravures, &c., à moins qu'ils ne soient présentés comme spécimens d'applications de procédés industriels, de machines, &c.

16. Aucun artiste ne pourra exposer plus de trois ouvrages.

17. Il ne pourra être exposé que des ouvrages d'artistes vivants, ou dont la mort ne remonterait pas au delà de la 3e année antérieure au 1er Janvier 1850.

Il est à remarquer que dès qu'il a été décidé que l'Exposition de Londres serait universelle, la Commission anglaise a tenu à conserver à l'égard des étrangers les positions relatives d'inviteur et d'invité; les soins les plus minutieux furent pris pour n'admettre aucune souscription d'étranger, qu'il résidât ou non en Angleterre. Tous les Exposants étrangers ont été admis gratuitement à l'exposition, ainsi que leurs agents, &c.

Ceux qui n'ont que l'expérience des systèmes qui ont régi jusqu'ici les Expositions continentales, ne peuvent facilement s'expliquer le principe d'indépendance de l'Exposition universelle, soutenue par les seules souscriptions volontaires du peuple britannique. Pauvres et riches ont assumé la responsabilité indivise, non seulement de diriger le premier essai d'une Exposition nationale des produits de leur propre industrie, mais encore de fournir les fonds nécessaires pour subvenir à toutes les dépenses d'une Exposition des œuvres de toutes les nations. Le trésor de l'Etat n'a pris à sa charge aucune espèce de dépense, pas même l'entretien des détachements militaires et de la police que le Gouvernement avait placé à la disposition de la Commission Royale. L'organisation de l'Exposition a été si spontannée, qu'en outre des conseils municipaux des différents comtés qui avaient embrassé sa cause, il s'est formé des Comités spéciaux et indépendants dans un grand nombre de localités. Sans l'assistance de ces comités locaux, il eût été impossible d'arriver jamais à l'établissement d'une Exposition universelle. Ces Commissaires locaux avaient la mission de stimuler leurs concitoyens, et de les diriger dans le choix des produits qu'ils devaient exposer. Le Docteur Lyon Playfair et le Lieutenant-Colonel Lloy ont été spécialement chargés de correspondre avec ces comités, au nombre de plus de 330: tâche difficile dont ils se sont acquittés avec un zèle et une intelligence qu'on ne saurait trop louer.

Le 31 Octobre, les Comités locaux firent connaître au Comité exécutif les demandes d'espace qui leur avaient été respectivement addressées; ces demandes s'élevèrent à 417,000 pieds carrés de surface, ce q assait de 200,000 le nombre réservé aux exposants [du] Royaume-Uni, au nombre de 8,200. Il fallut [néce]ssairement réduire ce chiffre. Ce soin délicat fut [laissé] aux comités locaux, mais les exposants éliminés [d]ont la demande de place avait été réduite, eurent [la fa]culté d'appeler des décisions des Comités locaux à [la C]ommission royale.

[C]e système eut d'excellents résultats; l'Exposition [an]nuique représente fidèlement l'état présent de l'in[dust]rie des Trois Royaumes. Le Catalogue contient, à peu d'exception près, tous les noms des artistes et manufacturiers d'éminence. Toutefois, il est pro[bab]le qu'on y aurait compté plus d'inventions nouvelles [en mé]canique, si le Parlement les eût protégées de la [cont]refaçon avant le mois d'Avril 1851.

[A]fin de déterminer positivement l'arrangement des [prod]uits dans le bâtiment de l'Exposition, il devint né[cess]aire d'adopter un système de classification plus pré[cis q]ue celui qu'on avait suivi jusqu'alors. Les quatre [gran]des divisions primitives furent subdivisées en trente [class]es, et le nombre suivant de jurés mixtes fut attribué [à ch]acune d'elles.

I. PRODUITS BRUTS.

Nombre de Jurés.

Mines et Carrières, produits Minéraux et Métallurgiques ... 8
Procédés Chimiques et Pharmaceutiques, produits Chimiques en général ... 8
Substances employées comme Alimentation ... 6
Matières végétales et Animales employées dans les Manufactures, les Machines ou Instruments et l'Ornementation ... 8

II. MACHINES.

Machines d'un emploi direct, comprenant les Voitures, le Mécanisme Naval et des Chemins de Fer ... 12
Machines et Outils pour Manufactures ... 12
Systèmes applicables à la Mécanique, au Génie Civil, à l'Architecture et aux Bâtiments ... 8
Génie Militaire et Architecture Navale, Construction, Armements, Equipements ... 8
Machines et Instruments d'Agriculture et d'Horticulture ... (Exceptionnel).
Instruments de Mathématiques et de Physique, Appareils divers comprenant les procédés résultant de leur emploi; Instruments de Musique, d'Horlogerie, de Chirurgie, et d'Acoustique ... 12

III. PRODUITS MANUFACTURÉS.

Cotons ... 10
Etoffes de Laine et Laine Filée ... 12
Soieries et Velours ... 10
Tissus et produits de Lin et de Chanvre ... 10
Tissus Mélangés, comprenant les Châles ... 12
Cuir, comprenant la Sellerie et les Harnais, les Peaux, la Fourrure, le Crin ... 10
Papier, Imprimerie, Reliure ... 8
Objets tissés, filés, feutrés, comme spécimens d'Impression et de Teinture ... 10
Tapisserie, Tapis, Moquettes, Dentelles et Broderie, Ouvrages de Fantaisie ... 10
Objets d'Habillement, d'usage immédiat, personnel, domestique ... 8
Coutellerie et Taillanderie ... 6

22. Quincaillerie, comprenant la Serrurerie et les Grilles de Cheminées ... 12
23. Ouvrages de Métaux précieux, Joaillerie, Bijouterie et tous les objets de luxe non désignés dans les autres sections ... 8
24. Verre ... 8
25. Produits céramiques, Faïence, Porcelaine, Poterie, &c. ... 8
26. Décors, Meubles, Ameublement, Papier de Tenture, Papier Mâché et articles vernis ... 12
27. Substances minérales manufacturées, employées dans le bâtiment et le décor, telles que: Marbres, Ardoises, Porphyres, Ciments, Pierres artificielles, &c. ... 6
28. Substances végétales et minérales manufacturées, mais non tissées ni feutrées ... 6
29. Produits de manufactures diverses et petits ouvrages ... 10

IV. OBJETS D'ART.

30. Sculptures, Modèles, Plastique, Mosaïques, Emaux, &c. ... 12

Total, non compris le Jury d'Agriculture ... 270

La Commission Royale avait décidé dans le principe que les produits des différents pays seraient groupés *par nature*, afin de faire embrasser d'un seul coup d'œil l'état des arts et de l'industrie; et chaque nation étrangère fut invitée à faire connaître pour le 1er Septembre l'espace approximatif qui lui serait nécessaire pour l'exposition de ses produits. Peu de pays fournirent ces renseignements; d'autres, à raison de leur grande distance, ne purent les envoyer en temps opportun. Bref, on ne put connaître le nombre et la nature des produits que plusieurs nations importantes enverraient, que lorsqu'on les reçut à l'Exposition. Il ne restait d'autre alternative que d'adopter, pour les pays étrangers, le classement géographique, et ce ne fut qu'au mois de Décembre que les Commissaires purent établir les principes de l'arrangement des produits. Le bâtiment fut divisé en deux parties égales; la partie à l'ouest du Transept fut destinée aux produits britanniques et coloniaux, et la partie à l'Est aux produits étrangers. Cette dernière partie fut ensuite divisée par pays, et l'emplacement destiné à chacun d'eux fut mis en la possession du Commissaire ou de l'agent qui le représentait; l'arrangement des produits étrangers fut aussi laissé à l'entière discrétion des représentants étrangers. La seule limite qui fut imposée à leur liberté d'action fut de ne pas empiéter sur les passages, couloirs, &c., établis pour la circulation.

Il fut décidé que deux Catalogues officiels seraient publiés par les soins de la Commission royale; l'un contenant des notices complètes des produits exposés, l'autre ne renfermant que les noms et adresses des exposants, avec une simple énonciation de leurs articles. La publication de ces Catalogues fut adjugée à MM. Spicer, Frères, et W. Clowes et Fils, moyennant la somme de 3,200l. (80,000 fr.), et à la charge de verser, pour chaque exemplaire vendu du petit Catalogue, une redevance de 2d. à la caisse générale de l'Exposition.

Les Commissaires que les Gouvernements étrangers

avaient délégués à l'Exposition de Londres, se réunirent une fois par semaine au Commissariat français, pour traiter des intérêts étrangers et autres questions générales ayant trait à l'Exposition. Non seulement la Commission Royale s'empressa de faire droit aux demandes que les représentants étrangers eurent à lui soumettre, mais encore elle les consulta sur toutes les questions intéressant directement ou indirectement les pays étrangers.

Le 14 Avril, tous les Commissaires étrangers eurent l'honneur d'être présentés à S. A. R. le Prince Albert, par Lord Granville, l'un des Vice-Présidents de la Commission Royale. M. Sallandrouze de Lamornaix, Commissaire Général du Gouvernement Français, au nom de ses collègues, adressa à Son Altesse Royale le discours suivant :

" Prince,

" Les Commissaires étrangers réunis à Londres viennent présenter à votre Altesse Royale l'hommage de leur profond respect.

" Ils viennent remercier votre Altesse de la haute initiative qu'elle a prise en réunissant dans une Exposition universelle les produits du monde entier.

La pensée de grouper tous les fruits du travail humain dans un vaste ensemble où chaque nation conservera cependant son caractère et son génie particulier, est une pensée hautement philosophique, et qui témoigne d'un grand amour de l'humanité. Dans l'ordre politique, elle est destinée à exercer la plus heureuse influence dans les rapports des peuples entr'eux ; dans l'ordre économique, elle prépare la solution des plus graves questions. L'exécution de cette pensée féconde sera l'un des faits le plus remarquables de notre siècle.

Honneur à vous, Prince, qui avez conçu cette grande idée ; honneur à la puissante et gracieuse souveraine qui en a si noblement protégé l'exécution.

Grâce à vous, l'ère des vieilles guerres est fermée ; un nouveau champ de bataille est ouvert aux nations. Vous avez substitué aux terribles luttes de destruction et de barbarie, une lutte de civilisation et de progrès, dans laquelle les vainqueurs et les vaincus profiteront également de la victoire. L'Exposition universelle mettra en relief les besoins et les ressources de chaque pays et devra cimenter l'union des peuples par la mutuelle satisfaction des intérêts.

Les Commissaires de *l'industrie*, si vous permettez, Prince, l'orgueil de ce mot, ont voulu témoigner à votre Altesse Royale leur profonde reconnaissance ; ils ont voulu vous assurer, Prince, de leur entier dévoûment à la grande œuvre à laquelle votre nom restera désormais attaché."

Il nous reste maintenant à faire connaître les bases arrêtées par la Commission Royale pour la distribution des récompenses, et la constitution du jury chargé de les décerner.

Les Commissaires de Sa Majesté décidèrent qu'il serait frappé des médailles de différents modules et effigies, mode de récompense qui leur parut le pl[us] convenable. Ils firent appel aux artistes les plus ém[i]nents de tous les pays pour les dessins de ces médaille[s] afin qu'elles fussent à la fois des œuvres d'art, et [un] témoignage de distinction pour les exposants qui [les] obtiendraient.

Il fut décidé que ces médailles seraient en bron[ze,] métal plus propre que tout autre à développer les r[es]sources de l'art, et à transmettre à la postérité un so[u]venir durable de la grande Exposition.

Il fut établi trois classes de médailles, de dimensio[ns] et de dessins différents. La face de ces médailles po[r]tera les effigies de S. M. la Reine et de S. A. R. [le] Prince Albert. Trois prix de 100*l.* chacun ont [été] donnés aux trois dessins qui ont réuni le plus de mér[ite] et qui ont répondu le mieux au but proposé, celui d'[or]ner les revers des trois médailles. Ces prix ont [été] décernés à MM. Hippolite Bonnardel, de Paris, Léo[nard] C. Wyon, et G. G. Adams, de Londres.

La médaille No. 1, de M. Bonnardel, portera l'[in]scription suivante : " *Est etiam in magno quaedam r[es]publica mundo.*" La médaille No. 2, de M. Wyo[n :] " *Dissociata Locis concordi pace ligavit.*" La méda[ille] No. 3, de M. Adams : " *Artificis tacitæ quod meru[it] manus.*"

Toutefois, les trois classes de médailles sont uniq[ue]ment destinées à distinguer la nature des produits[,] non à établir trois degrés dans la même classe de p[ro]duits.

La Commission Royale a défini ensuite les princi[pes] généraux qui devaient guider le jury dans son exam[en] et ses décisions.

Dans la classe des *matières premières*, les réco[m]penses seront accordées en raison de la valeur et [de] l'importance des articles et de la supériorité de l'éch[an]tillon produit ; et, dans le cas où des *matières prépa[rées]* rentreraient dans cette division de l'Exposition, les ju[rés] auront à prendre en considération la nouveauté et l'[im]portance des objets, et la perfection apportée à [la] préparation.

Dans la classe des *machines*, les récompenses se[ront] accordées en ayant égard tout à la fois à la nouve[auté] de l'invention, à la supériorité d'exécution, à l'augm[en]tation de force et à l'économie présentées par le [pro]duit exposé. L'importance de son emploi, au poin[t de] vue de l'intérêt social ou tout autre, et les difficu[ltés] surmontées pour le faire arriver à sa perfection, dev[ront] également être prises en considération.

Dans la classe des *produits manufacturés*, les art[icles] qui obtiendront des récompenses devront être ju[gés] d'après les conditions suivantes :

Accroissement d'utilité, comme, par exemple, [dans] la durée de la teinture, dans la forme et la confecti[on ;] supériorité de qualité ou de main-d'œuvre ; nouvel [em]ploi de matières connues ; emploi de nouvelles matiè[res ;] nouvel amalgame de matières, comme dans la métal[lur]gie et l'art céramique ; beauté de formes, de coul[eurs] séparées ou réunies, et envisagées dans leur rap[port] avec l'emploi ; bon marché, eu égard au mérite de la production.

Dans la classe des *beaux-arts*, les récompenses s'appliqueront à la beauté et à l'originalité des ouvrages exposés, au perfectionnement des procédés, à l'intervention de l'art dans la fabrication, et, en ce qui concernera spécialement les modèles, à l'intérêt des sujets qu'ils représenteront.

Enfin, les Commissaires royaux se sont réservés le droit d'accorder des récompenses pécuniaires dans le cas où la position de l'exposant (un ouvrier, par exemple) rendrait un prix d'argent préférable à une récompense honorifique.

Dans le choix des jurés anglais appelés à décerner les récompenses, les Commissaires ont apporté tous leurs soins à s'assurer le concours d'hommes d'une aptitude irrécusable, d'une profonde connaissance de l'industrie qu'ils ont à juger, et placés au dessus de tout soupçon de partialité nationale ou individuelle.

Les noms qui figurent sur la liste des jurés étrangers tiennent aussi une place prééminente dans l'industrie, la science, et les arts.

Il y a un jury pour chacune des trente classes de l'Exposition. Dans chaque jury, le nombre de membres a été déterminé par la quantité des articles exposés dans chaque classe, et par la diversité plus ou moins grande des produits.* Il a été nécessaire de former de plus trois sous-jurys : un pour les voitures, Classe 5, et deux pour les instruments de musique et de chirurgie, Classe 10. Le nombre des jurés fut ainsi augmenté de 22, dont la moitié sont également étrangers.

Pour faciliter les travaux des jurys, et spécialement ceux des membres étrangers, les trente classes ont été réunies en six groupes :—

Classes 1, 2, 3, 4, formant le groupe des matières premières.

Classes 5, 6, 7, 8, 9, 10, formant le groupe des machines.

Classes 11, 12, 13, 14, 15, 16, 17, 18, 19, 20, formant le groupe des produits textiles.

Classes 21, 22, 23, 24, 25, formant le groupe des produits métalliques, de la verrerie, et de la céramique.

Classes 26, 27, 28, 29, formant le groupe des fabrications diverses.

Classe 30, formant le groupe des beaux arts.

Le jury est ainsi constitué :—

Le jury consiste d'un nombre égal de sujets britanniques et d'étrangers.

Chaque jury de classe a un président et un vice-président ; le président a été nommé par la Commission Royale, et le vice-président a été élu par les membres du jury. (Ces nominations et élections ont été faites de manière que lorsque le président est sujet anglais, le vice-président est étranger, et lorsque le président est étranger, le vice-président est anglais.) Chaque jury

nomme un rapporteur, choisi parmi ses propres membres.

Les présidents des tous les jurys forment un corps ayant le titre de " Conseil des Présidents." Ce conseil est formé d'un nombre égal de subjets britanniques et d'étrangers. Le conseil des présidents a établi les principes et les règles qui président aux travaux des jurés.

Les jurés anglais ont été nommés par la Commission Royale sur une liste dressée par les districts ou les villes dont les produits à l'Exposition présentaient une certaine importance. Chaque jury a le privilège d'appeler dans son sein, et à titre d'auxiliaires, les autres candidats que le cadre des jurys n'a pas permis de nommer, mais seulement à titre consultatif.

La nomination des jurés étrangers a été laissée aux pays représentés à l'Exposition.

Sur la proposition collective des commissaires étrangers, le nombre des jurés étrangers fut réparti par pays dans les proportions suivantes : L'Allemagne, comprenant les Etats du Zollverein, la Bavière, la Prusse, la Saxe, le Wurtemberg, &c., 19 ; l'Allemagne du Nord, comprenant Brême, Hambourg, Hanover, &c. 3 ; l'Amérique (Etats Unis), 21 ; l'Autriche, 15 ; la Belgique, 11 ; le Danemark, 1 ; l'Egypte, 2 ; l'Espagne, 3 ; la France, 32 ; la Grèce, 1 ; la Hollande, 2 ; l'Italie, comprenant Rome, la Sardaigne, et la Toscane 6 ; le Portugal, 2 ; la Russie, 6 ; la Suède et la Norwège, 1 ; la Suisse, 4 ; la Turquie, 3.

Les exposants acceptant les fonctions de juré ne peuvent participer, non plus que leurs associés, aux récompenses pour la classe du jury dont ils font partie. Les récompenses sont accordées à la majorité du jury. A la demande des commissaires étrangers, et afin d'assurer une représentation plus complète de tous les pays étrangers dans le corps du jury, la Commission Royale a décidé que les récompenses accordées par les jurys de section seraient soumises aux jurés de tous les sujets alliés, réunis en assemblée générale, avec le pouvoir de discuter et de confirmer les décisions de chaque jury de section. Toutefois, aucune récompense ne sera définitive si elle n'a été sanctionée par le corps des présidents.

La Commission Royale a désigné M. le Dr. Lyon Playfair pour la représenter au près des jurys de sections et du conseil des présidents, mais sans voix délibérative.

Le 1er. mai 1851, l'Exposition Universelle fut solemnellement inaugurée par Sa Majesté la Reine Victoria, accompagnée de S. A. R. le Prince Albert, du Prince de Galles, de la Princesse Royale, de S. A. R. la Duchesse de Kent, et de plusieurs autres Princes et Princesses des Familles Royales d'Angleterre, de Prusse, de Hollande, &c., de Sa Grace l'Archevêque de Canterbury, de la Commission Royale, des Commissaires Etrangers, du Comité Exécutif, des Ministres et des grands dignitaires de l'Etat, du corps diplomatique, &c., en présence de l'élite de la nation anglaise et de tous les pays du monde.

---

* V. page 11, pour la liste des classes et le nombre de jurés affecté à chacune d'elles.

Son Altesse Royale, en sa qualité de Président de la Commission Royale, adressa le discours suivant à Sa Majesté :——

" Que Votre Majesté daigne permettre aux Commissaires nommés pour organiser l'Exposition des produits de l'Industrie de toutes les Nations, par Ordonnance de Votre Majesté en date du 3 Janvier 1850, incorporée par Charte Royale le 15 Août de la même année, de mettre respectueusement sous les yeux de Votre Majesté le résumé de leurs travaux jusqu'au jour où l'Exposition va être inaugurée sous les auspices de Votre Majesté.

" En vertu de l'autorité qui nous avait été si gracieusement déléguée par Votre Majesté, nous nous sommes livrés à une enquête sérieuse sur tous les sujets qu'il avait plu à Votre Majesté de déférer à notre investigation. Nous avons dû nous occuper d'abord de rechercher les moyens les plus efficaces d'introduire dans ce Royaume les produits des colonies Britanniques et des pays étrangers ; de choisir le site le plus convenable pour le Palais de l'Exposition ; d'établir les bases générales de l'entreprise, de déterminer la nature de récompenses, et enfin d'assurer l'impartialité la plus complète dans la distribution prix.

" Ces enquêtes, et l'accomplissement des devoirs qui nous étaient confiés par la Charte Royale d'Incorporation de Votre Majesté, ont nécessité de constantes réunions de tous les membres de Votre Commission ; nous avons, en outre, déféré la solution d'un grand nombre de questions se rattachant aux matières si variées de l'Exposition, à des Comités composés en partie de membres pris dans notre sein, et en partie d'hommes spécialement distingués dans les diverses branches des sciences et des arts, qui ont cordialement répondu à notre appel, et qui nous ont éclairés de leurs lumières, comme ils nous ont consacré leur temps précieux.

" L'une des questions les plus importantes que nous ayons eu à résoudre au début des travaux, était d'établir les conditions d'admission des produits des exposants ; nous avons pensé que le caractère principal de l'entreprise dans laquelle nous étions engagés, était d'en faire reposer exclusivement le succès sur la nation tout entière, au moyen de souscriptions volontaires. Nous décidâmes en conséquence que les produits seraient admis francs de toute espèce de droits. Enfin, Votre Commission fut d'avis de confier d'abord le choix des produits à exposer, à des Commissions centrales ou locales qui seraient établies dans chaque état étranger, et dans les diverses provinces de l'empire de Votre Majesté ; Votre Commission se réservant toutefois un contrôle général sur tous les produits destinés à l'Exposition.

" Nous avons aujourd'hui la satisfaction de déclarer que nos espérances se sont réalisées sous tous les rapports. La gracieuse donation de Votre Majesté a été le signal de contributions universelles ; vos sujets les plus humbles ont voulu y participer ; et la somme qui a été ainsi mise à notre disposition s'élève actuellement à environ 65,000 livres. Des comités locaux, de qui nous avons reçu sans exception la co-opération la plus active, se formèrent dans tous les districts du Royaume Uni, dans la plupart des colonies de Votre Majesté, et dans les possessions de l'honorable Compagnie des Indes Orientales. Nous avons reçu aussi le concours le plus énergique des gouvernements de presque toutes les nations du monde, et chez les quelles des commissions spéciales ont été constituées pour participer à l'accomplissement de l'œuvre que Votre Majesté, dans son Ordonnance Royale, a si justement caractérisée en la nommant 'l'Exposition universelle des produits de l'industrie de toutes les nations.'

" Nous devons constater également l'empressement avec le quel toutes les classes de la nation ont apporté leur tribut à l'Exposition. C'est aussi notre devoir d'offrir ici à Votre Majesté l'hommage de nos remerciements respectueux pour la gracieuse condescendance avec la quelle Votre Majesté a bien voulu s'associer à ses sujets, en faisant exposer quelques objets aussi précieux qu'intéressants.

" Le nombre d'exposants dont les produits ont pu être placés, s'élève à environ 15,000 ; près de la moitié des exposants sont sujets britanniques. Les autres représentent les produits de plus de quarante pays étrangers, comprenant la presque totalité des nations civilisées du monde. Avant de déterminer l'espace qui devait être alloué à chaque pays étranger, nous avons pris en considération et la nature de ses produits et les facilités de transit en Angleterre, que sa position géographique pouvait offrir. Votre Majesté trouvera les produits de ses sujets arrangés dans la partie Ouest du bâtiment, et ceux des nations étrangères dans la partie Est. L'Exposition est divisée en quatre grandes sections :—1°. Produits Bruts et Matières Premières ; 2°. Machines ; 3°. Produits Manufacturés ; 4°. Sculpture et Beaux Arts. Les pays étrangers ont été divisés selon leur ordre géographique ; les nations méridionales sont placées près du centre du bâtiment, et celles du nord à l'extrémité Est.

" La première colonne du monument que Votre Majesté honore en ce moment de son auguste présence, fut posée le 26 Septembre dernier, sur le terrain que Votre Majesté avait bien voulu concéder à cet effet dans son parc royal ; grâce à la constante énergique des adjudicataires, et à l'active industrie des ouvriers qu'ils ont employés, sept mois ont suffi pour élever un édifice de construction entièrement nouvelle, couvrant un espace de plus de 18 acres, mesurant 1851 pieds de long, et 456 pieds de large à son centre, pouvant contenir 40,000 visiteurs, et présentant, quant aux marchandises, une façade utilisable de plus de 10 milles. C'est à M. Joseph Paxton que les Commissaires sont redevables du principe tout nouveau de cette construction ; nous éprouvons le besoin de lui rendre ici le tribut qui lui est dû pour la part intéressante qu'il a eue dans notre entreprise.

" Quant aux récompenses, nous avons décidé qu'elles consisteraient en médailles, et qu'elles seraient décernées non seulement en considération de la simple concurrence individuelle, mais encore de l'excellence, quelle que fût la forme sous la quelle elle se présenterait. Les prix seront décernés par des jurys composés d'un nombre égal de sujets britanniques et d'étrangers ; les premiers ont été choisis par la Commission, sur la recommandation des Comités locaux ; les derniers ont été nommés par les gouvernements des nations étrangers qui ont envoyé des contributions à l'Exposition. Les noms de ces jurys, pour la plupart de célébrité Européenne, sont les meilleurs garants de l'impartialité qui présidera à la distribution des récompenses.

" C'est avec la plus vive satisfaction que nous constatons que, malgré la grandeur de l'entreprise, et les distances considérables de la plupart des pays qui ont répondu à notre appel, le jour de l'inauguration de l'Exposition par Votre Majesté, est précisément le même que celui qui avait été, dès l'origine, fixé pour son ouverture ; preuve éclatante de ce que les nations, avec la protection divine, et l'aide des moyens que la science moderne a placés à notre disposition, peuvent accomplir par la bonne volonté et la co-opération.

" Nous avons exposé brièvement à Votre Majesté le résultat de nos travaux ; il ne nous reste plus qu'à faire humblement hommage à Votre Majesté de notre respectueuse et loyale reconnaissance pour l'appui et l'encouragement que nous avons puisés dans la gracieuse faveur et la protection que Votre Majesté a bien voulu nous accorder pendant tout le cours de cette vaste et laborieuse tâche. Nous prions du fond du cœur que cette entreprise, qui a pour but d'améliorer toutes les branches de l'industrie humaine, et de resserrer les liens de paix et d'amitié parmi toutes les nations de la terre, conduise, par la bénédiction de la Divine Providence, au bien-être du peuple de Votre Majesté ; puisse-t-elle aussi rester long-temps l'une des époques les plus mémorable du règne pacifique et heureux de Votre Majesté !"

RÉPONSE DE SA MAJESTÉ.

" Je reçois avec le plus grand plaisir l'adresse que vous me présentez à l'occasion de l'ouverture de l'Exposition.

" J'ai suivi avec un intérêt bien vif et toujours croissant les progrès des travaux que vous avez accompli dans l'exécution des devoirs qui vous ont été confiés par la Commission Royale ; et c'est avec une satisfaction bien sincère que je suis témoin, par le spectacle magnifique qui m'entoure aujourd'hui, de l'heureux résultat de vos efforts judicieux et incessants.

" Je me joins cordialement à vous pour prier Dieu de bénir cette entreprise, afin qu'elle contribue au bien-être de mon peuple et aux intérêts communs du genre humain, en encourageant les arts de la paix et de l'industrie, en resserant les liens de l'union entre les nations de la terre, et en établissant parmi elles une honorable et fraternelle émulation dans l'exercice utile des facultés que la Providence leur a conférées pour le bien et le bonheur de l'humanité."

Les Membres de la Commission Royale et de son comité exécutif, et les commissaires étrangers, furent alors présentés à Sa Majesté par le Prince Albert.

Puis, l'Archevêque de Canterbury appela les bénédictions du Ciel sur l'entreprise.

Sa Majesté, suivie de tout le cortège royal, fit ensuite le tour de l'Exposition, aux acclamations unanimes de tous les spectateurs.

Revenue au transept, la Reine déclara que l'Exposition était ouverte.

Notre tâche doit finir avec l'inauguration de l'Exposition ; laissons au Palais de Cristal le soin de raconter, par ses merveilles, l'histoire de l'industrie universelle au 19e siècle, telle que viennent de l'écrire 15,000 travailleurs de tous les pays ; et terminons cette notice par ces nobles paroles du Prince Albert : — " Espérons que la première impression du spectateur à la vue de cette immense collection, sera de rendre grâces au Tout Puissant pour les bienfaits qu'Il a répandus sur nous ici bas ; et qu'il y puisera ensuite la conviction que nous ne pouvons jouir de ces bienfaits que dans la proportion de l'aide que nous sommes disposés à nous rendre mutuellement, — et par conséquent, par la paix, l'amour, et l'assistance, non seulement entre individus, mais encore entre les nations de la terre."

NOTICE SUR LA CONSTRUCTION DU BÂTIMENT DE L'EXPOSITION.*

Si la situation industrielle de l'Angleterre ne lui eût permis d'être représentée à l'Exposition des produits de l'industrie universelle que par l'édifice qui les abrite, tandis que les autres pays du monde y ont déployé toutes leurs ressources, étalé les produits les plus choisis des diverses industries qui font leur excellence,— cet édifice seul aurait réuni presque tous les éléments de la prospérité commerciale de la Grande Bretagne ; et l'immensité de l'entreprise, la rapidité surprenante qui a présidé à chaque opération, auraient proclamé le le courage, l'énergie, la détermination, et la puissance de ses citoyens.

Le Palais de l'industrie n'est-il pas aussi la démonstration la plus éclatante des bienfaits du régime de liberté qui règne en Angleterre ? Au peuple seul appartiennent l'entreprise et l'exécution d'un œuvre aussi gigantesque. Et ce fait, non moins éloquent, que l'œuvre a été exécutée sans aucun secours du trésor public, n'atteste-il pas la richesse de la nation, et l'esprit qui règne dans toutes ses classes ?

Le pays qui a pu réunir en si peu de temps une telle quantité de matériaux, sans s'être assuré bein longtemps à l'avance du concours des manufacturiers, possède évidemment dans son propre sein d'innombrables ressources, et son approvisionnement en matières premières doit être inépuisable. D'un autre côté, la rapidité avec la quelle ces produits bruts ont reçu des formes si variées, si complexes, et si originales, indiquent essentiellement chez le peuple anglais une connaissance profonde et très-répandue de la théorie et de la pratique de la science de la mécanique, et de l'emploi des machines. Enfin, la facilité avec la quelle les machines ont dû fonctionner sur la matière première, sont la preuve irréfutable d'une puissance extraordinaire de production et de manufacture, tandis que l'harmonie des formes et l'élégante simplicité de décoration qu'on a su donner à une structure d'un caractère tout d'utilité, disent assez que si les anglais se préoccupent, dans tous leurs travaux, de la solidité et de l'économie, ils ne sont pas indifférents aux attraits des beaux-arts.

Sans l'expérience que les ingénieurs anglais ont acquise dans les magnifiques ouvrages élevés dans le cours de ces dernieres années sur différents points du Royaume-Uni, il eût été impossible d'imprimer aux travaux du bâtiment de l'Exposition l'unité de direction qui a assuré sa construction avec une rapidité vraiment prodigieuse.

La maison de commerce à la quelle ces travaux ont été confiés, exemplifie jusqu'à l'excellence le système qui préside, en Angleterre, à toutes les grandes entreprises de ce genre, et qui exige une connaissance approfondie du commerce, du génie civil, et de l'organisation méthodique du travail. L'un des chefs de cette maison est un des ingénieurs les plus distingué de notre époque ; l'autre possède une aptitude commerciale peu commune, et tous les détails de sa profession d'autres enfin joignent à la connaissance exacte de affaires, au point de vue de la légalité et de l'intérê pécuniaire, une expérience acquise dans les spéculation de la plus vaste échelle. Les directeurs et les chef d'atelier, chacun d'une aptitude bien reconnue pour l spécialité des fonctions qu'il remplit, agissent précisé ment comme les différentes parties d'une machine bie combinée, tandis qu'ils sont assujettis à un seul et mêm contrôle. C'est par leur agence que l'ouvrier, habil dans sa propre industrie, mais dans l'ignorance la plu complète des autres, reçoit sa part de travail. Et c'es ainsi que des milliers de bras concourent à réaliser l'idé d'un seul esprit dirigeant.

Mais sans le système parfait de discipline que l'expé rience a fait prévaloir généralement dans les atelier anglais, il eût été impossible d'élever, en si peu d temps, une structure aussi nouvelle et aussi vaste qu ce temple de la paix, dont les portes, nous l'espéron resteront ouvertes à toutes les nations de la terre per dant de longues années.

Pour donner une juste idée du bâtiment de l'Expo sition, il convient d'en esquisser la description, et d résumer l'historique de ses progrès successifs.

Le site qu'il occupe à Hyde Park, près de la riviè Serpentine, fut désigné par le Prince Albert dès 30 Juin 1849, à la première réunion rélative à l'Expo sition. Cet emplacement consiste d'un rectangle o carré long d'environ 26 acres, mesurant approximative ment 2,300 pieds de long sur 500 de large. Sa faça principale s'étend de l'est à l'ouest. Plusieurs orme gigantesques s'élevaient au centre du terrain ; d'autre plus petits, étaient disséminés çà et là. Ces arbre pour la plupart, ont été conservés, et c'est aux plu élevés d'entr'eux qu'on doit le magnifique transept q domine l'édifice. Le sol, quoique de niveau en app

* Extrait et traduit de la description technique de Mr. M. Digby Wyatt, Secrétaire du Comité Exécutif. *V.* le gran Catalogue Anglais 1ère partie.

rence, présente une inclinaison qui n'est pas moins de 1-25e de l'Ouest à l'Est. Le palais de l'Exposition n'aurait pu être mieux situé, sous tous les rapports : les abords en sont faciles, il s'offre à la vue de tous les côtés, et il a été très-aisé d'en déssécher le sol, de l'approvisionner d'eau, et de l'éclairer au gaz.

La principale entrée est au centre de la façade méridionale. On traverse un vestibule de 72 pieds sur 48, et l'on se trouve sous un immense berceau, le Transept, qui est le trait architectural le plus saillant de l'édifice. Au dessus de la tête du spectateur, s'élève à une hauteur de 68 pieds du sol une voûte semi-cylindrique, qui mesure 72 pieds de diamètre, et qui s'étend sur une longueur de 408 pieds du sud au nord. De chaque côté du Transept, se déploie une aile de 24 pieds de large.

En continuant d'avancer, le visiteur se trouvera au centre de l'édifice, et son œil pourra embrasser de l'est à l'ouest l'immense nef, qui s'étend de chaque côté jusqu'à une distance de 900 pieds. Le bâtiment mesure donc dans toute sa longueur pas moins de 1848 pieds. La nef, de 64 pieds de haut sur 72 de large, traverse le transept à angles droits. Elle présente de chaque côté des ailes de 24 pieds de large, au dessus desquelles, à une hauteur de 24 pieds du sol, s'élèvent des galeries qui font le tour de la Nef et du Transept ; établissant ainsi à cette hauteur une communication non interrompue avec toutes les parties de l'édifice.

Au delà de ces premières ailes, s'étendent, sur une ligne parallèle et à une hauteur de 48 pieds, d'autres ailes de semblable largeur, et pareillement flanquées, sur toute leur étendue, de galeries au même niveau que celles qui surmontent les premières ailes.

Les deux lignes de galeries longitudinales sont reliées ensemble au moyens de ponts ou passages transversaux jetés sur les avenues de 48 pieds du rez-dechaussée, qu'ils divisent en même temps en grandes salles ; ces salles ont été distribuées de manière à offrir un coup d'œil d'ensemble au spectateur qui les regarde des galeries.

Le comble des ailes adjacentes s'élève à 44 pieds au-dessus du sol ; elles sont longées par une troisième ligne d'ailes, de 24 pieds de haut, et d'un seul étage au rez-de-chaussée. Dix escaliers, de 8 pieds de large, communiquent avec les galeries.

Il y a donc en tout quinze galeries ; onze au rez-dechaussée, comprenant la galerie centrale de 72 pieds de largeur, et de chaque côté de celle-ci deux galeries de 48 pieds de largeur chacune, et trois de 24 pieds ; et au premier étage quatre galeries de 24 pieds de hauteur.

Les besoins du service ont nécessité l'érection au rezde-chaussée, d'une double galerie de 48 pieds de large et de 888 pieds de long, sur une certaine partie de la façade nord qui longe Rotten Row et regarde la Serpentine.

Le spectateur sera saisi d'étonnement, et peut-être de crainte, à la première vue de cette structure d'une légèreté tout aérienne, et aux proportions gigantesques.

Mais lorsqu'il saura que la force de chaque partie a été rigoureusement éprouvée, que toutes les pièces ont été assemblées avec le plus grand soin, et que le tout de cet ensemble en apparence si compliqué, n'est que la répétition de quelques éléments d'une extrême simplicité, tous ses doutes disparaîtront pour faire place à la confiance la plus entière en la consciencieuse investigation à laquelle se sont livrées les personnes chargées de surveiller l'exécution des travaux et leur solidité.

La légèreté des proportions indique assez la nature des matériaux. Les colonnes sont en fonte, et les traverses et les fermes horizontales sont de fonte et de fer forgé. On a employé 550 tonneaux de fer forgé, et 3,500 tonneaux de fonte. Toute la toiture est formée de lames de verre et de châssis de bois, ainsi que les clôtures et les ouvrages extérieurs. On estime qu'il a été employé en verre 896,000 pieds de superficie, représentant un poids de 400 tonneaux, et en bois 600,000 pieds cubes, compris les planchers.

La place des colonnes avait été indiquée dans le plan avec une précision mathématique, afin que chacune d'elles fût placée au point d'intersection des lignes, d'une longueur normale de 24 pieds, et se croisant à angles droits. Il en est résulté que les colonnes, vues diagonalement, offrent une admirable régularité de lignes.

Afin de donner une idée de l'étendue des difficultés mécaniques de construction qu'il a fallu vaincre, et pour fournir, en quelque sorte, une échelle pour estimer l'édifice dans son ensemble, il suffira de décrire l'une des travées de 24 pieds prise au hasard dans tout le bâtiment.

Après avoir déterminé la situation exacte des quatre colonnes de la travée, on a creusé le sol jusqu'à ce qu'on eût mis à découvert le lit de gravier qui s'étend régulièrement sur toute la surface de l'emplacement à une profondeur variant de deux à quatre pieds. La dimension des trous creusés pour les fondations, et la quantité de ciment pour les remplir, ont été calculées d'après le poids de la *superstructure* ; toutefois, il fut décidé qu'en aucun cas ces fondations ne recevraient de pression au dessus de 2 tonneaux et demi par pied carré.

Le ciment fut recouvert d'une couche de mortier fin, sur lequel on a placé les bases des colonnes, consistant d'une pièce plate de fonte avec un tube vertical dont la forme correspond à celle de la colonne.

On a pratiqué à l'extrémité des tubes deux emboîtures s'étendant de chaque côté, et dans une direction opposée—à l'est et à l'ouest ; on a ensuite introduit dans ces emboîtures des tuyaux d'écoulement de six pouces de diamètre, pour recevoir la pluie qui tombe du toit dans les colonnes creuses, et de celles-ci dans les tubes sur lesquels elles sont assises ; ces conduits aboutissent à des égoûts souterrains. Le pied de la colonne et l'extrémité supérieure du tube s'adaptent d'une manière si solide et si parfaite, que la colonne et le tube paraissent avoir été fondues d'un seul jet.

Les colonnes ont 8 pouces de diamètre, et celles du rez-de-chaussée mesurent 18 pieds 5 pouces et demi de haut. Le plan de la section horizontale de ces colonnes, dû à Mr. Barry, est remarquable sous le double rapport de la mécanique et de l'art ; tout en présentant un aspect plus agréablement varié que la forme circulaire ordinaire, il offre, aux parties plates, des surfaces parfaitement appropriées pour assembler et attacher les traverses de fer qui servent à la fois de support aux galeries et à la toiture, et relient tous les compartiments de l'édifice en un vaste réseau. Comme nous l'avons déja dit, les colonnes sont creuses pour servir de conduits à l'eau qui tombe sur le toit ; l'épaisseur du métal qui les compose varie, suivant le poids que chaque colonne doit supporter, de $\frac{3}{8}$ de pouce jusqu'à 1 pouce $\frac{1}{4}$. Les faces carrées des colonnes ajoutent considérablement à l'aire ou superficie du métal, et conséquemment à la force des colonnes.

Le chapiteau de chaque colonne est surmonté de projections cachées, et semblables à celles qui en garnissent le pied. Ces projections servent à attacher aux colonnes les pièces d'assemblage qui permettent, au moyen d'une légère modification dans la fonte, de fixer sûrement, et de relier dans toutes les directions les sommiers ou traverses formant la charpente du bâtiment.

Tous les précautions ont été prises pour maintenir les sommiers dans une position verticale, et prévenir tout mouvement latéral.

Sur la partie supérieure et inférieure de la pièce d'assemblage, entre les projections servant à maintenir les sommiers à leurs places, sont disposés des trous correspondant avec ceux du haut des colonnes inférieures et du bas des colonnes supérieures, et destinés à recevoir des boulons assurés au moyen d'écrous ; les sommiers et les pièces d'assemblage se trouvent ainsi solidement assujettis.

Pour maintenir le cadre, ainsi formé alternativement de colonnes et des pièces d'assemblage, dans une position parfaitement verticale, il était indispensable que les surfaces de contact fussent de la plus grande justesse et parfaitement unies. On dût donc placer toutes les colonnes et toutes les pièces d'assemblage dans un tour, afin de rendre la surface de chacune de leurs extrêmités aussi exacte et unie que possible. Si l'on prend en consideration le nombre de colonnes, de pièces d'assemblage, et de pièces de base, employées dans la construction de l'édifice, il sera aisé de se convaincre que ces travaux, qui ne sont cependant qu'accessoires, n'auraient pu s'exécuter que dans des ateliers offrant des ressources et des facilités extraordinaires.

Dans les pièces d'assemblage de la travée de 24 pieds que nous décrivons, les projections sont fondues sur trois côtés, de sorte que les sommiers y sont reliés dans trois directions.

Les sommiers servent de support au plancher de la galerie. Comme il avait été décidé, en contruisant ce plancher, d'accumuler la pression sur les sommiers, à

dés points à 8 pieds d'intervalle, on a donné à ces sommiers une forme qui permet de concentrer la pressio[n] sur ces points. Les lignes verticales de ces sommie[rs] se rencontrent à des intervalles de huit pieds, et l[es] tables inférieures et supérieures sont jointes au cent[re] par des lignes diagonales.

Il avait été calculé, et diverses expériences ont prou[vé] qu'il faudrait un poids de 30 tonneaux pour rompre l[es] sommiers. Chaque sommier de la galerie a été soum[is] sur le terrain même à une pression de 15 tonneaux ; dans des cas exceptionnels, et dans la prévision d'u[ne] accumulation de poids, les sommiers ont été augment[és] quant à l'épaisseur, et éprouvés à une pression de [] tonneaux et demi.

Quelques chiffres suffiront pour démontrer que l[es] sommiers offrent une force surabondante pour la pre[s]sion qu'ils ont à supporter. Une travée du re[z]-de-chaussée, mesurant 24 pieds sur 24, contient 7[5] pieds carrés ; l'expérience a établi qu'il est impo[s]sible qu'une masse compacte d'hommes sur une surfa[ce] quelconque, donne une pression égale à un quintal ([50] kilog.) par pied de superficie. En admettant qu'u[ne] masse de 576 quintaux, de six tonneaux même, soit acc[u]mulée sur une travée du rez-de-chaussée, le poids distribuera sur quatre sommiers, dont deux, seuleme[nt] pourraient supporter la pression entière.

Diverses autres expériences ont été faites pour s'[as]surer de la solidité des sommiers. Un jour, on a enta[ssé] sur une travée, complètement finie, autant d'ouvrie[rs] qu'on a pu y placer ; un autre jour, on y a fait march[er] au pas régulier une compagnie de soldats, qu'on a f[ait] courir ensuite en tout sens ; enfin on a distribué s[ur] toute la longeur des galeries des boulets de 68, de m[a]nière à produire une pression uniforme de 100 liv[res] par pied superficiel. Aucun dommage n'est résulté [de] ces rudes épreuves.

Le plancher, ainsi supporté par ces sommiers, co[n]siste en solives ou poutres croisées, reliées ensemble [de] manière à distribuer tout le poids sur les huit points [où] leurs extrémités reposent sur les fermes. Une gril[le] dessinée par M. Owen Jones, et surmontée d'une ram[pe] en acajou, ajoute à la fois à l'utilité et à la beauté de [la] galerie.

Les colonnes qui s'élèvent au niveau de la galer[ie] ont 16 pieds 7 pouces $\frac{1}{4}$ de longueur, et sont surmo[n]tées de pièces d'assemblage semblables à celles q[ui] se trouvent au dessous. A ces pièces d'assemblage s[ont] fixés, transversalement dans une direction, et longi[tu]dinalement dans deux autres, des sommiers de fonte [pa]reils à ceux que nous venons de décrire ; leur office [est] de maintenir les fûts verticaux qui s'élèvent, en lig[ne] non interrompue, du sol à la toiture qu'ils supporten[t].

La force d'une colonne de fer dépend de la division [de] sa longueur, beaucoup plus que de sa propre substanc[e] ; c'est ce principe qui a fait diviser toute la longueur d[es] fûts du sol au toit, en deux parties, au moyen des piè[ces] d'assemblage, réduisant ainsi de moitié la longueur d[es] colonnes.

Au dessus du second rang des sommiers, s'élèvent des colonnes de la même longueur (16 pieds 7 pouces ½), également surmontées de pièces d'assemblage où sont fixés les sommiers qui supportent la couverture. Ces sommiers ne diffèrent de ceux des autres étages que par leur épaisseur ; ils ont été éprouvés à une pression de neuf tonneaux.

La largeur totale de la Nef étant de 72 pieds, il devenait indispensable d'employer dans sa construction des traverses dont l'épaisseur ne pouvait excéder celle des pièces d'assemblage, et qui, cependant, devaient présenter un plus grand degré de résistance pour pouvoir supporter le poids d'une toiture beaucoup plus étendue que celle des autres parties du bâtiment. La construction de ces grandes traverses correspond, dans tous ses points essentiels, avec celle des traverses de 48 pieds, avec cette seule différence que la dimension des angles de fer et des barres a été augmentée, et que la longueur totale de la traverse est divisée en *neuf* longueurs de 8 pieds, au lieu de *six*. Le poids approximatif d'une de ces traverses de 72 pieds est de 35 quintaux. Soumises à une pression de 16 tonneaux, elles n'ont fléchi que de 6 pouces ½, et ont repris leur élasticité dès quele poids a été enlevé.

La direction des traverses de 72 pieds du toit de la Nef étant nécessairement transversale à sa longueur, et ces traverses se présentant à des intervalles de 24 pieds, il devint indispensable, pour les maintenir parfaitement, de les étayer de lambourdes en bois les croisant de l'une à l'autre dans la direction de l'est à l'ouest. Ces lambourdes se présentent à des intervalles de huit pieds, et sont placées directement sur les supports verticaux des traverses.

La forme particulière de ces lambourdes, les offices qu'elles sont appelées à remplir, et ce fait que la toiture n'en contient pas moins de vingt milles de long, en rendent la description désirable.

Elles sont connues sous le nom de " gouttières de Paxton," et consistent de pièces de bois mesurant 24 pieds de long, cinq pouces de large et six pouces de profondeur. Elles présentent à leur surface supérieure une rainure semi-circulaire pour recevoir la pluie du toit, et à chaque côté vertical une seconde rainure oblique pour recevoir l'eau de condensation de la vapeur intérieure du bâtiment.

L'un des nombreux avantages de la toiture de M. Paxton, c'est surtout sa légèreté extrême ; son poids, les traverses de support nécessairement déduites, n'est en moyenne que de 3 livres ½ par pied carré.

Afin de diminuer l'intensité de la lumière et d'établir en même temps une température modérée dans le bâtiment, on a recouvert d'une tente en toile toute la longueur de la toiture plate. Cette toile est attachée aux combles, d'où elle retombe en festons. Elle est formée de deux largeurs ; la couture qui les unit, est au centre, et se trouve immédiatement au dessus de la gouttière Paxton. La pluie tombe sur la toile, s'y attache par l'action capillaire, descend goutte à goutte jusqu'à la couture, où elle pénètre à travers la toile pour retomber dans la gouttière Paxton. Et tandis qu'on obvie ainsi au passage de l'eau à travers les carreaux qui se trouveraient cassés, le danger de l'infiltration de la pluie dans le vitrage se trouve matériellement diminué.

Le parquetage à claire-voie est aussi l'une des inventions les plus ingénieuses de M. Paxton. Il consiste de planches d'un pouce et demi d'épaisseur, séparées par des intervalles d'un demi-pouce, et placées sur de petites solives de 7 pouces sur 2½ ; ces solives ou lambourdes reposent elles-mêmes sur des empanons de treize pouces sur trois pouces ½, séparés par des intervalles de 8 pieds. La poussière, au lieu de s'élever, tombe dans les interstices laissées entre les planches, et le balayage est effectué très-promptement au moyen d'un arrosoir ou pompe mobile et d'une machine à roue, pourvue de plusieurs balais. Les avantages de ce système, appliqué dans un bâtiment où sont exposés les objets les plus délicats, et dont la fraîcheur est souvent une qualité essentielle, sont trop manifestes pour nous étendre plus longuement sur ce sujet.

Le lecteur, par la description que nous venons de donner d'une des travées du bâtiment, peut se faire une juste idée des travaux qui sont entrés dans sa construction ; il convient maintenant de donner les proportions de la structure.

La surface totale du rez-de-chaussée est de 772,784 pieds carrés, et celle des galeries de 217,100 pieds carrés. Les galeries occupent près d'un mille de longueur. Le cube total du bâtiment est d'environ 33,000,000 pieds. Sa construction a exigé 2,300 fermes en fonte, et 358 grandes traverses en fer forgé, pour supporter les galeries et la toiture ; trente milles de long de gouttières pour conduire l'eau dans les colonnes creuses ; 202 milles de barres de châssis ; et 900,000 pieds carrés de verre. La Nef, comparée à celle de la cathédrale de St. Paul, est deux fois plus large, à 10 pieds de différence, et quatre fois plus longue.

Esquissons maintenant le Transept, cette partie si remarquable de l'édifice. Sa construction ne diffère de celle de la Nef qu'à partir du niveau de la toiture plate. Nous avons déja dit que les espaces à recouvrir à une hauteur de 64 pieds du sol, étaient d'abord l'avenue principale, de 408 pieds de long sur 72 de large ; et ensuite deux ailes, chacune de 408 pieds de long sur 24 de large. Il fut décidé qu'on jetterait sur ces espaces une voûte semi-circulaire, au moyen de voussures à arc-boutant fixées, à chaque extrémité, dans les colonnes creuses, et étayées et intersectées, à angles droits, de pièces de bois solides, à 9 pieds 2 pouces l'une de l'autre, et faisant l'office de filières ou pannes. Ces voussures se composent de trois épaisseurs de bois, coupées en segments de cercle ; ces segments ont 9 pieds 6 pouces de long, et le diamètre extrême du cercle mesure 74 pieds. Les mesures les plus efficaces ont été prises pour protéger ces voussures des variations de la température, de l'humidité et du vent. Le vitrage ne diffère de celui de toit plat, que par la position des barres des châssis qui sont placées à angle oblique, pour faciliter la conduite de l'eau, et l'empêcher de se glisser dans la couche inférieure du mastic des vitres.

Les ailes de 24 pieds qui flanquent le transept, sont recouvertes de plomb, au lieu d'être vitrées ; la grande quantité d'eau déchargée de la voûte du Transept a exigé l'adoption de cette sorte de toiture, qui a de plus l'avantage de servir de contre-fort aux pieds des voussures.

Les clôtures extérieures du bâtiment consistent, pour les étages supérieurs, d'un vitrage reposant sur des colonnes à huit pieds de distance l'une de l'autre, et pour le rez-de-chaussée, de cloisons en planches.

Le système de ventilation adopté dans le bâtiment, agit comme un immense organe respiratoire sur tout l'édifice. Ces ventilateurs occupent près de 50,000 pieds carrés ; une homme seul peut, à 90 points différents, les ouvrir, fermer, ou fixer simultanément.

Jusqu'ici, nous n'avons considéré le bâtiment que sous le point de la structure. Sa décoration, tâche si importante et si délicate, et cependant entièrement nouvelle et en dehors des règles établies jusqu'ici à raison de l'étendue de l'édifice et de son but, fut confiée à M. Owen Jones, qui avait étudié son art en Orient, en Espagne, et dans d'autres pays Européens. L'artiste a une grande part dans le cri d'admiration qu'on laisse échapper à la vue du palais de cristal. Les tons des couleurs qu'il a adoptées, se combinent harmonieusement avec l'effet de la perspective, tandis qu'ils ne jettent aucun reflet douteux sur les articles exposés, et qu'ils ajoutent considérablement à la légèreté de l'édifice.

En dehors du bâtiment, et à 155 pieds de l'angle nord-ouest de la façade ouest, est la construction d'où vient la force de vapeur nécessaire aux machines en mouvement dans l'intérieur. Cette force est donnée par une batterie de cinq chaudières à vapeur du système tubulaire, et de la force de 150 chevaux ; elle arrive aux machines à vapeur destinées à faire mouvoir les appareils exposés, au moyen d'un tuyau de huit pouces de diamètre, établi sous le plancher le long du mur septentrional de l'exposition anglaise. C'est là aussi que se trouve l'immense reservoir qui alimente d'eau toutes les parties du bâtiment.

Le plan du bâtiment est dû à M. Paxton, le célèbre horticulteur de Chatsworth. Ce plan, qui se distingue surtout par la simplicité, a résolu le problème de substituer aux constructions d'une grande échelle, le fer, le bois, et le verre, à la brique et à la pierre, sans exclure la solidité ni l'élégance. Le carré de 24 pieds est la base absolue des proportions de ce plan.

La limite que nous nous sommes tracée, ne nous permet pas de décrire les machines ingénieuses qui ont débité et réduit la fonte, le fer, le bois, et le verre ; qui ont éprouvé, élevé, et fixé les colonnes, les fermes, et les traverses ; qui ont suspendu les vitriers et les peintres à la voûte du Transept ; de ces machines enfin qui ont accompli pendant neuf mois des miracles de précision et d'économie de temps et de bras. Nous renvoyons nos lecteurs à la description complète que Mr. Digby Wyatt a donnée du bâtiment et de sa construction ;* ce travail, qui se distingue par une rare lucidité, ne pourra manquer d'intéresser au plus haut point l'ingénieur et le technologiste.

Terminons cette esquisse en exprimant l'espérance que "les portes de ce Temple de la Paix resteront ouvertes à tous les nations de la terre pendant de longues années."

F. Hilaire d'Arcis.

---

* *V.* le grand Catalogue raisonné (anglais), 1ère partie.

COMMISSIONS ROYALE ET ETRANGÈRES, JURY MIXTE, &c.

COMMISSION ROYALE.

Président, Son Altesse Royale le Prince Albert, K.G., F.R.S.

Sa Grâce le Duc de Buccleuch.
Le Très-Honorable Comte de Rosse.
Comte d'Ellesmere.
Comte de Granville.
Lord Stanley.
Lord Overstone.
Lord John Russell.
Sir Robert Peel.
W. E. Gladstone.
Le Major-General Sir A. Galloway.
Sir Richard Westmacott.
Sir Charles Lyell.

Thomas Baring, Esq.
Charles Barry, Esq.
Thomas Bazley, Esq.
Richard Cobden, Esq.
William Cubitt, Esq.
Charles Lock Eastlake, Esq.
Thomas Field Gibson, Esq.
John Gott, Esq.
Philip Pusey, Esq.
Robert Stephenson, Esq.
M. Alderman Thompson, M.P.
J. Scott Russell, Esq., Sir Stafford Henry Northcote, Esq.—*Secrétaires.*

COMITE EXECUTIF.

Le Lieut.-Colonel Reid, *Président.*
Henry Cole, Esq.
Charles Wentworth Dilke, Esq.

Francis Fuller, Esq.
George Drew, Esq.
Mathew Digby Wyatt, Esq., *Sécretaire.*

COMMISSAIRES SPECIAUX POUR CORRESPONDRE AVEC LES COMITES LOCAUX.

Le Dr. Lyon Playfair, F.R.S. | Le Lt.-Col. J. A. Lloyd, F.R.S.

COMITE DES FINANCES.

Le Très-Honorable Comte Granville.
Le Très-honorable H. Labouchere.
Le Très-honorable W. E. Gladstone.

T. Baring, Esq., M.P.
R. Cobden, Esq., M.P.
T. F. Gibson, Esq., M.P.
Sir A. Y. Spearman, Bart.
S. M. Peto, Esq., M.P.

COMITES DES FAITS SPECIAUX A L'EDIFICE.

Sa Grâce le Duc de Buccleuch.
Le Comte de Ellesmere.
Charles Barry, Esq.
William Cubitt, Esq.

Robert Stephenson.
C. R. Cockerell, Esq.
I. K. Brunel, Esq.
Thomas Donaldson, Esq.

COMITE DES MEDAILLES.

Le Très-hon. Lord Colborne.
W. Dyce, Esq., R.A.
J. Gibson, Esq., R.A.
C. Newton, Esq.

Mons. Passavant.
Dr. Waagen.
Mons. Eugene Lamy.

MEMBRES DES COMITES DES SECTIONS.

1er Section.—*Matières Premières.*

Sir Charles Lyell.
Sir Henry T. de la Beche.
Sir Roderick Murchison.
Dr. Lyon Playfair.
Richard Phillips, Esq.
Philip Pusey, Esq.
Sir William Hooker.
Le Professeur Royle.
Le Professeur Lindley.

Le Professeur Faraday.
Le Professeur Solly.
Humphrey Brandreth, Esq.
William Fisher Hobbs, Esq.
Lord Stanley.
Le Professeur Owen.
Le Professeur Forbes.
Le Professeur Brande.
Le Professeur Hoffman.

2e Section.—*Machines et Mécaniques.*

Très-Hon. Comte de Rosse.
Sir John Rennie.
Sir John Herschel.
William Cubitt, Esq.
Robert Stephenson.
L'astronome Royal.
Philip Pusey, Esq.
Le Professeur Walker.
Le Professeur Willis.

I. K. Brunel, Esq.
Sir Mathew Ridley.
Cap. A. Pelham.
Col. B. Challoner.
W. Miles, Esq.
Joseph Locke, Esq.
Brandreth Gibbs, Esq.
T. S. Thompson, Esq.
J. V. Shelley, Esq.

3e Section.—*Objets Manufacturés.*

Très-Honorable Gladstone.
Alderman Thompson.
Richard Cobden.
Thomas Field Gibson, Esq.
Thomas Bazley, Esq.
John Gott, Esq.
Herbert Minton, Esq.

Apsley Pellatt, Esq.
R. Redgrave, Esq.
J. Herbert, Esq.
W. Liddiard, Esq.
H. J. Townsend, Esq.
Jobson Smith, Esq.

4e Section.—*Sculpture, Modèles et Arts Plastiques.*

Très-Hon. Comte Aberdeen.
Vicomte Canning.
Lord Ashburton.
Sir Richard Westmacott.
Charles Lock Eastlake, Esq.
Charles Barry, Esq.

Charles Baring Wall.
Won Wyon, Esq.
Edward Hodges Baily, Esq.
D. N. Maclise, Esq.
Thomas Uwins, Esq.
George Vivian, Esq.

COMMISSIONS ETRANGERES.

France.

La Commission générale, instituée par arrêtés de 23 Février et 11 Mars 1850, s'est dans sa séance du 16 Mars, divisée en 6 Commissions spéciales, dont voici les attributions et la composition :

1º *Commission des Affaires administratives et de la Correspondance.*

M. Charles Dupin, de l'Académie des Sciences, Président de la Commission Générale.
M. de Lesseps, Directeur des Consulats et des Affaires Commerciales au Ministère des Affaires Etrangères.
M. de Lavenay, Sécrétaire-Géneral du Ministère de l'Agriculture et du Commerce.
M. Monny de Mornay, Chef de la division de l'Agriculture.
M. Fleury, Chef de la division du Commerce Extérieur.
M. Delambre, Chef de la division du Commerce Intérieur.
M. Chemin-Dupontès, Chef du Bureau des Faits-Commerciaux, Secrétaire de la Commission Générale.

2º *Commission des Arts Agricoles.*

M. Héricart de Thury, de l'Académie des Sciences.
M. Tourret, Vice Président du Jury Central.
H. Payen, de l'Académie des Sciences.
M. Armand Séguier, de l'Académie des Sciences.
M. de Kergorlay, Membré de la Société Nationale et Centrale d'Agriculture.
M. Monny de Mornay.

3º *Commission des Arts Mécaniques et de Précision.*

M. Pouillet, de l'Académie des Sciences.
M. Armand Seguier, de l'Académie des Sciences.
M. Morin, de l'Académie des Sciences.
M. Combes, de l'Académie des Sciences.
M. Michel Chevalier, Ingénieur en Chef des Mines.
M. le Chatelier, Ingénieur des Mines.

4° *Commission des Arts Chimiques et Métallurgiques.*

M. Balard, de l'Académie des Sciences.
M. Héricart du Thury.
M. Payen.
M. Michel Chevalier.
M. Ebelmen, Direct. de la Manufacture Nationale de Sèvres.
M. le Chatelier.

5° *Commissions des Tissus.*

M. Mimerel, Président de la Commission des Tissus au Jury Central.
M. Legentil, Président de la Chambre de Commerce de Paris.
M. Barbet, Membre du Jury Central de l'Industrie Nationale.
M. Sallandrouze de Lamornaix, Membre du Jury Central.*
M. de Lavenay.

6o *Commission des Beaux Arts et des Arts Divers.*

M. Fontaine, de l'Académie des Beaux Arts.
M. Léon de Laborde, de l'Académie des Beaux Arts.
M. Armand Séguier.
M. Ebelmen.
M. de Lavenay.
M. Delambre.

Dans une deuxième séance qui a lieu le 20 courant, ont été élus Présidents des diverses Commissions :—

I. Commission Administrative—M. Charles Dupin.
II. Commission des Arts Agricoles—M. Héricart de Thury.
III. Commission des Arts Mécaniques et de Précision—M. Combes.
IV. Commission des Arts Chimiques et Métallurgiques—M. Héricart de Thury.
V. Commission des Tissus—M. Legentil.
VI. Commissions des Beaux Arts et des Arts divers—M. Fontaine.

Belgique.

Président.—M. de Brouckère, Bourgmestre de la Ville de Bruxelles, Membre de la Chambre des Représentants, Président du Jury de l'Exposition Industrielle de 1847.
Membres.—M. Bellefroid, Chef de la Division de l'Agriculture au Département de l'Intérieur.
M. B. Faber, délégué de la Chambre de Commerce de Namur.
M. Capitaine, Fabricant à Liège, délégué de la Chambre de Commerce de cette ville.
M. Claes (Paul) de Lembecq, Agronome.
M. Kindt, Inspecteur pour les Affaires Industrielles, au Département de l'Intérieur.
M. Kums, Fabricant à Anvers, délégué par la Chambre de Commerce de cette ville.
M. Manilius, Membre de la Chambre des Représentants, délégué par la Chambre de Commerce de Gand.
M. Overman, Fabricant à Tournay, délégué par la Chambre de Commerce de cette ville.
M. Partoes, Directeur du Commerce Extérieur et des Consulats au Département des Affaires Etrangères.
M. Quoilin, Secrétaire Général au Département des Finances.
M. Romberg, Chef de la Division de l'Industrie au Département de l'Intérieur.
M. Simonis (Armand), Président de la Chambre de Commerce de Verviers.
M. Spitaels (Ferdinand), Membre du Sénat, délégué par la Chambre de Commerce de Charleroy.
M. Van Hooff, Fabricant à Saint-Nicholas, délégué par la Chambre de Commerce de cette ville.
M. Vercruysse-Bruneel (H.), Fabricant à Courtray, délégué de la Chambre de Commerce de cette ville.
M. Verreyt, Fabricant à Bruxelles, délégué par la Chambre de Commerce de cette ville.

* M. Sallandrouze de Lamornaix a été nommé Commissaire Général du Gouvernement Français à Londres.

Hollande.

Président.—M. Jonkhur D. R. Givers Deynoot, Directeur de la Société pour l'Encouragement de l'Industrie à Haarlem, demeurant à Rotterdam.
Membres.—M. le Docteur G. Simons, Directeur de l'Académie Royale à Delft.
M. D. Buevler, Membre de l'Institut Royal des Pays-Bas, Vice-Président de l'Académie Royale des Beaux Arts; Amsterdam.

Autriche.

Président — Herr Andreas Ritter von Baumgartuer, Vice-Président de l'Académie des Sciences de Vienne.
Vice-Présidents — Herr Michel Ritter Spörlin.
Représentants du Ministère — Herr Dr. Karl Hock, Conseiller du Ministère du Commerce.
Herr Dr. Moritz Ritter v. Bestenack, Conseiller du Ministère des Finances.
Herr Joseph Kudernatseh, Conseiller du Ministère des Mines et de l'Agriculture.
Herr Heinrich Henking.
Herr Theodor Hornbostel.
Herr Carl Rösner.
Herr Carl Ritter v. Kleyle.
Herr Adam Ritter v. Burg.
Herr Paul Sprenger.
Herr A. Steinheil.
Herr Jacob Regenhcart.
Herr Johann Mayer.
Herr Ludwig Dambock.
Herr Joseph Zeisel.
Herr Ludwig Hardtmuth.
Herr Gustav Höfken.
Herr Franz Freiherr von Leithner.
Herr Alois Auer.
Herr Anton Schrötter.
Herr Ludwig von Brinvilliers.
Herr Georg Endris.
Herr Theodor Gulchern.
Herr Carl Leistler.
Herr Matthaus Edler von Rostborn.
Herr Heinrich D. Schmidt.
Herr Otto Schumann.
Herr Dr. Wilhelm Schwartz.
Herr Emil Seybel.
Herr Johann B. Streicher.
Herr Ernst Weidinger.

Bohême.

Herr Franz Graf von Harrach, à Prague.
Herr Carl Balling, à Prague.
Herr Johann B. Reidel, à Prague.
Herr Dr. Carl Kreutzberg, à Prague.
Herr B. von Partheim, á Prague.
Herr F. Richter, à Prague.
Herr Johann Liebig, à Richenberg.

Herr Wilhelm Sigmund, à Reichenberg.
Herr Carl Fischer, à Pirkenhammer.
Herr Eduard Leitenberger, à Reichstadt.
Herr A. D. Mayer, à Winterberg.
Herr M. Mayer, à Neu-Joachimsthal.
Herr J. Reinhold, à Warnsdorf.

Moravie et Silésie.

Herr Hugo Furst von Salm-Reifferscheid-Krautheim.
Herr Leopold Haupt.
Herr Florentin Robert.
Herr Philipp Scholler.
Herr Heinrich Zurhelle.

Galicie, Bukovine, Cracovie.

Herr Alfred Graf v. Potocky.
Herr Joseph Ruszegger.
Herr Carl Hausner.
Herr Vincenz Kirchmayel.
Herr Florian Seiger.

Hongrie, Croatie, Banat, &c.

Herr Graf Joh. Barkotsky, à Pesth.
Herr August L. Krause, à Pesth.
Herr Christ. J. Malvieux, à Pesth.
Herr Samuel v. Joob, à Pesth.
Herr Joseph Ritter v. Ferro, à Nagy-Banya.
Herr Carl Walburg, à Cronstadt.
Herr Carl Meynier, à Fiume.
Herr Anton Tschopp, à Carlstadt

Styrie, Corinthie, Krain, Trieste, Gorlitz, Istrie, et Dalmatie-

Herr Dr. Franz Hlubeck, à Gratz.
Herr Dr. Carl Peintinger, à Vordernberg.
Herr Peter Tunner, à Vordernberg.
Herr Thomas Ritter v. Maro, à Klagenfurt.
Herr J. Scheliesnigg, a Klagenfurt.
Herr Heinrich Costa, à Laibach.
Herr William Moline, à Laibach.
Herr Kaliman Ritter v. Minerbi, à Trieste.

Herr Carl Regensdorff, à Trieste.

Royaume Lombardo-Vénitien.
Herr Graff Archinti,
Herr Ernst v. Mylius.
Herr Albert Keller.
Herr Joseph Ant. Reali.
Herr Peter Bigaglia.
Herr Ferdinand Zuchelli.

Tyrol et Vorarlberg.
Herr Caspar Litti.

Herr Joseph Mayer.
Herr Melchior Jenny.
Herr Johan Kennedy.
Herr Anton Rhomberg.
Herr Jos. Bettini.
Herr Johann Putzer.

Haute Autriche et Salzbourg.
Herr Joh. Ritter v. Dierzer.
Herr Dr. L. Kompasz.
Herr Math. Lechner.
Herr Carl Mitterbacher.

Prusse.

M. le Conseiller Privé von Viebahn.
M. le Conseiller Privé, Delbruck.
M. le Dr. Druckenmuller.
M. le Professeur Dr. Schubarth.
M. le Conseiller Wedding.
M. le Conseiller Brix.

M. le Conseiller Privé Carl.
M. le Conseiller Privé Baudouin.
Herr F. Zimmerman.
Herr Weigerl.
Herr Oertling.
Herr Dr. Ludersdorf.
Herr Bidtel.

Bavière.—La Société Polytechnique de Munich.

Saxe.—M. le Dr. Weinlig, Conseiller intime au Ministère de l'Intérieur.

Hanovre.→L'Union des Arts de Hanovre.

Wurtemberg. — Herr Sautter, Président de la Société centrale de l'Industrie et du Commerce.

Nassau.—La Chambre de Commerce de Nassau, par son Président Oderheimer, de Wiesbaden.

Grand Duché de Hesse Darmstadt.

M. le Conseiller Privé Eckhardt, Président de l'Union des Etats du Grand Duché de Hesse.

Hambourg.—La Société d'Encouragement des Arts et des Professions Utiles. Dr. W. A. Kramer (Secrétaire).

Brème.—Dr. Henry Groning.

Lubeck.—Le Comité des Métiers de la Société Nationale.

Suisse.

M. le Dr. Schneider, Berne, (*Président*).
M. Bolley, Professeur, Aarau.
M. Colladon, Professeur Génève.
M. le Major Courvoisier, Neufchâtel.

M. Jenni, Manufacturier, Glarus.
M. Sarasin, Bâle.
M. Sulzberger, Manufacturier, St. Gall.
M. Ziegler Pellis, Winterthur.

Russie.

Par ordre et sous les auspices de l'Empereur, deux Commissions ont été formées, l'une à St. Petersbourg l'autre à Odessa. M. Kamenski, Agent du département des Finances à Londres, a été chargé de correspondre avec la Commission Royale.

Suède.

M. D. C. de Skoqman, Président du Collège du Commerce.

Norwège.

M. Langberg, Professeur.
M. le Col. Garben du génie.
M. Yarbell.

M. le Cap. Vergeland.
M. Schinner, Architecte.
M. Vergman.

Formant la direction de la Société des Arts de Christiana.

Danemark.

Un Comité s'est formé à Copenhague pour mettre les commerçants et manufacturiers du pays en rapport avec l'Exposition.

Toscane.

Président.—Le Chevalier Baldasseroni, Ministre des Finances et du Commerce.
Signor Corridi, Directeur de l'Institut Technique de Florence.
Le Chevalier Brocchi, Ex-Directeur.
Le Marquis Ridolphi, Député de l'Académie de Georgofili.
Mr. Horace Hall, Député de la Chambre de Commerce de Florence.
Le Comte F. de Lardenel, Député de la Chambre de Commerce de Leghorn.
Le Marquis Mazzarosa, Député de la Chambre de Commerce de Lucques.

Sardaigne. — Une Commission s'est formée, comprenant Son Exc. l'Hon. Ralph Abercromby, Ministre Plénipotentiaire à la Cour de Sardaigne.

Espagne.

Commissaires.

El Almirante Duque de Veragua (*Président*).
Don Salustiano de Olozaga.
Don Antonio Ramon Zarco del Valle.
Don Juan Alvarez y Mendizabal.
Don Alejandro Olivan.
Don José Caveda.
Don Christobal Bordin.
Don Joaquin Alfonso.
Don Antonio Guillermo Moreno.
Don Juan Manuel Calderon.
Duenaventura Carlos Ariban.
Don Manuel Garcia Bavranallana.
Don Cipriano Segundo Montesino.

Comité.

Don Salustiano de Olozaga (*Président.*)
Don Juan Alvarez y Mendizabal.
Don Antonio Ramon Zarco del Valle.
Don Manuel Garcia Bavranallana.
Don Cipriano Segundo Montesino (*Secrétaire.*)

Turquie.

Président.
Ismael Pacha, Ministre du Commerce.

Vice-Présidents.
Salik Bey.
M. Lafontaine, Secrétaire pour correspondre avec d'Angleterre.

Membres.
Nejeeb Effendi.
Hajji Bekir Aga.
Yusuf Hajjar.
Seid Mustapha Effendi.
Hajji Hashim Zader Emin Effendi.
Gorghi Alesioglon.
Yacoob Vartores.
Elia Hava.

Grèce.

M. Lucas Ralli, (*Président.*)
M. Simos.
M. C. N. Dossios.
M. le Capitaine G. Tombazis.
M. L. Caftangioglu.
M. le Professeur Landerer.

M. C. G. Douroutti.
M. G. P. Scuzés.
M. Domnando.
M. S. A. upiliotakis, (*Secrétaire*).

Perse.—Le Mellik-oot-toojjar, Chef des Négociants.

Chili.

Don Pedro Nolasco Mena, Président de la Société d'Agriture et Bienfaisance.
Don Ignacio Domeyko, Professeur de Chimie.
Don Julio Jarriez, Directeur de l'Ecole des Arts et Métiers.

Pérou.

Le Ministre de l'Interieur (*Président*).
Don Luis Fonceca.

Don Nicolas Pierola.
Don Nicolas Rodrigo.

Etats Unis.

Hon. Millard Fillmore, Président des Etats Unis.
Colonel Peter Force, Président de l'Institut National.
Hon. Jas. A. Pearce, Sénateur.
Hon. Levi Woodbury, Membre de l'Institut National.
Le Commodore Lewis Warrington.
Le Professeur Joseph Henry, Vice-Président de l'Institut National.
Le Professeur Walter R. Johnson, Secrétaire de l'Institut National.
Le Professeur Alexander D. Bache, Membre de l'Institut National.
Le Commandeur Ch. Wilkes, Membre de l'Institut National.
Hon. W. W. Seaton, Membre de l'Institut National, Maire de Washington.
Hon. Jefferson Davis, Sénateur.
Le Lieutenant Matthew F. Maury, Vice Président de l'Institut National.
Charles F. Stansbuy, Esq., Secrétaire de l'Institut National.
J. James Greenough, Esq., Membre de l'Institut National.
Colonel J. J. Abert, Membre de l'Institut National.
General Jos. G. Totten, Vice-Président de l'Institut National.
Thomas Ewbank, Esq., Commissaire des Brevets d'Invention.
William Easby, Esq., Trésorier de l'Institut National.
Dr. Leonard D. Gale, Membre de l'Institut National.
J. C. G. Kennedy, Esq., Membre de l'Institut National.
Ezra C. Seaman, Esq., Membre de l'Institut National.
M. le Professeur Walter R. Johnson (*Secrétaire*).

COMMISSAIRES ÉTRANGERS A LONDRES.

Etats Unis d'Amerique	M. Edouard Riddle.
	N. S. Dodge, Secrétaire.
Autriche.	Chevalier de Burg.
	M. Charles Buschek.
Bade	Professeur Rau.
Bavière	Professeur Dr. Schafhautl.
Belgique	M. de Bronckère.
	M. Charles Cuylits.
Brunswick	Professeur Varrentrapp.
Danemark	M. Regnar Westenholz.
Duché de Nassau	M. Odernheimer.
Egypte	Capt. Abdel Hamid.
Electorat de Hesse Cassel	M. Schreiber.
Espagne.	Don Ramon de la Sagra.
	Don T. Alfonso.
	Don Manuel de Isasi.
France	Sallandrouze de Lamornaix.
Frankfort	M. P. Ellissen.
Grand Duché de Hesse	M. Rössler.
Grèce	M. Ralli.
Hambourg	M. Noback.
Hanovre	M. Stahlschmidt.
Hollande	M. G. Goossens.
Lubeck	M. Stahlschmidt.
Mecklenbourg-Strélitz	M. de Viebahn.
Mecklenbourg-Schwerin	M. Piglheim.
Oldenbourg	Mr. Piglheim.
Portugal	M. Antonio Valdez.
	M. F. J. Van Zeller.
Prusse	Dr. Schubarth.
Rome	Sr. Carlo Trebbi.
Russie	M. Gabriel de Kamensky.
Sardaigne	Chevalier Lencisa.
Saxe	Dr. W. Seyffarth, LL.D.
Suède et Norwège	Charles Tottie.
Suisse	Dr. Bolley.
	Professeur Colladon.
Tunis	Sig. Hamda Elmkadden.
Turquie	M. Edouard Zohrab.
Toscane	Professeur R. Corridi.
Wurtemberg	Dr. Steinbeis.
	M. Charles Brand.
	M. Schiedmayer.
Zollverein	M. Von Viebahn.

COMMISSAIRES ET AGENTS DES COLONIES A LONDRES.

Empire Anglo-Indien	Le Dr. Royle.
	Mr. Downing.
Ceylan	Mr. John Capper, 4 Su... Place, Islington.
Jersey et Guernsey	Le Capitaine Childers.
	Mr. Clugas.
Malte	Mr. Gingell, 66 Cornhill.
Cap de Bonne-Espérance et Port Natal	Mr. Harrison Watson.
Canada	Sir Randolph Routh.
	Mr. Peter Mc Gill.
	Mr. J. H. Drew.
	Mr. T. Houghton.
Nova Scotia	Mr. C. D. Archibald, 15 P...land Place.
Barbade	Mr. Reade.
Guiane Anglaise (Démérara, &c.)	Mr. Ridgway, 42 Leiceste...
Bahamas	Mr. Daniell, 18 Wigmore... Cavendish Square.
Trinité	Messrs. Lightly & Simon... Fenchurch Street.
Australie Méridionale	Messrs. Hallett & Cie.
Australie Occidentale	Mr. Barnard.
Nouvelles Galles du Sud	Mr. Barnard.
Nouvelle Zélande	Mr. Moore, 30 Arundel Str... Strand.
Van Diemen	Mr. McLachlan, 17 St. Hel... Place.

DEPARTEMENTS DE L'EXPOSITION.

Membres du Comité Exécutif—M. le Lieutenant-Colonel ... et M. C. W. Dilke (Contrôle du Bâtiment et Direc... Générale) ; M. H. Cole (Emplacement et Arrangem... des Articles).

Préparation des Plans, et direction des arrangements du ...ment—M. M. D. Wyatt. *Chef des Travaux*—M. Earl...

Architeceure et Décoration du Bâtiment—M. Owen Jones.

Ingénieur Directeur—M. C. H. Wild.

Secrétaire pour la Correspondence—M. F. Duncombe. ...posé à l'enregistrement des Lettres*—M. Wade. *Poste—Osmond Jones.

Finances—M. F. S. Carpenter.

Employés de la Commission Royale—M.M. H. R. Lack e... T. Wright.

Directeur de la partie Britannique du Bâtiment—M. le C...taine du Génie Collinson.

Directeur de la partie Etrangère du Bâtiment—M. le C...taine du Génie Owen. *Employés*—M. le Lieutenant... Génie E. F. Ducane, et M. Harman. *Secrétaire*—... Wylde.

Préposé à la réception des Produits Brittanniques—M. Belsh...

Préposé à la réception des Produits Etrangers—M. le C...taine Rafter.

Emplacement et Admission des Articles—M. le Capita... Owen et M. le Lieutenant Crossman.

Colonies Britanniques—M. le Dr. Lindley, M. le Lieuten... Tyler, et M. le Lieutenant Brownlow.

Collection Indienne—M. le Dr. Royle et M. le Profess... Solly.

Collections Chinoise et Persienne—M. le Lieutenant-Colonel Lloyd et M. le Lieutenant Tyler.

Enrégistrement des Dessins—M. le Capitaine L. Boscawen Ibetson.

Disposition pour les Ouvriers—M. A. Redgrave.

Catalogue—Directeur pour la Commission Royale—M. le Lieutenant-Colonel Lloyd. *Adjudicataires*—Messrs. Spicer et Clowes. *Rédacteur de la partie Scientifique*—M. R. Ellis. *Compilateur*—M. G. W. Yapp.

Police—Directeur nommé par les Commissaires de Police—M. Pearce.

Douane Royale—M.M. Rolls et Fairman.

Inspection des Sapeurs et des Mineurs employés—M. le Capitaine du Génie Gibb, et M.M. les Lieutenants du Génie Gordon et Stopford.

Mesures contre l'incendie—M. Braidwood.

Ventilation—M. le Lieutenant Crossman.

Rafraîchissements—M. J. Elderton. *Adjudicataires*—M.M. Schweppe.

Télégraphe Electrique—M. Gambie.

DIRECTEURS DES CLASSES.

1. *Mines et Carrières, produits Minéraux et Métallurgiques*—M. le Professeur Ansted, M. R. Hunt, et M. le Dr. Watson.
2. *Produits Chimiques et Pharmaceutiques*—M. le Dr. Playfair, M. A. Phillips, et M. le Lieutenant Ward.
3. *Substances employées comme Alimentation.* 4. *Matières Végétables et Animales employées dans les Manufactures*—M. le Dr. Linley, M. le Dr. Roe, et M. Matchwick.
5. *Machines d'emploi direct, comprenant les Voitures, le Mécanisme Naval, et des Chemins de Fer*—M. Hensman et M. Biddle.
6. *Machines et Outils pour Manufactures*—M. Hensman et M. le Lieutenant Crafter.
7. *Systèmes applicables à la Mécanique, au Génie Civil, à l'Architecture, et aux Bâtiments*—M. Hensman, et M. le Lieutenant du Génie Walker.
8. *Architecture Navale, Génie Militaire, Armements, Equipements, &c.*—M. le Capitaine du Génie Westmacott, et M. le Capitaine Englefield, de la Marine Royale.
9. *Machines et Instruments d'Agriculture et d'Horticulture*—M. Brandreth Gibbs, et M. l'Enseigne Soady.
10. *Instruments de Mathématiques et Physique, de Musique, d'Horlogerie, et de Chirurgerie*—M. le Lieutenant-Colonel Lloyd, et M. le Lieutenant Trevor.
11. *Coton*—M. Georges Wallis et M. Hawkins.
12. *Etoffe de Laine et Laine Filée*—M. Georges Wallis et M. Hawkins.
13. *Soieries et Velours.* 14. *Lin et Chanvre*—M. Wallis.
15. *Tissus mélangés, comprenant les Châles*—M. Wallis et M. Hawkins.
16. *Cuir, Sellerie et Harnais, Peaux, Fourrures, et Crin*—M. Dodd.
17. *Papier, Imprimerie, et Reliure*—M. Owen Jones.
18. *Objets Tissés, Feutrés, et Foulés, comme Spécimens de Teinture et d'Impression*—M. Wallis.
19. *Tapisserie, Tapis, Moquettes, Dentelles et Broderies, &c.*—M. Lowe.
20. *Objets d'Habillement, d'Usage Immédiat, Personnel et Domestique*—M. Wallis et M. W. Hawkins.
21. *Coutellerie et Taillanderie*—M. R. A. Thompson.
22. *Quincaillerie, comprenant la Serrurerie et les Grilles de Cheminée*—M. R. A. Thompson.
23. *Ouvrages de Métaux Précieux, Orfèvreric, &c.*—M. Lowe.
24. *Verrerie.* 25. *Faïence, Porcelaine, Poterie, &c.*—M. le Lieutenant Pasley.

26. *Meubles, Ameublement, Papiers de Tenture, Objets de Papier-Mâché, et Vernis*—M. C. T. Thompson.
27. *Substances Minérales manufacturées, employées dans le Bâtiment et le Décor*—M. le Professeur Anstey.
28. *Substances Vegétales et Animales manufacturées, mais ni tissées ni feutrées*—M. C. T. Thompson.
29. *Produits de Manufactures diverses et Petits Ouvrages*—M. Dodd.
30. *Sculpture, Modèles, Art Plastique, Mosaïque, Emaux, &c.*—M. Owen Jones.

JURY MIXTE DES RÉCOMPENSES.

DR. LYON PLAYFAIR, F.R.S., Commissaire Spécial.

Adjoints :

John Wilson, F.R.S.E., pour le Groupe A., Matières Premiers.

Col. Lloyd, F.R.S., Commissaire Spécial, pour le Groupe B., Machines.

Mr. George Wallis, pour le Groupe C., Manufactures Textiles.

Captain Boscawen Ibbetson, F.R.S., pour le Groupe D., Manufactures Métalliques et Filamenteuses.

Sir Stafford Northcote, Bart., Sécrétaire de la Commission Royale, Groupes E. and F. Manufactures Diverses et Beaux Arts.

Secrétaire.—Le Lieutenant Ward, du Génie, Secrétaire du Departement des Jurys.—Le Major Boyd, Interprète.

CONSEIL DES PRÉSIDENTS.
A.—*Matières Premières.*

Classes.

I. Sir Henry de la Bèche, C.B., F.R.S.
II. A. Dumas, Membre de l'Institut, &c.
III. Edouard Loade, de St. Pétersbourg.
IV. Le Professeur Owen, F.R.S.

B.—*Machines.*

V. Le Rév. E. Moseley, M.A., F.R.S.
Va. Comte Jersey.
VI. Le Gén. Poncelet, Membre de l'Institut.
VII. I. K. Brunel, F.R.S.
VIII. Baron Charles Dupin, Membre de l'Institut.
IX. Philip Pusey, M.P., F.R.S.
X. Sir David Brewster, F.R.S.
Xa. Sir H. Bishop.
Xb. E. B. Denison.
Xc. J. H. Green

C.—*Fabriques Textiles.*

XI. Sir James Anderson.
XII. Professeur Herrman.
XIII. G. T. Kemp.
XIV. Comte Von Harrack, de Bohème.
XV. Herr Von Hoegaerden, de Bruxelles.
XVI. Hon. Col. Anson.
XVII. M. M. Van de Weyer, Ambassadeur du Roi des Belges.
XVIII. Henry Tucker.
XIX. Le Professeur Bolley, de Suisse.
XX. William Felkin, de Nottingham.

D.—*Métaux Manufactures, Verrerie et Céramique.*

XXI. Lord Wharncliffe.
XXII. Hon. Horace Greeley, de New York.
XXIII. Duc de Luynes, Membre de l'Institut.
XXIV. Lord de Mauley.

E.—*Manufactures Diverses.*

XXV. Le Duc d'Argyll.
XXVI. Le Professeur Roesner.
XXVII. Signor Benedetto Pistrucci.
XXVIII. Senor Don Joaquin Alfonso.
XXIX. Viscount Canning.

D

JURYS DES CLASSES.

1. *Mines, Carrières, Métallurgie, et Productions Minérales.*

Sir H. De La Beche, C.B., F.R.S. (Président).
M. Dufrenoy, (Vice-Président et Rapporteur),*France*.
M. Farraday, F.R.S.

M. C. J. M. Gernaert—*Belgique*.
W. Logan, F.G.S.
M. F. Schrieber, *Zollverein*.
Richard Taylor, F.G.S.
Le Prof. Tunner, *Autriche*.

II. *Produits Chimiques et Pharmaceutiques en Général.*

Jacob Bell, M.P.
M. Dumas, (Président)—*France*.
Thomas Graham, F.R.S., (Vice Président et Rapporteur).

M. D. Galeani.
George Gossleth—*Autriche*.
John Mercer, F.C.S.
H. L. Pattinson, F.C.S.
M. Varrentrapp—*Zollverein*.

III. *Substances Alimentaires.*

Sir J. P. Boileau, Bart.,F.R.S. (Vice-Président).
Joseph D. Hooker, M.D., R.N., F.R.S.,(Rapporteur).
Comte Herre de Kergolay—*France*.

Dr. Lindley, F.R.S.
Mr. E. Lode (Président)—*Russie*.
Hon. A. Smith—*Etats Unis*.

IV. *Substances Végétales et Animales employées dans les Manufactures.*

M. le Juge Duncan—*Etats Unis*.
Le Professeur Richard Owen, F.R.S., (Président).
M. Payen (Vice-Président)—*France*.

Dr. Royle, F.R.S.
M. Ramon de la Sagra—*Espagne*.
Le Professeur Solly, F.R.S.
N. Wallich, M.D., F.R.S.
M. Weyhe—*Zollverein*.

V. *Machines à usage direct, comprenant la Carrosserie et le Mécanisme Naval et des Chemins de Fer.*

Chevalier de Burg, *Autriche*.
M. L. Cappalletto, *Autriche*.
Le Professeur Engerth, *Autriche*.
W. Fairbairn.
John Farey.
John Hick.
H. Maudslay.

Robert McCarthy, *Etats Unis*.
Colonel Morin (Vice-Président), *France*.
Le Rév. H. Moseley, M.A., F.R.S., (Président et Rapporteur).
Robert Napier.
C. de Rossius-Orban, *Belgique*.

Va. *Sous-Jury pour la Carrosserie.*

M. Arnoux, *France*.
J. Holland (Vice-Président et Rapporteur).
T. Hutton.

Le Comte Jersey (Président).
O. McDaniel, *Etats Unis*.
M. Poncelet, *Belgique*.

VI. *Machines et Outils.*

M. Alois de Cristoforis, *Autriche*.
Le Professeur Corridi, *Toscane*.
Benjamin Fothergill.
Charles Gascoigne Maclea.
John Penn.
Guilherme Kopke.
Général Poncelet (Président et Rapporteur, *France*.

George Rennie, F.R.S., (Adjoint).
T. R. Sewell.
S. Webber, *Etats Unis*.
Le Professeur Wedding, *Zollverein*.
Le Professeur R. Willis,F.R.S. (Vice-Président et Rapporteur.

VII. *Génie Civil et Procédés employés dans les Constructions.*

Dr. Neil Arnott, F.R.S.
I. K. Brunel, F.R.S., (Président et Rapporteur).
M. Combes (Vice-Président), *France*.
M. Conrad, *Hollande*.

J. M. Rendel, F.R.S.
Comte Rosen, *Suède et Norwège*.
Dr. J.C.V. Smith, *Etats Unis*.
William Tite, F.R.S.

VIII. *Architecture Navale et Génie Militaire ; Artillerie, Armement, Accoutrements.*

Major-Gén. Sir J. Burgoyne, K.C.B., (Vice-Président).
Lieut.-Col. Colquhoun.
Baron Dupin (Président et Rapporteur), *France*.

M. Ch. Lesoinne, *Belgique*.
Major Micheels, *France*.
Sir Baldwin Walker, K.C.B.
A. Whitney, *Etats Unis*.
— Watts.

IX. *Machines et Outils d'Agriculture et d'Horticulture.*

Col. Challoner.
B. T. Brandreth Gibbs.
A. Hammond.
M. B. Holweg, *Zollverein*.
B. P. Johnson, *Etats Unis*.
Josh. Locke, M.P., F.R.S.
C. M. Lampson, *Etats Unis*.
Le Professeur Hlubeck, *Autriche*.

W. Miles, M.P.
M. Moll, *France*.
Baron Mertens d'Ostins, *Belgique*.
P. Pusey, M.P., F.R.S. (Président et Rapporteur).
Professeur Rau, *Zollverein*.
J. V. Shelley.
H. S. Thompson.

X. *Instruments de Précision et de Physique, de Musique, d'Horlogerie, et de Chirurgie.*

Sir D. Brewster, F.R.S. (Président et Rapporteur).
Le Professeur Colladon, *Suède*.
E. B. Denison.
J. Glaisher, F.R.S.
Sir J. Herschel, Bart., F.R.S.
Le Professeur Hetsch, *Danemark*.

E. R. Leslie, R. A., *Etats Unis*.
M. Mathieu, *France*.
W. H. Miller, F.R.S.
Richard Potter, A.M.
Baron Seguier, *France*.

Sous-Jury A. pour les Instruments de Musique

W. Sterndale Bennet.
M. Berlioz, *France*.
Sir H. R. Bishop (Président et Rapporteur).
Dr. J. Robert Black, *Etats Unis*.

Dr. Schafhautl, *Zollverein*.
Sir G. Smart.
M. Sigismund Thalberg (Vice-Président), *Autriche*.
Dr. Wylde.

B. *Sous-Comité et Jurés associés pour l'Horlogerie.*

Le Profess. Colladon, *Suisse*.
E. B. Denison (Président et Rapporteur).

E. J. Lawrence.
Baron Séguier (Vice-Président).

Sous-Jury C. pour les Instruments de Chirurgie.

Dr. Chadbourne, *Etats Unis*.
J. B. Green, F.R.S. (Président et Rapporteur.)
James Philp.

Dr. Roux, *France*.
Dr. Lallemand, *France*.
W. Lawrence, F.R.S.

XI. *Coton.*

Sir J. Anderson, Lord Prévôt de Glasgow.
Thos. Ashton (Rapporteur).
M. C. Buschek, *Autriche*.
Col. R. E. Coxe, *Etats Unis*.
M. Philip Ellison (Vice-Président), *Zollverein*.

W. Gray, Maire de Bolton.
George Jackson.
K. Kirchhoffer, *Suisse*.
M. Mimerel, *France*.
J. Aspinal Turner.

XII. *Laines et Tissus.*

Samuel Addington (Rapporteur).
Henry Brett.
M. C. C. Carl, *Zollverein*.
John Cooper, J.P.
Henry Forbes, J.P. (Vice-Président).

Dr. Von Hermann, (Président), *Zollverein*.
George Lowton.
Thomas Marling.
M. Randoning, *France*.
M. Samoiloff, *Russie*.
M. P. Schuller, *Autriche*.
M. Arm. Simonis, *Belgique*.

XIII. *Soieries et Velours.*

Samuel Courtauld.
Lt.-Col. Daniells, *Turquie*.
M. Arlès Dufour (Vice-Président), *France*.
Thomas Jeffcoat.
George Tawke Kemp (Président).

M. Mahler, *Zurich*.
M. Antonio Radice, *Autriche*.
M. J. Vertu, *Sardaigne*.
Charles Warwick.
Thomas Winkworth (Rapporteur.

XIV. *Lin et Chanvre.*

William Charley (Co-rapporteur).
Comte Van Harrack (Président), *Autriche.*
M. Grenier Lefevre (Co-Rapporteur), *Belgique.*
M. Legentil, *France.*
John McMaster.
John Moir.
M. Carl Noback, *Allemagne du Nord.*
M. Scherer, *Russie.*
Charles Tee (Vice-Présid.)
John Willkinson, J.P.

XV. *Tissus Mélangés, comprenant les Châles.*

W. Clabburn.
M. Gaussen, *France.*
Herr Van Hoegaerden (Président) *Belgique.*
N. Kingsbury, *Etats-Unis.*
John R. Lavanchy (Vice-Président).
John Morgan.
Wm. Prinsep (Rapporteur).
Titus Salt, J.P.
Frederick Schwann, *Etats-Unis.*
John H. Swift, *Etats-Unis.*
Sir Gardiner Wilkinson, *Turquie.*

XVI. *Cuir, Sellerie, et Harnais ; Peausserie, Fourrures, Plumes et Crin.*

Hon. Col. George Anson (Président).
J. B. Bevington.
J. S. Cunningham, *Etats-Unis.*
M. Fauler, *France.*
John Foster.
J. W. Newman.
J. A. Nicholay (Rapporteur).
M. Nottbeck (Vice-Président), *Russie.*
M. Roessler, *Zollverein.*
Edward Zohrab, *Turquie.*

XVII. *Papier, Librairie, Imprimerie, et Reliure.*

M. A. Firmin Didot, *France.*
Thomas De la Rue (Vice-Président).
Vicomte Mahou, F.R.S.
Dr. Seyffarth, LL.D., *Zollverein.*
H. Stevens, *Etats-Unis.*
C. Venables.
C. Whittingham (Rapporteur).
M. Van der Weyer (Président), *Belgique.*

XVIII. *Etoffes tissées, filées, feutrées, et foulées, comme Spécimens de Teinture et d'Impression.*

J. M. Beebe, *Etats-Unis.*
M. Chevreul, *France.*
John Hargreaves.
Alexander Harvey.
Edmund Potter (Rapporteur).
M. Pahud, *Suisse.*
M. Persoz (Vice-Président), *France.*
C. Swaisland.
W. Schwarz, *Autriche.*
Henry Tucker (Président).

XIX. *Tapisserie, comprenant les Tapis, Dentelle, et Broderie, Ouvrages de Fantaisie et d'Industrie.*

Le Dr. Bolley (Président), *Suisse.*
D. Biddle.
Richard Birkin (Rapporteur).
M. Falk, *Zollverein.*
M. Fessler, *Suisse.*
Peter Graham (Vice-Président).
M. Laimel, *France.*
Robert Lindsay.
Thomas Simcox Lea, J.P.
M. Washer, *Belgique.*

XX. *Articles d'Habillement d'usage immediat, personnel, ou domestique.*

J. Brown.
M. Bernoville, *France.*
J. Christy (Rapporteur).
Elliott Cresson, *Etats-Unis.*
William Felkin, Maire de Nottingham (Président).
M. Hulsse, *Zollverein.*
E. Smith.
M. Philip Waltner (Vice-Président), *Suisse.*

XXI. *Coutellerie et Taillanderie.*

Joseph B. Durham (Vice-président).
M. C. Karmarsch, *Zollverein.*
M. Nubar Bey, *Turquie.*
Mr. Alderman Peace.
M. Le Play, *France.*
Lord Wharcliffe (Président et Rapporteur).

XXII. *Quincaillerie en général.*

Arthur Adams.
M. Auer, *Autriche.*
W. Bird (Vice-Président).
W. Dyce, R.A. (Rapporteur).
M. Goldenberg, *France.*
Hon. H. Greeley (Président), *Etats-Unis.*
Don Manuel Heredia, *Espagne.*
E. Stirling Howard.
George Shaw.
M. Ferd. Spitaels, *Belgique.*
Dr. F. Steinbeis, *Zollverein.*
Henry Van Wart.

XXIII. *Ouvrages en Métaux Précieux ou les imitant, Bijouterie, et Articles de Fantaisie et de Luxe, non compris dans les autres classes.*

Don Manuel Garcia, *Espagne.*
James Gartard.
John Gray.
M. Gruner, *Zollverein.*
Henry Hope, M.P. (Vice-Président).
Sallandrouze de Lamornaix, *France.*
Comte de Lovelace, *Turquie.*
Duc de Luynes (Président et Rapporteur), *France.*
Westley Richards.
Robert Younge.

XXIV. *Verrerie.*

E. H. Baldock, M.P. (Vice-Président.)
R. L. Chance.
L. C. Duncan, *Etats-Unis.*
M. Jules Frison, *Belgique.*
Lord De Mauley, F.R.S. (Président et Rapporteur.
Robert Obbard.
M. Peligot, *France.*
Dr. Scheler, *Zollverein.*

XXV. *Céramique.*

Le Duc d'Argyll (Président et Rapporteur).
M. Ebelmen, *France.*
M. Gabriel Kamensky, *Russie.*
W. Mortlock.
M. F. Odernheimer, *Zollv.*
Charles Baring Wall, Esq., M.P., F.R.S. (Vice-Président).
John A. Wise.
Augusto Pinto, *Portugal.*

XXVI. *Ebénisterie d'Art et Ameublement, comprenant les Papiers Peints, les Articles de Papier Mâché et Vernis.*

Lord Ashburton (Vice-Président).
John Lewis Aubert.
N. Charles De Beyne, *Russie.*
M. Coppens, *Belgique.*
J. G. Crace.
M. Charles Crocco, *Sardaigne.*
John Jackson.
M. W. Meyer, *Allemagne du Nord.*
Comte Newerkerke, *France.*
Le Professeur Roesner (Président et Rapporteur), *Autriche.*
Edward Snell.
John Webb.

XXVII. *Substances Minérales Manufacturées, employées dans les Constructions ou le Décors, comme Marbre, Ardoise, Porphyre, Ciments, Pierres Artificielles, &c.*

Le Professeur Ansted, F.R.S. (Rapporteur.)
M. Bernardo de Bernardis, *Autriche.*
George Godwin, F.R.S.
Sir Charles Lemon, Bart., F.R.S., M.P.
M. Benedetto Pistrucci (Président), *Italie.*
M. Emmnuel Psycha, *Grèce.*
Lord Sudeley (Vice-Président).
Vicomte Héricart de Thury, *France.*

XXVIII. *Substances Animales et Végétales Manufacturées, ni tissées ni feutrées, et non comprises dans les autres Sections.*

Le Rév. Gorham D. Abbot, *Etats-Unis.*
Don Joaquin Alfonso (Président), *Espagne.*
M. Balard, *France.*
J. E. Gray, F.R.S., P.B.S. (Vice-Président.)
Dr. E. Lankester, F.R.S. (Rapporteur.)
T. J. Miller.
G. Peterson, *Russie.*
T. A. Wise, M.D., Hon. E.I.C.S.

XXIX. *Manufactures diverses et Petits Articles.*

Viscomte Canning (Président),
Arthur Henfrey, F.L.S.
Le Professeur Hoffman, *Zollv.*
Warren De la Rue, F.R.S., F.C.S. (Rapporteur.)

John Joseph Mechi.
M. Otto Schumann, *Autriche.*
Mr. W. K. Smith, *États-Unis.*
M. Wolowski (Vice-Président), *France.*

XXX. *Sculptures, Modèles, Art Plastique.*

C. R. Cockerell, R.A.
Lord Colborne (Vice-Président).
J. Gibson.
Lord Holland, *Toscane.*
Comte de Laborde, *France.*
C. Newton.
A. Panizzi (Rapporteur), *Toscane.*

A. W. Pugin.
M. Quetelet, *Belgique.*
Richard Redgrave, R.A.
M. Seurmondt, *Hollande.*
M. G. Von Viebahn (Président), *Zollverein.*
Dr. C. Waagen, *Zollverein.*
W. Wyon, R.A.

TABLEAU COMPARATIF

DES MONNAIES, POIDS, ET MESURES ANGLAISES ET FRANCAISES.

MONNAIES.

Or. — Titres ou 1000es de fin.

Guinée	(917)	21 sch.	26 fr. 25 c.	
Demi-guinée	(917)	10 6 pen.	13	12 50
Souverain	(916)	20	25	
Demi-souverain	(916)	10	12	50

Argent.

Couronne	(923)	5	6	25
Demi-couronne	(923)	2 6 pen.	3	12 50
Schelling	(923)	„ 12 „	1	25
Demi-schelling	(923)	„ 6 „ „		62 50

Cuivre.

Penny ou denier	„	10 42
Demi-penny	„	05 21

POIDS.

Avois-du-pois.

Tonneau	20 quintaux	1015 kil.	940 g.
Quintal	112 livres	50	797
Livre	16 onces	„	455
Once	16 drams	„	028

Troy.

Once	20 deniers ou penny-weights	„	031
Denier		„	001 56

MESURES.

De Long.

Fathom	2 yards	1 mèt.	829
Yard	3 pieds	0	914
Pied	12 pouces	0	304
Pouce		0	325

MESURES—*(suite).*

Itineraire.

Mile, dit statute mile	1760 yards	1 kil.	609
Lieue marine	3 miles 454	5	558

De Superficie.

Yard carré	9 pieds carrés	mètre carré	0,836
Pied carré	144 pouces carrés	id.	0,092
Pouce carré		déci. carré	0,014

Cubes.

Fathom cube	216 pieds cubes	mètres cubes	6,116
Load (last de bois) 50	id.	id.	1,415
Tonneau de mer 40	id.	id.	1,132
Pied cube	12 pouces cubes	déci. cube	28,315
Pouce id.		id. id.	0,016

De Capacité.

Liquides.	Tonne	7 barils $\frac{875}{1000}$	lttres	1144
	Baril	32 gallons	id.	145
	Gallon impérial	4 quarts	id.	4 54
	Quart	2 pints	id.	1 13
	Pint		id.	0 56
	Gill		id.	0 14
	Last de goudron		id.	1717
Seches.	Quarter	8 boisseaux	id.	290 75
	Boisseau	8 gallons	id.	36 34
	Gallon		id.	4 54

Royaume Uni.

OBJETS EXPOSÉS PAR SA MAJESTÉ LA REINE D'ANGLETERRE, S.A.R. LE PRINCE ALBERT,
ET S.A.R. LE PRINCE DE GALLES,
DANS LES QUATRE SECTIONS DU PALAIS DE L'EXPOSITION.

SA MAJESTÉ LA REINE.

Avenue Principale, Est.

96 Portrait de Sa Majesté, de grandeur naturelle, en buste, peint sur porcelaine de Sèvres par A. Ducluzeau, d'après un portrait de F. Winterhalter. Peint en 1846. (Classe 30.)

97 Portrait de S.A.R. le Prince Albert, de grandeur naturelle, en buste, peint sur porcelaine de Sèvres par A. Bezanget, d'après un portrait de F. Winterhalter. (Classe 30.)

Ces portraits sont exposés par Sa Majesté et le Prince Albert, conjointement.

140 Le Grand Diamant de Runjeet-Singh, de Lahore, appelé "Koh-i-Noor," ou Montagne de Lumière. (Classe 23.)

Avenue Principale, Ouest.

Coffret écrin dans le style du 15e siècle, exécuté à la manufacture de M. Henri Elkington, à Birmingham, sur les dessins de L. Gruner, Esq. Cette cassette, en bronze doré et argenté à l'électrotype, est ornée de médaillons en porcelaine, avec les portraits de Sa Majesté, de S.A.R. le Prince Albert, et de S.A.R. le Prince de Galles, copiés de miniatures par R. Thornburn, Esq., A.R.A. Les petits médaillons, représentant les profils de LL.AA.RR. les princes et princesses, ont été modelés d'après nature par Léonard Wyon, Esq.

Classe 23.—Galerie Centrale du Sud.

350 Table en plaqué, dorée et argentée à l'électricité, de la manufacture de MM. Elkington. Le dessus de cette table est la reproduction à l'électrotype d'une pièce d'orfèvrerie, véritable chef-d'œuvre de l'art, copié pour M. H. Elkington sous la direction du Chevalier de Schlick. Les huit sujets en bas-relief représentent Minerve, l'Astrologie, la Géométrie, l'Arithmétique, la Musique, la Rhétorique. La figure centrale représente la Tempérance entourée des quatre elémens. Au bas de cette pièce est une inscription en l'honneur de l'artiste. Cette table a été dessinée par M. George Stanton, jeune artiste employé par M. Elkington, et élève de l'Ecole de Dessin de Birmingham.

Classe 30.—Salle des Beaux Arts.

353 Un berceau en buis de Turquie, sculpté par W. G. Rogers, sur les dessins de son fils, symbolisant l'union de la maison Royale d'Angleterre avec celle de Saxe-Cobourg et Gotha. Les armes de S.M. la Reine, entourées de bouquets de feuillage, de fleurs naturelles, et d'oiseaux, figurent dans de un écusson central aux pieds du berceau. Sur la bascule correspondante est sculptée la tête de "La Nuit," sous les traits d'une belle femme endormie, couronnée de pavots, reposant sur des ailes de chauve-souris, et entourée des sept planètes.

L'extérieur de la tête du berceau représente les armes de S.A.R. le Prince Albert. L'écusson occupe le centre, et parmi les arabesques de feuillages qui festonnent tout autour se voient les six cimiers du Prince, avec la devise "Treu und Fest." Au-dessous, sur le balancier, est la tête du "Sommeil," le menton enveloppé d'un voile qui se termine à chaque bout par un bouquet de pavots.

A l'intérieur, et à la tête du berceau, sont groupés des anges gardiens; au-dessus d'eux est la couronne royale reposant sur un lit de feuillages. Les frises, formant la portion la plus importante du corps du berceau, sont composées de roses, de pavots, de feuillages, de papillons, et d'oiseaux, tandis qu'au dessous d'eux s'élèvent une variété d'œillets sculptés d'après nature. Les bords et la partie intérieure des balanciers sont enrichis des insignes de la royauté et d'emblèmes du repos.

Classe 24.—Galerie Centrale du Nord. I. 27.

20 Une paire de candélabres, en cristal richement taillé, de huit pieds de hauteur, et portant 15 bougies chacun. Le fût est composé de cristaux prismatiques dont la longueur dépasse trois pieds.

Ces candélabres ont été dessinés et exécutés par F. and C. Osler, fabricants à Birmingham, et 44 Oxford Street, à Londres.

Classe 19.—Galerie Centrale du Nord. I. 36.

156 Un tapis d'Axminster, dessiné par L. Gruner, Esq., et manufacturé à Glasgow pour M. Dowbiggen.

379 Un tapis en laine de Berlin, exécuté par cent cinquante dames anglaises. Ce tapis a trente pieds de longueur sur vingt pieds de largeur; il a été fait de la manière suivante: —le patron originairement dessiné et peint par l'artiste, a été subdivisé en carrés détachés, qui ont été confiés à des dames pour faire la broderie; ces carrés, une fois brodés, ont été réunis pour recomposer le dessin, qui est composé de losanges et de fleurons, et d'emblèmes héraldiques. Les initiales des noms des personnes qui ont contribué à l'éxécution de ce tapis sont arrangées en ornements, et forment la bordure extérieure. Les diverses parties du dessin sont reliées entr'elles par des guirlandes ou rubans de feuillages, qui, partant d'un centre commun, courent en mille replis capricieux sur toute la surface du tapis.

Ce tapis a été exécuté sous la direction d'un comité.

Les dessins sont de M. J. W. Papworth; les patrons ont été enluminés et la broderie exécutée sous la surveillance de M. W. B. Simpson.

Classe 19.—Galerie Meridionale. P. 15 à 17.

337 Tapis d'Axminster, exécuté sur les dessins de L. Gruner, Esq., à la manufacture de MM. Blackmore frères à Wilton, pour MM. Watson, Bell, et Cie.

SON ALTESSE ROYALE LE PRINCE ALBERT.

TRANSEPT SUD.

15 Groupe en marbre, "Thésée et les Amazones," sculpté à Rome par J. Engel, de Hongrie, élève de l'Académie Royale.

CLASSE 3.

107 Trois échantillons de céréales récoltés sur les fermes royales de Windsor, savoir: froment, avoine, haricots; un boisseau de chaque espèce.

CLASSES 12 & 15.—AVENUE PRINCIPALE, OUEST.

500 Deux robes de brocard, manufacturées par T. Gregory et Frères, Shelf, près d'Halifax, Yorkshire.—La trame est de la laine cachemire des chèvres élevées par S. A. R. le Prince Albert, au Parc de Windsor. La chaîne est de soie.

Deux châles et un échantillon de gros drap, fabriqués par T. Haley & Fils, Bramley, près de Leeds. La matière première provient entièrement de la même laine cachemire.

La laine de chèvres cachemires dont ces articles sont manufacturés, consiste de deux matières distinctes appelées laine et "Kemp" (crin ou poils). La laine est d'une grande beauté et très-soyeuse au toucher, et sous ce rapport, elle est sans doute supérieure à la plus belle laine d'agneau du Continent, et égale à celle du Thibet. Le "Kemp," par sa rudesse et son infériorité, nuirait à l'apparence même des tissus les plus communs.

Après la tondaille, les deux laines sont si mélangées qu'elles ressemblent à de la laine grossière d'une qualité très inférieure; mais en les examinant de près, on découvre bientôt qu'une partie du produit est d'une qualité bien supérieure. On sépare la belle laine de la grossière, fibre par fibre; ce travail, qui se fait à la main, car il n'existe encore aucune machine pour y suppléer, est aussi difficile que fatigant; une personne ne peut trier plus d'une demi-once de laine en douze heures.

Après le triage, il faut diviser la laine pour faire une chaîne comme dans la fabrication des châles; mais la petite quantité de laine produite n'a pas permis de suivre ce procédé dans la manufacture des châles exposés, qui, autrement, auraient été beaucoup plus beaux. Toutefois, ce résultat a été obtenu pour les robes, dont la chaîne est de soie; il ne fallait ainsi que peu de laine pour la trame.

Le gros drap exposé est fabriqué entièrement des poils durs ou "Kemp," séparés des beaux fibres de la laine. Ce Kemp était généralement considéré comme n'ayant pas de valeur.

CLASSE 27.

140 Un bloc de charbon parrot, en parti poli, des mines de West Wemyss, Kirkaldy, Fifeshire.

141 Un banc de jardin, exécuté sur les dessins de L. Gruner, Esq., par Thomas Williams Waun, en charbon parrot, tiré des propriétés du Contre-Amiral Wemyss, en Fifeshire.

CLASSE 30.

350 Deux surtouts de tables en pierre de Derbyshire, taillés sur les dessins de L. Gruner, Esq., par M. Woodruff à Bakewell, dans le style du 15e siècle, en imitation de mosaïque de Florence.

351 Candélabre, style du 15e siècle, dessiné par L. Gruner, Esq., modelé par Ant. Trentanove, et exécuté en scagliola en imitation de giallo antico par L. Romoli.

Aux Casernes de Cavalerie, en face de l'Exposition.

Maisons modèles pour les classes ouvrières, démontrant pratiquement les améliorations qui peuvent être introduites dans les habitations des travailleurs.

Ces maisons, construites de briques creuses, ont été dessinées par M. Henri Roberts, F.S.A.

SON ALTESSE ROYALE LE PRINCE ALBERT
AU NOM DE SON ALTESSE ROYALE
LE PRINCE DE GALLES.

AVENUE PRINCIPALE, EST.

28 Bouclier présenté par Sa Majesté le Roi de Pruss[e] à S.A.R. le Prince de Galles, en souvenir du baptême [du] jeune prince, dont Sa Majesté Prussienne est parrain.

Les ornements peints de ce bouclier, pour le quel le Ro[i] donné lui même le plan général, ont été dessinés par [le] Docteur Pierre de Cornélius, et les ornements d'architect[ure] par le Conseiller Stüler. L'éxécution des autres ouvra[ges] c'est à dire l'orfèvrerie, l'émail, &c., avait été confiée à [M.] G. Hossauer; le modelage à M. A. Fischer; la ciselu[re à] M. A. Mertens; et l'ornementation lapidaire à M. Cal[an]drelli.

Au centre du bouclier est la tête de notre Sauveur. [Le] compartiment du milieu, entouré d'une double ligne o[rna]mentale, est divisé par une croix en quatre compartim[ents] plus petits, qui contiennent des représentations emblé[ma]tiques des deux sacrements, le Baptême et la Commun[ion] avec leurs types correspondants, tirés de l'Ancien Te[sta]ment, Moïse faisant sortir de l'eau d'un rocher, et la p[luie] de manne. Aux extrémités des branches de la c[roix] sont représentés les quatre Evangélistes, écrivant ce q[u'ils] ont vu et entendu de la sainte doctrine qui devait com[mu]niquer aux générations futures le salut de l'humanit[é et] répandre sur elles les sources inépuisables de la révéla[tion] et de la clémence divine,

Aux points extrèmes des arabesques qui entouren[t les] Evangélistes on voit les vertus cardinales, la Foi, l'Espér[ance,] la Charité, et la Justice Chrétienne. Tout autour du ce[ntre] sont les douze Apôtres. St. Pierre est placé immédiate[ment] sous la Foi; à sa droite et à sa gauche se tiennent St. Phil[ippe] et St. André; sous l'Espérance est St. Jacques, ayant à [ses] côtés St. Barthélemy et St. Simon; au dessous de la Ch[arité] est St. Jean, avec St. Jacques le jeune et St. Thomas; a[u] dessous de la Justice Chrétienne se trouve St. Paul; [à sa] droite et à sa gauche sont St. Mathieu et St. Judas T[had]dée, se disposant à parcourir le monde, pour ensei[gner,] baptiser, et propager le royaume du Rédempteur.

Le relief qui entoure le bord du bouclier, représen[te la] trahison de Judas, l'Expiation du Sauveur, et la R[ésur]rection. Une autre portion reproduit l'entrée triomp[hale] du Christ dans Jérusalem; une troisième, la descent[e du] Saint Esprit, la prédication de l'Evangile, et la fondati[on de] l'Eglise.

Le quatrième et principal compartiment contient [l']allégorie de la naissance du Prince de Galles, et de la v[isite] faite à cette occasion par le Roi de Prusse, accompagn[é du] Baron Humboldt, du Général von Natzmer, et du C[omte] von Stolberg; leur réception par Son Altesse Roya[le le] Prince Albert et le Duc de Wellington.

Un chevalier de St. Georges y est aussi représe[nté,] tenant sur la rive et ayant sous ses pieds un dragon.

Ce bouclier a été nommé *le Bouclier de la Foi.* Il [porte] l'inscription suivante:—

" FREDERICUS GULIELMUS REX BORUSSORUM
ALBERTO EDUARDO PRINCIPI WALLIÆ,
IN MEMORIAM DIEI BAPT. XXV. JAN. A. MDCCCXLII.
FREDERIC GUILLAUME, ROI DE PRUSSE,
À ALBERT EDOUARD, PRINCE DE GALLES,
EN MÉMOIRE DE SON BAPTÊME CÉLEBRÉ LE 25 JANVIER [1842.]

UNION DOUANIÈRE ALLEMANDE (ZOLLVEREIN).
SALON OCTOGONE, No. 836.

LE COMTE ERNEST DE COBOURG-GOTH[A.]

Noyaux de fruits de diverses grosseurs taillés au ca[nif ...]

OBJETS EXPOSÉS A L'EXTÉRIEUR DU PALAIS.

(Appartenant principalement à la 1ère Classe.)

PARTIE OUEST, COTE MERIDIONAL.

1 *Organ, J.* Prod. Penzance.—Bloc de serpentine en partie poli, de Lizard en Cornwall.

2 *Board, —.* (J. Donohue, Agent, New Road, Londres).—Deux statues en pierre artificielle.

3 *Teagle, R. & W.* Inv. et Fabs. 24 Hertford Street, Chelsea, Londres.—Statue de Lazare en pierre artificielle.

4 *Raysdale, W.*—Bloc de gypse employé dans la fabrication du plâtre.

5 *Robins, Aspdin, & Cox,* Northfleet et Great Scotland Yard, Fabs.—Echantillons de ciment de Portland.

8 *Morphet, J.* Prod. Studford, près Settle.—Dalles de pierre bleue des carrières de Horton Wood.

7 *Greaves, R.* Prod. Warwick.—Pierre de liais calcaire bleue. Modèles en pierre de liais, ciment romain perfectionné, et ciment de Portland, &c.

8 *Compagnie des Ardoisières de Old Delabole,* Prop. à Camelford (représentée par J. Carter). Bloc d'ardoise brut, tiré des carrières de Delabole; citerne en ardoise.

9 *Stirling, J. jeune,* Dess. Inv. et Fab. Belvidere Road, Lambeth, Londres.—Echantillons d'ardoises.

10 *White & Fils,* Fabs. Westminster.—Fragmens de constructions pour démontrer la force du ciment.

11 *Seeley, J.* Manuf. Keppel Row, New Road, Londres. Un Mercure en pierre artificielle, d'après Giov. de Bologne.

12 *Compagnie des Ardoisières du Pays de Galles,* 1 New Boswell Court (Mr. W. H. B. Barwis, Secrétaire).—Ardoises de Festiniog, Merionethshire.

13 *Sinclair, J.* Manuf. Forss, Thurso, Ecosse.—Citerne ou bain en pierre des carrières de Forss-Rockhill, échantillons de cette pierre, bruts, taillés, et polis.

14 *Freeman, W. & J.* Prod. Millbank Street, Westminster.—Obélisque de granit, et divers blocs et dalles de pierre.

16 *Struthers, W. S.* Fab. 7 Holywell Street, Westminster.—Fontaine filtre en ardoise; l'eau se filtre en montant.

17 Dallages Irlandais.

18 *Sharp, S.* Commercial Road, Lambeth, Londres, Agent de A. Adam, de Wick, Caithness-shire, Ecosse.—Pavés de Rockhill, tirés des carrières primitives.

19 *Furse, T. W.* Inv. et Fab. 96 High Street, Whitechapel, Londres.—Pierres artificielles imperméables à l'humidité, pour la construction d'égoûts et canaux d'écoulement de grande dimension, et le dallage des églises.

20 *Carnegie, W. F. L.* Prop. Kinblethmont, Arbroath, Ecosse.—Dalles et pierres de taille connues sous la dénomination de pavés d'Arbroath, des carrières de Leysmill, et taillées avec la machine de Hunter.

22 *Haywood, J.* Prod. Ardsley, près Barnsley.—Meules et pierres à aiguiser, des carrières d'Ardsley Oaks, près Barnsley.

23 *Dove, D.* Prod. Nitshill, Hurlet, près Glascow.—Pierres de taille, en bloc, des carrières de Nitshill; meule des mêmes carrières, de trois pieds de diamètre sur 6 pouces d'épaisseur.

24 *Bedford, Bonson, Drake, & Co.* Prod. Oaks Quarry, près Barnsley.—Meules des carrières d'Oak, près Barnsley, de 8 pieds de diamètre sur 14 pouces d'épaisseur.

25 *Raynes, Lupton, & Co,* Prod. Liverpool.—Echantillons de pierre calcaire pure des carrières de Pentregwyddel près Abergele, Denbighshire. Cette espèce peut servir de pierres lithographiques, &c. Pierres des carrières de Graiglwyd (Penmaen-Mawr, Carnarvonshire).

26 *Compagnie des Carrières de Serpentine de Penzance.*—Un bloc de serpentine brute.

27 *Towler, E.* Market Rasen.—Pierre de liais bleue, ciment hydraulique, et pierres polies des carrières du Tunnel de Kirton-Lindseys.

28 *Franklin, P. S.* Prop. Galway, Irlande.—Bloc de pierre en partie poli; bloc de marbre; et pavés.

29 *Brown, Rusby, & Booth,* Prod. et Fabs. Sheffield.—Dalles et marches d'escalier. Bloc, pesant 4 tonnes.

30 *Le Comité local de Falmouth & Penryn.*—Diverses pierres à paver.

34 *Oakeley, E.* Coed Talon, près Mold, Flintshire (Pays de Galles).—Charbon pour machines à vapeur, des mines de Coed Talon et de Leeswood, près Mold, Galles du Nord; un seul bloc pèse 16 tonnes.

35 *Buckingham, J.* Prod. 13, Judd Place East, New Road, Londres.—Charbon anthracite, de Tenby, Galles Méridionale. Spécimens de pierres artificielles brevetées.

36 *Round, D. G.* Prod. Mines de Charbons de Hange, Tipton, près de Birmingham.—Bloc de charbon du Staffordshire du Sud, de 18 pieds de circonférence et pesant 5 tonnes. Minerais de fer.

37 *James & Aubrey,* Prod. Swansea.—Un gros bloc de charbon anthracite, ou charbon de pierre, de Cwmllymell, dans la vallée de Swansea.

38 *Compagnie des Mines de Charbons de Ince Hall et Cannel,* Wigan.—Blocs de charbons d'Arley et de Pemberton.

39 *Compagnie des Mines de Charbon de Cameron Coalbrooke et de Swansea, et du Chemin de Fer de Loughor,* 2 Moorgate Street, Londres.—Charbons pour machines à vapeur, de Loughor, Galles Méridionale.

40 *Haines & Fils,* Prop. Denbigh Hall, Tipton, Staffordshire.—Gros bloc de charbon de Staffordshire, dont la veine a dix yards d'épaisseurs, pesant 13 tonnes, enlevé d'une profondeur de 165 yards (148 mètres) au moyen d'une machine à vapeur ordinaire, et sans autre appareil que ceux dont on se sert habituellement.

41 *Barrow, R.* Staveley Works, près Chesterfield, Derbyshire.—Charbons des mines de Staveley, comté de Derby. Ce bloc, du poids de 24 tonnes, a été extrait d'un puits de mine de 459 pieds de profondeur.

42 *Jones, Sells, & Cie.* 55 Bankside, Southwark, Londres, Agents.—Charbon anthracite de Llanelly, Galles Méridionale.

43 *Davis, D.* Prop. Hirwain, près Merthyr Tydvil, Galles.—Charbon pour machines à vapeur de Blaengwawr, près Aberdare.

44 *Compagnie Charbonnière de Neath Abbey.*—Charbon de Brynddwey, tiré des gisemens entre Neath et Swansea. Charbon anthracite des gisemens à l'ouest de la vallée de Neath.

45 *Prothero & Price,* Prod. Tillery, près Newport, Galles Méridionale.— Charbon pour machines à vapeur, produit d'une mine nouvellement ouverte.

47 *La Compagnie Brymbo,* Prod. Wrexham, Galles.—Bloc de charbon des mines de Brymbo, près Wrexham.

48 *Le Comte Fitzwilliam.*—Pilier taillé dans l'épaisseur du gisement de charbon de Barnsley, extrait des mines d'Elsicot, montrant les différentes couches des sections.

49 *Compagnie Charbonnière d'Abercarn.*—Bloc de charbon pour machines à vapeur.

50 *Gilmour, A. & Cie.*—Bloc de charbon.

52 *Cruttwell, Allies, & Cie.* Fabs. Abergavenny.—Arbre fossile extrait d'un gisement de charbon.

53 *Bagnall & Gesson,* Prod. West Bromwich, près Birmingham.—Colonne de charbon rocheux du Staffordshire méridional.

CÔTÉ DU NORD.

PARTIE OUEST.

54 *Compagnie Exploitant les Carrières de Granit de Cheesewring.* Agent à Londres, E. Turner, Belvidere Road, Lambeth.—Colonne sur son piédestal, de 30 pieds de haut, des carrières de granit de Cheesewring, Cornwall.

55 *Roger, W.* Lieut. de Marine, breveté. — Grosse ancre, manufacturée par Fox and Henderson.

57 *Longridge & Cie.*—Grosse ancre.

58 *Brown, Lennox, & Cie.*—Grosse ancre.

59 *Bateman.*—Deux bateaux de sauvetage.

60 *Young.*—Grilles pour chemins de fer.

61 *Dench.*—Deux serres chaudes de nouvelle construction.

62 *Kent, J.* Chichester.—Couverture de serre chaude, nouvelle méthode de disposer les vitrages de serres.

63 *Phillips, C.* Fab. Weston-super-Mare.—Pots à fleur en terre glaise de qualité supérieure ; tuteurs pour fleurs et bassins à semences ; tuiles pour fraises, &c.

64 *Doulton & Cie.* Fabs. Lambeth, Londres. — Gros tuyau en grès, et autres objets.

65 *Singer & Cie.* Fabs. Poteries de Vauxhall.—Alambic et autres objets de poterie en grès.

66 *Ferguson, Miller, & Cie.* Fabs. Heathfield, près Glascow.—Tuyaux et autres objets de grosse poterie en grès.

67 *Green, S. & Cie.*—Grosse poterie en grès.

68 *Compagnie des Mines de Charbon de Grangemouth,* Sunderland, Fabs.—Grosse poterie en grès.

69 *Compagnie de Garnkirk* (Sprot, M. et T.).—Objets divers de poterie en grès.

70 *Ramsay, G. H.* Inv. Derwent Haugh, Newcastle.—Briques et objets en argile réfractaire.

71 *Francis & Fils,* Fabs. Nine Elms.—Tuyaux à eau faits à la mécanique.

75 *Hoshen, R.* Fab. Penryn, Cornwall.—Obélisque de granit de Cornwall sur sa base de 20 pieds de hauteur, pesant environ 15 tonnes, tiré des carrières de Carnseu, près Penryn.

76 A quelque distance du palais et à l'extrémité occidentale, est la statue équestre, de proportions colossales, de Richard Cœur-de-Lion, exécutée par le *Baron Marochetti.*

Le pavage de la clôture du côté sud a été exécuté par trois exposans,—*Mr. Sinclair,* de Caithness ; *MM. Brown, Rusby & Cie.* de Yorkshire : et *Mr. Franklin,* d'Irlande.

CÔTÉ ORIENTAL.

100 Monument de granit en forme de croix, taillé d'un seul bloc, et d'un grain remarquable.—*Kullgrin* (Suède).

101 *Standish & Noble,* Imp. & Prod. Bagshot.—*Cupressus funebris,* ou cyprès pleureur, de 30 p. de haut, du pays du thé vert, Wheychow, nord de la Chine. Spécimens de bois polis.—(Chine.)

102 Canot de sauvetage, actuellement en usage dans la marine française.

103 *Legler,* Paris.—Fontaine ornée, en fonte bronzée, avec statues, statuettes, &c. (France.)

104 Tente, dont les matériaux ont été fabriqués par des Thugs, à l'école industrielle de Jubulpore, dans l'Inde.—(Inde.)

Le pavage a été exécuté par la *Société d'Asphalte de Seyssel,* avec son asphalte préparé.

Le pavage de l'entrée méridionale, ou du transept, est formé de dalles d'ardoises des carrières de Festiniog, de la Galles du Nord.

STATUES ET AUTRES OBJETS QUI MÉRITENT DE FIXER L'ATTENTION DES VISITEURS, EXPOSÉS DANS L'AVENUE PRINCIPALE DU PALAIS.

TRANSEPT, COTE MERIDIONAL.

1 Combat de chevaux.
2 La Jalousie d'Obéron.
3 Ariel. } Par *Lough, J. G.*
4 Puck.
5 Titania.

6 Une Nymphe allant au bain.
7 Un jeune homme se reposant après la chasse. } *Baily, E. H., R.A., F.R.S.*
8 Satan tentant Eve.

9 Satan vaincu par l'Archange : "Et il terrassa le dragon, le vieux serpent qui est le diable et Satan, et il l'enchaîna pour mille ans." Rev. xx.—*Stephens, E. B.*

10 Statue de la Victoire, modelée par le Professeur Rauch, de Berlin. Exécutée à Carrare, en marbre de Carrare.—*Wright, Tootal, & Brown.*

11 "L'Archange Michel ayant vaincu Satan." Milton.—Par *Lough, J. G.*

12 La Jalousie de Médée.

13 Alfred-le-Grand recevant de sa Mère le livre de poésies Saxonnes.

14 Sa Majesté montée sur son cheval favori Hammon.—Par *Thornycroft.*

15 Groupe en marbre. Episode de la guerre des Amazones contre les Argonautes.—Par *Engel, J.* élève de l'Académie Royale.

16 Groupe en marbre, Virginius et sa Fille. — Par *P. MacDowell,* R.A.

17 Jeune Fille à la Fontaine.—Par *Woodington, W. T.*
18 Le Suppliant.
19 Statue du Marquis de Wellesley. } Par *Weekes, H.*

20 Le Repos après la Course.
21 Un enfant endormi sous la garde de son chien. } Par *Weekes, H.*

22 Cupidon, statue en marbre.
23 Eve, modèle. } *MacDowell, P., R.A.*
24 Une Jeune fille priant.

25 La Béatrice de Dante : "Guardami ben ; ben son, ben son, Beatrice."—*Hancock, J.*

698 Une paire de ventaux de grilles de parc en fer fondu.—*Cottam & Hallen.* (Classe 22.)

128 Horloge électro-magnétique, dont le mouvement est exposé dans la Galerie.—Par *Shepherd, C.* (Classe 10.)

410 Deux pompes à incendie.—*Shand & Mason.* (Cl. 5.)

682 Deux cloches.—*J. Taylor & Fils,* Loughborough. (Classe 22.)

A l'intersection de l'Avenue Principale et du Transept.
Une grande fontaine en cristal taillé, de 27 pieds de hauteur.—Par *Osler, F. & C.*

TRANSEPT, CÔTÉ SEPTENTRIONAL.

26 Statues équestres de Sa Majesté et de S.A.R. le Prince Albert, de grandeur naturelle, dessinées pour être coulées en bronze, par *J. Wyatt.*

146 Modèle du vaisseau de la marine royale, "La Reine," de 116 canons, dessiné par Sir W. Symonds.—*L'Amirauté.* (Classe 8.)

28 Modèle de la statue de Lord Falkland, exécutée en marbre pour le Nouveau Palais de Westminster.—*Bell, J.*

29 Un braconnier.—*Stephens, E. B.*

30 Un Groupe, Abel et Thirza.—*Earle, T.*

31 Adam.—*Physick, E. G.*

32 Groupe colossal : Le Massacre des Innocents, par *Hollins, P.*

33 Statue en plâtre de Paris : La Délaissée.—*Forrest, A. H.*

34 Samson brisant ses Fers—*Legrew, J.*

35 Le Mousse naufragé mourant.—*Sibson, H.*

36 Modèle en plâtre de l'Apollon du Belvédère, d'après l'original, pour imiter le marbre.—*Brucciani, D.*

37 Groupe en plâtre : Rizpah veillant sur les corps inanimés de ses Fils. 2 Samuel, xxi. 10.—*Leifchild, H. S.*

38 La Chasse au Daim et tête colossale de cheval,—*M'Carthy, H.*

39 Statue en plâtre : Prométhée enchaîné au rocher,—*Wood, S.*

40 Modèle d'une statue colossale du Duc de Wellington.—*Milnes, T.*

41 Jeune Athlète.—*Richardson, E.*

42 Groupe : Milton et ses Filles.—*Legrew, J.*

43 Modèle de grandeur naturelle : Statue tenant une torche, &c.—*Adams, G. G.*

44 Modèle : Jacob et Rachel. ⎱ *Earle, T.*
45 Le Péché triomphant. ⎰

45A Statue en terra cotta.—*Doulton & Watt*, Lambeth.

46 Modèle de la statue de Hampden, sculptée en marbre, pour le nouveau palais de Westminster.

47 Jeune homme sur les bords d'un torrent.—*Foley, J. H., A.R.A.*

462 Fontaine et mouton hydraulique.—*Freeman, Roe, & Hanson.* (Classe 5.)

320 Collection d'oiseaux et d'animaux empaillés.—*Hancock, J.* (Classe 29.)

Collection de palmiers et autres plantes tropicales.—*Loddiges, C. & Fils*, Hackney.

48 Fontaine ornementale en fonte bronzée ; Cupidon et le Cygne ; exécuté sur les dessins originaux de John Bell.—*La Compagnie de Coalbrook Dale.*

Chaise rustique, faite de nœuds de bois.

49 Entrée de parc monumentale en fonte de fer bronzé ; consistant en une paire de ventaux pour l'entrée principale, deux portes latérales, montés sur piliers de construction nouvelle. Chacun de ces quatre ventaux a été fondu d'un seul jet, sur les dessins originaux de Charles Crookes.—*La Compagnie de Coalbrook Dale.*

50 Grand vase à fleurs en terra cotta, exécuté sur les dessins du Baron Marochetti. Tuiles encaustiques et autres. Pots à fleurs, &c., avec des bas reliefs de Paros, d'après Thorwaldsen.—*Minton, H. & Cie.*

664 Fougères, cactus, et autres plantes exotiques, dans des boîtes fermées et vitrées.—*Ward, N. B. Esq.* (Classe 10.)

4 Verre plaqué, fabriqué par N. Swindon, Shields.—*G. Donne*, Leadenhall Street. (Classe 24.)

789 Trois cloches d'église.—*Warner & Fils*, 8 Crescent, Jewin Street. (Classe 22.)

390 Métier de tapis en mouvement ; tapis de foyer dessiné par Lawson.—*Jackson & Graham.* (Classe 19.)

AVENUE PRINCIPALE, OUEST.

51 Vénus et Cupidon.—*Davis, E.*

52 Statue de bronze : Jeune homme sur le bord d'un torrent, d'après Foley.—*Hatfield, J. A.*

53 Fontes en bronze : Le Chasseur d'Aigle, exécuté sur le modèle original de John Bell.—*La Compagnie de Coalbrook Dale.*

1 Trophée de soieries.—*Keith & Cie.*, Wood Street, Cheapside, Londres.

408 Deux glaces, chacune de plus de 12 pieds de haut.—*La Compagnie des Glaces Britanniques.* (Classe 26.)

54 Groupe en bronze : Cheval et Dragon—*Wyatt, M. C.*

56 Statue en bronze du Duc de Rutland, destinée pour la place du marché de Leicester.—*Davis, E.*

57 Sir William Follet : statue colossale.—*Behnes.*

Grande collection de spécimens de bois du Canada et de Van Diémen. Mâchoire inférieur de baleine franche.

97 Grand candélabre en argent.—*Hunt & Roskill.* (Classe 23.)

58 Groupe et piédestal en sculpture de mosaïque : L'ami fidèle de l'homme foulant aux pieds son ennemi le plus insidieux.

58A Modèle de l'intérieur du Théâtre de Sa Majesté.—*Deighton.*

59 La Madone et l'Enfant Jésus.—*Davis, E.*

Morewood & Rogers.—Feuille de fer galvanisée et étamée.

60 Restauration du monument de Philippine de Hainault, femme d'Edouard III., élevé dans l'Abbaye de Westminster. Ce projet a été exécuté en albâtre anglais d'après les dessins de G. G. Scott ; les statuettes et les anges sont de J. Philipp.—*Cundy, S.*

61 Monument gothique et tablette en marbre de Purbeck, avec blason, et inscription en caractères anglais primitifs.—*Mather, A. A.*

386 Grande glace et table console, ornées et dorées.—*M'Lean, Charles.* (Classe 26.)

62 Devant d'autel monumental en bronze, représentant l'histoire du bon Samaritain.—*Waller & Cie.*

63 Voûte de la Cathédrale d'Hereford, dessinée par N. J. Cottingham ; sculptée par Boulton et Swales. Statuettes &c. Lutrin en bronze pour la Cathédrale d'Hereford, dessiné par Cottingham ; exécuté par E. Potter.

64 Monument Gothique, de style orné, période du 14e siècle.—*Purdy, C. W.*

65 Panneau monumental en bronze, dédié à la mémoir des officiers d'état major de Lord Hardinge tués à la bataille de Sutleje ; exécuté par les ordres de Lord Hardinge, et destiné aux Indes.—*Archer, J. W.*

66 Bronze monumental.—*Gould.*

Modèle de l'orchestre de la Société d'Harmonie Sacrée d'Exeter Hall, exécuté par Mr. Phidias Clarke.—*Société d'Harmonie Sacrée.* (Classe 7.)

Modèle de la Cour d'Assise de New County, construite à Cambridge par MM. Wyatt & Brandon ; la façade principale est en pierre de Whitby, et les agencemens intérieurs en bois de chêne, modelés par S. Salter. (Classe 7.)

107 Modèle du pont en fonte de fer jeté sur la rivière d'Aire, et aqueduc suspendu au-dessus de la rivière de Calder, à Stanley, Yorkshire ; exécuté par Salter, sur les dessins de G. & G. W. Leather. (Classe 7.)

L'Eglise de St. Nicolas à Hambourg, en construction en ce moment sur les plans de G. G. Scott, de Londres. (Classe 7.)

Viaduc de chemin de fer à travers l'Ouse, à Selby, Yorkshire ; construit par MM. Walker & Burgess. (Classe 7.)

Viaduc de Dinting sur le chemin de fer de Sheffield à Manchester ; construit par A. S. Jee. (Classe 7.)

Modèle en carton de la nouvelle église de Ste. Marie et St. Nicolas à Wilton, erigée par Wyatt & Brandon. (Classe 7.)

67 Statue de Rosemonde.—*Thomas, John.*

68 Une Fontaine ; Acis et Galatée.—*Thomas, J.*

158 Colonnes en marbre de Madrepore poli, avec chapitaux en pierre de Caen ; spécimens divers de marbre brut, poli, et taillé.—*Champernowne, H.* (Classe 1.)

79 Croix monumentale en pierre de Caen, exécutée par l'hon. Mad. Ross, de Bladensburg.

518 Grand piano à caisse ornée.—*Broadwood & Fils.* (Classe 10.)

80 Spécimens de sculptures faites à la machine de Jordan : devant d'autel, dessiné par W. Harris, chaises, trophée sculpté d'oiseaux, feuillages, statuettes, &c.

187 Multum in Uno, formant table pour jeu de loo, de bagatelle, et échiquier, par MM. Jennens and Bettridge. (Classe 26.)

81 Groupe: Eldon & Stowell. Dessiné et modelé par feu Musgrave Watson, et exécuté par G. Nelson.—*Le Comte d'Eldon.*

135 Gros madrier de bois d'acajou de Honduras. — *Fauntleroy & Fils.* (Classe 4.)

18 Beaux spécimens d'alun cristallisé.— *Pattinson, W. W.* (Classe 2.)

10 Sulfate de cuivre, &c.—*Hatmell & Ellis,* Manchester. (Classe 2.)

29 Masse de spermaceti cristallisé et raffiné.—*Miller & Fils.* (Classe 4.)

17 Beaux spécimens d'alun cristallisé.— *Moberly, W.,* Landsend, près Whitby. (Classe 2.)

8 Spécimens de bichromate de potasse.—*Dentish, W.,* Manchester. (Classe 2.)

55 Horloge de tourelle.—*Dent, E. J.* (Classe 10.)

683 Grande cloche.—*John Murphy,* Dublin. (Classe 22.)

26 Fontaine filtrante à pression.—*Forster, J.,* Liverpool. (Classe 7.)

157 Chapiteau Corinthien en papier maché.—*Bielefeld, C. F.*

680 Boîte octagone en verre, contenant des spécimens de coutellerie.—*Rodgers & Fils,* Sheffield.

498 Poêle en fer poli à rayons.—*Jobson & Cie.,* Sheffield.

82 Cheminée en marbre blanc, avec ornements en or-moulu. Statuettes.— *Thomas, J.* (Classe 22.)

276 Poêle en acier poli, avec montures en or-moulu.—*Feetham & Cie.* (Classe 22.)

237 Grille de poêle Suédois à ventilateur.—*Jeakes, W.* (Classe 22.)

805 Poêle et lampe.—*Bailey, W. & Fils.* (Classe 22).

83 Statue non terminée de Shakspeare, d'après le buste de Stratford.—*Bell, J.*

Dôme rustique monumental en fonte de fer bronzé, de 20 pieds de diamêtre sur 30 pieds de hauteur, pour couvrir une serre chaude ; exécuté d'après les dessins de Charles Crookes et J. Bell. Bancs de jardin, chaises, &c.—*Compagnie de Coalbrook Dale.*

84 Les Affligés,—*Lough, J. G.*

157 Appareil catatoptrique perfectionné pour phares de première classe. Appareil dioptrique pour phares de 4e classe. Lampes à réflecteur parabolique.— *Wilkins, W. C.* (Classe 22.)

85 Vase et piédestal en fonte de fer coloré et doré.—*Handyside, A.,* Derby.

86 Cheminée, avec tous ses accessoires.—*Brine Frères & T. Sharpe.*

254 Télescope astronomique, dont le verre objectif a 11½ pouces de diamêtre, monté sur pied, avec complémens et accessoires. La partie optique de ce télescope a été exécutée au moyen de machines et d'après le système perfec-perfectionné, et chambres obscures pour daguerréotypes. tionné de Ross, &c.—*Ross, A.* (Classe 10.)

254A Lorgnette astronomique solide, fabriquée par A. Ross.—*Reade, Rév. J. B.*

301 Talbotypes pris avec la chambre obscure photographique de A. Ross.—*Buckle, S.,* Petersbourg. (Classe 10.)

301 Grande quantité de fourrures et de peaux.—*Nicholay & Fils ; La Compagnie de Hudson Bay ; Bevingtons & Morris ; Smith G. & Fils ; Lampson, C. M. ; Meyer, S. & M. ; Clarke R. & Fils.* (Classe 16.)

Grande collection de plumes d'autruche, d'oiseaux du paradis, &c. Plumes pour coiffures, &c.—*Adcock & Cie.* (Classe 16.)

87 Fonts baptismaux en marbre.—*Peyman, H. P.*

223 Modèle d'une église Gothique, dessiné par E. Sharpe, architecte.— *Willock, E. P. & Cie.,* Manchester. (Classe 7.)

19 Modèle d'une fontaine, avec une petit mécanisme pour la mettre en mouvement.—*James, J.* (Classe 7.)

500 Laine cachemire et articles qui en sont fabriqués, exposés par S. A. R. le Prince Albert.

106 Modèle du pont tubulaire suspendu Britania, &c. sur une échelle de 1-8 de pouce par pied: R. Stephenson, ingénieur ; modèle exécuté par Jabez James. (Classe 7.)

9 Modèle du pont du South-Western Railway, en fer forgé, jeté sur la Wye, à Chepstow, dessiné par I. K. Brunel, C. E., actuellement en construction sous la direction de MM. Finch & Willey, à Liverpool. (Classe 7.)

105 Modèle du pont suspendu, jeté sur le Dnieper à Kieff (Russie) à chaînes en barres de fer forgé, actuellement en construction ; ce pont est l'œuvre la plus importante en ce genre qu'on ait entreprise jusqu'à present.—*Vignoles, C.*

88 Fontaine en pierre calcaire artificielle, dessinée par J. W. Papworth.—*Seeley, J.*

89 Modèle en argile d'après un dessin original: la Délivrance de Caractacus.—*Panormo, C., A.R.S.D.*

489 Blocs de cuivre natif, des mines de Trenances Mullion, Cornwall.—*Berger, F.* (Classe 1.)

256 Métier Jacquard pour popeline irlandaise, en mouvement. (Classe 12).

90 Modèle de 3000 milles carrés du territoire d'Angleterre, comprenant des portions de Leicestershire, Yorkshire, Nottinghamshire, Derbyshire, Chester, et Lancashire, et un partie du port et de la ville de Dundee.—*Carrington, F. A.*

169 Modèle du canot d'apparat du Lord Maire.—*Searl & Fils.* (Classe 8.)

179 Bottes et souliers brevetés.—*Taylor et Bowley.*

180 Bottes et souliers brevetés.—*Dowie.* (Classe 16.)

181 Bottes et souliers.—*Gilbert.* (Classe 16.)

192 Bottes et souliers.—*Hickson & Fils.* (Classe 16.)

91 Modèle trigonométrique de la falaise sous-marine de l'Ile de Wight, d'après un plan trigonométrique.—*Ibbetson Capt. L.L.B.*

22 Phare dioptrique à révolution, de première classe —*Chance, Frères & Cie.* Birmingham.

28 Modèle en pierre calcaire du brise lames de Plymouth, avec phare et beffroi en argent, fait spécialement pour l'Exposition sous la direction des Lords de l'Amirauté, &c.—*Stuart, W.*

92 Tête colossale de cheval, modelée par le Baron Marochetti.—Dépôt électrique par *Elkington & Cie.*

93 à 94 Bustes du Prince Albert, du Duc de Wellington, et de feu Sir Robert Peel, à l'électrotype.—*Elkington & Cie.*

95 Modèle des Bassins (docks) et de la partie commerciale de la ville de Liverpool sur une étendue de cinq milles le long de la rivière.—*Comité Local de Liverpool.*

389 Spécimens deglaces.—*Manufacture de Glaces de la Tamise.* (Classe 26.)

684 Cloche sphérique. — *Mears et Cie.* Whitechape (Classe 22.)

AVENUE PRINCIPALE, EST.

530 Spécimen de minerai d'or de la Californie.—*Mariott, Madame.*

96 Portrait de Sa Majesté sur porcelaine de Sèvre de grandeur naturelle, en buste, peint par A. Ducluzeau d'après un portrait de F. Winterhalter.

97 Portrait de S. A. R. le Prince Albert, sur porcelaine de Sèvres, de grandeur naturelle, en buste, peint par A. Bezanget, d'après un portrait de F. Winterhalter.

27 Andromède et un piédestal, en bronze.—La *Compagnie de Coalbrooke.* (Le modèle original par John Bell.

140 Le gros diamant de Runjeet Singh, appelé " Koh-Noor." (Classe 23.)

98 Bouclier offert par Sa Majesté le Roi de Prusse S. A. R. le Prince de Galles, en mémoire du baptême du jeune prince, dont S.M. Prussienne est le parrain.

531 Grand bloc de cristal de quartz.—*Le Duc de Devonshire.* (Classe 1.)

98A Les Orphelins.—*Miller, F. M.*

99 Zephyr et Aurore.—*Marshall, W.,* A.R.A.

100 Modèle de la statue du Dr. Jenner.

101 Modèle de la statue colossale de feu M. le Marquis de Bute.—*Thomas, J. E.*

102 Statue du Dr. Goodhall, Prévôt d'Eton, par *Weekes, H.*

2 Bloc d'argent natif de la province d'Atacama (Chili).

51 Grande jarre à vin, fabriquée au village de Toboso, province de la Manche (Espagne).

262 Obusiers et mortiers en fer forgé. De la Fonderie Royale d'Onate (Espagne).

263 Obusier allongé. De la Fonderie Royale de Canons de Séville (Espagne).

1098 Grande jarre à olives (Portugal).

19 Grand vase en alabâtre d'Orient, ayant 3½ pieds Anglais de diamètre, par Moda Tommaso Della (Rome).

103 Glicère et une autre Nymphe; statues en marbre, par feu R. J. Wyatt, de Rome.—*Le Cap. Leyland.* (Classe 30.)

16 Cupidon et Psyché (Rome).

29 Rinaldi et Armide (Rome).

437 Statue de Sa Majesté la Reine, en fonte de zinc, coulée par la Compagnie de la Vieille Montagne. (Classe 1).

1053 Fontaine en fonte de fer, coulée par André, de Val d'Osne (France).

173 Orgue d'Eglise, par Ducroquet, P. A., rue St. Maur St. Germain, Paris.

1215 Groupe en plâtre; bas-reliefs en marbre: Les Médicis et Françoise de Rimini, par Etex (France).

Bas-relief en bronze: Le Radeau.

923 Grand vase en fer.—*Matifat,* Paris.

45 L'Enfant Pélerin—*Jean de Bay* (France).

187 St. Michel et le Dragon, groupe colossal en plâtre.—*J. B. Du Seigneur,* 86 rue de l'Ouest, Paris.

588 Buste en marbre; "Fiat Voluntas Tua."—*H. Lemaire* (France).

Statue: Le Faune Dansant.—*E. E. L. Lequesne* (France).

1215 Groupe en plâtre, par Etex (France).

573 Deux groupes: Des Enfants et des Chiens.—*Lechesne* (France).

Groupe en bronze: Le Cerf Mourant.—*J. Debay* (France).

779 Deux grands vases en zinc bronzé (France).

464 Statue équestre de Godefroi de Bouillon; l'Enfant qui rit, et l'Enfant qui pleure.—*E. Simonis* (Bruxelles).

455 Moïse enfant.—*Cuyper* (Belgique).

465 Le Berceau de l'Amour et l'Amour captif.—*Fraiken* (Belgique).

466 Paul et Virginie.—*G. Geefs* (Belgique).

466A Groupe en plâtre: Le Lion amoureux, et une petite statue de Cupidon en marbre.—*S. Geefs,* de Schaerbeck, près de Bruxelles.

463 La Mère et l'Enfant.—*L. Jehotte* (Belgique).

450 Sculptures en bois.—*C. Geertz* (Belgique).

409 Sculptures en bois (Belgique).

454 Le Christ crucifié, sculpture sur bois (Belgique).

465 Psyché appelant l'Amour à son secours.—*C. A. Fraiken* (Belgique)

458 Le jeune Berger. Le premier essai de dessin de Giotto.—*J. Tuerlincks* (Rome).

461 Vénus et Cupidon désarmés.—*S. Jaquet* (Belgique).

464 La Vérité.—*Simonis* (Belgique).

451 La jeune Fille et la Colombe.—*S. Geefs* (Belgique).

468 Les Tourments de Caïn.—*L. Jehotte,* St. Josseten Noode, près Bruxelles.

455 Le Canadien pleurant la Mort de son Enfant.—*Cuyper* (Belgique).

95 Fontes en zinc; Cerf au Repos (Hollande).

720 Groupe en marbre: Mazeppa.—*G. Pierotti* (Milan).

Bijoux et pierres précieuses.—*H. T. Hope,* M.P.

Groupe en marbre: Les Pêcheurs à la Ligne, par R. Monti, de Milan.

710 Achille blessé, et deux statues en marbre.—*Fraccaroli* (Vérone).

737 Vitraux peints, représentant Le Dante et la personnification de quelques unes de ses idées.—*G. Bertini* (Milan).

430 Quatre statuettes en fonte de fer, tirées de Niebelungen, par Fernçoni; Candélabre, par Bernardo de Bernardis; et statue en bronze du Feld-maréchal Radetzky, des fonderies du Prince de Salm, à Vienne.

712 Statuette en marbre, et modèles en cire.—*D. Gaudolfi.*

267 Fontes de zinc.—*Geiss* (Berlin).

Rouleau de cable en fil de fer.—*Fellen,* de Cologne.

279 Groupe en zinc, bronzé, représentant une Amazone à cheval attaquée par un Tigre, d'après le dessin original du Professeur *A. Kiss,* de Berlin; en fonte de zinc et bronzé par *M. Geiss,* de Berlin.

1200 Table d'argent oxidé.—*Albert Wagner.*

194 Grand Globe en relief (Prusse).

90 Deux statues de sept pieds de hauteur, modelées par Schwanthaler, fondues en bronze non retouchées au ciseau, représentant Libussa Reine de Bohême, l'an 700; et Georges I., Roi de Bohême (Bavière.)

285 Jeune Garçon jouant avec un cygne, groupe en bronze.—*Schwanthaler* (appartenant au Roi de Prusse).

235 Piédestal en marbre; dessus de tables en marbre et en granit rouge; grand vase sur piédestal.—*Cantian* (Berlin).

90 Lion colossal de quinze pieds de long sur neuf de haut.—*Müller* (Bavière).

271 Groupe de statues en fonte de fer; le vase de Warwick; le vase d'Athènes; le vase d'Alexandre, dont les bords sont décorés de reliefs d'après les dessins de Thorwaldsen: le tout exécuté à la Fonderie Royale Prussienne, à Berlin.

Vase gothique en terra cotta.

299 La Muse Polymie, d'après une statue antique du Musée Royal de Berlin.—*Kessler,* de Greifswald.

273 Fonte d'une partie du piédestal du monument de Frédéric Guillaume III., Roi de Prusse.—Prof. *F. Drake,* de Berlin.

239 Chien de Terre Neuve en bronze, d'après le modèle de Moeller.—*L. Fribel,* de Berlin.

431 Statue: Arminius, Prince des Chérusques, en ôtage à Rome.—*C. Cauer,* Creuznach.

Jeune Fille au Puits, en bronze.—*Einsiedelsches,* de Lauchhammer.

240 Une fontaine, avec un groupe d'enfans; &c.—*E. March,* de Thiergartenfelde, près de Charlottenbourg.

105 Modèles de deux groupes, représentant une irruption de chevaux.—*Von Hofer,* de Stuttgard (Wurtemberg).

37 Une cloche en cuivre jaune, pesant 383 kilogr., avec battant et palans en fer.—*F. Gruhl,* de Kleinwelka, près de Bautzen (Saxe).

Quatre tables et piédestal en mosaïque de marbre.

Grand candélabre (Russie).

39 Adam et Eve, en plâtre.—*Jerichau* (Danemark).

38 Oreste, statue.—*Bissen* (Danemark).

Vases de porphyre Suédois, présentés par le Roi de Suède au Général Sir R. Wilson.—*Le Cap. Wallis,* de la Marine Royale.

Modèle des Chutes du Niagara.—*G. Catlin,* 6 Waterloo Place, Londres.

166 Masse de minerai de zinc (oxide rouge), pesant 16,400 livres: ce bloc a été extrait presque à fleur de terre d'une mine dans le comté de Sussex, New Jersey.

522 Statue en marbre: l'Esclave Grecque.—*Hiram Power,* des Etats-Unis.

547 Statue en marbre: le Jeune Pêcheur.—*Hiram Power* (Etats-Unis)

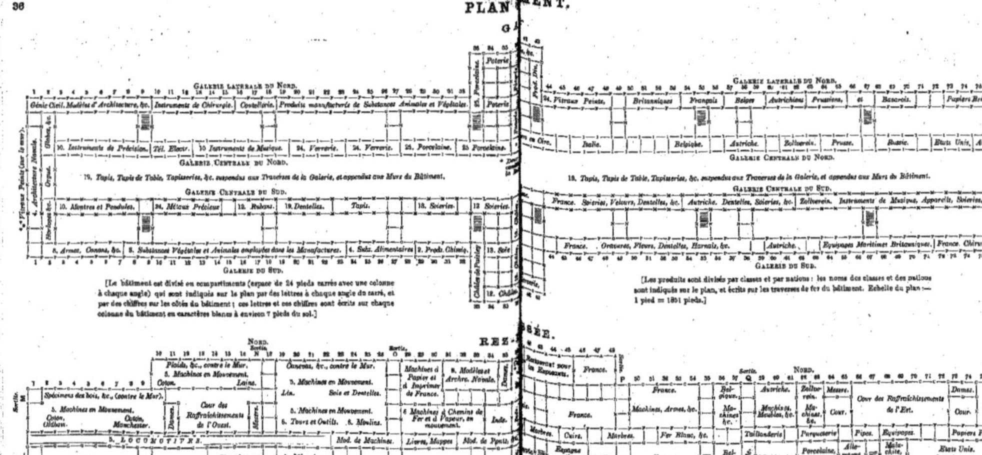

PLAN DU BÂTIMENT.
GALERIES.
REZ-DE-CHAUSSÉE.

GALERIE LATERALE DU NORD.
1 2 3 4 5 6 7 8 9 10 11 12 13 14 15 16 17 18 19 20 21 22 23 24 25 26 27 28 29 30 31 32
Génie Civil, Modèles d'Architecture, &c. | Instruments de Chirurgie. | Coutellerie. | Produits manufacturés de Substances Animales et Végétales. | 25. Poterie
Génie Civil, Modèles d'Architecture, &c. (Globes, &c.)
4. Architecture Navale. — * Vitraux Peints (sur le mur). — Orgue.
10. Instruments de Précision. | Tél. Electr. | 10 Instruments de Musique. | 24. Verrerie. | 24. Verrerie. | 25. Porcelaine. | 25 Porcelaine.
Poterie

GALERIE CENTRALE DU NORD.
19. Tapis, Tapis de Table, Tapisseries, &c. suspendus aux Traverses de la Galerie, et appendus aux Murs du Bâtiment.

GALERIE CENTRALE DU SUD.
10. Montres et Pendules. | 24. Métaux Précieux | 12. Rubans. | 19. Dentelles. | Tapis. | 18. Soieries. | 13 Soieries.
Horloges, &c.
8. Armes, Canons, &c. | 8. Substances Végétales et Animales employées dans les Manufactures. | 4. Subs. Alimentaires | 2. Prod. Chimiq. | 13. Soie
1 2 3 4 5 6 7 8 9 10 11 12 13 14 15 16 17 18 19 20 21 22 23 24 25 26 27 28 29 30 31 32
GALERIE DU SUD.

[Le bâtiment est divisé en compartiments (espace de 24 pieds carrés avec une colonne à chaque angle) qui sont indiqués sur le plan par des lettres à chaque angle du carré, et par des chiffres sur les côtés du bâtiment ; ces lettres et ces chiffres sont écrits sur chaque colonne du bâtiment en caractères blancs à environ 7 pieds du sol.]

GALERIE LATERALE DU NORD.
44 45 46 47 48 49 50 51 52 53 54 55 56 57 58 59 60 61 62 63 64 65 66 67 68 69 70 71 72 73 74 75 76
24. Vitraux Peints, | Britanniques | Français | Belges | Autrichiens | Prussiens, | et | Bavarois. | Papiers Britanni...
Prod. Div.
en Cire. | Italie. | Belgique. | Autriche. | Zollverein. | Prusse. | Russie. | États Unis, | Anglet...

GALERIE CENTRALE DU NORD.
19. Tapis, Tapis de Table, Tapisseries, &c. suspendus aux Traverses de la Galerie, et appendus aux Murs du Bâtiment.
Orgue.

GALERIE CENTRALE DU SUD.
France. Soieries, Velours, Dentelles, &c. | Autriche. Dentelles, Soieries, &c. | Zollverein. Instruments de Musique, Appareils, Soieries, &c.
France. Gravures, Fleurs, Dentelles, Harnais, &c. | Autriche. | Équipages Maritimes Britanniques. | France. Chirurgie,
44 45 46 47 48 49 50 51 52 53 54 55 56 57 58 59 60 61 62 63 64 65 66 67 68 69 70 71 72 73 74 75 76
GALERIE DU SUD.

[Les produits sont divisés par classes et par nations : les noms des classes et des nations sont indiqués sur le plan, et écrits sur les traverses de fer du bâtiment. Echelle du plan :— 1 pied = 1851 pieds.]

NORD. Sortie.
10 11 12 13 14 15 16 N 18 19 20 21 22 23 24 25 26 O 28 29 30 31 32 33 34 35
Plafonds, &c., contre le Mur. | 5. Machines en Mouvement. | Coton. Laine. | Canevas, &c., contre le Mur. | 5. Machines en Mouvement. | Lin. Soie et Dentelles. | Machines à Papier et d'Imprimer de France. | 8. Modèles et Archre. Navale. | Danois.
Sortie. M. Spécimens des bois, &c. (contre le Mur).
5. Machines en Mouvement. Coton, Oldham. — Coton, Manchester. — Danois. — Cour des Rafraîchissements de l'Ouest. — Maître. — 5. Machines en Mouvement. 6. Tours et Outils. 8. Moulins. | 6 Machines à Chemins de Fer et à Vapeur, en mouvement. | Inde.
5. LOCOMOTIVES. | Mod. de Machines. | Livres, Mappes. | Mod. de Ponts, &c.
Sortie. L.
5. Voitures. | 5. Voitures. | 27. Manufactures de Métaux. | 5. Mécanisme N'col. | 30. Beaux Arts. | Inde.
11. Coton. | 14. Cuir. | 15. Fourrures. | 16. Crin. | 26. Meubles. | 17. Papier. | Malte. | Ceylon. | Jers...
Entrée de l'Ouest, &c.
18. Impression et Teinture. | 14. Lin. | Châles. | 12. Articles de Laine. | Faïencerie. | 26. Meubles. | 22. Faïencerie. | Canada. | Inde.
Décors et Verrerie, &c.
Tissus Imprimés Manch., Londres, et Glasgow. | Lin, Irlande. | 12. Tissus de Laine, Mélangés, et Châles. | 22. Sheffield. | 26. Meubles. | 22. Birmingham. | Salle du Moyen Âge. | Canada. | Inde.
Sortie. K.
Quincaillerie, y compris la Serrurie, les Grilles, &c. | Lampes. | Vases. | Ivoire. | Peaux, &c.
9 Instruments Agricoles et Outils de Jardinage. | Salle de Sculpture. | Colonies. | Inde.
Australie.
Sortie. J.
1. Pierres Précieuses—Argiles—Pierres. | 1. Charbon—Coke—Modèles. | 1. Fer—Cuivre—Plomb—Modèles. | N. S. Wales. | Bureaux.
1 2 3 4 5 6 7 8 9 10 11 12 13 14 15 16 17 H 18 19 20 21 22 23 24 25 26 G 28 29 30 31 32 33 34 35
Sortie. — Sortie. — Sortie.
SUD.
* Sur le mur du Sud bois indigènes, &c., imitation de marbre, &c., bois, &c.

Section I.—PRODUITS BRUTS.

Classe 1.   MINES ET PRODUITS MINERAUX.

—— Cote Sud.—Groupes S. 1—27. ——

1 Poissons fossiles, dans du grès rouge d'ancienne formation (Cephalaspis).

2 *Powell, W. J.* Prod. Tisbury, près Hindon, Wilts.—Spécimens de flint poli des oolites de Tisbury.

3 *Carter, J.* Delabole, près de Camelford, Cornwall, Prop.—Deux échantillons de cristal de roche trouvés dans les carrières d'ardoises de Delabole.

4 *Bonitto, J.* Nelson; *Balleras, G. E.* Londres, Exp. et *Paris, E.*—Emeraudes dans leurs matrices, de la mine de Muso. Nouvelle Grenade.

5 *Lentaigne, J.* Tallaght House, Dublin, Prop.—Blocs de chaux et granit.

6 Blocs de chaux-carbonifère contenant des coquillages fossiles (Productus).

7 *Breadalbane (Marquis de)*, Taymouth, Aberfeldy, Perth.—Spécimens de minerai de cuivre, de plomb, et de plomb et argent, de granit et de porphyre, &c., des carrières d'Argylshire et de Perthshire.

8 *Leeson, Dr. H. B.* Greenwich, Inv.—Modèles, minéraux cristalisés et gravures. Pour servir à démontrer son système de cristallographie.

9 *Mitchell, Rev. W.* St. Bartholomew's Hospital, Des. & Inv.—Modèles de toutes les formes primaires et secondaires des cristaux.

10 *Dyer, W.* Prop. et Inv. Little Hampton, près d'Arundel.—Agates des côtes de Sussex dont plusieurs contiennent des spécimens d'éponges pétrifiées, d'anémones de mer et autres zoophytes.

11 *Slater & Wright*, Whitby, Manuf.—Spécimens de jet brut et articles fabriqués en jet.

12 *Webb, —.* Calcot Ferme, Riding.—Partie d'un fossile de bois silicifié; corne de bœuf retiré d'un dépôt de tourbe.

13 *Ellis, —,* Harrowgate.—Collection des eaux minérales d'Harrowgate avec leur analyse.

14 *Tennant, J.* 149 Strand, Londres.—Quatre caisses de minéraux et de fossiles; grande émeraude de cristal, appartenant au Duc de Devonshire.

15 *Nelis, J.* Omagh, Tyrone, Irlande, Prop.—Perles trouvées dans la rivière Strule à Omagh.

16 *Cowie, A. & Rae, W.* Prop. Ellon, Ecosse.—Perles de la rivière Ythan, en Aberdeenshire.

19 *Cook, A.* Prop.—Grand cristal de quartz noir (Batten, A. agent).

20 *Macdonald, Major C.* Prop.—Collection de turquoises dans leur matrice, en fragments bruts; ornements qui en sont fabriqués.

21 *Oldfield, Rev. —,* Dublin, Prop.—Quartz cristalisé, propre à divers usages.

22 *Tolan, W.*—Collection d'agates polies de l'Ile de Wight.

23 *Highley, S. jeune,* 32 Fleet Street.—Soufre natif de Sicile, et ses produits.

24 *Thistlethwayte, H. F.* The Vine House, Sevenoaks, Kent.—Collection de perles et pierres précieuses, dont M. Hertz a fait la collection pour démontrer la grande variété de couleurs de chaque espèce.

25 *Jamieson, G.* Prop. 107 Union Street, Aberdeen.—Pierres de Cairngorm; perles fines écossaises; spécimens de granit d'Aberdeen et de Peterhead; topazes de Cairngorm; tête de mouton, montée en argent.

26 *Cassels, A.* Prop. Edinbourg.—Deux pierres employées en Ecosse pour le jeu national de Curling.

27 *Kay, J.* Bayhill, Ochiltree, Manu.—Pierre employée pour le jeu national écossais de Curling.

28 *Magendie, A.*—Topazes blanches de Van Diémen, brutes et taillées.

29 *Howard, T.* Bristol.—Collection de sable, argile, pierres de construction et marbres; charbons, minéraux et métaux, tirés du bassin de Bristol.

30 *Fahie, J. K.* Prod. Tipperary, Irlande.—Minerai de cuivre d'un gisement découvert dans les propriétés de Lord Stanley, près Tipperary, briques, ciment artificiel, charbons, marbres blanc, noir, rouge et gris, &c.

31 Collection de felspar de Labrador

32 Collection de minéraux des Mendip Hills, Somersetshire.

33 *Talling, —,* Truro.—Divers minéraux de Truro.

34 Minéraux de Liskeard, Cornwall.

35 *Musée d'Ipswich,* par le Rév. J. Henslow, Président du Conseil.—Divers minéraux recueillis dans les environs d'Ipswich.

36 *Paine, J. M.* Farnham, Prop.—Fossiles phosphoriques et marne; houblon récolté dans ces terres.

37 *Lance, E. J.* Frimley, Bagshot, Surrey.—Spécimens de minéraux pour engrais, tels que phosphate de chaux et de magnésie, &c.

38 *Gill, W.* Fab. Eastborne, Truro.—Guano préparé des déchets des pêcheries.

39 Argile et chaux.

40 *Sweetman, J.* Sutton County, Irlande, Prop.—Chaux; dolomite; ciment de dolomite; quartz; stéatite; minerai de fer; oxide de manganèse noir.

41 *Teschemacher, E. F.* Park Terrace, Highbury, Exp.—Collection d'engrais minéraux et autres.

42 *Harris, J.* 2 Hart Street, Mark Lane.—Matière fécale désinfectée pour engrais.

43 Sable et tourbe de l'Ile d'Ely.

44 *Ramsay, A.* 65 Mark Lane.—Engrais artificiel de noir animal et de superphosphate de chaux.

45 *Mitchell, W. B.* Sheffield.—Pierres pour construction et pour meules de moulins de 17 carrières différentes. Minéraux des environs de Sheffield.

46 *Nesbitt, J. C.* Kennington, Exp.—Fossile de phosphate pour engrais.

47 *Cawley, J.* Prod. et Fab. Pendell, Blechingley.—Terre à foulon, bleue et jaune, préparée à l'usage de fabricants de draps et lainages; spécimens de spath, trouvés dans les gisements de terre à foulon.

48 *Gawkroger & Hyam.* Fab. 7 Princes Square, Finsbury.—Terre à foulon purifiée et sechée de Chart Lodge, Reigate, Surrey, et des fosses de Cormonger, Nutfield, Surrey.

49 *Wilson, Sir T. Maryon*, Charlton, près Blackheath. —Echantillons de sable et de terre grasse pour fonderies; sables propres à la fabrication du verre.

50 *Rock, J. jeune*, Hastings.—Charbon trouvé dans le tunnel de Hastings, à Ashford; bloc contenant une quantité considérable de fer; pierre argileuse; sable blanc fin; &c.

51 *Rock, T.* Claremont, Hastings.—Minerai de fer des environs d'Hastings; granit d'Hastings; argile tirée d'un gisement qui se trouve sous la falaise d'Hastings.

52 Spécimen de fossile orthocératite.

53 *Whittaker, J.* Workworth, Derbyshire, Prop.— Spécimens et vase de marbre; sable blanc; minerai de plomb; stalactite.

54 *Brodie, P. B.* Prod. Down Hatherley, Gloucester.— Pierre calcaire de Purbeck (Wiltshire), pouvant servir de pierre lithographique; minerai de fer tiré des couches supérieures des gisements de Robinswood Hill et autres; ces gisements occupent une grande étendue du terrain de Cotswold Hill; septaria trouvé dans les gisements de Robinswood Hill, près Gloucester, en quantité suffisante pour être employée comme ciment, &c., &c.

55 *Riddell, Sir J. M.* Bart. Prop. Strontian.—Spath hexahédral prismatique calcaire et autres Spaths. Carbonate cristallisé de strontia.

56 *Dann, T.* Prod. Reigate.—Pierre à chaux grise.

57 *Worthington, W.* Northwich, Cheshire, Prop.—Sel natif; sel raffiné; sel de Malvern fin.

58 *Hill, J.* Fab. Ringsend, Dublin.—Sel de table; sel fin pour le beurre; sel rose de table.

59 *Brassington*, Derbyshire.—Minerai de blanc de plomb.

60 *Roake, J. W.* Newbury, Berkshire.—Spécimens d'argile de diverses espèces, ocre blanc, rouge et jaune; sable blanc, &c.; provenant du sol aux environs de Newbury.

62 *Dyer, W. B.* Prop. Mold.—Minerai de blanc de plomb; id. de carbonate de plomb, donnant 60 pour cent de plomb et 4 onces d'argent par tonne, &c. Carbonate de barytes de l'île de Man.

63 *Cairns, J. jeune*, 96 Charlotte Street, Manchester.— Carbonate de baryte d'Anglezark Moor, Lancashire.

64 *Brookman & Langdon*, Prop. 28 Great Russell Street. —Graphite et autres minéraux de Cumberland.

65 *Brockedon, W.* Fab. et Brev. 29 Devonshire Street, Queen Square.—Plombagine des mines de Borrodale dans le Cumberland, de Ceylon, d'Espagne, &c.; échantillons de mine de plomb purifiée et condensée en blocs, pour crayons, &c.

66 *Reeves & Fils*, Inv. et Fab. 113 Cheapside.—Plombagine et crayons de mine de plomb.

67 *Adair, R.* Maryport, Fab.—Matériaux employés à la fabrication des crayons de mine de plomb.

68 *Wolff & Son*, Cumberland, Fab.—Plombagine de Cumberland, d'Espagne et des Indes Orientales; crayons.

69 *Banks, Son, & Cie.* Greta Bridge, Keswick.— Crayons de mine de plomb et autres.

70 *Rogers, S. S.* Douglas, Ile de Man.—Spécimens des terres et des sables de l'Isle de Man.

71 *Tennants, C. & Cie.* Manchester, Fab.—Cristaux de sulfate de cuivre de grande dimension.

72 *Thompson, J.* Northwich.—Bloc cristalisé de sel natif.

73 *Claxton, J.*—Sable d'Alum Bay, Ile de Wight.

74 *Squire, J. & W.* Tamworth, Isle of Wight, Hampshire.—Spécimens de sable blanc, employé dans les verreries pour le flint-glass.

75 *Collinson, C.* Prop. Mansfield.—Sable rouge pour fondeurs, trouvé à Mansfield seulement, et très recherché comme produisant les plus belles fontes.

76 *Relf, S.* Prod. Reigate, Surrey.—Sable blanc, appelé sable argenté.

77 *Morrison, G.* Ag. du comte Somers, Reigate.—Sable de Reigate Heath, très recherché pour la fabrication du verre.

78 *Long, J.* C.E.—Sables et terres de la Rivière Shannon, Limerick.

79 *Rouse, Cap., & Whitley, N.*, Truro.—Echantillons de sable de Cornwall.

80 *Flather & Haden*, 1 Castle Mills et 2 Broad Lane, Sheffield.—Sable préparé pour polir les métaux, tels que cuivre et métaux de composition; pierre décomposée pour polir les métaux; chaux préparée pour polir les objets d'argent ou argentés.

81 *Solomon, T.* Truro.—Variétés de pierres à aiguiser.

82 *Scrampton, —*, Leicester.—Spécimens de pierres à repasser.

84 *Meinig, C.* Fab. 103 Leadenhall Street, Londres.— Pierres circulaires à aiguiser le verre, les dents minérales, les instruments fins, &c. Ces pierres sont fabriquées en Angleterre de la pierre à sablon de Bohème.

85 *Walton, J.* Prop. Greenends, Alston.—Quartz pyramidal; pierre à chaux; quartz stalactique; spath d'ambre; carbonate de chaux, &c.

86 Statue en terra cotta, des ateliers pyropolites de Bank Park.

87 *Potter, W. & Cie.* Prop. et Fab. Aldgate & Cromford, Derbyshire.—Spath fluor; spath calcaire, minéraux.

88 *Comité de l'Exposition à Falmouth*, Falmouth.— Pierres de construction, &c.; porphyre feldspathique pour les chemins; porphyres, &c.

89 *Nicholls, J.* Truro.—Argile propre à fermer les fourneaux.

90 *Whiteway, Watts, & Cie.* Wareham, Dorset.— Argile bleue. Argile noire des mines de Kingsteignton, &c.

91 *King & Cie.* Stourbridge.—Argile à fourneau, divers produits de cette terre.

92 *Jenkins & Beer*, Prod. Truro.—Ocre en morceaux et en poudre des environs de Truro.

93 *Jenkins & Courtney*, Truro.—Spécimens de pierres de Cornouailles employées principalement dans la porcelaine ou la faïence fine.

94 *Thriscutt, T.* St. Austell.—Argile de porcelaine brute des mines de Candle Down; id. preparée; id. calcinée.

95 *Whitley, N.* Truro.—Argiles des environs de Truro.

97 *Minton, H. & Cie.*—Matériaux bruts que l'on emploie à la fabrication des porcelaines.

98 *Highley, S. (jeune)* Imp. 32 Fleet Street, Londres.— Collection de rocs et fossiles, arrangés méthodiquement pour illustrer les ouvrages modernes sur la géologie, par M. Krantz, à Bonn.

99 *Greaves, R.* Prop. et Prod. Warwick.—Deux bustes de Shakespeare, en ciment.

100 *Fayle, B. & Cie.* Prop. Old Swan Lane, Upper Thames Street.—Argile ou terre à pipe de Norden, employée pour les vases en terre.

101 *Phillips, W.* Prod. et Prop. Morley Works, près Plymton.—Spécimens de granit de Morley (Devon), avec feld-spath, dans un état décomposé et mêlé à une grande quantité de quartz, mica, &c.; terre à porcelaine préparée, ou feld-spath décomposé, résultat du lavage du spécimen précédent; spécimen de terre glaise pour briques réfractaires, creusets, &c.

102 *Pike, W. & J.* Prod. Wareham.—Terre bleue, tirée de l'île de Purbeck, à l'usage des poteries anglaises; terre à faïence pour tuyaux d'écoulement; terre de pipe ou pour fabriquer de l'alun.

103 *West of England Stone and Clay Company*, St. Austell, Cornwall.—Pierre et argile pour porcelaines.

104 *Truscott, C.* St. Austell, Cornwall. — Pierre et argile pour la fabrication des porcelaines.

105 *Grimsley H.* Oxford, Dess. et Mod.—Statue en terra-cotta de Shotover Hill, près d'Oxford. Argile, sable et ocre.

106 *Burnett, N.* Prod. Black Hedley-Gateshead, Newcastle-upon-Tyne.—Spécimen d'argile; articles qui en sont fabriqués.

107 *Martyn, E.* Prod. et Fab. St. Austell.—Argile de porcelaine; kaolin employé dans la poterie de Staffordshire, &c.; feldspath français.

108 *Wheeler, P. et Cie.*—Prop. St. Austell.—Kaolin employé dans la fabrique de la faïence et de la porcelaine; terre blanche; argile contenant de l'alumine; pierres de porcelaine des carrières de la paroisse de Germoe, Cornwall.

109 *Browne, W.* Prop. St. Austell.—Feldspath anglais d'une mine récemment découverte, employé dans la fabrique de la porcelaine, la faïence, &c.

110 *Michell, Sarah,* St. Austell.—Argile blanche pour porcelaine.

111 *Wandesforde,* Hon. C. Prop.—Anthracite. Argile réfractaire, sable pour briques réfractaires et pour mouler.

112 *Beamish, —.*—Carbonates de barytes en blocs et en poudre.

113 *Phippard, T.* Prop. Wareham.—Terre à potiers, et pipes à tabac faites avec cette terre; sable silicieux pour verreries.

115 *King, G.* Fab. Demidge Lodge, Gazeley, près Newmarket.—Terre à briques rouge; briques de construction et de dallage, fabriquées avec cette terre.

116 *Enniskillen,* Le Comte de, Florence Court.—Deux espèces d'Argile. Tuiles et tuyaux de dessèchement qui en sont fabriqués.

117 *Squires & Fils,* Stourbridge.—Modèle d'un fourneau de verrerie; pot dans le quel on fond le verre.

118 *Anstey, S.* 10 Devonshire St. Hoxton Fields.—Creusets à fondre le cuivre.

119 *Fisher, F.* Fab. Woolpit, Suffolk.—Spécimens de terre pour briques; briques blanches pour constructions; briques pour pavé et tuyaux d'écoulement.

120 *Walker, R.* Victoria Works, Beverley.—Plâtre de Paris.

121 *Deering, J.* Inv. Middleton, County of Cork, Irlande.—Silices pour la manufacture de porcelaine, de faïence et de verre.

122 *Pease, J.* Darlington.—Charbon de terre des mines de Pease; coke. Argile réfractaire, briques réfractaires, tuiles.

123 *Hodson,* Sir G. Bart. Prop. Hollybrooke Bay, County Wicklow, Irlande.—Spécimens de terre à porcelaine.

124 *Smedley, T.*—Sable à verrerie et argile.

125 *Lee, J.* L.L.D., Prop. Hartwell, près Aylesbury.—Sables blancs lavés, et verres blancs, jaunes, bleus et verts qui en proviennent.

126 *Methuen & Fils,* Kirkaldy.—Tuyaux d'écoulement, tuiles, et poterie.

127 *North Devon Pottery Company,* Annery, près de Bideford.—Argile brut; gravier ou sable de la Rivière Torridge; tuiles d'ornement.

127A Terre de pipe, pipes, et sable pour verrerie.

128 *Buller, T. W.* Bovey Tracey Pottery.—Matériaux et produits de cette poterie. Produits fabriqués avec le lignite de ce district.

128A *Gore, C.*—Ocre.

129 *Fahie, J. K.* Tipperary, Irlande.—Argile blanche et noire. Tuiles d'écoulement. Feldspath de Cork.

129A *Cooper, S.*—Tuyaux d'écoulement.

130 *White & Fils,* Westminster, Londres. — Echantillons de ciment, matériaux bruts, id. calcinés, id. préparés.

130A *Piper, T. & W. & White et Fils,* Imp. et Fab.—Panneau de mur en phêtre de Paris, pour remplacer la chaux.

131 *Blyth & Jacobs,* 44 & 45 Baldwin's Garden, Gray's Inn Lane, Londres.—Gypse; idem calciné; préparé pour engrais; plâtre de Paris.

131A *MacAnaspie, P. & J.*—Ciments.

131B *Dyer, C. K.*—Ciment métallique breveté.

131C Bloc de gypse, de la Cie. Monaghan, Irlande.

132 *Gowans, J.* Prop. Edinbourg.—Groupe sculpté en pierre de taille par Handyside Ritchie, d'Edinbourg: "une bible vaut mille lois pénales, et un missionnaire actif fait plus de bien qu'une légion entière de sergents de ville." Spécimens de pierre de taille des carrières de Binny; spécimens de chandelles bitumineuses, faites de cire minérale que l'on tire des carrières de Binny, &c.

133 *Freston, W.* Hawthorn Cottage, Stroud.—Pierres de bâtisse des carrières de Painswick, de Sheepscombe et de Nailsworth.

134 *Maxwell, W.* Prop. Munches Dalbeattie, Ecosse.—Bloc de granit des carrières de Craignair, et quelques spécimens des polis dont cette pierre est susceptible.

135 *Voss, J.* Prop. Woodyhide, Corfe Castle.—Marbre de Purbeck, employé à décorer l'intérieur de l'église du Temple à Londres, propre à la décoration des cheminées, &c.

136 *King, T.* Morpeth.—Sculpture d'ornements en pierre des carrières du Comte de Carlisle.

137 *Sim, W.* Fab. Inverary. — Spécimens de granit, d'Inverary, de Bonan, et autres localités.

138 *Lentaigne,* Dr. Dublin.—Divers spécimens de marbre d'Irlande.

139 *Gelling, F. L.* Prod. Castletown, Ile de Man. — Marbre de Gelling, pierre calcaire, découverte par l'exposant; table; vase, &c.; porphyre rouge; agate, &c.

140 *Colles, A.* Fab. Marble Works, Kilkenny.—Piédestal pour buste, de marbre de Kilkenny; matériaux de la Carrière Noire.

141 *Meredith, J. H.* Prop. Fowey, Cornwall.—Dalle de porphyre noir, polie des deux côtés; id. de porphyre rouge poli; id. de porphyre vert poli; table de porphyre contenant des incrustations de 54 espèces de pierres indigènes, &c.

142 *Rossmore,* Lord, Rossmore Park, County Monaghan, Irlande.—Spécimens de granit des carrières de Monaghan Park.

143 *Courtown,* Lord, Rossmore Park, Monaghan, Irlande.—Granit vert.

144 *Franklin, P. L.* Prop. Galway, Irlande.—Colonne de marbre noir irlandais, en parti poli, de Lough Corrib.

145 *Malahide, Lord Talbot de,* Malahide Castle, Londonderry.—Spécimen de marbre antique d'Irlande.

146 *Hall, G. & T.* Marbrerie, Derby.—Collection de marbre noir du Derbyshire. Marbre blanc orné de malachite appliqué par un nouveau procédé.

147 *Long, J. C. E.* Limerick.—Pierres de construction ou d'ornement d'Irlande.

148 *Manderson W.* Killaloe Marbre Works. — Marbres de diverses couleurs et qualités; des carrières de Killaloe, mises en communication avec Limerick, au moyen d'un canal.

149 *Damon, T.* Weymouth, Prop. — Deux tablettes polies de septaria de la formation argileuse d'Oxford.

150 *Monteiro, L. A.* Prop. 13 Claremont Ter. Pentonville, Londres.—Spécimen de stalagmite pur, ou albâtre oriental de Grenade.

151 *Quillian & Creer,* Castletown, Ile de Man.—Marbre noir de Poolwash orné de dessins en imitation de tuiles encaustiques. Dess. par G. Cumming.

152 Matériaux de construction, du Comté de Sussex.

153 *Guillaume G.* Southampton.—Pierre trouvée dans le Hampshire pour ornements.

154 *Sparks, W.* Crewkerne.—Matériaux de bâtisse, de Dorsetshire et de Somersetshire.

155 Marbre vert de Connemara des terres de d'Arcy.

156 Pierre de chaux de Weardale.

157 *Cumming, le Rév. J. G.* Ile de Man.—Galène argentifère des mines de Foxdale, contenant trois onces d'argent par tonne de minerai.

159 *Tennant, G.* Strand.—Cartes militaires colorées et géologiques.

160 *Freeman, W. & J.* Prod. Millbank Street, Westminster, Londres.—Granit de Lamorna, de Constantine, de Zennor, &c. dans le Cornwall; pierre à chaux pour l'agriculture, le pavage, et les bâtiments: ardoises, marbres, pierres et granits de tous les pays.

161 *Hutchinson, J.* Monyray près de Peterhead, Prop.—Buste et piédestal en granit bleu de Peterhead.

162 *Nicholls, J.* Prop. Trekenning, St. Colomb.—Bloc de porphyre, tiré de Newquay, Cornwall.

163 *La Commission Locale de Falmouth & Penryn.*—Pierre de Porkellis, Wendron; de Forest-gate, Stithians; de Mylor, près Penryn. Granits.

164 *Hicks, T.* Truro.—Variétées de porphyre.

165 *Whitley, N.* Truro.—Porphyres pour divers usages.

166 *Comité de l'Exposition à St. Austell,* St. Austell.—Spécimens de minerai; pierres de construction trouvées dans les environs.

167 *Comité de l'Exposition à Liskeard.*—Echantillons de matériaux pour la bâtisse.

168 *Clugas, T. jeune,* L'Hyvreuse Terrace, Guernsey.—Spécimens de granit, de porphyre de Guernsey, Herm, et Sark, pour bâtir et macadamiser.

169 *Rodd, T. H.* Trabantha Hall, près Launceston, Prop.—Variétés de porphyres.

170 *Jenkins & Stick,* Truro.—Variétés de porphyres, pour construction et ornement.

171 *Sowden, M.* Prod. Burley, près Leeds.—Table de pierre de mine dure, à grain serré, forte et durable.

172 *Freeman, S.* Prod. Cromwel Bottom, près de Halifax.—Dalles laminées de diverses carrières; pierres noires.

174 *Haigh, J.* Prod. Godley Cottage, Halifax.—Echantillons de pierres de taille des carrières de Northowram; bloc brut; blocs taillés; dalles et meules à moulins.

175 *Johnston, G.* Craigleith, Edinbourg, Prod.—Pierres pour les arsenaux de marine; pierres à paver.

176 *Luard, Beedham, & Cie.* Rotherhithe, Prop.—Spécimens de pierre de Caen et d'Aubigny. Granit d'Ecosse et pierre de Rainville.

177 *Smith. T.* Prop. Vine Hall, Hurst Green.—Pierre à chaux des carrières de M. Nicol (Sussex); deux blocs de concrète, formée de pierre à chaux de Mountfied.

178 *Barry & Barry, T. & J.* Prod. Mawgan Street, Columb.—Pierre à feu, espèce de porphyre à grain tendre, des carrières près Newquay; on s'en sert pour revêtement de fours à chaux et de fournaises.

179 *Kirk & Parry,* Prop. Sleaford, Lincolnshire.—Spécimen de pierre d'Ancaster, tirée de la formation inférieure d'oolithe de Wilsford.

180 *Foot, J.* Prop. Abingdon Street, Westminster, Londres.—Spécimens des meilleures sortes de pierre de Portland.

181 *Staple, T.* Prod. Stoke-under-Hamdon, près Yeovil.—Pierres de Bamhill, en partie travaillées pour faire remarquer la qualité de la pierre.

182 *Rutherford, Jesse,* Prod. Wingerworth, près Chesterfield.—Blocs et spécimens de pierres de diverses carrières et pour différents usages.

183 *Walsh, J.* Exécuteurs de, Prop. Leeds.—Différentes espèces de pierres employées dans les chantiers, les ponts, les écluses, &c.

184 *Price, J.* Prop. et Inv. High Street, Gateshead, Newcastle-on-Tyne.—Pierre de taille.

185 *Grissell, T.* Prod. 11 New Palace Yard, Westminster.—Spécimens de pierre calcaire de magnésie, bruts et polis: cette pierre à été employée dans la construction du nouveau palais du Parlement.

186 *Townsend, R.* Clearwell, near Montmouth.—Blocs d'Ashlar pour pavage. Pierre de la Forêt de Dean.

187 *Lindley, C.* Prop. Mansfield.—Pierres calcaires à magnésie, ou dolomites, des carrières de Mansfield Woodhouse, réouvertes en 1840, après plusieurs siècles, pour en extraire des matériaux pour le palais du Parlement; pierres calcaires, blanche et rouge.

188 *Stocks, M.* Prop. Shebden Hall, Halifax.—Echantillons de pierre de construction des carrières de Shebden. Les couches de houille des mines de Halifax, se trouvent immédiatement au-dessus des carrières de meules à moulins.

189 *Bell, J.* Dess. et Fab. 25 Buckingham Place, Fitzroy Square.—Spécimen de pierres à chaux oolites d'Oreton Bank Works, Stottesdon, Shropshire; marbre ciselé, moulu et poli; deux obélisques de pierre à chaux, &c.

190 *Clark, G. H.* Agent, Rotherhite.—Granit de Devon Haytor, des carrières du duc de Somerset; les blocs de la plus grande dimension viennent de ces carrières.

191 *Williams, W.* Prop. 1 Wellington Street, Cardiff, Galles.—Pierre de taille des carrières de Quarrella (Glamorganshire), composée de 99 parties de silex, et 1 de silicate de chaux, magnésie et alcali: gravité spécifique, 2·288.

192 *Seymour, Z.* Prod. Shut, près Glastonbury.—Modèle d'une rampe d'escalier en pierre, taillée en pierre de liais bleu; spécimen de main d'œuvre.

193 Granit de porphyre de Wexford.

194 *Jennings, B.* Prop. Hereford.—Grès des carrières de Three Elms, près Hereford.

195 *Cumming, Rev. J. G.* Castletown, Ile of Man.—Dalles (schiste de Posidonie); marbre gris, noir, &c.; schiste d'argile; granit; porphyres; hématite; carbonates de baryte, &c.; ces carrières appartiennent à la Couronne.

196 Pierres employées à Liverpool pour bâtir.

197 *Powell, F.* Col. Knaresborough, Yorkshire.—Pierres de taille, des carrières près Knaresborough.

198 *Carnegie, W. F. L.* Prop. et Fab. Kimblethmot, Arbroath.—Dalles et pierres de taille, brutes et polies de diverses carrières; briques et tuiles en grès rouge, fabriquées dans l'usine de l'exposant; cette industrie est nouvelle dans le Forfarshire; ces diverses espèces de pierres et dalles sont connues dans le commerce sous la dénomination de pavés d'Arbroath.

199 *Long, W.*—Dalles du Comté de Clare.

200 *Hill, G.* C.E.—Matériaux pour bâtisse, de Kilrush.

201 *Taylor, J.* Stamford.—Marbres, ardoises, pierres à chaux, &c., tirés des alentours de Stamford.

202 *Powell, W. G.* Tisbury, près Hindon, Wilts.—Pierre à bâtir. Poisson et arbre fossiles des formations oolites à Tisbury.

203 *Driver, W.* 4 Lyon's Inn, Strand.—Pierres de la carrière de Chevin, Otley, Yorkshire.

204 *Les Fermiers des carrières de chaux de Stanhope,* Prop.—Spécimens de pierres calcaires polies, de la grande montagne (comté de Durham), contenant des coquillages antédiluviens; spécimens bruts.

205 Plaque d'ardoise sciée, de Glanmore, Wicklow, Irelande.

206 *Sinclair, J.* Fab. Forss, Thurso, Ecosse.—Citerne ou bain en pierre de Forss-Rockhill; échantillons de la pierre montrant la surface naturelle, demi-polie et entièrement polie. Cette pierre est généralement employée pour les trottoirs, cours, stations de chemins de fer, cuisines, vestibules, &c.

E

207 *Société Royale de Dublin.*—Dalles de Valence.

208 *Dawbarn & Cie.*—Ardoise préparée.

209 *Stirling, T. Jun.* Dess. Inv. et Fab. Belvidere Road, Lambeth, Londres.—Cabinet en ardoise; filtres; toitures en ardoise; cheminée, dessus de tables, &c.

210 *Greaves, G. W.* Port Madoc, Carnarvon, Galles.—Ardoises de la carrière de Festiniog. Outils employés. Liais bleu calcaire.

211 *Breadalbane, Marquis de.*—Ardoises de la carrière a Eastdale, en Argyllshire.

212 *Comité local de Limerick.*—Ardoises pour toitures.

213 *George, J.* 43 Edgware Road, Londres.—Modèle d'une maison bâtie en fer et en ardoise.

214 *Delabole Slate Company*, Prop. (J. Carter), Camelford. — Dalle d'ardoise des carrières de Delabole; citerne en ardoise d'une contenance de 2,000 gallons, pour eau, liquides, acides, &c.; dalle d'ardoise pour parqueter, et ardoises pour toiture.

215 *Williams, D.* Bangor. — Ardoises pour toiture, brevetées.

216 Fer galvanisé patenté.

218 *Pennock, I.*—Carbonates de barytes.

219 *Hunter, L.*—Modèle d'une houillère.

220 *Landell, D.*—Sections de strata des houillères de Dalkeith, Ecosse.

221 *Compagnie des Shistes bitumineux*, Fab. et Prod. 145 Upper Thames St. and Wareham, Dorset.—Schiste bitumineux obtenu des falaises à Kimmeridge, dans l'Ile de Purbeck.

222 *Cahill, M.*—Charbon de tourbes.

223 *Turner, S.* Fab. Orchard Place, East India Docks. —Charbon de terre et ses produits; id. caoutchouc; id. bois.

224 *Azulay, B.* Rotherhithe.—Chauffage artificiel obtenu par la pression, sans mélange d'aucune substance à la poussière du charbon de terre; charbon de bois fait des rebuts de tan, en extrayant l'acide, le goudron, &c. des matières de rebut. (Breveté.)

225 *Oxland, B.* Buckland St.-Plymouth.—Echantillons de tourbe de Dartmoor.

226 *Lyon & Co.* Swansea.—Deux briques de combustible. (Breveté.)

227 *Rees, R.*—Spécimen de tourbe et ses produits.

228 *Cobbold, E.* Inv. et Prod. 1 High Street, Kensington. —Tourbe, condensée sans pression par un procédé nouveau, équivalente au charbon de terre.

229 *Compagnie d'Asphalte de Seyssel.*—Asphalte brut et ses divers emplois.

230 *Compagnie de Chauffage breveté*, Fab. 15 St. Mary Axe.—Matières combustibles de Warlick; chauffage de locomotive, &c. du pays de Galles.

231 *Grande Compagnie pour l'exploitation de la Tourbe, Irlande;* comptoir, 1 Agar Street, Londres.—Spécimens de tourbe condensée, préparée d'après le système breveté de Gwynne et de Hay.

232 *Parsons, J.* Eagle Wharf Road, New North Road.—Deux blocs de chauffage patenté, &c.

240 *Rogers, G.*—Tourbe, tourbe comprimée, et charbon de bois préparé de la tourbe.

242 *Compagnie de Bideford, mines d'Anthracite*, Devon. Anthracite combustible pressé et moulé en blocs.

244 *Bagot, C.* 12 Charlemont Place, Dublin, Irlande.—Spécimens de tourbes, avec extraits de leurs essences anthracites, ou charbon de terre de Kilkenny.

247 *Butler, J. L.* Prop. Liverpool.—Charbon de la mine de Tuee, près de Wigan.

248 *O'Byrne, W. C.* Prop. 7 Montague Street, Portman Square. — Spécimen de charbon de terre des mines de Slievardagh (O'Byrne).

249 *Russell, J. & Fils*, Bathgate, Stirling.—Charbon de Boghead, principalement employé pour faire le gaz.

252 *Compagnie de Chauffage breveté de Wylam.*—Combustible artificiel breveté.

253 *Powell, T.* Prop. Gaer, près Newport, Monmouthshire.—Spécimen de charbon à vapeur d'Aberdare; spécimen de charbon bitumineux de Monythusloyne, pour forges et cuisines; modèle d'appareil pour le chargement du charbon, au moyen duquel on peut charger 400 tonnes de charbon par jour.

254 *Buckingham, J.* Prod. et Imp. 13 Judd Place, East New Road.—Anthracite des mines de Bonville's Court, exploitées depuis 20 ans.

255 *Barrow, R.* Stavely Works, near Chesterfield, Derbyshire.—Charbons, tirés des mines appartenant au duc de Devonshire. Le spécimen exposé a été extrait d'une profondeur de 459 pieds.

258 *Jones, Sells, & Cie.* Agents pour le propriétaire, 55 Bankside, Southwark. — Anthracite de Llanelly Galle, du Sud.

259 *Compagnie de Llangennech*, Prod. Port de Llanelly et 6, Halle au Charbon.—Spécimen de charbon ligneux et spathique, exempts de fumée, de la même veine.

260 *Compagnie de l'éclairage au Gaz de l'Ouest*, 9 Holles Street, Cavendish Square.—Spécimens de charbons de Newcastle, dont la Compagnie de l'Ouest extrait le gaz qui éclaire les bâtiments de l'Exposition, &c.

261 *Atkinson, J.* Coleford, Gloucester.—Série complète de spécimens de veines de charbons et de minerai de fer qui pourraient être mises en exploitation dans la forêt royale de Dean.

262 *Day & Twibell*, Prop. Barnsley.—Colonne de charbon, montrant l'épaisseur entière et toutes les différentes qualitiés des veines.

263 *Field, Coopers, & Faulds*, Prop. Barnsley.—Charbon tendre de la couche de houille de Silkstone; anthracite et charbon tendre de la couche de houille de Barnsley.

264 *Firth, Barber, & Cie.* Prod. Barnsley.—Charbon pour les bateaux à vapeur, pour la fabrique de l'acier et la fonte de fer; charbon pour les feux domestiques.

265 *Cory, W. & W. (le jeune)*, Fab. Commercial Road.—Coke pour locomotives et fonderies.

266 *Clarke, R. C.* Prod. Barnsley.—Vieux charbon de Silkstone tiré de la houillère de ce nom.

267 *Nixon, J. & Cie.* Prod. Cardiff.—Charbon de Merthyr et Cardiff, employé par les bateaux à vapeur.

268 *Compagnie houillère d'Ince Hall*, Prod. Wigan.—Charbon de terre d'Arley et Pemberton, avec des vases taillés en charbon cannell.

269 *Ramsay, C. H.* Derwent-haugh, Newcastle.—Houille; coke, et angrais preparés.

270 *Mitchell, le Rév. W.* Inv. et Fab. Portobello, près Edimbourg, Ecosse.—Spécimen de houille récemment découverte à Edimbourg, pouvant être employé pour œuvres d'art.

271 *Russell, J.* Prop. Risca, près Newport, Monmouthshire.—Spécimens de charbons, extraits à Risca et exportés à Newport; autres spécimens de charbons; minerais de fer; briques réfractaires.

272 *Morgan, R. & Fils*, Prod. Llanelly (Galles).—Anthracite de Cwm, Amman, &c.

273 *Le Commerce du Charbon de Northumberland et Durham*, Newcastle-upon-Tyne. — Carte du terrain houiller de Durham et Northumberland, montrant les houillères et chemins de fer. Plan d'une houillère, montrant le système de travailler et ventiler les mines; spécimens de houille et de coke; lampes de sûreté, &c.

274 *La Compagnie de Brymbo*, Wrexham, Wales.—Minéraux et charbons de Brymbo.

275 *Randall, J.* Prop. Coalport, Salop.—Minéraux et leurs fossiles adhérens; spécimens de terre à poterie, briques, tuiles, &c.; grand assortiment de spécimens de minéraux et métaux, &c.

276 *Watney, A.* Prod. et Fab. Llanelly, Wales.—Spécimens de charbons anthracites purs; modèles de hauts fourneaux d'anthracite, &c.

277 *Clive, J. W.*—Spécimens de stratum brut et calciné d'une substance minérale, trouvée dans des minerais de fer à Clanway, Staffordshire.

400 *Butterley Company*, Prod. Alfreton.—Spécimens de charbons de minerai de fer et de résidus organiques, en connexion avec les gisements houilliers de Derbyshire et comprenant les fougères calamites, lepidodendron, &c., &c.; fer dans ses divers degrés de fabrication, tels que : fer brut, raffiné, en barres, &c.

401 *Baugh-Deeley & Cie.*—Chaînes en fer employées dans les houillères; vis perfectionnée.

402 *Cruttwell, Allies & Cie.* Cwm Celyn, et Blaina Iron Works, Abergavenny. — Saumons de fer; coke; scorie; échantillons de fossiles de Cwm Celyn et Blaina; rails joints; le moyen de river les rails avec de petits clous, est d'invention américaine. (Patentée).

403 *Cawley, P.* Soho, near Birmingham, Inv.—Modèle complet et section d'une houillère de Staffordshire, avec un appareil pour prévenir les explosions.

404 *Brunton, W.*—Modèle d'un plan proposé pour la ventilation des mines de houilles.

405 *Harrison, Ainslie & Cie.* Newland Furnace, Ulverston.—Minerai de fer hématite, de Lindal Moor, contenant 66·47 °/₀ de fer, 28·50 °/₀ d'oxigène, 3·43 °/₀ de silice, 0·71 de zinc, déchet et perte, 0·89 °/₀.

406 *Compagnie de Farnley.*—Charbon de terre; coke; minerai.

407 *Dickinson, T. F.* Newcastle-on-Tyne, Prod.—Spécimen de hématite.

408 *Moore, J.* M.D. Prop. 10 Saville Row, Londres.—Minerai de fer des mines d'Arigna à l'ouest du lac Allen, comté de Roscommon; minerai de fer calciné; tourbe dure et molle; argiles, &c.

409 *Schneider, H. W.* Ulverstone, Fab.—Minerai de fer et ses produits; roc calcaire. Argile réfractaire, sable à mouler; houille; tourbe.

410 *Solly & Cie.*—Forges de Seabrook, Tipton, Staffordshire.—Fer et acier manufacturés.

411 *Bird W. & Cie.* Prop. 5 Martin's Lane, Cannon Street, City.—Fer de Staffordshire en barres, en cercles, et en feuilles; tôle pour chaudières; fer commun du Pays de Galles; fer malléable écossais, &c.

412 *La Compagnie d'Ebbw Vale*, Prod. près d'Abergavenny, et 83 Upper Thames Street.—Charbon de terre et pierre de fer avec fossiles; plans montrant les couches verticales des gisements minéraux du sud du Pays de Galles; modèles, &c.

413 *Sutcliffe, J. C.* Barnsley.—Modèle de la houillère de Honey Well, Barnsley, montrant la manière dont elle est exploitée et ventilée.

413A *James, J.* Blaina, Abergavenny, Wales. — Modèle d'un haut fourneau pour la fonte du minerai de fer, &c.

414 *Dickinson, J.* F.G.S. Prod. Inspecteur des houillères, Brimingham.—Section des couches dans les mines de charbon de terre et de pierre de fer de Dowlais et Merthyr Tydvil, Pays de Galles.

415 *Beecroft, Butler & Cie.* Fab. Leeds. — Essieux doubles, liés pour chemin de fer, forgés, coupés et brisés pour démontrer le mode de fabrication et la fibre; bandes pour chemins de fer dans les mêmes conditions que les essieux; essieux pour wagons, carrosses et chariots, forgés, tordus à froid, pour démontrer la force et la ténacité des matériaux; ancre, en fer forgé, tordu à froid, &c.

416 *Wingerworth, Compagnie de*, Chesterfield, Derbyshire.—Minerai de fer et acier manufacturés.

417 *Biddulph,*—.—Fer et de fer blanc.

418 *Mills, R.* Foxhole Colliery, près de Swansea. — Modèles pour ouvrir et fermer les portes à l'usage des mines.

419 *Thomas, J. T.* Coleford.—Spécimens de minerai de fer de la forêt royale de Dean.

420 *Compagnie des Mines d'Ulverston,* Ulverston.—Minerai de fer.

421 *Montague, A.* Prop. Lydney, Gloucestershire.—Spécimens de minerai de fer des mines de la forêt de Dean, fondu à l'usine de Parkend; minerai de fer hématite, argileux, calcaire, silicieux; fer en saumon forgé; métal raffiné, &c.

422 *Ainsworth, T.* Prop. et Fab. Whitehaven.—Minerai de fer (des mines de Cleator, près Whitehaven); fonte en saumons d'hématite seulement.

423 *Berwick, G.* Grosmont, près Whitby, Agent. — Minerai de fer calcaire grès de Fairhead, près Grosmont. Coquillages pétrifiés.

424 *Bickford, Smith & Davey*, Inv. et Fab. Tuckingmill, Cornwall.—Diverses espèces de fusées de sûreté pour faire sauter les rochers ou des blocs de glaces, ou pour travaux sous-marins; cette fusée consiste en une faible colonne de poudre à canon, enfermée au centre d'une corde; comme la poudre à canon n'est pas admise à l'exposition, on a employé du sable pour ces échantillons.

425 *Page, J. R.* Prop. Athenæum.—Spécimens de Minerai de fer; fer produit de ce minerai.

426 *Usines à Fer et à Acier de Monkland*, Prod. (*W. Murray,* 33 West George Street, Glasgow.) —Spécimens des veines, pierres à chaux, pierres de taille de houille et ciment romain, contenus dans les divers gisemens minéraux de Lanarkshire; spécimens de fer en saumon, minerai de fer, et argile réfractaire, &c.

427 *Blackwell, S.* Dudley. — Collection de tous les minerais de fer des trois royaumes.

428 *Stirling (Morries), G. D.* F.R.S.E. 13 Great Cumberland Street, Hyde Park, Londres. — Fer fondu et fer forgé perfectionnes. Nouveau métal de cloche, &c.

429 *Bankart, F. & Fils,* Inv. et Fab. Redjacket Copper Works, près Neath, Galles.—Fontes de cuivre dans ses divers degrés de fabrication; chauffage breveté de Rees, à base de charbon; charbon natif; fenêtre à vitraux peints.

430 *Compagnie des Houillères d'Abercarn & Gwythen,* Prop. Newport, Monmouthshire.—Bloc de pierre d'Abercarn, pierre dure pour construction; elle résiste à l'action de l'air, est une des espèces les plus dures parmi les roches sédimentaires, et inaltérable sous l'action du feu; le bloc est taillé en obélisque et montre sur chaque surface les diverses manières de mise en exécution; bloc de charbon ligneux des mines d'Abercarn et Gwythen, exporté à Newport, pouvant servir au chauffage des bateaux à vapeur; bloc de charbon d'Abercarn; série complète des outils servant à l'exploitation de ces minéraux.

431 *Wales, J.* Newcastle. — Modèle d'une houillère. Lampes de Davy.

432 *Wood, H. L.* Newcastle.—Modèle de l'exploitation souterraine de la houille.

434 *Taylor, R.* Prop. Falmouth.—Modèle de la mécanique et de l'appareil employés dans la préparation des minerais de cuivre (appelés halvans), à la mine de Tywarnhaile, appartenant à S.A.R. le Prince de Galles; spécimens du minerai.

435 *Ruel, W. H.* Holborn, Londres.—Creusets pour essayer les métaux.

436 *Morewood & Rogers*, Steel Yard Wharf, Upper Thames Street.—Fers galvanisés, brevet d'invention.

437 *La Compagnie de Zinc de la Vieille Montagne*, H. F. Schmoll Agent Général, Prod. 12 Manchester Buildings, Westminster, Londres.— Statue colossale de S.M. la Reine Victoria,

sur son trône; bustes de S.M. et de S.A.R. le Prince Albert; statuette de Sir Robert Peel; le lévrier favori de S.A.R. le Prince Albert; modèles de vaisseaux, de frégates, &c.

437A *Jack, C.* 8 et 9 Tottenham Court New Road, et 80 Upper Thames Street.—Spécimens de zinc perforé; moules, stores, &c., en zinc.

438 *Glover, T.* Clerkenwell. — Compteurs. Le grand compteur à gaz qui mesure le gaz employé à éclairer le bâtiment de l'Exposition.

439 *Berger, F.* 12 Cornhill.—Echantillons des minerais de cuivre natif, rouge et gris des mines de Trenance Cornwall.

440 *Bolitho, E.* Penzance.—Modèle d'un fourneau à reverbère avec des échantillons de divers minerais.

441 *Longmaid, W.* Londres, Fab.—Sel natif, minerais de Cornwall et de Devon.

441A *Richards, A.*—Modèle d'une section de la mine de East Pool.

442 *Breadalbane, Marquis of.*—Minerai de cuivre.

443 *Le Comité Local de Redruth,* Collecteurs, Redruth.—Spécimens de 13 espèces de minerai de cuivre des mines du Cornwall, dans leur divers degrès de fabrication.

444 *Grylls, S.* et le Comité de Redruth.—Pyrites de cuivre d'une grande dimension.

445 *Lean, J.* West Caradon Mine, Liskeard.—Minerai de cuivre gris. Natif.

446 *Puckey. J.* Ag. St. Austell.—Minerai de cuivre, pesant à peu près 750 kilog. des mines de Par Consols, à St. Blazey.

447 *Wellborne, W.* Bodmin.—Minerai de fer.

448 *Taylor, G.* Cornwall.—Minerai de fer de Restormel.

449 *Drew, J.* St. Austell.—Minerai de fer magnétique oxidé; hématite brune; hématite rouge.

450 *Bennett, Car & Cie.* Moorgate Street. — Minerai de cuivre de St. Bernard, Cornwall.

451 *Taylor, R.*—Outils employés dans les mines du Cornwall.

452 *Duché de Cornwall.*—Sections des mines de cuivre du Cornwall.

453 *Grande Compagnie des Mines de Cuivre de Devon,*

454 *Seccombe, S.* Prod. Phœnix Mines, Liskeard.—Spécimens de minerais d'étain et de cuivre; pièces de copal; briques réfractaires; cuivre natif; baryte.

455 *Wellborne, W.* Bodmin.—Minerai d'étain et échantillons d'étain.

456 *Readwin, T. A.* Winchester Buildings.—Pierre ou minerai d'étain de Wheal Augusta, St. Just.

457 *Diamond, G.* Tavistock.—Minerai d'étain de Wheal Mary.

457A *Bird, J.* Prop. Wallwyd, Merioneth (Galles).—Spécimen de minerai de plomb argentifère pesant 350 livres, exporté d'Aberdovey, au Nord du Pays de Galles.

458 *Collett, W. R.* Prod. Killaloe.—Spécimens de minerais de Cahirglassum—la mine la plus riche et la plus remarquable du royaume uni.

459 *Blee, R.* Inv. Redruth.—Seau de sûreté à l'usage des mines, pour monter les personnes et le produit; ces seaux ont des guides qui parcourent toute la profondeur des puits; à ces guides sont fixés de forts crochets qui se rattachent au cable; aussi longtemps que la tension de celui-ci continue, les crochets se maintiennent au-dessus du seau; si le cable vient à se briser, la tension cesse, et les crocs au moyen de ressorts, partent pour s'accrocher aux barres de fer qui garnissent les creux des parois.

460 *Polkinhorne, W.* Inv. St. Austell.—Synopsis de la statistique des mines de cuivre de Cornwall depuis 1800; id. de Swansea depuis 1815.

461 *Michell, F.*—Marteline pour travailler le granit.

462 *Arthur, G.*—Appareil pour soulever les pompes dans les mines submergées.

463 *Eddy, G.*—Appareil pour soulever les pompes.

464 *Tresize, T.* Perran Foundry, Falmouth.—Modèle de fourneau.

465 *Vincent, T.* Redruth.—Modèle d'une machine à vapeur construit par un ouvrier mineur.

466 *Hosking, R.* Perran Foundry, Falmouth.—Modèle de valve pour pompes.

467 *Le Comité local de Truro.*—Articles montrant l'étain à différents degrés de préparation. Antique bloc d'étain grossièrement fondu.

468 *Comité de Truro,* Truro.—Variétés de porphyre de Cornouailles; spécimens de pierres de bâtisse et pour routes; spécimens de terre, spécimens de sable; articles en plomb; articles en étain; spécimens d'arsenic; variétés de pierres à affiler.

469 *Comité local de St. Austell.*—Terre d'alluvion dans la quelle on trouve du minerai d'étain de rivière. Pierre à bâtir des environs de St. Austell.

470 *Wellborn, J. W.* St. Austell, et 38 Albemarle Street directeur.—Pièce de minerai de cuivre résineux de la mine de Par. Oxide magnétic de fer, sulfuret de cuivre.

471 *White & Grant,* Inv. et Fab. Dalmarnock Road Glasgow.—Cage de sûreté et crochet d'arrêt pour prévenir les accidents dans les bures de mines. (Brevetés.)

472 *Hosking, R.* Perran, Cornwall.—Appareil nouveau à estamper.

473 *Comité local de Swansea.*—Echantillons de minerai de cuivre: id. calciné, id. raffiné.

474 *Taylor, John.*—Collection de minéraux métallifère contenant des spécimens rares.

475 *Thorne, W.* Prop. Barnstaple.—Fer spatheux pseudomorphique; sulfure de cuivre jaune; quartz blanc cristalisé; fer blanc cristalisé, avec minerais de plomb et d'argent; divers autres spécimens de minerais; ciment hydraulique, &c.

476 *Goodhale & Reeves,* Prop. et Prod. pour le Ringerig Nickel Works, Vigersund viâ Drammen, Norvège.—Minerai de nickel des mines du district de Ringerige, en Norvège.

477 *Johnson & Matthey,* Fab. 79, Hatton Garden.—Métaux et composés métalliques; creusets de platine; palladium, partie d'un lingot; id. tasse émaillée d'or fin, &c.

478 *Pimm, Henry & Cie.* Fab. 29 Newhall Street, Birmingham.—Or et argent en feuilles, et poudres de bronze.

479 *Mathison, C. F.* Etablissement royal de la Monnaie raffinage.—Procédé de séparation de l'or, de l'argent et du cuivre par l'acide sulfurique.

480 *Pattinson H. L.* Inv. Newcastle-on-Tyne.—Spécimens pour illustrer le procédé employé par l'exposant pour séparer l'argent du plomb.

481 *Hallett, C.* Broadwall, Blackfriars.—Minerai d'antimoine de Sarawak, Bornéo, Leghorn, Toscane, et Alger. Antimoine métallique raffiné.

482 *Hunt, G.*—Machine à laver le minerai d'or.

483 *Collection de Minéraux* recueillis par des agents ouvriers des mines d'Allendale, Alston Moor, Weardale, Caldbeck or Keswick.—170 spécimens arrangés par Mr. Isaac Robinson de Neuthead sous la direction de M. J. Sopwith.

484 *Sopwith, T.*—Spécimens de minerai de plomb et de ses produits.

485 *Oxland, R.*—Séparation du wolfram de l'étain.

486 *Brucciani, D.*—Fac-simile du plus grand morceau d'or trouvé en Californie.

487 *Jordan, C.* Manchester.—Spécimens de métaux et de leurs alliages.

488 *Garland T.* Fairfield, Redruth.—Oxide d'arsenic impur, obtenu des minerais de fer. Oxide d'arsenic du commerce, morceau d'arsenic.

489 *Low, J.* 30 Gracechurch Street, City.—Cuivre de l'établissement de Low, Penclawdd.

490 *Rowlandson, T.* 7 Esher Street, Kennington.—Echantillons des minerais de l'Ile d'Anglesea, du Val de Ovoca, Wicklow, et de la Mine d'Or de Cwmhusian, Merionetshire.

491 *Harrison, J.* Bakervale, Derbyshire.—Minerai de plomb de la mine de Mogshaw, Bakervale.

492 *Rowe, R.* Douglas, Ile de Man, Prop. — Minerai de plomb argenté des mines de Laxey.

493 *Cumming, J. G.* Ile de Man.—Galène argentifère de la mine de Foxdale, contenant 3 onces d'argent par tonne.

494 *Byers, J.* Prod. et Fab. Stockton-on-Tees, Durham.—Minerai de plomb de la mine de Grasshill, avec argent et litharge du même ; plomb raffiné, ordinaire, &c. ; plomb en tuyaux et en feuilles.

495 *Burr, T. W. & G.* Prod. et Fab. Shrewsbury.—Spécimen minéral, tiré des mines de plomb de Snailbeach (Shrewsbury), pesant 12 quintaux et contenant des cubes de plomb et de zinc, avec du carbonate et du sulfate de baryte ; tube composé de régule et autres métaux purs, en quantité suffisante pour résister à l'action des acides, de l'eau et du gaz.

496 *Le Duc de Devonshire, Agent,* le Cap. *Eddy.* Grassington.—Spécimen du plomb des mines de Grassington (Devonshire) ; spécimen de limaille renfermant le plomb, veines ; spécimens d'autres filons ; section transversale du filon (Devonshire).

497 *Pattinson & Cain,* Newcastle-on-Tyne, Prod.—Spécimens d'un minerai de plomb particulier, arsenio-phosphate de plomb.

498 *Bennett, T.* Fab. 11 Woodbridge Street, Clerkenwell.—Feuille d'or, manufacturée par une machine à vapeur ; id. pour décorations extérieures ; id. d'une couleur-foncée ; id. pour les relieurs. &c.

499 *Smith, R.* Inv. Blackford, Perthshire.—Echantillons de minerais des Ochills ; amidon tiré du lunaria biennis.

500 *Phillips, Smith & Cie.* Llanelly.—Feuilles de fer et d'étain.

501 *Dowman, H. H.*—Bois imprégné d'étain.

502 *Jenkins, H. W.* Truro.—Spécimens d'arsenic de diverses mines du Cornwall. Pyrites et minéraux rares.

503 *Davey, S.* Mineur, Redruth.—Minerai de zinc.

504 *Cole, H.*—Minerai de zinc.

505 *Williams & Sons,* Comté de Wicklow, Irlande.—Minerai de souffre ; minerai de manganèse de la Compagnie des mines de Glandore.

506 *Grey, J.* Agent, Dilston, Corbridge.—Blende de calamine d'Alston Moor, Cumberland ; quatre feuilles de zinc, deux entières et deux cassées de la même mine.

507 *Compagnie des Mines d'Irlande,* 2 Burgh Quay, Dublin.—Minerai de plomb argentifère ; minerai de cuivre argentifère de Gurntnadyne, près de Tipperary.

508 *La Société Royale d'Irlande.*—Spécimens de minerais de plomb montrant les différents procédés de la fabrication, et les produits.

509 *Buccleugh, Duc de.*—Modèle des fourneaux et creusets employés dans les mines du Duc à Wanlock Lead-Hills, dans le Dumfriesshire, pour séparer l'argent pur du minerai de plomb très-riche de ce district. Bloc d'argent de plus de 140 livres. Collection de minéraux.

510 *Wallace, W.* Prop. Nenthead, Alston.—Carbonate de plomb, de la mine, Little Eggleshope (Durham).

511 *Barrett, Capt.*—Minerai de cobalt et de cuivre des mines de Cormiston, près de Kendal, Lancaster.

512 *Blee, R.* Redruth.—Minerai de cobalt de Cornwall.

513 *Comité Local de Liskeard.*—Pyrites de fer ; hornblend ; antimoine.

514 *Compagnie des Mines de Cally,* Ecosse.—Minerai de cuivre.

515 *Société de Dublin.*—Minerai de cuivre de Knockmahon, Waterford.

516 *Tennant, J.* Strand.—Minerai de cuivre du lac supérieur, Canada.

517 *Graham, J.* Barrhead, Glasgow.—Drorite montrant le cuivre originaire tel qu'on le trouve quand la roche est fendue ; cuivre originaire tiré des fentes et crevasses de la roche de la carrière de Boyleston.

518 *Berger, J.*—Cuivre natif du Lizard.

519 *Brunton, W.* Cornwall.—Fusée de sûreté pour faire sauter les mines.

520 *Copeland, G. A.* Pendennis, Falmouth, Inv. et Fab.—Cartouches de sûreté pour faire sauter les mines.

521 *O'Flahertie, H.*—Minerai de plomb des mines de Glengola.

522 *Forbes, A. C.* 2 Old Burlington Street. — Deux échantillons de cinabre des mines de la Nouvelle Almaden, dans la haute Californie ; d'après l'analyse du Docteur Hoffman, ils se composent de : mercure 67·25, soufre 10·33, matière insoluble 22·55.

523 *Davies & Taylor,* Aberystwyth.—Minerai de plomb.

524 *Hunt, R.*—Carte des mines du Cornouailles.

525 *Compagnie des Mines d'Arkansu.* —Spécimen de minerai de plomb, contenant de petites portions de minerais de cuivre et de fer et de sulfure de zinc, avec une couche extérieure de quartz, mélangé de faibles quantités de barytes.

526 *Hawke, E. H.* Scorrier, Cornwall.—Fusée de sûreté.

530 *Marriott, Mme. Frédéric,* 3 Eastbourne Terrace, Hyde Park. — Minerai d'or de la mine de Mariposa, Californie, contenant, d'après estimation, 45¾ pour cent d'or. Autre spécimen. (Avenue principale, Est.)

531 *Devonshire, le Duc de*—Grand bloc de cristal de quartz. (Avenue principale, Est.)

Aller a la Salle de Sculpture, page 179.

Classe 2.   PRODUITS CHIMIQUES ET PHARMACEUTIQUES.

—— Galerie du Sud. ——

1 *Pontifex & Wood*, Shoe Lane, Fleet Street.—Produits chimiques divers, comprenant: des cristaux d'acide nitrique, acide tartrique, sulfate de cuivre, sels de la Rochelle, &c.

2 *La Compagnie de Produits Chimiques de Melincrythan*, Fab. Neath, Galles.—Sucre de plomb, ou acétate de plomb.

3 *Button, C.* Fab. 146 Holborn Bars. — Produits chimiques; différents acides; alun pur, chrôme pur, potasse pure et soude pure; nitrate et benzoate d'amoniac, &c., et une infinité d'autres produits chimiques.

3A *Reade, le Rév. J. B.* Inv. Stone Vicarage, Aylesbury.—Bleu de Prusse soluble, &c.

4 *Buckley, J.* Fab. (les curateurs de feu), Manchester.—Cristal de couperose, ou sulfate de fer.

5 *Evans, F. G.*—Napthaline; extraite de la houille.

6 *Wilson, J.* Fab. Glasgow.—Ardoise d'alun brut a l'état de bisulfure de fer et d'alumine; trois autres spécimens de la même ardoise présentant les divers degrés de décomposition; spécimen calciné; alun cristalisé, &c.

7 *Spence, P.* Inv. et Fab. Pendleton Alum Works, Manchester.—Pyrites de fer; cristal de couperose; alun; ciment de zinc, &c. (Breveté).

7A *Tennants, C. & Cie.* Fab. Manchester.—Sulfate de cuivre; sulfate de zinc; nitrate de plomb; chromate de potasse; prussiate de potasse; stannate de soude; prussiate rouge; sel de soude; sel rose, &c.

7B *Young, T.* Inv. Ardwicke Bridge, Manchester. — Sels de cuivre, de zinc, et d'étain; soude, potasse, &c. employés dans la teinture et l'impression des tissus.

8 *Dentith, W. & Cie.* Fab. Manchester.—Bichromate de potasse et nitrate de plomb; chromate et prussiate de potasse et alun de Whitby, employés par les imprimeurs sur calicos et les teinturiers; oxide vert et oxide de zinc.

9 *Kurtz & Schmersahl*, Fab. Cornbrook Works, Manchester.—Drogues nouvelles pour teinture, et préparations pour teindre le coton, la soie et la laine; échantillons d'étoffe teintes et imprimées par ce procédé; outre-mer de diverses qualités.

10 *Hamel & Ellis*, Fab. 9 Sugar Lane, Manchester.—Cuivre des mines d'Australie; minerais de plomb; soufre de Sicile en fleurs et cristalisé, &c.

11 *Howards & Kent*, Fab. Stratford, Essex.—Drogues pharmaceutiques, racines, écorces, herbes, &c., telles que:—écorces de quinquina, et ses préparations; sels de toutes espèces; camphres; borax et ses dérivés; acide tartrique; antimoine et ses dérivés; fer et les préparations diverses à base de fer; mercure et ses préparations; magnésie et ses préparations, &c.

12 *Compagnie Chimique de Washington*, Newcastle.—Produits chimiques.

13 *Hurlet & Campsie*, Glasgow. — Alun; prussiates de potasse, rouges et jaunes.

14 *May & Baker*, Fab. Battersea. — Acide nitrique; cristaux de nitrate d'argent; camphre brut; id. raffiné; sulfate de zinc et chlorate de potasse, &c.

15 *Cook, T. A.* Fab. Newcastle-on-Tyne.—Carbonate de soude cristallisé.

16 *Lindsay, G.* Fab. Sunderland.—Vitriol vert, protosulfate de fer pour teindre la soie, laine et coton.

17 *Moberley, W.* Prod. et Fab. Whitby.—Alun schisteux brut; id. après la calcination; sulfate de magnésie brute; sels d'Epsom, sels ammoniac et de magnésie; et os dissous en sulfate de magnésie, pour engrais.

18 *Pattinson, W. W.* Fab. Gateshead.—Tungstène; sulfure de molybdène.

19 *Richardson, Frères & Cie.* Fab. Londres.—Spécimens de salpêtre raffiné, nitrate de potasse, &c.; venant principalement des Indes orientales.

20 *Stevenson, W.* Jarrow Chemical Works, Shields. Cristaux de soude changés en bicarbonate par l'action du gaz acide carbonique.

21 *Tulloch, A.* Fab. Waltham Abbey.—Salpêtre, charbon et soufre employés dans la manufacture de poudre de Waltham Abbey.

22 *Mason & Fils*, 11 Munster Street, Regent's Park.—Vernis royal; vernis français; vernis imperméable.

23 *Hills, F. C.* Fab. et Pat. Deptford.—Nitrate de potasse obtenu par la décomposition de muriate de potasse au moyen de nitrate de soude; sel ammoniac, &c.

24 *Hemingway, A. W.* Portman Street.—Sels doubles de fer.

25 *Ponting, T. C.* Inv. & Fab. Bristol.—Encre à marquer le linge, &c.; savon pour la barbe.

26 *Clifford, G.* 5 Inner Temple Lane. — Spécimens d'actes, d'écrits, de gravures endommagés par le feu, le temps, &c. et restaurés par un procédé nouveau.

27 *Bramwell, T. & Cie.* Fab. Heworth, Gateshead, Newcastle-on-Tyne.—Spécimens de prussiate de potasse.

28 *Winsor & Newton*, Fab. 38 Rathbone Place.—Couleurs pour peinture à l'huile, aquarelle, et décors, &c.; garance, cochenille, lapis lazuli, et toutes les plus rares variétés de couleurs chimiques; brosses, pinceaux, palettes, &c.; oxide de zinc.

29 *Fawcett, B.* 73 Snow Hill, et 7 Somner Street, Southwark. — Peinture paragon, pour peintres en bâtiment en décors, &c. ne contenant aucune substance nuisible.

30 *Cheshire, J. jeune.* Fab. Northwhich.—Echantillons de sel de table très fin.

31 *Spencer, J. A.* Fab. 9 Westbourne Place, Hyde Park.—Boite contenant des préparations chimiques; naphtaline (du goudron de charbon de terre); sulfate de magnésie; hydriodate de quinine, &c.

32 *Watt, W.* Fab. Glasgow. — Algues marines, ou varechs, et leurs produits.

33 *Picciotto, M. H.* Inv. et Fab. 8 Crosby Square.—Gomme arabique, décolorée et purifiée par un procédé chimique breveté; échantillon de gomme arabique; bleu d'outre-mer; lait artificiel; chloro perpétuel pour désinfecter; parfum de patchouly employé en Chine; pistacia vera des bords de la Méditerranée et de l'Espagne; id. poudre employée dans la toilette.

34 *Bullock, J. L.* Fab. 22 Conduit Street.—Série de produits chimiques, tirés de substances alimentaires et médicinales.

35 *Naylor, W.* Fab. 56 James Street, Oxford Street.—Vernis de copal pour décors, provenant de Sierra Leone; vernis blanc et vernis mastic; nouveau ventilateur en verre; bois teints.

36 *Nissen, Hilary & Parker.* Inv. 43 Mark Lane.—Spécimens de papier teint, dont la poulpe est chimiquement préparée, pour mandats de banque.

37 *Bullock, E. & Cie.* Galway, Irlande.—Soude brute; muriate de potasse; id. chlorate; id. sulfate; iode; iodide de potasse, de plomb et de mercure, &c.

38 *Spurgin, T.* Prod. Saffron Walden.—Racine, tige, fleur et stigmate de safran; violon fait d'après le système de M. Savart de Paris.

39 *Hawthorne, —.*—Bois teints.

40 *Hall*, J. Prod. Queenborough.—Spécimen de couperose des usines de Queenborough dans l'île de Sheppey, avec spécimens de pyrites, et spécimens de couperose à l'état granulé ; on s'en sert pour la teinture et autres usages.

41 *Hopkin & Williams*, Fab. 5 Cavendish Street.— Tannin pur ; acide chromique cristallisé ; benzoate d'ammoniaque, &c.

42 *Bower*, J. Fab. Hunslet, Leeds. — Carbonate de soude, contenant 59 de soude, et 41 d'acide carbonique, pour dégraisser les étoffes de laine.

43 *Jenkins*, W. H. Inv. Truro.—Poudre arsenicale.

44 *Fox & Barrington*, Fab. 2 Clarence Street, Manchester.—Sel ; soufre ; sulfate de soude ; chlore de chaux ; nitrate de cuivre, &c.

45 *Barnes*, J. B. Fab. 143 New Bond Street.—Acide valérianique ; valérianates de potasse et de soude.

46 *Parrott*, W. Prod. 7 Cleveland Street.—Couleur brune mi-transparente, tirée de la nielle de blé.

47 *Wood & Bedford*, Fab. Leeds.—Différentes espèces de lichen, et acides, &c. qu'on en obtient.

48 *Blundell, Spence & Cie*. Inv. et Fab. Hull, et 9 Upper Thames Street.—Chrôme vert, remplaçant le vert-de-gris ; couleur émeraude ; bleu céleste ; outre-mer, terre de Sienne, &c. ; huiles préparées pour les couleurs délicates ; mine de plomb ; vernis ; presse hydraulique de Blundell.

49 *Bankart*, T. Swansea.—Produits chimiques.

50 *Godson*, S. H. Prop. Tenbury, Worcestershire, et Rutland Gate, Londres.—Spécimens d'eaux minérales naturelles, &c.

51 *Dinneford & Cie*. Inv. et Fab. 172 New Bond Street. —Minéraux de magnésie et magnésie chimique ; fluide de magnésie pur de Dinneford.

52 *Schilling & Sutton*, Fab. Brighton.—Echantillons d'eau de soda, de Seltz et de Fachingen ; limonade gazeuse.

53 *Kane*, W. J. Fab. Dublin, Irlande.—Spécimens de sels en pain (sulfate de soude), cuits dans des fours à chaux ; spécimens de minerai de magnésie, contenant 90 °/₀ de peroxide de magnésie.

54 *Ward, Smith, & Cie*. Fab. Glasgow.—Iode ; muriate de potasse ; sulfate de potasse ; sel alcali.

55 *Fowler*, J. 35 Bedford Street, Covent Garden.— Acide pure de Benjoin.

56 *Lawrence*, W. Fab. 163 Sloane Street, Chelsea.— Echantillons d'huile de foie de morue.

57 *Brown*, F. Brev. et Fab. 12 Eccleston Place, Pimlico.—Couleurs tirées de l'oxide de zinc, applicables à toutes sortes de peintures sur porcelaine, carton, &c.

58 *Ellam, Jones, & Cie*. Fab. Markeaton Mills, Derby. —Emeri-corindon granulé de Naxos ; couleurs minérales et végétales.

59 *Russell & Robertson*, Inv. Omoa Foundry, Holytown, Lanarkshire.—Blanc de plomb ou céruse, chromate jaune de plomb et bichromate rouge de plomb ; fabriqués par un procédé nouveau qui ne nuit pas à la santé des ouvriers.

60 *Johnson*, J. R. Inv. 12 Bankside.—Extrait de munjet ; échantillons de calicos imprimés et teints avec l'extrait ; id. avec l'extrait de garance ; toiles de Perse imprimées, à couleurs bon teint, &c. ; pièces de coton imprimées sur une grande échelle par le nouveau procédé. (Breveté.)

61 *Scott*, L. Fab. 41 Moorgate Street.—Oxide blanc de zinc breveté pour peintres en bâtimens, tiré d'antimoine femelle et importé de Silésie, de Gallicie, et de Prusse.

62 *Davy, Machmurdo & Cie*. Fab. Bermondsey.— Carbonate d'ammoniaque ; sublimé corrosif ; calomel ; acide citrique ; id. gallique, &c., &c.

63 *Dauptain, Gorton & Cie*. Fab. 17 Wharf Road, City Road.—Quatre échantillons d'outre-mer.

64 *Estcourt*, S. Inv. et Fab. 2 Green Terrace, New River Head.—Echantillon du bleu raffiné d'Estcourt, pour mousselines, dentelles, &c.

65 *Coppock*, J. Inv. Bridport.—Liquide chimique pour donner aux bois communs la couleur d'acajou et de bois de rose ; spécimen du bois préparé.

66 *Bell & Cie*. Fab. 2 Wellington Street, Goswell Street. —Peintures minérales, séchant sous l'eau en peu de minutes, ou sur des métaux exposés à une chaleur extrême.

67 *Leifchild*, J. High Hill Ferry, Upper Clapton.— Teintures pour soies, carmin de safran ; indigo et bleu de Prusse.

68 *Marshall*, J. Fab. Leeds.—Echantillons d'indigo, carmin, laques pour teinture, &c. ; trente-six espèces de laques pour teinture.

69 *Lee*, C. Import. 119 Lower Thames Street, City.— Drogue pour teindre en noir, nouvellement découverte, spécialement pour teindre la soie.

70 *Davies*, J. Inv. et Fab. Cross Street, King Street, Manchester.—Apprêt préparé pour se conserver dans tous les climats.

71 *Lamplough*, H. Inv. et Prop. 88 Snow Hill.—Sels vitaux électriques, extraits du sang ; sulfate de fer pour la médecine ; bleu de Prusse ; sel d'Epsom, etc.

72 *Coulson, Jukes & Cie*. Prop. 12 Clements Lane, Lombard Street.—Noir minéral employé dans la manufacture des couleurs, dans son état naturel et pulvérisé.

73 *Peacock*, G. Inv. Southampton.—Nouvelle peinture ou composition pour conserver le bois, le fer et le cuivre.

74 *Stephens*, H. Inv. et Prop. 54 Lower Stamford Street, Blackfriars.—Echantillons de mordants par lesquels les bois inférieurs prennent l'apparence des bois les plus précieux ; crayons toujours affûtés (brev.) ; plumes à réservoir (brev.) avec lesquelles on écrit plusieurs heures, &c.

75 *Hayes*, P. & Cie. Salford.—Résines et vernis.

76 *Duncan*, W. L. Inv. et Prod. Sydenham, Kent.— Déchets de coton pour nettoyer les machines à vapeur, &c. ; échantillon ayant servi au nettoyage d'une machine de chemin de fer, et n'ayant aucune valeur ; déchets de coton nettoyés d'après les procédés de l'inventeur, et rendus à leur valeur et état primitifs.

77 *Mason*, B. Mde. 38 Doughty Street. —Ciment chinois de Pooloo.

78 *Humfrey*, C. Inv. et Fab. Farnham Place, Southwark.—Couleurs produites par la combinaison d'acides onctueux et d'oxides et peroxides de métaux ; spécimens de chandelles et matières onctueuses.

79 *Dickon*, G. & Cie. Fab. Edimbourg.—Huile de foie de morue médicale, &c.

80 *Breary*, W. A. Inv. Douglas, Ile de Man.—Huile raffinée ; oléine pure sans acide ou mucilage, pour montres, horloges, chronomètres et machines délicates.

81 *Robertson*, W. Banff, Ecosse, Fab.—Huile de foie de morue et de foie de raie, extraite au moyen de la vapeur, et fabriquée dans les divers villages pêcheurs de Moray-Frith ; sulfate de baryte et chloride de barium.

82 *Linklater*, J. 5 Sidney Street.—Huile de foie de morue.

83 *Owen*, C. Fab. Edinbourg.—Huile de foie de morue médicale.

84 *King*, W. W. Inv. et Fab. Liverpool. — Citrate effervescent de magnésie, indispensable aux habitants des pays chauds.

85 *Burt*, S. J. Prop. 26 Farringdon Street.—Cantharides importées de la Russie ; la cantharidine, principe actif des cantharides, produite par l'action de l'éther sulfurique, etc.

86 *Huskisson*, J. W. & H. Fab. 77 Swinton Street, Gray's Inn Road.—Bi-carbonate de soude cristallisée ; sels

de La Rochelle raffinés et brutes; sulfate de potasse cristallisé; nitrate de potasse raffinée; sulfate de fer purifié; id. de zinc, &c.

87 *Murray (Sir J.)*, M.D. Inv. Monkstown, Dublin. —Bicarbonate pur de magnésie dissous dans l'eau distillée; camphre et magnésie liquides; carbonate de magnésie cristallisé (dentifrice).

88 *Sturges, J.* Inv. Kettering.—Préparation pour préserver les plantes de navets des ravages des insectes; l'ami des fermiers, composition préservant le blé de la nielle.

89 *Ward, J.* County Donegal, Ramelton.—Spécimens de caillotis tirés de varechs; iodine; muriate de potasse, &c produits de caillotis.

90 *Kent, J. H.* Prod. Stanton, près Bury St. Edmunds. —Plantes médicales indigènes sèches, sous verres, &c.; spécimens d'extraits pharmaceutiques, obtenus de plantes indigènes.

91 *Truman, Hanbury, & Buxton,* Prod. Winch Lane et Spitalfields.—Malt et houblons de différentes qualités, dans les proportions employées pour $4\frac{1}{2}$ litres de porter et $4\frac{1}{2}$ litres d'ale de moyenne force.

92 *Godfrey & Cooke,* Fab. 30 Southampton Street, Covent Garden, et 30 Conduit Street.—Carmin; laque de cochenille, soluble dans l'alkali et l'ammoniaque; carbonate d'ammoniaque; sel d'ambre; musc artificiel; huile fine pour les horloges et les mécaniques, &c.

93 *Squire, P.* Inv. et Fab. 277 Oxford Street.—Extraits pharmaceutiques, et sucs préservés de plantes médicinales; liqueur de Taraxacum; huile de foie de morue, &c.

94 *Smith, T. & H.* Fab. Edimbourg.—Spécimens d'aloïn, principe cathartique de l'aloès; acide gallique, etc.

95 *Bass, J.* Inv. 81 Hatton Garden.—Infusions et décoctions médicinales concentrées.

96 *McCulloch, C.* Covent Garden Market.—Racines américaines et anglaises.

97 *Tustian, J.* Fab. Melcombe près Banbury.—Pétales de roses rouges; extrait de jusquiame.

98 *Tustian & Usher,* Fab. Melcombe près Banbury.— Rhubarbe anglaise, brute, préparée, et en poudre.

99 *Jennings, H. C.* 97 Leadenhall Street.—Amidon, gomme, et cire végétale, tirés de pommes de terre et de froment.

100 *Hopwood, H.* Prop. Richmond, Surrey.—Sucre de lait crystallisé de la manière ordinaire; id. crystallisé à la tempéra'ure de 120 Fahrenheit.

101 *Tennant, M. B.* Inv. Trafalgar House, Brighton.—

Nouvelle méthode de couvrir les dessins d'une préparation chimique qui les rend imperméables.

102 *Keating, T.* 79 St. Paul's Churchyard.—Racine de jalap, et safran de l'Asie-Mineure, koussa ou Brayera anthelmintica, de l'Abyssinie; matico, ou Piper augusti folium, de la Bolivie, racine de salsepareille du Paraguay.

103 *Watts, T.* Fab. 107 Edgware Road.—Extraits pharmaceutiques.

104 *Duncan, Flockhart, & Cie.* Fab. Edinbourg.—Chloroforme.

105 *Lea, A.* Inv. 150 Oxford Street.—Myrrhine, substance digestive.

106 *Morson, T. N. R. & Fils,* Fab. 19 Southampton Row.—Alcalis végétaux avec leurs sels, et autres préparations chimiques employées en médecine.

107 *Macfarlin, J. F. & Cie.* Fab. Edimbourg.—Série explicative de la fabrique de la morphine, etc.

108 *Pound, M.* Imp. et Fab. 198 Oxford Street.—Importations de Calcutta; bael Indien; coings du Bengale; vin de bael. Ecorce de la racine du bael; baies savoneuses, fruit du sapindus; jujube, fruit du *Zyziphus vulgaris* de l'Europe méridionale; importé de Paris, etc.

109 *Collins, R. N.* Inv. et Fab. Oxford Court, Cannon Street.—Poudre désinfectante pour prévenir et détruire les mauvaises odeurs.

110 *Hattersley, W.*—Elixir de salsepareille préparé à froid.

111 *Davenport, J. T.* 33 Great Russell Street, Bloomsbury.—Iodure de fer, neutre et soluble; id. de quinine, sous une forme crystalline; id. de plomb; citrate de protoxide de fer, etc.

112 *Nixey, W. G.* 22 Moor Street, Soho.—Ciment.

113 *Oyler, S.* 2 York Street, High Street.—Filasse charpie.

114 *Austin, J. B.* Fab. Banbury.—Décoction concentrée d'aloès, de salsepareille, infusion concentrée de cascarille, de colombé, &c.; sulfate de chaux; sable blanc.

115 *Savory & Moore.*—Kousso, sumbul, ou racine de musc.

116 *Bell, J.*—Huile de foie de morue, stéarine, salsepareille, jus de taraxicum. Essences de roses, etc. Sel des salines de Droitwick.

117 *Les droguistes de Londres.*—Baumes, écorces, insectes, extraits, huiles obtenues au moyen de la pression, huiles d'essences, racines, graines, bois, épices, poivres, fruits, gommes, et résines, feuilles, mousses, etc.

118 *Copner, —.*—Acide citrique, sulfate de cuivre, sulfate de magnésie, et octahadra d'alun.

Aller a la **Classe 3.**

Classe 3.   SUBSTANCES ALIMENTAIRES.
—— Galerie du Sud. ——

1 *Lighton, J.* Prod. Frampton, près Boston.—Bocal de miel.

2 *Doubleday, H.* Prod. Coggeshall, Essex.—Beau spécimen de rayon de miel.

3 *Carleton, E.* Blaris, Lisburn.—Fleurs de camomille.

4 *Bentley, J. F.* Prod. Stamford, Lincoln.—Spécimens de miel en rayons, purifié du pollen et des mouches, obtenu au moyen du system d'éducation de Nutts, par la ventilation: le produit d'une seule ruche, en 1849, a été de 50 livres.

5 *Kitchener, W. C.* Prod. et Inv. Newmarket, Cambridge.—Deux spécimens de miel extraits en 1850 de la même ruche et en même temps; ventilateur pour l'extraction du miel sans perte ni décoloration.

6 *Dutton, R. W.* Prop. 146 Fleet Street.—Un rayon de miel.

7 *Hills & Underwood*, Inv. et Fab. Londres.—Vinaigre fabriqué de drèche.

11 *Copland, Barnes, & Cie.* 46 Botolph Lane, Londres.—Fruits pour tartes, confitures, gelées, &c.; hermétiquement fermés, et pouvant conserver leur saveur pendant des années.

12 *Gamble, J. H.* Fab. 33 Royal Exchange.—Baril, contenant du mouton bouilli, trouvé par le capitaine Sir John Ross à Fury Beach, à 72′ 47″ de latitude, et 91′ 50″ de longitude, conservé par l'exposant pour le gouvernement britannique pour l'expédition arctique de 1824. Quoique exposé à une température de 92′ au-dessous et 80′ au-dessus de zéro, ce baril se trouva en parfait état de conservation; autres conserves.

14 *Smith, M.* Copper Alley.—Cochon entier conservé; jambons.

15 *Ritchie & M'Call*, 137 Houndsditch.—Spécimens de substances végétales et animales conservées d'après la méthode patentée de Goldner.

18 *Brocchiere, P.*—Objets alimentaires concentrés, tirés du sang de bestiaux.

20 *Leonard, J. & T. P.* Hull, Prop.—Bœuf préparé, séché et roulé, pouvant se conserver nombre d'années; cette méthode de sécher et de préparer la viande a été inventée par J. Tupling.

21 *Warrimer G. & Soyer, A.*—Amazone, ou essence de viande.

22 *Payne & Fils*, Imp. et Fab.—Poudre des Indes, pâte et sauce de currie, &c.

23 *Underwood, G. H.* Inv. et Prop. Pendleton, Manchester.—Viandes conservées sans sel, pendant un temps indéfini, sans rien perdre de leur qualité.

24 *Linklater, J.*—Viande conservée.

26 *Whitney, J.* Inv. Calver Hill, Hereford.—Bœuf séché sans sel, très utile pour approvisionnements de navires, à cause de sa salubrité.

27 *Weatherley, H.* 54 Theobald's Road.—Pastilles de miel.

27ᴀ *Wheeler, T.*—Spécimens de productions de travail libre; autres produits de Cuba, Caroline, Brésil, &c.

28 *Snowden, R.* Inv. et Brev. City Road et East Road.—Echantillons de café tel qu'il est importé; id. montrant son enveloppe fibreuse; brûlé dans un cylindre émaillé.

29 *Lebaigue, H.* Imp. et Fab. 10 Little Titchfield Street.—Cacao de Grenade, de St. Lucie, &c.; sucre de la Jamaïque, tapioca, salep de la Perse, vanille du Mexique, chocolat de santé, &c.

30 *Compagnie Chocolatière*, Paris.—Chocolats, &c.

31 *Fry, J. S. & Fils*, Bristol.—Spécimens de feuilles, fleurs, branches et autres parties du cocotier de l'Ile de la Trinité; noix de cacao; spécimens du fruit mûr du cocotier de l'Ile de la Trinité et de Grenade, quelques-uns coupés pour faire voir les cerneaux dans l'intérieur de la coque; noix de cacaos rouge, grise, rouge pâle, &c., de la Trinidad, &c.

32 *White, G. H.* 147 Shoreditch, Imp. and Fab.—Cacao et chocolat, bruts et fabriqués.

33 *Shinton, R.* Spencer Street, St. George's East.—Echantillons de cacao.

34 *Monteiro, L. A.* 13 Claremont Terrace, Pentonville.—Echantillons de chocolats, &c.

35 *Lane, W. R.* Inv. et Fab. 226 Strand.—Essence de café.

36 *Grut, B.* Import. 1 Sambrook Court.—Cacao, belle production, vendue dans le commerce sous le nom de cacao caracas, très peu connue en Angleterre et consommée particulièrement par les Espagnols de l'Amérique du Sud.

37 *Budd, J. T.* Fab. 82 Mount Street, Grosvenor Square.—Extrait de cacao.

38 *Benham, W. A.* Cross-street, Queen's-square, Bloomsbury.—Spécimens de cacao de la Trinité dans ses divers dégrés de préparation.

39 *Benson, W.* Imp. 133 Oxford Street.—Echantillons de cigares de la Havanne; id. de cigares et de tabac de différentes parties du monde.

40 *Lambert & Butler*, 141 et 142 Drury Lane.—Tabac importé de l'Amérique, la Havanne, la Hollande, &c., et échantillons d'articles fabriqués de ces tabacs.

41 *Bremner & Till*, 60 Fenchurch Street.—Echantillons de tabac.

42 *Jonas & Frères*, Fab. 41 et 43 Leman Street, Whitechapel.—Echantillons de cigares de leur fabrique avec des échantillons de tabac brut.

43 *Jones & Cie.* Imp. 39 Brunswick Square,—Cigares étrangers et Anglais.

44 *Lundy Foot & Cie.* Inv. et Fab.—Tabac à priser, tabac de Virginie; tabacs Cavendish, Negrohead et Nailrod, pour imiter les tabacs étrangers ou américains.

45 *Taylor, T. G.* Hackney, Planteur et Fab.—Tabac planté et fabriqué en Angleterre; tabac à priser et à fumer.

46 *Hyams, M.* Fab. 79, Long Lane.—Cigares de fabrique Anglaise; échantillons de cigares de la Havanne, de Colombie, et de Cuba; planche à couper pour faire les cigares. (Perfectionnée.)

47 *Sales, Pollard & Cie.* Fab. 57 Red Cross Street, Cripplegate.—Cigares de tabac de Yara (Havanne.)

48 *Buckland & Topliss*, Barrington-crescent, Brixton, Inv. et Fab.—La cigarilla

49 *Cohen & Orr*, Imp. 41 St. James' Street.—Tabac brut, et cigares de la Havanne.

50 *Goodes, G. & S.* Fab. 12 Prince's Street, Spitalfields.—Echantillons de cigares de fabrique anglaise; procédé de manufacture.

52 *Richardson, Frères*, Fab. Edimbourg.—Tabac importé de la Virginie, brut et manufacturé; tabacs à priser, &c.

53 *Le Commerce d'Epicerie*, Londres, Imp.—Epices, y compris fleurs et noix de muscades, clous de girofles, canelle, cassis, piment, poivre noir et blanc, gingembre et graines de cumin.

54 *Faullner, R. & C.* Fab. 44 Jermyn Street, Londres.—Conserves de fruits.

55 *Fortnum, Mason & Cie.* Imp. 182 Piccadilly.—Fruits, secs et conservés ; graines alimentaires de divers pays.

56 *Clemens, J.* Prod. 25 Mincing Lane, et Malaga.—Amandes du Jourdan ; raisins secs.

59 *Richardson, T. & Fils,* Prop. 6 Duke Street, Southwark.—Houblons cultivés dans les comtés de Kent, Essex, Suffolk et Worcester.

60 *Ashburnham, Juliana* (the Dowager Lady), Prod. Broomham, près Hastings.—Sac de houblon, récolté à trois milles de la mer, dans la paroisse de Guestling (Sussex).

61 *Attfield, C.* Prod. Farnham.—Un paquet de houblon de Farnham.

62 *Paine, J. M.* Farnham, Surrey.—Echantillons de houblons.

63 *Golding, R.* Fab. Hunton, Maidstone.—Balle de houblon de Kent.

64 *Plomley, F.* Dess. Maidstone.—Dessin illustrant la production du houblon.

65 *Masters, A.* Prop. Tonbridge.—Quatre branches de houblons séchés. Echantillons de houblons.

66 *Peterson, T.* Agent, Trinity Chambers, Water Lane, Tower Street.—Tourteaux de graines oléagineuses, &c.

68 *Burn, R.* Imp. Dess. et Fab. North Merchiston House, Edimbourg.—Graines de coton oléagineuses, tourteaux faits de ces graines.

70 *Sheppard, A.* Prop. Ipswich.—Blé appelé Eggshell white ; orge pour drèche, appelée drèche Chevalier.

71 *Le Comité Local de Truro.*—Spécimens de graines d'agriculture de Cornouailles, blé de Turquie, &c.

72 *Webb, R.* Prod. Calcot Farm, Reading.—Froment de momie de Talavera. Trois grains de ce froment furent trouvés dans la main d'une momie et envoyés à M. Dobrea, président de la Société d'Agriculture de Guernsey, qui les sema dans son jardin. L'exposant doit à l'obligeance de M. le colonel Balgrave les semences qui ont produit ces échantillons de froment, remarquables par la beauté de la plante et la bonne qualité du grain ; branche d'un arbre complètement enfoui à 3 pieds au-dessous du sol ; corne trouvée dans un pâturage à 10 pieds de profondeur et à 6 pieds au-dessous du lit de la rivière de Holy Brook, &c.

73 *Raynbird, R.* Prod. Hengrave, près Bury St. Edmunds.—Sac de blé de Kessingland, variété nouvelle de froment ; sac d'orge Chevalier ; sac de gros haricots à tache blanche de Manchester.

74 *Raynbird, H.* Prod. Laverstoke, Andover Road, Hampshire.—Spécimens de blé produits par l'hybridation.

75 *Kendall, J.* Treverlin, Truro, Cornwall.—Gerbe de froment blanc, nommé blé à paille gigantesque.

77 *Taylor, J. & Fils,* Fab. Bishop Stortford, Herts.—Variétés de drèche : jaune d'ambre pour ales et porters ; colorée pour qualités ordinaires id. ; blanche pour pale-ale ; brune pour porter.

78 *Wellsman, J.* Fab. Moulton, près Newmarket.—Echantillons de drèche pâle, faite avec de la plus belle orge de Chevalier.

79 *Maund, B.* F.L.S. Prod. Bromsgrove.—Spécimens de froment, démontrant que sa forme extérieure peut être artificiellement modifiée, et que probablement son produit et ses qualités chimiques peuvent être perfectionnés.

82 *Paine, J. M.* Prod. Farnham.—Echantillons de houblons recueillis sur un terrain engraissé avec la marne phosphorique ; sac de houblon prêt pour la vente.

83 *Strange, B.* Banbury.—Argile sans phosphate de chaux ou magnésie, id. employé dans l'agriculture avec 22 pour cent de phosphate de chaux et magnésie ; spécimen de fèves.

85 *Milne, W.* Prod. Rhynie, Ecosse.—Un quartier d'avoine écossaise mondée.

86 *Walker, W.* Prod. Mossat, près Aberdeen.—Echantillon d'avoine de Kildrummie.

88 *Cousens, S.* Great Bentley, près de Colchester. Prod.—Blé blanc, variété nouvelle.

89 *Fox, J. J.* Prop. Devizes.—Echantillons de blé du Comté d'Essex et de Wiltshire.

90A *Cahill, M.* Ballyraggit, Kilkenny, Prod.—Echantillons de froment, d'avoine et d'orge recoltés à Grove, Kilkenny.

91 *Steevens, R.* Prod. Stamford.—Echantillon de froment blanc de Collyweston.

92 *Croughton, W. P.* Prod. Tenterden, Kent.—Froment blanc ; haricots à cosse dorée.

93 *Asprey, J.* Prod. Sandleford, près Newbury, Berks.—Froment blanc cultivé dans un terrain très pauvre.

94 *Fordham, T.* Prod. Snelsmore Hill East, près Newbury.—Spécimens de froment blanc, pesant 66 livres par boisseau, fèves.

95 *Juson, W.* Red Hill, Shrewsbury.—Echantillons de graines.

98 *Keene, W.* Prop. 42 Cornhill.—Boîte contenant des spécimens géologiques des Pyrénnées de l'Ouest ; maïs de 40 jours de végétation.

99 *Irwin, Elizabeth,* Prod. Ballymore, Boyle, Roscommon.—Orge noir de Ballymore.

100 *Bexley, Lord,* Prod. Footscray, Kent.—Boisseau de froment blanc à petit grain.

101 *Moses, A. E. & M.* 87 Tower Hill.—Spécimens de blé d'Australie ; viandes fraîches conservées.

102 *Gibson, C.* Prod. Pitlochry, Perth.—Quatre boisseaux d'orge anglaise, récoltée à 600 pieds au-dessus du niveau de la mer.

103 *Guillerez, A. F.* Prod.—Lentilles.

103A *Sadler, W. J.* Swindon, Wilts.—Froment de Laurence ; pesant 66½ livres le boisseau.

104 *Gibbs, T. & Cie.* Imp. et Prod. Half Moon Street, Piccadilly.—Collection d'herbes sèches et de graines, &c.

105 *Lawson, P. & Fils,* Prod. Edimbourg.—Végétaux produits de l'Ecosse alimentaires ou employés dans la chimie, la médecine, les manufactures, &c.

106 *Jones, G.* Redland, Bristol.—Echantillons de froment cultivé à la bêche et au plantoir.

107 *S. A. R. le Prince Albert.*—Echantillons de blé, d'avoine, et de haricots, récoltés sur la ferme royale de Windsor.

107A *Wright, H.* Fab. Antingham, près North Walsham.—Drèche d'orge des cultures du Rev. C. Cremer, de Beeston, près Cromer (Norfolk).

108 *Gentile, J. P.* Fab. Harbertonford Works, près Totnes, Devon.—Macaroni et pâtes d'Italie ; farine nutritive ; farine et cacao pour chocolat ; aliment végéto-animal composé de viande et de farine.

110 *Watt, G.* Upper Balfour, Banchory, Ecosse.—Echantillons d'orge de qualité supérieure.

111 *M'Arthur, J.* Prod. 51 Grafton Street, Dublin.—Racines de plantes agricoles, une partie séchée pour être conservée, l'autre en végétation dans des bocaux pour démontrer le caractère propre des plantes par leurs racines.

112 *Sutton, J. & Fils,* Reading.—Spécimens de graines orge Chevalier sans pellicule, nouvelle variété ; navets hybrides jaunes, à sommet pourpré, pouvant être ensemencés très tard. Navets rouges de Lincolnshire.

114 *M'Killican, J.* Prod. Piperhill, Cawdor.—Echantillon de semailles de froment et autres graines.

115 *Illingworth, A.* Prod. Banchory Ternan, Ecosse.—Orge anglaise pesant 59½ lbs. le boisseau ; avoine d'Ecosse, &c.

116 *Batty & Feast,* Inv. et Fab. 15 & 16 Pavement, Finsbury Square.—Une pomme de pin, préservée dans de vinaigre de drèche distillée; un oranger et ses fruits; branches de citronnier avec fruit, produit de l'Angleterre; concombres, &c., &c.

117 *Colman, J. & J.* Fab. 9 College Hill.—Amidon de blé; id. de riz; moutarde forte; gomme anglaise, id. indigo bleu, et bleu de Mecklenbourg.

118 *Noah, W. & J.* Fab. Draitwich.—Bouteille contenant du liquide salin, puisé d'une source à 173 pieds de profondeur; spécimens de sels fabriqués avec ce liquide.

119 *Dewar, T.* Fab. Newcastle-upon-Tyne.—Spécimens de graine de moutarde, brune et blanche.

120 *Levy, W.* Fab. 2 White Row, Spitalfields.—Blé Taganrog; échantillons de macaroni et de vermicelle.

121 *Tucker R. G.* Fab. Nottingham.—Deux espéces d'amidon; gomme ou matière glutineuse, qui reste après que l'amidon est extrait du blé.

122 *Tucker, E.* Belfast.—Colle et amidon de Belfast.

123 *Brown & Polson,* Thrushcraig, près Paisley, Fab.—Amidon breveté, tiré de fécule de sagou et de pommes de terre. Amidon de farine de froment, breveté; arrow-root.

124 *Wotherspoon, R.* Fab. Glenfield Starch Works, Maxwellton, près de Paisley.—Spécimens d'amidons faits avec du sagou; autres amidons.

125 *Reckitt & Fils,* Fab. Hull.—Amidon de froment, bleu et blanc; amidon soluble de fécule de pommes de terre; amidon de sagou; fécule de pommes de terre pour apprêter les calicots; poudre d'amidon de blé pour parfumeurs et confiseurs.

126 *Strand & Muckart,* Montrose.—Echantillons d'amidon.

127 *Miller, D. & W.* Prod. Musselburgh, près d'Edimbourg.—Amidons de toutes sortes; fécules.

128 *Jones & Cie,* Battersea, Inv. Brev. et Fab.—Amidon, poudre pour cheveux, et gluten de riz.

130 *Berger, S.* Fab. Bromley, Middlesex.—Amidon de riz, des échantillons de riz de Madras et du Bengale.

132 *M'Garry & Fils,* Fab. Usines de Palmerstown et Ashtown.—Huiles et tourteaux de graine de lin; moutarde d'Irlande.

133 *McCullum, M.* 12 Cannon Street, Leith.—Spécimens du rhizome, tige rampante du Typho-latifolia.

134 *Edwards, H.* Inv. et Fab. 32 Great Windmill Street, Haymarket.—Crême en poudre, composée de farine et d'autres ingrédients.

138 *St. Etienne, Mme. Daniele,* Harberton Ford, Totness.—Gluten, de farine, de pomme de terre, de blé, &c.; conserves alimentaires, végéto-animales, pour voyages de long cours; chocolat, biscuits, &c.

139 *Moore, E. D.* Brev. Ranton Abbey, Eccleshall, Stafford.—Essence de lait qui demande seulement une addition d'eau pure pour faire du lait; échantillons combinés avec du chocolat, du cacao et du café.

140 *Fadeuilhé, V. B.* Prod. Fab. Inv. et Prop. 19 Newington Crescent.—Lait consolidé pour les longs voyages en mer et pour usages médicinaux ou domestiques.

141 *Glass, G. M.* Inv. et Fab. Brandon Street, Walworth.—Gélatine pour usages culinaires ou manufacturiers.

142 *Gardner, J.* Inv. 51 Mortimer Street.—Feuilles d'un arbre contenant un principe nutritif crystallin, semblable au thé chinois; feuilles naturelles, &c.

143 *La Compagnie des Thés d'Assam.*—Echantillons de thé de la colonie anglaise d'Assam; thé Camélia.

144 *Saunders & Gatchill,* Dublin, Agents.—Chicorée dans ses divers degrés de fabrication, depuis la racine séchée jusqu'à la poudre.

146 *Poole, Sarah R.* Kingston-on-Thames.—Drèche cristallisée pour brasseurs de porter.

149 *Perkins, H.* Hanworth Park, Surrey.—Petit pains de sucre et bouteille de Rhum, de cannes à sucre récoltés dans le comté de Surrey (Angleterre).

150 *Kidd & Podger,* Fab. Isleworth, Middlesex.—Farine superfine, provenant de blé Anglais et d'Australie.

152 *Marriage, E.*—Echantillons de farine.

153 *M'Cann, J.* Fab. Beamond Mill, Drogheda.—Gros gruau d'avoine, en usage en Irlande.

154 *Stenhouse, A.* Fab. Farina Works, Dunning, Perth, et 47 Molyneux Street, Bryanstone Square.—Fécules à l'usage des manufactures.

157 *Styles, T.* 148 Upper Thames Street, Fab.—Gruau préparé d'après la méthode d'Ashby.

159 *Chitty, E.* Fab. Guildford.—Farine.

160 *Fitch, F. C.* Prod. Steeple Bumpstead, Essex.—Sac de belle farine de froment d'Essex.

161 *Smith, J.* Hare Craig, Dundee, Fab.—Echantillon de farine d'avoine.

162 *Buck, P. & Fils,* Prod. Danby Mills, près Middleham, Bradford.—Farine très fine; farine de blé et d'avoine.

Aller a la Classe 4.

Classe 4.   SUBSTANCES VEGETALES et ANIMALES employees dans les MANUFACTURES.

—— Galerie du Sud. ——

1 *Grigor J. & Cie.* Prod. Forres.—Plants et plançons de divers arbres forestiers, tels que : pins d'Ecosse, mélèzes et bouleaux.

2 *King, Emma*, Fab. Church Street, Edmonton.— Plantes anatomiques arrangées comme ornement.

2A *Cooke, E. W.* "The Ferns," Victoria Road, Kensington.—Plantes grasses conservées.

3 *Stevens, W.* Inv. 1 Rock Place, Tottenham Road, Kingsland. — Fleurs naturelles conservées, pour musées publics et particuliers.

3A *Crowcher, C. jeune*, Chapel Place, Liverpool Road. —Spécimens de paille calcinée.

4 *Pursey, W. A.* Fab. 14 Spring Street, Sussex Gardens, Paddington.—Fleurs pour l'ornement des tables de grands diners et pour garnitures de plats, &c.

5 *Rock, Mary*, 6 Stratford Place, Hastings.—Mousses et cailloux d'Hastings.

5A *Tilley, Lieut. J.* Dess. Fivehead, Taunton, Somerset.—Un groupe de modèles anatomisés des feuilles de sycamore, peuplier, lierre, &c.

6 *Harrison, R. & J.* Hull.—Variété de bois anglais et étrangers.

7 *Burnett, Sir W., M.D., K.C.B., F.R.S.*—Spécimens de bois, canevas, coton, drap, et de peaux brutes, traités d'après la méthode de Burnett ; mêmes matières non traitées pour démontrer la différence du procédé. Solutions antiseptiques et désinfectantes.

8 *Fitch, F. C.* Steeple Bumpstead, Chelmsford.— Spécimens de bois anglais.

8A *Auldjo, Madame Richardson*, Noel House, Kensington.—Table faite d'un bloc de bois trouvé dans le déblaiement d'une villa romaine, près de Pompeii, détruite l'an 79 de J.C. Le piédestal est copié d'un candélabre en bronze du Musée de Naples.

9 *Saunders, W. W.* Prop. Wandsworth.—Collection d'environ 700 spécimens de bois, des différentes parties du monde.

9A *Evans, W.* Inv. Castle Street, Swansea.—Chêne gallois, soumis à un procédé particulier, pour remplacer les bois de fantaisie, &c.

10 *Stowe, H.* Inv. Buckingham. — Bois colorés sans l'emploi ni de la chaleur, ni de l'humidité ; ce procédé peut s'appliquer aux bois sculptés.

14 *Holtzapffel & Cie.*, Prop. et Fab. 64 Charing Cross et 127 Long Acre.—Echantillons de bois pour tourneurs.

15 *Gillow & Cie.*, Dess. et Fab. 176 Oxford Street et Lancaster.—Echantillons d'acajou de St. Dominique.

16 *Enderson, H. J.* Prod. 140 Praed Street, Paddington.—Imitation grenue de bois d'érable et d'autres bois de fantaisie sur sapin ; id. de marbre marqueté sur ardoise.

19 *Scott, E. & Cie.* 83 Dean Street, Soho.—Feuilles de placage en noyer et en bois de rose.

20 *Newton, C. H.* Fab. Plough Bridge, Rotherhithe.— Bois anglais et étrangers, preparés d'un côté et bruts de l'autre, pour montrer l'application du procédé dessicatif dans l'assaisonnement des bois.

21 *Bethell, J.* Inv. et Brev. 8 Parliament Street, Westminster.—Spécimens de bois, prouvant les qualités préservatrices du procédé qui consiste à le saturer dans l'huile de goudron ; coins goudronnés après 4 années d'usage ; poissons préparés pour engrais.

21A *Samuels, D.* Inv. et Fab. 71 Lebon Street, West

Ham, Essex.—Cadre pour peintures, de diverses espèces de bois anglais.

22 *Classon, J.* Industrial Depôt, Northumberland Buildings, Dublin.—Spécimens de bois de fantaisie Irlandais ; tourbe, &c.

23 *Brotherton, W. & Cie.* Imp. et Fab. Hungerford Wharf.—Echantillon de graine de navette de Hollande et des Indes Orientales ; id. broyée pour en tirer l'huile ; huile produite ; id. raffinée, &c.

24 *Barclay & Fils*, Fab. 170 Regent Street.—Bougies et veilleuses, &c.

25 *Freeman, MM.* Fab. 3 Wigmore Street, Cavendish Square.—Bougies de cire et de spermaceti à mèches métalliques ; chandelles, et veilleuses ; matières fabriquées, huiles raffinées, &c.

26 *Bauwens, L. F.* Fab. Wakefield.—Divers procédés pour extraire l'huile pure de la lessive de rebut des manufactures de laine, de soie, &c.

27 *Rose, W. A.* Fab. 66 Upper Thames Street.—Assortiment de diverses graisses et huiles à différents usages ; vernis et couleurs.

28 *Hillas, F.* Inv. 5 Ordnance Row, Lewisham Road, Greenwich.—Huile animale ; id. végétale ; id. de poisson purifiée, &c. ; huile limpide et pure pour les cheveux.

29 *Miller, T. J.* Imp. et Fab. Dorset Wharf, Westminster.—Huile de blanc de baleine dans son état naturel, telle qu'elle est importée des mers du sud ; blanc de baleine brut après que l'huile en a été séparée par la filtration et la pression ; huile id. purifiée pour l'éclairage ; buste en blanc de baleine raffiné.

30 *Ewen, J.* Fab. 17 Garlick Hill, City.—Echantillon de graisses clarifiées ; moëlle de bœufs ; suif de bœufs ; id. de moutons, &c., &c.

31 *Durant, J. jeune*, Prop. 11 Copthall Court.—Echantillons de soie grège d'Italie, de Chine, des Indes, de Turquie, &c.

32 *Dodge, Catherine*, Prod. Godalming, Surrey.—Soie produite de vers nourris avec des feuilles de mûrier blanc ; échantillons fabriquées de cette soie.

34 *Hands & Leavesley*, Teinturiers, Coventry.—Spécimens de soie teinte.

35 *Doxat & Cie.* Imp. Bishopsgate Street Without.— Echantillons de soie non filée (soie grège italienne).

36 *Howe, J. & Cie.* Teint. Coventry.—Soie moulinée teinte : plusieurs échantillons ont été teints depuis plus de sept ans.

37 *Jaquemot, J. M.* Imp. 36 Old Broad Street.—Echeveaux de soie écrue, provenant d'une filature près de Genève, Suisse.

40 *Sectional Committee on Vegetable Kingdom.*—Echantillons de lin et de chanvre ordinaire du commerce : Lin de France, de Flandre, de Hollande, d'Archangel, d'Angleterre, &c. ; chanvre de Russie, de Riga, d'Amérique, de Manille, &c., &c.

41 *Trent, E. W.* Park Hemp Works, Oldford.—Lin de la Nouvelle Zélande, cordages, &c.

42 *Wright, L. W. & Cie.* 75 Cheapside, Inv. et Fab. —Chanvre de Chine, lin brut et fabriqué ; papier de paille de blé, &c.

43 *Donlan, M. J. J.* Inv. 4 St. Peter's Square, Hammersmith.—Graines de lin et chenevis, préparées chimiquement pour augmenter la force du germe ; tiges de lin produites de semences saturées ; toiles à voiles, &c.

44 *Gillman, E.* Agent pour Tao Nui, un des chefs de la Nouvelle Zélande, Twickenham.—Bois les plus utiles de cette contrée ; gomme de l'arbre Dammara Australiis ; écorce de l'arbre Hinau ; lin préparé pour la teinture ; petite corde de ce lin ; lin prêt pour le tissage, &c.

45 *Hives & Atkinson*, Fab. Leeds.—Echantillons de lin anglais et étranger.

46 *Cator, Nelson, & Cie.* Fab. Selby.—Tiges de lin brut avec sa graine ; lin fabriqué avec ces tiges.

47 *Long, J. C. E.*—Laine d'Irlande.

49 *Adams, —.* Ballyderitt, Coleraine.—Lin.

51 *Robertson, H.* Prod. 7 Salisbury Street, Strand.—Fibre végétal, natif des Iles Britanniques, applicable à la manufacture de fil fin et de papier.

53 *Picciotto, M. H.* Imp. 8 Crosby Square, Bishopsgate.—Echantillons de lin fin, préparé en Italie d'après un procédé nouveau, qui peut s'appliquer au lin trempé et non-trempé, en le réduisant au même degré de finesse.

54 *Mason, G.* Prod.—1. Lin cultivé, roui et peigné à Yately, North Hants. 2. Id. de South Hants. 3. Id. de Cobham, Surrey. 4. Lin cultivé et peigné à la maison de travail de Farnborough. 5. Lin peigné par les prisonniers de la prison centrale de Winchester. 6. Etoupe fabriquée à Yately. 7. Modèles d'outils faits et en usage à Yately.

55 *Marshall & Cie.* Imp. et Fab. Leeds.—Chanvre de Chine (Urtica nivea), de la province de Canton ; fibre préparée, fil à coudre, et coutil fait avec la fibre de ce chanvre ; lin de Courtrai ; lin préparé ; échantillons de fils et toiles de lin perfectionnés.

56 *Barsham, J.* Inv. et Fab. Kingston-on-Thames.—Coques de noix de cacao ; fibre séparée par un procédé breveté ; brosses de ces fibres ; paillasson en fibres de cacao.

57 *Nightingale, W. & C.* Imp. et Fab. 64 Wardour Street, Soho.—Plume pour lits et édredon d'Angleterre, d'Irlande, du Nord de l'Europe, et de l'Amérique ; crins de cheval et d'autres animaux, préparés pour tissus, tamis, brosses, &c. ; matelas à ressorts.

58 *Morrell, H.* Fab. 149 Fleet Street.—Mine de plomb, d'Allemagne et autres pays ; échantillon de plomb purifié, et coupé en feuilles ; bois de cèdre de l'Amérique du Nord, pour fabriquer les crayons ; sulfure de mercure, vermillon, &c.

59 *Heal & Fils*, Import. et Fab. Tottenham Court Road.—Echantillons de plumes de lit, irlandaises, anglaises, russes, du Hudson baie et de Dantzic, préparées et brutes.

60 *Blyth, Hamilton & Blyth*, Fab. 52 Little Britain et Henry Street, Liverpool.—Plumes d'oie d'Angleterre et de Dantzic brutes, blanches et grises pour lits ; id. préparées et purifiées ; crin noir anglais.

61 *Société de l'Huile de Camphine anglaise, brevetée, Hull.*—Vernis, graines, &c.

62 *Barker, T. & Cie.* Inv. et Fab. Bream's Buildings Chancery Lane.—Essence de térébenthine préparée par un nouveau procédé, remarquable par sa supériorité et le brillant qu'elle donne aux couleurs ; essences, extraits, et parfums.

63 *Manning, J.* 18 Coles Terrace, Barnsbury Road Islington.—Vernis composé de plusieurs gommes et d'esprit de vin pur ; portraits vernis pour montrer son brillant.

64 *Penney, H.* Fab. 4 York Place, Baker Street.—Huile de lin sans couleur et vernis copal.

65 *Smith, B. T. & Cie.* Fab. 12 Church Street, Mile End, New Town.—Vert d'émeraude, id. foncé, id. pâle, jaune de chrôme, bleu d'outremer de Nuremberg, rouge de chine, &c. chrômate de potasse, nitrate de plomb, &c.

66 *Jewsbury, H. W. & Cie.* Mincing Lane.—Variétés de cochenille de Honduras, Texas, &c. ; id. de laque de Calcutta.

68 *Smith & Fils*, 14 Corbet Court, Spitalfields.—Lichens employés dans la manufacture des teintures ; échantillons de velours, de cuirs, de soies, &c. teints par ce procédé.

70 *Cooney, C.* 60 Back Lane, Dublin.—Echantillons d'amidon d'Irlande, &c.

71 *Saunders & Gatchell*, Dublin.—Pastel, ou imitation de guède, faite de chicorée et employée dans la teinture de la laine.

72 *Robinson, J. & Cie.* Inv. et Fab. Huddersfield.—Pâte d'orseille et prunes de Monsieur ; orseille liquide ; fil de laine teint en violet.

74 *Bruce, G.* Inv. Liverpool.—Vernis noir pour peindre et préserver le bois et le fer ; couleurs, bleu, rouge, vert et gris.

75 *Long & Reynolds*, Fab. Hackney.—Carthame ou safran bâtard, teinture liquide et sèche, laine pour la soie, le coton, &c.

76 *Sadler, J.* Prop. 2 Gloucester Terrace, Regent's Park.—Cochenille du Mexique, blanche et noire, produit de la province d'Oaxaca.

77 *Burch, W.* Fab. Sewardstone Mill, Woodford, Essex.—Drogues et produits chimiques pour la teinture, avec échantillons des matières brutes qui les produisent, telles que racines, fleurs, minéraux, &c. ; soie, laine, coton et fil de diverses nuances, en écheveaux ; couleurs pour artistes et peintres en bâtiments, &c.

78 *Moore J.* Prop. Littlecott Farm, Pewsey, Wilts.—Brebis de Southdown, âgée de 7 ans, qui n'a jamais été tondue.

80 *Henderson, R.* Prod. Wooler, Northumberland.—Toison de laine cheviot.

81 *Dorrien, C.* Chichester.—Echantillons de laine.

84 *Rebow, J. G.* Prod. Wivenhoe Park, près de Colchester.—Laine des moutons de South Down.

85 *Millner, R.* Prop. Dublin.—Toisons à longue laine du comté de Meath ; id. du comté et Galway ; id. du comté de Wicklow.

85A *Comité de la Section du règne animal.*—Diverses espèces de laines.

86 *Mannings, G.* Fab. Devizes.—Laine à peigner et laine pour drap, de Southdown ; produits de Wiltshire.

88 *Sands, W. & Cie.* Mortimer Street, Leeds.—Laine bardane dans son état primitif, nettoyée à la mécanique.

91 *Preller, C. A.* Brev. et Fab. 31 Abchurch Lane.—Laine d'Angleterre, id. fine de l'Australie dans son état naturel telle qu'elle est importée ; id. lavée, cardée et emballée ; longues laines pour étoffes, châles, &c., id. courtes pour couvertures.

91A *Cahill, M.* Ballyraggit, Kilkenny, Prod.—Toison de laine de Leicester, de Grove, comté de Kilkenny.

94 *Irving, G. Vere*, Prod. Newton by Leadhills, Lanarkshire.—Toison d'une vieille brébis de la race noire du Highland.

95 *Good, Floodman, & Cie.* Imp. Hull.—Laine blanche d'Islande.

95A *Breadalbane, Marquis de*, Prod.—Spécimens de filés faits avec la laine du bison.

97 *Lippert, D.* Imp. 66 Albion Street, Leeds.—Toisons de laine d'Allemagne.

101A *Smithson.*—Echantillons de laine.

103 *Horan, H.* Fab. 7 Stud Street, Islington.—Baleine de Groënland de diverses couleurs pour manches de fouet, cannes et autres objets.

104 *Westall & Cie.* 69 Aldersgate Street.—Echantillons de baleines.

105 *Claussen, P.* Inv. Brev. 26 Gresham Street.—Echantillons de lin dans tous ses degrés depuis la plante jusqu'à la toile, traités d'après la méthode de l'exposant. Toiles de lin, coton de lin, drap de lin, soie de lin, laine de lin, chanvre et autres plantes fibreuses, préparés en tout ou en partie d'après le même procédé ; métier circulaire pour tisser.

106 *Société Royale d'encouragement de lini-culture de Belfast.*—Echantillons de lin.

107 *Royle, J. F.* M.D. Collect. Acton Green.--Echantillons de coton.

108 *Puckridge, F.* Fab. 5 et 6 Kingsland Place.—Baudruche brute et préparée ; modèle tel qu'on s'en sert en France et en Belgique.

109 *Staight, T.* Fab. 12 Walbrook.—Echantillons d'objets tournés et ciselés en ivoire ; vases, piédestal, et fleurs ; candélabre ; thermomètres ; couteaux de papier ; échantillons de gravures en perle.

111 *Tebbitt, W.* Fab. 4 North Crescent, Bedford Square.—Boîte richement ornée, pour contenir quatre jeux de cartes ; porte-cartes de visite pour dames ; bougeoirs ; couteaux à papier ; poignées d'ombrelles, &c.

114 *Markwich, M.* Fab. 32 King William Street.—Epithèmes brevetés pour médecins, chirurgiens, et vétérinaires ; piline spongieuse imperméable pour appliquer les fluides chauffés sur le corps, au lieu de cataplasmes, et de fomentations, &c.

115 *Granville & Cie.* 9 Gresham Street West, Londres, Prop. ; *Burke, W. G.* Tottenham, Fab.—Articles fabriqués de caoutchouc.

116 *Rea, E.* Fab. 117 Wardour Street.—Laques ; gommes ; vernis, &c.

117 *Simpson, Humphrey & Vickers,* Imp. et Fab. 23 Little Britain.—Spécimens variés de colle de poisson, coupée et non coupée.

118 *Dawson & Morris,* Import. et Fab. 96 Fenchurch Street.—Echantillons de colle de poisson.

119 *Swinborne, T. C. & G. & Cie.* Fab. Coggeshall, and 1 Great Tower Street, Londres.—Gélatines raffinées ; id. clarifiées ; colle et gélatines pour fabriques.

120 *Watt, W. & Fils,* Fab. Dumfries.—Colle tirée de déchets de peaux, à l'usage des ébénistes et menuisiers.

121 *Abbott & Wright,* Fab. Needham Market, Suffolk.—Deux pains de colle faite de peaux et de pieds de bétail.

122 *Nimmo, T. & Cie.* Fab. Linlithgow, Ecosse.—Spécimens de colle forte pour les menuisiers, &c. ; id. raffinée pour les papetiers, &c., gélatine extra raffinée.

123 *Neuber, W. H.* Inv. 549 New Oxford Street.—Planche pour affiches ; colle liquide pour le verre ou la porcelaine ; échantillons de dessins vernis avec le vernis d'eau.

124 *Tucker, —.* Belfast.—Colle.

125 *Dufaville, W.* Broughton House, Islington.—Diverses espèces de gélatine, &c.

125A *Muller, F.* Fab. Hackney.—Colle et gélatine.

126 *Curtis, Frères, & Cie.* Fab. 19 Coleman Street.—Substances employées pour tanner le cuir ; écorces de chênes, d'acacia, &c.

126A *Kitchin, J.* Commercial Sale Rooms, Mincing Lane.—Sumac de Palerme, en feuille et en poudre ; on se sert de cette substance pour tanner les peaux de moutons de veaux, maroquins, &c.

127 *French, B.* Imp. et Fab. 51 Crutched Friars.—Liège brut, et fabriqué à la main.

128 *Holt, E.* Inv. et Fab. 24 White Rock Place, Hastings.—Mousses de Sussex, arrangées en forme de vase ; algues, zoophytes et corallines trouvés sur les bords de la mer à Hastings et St. Léonards.

129 *Piesse, S.* 43 Molyneux Street, Londres.—Lactine ou lait artificiel ; chlorine éternelle ; essence de patchouly.

130 *Field, J. C. & J.* 12 Wigmore Street.—Echantillons de stéarine.

131 *Groves, N.* Fab. 58 Watling Street, Dublin, Ireland.—Parchemin et colle de fabrique irlandaise.

132 *Peet, T.* Frederick Street, Regent's Park.—Bouchons de fabrique anglaise, taillés à la main.

134 *Breadalbane, Marquis de.*—Spécimens de bois de Perthshire et Argyllshire, planches de sapin écossais, trouvées dans un marais près Glenorchy, Argyllshire.

135 *Fauntleroy, R. et Fils,* Potters Fields, Tooley Street.—Classification d'échantillons de bois, pour ébénistes, tourneurs, teinturiers et machinistes ; échantillons de dents d'éléphants, nacre, &c. ; bois d'Amboina, de Bornéo, pour meubles ; bois d'Angica, du Brésil, pour ébénistes ; bois noir de Madagascar, pour tourneurs ; chêne de Botany Bay, nouveau pays de Galles, pour brosses ; bois du Brésil, pour tourneurs ; bois de camphre, de Sumatra et du Japon, pour ébénistes ; cèdre de l'Amérique du Nord, pour crayons et pour ébénistes ; ébène de l'Afrique, de Sumatra, de Ceylon, de Maurice, &c., pour tourneurs et ébénistes ; ébène de la Jamaïque et des îles de Bahama, pour teinturiers ; bois de gaïac, des Indes occidentales et de l'Australie, pour tourneurs ; bois de campêche des Indes Occidentales, pour teinturiers ; bois rouge de Madagascar, pour tourneurs ; amaranthe du Brésil, pour ébénistes ; bois de rose de Rio Janeiro et Bahia, pour ébénistes ; bois de santal des Indes orientales, pour parfumeurs et ébénistes ; bois satiné des Indes Orientales, de St. Dominique, &c., pour brosses et ébénisterie ; noyer de l'Italie, pour montures de fusils, &c. ; bois d'if de l'Angleterre et de l'Espagne, pour tourneurs, &c. ; mahogany (acajou) planche circulaire, 7½ pieds en diamètre ; tête d'éléphant avec défenses, &c., d'Afrique ; dents de morses ou d'hippopotame des Indes Orientales, de l'Afrique et de l'Amérique du Nord, pour dentistes, &c. ; nacre de Manille, de Tahiti, de Bombay, &c., pour boutons, &c. ; bois de Corozo et de Coquelho, de la Colombie et du Brésil, pour tourneurs.

Une table ronde en acajou des Honduras. (Avenue principale, ouest.)

136 *Cross, S. J.* Prop. 57 Bunhill Row.—Collection de bois anglais, avec leurs noms botaniques et leurs usages variés. (Rez de chaussée, C. No. 2.)

137 *Murray, Chevalier W.* Prop. Dunnottar, Stonehaven.—Planche de pin ; section de l'orme Ecossais. (Rez-de-chaussée, C. No. 2.)

138 *Dillon, Vicomte, C. H.* Prop. Loughglyn Cloonmoore, Ballaghaderreen, Irlande.—Tronçons d'if de marais et autres bois trouvés dans les marais. (Rez-de-chaussé, C. No. 3.)

Aller à la Classe 8, page 72.

SECTION II.—MECANISME ET MACHINES.

Classe 5. MACHINES a USAGE DIRECT, comprenant les VOITURES, et le MECANISME NAVAL et des CHEMINS de FER.

—— Groupes A. B. 10—30 ; C. D. E. 1—30 ; F. 1—32 ; G. H. 1—13, & 19—25. ——

1 *Atherton, C.* Inv. Dockyard, Devonport. — Une paire de machines pour bateaux à vapeur, de la force de 25 chevaux ; dessin pour faire apprécier le même principe dans la construction des bâtiments de guerre, &c.

2 *Powell, E. J.* Dess. 11 Hartland Terrace, Camden Town.—Dessins des différentes vis à propulsion employées en Angleterre.

3 *Smith, Capitaine.*—Trois propulseurs à helices.

4 *Stothert, Slaughter, & Cie.* Inv. et Fab. Bristol.—Machine exigée par le propulseur à hélice, dans les bateaux à vapeur.

5 *Taplin, R.* Inv. 7 Upper Woodland Terrace, Woolwich, Londres.—Modèle d'une cheminée à coulisse pour chaudières de bâtiments à vapeur ; on peut l'élever et la baisser sans encombrer le pont du vaisseau, laissant libre l'espace occupé par les voiles, &c.

6 *Watt, James & Cie.* Dess. et Fab. 18 London Street, et Soho, Birmingham.—Machine d'une force collective de 500 chevaux, pour navires, à 65 rotations par minute, d'une construction légère et solide.

8 *Penn, J. & Fils.*, Fab. Greenwich, près de Londres.—Machines pour bateaux à vapeur.

10 *Fossick & Hackworth*, Fab. et Inv. Stockton-on-Tees.—Chaudière de machine à vapeur à haute pression, produisant plus facilement et plus abondamment la vapeur que les chaudières ordinaires ; ressorts pour locomotives et voitures.

11 *Hawthorn & Cie.* Leith, Fab.—Machine à vapeur oscillatoire à haute pression.

12 *Edwards, T.* Islington Foundry, Birmingham.—Machine à vapeur à haute pression directe, de la force de cinq chevaux, applicable à toute opération où la force de la vapeur est nécessaire.

13 *Hick, B. & Fils*, Bolton.—Machine à vapeur mettant en mouvement les machines à coton de Hibbert et Platt.

14 *Simpson & Skipton*, Trafford Street, Manchester.—Machine à vapeur à haute pression perfectionnée, mettant en mouvement les machines à coton de Parr, Curtis, et Madely.

18 *Davies, J. & G.* Inv. Albion Foundry, Tipton, Staffordshire.—Machines à vapeur rotatoires ; régulateur pour machines à vapeur à haute et à basse pression ; tuyaux d'alimentation pour chaudières, &c.

20 *Joyce, W.* Fab. Greenwich.—Machine à vapeur à pendule.

22 *McNaught, W.* Inv. 26 Robertson Street, Glasgow, Ecosse.—Machine à vapeur, à double cylindre, modification du système bien connu de Woolf, à haute pression. Avantages, économie de chauffage, &c., régularité de mouvement, au moyen des deux cylindres ; machine à faire les bobines, entièrement à mouvement propre, système de Coat.

24 *Lynch & Inglis*, Fab. et Dess. Garratt Road, Manchester.—Machine à vapeur portative, pour mettre en mouvement des instruments d'agriculture.

25 *Crosshill, W.* Beverley.—Machine à vapeur.

26 *Fairbairn, W. & Fils.* Fab. et Inv. Manchester.—Grue tubulaire brevetée d'un grand pouvoir ; machine à river pour les vaisseaux et autres constructions en fer forge.

28 *Macintosh, J.* Inv. 5 Gray's Inn Square, Londres.—Trois machines à vapeur, à rotation, propres à l'agriculture et à d'autres usages.

29 *Hodge & Batley*, 9 Adam Street, Adelphi, Londres.—Machine à vapeur.

30 *Ransomes & May*, Inv. et Fab. Ipswich.—Machine à vapeur de la force de cinq chevaux.

31 *Durant, R. jeune*, 11 Copthall Court, Londres.—Soies grèges de l'Italie, de la Chine, de l'Inde, de la Turquie, &c.

34 *Butterley & Cie.* Alfreton, près de Derby.—Machine à vapeur à oscillation de la force de huit chevaux.

35 *Garrett, W. E.* Inv. et Brev. 13 Rockingham Street, Leeds.—Pompe à vapeur, combinant une machine à haute pression à une pompe aspirante de grande force et perfectionnée : Chaudière portative de machine à haute pression.

37 *Evans, J. & Fils*, Fab. 104 Wardour Street.—Machine à vapeur, à haute pression, de la force de six chevaux.

38 *Maudslay, Fils, & Field*, Dess. Fab. et Prop. Lambeth, Londres.—Machine à vapeur à cylindre double, à action directe, et à haute pression ; bielle pour machines de bateaux à vapeur de la puissance de 800 chevaux ; modèles de machines à vapeur pour mettre en mouvement les propulseurs à hélice ; modèle de propulseur à hélice. (Breveté.)

39 *Clayton, Shuttleworth, & Cie.* Fab. Lincoln.—Machine à vapeur portative de la force de six chevaux, construit de manière à ce que le conducteur ait à sa portée l'eau, la vapeur, le coke, la pompe, et le piston sans quitter sa place devant la chaudière ; machine de la force de cinq chevaux.

40 *Pope, W. & Fils*, Inv. et Fab. 80 et 81 Edgeware Road, et Grove Foundry, Lisson Grove, Londres.—Machine à vapeur à cylindre oscillatoire.

41 *Nasmyth, J.* Manchester.—Machine à vapeur.

42 *Donkin, B. & Cie.* Inv. et Fab. Bermondsey.—Moulin à eau (breveté) ; pompe à rotation.

44 *Armstrong, W. G.* Newcastle-upon-Tyne.—Modèle de grue hydraulique ; machine à vapeur ; accumulateur ; machine à embarquer et débarquer les grains et le charbon.

45 *Lloyd, E.* Inv. Glyndwrdu, près Corwen, Pays de Galles.—Machine à vapeur. (Brevetée.)

46 *Siemens, C. W.* Inv. Birmingham.—Modèle fonctionnant d'un gouverneur chronométrique ; modèle d'une soupape à expansion variable ; modèle de condensateur de surface ; compteur à eau en action, fonctionnant sous la pression ; condensateur régénérateur ; modèle fonctionnant d'un évaporateur régénérateur.

48 *Bunnett, J. et Cie.* Inv. Brev. et Fab. 26 Lombard Street, City, Londres, et Deptford, Kent.—Machine à vapeur de nouvelle invention, à haute ou à basse pression.

49 *Collinge, C. & Cie.* Dess. et Fab. 65 Bridge Road, Lambeth.—Nouveau modèle de machine à vapeur à haute pression.

52 *Rennie, G. & Sir J.* Fab. et Brev. Holland Street.—Modèle de machine de Bishopp, de la force de 40 chevaux ; machines à rotation.

53 *Green, E.* Inv. et Fab. Phœnix Foundry, Wakefield. —Economisateur de chauffage, applicable aux chaudières de machines à vapeur et aux calorifères.

56 *Watkins & Hill*, Fab. 5 Charing Cross.—Modèle entièrement composé de métal pour la construction des machines à vapeur.

57 *Fitz Maurice, l'Hon. W. E.* Inv. Hamilton Lodge, Prince's Gate, Londres.—Modèle d'une machine à vapeur illustrant une nouvelle méthode de convertir le mouvement rectiligne en mouvement rotatif, breveté ; machine à vapeur à mouvement de rotation ; modèle d'affût d'un pièce de 68, à plateforme ; modèle d'une plateforme à mortier.

58 *Whitelaw, J.* Inv. Johnstone, Renfrewshire, Ecosse. —Modèles, &c. ; machine à vapeur perfectionnée pour mettre les hélices en mouvement ; baratte et pompe atmosphériques et centrifuges.

60 *Wilding, W. H.* Inv. 2 Chesterfield Street, King's Cross, Londres.—Machine à vapeur d'après un principe nouveau, convertissant le mouvement rectiligne en mouvement de rotation, et réciproquement ; brevetée en Angleterre, en Ecosse, et en Amérique ; roue sous-marine à palettes.

64 *Dodds & Fils*, Inv. et Fab. Rotherham.—Machine à vapeur portative de la force de quatre chevaux ; modèle de locomotive ; pièce de barre de railway, la surface convertie en acier, au moyen du procédé de Jessop, &c.

65 *Surmon & Cie.* Fab. New North Road, Hoxton, Londres.—Foyers fumivores d'après le système breveté de Jukes.

66 *Redmond, A. F.* Birmingham.—Modèle agissant d'une machine à vapeur avec tiroirs de différentes espèces.

67 *Ebbw Vale Cie.* 83 Upper Thames Street, et Abergavenny.—Machine à vapeur perfectionnée de la force d'un cheval, à double cylindre, &c. Inventée et dessinée par Evan William, aveugle.

68 *Clay, J.* Edgeley, Stockport.—Fourneau absorbant la fumée.

69 *Whitney, J.* Calver Hill, Hereford.—Feuille de métal fusible pour les chaudières à vapeur.

70 *Constable, W.* 57 Marine Parade, Brighton.—Modèle d'invention pour convertir en une force uniforme la force variable et incertaine dérivée de machines à vapeur alternatives.

76 *Craddock, T.* Inv. et Fab. Ranelagh Works, Pimlico, Londres.—Machine à vapeur à haute pression pour condenser, avec chaudière tubulaire. Le procédé consiste à condenser la vapeur et obtenir le vide par l'atmosphère à défaut d'eau.

78 *Ferguson, D.* Inv. Kilkenny.—Roue et appareil de propulsion pour bateaux. (Enrégistrés.)

82 *Morrell, G.* Inv. Fleet Street, Londres.—Machine à mouvement de rotation.

88 *Jenkins, G.* Inv. et Brev. 4 Nassau Street, Soho, Londres.—Machine hydro-pneumatique.

90 *Read, S. K.* Inv. et Fab. 50 Paradise Street.—Pompe de ménage, et à incendie.

91 *Reed, J. H.* Inv. Westbourne Lodge, Harrow Road. —Nouveau modèle de propulseur, pour bateaux.

92 *Phillips, W. H.* 16 York Terrace, Camberwell New Road, Kennington.—Para-incendie (Annihilator) portatif, sur un nouveau système. (Breveté.)

94 *Hill, W.* Inv. et Fab. Blackheath Road, Greenwich, près de Londres.—Nouvelle sorte de fournaise pour chauffer les maisons par l'eau chaude, d'une manière très peu dispendieuse.

100 *Erskine, D.* Inv. et Fab. Clerk Street, Edimbourg, Ecosse.—Machines à cylindres à révolutions propres, de système nouveau ; modèle de locomotive et chemin de fer en argent ; chaudière de machine à vapeur ; nouvelle locomotive hydraulique ; roue hydraulique horizontale ; deux bateaux de sauvetage, nouveau modèle.

101 *Whytehead, J. R.* Cornhill.—Indicateurs de machines à vapeur de McNaught ; dessin de section et diagrames, &c.

102 *Potts, J.* Fab. Stockton-on-Tees.—Modèle fonctionnant d'une machine à vapeur à haute pression, à cylindre et boîte en verre, pour montrer le mouvement des pistons et les jets de vapeur.

103 *Hodges, B. J.* Grove House Lodge, Regent's Park. —Modèle d'une section d'une machine à vapeur navale à condensateur, à l'usage des écoles.

104 *Sharp, W. D.* Inv. Swindon, Wilts.—Machines à vapeur à tiroirs perfectionnés.

105 *Bevan, H.* Llanelly.—Plan d'une voiture locomotive pour les routes ordinaires.

106 *Beckett, E. G.* Fab. 3 Joynson Street, Strangeways, Manchester. — Machine à vapeur à haute pression, pour exploitations qui ne demandent que des forces restreintes.

108 *Webster, B.* Fab. 5 Stracey Street, Stepney, près Commercial Road East, Londres.—Modèle agissant de deux machines oscillatoires de la force de 300 chevaux, sur une dimension d'un demi-pouce par pied, avec des roues à palettes excentriques.

112 *Perry, H.* Fab. Bromley Bow.—Modèle d'une machine et d'une chaudière à condensation.

113 *Shaw, B. L.* Newhouse, Huddersfield.—Modèles de pompes ; machine hydraulique de Witham, breveté.

116 *Linton, J.* Inv. et Fab. Selby, Yorkshire.—Locomotive perfectionnée (modèle sur petite échelle), à haute pression ; économie de 75 pour cent. du chauffage.

118 *Fitt, W.* Dess. Ponder's End.—Modèles de machines mises en mouvement par l'eau, le vent, ou la vapeur.

122 *Hurry, H. C.* Inv. 81 King Street, Manchester.— Modèle breveté d'un nouveau réservoir d'huile pour les pistons des machines.

124 *Galloway, W. & J.* Fab. Manchester.—Cries perfectionnés ; chaudières pour machines à vapeur.

125 *Flynn, W. P.* 16 Summer Hill South, Cork.—Roue à aubes perfectionnées, combinant l'action de l'hélice avec celle de la roue. (Provisoirement enrégistrée.)

126 *Terrett, R.* Inv. 2 Homer Street, Lambeth, Londres. —Roue à aubes et roue éventail pour moulin à vent ; principe nouveau, économie de dépense et de temps.

127 *Vallance, P.* 1 Davies Street, Berkeley Square, Londres.—Moulin à vent horizontal.

128 *Willison, R.* Alloa, Ecosse.—Pompe double.

130 *Judge, T.* Inv. et Fab. Hampstead.—Crans qui passent par le centre sans nécessiter une roue volante ou une seconde machine ; machine à consumer la fumée du gaz ; modèle de niveau à esprit s'ajustant de lui-même.

131 *Bichle, W.* Dess. et Fab. 18 Reading Street, Swindon.—Modèle fonctionnant d'une paire de machines à vapeur non condensant ; ces deux machines pèsent trois drachmes et ne couvrent pas tout à fait la surface d'un shelling.

132 *Eccleshall, T.* Inv. Ruston Street North, Birmingham.—Propulseur sous-marin pour bateaux à vapeur ; propulseur atmosphérique pour la navigation.

133 *Davy, H. J.* 80 Rahere Street, Clerkenwell.—Petit modèle de deux machines à oscillation.

134 *Hemming, G.* 44 Lucas Street, Commercial Road East.—Deux dessins en perspective de machines à vapeur.

136 *Stevens, J. L.* Inv. 3 Copthall Buildings, Londres.— Modèles de nouvelles inventions pour bateaux à vapeur ; nouveau ventilateur pour les omnibus.

138 *Richards, T.* Dess. et Fab, 2 Kidd Street, Woolwich.—Appareil pour établir ou interrompre la communication entre la machine et les roues de bateaux à vapeur ; modèles de propulseurs.

140 *Keasley, W. H.* Inv. 7 Smithfield Bars.—Appli...

et le MECANISME NAVAL et des CHEMINS de FER.

tion de la vis d'Archimède pour mettre les navires en mouvement.

141 *Smith*, G. 49 Lime Street.—Méthode perfectionnée.

143 *Hodgson*, R. Inv. Ewel, près Epsom.—Propulseur sous-marin parabolique, pour bateaux à vapeur. (Breveté.)

148 *Paterson*, T. 15 Rupert Street, Haymarket—Machine à vapeur à rotation.

152 *Elder*, D. Royal Adelaide Steamer, Leith.—Modèle d'une machine à oscillation pour navires.

154 *Scott*, G. 22A. Winchester Street, City, Londres.—Appareil pour nettoyer les chaudières.

156 *Jones*.—Roue à aubes.

158 *Deane*, C. A. Fort Street, Douglas, l'Ile de Man.—Modèle de machine.

160 *Pym*, J. 52 Threadneedle Street, Londres.—Modèle d'une roue à aubes submergée travaillant sous l'eau ou en partie hors l'eau.

162 *Colegrave*, F. E. Inv. Round Hill, Brighton.—Cylindre, propre à détruire l'effet de la pression de derrière sur les tiroirs d'une machine à vapeur. (Breveté.)

200 *Tuck*, J. H. Fab. 22 Pall Mall, Londres.—Appareil pneumatique qui sert à régler la vitesse des machines à vapeur.

201 *Hosking*, R. Inv. Perran Foundry, près de Truro.—Soupape pour pompes de bateaux.

204 *Lees*, T.—Gange à eau, soupape de sûreté, &c.

205 *Newcombe*, T. East Lane, Walworth.—Modèle d'un fourneau pour machines à vapeur, et machine pour rouler les cuirs.

202 *Ashby*, J. Inv. Croydon Common.—Griffes à frottement et à vis, pour les machines en mouvement. Enregistré.

203 *Siemens*, C. W. Birmingham.—Condensateur régulateur.

206 *Hasketh*.—Lubricateur.

208 *Gadd & Bird*, Manchester.—Piston expansif.

300 *Lloyd*, G. Inv. et Fab. 70 Great Guildford Street, Southwark.—Nouveau modèle de machine à souffler à disque. (Breveté).

301 *Napier*, J. R. Fonderie de Vulcain, Glasgow.—Forge portative.

305 *Wheeler*, E. Finsbury Circus.—Soupapes à coulisses et à équilibre.

304 *Kennedy*, M. Dess. et Fab. 3 George Street, Camden Town, Londres.—Soufflet de forge perfectionné.

400 *Daly*, J. Limerick.—Pompe perfectionnée et cloche.

401 *Merryweather*, M. Fab. 63 Long Acre, Londres.—Pompe à incendie, avec train, pour deux ou quatre chevaux (modèle des pompes en usage à Londres); pompe à incendie à train léger (système Paxton); pompe à incendie en métal, pour les régions tropicales; pompes à incendie pour navires; pompe à feu pour bureaux et établissements publics, &c.

402 *Shalders*, W. jeune, Inv. et Dess. Bank Place, Norwich.—Pompes de fontaine, et appareils hydrauliques.

403 *Stothert, Rayno & Pitt*, Fab. Newark Foundry, Bath.—Grue en fer, perfectionnée.

403A *Stothert*, M. Inv. Bath.—Modèle de plan pour nettoyer les égouts de Londres sans rien changer à la construction actuelle de ces égouts.

404 *Fox, Henderson, & Cie.* Derrick.—Grue.

406 *Fourdrinier*, E. N. Inv. 38 Barclay Street, Sunderland.—Appareil de sûreté pour empêcher les accidents à la suite de la rupture de cables dans les puits de mines.

407 *Begg*, W. G. Inv. Edimbourg.—Cages de sûreté pour les puits de service des mines.

408 *Easton, J. & Amos*, C. E. Inv. et Fab. Grove, Southwark.—Machine hydraulique, inventée par Montgolfier, et perfectionnée par MM. Easton et Amos, &c.

409 *Baddley*, W. Inv. & Fab, 29 Alfred Street, Islington.—Pompe à incendie de Baddley pour les fermiers; pompe à incendie portative. (Enregistré.)

410 *Shand & Mason*, S. Fab. Blackfriars Road.—Pompe à feu; pompe à feu métallique; tuyaux en gomme élastique, &c.

411 *James & Cie.* 24 Leadenhall Street, Londres.—Grue.

412 *La Fonderie Bank Quay*, Fab. Warrington.—Grande presse hydraulique qui a servi à la construction du pont tubulaire: Britannia.

413 *Howard, Ravenhill & Cie.* Fab. King and Queen Iron Works, Rotherhithe.—Anneaux de chaîne de pont suspendu, formés de onze barres.

414 *Gossage*, J. Deptford.—Pompe portative perfectionnée; pour les navires.

415 *Greatorex*, D. Inv. et Fab. 8 Desborough Terrace, Harrow Road, Paddington.—Machine perfectionnée pour soulever les marchandises; mise en mouvement par la main ou par la vapeur.

416 *Bellhouse*, E. T. & Cie. Eagle Foundry, Manchester.—Presse hydraulique pour emballer le coton, la soie, la filasse, le foin, &c.; machine à hisser, &c.

417 *Fairbairn*, W. Manchester.—Grue tubulaire en fer, forgé.

418 *Devonshire Great Consolidated Copper Mining Compagnie.*—Modèle de deux roues à eau, chacune de la force de 140 chevaux, construites pour pomper l'eau des mines.

420 *Appold*, J. G. Inv. 23 Wilson Street, Finsbury.—Pompe centrifuge pour dessécher les marais.

421 *Bessemer*, H. Brev. et Fab. Baxter House, Old St. Pancras Road.—Pompe centrifuge pour dessécher les terres, qui décharge 20 tonneaux d'eau par minute; modèle de pompe pour les bateaux à vapeur, &c.; pompe centrifuge pour les locomotives. (Brevetée.)

422 *Stocker*, S. & G. Fab. 4 Arthur Street, New Oxford Street.—Pompes à bière, brevetées; pompe pour fixer aux murailles, brevetée; comptoir pour les fournisseurs, &c.

423 *Slack*, J. Inv. Commercial Road, Lambeth, Londres.—Citerne en ardoises polies, avec un purificateur rapide, pouvant fournir 3000 gallons d'eau pure et douce par jour, &c.

424 *Warner, J. & Fils*, Fab. 8 Crescent, Jewin Street.—Roue à godets, avec trois pompes; machines hydrauliques; pompe à double puits; pompe à incendie à triple cylindre; pompe de Warner; lampes; cloche d'église.

425 *Clark*, G. D. Agent d'Inv. 12 London Street, Greenwich.—Filtre à eau, sur un nouveau modèle.

426 *Deane*, J. Inv. et Dess. Douvres.—Appareils pour plonger; modèle en verre de la cloche du plongeur; modèle d'un casque à plonger; vêtements imperméables à l'eau.

434 *McNicoll & Vernon*, Prop. Liverpool.—Modèle d'une grue à vapeur, brevetée, pour soulever les grands fardeaux, &c.

436 *Tebay*, J. Inv. et Fab. 7 Aldine Chambers, Paternoster Row.—Compteur à eau. (Breveté.)

438 *Fell*, R. Inv. 33 Nicholas Lane.—Appareil pour convertir l'eau salée en eau douce; nouveau modèle de filtre, &c.

440 *Siebe*, A. Inv. et Fab. 5 Denmark Street, Soho.—Soupape à eau.

444 *Fletcher*, P. Inv. et Fab. 161 Westgate Street, Gloucester.—Appareil pour fournir d'eau les pompes à incendie, au moyen des robinets qui se trouvent dans les rues.

445 *Sumption*, J. Ebury Square, Pimlico, Londres.—Robinet à incendie, à piston, d'après un nouveau principe.

448 *Cheavin*, S. Inv. Spalding.—Pompe à filtre, produisant l'eau la plus pure en très-grande quantité; spécimen de pâte ou ciment métallique pour empêcher l'humidité des murs.

449 *Smith & Fils*, Inv. St. Mary Cray, Kent.—Pompe à incendie à haute pression, pour les monumens publics, les magasins, les navires, &c.

F

450 *Nevill, J. P.* Inv. 8 Crutched Friars.—Nouveau modèle de machine pour décharger les navires.

452 *Selfe, H.* Fab. et Inv. Kingston, Surrey.—Pompe ordinaire à réservoir; modèle d'une incendie, &c.

462 *Freeman, Roe & Hanson,* Fab. 70 Strand, Londres.—Bélier hydraulique; bassins de fontaines pour jardins, en fer. (Nord du Transept.)

466 *Keith.*—Compteur à liquide.

467 *Beene, G.* Fab. Gallaway House, Bath.—Vis d'Archimède pour élever les liquides au dessus de leur niveau.

468 *Billinton, W. C. E.* Prop. 31 Regent Street.—Compteur à eau. (Breveté.)

471 *Burgess, D.* Glasgow.—Presse hydrostatique.

472 *Firth, T.* Huddersfield.—Presse hydrostatique.

474 *Downtown, J.* Fab. et Pat. 4 Conaut Place, Commercial Road, Limehouse, Londres.—Pompe à vapeur adoptée par l'Amirauté pour la marine royale; cabinet d'aisances, de construction particulière, et pouvant être adopté au-dessus ou au-dessous de la ligne d'eau des navires.

475 *Clunes, T.* Inv. et Fab. 100 Lock Street, Aberdeen.—Pompe rotatoire, &c. (Enregistrée.)

476 *Little, Major R. J.* Dess. Woolwich Common.—Robinet perfectionné.

478 *Lambert, —,* Short Street, Lambeth, Londres. — Charnières, &c.

480 *Wight, J.* 95 Nelson Street, Tradeston, Glasgow.—Modèle d'une roue à eau en chaîne.

482 *Collinge & Cie,* 65 Bridge Street, Lambeth, Londres.—Crics à vis.

484 *England, G.* Hatcham, New Cross.—Cric transversal.

485 *Bayman, H.* Londres.—Crics.

486 *Haley, G. & Cie.* Frome Street, Somerset.—Crics.

488 *Gladstone, J. jeune, & Cie.* Fab. Liverpool.—Manivelle pour lever les ancres, cables de fer, et autres fardeaux à bords des vaisseaux; cric à hélice de chemin de fer.

490 *Thornton, J. & Fils,* Fab. Birmingham.—Chaînes d'accouplement brevetées, pour les wagons, et voitures de chemin de fer; piston breveté de machine à vapeur; grue hydraulique; essieux perfectionnés.

501 *La Compagnie du Chemin de Fer Great Western.*—Plaque tournante de chemin de fer et chemin permanent.

502 *Brotherhood,* Chippenham.—Signaux de chemin de fer et points d'arrêts; wagon couvert d'une bâche.

503 *Beckers,* Camden Town, près de Londres.—Arrêt automoteur pour les gares d'évitement.

506 *La Compagnie du Great Western Railway,* Londres.—Locomotive et tender, construits dans les ateliers de Swindon.

507 *Lee, J.* Inv. Brev. 103 Long Acre.—Nouveaux modèles de roues et d'essieux pour toute espèce de voitures, &c.

508 *Crampton, T. R.* Compagnie du South Eastern Railway, 15 Buckingham Street, Adelphi, Londres.—Machine à vapeur locomotive, Folkstone, système Crampton, pour service accéléré.

509 *England, G.* Inv. et Fab. Hatcham Iron Works, New Cross. — Locomotive perfectionnée pour convoi de marchandises légères, et trains de grande vitesse.

510 *Adams, W. B.* Brev. et Dess. 1 Adam Street, Adelphi, Londres.—Locomotive légère pour chemins de fer; voitures doubles à huit roues, 1re et 2me classes; ressort, essieu, &c.

512 *La Compagnie du Chemin de Fer London et North Western. Stewart, C. E.* Sec. Euston Square Station, Londres.—Machines locomotives pour trains de grande vitesse.

513 *La Compagnie du Chemin de Fer London et North Western.*—Locomotive de grande vitesse (Express) à jauge étroite, appelée " Cornwall," dessinée par M. Trevethick.

514 *Knox, G.* Tottenhall, près Wolverhampton.—Voiture de chemin de fer avec système de frein.

522 *Fairbairn, W.* Manchester.—Locomotive à réservoir.

526 *Wilson, E. B. & Cie.* Inv. 2 Poet's Corner, Westminster.—Locomotive à deux chaudières, avec réservoir.

530 *Williams, C. C.* Inv. et Fab. Glasshouse Yard, Goswell Street.—Voiture pour chemins de fer entièrement construite en bois de teck.

532 *Henson, H. H.* Inv. Pinner, près Watford.—Wagon couvert, perfectionné, pour le transport des merchandises, à l'épreuve du feu et de l'eau.

534 *Kitson, Thompson, & Hewitson,* Fab. Leeds.—Locomotive avec réservoir.

536 *Hawthorn, R. & W.* Fab. Newcastle-on-Tyne.—Machine locomotive. (Brevetée.)

539 *McConnell, T. E.* Wolverton.—Voiture de chemin de fer.

541 *Haddan, J. C.* Inv. 29 Bloomsbury Square.—Voiture de chemin de fer avec panneaux en papier-mâché, nouveau modèle de roues pour chemin de fer. (Brevetées.)

543 *La Compagnie Brevetée de Timons et Essieux,* Brunswick Iron Works, Wednesbury, Birmingham.—Essieux pour roues de wagons de chemins de fer, et autres voitures, avec dessins expliquant le procédé de fabrication; chaînes de ponts suspendus.

550 *Roberts, J. C.* Holywell, Wales.—Siflet pour chemin de fer électrique.

552 *De Bergue, C.* Inv. et Fab. 9 Dowgate Hill, Londres.—Coussins, en gomme élastique patentée, pour amortir le choc des wagons de chemins de fer, &c.

554 *Sandford & Owen,* Inv. Dess. et Fab. les Fonderies du Phœnix, Rotherham.—Roues de wagons pour chemins de fer, en fer forgé, &c.

555 *Spencer, J. & Fils,* Fab. Newcastle-on-Tyne.—Ressorts volutes (brevetés) de Baillie, pour le mécanisme des chemins de fer.

556 *Lacy, H. C., M.P.,* Richmond.—Traverses de chemin de fer. (Brevetées.)

557 *Crestadora, Prof. A.* Peel Street, Salford, Manchester. — Modèle d'impulsion perfectionnée, ou moyen d'employer la force des animaux aux travaux des chemins de fer; dessin de l'appareil.

558 *Warren, P.* Inv. Railway Cottage, Foley Fenton, Staffordshire Potteries.—Roue motrice pour locomotives, prévenant le glissement des roues sur les plans inclinés; modèle perfectionné de grue.

559 *Pizzie, W.* Inv. Albourn Mills, Marlborough.—Système de freins pour wagons de chemins de fer, pouvant s'adapter à chaque roue d'un train.

560 *Dillon, J.* Inv. 28 Upper Buckingham Street, Dublin.—Système de freins pour les voitures des chemins de fer.

561 *Cooley, J.* Inv. Spalding.—Signaux pour chemin de fer.

562 *Perry, H. T.* 3 Greenwich Road, Greenwich.—Modèle de chemin de fer.

564 *Tennant, M. B.* Inv. Trafalgar House, Brighton.—Modèles en cuivre de cinq voitures de chemin de fer, attachées à la suite l'une de l'autre, avec roues de sûreté auxiliaires.

566 *Murray, W.* 20 University Street, Bedford Square, Londres.—Accouplements de chemin de fer.

568 *Clarkson, T. C.* 111 Strand, Londres.—Tampons de chemin de fer.

570 *Sanderson, C.* 111 Baker Street, Reading.—Instrument employé pour disposer les courbes des chemins de fer.

572 *Stevens, J.* St. Leonard Station, Edimbourg, Ecosse.—Signal de chemin de fer.

674 *Hemmingway, A.* Leeds.—Modèle de locomotive.

676 *Cripps, W. N.* 352, Bell Barn Road, Birmingham.—Modèle de wagon de chemin de fer.

680 *Dodds & Fils,* Rotherham.—Modèle de locomotive.

Fourness, —, Leeds.—Sifflet de chemin de fer.

Lockyer, J. H. Inv. Leicester.—Signal automoteur pour les chemins de fer.

Macbay, W. Inv. Woolwich, près Londres.—Train de chemin de fer avec un système de freins perfectionné; ... de chemins de fer établis dans les rues de Londres.

Snowden, W. F. Inv. Weymouth.—Modèle d'un nouveau système pour faciliter les montées et les descentes ..., ou convois, soit dans les routes ordinaires, soit les chemins de fer.

Percy, A. Inv. & Brev. 455 Oxford Street, Londres.—Machine à air comprimé pour locomotives, &c.

Young, C. & Cie. Inv. et Fab. Edimbourg, Ecosse.—... automates pour fermer instantanément l'avenue des ... de fer aux endroits où ils traversent de niveau ... routes. (Ces portes sont placées à l'extérieur et à ... ouest du bâtiment).

Barlow, P. W. Inv. Blackheath.—Modèle de voie ... en fonte; id. de traversines pour les pointes et ... sections de chemins de fer.

Barlow, W. H. Inv. Derby.—Voie permanente, ... pour chemins de fer, en fer forgé.

Stevens & Fils, Fab. Prop. et Brev. Darlington ... Southwark Bridge Road.—Signaux pour chemins ...

De Fontaine Moreau, P. A. Bureau des Brevets, ... 4 South Street, Finsbury.—Calorifère pour ... de fer.

Hoby, J. W. Inv. et Fab. Renfrew, près de Glasgow.—... de voies permanentes pour les chemins de fer.

Groves, H. Inv. 4 Ordsall Terrace, Manchester.—... en fer avec rails, pour remplacer les blocs en ... les coins de bois employés pour supporter les rails.

Samuel, J. 3 Duke Street, Adelphi, Londres.—Nouvelles ... pour perfectionner la marche des chemins ... et ajouter au comfort des voyageurs.

Davis, Th. Inv. et Fab. Windsor Bridge, près de ...—Machine pour transporter d'une ligne sur une ... voitures de chemins de fer; dessins de rails mo... machine hydraulique, presse à copier, brevetée, &c.

Ormerod, R. & Fils, Brev. et Fab. St. George's ... Manchester.—Appareil pour recevoir les wagons ... porter d'une ligne sur une autre. (Breveté.)

Cubitt, J. Great George Street, Westminster.—... ...ments du Chemin de Fer du Nord, avec les ... ...ents de Ransomes & May.

Thorneycroft, G. B. & Cie. Inv. et Fab. Wolver...—Essieu de chemin de fer (Brevet de Briggs); ... charbon de bois, pour les roues de chemin de fer ... de charbon de bois. (Brevetée.)

Worsdell, G. & Cie. Fab. Warrington.—Essieu de ... chemin de fer; id. montrant le procédé de la ...ture; id. courbé à froid, ayant soutenu une pres... ...; bande de roue forgée, &c.

La Compagnie d'Ebbw Vale, 83 Upper Thames ... et Abergavenny.—Section de toutes espèces ... ...sage sur les différents chemins de fer.

..., W. 39 Green Street, Blackfriars.—...

Ransomes & May, Fab. Ipswich.—Plateau tournant ... mobile (breveté); traversine de fer (breve...); permanente (brevetée); grue hydraulique; ... imprimer; machine à excavation; pompe aspirante, ...

La Compagnie Coalbrook Dale, Shropshire.—Fer en barres, rondes, carrées, ovales, applaties, et mi-rondes; fer en forme de T; machine à fondre; pompe à incendie en fer; feuilles de fer et plaques de foyer.

842 *Parsons, P.* M.C.E. Brev. et Dess. 6 Robert Street, Adelphi, Londres.—Rails mobiles patentés à l'usage des chemins de fer, adaptés aux rails ordinaires; boîte d'essieu patentée, de Normanville; machine brevetée pour monter les meules de moulins.

843 *Baines, W.* Inv. Birmingham.—Aiguille de chemin de fer; chair joint, &c.

844 *Kennard, R. W.* Fab. Falkirk Iron Works, Falkirk, et 67 Upper Thames Street, Londres.—Diverses aiguilles de chemin de fer.

845 *Les Fonderies et Forges de Cwm Avon.*—Rails pour chemins de fer.

846 *Beecroft, Butler & Cie.* Leeds.—Roues et essieux de chemin de fer.

847 *Les Fonderies et Forges de Derwent,* Fab. Shotley Bridge, Newcastle.—Feuille de fer malléable, roulée, pour machines de bateaux à vapeur, &c.

848 *Richardson, J.*—Série de poids en fer forgé.

849 *La Compagnie de Mersey Iron,* Liverpool.—Echantillons de fer en rouleaux breveté.

850 *Leadbetter, J. G.* Gordon Street, Glasgow.—Grues hydro-pneumatiques pour les canaux et les navires; grues de canal et d'arsenal maritime; plate-forme tournante de chemin de fer; pont tournant; grues de chemin de fer et de pont; machine pneumatique.

851 *Richardson, R.* Inv. et Brev. 39 Moorgate Street.—Crochets pour rails de chemin de fer, &c.

852 *Gompertz, L.* Inv. Kennington Oval.—Modèle de train de chemin de fer pour éviter toute collision, au moyen d'un levier courbé en deux sens.

854 *Cunningham & Carter,* Inv. et Brev. Addison Road, Kensington, et Sydenham.—Modèle de chemin de fer et de voiture pour chemin de fer.

855 *Harlow & Young,* Inv. et Brev. Paradise Street, Rotherhithe, Londres.—Chemin de fer atmosphérique, avec soupapes en métal.

858 *Jones, T. M.* Inv. Southampton Chambers, 53 Chancery Lane, Londres.—Modèle d'un chemin de fer, avec un système de freins perfectionné.

859 *Cruttwell & Cie.*—Voie permanente.

860 *Boydell, J.* Inv. & Fab. 54 Threadneedle Street.—Système pour faciliter le tirage des voitures à charges lourdes.

861 *Stanton, R.* Inv. et Fab. 73 Shoe Lane.—Machine électro-magnétique; locomotive.

862 *Long, C. A.* Inv. 1 King Street, Portman Square, Londres.—Signal de chemin de fer, fonctionnant par l'action de l'électricité pour obvier au danger causé par les départs des trains se succédant rapidement.

863 *Banks & Chambers,* Fab. German Street, Manchester.—Roue de wagons de chemin de fer (système de Banks), avec perfectionnements.

868 *Copling, C.* (jeune), Inv. The Grove, Hackney, Londres.—Modèle fonctionnant d'un signal de sûreté pour chemins de fer, au moyen duquel les passagers sont en communication immédiate avec les gardiens et conducteurs de trains.

870 *Lipscombe, F.* Inv. et Fab. 233 Strand, Londres.—Système pour prévenir la vibration dans les roues en fer de railways, et au moyen du quel elles marchent sans bruit.

872 *Eastwood & Frost,* Fab. Derby.—Barre de fer roulée, dont la courbure forme une portion de roue; roues pour voitures et pour chemins de fer.

874 *Dicker, J.* Inv. 2 Rotherfield Street, Islington.—Nouvel appareil pour transporter les lettres du service des postes, &c., sur les chemins de fer.

681 *Tabor*, J. A. Colchester.— Application perfectionnée du sifflet, aux chemins de fer et aux bateaux à vapeur.

682 *Jackson*, P. R. Fab. Salford Rolling Mills, Manchester.— Bandes de roues pour locomotives et voitures, fabriquées d'après un principe nouveau; modèle de pompe hydraulique, d'une force prodigieuse, pouvant enlever des poids de 3000 tonnes.

684 *Chabot*, C. Inv., 9A Skinner Street, Snow Hill, Londres.— Modèles de trois voitures de chemin de fer, avec un appareil par lequel le train peut être arrêté promptement et graduellement sans endommager ni les roues ni les rails, &c.

686 *M'Naught*, W. 26 Robertson Street, Glasgow.— Système de freins automate pour chemin de fer (système de Montgomery.)

690 *Handley*, D. Inv. 26 Great Earl Street, Seven Dials. — Système de freins pour chemins de fer. (Breveté).

691 *Chesshire*, E. Inv. Birmingham.— Modèle d'appareil au moyen duquel le danger résultant des collisions de trains peut être diminué.

692 *Harvey* D. 3 Cumming Place, Pentonville Hill.— Locomotive avec appareil de sûreté; modèles de tenders et de voitures pour chemins de fer.

693 *Walker*, W. Inv. Shrewsbury.— Système de freins pour les chemins de fer.

694 *Gray*, G 42 Rock Street, Birmingham.— Freins et Signaux de chemins de fer perfectionnés, &c.

697 *Willson*, C.— Modèle de locomotive.

698 *Greenway*, C. Inv. Southport. — Plateforme tournante pour chemins de fer; essieu à anti-friction, &c. (Breveté.)

699 *Cowper*, E. A. Inv. 9 Kensington Park Road, Notting Hill.— Signaux pour chemins de fer.

700 *Lester*, T. Glasgow.— Elévation d'une locomotive à cylindres extérieurs et à réservoir, et diligence de 1ère classe, pour le chemin de fer de Glasgow, Paisley, et Greenock.

701 *Hattersley*, W. Inv. 137 St. George Street, St. George's East, Londres.— Signal d'alarme pour les voyageurs sur les chemins de fer, &c. Ce signal a pour effet de mettre les passagers en communication avec les conducteurs et les gardiens.

702 *Elliot*, T. Stockton-on-Tees.— Modèle d'une locomotive à rotation.

703 *Jackson*, J. Inv. 5 Victoria Grove, Bayswater, Londres.— Modèle d'un chemin de fer avec machine stationnaire, servant de propulseur aux wagons au moyen de l'air comprimé.

704 *Green*, W. Fab. 28 Frederick Street, Hampstead Road.— Modèle d'une voiture de première classe pour chemins de fer.

705 *Stoy*, H. Ann Street, York Road, Lambeth.— Modèle d'appareil de nouvelle invention pour arrêter subitement les trains de chemin de fer.

706 *Squire*, J. & Cie. Fab. 5 Barge Yard, City, Londres. — Spécimens d'objets fabriqués en métal, breveté de Dewrance; essieux de locomotive; essieux pour voitures; boîte d'essieux; gazomètres perfectionnés, &c.

707 *Tidmarsh*, R. Fab. 3 Jamaica Row, Bermondsey, Londres.— Modèle d'un cadran signal, pour indiquer aux passagers de chemins de fer et bateaux à vapeur l'heure du départ. (Breveté.)

708 *Melling*, R. jeune, Fab. 5 Coupland Street, Green Heys, Manchester.— Modèle d'une voiture royale de chemin de fer à jauge large, et avec promenade circulaire à l'extérieur.

709 *Pearce*, T. B. 93 Newman Street, Oxford Street, Londres.— Phare à révolution pour signal de chemin de fer pendant le brouillard.

710 *Hoy*, J. Inv. et Fab. 6 Pickering Place, Paddington, Londres.— Signal de chemin de fer (de jour et nuit) pour indiquer le danger, l'encombrement, &c.

711 *Allan*, A. Inv. Crewe, Cheshire.— Modèle de plateforme tournante hydraulique pour tourner les voitures et les wagons sur les chemins de fer; modèle de grue perfectionnée.

712 *Watson*, T. 79 Provost Street, Hoxton, Londres.— Signal de chemin de fer de jour et de nuit.

713 *Wharton*, W. Inv. Euston Station, Londres.— Roue brevetée, pour chemins de fer, &c.

714 *Hinitt*, J. Inv. 22 Vauxhall Row, Vauxhall.— Modèle de locomotive et de tender.

715 *Mansell*, R. C. Inv. Ashford, Kent.— Roue de sûreté pour wagons de chemins de fer.

716 *Angus*, F. J. Inv. 21 King Street, Bath Street, City Road, Londres. — Appareil révélateur, pour prévenir les accidents de chemins de fer; modèle d'un bateau de sauvetage.

726 *Faure*, T. Inv. 2 Little Argyll Street, Regent Street. — Machine à balayer la neige sur les chemins de fer, &c.

728 *Shaw*, J. & Cie. Inv. 91 Paddock, près Huddersfield. — Signaux de chemins de fer au moyen d'aiguilles et de cadrans. (Breveté.)

732 *Fairbairn*, W. Manchester.— Modèle de locomotive.

739 *Ashbury*, —.— Modèle de truck de chemin de fer.

750 *Watts*, C. Inv. Pelham Place, Brompton, Londres. — Modèle de pont suspendu pour un chemin de fer entre la France et l'Angleterre.

752 *Barber-Beaumont*, G. D. Inv. Twickenham.— Modèle de locomotive, à base fixe, pour opérer le transport de marchandises sur les escaliers inclinés des magasins, &c. en montant ou en descendant. Le même principe, mais avec une construction différente de levier, a été appliqué aux routes ordinaires, au moyen de locomotives. (Breveté.)

753 *Bursell*, G. H. Inv. et Fab. 8 York Terrace, Queen's Road, Hornsey Road, Holloway, près de Londres.— Jauge à pression perfectionnée.

754 *Gunn*, J. Inv. 3 Ebenezer Terrace, Turner Street, London Hospital.— Machine mise en mouvement par la main.

756 *Bowler*, J. Inv. Birmingham.— Modèle d'une voiture qui tourne sur la joute des roues au lieu de l'essieu.

764 *Morris*, W. Inv. Prior Place, Dover.— Modèle automoteur d'une machine pour préciser le poids des marchandises, &c.

765 *Slight*, J. Fab. Edinbourg.— Modèle de grue.

766 *Cadell*, H. Thorneybank, Dalkeith.— Machine à peser.

770 *Nicholl*, W. L. & Cie. Fab. 16 Aldersgate Street. — Fléaux de balance; machine à peser; balances, étalons.

771 *Olliffe*, C. R. Inv. Ramsgate.— Le secrétaire privé, machine prévenant les fraudes, en indiquant le nombre de personnes qui sont entrées dans une voiture publique ou autre établissements, tels qu'expositions, &c.

772 *Day & Millward*, Fab. et Inv. 118 Suffolk Street, Birmingham.— Balances brevetées; balances pour comptoirs de droguistes; tourets de pêche.

774 *Davidson*, J. & Cie. Inv. et Fab. Barony Street, Edimbourg, Ecosse.— Romaines en fer forgé, &c.

775 *Richmond*, J. Inv. et Fab. Bow, Middlesex.— Compteur perfectionné; indiquant le nombre de révolutions des roues de machines à vapeur, et autres; on peut aussi l'appliquer aux tourniquets des ponts, &c.

776 *Craig*, J. Dess. et Fab. Liverpool.— Bascule portative; machine à peser les ballots de coton; balance et mesureur de cabinet; appareil fumivore.

777 *Yates*, W. Inv. Bromley, près de Bow, Middlesex. — Indicateur pour enregistrer le changement de vitesse des machines à vapeur en général.

778 *Goodfellow*, J. Inv. 4 James Street West, Devonport.—Jauge pour mesurer la hauteur de l'eau dans les chaudières.

779 *Howe*, G. Inv. et Fab. 119 Great Guildford Street, Southwark.—Jauge indiquant le niveau de l'eau dans les chaudières à vapeur. (Enrégistré).

780 *Medhurst*, T. Fab. 465 Oxford Street, Londres.—Machine à bascule perfectionnée, portative.

782 *Donbavant*, W. Fab. 95 Great Ancoats Street, Manchester.—Boîte en acier poli et fléau de balance.

784 *Pooley*, H. Inv. et Fab. Liverpool.—Tablier de pont à bascule pour peser les locomotives; dessins qui en montrent la construction, &c.

801 *Anderson*, J. Inv. et Fab. Elgin, Ecosse.—Voiture Victoria, ressorts légers, à hautes roues, et à siège bas, pour éviter le danger en cas d'accident.

802 *Andrews*, R. Fab. Southampton. — Char-à-banc léger, imitation de tissu de roseaux, construit d'après un principe nouveau.

803 *Andrews*, J. Dublin—Chariot irlandais.

804 *Baskcomb*, G. H. Dess. Chislehurst. — Modèle de voiture à quatre roues, indiquant la distance parcourue au moyen d'un cadran, &c.; modèle de voiture à un cheval pour deux ou quatre personnes; voiture de chasse perfectionnée, avec niches pour chiens, panier à gibier, &c.

805 *Bishop*, J. Inv. 643 Strand.—Modèle d'une voiture publique, en deux compartiments.

806 *Black*, H. & Cie. Fab. 1 Berners Street. — Un brougham à dossier sphéroïde, très-léger, &c.

807 *Parsons*, —, Islington.—Modèle d'omnibus.

808 *Cable*, G.—Modèle de voiture.

809 *Booker*, E. & Fils, Dess. et Fab. 13 et 14 Mount Street, Grosvenor Square, Londres.—Voiture perfectionnée que l'on peut ouvrir ou fermer à volonté.

810 *Wheatley*, J. Greenwich.—Modèle d'omnibus.

811 *Briggs*, G. & Cie. Dess. & Fab. 45 Wigmore Street, Cavendish Square.—Coupé; phaéton de poste.

812 *Brown, Marshall, & Cie.* Fab. Birmingham.—Cabriolet de sûreté; phaéton; roue de charrette avec une partie de l'essieu, breveté par Aikin.

813 *Brown, Owen, & Cie.* Fab. Birmingham.—Phaéton de parc.

814 *Browne*, W. 39, Grafton Street, Dublin.—Char-à-banc à excursion, irlandais; id. perfectionné.

815 *Coutes & Blizard*, Park Lane, Londres.—Voiture à la Brougham.

816 *Cook, Rowley, & Cie.* Fab. King Street, Regent Street, Londres.—Voiture à la Brougham; phaéton de parc; modèles de voitures publiques, à cellules séparées, omnibus, id.

817 *Collinge & Cie.* Bridge Road, Lambeth, Londres.—Essieux brevetés.

818 *Corben & Fils*, Fab. 30 & 31 Great Queen Street, Lincoln's Inn, Londres.—Voiture, enreg.

819 *Chand & Munro*, Bristol.—Voiture publique dite Cobourg.

820 *Cousins & Fils*, Inv. et Fab. Oxford. — Voiture de chasse legere à deux roues, pour deux ou quatre personnes.

824 *Croall*, W. jeune & Cie. Dess. et Constr. Greenside Place, Edimbourg, Ecosse.—Semi-cabriolet oriental, suspendu d'après une nouvelle méthode.

826 *Crosskill*, E. Vauxhall Wheel Works, Liverpool.—Roues de voitures perfectionnées; charrette en usage à Liverpool; spécimen d'une voiture de chasse montée sur roues et essieux brevetés de Crosskill, avec un modèle de cheval, beaux harnais, lampes, &c., par MM. Puckering & Houlgate, Beverley. (Voir Classe 9.)

828 *Davies*, D. Inv. et Fab. 15 Wigmore Street, Cavendish Square. — Brougham-basterna, et autres voitures perfectionnées. Modèle de frein de train de chemin de fer, perfectionné. Nouvelle voiture à révolution, à une seule roue. Nouvelle voiture avec couverture en forme de dôme.

830 *Dawson*, F. W. Inv. et Fab. 19 York Street, North Polygon, Bath.—Calèche à roues à l'usage des invalides; voiture pédémotive.

842 *Drabble & Cie.* Inv. et Fab. 8 Pancras Lane, Londres.—Moyeux et essieux coniques brevetés.

843 *Fowler & Fry*, Bristol.—Voiture appelée "Dog-cart."

844 *Duffield, J. E. & Cie.* Fab. 114 Aldersgate Street, Londres. — Phaéton léger perfectionné pour deux petits chevaux; double harnais avec garnitures plaquées; selle Somerset, et bride Weymouth.

845 *Fuller, G. & Th.* Fab. Bath.—Voiture landau perfectionnée.

846 *Geary*, S. Inv. 19 Euston Place, Euston Square, Londres.—Modèle d'une charrette à arroser avec pompe à incendie (brevetée).

848 *Gibson*, T. Fab. 8 et 9 Weaman Street, Birmingham.—Ressorts en saillie pour chemins de fer; ressorts elliptiques avec saillie élastique; quincaillerie pour voitures.

849 *Dart, R. & Fils*, Bedford Street, Covent Garden.—Galons pour intérieur de voitures.

856 *Greville*, J. Fab. 36 Mary Street, Dublin.—Char-à-banes Irlandais.

858 *Grisdale*, J. E. Inv. 289 Strand, Londres.—Modèle fonctionnant de roue de voiture à ressorts.

860 *Hadley*, J. Inv. et Fab. Worcester.—Voitures: clarence et brougham, dont les garnitures sont en porcelaine de Worcester.

862 *Hallmarke, Aldebert, & Hallmarke*, Inv. et Fab. 57 et 58 Long Acre, Londres.—Barouche à marche-pied a ressort; phaéton de parc, dessin nouveau et original; dessin d'une voiture d'apparat; voiture d'apparat pour chemins de fer, &c.

864 *Harding, W. & Cie.* Dess. et Fab. 68 Long Acre, Londres.—Echantillons de galons, doublures, et tapis de voiture; demontrant les améliorations progressives de la fabrication; échantillons de franges et pendons, faits pour Georges III. et Georges IV., la Princesse Charlotte, Louis-Philippe, et la famille royale, &c.

868 *Heath*, J. Inv. et Fab. 4 Broad Street, Bath.—Chaise d'invalide à roue et à panneau vitré; chaise-lit à dossier mobile pour les malades souffrant de l'épine dorsale.

872 *Holmes, Herbert, & Arthur*, Fab. Derby.—Phaéton léger de parc; voiture de chasse, appelée "dog-cart;" harnais complet; fers à cheval pour l'hiver; dessins de voitures modernes.

874 *Hooper*, G. Inv. Dess. et Fab. 28 Haymarket, Londres.—Voiture brougham, perfectionnée, pour un seul cheval; barouche-landau, perfectionné; dessins de voitures à nouvelles formes; modèle fonctionnant d'un brougham, par W. Hooper, jeune.

880 *Horne*, W. 93 Long Acre, Londres.—Voiture à la Brougham de construction perfectionnée; chariot construit avec tous les perfectionnements du brougham. (Brevetée).

882 *Huttley*, F. Fab. 10 Lamb's Conduit Street, Londres.—Echantillons de galons pour voitures, en soie satinée, &c.

884 *Hutton & Fils*, Dublin.—Deux voitures.

888 *Jordan*, W. H. Dess. & Manu. Bristol.—Chaise à trois roues pour un malade; chaise à quatre roues pour deux personnes.

892 *Kent*, R. Dess. et Fab. Saffron Walden, Essex.—Voiture à caisse basse, offrant la plus grande facilité pour monter et descendre.

894 *Kesterton*, E. Dess. et Fab. 80 Long Acre.—Voiture de dessin nouveau, pour été et hiver. (Enrégistré.)

895 *Kinder & Wheeler*, Dess. et Inv. Granby Place, Leicester.—Phaéton Albert pour un ou deux ponies, avec avant train perfectionné.

896 *Kings, W.* Dess. et Fab. 101 Long Acre.—Cabriolet domestique.

898 *Kinross, W. & Cie.* Fab. Stirling, Ecosse.—Omnibus de ville, pour 19 voyageurs à l'intérieur, très léger et bien aéré.

902 *Lewis, C. B.* Inv. 14 King Street, St. James's.—Omnibus perfectionné.

908 *Marks, J. I.* Prop. Langham Place, Cavendish Square.—Nouveau modèle de roues dont le bruit est amorti avec essieu de Collinge; chaise de malade.

910 *Mason, W. H.* Kingsland Road.—Petite voiture de nouveau modèle.

912 *Menzies, A.* Prop. Glasgow—Modèle d'un omnibus avec trois chevaux de front.

913 *Roworth, B. P.* Sheffield.—Essieux de voitures, &c.

914-916 *Middleton, W. & C.* Inv. Fab. 40 Long Acre.—Nouveau modèle de voiture, sur un systême perfectionné, plateau centripète.

918 *Mitchell,* Rev. *G.* (LL.D) Inv. Whitburn, Linlithegowshire.—Modèle d'une voiture de sûreté qu'on peut arrêter de l'intérieur. Le dessin est expliqué en cinquante langues différentes.

919 *Mitchell,* Rev. *W. A. M.* Woolwich.—Modèle de machine et de voiture de chemins de fer, avec un plan pour prévenir les accidents.

922 *Mulliner, F.* Inv. et Fab. Northampton.—Pilentum sur ressorts elliptiques et essieux brevetés.

924 *Mulliner, H.* Fab. Leamington Spa.—Brougham à 4 roues; série de plans et dessins de voitures.

926 *Newham, J.* Fab. Market Harborough, Leicestershire.—Voiture en fer à pony de construction tout-à-fait nouvelle.

928 *Newnham, B.* Fab. 19 Broad Street, Bath.—Chaise de Bath à roues.

932 *Nurse & Cie.* Inv. et Fab. 43 Crawford Street et 200 Regent Street, Londres.—Nouvelle sorte de cabriolet, à un ou deux chevaux.

934 *Offord, R.* Inv. et Fab. 79 Wells Street, Oxford Street.—Voiture à 4 roues, nouvelle voiture, appelée " Clarence semicirculaire."

936 *Paternoster, T.* Dess. et Fab. 13 Charlotte Street, Fitzroy Square, Londres.—Galons pour voitures et carrosses.

938 *Peters & Fils,* Fab. Park Street, Grosvenor Square.—Barouche de parc.

940 *Quan & Fils,* 10 Talbot Street, Dublin.—Chars-à-bancs Irlandais.

946 *Harvey, J.* Dess. et Brev. 41 Bridge Road, Lambeth.—Chariot Richmond (modèle de voiture brevetée).

947 *Rigby & Lee,* Fab. 7 Park Lane, Piccadilly, Londres.—Brougham à un ou deux chevaux.

950 *Robinson & Cie.* Dess. Inv. et Fab. 12 Mount Street, Grosvenor Square, Londres.—Phaéton Britannia d'un nouveau modèle.

952 *Roch, J.* (jeune), Inv. et Fab. Hastings, Sussex.—Ressorts de carrosse à deux lames, possédant plus de force et d'élasticité que les ressorts ordinaires à cinq lames; ressorts ordinaires à cinq lames, &c. Modèle de barricade mobile.

954 *Roch & Gowar,* Hastings.—Voiture omnibus pour le transport de voyageurs, d'un nouveau modèle perfectionné. (Breveté.)

956 *Roch & Fils,* Inv. Dess. et Fab. Hastings.—Diorophe ou voiture à double fond; Clarence; voiture à pony. (Breveté.)

958 *Saunders, C.* Inv. New Yard, Great Queen Street, Londres.—Roues à double essieux, au moyen desquels on peut rallonger ou raccourcir le train de la voiture.

960 *Sawyer, W.* Inv. et Fab. Douvres.—Vélocipède à levier.

962 *Shanks, R. H.* Fab. Great Queen Street.—Landau à ressorts elliptiques.

964 *Shillibeer, G.* Inv. Brev. et Fab. 1 et 2 Commercial Place, City Road.—Corbillard à expansion. (Breveté).

965 *Clarke & Williams,* 447 West Strand.—Propulseur à ressort.

966 *Shilton, T.* Inv. et Fab. Baddesley Ensor, près Atherstone.—Roue à rais perfectionnés, donnant plus d'élasticité et de jeu au mouvement de la voiture, &c.

968 *Silk & Brown,* Dess. et Fab. 8 Long Acre.—Barouche sur ressorts de nouveau modèle, &c.

970 *Hill & Stone,* Inv. 21 Little Moorfields.—Phaéton de parc avec capotes mobiles.

971 *Shuff, W.* 1 Dover Street, Islington.—Rédartateur de voiture.

972 *Smith, O. H.* Prop. Pimlico Wheel Works, Upper Belgrave Place, Londres.—Roues pour affûts de canon, (en bois) fabriquées et jointes par machine.

976 *Swain, T.* Dess. 15 Charles Street, Hackney Road.—Modèle d'église; modèle de malle poste, avec paysage.

978 *Thomson, G.* Fab. Stirling, Ecosse.—Cabriolet découvert, à 4 places, non sujet à l'impôt.

979 *Thorn, W. & F.* Inv. et Fab. 10 John Street, Oxford street, Londres.—Brougham à ressorts aequimoteurs, marchepied invisible, etc.

982 *Thrupp, C. J.* Dess. et Fab. 269 Oxford Street.—Brougham landaulet et chariot Shamrock.

984 *Tilbury, J.* Fab. 35 Gloucester Place, New Road.—Phaéton léger.

988 *Vezey, R. & E.* Inv. et Fab. Long Acre, Bath.—Calèche, bateau de nouveau dessin.

989 *Walkers & Gilder,* Inv. et Fab. 16 White Lion Street, Norton Folgate, Londres.—Voiture brougham à un cheval; lanternes perfectionnées éclairant les voitures en dedans, etc.

990 *Ward, J.* Fab. 41 Paris Street, Exeter.—Cabriolet phaéton d'un nouveau modèle.

991 *Watts, C.* Inv. et Fab. Parkhurst, Isle of Wight.—Vélocipède à trois roues.

992 *Willoughby, S.* Inv. et Fab. John Street, Oxford Street.—Voitures lits pour malades ou blessés.

993 *Fuljames & Cie.* 4 Brownlow Mews, Gray's Inn Road.—Cric de voiture.

995 *Wilson, J.* Dess. 26 Portland Street, Walworth, Londres.—Vélocipède en fer, unissant la solidité, la légèreté à un fini parfait.

996 *Wyburn, Meller & Turner,* Fab. 121 Long Acre.—Coupé pour visites, &c.

997 *Ward, J.* Dess. et Fab. 5 et 6 Leicester Square, Londres. — Voiture Victoria à quatre roues, pour parc à pony, ou traînée à bras; fauteuil de malades, à ressorts de velours d'Utrecht, monté sur roues en cuivre; pliant; voyage en acajou d'Espagne.

Aller a la Classe 6, page suivante.

Classe 6. MACHINES et OUTILS EMPLOYÉS dans les MANUFACTURES.

—— Groupes A. B. 10—31 ; C. D. E. 1—10, & 19—33 ; G. H. 25, 26. ——

1 *Hibbert, Platt, & Fils*, Hartford Works, Oldham, Inv. et Fab.—Machines diverses pour la manutention et fabrication du coton depuis son état brut jusqu'au tissu.

2 *Booth & Cie.* Fab. Preston, Lancashire.—Fuseaux mules pour filer le coton et la soie, de diverses espèces et formes.

3 *Crabtree, T.* Fab. Godley, Halifax. — Machine à carder la laine, le coton ou la soie.

4 *Dalton, J.* Inv. Mottram-in-Longendale.—Machine pour imprimer les calicos, mousselines de laine et autres étoffes, à action double, soit pour imprimer une pièce d'étoffe des deux côtés, soit pour imprimer deux pièces d'étoffes en même temps, &c.

5 *Preston, F.* Fab. Manchester.—Fuseaux employés dans la préparation, le filage, le doublage de la laine, du coton, de la soie, &c.

(Plusieurs machines américaines sont exposées en cet endroit.)

6 *Parr, Curtis & Madeley*, Fab. et Brev. Manchester. —Machine à carder, perfectionnée ; boudinoirs, mules-jenny automotrices ; machine à travailler les métaux et le bois.

7 *Leach, T.* Rochdale.—Plaques à étirer et à nettoyer, et ressorts employés dans les machines à coton et à laine. Ressorts pour tordeurs et mules.

10 *Mason, J.* Inv. et Fab. Rochdale, près de Manchester.—Simple machine à carder, mule-jenny, boudinoirs, métier mécanique, formes.

14 *Higgins & Fils*, Fab. Salford, Manchester.—Machines à travailler le coton et le lin.

15 *Sharp Frères*, Manchester. — Métier continu de Danforth pour filatures.

16 *Mather, W. & Cie.* Fab. Salford Iron Works, Manchester.—Machine pour imprimer huit couleurs à la fois, sur toiles de coton, avec séchoir. Machine à coudre, et pistons brevetés.

17 *Saxon, A.* Manchester.—Bobines métalliques.

18 *Harrison, J.* Fab. Blackburn.—Métier à tisser le coton, la laine, le lin, &c. pour les étoffes légères ; métier à tisser les étoffes plus épaisses ; métier à tisser de A.D. 1800.

20 *Hornby & Kenworthy*, Inv. et Fab. Blackburn.—Machine brevetée à préparer le coton ; machine à ourdir les trames, &c.

21 *Bullough*, Inv. et Fab. Blackburn.—Modèle d'un métier à tisser ; le mouvement s'arrête quand un fil se casse.

22 *Smith, M.* Inv. et Fab. Heywood, près de Manchester.—Métiers à tisser le canevas pour la marine, les tapis de Venise et de Hollande ; id. pour tisser la soie, &c.

23 *Taylor & Fils*, Halifax.—Métier à la Jacquard.

24 *Mavindoe, G. P.* Breveté, Glasgow.—Mule-jenny automatique à filer.

25 *M'Naught, W.* Robertson Street, Glasgow.—Machine à bobines de Cont.

27 *Calvert, F. A.* Inv. et Brev. Cannon Street, Manchester.—Machine à nettoyer la laine et le coton, &c. ; méthode brevetée pour la construction de cylindres à carder et à nettoyer.

28 *Paterson, T. L.* Inv. et Brev. Glasgow.—Modèle d'une machine à dévider la laine, le coton ou le fil de lin de l'écheveau sur la navette.

29 *Jordan, W.* 43 Hilton Street, Manchester.—Machine à ourdir et à carder.

30 *De Fontaine Moreau, P. A.* Import et Prop. 4 South Street, Finsbury.—Appareil nouveau pour mettre en œuvre les bobines, sans courroies ni cordes, pour filer toute substance fibreuse, &c ; appareil remplaçant le métier à la Jacquard pour fabriquer les étoffes façonnées.

32 *Chalmers, D.* Inv. Manchester Wireworks, Manchester.—Métier à damasser d'un nouveau genre.

35 *Crichton, D.* Inv. Manchester.—Métier modèle démontrant un nouveau principe d'action mécanique sur les rouleaux, &c.

36 *Crichton, W. & Cie.* Fab. Manchester.—Machine pour ouvrir le coton, avec laquelle on peut ouvrir de 40,000 à 50,000 livres par semaine de 57 heures et demie, et n'exigeant que la force d'un cheval.

37 *Nimmo & Fils.* Fab. Edimbourg.—Rouet à filer ; dévidoir ; étalon d'écosse, &c.

38 *Milligan, W.* Inv. Bradford, Yorkshire.—Métier à tisser à la mécanique, perfectionné.

39 *M'Kenzie, D.* 52 Duncan Street, Tavistock Square. —Explicateur ou légende du métier à la Jacquard.

40 *Donisthorpe, G. E.* Leeds, Inv.—Machine à double action pour peigner la laine.

41 *Barlow, C.* Imp. 89 Chancery Lane. — Machine à coudre avec deux fils.

42 *Sutcliffe*, Inv. R. Idle, près Bradford. — Formes brevetées de métier à filer et doubler le coton, &c.

43 *Henning*, Belfast.—Métiers à tisser les damas et les batistes, d'après le principe Jacquard.

44 *Sandeman, H.* Fab. Tulloch, Bleachfield, Perth.— Machine pour étirer le drap, rétréci par le blanchissage, la teinture et l'impression.

45 *De Bergue, C.* Inv. et Fab. 9 Dowgate Hill, Londres. —Spécimens de dents, de roseaux et de peignes, et accessoires complets pour toute espèce de tissage, fabriqués à la mécanique.

46 *Mason, J.* Rochdale.—Deux machines à carder ; machine à broyer ; presse à vis.

47 *Marsland & Cie.* Blackfriars, Manchester.—Machine à dévider le coton.

48 *Berry, B. & Fils*, Bradford.—Machines et métiers employés dans la fabrique des filés de laine.

49 *Hunt, E.* Inv. et Fab. Nailsworth.—Laineuse mécanique, d'après un principe perfectionné pour apprêter le drap.

50 *Elliott & Heys*, Inv. et Brev. 93 Mill Street, Manchester.—Métier à tisser perfectionné.

51 *Taylor, J.* Leeds.—Sérançoirs.

52 *Judkins, Ch. T.* Brev. Manchester.—Machine à tisser le lin ; machine à coudre, pouvant coudre 500 points par minute, &c.

53 *Plenty, J. & Pellew, E.* Inv. Newberry, Berks.— Machine pour goudronner les fils de caret.

54 *Robinson, R.* Inv. Dess. et Fab. Belfast.—Machine perfectionnée pour le lin, et pour en enlever la graine ; paille de lin d'Irlande.

55 *Binns, W.* Fab. Bradford.—Six cardes employés dans la préparation de la laine.

56 *Brown, T. B.* Hampen Andover's Ford, Cheltenham, Gloucestershire.—Métier pour toiles à voiles ; prélats sans couture ; sacs de chanvre et de lin tissés sans coutures ; sarreaux en lin imperméables.

57, 58 *Gaimes, Sanders & Nicol*, Fab. Birchin Lane, Cornhill, Londres.—Chapeaux de soie sur formes de liége et toile de lin ; coiffures en feutre ; modèle d'une chapellerie.

59 *Smith, J.* Inv. Orchard Street, Galston, Ayrshire.—Métier à tisser à l'usage des fabriques de second ordre.

60 *Gatenby & Pass,* Fab. Manchester.—Roseaux ou peignes pour les tissages à vapeur.

61 *Iles, C.* Inv. et Fab. Bardesley Works, Birmingham.—Machine pour fixer des épingles dans des plaques circulaires.

62 *Dickins, T.* Inv. Middleton, Lancashire.—Modèle fonctionnant d'une machine à ourdir la soie, et autres matières fibreuses ; cette machine admet un plus grand nombre de bobines.

63 *Rigge, I. & Cie.* Fab. Kendal.—Cardes pour la laine de qualités différentes.

64 *Cross, C.*—Métier modèle.

65 *Searle, H.* Fab. Hoxton Old Town, Londres.—Machine à faire la charpie, matière en partie manufacturée.

66 *Watkins, W. & T.* Inv. Bradford.—Guides en porcelaine employés dans le boudinage et le filage de la laine, de la soie, &c.

67 *Victory, J.* St. Leonards.—Outils à tours.

68 *Jaquin, C. A.* Dess. et Fab. 8 Finsbury Street, Londres.—Presse, presse à levier, et outils à fabriquer les boutons de métal, &c.

69 *Slate, J.*—Dévidoir à ficelle.

70 *Steane, J.*—Machine à carder la passementerie.

71 *Thom, J.*—Appareil pour soufrer.

72 *Taylor, E.* Kinghorn.—Serançoirs ; supérieurs pour la fabrication du lin.

74 *Plummer, R.* Inv. Newcastle-on-Tyne.—Machines à broyer et à couper le lin ; sérancoir et autres instruments employés dans l'apprêt du lin et du chanvre ; graine de lin Anglais ; chanvre Russe ; fil de lin préparé par la machine à sérancer (brevetée) ; canevas.

75 *Lawson, S. & Fils,* Inv. et Fab. Leeds.—Machine à sérancer le lin (brevetée) ; machine à rouir le lin et autres machines pour filer, peigner et manipuler le lin et substances fibreuses.

77 *Parker, C. E. & C.* Inv. et Fab. Dundee.—Grand métier à mécanisme mathématique pour tisser les toiles à voiles, et autres grosses toiles.

78 *Crawhall, J.* Inv. Newcastle-upon-Tyne.—Machine perfectionnée pour fabriquer les cordages (brevetée).

80 *Davenport, J. L.* Fab. Derby.—Moulin à organsiner la soie ; machine à dévider et à nettoyer ; moulin à tisser et à cordonner ; sérançoir mécanique ; forme à doublage, &c.

82 *Barlow, A.* Inv. 26 Bread Street.—Métier breveté à la Jacquard à double action, à deux cylindres et deux séries de cordes.

84 *Frost, J.* Inv. Macclesfield.—Modèles perfectionnés d'une machine à dévider et nettoyer la soie ; d'une machine à tisser et à doubler et d'une machine à organsiner.

85 *Reed, T. S.* Inv. Derby.—Métier breveté à tisser les franges par un procédé qui dispense des navettes.

86 *Claussen, P.* Brev. et Inv. 26 Gresham Street, Londres.—Métier circulaire à la main pour tisser les draps élastiques, &c. Manlove & Alliot, Prop.

87 *Gardner & Bazley,* Nottingham.—Métier à fabriquer le fil à dentelle.

88 *Hudson & Bottom,* Nottingham.—Métier à dentelle.

89 *Carver, T. & Fils,* Nottingham.—Métier à bas.

90 *Ball, Dunnicliff & Cie.* Fab. Nottingham.—Velours élastique, soie, tafetas, châles simla, &c. ; fabriqués sur métier à dentelle, dessiné par J. Wilkins ; châles de dentelle sur métier à tulle bobin ; métier à blonde unie.

91 *Cowslade & Lovejoy,* Inv. Reading.—Presse à imprimer, avec appareil perfectionné pour distribuer l'encre.

92 *Sewell, Th. R.* Inv. et Fab. Nottingham.—Métier mécanique à tulle bobin.

94 *Birkin, R.* Fab. Nottingham.—Métier à dentelle ; dentelles barbes, volants, blondes valenciennes, & guipures à la mécanique.

95 *Fussell, F. R.* Nottingham.—Tableaux illustrant la fabrication des dentelles.

96 *Burton & Eames,* Prop. Lenton Works, près de Nottingham.—Machine brevetée pour enlever les fibres à la dentelle, la mousseline, &c.

100 *Fourdrinier G. H.* Inv. et Fab. Hanley.—Presse à vapeur pour faire des impressions sur faïence et porcelaine ; machine à vapeur oscillatoire à double piston, pour broyer les couleurs, le flint, et les terres de potiers, &c.

102 *Harding, Pullein & Johnson,* Prop. Guildhall Chambers.—Machines pour fabriquer les caractères d'imprimerie du cuivre, du zinc, ou d'autre métal. (Breveté.)

103 *Underwood, T.* Birmingham.—Presse à lithographier en couleur.

104 *Sherwin, Cope & Cie.* Inv. et Fab. 5 Cumberland Street, Shoreditch, Londres.—Presse impériale pour la typographie, ayant une simple combinaison de leviers, et produisant une grande économie de temps et de travail ; id. à bras pour relieurs.

108 *Tidcombe, G.* Fab. Watford.—Machine à couper le papier en feuille continue.

110 *Shaw, W.* Fab. 8 Bachelor Walk, Dublin.—Machine à régler le papier.

112 *Wilson, G.* Inv. et Brev. 27 St. Martin's Court, Leicester Square.—Machine à couper le carton et le papier.

114 *Greig, D. & J.* Dess. et Fab. Lothian Road, Edimbourg.—Presse lithographique en fer, avec cadre gothique ; ventilateur portatif pour rafraîchir les appartemens dans les pays chauds. Suggérée par le Cap. Davidson, de l'Infanterie du Bengal.

116 *Marriott, W.* Leeds Road, Huddersfield.—Machine pour empaqueter les substances sèches et pour imprimer des étiquettes.

118 *Cooke, H.* Inv. 127 High Street, Oxford.—Appareil d'imprimeur pour simplifier le travail du compositeur.

120 *Nelson, T. (jeune),* Inv. Hope Park End, Edimbourg.—Modèle d'une presse nouvelle en action.

121 *Ulmer,* Fetter Lane, Londres.—Presse à imprimer.

122 *Ingram, H.* Prop. 198 Strand, Londres.—Machine pour imprimer verticale, semblable à celle du journal le *Times,* imprimant de 4000 à 5000 exemplaires à l'heure. L'inventeur M. A. Applegarth a proposé de faire une machine qui aurait imprimé 40,000 exemplaires à l'heure, mais la construction en était trop dispendieuse. Fabriquée par T. Middleton, ing.-méc., Loman-st. Southwark. Cette machine, qui imprime "l'Illustrated London News," à l'Exposition même, représente fidèlement les gravures sur bois.

124 *Clymer & Dixon, G. & S.* Fab. et Brev. 10 Finsbury Street, Finsbury Square.—Presse d'imprimerie.

128 *Remond, A.* Imp. et Inv. Birmingham.—Modèle fonctionnant de machine à faire des enveloppes.

130 *Donkin B. & Cie.* Fab. et Inv. Bermondsey.—Modèle de machine perfectionnée à papier.

132 *Brewer, J.* Fab. 19 Surrey Place, Old Kent Road.—Drap sans fin en laiton, rouleaux, moules, &c. pour fabriquer le papier, pour une machine à papier.

134 *Cowper, E.* F.R.S. Inv. et Brev. 9 Kensington Park Road, Notting Hill.—Modèle de la presse d'imprimerie actuellement en usage général, par T. B. Winter, étudiant de King's College. Le Catalogue de l'Exposition est imprimé par cette presse.

135 *Church & Goddard,* Fab. Birmingham.—Machine pour couper le carton en cartes, machine pour couper, imprimer, numéroter, compter, et empaqueter les étiquettes ; machines à dater les billets de chemin de fer.

136 *Taylor, W.* Dess. et Fab. Nottingham.—Machine pour faire des abats jour semi-sphériques, de feuilles de papier unies ; objets d'ornement en papier.

MACHINES et OUTILS EMPLOYÉS dans les MANUFACTURES.

138 *Black, J.* Fab. Edimbourg.—Machines à plier (Brevetées).

140 *Bury St. Edmunds.*—Presse pour relieurs.

142 *Straker, S.* Fab. 80 Bishopsgate-Street-Within, Londres.—Presse lithographique à levier, latéral, pour imprimer en couleur.

144 *Brewer, C. & W.* Inv. et Fab. Markham Works, Larkhall Lane.—Rouleaux pour la fabrique du papier sans fin ; moules pour papier de fantaisie, &c.

146 *Ransomes & May,* Fab. Ipswich. — Modèle d'un " excavateur " breveté, pour creuser les chemins de fer ou les canaux ; modèle d'un appareil perfectionné pour saturer le bois de créosote, &c.

148 *Pope T. & C.* 56 St. Paul's Square, Birmingham.—Presses à copier.

150 *Cobb, T.* Fab. 19 Portugal Street, Lincoln's Inn.—Modèle de presse d'imprimerie en fer, avec perfectionnements.

151 *Harriss, C.* Shalford, Guildford.—Presse à bosseler.

154 *Jarrett, G.* 45 Lee Street, Kingsland Road.—Machine à bosseler, perfectionnée.

155 *Collett, C.,* 8 Great Cambridge Street, Hackney Road.—Presses à bosseler.

156 *Sullivan, T.* Inv. et Fab. Footscray, Kent.—Cylindre pour produire la marque d'eau sur le papier ; rouleaux et cylindres à divers usages.

157 *Hurrild & Fils,* 10 and 11 Great Distaff Lane, Londres.—Presses à imprimer.

158 *Napier, D. & Fils,* Inv. et Fab. Lambeth.—Compas de mer d'un nouveau modèle, de très grande utilité ; enregistrant sur le papier la route qu'un navire fait toutes les vingt-quatre heures ; machine à imprimer perfectionnée ; appareil centrifuge breveté, s'emplissant et se vidant de lui-même, pour sémarer les mélasses du sucre cristallisé, etc. ; machine à imprimer.

160 *McClure & Cie.* Bow Churchyard, Londres.—Presses lithographiques.

162 *Hopkinson & Cope,* Inv. et Fab. 14 New North Street, Finsbury.—Presse d'imprimerie ; machine à imprimer de Holm.

164 *Waterlow & Fils,* London Wall.—Machine à imprimer ; machine à plier les enveloppes, s'entretenant d'elle-même, et produisant des enveloppes pliées, gommées, et bosselées ; machine pour numéroter les billets de banque ; presse autographique brevetée.

165 *Watson H.* Newcastle.—Passoire à pulpe pour la fabrication du papier, et machine hydro-électrique.

168 *Schlesinger & Cie.,* 8 Old Jewry.—Machine à paginer et à compter ; machine à imprimer des billets de banque, &c.

200 *Fairbairn M. & Fils,* Manchester.—Machine à river.

201 *Whitworth J. & Cie.* Fab. Manchester.—Tours mécaniques automoteurs ; machines à raboter, à fraiser, et à forer, à visser, à tailler, et à diviser, à percer à l'emporte-pièces, et à couper ; machine à tricoter brevetée ; machine à mesurer, aune étalon, &c.

202 *Foster, T.* Inv. Manchester.—Méthode d'appliquer les rouleaux de cuivre à graver à l'eau forte.

203 *Lyons, M.* Inv. 143 Suffolk Street, Birmingham.—Appareil pour plaquer, dorer et graver à l'électricité ; spécimens obtenus par ce procédé ; disposition du cuivre pour obtenir des tubes et plaques pour les ouvrages artistiques au repoussé.

204 *Sharp, Frères,* Manchester.—Tour et machine à faire des rainures.

205 *Mordan, Sampson & Cie.* Fab. City Road.—Ecrin, avec boîte en acier, à l'épreuve du feu, décoré d'ornemens en or-moulu ; encrier ciselé et incrusté de perles ; cadre contenant des plumes en or à écrire ; machine à guillocher ; presse à copier, &c.

206 *Muir, W.* Salford, Manchester, Fab.—Tour d'amateur, avec ses accessoires ; moulins à café, grand et petit, pour épiciers et ménages ; presses à vis et à levier pour estamper les enveloppes ; presses à copier ; machine à couper le savon, &c.

207 *Hunt, J.* per C. Boyd, Inv. 15 Addison Road, Paddington.—Machine pour laver les minerais : or, argent, cuivre, étain, plomb, &c.

208 *Garforth W. J. & J.* Ashton-under-Lyne, Dukinfield, Cheshire. — Machine à vapeur à river, à action directe.

209 *Lewis, F. & Fils,* Fab. Manchester.—Machine à tailler les roues ; modèles de fuseaux mécaniques, pour coton, fil, laine et soie, &c.

210 *Shanks, A.* Inv. 6 Robert Street, Adelphi, Londres.—Machine à rayer les bolons ; machines à polir.

212 *Johnson R. & Frère,* Fab. 27 Dale Street, Manchester.—Machine à étirer le fil de fer ; échantillons de fil de diverses grosseurs.

213 *Parr, Curtis & Madeley,* Manchester.—Machine à polir, tours, &c.

218 *Hick, B. & Fils,* Dess. et Fab. Bolton.—Machine à percer, à radiation ; emporte-pièces, démontrant la force de la presse hydraulique de Hick ; forge portative ; machine à vapeur à haute pression ; et à oscillation ; machine à nettoyer et à dresser le grain, &c.

219 *Glasgow, J.* Manchester.—Machine tourne-vis, perfectionnée et complète.

220 *Shepherd, Hill & Spink,* Man. Hunsted Road, Leeds.—Tour à chariots mécaniques, automoteur.

221 *Cottam & Hallen,* Inv. et Fab. 2 Winsley Street.—Presse hydrodastique pour éprover les solives.

222 *Ryder, W.* Inv. Bolton.—Machine brevetée à forger ; articles débités par cette machine, cylindres, fuseaux, &c.

223 *Sandford, Owen & Watson,* Phœnix Iron Werks, Rotherham, Inv.—Tour à débiter des vis, de construction très simple.

224 *Eades & Fils,* Fab. Birmingham.—Petite tours à débiter des vis, avec outils et accessoires ; moules à vis ; matrices et filières, &c.

226 *Dalgety, A.* Inv. et Fab. Deptford.—Modèle de tour, &c., automoteur.

228 *Maudslay, Fils & Field,* Dess. et Fab. Lambeth, Londres.—Balancier à frapper la monnaie, système perfectionné.

230 *Smith, Beacock & Tannett,* Fab. Leeds.—Tour automoteur, avec lit de 18 pieds de long ; machine à forer, à polir, &c.

232 *Holtzapffel & Cie.* 64 Charing Cross, and 127 Long Acre, Londres. — Tour central pour amateur ; machine à faire des rainures ; machine à forer ; assortiment complet d'instrumens de tourneur en ivoire et bois dur. Spécimens d'objets en ivoire tournés par des amateurs ; charbon, cannel, &c.

234 *Williams, J.* Inv. et Fab. Westlake Buildings, Bath.—Machine à vapeur portative de la force d'un cheval, pour amateur, dessinée par le Rev. C. R. Davy ; tour à tailler des vis automoteur ; machine à forer ; machine à débiter des boulons et des écrous ; cric à vis, &c.

236 *Nasmyth, J.* Manchester.—Marteau mu par la vapeur.

238 *Stewart, D. Y. et Cie.* Fab. Glasgow.—Modèle de machine à fabriquer les moules pour les tuyaux en fonte ; tuyaux ; machine à essayer la force de la fonte.

240 *Morrall, A.* Inv. Studley, Warwickshire. — Machines à fabriquer les aiguilles, à percer les têtes, &c.

242 *Vaughan, G. H.* Fab. 4 Westmoreland Street, Great Marylebone Street.—Machine pour affiler les dents de scie.

MACHINES et OUTILS EMPLOYES dans les MANUFACTURES.

244 *Church*, *J.* Fab. Chelmsford. — Modèles de tours avec étaux.

246 *Campbell*, *G.* Inv. Charlton, Woolwich, près Londres.—Forge à vapeur portative, avec appareil à soufflet, &c.

301 *Beart*, *R.* Inv. Godmanchester, près Huntingdon.—Machines à vapeur ou à autre moteur, à fabriquer les briques et les tuiles ; briques et tuiles fabriquées ; machine à la main pour la même fabrication ; machine à forer les puits artésiens ; machine à forer les pierres et à tailler des tablettes de pierre, &c.

304 *Brunton*, *W.* (*jeune*).—Machine pour laver les minerais.

305 *Waring*, *C. H.* Inv. et Fab. Neath Abbey, Glamorganshire (Pays de Galles).—Machine pour couper le charbon horizontalement et verticalement.

306 *Claudet & Houghton*, Prod. 89 High Holborn, Londres.—Deux machines à tailler les globes de verre, inventées par M. Claudet.

308 *Hart*, *J.* Inv. et Fab. Seymour Place, Bryanston Square.—Machine portative à fabriquer les briques et les tuiles.

310 *Bradley*, *R. & Cie.* Inv. et Fab. Wakefield.—Machine à mouler les briques ; modèle d'une bouillère montrant toutes les opérations extérieures et souterraines.

312 *Hunter*, *J.* Inv. Leysmill, Arbroath.— Modèle de machine à polir les pierres, avec spécimens de pierres polies des carrières de Leymill, près d'Arbroath.

314 *Mackenzie*, *J. S.* Newark-upon-Trent, Inv. et Fab. —Machine à broyer de Mackenzie, consistant en un mortier fixé dans un bloc de bois, et d'un pilon au quel on donne un mouvement de rotation au moyen d'un mécanisme.

317 *Marsden*, —, Leeds.—Machine à laver.

324 *Randell & Saunders*, Inv. 14 Orange Grove, Bath. —Machine à mettre en mouvement les scies pour couper les pierres dans les carrières même ; grue transversale à vapeur pour les carrières souterraines ; scie à découper les blocs de pierre, de marbre, &c.

328 *Radcliffe*, *A.* Inv. et Fab. 67 St. John Street Road. —Modèle de détente pour locomotive ; diamants à couper le verre, &c.

330 *Speller*, *W.* Fab. 14 York Street, Blackfriars Road. —Instruments à creuser les puits.

400 *Bessemer*, *H.* Baxter House, Old St. Pancras Road, Londres, Fab.—Table en ardoise à rainures, pour tenir la glace pendant qu'on la polit ; machine centrifuge pour séparer la mélasse du sucre cristallisé.

401 *Furness*, *W.* Liverpool.—Machines pour travailler le bois ; machines ; mortaises ; machines à tenons et à raboter.

402 *Schiele*, *C.* Inv. et Fab.—Appareil pour réduire la friction ; régulateurs de locomotives, vis, noix, &c.

403 *Fairbairn*, *W.* Manchester.—Moulin à blé.

404 *Crosshill*, *W.* Fab. et Brev. Beverley.—Moulins à moudre les substances végétales et animales, les céréales, le flint, les couleurs. les os, &c. ; machines à vapeur portatives, avec leurs garnitures, &c.

405 *Rotch & Finzel*, 2 Furnival's Inn, Holborn.—Machine centrifuge pour séparer la mélasse du sucre. Manlove & Elliott, Fab.

406 *Birch*, *J.* Inv. Edward Street, Regent's Park.—Machine à fabriquer des chassis, &c.

408 *Dakin & Cie.* Inv. et Brev. 1 St. Paul's Churchyard, Londres.—Brûloir à café.

410 *Barret & Cie.* Reading.—Machine à biscuits.

412 *Wasley*, *J.* Redruth, Cornwall.—

414 *Hurwood*, *G.* College Street, Ipswich. — Divers moulins en métal pour moudre le blé, cylindres pour écraser la graine de lin et l'avoine, moulin en métal pour moudre le blé et les plants légumineuses ; appareil pour aérer la surface des meules de moulin.

416 *Corcoran*, *B. et Cie.* Dess. et Fab. 36 Mark Lane.—Modèle d'un séchoir à drèche ou autres graines, perfectionné machine à dresser la farine ; spécimens de toiles métalliques ; meules à moulins ; meules, &c.

417 *Barker*, *C. M.* Inv. Brev. et Fab. 22 Portsmouth Place, Kennington Lane. — Machine à scier curviligne faisant 120 révolutions par minute ; scie circulaire.

418 *Robinson & Russel*, Millwall Works. — Moulin à vapeur portatif pour le sucre de canne.

420 *Blundel & Cie.* Hull, and Upper Thames Street Londres.—Pressoirs à graine de lin.

421 *Fairbairn & Cie.* Manchester.—Moulin à farine.

422 *Hunt*, *J.* Inv. et Fab. Botley Mill, près Orford.—Machine pour dresser la farine.

424 *La Compagnie de Gutta Percha.*—Machines à imprimer, plier, et couper, pour fonctionner avec des moules de gutta percha.

426 *Bedford*, *J.* Mill Hill, Leeds, Fab.—Machine complète à dresser la farine.

428 *Blackmore*, *W.* Prop. Wandsworth, près de Londres. —Modèle d'une machine à bluter, démontrant la méthode de faire passer la farine à travers des étamines sans couture.

429 *Adams*, *S. & C.* Oldbury, près Birmingham, Inv. Brev. et Fab.—Moulin à main en acier, pour moudre le blé pour colonies et fermes.

430 *Thomson*, *W.* Shotts' Fonderie, Edimbourg.—Dess. et Fab.—Machine à polir de nouvelle construction ; outils pour nettoyer les parquets et les ponts de navires.

432 *Collinge & Cie.* 65 Bridge Road, Lambeth, Londres. —Moulin à sucre horizontal. (Breveté.)

436 *Spiller*, *T.* Battersea, près de Londres.—Machine à dresser la farine.

438 *Shore*, *Messrs.* City Road, Londres.—Machine à dresser la farine.

440 *Sharp*, *S.* Stamford.—Un coupeur à sucre.

441 *Weatherley*, *J. R.* 54 Theobald's Road, Londres.—Machine à nettoyer les raisins de Corinthe.

442 *Westrup*, *W.* Inv. 282 Wapping.—Moulin à blé, fait dans les ateliers de T. Middleton.

443 *Fieldhouse*, *G. & Cie.* Wolverhampton.—Moulin sur piliers pour moudre le café et le poivre.

444 *Coombe*, *B. & Cie.* Fab. 30 Mark Lane.—Machine à cribler et nettoyer le blé de corps étrangers ; modèle de machine à dresser la farine au moyen de brosses à vans brevetée ; échantillons de toiles métalliques.

445 *Graham, West & Cie.* Fab. 304 Wapping, Londres. —Modèle d'un moulin pour piler la canne à sucre ; à la place des trois rouleaux ordinaires, il y en a cinq, disposés de telle manière que les cannes, en passant à travers le moulin, sont pressées quatre fois, &c.

446 *Huxhams & Brown*, Inv. et Fab. Exeter.—Moulin à moudre l'écorce pour tanneurs ; moulin à moudre le blé à la main pour émigrants ; meules, &c.

447 *Gilbert*, *J.* Inv. 79 Wardour Street, Soho, Londres. —Machine à bascule, à équarrir, à mouler, et à autres ouvrages d'ébénisterie, &c.

448 *Adorno*, *J. N.* 6 Golden Square, Londres—Machines pour faire les cigarettes dans le style Français et le style Espagnol ; id. pour cigares de la Havanne, Manille, &c. (Breveté).

449 *Squire, Low, & Cie.* Great Dover Street, Borough.—Moulin à sucre, à action directe.

450 *Gatti & Bolla*, Fab. 129 Holborn Hill, Londres.—Machine à chocolat.

454 *Manlove, Alliott & Seyrig*, Lenton Works, Nottingham, Inv.—Machines centrifuges pour laver et sécher les vêtements ; pour désécher l'amidon ; raffiner le sucre.

455 *Staight*, *D. & Fils*, Prop. 35 Charles Street.—Machine à tailler les peignes d'ivoire ; différents articles en ivoire.

MACHINES et OUTILS EMPLOYES dans les MANUFACTURES.

456 *Prosser & Hadley*, Fab. 20a Clipston Street, Londres.—Machine à scier pouvant tailler en curvilignes.

457 *Toms, G. B. & Cie.* Ag. East India Chambers.—Meules de la Ferté-Sous-Jouare, en France, aux quelles est appliqué l'appareil "*aérateur*" patenté de Hanon-Valcke.

458 *Savage, A.* Fab. 43 Eastcheap.—Moulin à moudre le blé, la drèche, le café, les drogues, &c. Rotissoir à café, chocolat, &c.

459 *Hughes et Fils*, 1 and 8 Great Dover Street, Borough.—Deux meules à moudre le blé de fabrication supérieure.

460 *Law, W.* Inv Edimbourg.—Machine à rotir le café.

462 *Millington, Bryan, & Edwin*, Inv. et Fab. Newark-upon-Trent.—Machine à nettoyer le blé et le séparer de toute substance impure. Cette machine ne demande qu'une faible force motrice.

466 *Rankin, R. & J.* Fab. Liverpool. — Machine à mouvement vertical à vanner le blé et à le séparer de la nielle, avec appareil pour extraire le sable, l'ivraie et autres substances; appareil portatif pour mettre cette machine en mouvement.

467 *Squires, —.*—Appareil à conserver le bois de construction.

468 *Burt, —.*—Machine à assaisonner le bois.

470 *Ashby, W.* Inv. 8 Prospect Place, Sheffield.—Machine à dresser la farine.

472 *Hall, W.* Castlecome, Irelande.—Modèle de moulin à farine.

501 *Perry, H. J.* Greenwich.—Un hachoir pour viande à saucisse.

502 *Mansell, T.* Inv. et Fab. Bull Street, Birmingham.—Presse à balancier pour découper en sûreté des surfaces unies en acier, avec des outils tranchans ou couteaux; machine à faire des formes pour bottiers.

503 *Thompson*, King's College, Londres.—Machine à travailler le crin.

504 *Waite.*—Machine à faire les bottes et les souliers.

506 *Biertumpfel, H.* Fab. Albany Street.—Moule de chandelle perfectionné.

568 *Gilbertson, J.* Hertford. — Modèle d'un fourneau pour prévenir l'effusion du suif en ébullition.

602 *Pontifex & Wood*, Shoe Lane, Fleet Street, Londres.—Appareil pour fabriquer le sucre; pompes, &c. en cuivre.

604 *Lawrence, J.* ainé, Des. et Inv. Colnbrook, Slough.—Distributeur consistant en un bloc de fer à six trous pour y adapter six tuyaux perforés; réfrigérateur à six tuyaux en fer; baril en douves de chêne, avec seau températeur étamé. (Breveté.)

605 *Tyler, Hayward & Cie.* Inv. et Fab. 85 Upper White Cross Street, St. Luke's.—Machine double pour la fabrication du soda water; à l'aide de deux ouvriers, elle produit 300 douzaines de bouteilles par jour.

606 *Tylor & Fils*, Warwick Lane, Newgate Street, Londres.—Machine à faire le soda water, le mettre en bouteilles, et le boucher.

608 *Cox, W.* Brev. Manchester.—Appareil perfectionné pour la manufacture des liquides gazeux: au moyen de cet appareil on peut se dispenser de pompes foulantes ou autres moyens mécaniques.

609 *Saddington, S. & W.* Fab. 63 Wood Street, Cheapside. — Cribles d'une nouvelle forme pour drogues, couleurs, &c.

610 *Bourra, L. A.* Inv. Brev. et Prop. 31 Rathbone Place.—Appareil breveté pour extraire les couleurs.

611 *Askew, C.* Inv. et Fab. 27½ Charles Street, Hampstead Road, Londres.—Réfrigérateur à bière.

612 *Dawson, J.* Distillateur, Green Park, Linlithgow, Inv.—Appareil nouveau à distiller.

613 *Barlow, B.* Manchester, pour Le Forestier Aimé, Hâvre, Prop.—Modèle d'un pressoir à vin, avec accessoires perfectionnés: Pour Hervot, L. de Hâvre, Inv. barrique indiquant son contenu.

615 *Coffey, T.* Inv. Providence Row, Finsbury Square.—Réfrigérateur pour le moût de bière et condenser la vapeur.

617 *Halliday, A. P.* Inv. 6 Bank Place, Salford, Manchester.—Appareil pour manufacturer l'acide pyroligneux. (Breveté).

618 *Hulls, J.* Fab. High Wycombe.—Réfrigérateur breveté de Wheeler; condensateur, même système. (Breveté.)

619 *Hill, Evans & Cie.* Prop. Worcester.—Modèle d'un appareil (breveté) pour faire le vinaigre et autres acides.

621 *Masterman, J. & T.* Inv. et Brev. 38 Broad Street, Ratcliff.—Appareil pour emplir et boucher les bouteilles.

623 *Thomson, A. & Younger, W. & Cie.* Dess. et Inv.—Appareil pour chauffer ou refroidir le moût de bière pendant la fermentation.

624 *Cooper & Bursill*, Prop. Eastbourne, Sussex, et 9 York Terrace, Queen's Road, Hornsey Road.—Ventilateur perfectionné; appareil pour carboniser les liquides.

630 *Tizzard, W. L.* High Street, Aldgate, Londres.—Brasserie modèle.

631 *Plimsoll, S.* Sheffield.—Calorifère perfectionné.

Aller a la Classe 20, page 129.

Classe 7. GÉNIE CIVIL, ARCHITECTURE, et CONSTRUCTION de BATIMENTS.

—— Galerie laterale du Nord, et avec les Classes 5 et 6. ——

1 *Siebe, A.* 5 Denmark Street, Soho, Inv. et Fab.—Appareil plongeur à trois mouvements. Appareil pneumatique, avec un mannequin en costume et casque de plongeur.

2 *Geary, S.* 19 Euston Place, Euston Square, Inv.—Modèle d'une pompe à incendie stationnaire. Nouvelle méthode de paver les rues, &c. Modèles de voitures de chemin-de-fer, et d'une charrette servant à arroser les rues et de pompe à incendie.

3 *Green, B.* Dess. 3 Arcade, Newcastle-upon-Tyne.—Modèle de la voûte centrale des viaducs Ouseburn et Willington sur le chemin de fer de Newcastle et North Shields; modèles des monuments élevés en l'honneur des feus comtes de Durham, et de Grey; dessins du pont à haut niveau de Newcastle-upon-Tyne, en projet de construction.

4 *McKirdy, J. G.* Birkwood, Lesmahago, Ecosse.—Modèle d'un pont en bois pour les piétons.

5 *Asser, L.* 147 Regent Street, Inv.—Blocs pour construction pour distribuer également la pression.

6 *Riddell,* 1 Market Terrace, Southgate Road, Islington.—Modèle d'un bâtiment où le talc est substitué au verre.

7 *Turner, R.* Hammersmith, Dublin.—Modèle de la grande serre des Palmiers à Kew; id. du jardin d'hiver au Jardin Botanique de Regent's Park; id. toiture en fer pour un bassin où un vaisseau de ligne pourrait entrer à voiles déployées, &c. (v. Classe 6.)

8 *Clark, G. D.* London Street, Greenwich, Inv.—Fontes pour architecture, pouvant s'employer avec les briques et la pierre, ou les substituer.

9 *Finch & Willey,* Liverpool, Fab.—Modèle du pont en fer forgé, qui doit être jeté sur la Wye pour la jonction du chemin de fer, South Wales (Galles du Sud), avec Chepstow; dessiné par I. K. Brunel, ingénieur. (Dans l'Avenue Centrale.)

11 *Coles, W.* 3 Charing Cross, Inv. et Fab.—Deux poulies à anti-friction; deux modèles de voitures de chemin de fer à anti-friction.

12 *Redman, J. B.* Dess. 5 Terrace, New Palace Yard, Westminster.—Modèle de la jetée de Milton sur Tamise, près de Gravesend, assise sur des cylindres de fonte.

13 *Bermingham, T.* Import. Clarendon Lodge, Sandymount, Dublin.—Boîte de compas de Désiré Lebrun, pour dessinateurs et architectes, avec un tire-ligne de l'invention de M. Elliot, à Londres; modèle de portes mobiles ou écluses appelées hausses, pour rendre les rivières navigables, de l'invention de M. Thénard, de Paris.

14 *Jeffrey, R.* Inv. Upper North place, Gray's Inn.—Signal pour tunnels de chemins de fer, afin de prévenir les accidents.

15 *Hammond, R. C.* 45 Baldwin's Gardens, Leather Lane, Holborn, Inv. et Fab.—Modèle d'une chaine convexe pour ponts suspendus.

16 *Pratt, Major,* 7 Upper Area, Hungerford Market.—Escalier mobile pour les rivières qui reçoivent la marée; trappe pour égouts de rue, s'ajustant d'elle-même.

17 *Green, J.* Caledonian Road, Inv.—Modèle d'écluse mobile pour les rivières; id. d'un nouveau plan d'écluse pour détourner l'eau, pendant les constructions de digues, &c.

18 *Clark, C.* C.E. Sea-Side Hotel, Hastings.—Modèle du canal navigable qui doit traverser l'isthme de Suez.

19 *James, J.*—Modèle d'une fontaine mue à l'aide d'un petit mécanisme.

20 *Watt, W.* Fab. Glasgow.—Grues hydropneumatiques pour les canaux, les rivières et les arsenaux maritimes; modèle d'un vaisseau démontrant l'application de l'air comprimé pour prévenir les navires ayant fait une voie d'eau de couler à fond; modèle d'une machine à vapeur brevetée pour faire agir l'appareil ci-dessus.

21 *West & Gresson,* Dess. et Fab. Union Street, Oldham.—Modèle de compteur à gaz; compteur d'expérimentation pour mesurer la consommation du gaz, heure par heure.

24 *Morton, S. & H.* Leith, Inv. et Fab.—Modèle d'une cale brevetée pour hâler les navires de toutes classes; modèle d'une frégate.

25 *Martin, J.* Dess. et Inv. Lindsay House, Chelsea.—Système de ventillation pour les mines. Dessins de ponts, ports, embarcadères, quais, phares, &c.

26 *Forster, J.* Inv. Liverpool.—Fontaine avec filtre à pression; petite pompe foulante, avec filtre à pression. (Avenue Centrale.)

27 *Renczynski, G. A. Captain,* Inv. Stirling.—Pont suspendu se soutenant de lui-même, pouvant être construit en fer forgé ou en bois; machine à vapeur pour chemins de fer ou grands chemins, &c.; autre machine mue à la main, pour chemins de fer, &c.; pied portatif pour telescopes, avec matériel pour écrire, dessiner, &c.

28 *Stuart, W.* Dess. Breakwater, Plymouth, Devon.—Modèle en pierre calcaire du brise-lame de Plymouth, exécuté sur une échelle de 42 pieds par pouce, avec phare en argent, fait pour l'Exposition, par ordre de l'Amirauté, sous les auspices de laquelle le brise-lame a été construit; modèle en pierre calcaire d'une portion du brise-lame; modèle de brise-lame et phare en marbre. (Avenue Centrale.)

29 *La Société Royale Ecossaise des Arts,* Edimbourg.—Barre de fer de 2 pouces ½ carrés, tordue en spirale pour l'action de la vapeur. Modèle d'un pont suspendu, pour prévenir l'oscillation verticale. Modèle d'un bateau à vapeur.

30 *Roebuck, J. J.* Prod. Huddersfield.—Modèles de diverses sections du viaduc de Huddersfield, jeté sur la route de Bradford.

31 *Hurwood, G.* Ipswich, Suffolk, Inv. et Breveté.—Fenêtre qui s'ouvre et se ferme en deux ou plusieurs parties; appareil ventilateur du bâtiment de l'Exposition; divers modèles; modèle d'un brise-lame.

32 *Sankey, W. H. V.* C.E. Inv. et Fab.—Dessin d'un pont tubulaire perfectionné, appelé pont composé à traverses creuses; dessin des sections et des détails du même pont; piliers de pont à forme perfectionnée; dessin de wagons de chemin de fer perfectionnés; dessin d'un pont de pierre, de construction perfectionnée.

33 *Lowe, W.* Inv. Belton, près Grantham.—Modèle de pont portatif militaire pour traverser les rivières; il peut embarquer et débarquer, &c.

34 *Bain, C.* Inv. Morden Street, Greenwich.—Robinet jauge à radiation, indiquant la hauteur de l'eau dans les chaudières de locomotive; moulin à vent horizontal; machine à hisser pour construire et réparer les clochers, les cheminées, &c; pont composé; pont tubulaire.

35 *Gandell, E. F.* Dess. 3 Princess Street, Westminster.—Modèle d'un phare à ériger sur les bancs de sables de Goodwin.

36 *Byne, R. H.* Mod. 10 Eccleston Street, South Pimlico.—Modèle de traverse en fer pour ponts de chemin de fer.

37 *Hunt & Gandell,* Dess. 3 Princes Street Westminster.—Modèle de pont proposé pour être jeté sur la Tamise à Westminster ; en harmonie avec l'architecture du Palais du Parlement, &c.

38 *La Société de la Musique Sacrée,* Bureaux No. 6 Exeter Hall.—Modèle de l'orchestre de la société : cet orchestre le plus vaste qu'il y ait à Londres, contient à peu près 700 instrumentistes et chanteurs.

39 *Townley, W.* Inv. 99 Holborn Hill.—Machines, &c., accompagnées du modèle de London Bridge (Pont de Londres) ; modèles d'un système pour nettoyer, arroser, &c., les rues, &c., de la métropole et autres villes.

40 *Nicholson, G. jeune,* Inv. 1 Harcourt Street, Marylebone.—Echafaudage pour constructions ; appareil de sauvetage pour les incendies, &c.

41 *Clive, J. H.* Inv. Tunstall, Staffordshire.—Modèle d'un pont suspendu, à treillis.

42 *Woods, F. F.* Inv. Fab. et Brev. Pelham Terrace, Brompton.—Pavage en bois et en pierre. (A l'extérieur, extrémité ouest.)

43 *Bodley,* —, 2 Queen Square Place, Westminster.—Chassis de croisée se retournant sur lui-même. (Avec les Classes 5 et 6.)

44 *Teasdel, W.* Inv. et Dess. Great Yarmouth.

45 *Chapman, J.* Frome, Dess. et Fab.—Modèle d'un pont sur la rivière Wylye à Upton Lovel, Wilts : système de Herr Laves de Hanovre.

46 *Donkin, B. & C.* Fab. Bermondsey.—Modèle du bouclier inventé par feu Sir I. Brunel pour la construction du tunnel sous la Tamise.

47 *Grout, A.* Inv. et Fab. 8 Shepherd Street, Tenter Ground, Spitalfields.—Pont en fil de fer pour parcs.

48 *Askew,* 27½ Charles Street, Hampstead Road, Inv.—Volets perfectionnés en métal ou en bois pour boutiques ou maisons, &c.

49 *Bruff, P.* Dess. Ipswich.—Modèle d'un port de réfuge proposé pour la côte de l'Est de l'Angleterre.

50 *Gardner, H.* Inv. 3 Essex Street, Islington.—Bloc de bois à double cone, ou pierres creuses pour bâtir dans l'eau à toute profondeur ; les cavités sont remplies de ciment.

51 *Beadon, W.* Inv. 1 Crescent, Taunton ou Otterhead, Churchstanton, Honiton.—Gouttières perfectionnées à très bon marché ; couverture nouvelle de barque (brevetée) ; cheneaux perfectionnés. (Breveté.)

52 *Todd, C.* Leeds, Inv. et Dess.—Modèle d'un arche à vertèbres originairement inventé et dessiné pour un pont sur la rivière Mersey.

53 *Heinke, C. E.* Inv. et Fab.—Appareil de plongeur breveté, pour l'examen et la réparation des carènes en mer, &c. ; nouveau cadran signal au moyen du quel le plongeur obtient à l'instant ce dont il a besoin quand il est au fond de la mer.

54 *Devey, G.* Inv. 16 Great Marlborough Street.—Modèle d'un appareil fumivore.

55 *Banks, L.* 23 Parliament Street, Hull, Dess. et Fab.—Escaliers jumeaux géomètriques.

56 *Boydell, G.* 54 Threadneedle Street, Inv. et Fab.—Nouvelle méthode pour joindre le fer et le bois ; porte à l'épreuve du feu ; nouvelle méthode pour construire les côtés des navires.

57 *Dorr, W.* 2 Hewell Place, Camberwell.—Appareil pour ramoner les cheminées. (Avec les Classes 5 et 6.)

58 *Grisdale, J. E.* Inv. 289 Strand.—Modèle d'un appareil fumivore.

59 *Morrell, G.* 149 Fleet Street.

60 *Herring, C.* 177 High Holborn.—Fenêtre brevetée et modèle.

61 *Sadler, J. H.* Inv. et Brev. Leeds.—Pont pour chemins de fer, et autres usages.

62 *Lowe, A. & Cie.* Inv. et Brev. Salford, Manchester.—Trappe treillis, contre les exhalaisons souterraines, pareilles à celles des maisons modèles pour les classes ouvrières, construites par S. A. R. le Prince Albert en face de l'Exposition.

63 *Bell, W.* Inv. 40 Picking Place, Paddington.—Pont suspendu pour chemins de fer et pour les rivières qui gèlent en hiver, de manière à ne pas entraver le passage des glaces, &c.

64 *Naylor, W.* 56 James Street, Oxford Street.—Nouveau ventilateur en verre enregistré.

65 *Oliver, O.* 68 John Street, Tottenham Court Road. Inv.—Ventilateur enregistré et pots de cheminées ; machine de sauvetage pour les incendies, qui peut s'appliquer à tous les étages à la fois.

66 *Hurst, G.* High Street, Bedford, Dess. et Inv.—Modèle d'une partition sortant du plancher, ou y rentrant à volonté.

67 *Horn, A.* Inv. 39 Baker Street, Pentonville.—Volets en fer de magasins, s'ajustant d'eux-mêmes.

68 *Hill, S.* Clifton, York, Inv.—Modèle de fenêtre avec six carreaux qui s'ouvrent et se ferment séparément ; cheminée avec ventilateur.

69 *Bates, T.* Inv. et Fab. 9 Domingo Street, Old Street.—Modèle de châssis et d'encadrement de châssis, pouvant s'ouvrir en dedans pour être nettoyés.

70 *Remington, G. W.* Inv. 138 Sloane Street.—Modèles de machines à réciprocité ; modèle de brise-lame en fer.

71 *Giles, A.* Dess. 9 Adelphi Terrace.—Modèle de toit en bois pour magasins ; modèle de chantier pour réparer les navires.

72 *M'Lean, C.* 110 Fleet Street.—Modèles de devantures de boutique.

73 *Bouch, T.* Inv. et Dess. Edimbourg.—Modèle d'un appareil employé sur le passage du Forth et du Tay pour embarquer et débarquer les trains du chemin de fer d'Edimbourg, Perth et Dundee des grands paquebots qui les transportent d'un bord à l'autre.

74 *Harris, C.*—Modèle de devanture de boutique.

75 *Jackson & Clay,* Inv. 21 Homer Street, Lambeth.—Appareil de sauvetage pour les incendies, en forme de table. (Enreg. prov.)

76 *Spurgin, J.* Inv. Guildford Street.—Echelle sans fin, appareil breveté ; modèle de pont, échelle et grue.

77 *Peile, J. J. & Cie.* Inv. and Fab. Whitehaven.—Vis pour navires.

78 *Russell, H. H.* 20 George Street, Adelphi, Inv. et Dess.—Escalier à marée ; modèle d'un pont suspendu et d'une jetée, dessin d'un pont pour Westminster et Cologne.

79 *Shield,* —. Flèche de clocher.

80 *Hooke, T.* Inv. et Fab. 80 New Cut, Lambeth.—Machine portative pour sauvetage en cas d'incendie ; vingt personnes au moins peuvent en profiter. (Enregistré.)

81 *Naylor, M.* Prod. 121 Radnor Street, Hulme, Manchester.—La voirie de Manchester expliquée.

82 *Wells, G.* Inv. Admiralty Office.—Phare télégraphique pour toutes les nations, pour prévenir toute erreur d'identité.

84 *Lavanchy, J. B.* 9 Richmond Buildings, Soho.—Pont-levis portatif (breveté en France).

86 *Hawks, Crawshay, & Cie.* Fab. Gateshead, Newcastle-upon-Tyne.—Modèle du pont à haut niveau jeté sur la Tyne ; câbles et autres chaînes employées dans la marine royale.

90 *Dunhill, T.* Inv. Kentish Town.—Modèle d'un marché à bétail et d'un abattoir pour Londres, &c., pour 6,000 bœufs et 40,000 moutons.

93 *Legras, L. N.* 2 Tenison Street, York Road.—Diverses inventions relatives à l'assainissement, &c.

94 *Ell, G.* Inv. 3 Tottenham Court, New Road.—Appareil de sauvetage pour les incendies; cet appareil peut servir à d'autres usages, &c.

95 *Bremner, J.* C.E. Inv. Wick, Glasgow.— Modèle d'un appareil pour bâtir des brisants en pleine mer; modèles de canots de sauvetage; modèle de l'appareil employé pour élever de l'eau le bateau à vapeur La Grande Bretagne; modèles de grues employées dans le port de Lossiemouth, en Écosse.

96 *Smith, B.* Inv. Bron Seiont, Carnarvon.— Modèle d'un chemin de fer à quatre rails; deux tunnels, l'un en bois, l'autre en verre; cinq wagons, &c.

97 *Wilson, M.* Inv. Whitehaven.—Roue à mouvement vertical, perfectionnée, pour bateaux à vapeur.

98 *Rennie, G.* 21 Whitehall Place.—Modèle d'un pont en pierres de sept arches pour Westminster; modèle du pont jeté sur la Meuse (Belgique); id. du pont viaduc du chemin de fer de Namur à Liège; id. d'un havre pour Douvres, et d'un pont en fer forgé qui serait jeté sur le Rhin à Cologne.

99 *Les Commissaires des Phares du Nord,* Edimbourg. M. Alan Stevenson, ingénieur.—Appareils dioptrique du premier ordre, inv. par Fresnel; modèles de phares; appareils de lumière intermittente; lampes à quatre becs mécanique.

100 *Stevenson, F.* F.R.S.E. Inv. Edimbourg.—Lumière tournante, réflecteur parabolique ordinaire; appareils pour phares, &c.

101 *Tuckey, R.* Palais d'Hampton Court.—Modèle de machine de sauvetage pour incendies.

102 *Maxwell, J.* Dumfries.—Abat-jour et chassis en fer.

104 *Hopkinson, J.* Inv. et Fab. Huddersfield.—Echelle bobine pour les navires au port et en détresse, et propre à servir d'appareil de sauvetage pour les incendies.

105 *Vignoles, C.* Dess. 4 Trafalgar Square.—Modèle du pont suspendu de Kieff (Russie) jeté sur le Dnieper, et en cours de construction; c'est le plus grand pont connu. (Avenue Centrale.)

106 *Clark, E.* 448 West Strand.—Modèle du pont Britannia, et de l'appareil qui a servi à élever les tubes. Ingénieur, R. Stephenson. (Avenue Centrale.)

107 *Leather, J. W.* Dess.—Modèles par Salter du pont en fonte jeté sur la rivière Aire, et de l'aqueduc suspendu jeté sur le Calder, à Stanley, Yorkshire. (Avenue centrale.)

109 *Williams, C.* — Modèles de pont pour piétons, et diverses autres inventions relatives aux ponts et chaussée.

110 *Croggon & Cie.* 2 Dowgate Hill.—Feutre d'asphalte pour toiture; chaudière revêtue de ce feutre pour prévenir la radiation de la chaleur; feutre à doubler les navires; feutre inodore pour les murailles humides.

111 *Willett, F.* Prop. 5 Edward Street, Portman Square. —Modèles avec légende démontrant le principe patenté de Taaffe pour la couverture des maisons, &c.

112 *Thomson, F.* (jeune), Inv. Water Works Chambers, Orange Street, Leicester Square.—Nouvel appareil pour économiser le gaz et augmenter sa lumière.

113 *Wilson, T. H.* Inv. Twickenham.—Coulisses pour les portes à battants, interceptant la pluie et les courants d'air; invention au moyen de laquelle les portes cochères, barrières, &c. se ferment d'elles-mêmes.

114 *Dobson, T.* Dess. Newcastle-on-Tyne.—Modèles de la toiture de la station du chemin de fer central de Newcastle-on-Tyne, &c.

115 *Pratt, H.* Inv. St. Swithin Street, Worcester.— Dessin et plan d'un moulin avec machine de nouvelle invention pour la fabrication du pain.

116 *McClelland,* 3 Palace New Road, Lambeth.—Toit de 100 pieds d'expansion, sur une échelle d'un demi-pouce par pied.

117 *Barclay, J.* Dess. et Inv. Tongue près Goldspie,

Ecosse.—Modèle d'une machine à presser, portative; modèle d'un pont volant.

118 *Tutton, J.* Inv. et Pat. 20 South Audley Street, Grosvenor Square.—Modèle de décors pour orner convenablement les embrasures de croisées de grandes maisons.

119 *Walker, E.* Cardington Street, Hampstead Road.— Stores métalliques.

120 *Every, S. F.* Inv. et Fab. Derby.—Appareils brevetés pour nettoyer les cheminées.

121 *Neale, W. J.* 30 Basinghall Street.—Machine pour ramoner les cheminées.

122 *Allan, J.* (aîné), Fab. Glasgow.—Appareil à gaz portatif, pour manufacturer le gaz de résine; candélabre à gaz.

123 *Ness, Marie,* Inv. 24 Mold Green, Huddersfield.— Appareil de sûreté à nettoyer les fenêtres.

124 *Hill, O. & J.* Fab. 37 Great George Street, Westminster.—Modification de la pompe de Dr. Arnott, arrangée de manière à être mise en mouvement par un poids et à renouveler et chauffer l'air dans l'appartement d'un malade.

125 *Mackenzie, G.*—Le ressort de vulcain, pour fermer les portes.

126 *Mackie, W.* Inv.—Appareil de sûreté pour les fenêtres.

127 *Roberts, B. E.* Inv. Bristol.—Châssis à coulisse nouvellement inventé, qui peut s'ôter de la fenêtre quand on veut le nettoyer, &c.

128 *Williams, L.* Inv. et Fab. 14 Upper Marylebone Street, Portland Place.—Porte-brosse pour les peintres en bâtiments.

129 *Bramhall, T.* Inv. et Fab. 1 Union Street, St. George's Road, Southwark.—Appareil en fer et zinc fumivore.

131 *Baylis, T.* 273 Strand.—Machines de sauvetage pour incendies.

132 *Holland, T.* Inv. 40 South Audley Street.—Robinet en cuivre pour chaudières de cuisine; devanture de boutique avec volets perfectionnés, &c.

133 *La Compagnie Anglaise brevetée pour la fabrication de la Camphine.*—Appareil générateur de la chaleur dans les substances bitumineuses, sans fumée.

134 *Booth, G. R.* Inv. et Fab. 6 Portland Place, Wandsworth Road.—Appareil à gaz végétal, pour éclairer les bâtiments particuliers et les salles publiques, &c.

137 *Sampson, T.* Inv. Landore, près Swansea, Glamorganshire.—Chaudière à haute pression, qui s'alimente d'elle-même et alambic.

139 *Vaughan, W.* Inv. Maidstone.—Modèle pour faciliter la construction de cheminées.

140 *Farrell, I.* Fab.—Modèle d'une nouvelle fenêtre circulaire, appelée la fenêtre Albert. (Enregistrée).

141 *La Société Royale de Dublin.*—Modèle d'une fenêtre.

142 *M'Neill, F. & Cie.* Fab. Bunhill Row, Finsbury.— Feutre bitumineux imperméable pour les murs humides, &c. Feutre d'asphalte pour toitures; feutre pour doubler les navires sous le cuivre; feutre plus épais pour recouvrir les chaudières des machines à vapeur, &c.

143 *Rock, J.*—Modèle d'une barricade de rue.

144 *Anderson, G.* Inv. et Fab. Rothbury, Northumberland.—Modèle de fenêtre perfectionnée.

145 *Lowe, G. G.* Inv. 2 High Street, Portland Town.— Nouveau modèle de citerne, se nettoyant d'elle-même.

146 *Quincey, H.* Inv. et Brev. 82 Hatton Garden.—Modèle de volets de sûreté, en fer; modèle de persiennes de Venise, en métal; vase à charbon s'emplissant de lui-même; modèle d'un foyer de cheminée du Palais de Buckingham.

147 *Theobald, J.* Inv. 21 Brunswick Street, Blackfriars Road.—Châssis de fenêtre perfectionné avec un appareil de sauvetage en cas d'incendie.

148 *Walby, J.* Inv. 59 Greek Street, Soho Square.—

Appareil de sauvetage universel en cas d'incendie, qui permet aux personnes de passer en ligne horizontale de leur croisée à une croisée voisine.

150 *La Compagnie des Ingénieurs, Irlandais.*—Roue de sûreté pour chemin de fer, brevet de Finch & Willey.

151 *Allen, T.* Inv. and Manu. Bristol.—Modèle d'un toit en fer à l'épreuve du feu.

152 *Burnett, G. & C.* 26 Lombard Street, City, and Deptford, Kent, Inv.—Machine à vapeur brevetée: nouveaux volets en fer: chassis de fenêtre à ventilateurs, brevetés.

155 *Trotman, S.* Inv. et Fab. Clarendon Road, Notting Hill.—Fontaine pour salon, salle à manger, boudoir, &c., une lampe qui marque les heures; cadran sur verre.

156 *Whytock, A.* Fab. 494 New Oxford Street.—Modèle de cottage pour colon, de fer étamé et galvanisé: elle s'élève en deux jours de travail; meubles pour ce cottage aussi en fer galvanisé.

157 *Wilkins, W. C.* Inv. et Fab. 24 Long Acre.—Lanterne et appareil de phare flottant. Appareil dioptrique à réciprocité pour phare. (Avenue principale.)

158 *Cochrane, J.* Fab. Edimbourg.—Compteur à gaz. Serrure de sûreté. Condensateur fumivore.

159 *Rettie, R.* Inv.—Lampes pour les chemins de fer et la marine, signaux, canots de sauvetage, brise-lame, &c.—Appareil à miner et à ventilation.

160 *King, W.* Inv. et Fab. 8 Woodstock Street, Bond Street.—Modèles de brisants flottants et fondation pour un phare ou une place de refuge sur les sables de Goodwin.

161 *Haycraft, W. T.* Brev. Greenwich.—Modèle d'une machine à vapeur de nouvelle invention appelée " Anhydrous" dont le principal but est de prévenir les explosions.

162 *Perkes, S. & Cie.* Emerson Street, Southwark.—Supports pour les grosses poutres dans les constructions. Modèle d'une nouvelle combinaison de ponts; brev.

163 *Rovere, F. P.* C.E. Dess. 2 New Inn, St. Clement's.—Dessin d'un pont à traverses en fer forgé, pour Westminster.

165 *Smith, W. H.* Inv. Royal Exchange Building.—Brise-lames à recul, qui combinerait l'économie, la force, et l'application générale dans toutes les profondeurs et toutes les situations. Pont tubulaire suspendu à traverses, pour prévenir la vibration. Plan d'un tunnel suspendu.

168 *Fox & Barrett,* Prop. Thames Chambers, 12 George Street, Adelphi.—Spécimens de couverture et de planchers à l'épreuve du feu, combinaison de matières connues.

169 *Nasmyth, G.* Inv. et Pat. 7 Park Road, Kensington.—Deux modèles de traverses en fer forgé.

170 *Newham, T. G.* Arch. ou Inv. Newton, Montgomeryshire.—Modèle sur une échelle d'un pied et demi, d'une partie du toit de l'église en construction à Dolfor. Modèle d'un toit ouvert, en terra cotta. Modèle de chassis à coulisse, &c.

171 *Young, J.* Gas Works, Selkirk.—Appareil à gaz de charbon de terre, &c., construit sur un plan nouveau, pour une ville de province.

172 *L'Association Métropolitaine pour l'amélioration des habitations des classes ouvrières.*—Modèle des maisons d'artisans situées à Albert Street, Mile End New Town.

173 *Mackrory, F.* Inv. et Fab. Milton Terrace, Vauxhall.—Fenêtre perfectionnée, ne laissant entrer ni poussière ni humidité, et amortissant les bruits extérieurs.

174 *Nixon, T.* Inv. Fab. et Dess. Kettering.—Dessin d'un abat-jour pour jardin ou mansarde, à ventilateur, et parfaitement étanché.

175 *Remington, Anne,* Inv. 138 Sloane Street.—Appareil perfectionné à rôtir les viandes, avec arrosoir automoteur, et à reflexion de la chaleur.

176 *Holmes, J.* Dess. East Ham, Essex.—Deux cottages ou chaumières réunies en une seule, pour la classe la plus pauvre de cultivateurs.

178 *Moorsom, W. S. (Capitaine),* Dess. 17ᴬ Great George Street, Westminster.—Modèle de viaduc de chemin de fer sur la rivière Nore, près Kilkenny, Irlande; modèle du pont que le Gouvernement Prussien se propose d'élever sur le Rhin, à Cologne, et dont le dessin a gagné le prix offert par la Prusse.

180 *Rose, I. T.* Leith, Dess.—Dessin d'un viaduc en bois de grande expansion, pour chemin de fer ou tout autre objet; les traverses qui le forment sont tressées comme les ouvrages de vanerie.

181 *McLachlan, J.* Mount Pleasant, Douglas, Ile de Man.—Modèle d'une maison, et plans expliquant des améliorations sanitaires.

182 *Daniel, W.* Truro, Inv.—Machine de sauvetage pour l'incendie.

183 *Bergin, M. O.* Inv. 8 George Street, Cork.—Modèle automoteur pour éteindre le feu; la machine fonctionne à l'aide d'un gallon d'eau.

184 *Hendy, J.* Inv. 1 Bouverie Street, Fleet Street.—Appareil de sauvetage pour les incendies.

185 *Webster, W.* Inv. et Fab. 2 St. James' Place, Hampstead Road.—Modèle d'un appareil de sauvetage pour les incendies pour rangée ou paté de maisons de différentes hauteurs.

186 *Green, J.* Inv. 3 Vittoria Place, Euston Square.—Gardes-vent, pour cheminées.

187 *Nunn, A.* 2ᴬ Welbeck Street, Cavendish Square.—Cylindre-buvart, se nettoyant de lui-même, pour sécher l'écriture sur le papier.

188 *Wilson, T. H.* Inv. Twickenham.—

190 *Mudge, J.* Inv. 78 Tottenham Court Road.—Appareil de sauvetage pour les incendies, sur un nouveau modèle.

191 *Beeston, J.* Hammersmith.—Cheminée à triple ventilateur.

192 *Adcock, T. (jeune),* Penkridge, Staffordshire, Inv.—Portes ou barrières pour fermer simultanément les chemins de fer aux endroits où ils sont traversés par des routes, combinant la sécurité, l'économie et la vitesse.

193 *Stuckey, W.* Inv. Mitre Chambers, Fenchurch Street.—Voiture, grue, et appareil de sauvetage pour incendie, combinés.

194 *Taylor, H.* Barnsbury Road, Islington.—Appareil pour ramoner les cheminées.

195 *Wilson & Woodfire,* Hull.—Trapes à égouts.

196 *Hooper, W. H.* Inv. 12 Great Cumberland Place, Hyde Park.—Modèle de brise-lame flottant et à rotation.

197 *Bain, W.* Inv. 141 High Holborn.—Une nouvelle adaptation dans la construction des maisons, &c., qui les rend à l'épreuve du feu; machine de sauvetage pour les passagers et leurs propriétés en cas de naufrage sur les côtes.

198 *Boulanger, C. T.* Alice Street, Bermondsey New Road.—Fumigateur pour la destruction des insectes et pour les bains de vapeur. Modèle d'une machine à ventilation.

199 *Inglis, A.*

201 *Jackson, H.* Inv. et Fab. 62 Westbourn Street, Pimlico.—Appareil formant table de toilette et appareil de sauvetage en cas d'incendie.

202 *Brown, J.* Inv. et Fab. 71 Leadenhall Street.—Modèle d'un ballon navigable, pouvant monter ou descendre sans le secours de lest.

203 *Frizarson, M.* Inv. 20 Westbourne Park Road, Paddington.—Capuchon ventilateur pour empêcher les cheminées de fumer. (Provisoirement enregistré.)

204 *Dunn, M.* Inv. Newcastle-on-Tyne.—Appareil de sauvetage pour les incendies.

205 *Hearder, J. H.* 34 George Street, Plymouth.—Appareil pour rarifier l'air et produire un courant ventilateur dans les cheminées.

GENIE CIVIL, ARCHITECTURE, &c.

DANS L'AVENUE PRINCIPALE, A L'OUEST.

220 *Wyatt & Brandon.*—Modèle de la nouvelle cour d'assises de Cambridge. Modèle en carton de la nouvelle église de St. Marie et St. Nicolas, à Wilton.

221 *Scott, G. G.*—Modèle de l'église St. Nicolas à Hambourg.

222 *Jee, A. S.*—Modèle du Viaduc de Dintin Vale sur le chemin de fer de Sheffield et Manchester.

223 *Willock, E. P. & Cie.* Manchester.—Modèle de l'église gothique de Lever Bridge, Bolton, Lancashire (dessin par Sharpe).

224 *Walker & Bourgess.*—Pont de chemin de fer jeté sur l'Ouze.

(V. aussi les Nos. 9, 19, 26, 28, 38, 105, 106, 107, et 157.)

Aller a la Classe 21, page 134.

Classe 8. ARCHITECTURE NAVALE, GENIE MILITAIRE, ARMEMENT, &c.

—— Galerie a l'Extremite Ouest, et Galerie Sud-Ouest. ——

1 *Clayton, R.* Inv. 9 Gresham Street.—Gants de natation; une personne munie de ces gants peut nager plus vite et avec plus de facilité.

2 *Clarkson, T. C.* 111 Strand, Londres.—Modèle de canots de sauvetage en liège, &c.

3 *Exall, W.* Inv. et Manu. Reading.—Une ancre nouvelle sans jat, et à trois pattes qui se fixent simultanément.

5 *Light, E.* Wapping, Londres.—Modèles de canots de sauvetage et appareils de natation.

6 *Reeches, T.*—Casquette nautique.

7 *Foster, J. Mar. R*—Spécimens de joints en bois et en caoutchouc.

8 *Vickers, W. R.* Dess. 32 Baker Street, Portman Square.—Ceinture de sauvetage gonflée de rognures de liège.

9 *Holbrook, J. M.* Remington Street, City Road.—Bateaux de sauvetage, radeaux, &c.

10 *Lee, T.* Dess. et Fab. 4 Bread Street Hill.—Ceinture de natation, supportant le nageur dans une position droite.

11 *Spencer, E.* Inv. Fenchurch Street.—Malle imperméable pouvant soutenir 15 personnes sur l'eau.

13 *Hely, A. A.* Inv. 16 Manchester Buildings, Westminster.—*Catamaran* ou canot de sauvetage, composé de caisses cylindriques en canevas imperméable, remplies de provisions, d'habits, &c.

14 *Bell, H.* Inv. Baltic Wharf, Millbank, Westminster.—Modèle de grappin; modèle d'une barque sous marine; barque de sauvetage pour les plages; cloche de plongeur à locomotion, &c.

15 *La Société Royale de Secours*, Prop.—Barque pour la glace, construite en osier et présentée à la société; échelle pour briser la glace; traîneau composé de deux canots formant une plateforme flottante, &c.

16 *Hatt, C.* Lowestoft, Suffolk.—Bateau de sauvetage.

17 *Sparke, W.* Exeter, Devon.—Canot de sauvetage.

18 *Robertson, J.* Fab. Limehouse Hole, Poplar.—Cordage de chanvre de Russie, de Manille; lin de la nouvelle Zélande. Signaux d'alarme, &c.

19 *King, P. H. F.*—Table marine pour empêcher la casse et destruction des objets pendant les grosses mers.

20 *Holtum, W.* Inv. Walmer, Deal.—Modèle d'appareil pour lancer une corde aux navires en détresse près des côtes, avec une chaloupe en osier naviguant sur un cablot du rivage au navire, &c.

21 *Jerningham, Major de vaisseau.*—Ancre et mortier de sauvetage.

22 *Manby, G. W.* Great Yarmouth.—Bateau de sauvetage et appareil de mortier.

23 *Ayckbourn, F.* seul Inv. et Fab 129 Strand.—Ceinture de sauvetage, ou conservateur invisible de la vie en cas de naufrage, ou pour apprendre à nager; barques de sauvetage portatives.

25 *Offord, D.* Great Yarmouth, Inv.—Boulet à grappin pour aider à haler les bateaux de sauvetage sur la côte lorsque la mer s'y brise avec violence.

26 *Offord, D. & Bradbeer,* Great Yarmouth, Inv.—Instrument de sauvetage pour les écueils.

27 *Leftwich, W. H.* 43 Cumberland Market, Regent Park.—Modèle d'un cutter armé, construit avec les détails de plusieurs bâtiments de guerre.

28 *Purser, J.* 73 Shaftesbury Street, Hoxton.—Machine de sauvetage.

29 *Carte, A. C.* Citadelle de Hull, Inv. et Fab.—Appareil de poche et appareil de fusée pour jeter une corde aux vaisseaux échoués; appareil de sauvetage par lequel plus de 400 personnes ont été sauvées depuis 1838.

30 *Ditchburn, T. J.* Des. et Arch. Blackwall.—Modèle de bateaux à vapeur naviguant sur les rivières, les côtes, la mer, démontrant les progrès qui ont été faits au port de Londres dans la construction des bateaux à vapeur depuis leur introduction en 1813. "Wladimire," construit pour l'Empereur de Russie; vapeur à hélice le "Sharpshooter" de la marine royale; paquebot à vapeur le "Wonder;" yacht-cutter en fer, le "Mystery;" yacht-vapeur à hélice de S. M. le "Fairy;" yacht-schooner à voile, construit pour S. A. I. le Grand Duc de Constantine; caisson en fer forgé pour remplacer les portes des nouveaux bassins de Woolwich.

31 *Lavars, J.* Inv. Bristol.—Modèles de sièges flottants, pour les ponts des paquebots.

32 *Sloggett, R.* Dess. et Prod. Devonport.—Dessin représentant le profil et l'avant d'un bateau à vapeur de guerre, de la force de 500 chevaux.

33 *Simons, W.* Dess. et Fab. Greenock.—Modèle de frégate à hélice; modèle de yacht.

34 *Walter, H.* Dorset Place, Pall Mall.—Machine de sauvetage pour incendie. Echelle d'abordage.

35 *Moore, W. F.* Fab. Plymouth, Devon.—Demi-modèle du cutter-yacht Pixey; demi-modèle du goëlette-yacht Halcyon, remarquables comme grands marcheurs, construits à Plymouth par l'exposant.

36 *White, J.* Dess. et Fab. East Cowes, Isle of Wight.—Dessin pour un vaisseau de 90 canons; modèles du Victory et du Phaéton, de 50 canons; du bateau à vapeur le Termagant, du brick Waterwitch, &c.

36A *White, T. J. & R.* Inv. Dess. et Fab. West Cowes, Isle of Wight.—Modèle du bateau à vapeur le Vassil Tigaret, construit pour le gouvernement turc en 1838, dessin d'une frégate de 50 canons, 1838; id. d'un bateau à vapeur transatlantique, 1838; modèles de bateaux de sauvetage de navires de 2,500 tonneaux, à hélice, à vapeur, à voile.

37 *Tovell, G. R.* Inv. Mistley, Manningtree, Essex.—Modèle d'une coque de navire de forme parabolique.

38 *Murray, W.* Fab. John Street, Adelphi.—Harpon à baleines de Hodge, appareil à propulseur de Tucker, &c.

39 *Azulay, B.* Inv. Rotherhithe.—Modèle d'un navire à voile, avec hélice auxiliaire.

40 *Deans, W.* 9 America Square.—Deux modèles de coques de navires à fonds triangulaires.

41 *Gibson, A.* Weymouth Place, Cheltenham.—Bateau à vapeur à roues perfectionnées à chaîne sans fin.

42 *Brook,* —.—Modèle d'un remorqueur à vapeur.

45 *Erskine, D.* Edimbourg.—Bateau de sauvetage.

46 *Richardson, H. T.*—Bateau de sauvetage.

47 *Archeson, J.* 102 Leadenhall Street.—Bateau de sauvetage.

49 *Bonney, W.* Fulham.—Bateau de sauvetage.

50 *Hodson, J.* Sunderland.—Bateau de sauvetage.

51 *Allan, G. H.*—Bateau de sauvetage.

52 *White, T. (jeune)*, Dess. Inv. et Fab. Cowes, Isle of Wight.—Quatre modèles pour la marine; frégate de 50 canons sur sections paraboliques; corvette sur le même modèle; ouvrage sur l'architecture navale.

53 *Hawksworth.*—Bateau de sauvetage.

54 *Reed, J.* Inv. 7 Silver Street, Stockton-on-Tees.—Bateau de sauvetage pouvant se relever en toute circonstance sans l'aide d'une quille en fer, &c.

54A *Reid, J.*—Bateau de sauvetage.

55 *Tredwen.*—Bateau de sauvetage.

56 *Wigram, Mooney & Fils.*—Demi-modèles, sections.

57 *Robson, J.* Prop. Gateshead, Newcastle.—Modèle d'un bateau remorqueur en fer, le premier qui ait remorqué sur le Bas-Danube.

58 *Petley, J.*—Modèle d'un remorqueur en fer.

59 *Greener, W.* Birmingham.—Fusils-harpons; fusils à corde pour porter secours aux nauffragés; fusil-époutille pour chasser le canard sauvage, &c.

60 *Dyne, W.* Inv. et Prop. 51 Mansfield Street, Kingsland Road.—Modèle de bateau de sauvetage, breveté: modèle de bateau de sauvetage en pierre; modèle de bouée en pierre, modèle de plan incliné pour embarquement, &c.

61 *Brown, Lenox & Cie.* Inv. et Fab. 8 Billiter Square.—Les ancres et câbles les plus grands et les plus petits, en usage dans la Marine Royale; cabestan breveté; chaîne de mine, enregistrée; poulies en fonte malléable brevetées.

62 *Fawcett, F.* Prop. Douglas, l'Isle de Man.—Modèles de bateaux de sauvetage.

63 *Betteley, J.* Fab. Liverpool.—Modèle de cabestan avec propulseur breveté. Roucts de poulie à anti-friction, brevetées.

64 *Bailey, B.* 118 Wardour Street, Soho.—Cutter.

65 *Pearson, J. W.* Mill Dam, South Shields.—Modèle de rame.

66 *Thompson, T.* Capt.-Commandant, Mar. R. 3 George Street, Leith, Inv.—Tampons de sûreté pour la marine, en bronze ou en cuivre.

67 *Parker, C.* Inv. Newark, Notts.—Soupape à vis, destiné à remplacer les tampons aujourd'hui en usage dans les chaloupes des navires.

68 *Hopwood & Armstrong,* 184 St. George's Street, Well-close Square.—Ecoutilles en cuivre (enregistrées) pour éclairer et ventiler.

69 *Gregory, A.* Inv. 54 St. George's Street East.—Plaque de sûreté pour couvrir les écoutilles de navire.

70 *Baillie, B.* Inv. 118 Wardour Street, Soho.—Modèle de navire avec gréement, mât, et voilure perfectionnées pour l'avant et l'arrière.

71 *Long, J. P.* Inv. Great Yarmouth.—Roues de gouvernail perfectionnées.

72 *Denham,* Cap. de la Mar. Roy. F.R.S. United Service Club, Inv.—Modèle avec dessin et description du gouvernail Denham. Agents, Cooper et Maclean, 12 Billiter Square.

73 *Hall, W. E.* Inv. Moreton, Bideford, et 55 Great Marylebone Street.—Appareil pour l'application de la courbe catenarienne aux vaisseaux de ligne. Modèle d'un brig ou corvette de 18 canons. Séries de plans à l'appui d'une théorie d'architecture navale.

74 *Baird, J. R.* Inv. 210 Strand.—Méthode d'affaler une chaloupe avec rapidité et sans danger.

75 *Orr, M.* Inv. Greenock.—Modèle, dessin et explication de focs anguleux.

76 *Watson, I.* 79 Provost Street, Hoxton.—Modèle d'un plan pour mesurer correctement le tonnage des vaisseaux et bateaux à vapeur.

77 *Poole, J. jun.* Copper House, Cornwall.—Roue à auge.

78 *Slater, W.* 332 High Street, Wapping, Prop.—Baril à poudre en cuivre perfectionné, préservant parfaitement la poudre du feu et de l'eau.

79 *Gale, G. H.* Swansea.—Barque de sauvetage et appareil hydrostatique.

80 *Ladd, C. P.* Dess. et Inv. 10 Walcot Place, Lambeth.—Table à l'usage de salons et cabines de navires, empêchant la casse des verres et l'effusion des liquides pendant les gros temps.

81 *Mason, E.* Inv. Dess. et Arch. Brompton Post Office.—Modèle d'un bâteau à vapeur à hélice à double action, perfectionné, et d'un canot de sauvetage automoteur. Section d'un pont de navire, &c.

82 *Corryton, J.* Dess. et Inv. Erechthaeum Club, St. James's Square.—Canot de sauvetage, et nouveau propulseur.

83 *Bremner, J.* Wick, Ecosse.—Bateau de sauvetage.

84 *Ferguson, C. A. & T.* Poplar.—Affût de canon.

85 *Allan, J. H.* 2 Leadenhall Street, Prop.—Modèle du système introduit par Sir R. Seppings pour lier intérieurement les vaisseaux, sur le même principe que celui adopté pour les traverses du bâtiment de l'Exposition, &c.

86 *Lyons, G.* Fab. et Inv. 8 Britain Street, Portsea.—Gouvernail propulseur à hélice.

87 *Margary.*—Echantillons de toile à voile.

88 *Parsey, W.* 455 Oxford Street, Inv.—Bouée à cloche pour signaler les endroits dangereux aux vaisseaux.

89 *Kincaid, T.* Inv. Greenock. — Modèle de propulseur.

90 *Beadon, G.* Capitaine, Mar. Roy. Inv. Taunton, Somerset.—Miroir du Prince Albert; monté sur un mécanisme nouveau; fusil-harpon pour baleiniers; canot et radeau de sauvetage; porte perfectionnée, sans courants-d'air, toletières universelles; colliers de mâts de beaupré, &c.

91 *Clark, J.* Inv. 10 Parliament Street, Westminster.—Modèle de barque de sauvetage; id. barque flexible de sauvetage.

92 *Young, Dowson & Cie.* Fab. Poplar.—Attaches de gouvernail.

93 *Grantham, J.* Inv. Liverpool.—Modèles de la section d'un navire de fer; doublage en bois, &c.

94 *Smale, W.* Inv. 13 Charlton Terrace, Woolwich.—Ancre pouvant se démonter en plusieurs pièces, et tenant moins de place que les autres ancres.

95 *Honiball, J.* Pat. 42 Cornhill.—Ancres brevetées de Porter; ces ancres sont préférables à celles dont on se sert communément, ainsi que le constate le rapport sur l'expérience ordonnée par l'Amirauté.

97 *Betteley & Cie.*—Cabestan.

98 *Cottew, J. E.* Inv. 19 South Street, Lambeth.—Modèle de cabestan.

99 *Inglefield, E. A.* R.N. Inv. 9 Portsea Place, Connaught Square.—Modèle du brick de S.M. le Poisson-volant (Flying-fish), à hélice; ancre sans jât et dont les deux pattes prennent fond.

100 *Robinson, J.* Prop. et Inv. 6 Pattison Street, Stepney.—Bateaux de sauvetage; ils ne peuvent couler à fond;

machines à gouverner les vaisseaux ; id. pour lever de grands poids, peser les ancres, &c. ; pompe perfectionnée.

101 *Muntz, G. F. Esq.* M.P. Inv. Limehouse.—Métal pour doubler les navires.

102 *Wood & Cie.* Liverpool, and 275 Wapping, Londres.—Cabestan et pivots, brevetés ; manivelle, tambour de gouvernail, et ancre, brevetés ; cable en fer, &c.

103 *Browning, S. J.* Fab. et Inv. 66 High Street, Portsmouth.—Binacle en cuivre, en forme d'urne, de construction entièrement nouvelle avec compas aussi nouvellement inventé ; autre binacle pour le yacht royal " Victoria et Albert."

104 *Berthon, Rév. E. L.* Inv. Fareham, Hants.—Loc perpétuel pour indiquer la vitesse de marche et la dérive des navires ; clinomètre pour l'arrangement équilibrique des navires ; bateau de sauvetage.

105 *Taylor, Janet,* 104 Minories, Fab.—Binacle en bronze avec boussole.

106 *Hemsley. T.* King Street, Tower Hill, Inv. et Fab.—Binacle perfectionné, avec lampe à réflecteur, dont on peut se servir pour lampe à signaux.

108 *Parkes, H. P.* Dudley, Inv. Brev. et Fab. — Ancre d'une forme nouvelle, amarre de fer.

109 *West,* Capitaine Commandant, 1 James Street, Adelphi.—Boussole sur un nouveau principe, contrôlant l'oscillation de l'aiguille magnétique.

110 *Soulby, J.* Inv. 226 High Street, Wapping.—Bateau de sauvetage de Hely ; ceinture de sauvetage ; cabestan de sûreté ; boussole et quart de cercle, dont le capitaine Cook s'est servi pendant ses voyages autour du monde.

111 *Jenkins, J.* Fab. 2 Union Row, Minories.—Habitacle contenant boussole et lampe.

112 *Fyer et Robinson.*—Roue de gouvernail.

113 *Scouller, J.* Inv. 65 Argyle Street.—Fanal de brume pour les signaux de côte et de vaisseaux.

114 *Hastings, J.* Prop. 24 Billiter Street, City.—Modèles de cabestans, pour lever ou jeter l'ancre.

115 *Allison, E. W.* Inv. 36 Nottingham Place, Stepney.—Roue de gouvernail pour prévenir les accidens en mer.

116 *Salter, J.* Inv. et Fab.—Nouveau modèle de cabestan.

117 *Spenceley, J.* Inv. et Prop. Whitstable, près Canterbury.—Appareil à hélice pour empêcher les navires de sarquer.

119 *Matthews, T.* 83 Berwick Street, Soho.—Roue de bateau à vapeur.

120 *Gilbert, E.*—Lampe marine économique à signal, dont la mèche, qui est de métal, peut servir 10,000 fois. (Enrégistrée.)

121 *Chapman, J. T.* 328 Wapping.—Poulies perfectionnées.

123 *Burgess, F.* Prop. 18 Salisbury Street, Strand.—Modèle d'épisser les grands mâts et mâts de hune, au moyen de petits coins de bois.

124 *Simmons, J.*—Bateau-pêcheur de Mount bay.

125 *Smith, S.* Inv. Waterford.—Machine pour faciliter le modelage des vaisseaux.

126 *Esdailes & Margrave,* Fab. City Saw Mills, Regent's Canal.—Poulies à rainures doublées en fer, système Bothway, breveté ; poulies diverses, &c. &c.

127 *Russell, T. S.* 37 Great George Street, Westminster, Inv.—Modèles de navires construits sur le principe : vapeur de guerre, à roues, construit d'après le nouveau système d'armement ; corvette à voile.

128 *Administration du Cadastre Militaire.*—Cartes militaires : Angleterre, Dublin, Comté de Lancaster, ville de Liverpool, &c. &c.

129 *Ellis, F. A.* Capitaine Commandant de la Mar. Roy. Great Yarmouth.—Modèle de yacht, à quille glissante,

pouvant remonter les rivières basses, et passer au dessus des barres de port. Méthode d'amener les mâts, &c.

130 *Macnab, J.* 25 York Place.—Modèle de bateau à vapeur de première classe.

131 *Green, R.* Prop. Blackwall.—Modèle du navire Owen Glendower, appartenant à la Compagnie des Indes Orientales ; construit à Blackwall.

132 *Howe, J.* Newcastle-upon-Tyne.—Modèle d'un schooner marchand.

133 *Downs, H.* Dess. Mile Town, Sheerness.—Modèle d'une corvette de 20 canons, armée et gréée.

134 *Lamport, C.* Dess. Workington.—Modèle de navire de 800 tonnes de MM. Lindsay et Cie. pour la navigation de la ligne de Calcutta.

135 *Clarke, J. A.* Dess. 7 Hamilton Square, Birkenhead.—Modèle d'un bateau à vapeur, avec roues à palettes mobiles pour augmenter la vitesse de marche.

136 *Le Comité des Canots de Sauvetage,* Somerset House.—Modèles de bateaux de sauvetage, qui ont concouru au prix de 100 guinées, offert par le duc de Northumberland.

136A *Hawks, W. R.* Inv. et Fab. Whitby, Yorkshire.—Modèle de barque de sauvetage. Se vidant d'elle-même au moyen de deux ouvertures dans le fond.

137 *Plenty, J. & Pellew, E.* Newbury, Berkshire.—Modèle de canot de sauvetage.

138 *Milburn, G.* Blythe, Northumberland.—Modèle de canot de sauvetage.

139 *M'Laren, W.* Fab. 74 High Street, Camden Town.—Modèle d'un vaisseau de 80 canons, construit avec différentes espèces de bois.

140 *Constable, H.*—Modèle de la bataille de Trafalgar.

141 *Bilbe et Cie.* Nelson dock, Rotherhithe, Inv.—Modèle d'un vaisseau marchand.

142 *Colegrave, F. E.* Inv. Round Hill House, Brighton.—Modèle d'une brigantine avec ancre, cable, &c.

143 *Brookes, H.* Prop. 46 Mornington Place, Hampstead Road.—Remorqueur pour canaux ou rivières, sans roues, ni hélice ; patenté en Angleterre, Irlande, Ecosse, France, Hollande, Belgique, Autriche et Amérique.

144 *Mumford, W. T.* Inv. 19 Edward Street, Deptford.—Modèle de tambour d'une frégate à vapeur de 600 chevaux. Modèle d'affût de canon.

145 *L'Amirauté,* Somerset House.—Modèles de vaisseaux de guerre à hélices depuis 120 canons jusqu'à 10 canons, appartenant à la marine royale.

146 *L'Amirauté,* Somerset House, Londres.—Collection de demi-modèles ; vaisseaux à voiles, frégates ; collection de modèles entiers.

147 *Campbell, A. F.* Inv. & Brev. Great Plumstead.—Modèle d'un bâteau à vapeur à hélice.

148 *Twyman, H.* Fab. Ramsgate.—Modèle d'un lougre pour porter secours aux navires en détresse.

149 *Mare, C. J. & Cie.* Fab. et Dess. Orchard Yard, Blackwall. — Modèle du bateau à vapeur à hélice, " Fairy." Modèles de bateaux à vapeur en fer construits pour l'Empereur de Russie, le Vice-Roi d'Egypte, &c.

150 *Harris, Sir W. S.* Inv. Plymouth.—Modèles d'une série de paratonnerres employés par la marine royale.

151 *Husband J.* Inv. et Cons. Falmouth.—Modèle d'un bateau de sauvetage.

152 *Aldebert, I.* Inv. 57 Long Acre.—Modèle de frégate de 1ère classe.

153 *Turnbull, R.* Dess. South Shields.—Modèle de la coque d'un navire marchand de 867 tonnes, construit d'après le système de Lloyd.

154 *Turnbull, E.* Fab. Whitley, Yorkshire.—Modèle d'un vaisseau de 74 canons du temps de Nelson ; modèle d'un bateau à vapeur, le Phœnix.

156 *Hall, J.* Prop. Bromley, Bow, Middlesex.—Modèle

gouvernails, et système de conduire un navire sans gouvernail.

157 *Bell, H.* Inv. et Fab. Baltic Wharf, Millbank.—Canot de sauvetage.

158 *Browne, W. C.* Dess. et Fab. Totnes, Devon.—Modèle du vaisseau de 120 cannons (La Princesse Royale).

159 *Harvey, D.* 3 Cumming Pl. Pentonville Hill, Londres.—Modèles du "Victoria et Albert," id. du yacht "Fairy," id. d'une frégate de 46 canons.

160 *Gray, G.* Const. Newhaven.—Modèle mécanique d'un baleinier pour la mer du sud.

161 *Horn, H.* Victoria Cottage, Kingston, Portsea.—Modèle d'un brig de 12 canons.

162 *Henderby, S.*—Modèle de navire.

163 *Miller, Ravenhill, & Cie.* Ratcliff et Blackwall, Constructeur.—Modèle du bateau à vapeur le Jupiter, Dess. par Pascoe.

164 *Rose, G. T.* Regent St. Leith, Dess.—Modèle d'une galère Romaine (quadrirème), dessin pour un viaduct en bois.

165 *Smith, H.* Fab. 208 Rotherhithe Street, Rotherhithe.—Modèle de bateau.

166 *Holl, J. & Cie.*, Vauxhall Wharf.—Modèle d'un grand canot.

* * *Les objets Numérotés 167 à 180 sont placés dans la galerie latérale au sud, à l'est du bâtiment.*

167 *Wentzell, A.* Fab. Lambeth.—Barque pour régates ; barque de sauvetage, enregistrée provisoirement.

168 *Forster, J. et T.* Inv. Streatham.—Nouveau modèle de bateau en bois, enduit de gutta-percha et de gomme élastique sur les côtés.

169 *Searle, G. & Fils*, Fab. Stangate, Lambeth.—Modèle de la barque de parade du Lord Maire de Londres ; nouveau modèle de bateau.

169A *Brown, J.* Inv. et Fab. 71 Leadenhall St.—Radeau portatif pour naufrages ; lit sopha à double action pour prévenir le mal de mer ; machine de sauvetage pour incendie.

170 *Lapthorn, J.* Fab. Gosport, Hants.—Modèle de brig-yacht de 450 tonnes.

171 *Ruthven, M. W.* Inv. et Brev. Edinbourg.—Modèle de bateau à vapeur avec un nouveau propulseur.

172 *Shuldham, M.* Inv. Melton, Woodbridge.—Mats à pivot ; méthode de lester les navires, &c.

173 *Penrice*, Lieut. Inv. Hull.—Modèle de poupe de vaisseau, avec un nouveau propulseur, &c.

174 *Dempster, H.* 1 Cannon St. Hamburg Pl. Leith.—Dessin de télégraphe pour signaux en mer. Pavillon modèle.

176 *Pilkington, J.* Inv. Goole, Leeds.—Une contre-quille en fer forgé pour les navires construits en bois.

177 *Corte.*—Appareil à artifice.

178 *Noulton & Wyld*, Fab. Fore Street, Lambeth.—Barque pour régate ; modèle d'une chaloupe à huit rames.

179 *Biffen, W.* Inv. Hammersmith.—Barque portative gréée, et à expansion.

180 *Hubbard, C.* Inv. Dickleburgh, près Scole, Norfolk.—Canot portatif, en gutta-percha, pour traverser les eaux dans l'intérieur des terres. Modèle en action d'un cric portatif, pour gravir les précipices.

* * *Les objets numérotés 181 à 197, sont aux Classes 5 & 6, rez-de-chaussée de l'aile du nord.*

181 *Brooker J.* Maryport, Dess.—Figure de proue représentant Cérès.

182 *Gladstone, J.* jeune, et Cie. Liverpool.—Cabestan.

183 *Flynn, W. P.* 6 Guildford St. Russell Sq.—Roue perfectionnée pour bateau à vapeur.

184 *Ferguson, C. A. & T.* Inv. et Fab. Mast House, Mill Wall, Poplar.—Modèle de mât ; tête de mât pour les navires ou vaisseaux à vapeur, modèles &c.

185 *Ansell, C.* Dess. Tottenham.—Barque pour la chasse et la pêche, sur un nouveau plan.

186 *Weld, J.* Dess. Lulworth Castle, Wareham.—Modèle d'un brig de 12 canons, de construction particulière, calculée pour accélérer la marche.

187 *Anderson, J.* North Shields.—Canot de sauvetage.

188 *Jeffrey, Walsh & Cie.*, Inv. Limehouse.—Echantillons de colle marine brevetée.

189 *Conner, D. H.* Limerick.—Pompe-bateau rotatoire.

190 *Anderson, R.* Inv. Westoe, South Shields.—Modèle réduit de bateau de sauvetage. Ce bateau a été lancé à la mer par les temps les plus gros et a échoué sur la côte, sans avoir jamais été submergé ni renversé.

191 *Traill, A.* Inv. et Brev. 8 Upper East Smithfield.—Voiles pour gros temps, brevetées.

192 *Addison & Gilbert.*—Voiles brevetées.

193 *Robinson & Russell.*—Modèle d'un bâteau à vapeur de guerre prussien.

194 *Carpenter*, Cap. Club du Service uni.—Gouvernail duplex, et propulseur à hélice.

195 *Laurie, R. W.* 8 Carlton Pl. Lauriston, Glasgow.—Plusieurs articles de sauvetage : coussins, matelas, porte-manteaux, ceintures, canot, &c.

197 *Taylor, F.* Inv. et Fab. 6 Laurie Street, Leith.—Chaise marine, pouvant tenir trois personnes à flot, dans les cas de naufrages et incendies en mer ; siège de pont, pouvant se convertir en radeau de sauvetage ; modèles de bateaux de sauvetage, &c.

199 *Naylor, I.* Inv. Barnsly.—Fusil d'alarme.

200 *Willkinson & Fils*, Fab. 27 Pall Mall.—Fusils à deux canons ; nouveau modèle de carabine (breveté) ; cimeterre argenté, orné de 104 pierres précieuses ; différents modèles d'épées et de sabres.

201 *Jennens & Cie.* Fab. 27 Pall Mall.—Echantillons de cuirasses et de boutons d'uniforme.

202 *Allen, W. D. & Cie.* Inv. et Manu. 124 New Bond Street.—Schako ventilateur d'infanterie, pour protéger à la fois du soleil et du sabre.

203 *Witton, Daw & Cie.* Fab. Threadneedle Street.—Carabine double pour l'Inde ; pistolets de combat, &c.

204 *Landon & Morland*, Dess. et Inv. 17 Jermyn Street, St. James's.—Casque pour officiers d'infanterie, en papier-mâché ; casques id. pour simples soldats.

205 *Hawker, P.* Inv. Longparish House, près de Whit-church, Hants.—Fusil à appui avec batterie à l'épreuve de l'humidité ; modèle de pont flottant, contenant fusil double à appui pour la chasse aux oiseaux aquatiques.

206 *Brazier, J. et R.* Fab. Wolverhampton.—Platines et autres parties d'armes à feu.

207 *Potts, T. H.* Inv. et Fab. Haydon Square, Minories.—Fusil double, à culasses et gachettes perfectionnées, &c.

208 *Cox, N. F.* Fab. Great Peter Street, Westminster.—Instruments de salle d'arme, fleurets, masques, &c.

209 *Moore & Grey*, Fab. 78 Edgeware Road. Fusils de chasse doubles ; carabines doubles et simples ; pistolets à deux rainures.

210 *Powell, R.* Dess. 28 Poland Street, Oxford Street.—Dessin d'une capote militaire.

211 *Firmin & Fils*, Fab. 153 Strand et 13 Conduit Street, Bond Street.—Echantillons de boutons pour les officiers de l'armée ; id. pour livrée ; boutons de fantaisie ; l'étoile de l'ordre de la Jarretière, &c. ; plaques pour ceinturons d'officiers d'infanterie, sabres.

212 *Hawkes & Cie.* Inv. et Fab. 14 Piccadilly.—Habits militaires ; étendard brodé dans l'ancien style.

213 *Berington, J.* Hoxton.—Trois figures, en grandeur naturelle de soldats anglais en uniforme, et équipés, ancien et nouveau système.

214 *Robinson, A.* 41 Whitcomb Street, Haymarket.—Canons de fusil damasquinés de 1re qualité. G 2

215 *Gibbs. G.* Inv. et Fab. Bristol.—Fusil à deux coups, avec protecteur contre l'humidité.

216 *Beattie, G.* Fab. 205 Regent Street.—Fusils à deux coups, pistolets de accessoires, pistolets de cavalerie, et tir.

217 *Manton, J. & Fils,* Fab. Dover Street, Piccadilly.—Fusils à deux coups; carabines à deux coups; pistolets de tir, avec accessoires.

218 *Needham, W. & J.* pro S. Benham, Prop. 26 Piccadilly.—Fusils s'amorçant d'eux-mêmes; fusils de chasse, simples et doubles, se chargeant par la culasse; carabine se chargeant d'elle-même.

219 *Boss, T.* Fab. 73 St. James' Street.—Fusils doubles et autres spécimens, démontrant la fabrication des canons de fusils.

220 *Bechwith, H.* Fab. 58 Skinner Street, Snowhill.—Canardières, mousquetons, et autres armes à feu.

221 *Bentley, J. & Fils,* Inv. et Fab. Liverpool.—Fusils brevetés, à deux coups et à percussion.

222 *Trulock, E. & Fils,* Fab.—Fusils et carabines à un et à deux coups; fusil à vent; canons de différentes qualités; pistolets; moules à balles.

223 *Deane, Adam & Deane,* 30 King William Street, London Bridge. — Fusils doubles; carabines doubles et simples; pistolets, &c.

223A *Deane, G. & J.* King William Street, London Bridge.—Fusils, carabines, pistolets.

224 *Parker, Field, & Fils,* 233 Holborn. — Fusils de chasse et carabines; pistolets; fusil à vent.

225 *Elcy, W. & C.* Inv. et Fab. 38 Broad Street, Golden Square.—Différentes espèces de cartouches en fil métallique pour tuer le gibier à une grande distance; capsules à percussions imperméables.

226 *Lang, J.* Fab. 7 Haymarket.—Fusil double, sans baguette; carabine double; carabine à un seul canon; paire de pistolets du plus beau travail; fusil-canne, &c.

227 *Inskip, H.* Inv. Hertford.—Flasque à poudre et à plomb.

228 *Golding, W.* Inv. et Fab. 20 Davies Street, Berkeley Square.—Fusil double de chasse; inventions diverses.

229 *Woolfield, T.* Inv. et Fab. Hertford.—Fusil à un coup de construction très simple, pour pays où il n'y a pas d'armuriers.

230 *Woodward, J.* 64 James Street.—Fusil double d'un nouveau modèle.

231 *Yeomans & Fils,* 67 Chamber Street, Londres.—Assortiment de mousquets.

232 *Egg, H.* Fab. 1 Piccadilly.—Fusil de chasse à percussion qui s'amorce de lui-même; fusil à deux canons.

233 *Fairman, J.*—Fusils de chasse.

234 *Osborne, C.* Fab. Birmingham. — Fusils à deux coups; pistolets; pistolets de dame; fusil d'alarme, &c.

235 *Goddard, S. A.* Fab. Birmingham. — Fusils de chasse perfectionnés; mousquets et canons de fusils de différents genres.

236 *Rigby, W. & J.* Fab.—Fusils et carabines à deux coups; carabine à deux coups avec télescope; pistolets; différentes parties d'un fusil; moules à balles; fusil à un coup avec boîte, &c.

237 *Reily, E. M.* Fab. New Oxford Street.—Fusils perfectionnés, carabines, pistolets, fusils à vent.

238 *Davidson, D.* Capt. Armée de Bombay, Inv. Haddington.—Carabines à un ou deux coups, pistolets, &c., avec une mire télescopique.

238A *Watkins & Hill,* Charing Cross.—Carabine.

239 *Bull, J.* Fab. Bedford.—Fusil double avec tous les perfectionnements modernes.

240 *Richards, Westley & Fils,* Fab. Birmingham.—Fusils et pistolets, &c.

241 *Cooper, J. R. & Cie.* Fab. Birmingham.—Pistolet de poche; pistolet, à six canons; id. à douze canons; pistolets de dame.

242 *Walker, R.* Fab. et Brev. Graham Street, Birmingham.—Spécimens de capsules, bourre métallique, &c.

243 *Townsend, J.* Fab. 11 et 12 Sand Street, Birmingham.—Fusils à vent en forme de cannes.

244 *Reeves, Greaves, & Cie.* Fab. 28 Bartholomew Street, Birmingham.—Epées de cour et sabres d'ordonnance pour officiers.

245 *Hart, H.* Fab. Birmingham.— Fusils à deux canons, &c.

246 *Brooks & Fils,* Fab. 18 Russell Street.—Canardière à deux coups, incrustée d'argent; canardière à un coup; fusil de tirailleur avec télescope; fusil à rotation à quatre canons, en usage aux Indes; fusils militaires, système anglais, français et piémontais, &c.

247 *Tipping & Lawden,* Fab. Birmingham.—Echantillons de fer et acier dans leurs divers degrés de préparation pour canons de fusils; fusils de differents genres, fusils à vent, &c.

248 *Mole, R.* Fab. Birmingham.—Sabres, les lames du meilleur acier et les poignées dorées.

249 *Powell & Son,* Fab. Carr's Lane, Birmingham.—Fusil et carabine doubles; pistolets.

250 *Winton, H.* Inv. et Fab. 53 Cleveland Street, Birmingham.—Cuillères en fer et autres métaux; brochettes, cannelles, robinets, fusils de sûreté, &c.

251 *Carron, W.* Birmingham.—Canon d'alarme.

251A *Baylis & Fils,* Birmingham.—Garnitures de fusil.

252 *Hoskins, J.* Inv. et Fab. 31 Frith Street, Soho Square.—Fusil double, sur un nouveau modèle. (Provisoirement enregistré.)

253 *Davis, G.* Inv. et Fab. 1 Duke Street, North Parade, Bath.—Mousquet de guerre avec bayonette pouvant servir de baguette.

254 *Shaw, G.* Inv. et Brev. Glossop.—Fusil à vent en caoutchouc; la condensation d'air nécessaire à une décharge est opérée instantanément en armant.

255 *Fletcher, T.* 161 Westgate Street, Gloucester.—Deux fusils doubles.

256 *Forsyth & Cie.* Inv. et Fab. Leicester Street, Leicester Square.—Fusil de sûreté breveté. Fusil à percussion.

257 *Erskine, G.* Inv. et Fab. Newton Stewart, Scotland.—Deux fusils de nouvelle invention pour empêcher les décharges accidentelles, avec protection complète de la capsule contre l'humidité.

258 *Rippingille, E.* Inv. 81 King Street, Manchester, et 87 Albany Street, Regent's Park.—Platine de fusil avec monture.

259 *Haswell, R.* Prop. 12 Upper Ashby Street.—Pistolet à vent sur un nouveau modèle.

260 *Needham, H.* Inv. Fab. et Brev. 4 Vine Street, Regent Street.—Fusil s'amorçant de lui-même, et platine de sûreté.

261 *Brider, J.* Inv. et Fab. 4 Clifton Cottages, Denmark Street, Camberwell.—Baguette-télescope pour charger les fusils.

262 *Brider, G.* Inv. et Fab. 30 Bow Street, Covent Garden.— Maillet de carabine pour les climats chauds.

263 *Baker, T. K.* Inv. et Fab. 88 Fleet Street.—Modèle d'un appareil de sûreté pour empêcher toute possibilité d'accident en employant les armes à feu.

264 *Golden, W. & Fils,* Fab. Huddersfield. — Fusil double (brevet de Bentley), batterie perfectionnée.

265 *Webster, W.* Hampstead Road.—Mousquet à fusée.

266 *Shorman, J.* Inv. 6 Great Pulteney Street, Golden Square.—Spécimens d'incrustations en or et en argent sur fusils.

267 *Mortimer, T. E.* Fab. Edinburgh. — Carabine à deux canons ; fusil de chasse à deux canons ; pistolets, balles, &c.

268 *Staines*, Salisbury Place.—Plans de fortifications.

269 *Hodges, R. E.* 44 Southampton Row, Russell Square.—Application (brevetée) du caoutchouc aux projectiles.

270 *Parson, W.* Fab. Swaffham, Norfolk. — Fusils doubles, canons 2 pieds 8 pouces de long ; baguettes et accessoires.

271 *Hall, Lieut.-Col. d'Artillerie*, Southampton.—La tour de Londres, après la destruction de la salle des armures, modelée par R. Davis.

272 *Moulin, C.* Chelsea.—Modèle d'une ville fortifiée.

273 *Lillywhite, J.* Fab. Frederick Street, Portsea.—Modèle en métal d'un canon du poids de 95 quintaux avec affût et train.

274 *Bearfoot, R.* Inv. 11 Warwick Street, Woolwich.—Deux magasins à poudre, imperméables, et propres au service de la marine.

275 *Tylden, A. Capt. R. Artillery*, Fab. Woolwich.—Modèles d'artillerie.

276 *Fergusson, J.* Inv. 20 Langham Place.—Nouveau plan de fortification.

277 *Joyce, F. & Co.* Inv. et Fab. 57 Upper Thames Street.—Capsules de fusil, à percussion, anti-corrosives, imperméables, perfectionnées ; id. pour les militaires ; cartouches perfectionnées, &c.

278 *Grainger, J.* Fab. Wolverhampton. — Platines d'armes à feu.

279 *Smith, H.* Fab. 208 Rotherhithe Street, Rotherhithe.—Modèle du bateau " Ealing Grove."

280 *Gardner, W. T.* 22 Mead Row, Lambeth.—Modèle d'un canon de navire qui se charge par la culasse.

281 *King, J. J.* Dess. 16 Whiskin Street.—Pistolets avec incrustations en or et en argent.

282 *Munro, J. jeune*, Fab. High Street, Lambeth.—Modèle d'affût de canon perfectionné, &c.

283 *Fitzmaurice, Hon. W. E.* Londres.—Modèle de fusil et de mortier.

284 *Walker, Sarah, et Cie.* Fab. 12 Legge Street, Birmingham.—Spécimens démontrant la fabrication des capsules.

285 *Richardson, R.* Fab. 21 Tonbridge Place, New Road.—Nouveau modèle de tentes marquises.

286 *Symington, W.* Inv. et Prop. 41 Gracechurch Street.—Bourre à fusil d'un nouveau modèle.

286A *Cavers & Lane*, Inv. et Fab. 6 Bentinck Street, St. James's.—Nouvelles cartouches pour fusil.

287 *Squires, W.* Inv. et Fab. Cottage Grove, Mile End.—Carabine d'un nouveau modèle.

288 *McGetrick, F.* Inv. 82½ Philip Street, Kingsland Road.—Modèle d'une machine de guerre, pouvant lancer avec précision 10,900 projectiles en 10 minutes.

289 *Truscott, J.* Inv. 111 Fore Street, Devonport.—Machine à rotation pour arroser les rues ou pour distribuer l'engrais liquide ; canot ou radeau de sauvetage portatif, pour vaisseaux prenant à bord un grand nombre de passagers.

290 *Rhind, W. G.* Inv. Ross, Herefordshire.—Modèle de siège de sauvetage qu'on peut convertir en moins de trois minutes en radeau capable de soutenir 8 personnes sur l'eau.

291 *Rigmaiden, J. Lieut. M.R.* Inv. et Fab. 6 Harley Place.—Modèle de plaques à armure pour mater les navires, au lieu de cordages et de caps à mouton.

292 *Allen, J.* Inv. et Prop. Greenock.—Ancre de sûreté, nouvelle invention.

293 *Bennett, E.* Inv. 2 Victoria Place.—Neuf pièces de bois, formant chacune un coin universel.

294 *Club Royal des Yachts de la Tamise.*—Modèles de divers yachts.

295 *Haughter, V.* — Canon traversal et bateau de sauvetage.

296 *Hitt, T.* Inv. et Fab. Bridport.—Bateau de sauvetage.

297 *Cherrett, D.* Grosvenor Mews, Berkeley Square.—Pistolet perfectionné à batterie invisible.

298 *Scamp, W. M.* Amirauté, Somerset House.—Modèles de bassins pour radouber les vaisseaux de la Marine royale.

299 *Wilson, J.* Stratford.—Modèles de canots de sauvetage.

301 *Duthoit & Cie.* Des. et Fab. 6 Finsbury Place South.—Tente aérienne ; tente-parapluie portative. (Enregistrée.)

302 *Edgington, B.* Inv. et Fab. 2 Duke Street, London Bridge.—Tente pour officiers, émigrants, ou parties de chasse ; tente militaire, &c.

304 *Stevenson, T.* Inv. New Court, New Street, Southwark Bridge.—Modèle de navire avec améliorations.

305 *Smith, T. & W.* Prop. Newcastle-upon-Tyne.—Modèle de la frégate marchande, Blenheim.

306 *Henderson, J.* Inv. Peterhead, Écosse.—Modèle d'un vaisseau à voiles ou à vapeur, à hélice perfectionnée.

307 *Hedley, G.* Fab. York Street, Monkwearmouth, Sunderland.—Modèle de navire marchand de première classe, échelle d'un quart de pouce par pied ; coté A. 1. au bureau maritime Lloyd.

308 *Buckland, G.* Greenwich, Des.—Bateau à vapeur en fer à deux hélices.

309 *L'Institution Nationale de Sauvetage.*—Modèle d'un bateau de sauvetage ; spécimens de médailles d'or et d'argent.

310 *La Société des Amis des Marins*, Inv. 58 Fenchurch Street. — Modèle de stations pour porter secours aux naufragés ; ceintures de sûreté, &c.

311 *Cleare, C.* Inv. 18 Great Alie Street, Goodman's Fields, Whitechapel.—Appareil de secours pour les noyés et les asphyxiés.

312 *Slater & Wright*, Inv.—Bateau de sauvetage complet, qui ne peut chavirer.

313 *Sparrow, R.* Inv. Wexford.—Modèle de bateau de sauvetage.

315 *Laing, J.* Sunderland.—Modèle du navire Vimiera, de 1,020 tonneaux, appartenant à MM. D. Dunbar et Fils ; dimensions : longueur, 165 pieds ; largeur, 33 id. ; profondeur, 23 id.

316 *Hodgson, M.* Fab. 6 Moor Street, Sunderland.—Modèle d'une barque pilote, en usage au port de Sunderland avec avirons, voiles, &c.

317 *Monteagle*, The Right Hon. Lord, 7 Park Street, Westminster. — Modèle de bateau à rames, qu'un seul homme peut porter, en usage dans les pêcheries de la côte nord-ouest de l'Irlande. Ces bateaux connus des Romains, datent de la plus haute antiquité.

318 *Hughes, J.* Inv. Sunderland.—Appareil, ou roue de gouvernail ; modèle de machine à mâter, capable d'enlever une chaudière pesant vingt tonnes.

319 *Jarrett, W.* Looe, Cornwall.—Modèle de gig (canot) de 30 pieds de long, à six rames, sur une échelle d'un demi-pouce par pied.

320 *Rook, G. H.* Fab. Landport, Portsmouth. — Modèle du yacht à vapeur de Sa Majesté, " Fairy," complètement gréé, &c.

321 *Pym, G.* 52 Threadneedle Street, Inv.—Modèle d'une roue pour vaisseaux à hélice, pouvant marcher entièrement ou partiellement submergée.

322 *Druery, J.* Inv. Hartlepool.—Modèle et plan d'un bateau de sauvetage en fer, se relevant lui-même si un accident vient à le faire chavirer, &c.

323 *Gale, G. H.* 38 Wind Street, Swansea.—Appareil

hydrostatique, manufacturé de gutta-percha, pour canots de sauvetage, navires, &c. Radeau ou canot de sauvetage.

324 *Harland, E.* Inv. Scarborough.—Bateau de sauvetage cylindrique.

325 *Bowen, A. F.* Inv. Botley.—Ancre parée et poulie pour arrière de navire; échelle de sauvetage pour incendie.

326 *Dutton, S.* Inv. 19 Durham Street, Southsea. — Pompe à rotation; pouvant tirer 10 quintaux d'eau à la minute, de grande utilité en cas d'incendie, ou de voie d'eau à bord de navire; machine de sauvetage en cas d'incendie.

327 *Etrich, A.* Inv. High Barnes, près Sunderland.— Modèle démontrant un nouveau mode de lancer les chaloupes des bâtiments marchands et autres.

328 *Johnson, H. T.* Inv. Somerset Street, Portman Square.—Ecoute de sûreté pour bateaux, &c.

329 *Macdonald, J.* Inv. 13 Henry Street, Vauxhall.— Habitacle et compas nautique; pompe de navire à double cylindre; lanternes et lampes pour navires, &c.

330 *Pearce, T. & Blewett,* Inv. 93 Newman Street.— Lampes pour signaux de chemin de fer; attirail de pêche, &c.

332 *Williams, J.* Inv. Red Lion Street.—Barattes à beurre; vis et tourne-vis; pompe automotrice de navires.

333 *Longridge & Cie.* Fab. Bedlington Iron Works, Morpeth.—Ancres de la marine anglaise, depuis les plus grosses jusqu'aux plus petites.

334 *Brown, Sir S.* Cap. de la Mar. R. Blackheath, Inv.— Chaînes-cables; chevilles d'étai. Tableau représentant le pont de l'Union, sur la Tweed. Modèle de l'embarcadère de Brighton. Modèle d'un bassin flottant d'arsenal maritime et plan de bataille de vaisseaux. Modèle d'une colonne en airain et d'un phare. Modèle de chemin de fer et de voiture. Modèles de bois pour milieu ou côtes de vaisseau de ligne. Modèles de propulseurs sous marins. Modèle d'un compas perfectionné. Modèle d'un lit à équilibre.

334.A *Cooper, E. G.* Inv. 8 College Street, Bristol.—Une paire de gants nautiques. Enr. prov.

. *Les articles suivants sont exposés hors du bâtiment à l'extrémité ouest.*

335 *Bateman, J.* Inv. et Brev. 101 Upper Street, Islington.—Canots de sauvetage.

336 *Rodger, W.* Lieut. R.N. Inv. 9 Shawfield Street, King's Road, Chelsea.—Ancres perfectionnées, fabriquées par Fox et Henderson (Brevetées.)

337 *Sturdee, A. B.* Woolwich.—Modèle fonctionnant d'un bateau à vapeur à poupe jumelle.

Aller a la Classe 7, page 68.

Classe 9.   MACHINES et INSTRUMENTS D'AGRICULTURE et D'HORTICULTURE.

—— Cote du Sud: Groupes N. O. 1; P. Q. R. 1—27. ——

1 *Stanley, W. P.* Fab. Market Place, Peterborough.—Machine à vapeur de la force de deux chevaux, portative, &c.; appareil culinaire à vapeur pour fermes; coupe-gâteaux, pour bestiaux ou engrais; coupe-paille, coupe-navets, &c.

3 *Guest, J.* Inv. et Fab. Bedford.—Semoir à trois rangs pour les navets, &c.; semoir à 8 rangs pour blé ou graines.

4 *Dean, T.* Inv. Wishaw, Ecosse.—Appareil de taillanderie, fixé à une machine à tuiles ou à tuyaux.

4A *Smith, A. K.* Inv. et Fab. Exminster, Exeter.—Nouvelle machine à rotation.

11 *Crosskill, E.* Liverpool.—Charrette, fourgon et roues brevetées.

13 *Harding, E.* Inv. Oldsprings, Market Drayton.—Charrette avec roues à mouvement vertical, l'essieu tourne aussi bien que les roues; assortiment de palonniers.

15 *Busby, W.* Fab. Newton-le-Willows, Bedale.—Charrette de ferme à un cheval; id. légère; houe à un cheval; charrue à sillon profond; charrue légère à deux roues, &c.

16 *Harvey & Tait,* Strathaven, Scotland, Inv. et Fab.—Crémaillère de ferme.

17 *Campbell, A. F.* Great Plumstead, Norfolk.—Herse brevetée, à quartre roues et à motion parallèle.

17A *Gregory, R.* Inv. et Fab. Beverley.—Modèle d'une machine à dessécher.

18 *Stent, W.* Inv. et Fab. Stockwith, Gainsborough.—Support pour pois destiné à remplacer les tuteurs actuellement en usage.

20 *Nicholls, R. H.* Inv. 11 Elizabeth Street, Eaton Square.—Semoir à locomotive, pour le blé, breveté; machine pour mettre en mouvement toutes les machines à rotation.

21 *Wilkie, J. & Cie.* Uddingston, près Glasgow, Ecosse.—Semoir essarteur, pour le blé; charrue tournante, faite entièrement de fer battu; semoir à deux chevaux; charrue perfectionnée pour régulariser la profondeur; charrue à roues à friction.

21A *Revis, T.* Cleave Place, Larkhall Lane, Stockwell, Surrey, Inv.—Semoir déposant un seul grain à la fois; plantoir sur le même principe.

22 *Eaton, J.* Inv. et Fab. Woodford, près Thrapstone.—Semoir pour blé et autres graines; râteliers pour bergeries à foin, racines, grain, &c.

23 *Harkes, D.* Inv. et Fab. Mere, près Nutsford.—Charrue perfectionnée; houe pour cheval, à expansion parallèle; pressoir à fromage; pressoir à cidre; machine à couper le foin, &c.

24 *Braby & Fils,* Inv. et Fab. Duke Street, Stamford Street, Lambeth.—Un wagon.

25 *Windsor, J.* Fab. et Imp. Oswestry.—Machine à vanner et nettoyer le blé, l'orge, l'avoine, les pois et autres grains; machine à semer le trefle.

25A *Alsop, D.* Inv. et Fab. 6 Boone Street, Lee, Kent.—Fumigateur et sulfurateur, pour répandre le soufre pulvérisé plus uniformément, &c.

25B *Kingswell, —.* Upper St. Martin's Lane.—Chariot modèle.

25C *Gingell, W. J.* Bristol.—Mésureur de grain ou de graine.

26 *Robertson, G.* Stonehaven.—Charrette modèle.

27 *Alcock, T.* Inv. et Fab. Radcliffe, près Northampton.—Machine pour hacher la paille; charrue en fer, à deux roues, perfectionnée; charrue semoir en fer.

28 *Lowcock, H.* Inv. et Pat. St. Peter's Street, Tiverton.—Charrue à rotation brevetée de Lowcock, pour tracer des sillons parallèles, &c.

28A *Fowler, J.* Inv. & Prop. Bristol.—Charrue-desséchoir, pouvant fonctionner à la vapeur ou au moyen de chevaux. Cabestan pour employer la force des chevaux à la charrue.

28B *Fowler & Fry,* Dess. et Fab. Bristol.—Charrette de fermier; voiture, connue sous le nom de "dog-cart."

29 *Ells, —,* 3 & 6 Tottenham Court Road.—Brouette sur un principe perfectionné.

30 *Carpenter, W.* Inv. Banbury.—Machine à battre le blé (sans friction), &c.

31 *Sawney, W.* Beverley.—Machine à vanner, qui sépare toute espèce de grain des débris de paille et autres petites semences; modèle de pont de fer, de construction légère, mais offrant plus grande résistance que les ponts de fer ordinaires.

32 *Bendall, J.* Fab. Woodbridge.—Cultivateur universel s'ajustant de lui-même, pour écumer, pulvériser, et nettoyer toute espèce de terrain, et le préparer pour la culture; machine à broyer le blé, les haricots, les pois, l'orge, &c.

33 *Blackhall, J.* Inv. 22 Upper Gray Street, Edinburgh.—Modèle d'une chaudière à haute pression pour passer les os à la vapeur, et en faire de l'engrais; échantillon de ce fumier.

34 *Beart, R.* Godmanchester, Huntingdonshire.—Cultivateur ou scarificateur breveté.

35 *Marshall, Lieut.-Col. W.* Inv. Newfield Cottage, Craigellachie.—Machine à semer le blé.

36 *Windus, T. F.S.A.* Inv. Stamford Hill. (Fab. J. Rendall, Stamford Hill).—Deux brouettes centripèdes.

37 *Burrell, C.* Dess. et Fab. Thetford, Norfolk.—Machine à vapeur portative de la force de six chevaux, propre à mettre en mouvement les machines à battre le blé, les scieries ou autres machines d'agriculture; machine à tailler des claies ou grilles de parcs; machine pour couper les genêts.

38 *Steevens, W. D.* 157 High Holborn.—Modèle d'un nouveau chemin de fer portatif, sans vapeur.

38A *Armitage & Cie.* Mousehole Forge.—Charrue perfectionnée.

38B *Murphy, D. J.* Inv. Chamber of Commerce, Cork, Irlande.—Modèle d'une machine aratoire à hélice.

41 *Elliott, J.* Inv. Southampton.—Garde-robe économique inodore; modèle de fermes et de cottages. Niveau à dessèchement, &c.

41A *Fyfe, W. W.* Inv. 30 Hamilton Place, Edinburgh.—Appareil syphoïde pour laver les moutons.

42 *Slight, G.* Fab. 34 Leith Walk, Edimbourg.—Charrue à tranchée; charrue de Read, perfectionnée par le Marquis de Tweeddale; charrue à tranchée de Tweeddale.

43 *Starkey, T.* Inv. Dess. et Fab. Farthinghoe, Brackley, Northamptonshire.—Rouleau pour égaliser le terrain, échelle à télescope, pouvant s'allonger de six pieds à vingt-six et se démonter en deux, trois, ou quatre parties; propulseur pour navires; table formant bois de lits, &c.

44 *Race, E.* Inv. et Fab. Beverley.—Modèle d'un nouveau fourgon à bascule.

45 *Golding, R.* Hunton, Maidstone.—Une ruche.

45A *Golding, E.* Inv. et Fab. Hurstbourne Priors, Andover Road.—Machine à rouleaux pour battre l'orge et séparer le grain de l'épi.

46 *Davis, T.* Guy St. Nicholas, Warwick.—Tambour fesant partie d'une machine à battre le blé, enregistré.

47 *Clayton, H.* Atlas Works près de Dorset Square,

Classe 9.
MACHINES et INSTRUMENTS

Inv. et Brev.—Machine et outils pour la fabrication des tuyaux d'écoulement.

48 *Morrison, J. & Fils*, Prod. Banff, Ecosse.—Bulbes et semences de différentes espèces de navets, cultivés par les exposants.

48A *Palmer, R.* Inv. et Fab. Bideford, Devon.—Machine pour couper et mélanger la nourriture des bestiaux; elle peut servir également à broyer les pommes pour faire du cidre.

49 *Drummond & Fils*, Prop. Stirling.—Cultivateur perfectionné; charrue brandilloire en fer, à deux chevaux, construite par G. Barrowman de Saline, Fifeshire.

50 *Nicholson. W. N.* Inv. et Fab. Newark-on-Trent.—Fours, fourneaux et autres ustensiles; machine à briser les gâteaux oléagineux d'huile; moulin à orge, et machine à vanner, perfectionnée.

51 *Seaward, W.* Dess. Oulton, Wakefield—Machine à transplanter de gros arbres; tuteur conifère pour support de branches fragiles.

52 *Jones, E.* 138 Leadenhall Street, Inv.—Procédé pour la préservation du blé pendant la moisson, dans les saisons pluvieuses.

53 *Gooch, J.* Inv. et Fab. Harleston.—Machine à vanner et à nettoyer. Appareil pour tenir les sacs ouverts, inv. par H. Gilbert, St. Leonards-on-Sea.

55 *Abbott, W.* Inv. Bideford, Devon.—Charrue perfectionnée; appareil pour sécher la drèche, économie de main-d'œuvre et de chauffage.

56 *Chenery, S.* Inv. March, Cambs.—Fouloir pour terrain marécageux.

56A *Ebbs, B.* Dess. 9 Lower Terrace, Islington.—Rateau pour jardins, composé d'une houe, bêche et rateau.

57 *Newberry, W.* Hooknorton, Chippingnorton, Oxon.—Semoir à cinq rangées.

58 *Royce, G.* Inv. Hetland, Market Deeping.—Crible automotrice pour blés et graines; machine perfectionnée pour nettoyer le blé.

59 *Whishaw, F.* John Street, Adelphi.—Auge pour volaille.

60 *Beckford, T.* Inv. et Fab. Highfield Farm, Wargrave, Henley-on-Thames.—Machine circulaire à faucher et à étendre le foin.

61 *Rodenhurst, W. & J.* Fab. Market Drayton.—Pressoir à fromage à vis et à levier; hache-paille.

62 *Gill et Ward*, Fab. Oxford.—Générateur de vapeur portatif avec pompe foulante, &c.; chaudières.

63 *Watt, J.* Perf. et Fab. Biggar.—Grande machine à ensemencer les graines et les semences d'herbages; cette machine est d'un mouvement plus facile que celle dont on se sert généralement; traînée par un seul cheval elle peut ensemencer de 30 à 35 acres par jour.

65 *Bigg, Th.* Fab. et Inv. Leicester House, Great Dover Street, Southwark.—Appareil perfectionné pour laver les moutons, au moyen du quel cinq hommes peuvent laver 500 moutons par jour.

66 *Green, T.* Fab. 97 North Street, Leeds.—Volière et siège orné de jardin.

63A *Amos, J.* Fab. Bristol.—Baratte à tambour perfectionnée.

67 *Shanks & Son*, Arbroath, Forfar.—Machine à couper le foin.

68 *Whitfield, J. A.* Inv. Pelaw Staith, près Gateshead.—Crochets en fer, perfectionnés, pour tirer de l'eau les noyés.

69 *Jolly, J.* Fab. Aylesbury.—Barattes à pieds; seaux à lait, grands et petits; baril à beurre; moules à beurre, &c.

70 *Jennison, J.* Inv. Frodingham, Duffield Yorkshire.—Meules de blé d'York, faisant voir la position des gerbes; levier pour charger les gerbes; modèles de haies d'enclos.

72 *Hart, C.* Wantage.—Moulin universel pour réduire en farine toutes sortes de produits agricoles.

72A *Phillips, G.* Fab. Harrow-on-the-Hill.—Ruche à compartiment latéral, en bois, verre et zinc. Au moyen de cette ruche les essaims ne voyagent pas.

73 *France, A.* Fab. et Dess. Stirling.—Charrue pour ensemencer; instrument à essarter.

74 *Sheriff, T.* West Carns, près Dunbar, N. B.—Machine à semer perfectionnée; machine à vanner le grain, perfectionnée.

75 *Bennett, H.* Fab. Liverpool.—Modèle de rouleau se nettoyant de lui-même, et servant à écraser et pulvériser les mottes de terre; machine pour mêler la nourriture des bestiaux, cuite ou crue; machine pour couper les genêts, à huit lames, fixées à un cylindre, &c.

76 *Woodbourne, J.* Fab. Kingsley, près d'Alton.—Machine pour ensacher le houblon au moyen de la pression.

77 *Pearce, W.* Poole, Dorset.—Brise-motte; moulin à cidre, charrues.

78 *Gillett, J.* Inv. et Fab. Brailes, près Shipston-on-Stour.—Machine à hacher la paille et foin, &c.; fusée d'alarme à douze trous, pour préserver les blés, fruits, semences, des déprédations des oiseaux et du gibier; modèle de ventilateur pour meules, &c.

80 *Swan, R. F.* Inv. et Fab. Boxford, Suffolk.—Modèle de chariot perfectionné à trois roues, qui peut être converti en charrette à deux roues, en détachant l'arrière-train, et qui est applicable à différents usages.

81 *Mackay, W. H.* Inv. Swansea.—Machine à faucher et à moissonner.

82 *Woods, J.* Inv. et Fab. Stowmarket, Suffolk.—Moulin pour fermes, pouvant moudre le blé, la graine de lin, l'orge, le maïs, le riz, les lentilles, les pois, les haricots, &c.

83 *Cornes, J.* Inv. et Fab. Burbridge, près Nantwich Chester.—Hache-paille à trois lames, à la main, à la vapeur ou autre force motrice; hache-paille à deux lames.

84 *Roe, Freeman, & Hanson*, Fab. 70 Strand, Londres.—Machine à vapeur portative de 4 chevaux pour les travaux d'agriculture et autres.

85 *Sellar, G. & Fils*, Inv. et Fab. Huntly.—Charrue semoir.

86 *James, J. & Cie.* Fab. 24 Leadenhall St. Londres.—Grue à peser, d'un nouveau modèle (brevetée); machine à peser (brevetée); machines de forces différentes.

87 *Rowley, J. J.* Rowthorne, près Chesterfield.—Machine perfectionnée pour répandre l'engrais en poudre, et semer même temps la graine de navet, &c.; machine perfectionnée à nettoyer le blé.

88 *Drummond, P. R.* Inv. et Fab.—Baratte à table anti-métallique et à six actions.

89 *Read, R.* Inv. 35 Regent circus, Piccadilly, Londres.—Nouvelle machine à arroser. (Brevetée.)

89A *Blaikie, G.* 71 Stockwell St. Glasgow.—Modèle d'une machine à moissonner.

90 *Wood, G.* Alnwick, Northumberland.—Ruche perfectionnée.

90A *Holmes, G.* Wellington St. Newcastle-on-Tyne.—Sièges de jardins et étais de plantes.

91 *Brown, D. S.* 2 Alexandrian Lodge, Old Kent Rd.—Instruments brevetés pour détruire les insectes.

91A *Jordan, T.* Inv. et Fab. Billericay, Essex.—Charrue perfectionnée.

92 *Pettit, W. J.* Inv. et Fab. Sudbury, Suffolk.—Ruche d'abeille perfectionnée, qui permet d'extraire rayons de miel sans nuire aux abeilles, &c.

93 *Marychurch, J.* Fab. Haverfordwest, South Wales.—Machine à vanner le blé, perfectionnée; hache-paille avec roue à balancier, à mouvement de rotation; coupe-navets; baril cylindrique, &c.

94 *Law, R.* Shettlesdon, Glasgow.—Charrette de ferme; charrue en fer.

98 *Crowley & Fils*, Inv. et Fab. Newport Pagnell, Bucks.—Charrette à un cheval, perfectionnée; attelles; houe.

98 *Brodie, W.* Airdrie, Ecosse.—Machine à fabriquer les tuiles et les tuyaux d'écoulement. (Enregistrée).

99 *Clark, J.* Fab. Kirkton Blantyre, près Hamilton.—Charrue.

100 *Istance, R.* Carmarthen.—Ventilateur pour les ruches.

101 *Epps, W. J.* Inv. Maidstone.—Sulfurateur pour répandre la fleur de soufre sur diverses plantes attaquées de la nielle.

103 *Briggs, T.* Fab. Denley Pottery, Derbyshire.—Ruche perfectionnée.

104 *Ponton, G.* Fab. Grongfoot, Linlithgow, Ecosse.—Charrue à brandilloire; charrue semoir; semoir de haricots.

105 *Thompson, G.* Inv. 12 Park Road, Regent's Park.—Machine à bêcher et retourner la terre, pouvant aussi être employée comme scarificateur. (Patentée.)

106 *Halstead, C. & Fils*, Inv. et Fab. Chichester.—Charrues en fer, perfectionnées; taille gâteaux oléagineux.

107 *Sewell & Cie.* Fab. Longtown, Cumberland.—Charrue Wetherby.

108 *Reeves, T. R. & J.* Fab. Bratton Westbury, Wilts.—Charrette pour distribuer l'engrais liquide; semoir pour même objet.

109 *Maynard, R.* Fab. Whittlesford, Cambridge.—Machine à briser et à peser les gâteaux oléagineux.

109A *Cottam & Hallen*, Oxford Street.—Machine à couper la paille, machine à vanner; pompe à engrais liquide; procédés de desséchement.

110 *Carson, H.* Fab. Warminster, Wilts.—Scarificateur; couple navet; série de herses; pressoir à fromage à double levier, &c.

112 *Parsons J.* Inv. et Fab. Craven Farm, Stamford Hill.—Modèle d'une machine à bêcher la terre.

114 *Hayward, G.* Inv. et Fab. Crewkerne.—Charrue à semoir pour semer toutes sortes de blé ou de graines.

115 *Butlin, W.* Dess. et Fab. Northampton.—Machine à vapeur portative de la force de quatre chevaux; simplicité de construction; économie de combustible; prix très-modique.

116 *Hodges, J. & Fils*, Fab.—Chaudières de sûreté ayant des soupapes sur les becs; appareil pour préparer à la vapeur la nourriture des bestiaux.

117 *Hayes, J.* Dess. Inv. et Fab. Elton, Huntingdonshire.—Moulin à moudre, à la vapeur ou avec des chevaux perfectionné, à l'usage de fermiers.

119 *Hunter, W. & J.* Inv. et Fab. Samuelston, Haddington.—Semoir à levier.

120 *Scholl, J.* Inv. 33 Lamb Street, Spital Square.—Ruche pour abeilles, semblable à celles de la ferme royale de Windsor.

121 *Glover, W.* Fab. Warwick.—Charrette à un cheval.

122 *Maynard, J. & Fils*, Dess. et Fab. Bedford.—Modèle d'une charrette à un cheval, construite sans rainures ni mortaises, montée sur essieux perfectionnés, en fer.

122A *Service, W.* Rutland Ter. Hornsey Road.—Machine Archimédienne à cribler.

123 *Weir, E.* 351 Oxford Street.—Pompe arrosoir pour les engrais liquides; niveau de desséchement perfectionné.

123A *Usher J.* Inv. Edimbourg.—Modèle de charrue à vapeur.

123B *Jones, P.* Prop. High Street, Fulham.—Machine nouvelle, pour arroser les jardins et lançant l'eau à plus de 40 pieds de hauteur.

124 *Ransomes & May*, Inv. et Fab. Ipswich.—Charrues en fer brevetées, scarificateurs de Biddle; cultivateur Indien; machine à vapeur portative; id. machine à briser les gâteaux oléagineux; charrette Ecossaise, &c.

124A *Dufaur & Cie.* Prop. 21, Red Lion Square.—Plantoir économique, patenté par Dr. S. Newington; charrue pour un seul cheval, (patenté); plantoir.

124B *Cowan, H.* Inv. et Fab. Corstorphine.—Machine à essarter à deux chevaux, se nettoyant d'elle-même.

125 *Paxton, J.* Inv. Ealing, près Brentford.—Roues à eau perfectionnées: la même quantité d'eau produira une force triple au moyen de cette machine, applicable aux moulins et autres industries à puissance hydraulique.

126 *Robinson, W.* Inv. et Fab. Keyingham.—Machine à nettoyer le blé, à l'usage de meuniers et de fermiers; crible perfectionné pour séparer le blé de la paille, &c.

127 *Wedlake, Mary & Cie.* Fab. Hornchurch, près de Romford, Essex.—Machine à faucher rateau, et machine à vanner à double action, perfectionnées; voiture pour le transport de la paille et du foin; houes et charrues perfectionnées; moulins; herses, et autres instrumens aratoires.

128 *Barrett, Exall, & Andrews*, Reading.—Machine à vapeur portative pour l'agriculture; machine à battre le blé portative; moulin à farine perfectionné; deux charrettes à un cheval, &c. &c.

129 *Gibson, M.* Inv. et Fab. Newcastle.—Brise-mottes de Northumberland.

130 *Lampitt, C.* Inv. & Fab. Banbury.—Semoir à train de cheval, breveté.

131 *Mapplebeck & Law*, Birmingham, Warwick.—Balances, moulins; tuyaux d'écoulement.

132 *Ball, W.* Inv. et Fab. Rothwell, près Kettering, Northamptonshire.—Charrue perfectionnée en fer, construction très simple; pareille charrue sans roues; chariot à deux chevaux, à timon, ou à brancards, &c.

133 *Jones, E.* Inv. 138 Leadenhall Street.—Machine à mouler les briques et les tuiles. Modèle du système de l'exposant, avec des additions et améliorations importantes.

134 *Laycock, G.* Winlaton, Newcastle-on-Tyne.—Charrue et sous-sol.

135 *Croskill, W.* Fab. Breveté, Iron Works, Beverley.—Moulins à vapeur; brise-motte, machines à battre le blé, id. à couper la paille; charrues, herse, et divers autres instruments d'agriculture.

136 *Grimsley, Th.* Oxford, *et Randall & Saunders*, Inv. Bath.—Presse à briques et à tuiles; modèle de four à briques et à tuiles; briques et tuiles d'égouttoir brevetées. Briques et tuiles creuses; modèle de cottages à l'épreuve du feu, &c.

137 *Richmond & Chandler*, Inv. et Fab. Manchester.—Machine à battre le grain, et autres instruments d'agriculture.

138 *Gillam, J.* Inv. Woodstock.—Machine à nettoyer les semailles.

139 *Taylor, G.* Inv. Bury, Lancashire.—Locomotive à faucher et à moissonner, mue à la main.

139A *Robinson & Fils*, Fab. Coventry.—Baratte perfectionnée.

140 *Hill E. & C.* Inv. et Fab. Brierley Works, Dudley.—Fer à cheval; portes et piliers en fer; grilles.

141. *Lydes,* —.—Mode perfectionné de placer les chevaux dans les wagons de chemin-de-fer.

142 *Garrett & Fils*, Inv. et Fab. Leiston Works, Suffolk.—Semoir pour semer les grains et distribuer l'engrais, de diverses grandeurs et formes; assortiment complet d'instruments d'agriculture perfectionnés.

143 *Comins, J.* Inv. et Fab. South Molton.—Petite houe en fer forgé, pour champs de navets et autres; charrue à coutre tournant, pour terrains montagneux; id. en fer; pulvérisateur; herses, &c.

144 *Squires, W.* Construct. March, Cambridgeshire.—Charrette pour le transport de produits agricoles; charrue perfectionnée.

144A *Elliott, G.* Inv. et Fab. Farnham.—Machine pour ensacher le houblon.

145 *Trotter, W.* Bywell, Newcastle-on-Tyne.—Modèle d'une machine à moissonner le blé à lames tournantes.

146 *Ponder, W. R.* Inv. Goldhanger, près Maldon Essex.—Ruche d'abeilles,

148 *Grounsell, W.* Fab. Louth, Lincolnshire.—Semoir, laissant tomber alternativement les semences et l'engrais; machine à nettoyer le blé; houe à train de cheval.

149 *Hensman, W. & Fils,* Inv. et Fab. Castle Works, Woburn.—Machine à vapeur portative, de la force de quatre chevaux, à chaudière tubulaire; machine à vapeur de la force de quatre chevaux à battre et nettoyer le grain, et autres machines pour manutention de produits agricoles.

150 *Gray, R. & Fils,* Fab. Uddingston, Glasgow.—Charrette de ferme; charrues; instruments à pulvériser le sous-sol; houe à essarter; hache-paille du Canada; attelage; machine à battre le blé.

151 *Williams, W.* Inv. et Fab. Bedford.—Herses en fer, avec 4 rayons diagonaux; charrue en fer fondu, à deux roues; id. pour terrain dur ou labourage profond; machine à deux tranchants pour hacher, mue par deux hommes, &c.

152 *Rome, R. M.* Dess. Langholm, Dumfries.—Appareil pour le lavage des moutons.

152A *Morewood & Rogers,* Inv. Steel Yard Wharf, Upper Thames Street.—Fer étamé et galvanisé, employé dans la construction et la toiture des bâtiments; feuille métallique, formée d'une combinaison de fer et de plomb; fils métalliques, mélange de fer et de cuivre, de fer et de plomb, et de fer et de laiton; modèles d'instruments d'agriculture en fer galvanisé, &c.

154 *Blyth, R. J.* Inv. & Fab. Norwich.—Machine à battre le blé, portative et de la puissance de quatre chevaux. &c.

154A *Goode, G.* Inv. 473 Oxford Street.—Un irrigateur pour prairies, breveté; autre irrigateur pour céréales.

155 *Fairless, T.* Corbridge, près Hexham, Northumberland.—Moissonneur pour couper le blé et le foin; pompe perfectionnée.

156 *Sadler, W. J.* Inv. Bentham, Swindon, Wilts.—Égout-filtre de cheminée.

157 *Rudd, T.* Inv. et Fab. 26 Ebury Square, Pimlico.—Machine à battre le blé; modèle de machine perfectionnée, pour couper et tailler le marbre, &c.

160 *Crump, T.* Inv. et Fab. Derby.—Pompes de jardin ou pompes à incendie portatives; pompe pour distribuer l'engrais liquide; instrument pour flamber les chevaux avec le gaz

161 *Nixon, T.* Inv. et Fab. Kettering.—Chassis de fenêtre pour serres et jardins.

170 *Wilmot, E. W.* Dess. Congleton.—Modèles de bâtiments pour une ferme de 300 acres environ avec cottages pour les ouvriers.

180 *Deane, Dray, & Deane,* Inv. London Bridge.—Variété de poêles, fourneaux, &c.; ustensils en métal anglais plaqués à l'électricité; coutellerie; lampes, &c.

181 *White, J.* Inv. et Fab. 266 High Holborn.—Appareil pour manipuler la bruyère et la dresser en fourrage pour bestiaux, &c.; moulin à cidre perfectionné; machine à préparer le blé.

182 *Turner, E. R.* Inv. et Fab. Ipswich.—Machine à vapeur portative de la force de 4 chevaux, pour agriculture; appareil pour régler la quantité d'eau fournie à une chaudière à haute pression; machine à cylindres pour moudre e blé, &c.

183 *Rogers, G.* 8 St. James' Street.—Appareil pour désodoriser.

185 *Samuelson, B.* Fab. Banbury.—Hachoir de navets pour les moutons, &c., hache-paille, baratte atmosphérique (enregistrée); cuisine, &c.

186 *Bates, F.* Oxford.—Instrument pour faciliter le transport des fleurs en pots.

190 *Winder, R.* Inv. 2 Ingram Court, Fenchurch Street.—Modèle de machine pour faucher et couper le blé au moyen de faux à mouvement de rotation horizontal, pour un ou deux chevaux.

191 *Henton, J.* Inv.—Rouleau à la main.

192 *Smith, H.* Inv. et Fab. 22 Rufford Row, près de l'église à Islington.—Fourneau au gaz pour les jardins.

193 *Keene, W.* 24 Great Queen Street, Lincoln's Inn.—Ruche; procédé pour préparer les semences.

195 *Willoughby, de Eresby, Lord,* Inv. 142, Piccadilly.—Machine à vapeur pour labourer; cette machine est immobile et fait mouvoir plusieurs charrues à la vitesse de milles à l'heure.

196 *Tobhntt, C. P.* Dess. Bluntisham, près St. Ives, Huntingdonshire.—Plan de ferme: modèle pour exploiter 250 à 300 arpents de terre.

198 *Alexander, E.* Inv. et Fab. Taylorton, Stirling.—Modèles de charrues pour tracer des sillons pour l'écoulement des eaux. Elle trace des sillons à une profondeur de 15 à 18 pouces, à l'aide d'un attelage de dix chevaux.

199 *Boyd, J. E.* Inv. et Fab. 70 Lower Thames Street.—Faux à double action.

200 *Caborn, J.* Denton, près Grantham.—Machine à vapeur portative de la force de sept chevaux, à chaudière tubulaire, pour battre le blé, &c.; machine à battre le blé; machine à dresser le blé.

202 *De Porquet Fenwick,* 11 Tavistock Street, Covent Garden.—Modèles; charrues légères, moulins pour haricots, &c.

204 *Pannell, G.* Feltham, Hounslow.—Modèle d'un appareil de chauffage. (Enregistré).

205 *Bland, J. G.* Inv. et Dess. Market Harborough.—Hache-paille à deux lames à main, perfectionné, au moyen duquel deux hommes peuvent hacher autant de paille qu'avec une machine ordinaire à un cheval; modèle d'un emplacement de ferme.

208 *Restell, R.* Dess. et Fab. 35 High Street, Croydon.—Machine à battre le trèfle

208A *Hayes, M.* Inv. et Fab. Enfield Highway.—Ruche

208B *Beadon, Capt. R.N.* Taunton.—Modèle de charrette.

208C *Kennedy, Dr.* Dublin.—Machine à arroser les plantes.

210 *Toby, H & Fils.* King's Road, Chelsea.—Modèle de serre, avec ventilation perfectionnée.

211 *Thornton, D.* Dess. Rathe, près d'Edinbourg, Dess.—Dessin pour la disposition des bâtiments de ferme, &c.

212 *Tytherleigh, W.* Inv. et Fab. 350 Coventry Road, Birmingham.—Baratte à beurre d'hiver et d'été.

213 *Stewart, C. et Cie.* 22 Charing Cross.—Appareil pour extraire les germes de pommes de terre, breveté; préparation pour conserver les germes.

214 *Furgusson, J.* Stirling.—Modèle d'une charrue desséchement.

215 *Padwick, W. F.* Inv. Manor House, Hayling Island, Hampshire.—Semoir à main pour ensemencer les jardins; cordeau plantoir perfectionné; transplantoirs perfectionnés.

215A *Tyson, J.* Dess. Selby, Yorkshire.—Modèle de ferme et constructions où l'on fait usage de machines à vapeur pour battre le blé, moudre, &c.

216 *Coleman, R.* Inv. et Fab. Chelmsford.—Scarificateur pour préparer le terrain et l'approprier à la culture, invention nouvelle; herses brevetées, de systèmes divers.

216A *Wheeler, E.* Inv. 16 Faulkner Street, Manchester.—Machine portative pour mettre en sacs le houblon, laine, le coton, &c.

217 *Bentall, E. H.* Inv. et Fab. Heybridge, près Maldon

don, Essex.—Charrue à large coutre perfectionnée; houe à rouleau pour écraser et pulvériser les mottes de terre; charrue brevetée à centre mobile, &c.

218 *Nunn, J. P. & E. B.* Inv. 17, Stratford Place, Oxford Street.—Instrument pour recueillir les essaims voyageurs d'abeilles.

219 *Smith, G.* Prod. 3 Francis Court, Berkeley Street, Clerkenwell.—Etiquettes émaillées de jardin, résistant à l'action atmosphérique. (Enregistrées).

220 *Wilkinson, T.* Imp. et Fab. 307 Oxford Street.—Calandre perfectionnée de Baker, à trois cylindres; baratte perfectionnée à couvercle troué, pour admettre l'air atmosphérique.

221 *Farlow, G. K.* 5 Crooked Lane, London Bridge.—Filets pour préserver les fleurs et les fruits.

222 *Smith, T.* Fab. Hamor Cottage, Hornsey Road.—Verres à hyacinthe, et support en verre pour les fleurs; clôture de terre cuite pour les fraisiers.

224 *Ritchie, W. & J.* Fab. Ardee.—Charrue perfectionnée par laquelle on économise beaucoup de temps, tandis que l'on conserve une surface très uniforme.

226 *Roberts, J.* 34 Eastcheap.—Tuiles pour les fruits, pots de fleurs, briques, cylindriques, &c.

227 *Vivian.*—Modèle d'une machine pour sécher le blé.

228 *Scragg, T.* Inv. et Fab. Tarporley, Chester.—Machine à action double pour fabriquer les tuiles et tuyaux.

230 *Barker, J.* Inv. et Fab. Dunnington, près York.—Charrue à roues en fer; branilloire en bois; houe à train de cheval à deux rangs de coutres, peut être élargi ou serré à volonté au moyen d'une vis, et tracer des sillons circulaires ou droits; charrette de Yorkshire à un cheval, perfectionnée, &c.

232 *Enniskillen, Le Compt de.*—Tuyaux d'écoulement, tuiles pour dessèchement, et pour toiture.

233 *Hornsby, R. & Fils*, Fab. Dess. et Inv. Spittlegate Iron Works, près Grantham.—Semoir perfectionné, pour terrains montagneux; semoirs pour diverses espèces de semences, &c., et pour répandre l'engrais; machine à battre le blé, perfectionnée, et autres instruments agricoles.

234 *Smith & Cie.* Inv. et Fab. Stamford, Lincolnshire.—Machine à faucher; hache-paille à deux lames, mis en mouvement par la puissance de la vapeur, de chevaux ou à bras; rateaux à train de cheval et à main; taille-suif pour fondeurs, &c.

235 *Chard & Munro*, Fab. Bristol.—Charrette légère de récolte à un cheval; cariole, &c.

237 *Burgess & Key*, 103 Newgate street.—Baratte américaine brevetée; tuyaux de gutta percha pour machines à incendie, pompes construites entièrement en gutta percha.

238 *Cambridge, W.* Inv. Bristol.—Rouleau breveté, pour broyer les mottes de terre.

239 *Whitehead, J.* Inv. et Fab. Preston, Lancashire.—Machine pour fabriquer les tuiles et tuyaux d'égoûts; machine, nouvelle invention, pour faire et presser les briques, &c.

240 *Howard, J. & Fils*, Inv. et Fab. Bedford.—Charrues (patentées) en fer; charrue en fer, sans roues; charrue à doubles sillons; herses, &c.

241 *Holmes & Fils*, Inv. & Fab. Prospect Place Works, Norwich.—Machine à battre toutes espèces de grains; semoirs et autres instruments aratoires.

242 *Clayton, Shuttleworth & Cie.* Lincoln.—Machine à vapeur portative perfectionnée pour l'agriculture. (Voir aussi le No. 39 de la Classe 5).

243 *Marriott, J.* Dess. et Inv. 74, Gracechurch Street.—Ruche sur nouveau système pour obtenir le miel sans détruire les abeilles; rayons de miel; miel clarifié et naturel, &c.

246 *West, W.* Inv. et Fab. Leicester.—Semoirs.

247 *Cottam & Hallen*, Oxford Street.—Ecurie, &c.

248 *M'Cartney & Drummond*, Dess. et Fab. Cumnock.—Machine à battre le blé, avec appareil séparant le grain de corps étrangers; machine pour battre l'orge.

248A *Weeks, J. & Cie.* Inv. et Fab. King's Road Chelsea.—Barres cylindriques et tournantes de fourneau, consumant entièrement la fumée; modèle d'un conservatoire; calorifère perfectionné pour chauffer les bâtiments au moyen d'eau chaude, &c.

248B *Thompson, H. A.* Fab. Lewes.—Portes en fonte, sur un nouveau principe; fourneau de cuisine chauffé; série de mesures en fer fondu, pour blé, graines, &c.; pompe à jet continu pour l'engrais liquide, &c.

249 *Wilson, J.* Dess. Kelso, Roxburghshire.—Modèle d'une boîte perfectionnée, pour machine à semer la graine de navets, construite de manière à ensemencer avec régularité.

250 *Brown & Archbold*, Inv. et Fab. Horsley, Newcastle-upon-Tyne.—Modèle d'une machine en miniature pour nettoyer le blé.

252 *Phillips, C. & Cie.* Fab. Bristol.—Machine à couper les navets.

253 *Fleming, G.* Inv. Newcastle-under-Lyne.—Machine pour détruire les mauvaises herbes, &c. dans les allées sablées, les cours, etc.

254 *Ralston, W.* Inv. et Fab. Malletsheugh, Newton, Mearns, Renfrewshire.—Machine à vanner toutes sortes de graines.

255 *Stokes, W.* Inv. Dean, près de Shepton Mallet, Somerset.—Machine à presser le fromage; moulin à cailler le lait.

255A *Siebe, A.* Denmark Street, Soho.—Machine à arroser les jardins pouvant servir de pompe à incendie.

256 *Smith, Albert*, Iron Works, Uxbridge.—Moulin, machine à battre le blé, machine à vanner, machines à couper la paille et les navets, &c.

257 *Warren, J.* Inv. et Fab. Heybridge, près de Maldon, Essex.—Charrues perfectionnées; charrue à hélice; houe montée sur roues; charrue à coutre triangulaire; fusil d'alarme, &c.

257A *Johnson, T.* Inv. Newcastle-upon-Tyne.—Modèle d'une machine à semer le froment et l'orge, munie d'une herse.

258 *McPherson, P.* Norton Place, Edimburgh.—Moulin perfectionné pour travailler le lin.

259 *Spurgin, J.* M.D. Guildford Street, Russell Square.—Houe double et autres.

259A *Winton, —,* Birmingham.—Bêches, instruments d'agriculture.

259B *Burcham, C.* Inv. et Fab. Heacham, Lynn.—Modèle d'un cultivateur à la vapeur ou à la main ou machine universelle pour labourer et arroser.

259C *Hay, J.* Inv. Florabank, Haddington.—Machine pour couper les navets pour la nourriture des bestiaux.

262 *Seal, S.* Fab. Wakefield.—Pierres à faux; pierres à aiguiser.

262A *Craig, J. & Cie.* Fab.—Tuyaux d'égouts; tuiles de terre d'argile, &c.

262B *Rowbottom, J.* Halifax.—Ruche pour recueillir le miel sans détruire les abeilles.

263 *Digges La Touche, Rév. T.* Inv. Killenaule, Irlande.—Modèle de charrette sans mortaises; modèle de houe à essarter, remarquable par sa simplicité; modèle d'une herse sur roues, &c.

264 *Low, A.* 78 Overgate, Dundee.—Sac-muselière, ayant sur le devant une pièce de gaze métallique, qui permet au cheval de respirer pendant qu'il mange; charrue à double effet.

265 *Daniell, J. C.* Simply Stoke, près de Bath.—Echantillons d'engrais.

MACHINES et INSTRUMENTS D'AGRICULTURE et HORTICULTURE.

266 *Smith, A. & W. & Cie.* Inv. et Fab. Woodside Works, Paisley.—Baratte à manivelle centrifuge ; appareil à vapeur pour préparer la nourriture des bestiaux ; machine pour moudre le blé et les haricots.

267 *Grant, J. C.* Inv. et Fab. Stamford.—Rateau à train de cheval, pour ramasser le foin ; herses à levier ; charrues et autres instruments d'agriculture.

268 *Stuart, J.* Dess. et Fab.—Charrue à deux chevaux, &c.

269 *Jones, C. E. B. A.*—Ruche perfectionnée.

269A *Forbes, R. B.* Glasgow.—Charrette de ferme écossaise.

269B *Sanders, S.* Fab. Birmingham.—Pelles et bêches perfectionnées.

270 *Smith, W.* Inv. et Fab. Kettering, Northamptonshire.—Machine à vanner et à nettoyer le blé et autres graines ; houe à train de cheval, de construction simple, en fer forgé.

271 *Tuxford & Fils,* Fab. Boston and Shirbeck Iron Works, Lincolnshire.—Machine à vapeur portative de la force de six chevaux, à l'usage des fermiers, pour battre et moudre le blé, et pour divers autres travaux agricoles.

272 *Plenty, J. & E.* Newbury, Berks. — Machine à vapeur portative de 4 chevaux ; machine à ensacher le houblon.

274 *Ferrabee, J. & Fils,* Fab. Phœnix Iron Works, Stroud.—Coupe-paille ; coupe-herbes, &c. (Brevetés.)

275 *Lomax,* —, Birmingham, Warwick.—Coupe-paille, coupe-navet, coupoir universel.

277 *Uphill, E.* Birmingham, Warwick. — Parc à mouton en fer forgé ; rateau à foin pour nourrir les moutons ; appareil perfectionné pour fondre la poix et le goudron ; étaie d'arbre.

278 *Rickman, W. C.* 21 Park Side, Hyde Park Corner.—Niveau à l'usage des agriculteurs.

**** Dans la Galerie au Nord du Transept.*

290 *Neighbour & Fils,* 127 High Holborn.—Ruche à ventilateur d'Appleyard ; ruches brevetées de Payne & Nutt.

291 *Milton, J.* 10 Great Marylebone St.—Oiseaux anglais ; ruches, et essaims d'abeilles en travail.

Aller a la Classe 22, page 135.

Classe 10. INSTRUMENTS de PRECISION et de CHIRURGIE; INSTRUMENTS de MUSIQUE; et HORLOGERIE.

—— Galeries laterale et centrale du Nord; Galeries Ouest et Centrale du Sud. ——

1 *Bennett, J.* Inv. et Fab. 65 Cheapside.—Régulateur sonnant les demi-secondes, avec pendule de compensation à mercure; horloge de corridor, boîte en chêne sculpté; chronomètre de marine supérieurement exécuté; montres et chronomètres divers, horloge de cathédrale, avec cadran de glace, &c. Un cadran à vent placé au-dessus du toit du palais de l'Exposition avec une machine automotrice pour indiquer la force du vent.

2 *Adams, F. B. & Fils,* Fab. 21 St. John's Square, Clerkenwell.—Montres et mouvements de montres.

3 *Olorenshaw, J. & Cie.* Fab. 8 Charles Street, Northampton Square, Londres, et Oxford Terrace, Coventry.—Spécimens de montres en or et en argent, chronomètre de marine, &c.

4 *Service du Cadastre Général,* le Lieut.-Colonel Hall.—Deux barres à compensation et microscopes, qui ont servi à mesurer le Royaume uni d'après les règles de la trigonométrie, diagramme de trigonométrie.

6 *Veitch, J.* 6 Ovington Square, Brompton, Inv.—Invention nommée ambulance médico-chirurgicale, pour secourir les soldats blessés.

7 *Hutton, J.* Inv. et Fab. 9 Lucas Place, Commercial Road, East.—Montre de dame en or; montres de chasse, en argent; id. horloge à balancier de compensation et roue barométrique; chronomètres, montres, &c.

8 *Crayg, J.* Fab. 8 Northampton Square, Clerkenwell.—Variété de montres en or et en argent.

9 *Yates, T.* Preston, Fab. — Horloge brevetée. Montre.

10 *Lowry, S.* Inv. et Fab. 47 St. John's Street Road, Clerkenwell.—Montre à levier; chronomètre en or; mouvements de montre.

11 *Connell, W.* Fab. 83 Cheapside.—Chronomètre de marine marchant deux jours, à échappement détaché, système Earnshaw; balancier compensateur pour températures chaudes.

12 *Loseby, E. T.* Inv. 44 Gerrard Street, Islington.—Balance à compensation de mercure montant quatre modifications; régulateur d'après un système nouveau de pendule à mercure, &c.

13 *Holl, F. R.* Inv. et Fab. 8 Waymouth Terrace, City Road.—Chronomètre de poche en or; chronomètres de différentes espèces.

14 *Adams, T.* Fab. 36 Lombard Street.—Pendule en marbre noir; imitation en chêne de la même pendule; horloge avec modèle, de l'Observatoire Royal de Greenwich; chronomètre de marine.

16 *Howell, James & Cie.* Fab. Regent Street.—Grande horloge en or-moulu, représentant Jupiter comme Dieu de l'Univers; horloge en or-moulu, représentant les Quatre Ages, &c.

17 *Webster, R. jeune,* Inv. et Fab. 74 Cornhill.—Nouveau modèle d'horloge; horloges en marbre égyptien.

18 *Ventura, A. B.* Inv. et Fab. 17 Charles Street, Cavendish Square.— Harpe Ventura; lyre Ventura, &c.

19 *Delolme, H.* Dess. et Fab. 48 Rathbone Place, Oxford Street.—Montres en or, manufacturées en Angleterre, les mouvements faits dans le Lancashire; chronomètre de marine; stéthomètre.

20 *Newington, S.* Inv. Hastings.—Horloge à compteur, ou régulateur domestique. (Breveté).

21 *Gibbs, H.* Fab. 2 Nelson Street, City Road.—Montre perfectionnée.

23 *Chevalier, B.* Fab. 41 Brunswick Street, Stamford Street.—Boîtes à chronomètres.

25 *Brookes, J.* Fab. 5 Berkeley Court, Clerkenwell.—Grand ressort pour un chronomètre de marine, marchant deux jours.

26 *Funnell, E.* 2 Clarence Place.—Montre à levier de la grandeur d'une pièce d'argent de trois pence.

27 *Gowland, J.* Inv. et Fab. 52 London Wall.—Pendule régulateur pour la division isochrone du temps; chronomètre de longitude; grand modèle d'échappement, horloge électrique, &c.

28 *Tanner, W.* Inv. 83 Upper Street, Islington.—Polyhorion, ou horloge indiquant à la fois l'heure de Londres, de Dublin, d'Edimbourg, et de Paris.

30 *Davis, W.* 37 Gracechurch Street.—Montre à échappement horizontal; mouvement de montre fait entièrement à la main, par M. Davis, 57 New Street, Birmingham.

31 *Cole, T.* Inv. Dess. et Fab. 2 Upper Vernon Street, Lloyd Square, Clerkenwell.—Ecritoire avec tous les objets nécessaires pour écrire, indiquant l'heure, le jour du mois et le jour de la semaine; dessins pour horloges.

32 *Jackson, W. H. & S.* Inv. et Fab. Red Lion Street, Clerkenwell. — Montre à levier soliclave; chronomètre marin, &c.

33 *Moore, J. & Fils,* Fab. 38 Clerkenwell Close.—Horloge sonnante, qui peut marcher un mois sans être remontée, &c.

34 *Barraud & Lund,* Inv. et Fab. 41 Cornhill.—Chronomètre de marine, avec un modèle de balancier compensateur de nouvelle invention. Chronomètre de poche en or.

35 *Parkinson & Frodsham,* Fab. 4 Change Alley, Cornhill. — Horloge astronomique avec pendule au mercure, chronomètre marchant 8 jours, &c.

36 *Fairer, J.* Inv. et Fab. 17 Bishopsgate Street Without.—Horloge pour les employés des chemins de fer; horloge pour les stations de chemin de fer; horloge électrique.

37 *Robinson, P.* Dess. & Fab. Bishop Auckland.—Pendule squelette à ressorts, sonnant les heures, les quarts, sur timbres modulés, &c.

39 *Elisha, C.* Inv. et Fab. 15 New Bond Street.—Horloge à régulateur, marchant huit jours, avec pendule de compensation; montre en argent, avec aiguille de compensation, en acier et cuivre.

40 *Brockbank & Atkins,* Inv. 6 Cowper's Court, Cornhill.—Chronomètre marin à ressorts, avec boîte perfectionnée.

41 *Walter, F.* 9 Devonshire Place.—Nouveau dessin d'horloge.

42 *Lamb, J.* Fab. Bicester, Oxfordshire.—Pendule squelette, marchant 400 jours.

43 *Thorneloe, C.* Dess. et Fab. Lichfield.—Pendule sonnant les quarts et marchant 32 jours; dessin:—la cathédrale de Lichfield; horloge squelette gothique.

46 *Grant, P.* Dess. 29 Lower William Street, St. John's Wood.—Pied de pendule, composé d'ivoire, de bois de tulipe et d'ébène.

46A *Copland, C. M. A.* Prop. South Villa, Kennington Oval.—Montre ayant appartenu à Henri VIII.; deux montres anciennes, l'une en argent, l'autre dorée.

Classe 10.

INSTRUMENTS de PRÉCISION et de CHIRURGIE;

47 *Harvey, W.* Inv. et Fab. Stirling, Ecosse.—Horlogerie perfectionnée à l'égard de la sonnerie; le mécanisme ordinaire est retranché, une seule roue suffit.

49 *Bennett, G. W.* Fab. Blackheath, Kent.—Horloge propre aux voies publiques.

52 *Donegan, J.* Fab. Upper Ormond Quay, Dublin.—Montres en or et en argent; spécimens d'or et d'argent irlandais.

52A *Aubert & Klaftenberger,* Fab. 157 Regent Street.—Régulateur droit à échappement, pouvoir continu et égal, avec pendule au mercure d'après un nouveau système; chronomètre de marine et chronomètre de poche, &c.

53 *Pennington, J.* Inv. et Fab. High Street, Camberwell.—Chronomètre de marine avec balancier de compensation et poids perfectionnés.

55 *Dent, E. J.* 61 Strand, 43 Cockspur Street, et 34 Royal Exchange.—Grand assortiment de montres de dames et d'hommes, de qualité supérieure; chronomètre de marine avec un report de balancier en verre et compensateur platine et argent pour la variation de la température; dipleïdoscope; horloges astronomiques et autres; compas azimutal, &c.

56 *Drury, J. F.* Fab. Cheshunt, Herts.—Boîte contenant un carillon de sonnettes.

57 *Frodsham, C.* Fab. 84 Strand.—Horloge astronomique; chronomètres de marine sur un nouveau modèle; chronomètres de poche en or; spécimens de boîtes pour montres, &c.

60 *Hall, G. F.* Inv. Norfolk Street, Fitzroy Square.—Horloge astronomique et météorologique.

62 *Hinton, C.* Dess. et Fab. 10 Corporation Lane, Clerkenwell.—Cadran de montre en émail blanc anglais, qui admet un verre plus plat sans gêner le mouvement des aiguilles.

64 *Jones, J.* 338 Strand.—Montres en or et en argent, perfectionnées.

66 *Kaiser, J.* Dess. et Inv. 30 Park Terrace, Regent's Park.—Pendule sur un nouveau principe, qui indique d'un seul coup d'œil les jours du mois et de la semaine, le nom du mois, et qui marche 8 jours.

66A *Moore, le Major W.* 3 Cornish Terrace, Rathmines, Dublin.—Instrument de chirurgie dont l'usage précède l'opération de la lithrotrite, &c.

67 *McDoual, E. J.* Inv. et Fab. 12 Dorset Place, Pall Mall East.—Echappement pour chronomètres, montres et pendules, sans roue à échappement; id. à ressort en gomme élastique. &c.

68 *McDowall, C.* Inv. 4 Hyde Street, Bloomsbury.—Mouvement de pendule à échappement dormant, système nouveau.

69 *Mapple, H.* Inv. Child's Hill. Hampstead.—Echappement d'horloge perfectionné; clé perfectionnée pour monter les horloges.

71 *Marchand, L.* Fab. 1 Red Lion Street, Holborn.—Petite montre en or à levier; horloge à carillon.

73 *Payne, W. & Cie.* Inv. et Fab. 163 New Bond Street.—Horloge sonnant les quarts, avec huit timbres; boîte en bois d'Amboyne et or-moulu, destinée au Grand Sultan; horloge à carrillons; horloge astronomique, &c.

74 *Rix, I.* Inv. 21 Conduit Street, Westbourne Terrace.—Horloge chronomètre, à mouvement lent.

78 *Tobias & Cie.* Fab. Liverpool. — Montres à secondes, mouvement composé; boîte de montre en or guillochée; montre en or, de chasse; montre en argent à levier, mouvement horizontal. &c.

79 *Gilbert, W. S.* Inv. Upper Harley Street, Londres.—Modèles d'un système d'anneaux très-amincis ou disques de forme conique, que la pression fait allonger intérieurement ou extérieurement. Applicables aux pistons, &c.

80 *Thomson, A.* Inv. et Fab. 25 New Bond Street.—Autochronographe pour marquer instantanément le temps indiquer le jour du mois, et l'heure avec les minutes et fractions de minutes.

81 *Pettit, W. & Cie.* 2 Crombie's Row, Commercial Road, East.—Une montre suspendue dans un vase rempli d'eau, et où vivent de petits poissons dorés. L'objet de l'invention est d'assurer la marche des montres et autres instruments, soit dans l'eau, soit à l'humidité de la mer, &c.

85 *Hardy, G.* Inv. 5 Wellington Road, St. John's Wood.—Machine électro-magnétique.

85A *Watkins, A.* Inv. et Fab.—Chronomètre sonnant les heures; chronomètres.

86 *Cousens & Whiteside,* Inv. et Fab. 27 Davies Street, Berkeley Square.—Montre de chasse qui indique l'heure à $\frac{1}{6}$ de seconde près.

87 *Allis, J. H.* Inv. & Fab.—Horloge à répétition avec pendule composé.

90 *Barling, J.* Dess. 90 High Street, Maidstone, Kent.—Cadran d'horloge avec chiffres d'un nouveau système.

91 *Vieyres & Repincon,* Fab. 129 Regent Street.—Chronomètre marin, marchant deux jours; montres d'or et d'argent, systèmes divers; ressorts.

82 *Blaylock, J.* Inv. et Fab. Long Island, Carlisle.—Mécanisme pour les aiguilles d'heure et de minutes d'une horloge à 4 cadrans; appareil pour illuminer les cadrans automoteur et auto-régulateur.

94 *Bolton, T.* Fab. Coventry.—Montres plaquées en or et en argent.

95 *Mouillard, P. F. V.* Inv. 71 Albany Street, Regent's Park.—Sangsue artificielle, ou pompe à sang; applicable sans douleur.

95A *Briscall, J.* Dess. et Fab. 48 Constitution Hill, Birmingham.—Horloge à régulateur automoteur, marchant un mois, à échappement détaché.

96 *Brutton, C.* Prop.—Horloge avec sa boîte; avec almanach perpétuel, indiquant le jour du mois; cercle indiquant les années bissextiles, &c.

99 *Churchill, G.* Fab. Downton, près de Salisbury.—Pendule marchant 8 jours à ressorts et à musique, exécuté par un forgeron.

100 *Dell, Frères,* Bristol.—Horlogerie; cadran transparent pour les chambres à coucher; boîte à musique.

102 *Driver, J.* Dess. et Fab. Wakefield.—Horloge à carillon, montrant simultanément et sur le même cadran l'heure dans toutes les parties du monde; horloge avec échappement à levier, sans pendule.

103 *Edwards, J. T.* Fab. Dudley.—Horloge à ressort portative qui marche 426 jours.

104 *Edwards, J.* Stourbridge.—Horloge squelette transparente à ressorts, en verre et cuivre, marchant huit jours; id. marchant trois mois.

104A *Gray, J.* Dr. Inv. Perth.—Canne de promenade contenant: seringue, forceps, boîte à allumettes, boîtes à pilules et autres objets médicamentaux.

106 *Evans, W.* Fab. Soho Street, Handsworth, près de Birmingham.—Horloge squelette gothique; horloge style Elisabethien; autre horloge squelette. Monument de Walter Scott à Edinbourg; cadrans.

109 *Gerard, A.* Inv. Gordon's Hospital.—Trigonomètre sphérique; horloge avec balancier conique, &c.

113 *Hart, W. & Cie.* Fab. Christchurch, Hants.—Chaînes de fusées de chronomètres et de montres, de diverses dimensions.

115 *Lawrence, I.* Inv. North Curry, près de Taunton.—Cadran solaire au moyen duquel on peut mesurer la latitude septentrionale; diviseurs, multiplicateurs, &c.

117 *Pace, J.* Inv. Dess. et Fab. Bury St. Edmunds.—Pendule squelette, marchant trois ans; pendule squelette en forme de pyramide, marchant 3 mois; baromètre à trois tubes, &c.

119 *Radford, J.* Inv. et Dess. Cheltenham.—Dessins ou diagrammes d'horloge ou montre géographique; deux horloges construites d'après ce principe.

121 *Wright, W.* Dess. et Fab. 14 Exchequer Row.—Horloge indiquant les jours et les quantièmes, marchant pendant une année, &c.

122 *Broadbent, J.* Ashton-under-Lyne.—Carillon de petites sonnettes mis en mouvement au moyen de ressorts; échelle pour fixer les roues.

123 *Roskell, J.* Dess. et Fab. Liverpool.—Mécanique d'horlogerie.

124 *Rotherham & Fils*, Fab. Coventry.—Montres en or et en argent; les différentes parties d'une montre à levier.

126 *Mapple, H.* Inv. Child's Hill, Hampstead.—Machine de sauvetage pour chemin de fer, employée en Amérique; échappement d'horloge perfectionné; télégraphe électrique, &c.

127 *Einsle, E.* 46 St. Martin's Lane.—Syphon douche inventé par le Dr. C. Jones; modèle de syphon perfectionné pour brasseurs; pompe stomachale, instrumens à amputer et autres; pompe énéma à double action.

127A *Taylor, G.* Inv. et Fab. Wolverhampton.—Horloge qui marche huit jours, et qui se règle d'elle-même.

128 *Shepherd, C.* Inv. et Breve, 58 Leadenhall Street.—Horloges électro-magnétiques à sonnerie, en communication avec la grande horloge exposée au transept.

129 *Smith & Fils, J. L. & W.*—Régulateur avec pendule s'ajustant de lui-même, &c.

130 *Roberts, R.* Prop. Globe Works, Manchester.—Horloge d'église ou de tourelle, avec pendule compensation et échappement remontoire; forêts à la Norman pour montres et horloges; machines à découper les roues à engrenage, &c.

131 *Young, J.* Knaresborough.—Pendule.

137 *Rush, C.* Inv. Elsenharn Hall, Bishop Stortford.—Dessin pour cadran perfectionné de baromètre anéroïde, au moyen duquel, les voyageurs et aéronautes peuvent déterminer la hauteur au-dessus du niveau de la mer.

138 *Gray & Keen*, Dess. et Fab. Liverpool.—Baromètres à roue, à l'usage des établissements maritimes; baromètres gothiques, à roue.

140 *Abraham J. A.* Inv. Liverpool.—Baromètre qui indique la véritable hauteur du mercure sans ajustement.

141 *Jones, —,* Holborn.—Un thermomètre de montagne.

144 *Brooke, C.* Inv. et Dess. 29 Keppel Street.—Appareil photographique, magnétique, météorologique, et automoteur; déclinomètre; magnétomètre; appareil pour enregistrer; baromètre, thermomètre, &c.

145 *Dollong, G.* Inv. St. Paul's Churchyard.—Indicateur atmosphérique, pour enrégistrer les changements de l'atmosphère.

146 *Good, S. A.* Inv. Arsenal Royal de Pembroke.—Nouvelle méthode de transmettre le mouvement.

148 *Scholefield, D.* Fab. Freeman's Square, Huddersfield.—Métronome portatif pour indiquer la mesure dans la musique.

149 *Harris, W. & Fils*, Fab. High Holborn.—Baromètres portatifs pour mesurer la hauteur des montagnes; nouveau thermomètre perfectionné; télescope micrométrique et à double image, &c.

151 *Merryweather, G.* M.D. Dess. et Inv. Whitby.—Instrument pour pronostiquer les tempêtes.

152 *Hewitson, J.* Inv. et Fab. Newcastle-on-Tyne.—Jauge de marée automotrice qui indique avec une précision mathématique la variation du flux et du reflux.

154 *Bryson & Fils*, Inv. et Fab. Edinbourg.—Modèles des échappements de montres actuellement en usage; horbaromètre avec indicateur automate.

157 *Ross, A. H.* Inv. et Dess. 25 Bridge Street, Sunderland.—Baromètre, avec compensateur à mouvement propre.

157A *Casello, L. P. & Cie.* Dess. et Fab. 23 Hatton Garden.—Baromètre comparatif à combinaison, montrant les baromètres torricellien, cartésien, et à roue, et sympiesomètre agissant en combinaison; avec des échelles variées, chacune de 1, 11, 4, et 2 pouces. Baromètre de poche, thermomètre de croisée, &c.

158 *Lovejoy, G.* Prop. Reading.—Pendule dont le mécanisme est invisible; et qui marche 21 jours.

159 *Grimoldi, H.* Fab. 31 Brook Street, Holborn.—Baromètre à fronton perfectionné, dans un cadre doré.

160 *Sanderson, G.* Dess. Mansfield, Nottingham.—Carte des environs de Mansfield.

160A *Negretti & Zambra*, Inv. et Fab. 11 Hatton Garden.—Baromètre à syphon ouvert, avec échelle pour préciser les observations; baromètre de poche; thermomètre avec échelle de comparaison pour chimistes; hygromètre, &c.

161 *Orchard, J.* Fab. Kensington.—Modèle de baromètre perfectionné; machine pneumatique.

162 *Pizzala, F. A.* Dess. et Fab. Londres.—Baromètre à roue avec échelle à engrenage.

163 *Tremlet, R.* Inv. et Fab. 9 Albermarle Street, Clerkenwell.—Baromètre de marine, avec boîte métallique et thermomètre.

166 *Dobbie, W.* Fab. Falkirk.—Baromètre royal, perfectionné, à deux aiguilles, l'une ordinaire, l'autre indiquant par 1000e de pouce les mouvemens du mercure.

168 *Collard & Collard*, Fab. — Grand piano élégant, en bois de chêne anglais, sculpté, style Louis XV. dans l'avenue principale; grand semi-piano carré, à répétiteur; grand piano cabinet, perfectionné. Piano pour toutes les classes.

175 *List, G. B.* Inv. Southampton.—Appareil pour traiter les fractures.

181 *Matthews, W.* Fab. 10 Portugal Street.—Appareils pour inhaler le chloroform et autres médecines, &c. Stéthoscope; chaise patentée de Gilbert, pour arracher les dents avec plus de facilité.

187 *Bateman, J.* LL.D. F.R.A.S. East India Road.—Machine centrifuge, expliquant le mouvement des planètes.

188 *Richards, N.* Prop. 3 Somerset Street, Aldgate.—Globe à rotation sans fin, dit l'instructeur de géographie.

189 *Morrison, J. D.* Fab. Edinbourg.—Dents minérales, &c.

190 *Ryles, M.* Inv. Cobridge, Staffordshire Potteries.—Appareil de construction particulière, montrant les fluctuations de la marée.

191 *Paxon, W.* Prop. Hampstead.—Cadran lunaire perfectionné, pour indiquer les phases de la lune.

192 *Troughton & Sims.*—Cercle de transit. Cercle de Westbury. (Dans l'avenue principale).

193 *Mathews, W.* Inv. 16 Westbourne Street, Hyde Park Gardens.—Astrorama, représentation concave des cieux.

194 *Ashe, W. A.* Prop. 15 Brompton Crescent.—Indicateur pour la navigation du grand cercle, inventé par le lieutenant C. D. Ashe, de la Marine Royale.

195 *Facy, R.* Dess. et Fab. Wapping Wall.—Planétaire vertical.

196 *Little, Le Major, R. J.* Dess. Woolwich Common.—Appareil et accessoires destiné à suppléer à la perte de la main droite, fabriqués par Gaze, 14 Beresford Street, Woolwich.

197 *Roper, W.* Fab. Bath.—Pied à pivot, inventé par H. Lawson, Esq. pour supporter les grands télescopes astronomiques.

198 *Johnston, W. & A. K.* Fab. Edimbourg.—Globe

terrestre, de 30 pouces de diamètre, expliquant la structure géologique de la terre, &c.

200 *Fletcher, P.* Fab. Edinbourg—Globes, terrestre et céleste, &c.

201 *Allan, T. H.* Inv. 20 St. Andrews Square, Edimbourg—Télégraphes électriques.

202 *Murdock, J.* Rothes, Fochabers, Elgin.—Indicateur mécanique des éclipses.

204 *Stoker, —,* Doncaster.—Globe terrestre angulaire, démontrant le mouvement de la terre de 23 dég. ½. Horloge sphérique géographique.

205 *Saunders, G. & Fils,* 278 Strand.—Kaleïdoscope à révolutions; cuirs à rasoir métalliques.

207 *Edkins & Fils,* Fab. 16 Salisbury Square.—Globes de 18 pouces.

208 *Malloch, P.* Inv. et Prod. 18 Market Street, Edimbourg.—Indicateur mécanique pour enseigner la géographie.

209 *Willis, H.* Dess. et Fab. 18 Manchester Street, Gray's Inn Road.—Orgue avec un clavier de 3 jeux, et plusieurs perfectionnements dans le mécanisme. Cet instrument, construit sur le système allemand, contient 77 touches et 4,500 tuyaux, dont le plus grand CCCC mesure 32 pieds, et le plus petit C ⅜ de pouce.

210 *Dunin, Mr. E. de,* Londres.—Mécanisme destiné à représenter les proportions du corps humain, qui peut se dilater depuis les dimensions de l'Appollon du Belvédère, jusqu'à celles d'une statue colossale. Ce mécanisme est composé de plus de 7,000 pièces d'acier.

212 *Newton, W. & Fils,* Fab. 66 Chancery Lane, et 3 Fleet Street.—Grand globe céleste (manuscrit) 6 pieds de diamètre; globes en ardoise de différentes grandeurs; sphère armillaire montée sur un méridien d'airain, &c.

213 *Bentley, J.* Inv. et Editeur, 13 Paternoster Row.—Globe à surface plane; les deux hémisphères sont imprimés sur carton circulairement découpé et fixé sur un méridien en cuivre à pivot, qui permet de se servir de cet appareil comme d'un globe sphérique.

215 *Plant, F.* Inv. Nottingham.—Planétaire mécanique; modèle d'appareil d'alimentation à régulateur automate, remplaçant la pompe foulante, et réglant le jet, &c.

218 *Adorno, J. N.* 6 Golden Square, Londres.—Machine pour mesurer et démontrer les proportions aliquotes du périmètre et du diamètre du cercle; machine ou instrument à dessiner les ellipses, paraboles et hyperboles. Globe céleste et terrestre combiné. Globe et cartes géographiques par sections.

220 *Horne, Thornwaite & Wood,* Fab. 123 Newgate Street.—Machine électro-galvanique, et collection d'instrumens pour le galvanisme médical; microscope oxyhydrogène et son appareil; appareil de daguerréotype, &c.

233 *Graham, G.* Inv. 8 Liverpool Street, Walworth.—Invention pour diriger une machine aérienne.

234 *Gilbert, G.* Prop. Moubray, Ealing.—Globes célestes et terrestres portatifs, gonflés par l'air atmosphérique; char soulevé par des cerf-volants.

237 *Luntley, J.* Inv. et Fab. New Broad Street Court.—Ballon rotatoire à propulseur automoteur. Enr. prov.

248 *Pritchard, A.* Inv. et Fab. 162 Fleet Street.—Microscope achromatique.

249 *Hett, A.* Prépar. 24 Bridge Street, Southwark.—Variété d'objets microscopiques injectés; microscope montrant ces objets.

250 *Field, R. & Fils.* Fab. Birmingham.—Microscope achromatique; microscope pour la dissection; calotypes.

252 *Poulton, C.* Fab. Reading.—Objets préparés et montés pour le microscope.

253 *Smith & Beck,* Fab. 6 Coleman Street.—Pieds pour microscopes achromatiques composés. Objets microscopiques et appareils; tables tournantes.

254 *Ross, A.* Inv. et Fab. 2 Featherstone Building...—Télescope astronomique à lentille de 11¼ pouces de diamè... microscopes, et chambres obscures pour photographie,... fectionnés. (Avenue principale de l'ouest).

254A *Reade, le Rév. J. B.* Inv. Aylesbury.—Lorgno... lides pour télescopes, micromètres, &c. (Avenue princi... de l'ouest.)

256 *Hudson, F. T.* Fab. et Dess. Greenwich.—Obj... microscopiques.

257 *Varley & Fils* Inv. et Fab. 1 Charles Street, Cla... don Square.—Télescopes graphiques; chambre obscure... les objets sont représentés en sens inverse; nouveau mic... cope, &c.

258 *Jackson, E. & W.* Inv. 315 Oxford Street.—Ap... reil microscopique.

259 *Chadburn Frères,* Fab. Sheffield et Liverpo... Verres et lentilles à lunettes; lunettes, télescopes et... croscopes; lunettes à verres grossissants; lunettes d'opé... petits télescopes; télescopes de jour ou de nuit; télesc... achromatiques portatifs; lanternes magiques; chambres... scures; niveaux; pierre aimantée; baromètres; mach... galvano-électriques pour agriculteurs et architectes; c... tographe de Craig; jauges à vapeur et à vide, &c.

263 *Abraham, A. & Cie.* Fab. Liverpool.—Lante... dioptriques et trinoptriques à prismes; microscope; ch... bre obscure.

264 *Richardson, T. W.* Brède, près Northam, Susse... Télescope à réflecteur pour observer le disque du soleil... réflecteur de verre blanc, a un mouvement de rotation p... bolique. Vis perfectionné pour grillages en fil de... Spécimens de couleurs prismatiques sur verre, &c.

265 *Willats, T. & R.* Inv. et Fab. 28 Ironmonger L... Cheapside.—Chambre photographique portative pour... traits, obtenus par le procédé photographique, sur... papier ou verre.

266 *Salmon, W. J.* Fab. 254 Whitechapel Road.—T... scopes de nuit et de jour pour la marine.

267 *Crickitt, R. E.* Dess. Doctors' Commons.—Por... lescope.

268 *Callaghan, W.* Fab. 45 Great Russell S... Bloomsbury. — Télescope perfectionné pour la chas... cerf. Une paire de lunettes montées en acier.

269 *Pillischer, M.* Dess. et Fab. 398 Oxford Str... Grand microscope achromatique; binocle d'opéra a... matique; thermomètre de Sike en ivoire, &c.

270 *Carpenter & Westley,* Fab. et Prop. 24 Regent... —Lanternes phantasmagoriques avec les derniers arr... ments mécaniques et optiques; peintures d'histoire natu... série de diagrames astronomiques.

271 *Dixey, C. W.* Fab. 3 New Bond Street.—... mètres; sextant nautique perfectionné; lunettes, lorgn... thermomètres; télescopes; instrumens pour dessin... &c.

273 *Bayley, R.* Fab. 18 Half Moon Crescent,... Conduit Street.—Lunettes d'or et d'acier.

274 *Goddard, J. T.* Fab. 35 Goswell Street.—... achromatique pour télescopes.

274A *Evans, W.* Inv. et Fab. Brecknock. Pays de G... —Jambe mécanique au moyen de la quelle les pers... amputées au genou, peuvent marcher ou monter à chev...

276 *Clark, F.* Inv. et Fab. 13 Park Side, Knightsb... —Nouveau genre de lunettes, servant à la fois de lu... et de binocle d'opéra.

278 *Hyams, H.* Inv. et Fab. 59 Cornhill. — Nou... modèle de verre objectif pour servir de télescopes o... lorgnettes; lentilles Stanhope en forme de cone.

279 *Weaber, H.* Fab. 129 Oxford Street.—Lunet... acier invisible; id. en or; variété de lunettes et de lor...

280 *Whitehouse, N.* Prop. et Fab. 2 Cranbourn...

—Œil postiche; nez artificiel en argent; lorgnettes en argent massif; lunettes en or.

283 *Braithwaite, S.* Inv. et Fab. 169 Kirkgate, Wakefield.—Abats-jour à ventilateur pour la vue.

284 *Stark, R. M.* Inv. et Fab. Edimbourg.—Objets microscopiques préparés dans des cellules de gutta-percha, &c.

285 *Jordan, C.* Inv. et Fab. 37 Chapman Street, Manchester.—Instrument illuminé pour inspecter les oreilles, les yeux et autres parties cachées du corps humain, &c.

286 *Solomon, J.* Fab. 22 Red Lion Square.—Lorgnettes en papier-mâché. (Enregistré.)

287 *King, Th. D.* Dess. & Fab. Bristol.—Microscope achromatique composé, &c.

289 *Braham, J.* Inv. & Fab. Bristol.—Lunettes; lentilles; trigonomètre pour mesurer les angles; chalumeau à gaz.

290 *Rowley, —,* Fab. Wolverhampton.—Lunettes perfectionnées; lunettes montées en acier surperfin, excessivement legères; gardes vue en gaze de métal; lorgnons.

291 *Mayall, J. E.* Prod. 433 West Strand.—Panoramas daguerréotypes; chute du Niagara; lieu de naissance de Shakspeare, &c.; portrait de Daguerre; modèles de sculpture, &c.

291A *Ladd, W.* Fab. Penton Place, Walworth.—Boîte contenant des instruments pour expériences pneumatiques; microscope composé avec chaine et axe, au lieu de la roue et du pignon, actuellement en usage.

292 *Beard, R.* Prod. et Brev. 85 King William Street, City.—Portraits photographiques; procédé daguerréotype breveté.

294 *Kilburn, W. E.* Prod. 234 Regent Street.—Miniatures photographiques.

295 *Paine, W.* Prod. 5 Trinity Row, Islington.—Tableaux photographiques, démontrant les progrès de l'art.

296 *Claudet, A. F. J.* Inv. 18 King William Street, Charing Cross.—Chambre obscure, représentant sur une même surface différents portraits; photographomètre; portraits photographiques; dynactinomètre; focimètre; chambre obscure photographique, &c.

297 *Henneman & Malone,* Dess. 122 Regent Street, Westminster.—Appareil talbotype; tableaux talbotypes; spécimens des tableaux cyanotypes et chrysotypes de Herschel et des tableaux chromatypes de M. Hunt.

298 *Hayward, E. L. & W.* Inv. et Fab. 196 Blackfriars Road.—Jauge pour préciser l'épaisseur et le poids des métaux en feuilles et en barres, &c.; ventilateur de Sheringham.

299 *Tyree Frères,* Inv. 44 Regent's Circus, Piccadilly.—Daguerréotypes.

301 *Sadd, W.* Inv. et Prop.—Machine aérienne.

302 *Bingham, R. J.*—Photographes.

303 *Colls, R. & L.* Inv. 168 New Bond Street.—Talbotypes.

308 *Leonard, S. W.* Dess. 11 Upper Stamford Street.—Dessins microscopiques, montrant l'utilité du microscope, surtout dans l'anatomie.

308 *Sharp, S.* Fab. New George Street, Sheffield.—Assortiment de 10 lentilles pour un seul microscope.

309 *Wray, W.* Inv. et Fab. 43 Harcing Street, Commercial Road, East.—Télescope achromatique de sept pieds, de quatre pouces et demie d'ouverture, sur un nouveau modèle.

317 *Denton, J. B.* Inv. Gray's Inn Square.—Spécimens de cartes de géographie, en relief, avec un instrument pour mesurer les hauteurs et les distances; niveaux.

318 *Penrose, F. C.* 4 Trafalgar Square.—Hélicographe à vis, ou compas logarithmique à spirale; hélicographe mobile. (Breveté.)

320 *Elliot & Fils,* Fab. 56 Strand.—Boîte d'instrumens à dessiner; boîte d'instrumens de mathématiques; théodo-

lites; instrument pour mesurer les distances; télescopes; binocles; aune anglaise, &c.

322 *Lloyd, Lt.-Col. J. A.*—Typhodéictor, ou pronosticeur de tempête: instrument au moyen duquel on peut, à simple inspection, déterminer la force et la position relative des tempêtes et ouragans, inventé par le Lt.-Col Lloyd, et construit selon la théorie, appelée la loi des tempêtes, publiée dans plusieurs ouvrages du Colonel Reid. Exécuté par Elliott et Fils.

323 *Dobson, J.* Fab. 268 High Holborn.—Collection complète d'instrumens à dessiner, en électrum ou métal anglais.

324 *Tree, J. & Cie.* Fab. 22 Charlotte Street, Blackfriars Road.—Jauge perfectionnée d'Ewarts pour les bestiaux, &c.

325 *Purvis, J.* Inv. Newcastle-upon-Tyne.—Equerre mécanique, contenant la sonde, le niveau et autres instruments de précision.

326 *Fontaine-Moreau, de, P. A.* 4 South Street, Finsbury.—Baromètre anéroide.

327 *Towns, W.* Inv. 19 Stangate Street, Lambeth.—Nouveau système de compteur à esprit.

328 *Haggard, W. D.* Inv. Bank of England.—Rapporteur double, de trois pouces carrés, gradué pour la construction des angles, et pour mesurer la hauteur et la distance, &c.

329 *Sinclair & Hockley,* Dess. et Fab. 42 Gerrard Street, Soho.—Arrangement mécanique pour suppléer aux dents artificielles; garniture de dents minérales perfectionnées, &c.

330 *Best, T.* Oldham.—Machine pour mesurer et diviser avec la plus grande exactitude. Règles de 12 et 6 pouces, marquées et divisées au moyen de cette machine.

331 *Griffith, J.* Dess. Derby.—Baromètre, dont l'erreur est au dessous de la millième partie d'un pouce.

332 *Yeates, G.* Dess. et Fab. 2 Grafton Street, Dublin.—Baromètres; théodolites; machines pneumatiques; compas prismatiques perfectionnés; règle d'optique; lunettes, &c.

333 *De Grave, Short & Fanner,* Fab. 59 St. Martin's-le-Grand.—Balance et poids de vérification; balances et poids hydrostatiques; balances et poids pour peser les diamans, &c.

334 *Oertling, L.* Fab. 13 Store Street, Bedford Square.—Nouveau modèle de balance; balance chimique.

335 *Brown, S.* Inv. 6 Marlborough Place, Kennington Cross.—Compteurs à eau et à esprit.

337 *Park, S. H.* Dess. et Fab. Kingswood près de Wotton-under-Edge, Gloucestershire.—Clefs à boulon perfectionnées, de 9 grandeurs différentes; jauge et emporte-pièces centripèdes, au moyen desquelles on peut indiquer immédiatement le centre de tout objet.

338 *Sang, J.* Inv. et Fab. Kirkaldy, Ecosse.—Planimètre automoteur; pour déterminer la surface d'un plan tracé, il suffit de promener l'instrument autour de la ligne extérieure, et alors un index en détermine la surface.

339 *Bridges, G.* Inv. Hampton Wick, Kingston.—Instrument pour préciser la distance d'un objet donné soit de jour ou de nuit.

340 *Hooker, J. & A.* Fab. 26 East Street, Foundling.—Tableau d'élévation aux puissances; les questions relatives à l'accroissement de la population, à l'intérêt composé, sont résolues par cette méthode, &c.

341 *Marriott, M.* Inv. Montpelier Square.—Balance pour analyse chimique.

342 *Ross, W.* Inv. Strathsteven, Sutherland.—Instrument pour mesurer les hauteurs et les distances, et indiquer l'heure au soleil dans toutes les parties du Globe.

343 *William, B. H.* Waterfoot, Irlande.—Instrument destiné à prendre les angles et les surfaces de terrains, et les transporter sur papier par procédé mécanique, avec la plus grande précision.

H

344 *Dover, J.* Prod. Little New Street.—Balance délicate, pour l'analyse chimique et l'essai de l'or, &c.

346 *Dobbs, G.* 37 St. Alban's Street, Lambeth.—Niveau à esprit de vin, pour niveler les machines.

347 *Cox, G.* Fab. 5 Barbican.—Instrument pour marquer le temps exact par la hauteur du soleil, et pour régler les horloges, montres et chronomètres; instrument pour faciliter l'étude de l'astronomie; niveau.

348 *Hardy, J.* Inv. 5 Wellington Road, St. John's Wood.—Métrographe, instrument de précision au moyen duquel toute personne peut dessiner d'après nature un objet quelconque.

349 *Barrett, R. M.* Fab. 4 Jamaica Terrace, Limehouse.—Sextant lunaire perfectionné; sextant ordinaire; quadrant en cuivre, indiquant les demi-minutes.

350 *Taylor, J.* Inv. 104 Minories.—Sextant pour mesurer les distances entre les corps célestes.

351 *Heath, G.* Erith, Kent.—Sextant, divisé jusqu'à dix secondes. Loupe perfectionnée. Quart de cercle perfectionné.

352 *Williams, W.* Inv. et Fab. 57 Johnson Street, Somers Town.—Radiateur ou instrument pour artistes et dessinateurs.

353 *Adcock, J.* Inv. 4 Marlborough Road, Dalston.—Modèle d'une machine pour mesurer les chemins et en tracer le plan sur une échelle d'un pouce et demi par pied.

354 *Baker, R.* Inv. Glastonbury, Somersetshire.—Modèle d'un instrument appelé Periphan, au moyen duquel on peut expliquer clairement et d'une manière simple les phénomènes solaires et lunaires.

355 *Graham, J.* Inv. Darlington.—Règle démontrant la circomférence d'un cercle, et applicable à d'autres problèmes.

356 *Cameron, P.* Inv. 87 London Street.—Compas azimutal; niveau indicateur perfectionné; vernier mathématique et nautique; thermomètre perfectionné; jauge à vapeur et à vide.

358 *Siebe, A.* Inv. et Fab. 5 Denmark Street, Soho.—Machine à peser à cadran, avec appareil à mesurer; appareil d'alimentation de chaudières de machines à vapeur.

359 *Smith, W.* Maidstone.—Réveil-matin.

361 *Miller, J. (jeune),* Inv. 80 Thomas Street, Woolwich.—Radiateur de Miller, instrument pour tirer des lignes à un point ou à un centre.

362 *Liddell, J. J.* Des. Edimbourg.—Niveau à esprit pour préciser l'écoulement des eaux; niveau pour construction de routes et voies.

363 *Thompson, J.* Inv. 4 Wellington Place, West India Dock Road.—Machine trigonométrique pour mesurer les habits.

364 *Adcock, J.* Inv. et Dess. Teignmouth.—Echelle comparative du diamètre et du quart de cercle pour mesurer le bois de charpente; nouveau modèle de roues pour bateaux à vapeur.

365 *Gardner & Cie.* Glasgow.—Instruments d'optique.

366 *Young & Fils.* Inv. et Fab. 5 Bear Street, et 46 Cranbourn Street.—Machine à peser à plateaux fixes.

367 *Blyth, R.* 2 Cheltenham Place, Westminster Road, Lambeth.—Niveau indicateur, pour charpentiers, maçons, constructeurs, &c.

368 *Ackland, W.* Inv. 19 Dorset Street, Portman Square.—Machine pour graduer les hydromètres, &c.; échelle graduée pour un hydromètre, &c.; hydromètre d'airain.

369 *Besant, —.* Wiltshire.—Pupitres d'orchestre.

371 *Nunn, R. M.* Inv. Wexford.—Hydromètre, dit hydromètre universel, donnant exactement la gravité spécifique de tous les liquides; pompe médicinale de premier ordre.

372 *Blunt, H.* Shrewsbury.—Modèle d'Erathosthenès.

376 *Hay, W.* Dess. et Prop. 113 Union Street, Aberdeen, Ecosse.—Mesure de pied, au moyen de laquelle on prend mesure de chaussures d'un seul coup.

377 *Fox, R. W.* Inv. Falmouth.—Balance pour peser jusqu'à la dix-millième partie d'un grain.

378 *Yates, Emma Jane,* Inv. Portland Place, Wandsworth.—Instrument pour la solution approximative du problème de la quadrature du cercle.

379 *Dyer, H.* Inv. Great Western Railway, Hungerford.—Indicateur de bureau, servant de memento, au moyen duquel la mémoire ne peut faillir, &c.

382 *Tolputt, W. B.* Folkstone.—Instrument pour enseigner l'écriture aux aveugles.

383 *Darnell, J.* Inv. 12 Denmark Grove, Islington.—Cloche d'alarme pour découvrir le feu et les voleurs; cadran solaire indiquant l'heure, le jour du mois et la longitude du soleil.

385 *Davidson, A.* Nairne.—Instrument pour mesurer la circonférence des arbres.

386 *Weare, R.* Princess Road, Plumstead Common.—Annihilateur d'incendie.

387 *Wertheimer, D. J.* Pat. et Fab. 5 Charing Cross.—Machine calculatrice, faisant l'opération des 4 règles d'arithmétique; machines pour réduire les monnaies indienne, américaine, russe, &c.; machine comptant le nombre de coups donnés par une machine à vapeur, &c.

392 *Boyle.*—Télescope réflecteur.

395 *Matthias, J. H,* Inv. et Fab. 47 Hatton Garden, et 1 Dorset Street, Ball's Pond.—Nouvelle invention pour diviser les lignes, d'après un principe géométrique.

396 *Baker, H.,* Inv. et Fab. 90 Hatton Garden.—Jauge à vide; jauge à vapeur; jauge pour la pluie; alarme thermométrique; thermomètre de jardinage; tubes gradués, &c.

399 *Chamberlain, W. (jeune),* Inv. St. Leonard's-on-Sea.—Modèle en grand d'une machine à voter qui permet aux électeurs d'enregistrer leurs votes consciencieusement, qui prévient toute fraude; modèle sur une échelle réduite.

401 *Hughes, W.* Inv. Governor of the Blind Asylum, Manchester.—Typographe pour les aveugles: cet instrument leur permet d'exprimer leur pensée sur le papier en toute facilité. Le typographe peut être appliqué à nombre d'autres usages.

402 *Wilton, W.* Fab. St. Day, Truro.—Instruments magnétiques de Fox; balance magnétique id.; théodolite ou instrument pour mineurs.

403 Anderson, J. Inv. Queensferry, South, Edimbourg.—Machine pour dessiner la perspective.

404 *Griffiths, & Le Beau,* 15 Coborn Road, Mile End.—Portraits et peintures au daguerréotype, copiés à l'électrotype.

404A *Heywood, W.* 95 Duke Street, Manchester.—Machine pneumatique.

406 *Beauford, R.* Inv. Hastings.—Instrument photographique perfectionnée, appelé accélérateur daguerréotype.

407 *Gogerty, R.* 72 Fleet Street.—Modèle d'une paire de machines à vapeur, à action directe et roues à augets; machine indiquant la puissance électrique positive et négative.

408 *Bryan, Rev. J.* Inv. Norwich.—Machine pneumatique perfectionnée, sans soupapes.

409 *Marrat, J. S.* 63 King William Street, Londres.—Télescope achromatique de 5 pieds; les mouvements vertical et horizontal sont produits par des vis sans fin; théodolite.

411 *Phillips, J.* F.R.S. Inv. St. Mary's Lodge, York.—Electro-phore; udomètre; thermomètre; anémomètre; baromètre à air, de construction nouvelle; bloc de pierre coloré par infiltration de manière à imiter le marbre.

413 *Allen, E. E.* Inv. Steel Yard Wharf, Upper Thames Street.— Signal d'alarme électro-magnétique pour les convois de chemins de fer, communiquant avec le conducteur de toutes les parties du convoi.

413A *Parks, W. J.* Fab. Newington Crescent.—Dents artificielles.

414 *Nichols, W.* Inv. Cambridge.—Instrument d'alarme électro-magnétique en cas d'incendie ou d'effraction.

417 *Creswell, J.* Inv. Winchmore Hill, Edmonton.—Machine à moteur électro-magnétique.

419 *Whishaw, F.* Dess et Inv. 9 John Street, Adelphi.—Télékouphonon, ou télégraphe parlant ; téléphone de gutta percha ; communicateur pour trains de chemin de fer ; tube et bande de tour, comme ceux fabriqués primitivement par la Société des Arts en 1845 ; conducteurs de télégraphes électriques sous-marins ; modèle expliquant le télégraphe hydraulique ; chronomètre centrimétal, fait par Johnson, Clerkenwell, indiquant la vîtesse des trains de chemin de fer, &c. ; tubes de verre brevetés pour isoler et protéger les fils des télégraphes électriques posés sous terre, &c.

420 *Harrison, C. W. & J. J.* Inv. Richmond.—Machine électro-magnétique, pour produire le mouvement d'après un nouveau système.

421 *McNair, A. & Co.* Inv. et. Fab. 33 Oswald Street, Glasgow.—Conducteur pour télégraphes électriques, consistant en un fil de cuivre, isolé au moyen d'une enveloppe de gutta percha, et enfermé dans un tube de plomb.

422 *Brett, A.* Prop. 138 Holborn Bars.—Télégraphe électrique breveté de Brett et Little ; signaux d'alarme ; manche de cloches et batterie voltaïque, avec disposition des conducteurs sous-marins ; batterie hydraulique ; isolateurs.

423 *Winter, J.* Man. 44 Littlewood House, Leeds.—Canne, contenant une batterie électro-galvanique complète.

424 *Smith, G. R.* Inv. 16 de Bouvoir Terrace, Culford Road.—Télégraphe électrique ; boîte en verre, sur le haut de laquelle sont des supports pour microscopes achromatiques.

425 *Burdett, J.* Inv. 28 Hanover Square, Clapham Road.—Télégraphe domestique, destiné à remplacer les sonnettes et cloches dans les hôtels, châteaux et résidences, indicateur qui ne demande qu'un peu d'attention des domestiques ou employés.

426 *Alexander, W.* Inv. 52 West Register Street.—Modèle d'un télégraphe électro-magnétique, mis en action au moyen de courants voltaïques à travers les conducteurs métalliques.

427 *Reid, W.* Inv. Brev. et Fab. 25 University Street.—Deux télégraphes électriques, pour hôtels, jardins publics, &c. ; appareil électrique pour faire sonner les cloches de châteaux et de grandes maisons ; télégraphe électrique pour la transmission des dépêches.

428 *Henley, W. T.* Inv. et Fab. 46 St. John's Street Road, Clerkenwell.—Aimant en forme de fer-à-cheval, pesant 728 livres ; machine magnéto-électrique, démontrant l'application du courant électrique dérivé du magnétisme, à la décomposition chimique ; télégraphes électriques. (Patentés).

429 *Brett, J. & J. W.* Brev. et Prop 2 Hanover Square.—Télégraphe électrique imprimeur ; à l'aide d'un seul fil il imprime avec la plus grande précision en caractères romains ou autres, et sous le contrôle immédiat du correspondant éloigné ; id. avec mécanisme additionel pour obtenir des duplicats ; le communicateur est d'un système si simple que toute personne peut, à première vue, imprimer des communications à une station éloignée ; id. réduit à des dimensions de poche, pour mettre les conducteurs de trains en communications avec les stations éloignées, en cas d'accident ; id. avec clavier de piano ; régulateur de circuit, pour contrôler les dépêches des diverses stations entre deux points donnés ; portion du fil d'expérimentation qui avait été déposé dans la Manche, de la côte d'Angleterre à celle de France, au mois d'Août dernier, époque à la quelle les deux pays furent mis en communication au moyen de ce télégraphe ; spécimens de cable protecteur pour conduire le fil sous-marin ; cloches électriques, &c., brevet en Angleterre, en France, en Amérique, en Belgique, en Prusse, en Autriche, en Hollande, en Sardaigne et en Espagne.

430 *Walker, C. V.* Inv. Tonbridge.—Isolation de fils télégraphiques ; fils télégraphiques passant par les tunnels, enfermés dans des tubes de gutta percha vernis ; autres appareils galvaniques, &c.

432 *Compagnie anglaise du Télégraphe électrique.*—Télégraphes électriques de Highton, avec appareils. Télégraphe imprimeur à un ou deux fils ; autre télégraphe qui imprime à volonté en touchant la clef, une des 26 lettres de l'alphabet ; disposition du télégraphe de Morse mis en mouvement par impulsion secondaire. Télégraphe imprimant instantanément les lettres de l'alphabet par une simple pression à la clef, au moyen d'une aiguille tournante, et d'un cadran. Série de Télégraphes indicateurs et à aiguilles, à fils conducteurs ou aimants en acier. Série de signaux d'alarmes.

433 *Bakewell, F. C.* Inv. et Brev. 6 Haverstock Terrace, Hampstead.—Télégraphe électrique copiste, contrefaisant toutes sortes d'écritures. (Breveté.)

434 *Bain, A.* Inv. Beever Lodge, Hammersmith.—Horloges électriques ; électro-télégraphes électriques ; id. pour copier ; id. pour imprimer. (Breveté.)

435 *French, W. H.* Inv. Cardiff, Pays de Galles.—Plaques tournantes pour télégraphes électriques, opérant le changement de fils conducteurs principaux en fils conducteurs secondaires et vice versâ ; distributeurs du fluide, &c.

436 *Dering, G. E.* Inv. et Brev. Lockley's Welwyn, Herts.—Appareil de télégraphe électrique, perfectionné.

437 *Meinig, C. L. A.* Fab. 103 Leadenhall Street.—Batterie galvanique portative ; mécanisme pour établir et détruire le contact, &c.

438 *Edwards, J. B.* Prod. et Fab. Liverpool.—Assortiment de matras, de cornues, et autres vases en verre ou en porcelaine, employés dans la chimie.

438A *Rundell, W. W.* Inv. et Fab. Falmouth.—Aimant en fer fondu carbonisé ; impressions et spécimens de cachets gravés à la mécanique.

439 *Hearder, J. N.* Inv. et Fab. 34 George Street, Plymouth.—Fer fondu aimanté en forme de fer à cheval, pouvant servir partout où la force magnétique est requise ; appareil médico-galvanique avec régulateur gradué, pour administrer l'électricité galvanique ; appareil à raréfier l'air.

440 *Joule, J. P.* F.R.S. Inv. Acton Square, Salford, Manchester.—Aimants électriques.

441 *Waite, G.* Inv. 2 Old Burlington Street.—Appareil électro-galvanique.

444 *Westmorland, J.* Dess. Derby.—Machine électrique brevetée, en gutta-percha.

446 *Green, S.* Fab. 7 Helmet Row, Old Street.—Compas de poche de différentes espèces ; cadrans magnétiques ; thermomètres circulaires en ivoire avec compas ou cadran magnétique ; compas de mineurs.

451 *Palmer, W. V.* Somers Town.—Electrotypes et graveurs à l'électrotype.

452 *Crichton, J.* Fab. 112 Leadenhall Street.—Sextant solide à arc, sextant à deux branches ; sextant pour mesurer les côtes ; quadrants ; compas azimutal ; théodolites ; niveaux télescopes, &c.

453 *Knight, G. & Fils,* Foster Lane.—Laboratoire complet de chimie ; fourneaux, appareil pour l'exploration des mines ; instrumens pour l'examen des minéraux ; batterie galvanique, et divers autres instrumens de chimie.

454 *Coffey, J. A. & Smith, J.* Prop. et Fab. 4 Providence Row, Finsbury.—Appareil de chimie perfectionné, contenant une bouilloire à vapeur, avec un assortiment de vases mobiles pour décoctions, extraits, evaporations, &c.

INSTRUMENTS de PRECISION et de CHIRURGIE;

456 *Statham, W. E.* Inv. et Fab. 4 Rotherfield Street outh, Lower Islington.—Cabinets chimiques portatifs et laboratoires, pour amusement, analyse, et recherches chimiques; appareil dydro-pneumatique.

457 *Griffin, J. J. & Cie.* Fab. 53 Baker Street.—Instruments gradués en verre pour les épreuves chimiques; assortiment de poids et mesures d'après le système décimal; hydromètre pour mesurer la force de l'esprit de vin dans toutes les températures; appareils de chimie.

458 *Allman, F.* Inv.—Stanhope Street, Hyde Park.—Lampe de table de Salon à éclairage électrique, avec une autre lampe expliquant l'effet et la manière de diriger le courant dynamique.

459 *Ibbetson, Capt. L. L. B.* Inv. et Fab. Clifton House, Old Brompton.—Chalumeau; microscope oxy-hydrogénique avec tubes de sûreté nouveaux, fabriqués par C. W. Collins, Institution Royale Polytechnique, Regent Street.

460 *Newberry, F.* Stoke Newington Green.—Electrotypes.

464 *Harrison, J.* Inv. et Fab. 2 Charlton Terrace, Upper Brook Street, Manchester.—Batterie électrique; batterie galvanique.

464A *Harrison, J.* Inv. et Fab. 45 Upper John Street, Fitzroy Square. — Modèles de pianos enregistrés; modèle du mouvement généralement employé par les fabricants de pianos.

465 *Wellway, J. S.* Inv. & Fab. Bristol.—Auge à siphon pour la pile galvanique; appareil pour transporter le gaz à éclairage.

466 *Taylor, T.* 17 Fleet Street, Dublin.—Batterie pneumatique pour mettre le feu à la poudre pour faire sauter les mines; peut agir à toutes distances.

467 *Kirkman, J. & Fils*, Fab. 3 Soho Square.—Modèle en miniature d'un grand piano de six octaves trois-quarts; piano oblique.

468 *Greiner, G. F.* Inv. et Fab. 51 Upper Marylebone Street, Portland Place.—Piano, construit d'après le système du porte-voix; matière d'invention nouvelle pour remplacer l'ivoire des touches de pianos.

469 *Southwell, W.* Fab. 16 Baker Street, Portman Square.—Grand piano.

470 *Stodart, W. et Fils* Fab. 1 Golden Square.—Grand piano horizontal en bois de rose.

471 *Cadby, C.* Fab. Liquorpond Street.—Pianos divers, sur un nouveau principe de suspension.

472 *Rolfe, W. & Fils*, Fab. 61 Cheapside.—Piano jouant de lui-même; autres pianos.

473 *Deacock, T.*—Un piano.

474 *Brinsmead, J.* Fab. 15 Charlotte Street, Fitzroy Square.—Piano breveté; sa forme permet de le placer dans un appartement quelconque.

475 *Metzler, G.* Fab. 37 Great Marlborough Street.—Piano droit de petite dimension, fait en chêne, &c.

476 *Moore, J. & H. & Cie.* Dess. et Fab. 104 Bishopsgate Street Within.—Grand piano droit de dessin nouveau et élégant.

477 *Luff, G. & Fils*, Fab. 103 Great Russell Street, Bloomsbury.—Petit piano Albert; harmonium, instrument nouveau.

477A *Hunt, R.* Inv. 22 Blake Street. — Table piano: ou table de salon sur piédestal; elle contient un piano de grand dimension et une boîte à musique. Enr. prov.

479 *Ennever & Steedman*, Fab. 31 George Street.—Pianos en noyer de diverses dimensions.

480 *Allison, R.* Fab. 69 Regent Street.—Piano droit en bois de noyer, système perfectionné.

481 *Jones, J. C.* Inv. et Fab. 21B Soho Square.—Piano-droit double.

482 *Holdernesse, C.* Fab. 444 New Oxford Street.—Grand piano en noyer, sculpté.

483 *Allison, R.* Fab. 106 Wardour Street, Londres.—Piano-cottage, en noyer, avec sculptures, et incrustations de fleurs en bois de couleurs naturelles.

484 *Jenkins, W. & Fils*, Inv. et Fab. 10 London Street, Fitzroy Square.—Piano pour yachts et bateaux à vapeur.

486 *Hund Fils*, Inv. et Fab. 21 Ebury Street, Pimlico.—"La Lyre," piano droit en forme de Lyre sur grande échelle et à coffre de construction particulière. L'exécutant ou le vocaliste est tourné vers l'auditoire.

487 *Addison, R.* Brev. et Prop. 210 Regent Street.—Piano royal Albert à transposition.

488 *Aggio, G. H.* Dess. et Fab. Colchester.—Pianoforte; ottomane.

489 *Dimoline, A.* Dess. et Fab. Bristol.—Piano à compensation, 7 octaves; petit piano droit en papier-mâché.

490 *Akerman, W. H. H.* Inv. et Fab. Bridgwater, Somerset.—Piano de construction perfectionnée.

491 *Smyth & Roberts, F. & G.* Inv. et Fab. Birmingham.—Petit piano droit à 8 octaves.

493 *Woolley, T.* Fab. et Brev. Birmingham.—Pianos brevetés pour tous les climats.

493A *Harwar, J.* Fab. 28 Bloomsbury Street. — Piano avec mécanisme à transposition, à chevet et sommiers en métal, &c.

494 *Towns & Parker* Fab. 20 Oxford Street.—Grand piano à transposition. Piano-cottage microphonique de construction économique.

496 *Erard, P. O.* Inv. et Fab. 18 Great Marlborough Street.—Pianos et harpes de toutes dimensions. Harpe du "Prince de Galles," richement ornée.

498 *Mott, I. H. R.* Inv. et Fab. 76 Strand.—Grand piano droit, invariable dans tous les climats (breveté); grand piano horizontal, possédant une étendue de près de huit octaves, avec un clavier additionnel de cinq octaves, &c.

499 *Wornum, R.* Inv. et Fab. Store Street.—Pianos perfectionnés.

500 *Hopkinson, J. & J.* Fab. 17 Oxford Street.—Grand piano horizontal avec nouveau mouvement; piano de boudoir en bois de rose.

500A *Turnbull, W.* Fab. Frederick Street, Regent's Park.—Collection de clefs pour pianos.

502 *Peachey, G.* Fab. 73, Bishopsgate Street Within, Londres.—Piano piccolo "Victoria," en chêne. Piano piccolo "Albert," en bois de rose. L'un et l'autre perfectionnés.

503 *Greaves, E.* 56 South Street, Sheffield.—Tuyaux éoliens, argentés et dorés pour violons, guitares et harpes; tuyaux et accessoires pour piano diapasons; métronomes portatifs, &c.

504 *König & Pask*, 141 Strand.—Collection complète de cors en cuivre; cors français; trombones et trompettes, ophicléides avec clefs; clarinettes d'un nouveau modèle; flûtes; cornets-à-piston, &c.

505 *Dodd, E.* Fab. 112 Vauxhall Walk, Lambeth.—Cordes de violon, violoncelle, harpe, basse, &c.

506 *Drury, J. F.* Fab. Cheshunt, Herts.—Boîte contenant un carillon de sonnettes.

507 *Gisborne, J.* Fab. 37 Suffolk Street, Birmingham.—Instruments de musique, cornet-à-piston, trompette, &c.

508 *Henrys & Cie.* Fab. 2 Budge Row.—Flœtina, instrument de musique nouvellement inventé.

509 *Forster, S. A.* Fab. 13 Macclesfield Street, Soho Square.—Un violon, viola, violoncelle, &c., d'après les modèles du bisaïeul de l'exposant.

510 *Heaps, J. K.* Fab. Leeds.—Violoncelle, sur un nouveau principe.

511 *Anelli, J.* Inv. Edimbourg.—Clef centripète pour accorder les instruments, &c.

512 *M'Neill, J.* Inv. et Prop. 140 Capel Street, Dublin. —Cornet-trompette de cavalerie; cornet-à-piston renflé de manière à supprimer les angles.

514 *Church, G.* Inv. Bristol—Guide-main pour le piano; guitare; violoncelle; avec les perfectionnements les plus récents.

516 *Edwards, J. & Fils*, Inv. Church Street, Burslem.— Instrument pour donner de la force et de l'élasticité aux doigts des pianistes et autres artistes exécutants; en tournant une vis adaptée derrière l'instrument, on règle le degré de force avec la quelle on doit appuyer sur les touches.

517 *Pace & Fils*, Inv. et Fab. 29 King Street, Westminster.—Cornet à piston; trompette et cor à clefs: le perfectionnement consiste dans le diamètre restreint des tubes.

518 *Broadwood, J. & Sons*, Fab. 33 Great Pulteney Street.—Quatres grands pianos de construction différente. (Voir aussi à l'avenue principale de l'ouest.)

519 *Betts, A.* Fab. 27 Royal Exchange.—Deux violons.

520 *Oates, J. P.* Inv. Lichfield.—Instrumens de musique en cuivre, perfectionnés, tels que: cornets, cors, trompettes, trombones, &c.

522 *Prince, Mlle. A.* Inv. 29 Norfolk Crescent, Hyde Park.—Gioco di Euterpe, nouveau jeu musical.

523 *Jordan, J.* Inv. et Fab. 34 Manchester St. Liverpool.—Instruments de musique en cuivre, perfectionnés. Serpencléide.

524 *Dobrowolski, B. W.* 20 Norton Street, Londres.— Guitare semi-brève, contenant une octave et demie de plus que la guitare espagnole. Enreg.

525 *Panermo, L.* Fab. 31 High Street, Bloomsbury.— Guitare (T. P. Thompson, M.P. Inv. et Prop. Eliot Vale, Blackheath); genre tout-à-fait nouveau et perfectionné.

526 *Wheatstone, W. & Cie.* Fab. et Brev. 20 Conduit Street, Regent Street.—Concertines, double, triple, bariton, ténor, basse, &c. Symphonion, &c.

527 *Ward, C.* Inv. et Fab. 36 Great Titchfield Street. —Timbales; basson de nouveau modèle, &c.

528 *Snell, R.* Inv. et Fab. Ball's Pond.—Séraphin avec double échelle de notes, produisant une harmonie complète à chaque clef.

529 *Storer, J.* Inv. et Fab. Brev. 26 Piccadilly.—Æolophon, contenant deux séries de vibrateurs; æolophon portatif, &c.

530 *Faulkner, E.* Inv. 11 York Street, St. James's Square.—Support d'accordéon. Enreg. prov.

531 *Bray, J.* Fab. 26 Westmoreland Street, Dublin.— Harpe à double action (style gothique); tabouret et pupitre à musique.

532 *Simpson, T.* Inv. Sea Lion Hotel, Hanley-in-the Potteries.—Norma Virium, accentuateur musical, destiné à remplacer le métronome.

533 *Jones, B.* Dess. et Fab. Cardiff.—Harpe galloise à triples cordes.

535 *Siccama, A.* Inv. Pat. et Fab. 135 Fleet Street.— Flûtes diatoniques offrant de grands avantages dans le doigté; le ton de ces flûtes est fort et brillant.

536 *Rudall, R. & C.* Fab. 38 Southampton Street, Strand. —Flûtes de Carte; flûte de Boehm, &c.

537 *Purdy & Fendt, G. & B.* Fab. 74 Dean Street, Soho.—Violons, violoncelles, double basses; huile pour vernir les instruments égale à celle de Crémorne.

538 *Potter, H.* Fab. 2 Bridge Street, Westminster.— Flûte de Clinton, sur principes d'accoustique.

540 *Kohler, J.* Fab. et Brev. 35 Henrietta Street, Covent Garden.—Nouveau modèle de cornet; id. de cornet-à-piston; id. de trompette; id. de trombone; id. de clairon.

541 *Guinness, R.* Inv. 58 East Street, Manchester Square.—Instruments de musique; violon et violoncelle; chevilles s'ajustant d'elles-mêmes pour accorder les instruments.

542 *Spurgin, T.* Saffron Walden.—Violon d'après le principe Savart.

543 *Dodd, J.* Fab. Image Cottage, Holloway.—Archets pour violons, violoncelles, &c., montés en or et en écaille; cordes en argent pour violons, et harpes.

544 *Chidley, R.* Dess. Fab. et Prop. 135 High Holborn.— Concertines.

545 *Case, G.* Fab. 32 New Bond Street.—Concertine, à trois octaves et demie.

546 *Card, W.* Dess. et Fab. 29 St. James' Street. — Flûte en argent; flûte en or, &c.

547 *Calcott, J.* Inv. et Fab. 31 Admiral Terrace, Vauxhall Bridge Road.—Cornet à piston; cor.

548 *Roome, T. F.* Fab. 67 John Street, Fitzroy Square. Tuyaux d'orgue métalliques; trompette; hautbois.

549 *Groome, J.* Inv. et Fab. Watton, Norfolk.—Musique transparente à l'usage d'écoles de chant: les notes peuvent être vues distinctement à distance.

550 *Mathews, W.* Inv. et Man. 5 St. James' Street, Nottingham.—Modèle d'un piano perfectionné; piano droit.

551 *Andrews, R.* Inv. 4 Palatine Buildings et 84 Oxford Street, Manchester.—Mano-guido pour donner une bonne position aux mains, bras et doigts des jeunes élèves apprenant le piano.

553 *Bishop, J. C.* Dess. et Fab. 1 Lisson Grove, South. —Orgues de cabines, avec pédales composées.

554 *Dawson, C.* Inv. 395 Strand.—Autophon, ou orgue perfectionné, construit de manière à ce que toute personne, même celles qui n'ont aucune connaissance musicale, puissent exécuter avec perfection les compositions les plus difficiles.

555 *Gray & Davidson*, 9 New Road, Fitzroy Square.— Grande orgues d'église de première classe; petites orgues d'église: le pédal renfermé dans une boite, contient le bourdon indépendant du clavier, et ces orgues exécutent différents airs sans changer les cylindres.

556 *Hill, W. & Cie.* Dess. et Fab. Totttenham Court Road.—Petit orgue, contenant une anche-registre d'une grande puissance, &c.

557 *Holdich G. M.* Fab. 4 Judd Place East, King's Cross.—Nouveau modèle d'orgue pour chœur, à touche particulière, appelée "diaocton."

558 *Nolan, W. H.*—Dents artificielles.

559 *Robson, T. J. F.* Fab. 101 St. Martin's Lane.— Orgue (T. P. Thompson, M.P. Inv. et Prop.), pouvant jouer avec perfection en 18 clefs, &c.

561 *Walker, J. W.* Fab. 27 Francis Street, Bedford Square.—Orgue (style Tudor), pour appartement ou salle de concert.

562 *Foster & Andrews*, Fab. Hull.—Modèle d'un orgue a transposition, qui permet à l'exécutant de changer le diapason de l'instrument cinq demi-tons plus haut ou plus bas sans changer le clavier.

565 *Grossmith, W. R.* Inv. et Fab. 175 Fleet Street.— Jambe mécanique pour amputation au-dessus du genou; id. au-dessous ou à la cheville, &c.; yeux humains postiches; nez postiches; bretelles à ressorts, d'après un principe nouveau.

567 *Eagland, Th.* Fab. Leeds.—Suspensoirs, bandages, &c.

568 *Miles, J.* Inv. Street, près Glastonbury.—Bandage herniaire perfectionné, inventé par un ouvrier.

569 *Masters, M.* Fab. 12 St. David's Street, Newington. —Jambe mécanique pour amputation au-dessus du genou, nouvelle invention.

570 *Caplin, J. F. I.* Inv. et Fab. Strawberry Mill, Pendleton, Manchester.—Appareils gymnastiques et instruments pour la cure des difformités de l'épine dorsale.

571 *Swithenbank, J.* 100 Bridge Street, Bradford, Yorkshire.—Jambes mécaniques.

INSTRUMENTS de PRECISION et de CHIRURGIE;

572 *Longdon & Tubberer*, Inv. et Fab.—Bas, &c. élastiques chirurgicaux ; on peut les laver à l'eau chaude et ils se mettent sans lacets.

573 *Smith, S.* Fab. 1 High Holborn.—Compresses de différents genres, suspensoirs, bandages, ceintures, bandages élastiques lacés pour les genoux ; bas lacés ; seringues, &c.

574 *Chrimes, S.* Fab. 71 Baker Street.—Modèles de bouches, montrant le vide occasionné par la perte totale de dents ; assortiments de dents artificielles pour ces bouches ; modèles de ces mêmes bouches avec les dents, &c.

575 *Horne, J.* Dess. et Fab. 150 West Regent Street, Glasgow. Trois modèles de bouches, avec dents artificielles, sans vis, crochets ou ressorts ; modèles de dentiers irréguliers, susceptible de redressement au moyen d'un appareil simple, d'une application facile, et sans odeur, &c.

576 *Laurie, S.* Inv. et Prod. 36 Argyle Street, New Road.—Un ratelier taillé de deux pièces d'ivoire d'hippopotame.

577 *James, J. H.* F.R.C.S. Exeter.—Instruments de chirurgie ; appareil employé dans le traitement des fractures.

578 *Ash, C. & Fils*, Fab. 8 et 9 Broad Street, Golden Square.—Dents minérales perfectionnées, avec tubes en or.

579 *Parks*, 25 Newington Crescent, Kennington.—Dents artificielles.

581 *Perkins, W.* Dess. et Fab. 175 Prospect Place, Maida Hill, Paddington.—Dents artificielles, taillées de dents d'hippopotame ; dents minérales sur or, à ressorts de côté ; dents naturelles.

582 *Robinson, J.* Inv. 7 Gower Street, Bedford Square.—Assortiment complet de dents artificielles, retenues dans la bouche par l'aspiration ; levier élastique en or, employé pour tourner les dents irrégulières de la gencive supérieure ; ressort spiral pour corriger les difformités des dents.

583 *Reid, R.* Inv. Edimbourg — Compresse pour l'hémorrhagie des alvéoles.

584 *Ransom, R.* Fab. 3 Verulam Place, Hastings.—Boîte de dents artificielles.

585 *Mollison, J.* Inv. 3 Grove Terrace, St. John's Wood.—Planisphère de Mollison.

587 *White, J.* Fab. 228 Piccadilly.—Bandages pour hernie, doubles et simples (patentées).

589 *Tod, D.* Inv. 5 Upper Fitzroy Street, Fitzroy Square.—Bandages simples et doubles pour le soulagement d'hernie chez les hommes, les femmes et les enfans.

590 *Thomson, H.* M.D. Inv. Greenock.—Appareil pour traiter les fractures, particulièrement celles de la cuisse.

591 *Sparks, J. & Cie.* 28 Conduit Street, Regent Street.—Machines pour redresser les difformités de l'épine dorsale ; id. pour redresser les genoux cayneux : cet appareil peut être porté constamment, sans fatigue ; appareils de chirurgie, &c.

592 *Fuller, J.* 239 Whitechapel Road.—Jambe mécanique ; œil et nez postiches ; scarificateur perfectionné ; trousses perfectionnées ; montre ovale faite sous le règne de Charles I. par François Nawe, à Londres.

594 *Salmon, Ody & Cie.* Inv. et Fab. 292 Strand.—Bandages herniaires s'ajustant d'eux-mêmes.

596 *Brunton, J.* Fab. Huddersfield.—Jambe mécanique.

597 *L'Estrange, F.* Inv. 39 Dawson Street, Dublin.—Bandages et brayers de chirurgie, de plusieurs genres ; instrument pour élargir le canal de l'urètre ; appareil pour la réduction des dislocations ; appareil pour traiter les fractures de la machoire inférieure.

598 *Huxley, E.* Fab. 5 Vere Street.—Bas, compresses de genou et chevillière, pour varices, faiblesse, entorse, et tous les cas où l'on peut appliquer des bandages.

601 *Miles, E.* Prop. 15 Liverpool Street, Bishopsgate.—Ratelier de dents minérales ; gencive minérale artificielle.

601c *Chapman, T. & Alderman, J.* Inv. et Fab. 8 Denmark Street, Soho.—Lit de repos pour malades, surtout pour ceux qui souffrent de l'épine dorsale.

601d *MacMahon, C. jun.* Upper Camden Street, Dublin.—Levier de machoire, machine pour tenir la bouche des animaux ouverte pendant qu'on leur administre des remèdes, &c. fer à cheval temporaire, s'ajustant sans clous.

602 *Finzi, S. L.* Inv. et Fab. 6 Dalby Terrace, City Road, Islington.—Instrument pour nettoyer les dents et les préparer pour le plombage.

604 *Halford, H.* Fab. 8 St. John's Square.—Yeux humains postiches ; id. pour figures de grandeur naturelle ; id. en miniature, pour animaux, poupées, &c.

605 *Atkinson, B. F.* Inv. et Prop. 26 Strand.—Nouveau modèle de brayer ; jambe mécanique ; mains et bras mécaniques ; bandage perfectionné, &c.

606 *Bunney, C.*—Ceintures chirurgicales, &c.

607 *Whibley, E.* 12 Lloyd's Place, Brompton.—Table pour les opérations chirurgicales, donnant de l'aise au malade et plus de facilité au chirurgien.

609 *Puckridge, F.* Inv. et Fab. 4 York Place, Walworth.—Emplâtre transparent et imperméable ; gaze lisse, blanche et imperméable ; emplâtre en feuilles d'or battu, &c.

610 *Binyon, A.* Inv. et Fab. 3 Great Marlborough Street, Regent Street.—Appareil élastique pour exercise hygiénique.

612 *Spratt, W. H.* Fab. 2 Brook Street, Hanover Square. — Suspensoirs, coussinets, ceintures et bandages de façons variées ; bas lacé et élastique ; chaise épinale prévenant les mouvemens latéraux.

613 *Lindsey, M.* Inv. et Fab. 264 High Street, Borough.—Bandages pour hernies ; bandages à ressorts pour un enfant de deux ans.

614 *Lee, J.* Inv. et Fab. Bideford.—Bois de lit construit de manière à permettre au malade de se placer dans une position convenable, pendant qu'une seule personne fait son lit sous lui.

615 *Heeps, J. H.* Inv. et Fab. 46 A Liverpool Street, près Broad Street.—Bandages à ressort et support abdominal s'ajustant d'eux-mêmes, pour prolapsus uteri, &c.

617 *Robinson, R.* Inv. 27 Cumberland Street, Portsea.—Jambe mécanique dont le pied est construit sans ressorts d'acier, susceptibles de se casser.

619 *Arnott, J.* M.D. 34 Baker Street.—Appareil pour régulariser la température des parties malades, &c.

620 *Leared, A.* Dess. et Fab. Oulart, Wexford.—Double stéthoscope, fait de gutta-percha ; cet instrument peut être très utile dans certains cas.

624 *Simpson, G.* F.R.C.S. Fab., Dess. et Inv. 6 Bedford Street, Bedford Square.—Modèle de l'anatomie du corps humain, en papier-maché et en gutta-percha ; modèle d'anatomie en gutta-percha, section verticale de la tête humaine et du cou.

625 *Towne, J.* Prod. Guy's Hospital.—Section profonde de la tête, montrant l'intérieur de l'oreille, la distribution du cinquième nerf, les muscles et nerfs de l'orbite, modèle démontrant l'incubation, &c.

627 *Brown, J. & Fils*, Fab. Grey Street, Newcastle-upon-Tyne.—Tourniquet de chemin de fer, instrument très utile en cas d'accident ; compresse anévrismale ; dilatateurs pour rupture ; ouvre-huitres.

628 *Salt & Fils*, Fab. 21 Bull Street, Birmingham.—Grand assortiment d'instruments de chirurgie, bandages, appareils pour fractures. &c.

629 *Rein, C.* Inv. 108 Strand.—Instrument unique, ou le *nec plus ultra*, qui s'adapte à l'oreille sans ressorts et peut être porté inapperçu, à l'usage des personnes sourdes ; chaise acoustique et autres instruments d'acoustique et auriculaires.

630 *Greenhow, T. M.* Inv. Newcastle-on-Tyne.—Lit orthopédique, pour le traitement des malades.

631 *Ferguson & Fils*, Fab. 21 Giltspur Street.—Assortiment complet d'instruments de chirurgie; modèles d'éclisses et de bandages pour fractures; id. d'un appareil pour le traitement des contractions du cou, de l'épine dorsale, &c.

631A *Weiss, & Fils*, Fab. 62 Strand.—Cabinet complet d'instrumens de chirurgie; lit d'invalide.

631B *Ellis, J.* Fab. 41 Spring Street, Sheffield.—Instrumens pour amputation et dissection; brayers de poche; bandages herniaires.

633 *Harnett, J.* Fab. 45 Museum Street.—Spécimens de dents minérales.

634 *Downing, O. T.* M.D. Inv. 42 Great Russell Street.—L'aneuralgicon, appareil pour appliquer la vapeur chaude médicamentée, pour traiter les anévrismes.

635 *Pratt, J.* Fab. 10A Charles Street, Middlesex Hospital.—Scarificateurs; ventouses; id. graduées; lampe à esprit, employée pour appliquer les ventouses, &c.

636 *Goddard, L.* Imp. 6 Crescent, Minories.—Instrument à mâchoires glissantes et à ressorts, pour extraire les dents à l'aide d'un point d'appui et d'un levier attaché.

639 *Gordon, J.* Bristol.—Modèle anatomique.

640 *Weedon, T.* Fab. 41 Hart Street, Bloomsbury.—Instruments de chirurgie; divers modèles de petits couteaux, ciseaux, et instruments pour la dissection des insectes, et pour la préparation des animaux avant d'être empaillés, &c.

641 *Philp & Whicker*, 67 St. James's Street.—Coutellerie fine et instruments de chirurgie.

642 *Simpson, H.* Fab. 55 Strand.—Boîte d'instruments pour chirurgiens de la marine royale; instruments de chirurgie en grande variété.

643 *Wood, W. R.* Fab. German Place.—Série d'applications mécaniques à des principes anatomiques et physiologiques, propres à réformer les irrégularités permanentes des dents &c.

643A *Evans & Cie.* Fab. 10 Old Change.—Instrumens de chirurgie.

645 *Gowing, T. W.* Inv. Camden Town.—Assortiment complet d'instruments pour les opérations sur les dents des chevaux; appareil pour les fractures de jambes des chevaux de courses, &c.; ciseaux névrotomse pour diviser les nerfs des chevaux boiteux.

646 *Kidston, W. & Cie.* Inv. et Fab. 18 Bishopsgate Without.—Sangsue mécanique pour les gencives ou autres parties du corps; la manière de s'en servir est très simple, et les résultats plus prompts qu'avec la sangsue naturelle.

647 *Evrard, J.* Charles Street, Middlesex Hospital.—Instrumens de chirurgie et de dentistes, dans leurs divers degrés de fabrication.

648 *Hess, R.* Fab. Little New Street, Shoe Lane.—L'osteotom, instrument de chirurgie inventé dernièrement pour abréger l'opération d'amputation d'os, et pour diminuer la souffrance du malade. (Enregistré.)

649 *Barker, J.*, M.D., Inv. 45 Mountjoy Street, Dublin.—"Thoracitone," nouvel instrument médical, qui permet de préciser plus sûrement le siège des maladies.

651 *Small, T.* Inv. Boston, Lincolnshire.—Appareil pour rétablir la respiration chez les personnes, en apparence sans vie, tels que les noyés, pendus, empoisonnés et asphyxiés, ainsi que pour donner la respiration aux nouveaux nés.

652 *Jones, P.* High Street, Fulham.—Bouclier métallique perfectionné, pour la prévention et la guérison des mamelles sensibles.

653 *Blackwell, W.* Inv. et Fab. 3 Bedford Court, Covent Garden.—Rasoir à garde (enregistrée); couteaux à garde pour couper les cors; peigne à moustache, favoris, &c.; ceinture et éclisse, pour fracture de clavicule (enregistrées) &c.; forceps perfectionné.

654 *Machell, T.* Carlisle Street, Soho.—Méthode perfectionnée pour élever des fluides. Instrumens de chirurgie.

655 *Farquharson, J.* Ealing.—Moignon à ressort pour jambe de bois.

656 *Jones, T.* Inv. et Prop. 18 Lombard Street.—Bois de lit, mécanique qui éveille à toute heure. (Enregistré.)

657 *Boitomley.*—Éclisse.

659 *Watkins & Hill*, 5 Charing Cross.—Grande machine électrique. Sextants, théodolites, &c.

660 *Coles, W.* Inv. & Man. 3 Charing Cross.—Instruments pour traiter la déviation de l'épine dorsale.

661 *Renezynski, G. A. le Capitaine*, Stirling, Ecosse, Inv.—Piédestal portatif pour télescope avec pupitre pour artistes, ingénieurs, architectes, &c., avec appareils et perfectionnemens divers.

663 *Simons, W. V.* Dess. et Fab. South Shields.—Machine électro-magnétique perfectionnée, &c.

664 *Ward, W. B.* Inv. Clapham Rise.—Boîtes fermées dans lesquelles les plantes poussent même dans les villes les plus peuplées, et qui peuvent être transportées d'un endroit à un autre en toute sécurité. (Au nord du transept.)

665 *Bryson et Fils*, Inv. et Fab. Edimbourg.—Modèle des échappements de montre actuellement en usage, horloge baromètre automoteur.

666 *Ross, A.*—Instruments à tirer le sang remplaçant les sangsues, scarificateurs; applicables à toutes les parties du corps. Inventés par le Baron Heurteloup, et fabriqués par J. Scholl, Berwick St. Soho.

667 *Topping, C. M.* 4 New Winchester Street, Pentonville.—Objets microscopiques, fossiles, dissections d'insectes, préparations injectées.

668 *Durham, J. D.* 16 Linton Street, New North Road, Islington.—Hydromètre avec tous les perfectionnements les plus récents; thermomètre, &c.

670 *Owen, H.* 3 Somerset Terrace, Bristol.—Série de vues de Somerset, Wilts, et Devon, prises au calotype.

670A *Evans, S.* Inv. Hungerford.—Instrument automoteur pour s'assurer de la force de l'écorce de chêne, valonia, et autres matières tannines.

671 *Parkes, J. & Fils*, Fab. 5 St. Mary's Row, Birmingham.—Etui d'instruments de mathématiques en bois de rose; porte-feuilles qui contiennent les instruments d'architecte et de botaniste; clefs de montre et bagues dorées, &c.

671A *Webster, W.* Inv. et Fab. 2 St. James's Place, Hampstead Road.—Machine de sauvetage dans les incendies. Mousquet-carabine à percussion, à primeur rotatoire. Indicateur ou compteur de voyageurs pour omnibus. Miléomètre. Petite balance.

672 *Taylor, T.* Inv. Dublin.—Lampe hydraulique de sûreté pour prévenir les explosions dans les mines de charbon; elle ne peut s'échauffer, et donne une lumière plus vive.

672A *Newcomb, T.* Inv. et Fab. Walworth.—Cordes métalliques perfectionnées pour instruments de musique.

673 *Macfarlane, G.* Dess. 85 Newman Street.—Cornet à piston perfectionné, à pistons très courts et à courant d'air direct; on peut en jouer avec facilité.

673A *Bursill, G. H.* Inv. Holloway.—Baromètre compensateur. Main mécanique, possédant des propriétés élastiques, inv. par Sir G. Cayley, Bart.

674 *Newman, J.* 112 Regent Street.—Baromètre; baromètre de montagne portatif, variété de thermomètres, d'hytromètres, lampes de sûreté; machine pneumatique, indicateurs de pluie et de vent. Indicateur de marée.

674A *Stephenson, R.* Great George Street, Westminster.—Machine à tracer.

675 *Newson, H.* 18 Percy Street, Tottenham Court Road.—Bandages à ressort simples et doubles; ces derniers ne s'attachent qu'à une seule hanche.

675A *Oakey, H.* Inv. 81 Dean Street, Soho.—Diagrammes pour enseigner la théorie de la musique.

676 *Bigg, H. & Fils,* Fab. 29 Leicester Square, et 9 St. Thomas Street, Southwark.—Jambes mécaniques, béquilles, bandages, instrumens divers de chirurgie et d'anatomie.

676A *Brown, D. S.* Old Kent Road.—Grand baromètre de 39 pieds de haut. Fab. par Casella et Cie. 23 Hatton Garden.

677 *Readhouse, Charlotte,* Dess. et Prod. Newark-on-Trent.—Modèle en relief de la lune, donnant une idée générale de la position relative des montagnes, vallées, et plaines de nos satellites; production originale qu'on dit être unique en son genre.

677A *Shadbolt, G.* Inv. 2 Lime Street Square.—Condensateur sphaero-annulaire, pour condenser la lumière sur les objets transparents pendant qu'on les examine au microscope. Diagrames et description de la construction et de l'action du condensateur.

678 *Jach, W.* 38 Devonshire Street, Portland Place, et 14 Ratcliff Row, St. Luke's.—Boîte contenant des clés de dentistes: système perfectionné.

678A *Morton,* (Prof.) Inv. Collège Royal des Vétérinaires.—Coton médicamenté pour sétons. Appareil galvano-arsénical.

679 *Bell, T.* 135 Bishopsgate Street.—Horloge sonnant les heures et les quarts, montres et chronomètres marchant trois ans sans avoir besoin d'être remontés.

679A *Bettle, P.* 11 Regent Street, City Road.—Modèle d'une machine à vapeur.

680 *Offord, D.* Inv. Great Yarmouth.—Bandages herniaires perfectionnés; instrumens perfectionnés pour le traitement de maladies de l'urètre

681 *Richman, W. C.* 21 Park Side, Hyde Park Corner.—Niveau de route, pour les agriculteurs.

681A *Somalvico & Cie.* Inv. 2 Hatton Garden.—Baromètres à roue, à fronton, marin et pour les montagnes. Jauges-guides pour ingénieurs. Jauges pour mesure le vide. Indicateurs de locomotives. Sextants perfectionnés, &c.

682 *Coxeter, J.* Fab. 23 Grafton Street, East.—Instrumens de chirurgie, &c.

683 *Oetzmann & Plumb,* Inv. et Fab. 56 Great Russell Street, Bloomsbury.—Pianos droits et de salon, avec pieds tubulaires nouvellement inventés, à action double et autres perfectionnements.

683A *Mudie, J.* Dundee.—Salinomètre.

684 *Harnett, J.* 45 Museum Street, Bloomsbury.—Spécimens de dents minérales; spécimens naturels pour montrer la croissance des dents.

684A *Macpherson,—,* Inv. et Fab. Edimbourg.—Nouvelle machine à peser.

685 *Cook & Williams,* 10 Princes Street, Hanover Square.—Protecteurs de la poitrine et des organes de la respiration.

686 *Marshall & Cie.* Inv. et Fab. 4 Park Side, Hyde Park.—Echarpe invisible pour paralysie de la jambe ou du pied; id. pour le bras et l'épaule (enregistré); corset à tous ressorts; ceinture élastique.

687 *White,—,* Piccadilly.—Trousses et bas à lacets; trousses brevetées de M'Main.

688 *Nasmyth, J.* Manchester.—Carte de la lune, démontrant la position relative et le caractère de la structure de sa surface, comme elle apparaît quand on l'examine sous les conditions les plus favorables de lumière et d'ombre; dessins de la portion la plus importante de la surface lunaire, telle qu'on la voit au moyen des plus puissants téléscopes.

689 *Oxley, W.* Manchester.—Indicateur de vapeur et d'eau (système de Smith).

689A *Dunn, T.* Edimbourg.—Machine électro-magnétique.

690 *Gore, G.* 31 New Street, Birmingham.—Machine galvanique.

691 *Hughes,—.* Queen Street, Ratcliffe.—Boussole.

692 Boussole.

693 *Perigal, H. Jeune.*—Disque lunaire.

696 *Loot,—.*—Galvanomètre, avec les brevets de Brett et Little gravés sur le cadran.

697 *Walker, J.* 48 Prince's Street, Leicester Square.—Montres, horloges, chronomètres, &c.

698 *Trotman, S.* Notting Hill.—Horloge de nuit.

700 *Vulliamy, B. L.* 68 Pall Mall.—Modèle de pendule.

702 *Edge, T.* Fab. Westminster.—Compteurs à gaz, au moyen desquels on peut mesurer avec certitude la quantité de gaz consommée; photomètre pour mesurer la puissance incandescente du gaz.

703 *Lipscombe & Cie.* 233 Strand.—Deux fontaines pneumatiques, brevetées.

704 *Tudsbury, R.* Edwinston, Notts.—"Volta subito," pupitre avec pied se retournant à volonté.

705 *Brooks, G. Jeune,* St. Albans.—Violon-clavecin.

706 *Tootal & Brown,* 73 Piccadilly.—Piano.

707 *Dearlove, M. W.* Fab. Leeds.—Violon et violoncelle en miniature.

708 *Barton, H. W.* The Waterfoot Pettigo.—Compas pour dessins du génie militaire.

709 *Beloe, W.* Linton Coldstream.—Copie du violon d'Antoine Straduarius.

710 *Moyle, S.* Truro. — Baromètre de montagne, pour mesurer les hauteurs à l'huile bouillante.

711 *Peterman, A.* 5 Camden Street.—Dessins.

712 *Clapham, J. K.* Leeds. — Carte géographique en gomme élastique.

713 *Brown, J.* Inv. et Fab. 71 Leadenhall Street.—Machine aérienne.

714 *Mason, E.* 5 Brompton Post Office.—Machine pour la navigation aérienne.

715 *Bell, H.* Baltic Wharf, Millbank. — Soupape à aérostat pour la navigation aérienne; parachute et ballon.

716 *Plummer, H. R.* 112 Powis Street, Woolwich.—Modèle d'une machine aérostatique.

717 *Watt, G. T.* 2 William Street, Albert Gate, Hyde Park.—Instruments pour dentistes.

718 *Dinsdale,—.* Newcastle-on-Tyne.—Dessins anatomique; dents artificielles; deux têtes moulées et modèle d'incubation en cire.

719 *Rose, J. E.* Mount Pleasant, Liverpool.—Dents artificielles.

720 *Truman,—.* 40 Haymarket.—Dents artificielles en gutta percha.

721 *Harrington, G.* 84 St. Thomas Street, Portsmouth.—Instrument de dentists et dents artificielles.

722 *Lawrence & Cie.* Islington Street, Park Road, Islington.—Gants de peaux, ceintures.

723 *Bossingham, B.* Wisbech.—Jambe mécanique.

724 *Gray, Peter,* Inv. 47 Hanover Street, Edimbourg.—Modèle d'un lit de malade, fait par T. Stranack, Duke Street, Leith.

725 *Kennedy, E.* Merrion Square North, Dublin.—Syphons.

726 *Seltzer, Sophie,* 8 Buckingham Place, Pimlico.—Chaise pour les personnes affligées de maladies de l'épine dorsale.

727 *Highley, S.* Fab. 32 Fleet Street.—Statuette anatomique en plâtre de Paris, exposant les muscles extérieurs du corps humain, d'après un modèle de M. Eugène Caudron; id. soigneusement coloriée d'après nature.

727A *Titterton,—.*—Instrument pour égorger les bestiaux.

728 *Lanaghan,—,* 12 Brownlow Street, Bedford Row.—Appareil et souliers pour traiter les oignons.

729 *Ewart, G.* Zinc Works, New Road.—Trois spiro-mètres de construction différente.

730 *Ritterbandt, L. A.* M.D. Northumberland Street, Strand.—Bain galvanique de zinc et de cuivre, séparé par une substance non-métallique. En mettant en contact deux fils attachés aux deux métaux, ce bain devient une batterie galvanique parfaite.

731 *Woodhouse,* —, —.Tabouret pour reposer la jambe.

732 *Badcock, J.* Prod.—Modèles photographiques de vaccine, obtenus en inoculant la petite-vérole à la vache, et démontrant le caractère des vésicules dans leurs divers états; le but de l'exposant est de démontrer comment on peut obtenir la vaccine toutes les fois qu'il est nécessaire.

733 *Hamilton, H. G.* R.N. 71 Eccleston Square.—Collection d'anciennes monnaies grecques, électrotypées.

734 *Blackwell,* —, Bedford Court, Covent Garden.—Appareil pour fractures; bandages et instruments de chirurgie.

735 *Bryceson, H.* Fab. 4 Tottenham Court Road.—Orgue de Barbarie pour église, d'une grande force, et dont le buffet est dans le style gothique.

736 *Gowing, J. N.* Camden Town.—Instrument pour opérer sur les dents des chevaux; appareil pour fractures, &c. couteau nécrotomique, et ciseaux pour diviser les nerfs,

737 *Wood, J. W.* Manchester.—Bandages, corsets pour rectifier les difformités de l'épine dorsale; instrumens de chirurgie.

239 Violon dans sa boîte.

Aller a la Classe 28, page 148.

Section III. MANUFACTURES.

Class 11. COTON.

—— Groupes I. J. 1—8. ——

1 *Jackson, J.* 73 Adam Street, Edimbourg.—Châle en laine fine, tissé par le procédé Spolino, démontrant que ce mode de tissage peut s'appliquer aux châles de laine à dessins et de 1ere qualité.

2 *Sandeman, H.* Tullochfield, Perth.—Courte-pointe et mouchoir en coton imprimé, teints par le rubia munjeetha appelé communement munjeet des Indes orientales. Spécimen de la plante qui produit cette teinture.

3 *Walker, J. & R.* Fab. Earlstown, Edimbourg.—Guingans de coton pour robes, couleurs solides, faits au métier ordinaire.

4 *Pullar, R. & Fils,* Fab. Perth, Ecosse.—Parapluies en guingans façonnés, mouchoirs, &c.

5 *Auld, Berrie & Mathieson,* Fab. Glasgow.—Organdis et mousselines de diverses qualités.

6 *M'Bride & Cie.* Inv. et Fab. Glasgow.—Nappes de coton; linge ouvré, et serviettes de toilette ouvrées; guingans, tartans et étoffes de coton de fantaisie, tous fabriqués au métier mécanique breveté.

7 *Anderson, J. & A.* Fab. Glasgow.—Guingans à carreaux et à raies; cravates de mousseline à raies; mouchoirs, fond rouge; châle tartan, &c.

8 *Finlayson, F. & Cie.* Fab. 25 Dundas Street, Glasgow.—Mousselines peintes et rayées; tarlatane à raies satinées, &c.

9 *Lethem, Blyth & Lethem,* Fab. Friday Street.—Echantillons de mousselines unies, tissées de fil de la même qualité; mousselines brodées pour articles de toilette; guingans.

10 & 45 *Oswald, Stevenson & Cie.* Glasgow et Manchester.—Fils de coton, de diverses couleurs, teints dans l'ouest de l'Ecosse, pour exportation; fil de la mule-jenny; lins fins.

11 *Paterson, Jamieson & Cie.* Fab. 58 Dundas Street, Glasgow.—Guingans et mouchoirs, qualités et dessins variés, tissés à la main et imprimés.

12 *Young, J. H. & Cie.* Fab. Glasgow.—Crêpe, tulle et mousselines propres au commerce des Indes orientales; linons, jaconas, organdis, tarlatanes, &c., propres au commerce, de l'Amérique et des Colonies.

13 *Henry & Fils,* 8 Buchanan St. Glasgow, et 120 Wood St. Cheapside.—Robes brodées en mérino; id. en mousseline blanche; guingans; robes de soirées brodées au métier.

14 *Symington, R. B. & Cie.* Fab. Glasgow.—Rideaux de mousseline, tissés au métier Jacquart. Le dessin, appelé Humboldt, se compose de plantes et fleurs du Tropique.

15 *Thomson, J. & Fils,* Fab. Glasgow.—Bas de coton de couleur, faits au métier; imitation de bas indiens.

16 *Anderson, D. & J.* Fab. Glasgow.—Echantillons de guingans de coton à carreaux; cravates de coton à carreaux.

17 *Davidson, W. & J. & Cie.* Fab. Glasgow.—Mousselines diverses.

18 *Fyfe, H. & Fils,* Fab. 62 Queen Street, Glasgow.—Echantillons de guingans de diverses espèces, tissés au métier à la main.

19 *Dixon, Peter & Fils.* Carlisle.—Fils de coton gris et de couleur; coton bigarré et guingans; châles de coton, écharpes et robes; pour l'intérieur ou l'exportation.

20 *M'Gibbon, E.* Carlisle.—Guingans de Carlisle, faits principalement pour le commerce d'Amérique.

21 *Pearson & Cie.* Fab. Carlisle.—Cotons rayés pour chemises de différens modèles, pour matelots; guingans rayés ou bigarrés pour robes et tabliers.

22 *Lowthian & Parker,* Fab. Carlisle.—Variétés de guingans, popelines, indiennes rayées, &c., &c., pour l'intérieur, l'étranger et les colonies; fils teints.

23 *King, R. & W.* Bristol.—Trois coussins d'Afrique et trois échantillons de coton de manufacture Africaine, envoyés par le Roi de Dahomey.

24 *Brook, J. & Frères,* Fab. Meltham Mills, Huddersfield.—Echantillons de coton cru et cardé; procédé de boudinage; fil du métier continu et de la mule-jenny; fil à coudre, &c.

25 *Haythorn, J. W.* Fab. Nottingham et Trent Mills, Burton-on-Trent.—Echantillons de coton à coudre et à broder; fil de Lille, blanc et de couleur, employé par les fabricans de gants et de bonneterie.

26 *Walsh & Windley,* Fab. Nottingham.—Echantillons d'organsin de l'Inde, de l'Italie et de la Chine.

27 *Thackeray, J. & Fils,* Fab. Nottingham.—Fils écrus et blancs de coton; fils de lisière, &c.

28 *Greenhalgh, R. & Fils,* Fab. Mansfield, Nottingham.—Echantillons de fils de coton doubles, pour gants, rubans, étoffes, &c.

29 *Harris, W. F.* Leicester, Fab. et Breveté.—Spécimens de coton à coudre; bobine de coton brevetée pour empêcher la fraude.

30 *Raworths & Cie.* Leicester.—Echantillons de fil de coton à coudre à six bouts et à autres titres.

31 *O'Connell, J.* Fab. 27 South Main Street, Cork.—Echantillons de guingans.

32 *Clarke, G. P.* Fab. King Street Mill, Leicester.—Bobines brevetées en bois et en métal pour coton à coudre; bobines à différents degrés de préparation.

33 *Evans, W. & Cie.* Fab. Derby.—Coton rose à coudre; coton rose à tricoter; id. à travailler au crochet, dévidés sur bobines de différentes formes.

34 *Ratcliff, Mrs.* Waltham Abbey.—Courte-pointe en tricot blanc.

35 *Barlow, Gooddy & Jones,* Fab. Bolton.—Veste piquée et brodée; piqués de toilette blancs; id. de couleur; piqués garnis de trépointes.

36 *Hollins, W. & Cie.* Fab. Pleasley Works, près Mansfield, Nottingham.—Filés de mérinos, cachemire, et coton, à un et deux bouts, &c.

37 *Martin, W. & Fils,* Fab. Bolton. — Bazin damassé pour meubles; id. pour rideaux de lit.

38 *Cook, W. W. & J.* Fab. Bolton.—Robe de brocart à volants, &c.

39 *Myerscough, Steel & Cie.* Bolton.—Courtepointe; couvertures de lit; piqués de toilette; piqués pour gilets.

40 *Barnes, T.* Farnworth Cotton Mills, Bolton.—Fourrure de cygne de la Polynésie; fourrures de taupe à divers degrés de préparation.

41 *Cross, J.* Bolton.—Toiles de coton pour draps de lit et chemises.

42 *Sudworth, J.* Bolton. — Courte-pointe tissée d'une manière supérieure.

43 *Waters, G. & C.* Manchester.—Coton à tricoter, franges, dentelles, et autres menus articles de coton.

44 *Christy, —,* Fairfield Mills, near Manchester.—Essuie-mains ou serviette de bain à la Turque.

45 *Walker, W.* Fab. 13 Marsden Square, Manchester.—Draps de coton en imitation des draps de laines.

47 *Cross, T. & Fils,* Fab. Corporation Street, Manchester.—Doublures de souliers; articles sans couture, vêtements, &c., fabriqués par une machine brevetée.

48 *Johnson, G.* 44 Spring Gardens, Manchester.—Couvertures de lits et de toilette, blanches et teintes; piqués blancs et de couleur pour gilets.

49 *Major & Gill,* Fab. Cannon Street, Manchester.—Coutils doubles et nankin pour corsets. (Breveté.)

50 *Glover & Dunn,* Manchester. — Cotonnades, et échantillons de coton pour démontrer les divers degrés de fabrication.

51 *Walmsley, H.* Prop. Manchester.—Machine Jacquart; tapis de table en soie, coton, &c., représentant les monuments de l'Exposition.

52 *Spencer, J. & Fils,* Dess. et Fab. Manchester.—Couvertures piquées perfectionnées au métier; gilets piqués, &c.

53 *Bazley, T.* Fab. Manchester.—Collection démontrant les divers degrés de la manufacture du coton, depuis la matière brute jusqu'aux produits finis, dans les branches ordinaires et supérieures de cette industrie.

54 *Houldsworth, T. & Cie.* Fab. Manchester—Echantillons de coton fin filé.

55 *Johnson, R. & Nepherr,* Imp. 95 Watling Street.—Mousselines pour rideaux, brodées et à dessins variés, &c.

56 *Bradbury, Greatorex & Beall,* Prop. 6 Aldermanbury.—Rideaux de fenêtre.

57 *Lincoln & Bennett,* Inv. et Fab. 2 Sackville St. Piccadilly.—Chapeaux fabriqués par un procédé nouveau; chapeaux gris pour les Indes; table échiquier en calico préparé.

58 *Rogers, Lowry, Holyland & Cie.* Prop. 21 Watling Street, et 21 Cornhill.—Mousselines d'Ecosse; id. de Suisse; tarlatane; batistes écossaises, &c.

59 *Mair, Fils, & Cie.* 60 Friday Street, Londres, et 163 Ingram Street, Glasgow.—Rideaux de croisées en mousseline, brodés sur métier; robes de mousseline, brodées sur métier; mousseline faite du fil de coton No. 5408, filé par T. Houldsworth, Manchester, et qui passe pour la plus belle qui ait été fabriquée jusqu'à présent; articles écossais à l'aiguille et au tambour; flanelles imprimées, &c.

60 *Horrockses, Miller & Cie.* Fab. 9 Broad Street.—Toiles de coton pour draps de lit et chemises.

61 *Crocker, J. & A.* 51 Friday Street.—Rideaux au point d'armure; draperie complète; store et rideaux au point d'armure; toile perse pour meubles, &c.

62 *Outram & Cie.* Fab. 13 Watling Street.—Brocarts de coton et de satin.

63 *Marsland, Fils & Cie.* Bridge Mill, Manchester.—Coton à coudre et pour ouvrages au crochet.

64 *Daily & Cie.* 9 St. James' Place, Hampstead Road.—Echantillons de satins souillés et fanés, imprimés, &c.

65 *Allen, R.* Sackville Street, Dublin.—Articles de coton par des ouvriers travaillant pour leur propre compte.

Aller a la Classe 16, page 111.

Classes 12 et 15. LAINES et TISSUS de LAINE, TISSUS MÉLANGÉS et CHÂLES.

—— Groupes L. M, N. O. 10—17, et Galerie au Sud du Transept. ——

1 *Scott & Wright*, Prop. et Dess. Vigo Street.—Draps, élastiques, dits doeskin, Angola, et Angolas écossais pour pantalons, couvertures de chemin de fer, et châles de voyage.

2 *East, Landon & Holland*, Dess. 10 Old Bond Street. —Etoffes de laine de fantaisie pour habit et pantalon.

3 *Schofield, Brown, Davis & Halse*, 1 Gresham Street, Prop.—Grandes variétés de flanelles, comprenant les flanelles "Victorine" fabriquées de fils filés de soie et laine, &c.

4 *Tweedale, J. & Fils*, Fab. Healey Hall, près Rochdale, et 56 Wood Street.—Flanelle superfine de Saxe, et flanelle croisée fine; flanelle anti-rhumatismale, et imitation de la flanelle du Pays de Galles.

5 *Leach, J. & Fils*, Fab. 83 Wood Street.—Flanelles de Lancashire fabriquées de laines Anglaises et d'Australie, &c.; flanelles croisées, &c.

6 *Wilks, J.* Dess et prop. 79 et 80 Watling Street.— Flanelles de Lancashire, et du Pays de Galles.

7 *Fox, Frères & Cie.* Fab. 17 Tokenhouse Yard et Wellington, Somerset.—Serges blanches et teintes; couvertures de laine; bonneterie.

8 *Powell, S.* Inv. breveté, 52 Regent Street.—Drap sans envers, chaque côté de couleur différente et d'un fini parfait. Echantillons pour habits, pantalons, paletôts de dames, &c.

9 *Brown & Foster*, Prop. 5 Vigo Street, Regent Street. —Doeskins, et casimirs, tweeds écossais, et laines cheviot pour pantalons; gilets laine, laine et soie, soie et coton, &c.; gilets brodés.

10 *Murley, W. & C.* Inv. 4 Bow Church Yard, Cheapside.—Etoffes de gilet de différens dessins, en coton, soie, laine, peluche, &c.

11 *Goodwin, J.* Prop. Lawrence Lane.—Articles d'habillements; galons de livrée, cachemires brodés en soie, &c.

12 *Bull & Wilson*, Prop. 25 St. Martin's Lane.— Draps de toutes qualités, pour pantalons et habits, &c.

13 *Clark, J. & J.* Basinghall Street, London, et Trowbridge, Wiltshire.—Casimirs noirs; drap castor; draps zéphir; cuirs-laine satinés, &c.

14 *Smith, J. B. & C.* Prop. 38 Basinghall Street.—Drap imperméable à l'eau, mais que l'air peut pénétrer.

15 *Locke, C.* Fab. 119 et 127 Regent Street.—Tweeds écossais et cheviot; tartans pour militaires; tartans d'Ecosse; châles tartans, &c.

16 *Stancomb, J. & Fils*, Fab. Trowbridge, Wilts, et 19 Basinghall Street, Londres.—Echantillons de draps, cuir-laine, d'angola, &c.; première qualité.

17 *Stancomb, W. & J. (jeunes)*, Fab. Trowbridge, Wilts, et 14 Basinghall Street, Londres.—Echantillons de draps de laine élastiques.

18 *Sheppard, W. B. & G.* Fab. Frome, Somersetshire. —Draps de laine, cachemires, &c.

19 *Barber, Howse & Mead*, Dess. et Prop. 19 St. Paul's Church Yard.—Draps castor, royal et de Moscou; châle royal, alpa vicuna, et châle royal de castor.

20 *Brett, Frères & Cie.* Dess. Wood Street.—Draps noirs teints en laine, draps verts, id.; casimirs noirs; étoffes pour pantalons de dessins et qualités variées.

21 *Hudson & Bousfield*, Leeds.—Draps superfins de Lama, vénitiens, &c.

22 *Slater, H.* Fab. Leeds.—Filets de laine employés par les jardiniers pour protéger de la gelée les fleurs, les arbres fruitiers, &c.

23 *Walker, J. & Cie.* Bedford Street, Leeds.—Etoffes moirées de différentes couleurs, pour paletôts et doublures de paletôts de dames.

24 *Snell, J.* Leeds.—Draps.

25 *Hagues, Cook & Wormalds*, Dewsbury.—Couvertures blanches, de couleur, et pour cheval; draps d'Espagne.

26 *Irwin, E.* Leeds.—Etoffes de laine.

27 *Eyres, W. & Fils*, Leeds.—Etoffes de laine.

28 *Hargreave & Husseys*, Dess. et Fab. Leeds.—Drap royal caméléon, élastique; drap noir, fabriqué de laine coloniale, &c.

29 *Smith, W. & Fils*, Leeds.—Draps noirs teints en pièce; moires de première qualité.

30 *Lambert, J.* Leeds.—Draps zéphirs; tweeds; drap de Circassie, de Venise, &c.

31 *Binks, B.* Leeds.—Draps de laine superfins.

32 *Thornton, Firth, & Ramsden*, Leeds.—Draps superfins, chaîne soie et coton, cachemirettes, et couvertures.

33 *Lupton, W. & Cie.* Leeds, Prop.—Drap bleu, drap bleu pour doublure de voiture, teint à l'indigo.

34 *Sykes, J. & Fils*, Woodhouse Lane, Leeds.—Etoffes de laine; brun, olive clair, olive foncé, vert foncé, bleu et vert invisible, &c.; teintes en laine et en pièces.

35 *Stow Brothers*, Leeds.—Draps de laine superfins.

37 *Frith, E. & Fils*, Fab. Leeds.—Couvertures; diaprées, blanchies et écrues.

38 *Henry, A. & S.* Leeds.—Draps de laine et draps chaîne de coton.

39 *Bateson & Cie.* Fab. Leeds, Yorkshire.—Draps noirs, teints en pièce et en laine; drap bleu, teint en laine, drap teint en pièce, chaîne de coton, bleu, vert, &c.; teint en laine, brun, vert, &c.

40 *Pawson, Fils, & Martin*, Fab. Stonebridge, près Leeds, Yorkshire.—Draps noirs, teints en pièce, couleurs solides; draps zéphir, teints en laine, couleurs solides; bleu de Venise, teint en laine, &c.

41 *Swaine, G. & E. & Cie.* Gomersall, près de Leeds. Draps superfins, teints en laine à l'indigo; drap pour la lice, &c.

42 *Cooper, D. & J.* Leeds.—Draps superfins et cuir-laine.

44 *Hotham & Whiting*, Fab. Leeds.—Flanelle de Yorkshire.

45 *Cheetham, C. G. & W.* Fab. Calverley, Leeds.—Draps verts, fabriqués entièrement de laine d'Australie.

46 *Saville, J.* Leeds.—Draps Oxford, pilote, et pour l'armée.

47 *Gott, B. & Fils*, Fab. Leeds.—Draps de laine pour le commerce intérieur: brun, olive, bleu, teint en laine; pour l'Amérique: brun, vert, olive, &c.; pour Chine: chocolate, saumon, noir, vert, &c.; pour la Russie: orange, bleu de ciel, &c.

48 *Smithson, T.* Bramley, près de Leeds.—Draps de laine teints en pièce.

49 *York & Sheepshanks*, North Gate, Leeds.—Echantillons de drap teints en pièces.

50 *George, T. W. & Cie.* Leeds.—Lastings noirs et d'autres couleurs.

51 *Wilkinson, J.* Inv. et Fab. St. Helen's Mills, Leeds. —Divers produits de coton de laine pour doubler les navires, emplir les matelas, ouater, &c.; tissu médicamenté, bourres d'armes à feu, &c.

52 *Wilkinson, W. & E.* Inv. et Fab. St. Helen's Mills, Leeds.—Crêpe, tout laine, &c.

54 *Robinson, T.* Dewsbury Moor, Dewsbury.—Couvertures de laine en mérinos, d'une texture superfine.

55 *Crabtree, W.* Fab. Dewsbury.—Couvertures superfines.

56 *Whitworth, J. & Fils,* Earlsheaton, Dewsbury.—Deux couvertures de cheval.

57 *Stead, W. & Cie.* Fab. Leeds.—Drap superfin, grande largeur, et drap noir teint en laine; échantillon de laine d'Allemagne.

58 *Haley & Fils,* Fab. Bramley, Leeds.—Drap de laine d'une très belle qualité.

59 *Haley, A. & C.* Inv. Bramley, Leeds. — Drap de laine d'une très belle qualité.

60 *Pease, Heaton & Cie.* Fab. Prop. et Inv. Leeds.—Barège de laine (tout laine;) étoffe nouvelle pour robes; Drap de Saxe-Cobourg (laine et coton;) autres étoffes.

61 *Hartley, J. & Fils,* Dess. et Fab. Wortley, Leeds.—Draps forts, très doux et élastiques, de laine d'Australie, pour habits de chasse.

62 *Webster Th.* Fab. Leeds.—Drap de laine superfin, grande largeur.

63 *Webster, D.* Leeds.—Draps noirs superfins, teints en laine.

64 *La Compagnie de Draps de Bramley,* Fab. et Teinturiers, près de Leeds.—Echantillons de draps noirs teints en pièce.

65 *Green, R. F. & Fils,* Fab. Leeds.—Drap d'Orléans noir, et de nuances variées.

66 *Webster, A.*—Draps noirs superfins, en laine.

67 *Gray, S.* Fab. Calverley, Leeds.—Draps de laine; drap marron et bleu pour livrées; drap vert de Russie pour Amazones.

68 *Cromack, J. J.* Fab. Leeds.—Trois qualités de drap noir, de couleur solide.

69 *Fenton, W.* Fab. Eccleshill, Leeds.—Tapis de billard, verts, rouges et écarlates.

70 *Ellis, J. W.* Fab. Armley, Leeds. — Draps pour l'exportation, et surtout pour la fabrique du poncho ou manteau espagnol.

71 *Woodhouse, J.* Fab. Leeds.—Drap, chaîne de coton et trame de laine, bleu et noir.

72 *Beaumont, W.* Fab. Crawshaw House, Pudsey, près Leeds.—Draps noirs, en laine de Sidney, teints en pièce, et draps de Saxe, teints également en pièce.

73 *Webster, A.* Leeds.—Draps superfins.

74 *Middlebrook, J.* Birstall, Leeds.—Draps de flanelle, de grande largeur, de la couleur naturelle de la laine.

75 *Sykes, D.* Leeds.—Drap croisé noir (cuir de laine.)

77 *Gill & Bishop,* Fab. Leeds.—Camelots de poils de chèvre, de diverses couleurs.

78 *Yewdall, W. & Fils.* Fab. Rawden, Leeds.—Draps de laine de différentes qualités, &c.

79 *Walker & Fils,* Millshaw, près Leeds.—Casimirs façonnés et de couleur.

80 *Smith, W.* Batley, près Dewsbury.—Lainayes.

81 *Sheard, M. & Fils,* Fab. Batley, près de Dewsbury.—Draps pilote bleus; draps à couleurs mélangées.

82 *Jubb & Fils,* Fab. Batley, près de Dewsbury.—Draps pilote teints en laine et en pièce. Tissu de drap, doublé de coton.

83 *Wilson, D.* Fab. Batley, près de Drewsbury.—Drap de pilote, indigo bleu.

84 *Webster, A.* Abbey Mill, Kirkstall, Leeds.—Draps de laine superfins.

85 *Hudswell, J. & Fils,* Fab. Batley, près de Dewsbury.—Couvertures de fantaisie de laine anglaise, propres aux voyages; doublure de fantaisie pour surtouts, paletots, &c., faite de laine anglaise.

86 *Brooke, J. & Fils,* Fab. Honley, Huddersfield.—Assortiment de draps à grande largeur; échantillons démontrant chaque degré de fabrication.

87 *Walker, J. & Fils,* Fab. Huddersfield.—Draps de buffle, alpaca, poils de chèvre, et poils de chien, pour manteaux de dame et paletôts d'homme; nouvelle espèce de matière.

88 *Taylor, J.* Fab. Meltham, près d'Huddersfield.—Etoffes de laine de fantaisie.

89 *Learoyd, E.* Fab. Huddersfield.—Spécimens de cachemire mérinos, pour bottines de dames.

90 *Shaw, P.* Fab. Lockwood, Huddersfield.—Etoffes drapées.

91 *Peace, A. & Cie.* Fab. West Clayton, Huddersfield.—Robe soie chinée; robe de soie et laine; gilets de soie et laine.

92 *Green, J.* Huddersfield.—Tiretaines.

93 *Hinchcliffe, J. & Fils,* New Mill, près d'Huddersfield.—Satin de laine mélangés, exposés, à cause de leur bon marché et de leur durée.

94 *Kenyon, J. & J.* Fab. Dogley Mills, Huddersfield.—Etoffe rayée de laine de Silésie pour vêtements d'homme.

95 *Bennett, J. & A.* Fab. Bradley Mills, Huddersfield.—Assortiment de draps, de laine étrangère, &c.

96 *Hebblethwaite & Lister,* Market Place, Huddersfield.—Spécimens d'étoffes de laine élastiques pour pantalons.

97 *Crosland, W. & H.* Fab. Huddersfield.—Etoffes de laine de fantaisie pour pantalons très-élastiques.

98 *Shaw, J. W. & H.* Fab. Victoria Mill, Huddersfield.—Assortiment de draps noirs guédés, teints en pièce et en laine.

99 *Midgley, Frères,* Fab. Huddersfield.—Nouveautés pour pantalons, exposées pour la beauté de la main-d'œuvre et pour l'économie.

100 *Hastings, Frères,* Fab. Huddersfield.—Assortiment de draps de satins laine, et de casimirs.

101 *Wrigley & Fils,* Fab. Huddersfield.—Etoffes pour livrées et doublure de voitures.

102 *Vickernan & Beaumont,* Fab. Huddersfield.—Draps noirs de grande largeur, casimirs, et satins de laine, teints en pièces.

103 *Armitage, Frères,* Imp. et Manuf. Huddersfield et 80 Basinghall St.—Castors guédés, noirs et bleus. Quadrillé Albert, et drap Albert, de couleur différente à chaque côté. Draps pour l'Exposition, 56 pouces de large, et ne pesant que 12 onces l'aune.

104 *Lockwood, J. & Keighley, W.* Fab. Huddersfield.—Spécimens de draps, cuirs de laine, pour pantalons d'hommes, d'une durée remarquable.

105 *Barnicot & Hirst,* Fab. Huddersfield.—Etoffes pour pantalons.

106 *Barber & Fils,* Fab. Holmfirth, près Huddersfield.—Draps gris-bruns pour habits et pour pantalons.

107 *Holmes, J. & Fils,* Fab. Scholes, près d'Holmfirth, Yorkshire.—Satins de laine noirs et draps de Vienne.

108 *Mallinson & Fils,* Huddersfield.—Satins de laine, teints en laine.

109 *Beardsell, C. & Fils,* Dess. et Fab. Holmebridge, Huddersfield.—Pantalons de laine, unis et de fantaisie; drap grande largeur pour habits, &c.

110 *Shaw, Fils & Cie.* Fab. Huddersfield.—Draps de laine pour habits; id. pour pantalons.

111 *Taylor, J. & Fils,* Fab. Newsome, Huddersfield.—Etoffes pour pantalons et gilets; châles et écharpes de laine. Robes de dames et d'enfants.

112 *Johnson, J.* Teinturier, Lockwood, Huddersfield.—Bures de laine de diverses nuances.

113 *Day, J. & Fils,* Fab. Mold Green, Huddersfield.—

Merinos (chaîne de coton, trame laine), pour bottines de dames; cachemirettes, chaîne soie et laine, trame coton, pour pardessus d'été.

114 *Willott, W. & Cie.* Huddersfield.—Gros draps pour livrées; casimirs et satins de laine teints en laine.

115 *Schwann, F.* Dess. et Fab. Huddersfield.—Etoffes de fantaisie pour pantalons et gilets; cachemirettes et mérinos; draps castor et pilote; cuirs laine; tweeds et plaids; châles, tapis, &c.; couvertures de laine, &c.

116 *Tolson, J. & Fils,* Fab. Dalton, Huddersfield.— Etoffes pour gilets et pantalons; plaids pour robes d'enfant.

117 *Wrigley J. & Fils,* Fab. Huddersfield.—Draps de diverses couleurs pour livrées; drap bleu brillant, pour doublures de voitures; étoffes de fantaisie pour pantalons et habits de chasse, &c.

118 *Sykes & Hogden,* Huddersfield.—Echantillons de laine nettoyée et brute.

119 *Hinchliff, J. & G.* Fab, Huddersfield.—Gros drap imperméable; satins de laine; étoffes de fantaisie pour pantalons.

120 *Beardsell, C. & Fils,* Dess. et Fab. Holmebridge, Huddersfield.—Pantalons de laine unis et façonnés.

121 *Starkey, J. & A.* Fab. Sheepridge, Huddersfield.— Velours de laine, de fantaisie et unis.

122 *Cowgill, Jessop & Cie.* Fab. Huddersfield.—Cachemirettes, pour habits d'hommes, et bottines de femmes.

123 *Huth & Fisher,* Huddersfield.—Etoffes de laine pour pantalons; étoffe de gilet.

124 *Clay, J. T.* Fab. Rastrick, Huddersfield.—Etoffes de laine pour pantalons; de laine d'Australie et de Saxe; étoffes pour gilets, &c.

125 *Schofield, J.* Fab. Rastrick.—Etoffes de fantaisie pour pantalons. Gilets soie, laine, et coton. Casimirs anglais, tout laine, brevetés, &c.

126 *Norton, J.* Fab. Huddersfield.—Draps et châles d'été. Etoffe d'hiver enreg. pour châles, gilets, manteaux, pantalons, gants, &c.

127 *Oldfield, Allan & Cie.* Fab. Lockwood Mills, Huddersfield.—Echantillons démontrant les divers progrès de la fabrication des étoffes de laine de fantaisie. Echantillons d'étoffes pour pantalons et par dessus. Tissus de laine pour pantalons. Tweeds, fabriquées de déchets.

128 *Hoadley & Pridie,* Fab. Halifax.—Damas pour meubles.

129 *Brown, W.* Halifax.—Damas, laine et coton, teints en pièces et en fil; damas de soie, laine et coton; soie et laine; tapis de table; coton et laine, teint en fil; coton soie et laine; tout laine.

130 *Akroyd, J. & Fils,* Fil. et Fab. Halifax.—Tapis de table, laine et coton, soie et laine; damas laine, et laine et coton; damas soie et laine, façonnés; étoffes pour dames, soie et coton, soie et laine; serges de Berry; lastings; crêpes, &c.

130A *Ecroyd, W. & Fils,* Fab. près Burnley.—Drap Cobourg tissé au métier mécanique (coton et laine mélangés) pour robes; draps d'Orléans, id.; draps d'Orléans et de Saxe, pour robes; mousseline de laine, &c. drap de Saxe Cobourg, tissé au métier mécanique; barège de laine, &c.; étamine pour pavillons de navires et signaux de chemins de fer, &c.

131 *Shepard & Perfect,* Fab. Cross Hills Mill, Halifax —Damas, coton, et laine, et soie et laine; damas de velours, coton, laine, et soie et laine; tapis de table Victoria; velours, coton et laine, &c.

133 *Barraclough, W. & Fils,* Halifax, Fab.—Tapis de table; draps dits à Kersey, couvertures pour les chevaux, &c.

134 *Ward, J. W.* Halifax.—Damas coton et laine, couleurs solides, faits au métier jacquart; tapis de table Victoria, laine et coton teint avant d'être tissé; couleur solide.

135 *M'Crea, H. C.* Fab. Halifax.—Damas pour meu-bles; tapis de table; étoffes pour ponchos, port[és] l'Amérique méridionale, &c.

136 *Clay, J. & Fils,* Fab. Halifax.—Tiretain[es] jaquettes de maçons et de menuisiers; plaids; [...] bleue pour chemises de matelot, &c.; couverture à re[...]

137 *Ahed, J. & Fils,* Fab. Halifax—Etoffes d'h[abille-] mens laine et coton; lastings et crêpes de laine; cache[...] id. coton.

138 *Wilson, J.* Fab. Forest Cottage, Ovenden, Ha[lifax]. Ponchos, mantuas, et châles, en laine et coton.

139 *Salt, T.* Fab. Bradford, Yorkshire.—Etoffes [fabri-] quées en alpaca, à chaîne en coton, teintes en pièce[s, mon-] trées, noires et de diverses couleurs; id. avec cha[îne] soie, et soie et coton; spécimens de laine d'alpaca [...] spécimens de laine de Russie, peignée, &c.

140 *Milligan, W. & Fils,* Fab. Harden Mills, B[ingley,] Yorkshire.—Etoffes pour meubles en alpaca et [soie]; étoffes pour habillemens en satin rayé, &c.; damas, [fait] par un nouveau procédé breveté; étoffes pour vê[tements] laine, soie et coton; mélanges en poil de chien d'un b[eau] parfait; échantillons d'alpaca, dans ses divers deg[rés de] fabrication.

141 *Schwann, Koll & Cie.* Prop. Bradford.—Mér[inos] laine; serges; Cobourgs; alpacas croisés et lustrés; [...] façonnés; lastings et serges de Berry tramés en cot[on,] tramés en fil, teints à la pièce; robes de fantaisie; [...] en laine et coton.

142 *Rogers, G.* Fab. Bradford.—Draps de Cobou[rg.]

143 *Foster, J. & Fils,* Fab. Bradford.—Etoffes [dont la] chaîne est de coton et la trame d'alpaca, &c.; crêpes [Caran-] de-Berlins; damas, &c.

144 *Jowett, T. & Cie.* Bingley, près Bradford, [York-] shire.—Etoffe, chaîne en coton et trame en alpaca, [teinte] en noir; étoffe, chaîne en coton et en soie, teinte [...] tramé en alpaca, couleur naturelle, &c.

145 *Harris & F.son,* Fab. Bradford.—Drap de Cir[e dont] la trame est composée de la laine et de la soie les plu[s fines;] étoffe tissée du poil de lapin.

146 *Armitage, G. & Cie.* Teint. Bradford.—Et[offes d'Or-] léans, Cobourgs et Brésils; de moire, soie et moire [...] alpaca, façonnés, de diverses couleurs et qualités.

147 *Tremel, A. & Cie.* Fab. Bradford.—Popel[ines,] caméléons d'alpaca; Orléans brochés, &c.; moires [...] règes, &c.

148 *Ripley & Fils,* Teint. Bradford, Yorkshire.—[Etoffes] d'Orléans et de Cobourg, teints; étoffes de laine [imprimées] et mérinos; nappes damassées; balzarines unies.

149 *Craven & Fils,* Prospect Mill, Thornton, p[rès] Bradford, Fab.—Lustrines d'Orléans, noires et de co[uleurs,] qualités variées.

150 *Drummond, J.* Bradford.—Tissus mélangé[s com-] posés de coton, alpaca, et soie, unis et façonnés, pou[r] robes, &c.

151 *Clough, R.* Bradford.—Mérinos tout laine, [qualités] variées.

152 *Dalby, J.* Fab. Bradford.—Echantillons de [bal-] zines façonnés, crêpes de soie, unis et façonnés; [crêpes] façonnés de laine pour doublures de manteaux; [crêpes] unis et façonnées; cobourgs, id.; teinture de MM. [...] et Fils.

153 *Craven & Harrop,* Fab. Bradford.—Draps Co[bourg] noirs et de couleur, de diverses qualités; draps noirs [dits] matta; étoffes coutils, soie et laine, chaîne de coton; [id.] pour châles, de diverses largeurs; mérinos et orléa[ns, al-] pacas, damas, serges, doublures et articles de fantaisie[.]

155 *Haggas & Fils,* Bradford.—Lustrines d'O[rléans,] moires, &c.

156 *Shuttleworth, W. & Cie.* Bradford.—Etoffes [d'Or-] léans unies et façonnées.

157 *Clapham, J.* Fab. Bradford.—Chaîne de coton et trame d'alpaca tricotées ; chaîne de coton et trame de laine tricotées ; drap de Coburg, &c.

158 *Clapham, W.* Fab. Wilsden, près Bingley, Yorkshire.—Draps Cobourg de diverses qualités et couleurs.

159 *Wall, Cockshot & Wall,* Fab. Linton Mills, près Skipton, Yorkshire.—Fond de tapisserie ombrée, avec dessins de soie de diverses couleurs, &c., pour robes ; étoffe d'Orléans, imprimée, à raies de soie, de couleur, &c.

160 *Morton, D.* Fab. Bradford.—Etoffes dont la chaîne est de coton et la trame de laine.

161 *Kershaw, S. & H.* Laisterdyke, Bradford.—Draps noirs d'Orléans, diverses qualités.

162 *Townend, S.* Bradford.—Fils de laine, de genappe, &c. ; lacets, galons, cordes, &c.

163 *Semon, Siltzer & Cie.* Prop. Bradford.—Draps d'Orléans ; lastings, serges de Berry, et damas de diverses fabriques.

164 *Peel, W. & Cie.* Fab. Bradford, Yorkshire.—Draps de Cobourg de diverses qualités et couleurs, étoffe (chaîne de soie).

165 *Bottomley & Fils,* Shelf, près Halifax, Dess. et Fab.—Angoras façonnés, et dentelle de gaze, de poils de chèvre et de soie ; lustrines ; Orléans serges, &c.

165A *Holdsworth, J.*—Orléans et poils de chèvre, unis et façonnés, exposés comme spécimens de teinture.

166 *Holdsworth & Cie.* Fab. Halifax, Bradford, et 9 Goldsmith Street, Londres.—Damas, tapis de table ; étoffes unies et de fantaisie.

167 *Sugden, J. & Frères,* Fab. Bradford.—Calimancos unis et rayés ; mérinos ; étoffes d'été, moire, alpaca, &c.

168 *Milner, J. & Cie.* Fab. Bradford.—Orléans, (trame de laine et chaîne de coton) de différentes couleurs.

169 *Clark, J.* Bradford.—Tapis de table brodé.

170 *Slater, H.* Yeadon, près Leeds, Fab.—Filets en laine pour protéger les arbres fruitiers en fleur de la gelée.

171 *Robert, H.* Bradford.—Etoffes de Grogan.

172 *Tetley, Mrs.* Bradford.—Courte-point brodée.

173 *Rand, J. & Fils,* Fab. Bradford.—Draps de Cobourg, (chaîne de coton et de soie, trame de laine) ; mérinos, (chaîne et trame de laine, &c.)

174 *Horsfall, J. G. & Cie.* Fab. Bradford. — Draps Henriette, chaîne de soie, tram de laine ; draps de Saxe tout laine ; draps Cobourg, chaîne coton trame laine, très fin ; id. de qualités diverses.

175 *Townend, R. & E.* Fab. Bradford.—Fils de laine ; moires, popelines, &c.

176 *Whitley, J.* Fab. Morton près Bingley, Yorkshire.—Fils d'alpaca sur bobines préparées pour le tissage ; fils d'alpaca et de poil de chèvre mélangés, sur bobines préparées pour le tissage, de diverses couleurs.

177 *Sharp, D. W.* Bingley.—Fils d'alpaca sur bobines ; fils de poil de chèvre, peignés ; fils de laine, &c.

178 *Quitzow, Schlesinger & Cie.* Prop. Bradford.—Laine de Berlin filée et teinte en Angleterre ; lin ; fil de lin ; fil de lin mêlé au coton, à la laine et à la soie.

179 *Cheesebrough, W.* Prop. Bradford, Yorkshire.—Echantillons de laine de chaque comté du Royaume-Uni.

180 *Behrens, J.* Bradford.—Cobourgs et satinades façonnés, chaîne de soie et coton.

181 *Bottomley, J.* Fab. 6 Cheapside, Bradford.—Crêpe Orléans uni et façonné, brodés de soie et d'alpaca. Lustrines soie et laines brodées de soie à deux couleurs. Etoffe de Saxe brodée d'or et d'argent.

182 *Gregory Frères,* Bradford.—Tissus mélangés d'alpaca et poil de chèvre.

183 *Baughen, R. & T.* Fab. Banbury.—Tapis de table ; impressions chinoises ; peluches de livrée ; peluches de velours angora ; velours d'Utrecht, &c.

184 *Pease, H. & Cie.* Fab. Darlington.—Echantillons expliquant les divers degrés de fabrication de la laine depuis la toison brute jusqu'au tissu ; cobourgs de laine de Cheviot, de Southdown, de Sussex, d'Australie et de la Saxe.

185 *Bennett & Cie.* Fab. Manchester, et 46A Newgate Street, Londres.—Velours d'Utrecht pour décoration ; meubles, &c.

186 *Kay, Richardson & Wroe,* Dess. et Fab. Manchester.—Brocarts et barèges.

187 *Dixon, R. & T.* Fab. Galashiels.—Plaids en laine de saxe ; échantillons de tweeds écossais.

188 *Cochrane, J. & W.* Fab. Galashiels.—Echantillons d'étoffes écossaises pour pantalons.

189 *Sanderson & Sibbald,* Fab. Galashiels.—Tweeds écossais pour pantalons.

190 *Gill, R.* Fab. Inverleithen (ci-devant à Galashiels).—Tartan pour les troupes (régiments écossais) ; tartans pour châles et robes de dame.

191 *Inglis & Brown,* Fab. Galashiels.—Echantillons de tweeds écossais.

192 *Lees, R. & G.* Fab. Galashiels. — Plaids ; châles tartans ; manteaux tartans.

193 *Clapperton, T. & G.* Fab. Galashiels. — Plaids ; tweeds d'Ecosse.

194 *Ballantyne, H. & Fils,* Fab. Galashiels.—Châles et écharpes en laine pour dames ; tartans en laine pour robes, &c.

195 *Some, J. & Cie.* Fab. Galashiels.—Plaids portés par les soldats écossais ; plaids pour dames et de fantaisie ; plaids riches ; tweeds écossais ; fil de laine à divers degrés de manufacture.

196 *Sanderson, R. A. & Cie.* Fab. Galashiels.—Plaids de fantaisie et autres, en laine d'Ecosse.

197 *Fyfe, Alexander & Cie.* Fab. 77 Queen Street, Glasgow.— Douze pièces, nouveautés ; châles de fantaisie en coton.

198 *Rainey, Knox & Cie.* Fab. Glasgow.—Etoffes pour robes de chambre.

199 *Laird et Thornson,* Fab. Ingram Street, Glasgow.—Etoffes écossaises de gala.

200 *Wingate, Fils & Cie.* Glasgow.—Châles longs et carrés à grands carreaux ; barège et cachemire imprimés ; étoffes de laine.

201 *Campbell & Cie.* Prop. 34 Candleriggs Street, Glasgow.—Châles longs en cachemire d'Ecosse imprimés ; id. à fond de soie, fabrique anglaise ; châles carrés ; châles imitation française ; id. brodés, fond soie et laine ; cache-nez, impression écossaise, fabrique anglaise ; mouchoirs de barège, &c.

202 *Cross, W.* Fab. 62 Queen Street, Glasgow, et 45 Friday Street.—Châles écossais, laine de Saxe, longs, carrés et de fantaisie, dessins variés.

203 *Gilmour, W. & Cie.* Fab. Glasgow.—Etoffes pour pantalons ; tartans en laine Ecossaise.

204 *Black & Wingate,* Fab. Glasgow.—Echantillons de fil de coton ; toile de coton écrue ; mouchoirs écossais ; mouchoirs en batiste d'Ecosse ; id. à bordure ; id. en imitation de broderie, &c.

205 *Leadbetter, J. & Cie.* Fab. Glasgow.—Toile de fantaisie, tout lin ; id. melangée ; coutils de fantaisie, &c.

206 *Baumann & Wunsch,* Ag. pour les Fab. et Exp. Glasgow.—Châles de laine imprimés ; id. de coton ; mouchoirs imprimés, &c.

207 *Helme, W.* Fab. New Mills, Stroud.—Gilets de casimir superfin de diverses couleurs, ainsi que plusieurs autres espèces de draps casimirs, tous de première qualité.

208 *Grist, M.* Fab. Capels Mills, Stroud.—Echantillons de laines pour matelas, propres à bourrer les sophas, coussins, &c.

209 *Marling, S. S. & Cie.* Fab. Ebley Mills, Stroud.—Draps et casimirs superfins, &c.

210 *Hooper, C. & Cie.* Fab. Eastington Mills, Stroud.—Grande variété de draps de toutes les couleurs et propres à tous les usages.

211 *Playne, P. P. & C.* Fab. Nailsworth. —Echantillons de draps, à divers degré de fabrication, pour expliquer la manufacture de la draperie de laine.

212 *Partridge, N.* Dess. Bowbridge, Stroud.—Draps de laine propres à la confection des manteaux d'officiers et pour rideaux, &c.; drap pour l'armée, d'un beau rouge.

213 *Palling, W.* Fab. Lower Mills, Painswick.—Beaux échantillons de divers draps de toutes couleurs, mesurant de 54 à 72 pouces en large; draps fins pour billard, &c., d'une très belle teinture.

214 *Davies, R. S. & Fils,* Fab. Stonehouse Mills, Stroud. —Drap écarlate pour uniformes d'officiers; drap blanc id.; drap écarlate superfin, royal et impérial pour uniformes étrangers; draps noirs, casimirs, satins de laine, &c.

215 *Sampson, T.* Inv. Lightpill Mills, Stroud.—Machine pour tordre les franges de châles de laine; châles de laine de l'Ouest de l'Angleterre; échantillons de flanelles de diverses qualités.

216 *Overbury J.* Fab. Nind et Monk, près de Wotton-under-Edge Gloucestershire.—Draps superfins de diverses couleurs.

217 *Phillips & Smith,* Fab. Melksham.—Echantillons de drap de Saxe de toutes couleurs, guédé et teint en laine.

218 *Edmonds, J. & Cie.* Fab. Bradford, Wiltshire.—Echantillons de draps noirs et blancs, d'une très belle teinture et imperméables.

219 *Barnes, E.* Oxford.—Courte-pointe, composée de 9,851 pièces.

220 *Peters, D.* Bristol.—Casimir noir.

221 *Chick, R.* Fab. Knapp Mills, près de Chard, Somersetshire.—Echantillons de draps de laine anglaise faits à la mécanique.

222 *Phillips, J.* Fab. Knapp Mills, près Chard, Somerset.—Tiretaine à raies bleues et blanches en fil et laine; tiretaine bleue unie et blanche.

223 *Bird, R.* Fab. Crewkerne.—Tissus de lin et estames, pour sangles, bretelles, &c.

224 *Stanton & Fils,* Fab. Land's Mill, Fordington, près de Dorchester.—Echantillons de draps de laine anglaise, imperméables, pour redingotes de cochers, &c.

225 *Allen, G.* Norwich.—Gants de drap.

226 *Allen & Banks,* Prop. 21 London Street, Norwich. —Draps fabriqués de laine de Norfolk.

227 *Garvie & Deas,* Perth, Fab.—Tiretaines pour robes. Chaussette tricotée à la main; coton pour draps de lit, &c.

228 *Crombie, J. & Cie.* Fab. Cothal Mills.—Tweeds écossais de toutes espèces.

229 *Thomson, W.* Fab. Stonehaven, Ecosse. — Pièce d'étoffe comme spécimen d'une méthode simple et avantageuse d'employer les déchets d'étoupes de machine en tapis, &c.

230 *Brunton, W. J. & Cie.*—Dess. et Fab. Edimbourg.—Grande variété de châles écharpes de belle laine. Plaids pour hommes; échantillons de laine d'Allemagne, dont ils sont fabriqués.

231 *Bowman, J. & Fils,* Langholm.—Tweeds en coutil, pour bergers, et en laine d'Ecosse et d'Australie; idem de fantaisie, plaids, &c.

232 *Byers, A. & Fils,* Fab. Langholm.—Etoffes Ecossaises pour pantalons, &c.

233 *Renwick,* Fab. Langholm.—Plaids; fil de laine pour bonneterie Ecossaise; fil de laine d'Australie.

234 *Dicksons & Laings,* Fab. Hawick et Glasgow.—Bonneterie de laine d'agneau de l'Ecosse; plaids tartans; étoffes pour pantalons.

235 *Smith, J. & Fils,* Saddleworth, près Manchester. (Agents, Nield et Collander, Londres.)—Flanelles superfines; châles et écharpes pour l'impression.

236 *Haigh, T. & Fils,* Fab. Manchester.—Drap de laine et de laine coton.

237 *Bamford, J.* Fab. Rochdale, Lancashire.—Flanelles fines de laine de brebis.

238 *Lewis, W.* Llandilo Fawn, Pays de Galle.—Drap de laine du pays de Galles.

239 *Pearson, J.* Fab. Carlisle.—Etoffes de pantalon laine et coton.

240 *Dalrymple, W.* Fab. Douglas, l'Isle de Man.—Plaid en laine d'Australie; drap et plaids de laine de l'Isle de Man.

241 *Whitmore & Cie.* Fab. Leicester.—Fils de laine pour la bonneterie, la broderie et le tricotage.

242 *Brewin & Whetstone,* Leicester.—Fils de laine et mérinos.

243 *Burgess, A. & Cie.* Fab. Leicester.—Echantillons de laine en divers états de préparation; fils de laine pour le tissage, le tricotage et la broderie.

244 *Poppleton, R.* Wakefield, Fab.—Laines à tricoter et fils.

245 *Wilson, J. J. & W.* Fab. Kendal, Truro.—Couvertures pour chemins de fer; couvertures de cheval de différentes espèces.

246 *Gandy, G.* Fab. Kendal.—Bretelles, ceintures, laine et coton; couvertures de cheval, &c.

247 *Ireland, J. & Cie.* Fab. Kendal.—Draps, dits Kersey, et autres, dont se fabriquent les couvertures pour les chevaux, les lits d'hôpitaux, &c.; draps, dits Alpaca, pour la manufacture de ponchos, manteaux, &c.; flanelles pour chemises de matelots, &c.

248 *Goods,* Brecon.

249 *Martin, J. (jeune),* Inv. Cockermouth.—Drap et papier imperméables; nouvelles inventions pour la fabrique de draps de toutes espèces, et de différentes sortes de papier imperméables. Le papier est de la fabrique de J. Cropper Esq. Burneside, près de Kendal.

250 *Slater, S. & Cie.* Fab. Trowbridge, Wilts.—Etoffes fines pour pantalons.

251 *Hughes, R.* Fab. Fregarth, Bangor, Pays de Galles. —Pièces pour robes et tabliers, tissées au métier, inv. et fab. par l'exposant

252 *Wilson, Ward & Fils,* Hawick.—Etoffes écossaises et couvertures de voyage.

253 *Mills, Elisabeth,* Inv. et Fab. Dolgelly.—Robes de tiretaine, mêlées de soie; tabliers; pièces de gilets de laine galloise, &c.

253A *Kelsall & Bartlemore,* Fab. Rochdale.—Flanelles de qualités et couleurs diverses, de laines Anglaises, d'Australie, et de Saxe.

254 *Lloyd, W. & Cie.* Fab. Newton, Montgomerry, Pays de Galles.—Echantillons divers de flanelle faite de laine de brebis.

255 *Pim, Frères & Cie.* Dess. et Fab. Dublin.—Popelines Irlandaises unies, façonnées, et de brocart.

256 *Atkinson, R.* Prop. — Métier Jacquart, pour tisser les popelines irlandaises (fonctionnant dans l'avenue principale); popeline de brocart; écharpes en popeline de brocart; gilets id.; popelines.

257 *Williams Frères & Cie.* Fab. Island Bridge, près Dublin.—Plaids pour bergers en tweeds mélangés; tartan militaire, pour officier, sous-officier et soldat, &c.

258 *Dillon, L.* Dess. 7 Parliament Street, Dublin.— Différentes espèces de frises.

259 *Allen, R.* Prop. 28 Lower Sackville Street, Dublin. —Tweeds, façon irlandaise, de plusieurs nuances; frise irlandaise, couleur naturelle; gilets en casimir noir irlandais.

brodés; pièces de lainage pour vestes; toiles d'Irlande, de diverses qualités; devants de chemise en toile d'Irlande; tabinettes d'Irlande, façonnées, et doubles moirées, &c.

260 *Macdona, L.* 32 Molesworth Street, Dublin.—Spécimens de frise-Albert; étoffes de gilets brochées d'or.

261 *Nicolls, A.* Fab. Cork, Irlande.—Couvertures de laine; flanelles, molletons, frises.

262 *Murphy, Margaret* Fab. Ballysmutton, Blessington, Irlande.—Frise fabriquée par l'exposante.

263 *Neill, Catherine & Fils,* Fab. Tallaght, Dublin.—Frises brunes mélangées et grises, en laine de brebis; couvertures de laine.

264 *Daly, J.* Fab. Tipperary, Cashel.—Frise pour habillements d'hommes et couvertures de chevaux, &c.

265 *Jones, E.* Dublin.—Tabinettes et popelines.

266 *Reynolds, W.* Dess. et Fab. 81 Grafton Street, Dublin.—Popelines impériales, tissues en bleu et or; étoffes d'ameublement, &c.

267 *Fry, W. & Cie.* Fab. Dublin.—Tartans et popelines de brocart, &c. Echantillons de galons pour voitures.

268 *Early, J. & Cie.* Fab. Witney.—Plusieurs sortes de couvertures de lits (dites Witney).

269 *Early, E.* Fab. Witney.—Couvertures de lits (dites Witney) de différentes sortes, fabriquées de laines anglaises, &c.

270 *Bliss, W.* Fab. Chipping Norton, Oxfordshire.—Draps, dits Kersey, pour couvertures de cheval. Tweeds pour pantalons. Drap castor et châle royal, châles angora et castor. Couvertures de lit, &c.

271 *Wheeler, W. S.* Fab. 4 Ludgate Street, Londres; et Fresford, près de Bath.—Echantillons de castors fins; satins de laine, &c.

272 *Fox, J. J. et Cie.* Fab. Devizes.—Drap fin foulé, imperméable fabriqué entièrement de laine anglaise; échantillons de la laine brute et filée.

273 *Carr, F. & W.* Tiverton Mills, près de Bath.—Draps fins et draps vénitiens, pour l'été, &c.

274 *Johnston, J.* Fab. Newmill, Elgin.—Plaids de laine non-teinte, de qualités et pays divers, tels que: Chéviot, Southdown, Pérou, Australie, &c.

*** *Nos. 275 à 313 sont dans la Galerie au Sud du Transept.*

275 *Kerr & Scott,* Fab. par R. Kerr, Paisley. — Grenadines tout soie, barèges, soie et laine; crêpes, imprimés en imitation des crêpes de chine; cachemires longs, soieries, &c.

276 *Lewis & Allenby,* Regent Street.—Châles barège enregistrés.

277 *Webber & Hairs,* 31 Milk Street, City, Londres.—Châles barèges imprimés; cachemires et grenadines; mouchoirs de poche imprimés; robes de foulard.

278 *Jameson & Banks,* Fab. Honey Lane Market, Cheapside.—Châles barège imprimés, tissés en laine et mélangés; cachemires d'Ecosse imprimés, tissés en laine; châles de crêpe imprimés, tissés en soie.

279 *Keith & Shoobridge,* Prod. et Prop. 124 Wood Street.—Châles barège imprimés, longs et carrés; id. soie grenadine; id. cachemire; id. satin.

280 *Holmes & Cie.* Regent Street.—Châles.

281 *Standen & Cie.* Imp. 112 Jermyn Street, St. James'.—Châle tricoté en laine blanche de Shetland, voile, bas, et gants, en laine filée à la main.

282 *Littler, Mary Ann,* Prod. Merton Abbey, Surrey.—Châles en barège, manufacture anglaise; foulards croisés de manufacture anglaise, &c., exposés pour la nouveauté du dessin et la supériorité de la garance.

283 *Swaisland, C.* Fab. Crayford, Kent.—Châles de barège imprimés; velours de Chine imprimés pour meubles; flanelles imprimées pour robes.

284 *Clabburn & Fils,* Fab. Norwich.—Assortiment de châles; popelines; robes façonnées et unies.

285 *Blakely, E. T.* Fab. River House Factory, Duke's Palace, Norwich.—Assortiment de châles, de robes, et d'écharpes.

286 *Towler, Campin, & Cie.* Fab. Elm Hill, Norwich, et 46 Friday Street, Londres.—Echarpes de soie, &c.; châles de soie, fond blanc, imprimés; id. fond noir; paletôts de dames, tissés de manière à tomber sur la taille, &c.

287 *Whitehill, M. & Cie.* Fab. Paisley.—Echarpes, laine et coton, châles et mouchoirs brodés, robes et tabliers de satin brodé, châles zéphire; écharpes et châles unis, &c.

288 *Holms, Frères,* Fab. 7 St. Mirren's Street, Paisley, et 21 Friday Street, Cheapside, London.—Châles longs en laine; manteaux écossais.

289 *Burgess, C.* Fab. Paisley.—Châles longs faits au métier.

290 *Baird, J.* Fab.—Mérinos français brodés, pour robes; crêpes de chine brodés.

291 *Forbes & Hutchison,* Fab. Paisley.—Châles écossais en laine, tartan, châles de gaze brodés et imprimés, mouchoirs brodés, corsages et robes brodées, &c.

292 *Abercrombie & Yuill,* Fab. Paisley.—Châles longs et carrés, imprimés.

293 *Clark, J. (le jeune) & Cie.* Fab. Causeyside, Paisley.—Cachemires imprimés, longs et carrés.

294 *Lawson, J. & Cie.* Imp. Caledonia Print Works, Paisley.—Châles barège imprimés, soie et laine.

295 *Dick, W. & Fils,* Paisley.—Châles cachemires imprimés.

296 *Roxburgh, J. & A.* Fab. Paisley.—Châles longs faits au métier.

297 *Macfarlane, Fils, & Cie.* Fab. Paisley.—Soieries pour robes, en tartan Ecossais et dessins de fantaisie.

298 *Stewart, R.* Paisley.—Machine pour inventer et déployer les tartans et autre dessins. Inv. par T. Hutchison.

299 *Morgan, J. & Cie.* Fab. Paisley et St. Paul's Churchyard, London.—Châles longs, tissus de cachemire pur, dessins nouveaux; plaids en laine; châles long de barège imprimés.

300 *Kerr, R.* Fab. Paisley.—Châles longs et carrés des Indes; châles en laine, longs et carrés.

301 *Robertson, J. & J.* Fab. 3 Forbes Place, Paisley.—Harnais de couleur tissés au métier; manteaux et châles de laine; id. imprimés; cachemires d'Ecosse.

302 *Rowat, R. T. & J.* Fab. Paisley.—Châles cachemire et de barège imprimés, longs; id. carrés de laine.

303 *Mason, W. & Cie.*—Robes: cachemires imprimés et tissu de laine de Lama; cachemires brodés, tissu de laine et coton.

304 *Welch, Margetson & Cie.* Cheapside.—Robes de chambre.

305 *Salomons, B. & Fils,* Prop. 42 Old Change.—Robes brodées, &c.; mouchoirs de poche de batiste française et écossaise; bordures de mousseline, volauts, insertions, &c.

306 *Pugh, J. W.* 163 & 165 Regent Street.—Tissus mélangés.

307 *Sayce & Cie.* Fab. 53 Cornhill.—Tissus mélangés.

308 *Godefroy, P. A.* Inv. et Fab. 3 King's Mead Cottage, New North Road, Islington.—Echantillons de tissus de couleurs variées, finis par une machine brevetée et au moyen d'un agent chimique.

309 *Fowler, Campin, & Cie.*—Châles de Norwich; satins de laine rayés; robes de Paramatta et de barège.

310 *Willet, E. Neveu & Cie.* Norwich.—Echantillons d'étoffes mélangées, pour dames, de diverses couleurs; deux échantillons d'étoffes mélangées, fabriquées avec les produits de neuf différens pays, &c.

311 *Bolingbrook, C. & F.* Fab. Norwich.—Popelines unies et moirées.

I

312 *Middleton & Ainsworth*, Fab. Norwich et Londres. —Popelines et Paramattas.

313 *Hinde, E. & F.* Fab.—Barèges et popelines de brocart.

432 *Clarke, T.* Fab. Stephen Street, Waterford.—Manteau bleu fait de camelot, de la manufacture de Coleman à Waterford, &c.

459 *Smith & Whyte*, Fab. Glasgow.—Robes brodées.

460 *Roberts, R.* Fab. Llanberris Road, Carnarvon.—Etoffes tiretaines.

461 *Archibald, J. & R.* Tillicoultry.—Châles plaids.

462 *Brunton & Nesbit*, Edimbourg.—Châles et écharpes.

463 *Brayshaw, G.* Fab. 61ᴀ Park Street, Camden Town.—Tapis de table ou courtepointe à dessins mosaïques.

464 *Gibson, W. & Cie.* Fab. Tillicoultry, Alloa.—Châles tartans laine, châles de fantaisie, tartans pour robes et manteaux de dames.

465 *Archibald, R. & Fils*, Fab. Tillicoultry, Alloa.—Châles tartans et de fantaisie en grande variété.

466 *Paton, J. & D.* Fab. Tillicoultry, Alloa.—Châles longs en laine, tartans en laine de fantaisie.

467 *Sinclair, J. (jeune)*, Fab. Edimbourg.—Plaids et Tartans (tout laine).

468 *Wilson, W. & Fils*, Fab. Bannockburn, près Stirling, Ecosse.—Tartans et clans écossais.

469 *Brown, J. & H. & Cie.* Fab. Ettrick Mills, Selkirk, Ecosse.—Tweeds écossais et lainages de fantaisie; unissant une grande netteté à une couleur inaltérable.

472 *Hughes, W.* Penygroes, près Carnarvon.—Robes de laine et de soie; tabliers de tiretaine; tapis de table de lin et laine; spécimen de la filature du pays de Galles.

474 *Schofield, A.* Fab. Spring House, près Delph, Saddleworth.—Echantillons d'étoffes de laine fabriquées de 1780 à 1820, donnant une idée des modes de l'époque; draps, casimirs, mérinos, &c.

477 *Watson, I. & A.* Fab. Galashiels, Ecosse.—Etoffe pour plaids, &c.

480 *Roberts, W. & Cie.* Fab. Galashiels.—Pièces de tweed écossais.

481 *Reid & Fils*, Fab. Langholm.—Bas de laine écossaise et de coton; plaids de berger, de laine de Cheviot, d'Australie, et d'Allemagne.

485 *Sheppard, W. B. & G.* Frome, Somerset, et 7 King Street, Cheapside, Londres.—Draps de laine, drap de Venise, cachemires simples et de fantaisie, &c.

487 *Brook, J. & Fils*, Fab. Upper Thong, Huddersfield.—Casimir noir et satin de laine.

490 *Burmley, J. & Fils*, Heckmondwicke, près de Leeds.—Couvertures de lits, de Wituey, d'Irlande, &c., et couvertures de toutes espèces, dites Mackinnow américains, &c.

493 *Thomas, W.* Fab. Bradford.—Laine teinte cardée fil teint en poignées et sur bobines, &c.

496 *Stowell & Sugden*, Fab. Bradford.—Siège recouvert de tissu en poil de chèvre cramoisi et blanc.

500 *S. A. R. le Prince Albert.*—Deux robes de brocart, deux châles, et un échantillon de gros drap; la trame de ces robes, châles, et drap, est entièrement de laine de cachemire des chèvres élevées au parc de Windsor. (V. la description des mêmes objets, Avenue principale de l'Ouest, page 30.)

501 *Underwood, W.* 1 Vere Street, Oxford Street.—Tapisseries héraldiques; on peut remplacer les armes royales par toutes autres armoiries de famille; rideaux et draps, de couleurs diverses. (Galerie au Sud du Transept.)

Les Nos. 463, 467, & 468, se trouvent au rez-de-chaussée, Côté du Nord, derrière la Salle de raffraichissements à l'Ouest.

Aller a la Classe 14, page 109.

Classe 13.   SOIERIE et VELOURS.

—— Galerie au Sud du Transept. ——

1 *Keith, D. & Cie.* Fab. 124 Wood Street.—Trophées de soie, brocarts, brocatelles, damas de soie, id. soie et laine, tentures de voitures, passementeries de soie, &c. (Grande Galerie de l'Ouest.)

1a *Redmayne, Gilles, & Fils,* Inv. 20 New Broad Street.—Gros d'Afrique, et taffetas façonné, &c. (fabrique de Spitalfields) ; rubans divers.

2 *Pugh, J. W.* 123 et 125 Regent Street.—Drap bombazine, pour grand deuil de dames ; étoffe de soie pour veuves.

3 *Sanderson & Reid,* Fab. et Prop. Gresham Street.—Soieries, richement ouvrées, pour couverture de meubles ; tissu de soie et verre, étoffes pour tenture, style nouveau, &c.

4 *Vanner, J. & Fils.* — Soieries pour ombrelles et parapluies ; satin pour gilet.

5 *Robinson, I. & R. & Cie.* Fab. 30 Milk Street, Cheapside.—Velours noir et de couleur, pour vêtemens ; velours pour tapissiers et églises ; satins bleus et noirs, pour gilets et robes ; cravates de satin, &c.

6 *Robinson, J. & C.* Fab. Fort Street, Spitalfields.—Velours noir et de couleur.

7 *Stillwell, I. & Fils,* Fab. 7 White Lion Street, Norton Folgate. — Echantillons de brocatelle cramoisie, cerise, bleue, pour rideaux ; échantillon de la robe de Dalmatie portée par Sa Majesté la Reine Victoria lors de son couronnement.

8 *Washington, T. & Davis, W.* Fab. 13 et 14 Milk Street, Cheapside.—Tissus pour gilets, à l'imitation des fourrures étrangères.

9 *Walters & Fils,* Fab. Wilson Street, Finsbury, et Kettering.—Peluche de soie pour chapeaux.

10 *Wilson, J. & Cie.* Fab. 37 Walbrook.—Peluches de soie pour chapeaux.

11 *Swan & Edgar,* Prop. Piccadilly et Regent Street.—Soieries de Spitalfields ; gros de Naples noir ; gros de velours, satin, velours, &c. ; soierie damassée de couleur ; soierie moirée ; mousselines, &c.

12 *Duthoit, J.* Fab. 26 Steward Street, Spitalfields.—Soieries de brocart pour robes.

13 *Boyd, I.* Dess. et Fab. Spital Square. — Soierie damassée et façonnée pour ameublement ; enreg. Moiré antique. Soierie moiré blanc et façonné et tissu bleu et or.

14 *Gregson & Brien,* Ag. Gresham Street West.—Popeline d'Irlande, unie, à carreau, à raie, moirée et moire antique. (De la fabrique de M. W. M. Geoghegan, 50 Francis Street, Dublin.)

15 *Seamer, T.* Fab. 3 Mill Street, Cheapside.—Moiré antique, velours cramoisi.

16 *Lewis & Allenby,* Dess. 193, 195 et 197 Regent Street.—Rubans de brocart. Soie brochée à quinze couleurs. Fab. à Spitalfields.

17 *Graham, R. & Fils,* Fab. 31 Spital Square.—Velours, satin et soie moirée.

18 *Stone & Kemp,* Fab. Spital Square. — Velours. Soieries façonnées et chinées.

19 *Sewell, Evans, Hubbard & Bacon,* Prop. 44, 45 et 146 Old Compton Street.—Soie damassée à riches dessins, brochée en différentes couleurs (patentée) ; moiré antique ; damas façonné (patenté) ; étoffes variées. (Enregistrées).

20 *Clarke, Jane,* Def. and Fab. 170 Regent Street.—Soieries émaillées de Spitalfields.

21 *Le Mare & Fils,* Fab. 27 Spital Square.—Satinette noire et de couleur, tissée à la main et à la vapeur. Moiré noir ; velours.

22 *Cornell, Lyell & Webster,* 15 St. Paul's Church Yard.—Rubans, brochés et chinés, et autres rubans, pour ceintures.

23 *Casey, J. & Phillips, T.* Fab. 13, Spital Square. — Soies ; velours ; algériennes ; gros de Naples, gros glacé, &c.

24 *Robinson, J. & W.* Fab. 3 et 4 Milk Street, Cheapside.—Velours pour ameublement ; id. pour gilets ; satin pour souliers ou gilets, &c.

25 *Hill, J. & Cie.* Fab. Spital Square.—Brocarts en soie, faits au métier à la Jacquart ; velours de soie ; satins, &c.

26 *Brooks, T.* Fab. 26 Spital Square.—Velours bleus, verts et noirs ; gros de Naples noir : soie de Sutherland, blanche et rose ; satin.

27 *Howell, J. & Cie.* Regent Street.—Deux étoffes de soie richement brodées, fabriquées par Campbell et Cie. Spitalfields. Rubans de ceinture en riche brocarts, &c.

28 *Vanner & Fils,* Fab. 15 Spital Square.—Satin noir pour gilets ; soie glacée à dessins pour ombrelles. &c.

29 *Soper, H.* Fab. 32 Spital Square, Bishopsgate Street.—Etoffe de soie pour ombrelles façonnée et à bordures brodées.

30 *Carter, Vavasseur & Rix,* Fab. 9 Trump Street, Cheapside.—Robe de popeline façonnée ; robe de satin, id. ; moiré antique ; satin, bleu napoléon.

31 *Campbell, Harrison & Lloyd,* Fab. 19 Friday Street.—Damas antique moiré ; satins et velours ; moiré de couleur ; brocart pour gilets.

32 *Cross, C.* 19 Gutter Lane.—Spécimen de tissage de soierie au métier à la Jacquard ; portraits de la Reine et du Prince Albert, 29 pouces sur 24. Cravates noires et de fantaisie.

33 *Marshall & Snelgrove,* Prop. 11 et 15 Vere Street.—Soieries changeantes, glacé et moiré antique ; rubans.

34 *Courtauld, S. & Cie.* Fab.—Echantillons de crêpe et d'aérophane, de diverses qualités.

35 *Mason, G.* Prod. Yateley, Hartford Bridge, Hants.—Etoffe de soie damassée et de drap anglais, brodée de soie récoltée à Yateley. Fab. par M.M. Houldsworth, Manchester. Cocons, et déchets de soie.

36 *Grout, J. & Cie.* Fab. Foster Lane.—Crêpe noir plié et roulé, d'un, de deux, trois et quatre fils ; crêpe aérophane en couleur ; gaze lisse en couleur ; écharpes en gaze ; id. brochées ; id. mousseline soie ; robe de mousseline.

37 *Dear, A.* Agt. 37 Crispin Street, Spitalfields.—Soieries façonnées, dessinées et tissées par les élèves de l'école de dessin de Spitalfields.

38 *Brocklehurst, J. & T. & Fils,* Macclesfield.—Soie grège, torse, et teinte. Soie à coutre, grège et teinte. Soie tissée, démontrant les divers degrés de fabrication. Velours, satins, moirés antiques, gros de Naples glacés, lévantines, serges, étoffes de gilets, rubans, foulards, écharpes, châles, voiles de gaze, &c.

39 *Adshead, W. & Cie.* Macclesfield.—Soie teinte en matteau et préparée pour le fabriquant.

40 *Critchley, Brinsley & Cie.* Fab. Macclesfield.—Etoffes de soie, robes de foulard, tabliers, fichus, cravates, &c.

41 *Wardle, H. & T. & Cie.* Fab. Macclesfield.—Fichus de soie, unis brochés, façonnés et chinés ; cravates d'enfans ; foulards et cravates ; châles de soie.

42 *Hadwen, J. & Fils,* Kebroyd Mills, Halifax. — Déchet de soie préparée et cardée ; soie filée de ces déchets, à un et deux bouts.

43 *Stubbs, P.* Fab.—Boutons en soie faits à l'aiguille.

44 *Brough, J. J.* Fab. Leek.—Soie à coudre. Soie à filet, &c. Cordonnet de soie.

45 *Hammersley & Bentley*, Fab. Leek.—Cordonnets de couleurs variées en pelotes, &c., pour les tailleurs; cordonnets pour bourse; soie noire id. en gros écheveaux pour tailleurs, &c.

46 *Weston & Fils*, Fab. Carlisle.—Boutons variés en cordonnet florentin, brun de Hollande et d'Italie; gilet en soie de fantaisie, et robe en soie de fantaisie, &c.

47 *Davidson, J. & Cie.* Fab. Leek.—Soies de tailleurs; cordonnet en soie noire et de couleur; soie noire et de couleur pour brodenses couturières, &c.

48 *Alsop, Robins & Cie.* Fab. Leek.—Serges de soie; mouchoirs de soie noire; cordonnets de soie noire; galons de soie noire et de couleur; soie pour bourse; boutons en soie faits à l'aiguille.

49 *Bridgett, T. & Cie.* Fab. Derby.—Soie à coudre; soie pour selliers, relieurs, &c.; id. pour tailleurs; soie à filer; rubans taffetas.

50 *Allen & Holmes*, Fab. Derby.—Rubans de soie noire; garnitures en soie noire; chaîne de soie préparée, pour plusieurs fabriques.

51 *Smith, Marie*, Dess. et Fab. 3A Abbey Street, Bethnal Green.—Châle en chenille, faite des plus belles soies.

52 *Grosvenor, W.* Kidderminster.—Brocart de soie; brocatelle et damas façonne pour meubles.

53 *Pulling, J.* 2 Brudenell Place, New York Road.—Mantilles de crêpe, Elizabéthiennes, berthes, &c.

54 *Wright, P. & R.* Dess. et Fab.—Le Duc de Wellington à cheval, en soie damassée.

55 *Jackson, Mme. & Mlle. A.* Inv. et Fab. 3 Brill Row, Somers Town.—Etoffe pour bals parés, drap, cuir, velours, satin, &c., de différentes combinaisons.

56 *Wilson, J.* Fab. 5 Church Passage, Spital Square.—Crêpe pour chapeaux, tissu circulaire et élastique.

57 *Burke, T. H.* Fab. 6 Bull Head Court, Newgate Street.—Soies et velours brochés, &c.; ceintures, volants, garnitures pour robes et manteaux, &c.; modèle de l'exposition; montures Victoria, pour dessins et gravures, &c.

58 *Greensh elds, W.* Fab. Whitburn, Linlithgowshire.—Ouvrage d'ornement fait sans aiguille.

59 *Penfold, O.* 7 Blackmore Street, Drury Lane.—Gaze diaphane pour comrir les glaces et les cadres, &c.

60 *Evans, S.* Fab. Wirksworth, Derbyshire.—Spécimens de peluches-soie pour gilets.

61 *Holdforth, J. & Fils*, Spin. Leeds.—Echantillons de déchets de soie; fils de soie à un et deux bouts, teints et finis, filés pur la procédé patenté de l'exposant. d'Italie, et d'Angleterre; soie teinte et soie grège.

62 *Harrop, Taylor & Pearson*, Fab. Manchester.—Gros de Naples blanc, rose, bleu de ciel et noir; gros d'Ecosse, &c.

63 *Booth & Pike*, Fab. Oldham Street, Manchester.—Peluches pour chapeaux d'hommes et de femmes, dans les différents deyrés de fabrication. Galons, crêpes de chapeaux, doublures, and antres fournitures de chapellerie.

64 *Houldsworth, G. & Cie.* Portland Street Mill, Manchester.—Riches étaffes de soie façonnées pour meubles. Broderies bacvetées à la mécamique. Bannières de soie dont l'une est fabriquée de soie récoltée et manufacturée en Angleterre.

65 *Winkworth & Procters*, Prod. Manchester.—Soies unies, façonnées, chinées, glacées, &c.

66 *Cox, R. S. & Cie.* Fab. Coventry.—Ceintures et rubans.

67 *Bray, C. & Cie.* Coventry.—Série de rubans de la fabrication ordinaire des rubans de Coventry.

68 *Caldicott, R. & R.* Fab. Coventry.—Rubans.

69 *Sharp, Odell & Jury*, Fab. Coventry.—Rubans de qualité moyenne.

70 *Cope, Hammerton & Cie.* Prod. Coventry.—Rubans de fantaisie.

72 *Le Comité de Coventry.*—Rubans.

73 *Ratliff, J. C.* Fab. Coventry.—Rubans de satin de taffetas, blancs et de couleurs.

75 *Berry, Frères*, Coventry.—Rubans variés fabriqués à la vapeur. Rubans pour garintures de robe.

76 *Hart, G.* Fab. Coventry.—Groupe de rubans à bas prix.

77 *Robinson, Th.* Coventry.—Rubans de satin; taffetas et de brocart, fabriques à la vapeur.

78 *M'Rae, J.* Fab. Coventry.—Gaze de deuil; crêpe et rubans de taffetas.

79 *Sturdy & Turner*, Fab. Coventry.—Echantillons de rubans, remarquables par la beauté des dessins et fini exécution, qualité spéciale de rubans blancs, &c.

80 *Browett, W. & H.* Fab. Coventry.—Franges pour robes et manteaux; garnitures en soie et coton, &c.

Aller a la Classe 2, page 46.

Classe 14. LIN et CHANVRE.

—— Groupes L. M. N. O. 6—8. ——

1 *Holden, J. & Cie.* Dess. et Fab. Belfast.—Jaconats et mousselines; bonnets de dames; robes d'enfans; chemisettes; mouchoirs de batiste; et jacquettes polka.

2 *Brown, J. R. & W.* Fab. Bangor, County Down, Irlande.—Robes de dames et d'enfans en mousseline brodée.

3 *Dufferin, Lord, l'école de,* Belfast. — Mouchoirs brodés par des jeunes filles de la campagne.

4 *Pelling, C.* Inv. et Fab. 81 Academy Street, Belfast. —Robe brodée; devants de chemises brodés.

5 *Andrews, M.* Fab. Manufacture Royale de Toile et de Damas, Ardoyne, Belfast, Irlande.—Nappe qui doit être présentée au Comte de Clarendon par la Société Royale d'encouragement de la culture du lin en Irlande. Autre nappe, &c.

6 *Bell, T. & Cie.* Dess. et Fab. Belleview, Lurgan, Belfast, Irlande.—Echantillons de mouchoirs de batiste, &c.

7 *Richardson, Fils & Owden,* Fab. Belfast.—Nappes à double damas, dont l'une représente un dessin commémoratif de la visite de la reine, &c.

9 *Leadbetter, J. & Cie.* Fab. Belfast.—Coutils tout fin, fils et coton, unis, de fantaisie, quadrillés, rayés, &c.

10 *Kirk & Fils,* Annvale, Keady, Irelande.—Toiles de fil.

11 *Bennett & Adams,* Fab. Coleraine, Irlande.—Toiles superfines.

12 *Adams, Jane,* Strabane, Irlande.—Echarpe ouvragée à l'aiguille; tablier, collet, manchettes travaillées en fil de lin en imitation de dentelle.

13 *Crawford & Lindsays,* Fab. 3 Lawrence Lane, Cheapside.—Toiles de lin, blanches et écrues, pour draps de lit; linge de table damassé, &c.

14 *Curson, R.* Fab. Randalstown.—Toiles blanchies et écrues.

15 *Pinkerton, J. & R.* Fab. Ballymoney, Irlande.—Toiles superfines.

16 *Henning, J.* Cambray house, Waringstown, Banbridge, County Down, Irlande.—Métier à tisser la batiste; métier à tisser le damas, &c. d'après le principe Jacquard; échantillons de mouchoirs de batiste; mouchoirs de batiste à bordures peintes; robes de batiste peintes; damas satiné; nappes; linge de table en damas, &c.

17 *Brown, J. & Fils,* Fab. Waringstown, Banbridge.— Linge de table à double damas.

18 *Sadler, Fenton & Cie.* Fab. Belfast, Irlande.—Echantillons de lin d'Irlande; toiles de diverses qualités, &c.

20 *Clibbourn, Hill & Cie.* Fab. et Blanchisseurs, Banbridge, Irlande.—Magnifiques échantillons de linge diapré.

21 *Richardson, J. & T. & Cie.* Fab. Springfield, Lurgan, Irlande.—Mouchoirs de batiste d'Irlande, unis et à points, imprimés, &c.

22 *Malcolm, J.* Fab. Lurgan, Irlande.—Toile batiste d'Irlande; devant de chemises et mouchoirs.

23 *Richardson & Cie.* Fab. Lisburn, Irlande.—Echantillons de toile d'Irlande.

24 *Corry, Blain & Cie.* Dess. et Fab. Belfast.—Nouveau linge de table damassé. Linge damassé fait au métier à la vapeur, &c.

25 *McMurray, T. & Cie.* Fab. et Blanch. Dromore, County Down, Irlande.—Toiles bldhchies et non-blanchies.

26 *Kinnis, W.* Fab. Dunfermline.—Nappes damassées, de fil de lin filé à la mécanique; échantillons divers de linge damassé de fils d'herbe de Chine, &c.

27 *Birrell, D.* Fab. Dunfermline.—Nappe, dessin pour médaillon, représentant le buste de S. M. la Reine Victoria, du plus fin fil de Flandres.

28 *Hunt, W. & Fils,* Fab. Dunfermline. — Nappe double damassée, exécutée pour la maison de Sa Majesté, avec dessins représentant la chasse au cerf et une vue du Château de Balmoral au centre; autres nappes damassées de dessins les plus variés.

29 *Beveridge, E.* Fab. Dunfermline; (Agent à Londres, W. Manvell, 12 Bow Churchyard.)—Linge de table blanchi et écru, satiné et damassé; nappes fil et soie; tapis d'escalier; tapis de table; &c.

30 *Sadler, ——.*—Ironmonger Lane.—Toiles de lin et supérieures.

31 *Willis, J.* 14 & 15 Bread Street.—Echantillons de toile.

32 *Rogers & Wroe,* Prod. 134 Cheapside.—Mouchoir brodé.

34 *Devas, M. T. Minchener & Routledge,* 24 Lawrence Lane, Prop.—Linge de table damassé exposé pour la bonne qualité et le bon marché.

35 *Dewar, Fils & Fils,* Prop. King's Arms Buildings, Wood Street.—Nappes soie et lin; nappe de communion &c.

36 *Canter, J. Carter, frères, Fletcher, H. T. Hattersley Parkinson & Cie. Haxworth & Carnley, Jackson & Mathewman, Pigott & Newton,* Barnsley.—Toiles; taies d'oreillers; serviettes; essuie-main; linge diapré; linge damassé; tapistoile pour salle-à-manger et escaliers; toile pour stores, tentes, &c.; toile à voile; sangles de cheval, &c. Linge de table et de ménage.

37 *Tee, C. & Fils,* Dess. et Fab. Barnsley.—Coutils de lin; étoffes unies et façonnées pour gilets et robes en lin et soie, en lin, &c.; fils de lin et coton imprimés, &c.

38 *Walton & Cie.* Fab. Knaresborough.—Toile pour drap de lit tissée au métier à la main; autres toiles, blanches et de couleur, tissées aux mêmes métiers, &c.

39 *Hibbert, T.* Fab. Knaresborough—Linge de table ouvré.

40 *Emshall, G.* Knaresborough.—Chemise sans couture; toile pour draps de lit.

41 *Leeminy, J.* Fab. Knaresborough.—Toile pour chemises; coutil bleu et blanc; chemise de toile sans coutures.

42 *Wilford, J. & Fils,* Fab. Brompton, près Northallerton.—Pièce de toile pour draps de lit blanchie, faite avec de l'herbe de Chine, exposée pour son brillant, sa solidité et sa durée; série d'échantillons, de diverses qualités, de coutil de fil gris et blanc.

43 *Pegler, C.* Fab. et Prop. Leeds.—Nappe de damas double, avec lés armes du Comte de Harewood; id., avec les armes des Royal Horse Guards; serviettes; nappes de communion, dessin : la Sainte Cène, &c.

44 *Hayward, R. & Fils,* Fab. West Chinnock, Crewkerne, et No. 93 Minories, Londres.—Toile à voiles connue sous le nom de "Coker Canevas," &c.

45 *Row, J.* Fab. Krewkerne.—Toiles à voiles et pour essuie-mains, les derniers d'une description nouvelle, appelés frotteur médicaux; ces deux objets sont fabriqués de lin qui croît dans le voisinage.

46 *Poole, J. & C.* Fab. South Petherton. — Toiles à voiles, faites avec du lin exotique et avec du lin indigène; fil à coudre les voiles.

47 *Withey & Smith,* Fab. North Perrott, près Crewkerne, Somerset.—Fils de diverses couleurs, de chanvre, lin et coton, propres à tricoter au crochet, à faire du filet, à tisser la tapisserie et la soie, et à une foule d'autres usages.

48 *Finlayson, Bousfield & Cie.* Fab. Johnstone, Glasgow. —Fil de lin pour tailleurs, de toutes qualités et couleurs.

49 *Morrison & Horn,* 25 Norton Folgate, Fab.—Cordes

& fils : tente modèle ; filets ; machine de sauvetage pour incendie.

50 *Houghton, Sarah*, Fab. Ashford. — Nappes et serviettes, damassées doubles superfines.

50A *Schwann, F.* Huddersfield and Leeds.—Echantillons de fils.

51 *Titley, Tatham & Walker.* Fab. Leeds.—Fil à coudre breveté ; fils à coudre, dits de satin, supérieurs ; fils de cordonnier, &c.

52 *Grimshaw & Wilkinson*, 13 Bridge-end Leeds.— Toiles cirées et couvertures de sacs.

53 *Holdsworth & Cie.* Fab. Leeds.—Fil de lin breveté.

54 *Hawke, E. H.* Fab. Scorrier, près de Truro.— Cordages de chanvres russe, chinois, et de Manille.

55 *Day, J.* Fab. Market Street, Oxford Street.—Cordes de cloches d'église.

56 *Yeates, H.* Fab. et Dess. Abingdon.—Nattes pour antichambres, couloirs, &c. de fibres de cacao, et en produits de Manille.

57 *Lockhart, Ninian et Fils*, Fab. Kirkaldy, Ecosse.— Coutil pour lits de plumes, fait de lin et teint en bleu indigo ; id. calendré ; essuie-mains blanchis en lin filé ; sacs de différentes grandeurs à farine, blé, &c.

57A *Le Comité local de Falmouth.*—Filets de pêche.

58 *Wemyss, R.* Fab Kirkaldy.—Coutil fin tissé au métier, entièrement de lin filé.

59 *Jeffrey, R.* Fab. Maryhill, Glasgow, Kirkaldy, Forfar, et Brechin.—Echantillons variés de toiles, toiles bleues, &c. faites au métier.

60 *Jameson & Cie.* Hull, Inv. et Fab.—Chanvre et lin de Russie ; et jute des Indes orientales, bruts et dans les divers degrés de fabrication ; fils, toiles à voile, &c. qui en sont manufacturés, &c.

61 *Hall, J. & Cie.* Fab. Hull, Yorkshire.—Echantillons de cordages, brevetés, fabriqués de chanvre de la Baltique et de Manille, goudronnés.

62 *Spyve et Coopers*, Fab. Hull.—Cordages brevetés pour la marine, les mines, &c.

63 *Le Comité local de Dundee*, Prod.—Echantillons de toutes sortes de toiles et fils, exposés par les membres du comité.

64 *Soper, R. S.* Fab. 4 Blossom Street, Norton Folgate.—Cordes de diverses grosseurs pour stores de croisées, lampes, cordons de sonnettes, et autres usages.

65 *Smith, J.* East Greenwich, Fab.—Lin et étoupe d'Irlande, de la Baltique, et d'Egypte ; cordes, lignes, fils, &c. qui en sont fabriqués à la mécanique.

66 *Ullathorne & Longstaff*, Fab. 12 Gate Street, Lincoln's Inn Fields.—Fil de cordonnier, de sellier, &c.

67 *Moore, W. F.* Fab. Douglas, l'Isle de Man.—Toiles à voile, de lin irlandais, tissées à la mécanique, sans amidon ni apprêts ; fil pour coudre les voiles, &c.

68 *Huddart, Sir J. & Cie.* Fab. Limehouse.—Cordage goudronné et non goudronné ; toile à voile tissée à la mécanique.

69 *Tull, S.* Fab. 153 Fenchurch Street et Globe Fields, Mile End Road.—Instruments de pêche, lignes, hameçons, filets, &c.

70 *Wall, E. & T.* Banbury, Fab.—Cordes et ficelles, étoffes de crin, nattes, &c.

71 *Harford, G.* Inv. Gateshead.—Toile à voile, perfectionnée, fabriquée par Milvain & Harford.

72 *La Compagnie de la Corderie de Gourock*, Fab. Greenock.—Toile à voile, première qualité ; blanchie, seconde qualité ; cuite, troisième qualité ; cordages goudronnés, de diverses grosseurs, &c. ; cordages de manille, &c.

73 *Le Comité Local de Bridport.*—Chanvre et lin à différents degrés de préparation ; ficelle, toile, filets, &c.

74 *Holloway, T. J.* Salisbury.—Ficelle de chanvre et de lin.

74A *Bremer, J.* Kirkaldy.—Toiles à voile.

75 *Dixon & Longstaff*, Fab. Stockton-on-Tees. — Toile à voile, fabriquée avec du lin de la Baltique, tissée au métier à la main.

76 *Harris, J. & Fils*, Fab. Cockermouth.—Fils de toile teints et blanchis.

**** *Les 14 Nos. suivants sont placés sur le mur nord près des machines à fabriquer le lin, classe 5.*

77 *Beale Brown, T.* Andover-ford, Gloucestershire.— Grosse toile pour sacs, couvertures, &c. de lin et de chanvre. (Avec la Classe 5).

78 *Plummer, R.* Newcastle.—Toile à voile.

79 *Fraser, D.* Fab. Arbroath.—Canevas pour la marine, blanchi ; id. bouilli ; grosse toile de lin écru, perfectionnée ; id. d'étoupe, &c.

80 *Duncan, D. & Cie.* Fab. Arbroath.—Toile à voile en chanvre.

81 *Renny, Fils & Cie.* Fab. Arbroath.—Toile à voile fabriquée pour le gouvernement Britannique ; toile à voile perfectionnée, pour la marine marchande.

82 *Gordon, G. & A.* Fab. Arbroath.—Spécimens de diverses qualités de toiles de lin et d'étoupes ; fil de lin filé, fil d'étoupes, &c.

83 *Salmond, W.* Fab. Arbroath.—Toile à voile blanchie sans apprêt ; toiles goudronnées ; canevas double écru.

84 *Garland, W.* Arbroath.—Sac fin à houblon.

85 *Ramsay & Smart*, Fab. Arbroath.—Toiles à voile, canevas, &c.

86 *Anderson, C.* Fab. Arbroath.—Toile de Russie ; toile à matelas ; canevas double pour couvrir les wagons ; toiles imperméables, et toiles goudronnées.

87 *Nicol, A. & Cie.* Fab. Arbroath.—Toiles de ménage ; sacs à farine et à café ; ficelle.

88 *Curr & Cie.* Fab. Arbroath.—Toile pour draps de lit ; grosse toile de ménage, &c.

89 *Dagnall, C. & Cie.* Fab. Little Chelsea.—Collection de nattes ; échantillon de fil de Bombay ; id. de la Cochinchine ; id. de Ceylon ; id. de chanvre de Manille, &c.

90 *Edgington, T. F.* 45 Botolph Lane.—Echantillons d'étoffes faite du meilleur lin, et confectionnées avec une solution qui les rend imperméables : pour bagages de chemin de fer, boîtes, &c. ; on s'en sert aussi pour le roulage, l'agriculture, et pour se garantir des injures du temps.

**** *Les Sept Nos. suivants sont placés avec la Classe 11.*

91 *Sadler, S.* 24 Ironmonger Lane.—Linge blanc d'Irlande pour la consommation intérieure et l'exportation.

92 *Coulson, J.* Fab. Lisburn.—Linge de table damassé de qualité supérieure.

93 *Coulson, W.* Fab. Lisburn, Irlande.—Nappes et serviettes damassées.

95 *Capper & Fils*, 99 Gracechurch Street, en partie Inv. et Fab. — Tapis de table en lin damassé, tels qu'ils sont fabriqués pour sa Majesté. Autres articles de linge.

96 *M'Leownan, J. & Cie.* Fab. 3 Barge Yard, Bucklersbury.—Toile à voile, de lin d'Irlande, blanchie, et tissée à la main.

112 *Rycroft, R. T.* Barnsly.—Linge de table ouvré, damassé ; étoffes de toile.

113 *Wilks, J.* 79 et 80 Watling Street.—Mouchoirs, linge d'Irlande, toiles, &c.

Aller a la Classe 18, page 121.

Classe 15. TISSUS MELANGES, Y COMPRIS les CHALES. (Voyez Classe 12.)

Class 16. CUIR, SELLERIE et HARNAIS, PEAUSSERIE, FOURRURES, CRIN.

—— Groupes G. H. I. J. 10–14. ——

1 *Bevington & Fils,* Fab. Neckinger Mills, Bermondsey.—Peaux et cuirs, maroquin, peaux de moutons du Cap, peaux d'agneaux et de chevreaux, en couleur, pour ameublement, reliures, souliers, et gants.

2 *Squire, T.* Fab. Latchford, Warrington.—Cuir, pour semelles, tanné dans le Comté de Cheshire; cuir tanné sans écorce d'arbres.

3 *Lupton, J.* Fab. Chapel Lane, Bradford.—Courroies de cuir enduit de ciment, pour mettre en mouvement les roues de filatures, &c.

4 *Buse, N.* Fab. Oxford Street.—Peaux de veau pour empeignes des bottes fines.

5 *Nicholls, H.* Inv. et Fab. 5 Stafford Street, Bond Street, et 4 et 5 Birchin Lane, City.—Cuir tanné imperméable pour articles de chasse, culottes en daim noir, &c.

6 *Hartley, E.* Dess. et Fab. Low Bridge, Knaresborough.—Tapis de foyer; boa et manchon; paire de manchettes—faites en peaux de mouton et d'agneau.

7 *Robinson, J.* Waterside, Knaresborough.—Tapis de voiture, de foyer, boas, manchons, pantoufles, &c.

8 *Hill, G.* Knaresborough.—Tapis de pieds, ou paillassons, &c.

9 *Clapham, J.* Knaresborough.—Tapis de foyer, chaussures de voyage, manchons, boas, Victorines, &c.

10 *Deed, J. S.* Fab. Little Newport Street, Leicester Square.—Cuir. Tapis de pied ou paillassons en laines teintes de mouton et d'agneau.

11 *Wilson, Walker & Cie.* Fab. Leeds.—Basane pour relieurs, en diverses couleurs; id. pour les chapeliers; cuir de veau et maroquin pour relieurs, en diverses couleurs.

12 *Benson, C.* Leeds.—Bassin à tourteaux pour extraire l'huile des graines.

13 *Hogarty, Frères,* Fab. Cork, Irlande. — Tiges et empeignes de bottes; chevreau pour bottines se boutonnant, &c.

14 *Winsor, G. & Fils.* Fab. Great Russell Street, Bermondsey.—Peaux pour la cavalerie, blanches et noires, chancelières, &c.

15 *Rheam, E.* Fab. Hull.—Cuirs pour souliers et bottes, de peaux de veaux de France et d'Angleterre; peaux de chevaux de l'Amérique Espagnole, tannées en Angleterre.

16 *Holmes, T.* Imp. & Fab. Hull.—Cuir tanné de cheval marin. Roues à polir recouvertes de ce cuir. Têtes de chevaux marins, mâle et femelle, pris par le cap. Anvil dans les pêcheries du détroit de Davis.

17 *Stockel, W.* 33 Long Lane, Bermondsey.—Empeignes de bottes, imperméables, montrant les perfectionnements et les progrès faits depuis six ans.

18 *Evans, T. & Fils,* 10 Silver Street, Wood Street.—Peau de chamois et parchemin; parchemin pour étiquettes de fantaisie.

19 *Glover, J. & T.* Inv. et Fab. 7 Wood Street, Cheapside.—Échantillons de peaux de daim, veau, mouton et agneau, préparés d'après un principe amélioré; id. gants manufacturés d'après le nouveau procédé.

20 *Hemsworth & Linley,* Fab. 30 West Smithfield.—Empeignes de bottes, de veau anglais et étranger, &c.

21 *Brindley, T.* Paradise Street, Finsbury.—Sacs de cuir, nécessaires de toilette.

22 *Tomlin, W.* Inv. et Fab. Canal Bridge, Old Kent Road.—Parchemin supérieur, ressemblant presque au papier vélin à dessin.

23 *Byam, E.* Bazaar, Soho Square.—Boîte à papeterie. Nécessaire de voyage à écrire, à travailler, à toilette, à cave, &c.

24 *Lever, J. & J.* Fab. 13 Size Lane.—Vélin pour écriture, dessin ou reliure; parchemins pour écriture et reliure, &c.

25 *Wood, W. & S.* Fab. 32 Bow Street.—Peau de veau dans son état naturel, avec les poils, seulement desséchée; id. tannée et préparée pour bourrellier et bottier.

26 *Garry,* —.Peaux de chevreaux pour gants.

27 *Lenny, J. T.* Inv. et Fab. 12 Market Street, Manchester.—Portemanteau de voyage perfectionné.

28 *Timson, C.* Dess. et Fab. 11 Smithson Street, York Street, Hulme, près de Manchester.—Portemanteau perfectionné.

29 *Finnigan, T.* Manchester.—Malle de voyage.

30 *Jones, W. D.* Dess. et Fab. High Street, Shrewsbury.—Cartouchière perfectionnée, brevetée.

31 *Smith, W. H. & Fils,* 136 Strand.—Nécessaires de voyage, buvards, &c.

32 *George, C.* Imp. et Fab. 102 Dean Street, Soho.—Maroquin et cuir de Russie, pour tapissiers, carrossiers, relieurs, bottiers, &c.

33 *Last, J.* Inv. et Fab. 38 Haymarket.—Portemanteau à 5 compartiments; havresac pour piétons.

34 *East & Fils,* Bermondsey.—Cuir velouté, breveté.

35 *Allen, W.* Inv. 126 Drummond Street, Euston Square.—Paire de soufflets d'un nouveau modèle.

36 *Allen, T. M.* Fab. 37 Wardour Street, Soho.—Boîtes à médicaments homœopatiques. Boîtes à poudre dentrifice.

37 *Motte, A.* Inv. et Fab. 16 Southwark Bridge Road.—Porte-manteau, breveté, coupé et fait d'un seul morceau, imperméable.

38 *Last, S.* Inv. et Fab. 256 Oxford Street.—Porte-manteau pour chemins de fer, à quatre compartiments, d'une construction nouvelle.

39 *Everett & Cie.* 51 Fetter Lane.—Cirage, vernis pour la chaussure; vernis imperméable pour bottes, harnais, &c.

40 *James, J.* Fab. 102 Oxford Street.—Malle de voyage perfectionnée et imperméable, &c.

41 *Judge, C.* Dess. et Fab. 6 Lion Place, East Street, Walworth.—Boutons de cuir.

42 *Woodman, W.* Fab. 13 Three Colt Court, Worship Street, Finsbury.—Table en cuir pour jouer au tric-trac.

43 *Harrows, G.* 38 Old Bond Street. Boîtes de voyages imperméables pour dames.

46 *Maiben, C.* Inv. Lewisham.—Selle d'un principe nouveau.

47 *Read, J. B.* Fab. Penryn, Cornwall.—Une peau préparée pour faire les meilleures brides, tannée, non-corroyée; cuir de vache, tanné, de Cornwall, &c. Cuir, pour doubler les seaux de pompes à incendie.

48 *Clark, C. & J.* Inv. Dess. et Fab. Street, près Glastonbury.—Modèle d'une manufacture rurale; casquettes, socques, bottines de voyage, &c.; souliers, guêtres, gants, &c.; tapis de foyer et autres, en peaux de mouton, agneaux, angora, &c.

49 *Rood, G. & Cie.* Dess. et Fab. Bolton's-Borough, près de Glastonbury, Somerset.—Tapis de cheminée et de voiture, de peau de mouton et de chèvre d'Angora; chancelières, &c.

50 *Cooper, M.* Dess. Inv. et Fab. 25 Swinegate, York.—Selle de dame, avec housse de laine de Berlin ; selle militaire ; selle légère pour la chasse et la course ; selle propre à la course au clocher, &c.

51 *Southey, G. W. & Cie.* Fab. 16 Little Queen Street, Lincoln's Inn Fields.—Peaux et cuirs de veau marin, de veau, et de porc ; peaux d'hippopotame, &c.

52 *Maxwell & Cie.* Fab. 161 Piccadilly. — Eperons et douilles.

53 *Lutwych & George,* Fab.—Peaux de chèvres préparées en Angleterre pour l'usage des relieurs, bottiers, &c. ; peaux de moutons.

54 *Marlow, J.* Fab. Walsall.—Freins en acier ; selles métalliques de Spenser ; harnais : balustrade d'escalier en fonte malléable, ayant la résistance du fer forgé.

55 *Cox, S.* Inv. et Fab. Walsall.—Etriers Albert, et freins nouvellement inventés.

56 *Banton, E.* Inv. Walsall.—Harnais émaillé imperméable à l'eau ; brides, freins, &c.

57 *Hawkins, J.* Fab. Inv. &c. Walsall.—Un assortiment de freins (enregistrés) sur un nouveau principe ; étriers en acier ; étrier pantoufle de dame.

58 *Brace, H.* Fab. Walsall.—Mors, étriers, et éperons pour l'exportation de l'Amérique méridionale.

59 *Pim, J. E.* Fab. Mount Mellick, Queen County, Irlande.—Mors à tête de serpent ; mors unis ; étriers ; filets.

60 *Hudson, S.* Inv. Dess. et Fab. Dublin, Irlande.—Selle d'amazone. L'étrier s'ouvre par un ressort et dégage le pied de la dame en cas de chûte. Selles de chasse.

61 *Lennan, W.* Fab. 29 Dawson Street, Dublin. — Harnais monté en argent et en cuivre ; selle de dame ; selles d'homme ; selles pour enfants.

62 *Kane, G.* Dublin.—Porte-manteaux et objets de campement.

63 *Lambert & Fils,* Fab. New Road, Bermondsey.—Empeignes de bottes à la Wellington ; peaux de veau en grain et cirées ; cuirs d'Espagne, &c.

64 *Ashford, W. & G.* Dess. et Fab. Birmingham.—Fouets ; cravaches ; freins pour cheval de dame ; sellerie.

65 *Brown, T. & Fils,* Fab. Birminghamm.—Bois de selle, ressorts en baleine, &c

66 *Peel, A. R.* Dess. et Fab. 151 Strand.—Selles de chasse perfectionnées, à la Cleveland, &c. ; selle d'amazone ; bride et étriers à la Victoria, &c.

67 *Middlemore, W.* Dess. et Fab. 31 Holloway Head, Birmingham.—Harnais de cabriolet ; selle à siège élastique ; selle de dame brodée ; mors nouveau pour chevaux non dressés, fontes, &c.

68 *Coleman, T. G.* Inv. Turf Hotel, St. Albans, Herts.—Selle patentée et perfectionnée, obéissant à l'action musculaire du cheval, étendant le poids du cavalier, &c. ; harnais patenté, perfectionné, à traits élastiques ; rênes perfectionnées, &c.

69 *Garnett, W.* Inv. et Dess. Tarporley, Cheshire.—Selle sans coutures, d'une seule pièce. Avec des ressorts pour débarrasser le cavalier en cas de chute.

70 *Vick, R.* Inv. Gloucester.—Attelles de harnais facilitant beaucoup la traction.

71 *Musselwhite, T.* Inv. Devizes.—Colliers élastiques, brevetés, composés de fer, de liége et de crins.

72 *Weir, T.* Dumfries.—Selle, collier, et porte-manteaux.

73 *Meller, C. C.* 15 Riding House Lane, Langham Place.—Sac de nuit de voyage en cuir émaillé, avec garniture perfectionnée.

74 *Ramsey, W.* Inv. et Fab. Hull. — Selle à siège élastique.

75 *Clark, W.* Dess. et Fab. Mill Hill, Leeds. — Selle piquée ; l'ouvrage sur le siège représente St. George et le Dragon ; sur les pans, Britannia entourée de roses, de chardons et de trèfles, et les plumes du Prince de Galles.

76 *Thomas, C.* Fab. Stratford-on-Avon. — Selle élastique cédant à la plus légère pression et permettant à l'air de circuler entre le siège et le dos du cheval.

77 *Caistor, A. B.* Dess. et Fab.—7 Baker Street, Portman Square.—Selle à la hussarde et selle de chasse.

78 *Blackwell, S. & R.* Inv. et Fab. 256 Oxford Street.—Harnais de cabriolet ou de phaéton ; inventions nouvelles pour sellerie.

79 *Passmore, W.* Dess. et Fab. 27 Little Windmill Street, Golden Square.—Harnais à un cheval, avec accessoires, perfectionné.

80 *Atkinson & Eldrid* (suc. de *Peter Thorn*), Prop. et Fab.—Fouets de chasse avec montures en argent ; cannes avec montures en or et en argent ; nouveaux modèles de flasques ; sifflets et autres articles de chasse.

81 *Martin, W. H.* Inv. et Fab. 64 Burlington Arcade.—Parasol-cravache ; parasol-fouet ; cannes en corne de rhinocéros ; canne contenant bouteille et verre ; biscuits, à l'usage des voyageurs.

82 *Shipley, T. G.* 181 Regent Street.— Grande selle piquée perfectionnée. (Prov. enreg.)

83 *Skinner, A.* Inv. et Fab. Camberwell Green.—Collier de cheval gonflé d'air, protégeant les épaules, &c.

84 *Hicks, H.* Inv. et Fab. 52 Davies Street, Berkeley Square.—Selles de dames ; avec support élastique de la jambe gauche.

85 *Green, R.* Fab. 8 Edward's Street, Portman Square.—Selles de dames, brides et harnais.

86 *White, J. C.* Inv. Fab. Liverpool Street, City ; et 185 Regent Street.—Monture de harnais en argent pour équipages, avec boucles perfectionnées, d'une grande utilité en cas d'accident, le cheval pouvant être dégagé à l'instant ; harnais pour pony et tandem, &c.

87 *Bowmar, C. B.* Leicester.—Couvertures laponnes, boas, fourrures, &c.

88 *Tisdall, E.* Fab. 34 Broad Street, Golden Square.—Selle d'officier de hussard ; selle de dame, à pommeau élevé.

89 *Langdon, W. jeune,* Dess. et Fab. 9 Duke Street, Manchester Square.—Harnais à phaéton légers, portant le blazon et les initiales de S. A. R. le Prince Albert.

90 *Blyth, R.* Fab. 4 Park Lane.—Selle de dame avec siège horizontal et élastique, d'un nouveau modèle ; selle de chasse, &c.

91 *Penny, J.* Fab. 37 Union Street, Middlesex Hospital.—Dessins perfectionnés pour garniture de harnais ; brides d'apparat pour le Prince de Galles ; dessins divers, pour harnachemens.

92 *Swaine & Adeney,* Fab. 185 Piccadilly.—Fouet pour les courses ; cravaches ; fouet de postillon ; id. de cocher, &c.

93 *Bell, C.* Fab. 34 Wigmore Street.—Selle pour dame perfectionnée ; harnais d'un nouveau modèle.

94 *Bywater, W. M.* Dess. et Fab. 99 Piccadilly.—Harnais d'ornement, &c.

95 *Moriarty, D.* Fab. 34 Berwick Street, Oxford Street.—Harnais complets, montés en argent.

96 *Cuff, R.* Dess. et Fab. 18 Cockspur Street.—Selle en velours brodé ; bride et harnais avec ornements dorés.

97 *Colegrave, T. E.* Round Hill House, Brighton.—Selle faite par Bartley, de Old Quebec, garnie d'une sangle à ressort.

98 *Wilson, T. & Fils,* Fab. 18 et 19 Vere Street, Oxford Street.—Nouvelle selle d'amazone, parant au danger d'être accroché par les vêtements.

99 *Rutland, W.* Fab. 99 Sloane Street, Chelsea.

Selle de dames, dessin nouveau; selle de cavalier perfectionnée.

100 *Pearl, J.* Fab. Old Kent Road.—Harnais; brides; rosettes en ruban de satin peint; velours et canevas peint, pour décorer les harnais.

101 *Canavan, A.* Prop. 7 Wyndham Street, Bryanstone Square.—Deux selles faites par Gibson & Fils, Coventry Street; l'une avec le panneau de sûreté de Canavan, l'autre avec la sangle à régulateur de Reed; cinq brosses en peau de buffle élastique, par Kent, Marlborough Street.

102 *Clarkson, T. C.*—Cuirs à harnais, &c. faits à la mécanique.

103 *Stoker, J.* Inv. et Fab. 25 Great Winchester Street. —Selle d'amazone pour monter à droite ou à gauche, &c.

104 *Mackie & Fils,* Inv. et Fab. Maidenhead, Berks, et Beaconsfield, Bucks.—Collier de cheval de trait, propre à l'usage de l'artillerie; harnais.

106 *Hughes, R.* Fab. 52 Clifton Street, Finsbury Square. —Montures héraldiques pour harnais.

107 *Earnshaw, H.* Fab. 9 Great Wimpole Street. — Brides bleues en maroquin; brides plates et rondes; cuirasses de chasse; rênes rondes pour chevaux de voiture.

111 *Kirkby, W.* Caistor, Lincolnshire.—Selle pour dame, supérieurement ouvragée.

112 *Booth, J. P.* Inv. et Fab. South Quay, ou Union Quay, Cork.—Victorine, boa et manchon en plumes de dindons.

114 *Hook, T.* Fab. 66 New Bond Street.—Bottines pour monter à cheval pour dames, bottes et souliers habillés, pantoufles, galoches, &c.

115 *Berrall, W. & W. jeune,* Fab. 60 et 61 Mary-le-bonc Lane.—Bottes pour hommes, femmes et enfants; échantillons de semelles, &c.; bottes à revers.

116 *Parker et Fils,* Fab.—Bottes et souliers.

117 *Lloyd, J. P.* Fab. Bottes et souliers

118 *Bearn & Jeffs,* Inv. et Fab.—Bottes et souliers.

119 *Moore, G.* Fab.—Bottes et souliers.

120 *Line, W. & J.* Fab. et Prop. Daventry, Northamptonshire.—Bottes et bottines de toute espèce, en peau de veau et autres cuirs.

121 *Groom, J. & R.* Fab.—Bottes et souliers pour les sergents de ville, bottes imperméables, &c.

122 *Graham, J.* 109 Naylor Street, Oldham Road.— Une paire de galoches.

124 *Hutchings, J.* Inv. et Fab. 20 Green Street, Bath, Somerset.—Bottine de femme, en chevreau, à double semelle, à talon tournant et sans bruit, boutonnant avec des boutons à queue élastique, &c.

127 *Ramsbottom, E.* Inv. Merton, Surrey.—Socque perfectionnée.

128 *Robarts, G.* Inv. Tavistock, Devon.—Socque perfectionnée.

130 *Thompson, S.* Fab. Blackburn,—Galoches portées par les ouvriers de Lancashire et Yorkshire; id. portées par les femmes.

131 *Atloff, T. G.* Inv. New Bond Street. — Bottes, souliers, et galoches à ressorts; bottes habillées avec tiges à ressort d'acier; bottes militaires.

132 *Wallace, T.* Inv. Brandling Place.—Bottes perfectionnées pour les enfants qui ont les chevilles du pied et les jambes faibles.

133 *Henson, W. G.* Chigwell Row, Essex.—Botte en maroquin, faite sans forme.

134 *Pettitt & Fils,* Dess. et Fab. Birmingham.—Galoches imperméables composées de caoutchouc, cuir, et gutta percha.

135 *Saunders, C.* Fab. Reading.—Bottes à tiges en maroquin rouge, 40 points au pouce, talons de deux pouces et demi, doublées en soie.

137 *Athenæum Boot and Shoe Warehouse,* Norwich.— Souliers et bottes.

139 *Mather, J.* Fab. Rochdale, Lancashire. — Bottes avec tiges à ressort, conservant leur forme jusqu'au dernier moment.

141 *Creak, J.* Inv. et Fab.—Souliers-bottes et bottines à boutons et à boucles, imperméables à l'eau.

142 *Cowling, J.* Inv. et Fab. Richmond, Yorkshire.— Bottes de chasse d'après un nouveau procédé, imperméables jusqu'en haut de la tige.

145 *Doe, W.* Fab. Colchester.—Souliers d'hommes.

146 *Newman, G.* Fab. 101 Gloucester Lane, Brighton. —Bottes à la française, exposées comme modèles de façon et de main-d'œuvre.

147 *M'Gibbon, J.* Inv. et Fab. Liverpool. — Bottes militaires ornées de galons d'or.

148 *Barraclough, S.* Inv. et Fab. Tamworth.—Deux paires de bottes fines imperméables.

149 *Allen & Fils,* Fab. Freffgarne Rocks, Pembroke (Galles).—Bottes de chasse imperméables.

150 *Hefford, J. A. & Eacer, F.* Fab. Derby.—Bottes et souliers, souliers sans couture, &c.

151 *Hudson, A.* Fab. Cranbrook.—Paire de bottes à revers dont les tiges et les revers sont sans couture.

152 *Wright, R.* Fab. Richmond, Yorkshire.—Bottes et souliers brevetés, ne gênant pas la plante des pieds, &c.

153 *Vincent, R.* Fab. Glastonbury.—Habillement complet en cuir, imitant le drap noir le plus beau.

154 *Clark, B.* Fab. 57 Lowther Street, Whitehaven.— Socques bottines Cumberland pour dames.

155 *Burgess, G.* Dess. et Fab.—Bottes de chasse imperméables à l'eau; brogues des montagnards d'Ecosse.

156 *Baxter, R.* Inv. et Fab. Thirsk, Yorkshire.—Bottes avec claques et ressorts facilitant la marche; bottes à patiner.

157 *Peplow, W.* Fab. Browning Street, Stafford.—Guêtre de femme, en satin blanc, soie turque, claquée, à boutons élastiques et d'un nouveau dessin; bottines claquées; pantoufles en satin, chevreau et velours, &c.

160 *Dodge, W.* Fab. Sherborne, Dorset.—Une paire de bottes de chasse.

162 *Medwin & Cie.* Fab. 86 Regent Street.—Bottes élastiques, bottes de courses à revers.

163 *Hall, T. S.* Fab. 308 Regent Street.—Série d'imitation de chaussures anciennes pour illustrer l'histoire des costumes anglais; semelles élastiques découpées à la mécanique; guêtres élastiques; galoches en caoutchouc vulcanisé.

164 *Hall & Cie,* Fab. et Brev. Wellington Street, Strand. —Chaussures de toile-cuir ou pannus-corium.

165 *Lewen, R. G.* Inv et Fab. 22 Portman Place, Edgeware Road. — Formes pour chaussures, de modèles faits d'après nature.

166 *Hartley, J.* Fab. 11 King's Street, James's Square. —Bottes à revers en cuir anglais.

168 *Godfrey & Hancock,* Inv. et Fab. 3 Conduit Street, Regent Street.—Bottines de dame; souliers de satin; soulier de satin et de prunelle à l'épreuve du froid et de l'humidité; souliers imperméables, &c.

169 *Cant, G. W.* Fab. 69 High Holborn.—Embouchoirs pour bottiers.

170 *M'Dowll, W.* 11 Mills Buildings, Knightsbridge.— Bottes serrant la cheville, pour dames, hommes, et enfans qui ont les jambes faibles.

171 *Desmond, M.* Fab.—Bottes vernies.

173 *Gundry, W.* 1 Soho Square.—Souliers pour dames et enfants; bottines en soie élastique; bottines à semelles de liège avec empeignes élastiques de Dowie.

174 *Marsh, F.* 148 Oxford Street.—Assortiment de chaussures pour dames et enfants.

CUIR, SELLERIE et HARNAIS, PEAUX, FOURRURES, CRIN.

176 *Goodeve, G.* 10 John Street, Crutched Friars.—Paire de bottes de course à revers, pesant 3½ onces.

177 *Guppy, T. W.* Fab. 2 Prince's Court, Dorset Place, Pall Mall East.—Bottines de dames.

178 *Winter, C.* Fab. Norwich.—Bottines et souliers de dames.

179 *Gilbert & Cie.* Old Bond Street.—Bottes de jockey, de chasse, Holderness, de course, et de toilette; bottines d'amazone. (Avenue principale, Ouest.)

180 *Dowie, J.* Inv. et Fab. Brev. 455 Strand.—Nouveau modèle de bottes et de souliers; nouvelle machine pour fabriquer les chaussures. (Avenue principale, Ouest.)

181 *Taylor & Bowley,* Fab. 53 Charing Cross, et 25 Spring Gardens.—Bottes et souliers. (Avenue principale, Ouest.)

182 *Hall, R.* Inv. et Fab. 97a Quadrant, Regent Street.—Chaussures en cuir émaillé élastique, pour les pieds tendres. Galoshes et bottes de pêche en caoutchouc.

182A *Dodson, J.* Fab. 79 Chiswell Street.—Bottes, bottines, souliers, et pantoufles pour dames et hommes.

183 *Gates, F. T.* Dess. et Fab. Upper Eaton Street, Pimlico.—Perruques perfectionnées.

184 *Hodges, T.* Fab. 316 Oxford Street.—Souliers s'ajustant d'eux-mêmes.

186 *Pattisson, E.* 74 Oxford Street.—Chaussures pour dames.

188 *Barker, W. G.* Inv. et Fab. 18 Old Cavendish Street.—Souliers avec attaches élastiques invisibles.

189 *Bird, W.* Inv. et Fab. 86 Oxford Street.—Bottines Cléopâtre, parfaitement élastiques; bottines sans couture sur le devant. (Enregistrées).

190 *Wildsmith, M.* Inv. et Fab. 1 Sherrard Street, Golden Square.—Bottes molles à la Wellington avec ressorts.

191 *Clarke, E. W.* Fab. et Inv. 12 Southampton Row, Bloomsbury.—Bottes et souliers de diverses espèces; formes pour les pieds difformes.

192 *Hichson & Fils,* Dess. et Fab. 20 West Smithfield.—Bottes et souliers pour hommes, femmes et enfants, de qualités et de formes différentes; modèles de bottes et de souliers fournis à l'armée, à la marine et à la police; bottes d'hiver en feutre patenté.

194 *Hubert, C.* Fab. 292 Regent Street.—Souliers et bottes; un soulier et une botte faits d'un seul morceau de cuir.

195 *Heath, S. H.* Dess. 83 Poultry, et 17 St. Martin's-le-Grand.—Bottes et souliers en cuir souple.

196 *Crow, T.* Dess. Fab. et Prop. 3 Maidenhead Court, Cripplegate.—Botte vernie à empeigne en satin, &c.; bottes de toilette.

197 *Peal, N.* Fab. 11 Duke Street, Grosvenor Square.—Bottes de chasse et de pêche imperméables.

198 *Cremer, G. & Cie.* Inv. et Fab. Old Kent Road.—Bottes Wellington, faites d'après un système nouveau; botte terminée; botte commencée.

199 *Robotham, S.* Fab. 28 Newton Street, Birmingham.—Socques en caoutchouc et bois, à attaches perfectionnées.

200 *Brotchie, R.* Inv. et Prop. 3 Oxendon Street, Haymarket.—Bottes et souliers à semelles de métal vulcanisé.

201 *Norman, S. Wills,* Inv. et Fab. 4 Oakley Street, Westminster Road.—Bottines de dames en liége; bottines de dames en cuir parfaitement imperméables, &c.

202 *Hoby, G.* Fab. 48 St. James' Street.—Bottes à la Napoléon et autres, en cuir imperméable; spécimens de cuirs et de cirage.

203 *Schaller, J.* Inv. et Fab. 19 Charles Street, Middlesex Hospital.—Bottes et souliers imperméables de nouvelle invention; chaussons imperméables avec empeigne élastique; guêtres élastiques, &c.

204 *Ridley, J.* St. Paul's Churchyard.—Chaussures pour hommes et dames.

205 *Wilshin, S. B.* Fab. 86, Albany Road Camberwell.—Bottes pour patiner d'après un principe nouveau.

206 *Walker, E.* Prod. 19 Whitecross Place, Wilson Street, Finsbury.—Bottines pour dames.

207 *Walsh, W.* Inv. et Fab. 7 Buckingham Place, Fitzroy Square.—Paire de souliers.

208 *Stanley, C.* Inv. 238 High Street, Borough.—Modèle d'un soulier, fait d'ébène, avec boucles et boutons en or, &c.

209 *Salter, G.* Inv. Prod. Dess. et Fab. 46 Windsor Street, Islington.—Bottes en liége à semelles imperméables, invention nouvelle.

210 *Pollet, Th.* Inv. et Fab. Earl's Court, Kensington.—Bottes à talon mobile; bottines pour dames, &c.

211 *Thomas & Fils.* Fab. 36 St. James's Street.—Bottes à genouillères pour la cavalerie de la maison de la Reine, bottes diverses, chaussures écossaises; éperons d'ordonnance et éperons dorés, &c.

212 *Gordon, E.* Inv. et Fab. 6A Prince's Street, Leicester Square.—Bottes à semelles vissées et perfectionnées, consistant en une semelle extérieure vissée; les vis en bronze ne sont pas sujettes à se rouiller ou à ronger le cuir.

213 *Mitchell, T.* 8 Cartwright Street, Royal Mint.—Bottines de dames à semelles de liége, en velours pourpre royal.

215 *Currie, J.* Inv. et Fab. 3 Panton Street, Haymarket.—Bottes imperméables absorbant la sueur.

216 *Faulkner, O.* Inv. et Fab. 30 Wigmore Street, Cavendish Square.—Paire de bottes imperméables, pour la pêche ou pour la chasse.

219 *Bridges, C. H.* Inv. et Fab. 57 Charlotte Street, Portland Place.—Talons tournants pour bottes et souliers.

220 *Beckett, G.* Fab. 41 Fenchurch Street.—Bottes de différentes espèces.

222 *Langdale, H.* Fab. 57 Mount Street, Grosvenor Square.—Bottines et souliers pour jeunes gens et enfants en différentes étoffes; bottines.

224 *Robert, A.* Fab. 223 Regent Street.—Bottes.

227 *Grundy, F.* 8 St. Martin's Place, Charing Cross.—Bottes en cuir souple, d'un beau poli et qui n'ont pas besoin d'être cirées.

228 *Scott, S. T.* 1 Union Street, Southwark.—Formes de cordonnier, à bout glissant et mobile.

230 *Garner, D.* Dess. et Fab. 41 Finsbury Market.—Embouchoirs pour bottes, pouvant servir pour conserver la forme à cinq différentes paires de bottes; cirage, &c.

235 *Geary, N.* Inv. et Fab. 61 St. James' Street.—Bottes militaires et gants d'uniformes.

236 *Bowler, J.* Fab. 2 Little Portland Street.—Formes, embouchoirs, &c. pour chaussures.

237 *Smith, T.* Breveté, Bedford.—Sorcopedes elas bottines de dames.

238 *Hewlett, A.* 5 Burlington Arcade.—Bustes de S.M. la Reine, S.A.R. le Prince Albert, et du Prince de Galles illustrant une nouvelle méthode de chevelure artificielle sans ressorts, ni élastiques, ni rubans.

240 *Butterworth & Cie.* 9 Great Dover Street, et Swan Street.—Botte panélastique.

241 *Marshall, C.* 203 Oxford Street.—Bottines et souliers de dames.

242 *Parker, J.* Fab. 35 Dame Street.—Bottes à tiges de cuir émaillé; id. de promenade à semelles de liége; bottes, souliers de chasse imperméables; pantoufles en maroquin brodé; souliers et bottines pour dames. Le tout fabriqué de marchandises irlandaises.

243 *Webb, E.* Fab. Worcester—Tissus de crin de couleur et de crin et de soie mêlés pour meubles; tapis de crin tissé comme les tapis de Bruxelles et propres aux vestibules, églises, &c.

CUIR, SELLERIE et HARNAIS, PEAUX, FOURRURES, CRIN.

244 *Burgess, R.* Inv. et Fab. 15 et 16 Opera Arcade, Charles Street, St. James's. — Perruque perfectionnée; brosses à cheveux; bandoline, &c.

245 *Browne, F.* Fab. et Dess. 47 Fenchurch Street.— Coiffures et perruques pour dames et pour hommes.

246 *Bouchet, C.* Fab. 74A New Bond Street.—Ouvrage au crochet perfectionné pour perruquiers, sur peau ou tulle.

247 *Bech, R.* Fab. 79 Cheapside.—Coiffures pour dames; perruques.

248 *Rossi, L.* Inv. et Fab. 254 Regent Street.—Perruques perfectionnées.

249 *Winter, W.* Inv. 205 Oxford Street. — Perruque transparente pour homme; coiffures de soirée, &c.

250 *Prevost, M.* Inv. et Fab. 100 St. Martin's Lane.— Perruque perfectionnée.

251 *Carles, H. R.* Inv. et Fab. 25 New Bond Street.— Coiffures pour dames; perruques perfectionnées.

253 *Isidore & Brandt,* Inv. et Fab. 217 Regent Street. —Perruques, toupets, et autres ouvrages en cheveux.

255 *Worn, R.* Fab. 17 Dawson Street.—Perruque transparente.

256 *Madden & Black,* Fab. Capel Street.—Perruques pour hommes et dames; tours pour dames et toupets pour hommes, d'invention nouvelle; perruque de barreau perfectionnée.

257 *Douglas, R.* Inv. 34 North Audley Street.—Coiffures en cheveux, pour dames, cheveux de sept pieds de longeur, joints ensemble d'une manière invisible; brosses à cheveux.

259 *Causse, D. A.* Fab. 267 Regent Street. — Bandeaux et coiffures sur filet de soie, pour tous les teints et tous les âges; perruques pour hommes et femmes.

280 *Mussa, M.* Inv. et Fab. 4 Victoria Road, Pimlico.— Echantillons perfectionnés de perruques et barbes pour les théâtres.

281 *Pigott, J.* Fab. et Prop. 29 Marlborough Street, Cork.—Coiffure de dame, &c.

262 *Robey, W.* Richmond, Surrey.—Coiffure de dame.

264 *Tyzack, W. V.* Fab. Norwich. — Echantillons de faux cheveux.

265 *O'Leary, J.* Fab. 53 South Male, Cork.—Perruque pour homme, d'invention entièrement nouvelle.

266 *Kelsey, T. F.* Fab. Lingfield, East Grinstead.— Peau de bœuf de l'espèce naine du nord du pays de Galles, pesant 82 livres, pour semelles de bottes et de souliers, tannée par Batnor, Lingfield. La tannerie de cette peau a duré deux ans.

287 *Ducie, le Comte de,* Tortworth Park, Wotton-under-Edge, Gloucestershire.—Harnais pour charrettes, pour l'agriculture, et pour divers usages, facilitant le tirage.

269 *Taylor, G.* Banbury.—Selles pour dames et pour hommes, gonflées d'air; selles de chasse, à pommeau mobile; mors enrégistrés, &c.

270 *Oakley, T.* Fab. Maidstone.—Selle de fantaisie pour dame.

271 *Saunders, F. W.* Fab. Thame, Oxon.—Harnais pour charrette à quatre personnes, combinant la légèreté, la durée et l'économie, propre à l'agriculture, &c.

272 *Blowers, W. R.* Fab. High Street, Maldon, Essex. —Assortiment de harnais pour chevaux de trait.

273 *Cowan, L.* Prod. Barrhead, New Paisley.—Harnais de charrette.

275 *Cox, Th.* Dess. & Fab. Buff Coat Lane, Norwich.— Harnais tissés de lin de Norfolk, &c.

277 *Charge, R.* Fab. Horse Market, Darlington, Durham.—Selle d'un genre et d'un travail supérieur, très-légère et propre à la chasse.

278 *Dax, R.* Inv. High Street, Welshpool, Galles Septentrionales.—Harnais et brides avec une muserolle pour empêcher les chevaux de s'échapper.

279 *Pollock, J.* Fab. 151 Stockwell Street, Glasgow. —Harnais écossais complet.

283 *Cozens & Greatrex,* Walsall. — Cuir pour brides, selles, &c., tanné et corroyé; peaux de cochon corroyées pour selles; peaux de phoques pour les trépointes des selles.

284 *Randall & Dick,* Fab. Greek Street, Soho. — Peaux de boucs et de mouton brutes, et dans leurs divers degrés de fabrication; peaux blanchies et apprêtées.

285 *Pullmann, R. W. & J.* Fab. 17 Greek Street, Soho. —Specimens de cuirs huilés, dans leurs divers degrés de fabrication; peaux de boucs, daim, buffle, &c.

286 *Oastler & Palmer,* Fab. Grange Road, Bermondsey. — Cuirs vernis; peaux émaillées, &c.; peaux de veaux; peaux pour selliers et carrossiers.

288 *Jackson, R. B.* Inv. 9 Hampstead Street, Fitzroy Square. — Nouvelle méthode pour nettoyer et éclaircir le maroquin terni et usé; tous les articles peuvent être nettoyés sans les démonter.

289 *George, J.* Fab. 81 Dean Street, Soho.—Cuir peint et doré, de toutes longueurs et largeurs, pour tapisser les appartements, &c.; différents échantillons d'ornements de cuir, bordures de tapis de table, couvertures de mobilier, &c., assortiments très-variés.

290 *Dixon & Whiting,* Fab. Bermondsey.—Cuir vernis de toute espèce.

293 *Boutchier, Mortimer & Cie.* Prop. et Fab. Bermondsey.—Cuirs, peaux et ingrédients pour tanner.

294 *Bossard, J.* 7 Church Street, Bermondsey. — Cuir, empeignes de bottes, &c.

297 *Tombs, E.* Theberton Street, Islington.—Peaux de veau anglais.

298 *Branscombe, S.* Fab. Liverpool.—Peaux tannées de buffles.

299 *Heintze, L.* Imp. Liverpool.—Peaux de veau noires, vernissées, tannées et apprêtées à Mannheim sur le Rhin.

300 *Brown, A.* Inv. Milsom Street, Bath.—Perruque de nouvelle invention.

301 *La Compagnie de Hudson Bay.* — Assortiment de peaux et fourrures des régions polaires. (Avenue Principale, Ouest).

301A *Nicholay, J. A. & Fils,* Coll. Imp. Fab. &c. 82 Oxford Street.—Echantillons de fourrures des Régions Arctiques, provenant de la Compagnie de Hudson's Bay: Fourrures du Canada; fourrures d'Europe; peaux de phoques, produits de Georgie, des Iles Shetland et Falkland, &c; fourrures de l'Amérique du Sud; fourrures des Tropiques; fourrures apprêtées; articles de voyage, en fourrures. (Avenue Principale Ouest).

302 *Poland, Fils, & Meredith,* Dess. et Fab. 52 Bread Street, Cheapside.—Tapis de foyer en peau de léopard; id. en peau de tigre.

303 *Samson, P.* Fab. 1 Little Knight Rider Street, St. Paul's Church Yard. — Boa petit-gris, et autres articles de fourrure.

304 *Meyer, S. & M.* Fab. Bow Lane, City. — Peaux de lapins anglais préparées, teintes et tondues; boas, manchons, gants, &c.

305 *Ellis, G.* Dess. et Fab. 23 Fore Street.—Boas, victorines, manchons, et autres articles de fourrures et de velours.

306 *Drake, R.* Fab. 25 Piccadilly.—Martre de Russie; hermine mouchetée; pièce d'hermine mouchetée du manteau de couronnement de S. M. &c.

307 *Clarke, R. & Fils,* Fab. 157 Cheapside.—Fourrures d'hermine; fourrures de toutes espèces.

308 *Callow, T. & Fils,* Inv. et Fab. 8 Park Lane. — Fouets de cuir de rhinocéros; fouets à manche de cuir d'hippopotame, &c.

309 *Ince, J.* Fab. 75 Oxford Street.—Tapis de pied, en peau de tigre, &c.

310 *Lutge & Parsons*, Fab. King Edward Street.—Boas de martre de Russie, martre d'Amérique, hermine, chinchilla, petit-gris, &c. (Enreg).

310A *Smith G. & Fils*, Fab. 10 Watling Street. — Manchons ; cardinals ; boas plats de différentes variétés de fourrures.

311 *Dick, A.* Fab. Edimbourg.—Tapis de foyer, contenant plus de 2,500 morceaux de différentes fourrures.

312 *Garner, D.* Fab. et Dess. 41 Finsbury Market.—Embouchoirs portatifs, adaptés aux bottines à boutons. Renfermant brosses, boîte à cirage, tire bottes, crochets, &c., formes pour bottes et souliers.

313 *Hidden, T.* 88 London Road, Southwark.—Boutons en cuir à queue flexible, pour bottines, &c. ; invention brevetée.

314 *Corry, J. & J.* Queen Camel, près Yeovil, Somerset. —Peaux d'agneaux blanches et de couleur, &c.

315 *Case, C.* Fab. 45 Wood St. Cheapside.—Cravaches pour cavaliers et amazones ; cannes en baleines, fouets, &c.

316 *Marsden, C.* Inv. Waterloo House, Kingsland Road. —Bottes et souliers à ventilateur.

317 *Leathart, C.* 15 John Street, Waterloo Road.— Liquide pour teindre les cheveux.

318 *Taylor, T.* Inv. Dublin.—Spécimens de cuir soluble.

319 *Phipps, W. D.* Cadogan House, Sloane Street.— Bottes élastiques à ressorts, dites Eupadiennes.

320 *Hadley, R.* Fab. Worcester.—Ornements en cheveux pour dames.

321 *Mantel W.* Bedford.—Trois perruques perfectionnées ne pesant que 14 drachmes chacune.

322 *Carr, W.* 10 Hatton Wall.—Cirage perfectionnée.

323 *Newcombe, J.* Swinegate, Grantham. — Souliers d'une nouvelle matière.

323A *Adcock & Cie.* 3 Princess Street, Cavendish Square. —Collection choisie de plumes teintes. (Avenue Principale, Ouest).

324 *Nelson, J.* Holloway.—Bottes s'usant au centre de la semelle.

325 *Carron, W.* Birmingham.—Galoches patentées.

326 *Essex,* 1 Charterhouse Lane.—Tapis de foyer, voitures, &c. en peau d'agneau et de mouton ; chancelières ; bottes de laine, pour voyage, invalides, &c.

327 *Allin, W. S.* 1 Dorset Mews East, Baker Street.— Une paire de bottes qui n'ont pas été nettoyées depuis deux ans.

328 *Lutge & Cie.* Fab. King Edward Street.—Boas à la Princesse Royale en martre, petit-gris, hermine, veau marin, chinchilla, &c. de Russie et d'Amérique ; grand tapis de pied, avec un peau très-rare au centre, euvironnées des armes royales et autres écussons.

329 *Boyer, M.* Fab. Birmingham.—Selle brevetée à vis.

330 *Laycock & Fils*, Sheffield.—Siège en satin et crin de fantaisie ; matières brutes, &c. (Dans la Classe 11).

331 *McDougall, D.* Inverness.—Bottes pour chasser le cerf en Ecosse ; souliers habillés.

332 *Bevington & Morris,* 67 King William Street, Cité. —Paillassons en laine de mouton et d'angora pour voitures, &c. Fourrures, pélerines, manchons, boas, &c. naturelles et teintes.

Aller a la Classe 27, page 162.

Classe 17. PAPETERIE, IMPRIMERIE, et RELIURE.
—— Groupes F. 27—29; G. H. I. J. 26, 27. ——

1 *Acherman & Cie.* 96 Strand.—Boîtes à couleurs; livres richement reliés; dessins, &c.

4 *Hughes, E.* Dess. Greenwich Hospital Schools.—Nouvelle carte de la Grande Bretagne; carte de la Palestine et pays voisins.

5 *Remnant, E. & Cie.* Fab. Lovell's Court, Paternoster Row.—Reliures de livres en différents genres, maroquin, cuir de Russie, veau, toile, &c.

7 *Hawthorne, J.* Fab. 77 Charrington Street, Saint Pancras.—Noix de galle, broyées et entières; id. du fruit du Terminalia Chebula du Bengale; assortiments de différentes sortes d'encres.

8 *Evans, J. S.* Fab. 64 Berwick Street, Soho.—Reliure, et cuir teint pour imiter les bois.

9 *Fairbairn, R.* Fab. 37 Great Cambridge Street, Hackney Road. — Echantillons de caractères d'imprimerie en bois.

10 *Fisher, J. H.* Inv. New North Road, Hoxton.—Modèle de billet de banque, imprimé d'après un procédé chimique, au moyen d'eau colorée.

11 *Gallard, W.* Dess. 10 Lisson Grove.—Case portative, de grande utilité pour le compositeur dans les ouvrages qui contiennent un mélange de lettres italiques et autres, avec celles du texte.

12 *Gill, T. D.* 17 Charlotte Street, Fitzroy Square.—Timbres de poste. Economie de temps, &c.

17 *Hider, Elizabeth,* 41 Robert Street, Chelsea.—Papier floral de fantaisie pour valentines.

18 *Dean & Fils,* 35 Threadneedle Street.—Papier à lettres, orné et illustré.

20 *Hughes, G. A.* Inv. 9 Mount Row, Westminster Road.—Machine pour rendre les aveugles capables d'écrire, calculer, et composer de la musique, &c., &c.

21 *Hyde & Cie.* Fab. 61 Fleet Street.—Nouveau mode de Rider pour prendre les impressions d'intaglios; cire à cacheter des Indes, durcie pour les climats chauds.

22 *King, T. & J. H.* Dess. et Fab. 4 Bartlett's Building, Holborn Hill.—Echantillons d'un nouveau type à musique; dessin original de lettres appelées arabesques.

23 *Kirby, J.* Prod. 103 Cornwall Road, Lambeth.—Echantillons de papier et nouvelle méthode pour monter les gravures sur bois.

24 *Leighton, G. & J.* 40 Brewer Street, Golden Square.—Echantillons de reliures; imitations d'impressions Espagnoles, exécutées à la plume, &c.

25 *Lloyd, R.* Inv. Fab. et Brev. 16 Birchin Lane.—Feuilles de liège coupées à la mécanique pour dos de livres, ou pour être mises dans les cadres derrière les tableaux, pour préserver de l'humidité, &c.

26 *Macomie, A. & Cie.* Fab. 6 Percy Street, Bedford Square.—Bibles de chaire, de famille, &c.; boîte à pendule.

27 *Mansell, J.* Dess. Fab. et Prop. 35 Red Lion Square.—Ornements pour la décoration des toiles, mousselines, damas, papier relief, enveloppes et cartes reliefs d'argent, et autres articles de papier, &c.

29 *Martin, J.* Breveté.—Papier rendu imperméable par une colle nouvellement inventée. Ce papier sort des manufactures de M. Pearson Branthwaite.

31 *Parsons, Fletcher & Cie.* Fab. 22 Bread Street.—Encres pour imprimeurs; encre noire pour gravures sur bois; encres de couleurs pour imprimer les affiches.

32 *Penny, H.* Fab. 11 Old Bailey.—Portefeuilles de poche, avec crayons de métaux divers.

33 *Pinches & Cie.* Fab. 27 Oxendon Street.—Pions d'échiquier néotypes, en papier-mâché, or et argent; papier à lettres et enveloppes enluminées et à devises héraldiques; presse à sceller; moules pour boutons et plaques militaires, &c.

34 *Royston & Brown,* Fab. 40 et 41 Old Broad Street. Livres de comptes (ou registres); livre à copier les lettres; carnets, &c.

35 *Sapsford, N.* Fab. 17 Kirby Street, Hatton Garden.—Specimen de reliures.

36 *Saunders, T. H.* Fab. Queenhithe et Dartford, Kent.—Papier parchemin pour les actes du gouvernement, &c., employé aussi pour enveloppes de dépêches à l'étranger; papier de billets de banque; spécimens d'une méthode nouvelle pour estamper le papier, prévenant la fraude.

37 *Saunderson, C.* Prop. Kilburn Lodge, Kilburn.—Carte géographique de l'Irlande, sur cuivre, par J. Dower, avec deux illustrations des esquisses et dessins gravés pour la carte, sur acier, par J. E. Armitage.

38 *Schlesinger & Cie.* 8 Old Jewry.—Memorandum ou livrets métalliques (enregistrés); porte-feuilles, &c.; règles parallèles pour rayer le papier (enregistrés).

40 *Silverlock, H.* Dess. 3 Wardrobe Terrace, Doctor's Commons.—Typographie de plaques stéréotypes, combinant l'effet des plaques en cuivre avec la rapidité de la typographie ordinaire.

41 *Smith, J.* Inv. et Fab. 41 Rathbone Place.—Enveloppes adhérentes; papier à lettre avec armoiries, initiales, &c. toile à tracer et à écrire. (Patenté).

42 *Spicer, Frères.* Fab. New Bridge Street, Blackfriars.— Papier extra-superfin pour différents usages; papier à écrire; papier pour impression; papier de décoration; papier d'emballage; jet de papier, de 2500 mètres de long pour papier de tenture, &c.; cartons, &c.

42A *Joynson, W.* Fab. St. Mary's Cray, Kent.—Spécimens de papiers à écrire, de diverses espèces.

43 *Tarrant, A.* Fab. 190 High Holborn.—Reliures.

44 *Thomas & Fils,* Fab. 10 Cornhill.—Grand-livres, &c. de différentes grandeurs.

45 *Turnbull, J. L. et J.* Fab. Holywell Mount, Shoreditch.—Papier-carton pour dessiner; cartes d'adresses, &c.

46 *Waterlow & Fils,* Fab. 66 London Wall.—Assortiment complet de registres pour la tenue des livres; articles variés de papeterie.

47 *Wedgwood, R.* Fab. 84 Lombard Street.—Appareil pour copier les lettres, &c.; noctographe perfectionné pour les aveugles, &c.

48 *Westley, J.* Playhouse Yard, Blackfriars.—Reliures à la main et à la mécanique.

49 *Whitaker, R.* 13 et 14 Little Britain.—Cartes à jouer, émaillées, &c.

51 *Whiteman, F. J.* Fab. 19 Little Queen Street, Holborn.—Plaques percées pour marquer le linge. Elles ne décomposent pas l'encre.

52 *Widnall, G. F.* Inv. 6 Harrow Road, Paddington.—Porte-feuille bourse de chemin de fer, d'omnibus, &c.

53 *Williams, J.* Fab. 19 Bucklesbury.—Assortiment de registres et livres de comptes.

55 *Arliss & Tucker,* Inv. et Fab. 15 Frith Street, Soho.—L'intérieur et l'extérieur du bâtiment de l'Exposition, imprimerie sur feuille d'étain et autres corps métalliques.

56 *Atkinson, W.* Fab. Lamb's Passage, Finsbury.—Spécimens de calico imprimé, &c. pour reliures.

59 *Batten, D.* Fab. Clapham Common.—Spécimens de reliures, &c.

60 *Benner, W.* Inv. Cheyne House, Collegiate School, Chelsea.—Alphabet phonologique complet; syllabaire mécanique; instructeur mécanique.

61 *Bingley, M.* Fab. & Inv. 10 Lawrence Pountney, Lane.—Tranche-files pour reliures. (Brevetées.)

62 *Bone, W. & Fils,* Fab. 76 Fleet Street.—Spécimens de reliure en toile; id. en maroquin.

63 *Bowden, G.* Inv. et Fab. 1 Little Queen Street, Holborn.—Nouveau modèle de siège d'artiste, &c.

64 *Bretnall, T. D.* Fab.—Toile de papier transparente pour cartes, plans, &c.

65 *Cahn, D.* Fab. et Imp. 16 Wilson Street, Finsbury.—Noir de raisin et d'ivoire pour graveurs, typographes, lithographes, teinturiers et vernisseurs.

66 *Candy, T. H.* Inv. et Prop. King's College, Strand.—Mappe-monde pour démontrer une nouvelle méthode de démarcation du globe terrestre.

67 *Churton, E.* Dess. 26 Holles Street.—Spécimens de reliure, avec ornements appropriés au sujet dont traite les livres.

68 *Clarke, J.* Fab. 61 Frith Street, Soho Square.—Reliures diverses.

69 *Cusson & Cie.* Bunhill Row.—Percaline Anglaise pour relieurs, teinte, estampée et finie par les exposants.

71 *Clements, J.* Inv. 21 et 22 Little Pulteney Street, Golden Square.—Outils de relieurs pour orner le dos et la couverture des livres.

73 *Cooke & Fils,* Fab. 84 Cannon Street.— Cire à cacheter colorée, bosselée et transparente.

74 *Cruchley, G. F.* Dess. Fleet Street.—Carte gigantesque de l'Angleterre et du pays de Galles, en 65 feuilles, ayant chacune 24 pouces sur 19 pouces; cartes de l'Europe; plan de Londres, &c.

76 *De la Rue, T. & Cie.* Fab. et Prop. 110 Bunhill Row.—Articles de papeterie, spécimens d'impression et de reliures; machine à plier et gommer les enveloppes (brevetée).

77 *Armstrong, J.* 11 Great College Street North, Camden Town.—Spécimens d'impression de musique.

78 *Caslon & Cie.* Chiswell Street.—Modèles de types calligraphiques de Caslon; couleurs pour l'imprimerie.

79 *Dobbs, Kidd & Cie.* Dess. et Fab. 134 Fleet Street.—Cartes de dessin, cartes et papier bosselés; cartes et papiers à bords en dentelle ou enchassés; tableaux bosselés.

80 *Stokes, R.* Inv. Ivy Cottage, Kingsland.—Trois bouteilles d'encre chimique.

83 *Heywood, J.* Fab. 179 Deansgate, Manchester.—Cahiers.

84 *Hamer, A.* Fab. Horsforth, Leeds.—Papiers employés par les fabricants de draps et de soies; bourres d'une nouvelle espèce.

85 *Hastings & Mellor,* Fab. Leeds.—Papier employé dans la fabrique et pour emballer les draps, &c.

86 *Knight, J. Y.* Fab. 39 Briggate, Leeds.—Grands-livres in folio, en vélin blanc; livres de comptes.

87 *Bagster, S. & Fils,* Prod. 15 Paternoster Row.—Bible polyglotte, imprimée séparément en plusieurs volumes de poche, et correspondant page par page.

88 *Cross, G.* Inv. et Fab. 2 New Coventry et Sydney's Mews.—Album à feuille détachée.

89 *Rivière, R.* Dess. 28 Great Queen Street, Lincoln's Inn Fields.—Œuvres diverses, livres de prières, chronique d'Angleterre, reliés au monogramme de R. Rivière.

90 *Ferguson, Frères,* Fab. Edimbourg.—Caractères d'imprimerie.

91 *Neil, R.* Dess. et Fab. Edimbourg.—La Bible in-4to. en maroquin, &c.

92 *Sinclair, Duncan & Fils,* Dess. et Fab. Edinburgh.—Petites fontes de types de musique; pages spécimens.

93 *Waterston, G.* Fab. Edinburgh.—Cire et pains à cacheter de plusieurs couleurs et de différentes qualités.

94 *Mackenzie, W.* Inv. London Street, Glasgow.—Livre d'église imprimé à majuscules rouges, style gothique.

96 *Bancks Frères,* Weirhouse Mill, Chesham.—Papier à écrire, ornés de dessins et de signatures autographes dans le filigrane. (Brevetés.)

97 *Budden, E.* Dess. et Fab. Cambridge.—Spécimens de reliures: albums ornés de peintures, &c.; bible en maroquin rouge, avec couverture richement dorée.

100 *Smith, E.* Prod. Felling Shore, Gateshead.—Papier gris glacé, fabriqué par MM. F. Gallon et Cie., glacé par un procédé perfectionné.

101 *Cowan, A. & Fils,* Brev. Talley Field Mills, près d'Edimbourg, et 45 Upper Thames Street.—Spécimens de papiers; papier à lettre glacé bleu et blanc; papier pour maisons de banque, papier pour registres, papier pour billets de banque et mandats, papier à lettres avec illustrations à l'huile, enveloppes en paquets, et livres de compte de diverses reliures.

102 *Wildes, W.* Dess. et Fab. Snodland, Rochester.—Spécimens de papier à écrire, orné de guirlandes de fleurs dans le filigrane.

103 *Wiseman, H. R.* Fab. 9 Trinity Street, Cambridge.—La bible du roi en 2 vols., reliée en maroquin écarlate et ornée de vignettes, &c.

106 *Cundall & Addey.* Edit. 21 Old Bond Street.—Reliures; copies de tableaux des anciens maîtres, sujets sacrés, imprimées avec teintes au moyen de planches en bois, tels que la Sainte Cène d'après Léonard de Vinci, la Sainte Famille, &c.

107 *Knight & Hawkes,* Fab. Stanhope Foundry, Clerkenwell Close.—Clichés stéréotypes de caractères typographiques de diverses dimensions; stéréotypes de gravures sur bois.

108 *Rock Brothers & Payne,* Fab. 11 Walbrook.—Registres de compte à coins et dos en cuivre; albums, &c.

109 *Orr, W. S. & Cie.* Amen Corner.—Reliures simples et de luxe; cartes géographiques et géologiques.

110 *Peckerd, J. P.* Dess.—Dessin exécuté à la plume avec l'encre de Tate.

111 *Westleys & Cie.* Fab. Friar Street, Doctors' Commons.—Reliures diverses, simples, riches, et de luxe.

113 *Evans, E.* Dess. Yorkshire Street, Oldham.—Spécimens de typographie.

117 *McNair, W.* Glasgow.—Reliures.

118 *Stirling, W.* Prop. Kenmure House, Glasgow.—Exemplaire d'une bible imprimée en 1811, et tirée à 100 exemplaires seulement; reliure riche.

119 *Todd, J.* Fab. Perth.—Encres et poudres à encre.

120 *Parker, J. H.* Prop. Oxford.—Livres illustrés.

121 *Plowman, T.* Inv. et Fab. Aldgate Street, Oxford.—Porte-feuille portatif pour copier des lettres écrites à l'encre, par la simple pression de la main.

123 *Cocks, R. & Cie.* Fab. New Burlington Street.—Collection de musique d'église du Docteur Boyce; un spécimen de l'art de graver des notes musicales sur plaques d'étain.

124 *Figgins, V. & J.* Dess. et Fab. West Street, Smithfield.—Forme de caractères "perle," contenant plus de 220,000 pièces métalliques mobiles, du poids de 140 livres, supportées seulement par la pression latérale causée par l'action de fermer; moules de types, polytypes, électrotypes, &c.

127 *Novello, J. A.* Prod. 69 Dean Street, Soho, et 9 Poultry.—Echantillons de caractères de musique et esquisse de la méthode à imprimer la musique avec types mobiles.

128 *Manchin & Morel,* Fab. 8 Wilson Street, Gray's Inn Road.—Gravures sur bois; clichés, &c.

Clark, W. Dess. Dunfermline.—Bible in 8vo. re- maroquin de Turquie maron, dorée sur tranches et sur autres reliures riches et élégantes.

Clark & Davidson, Fab. Mauchline, Ecosse.—La chansons écossaises reliées en bois, avec une vue de la rivière Doon; porte-feuilles; livres métal- &c.

Bradbury & Evans, Prod. Whitefriars.—Spéci- presse-lettres et impressions en taille-douce.

Dudman, J. Inv. Camberwell Place, New Road.— ...es de lettres se fermant d'elles-mêmes.

Wright, J. 14 et 15 Noel Street, Soho.—Spéci- divers de reliure; livres enluminés style moyen âge, Noël Humphrey et Owen Jones.

Pickering, W. 177 Piccadilly.—Livres de prière; ...res Victoria; les Heures d'Edouard VI, avec notes ...es 1550; Euclide, avec diagrammes, &c. colorés; ...ns de costumes, décors, et ornements du moyen-âge, Shaw.

Ralph, F. W. Fab. 36 Throgmorton Street.—En- ...la lettre et l'enveloppe ne formant qu'une seule

Dewdney, J. Cullompton, Exeter.—Papier.

Byam, Elisa, Bazar de Soho Square.—Boîte de ...; nécessaire pupitre de voyage, &c.

Lamb, J. Fab. Newcastle-under-Lyne.—Tissus de pour les poteries, employés pour imprimer la porce- faïence; vielle corde dont ce papier est fabriqué.

Newbery, J. & R.—Papiers d'or et de couleur, pour &c.

Venables, Wilson & Tyler, Fab. 17 Queenhithe.— anglais; matériaux employés dans la fabrication du

Miller & Richard, Fondeurs, Edimbourg.—Spéci- caractères typographiques, les plus petits qui soient et fabriqués exprès pour l'Exposition.

Austin, W. 5 Furnival's Inn Place.—Boîtes de &c.

Burke, —. Bull Head Court, Newgate Street.— de fantaisie.

Hampson, B. Manchester.—Etiquettes, vignettes, marchandises de fabrique.

La Société pour la propagation de pamphlets reli- ...od. 56 Paternoster Row.—Livres religieux des lan- dialectes suivants. *Europe:* Français, Breton, Es- Portugais, Suédois, Danois, Russe, Hollandais, Hongrois, &c. *Indes:* Indostan, Bengale, Chi- &c. *Polynésie:* Nouvelle Zélande, Taïti, &c.

Swann, T. F. Inv. et Fab. 43 Southampton Build- cimens d'encre rouge à marquer linge, soie, &c.

Webb, W. 34 Southampton Buildings, Chancery instrument perfectionné pour écrire simultanément copies à la fois.

Hood, J. H. 25 Red Lion Square.—Portefeuilles nés, reliure enluminée sur vélin, &c.

Leighton, Jane & Rob. Harp Alley, Shoe Lane.— de reliures faites à la mécanique; chaque livre d'une couverture estampée d'un seul coup.

Wodderspoon, J. 16 et 17 Portugal Street, Lincoln's Grand-livre avec index, en vélin, enregistré.

Jordan, F. & Cie. 22 City Road.—Cassette à bijoux du feu, encriers, plumes d'or, &c.

Rains, T. 24 Great Ormond Street, Queen's Square. mens de reliure.

Lewis, Mrs. C. Duke Street, St. James'.—Spécimens

Watts, W. M. 12 Crown Court, Temple Bar.— orient et autres en soixante-sept languages ou dia- ments; l'oraison dominicale en chinois, et en en relief pour les aveugles.

165 *Isaac, J. R.* Inv. 62 Castle Street, Liverpool.— Secrétaire en chêne, pour serrer des cartes géographiques et diagrammes. Pupitre à musique et à lecture. Bouteilles en terre cuite et en verre, avec orifice à encrier.

166 *Hodson, J. S.* Portugal Street, Lincoln's Inn Fields. —Presses à imprimer en différentes couleurs.

167 *Caffry, J.* 18 Palace Row, Armagh, Irlande.—Une copie d'un billet de la banque d'Ulster, exécutée sur du carton de Bristol avec une plume ordinaire.

168 *Lines & Cie.*—Encre bleue, &c.

169 *Bretell, T.* Ruppert Street, Haymarket.—Hymne pour toutes les nations, par M. F. Tupper, D.C.L., F.R.S., traduite en trente langues, &c.

170 *L'Ecole des Aveugles d'Edimbourg.*—Encre tactile, par le Dr. Foulis, pour les aveugles; musique en manuscrit pour les aveugles; typhlographe par M. Gall, pour leur enseigner à écrire, &c.

171 *Gall, J.* Inv. Edinbourg.—Alphabet triangulaire composé de 26 lettres, pour les aveugles, et appareil pour leur donner le moyen d'écrire.

172 *L'Ecole de Frome-Field.*—Musique à l'usage des écoles.

173 *Harris & Galabin,* 142 Fenchurch Street.—Registres de commerce, livres de compte, &c.

174 *Muir, R.* Inv. Dunlop Street, Glasgow.—Planche électro-stéréotypique pour imprimer en taille douce, d'un moule en gutta percha.

175 *Wyld, J.* Charing Cross East, 454 West Strand, 2 Royal Exchange, and the Great Globe, Leicester Square. —Atlas général composé de 67 cartes des diverses parties du monde, avec descriptions de leur position physique et politique, y compris les découvertes récentes qu'on y a faites; atlas divers, cartes, et sphères.

176 *Lovejoy, G.* Reading, Berks.—Encre noire à écrire, indélébile, inaltérable par le temps, et par les agents chimiques ordinaires.

177 *Shean, W. J.* Halsey Terrace, Cadogan Street, Chelsea.—Livre de présence pour les écoles.

178 *Wilson, R.*—Spécimen de calligraphie.

179 *Galbraith, W. J. T.* Inv. et Fab. Wellington Cottage, South Lambeth.—Encre indélébile; encre pour marquer le linge.

180 *Owen, H.* Dess. Falcon Square.—Spécimen de typographie: le discours prononcé par S. A. R. le Prince Albert au banquet de Mansion House, avec traductions en plusieurs langues.

181 *Kronheim & Cie.*—Variété de bordures de fantaisie.

182 *Stephenson, Blake, et Cie.*—Caractères typographiques, assortiment varié.

183 *Davis, J.* Inv. et Fab. 1 Duke Street, North Parade, Bath.—Système de musique nouveau et complet.

184 *Reed & Pardon,* 1, 2, et 3 Lovell's Court, Paternoster Row.—Assortiment varié de caractères typographiques.

185 *Tait, W. J.* Church Street, Rugby.—Dessins élémentaires pour écoles.

186 *Hume, le Rév. W. E.* White Colne, Halstead.—Un almanach sur vélin.

187 *Ramsay, —.* Spécimens de typographie.

188 *Wason, R. Esq.* M.P. Corwar, Girvan, Ayrshire. —Plan d'une propriété.

189 *Barker, S.*—Fontes de matrices en bois, pour impressions sur cotonnades, soie, &c.

190 *Meek, G.* Fab. 2 Crane Court, Fleet Street.—Papier découpé en forme de dentelle et d'ouvrage au crochet.

191 *Tapperell & Jones,* 2 Winchester Street, Old Broad Street, et Queen's Arms Hôtel, Cheapside.—Ancienne carte des cités de Londres et Westminster, avec les environs, tels qu'ils existaient sous le règne de la Reine Elizabeth. Dans

PAPETERIE, IMPRIMERIE, RELIURE.

cette ancienne carte et dessin, les palais de Westminster, les édifices publiques, &c. sont clairement indiqués.

192 *Whitbread, J.* Prop. 142 Oxford Street.—Nouveau plan de Londres.

193 *Ruff & Cie.* 2 et 3 Hind Court, Fleet Street.—Carte de Londres et de ses environs sur une échelle de 8 pouces le mille, indiquant la division par paroisses, &c.

194 *Rickman, W. C.* Inv. 21 Park Side, Hyde Park Corner.—Porte-feuille fixe pour dessins et gravures.

195 *Besley, R. & Cie.* Fab. Fann Street, Aldersgate Street.—Moule-à-main perfectionné pour fondre les caractères d'imprimerie; embellissements typographiques imprimés, &c.; spécimens de caractères d'imprimerie.

196 *Barritt & Cie.* 173 Fleet Street.—Spécimens de reliures d'église avec couvertures en chêne sculpté et poli, fermoirs en métal électrotypé; couvertures solides en métal.

197 *Pitman, I.* 5 Nelson Place, Bath.—Alphabets en caractères phonographiques et phonotypiques. La Bible, &c. imprimée phonoticalement, et le Nouveau Testament en sténographie phonéticale.

198 *La Société d'enseignement des enfants aveugles*, Prop. Avenue Road, Regent's Park.—Livres en relief pour les aveugles; les lettres de ces livres sont estampées de manière à ce que le sens du toucher puisse remplacer la vue; chiffres pour les aveugles; cartes géographiques en relief, &c.

199 *Gardner, W. H.* Dess. et Exec. Troy House, Manningtree, Essex.—Spécimens de calligraphie.

200 *Anderson, D.* Prop. Glasgow.—Copies de gravures exécutées à la plume et à l'encre de chine par Jas. Lindsay, sourd et muet, élève de l'Institution des Sourds-muets de Glasgow.

201 *La Société Biblique Anglaise & Etrangère*, Prod. Earl Street, Blackfriars.—Cent soixante-cinq volumes écrit en langues différentes d'après les 170 versions de la Bible huit exemplaires des quatre éditions anglaises, démontrant les progrès de typographie, de reliure, et de fabrication de papier, de 1816 à 1851, et la réduction du prix de revient (62 pour cent.)

202 *Harrison, A. P.* Dess. Brighton.—Armoiries imprimées et peintes. Fac-simile de la Magna Charta. Ordre d'exécution de Charles I. et de Marie Stuart.

203 *Bell, le Major*, 17 Cecil Street, Strand.—Grande variété de chartes, pour illustrer le système et la mécanique de mémoire historique de l'exposant. (Classe 1, sur la muraille.)

204 *Strangeways, J.* 28 Harpur Street, Red Lion Square. —Nouvelle charte de la biographie anglaise à partir du 15me siècle.

205 *Boyston & Brown.*—Billets de banque et lettres de change, gravée d'après un procédé patenté, pour prévenir la contrefaçon.

207 *Cleaver, W. J.* 46 Piccadilly.—Assortiment de Bibles, livres de prières, et autres ouvrages, en reliures modernes et antiques.

208 *Spiers & Fils*, Oxford.—Enveloppes, papier à écrire et autres articles de papeterie de fantaisie.

209 *Baxter,* —. Fromefield School, Somerset.—L'hymne nationale en musique, copiée sur un grande échelle pour les écoles.

Aller a la Salle des Beaux Arts, page 173.

Classe 18. ETOFFES TISSEES, FEUTREES et FOULEES, TEINTES, et IMPRIMEES.

—— Groupes L. M. N. O. 2–5. ——

1 *Evans, D. & Cie.* 121 Cheapside et Crayford, Kent.—Mouchoirs en soie de Chine et du Bengale, fabriqués à Macclesfield; robes de soie; tapis de table, &c.

2 *Baker, Tuckers & Cie.* Fab. 30 et 31 Gresham Street.—Foulards et robes en foulards de soie des Indes Orientales, imprimés à Londres.

4 *Inglis & Wakefield*, Basly Print Works, près Glasgow.—Mousselines de laine imprimées; id. cachemires: id. jaconas, &c.

5 *Andrews, H. Fils, & Cie.* 55 Friday Street.—Cotonnades, mousselines, étoffes de laine, &c., imprimées.

6 *Devas, Menchener, & Routledge*, Prop. 24 Laurence Lane.—Batistes et mousselines imprimées.

7 *Welch, Margetson & Cie.* Fab. 17 Cheapside.—Assortiment de foulards en soie de chine et corahs des Indes, imprimés par les exposants.

8 *Wilkinson, W.* 89 Watling Street.—Mouchoirs "pongee," ou cordé de chine et bandanas de chine écrus, de fabrique britannique; corahs des Indes, teints en garance cochenille, et cramoisi; spécimens d'étoffes teintes et imprimées dans divers degrés de fabrication.

9 *Swan & Edgar*, Prop. Piccadilly et Regent Street.—Soierie de Spitalfield; velours, &c., fabriqués par T. Balance et Fils, Sione et Kemp, et Winkworth et Procter. Mousselines imprimées par Hargreaves, Frères.

10 *Law, W. & E.* Fab. 37 Monkwell Street.—Soies et velours façonnés; toiles pour reliures; dessins pour papiers peints, &c.

11 *Crocker, T. & A.* 51 Friday Street.—Mousselines et autres étoffes pour rideaux, meubles, &c.

12 *Keymer, J.* Prod. Lawrence Lane.—Foulard de soie bandana, avec dessin commémoratif de l'Exposition, &c.

13 *Mair, Fils & Cie.* 60 Friday Street, et 163 Ingram Street, Glasgow.—Flanelles imprimées, bandannas croisés, et mouchoirs de batiste.

14 *McAlpin, Stead & Cie.* Dess. Cummersdale, Carlisle.—Etoffes perse pour ameublements, en velours coton et en coton, imprimés à la mécanique et à la main.

15 *Hindley, C. & Fils*, Dess. et Fab. 134 Oxford Street.—Etoffes perse imprimées, &c.

16 *Foster, Porter & Cie.* Fab. 47 Wood Street, Cheapside.—Foulards de soie anglaise et des Indes orientales, imprimés à Londres. Blocs d'impression.

17 *Wilson, —.*—Etoffes pour reliures

18 *Welch, C.* Fab. Merton Abbey, Merton.—Tapis de table en drap imprimé en relief, dessins divers.

19 *Walford, R.* Prop. Lawrence Lane.—Foulards en soie indienne, fabriqués en Angleterre.

20 *Johnson, R. J.*—Tissues imprimés.

21 *Swainson & Dennys*, Dess. et Imp. 97 New Bond Street.—Perse pour salle à manger, bibliothèque, &c.; perse imitation de draperie, pour tentures, rideaux, &c.; id. avec arbres, fleurs et feuilles, groupes de fleurs et de rubans; oiseaux et fleurs pour rideaux de salon, &c.

22 *Underwood, W.* Fab. 1 Vere Street, Oxford Street.—Tapis de tentures style héraldique; tapis de table imprimé, souvenir de l'exposition.

23 *Clarke, E.* Neate Street, Cobourg Road, Old Kent Road.—Tapis de table imprimés, &c.

24 *Yates & Taylor*, Fab. 42 Gutter Lane, Cheapside.—Tapis de table imprimés à relief, &c.

25 *Thomson, Frères & Fils*, Prod. 1 Mosley Street, Manchester.—Batiste et mousseline de laine imprimée, &c.

26 *Burd, J. & Fils*, Imp. Manchester.—Calicos et mousselines imprimés.

27 *Dalgleish, R. Falconer & Cie.* Imprim. Lennox Mill, Lennoxtown, Stirling, Ecosse.—Mousselines et calicots imprimés.

28 *The Strines Printing Cie.* Prod. Manchester.—Spécimens de velours imprimés à la mécanique; huit couleurs obtenues à la fois à raison de 60 yards à la minute. Spécimens d'impression à la garance.

29 *Nelson, Knowles & Cie.* Imp. 11 George Street. Manchester.—Calicos et mousselines de laine imprimés, &c.

30 *Potter, E. & Cie.* Fab. Dinting Vale, Glossop et Manchester.—Variété d'impressions sur coton, de prix très modéré, pour tous les marchés du globe, et entièrement faites à la mécanique.

31 *Samuels, J. & Cie.* Fab. Manchester.—Velours et étoffes veloutées; satins imprimés; tweeds Albert, Holsteins, Waldemars, &c.

32 *Ramsey, C. & Cie.* Prop. Manchester.—Etoffe de coton, teinte et imprimée pour pantalons, imitant la laine.

33 *Bannerman, H. & Fils*, Prod. Manchester.—Drap Dacien, pour tapissiers; id. pour robes, habillements d'hommes, reliure de livres, &c.

34 *Bayley & Craven*, Prod. Manchester.—Calicos imprimés de toutes couleurs.

35 *Swanwick & Johnson*, Prod. Manchester.—Mousseline et calico imprimés.

36 *Hoyle, T. & Fils*, Mosley Street, Manchester.—Calicos, percales, mousselines, jaconas et mousselines de laine, imprimés.

37 *Steiner, T. & Cie.* Fab. et Inv. Church, près d'Accrington, Manchester.—Cotons fabriqués, teints au rouge de Turquie, et imprimés en diverses couleurs.

38 *Hargreaves, Frères & Cie.* Manchester; *Leddiard & Cie.* Londres, Fab.—Etoffes perses et mousselines, à impressions bon teint; dessin d'un bloc métallique à imprimer, démontrant les avantages du procédé d'impression de Mercer avec les couleurs ordinaires.

39 *Sale, J. N.* Prod. Manchester.—Toile pour chemises imprimée; cotons imprimés.

40 *Bradwell & Adams*, Dess. et Prod. Ardwick, Manchester.—Velours de coton imprimés; dessin commémoratif de Sir Robert Peel.

41 *Salis, Schwabe & Cie.* Prod. Manchester.—Batistes et calicos imprimés, &c.

42 *Benecke W. & Cie.* Manchester.—Calicos imprimés; mousselines et velours, &c.

43 *Andrews, H. Fils & Gee*, 55 Friday Street.—Velours coton imprimés, &c.

43A *Worledge*, Manchester.

44 *Kesselmeyer & Mellodew*, Inv. et Fab. 23 Cooper Street, Manchester.—Velours et étoffes veloutées, coton, coton et lin, en imitation de velours de soie. Velours coton et autres veloutés fabriqués à l'ancienne façon.

45 *Woodcroft, J. & Cie.* Imp. sur Etoffes, Salford.—Velours et étoffes veloutées, castorines, satinés, étoffes croisées, cordées, &c., grises et imprimées.

46 *Greenwood & Barnes*, Teinturiers, Irwell Springs, Bacup.—Mousselines coton de fantaisie, teintes en rouge de Turquie.

K

47 *Simpson & Young*, Prod. Foxhill Bank, Accrington, et 23 Mosley Street, Manchester.—Balzarines, barèges et mousselines de laine imprimées à la mécanique; batiste de diverses couleurs, id; velours de coton, id.

48 *Mercer, J.* Inv. Accrington.—Spécimens de drap de coton, imprimé, teint, et dans d'autres degrés de fabrication.

49 *Monteith, H. & Cie.* Fab. 51 Buchanan Street, Glasgow, Ecosse.—Mousselines et jaconas, imprimés; étoffes imprimées, soie et coton, et laine et coton, &c.

49A *Cairns, J.* 9 Charlotte Street, Manchester.—Mousselines coton de fantaisie, teintes au rouge d'Andrinople.

50 *M'Nair & Brand*, Dess. et Fab. Glasgow et 23 Friday Street.—Châles imprimés; châles de laine carrés et longs. Id. style indien; dessins enregistrés.

51 *Black, J. & Cie.* Fab. Glasgow.—Batistes; mousselines; mousselines de laine; barèges; étoffes de laine; manufacturés sur métiers mécaniques et à la main.

52 *Gourlie, W. & Fils*, Dess. et Imprimeurs, 8 South Frederick Street, Glasgow.—Mousselines imprimées, unies et façonnées, pour la consommation intérieure et pour l'exportation.

53 *Monteith, J. & Cie.* Fab. 51 Buchanan Street, Glasgow.—Mousselines et jaconas, imprimés; étoffes imprimées, soie et coton, et laine et coton.

54 *Keer & M'Millan*, Glasgow.—Deux foulards en soie imprimés.

55 *Cussons & Cie.* Fab, 51 Bunhill Row.—Velours de coton teints et imprimés en rélief par les exposants.

56 *Stirling, W. & Fils*, Fab. Glasgow.—Spécimens de teinture et d'impression au rouge de Turquie, sur tissus de coton.

56A *L'Asile des Aveugles*, Glasgow.—Echantillons d'ouvrages faits par les pensionnaires.

57 *Ewing, A. Orr & Cie.* Fab. Glasgow.—Toile perse pour ameublemens, au rouge de Turquie, imprimée au moyen de blocs; toile de Perse, rouge de Turquie, imprimée au cylindre.

58 *Walshaw, J. & Fils*, Teint. North Bridge, Halifax.—Echantillons de tissus teints.

59 *Hitch, M.* Prod. 47 High Street, Cowes, Ile de Wight.—Crins teints pour montrer l'effet de la teinture. Laines teintes sans le secours de la chaleur du feu; corne peinte sans l'application de la soude ou la potasse, imitant l'écaille.

60 *Le Lièvre, H.* Cleveland Street, Mile-end Road.—Soie noire teinte.

61 *Jourdain, W. D.* 60 Milton Street, Cripplegate.—Echantillons de soie teinte de diverses couleurs, soie noire.

62 *Chabot, P. J.* Prod. Spitalfields.—Fils de laine anglais et étrangers, teints en Angleterre.

63 *Reynolds & Fils*, Teint. Temple Street, Hackney Road.—Spécimens de soie à coudre, teinte.

63A *Mair & Fils*, Teinturiers, Friday Street.—Flanelles imprimées.

64 *M'Callum, A.* Inv. et Dess. Ecole de dessin, Manchester.—Panorama de toile de coton imprimée, démontrant les progrès de cette industrie de 1765 à 1851.

** 28, 29, 30. *Dessins exposés avec les classes 5 et 6 sur la muraille Nord A.*

65 *Carter, —.*—Dessins pour papiers peints.

66 *Hudson, C.* Dess. Merton, Surrey.—Dessin pour châles imprimés.

67 *Waterson, J. A.* Dess. 22 Ormond Street, Chorlton-on-Medlock, Manchester.—Dessins pour mousselines.

68 *Kay, H.* Dess. Rawtenstoll, Manchester.—Dessins pour étoffes, l'un pour mousseline de laine, l'autre pour mousseline de coton.

69 *Fletcher, J.* Dess. Altringham.—Dessin, 11 couleurs conforme à l'esquisse, 11 pouces sur 8; dessin plus petit, 8 pouces sur 6, pour les étoffes imprimées au bloc.

70 *Gauthorp, —.*—Dessin pour panneau d'ornement.

70A *Green, H.* Dess. Melbury Park, Dorchester.—Dessins pour impressions sur calico et mousseline de laine.

71 *Hammersley, J. A.* Government School of Design, Manchester.

72 *Waterhouse, J.* Dess. Manchester.—Dessins emblématiques pour étoffes imprimées.

73 *Percival, J.* Dess. Manchester.—Dessins pour mousselines de laine.

74 *Cadman, —.*—Dessins pour mousseline.

76 *Whittaker, J.* Dess. Salford, Manchester.—Dessins pour mousseline.

77 *Lennon, R.*—Dessins divers.

79 *Bridges, J.* Dess. 14 Brown's Lane, Spitalfields.—Dessins de fabriques.

81 *Roberts, T.* Dess. New Street, Altringham.—Six dessins à 5 couleurs, pour l'impression des étoffes.

82 *Jarvie, —,* Hulme, Manchester.—Dessins pour impressions.

83 *Hobbs, W.* Dess. Hulme, Manchester.—Dessins pour étoffes de perse.

84 *Bramley, —.*—Dessins divers.

85 *Rees, Marie,* Ecole de dessin, Somerset House.—Dessins coloriés.

86 *Collins, F.* Ecole de dessin, Somerset House.—Dessins coloriés.

87 *Ashworth, S. A.*—Ecole centrale de Dessin du gouvernement, pour les Femmes.—Dessins variés en couleur.

88 *Mansfendel, F.* Dess. 63 Bread Street, City, et Acton Street, Gray's Inn Road.—Dessin pour étoffes de perse.

89 *Smith, J.* Dess. Sandiway, Altringham, près de Manchester.—Dessins de fleurs pour portières ou paravents; dessins pour étoffes.

90 *Hunt, G. C.*—Dessins divers.

91 *Heavisdie, —.*—Dessin pour articles de porcelaine et de papier mâché.

92 *Glover, M.* Ecole de dessin, Manchester.—Dessins pour décoration.

93 *Sandway, —,* Altrincham.—Dessins divers.

94 *Gann, Louise.*—Dessins divers.

Aller a la classe 11, page 88.

Classe 19. TAPISSERIE, TAPIS, DENTELLES, et BRODERIES.

—— Galerie Centrale du Sud. ——

1 *Biddle, D.* Prop. 81 Oxford Street.—Dentelle de Honiton, représentant les armes de Sa Majesté la Reine et de S. A. R. le Prince Albert, entourées d'emblêmes ; mantilles et écharpes en guipure, &c.

2 *Fisher & Robinson,* 12 Watling Street.—Echantillons de dentelles de soie noire, écharpes, demi-châles, dentelles, &c.

3 *Groucoch, Copestake, Moore & Cie.* Fab. 5 Bow Churchyard.—Ouvrage à point de dentelle de Honiton, barbes, berthes, &c. ; manches, cols, chemisettes, de mousseline brodée ; dentelle du Buckinghamshire ; dentelle, faite au coussinet, &c.

4 *Lambert & Bury,* Dess. et Fab. Limerick.—Châles et écharpes en riches dentelles, imitation de Valenciennes, mantilles de dentelle de soie.

5 *Howell, James & Co.* Regent Street.—Châles en point de Honiton ; robe de soie blanche, brodée, tablier brodé.

6 *Weedon, F.* Fab. Goldsmith Street, City.—Dentelle en point d'Angleterre, et volans de robes en dentelle.

8 *Neerinx, Mlle.* 10 New Cavendish Street.—Dentelles.

10 *Laugher & Cosens,* Prop. 97 Oxford Street.—Michâle en dentelle de guipure, fabrique de Honiton.

11 *Weedon, F. P.* Dess. et Fab. 29 Lower Street, Islington.—Berthe en point d'Angleterre.

12 *Pullan, Matilde,* 126 Albany Street, Regent's Park, Dess. Inv. et Fab.—Dentelles faites à l'aiguille ordinaire.

13 *Tawell, S.* Fab. 16 Gresham Street West.—Echarpe de dentelle, imitation d'Honiton.

14 *Gould, J. & F.* Fab. 89 Watling Street.—Ouvrage de dentelle à la Victoria, enregistrée, pour les cols de dame, manchettes, &c. ; entièrement à la main.

15 *Urling, G. F.* Fab. 114 Regent Street.—Echarpe de dentelle blanche, imitation de point de Bruxelles, brodée d'or, &c.

16 *Gard, W. S.* Dess. et Fab. 268 Regent Street.—Echarpe de dentelle au point d'Angleterre.

17 *Riego de la Branchardière, E.* Inv. et Fab. 106 New Bond Street.—Travail au crochet : rose, trèfle et chardon ; robe ; médaillon ; nappe d'autel ; cols ; lettres initiales en soie ; bonnets d'enfant, &c.

18 *Clarke, G.* Fab. 120 Regent Street.—Dentelles de toutes espèces.

19 *Ball, Dunnicliffe & Cie.* Fab. Nottingham.—Velours élastiques, unis et de fantaisie, brev. soies taffetas élastiques ; tissus élastiques ; châles Simla et de dentelles, &c.

20 *Birkin, R.* Fab. Nottingham.—Dentelles noires, garnitures, blondes blanches et de couleur, Valenciennes, fabriquées à la machine.

21 *Adams, S. & Fils,* Fab. Nottingham.—Dentelles et garnitures faites au métier.

25 *Heymann & Alexander,* Prop. Nottingham.—Rideaux, &c., de dentelle de coton, faits au métier ; différentes sortes de tulle ; dentelle ; dentelle et châle de soie faits entièrement au métier, &c.

27 *Whitlock & Billiald,* Fab. Mary Gate, Nottingham.—Dentelle de Maline faite au métier, brodée à la main.

28 *Herbert, Th. & Cie.* Fab. Nottingham.—Dentelle d'Ashburton et de l'Amérique ; dentelle au crochet ; blonde.

29 *Mallet & Barton,* Fab. Nottingham et New Basford.—Echantillons de dentelle de soie noire faite au métier.

30 *Hollins, S.* Fab. Nottingham.—Dentelles ; tulles brodés et bonneterie.

31 *Moore. S. W.* Fab. Hockley Hill, Nottingham.—Tulles et dentelles.

32 *Reckless & Hickling,* Fab. Nottingham.—Dentelle blanche et noire, volants, écharpes, châles, berthes, &c., brodés en partie au métier et en partie à la main.

33 *Vickers, W.* Fab. Nottingham.—Echantillons de châles, &c., de dentelle soie noire ; volants, barbes et berthes ; tulle brodé ; blonde.

34 *Greasley & Hopcroft.* Fab. Nottingham.—Articles de dentelle : châle en soie fait au métier Jacquart ; volants, &c., en soie noire ; brochés en soie noire.

41 *Steegmann, H. & Cie.* Fab. Nottingham.—Rideaux de dentelle brodés, faits entièrement au métier.

45 *Forrest, J. & Fils,* Fab. 101 Grafton Street et Abbey Court Factory, Limerick.—Dentelles de guipure d'Irlande ; id. en application ; id. soie ; robes de dentelles ; écharpes ; mantelets ; voiles, &c.

47 *Vischi, A. M. J.* Fab. 21 Greville Street, Hatton Garden.—Fleurs artificielles en laine ; panier en porcelaine, contenant une grande quantité de ces fleurs ; pots à fleurs, métalliques, remplis de fleurs en laine, &c.

48 *Jancowski, W.* Dess. et Fab. York.—Fauteuil de présidence, de velours de soie couleur rubis, brodé d'or, d'argent, de bijoux et de soie ; écran contenant les armes de la ville de York ; tableau brodé.

49 *Davies, Madame,* Dess. et Prod. 29 Harewood Square.—Echiquier et damier complets, brodés à l'aiguille. Les pions représentent les gardes-du-corps de S. M.

50 *Rose, Elizabeth,* Dess. et Fab. Paulersbury, près de Towcester.—Robe de dentelle noire ; châle ; écharpe ; berthe ; voile en dentelle.

51 *Mee, Cornelia,* Inv. Dess. et Fab. Bath.—Ecran représentant drapeaux de toutes les nations, brodé richement en soie fine, tenu par la Déesse de la Paix, d'après une statue de Canova ; application de la broderie aux meubles d'ornement.

53 *O'Donnell, Mary,* Dess. 69 London Street, Reading.—Buvard, dessin original en cuir, élégamment travaillé ; écrans à main ; couverture, &c.

55 *Treadwin, C. E.* Fab. 17 Cathedral Yard, Exeter.—Volant en dentelle de Devonshire ou Honiton ; berthe et barbe.

56 *Onion, Elizabeth* Fab. 38 Broad Street, Birmingham.—Draperie en velours et passe poils, soie et or, ornée de franges, &c. ; frange en soie filée, &c. ; riches garnitures pour l'intérieur des équipages, &c.

57 *Browne, Sharpe & Cie.* Fab. Paisley et Watling Street.—Robes de mousseline ferme, brodées au tambour, &c.

58 *Brown, S. R. & T.* Fab. Glasgow.—Spécimens de mousselines brodées par les paysans d'Ecosse et d'Irlande, consistant en cols, bonnets, chemises, chemisettes, &c.

59 *Park & Thompson,* Fab. Glasgow.—Robes d'enfants, collets de dames, mouchois, garnitures, &c.

60 *Macarthur, D. & Cie.* Fab. Glasgow.— Dentelles Hamilton ; robe blanche et robes noires et de couleur ; mantille, &c.

61 *Connaught Schools, Glasgow.*—Mousselines cousues.

62 *Robertson, J. & Fils,* Fab. Glasgow.— Morceaux carrés d'organdi et de batiste cousus, pour tapis de table de salon ; échantillons de cols, chemisettes, &c.

63 *McFarlane, Frères,* Fab. Glasgow. — Cols, chemisettes, guimpes, brodés noir et blanc, pour deuil ; voiles de dentelles, mantilles, &c. Jupe de robe à volants de dentelles noires.

64 *Brown, H.* Fab. 100 et 104 Virginia Place, Glasgow. —Cols de mousselines ; cols imitation jaconas ; manchettes ; mouchoirs de batiste brodés ; robes brodées en mousseline ferme, avec volans et garnitures.

65 *MacQuarie, Fisher & Cie,* Fab. Glasgow, Ecosse.— Dentelles noires et blanches, en soie, fil, et coton ; tablier et ombrelle brodés en soie et or, &c.

66 *Macdonald, D. & J. & Cie.* Fab. Glasgow.—Broderie sur mousseline ferme ; cols, chemisettes, broderies sur batiste anglaise et française, &c.

67 *Simpson, W.* 5 Aldermanbury.—Soie à coudre et filets de soie ; dentelles de soie ; soie grège.

68 *Foot & Fils,* Fab. 38 Spital Square. — Différentes franges et rubans élastiques pour garnitures.

69 *Arthur, Ann,* Fab.—Soie, laine, et coton pour marquer ; boutons de fantaisie ; franges de soie, &c.

70 *Gabriel, J. W.* Fab. 135 Regent Street.—Echantillons de broderie anglaise, pour gilets.

71 *Danby, C. & T.* Fab. 14 Coventry Street et 43 New Bond Street.—Garnitures de robes ; franges ; boutons, &c.

72 *Bradbee, G. W.* Fab. 115, Newgate Street.—Tableaux exécutés à l'aiguille, représentant divers sujets, entre autres, Anne de Boleyn et le cardinal Wolsey ; franges pour ornements d'autels, de salons et de salles à manger, &c.

74 *Evans, R. & Cie.* Fab. 24 Watling Street. — Corniches et ornements en franges de soie ; cordons à sonnette ; embrasses de rideaux ; garnitures pour robes de dame et d'enfant.

75 *Burgh, R.* Fab. 42 Bartholomew Close.—Embrasses de rideaux de fenêtres à grosses torsades, glands, pendants, franges, &c.

76 *Barnett & Corney,* Fab. 70 Little Britain.—Fils d'or et d'argent à broder ; diverses fournitures pour broder ; broderies ; écheveaux de soie grège et moulinée d'Italie, du Bengal et de la Suisse.

77 *Société pour les ouvrages Irlandais,* 233 Regent Street. —Echantillons de dentelle appliquée imitation de Bruxelles, &c. ; berthes, garnitures, &c., au crochet ; cols guipure ; paille d'Italie en imitation ; toutes espèce de tricots ; mitaines en soie ; imitation de guipure ; broderies au blanc ; bonneterie, &c.

78 *Clark, G.* 56 High Street, Bradford.—Tapis de table, brodé.

79 *Lees & Cie. R.* Fab. 36 King Street, Cheapside.— Tapisserie imprimée ; velours d'Utrecht estampé et ombré ; velours brocarts et unis, &c.

80 *Surr & Fils,* Fab. 12 King Street, Cheapside.—Soie tordue noire ; id. de couleurs de fantaisie ; soie à coudre, noire, en longs écheveaux.

81 *Hart, G.* Inv. et Fab. 7 Market Street, May Fair. —Boîtes, chandeliers, ornements, écrans, et dessins pour dessus de tables en mousseline et coton.

82 *Smith, Anderson & Cie.* Prod. 45 Cheapside et 19 South Hanover Street, Glasgow.—Bonnet d'enfant brodé sur batiste française ; id. robe brodée.

83 *Lambert, Brown & Patrick,* Fab. 236 Regent Street. —Epaulettes et galons pour uniformes ; gilets pour la cour ; décorations d'église ; fac-simile de la Bible dont se servit Charles I. sur l'échafaud, &c.

84 *Jackson, C.* 10 Curzon Street, Mayfair. — Une table d'occasion, montée en broderie appliquée très riche.

85 *Harrison, T.* Dess. et Fab. 21 Brownlow Street, Bedford Row.—Coussins et devant d'autel du plus riche velours de Gênes cramoisi, brodés en or fin dans le style du 15ème siècle.

86 *Stirling, M. A.* Dess. et Fab. 29 John Street, Bulford Road.—Un écran pour le feu, travaillé en chenille, &c.

88 *Purcell, F.* Prod. 3 New Burlington Street.—Tapis de table, travaillé à l'aiguille.

89 *Grant, Madame Dalrymple,* Grosvenor Square.

90 *Sturmy, M.* Dess. 8 Wellington Street, London Bridge.—Tapis de table, travaillé à l'aiguille sans dessin.

94 *Barnard, E.* Fab. Little Bardfield Rectory, près de Dunmow.—Deux figures en laine de Berlin.

95 *Barnes, R. Y.* Fab. City Road.—Spécimens de tapis de luxe.

96 *Batters, Marthe,* Inv. 9 Rose Hill Terrace, Brighton. —Tapisserie représentant, en style de médaillon, Louis XVIII. et George III.

97 *Baynes, Rachel Agnes* Inv. Cheshunt, Herts, près de Waltham Cross.—Dessins pour tricoter.

100 *Benbow, Madame,* Hanover Place, Regent's Park. —Trois spécimens de tapis brodés à l'ancien style Saxon.

102 *Bessemer, E.* 9 Judd Street.—Paysage en broderie de soie, nouveau style, pour écran.

103 *Blackburn, Anna Maria* Fab. Beaumont Hill, Lincoln.—Vue nord-ouest de la cathédrale de Lincoln, brodée sur soie blanche par une jeune personne de 16 ans.

106 *Bottom, J.* Dess. et Fab. Derby.—Tapis de foyer ; la bordure est composée de plus de vingt mille morceaux de draps ; le centre est en laine de mouton.

108 *Bridges, W.* Oxford.—Tapisserie : sujet, la Sainte Cène, d'après Leonardo da Vinci.

110 *Brinton, H. & Fils,* Fab. Kidderminster.—Tapis velouté ; id. fond blanc ; id. fond foncé ; tapis de foyer (brevetés) d'Axminster veloutés.

112 *Wilson, Charlotte,* Dess. Guildhall, Broad Sanctuary, Westminster.—Couvre-pied d'été.

113 *Brooks, E.* Fab. 1 Chester Place, Kennington.— Spécimens de broderies représentant des sujets de l'histoire d'Angleterre.

114 *Brown, Mc Laren & Cie.* Fab. Kilmarnock, Ecosse. —Tapis velouté, &c.

115 *Bright, J. & Cie.* Carpet Print Works, Crag, près de Macclesfield.—Tapis de Bruxelles, de diverses qualités ; tapisseries pour rideaux, portières, meubles, &c., tissées au métier mécanique breveté de M. Sivier, et imprimées ensuite par la machine brevetée de Burgh.

117 *Burton, M.* Prop. Edinbourg.—Châle, tapis de table, tapis de foyer et deux mouchoirs, tricotés par une vieille dame ; cadre en cuir et mastic.

118 *Burton, Matilde Sarah* Fab. Aspringe, près de Faversham, Kent.—"Jeune Fille Italienne," brodée à l'aiguille en laine de Berlin.

119 *Caley, J. W. & F. G.* Dess. Windsor.—Soie transparente pour stores, dessin ; Etoile de l'Ordre de la Jarretière, &c., fabriquée pour S. M. la Reine, &c.

122 *Cardwell, C. & T.* Fab. Northampton.—Dentelles ; garnitures pour bonnets, cols, &c.

123 *Kightley, J.* Northampton. — Dentelles pour taies d'oreiller, bordures, &c.

124 *Catin, Harriet,* Lancaster.

125 *Caulfield, W. B.* Imp. 54 Coal Harbour, Blackwall —Spécimens de dentelle tricotée pour garniture de couverture de berceau, &c.

126 *Chambers, E. R.* Dess. Wilton Square. — Tapis exécuté au bénéfice de la société de patronage pour l'éducation religieuse, en langue natale des Irlandais.

128 *Chapman, Elizabeth Annie* Great Bowden, Market Harborough.—Tapisserie copiée d'un tableau de Léonardo da Vinci, représentant la Sainte Cène.

129 *Clarke, Elisa,* Prod. Hackford, près de Rupham. Assortiment de cols, travaillés à l'aiguille.

130 *Clarke, Esther,* 18A Margaret Street, Cavendish Square.—Garniture en dentelle, point de Honiton.

132 *Cole, T. & Fils*, Prop. 18 Newgate Street.—Tapis de Bruxelles, de Venise et de Kidderminster.

133 *Collins & Rix*, Kidderminster.

134 *Constable Hannah*, Fab. Clonmel, Irlande.—Robes d'enfants au crochet, faites de fil blanc.

135 *Cook, W.* Dess. et Fab. Causeway, Chippenham.—Tapis de table fait avec environ 30,000 morceaux de drap cousus ensemble.

136 *Copeland, Fanny* Inv. 15 Great Charlotte Street, Liverpool.—Taie d'oreiller pour sofa, imitation de tapisserie.

138 *Jones, L. V.* Prod. 33 King William Street, London Bridge.—Carte du Royaume Uni de la Grande Bretagne en broderie, indiquant les villes, chemins de fer, montagnes, rivières, et lacs principaux. Par une jeune fille de 14 ans.

140 *Crick, Hélène*, Dess. et Fab. Soham, Cambridge-shire.—Voile fait à l'aiguille, en imitation de point de Honiton, et dans l'espérance que ce pourra être le moyen de donner de l'ouvrage aux personnes qui vivent de travaux à l'aiguille.

141 *Cross, Mary*, Dess. Paul Street, Bristol.—Couvre-pied fait au crochet.

142 *Crossley & Fils*, Halifax.—Tapisserie mosaïque. Tapis de table mosaïques brevetés; Kidderminster, &c.

143 *Cunningham, W.* Dess. 13A Elizabeth Street, Walworth.—Dessin pour tapis.

144 *Cunliffe, Sarah Anne* Inv. Saffron Walden.—Robe d'enfant tricotée, contenant 1,464,859 points et 6,300 aunes de coton.

145 *Daniel & Cossins*, Dess. et Brod. 55 Herbert Street, New North Road.—Broderies.

146 *Conerding, Mme Ida de.*—Nouvel ouvrage à l'aiguille; la broderie ne se voit que d'un côté.

147 *Hardy, F. C. Mlle.* 9 Mount Street Crescent, Dublin.—Echantillons d'ouvrages au tricot de Hackestown, comté de Carlow, Irelande.

148 *Davidson, W.* Haddington, Imp.—Broderie de Hyderabad (Scinde) pour tapis de table, châles, coussins, &c.

149 *Dawson, D.* Prop. Newtownbarry, Irlande.—Manchettes filées et tricotées à la main, faites de poils de chien-mouton français.

150 *Dewar, D. & Fils*, Fab. Dunfermline.—Tapis à trois couleurs; tapis de table, soie et laine; tapis de table, 4 couleurs.

152 *Ditl, Betty*, Charlotte Street, Portland Place.—Broderie imitant la gravure, broderie en soie et or sur velours chenille.

153 *Dillon, Viscount C.* Prop.—Echantillons tricotés de plusieurs écoles du domaine de Loughglyn.

155 *Dove, C. W. & Cie.* Fab. Leeds.—Tapis de Bruxelles, Kidderminster et Threeply.

156 *Dowbiggin & Cie.* 23 Mount Street, Grosvenor Square.—Tapis fabriqué pour S. M. la Reine à la manufacture d'Axminster.

157 *Downing, G. & J. H.* King's Road, Chelsea.—Spécimen de toile cirée.

159 *Ellis, S. A.* Dess. Kildemoc rectory, Ardee, Louth.—Frivolités pour dames; bonnets d'enfants; manches tricotées.

160 *Eustace, R. & J.* Fab. 10 Weaver's Square.—Tapis de foyer et autres, comme spécimen de la fabrication de tapis turcs à trame de laine, &c.

161 *Evans, S. A.* Dess. et Fab. 18 Charles Street, Middlesex Hospital.—Ouvrage en laine de Berlin, représentant la mort de Douglas, d'après C. Landseer.

162 *Evenden, Elizabeth Anne* Fab. 31 High Street, Margate.—Ouvrage en laine de Berlin, représentant Marie Reine d'Ecosse, pleurant la mort de Douglas.

163 *Fawcett, S.* Kidderminster.

164 *Flower, Ann*, Dess. et Fab. 25 Duke Street, Grosvenor Square.—Tapis de foyer, représentant les couleurs de toutes les nations, travaillé au point croisé en soie, chenille, perles, et laine

165 *Faudel & Phillips*, Dess. et Fab. 38, 39 et 40 Newgate Street.—Lit de parade; dessins pour ouvrages à l'aiguille et au crochet, &c.

166 *Fenoulhet, W.* Dessin. 11 Wilton Terrace, New North Road, Islington.—Dessin héraldique pour un tapis de table.

168 *Fortune, Eliza*, 101 St. George's Road, Southwark.—Tapis de foyer, tricoté à la main.

169 *Franklin, J. D.* 14 Lower Ormond Quay.—Tapis imprimé, 16 yards sur 6, tissé d'une seule pièce, sans couture; id. ressemblant à un parquet de bois.

170 *Frewen, Elizabeth* Dess. et Fab. Marlow, Bucks.—Collerette en dentelle, manchettes, brides, &c., faits entièrement à la main, en fil mêlé de soie calcinée.

174 *Gardner, M. A.* Fab. 22 Great Leonard Street, Finsbury.—Natte mosaïque pour encriers; coussins pour dos de chaises, par un aveugle.

175 *George, C.* Prop. 33 Oxford Street.—Tapis veloutés.

176 *Gilbert, J.* Dess. 7 Charlotte Street, Old Kent Road.—Dessin pour le centre d'un tapis d'Axminster.

177 *Goodyear,—.*—Kirkgate, Ripon.

178 *Heyn, Emma*, 14 Gloucester Terrace, Old Kent Road.—Vases de fleurs, fait entièrement de laine de Berlin au point de crochet.

181 *Greenwood, Anne Christiana*, Inv. Brookwood Park, Alresford.—Panneaux pour décors de murs en style indien.

182 *Gregory, Thomsons & Cie.* Fab. Kilmarnock, Ecosse.—Tapis royal de Wilton; id. de Bruxelles; id. impérial.

185 *Hall, A.* Manchester.—Canevas pour broderies; filets de jardin.

186 *Hamburger, Rogers & Cie.* 30 King's Street, Covent Garden.—Casques, épaulettes, et broderies d'or.

188 *Hanson, C.* Dess. Fetter Lane.—Dessin pour un tapis de foyer, dans le style italien.

189 *Harding, W.* 68 Long Acre.—Galons pour livrée, franges, garnitures et autres articles de passementerie.

190 *Hare, J. & Cie.* Dess. & Fab. Bristol.—Toiles cirées.

191 *Harmsworth, Martha*, Twickenham.—Tapisserie: La Sainte Cène, travaillé en filoselle.

192 *Harris, G. & Cie.* Fab. Stourport.—Tapis veloutés de Bruxelles.

192A *Harris, Frères*, Fab. 87 Watling Street.—Tabliers en satin; mouchoirs de poche en batiste; volants en batiste et autres ouvrages de broderie.

193 *Harris, G. & Cie.* Fab. Kidderminster.—Tapis velouté de Bruxelles, avec bordure, pour salon; autre sans bordure, &c.

194 *Harrison, J.* Fab. Halifax, Yorkshire.—Descente de lit en laine blanche; se blanchit facilement.

195 *Harttree, E. & G.* Dess. et Fab. 11 Edgware Road,—Broderies à l'aiguille, sur un nouveau genre de canevas en soie (enregistré); enfant d'Italie: Pierre l'Hermite, copie de peinture; Joseph présentant son père à Pharaon.

196 *Harvey & Knight*, Fab. Upper Marsh, Lambeth.—Tapis de toile cirée, dessin antique.

197 *Harvey, J. K.* Dess. 25 Ely Place, Holborn.—Dessins pour différentes sortes d'articles de fabriques imprimés; id. pour tapis de Bruxelles et autres.

198 *Hayter, F. S.* Dess. et Fab. Hull.—Tapis; broderie en laine de Berlin.

199 *Helbronner, R.* Dess. et Fab. 261 Regent Street.—Ouvrage à l'aiguille d'un nouveau style, imitation des tapis des Gobelins; nouveaux dessins; nouveau canevas pour broder, &c.

TAPISSERIE, TAPIS, DENTELLES, BRODERIES.

200 *Henderson & Cie.* Fab. Durham.—Tapis de Wilton, ou velouté, style 16ème siècle; tapis de Bruxelles pour salon, &c.; tapis pour escalier, &c.

201 *Henderson & Widnell*, Fab. Lasswade.—Portière en velours. Tapis veloutés brevetés.

202 *Hatch, Caroline*, Tunbridge Wells,—Echantillons de broderie.

203 *Hill, B.* Fab. Olney, Buckinghamshire.—Echantillons de broderie.

204 *Hill & Cie.* Inv. Worcester et Great Malvern.—Ouvrages de broderie pour ottomanes, écrans, couvertures de chaises, &c. Style et exécution nouvelle, par Mlles. E. P. S. et O. Rogers.

205 *Hindhaugh, Mme. M.* Prod. Newcastle-on-Tyne.—Tapisseries; représentant: L'abbaye de Bolton, La Chasse au Faucon: Le Repas des Chevaux: L'Arrivée de Rebécca.

206 *Hindley & Fils*, Dess. et Fab. 134 Oxford Street.—Tapis veloutés; tapis orientaux.

207 *Holloway, Phœbe*, Dess. Grove Buildings, Dorchester.—Couvre-pied tricoté à la main, en une seule pièce, avec du coton.

208 *Holmes, J.* Fab. Kidderminster.—Tapis veloutés, pour salons et salles à manger.

209 *Hope, G. C.* Dess. 17 Robertson Street, Hastings.—Agenouilloirs pour l'église ou pour oratoire en jonc ordinaire; ouvrages à l'aiguille.

210 *Humphries, T.* Fab. Kidderminster.—Tapis veloutés et de Bruxelles, pour salons et salles à manger; dessins enregistrés.

211 *Hurst, G.* Dess. et Inv. High Street, Bedford.—Dentelle faite au coussinet, avec verre introduit dans le dessin; modèle.

213 *La Société d'Industrie pour les Dames*, 76 Grafton Street, Dublin, Irlande.—Dentelle de Limerick; châles, mouchoirs, &c.; point d'Espagne, fait en Irelande: fichus et robes; guipure, faite aussi en Irelande: bonnet et col; ouvrages au crochet: bonnet, manches, cols, &c.; ornemens en crin, ouvrages de tricot, dentelle de fil, flanelle, &c.

215 *James, H.* Inv. Dess. et Prod. 7 Ferdinand Terrace, Pancras Vale.—Toile cirée et émaillée.

216 *Johnson & Cie.* 11 Bow Churchyard et 4 Bow Lane.—Cols et chemisettes de deuil.

217 *Johnson, Maria*, Dess. Hull.—Couvre-pied magnifique de 13,500 morceaux de soie, de satin, et de velours, avec des fleurs blanches brodées.

218 *Johnstone, J.* Inv. 102 Graham Street, Airdrie.—Tapis de table, composé de 2,000 petits morceaux de drap, représentant 23 sujets d'histoire et de fantaisie, une chasse au renard, six scènes équestres, avec les armes d'Ecosse au centre; ce tapis est l'œuvre personnelle de l'exposant, qui y a consacré, pendant 18 ans, tous ses moments de loisir.

219 *Jones, Mary*, Prop. Abbey Street, Chester.—Coussin pour la Bible, copié à l'aiguille, d'après le pavé en mosaïque de la Cathédrale de Canterbury.

221 *Keddell, J. S.* Prop. Sheerness.—Armoiries des ancêtres paternels et maternels de l'exposant, secrétaire du Comité local de l'Exposition, faites par lui même, avec de la soie et de la laine.

223 *Kettlewell, Mary*, Prop. Clonmel, Irlande.—Echantillons divers de dentelles pour cols, berthes, écharpes, &c.

224 *King, Mlle.* Dess. et Fab. 3 Bloomsbury Place, Bloomsbury Square.—Broderies dans le style du moyen âge, dessin pour la couverture d'une bible, &c.

225 *Kingsbury, Louisa* Dess. Inv. et Fab. East Street, Taunton, Somerset.—Panier de fleurs, tricoté d'après nature, en laine de Berlin.

226 *Kiteley, J.* Fab. Kidderminster.—Tapis velouté de Bruxelles, à bordure; dessin propre au nouveau palais de Westminster; id. pour salons et salles à manger.

228 *Mowland, Charlotte G.* Fab. (agée de onze ans) 23 Eaton Mews South, Eaton Square. — Guirlande de satin blanc, avec chenille et crêpe; dessin d'ornement.

229 *Lambert, Elizabeth* Dess. Tunbridge.—Broderie: portrait en pied de Sa Majesté, cadre doré; un vase de fleurs, cadre en chêne sculpté.

230 *Lanchenick J. A.* Dess. et Fab. 5 Brompton Row, Brompton.—Tapis de table, dessin: la rose, le chardon et le trèfle, brodés de soie de couleur et d'or.

231 *Mackellar & Hampson*, 50 Old Change.—Mantille de dentelle, façonnée par un procédé breveté, texture de soie.

232 *Lapworth, A.* Prod.—Tapis d'Axminster; id. brevetés; tapis veloutés.

234 *La Touche, Diggés, Miss*, Killmaule, Irlande.—Garniture de dentelle, par des filles pauvres de Killmaule.

235 *Viccars, R.* Fab. Padbury, Buckingham.—Dentelles pour baptêmes, &c.; pour garnir les volants de robe; dentelles pour border des bonnets, &c.

235A *Lawson, J.* Dess. 4 Sidmouth Street, Gray's Inn Road.—Tapis de foyer d'Axminster; différents dessins pour tapis.

236 *Lester, T.* Fab. Bedford.—Echantillon de dentelle faite au coussinet; variété de dentelles plus ou moins larges; dentelle noire et blanche; id. pour falbalas.

239 *Lewer, Eliza* Fab. Wimborne Minster, Dorsetshire.—Tapisserie représentant 24 personnages: 438,000 points d'aiguille.

240 *Lockwood, Georgiana*, Fab. 31 Great Titchfield Street, Oxford Street.—Robe d'enfant faite au crochet.

241 *Lee, J.* — Echantillon de dentelle faite par une pauvre femme de Stone, Aylesbury.

242 *Macdonald, Margaret* Fab. 105 South Portland Street, Glasgow.—Broderie à l'aiguille en laine et soie.

243 *McFarlane Brothers*, Fab. Glasgow,—Foyer en chenille de diverses grandeurs; tapis en chenille.

244 *Mallalieu, W.* Fab. Agent des Etablissements des frères Moraves à Fulneck, près Leeds, et Ockbrook, près Derby.—Mouchoirs brodés d'un travail admirable.

246 *M'Carten, H.* 79 Great Charles Street, Birmingham.—Ancien dessin de poêle funéraire.

247 *Mc Darmid, Mlte.*—Ouvrage à l'aiguille.

248 *Maclean, J.* Prop. Tynan Rectory, Tynan, County Armagh.—Imitation de guipure dentelle, par les élèves de l'école de Tynan Glebe, comté d'Armagh, Irlande.

250 *Melton, Eliza*, Fab. et Prop. 8 Peacock Terrace, Walworth Road.—Broderie; imitation à l'aiguille de la Sainte Cène de Leonardo da Vinci.

251 *Monkhouse, J. & Fils*, Fab. Barnard Castle, et 75 Wood Street, Cheapside.—Tapis de la fabrique de Kidderminster; tapis de fabrique hollandaise.

252 *Morton & Fils*, Fab. Kidderminster.—Spécimens de tapis veloutés cramoisi et rose, &c.; tapis de Saxe et de Bruxelles.

253 *Nairn, M.* Dess. et Fab. Kirkaldy, Ecosse.—Toiles cirées, pour salles, &c.; échantillons à 8 couleurs; id. à 4 couleurs; imitation de granit; id. de marbre à 4 couleurs, &c.

254 *Naylor, D.* Prod. Manchester.—Tapis de Kidderminster, tissé au métier à la vapeur. (Breveté.)

255 *Ley, F.* Victoria Cottage, Rickington, Devon.—Ouvrage à l'aiguille en bourre de soie, représentant la Bible entourée de roses, &c.

256 *Butcher, Mlles.* Clarendon Road, Notting Hill.—Divers ouvrages en laine de Berlin.

257 *Newcomb & Jones*, Fab. Kidderminster, et 19 Skinner Street.—Tapis modèle velouté, à bordure blasonnée; tapis velouté, grande largeur; tapis de Bruxelles, première qualité, fond blanc, imitation perse, &c.

258 *Newton, Jones & Willis*, Décorateurs d'Eglise, Birmingham. — Chape d'archevêque et autres vêtements

TAPISSERIE, TAPIS, DENTELLES, BRODERIES.

d'église ; robes pour le couronnement des souverains ; tapis et rideaux pour autel.

259 *Olver, Lydia,* Fab. Liskeard. — Col, corsage et manches, brodés pour une dame ; l'exposante est née sans bras droit.

260 *Osborn, Matilda,* 4 Sidney Square, Commercial Road East.—Marie, Reine d'Ecosse, pleurant la mort de Douglas.

261 *Padwich, Anne,* Dess. et Fab. Westbourne, Emsworth.—Tapis de table fait au crochet en laine de Berlin.

262 *Palmer, Helen,* Prod. Dunse.—Panneau pour écran, brodé en soie de couleur, sur un fond de satin blanc ; coussin de chaise, &c.

263 *Pardoe, Hoomans & Pardoe,* Fab. Kidderminster.—Tapisserie (brevetée) de Bruxelles et veloutée, tapis de foyer (breveté) de Berlin.

264 *La Compagnie de Camphine Brevetée,* Hull.—Tapisserie : vue de Windsor, des montagnes de Malvern, &c.

265 *La Compagnie Brevetée d'Utrecht,* 36 Stewart Street, Spitalfields.—Rideau de dentelle ; robe et rideaux en dentelle de soie, brev. ; piqué de dentelle, écharpe et rideaux ; mantille espagnole.

266 *Pearse, C.* Dess. Broad Street Bath. — Couvre-pied au crochet.

267 *Penley, G. R.* Margate.—Tapis de table en morceaux de soie rapportés.

268 *Perry, E. le Rev.* 26 Portland Place, Leamington. —Echarpe faite de soie anglaise, produit de 2000 vers à soie, par Mme. Perry et sa fille, sans le secours d'aucun manufacturier.

271 *Phillips, E.* 166 Bermondsey Street, Southwark.— "Un Vendredi :" famille catholique que le curé surprend à manger de la viande le jour défendu.

272 *Phillips, Rebecca,* Fab. Swanbourne, Winslow. — Dentelle de fil pour taie d'oreiller.

273 *Pickthorne, Esther,* Fab. George Street, Hockley.— Tapis de foyer travaillé à l'aiguille.

274 *Tizard, Frères,* 6 Hanway Street, Oxford Street.— Ouvrages en perles ; (Irlandais).

275 *Read & Humphreys,* Fab. Bristol.—Paravent brodé sur canevas.

276 *Risdon, J.* Prop. 194 High Street, Exeter.—Soie de fantaisie et couvre-pied de velours.

277 *Richards & Mann,* 15 Little Windmill Street, Haymarket.

278 *Robinson, Miss,* Tewport Terrace, Bolton, Lancashire.—Groupe de fleurs, travaillé dans un style nouveau, dessin original.

279 *Robinson & Wilson,* Whitehaven.

280 *Rodgers, J. & Fils,* Fab. Birmingham. — Bourses brodées dans le tissage.

281 *Rolls, J. & G. & Fils,* Fab. Lower Kennington Lane. —Tapis de parquet.

282 *Rolph, J.* Fab. Coggeshall, Essex.—Robe à deux volants, berthe, &c., en imitation de dentelle de Bruxelles, remarquable pour la régularité du point.

283 *Roome, Ann, Empringham,* Dess. et Fab. Beaumont Hill, Lincoln.—Vue de la Cathédrale de York, prise du Sud-Ouest, travaillée sur soie blanche, avec des effilés de taffetas noir et de la soie de fabrique.

284 *L'Asile Royal Victoria pour les Aveugles,* Dess. et Fab. Newcastle-on-Tyne.—Châle, voile tricotée en imitation de dentelle ; paniers par les pensionnaires aveugles de l'aisle.

285 *Russell, S. A.* Fab. Bromsgrove, près Birmingham. —Tapisserie en laine de Berlin ; sujet : Joseph présentant son père à Pharaon.

288 *Sewell, E.* Prop. 44 Old Compton Street.—Ouvrage en paille sur crêpe ; tapis d'Axminster breveté, &c.

289 *Shakell, Maria, Fanny, & Ed.* Bellevue Cottage, Shirley, près de Southampton.—Ouvrage à l'aiguille, sujet sacré.

293 *Shedden, H.* Fab. Liverpool.— Pavillon royal de l'Angleterre en étamine ; les devises sont brodées en laine de Berlin.

294 *Sheridan, P.* Fab. 22 et 23 Parliament Street, Dublin. —Tapis de Bruxelles et Kidderminster fabriqués à Dublin ; tapis de foyer.

296 *Shirer, A.* Dess. Cheltenham.—Tapis de Bruxelles veloutés et ras.

297 *Shore, Anne Jane,* Dess. et Fab. Wem, près Shrewsbury.—Châle de soie au crochet, aux couleurs de la Reine.

298 *Shuldam, Harriet,* Dunmanway, Irlande.—Echarpe de dentelle.

299 *Sibthorpe, Fanny Louisa,* Limerick, Irlande.— Travail à l'aiguille en laine de Berlin, dans un cadre de chêne sculpté : Haddon Hall ; la matinée de la classe.

301 *Sim, C. J.* Fab. High Street, Bedford.—Dentelle du Bedfordshire faite au coussinet.

302 *Simcox, G. P.* Inv. et Fab. Kidderminster.—Tapis de foyer, dessin ; les armes de la ville de Kidderminster ; tapis velouté, fabriqué pour le mariage de S.A.R. feue la Princesse Charlotte, avec le Prince Léopold de Saxe Cobourg ; tapis de Bruxelles ; tapis tissés au métier.

304 *Smith, Mme. Richard,* Fab. Rolvenden, Staplehurst, Kent.—Groupe en laine représentant Sa Majesté la Reine, la Princesse Royale, et le Prince de Galles.

207 *Stokes, S.* Inv. Caserne de la Police, Dublin.—Tapis de table à mosaïque, composé de morceau de drap supérieurement rapportés.

308 *Sutton, Eliza,* Dess. et Fab. Maidstone.—Couvre-pied tricoté au crochet ; groupe de fleurs au centre, avec versets de la bible en Anglais, Français, Allemand, Italien, Espagnol et Latin.

309 *Sutherland, J.* Inv. Dess. et Fab. Falkirk.—Tapis de table de salon, broderie de satin de couleur sur fond satin noir.

310 *Tarin, M. L. A.* Dess. et Inv. 8 Nelson Street, Mornington Crescent, Camden Town.—Broderie en laine de Berlin.

312 *Taylor A. M.* Prop. Middle Chinnock, Crewkerne. —Ouvrage en laine, à l'aiguille, représentant un sujet historique.

313 *Tennison, Mrs. M. A.* 8 Broughton Place, Hackney Road.—Siège en papier mâché, avec incrustations de nacre, et coussin brodé.

314 *Tetley, Mme.* Fab. Bradford.—Courte-pointe brodée en coton sur fond de satin ; courte-pointe de berceau, brodée en filoselle sur satin bleu.

315 *Templeton, J. & Cie.* Fab. Glasgow.—Tapis de salons, de salles à manger, bibliothèques, &c. ; id. à dessin perse pour le même usage ; tapis façon turque ; gros tapis pour parloirs ; tapis de foyer ; tapis d'escalier, &c. des manufactures d'Axminster, &c.

316 *Johnson G. & Cie.* 11 Bow Church Yard, 84 Bow Lane.—Cols de deuil.

317 *Thwaites, Mary,* Prop. 4 Quadrant Road, Lower Islington.—Ouvrages de tricot, broderie, et dentelle, par les enfans pauvres de Newry.

318 *Turbeville, Smith, Boyle & Cie.* Prod. 9 Great Marlborough Street.—Tapis d'Axminster ; tapis velouté, les fleurs dessinées d'après nature ; tapis de Bruxelles.

320 *Trollope, R.* 6 Allen Terrace, Kensington.—Paravent en tapisserie, &c.

322 *Turner, A.* Fab. Sutton Rectory, Dartford.— Echarpe en dentelle, tricotée.

323 *Uphill, Mary Ann,* Fab. Fonthill Bishop, près Hindon, Wilts.—Taie, écharpe, et couverture de berceau en dentelle de fil et or.

324 *Veevers L.* Inv. et Prod. Mohill, County Leitrim.—Articles manufacturés de fibres de plantes et de fleurs : mouchoirs de dentelles ; châles ; écharpes ; bonnets et cols de dentelles.

325 *Lawson, J.* 4 Sidmouth Street, Gray's Inn Road, Dess.—Tapis d'Axminster : dessins pour tapis.

327 *La Compagnie Victoria des Tapis de Feutre,* Fab. 8 Love Lane, Wood Street.—Tapis en feutre ; tapis de table imprimés ; rideaux de fenêtres. (Brev.)

328 *Vincent, S.* Turvey, Beds, Fab.—Taie en dentelle, voiles, chemisettes, &c.

329 *Vokes, F. S. T.* Dess. et Fab. 9 Hope Cottages, Cottage Grove, Bedford New Road, Clapham Rise.—Tapis de table écarlate, fabriqué par un nouveau procédé.

330 *Hayes, Mdlle. E. J.* 24 Richmond Terrace, Walworth.—Tableaux d'ouvrages à l'aiguille et de graines naturelles, comprenant "Les Braconniers heureux," "Les Enfants de Chœur," "Les Armes royales," "Les Villageoises," et "Notre Sauveur administrant le Sacrement."

334 *Ward, Anne,* Dess. et Ex. Coleraine.—Tapisseries nouvelles à l'aiguille : La Chaussée du Géant ; scène italienne d'après Vernet ; scène Arctique.

335 *Washbourn, Ann,* Great Marlow, Bucks, Fab.—Robes de mousseline brodées.

336 *Waterhouse, E. I. & M. A.* Fab. Claremont Cottage, Loughborough Road, Brixton.—Courte-pointe au crochet, douze pieds carrés, représentant une grande variété de fleurs.

337 *Watson, Bell & Cie.* Fab. et Imp. 35 et 36 Old Bond Street.—Tapis extra superfin d'Axminster, dessin de L. Gruner, Esq. ; id. à la Louis Quatorze ; id. à l'italienne ; tapis superfin bordé de velours, &c. ; tapis de Bruxelles, tapis de Masulipatam ; tapis de Turquie.

338 *Watson & Fils,* Kidderminster.—Variété de tapis d'Axminster.

339 *Waugh & Fils,* Dess. Carpet Warehouse, 3 et 4, Goodge Street.—Tapis velouté ; dessin allégorique de tapis pour une résidence royale.

341 *Wells, B. W.* Fab. Windmill Lane, Camberwell.—Toile cirée, imitation d'ouvrage en laine de Berlin. (Enregistrée).

343 *White, Fils & Cie.* Prop. 108 Cheapside.—Tapis de Kidderminster ; tapis de Bruxelles ; tapis de table imprimés, &c.

345 *Whitwell, J. & Cie.* Dess. et Fab. Kendal.—Tapis de Kidderminster ; tapis de Bruxelles, de Berlin, de différentes espèces ; tapis vénitien, tissé à la mécanique.

347 *Whitney, E.* Dess. Cleveland Place, Bath.—Tablier de dame, brodé ; cotte d'armes travaillée à l'aiguille.

349 *Williams, Lady Griffin,* Marlborough.—La Sainte Cène, d'après Leonardo da Vinci, en filoselle et laine d'Allemagne.

350 *Wilson, Ann,* Fab. Downpatrick.—Ouvrage de fantaisie en laine à points nouveaux, inventés par l'exposante, et introduits dans la fabrication pour donner plus d'effet au tableau.

351 *Wilson, J. & W.* Fab. Bannockburn, près Stirling.—Tapis de Bruxelles ; tapis superfin écossais ; tapis vénitien pour escalier.

352 *Wood, H. & T.* Prop. 22 Watling Street.—Tapis de table imprimés et en relief ; tapis de Bruxelles.

354 *Woodward, B.* Higgins, Kidderminster, Fab.—Tapis de Bruxelles de toutes espèces.

355 *Woodward, H. & Cie.* Fab. Kidderminster—Tapis velouté, fond rouge foncé, à bordure, pour salons ; tapis de Bruxelles, dessin à arabesques, pour salles à manger ; tapis de Bruxelles, fond cramoisi, pour id. ; tapis veloutés pour escaliers, corridors, &c.

356 *Woolcock, Catherine,* Fab. 13 New Quebec Street, Portman Square.—Ecran bannière au crochet : dessin des

armes d'Angleterre entourées de draperies et entrecoupées de branches d'olivier.

357 *Wratislaw, Matilda Emily,* Dess. et Fab. Rugby, Warwickshire.—Bonnet travaillé au crochet en imitation de dentelle.

358 *Wright, Crump, & Cie.* Fab. Kidderminster.—Tapis veloutés à bordure, pour salons, boudoirs, &c.

361 *Turton, S.* 19 Prospect Place, Radford, près Nottingham.—Dessin pour rideau de dentelle fait par machine à un seul rang.

365 *Roberts, Mrs.* Bexley.—Piqué.

371 *Smith, N. & Baber, J.* Inv. Dess. et Fab.—Tapis de plancher, imitation du pavé mosaïque romain, &c.

372 *Bernard, Hon. Jane Grace,* Cork, Killrogan, Bandon.—Courte-pointes tricotées pour berceaux fabriquées par les enfans de l'école de Killrogan.

373 *Prior, Rev. H. E.* Lucan, Dublin.—Echantillons de dentelle d'Irlande, par l'école industrielle de Lucan.

374 *West, Catherine M.* Dess. Inv. et Fab. 1 Brougham Terrace, Kingston, Dublin.—Echarpe de dentelle noire brodée ; volants pour robes.

375 *Bates, J.* Dess. Great Dover Street, Surrey.—Ouvrages à l'aiguille, mouchoirs, bonnet d'enfant.

377 *Dalrymple, Mary, E.* Inv. et Fab. 5 Wilton Street, Grosvenor Place.—Tapis de table en drap, brodé de chenille.

378 *Fancourt Catherine,* Grimsthorpe, près de Bourne, Dess. et Fab.—Courte-pointe de fantaisie.

379 *(Lady Mayoress),* la dame du Lord Maire de Londres (1850), et 150 dames d'Angleterre.—Tapis en laine 30 pieds sur 20, travaillé en carrés détachés et joints ensuite pour former le dessin complet ; présenté à la reine, et exposé par Sa Majesté.

380 *Stokes, S.* Dess. et Inv. 4 Bartholomew Close.—Tableau à l'aiguille, 10 pieds sur 40, représentant la bataille du Grand Caire.

381 *George, G. B.* Wells Street, Gray's Inn Road.—Dessin pour un tapis d'Axminster, style Italien.

382 *Brayshaw, J.* 118 Church Street, Lancaster.—Courte-pointe, mosaïque, 12 pieds sur 10 ; divisée en compartiments, représentant chacun un ouvrage populaire.

383 *Rose, E.* Dess. Oxford.—Ecran brodé à la main pouvant se convertir en damier.

384 *Kiddle, J.* Inv. Norwich.—Coussin tissé, complet au métier de tisserand, sans travail à l'aiguille ; façonné des deux côtés.

385 *Oatley, E.* Fab. Devizes.—Broderie en laine, sujet Sir Walter Scott et sa famille.

386 *Gill, W. L.* Fab. Colyton, Axminster.—Ouvrage et dentelle de Honiton, partie d'un dessin original, d'un volant fait pour S. M. la Reine ; cols ; divers dessins ; berthe en soie chromatique, faite entièrement sur le coussin ; volant en soie ; écharpe en dentelle.

387 *Chinchen, Ann,* Swanage, Dorset.—Ouvrage de fantaisie à l'aiguille.

388 *Ayers, W.* Newport Pagnell, Bucks.—Spécimens de dentelle de Buckinghamshire.

389 *Barclay, Helen,* Tongue, près de Golspie, Aberdeen.—Tapis, broderies, &c.

390 *Jackson & Graham,* 39 Oxford Street.—Tapis, dessin mauresques ; tapis velouté ; tapis de foyer de Londres, &c.; métier à tapis en mouvement (au Nord du Transept).

391 *Tawton, Mary,* 9 Union Street, Plymouth.—Manteau d'enfant richement orné et brodé.

392 *Penley, E. A.* Grove House, St. Peter's, Margate.—Tapis de table en morceaux de soie rapportés, &c.

393 *Pearse, C.* Bath, Dess. et Fab.—Courte-pointe blanche au crochet, avec les commandements de Dieu.

394 *Bennoch, Twentyman, & Rigg,* Fab. 77 Wood Street.—Rubans en tous genres, foulards, dentelles, garnitures

TAPISSERIE, TAPIS, DENTELLES, BRODERIES.

pour robes, passementeries, franges, cordelières, laitons de soie pour chapeaux, lacets de bottines, soie à coudre, &c.

395 *Beavis, J.* 27 Mint Street, Borough.—Tapis de foyer.

396 *Heal & Fils*, Tottenham Court Road, Fab.—Courte-pointe édredon, satin cramoisi, bordures satin blanc, brodée, &c.

398 *Szaffeld, S.* 4 Dean Street, Finsbury.—Portrait de sa Majesté et du Prince Albert en laine de Berlin. Moïse dans les roseaux du Nil, id.

399 *Hindley & Fils*, 134 Oxford Street, Dess. et Fab.—Tapis velouté; tapis style turc, &c.

400 *Bentinck, le Col.* pour R. Palmer.—Tapis de table avec les armes Royales, brodé par R. Palmer, soldat au régiment des gardes Coldstream.

401 *Bright & Cie.* 22 New Brown Street, Manchester et 20 Skinner Street, Londres, Fab.—Tapis veloutés au métier brev. de Sievier, et imprimés par la machine brevetée de Burch; tapisserie pour rideaux, meubles, &c.

403 *Underwood, W.* Fab. 1 Vere Street, Oxford Street.—Tapisserie héraldique.

Aller aux Possessions Coloniales de la Grande Bretagne, page 181.

Classe 20. ARTICLES D'HABILLEMENT, D'USAGE IMMEDIAT, PERSONNEL, ou DOMESTIQUE.

—— Galerie au Sud du Transept. ——

1 *Buckmaster, W. & Cie.* Dess. 3 New Burlington Street.—Costume de cour; shakos d'infanterie; nouvelle coiffure pour l'infanterie de ligne, proposée pour remplacer le shako actuel, &c.

2 *Foster, Porter, & Cie.* Fab. 47 Wood Street, Cheapside.—Gants de soie, de laine, de fil, de cuir, &c.; foulards; rubans; bonneterie de fantaisie, &c.

3 *Taylor, W. G.* Prop. 285 Regent Street.—Bas Balbriggan, de laine égale en douceur au cachemire, tricottés à la main par les enfants de Ballindine, Mayo, Irlande, &c.

4 *Hall, J. S.* Fab. 308 Regent Street.—Bottes en tissus élastiques; matériaux élastiques perfectionnés pour chaussures.

5 *Peart & Dossetor*, Inv. 12 et 13 Poultry.—Gants de soie et de coton; casquettes pour chemin de fer et protecteurs; flanelle, &c.

6 *Pope & Plant*, Fab. 4 Waterloo Place, Pall Mall.—Bas en castor; corsets en tissus élastique, &c. (Enregistré.)

7 *Nevell & Cie.* Fab. Gresham Street West.—Objets d'habillements divers en tricot, &c.

8 *Gregory, Cubitt, & Cie.* Imp. et Fab. 15 Aldermanbury.—Articles manufacturés en paille, crin, et montrant les différents procédés de fabrication; chapeaux dits Brésiliens.

9 *Price & Harvey*, 6 Pilgrim Street, Ludgate Hill.—Chapeau blanc; chapeau de chemin de fer; chapeau d'opéra, &c.

10 *Field & Fils*, 114 Fore Street, Cripplegate.—Chapeaux de Dunstable perfectionnés; chapeaux-chip fabriqués avec du bois de peuplier; chapeaux de paille de dessins nouveaux.

11 *Vyse & Fils*, 76 Wood Street.—Chapeaux de dames superfins fabriqués à la main en paille de froment; étoffes de crin. Chapeau en paille d'Italie, fabriqué à Londres.

12 *Welch & Fils*, 44 Gutter Lane.—Spécimens de chapeaux en paille de froment, tresses, &c.

13 *Allan, J.* Fab. et Dess. 158 Cheapside.—Chapeaux de paille pour femmes et enfants.

14 *Spurden, Woolley, Sanders & Cie.* Fab. 42 Friday Street.—Chapeau de dame combinant la supériorité de couleur, de dessin et d'exécution; paille Anglaise tressée pour chapeau.

15 *Woodhouse & Luckman*, Dess. et Fab. 33 Wood Street, Cheapside.—Chapeaux de dames faits de saule Anglais, très légers, &c.

16 *Wingrave & Fils*, 62 Wood Street, Londres, et St. Albans.—Assortiment de gants.

16A *Long, G.* Inv. Dess. et Fab. Loudwater, Wycombe, Bucks.—Chapeaux d'hommes et de femmes, &c.

17 *Homan & Cie. (autrefois Rogers & Fils).* Fab. 39 et 40 Chiswell Street, Finsbury.—Chemises imprimées dites regattes; gilets de flanelle; bourses; ceintures; jarretières.

18 *Phillpotts, M. A.* Prop. 37 North Audley Street.—Une dame en grande toilette de cour.

19 *Paterson, J.* Fab. 104 Wood St. Cheapside.—Cravates de fantaisie; cravates longues; bretelles; ceintures; devants de chemises plissés au métier.

20 *Nevill & Cie.* 224 Wood Street, et 1, 2, 3 Goldsmith Street, Londres.—Une pièce de toile de lin d'Irlande; chemise et col fabriqués de la même toile; articles richement brodés.

21 *Capper & Waters*, Inv. et Fab. 26 Regent Street, St. James's.—Douze chemises, toutes de différentes formes; différents articles enregistrés en linge, coton, soie, laine, &c.; robe de chambre avec pantalon à la Turque.

22 *Wheeler & Ablett*, 234 Regent Street, et 23 Poultry.—Chemise nouvelle sans bouttons; jaquette d'enfants; guêtres et gants brodés, élastiques, &c.

23 *Reid, W.* 51 Conduit Street, Regent Street.—Chemise sans pli. (Enregistrée.)

24 *Brie, J. & Cie.* Prod. et Dess. 189 Regent Street.—Devants de chemises perfectionnés; chemises fines; mouchoirs brodés et gilets de flanelle.

25 *Marshall, W.* Dess. et Fab. Regent's Street.—Chemise perfectionnée. (Enregistrée.)

26 *Powell, S.* Inv. et Brev. 52 Regent Street.—Bisunique ou objets d'habillements que l'on peut porter à l'envers; habits, gilets, pantalons, veste bisunique à deux couleurs.

27 *Barnes, T. & J.* 9 New Court, Goswell Street.—Bretelles perfectionnées (enregistrées); cuir à rasoir flexible.

28 *Hemming, E.* Dess. 6 Piccadilly.—Chemise modèle de toile Irlandaise et de Manchester.

29 *Smith, J. E.* Fab. 3 Laurence Lane.—Chemise sans coutures; ouvrage moravien à l'aiguille.

30 *Porter, T.* Fab. 94 Strand.—Chemise coupée mathématiquement.

31 *Wagner, L. & Marian*, Dess. et Fab. 35 Doddington Grove.—Panache et rosettes en soie de Turquie, réseaux pour coiffures, tricotés à la main, bracelets de fantaisie, coiffures de dames, &c.

32 *Atloff, J. G.* 69 New Bond Street.—Chaussure de dame en diverses étoffes; pantoufles de soie, brodées en or; bottines de dame en soie; demi-bottines de dame.

ARTICLES D'HABILLEMENT,

32A *Chaplin, Madame R. A.* 58 Berners Street.—Corsets, ceintures, et autres objets de toilette pour dames.

33 *Weatherhead, H.* Fab. 27 Panton Street, Haymarket.—Bretelles en soie et caoutchouc; ceinture de gros de Naples avec ressort en soie et caoutchouc.

34 *Nicoll, B.* Fab. 42 Regent Circus, et 46 Lombard Street.—Chemise d'une étoffe de soie élastique; chemise en toile d'Irlande; chemise de chasse.

35 *Christy & Fils,* Gracechurch Street.—Spécimen de chapellerie.

36 *Ford, R.* 185 Strand.—Chemises exposées comme échantillons de travail à l'aiguille de ce pays.

37 *Glenny C.* 33 Lombard Street, City.—Articles de bonneterie manufacturés à Balbriggan, Irlande.

38 *Sandland & Crane,* Inv. et Fab. 55 Quadrant, Regent Street.—Caleçons à ceinture et chemise, exposés sur une statuette.

39 *Bradshaw, G.* Inv. et Pat. 103 Bishopsgate Street, et 25 High Street, Islington.—Agrafes de collets pour habillement d'hommes; ceintures et caleçons anti-rhumatiques.

40 *Joubert, C.* 8 Maddox Street, Hanover Square.—Corsets se laçant par un nouveau procédé; ceintures de corsets élastiques, pour invalides, &c.

40A *Roberts, C.* Fab. 183 Oxford Street.—Corset élastique; corset perfectionné qui ne se lace point.

41 *Piper, T. F.* Inv. et Fab. 4 Bishopsgate Street, Without.—Corset mécanique; corset de soie, &c.

42 *Martin, E. & E. H.* Dess. 504 Oxford Street.—Corsets élastiques en caoutchouc vulcanisé, &c.; ceintures en caoutchouc, &c.

43 *Sykes, Mary, E.* Inv. et Fab. 280 Regent Street.—Corset anatomique pesant 5 onces, s'ajustant sur un nouveau principe.

44 *Devy, E.* Inv. et Fab. 73 Grosvenor Street.—Corsets amazones; nouveaux corsets divers, &c.

45 *Capper, J. & Fils,* Fab. Inv. 69 Gracechurch Street.—Berceau pliant, pouvant se transporter aisément; habillements pour enfants, &c.

46 *Thomas, W. & Frères,* Fab. Breveté, 128 et 129 Cheapside.—Corset tissé sans couture; corsets élastique; sacs de voyage de sûreté en tapis et en cuir.

46A *Shaave, Mme.* Charing Cross.—Corset élastique tricoté.

47 *Moore,* —, 29 Gracechurch Street.—Bonnet de dentelle brodé.

48 *Johnson & Cie.* 113 Regent Street.—Chapeaux à ventilateurs (brevetés); chapeau marin; chapeau militaire; chapeau de cour; chapeau de dame.

49 *Geary, N.* Inv. Brev. et Fab. 61 St. James' Street.—Corsets élastiques perfectionnés, ceintures hydropathiques.

50 *Dando, Fils & Cie.* Fab. 42, 43 et 44 Cheapside.—Chapeaux de soie, légers. (Brevetés.)

51 *White, W.* Fab. 68 Cheapside.—Chapeaux de soie à poil ras; id. zéphyrs, parfaitement ventilés.

51A *Felix & Cie.* 10 Cheapside.—Chapeaux de construction nouvelle, élastiques, imperméables, et à ventilation.

52 *Ashton, J. & Fils,* Inv. et Fab. 55 Cornwall Road.—Chapeaux en castor élastiques; chapeaux de feutre; chapeau élastique très léger; chapeaux de peluche française.

53 *Ashmead & Tyler, J. T.* Inv. 7 Mount Street, Grosvenor Square.—Chapeau (breveté) se fermant sans ressorts; chapeau de velours très doux et se fermant, de formes variées; casquettes de chasse à la Minerve.

54 *Melton, H.* 194 Regent Street.—Chapeaux en peluche Anglaise, fabriqués par Walters & Fils, Finsbury.

55 *Smith, George & Cie.* Union Hall, Union Street, Borough.—Chapeaux de soie légers; chapeaux de dames.

56 *Dietrich, F. A.* Inv. et Fab. 2 Bennett Street, Blackfriars Road.—Nouvelle doublure de chapeau; chapeaux perfectionnés.

57 *Barber, S.* Inv. et Fab. Brentford.—Chapeaux de soie Francais, d'une ventilation parfaite et imperméables.

58 *Stainburn & Baugh,* Fab. Gresham Street.—Chapeaux de feutre, &c.; chapeaux flexibles; chapeau de soie de peluche Anglaise.

59 *Zox, L.* Fab. 84 Long Acre.—Casquette-casque (enregistré); casquette navale aquatique; casquette de collège (enregistrée); id. de courses; id. d'opéra, &c.

60 *Grosjean, F.* 109 Regent Street.—Poches de sûreté étoffes perfectionnées pour uniformes.

61 *Garrard, R. & J.* Loman Street, Southwark.—Feutre verni (enregistré), visières pour casquettes; casques de pompiers en cuir verni.

62 *Thompson & Fils,* Des. 11 Conduit Street.—Jaquette habit écarlate de chasse; jaquette pour le jeu de crosse; polka de dames, &c.; faits de tissus élastiques de manufacture anglaise.

63 *Walker & Babb, A. & G.* Inv. 306 Strand.—Surtout imperméable avec sa boîte; mis dans sa boîte, il peut se porter en poche. (Enregistré.)

64 *Cody, J.* Inv. 9 Marshall Street.—Un habit de drap superfin, fabriqué entièrement d'une seule pièce.

64A *Braun, L.* 65 Wood Street.—Casquettes de diverses grandeurs.

65 *Kish, S. A.* 250 Regent Street.—Gilet cosaque; robe de chambre autocrématique. (Enreg.)

66 *Braund, J.* 26 Mount Street, Grosvenor Square.—Casquette de voyage à visière transparente.

67 *Lyons, J.* 12 et 13 Artillery Place, Woolwich.—Casquettes d'ordonnance.

68 *Price, W.* Dess. et Fab. 115 Chancery Lane.—Robes pour magistrats, le clergé, &c. à ressorts flexibles, qui les maintiennent sur les épaules.

69 *Cutler, W.* Inv. 25 St. James' Street.—Le duplex ou habit du matin et du soir, sans envers. Le même peut servir pour les affaires du jour, en le retournant on peut aller le soir à l'opéra, &c.

70 *Bain, W.* 141 High Holborn.—Manteau de sautage.

71 *Smith & Gibbs* Inv. et Fab. Wellingborough, Northamptonshire, et 84 Cheapside, Londres.—Guêtres en drap et en cuir, qui s'attachent à l'instant par un nouveau procédé propre à d'autres usages, tels que corsets, corsages, &c.

72 *Gates, Laura Charlotte,* 5 Upper Eaton Street, Pimlico.—Modèle d'une robe de dame, à côtés élastiques.

72A *Freeman, T. S.* 48 Fenchurch Street.—Poches de sûreté. (Enregistrées.)

73 *Hurley, D.* 10 Inv. et Fab. Hare Court, Aldersgate Street.—Poche de sûreté pour dame; modèle d'articles d'habillement perfectionnés.

74 *Cahan, E.* Dess. 371 Strand.—Le pantalon Anaxyridien.

75 *Shinton, R.* 29 Spencer Street, St. George's East.—Protecteur de poche.

76 *Bethel, Ware & Cie.* Fab. 62 Aldermanbury.—...mélias dans un vase, les feuilles en paille tressée de Luton; chapeaux de paille pour dames, chapeaux d'hommes, et d'enfants, &c.

78 *Dent, Allcroft, & Cie.* Fab. 97 Wood Street.—Gants d'hommes et de femmes en tous genres.

79 *Thresher & Glenny,* Inv. et Fab. 152 Strand.—Gilets de gaze Indienne servant de flanelle; bonneterie.

80 *Ball, W. Y. & Cie.* Fab. 32 Wood Street, Cheapside.—Gants en chevreau français, manufacturés en Angleterre.

81 *Lart, J. & Fils,* Inv. et Fab. 116 Wood Street.—...de dame en fil de Lisle, nouveaux modèles; jacquettes pour...

D'USAGE IMMEDIAT, PERSONNEL, ou DOMESTIQUE.

...(en soie) appelée "la Vesture;" caleçons pour hommes en coton et soie, &c.

83 *Fownes Frères*, Fab. 41 Cheapside.—Gants de dames, Français perfectionnés, &c.

84 *Macdougall, D.* Fab. Inverness.—Pièce de tweed; accoutrements de chasse; tartans; tweeds de ménage; échantillons de bas tricotés à la main; fils de laine, ... et écrus, &c. &c.

85 *Holmes, J. & Cie.* Inv. et Fab. 171 Regent Street.—...ille de toilette et d'opéra, en laine blanche extra fine; ...eau châle, d'une seule pièce; châle rond, &c.

86 *Wigham & Cie.* Edimbourg.—Plaids tartans, ou ...s longs écossais, &c.

87 *Solomon, Sarah,* Dess. et Fab. 52 York Road, Lam-...—Un costume de bal, brodé en soie et or.

88 *Gwatkin, Emily & Eliza,* 37 Westminster Bridge ...—Chapeau de coton, fait au crochet, chapeau de satin ...dessin nouveau.

89 *Oliver, B. S.* Nottingham.—Dentelles, mercerie, ...

90 *Miles, S.* Bunhill Row.—Ouvrages en laine de ...

91 *Saxton, A.* Fab. Nottingham.—Mitaines et man-...es pour dames, brodées en soie; gants et châles de soie.

92 *Shaw, J.* Radford, près-Nottingham.—Corsage de Berlin; antimacassar en coton, &c.

93 *Thurmann, Piggott et Cie.* Fab et Inv. Friar Lane.—...onneterie confectionnée par M. Thurman. (Breveté.)

94 *Galloway & Fils,* Nottingham.—Gants de soie.

95 *Furley, J.* Fab.—Gilets en mérinos, en laine, et ...on; caleçons tout laine.

96 *Hollins, S.* Fab. Nottingham.—Dentelles; filets et ...elles perfectionnées, genre de Bruxelles; bonneterie.

97 *Musson, R. & J.* Fab. Nottingham.—Gants de soie, de fil, gants Brayama (brevetés), gants brodés.

98 *Carver & Gilbert,* Fab. Nottingham.—Coton, ...nos, cachemire, &c.

99 *Hurst & Fils.* Fab. Nottingham.—Bonneterie.

100 *Allen & Solly,* Fab. Nottingham et Londres.—Bon-...

101 *Morley, J. & R.* Fab. Nottingham.—Bonneterie en ...et en coton.

102 *Tress & Cie.* Fab. Blackfriars Road.—Chapeaux ...

103 *Berni & Melliard,* 56 Great Guildford Street, ...thwark.—Chapeaux militaires; chapeaux de cour, style ...veau.

104 *Eveleigh, & Fils,* Fab. Manchester.—Chapeaux pour ...mes en feutre, soie, et liége.

105 *Simmonds & Woodman,* Fab. Oldham.—Articles ...plets de chapellerie, en castor; chapeaux d'hommes, de ...ses et d'enfants, en soie et en castor.

106 *Standish, Anne,* Kidderminster.—Robe de cour, ...rage a l'aiguille.

107 *Hill, L. M.* Inv. Whitby.—Habit tout d'une pièce.

108 *Watts, W.* Inv. Banbury.—Habit, pantalon et ...res, d'une seule pièce de drap sans couture.

109 *Walsh & Cie.* Bristol.—Pardessus brodé.

110 *Goulding, J.* Inv. et Fab. Beverley.—Habit de genre nouveau; le corps est coupé d'une seule pièce, ...n'a que deux coutures, tandis que le corps des habits ordi-...es en a neuf.

110A *Lee, J.*—Habit piqué, et instrument pour piquer.

111 *Harris & Tomkins,* Fab. Abingdon, Berks.—Deux ...s blanches, d'un travail remarquable, portant des de-...s et des emblèmes nationaux. Faites par deux sœurs. ...le dessin de Thomas Watson.

112 *Caulcher, J. D.* Inv. St. John's Wood.—Jaquette ...que en liège, de sauvetage, &c. Enrég.

113 *Doudney, E.* Inv. et Fab. 17 Old Bond Street, 25 Burlington Arcade et 49 Lombard Street.—Manteau de popeline irlandaise, imperméable; fait pour Sa Majesté la reine Victoria, ainsi que pour ses enfants, &c. Ce manteau peut être porté par l'un et l'autre sexe, à pied ou à cheval.

114 *Lewis & Son,* 1 Quiet Street, Bath.—Pardessus d'un modèle nouveau et léger.

115 *Dingley, —,* Sherbourne.—Nouveau pardessus, combinant paletot, pantalon, &c.

115A *Cross, C. & Cie.* Manchester.—Articles d'habille-ment confectionnés à la mécanique.

116 *Fry, J. L.* Inv. et Fab. Honiton, Devon.—Habit de cérémonie coupé d'une seule pièce; nouvel instrument pour prendre mesure.

117 *Griffin, B.* Inv. Leominster, Herefordshire.—Quatre modes de couper les habits, gilets, pantalons, &c.

118 *McGee, J. G. & Cie.* Fab. Belfast.—Gilets brodés, dessinés par les élèves de l'Ecole de Dessin de Belfast et brodés par de pauvres filles.

119 *Smith, Charlotte,* Inv. Bedford.—Corsets symé-triques (patentés); bottes élastiques en soie. (Patentées.)

120 *Gallaway, T.* Fab. 43 Albion Street, Leeds.—Trois corsets, tissés au métier.

121 *Oddy, S.* Fab. Armley, Leeds.—Châles de couleur en laine fine, richement brodér aux coins.

122 *Tinsley, J. & Cie.* Fab. Leeds.—Corsets perfec-tionnés, sans couture, tissés avec du fil de coton de pin, pré-paré pour cet usage.

123 *Middlebrook, T.* Fab. Leeds.—Képi militaire.

124 *Haley, W.* Inv. et Fab. Leeds.—Bonnet de voyage, qu'on recommande surtout pour les climats froids.

125 *Mollady & Fils,* Fab. Warwick.—Chapeaux de soie, &c.; chapeaux de liége; chapeaux de feutre pour dames, &c.

126 *Carrington, S. & T.* Fab. Stockport.—Chapeaux en feutre, en drap, en castor, &c., très légers et élastiques; cha-peaux blancs et noirs; chapeaux de pêche imperméables, doux et flexibles, &c.

126A *Pearson, J.* Fab. 7 Gorse Brow, Stockport.—Cha-peau de femme en castor blanc.

127 *Taylor & Cie.* St. James' Street, Rochdale.—Cha-peaux en peluche de soie.

127A *Lees, A.* Fab. Manchester.—Chapeaux de feutre, velours et alpaca, &c.

128 *McRae, J. J.* Dess. et Inv. Newark, Notts.—Gilet que l'on peut allonger ou raccourcir à volonté; cein-ture de caleçon se tenant d'elle-même; pardessus d'été, &c.

128A *Johnston, J.* Stirling.—Bas, &c.

129 *Paterson, J.* Dumfries.—Echantillons de diffé-rentes étoffes pour articles d'habillement, &c.

130 *Robert, R.* Post Street, Carnarvon (Galles).—Robes de tiretaine noire et blanche, avec raies foncées, &c.; écharpe blanche et noire; tablier; jupon.

131 *Darling, G.* Inv. et Fab. 35 George Street.—Cha-peaux d'hommes, pesant 3½ onces, imperméables, &c.

132 *Gibson, C.* Perthshire, Ecosse.—Plaid de berger, de couleur naturelle.

133 *Laing, J.* Hawick, Ecosse.—Echantillons de bon-neterie, laine d'Australie.

134 *Hadden, A. & Fils,* Fab. Aberdeen.—Laines tri-cotées; teinture de laines Anglaise et Saxonne (1000 cou-leurs) mercerie et bonneterie.

135 *Smart, R.* 10 Upper Eaton Street, Grosvenor Place, Inv.—Le "secteur-subclavien," ou méthode de prendre des mesures plus correctes.

135A *Cattanach, B.* Inv. Aberdeen.—Appareil pour mesurer le corps humain, et transférer la mesure sur le drap, &c.

136 *Roy, J.* Inv. Ferryhill.—Paysage tricoté en laine. Paire de bas cachemire.

137 *Wood, Janet,* Fab. Stonehaven, Ecosse.—Paire de gants de fantaisie, tricotés en laine.

138 *Webb, Capt.* Theodosius, Woolwich, Prop.—Echantillons de tricot des Iles Shetlands.

139 *Whitehead, W. & Fils,* Fab. Edinbourg.—Haut-de-chausse en tartan ; contenant 1,300 diamants chaque.

140 *Kaye, Findlay & Cie.* Fab. Langholm et Glasgow.—Echantillons divers de bonneterie pour hommes et femmes, qualités et couleurs diverses.

141 *Scott, P.* Dess. et Fab. Edinbourg.—Chemise nouvelle.

142 *Mackenzie, W. B.* Prop. 126 Prince's Street, Edinbourg.—Articles tricotés des Iles Shetlands.

143 *Johnston J. & G.* Paisley et 2 Chapter-House Court, St. Paul's Churchyard.—Bougrans, calottes et ronds de bonnet en tulle de Paris.

144 *Laughland, J.* Fab. Kilmarnock, Ecosse.—Laine d'Australie ; laine filée, blanche, verte, bleue et écarlate ; chapeaux militaires en laine tricotée, portés par les officiers des 42e, 72e, 74e et 78e régiments écossais, &c., &c.

145 *Ritchie, P.* Fab. Kilmarnock, Scotland.—Bonnets militaires d'uniforme ; bonnet rouge de Fez ; bonnets, Prince Charlie ; chapeaux calédoniens.

146 *Muir, J. J. & Cie.* Fab. 132 Queen Street, Glasgow.—Echantillons divers de cravates, guingans, mouchoirs, &c. tissés à la main.

147 *Lennox, F. M. K.* Prop. Lennox Castle, Lennox Town, Stirling, Ecosse.—Chemises de toile et de coton, faites à Glasgow, exposées pour montrer la perfection de l'ouvrage à l'aiguille d'Angleterre.

147A *Ruttens, H.* Inv. 13 Charles Street, Soho Square.—Chapeau éventail en soie blanche, renfermé dans une boîte éventail ; chapeau de voyage contenu dans une boîte plate, &c.

148 *Haywood, Mary,* Dess. 3 Dyer's Buildings, City Road.—Châle de cachemire blanc, orné de plumes de paon.

149 *Jones, J.* Inv. Duke Street, Liverpool.—Symmétromètre de tailleurs. (Enregistré.)

149A *Robinson, J.*—Appareil à mesurer pour les tailleurs.

151 *Minifie, C.* Inv. & Fab. Bristol.—Chemise pour rameurs, dont la manche s'ajuste exactement au bras.

152 *McClintock, J. & Cie.* Inv. et Fab. Barnsley.—Corsets en soie élastiques, s'adaptant parfaitement à la taille.

153 *Birt, H.* Inv. Shepton Mallet, près Wells, Somersetshire.—Habit surtout pouvant s'adapter avec changemens subits de la température ; redingotes, vestes, paletots, pardessus, &c.

154 *Tollet, G.* Besley Hall, près Newcastle, Staffordshire.—Manteau, manchettes, victorines, manchons en plumes, &c., travaillés à l'arguille.

155 *Hodgson, Th.* (jeune), Dess. et Fab. Newcastle-under-Lyne.—Corset élastique ; support invisible pour l'épine dorsale.

156 *Clemes et Fils,* Fab. St. Austell.—Chapeaux pour les mineurs du Cornwall les protégeant des pierres, &c.

156A *Beaufort, Mlle.* Cork.—Pelisse d'enfant tricotée.

157 *Mason, W.* Fab. Newcastle-under-Lyme.—Chapeaux de soie, de castor, et de feutre, imperméables.

158 *Lawrence, Elizabeth,* Fab. Cheltenham. — Robe blanche de merinos Français ; veste de velours cramoisi pour enfants ; capote de satin blanc.

159 *White, E.* Edgar Buildings, Bath.—Berceau avec garniture complète ; chemises d'homme et de femme, &c.

160 *Hathaway, Mlle.* Brompton, Chatham. — Chapeau de nouveau né, &c.

161 *Firmin & Fils,* 153 Strand.—Gants glacés français, gants en veau, gants en laines et drap.

162 *Hurst & Reynolds,* Fab. 100 New Street, Birmingham.—Corset de dames. (Enregistré.)

162A *Beeston, J. S.* Swaile's Cottages, Hammersmith.—Bonnets ou casquettes gonflés d'air, pour voyager en chemin de fer.

163 *Firkins, J. & Cie.* Fab.—Amazones ; gants chevreau, noirs et de couleur ; gants d'homme en veau, et de couleur.

164 *Redgrave, J.* Worcester.—Gants divers en d'agneau et autres. Vêtemems en peau d'agneau, &c.

165 *Ridley, J.* St. Paul's Churchyard.—Bottines, souliers de dames.

166 *Le Comité de l'Exposition à Newbury.* — Tableau représentant Sir J. Throgmorton offrant à M. John Coxeter deux brebis, avec la laine desquelles ce dernier s'est engagé, (et il a tenu sa promesse), à faire faire un habit avant la fin de la journée. Les brebis ont été tondues et la laine a été transformée en drap en onze heures ; leur a mis deux heures vingt minutes à livrer l'habit, été porté par Sir John devant une foule de spectateurs.

167 *Norman, S. W.* Inv. et Fab. 4 Oakley Street, Lambeth.—Chaussures de dame imperméables ; bottines de drap.

168 *Longdon, R. & Fils,* Fab. Derby.—Gants au métier ; botte brevetée par M. Smith, appelée Soccus Elasticus.

168A *Helps, Mlle.* London Road, Liverpool.—Articles gutta percha.

169 *Poore, J.* Dess. et Fab. 9 Princes Court, Bath Street, St. Luke's.—Victorine avec deux manchettes, en plumes.

170 *Barford, F.* Market Place, St. Albans.—Chapeau Wellington en feuille de palmier du Brésil ; chapeau de paille, &c.

171 *Ashton, A.* George Street, Portman Square.—Chapeau en peau enregistré, style nouveau.

172 *Elliott, W.* Dunstable, Beds. Fab.—Chapeaux en paille, tresses et articles en paille de fantaisie.

172A *Cooper, J. J. & G.* Fab. Dunstable, Beds.—Chapeaux en peaux d'hommes et de femmes, et objets de fantaisie en paille.

173 *Muirs, Connell & Brodie,* Fab. Luton, Bedford.—Spécimens de tresses et de chapeaux, fabriqués avec la paille de froment du Bedfordshire ; paille de froment telle qu'elle vient des champs ; chapeaux de dames en tonture paille de riz, &c. ; chapeaux de demoiselles ; chapeaux de garçons, de fantaisie, perfectionnés, &c.

174 *Linklater,* —, Iles de Shetland.—Echantillons d'ouvrages de tricot de ces îles.

175 *Kearse, T.* Dess. 40 George Street, Limerick.—Dessus d'été et d'hiver, que l'on peut convertir en vêtements différents ; gilet en étoffe d'Irlande, qui se forme en six gilets, droits ou croisés, &c.

176 *Farrance, Miss,* Wicklow, Irlande.—Bas tricotés.

177 *Vincent, R.* Fab. Glastonbury.—Vêtements imitant le drap superfin.

177A *Stewart, Jane,* Prop. Templetrine Glebe, Bandon, Irlande.—Articles fabriqués à l'école de Templetrine, classe de paysans la plus pauvre : chaussons et chaussures pour hommes et bas de dames, &c.

178 *Kelly, J. & Cie.* 98 High Street, Kilkenny.—Culottes de peau de chasse ; peaux brutes et tannées.

179 *Nairn, T. G.* Fab. Limerick, Irlande.—Habit d'uniforme irlandais, pour l'artillerie à cheval ; habit national irlandais en frisé, orné de broderies, sans couture.

181 *Des Paysans de Wexford,* Irlande.—Articles en herbe de "traneen" d'Irlande, fabriqués en imitation de la paille d'Italie.

182 *Maher, Louisa,* Ballinkecle, Enniscorthy, Irlande.—Echantillon de Cynosurus cristatus, articles tressés, paille, &c.

183 *Wilson & Fils,* Drogheda, Balbriggan.—Bas...

D'USAGE IMMEDIAT, PERSONNEL, ou DOMESTIQUE.

184 *Dicks, W.* Yeovil.—Gants en peau d'agneau.

185 *Ensor, T.* Milborne Port, près Sherborne.—Gants ; id. doublés en peluche de soie, en laine, &c. ; gants chevreau, d'agneau, &c. ; gants avec une petite bourse.

186 *Whitby, E.* Yeovil.—Soie à divers degrés de fabrication, et gants.

187 *Pitman, J.* Milborne Port.—Assortiment de gants.

188 *Rawlings, J. B.* Fab. Abbey Silk Mills, Sherborne.—Soie à coudre et pour gants. Echarpe, &c.

189 *Money, Elizabeth*, Fab. Woodstock, Oxon.—Peau d'agneau telle qu'elle sort de chez l'apprêteur ; gants qui sont fabriqués ; gants de peau de faon, pour amazones.

190 *Corry, J. & J.* Queen Camel, près Yeovil.—Peaux d'agneau blanches et de couleur ; gants noirs.

191 *Matheison, Lady.*—Ecole des Hébrides.

192 *Thompson, J. & Cie.* Fab. Kendal, Truro.—Chemises de laine de Guernsey ; casquettes rouges ; id. à raies ; casquettes de Glengarry ; mitaines en coton.

193 *Fry, J.* Fab. Godalming, Surrey.—Bas superfins, en brodés ; chemises et pantalons en laine de Ségovie, &c.

194 *Holland, T. & Cie.* Langham Factory, Godalming.—Vêtemens de dames, gilets, jupons et caleçons, &c. ; chemises d'hommes, pantalons, caleçons, bas, &c. ; articles en coton ; pardessus légers et chauds, pantalons, gilets, chemises à dos élastiques, &c.

195 *Ward, Sturt, Sharp, & Ward*, Fab. Belper, Derbyshire, et 89 Wood Street, Cheapside.—Spécimens de bonneterie et de ganterie en coton, soie, et laine ; mitaines, manchettes, manches, et bonnets.

196 *Cartwright & Warners*, Loughborough.—Bas, chaussettes, chemises, caleçons, en poil d'Angora et en mérinos ; id. en coton, &c.

197 *Taylor & Beale*, Fab. Leicester.—Bas de coton, assortiment.

198 *Harris, R. & Fils*, Fab. Leicester.—Ganterie et bonneterie de fantaisie.

199 *Hudson, J.* Fab. Leicester.—Assortiment de bas et de chaussettes de laine et de coton.

200 *Baines, J.* Bowling Green Street, Leicester.—Bas et chaussettes de laine et de cachemire.

201 *Billson & Hames*, Fab. Leicester.—Assortiment de bas et de chaussettes pour enfants, &c.

202 *Angrave Frères*, Fab. Leicester.—Articles en coton, cachemire et merinos.

203 *Ward, W. & Fils*. Leicester.—Bonneterie de fantaisie, de laine et de coton ; habits d'hommes en alpaca, &c.

204 *Beale C.* Fab. 5 Belvoir Street, Leicester.—Objets de bonneterie en laine et en cachemire.

205 *Biggs & Fils*, Fab. Leicester.—Chemises et caleçons pour hommes en laine et cachemire ; id. pour dames ; chaussettes, gants, &c.

206 *Wheeler, T. & Cie.* Fab. Abbey Mills, Leicester.—Polkas, manchons, mantilles ; tissus élastiques, &c.

207 *Biddle, J.* Fab. Leicester.—Etoffes tissées sur métier à bas ; ganterie de laine et de fil, &c.

208 *Corah, N. & Fils*, Granby Street, Fab. Leicester.—Assortiment d'objets de bonneterie.

209 *Ellis, F. & J.* Fab. Leicester.—Ganterie de fil, de soie, et de cachemire.

210 *Harding, T.* 108 Regent Street.—Boutons de gilet en lapis lazuli, malachite, corail, onyx, &c. Boutons de fantaisie en perle, &c., pour dames.

212 *Welch, Margetson, & Cie.* Fab. 17 Cheapside.—Robe de chambre, tissus breveté, chemises, gilets de flanelle perfectionnés, bretelle cantab, &c. (Enregistré.)

213 *Standon, Anne (veuve)*, 23 Wood Mews, Grosvenor Square.—Courte-pointe de lit en soie, d'un travail remarquable.

213A *Le Comité Local de Lerwick.*—Echantillons d'ouvrages tricotés, des îles de Shetland.

215 *Muirs, Connell & Brodie*, Glasgow.—Chapeaux et tresses de paille, fabriqués de paille, de seigle, &c.

216 *Davies, R.* Carmarthen.—Chapeau de cuir fabriqué par un procédé nouveau.

Aller a la Classe 13, page 107.

Classe 21.   COUTELLERIE et TAILLANDERIE.

—— Galerie laterale du Nord. ——

1 *Weatherley, E.* 3 Belmont Terrace, Wandsworth Road.—Appareil perfectionné de Tall pour affûter les scies.

2 *Thornhill, W.* 144 New Bond Street.—Châtelaine en acier; ciseaux, couteaux de table à manches d'ivoire et de buis sculptés, &c.

3 *Bradford, R. & W.* Fab. 72 Patrick Street, Cork, Irlande.—Rasoirs à manche en nacre; id. écaille, en ivoire, &c.; couteaux de poche, canifs, et autres objets de coutellerie fine, et de luxe.

4 *Blofeld, T. G.* Fab. 6 Middle Row, Holborn.—Coutellerie de Londres.

5 *King & Peach*, Hull.—Rabots de divers genres.

6 *Deane, Dray, & Deane*, London Bridge.—Assortiment de couteaux de table.

7 *Morton, J. & G.* Fab. 8 Great Turnstile, Lincoln's Inn Fields.—Spécimens de coutellerie de Londres.

8 *Wood, J.* 28 Spurrier Gate, York.—Coutellerie; le rasoir de York, démontrant les divers degrés de fabrication.

9 *Cowvan, B. & S.* Inv. 164 Fenchurch Street.—Cuir de Canton, ou cuir à rasoir chinois.

10 *Sharpe, J. & R.* Fab. 5 Gough Square.—Coutellerie de table, fabriquée à Londres.

11 *Addis, S. J.* 20 Gravel Lane, Southwark.—Outils à l'usage des sculpteurs.

12 *Mechi, J. J.* Leadenhall Street.—Coutellerie.

13 *Moseley, J. & Fils.* Fab. 17 et 18 New Street, Covent Garden.—Rabots et autres outils perfectionnés pour toute espèce d'industrie.

14 *Loy, W.* Fab. 24 King Street, Whitehall. — Patins perfectionnés; patins pour dames d'un nouveau modèle.

15 *Loy, W. T. (jeune)*, Dess. et Fab. 60 St. Martin's Lane.—Spécimens de coutellerie; rasoirs d'un nouveau modèle (enregistré); couteaux et fourchettes d'un nouveau modèle; couteau à fromage id.; spécimens de canifs, de couteaux à papier, &c.

17 *Waldron, W. & Fils*, Stourbridge.—Faucilles; faux, ourches; rateaux; serpettes, &c.

18 *Buck, J.* Fab. 91 Waterloo Road, Lambeth.—Scies circulaires et autres instrumens de différentes espèces.

19 *Yeates, F. C.* Winckworth Buildings, City Road, Inv. et Fab.—Couteaux à levier, pour ouvrir les boîtes de conserves (enreg.)

20 *Baker, W.* Fab. 14 Allen Street, Goswell Street.—Poinçons, aiguilles, pour bottiers et charpentiers.

21 *Stewart, C. & C.* 22 Charing Cross.—Rasoir de sûreté, appelé Plantagenet. Cuirs à rasoirs perfectionnés, &c.

22 *Syzacks, J.* 7 Upper Berners Street, Commercial Road.—Le rasoir double anglais, breveté.

23 *Addis, J. B. (jeune)*, 71 Charlotte Street, Blackfriars.—Outils de sculpteurs.

24 *Knight, G. & Fils*, Foster Lane.—Coutellerie, tours, outillage, &c.

25 *Colgan & Fils*, Limerick, Fab.—Coutellerie.

26 *Bradford, S.* Fab. Bagwell Street, Clonmel.—Rasoirs à manches d'ivoire, d'écaille, de nacre; canifs, couteaux de poche et de chasse.

27 *Ibbotson, —*, Glasgow.—Rabots de tout genre.

28 *Offord, D.* Great Yarmouth, Inv.—Couteau fourchette masticateurs perfectionnés pour invalides.

31 *Hannah, A.* Fab. Glasgow.—Assortiment de tarières, mèches et vilebrequins, &c.

32 *Mathieson, A.* Fab. Glasgow.—Assortiment de vilebrequins et mèches; clef pour fabricants de pianos, outils pour tourneurs et sculpteurs; marteaux, &c.

33 *Hilliard & Chapman*, Glasgow, Inv. et Fab.—Rasoirs de toute espèce, cuirs, couteaux de poche.

34 *Saunders, G.* Broadway, New York.—Tables métalliques à quatre côtés, et cuir à rasoir.

35 *Mathieson & Cie.* Fab. 65 Nicholson Street, Edimbourg.—Feuilleret, aisselier, &c.

36 *Macpherson, C. & H.* Fab. 1 Gilmore Street, Edimbourg.—Aisselier avec toutes sortes de mèches à forer.

37 *Barker, R.* Fab. Easingwold, Yorkshire.—Outils d'acier à l'usage des bouchers et de ménage.

38 *Tomlin & Cie.* Fab. Kettering, Northamptonshire.—Faucilles, cisailles, &c.

39 *Stubs, P.* Fab.—Acier ampoulé et pur; acier fondu en lingots et en barres; ressorts de voiture; outils; aimants très puissants; minéraux de Dannemora en Suède servent à les faire; limes du Lancashire, &c.

40 *Gradwell, G.* Prop. 8 Market Street.—Echantillons de coutellerie; couteau de 300 lames ayant chacune ressort séparé.

42 *Belcher, I.* Fab. Waterloo Street, Wolverhampton.—Divers outils à l'usage des charpentiers, &c., tels que tarières, ciseaux, gouges, &c.

46 *Durham, J.* 456 Oxford Street, Fab.—Coutellerie; illustrations de la manufacture des couteaux. Châteaux en acier à l'antique, &c.

47 *Hill, J. S.* 5 Chichester Place, Gray's Inn Road.—Scies et autres outils fabriqués à Londres.

48 *Beach, W.* Salisbury.—Assortiment de coutellerie fine, de chasse, &c.

49 *Eastwood, G.* Inv. et Fab. 31 Walmgate, York.

**** *Pour les produits de Sheffield, voir aussi Classe 22, Nos. 102-235, &c.*

Aller a la Classe 28, page 165.

Classe 22.   QUINCAILLERIE, y COMPRIS la SERRURERIE, les GRILLES, &c.

—— Groupes L. M. N. O. 18–20, & 25–27; O. 9 & P. 3–29. ——

1 *Hood, S.* Prop. 81 Upper Thames Street.—Ratelier en fonte de fer, avec auge en fer émaillé.

2 *Smallman, Smith & Cie.* Stourbridge. — Variété d'articles de quincaillerie en fer émaillé.

3 *Clarke, G. R.* Dess. Somerset Place, Kennington.—Dessins pour chaises en fonte de fer ornementale.

4 *Guy, S.*—Variété de fer-à-cheval.

4A *Barrow, —,* East Street, Marylebone.—Chassis de fenêtre breveté.

5 *King, C.* Dess. 5 Tonbridge Street, New Road, St. Pancras.—Dessin de porte-cochère en fonte; id. pour vitraux.

6 *Phillips, J. B.* Dess. Battersea Fields.—Dessin de portes en fer, avec piliers en pierre pour entrée de parc.

7 *Stevens, H. R.* Fab. Newmarket, Cambridgeshire.—Spécimens de fers à cheval, pour la chasse, pour les courses et pour les voitures; plaques pour chevaux de course, &c.

8 *Woodin, D.*—Assortiment complet de fers à cheval.

9 *Miles, W.*—Assortiment de fers à cheval.

10 *Whitehead, J.* Inv. et Prod. Oxford Street, Manchester.—Fers à cheval.

11 *Chopping & Maund,* Pat. et Fab. 370 Oxford Street.—Fers à cheval concaves perfectionnés de Rodway; fers à cheval forgés et posés à la mécanique.

12 *Holmes, Le Capitaine.*—Fers à cheval perfectionnés.

15 *Hillman, J.* Inv. et Fab. 4 Leaver's Buildings, Glasshouse Yard.—Fer à cheval, sur un principe nouveau.

16 *Cook, W.* Fab. Willesborough, Ashford, Kent.—Fers à cheval pour tous usages.

17 *Plomley, W.* Inv. et Prop. Maidstone.—Modèles d'un cheval perfectionné.

18 *Peirce, W.* Dess. et Fab.—Machines à copier les lettres. Modèle d'une fenêtre, avec fermoirs de chassis.

19 *Baker, E. B.* Dess. et Inv. 9 Walbrook.—Machine portative, simple et à bon marché, pour copier les lettres, appelée manotype.

20 *Ruthven, J.* Inv. et Fab. Edimbourg.—Presse à copier les lettres. (Breveté.)

23 *Symes, W.* Inv. & Brev. 19 Victoria Road, Pimlico.—Machine à tailler le sucre blanc.

25 *Bartrum & Pretyman,* Fab. Brickhill Lane, Upper Thames Street.—Clous de cuivre forgés, rivets, pointes, rondelles, &c.

26 *Richardson, R.* 1 Tonbridge Place, New Road.—Grillages en fil de fer.

27 *Coombes, —,* Mark Lane.—Fils métalliques très-fins.

29 *Walker, E.* Fab. 6 Cardington Street, Euston Square.—Tamis contenant 8,100 trous carrés sur la surface d'un pouce carré; id. 10,000, id.; id. 14,400 pour polir les glaces, ou autres objets.

30 *Wilkins & Weatherly,* Fab. 29 High Street, Wapping.—Modèles de câbles en fer ou en laiton, galvanisés ou non galvanisés pour les ponts suspendus, les mines, &c.

31 *Vere, H. H.* Dess. et Fab. 2 Andover Place, Kilburn.—Cage perfectionnée.

32 *Kuper, W.* Fab. Surrey Canal, Camberwell.—Spécimens de câbles en fils de fers ronds et applatis, à l'usage de chemins de fer, de mines, de ponts suspendus, &c.; fils conducteurs pour télégraphes électriques et pour paratonnerres; grillages, haies, &c.

33 *Woods, W.* Fab. 1 Queen Street, Southwark.—Agrafes, &c. pour les uniformes de la marine et de l'armée; chaînes en airain pour les lampes et les balances.

34 *Barnard & Bishop,* Fab. Norwich.—Charnière gothique en fer forgé; réseau en fil de fer galvanisé.

35 *Fox, T. H.* Fab. 44 Skinner Street.—Jardinières à arceaux, pour ornements de jardin; supports de fleurs en fil de fer; tissu en fil de fer pour volières; articles en laiton, &c.

36 *Newall, R. S. & Cie.* Inv. et Fab. Gateshead, Newcastle-on-Tyne. — Cordage métallique employé pour ponts suspendus, &c.; cordes métalliques, brevetées, pour le télégraphe sous-marin, les paratonnerres, &c.; corde de cuivre pour les fenêtres à coulisses et pour suspendre les tableaux.

37 *Reynolds, J.* Fab. New Compton St.—Table à fleurs en tréfilerie.

38 *Flavel, S.* Inv. et Fab. Leamington.—Foyers et grilles de cuisine.

39 *Greening & Fils.* Fab. Warrington.—Toile métallique extra-forte, tissée à la mécanique.

40 *Gorrie, T.* Dess. et Fab. Perth.—Siège de jardin en fer malléable; grillage en fil de fer; chaînes d'arpenteurs à chainons ovales.

41 *Linley & Fils,* Fab. Sheffield.—Soufflets circulaires à double action, brev. Forge portative perfectionnée, &c.

42 *Green, A.* Inv. et Fab. 27 Upper George Street, Edgeware Road.—Chaperon de cheminée à syphon, pour empêcher la fumée de pénétrer dans les appartemens.

43 *Dannatt, J.* Inv. et Fab. Norfolk Street, Sunderland.—Calandre à linge, pour ménages; simplicité de construction, et économie.

45 *Bryden & Fils,* Inv. et Fab. Edimbourg.—Sonnette à huit indices; serrure de sûreté; persiennes à roulettes, &c.

46 *Stewart, C.* Bell Street.—Fontaine ornementale.

51 *Edge, J.* Fab. Coalpool, Shropshire.—Modèle de garniture de puits avec seau et chaînes plates; chaînes plates pour puits de toute profondeur, &c.

54 *Lawrence, T. B. & J.* 55 Parliament Street et 10 York Place, Lambeth.—Minerai de zinc d'Angleterre, zinc en lingots et en feuilles, feuilles de zinc percées, clous de zinc, &c.; articles divers manufacturés.

55 *Treggon, H. & W.* Fab. 22 Jewin Street, et 57 Gracechurch Street.—Jalousies en zinc, d'une seule pièce de métal; moulures, dessins variés; corniches en zinc; barres de zinc.

56 *Savage, R. W.* 15 St. James's Square.—Bois de lit alarum. Bois de lit pour invalides. Ressort de porte.

57 *Smith, T.* Inv. 1 Lordship Place, Lawrence Street, Chelsea.—Bois de lit en fer forgé (portatif).

58 *Tonkin, J.* 315 Oxford Street. — Couchette en fer décoré, style italien, à sommier élastique.

59 *Cottam, E.* 76 Oxford Street.—Couchette en métal.

60 *Steele, W. & J.* Inv. Fab. et Brev. Edimbourg.—Cuisine anglaise, avec un appareil pour chauffer l'eau nécessaire d'un bain.

61 *Perry, E.* Fab. Wolverhampton.—Spécimens de minerai de fer, fer en saumon, en barres, en feuilles, étain en bloc, &c., fil d'étain, fil d'étain verni, et objets vernis.

62 *Cowley & James,* Fab. Walsall.—Couchettes et berceaux en fer; tubes et jointures en fer forgé pour appareils à gaz et machines à vapeur.

63 *Tylor & Pace, H. & E.* Fab. 313 Oxford Street.—Modèles de grandes plaques de métal perforées; bois de lit, en fer; bois de lit portatif et pliant, en acier. (Patenté.)

Classe 22.

QUINCAILLERIE, y compris la SERRURERIE, les GRILLES, &c.

65 *Hill, E. & Cie.* Fab. Brierley Hill Iron Works, près Dudley.—Lits en fer de divers modèles, &c.

66 *Shoolbred, Loveridge & Schoolbred,* Dess, et Fab. Wolverhampton.—Vases à charbon, baignoires, réfrigérateurs à vin, couvercles de plats. Cafétière brevetée de Beart, &c.

67 *Johnson, E.* Piccadilly.—Couchettes en métal.

69 *Walton & Cie.* Wolverhampton.—Vase à charbon et écope; bain de pied, seau, bidous, bouilloires, &c.

74 *Stirk, J.* Wolverhampton.—Enclumes d'ingénieur, &c.

75 *Wood, G. F. W. & H.* Fab. Stourbridge.—Etau et enclume en fer forgé; bêches et pelles, faux et couteaux; poêle à frire; chaînes; ancres; clous; cric; cabestan, &c.

76 *Keep & Watkin,* Fab. Stourbridge.—Bêches et pelles; poêles à frire; cuillères; faux; grue et chaîne; clous; filets taraudés, étaux, &c.; socs de charrue, &c.

82 *Handyside, A.* Dess. et Fab. Derby—Fontaine en fonte; vases, copiés du Vase de Warwick, du Vase de Médicis, &c.

83 *La Compagnie Bowling Iron,* Prod. et Fab. Bradford, Yorkshire.—Spécimens de minerai de fer et de charbon, fer fondu et fer forgé.

84 *Bateman & Fils,* Fab. Low Moor, près Bradford.—Fer forgé H. C. produit à East Ries, en Norwège, d'un grain fort et serré; verges et barres de fer; fil de fer étiré; cardes en fil de fer.

85 *Hird, Dawson & Hardy,* Prod. et Fab. Bradford.—Minerais de Low Moor près de Bradford; échantillons de fer en saumon et de fer forgé. Canons à mitraille et affûts, &c. Moulin à sucre de canne; cylindres broyeurs, &c. Moulin à olive. Elliptographe de Wilson pour tirer des ellipses d'une ligne droite à un cercle.

86 *Ellis, W.* Fab. 36 High Street, Newport, Ile de Wight.—Nouveau modèle de cuisine anglaise, &c.

87 *Nicholson, W. N.* Inv. et Fab. Newark-on-Trent.—Fours de cuisine, cheminées, &c. pour cottages, fermes, &c.

88 *Collins, J.* Inv. Leominster, Herefordshire.—Fourneaux calorifères à ventilateur; fourneaux pour sécher la drèche, et le houblon, &c., machine à séparer le houblon.

89 *Duley, J.* Fab. et Inv. Northampton.—Egout inodore automoteur (enregistré); cuisine brevetée.

90 *Shave, W. J.* 74 Watling Street.—Four breveté, à pain, pâtisserie, rôtis, &c., grande économie de temps et de combustible.

92 *Kerslake, T.* Fab. Exeter.—Poêle pour chauffer les églises, maisons et usines. (Enregistré).

93 *Halstead & Fils,* Fab. Chichester, Sussex.—Fourneau de cuisine, combinant l'avantage d'un foyer fermé et d'un grand foyer à découvert.

94 *Keene, W.* 42 Cornhill.—Four à pain.

95 *Powell, W.*—Four économique portatif.

96 *Harper & Fils,* Dess. et Fab. Dudley.—Gardes-feu avec montures en or-moulu; garde feu à jours; gardes feu de cuisine; pièces de garniture de foyer de cheminée en acier fin.

96A *Firth, T.* Prop. Eliza Street, Belfast, Irlande.—Modèle de foyer pour locomotives, &c.

97 *Haywood, J.* Fab. Derby.—Poêle de salon en acier bruni, le foyer en porcelaine, et le dessus en marbre noir; poêle rayonnant de vestibule; poêle d'église.

98 *Benham & Fils,* Fab. 19 Wigmore Street.—Grille pour rôtir, à dos rayonnant; bain-marie, casserolles, &c.; bain en cuivre; bain à douche; chaudière fournissant de l'eau pour le bain et la maison, &c.

99 *Gregory, F.*—Ecran de cheminée de salle-à-manger.

100 *Collier, J. Fils & Cie.* Inv. et Brev. 12 Foster Street, Bishopsgate.—Appareil pour brûler le café.

101 *Leslie, J.* Inv. Pat. et Fab. 59 Conduit Street.—Grilles pour foyers réfractaires; appareil pour purifier le gaz; appareil régulateur de gaz; becs de gaz.

102 *Stuart & Smith,* Fab. Sheffield.—Grilles de Sylvester, grille à voûte tournante, invention française; gardes-cendre, pique-feux; calorifères; trois machines à vapeur en miniature, faites par W. Hurst, horloger à Sheffield.

103 *Evans, Fils & Cie.* 33 King William Street, et Arthur Street West, Fab.—Calorifères à échelle pour salon, cabines, &c.; grilles de cuisine, avec appareil de cuisine perfectionné par les exposans; lampe classique sur piédestal.

104 *Morton, J.* 32 Eyre Street, Sheffield.—Pied de table en fer fondu, à dessus de marbre, et garde cendre en or-moulu; gardes cendres en bronze pour cheminées prussiennes.

105 *Longden & Cie.* Dess. et Fab. Sheffield.—Appareil de cuisine perfectionné; calorifère chauffé au gaz; spécimens de balustrades d'escalier; fronton de porte d'entrée, piédestal percé pour conduits d'eau chaude.

106 *Jobson & Cie.* Fab. Sheffield.—Calorifère à réflecteur et cheminée de marbre; cheminée en acier poli ornée, montures en acier treillissé, avec couronnement doré, et en argent; calorifère perfectionné.

107 *Pierce, W.* Dess. et Fab. 5 Jermyn Street.—Cheminées en albâtre et fer émaillé; grille de fourneau, ventilateur pyro-pneumatique, &c.; poêles et gardes-feu avec ornemens en argent; fourneaux de maisons de campagne.

108 *Carr, J. & Riley,* Fab. Bailey Lane Works, Sheffield.—Couteaux à deux tranchants, et machine à spirale pour préparer les draps; scies circulaires; scies, limes et autres articles en acier.

109 *Johnson, Cammill & Cie.* Cyclops' Works, Sheffield, Yorkshire.—Modèle des forges du Cyclope. Fer et acier employés dans la fabrication des outils. Haches, marteaux, ciseaux et d'aciers de toutes espèces; assortiment de limes et râpes, à l'usage des mécaniciens, serruriers, horlogers, bijoutiers, &c.

110 *Deakin, G. & Cie.* Fab. Eyre Street, Sheffield.—Coutellerie fine de table et d'office, à lames d'acier, d'argent et dorées, et à manches d'ivoire, de nacre et incrustés.

110A *Brookes, W. & Fils,* Fab. Sheffield.—Caisses d'outils à l'usage des colons, garnies d'outils de première qualité; caisses d'outils pour jardiniers; grand assortiment de marteaux, haches, pioches, outils de tonneliers et charpentiers, couperets, couteaux, &c., et coutellerie de tous genres.

112 *Makin, W.* Fab. Attercliffe Steel Works, Sheffield.—Hérisson à usage de moulins à papier pour lacérer les chiffons; lames pour hérissons; couteaux pour découper le tabac, ciseaux, outils de meuniers, en acier fondu, &c.

113 *Spear & Jackson,* Fab. Sheffield.—Scie circulaire en acier fondu de cinq pieds de diamètre; scie à main en acier à ressort de trente pouces de longueur; scies diverses; couteaux pour machines et autres usages; limes et râpes, hâches américaines, et outils tranchans de toutes sortes; planches en acier fondu pour graveurs, &c.

114 *Fenney, F.* Fab. Sheffield.—Rasoirs de diverses qualités, ciselés et estampés; rasoir d'exposition, avec ciselures et ornemens en argent.

115 *Cocker, S. & Fils,* Sheffield.—Acier pour toute espèce de fabrication. Limes en acier fondu, pour tous les états et professions, &c.

116 *Hargreaves, W. & Cie.* Fab. Sheffield.—Boîte contenant 12 couteaux de table, 12 couteaux de dessert, et coutellerie de table.

117 *Turner, T. & Cie.* Fab. Suffolk Works, Sheffield.—Couteau à découper, de six pieds de long; coutellerie de table à manches d'ivoire, ciselés; couteaux de dessert; couteaux à découper; ciseaux pour sculpteurs; coutellerie fine, &c.

118 *Algor, J.* Fab. 105 Eldon Street, Sheffield.—Couteaux et tranchets de corroyeurs et cordonniers; couteaux pour maréchaux et selliers; lames pour ébénistes; couteaux pour peintres, bouchers, &c.; couteaux de table et de cuisine.

119 *Parkin & Marshall,* Fab. Telegraph Works, Sheffield.—Coutellerie de luxe de table et de dessert; couteaux à trancher le poisson et les melons, &c.

120 *Ellin, T. & Cie.* Fab. Sheffield. — Tranchets à manches en bois; couteaux de vitrier, de maréchal-ferrant, &c.; couteaux d'écaillère, &c.; couteaux de table à manche en os; couteaux et fourchettes à découper, manche en corne, &c.; couteaux et fourchettes de table à manche en nacre, ivoire, ébène, corne, coquille de cacao, &c.; ustensiles de bouchers, &c.

121 *Oliver, W.* Fab. Sheffield.—Boîte de coutellerie, contenant 40 pièces, dont la plus petite est de trois-huitièmes de pouce, et la plus grosse de quatre pouces; couteaux de tables, style de 1800 à manche en ivoire vert; id. style de 1750; couteaux à découper le gibier et la volaille; lames d'acier, montées en argent.

122 *Wilkinson, W. & Fils,* Fab. Grimesthorpe, Sheffield.—Ciseaux pour la tondaille des moutons, et des chevaux, id. pour les gantiers et tisserands.

123 *Gilbert Frères,* Fab. Sheffield.—Rasoirs de qualité supérieure.

124 *Steer & Webster,* Castle Hill Works, Sheffield.—Cailles; ciseaux en or et argent; ciseaux de chirurgiens, &c.

125 *Wostenholm, G.* Sheffield.—Coutellerie diverse.

126 *Whiteley, Elizabeth,* Fab. 12 Norwich Street, Sheffield Park.—Ciseaux en acier fondu.

127 *Shearer, J.* Fab. Eldon Street, Sheffield.—Ciseaux pour tondre les moutons, ciseaux pour gantiers, ciseaux pour chevaux, id. pour tisserands, couteaux, &c.

128 *Marples, R.* Fab. Sheffield. — Mèches; vrilles; vis; tourne-vis; crochets; crampons; &c.

129 *Taylor, H.* Fab. 105 Fitzwilliam Street, Sheffield.—Outils pour graveurs et ciseleurs; outils pour tourneurs et ouvriers; aiguilles pour voiliers; ciseaux de sculpteurs, &c.

130 *Holmes, C.* Dess. et Fab. 90 Wellington Street, Sheffield.—Couteaux de table, &c.

131 *Hardy, R. E.* Fab. Burnhall Street, Sheffield. — Couteaux de table sculptés; couteaux de dessert plaqués; nécessaires de toilette pour hommes, &c.

132 *Martin, S.* Fab. 29 Norfolk Street, Sheffield.—Rasoirs variés en acier de Sheffield, les manches en écaille, ivoire, corne, os, buffle, &c.

133 *Newbold & Owen,* Sheffield, Fab.—Articles en acier de qualité supérieure, y compris un assortiment de ... de forme nouvelle et perfectionnée.

133A *Newbould & Baildon,* Fab. Surrey Works, Sheffield—Echantillons de coutellerie de table perfectionnée; les manches sont fixés sans ciment, et peuvent être trempés dans l'eau chaude sans se détériorer.

134 *Winks, B. & Fils,* Fab. Sheffield.—Rasoirs et de couteaux de table; boîtes à deux et quatre rasoirs.

135 *Hawcroft, W. & Fils,* Fab. Sheffield.—Rasoirs en ivoire, nacre et écaille; boîtes de rasoirs; grand rasoir pour montre, aux armes des couteliers, &c.

136 *Jones, J.* Inv. Brev. et Fab. Sheffield.—Couteaux de table à découper, perfectionnés, (la forme de la lame est tout-à-fait nouvelle); composition pour garantir de la rouille les couteaux de table et tous autres objets en acier; spécimens d'acier exposé au grand air, avec et sans le préservatif.

137 *Nicholson, W.* Fab. 17 Sycamore Street, Sheffield.—Couteaux de poche et canifs; couteaux de chasse américains, à bouts de lances; poignards américains et couteaux à...

138 Les produits des ouvriers fabricants de limes de Sheffield.

139 *Mappin & Frères,* Fab. Sheffield et à Londres.—Assortiment de coutellerie, y compris couteaux de poche et de chasse, taille-plumes, couteaux de jardiniers, rasoirs et ciseaux.

140 *Hoole, Robson & Hoole,* Fab. Green Lane Works, Sheffield.—Fourneaux à moulures en acier et or-moulu; id. avec garde-feu en porcelaine &c., &c.; fourneaux en fonte pour empêcher les cheminées de fumer, et pour consommer peu de charbon; garde-feux en acier, dorés et richement ornés, &c.

142 *Clayton, G.* Fab. 5 Love Street, Sheffield.—Couteaux de table, montés en ivoire, argent d'Allemagne, or, &c.; grand couteau pour tailler le pain.

143 *Bagshaw, W.* Fab. 37 Spring Street, Sheffield.—Assortiment de canifs fins.

144 *Barge, H.* Fab. Low Street, Sheffield.—Collection de couteaux de poche, à manches d'ivoire, de nacre, &c. couteaux de chasse américains.

145 *Briggs, S.* Fab. 186 Solly Street, Sheffield.—Aiguilles pour fabricants de paniers, matelas et corsets: alènes, poinçons, limes et outils pour cordonniers, &c.

146 *Hardy, T.* Fab. 9 Moore Street, Sheffield.—Tire-bouchons; aiguilles pour broder au crochet; crochets en tous genres pour toilettes; boîtes à ouvrage, &c.

147 *Sellers, J.* Fab. Sheffield.—Rasoirs et boîtes à rasoirs; couteaux de chasse et de poche; outils pour graveurs sur cuivre et acier; instruments de chirurgie; machine à fabriquer les plumes métalliques, &c.

148 *Walters, J. & Cie.* Sheffield.

149 *Nowill, J. & Fils.* Fab. Sheffield.—Assortiment de coutellerie pour le commerce du Levant, rasoirs, nécessaires de toilette, &c.

150 *Armitage, M. & H.* Sheffield.—Enclumes, marteaux, &c.

151 *Elliott, J.* Fab. Townhead Street, Sheffield.—Rasoir modèle, de qualité supérieure; rasoirs superfins, garnis eu or, argent, acier, &c.

154 *Webster, G.* Fab. Howard Street, Sheffield.—Rasoirs de qualité supérieure; rasoirs à deux tranchants.

155 *Ledger, C.* Inv. et Fab. 83 Carver Street, Sheffield.—Rasoirs divers, couteaux de table, canifs, ciseaux, &c.

156 *Ellis, I.* Fab. 188 West Street, Glossop Road, Sheffield.—Rasoirs faits du meilleur acier; couteaux de table, &c.

157 *Deakin, G.* Inv. et Fab. 83 Arundel Street, Sheffield.—Ciseaux pour chevaux, peignes métalliques élastiques; lampes pour flamber les chevaux; ciseaux de tailleur.

158 *Slagg, H. W.* Ford, près Chesterfield.—Faux; faucilles, &c.

159 *Unwin & Rogers,* Fab. Rockingham Works, 124 Rockingham Street, Sheffield.—Couteaux indiens et américains; couteaux poignards; couteaux à pistolets à un ou deux coups; couteaux à crayons et autres, à manches en nacre, écaille, &c.; couteaux, fourchettes et cuillères, pour chasseurs, &c.; couteaux de jardins, &c.; canifs en tous genres; ciseaux, rasoirs, lancettes, &c. &c.

160 *Marriott & Atkinson,* Fab. Fitzalan Works, Sheffield.—Limes et râpes de différentes espèces, dans divers degrés de fabrication; spécimens d'acier pour ressorts de voitures, ciseaux et outils divers, modèle de locomotive, &c.

160A *Fearncombe, H.* Wolverhampton.—Lavabos portatifs; seaux à charbon; plateau à thé; bouilloires de cuivre bronzé; bassins; cruches; boîtes à thé; lampe de cuivre; cafetière; nécessaire, &c.

161 *Kirk & Warren,* Fab. 11 Coalpit Lane, Sheffield.—Limes et râpes de différentes sortes et grandeurs, pour tous états; lime extraordinaire de 54 pouces de long.

162 *Marsh Frères & Cie.* Fab. Sheffield.—Spécimens d'acier pour coutellerie et outils, &c.; coutellerie de table et de fantaisie; couteaux de bouchers, rasoirs, outils tranchans, limes, faulx, faucilles, ressorts pour wagons, &c.

163 *Brooksbank, A.* Fab. Mulenda Works, Sheffield.—Limes et râpes de diverses grandeurs, à l'usage de serruriers, mécaniciens, ébénistes, &c. en acier fondu, perfectionnées.

163A *Willoughby, T.* Sheffield.—Canifs de nouvelle invention.

164 *Wouall, Hallam & Cie.* Fab. Sheffield.—Serançoirs pour dresser le lin; lames pour le même objet; échantillons de fil d'acier fondu; ressorts en spirale pour balances et mécaniques, &c.

165 *Cousins & Fils,* Fab. Garden Street, Sheffield.—Ciseaux de tailleurs; ciseaux à découper et de fantaisie; ciseaux pour fleuristes; ciseaux de main gauche, &c.

166 *Hutton, J.* Ridgeway, Sheffield.—Echantillons de fer et d'acier fondu soudés ensemble au martinet, pour faulx, &c.; protecteur de portes et de croisées en acier fondu et fer; faulx de moissonneur du Berkshire; essieux de charrette avec virole tournante pour amoindrir la friction; instruments à tranchant en acier.

167 *Flather,* —, Sheffield.—Mors; tenailles; patins, &c.

168 *Machon, J.* Fab. Sheffield.—Variété de ciseaux.

169 *Marsden, Frères, & Silverwood, late Fenton & Marsdens,* Fab. Bridge Street Works, Sheffield.—Les patins du Prince Albert, fabriqués exprès pour S.A.R.; outils pour menuisiers, ébénistes, charpentiers, &c.

170 *Jowett, J.* Fab. Arundel Lane, Sheffield.—Outils pour tondaille.

171 *Brookes, J.* Dorset Street, Spring Lane, Sheffield.—Articles pour garnir les boîtes à ouvrages de dames et les nécessaires de toilette d'hommes.

172 *Hall, T. H.* Leecroft, Sheffield.—Robinets, scie, vis, &c.

174 *Turner, H. & W.* Fab. Sheffield.—Ustensiles de cheminées dont on fait usage en Angleterre, de formes diverses et d'un travail exquis.

175 *Wilkinson, T. & G.* Fab. 17 New Church Street.—Echantillon de ciseaux fabriqués exprès pour Sa Majesté la Reine Victoria; boîte de ciseaux de toilette aux armes du Prince Albert; grand assortiment de ciseaux en tous genres, pour dames, coiffeurs, tailleurs, banquiers; ciseaux à ressorts, &c.

176 *Bloomer & Philipps,* Sheffield.—Groumettes et mors; niveaux à esprit; ciseaux, &c.

177 *Wright, J.* Fab. et Inv. New George Street, Sheffield.—Patins pour hommes et pour dames; trousses, morailles en acier, tranchets, busques de corsets, &c.

178 *Unwin, W.* Sheffield.—Couteau à diverses lames, ciseaux, tire-bouchons, &c.

179 *Morrison & Parker,* Fab. Rockinghamshire Street, Sheffield.—Vilbrequin de charpentiers et mêches, niveaux à esprit, gouges, scies, et autres outils.

180 *Mappins, J.* Sheffield.—Rasoir gravé et manches de couteaux.

181 *Howarth, J.* Fab. Sheffield.—Outils pour graveurs et fondeurs de caractères; compas de marine, aiguilles, outils pour arquebusiers, outils pour tourneurs et sculpteurs, &c.; caisses à outils.

182 *Brown, H. & Fils,* Fab. Western Works, Sheffield.—Mors et gourmettes, plaqués perfectionnés; gourmettes brevetées; équerres en ébène; fausses équerres, id.; plane en buis, orme, ivoire; scies montées en ébène, &c.; niveaux à esprit de vin; patins incrustés en ébène, &c.

183 *Skidmore & Cie.* Sheffield.—Instruments de chirurgie.

184 *Doncaster, D.* Fab. Sheffield.—Echantillons d'acier.

186 *Deane, Dray, & Deane,* Inv. London Bridge.—Assortiment de poèles; objets en métal anglais plaqués à l'électricité; coutellerie de table, lampes, &c.

187 *Warburton, C.* Fab. 60 Eyre Lane, Sheffield.—Tarière à vis de près de 7 pieds de long; vis d'Ecosse et autres.

187A *Jowitt & Battie, T. & J.* Fab. Saville.—Spécimens de minerai de fer dans ses divers degrés de fabrication, jusqu'à l'acier fondu; limes en acier fondu pour ingénieurs mécaniciens, &c.

188 *Higginbotham, G. & W.* Fab. Sheffield.—Assortiment choisi et varié de ciseaux, enrichis et montés en or; rasoirs à manche d'ivoire, d'écaille et de nacre, montés en or et en argent, à lames d'acier superfin, d'un travail exquis.

190 *Turton, T. & Fils,* Fab. Sheffield.—Acier de fer de Suède; acier roulé pour ressorts; acier en lingots fondu; acier en plaques, pour outils de tourneur et autres; acier pour faire toute espèce d'outils: ciseaux, gouges, fer à rabots, &c.

191 *Ibbotson, Frères & Cie.* Fab. Sheffield.—Collection de scies circulaires en acier fondu, propres à divers usages, à poignées en ébène, acajou, érable, buis, &c., avec ou sans ornementation; scies ordinaires d'un prix très-minime, propres à tous usages; limes plates, douces, triangulaires, rondes, &c.; couteaux et fourchettes; couteaux de chasse américains, &c.

192 *Butcher, W. & S.* Fab. Sheffield.—Rasoirs de diverses espèces; instrumens tranchants, limes, &c., scies de toutes espèces, de qualité supérieure.

193 *Blake, J. & Parkin, J.* Fab. Meadow Works, Sheffield.—Limes et scies en acier fondu, perfectionnées; marteaux; coupe-papiers; couteaux à couper le tabac, lames à rabots; couteaux pour corroyeurs et tanneurs, &c.

194 *Gibbins & Fils,* Fab. Sheffield.—Paire de ciseaux 11 pouces de long, représentant les armes d'Angleterre, de France et d'Amérique, avec la devise: Paix et Union; assortiment de ciseaux de toute espèce; paire de ciseaux à l'état de fabrication; cisailles pour tailler les haies, les arbres, &c.

195 *Wilson, J. & Fils,* Fab. Sycamore Street, Sheffield.—Couteaux de table, de boucherie et de cuisine; franchets pour vitriers, cordonniers, &c.

196 *Ward & Payne,* Sheffield.—Taillanderie; brunissoirs; socs de charrue, &c.

197 *Marshall, S.* Dess. et Fab. 25 Eyre Street, Sheffield.—Coutellerie de Sheffield.

198 *Saynor, S. & Fils,* Fab. 13 Edward Street, Sheffield.—Couteaux à greffer et à enter, à l'usage de jardiniers, horticulteurs, &c.

199 *Naylor, Vickers & Cie.* Sheffield.—Modèles de fourneaux, forges, &c. pour la fabrication de l'acier; articles fabriqués d'acier.

200 *White, T.* jeune, Fab. et Inv. Thorpe Hesley, Sheffield.—Crochets perfectionnés pour fixer les tuyaux, conduits à gaz et eau; clous perfectionnés pour fers à cheval, fixant parfaitement le fer sans altérer le sabot le plus tendre; rivets en fer, cuivre ou zinc, &c.

203 *Eyre, Ward & Cie.* Fab. Sheffield.—Coutellerie de table ordinaire et de luxe, rasoirs, couteaux de poche, canifs, poignards, ciseaux, &c.

204 *Sorby, R. & Fils,* Fab. Carver Street, Sheffield.—Ciseaux à tondre de diverses grandeurs et qualités; ciseaux ciseaux mortaises; socs de charrue; outils de charpentiers, de menuisiers, de tourneurs, &c.; instrumens aratoires et de jardinage; essieux, &c.

204A *Lucas, E. & Fils,* Fab. Dranfield près Sheffield.—Roue de wagon de chemin de fer fondues d'une seule pièce, dures à la surface, et malléables à l'intérieur; moyeu essieux de roues de charrettes et de carrosses en acier forgé, navettes et fuseaux, &c.

205 *Tasker, H.* Fab. Sheffield.—Scies en acier fondu poli avec bords montés en or et argent.

206 *Fisher & Bramall*, Hoyle Street Works, Sheffield.—Limes et râpes; ressorts en acier; acier fondu et en feuilles; instruments d'ingénieurs; scies circulaires pour couper les barres des chemins de fer; ciseaux de maçons, &.

207 *Earl, Smith & Cie.* Fab. Sheffield.—Limes de toutes espèces, grandeurs et qualités, depuis un demi-pouce jusqu'à 24 pouces de long, à l'usage de tous les métiers connus; échantillons d'acier, &c.

208 *Slack, Sellers & Grayson*, Fab. Sheffield.—Scie circulaire; scie à scierie, &c.; grosse quincaillerie, outils et autres articles en fer et acier.

209 *Ibbotson, R.* Fab. Shoreham Works, 7 Shoreham Street, Sheffield.—Scie serpette perfectionnée; scie à main plaquée en ébène; scies diverses, &c.

210 *Mathin, T.* Sheffield.—Cisailles.

211 *Taylor Freres*, Fab. Burnt Tree Lane, Sheffield.—Grand assortiment de scies circulaires, à main, de scieur de long et autres.

212 *Biggin & Fils*, Fab. Sheffield.—Scies de toutes espèces unies et ornées.

213 *Whittles & Froggatt*, Fab. 100 West Street, Sheffield.—Instrumens de chirurgie et canifs.

214 *Staniforth, T.* Fab. Hackenthorp près Sheffield.—Faucilles et faux, &c.

215 *Hutton & Newton*, Fab. High-Lane, près de Sheffield.—Instruments brevetés pour couper le foin et la paille; faux; faucilles à l'usage de différents pays, avec manches polis, &c. &c.

216 *Shaw & Fils*, Sheffield.—Aimants.

217 *Cuttler, J.* Sheffield.—Taillanderie.

218 *Marples, W.* Sheffield.—Groumettes et mors.

219 *Garfitt & Fils*, Fab. Sheffield.—Hache-paille et machine à couper les navets, faucilles à coude, irlandaises et autres; faucilles de Kendal en acier fondu, &c.

220 *Skeltons, S. & R.* Fab. Sheffield et Attercliff.—Pelles, bêches, et outils d'assainissement.

222 *Burrows, S.* 94 Spring Street, Sheffield.—Spécimens de coutellerie de table à manches noir, en os et en argent allemand, plaqué sur acier, en ivoire et en nacre, avec lames en acier superfin.

223 *Cooper, G.* Sheffield.—Modèles de tuyaux de cheminée à la Vénitienne.

224 *Hinchcliffe, J.* Fab. 8 Hermitage Street, Sheffield.—Couteaux catalans, couteaux de chasse fermants de 10½ pouces, manche en nacre et orné, coutellerie fine pour dames et hommes, à manches de nacre de perles et d'ivoire; couteaux de chasse américains.

225 *Leon, A.* Fab. Sheffield.—Couteaux de chasse américains, et couteaux-poignards avec fourreaux et manches ornés.

226 *Sanderson, T. J.* Sheffield, Fab.—Enclumes et étaux pour mécaniciens, maréchaux, &c.

226A *Hague, S.* Fab. Devonshire Lane, Sheffield.—Canifs de fantaisie avec tire bouchons; porte-plumes en argent.

228 *Hunter, E.* Fab. Brownhall Street, Sheffield.—Ciseaux et cisailles de toute espèce; spécimens illustrant la fabrication de ces outils dans ses divers degrés.

229 *Nelson, J.* Inv. Sheffield.—Forceps pour accouchemens.

230 *Jones, J.* Inv. Sheffield.—Chassis à vitre et colonnes pour fenêtres à glaces.

231 *Linley, G. A. F.* Dess. et Fab. Sheffield.—Cisailles pour tondre, et à divers autres usages.

232 *Bell, J.* Sheffield.—Couteaux à fruits en argent.

233 *Peace, J.* Fab. Sheffield.—Scies ornementées d'après une nouvelle méthode, grandes scies circulaires.

234 *Cocker & Fils*, Hathersage, Derbyshire.—Spécimens d'aiguilles dans divers degrés de fabrication.

235 *Brown, J.* Fab. Atlas Steel Works, Sheffield.—Tampons pour wagons de chemin de fer; coniques, à ressorts, avec plongeurs cylindriques en fer, et à divers degrés d'élasticité; propres aussi aux locomotives, tenders et voitures, &c.; spécimens de limes pour machines, &c., pour travaux d'ingénieurs.

236 *Huxley & Heriot*, Inv. et Fab.—Fourneaux à régulateur; candélabres, lampes, lustres pour églises, &c.

237 *Jeakes, W.* Inv. Dess. et Fab. 51 Great Russell Street.—Fourneau de cuisine à ventilateur perfectionné. (Avenue principale, Ouest.)

238 *Glenton & Chapman*, 147 New Bond Street.—Cheminée en marbre; cheminée en acier poli; garde-cendres; bains à vapeur.

239 *Prideaux, T. S.* Inv. Southampton.—Grille de foyer de salon, se remplissant par le bas; modèle d'une chaudière de machine à vapeur; modèle de machine pour ouvrir des rigoles dans des terrains calcaires.

240 *Butterley, R.* Sheffield.—Faucilles et serpettes élastiques.

241 *Edwards, D. O.* Inv. 5 Sydney place, Brompton.—Echantillons de becs à gaz, recouverts de cendres artificielles en porcelaine ou terre de pipe brûlée; exemple d'un appartement chauffé avec ces becs mêmes; four de cuisine en porcelaine adapté à l'usage de ces becs. (Patenté.)

242 *Whitmee & Chapman*, 18 Fenchurch Buildings, 70 St. John Street and 11 Ray Street, Clerkenwell.—Moulin à café (enregistré); id. d'un genre différent; différents autres moulins; tourne-broche, &c.

243 *Pope & Fils*, Inv. et Fab. 80 et 81 Edgeware Road and Grove Foundry, Lisson Grove.—Poèles à raréfacteurs doubles; section pour démontrer les dispositions intérieures.

243A *Sherwin, J.* Fab. 21 Norton Folgate.—Four économique et citerne, bouilloire à vapeur, bouilloire pour le thé, bain et chauffoire pour les bains; le four economique peut rôtir, cuire, bouillir, frire, &c., &c., en une seule opération.

244 *Crook, W.* Inv. et Fab. 5 Carnaby Street.—Fourneau économique pour tailleurs; appareil de cuisine, &c.

245 *Cornell, J.* Inv. et Fab. Clifford Street, Bond Street.—Modèle d'un appareil culinaire à charbon ou à gaz, et convenable surtout pour les grands établissements.

247 *Burton, W. S.* Inv. et Fab. 39 Oxford Street.—Nouveau modèle de cheminée; gardes-feu (enregistrés); articles en fer.

248 *Warriner, G.* Imp. et Inv. 16 Arundel Street.—Fourneau de cuisine à gaz; bains à gaz; ustensiles de cuisine; fourneau de voyage.

249 *Onions, J. C.* Fab. 63 Bradford Street, Birmingham.—Soufflets de Smith; forge portative avec étau, enclume, etc.; soufflets de fantaisie en bois de satin et autres.

250 *Cartwright & Hirons*, 138 et 139 Great Charles Street, Birmingham, Des. et Fab.—Plaqué à l'électricité sur argent d'Allemagne; plateaux, porte-liqueurs, huiliers, corbeilles à fruits, sucriers, panier à pain, etc.

251 *Taylor, S.* Fab. 117 New Canal Street, Birmingham.—Soufflets de bouchers; id. en maroquin rouge; id. de fantaisie; id. chinois; id. en acajou, etc.

252 *Stokes, J. C.* Inv. Birmingham.—Cabinets d'aisance; cannelle sur un nouveau principe; soupapes, &c.

253 *Allday, W.* Fab. Birmingham.—Soufflets vernissés; chalumeau; forge portative.

254 *Griffiths, T. F.* Fab. Birmingham.—Articles en fer blanc; ustensiles de cuisine, &c.

255 *Cope & Collinson, C. R. & W. F.* Fab. Birmingham et Londres.—Assortiment de roulettes pour meubles; persiennes; écrans, &c.

257 *Harcourt, W. & J.* Fab. Bristol Street, Birmingham.—Fonderie de cuivre jaune, dont se servent les serruriers, &c.; poignées de portes; flèche de corniche, portes allumettes enregistrés; boîtes pour contenir les bougies allumette.

258 *Solly, J.* Fab. Leabrook Iron and Steel Works, Tipton, près Birmingham.—Spécimens de fer anglais pour acier, et aciers de toute espèce; articles de coutellerie et de quincaillerie, tels que: ressorts elliptiques pour voitures, scies à main et circulaires, limes de diverses espèces, &c.

261 *Malins & Fils*, Fab. Birmingham.—Corniches de croisées en cuivre et autres ornements; boutons de porte, embrasses, &c.

262 *Gray, A. & Fils.* Fab. Birmingham.—Garnitures de feu en acier; garde-feu, &c.

263 *Hands, J.* Fab. Prospect Row, Birmingham.—Spécimens de bronze fondu estampé, embrasses de rideaux, patères, plaques, cadres de miniatures, garnitures de cercueils.

264 *Lingard, G.* Fab. Snowhill, Birmingham.—Nouvelle serrure (brevetée); robinet à air; garniture de cercueil.

265 *Abate, F.* 3 Ernest Street, Albany Street.—Spécimens d'un nouvel art, appelé métallographie, consistant à imprimer sur des surfaces métalliques et à les orner. Enreg. prov.

267 *Bird, A.* Inv. Birmingham.—Filtre hydrostatique à syphon pour purifier l'eau; lampe de nuit appelée Victoria.

268 *Winton & Fils*, Birmingham.—Cuillères plaquées à l'électrotype, &c.

269 *Smith, T. H.* Dess. et Fab. 20 Brewer Street, Golden Square.—Ornement de poêle; dessin d'ornement central pour plafond, formant l'étoile de l'Ordre de la Jarretière, composé de 5,000 timbres-poste.

270 *Simonite, J.* Fab. Birmingham.—Batterie de cuisine en fer étamé, &c.

271 *Hickman & Clive*, Fab. 34½ William Street, North, Birmingham.—Ornements de cercueil. (Enregistrés.)

273 *Shenstone & Mills*, Prop. Birmingham.—Quincaillerie.

274 *Moore, Paul & Cie.* Fab. Birmingham.—Charnières; fils métalliques, &c.

275 *Horne, T. jeune*, Dess. et Fab. Temple Row, Birmingham. — Tringles en cuivre, pour rideaux; id. avec anneaux; id. ornés; id. en bois incrusté.

276 *Wolverson, E.* Inv. et Fab. Birmingham.—Serrure de sûreté, appelée Detector.

276A *Feetham & Cie.*—Cheminée en acier fondu, garnitures en or-moulu. (Avenue principale, Ouest.)

277 *Jones, R. & Fils*, Birmingham.—Tirebouchons.

278 *Rowley, C.* Birmingham.—Epingles à châles; boutons de chemise; broches; poignées de fouets et de cannes, &c.

279 *Twigg, G. & W.* Fab. Birmingham.—Boutons unis et de fantaisie; boutons de chemise; atache enregistrée, pour les boas, les victorines, les mantelets, &c.

280 *Williams, T.* Inv. Helstone.—Modèle de coffre-fort en fer; modèle d'un essieu, &c.

281 *Pigott & Cie.* Fab. St. Paul's Square, Birmingham.—Boutons unis et façonnés.

282 *Hammond, Turner & Fils*, Fab. Snow Hill, Birmingham.—Assortiment de boutons.

283 *Aston, W.* Fab. Birmingham.—Boutons; série illustrative de cette fabrication.

284 *Hardman & Iliffe*, Fab. Birmingham.—Boutons; médailles; agrafes, &c.

285 *Neal & Tonks*, Fab. Birmingham.—Boutons en pierrerie et en verre de fantaisie pour gilets, &c.

286 *Chatwin, J. & Fils*, Fab. 92 and 93 Great Charles Street, Birmingham.—Boutons unis et de fantaisie; clous d'ornement de tapissiers et de carrossiers.

287 *Banks, E.* Fab. Birmingham.—Nacre; boutons de nacre.

289 *Knowles, H.* Fab. Howard Street, Birmingham.—Boutons émaillés dorés à l'électricité.

290 *Wells, T. E.* Birmingham.—Boutons de corne.

290A *Long & Cie.* Little Tower Street.—Poulie curviligne pour stores.

292 *Sheldon, J.* Inv. et Fab. 55 Great Hampton Street, Birmingham, et 33 Bucklersbury.—Porte-crayons en or; plumes en or, porte-plumes, encriers de poche et tabatières.

293 *Allen, F.* Birmingham.—Ouvrages en filigrane d'or et argent.

294 *Goode & Boland*, Fab. 24 St. Paul Square, Birmingham.—Chaînes de sûreté; bracelets; broches et bagues; joaillerie, &c.

295 *Smith, Kemp & Wright*, Fab. 165 Brearley Street, West, Birmingham.—Boutons en or, argent, cuivre, fer, verre, bois, papier-mâché, &c.

296 *Walters & Stone*, Fab. 28 Ludgate Hill, Birmingham.—Ornements en cheveux pour deuil; médailles montées, &c.

297 *Biddle, J.* 23 Victoria Street, Birmingham.—Cachets; porte-plumes, &c.

298 *Parker & Acott*, Fab. Birmingham.—Porte-crayons et porte-plumes en or et en argent; cure-dents en or; cachets et clefs de montre.

299 *Balleny, J.* Fab. Birmingham.—Objets de bijouterie en or; monument en verre noir, à la mémoire de Sir Robert Peel.

300 *Allen & Moore.* Dess. et Fab. Birmingham.—Boîtes à allumettes et à cigares; bougeoirs; lampes, &c.; médailles; boutons.

302 *Elliott, W. & Fils*, Fab. Regent Street Works, Birmingham.—Boutons de fantaisie.

303 *Avern, E.* Fab. 72 Newhall Street, Birmingham.—Nouveau gratteur breveté pour décrotter les souliers.

304 *Ingram, T. W.* Dess. et Fab. Birmingham.—Boutons de corne.

305 *Heeley, J. & Fils*, Fab. Birmingham.—Chaînes; boutons; étriers; tire-bouchons; châtelaines, &c. en acier. (Brevetés.)

306 *Ottley, T.* Birmingham.—Assortiment de médailles.

307 *Cotterill, E.* Inv. & Fab. Birmingham.—Serrures brevetées, appelées Detector (révélatrices.)

308 Appareil de sauvetage en cas d'incendie.

309 *Eykin & Millichap*, Birmingham. — Essieux de sûreté brevetés, &c.

310 *Nash, R.* Prop. 20 Russell Street, Birmingham.—Moules et outils en métal, pour médailles, boutons et œillets, &c.

311 *Jackson, W.* Fab. Birmingham.—Modèle d'une machine à fabriquer les couvercles, &c.; assortiment de métaux, outils, &c.

312 *Timmins, R. & Fils*, Fab. Pershore Street, Birmingham.—Outils de menuisier, de maréchal, de sellier, tapissier, de boucher, &c.

313 *Manly, J. jeune*, Fab. Birmingham.—Clous d'ornement pour meubles. (Breveté.)

315 *Reynolds, F.* Fab. Crown Nail Works, Newton Row, Birmingham.—Clous taillés, consistant en une variété de plus de 200 espèces de toutes grosseurs, de fer, de zinc et de cuivre jaune et rouge.

316 *Henn, I. & Bradley, W.* Fab. Birmingham.—Vis en fer, laiton et cuivre; vis pour pianos, &c.

317 *James, T.* Fab. Redditch.—Aiguilles et hameçons; procédés de leur fabrique.

318 *Hawkins, J.* Fab. 22 Princess Street, Birmingham

—Vis de fer, de cuivre jaune, et de cuivre ; machine à débiter des vis pour chemin de fer, voiture, &c.

319 *Baker, G. & Cie.* Fab. 68 Cecil Street, Birmingham.—Cages ; lanternes ; lampes, &c. ; construites solidement en gaze de fer ; garde-feu électro-plaqué ; tréfilerie de fer et de laiton, &c.

320 *Cooksey, H. R.* Fab. Birmingham.—Ornements de cercueil.

321 *Simcox, Pemberton & Fils.* Fab. Birmingham.—Garnitures de rideaux, &c. ; marteaux de porte ; appareil de poseur de sonnettes, &c. ; poignées de porte en porcelaine ; verre ; laiton, &c.

322 *Cornforth, J.* Fab. Berkley Street Wire Mills, Birmingham.—Pièce de fer roulé, appelée verge de fer ; instrument en acier pour fabriquer des fils de fer de tous diamètres, &c.

323 *Potts, W.* Fab. Birmingham.—Assortiment de candélabres et de lampes ; objets de table argentés et en bronze.

324 *Gillott, J.* Inv. et Fab. Birmingham.—Plumes métalliques.

325 *Wiley & Cie.* Fab. 34 Great Hampton Street, Birmingham.—Paladium en or, plumes en or et en argent à pointes d'un alliage d'iridium et d'osmium natifs, métaux les plus durs connus jusqu'à ce jour.

326 *Hincks, Wells & Cie.* Fab. Buckingham Street, Birmingham.—Machine automotrice brevetée, pour couper et percer les plumes ; procédés de leur fabrique, &c.

327 *Kell, A. & Cie.* Fab. 28 Sumner Row, Birmingham.—Plumes métalliques.

328 *Mitchell, W.* Fab. 6 St. Paul's Square, Birmingham.—Plumes métalliques et porte-plumes.

329 *Bartlett, W. & Fils,* Fab. Redditch et 31 Gresham Street.—Aiguilles et hameçons, avec les procédés les plus importants de leur fabrique.

330 *Boulton & Fils,* Fab. Redditch, près Birmingham.—Aiguilles, mèches en acier, aiguilles de chirurgiens, crochets à voiles, harpons, javelots pour la pêche de la baleine, hameçons, &c.

331 *Hemming, H.* Fab. Redditch, près Worcester.—Hameçons de toutes espèces, pour toutes sortes de poissons.

332 *Nicklin & Sneath,* Fab. Birmingham.—Tissus de cuivre et de fer ; tréfilerie fine ; tréfilerie en fer de grande résistance, &c.

332A *Martin & Gray,* Fab. Berkeley Street, Birmingham.—Lustre à gaz, en bronze artistique et doré ; modèles de bronzes d'art et couleur d'or, avec figures en relief ; lampes de voitures.

333 *Morrall, A.* Inv. et Fab. Studley, Warwickshire.—Grande variété d'aiguilles à tricoter et à passer.

334 *Horsfall, J.* Fab. Oxford Street, Birmingham.—Fil de fer perfectionné pour pianos ; fils de fer et chevilles pour ponts suspendus ; cordes de cuivre filées pour instruments de musique ; fil d'acier pour aiguilles, hameçons, &c.

335 *Goodman, G.* Fab. Birmingham. — Assortiment d'épingles et d'aiguilles.

336 *Edelsten & Williams,* Fab. New Hall Works, Birmingham.—Epingles, la tête et le corps d'une seule pièce faites à la mécanique ; épingles à cheveux élastiques ; fil de fer.

337 *Wakefield, J. T.* Fab. Lichfield Street, Birmingham.—Echantillons de fils de métaux et articles en gaze métallique.

338 *Myers & Fils,* Fab. Newhall Street, Birmingham.—Plumes métalliques et porte-plumes.

339 *Mitchell, T.* Fab. 48 New Hall Street, Birmingham.—Plumes et porte-plumes s'adaptant d'eux-mêmes ; grand assortiment de plumes métalliques.

340 *Messenger & Fils,* Fab. Birmingham.—Groupes de sa Majesté la reine Victoria et le prince de Galles, en or-moulu et bronze ; statue équestre du duc de Wellington ; portion d'un chandelier en bronze ; dessins ornés pour balustrade d'escalier ; tasseau pour gaz, en or-moulu ; groupes en or-moulu et bronze, &c.

341 *Sturges, R. F.* Fab. 46 Broad Street, Birmingham.—Objets plaqués en metal blanc dur, fondus dans des moules rougis au feu et trempés dans l'eau froide ; ces moules se contractent et produisent par là une fonte beaucoup plus nette ; le métal se dilate en refroidissant.

342 *Prime, Th. & Fils,* Dess. et Fab. Birmingham.—Services à thé et de table, électro-plaqués.

343 *Salt, Th. C. & Lloyd, J. W.* Dess. et Fab. Birmingham.—Candélabres et lampes, &c.

344 *Martin, S.* Birmingham and Gough Square.

345 *Edwards, E.* Birmingham.—Encriers en verre et en fonte, bronzés. Vis en verre, &c.

346 *Lowe, J. & H.* Birmingham.—Lampes de carrosses et articles pour selliers.

347 *Wooldridge, J.* Fab. 38 St. Paul's Square, Birmingham.—Serrure de porte et poignée de sonnette en or-moulu ; boutons de portes ; poignées de sonnettes ; agrafes pour chapeaux ; garnitures de portes, &c. en cuivre.

348 *Holden, H. A.* Fab. Birmingham. — Ecussons ; boucles de harnais et ornements d'équipages ; lampes ; poignées de porte, &c.

349 *Blews, W. & Fils,* Fab. Bartholomew Street, Birmingham, et 55 Bartholomew Close, London.—Lampes ; chandeliers, &c.

350 *Dugard, W. & H.* Inv. et Fab. Upper Priory, Birmingham.—Lampes de voiture, ordinaires et de luxe ; ornements dorés et argentés pour harnais, &c.

351 *Hetherington, T. & Cie.* Fabs. 28 Cannon Street, Birmingham.—Lampes de carrosses en argent massif à verres de couleur taillé ; dorées, émaillées, et ciselées.

352 *Everitt & Fils,* Fabs. Birmingham.—Tubes en cuivre et en bronze pour chaudières de machines à vapeur, gaz, &c. ; spécimens montrant le procédé de fabrication des métaux roulés, et de la tréfilerie.

353 *Bolton, T.* Fab. Broad Street Metal Works, Birmingham.—Ornements estampés pour lampes, chandeliers, &c. ; girandole à 8 bougies, corps et branches ; lampes.

354 *Soutter, W.* Fab. Birmingham.—Fontaines à thé et bouilloires.

355 *Hill, J.* Fab. Birmingham.—Ornements employés dans la fabrique des lampes, &c. ; métal brut ; lampes.

356 *Whitfield, S.* Fab. Birmingham.—Corniches de fenêtres ; coffres-forts en fer forgé à l'épreuve du feu.

357 *Lloyd, G. B.* Fab. Berkeley Street Tube Works, Birmingham.—Tubes en fer pour chaudières à vapeur ; id. avec accessoires pour conduits d'eau et de gaz ; id. pour presses hydrauliques.

358 *Thomas, R.* Fab. Birmingham.—Haches du Brésil ; haches et outils.

359 *Taylor, W.* Inv. et Fab. 13 Sheepcote Street, Birmingham.—Dessins originaux pour casse-noisettes, pinces-à-sucre, marteau, et barre perfectionnée pour verrouiller les volets.

360 *Wordsworth J.* Fab. et Dessin, Birmingham.—Modèle d'une cuisine anglaise.

360A *Henrick & Fils,* Fab. West Bromwich, Staffordshire.—Modèle d'une fontaine émaillée ; tuyaux ou conduits à gaz et à eau, émaillés, &c.

361 *Bedington & Tinks,* Fab. Birmingham.—Articles en cuivre jaune, &c.

362 *Kimberley, T.* Fab. 56 et 57 Inge Street, Birmingham.—Objets d'ameublement, fabriqués en cuivre jaune.

363 *Marrian, J. P.* Fab. Birmingham.—Ornements de bronze ; fontes de cuivre pour navires, consistant en palettes de vaisseaux, lanternes de ponts de navires, soupapes à hélices, poulies d'ordonnance avec roulettes à anti-friction.

QUINCAILLERIE, y compris la SERRURERIE, les GRILLES, &c.

364 *Brisband, H.* Fab. Howard Street, Birmingham.—Clous et boutons de nacre et de jais; ornements en nacre pour robes de dames.

365 *Atkin & Fils*, Birmingham.—Grande scie circulaire et taillanderie.

366 *Wright, P.* Fab. et Brev. Dudley.—Vis taraudée.

367 *Aston, J.* 20 Dale End, Birmingham.—Variété de brosses à tous usages.

367A *Alcock, S.* Redditch, Birmingham.—Hameçons de pêche.

368 *Warden, J. jeune*, Fab. Old Church Works, Birmingham.—Essieux à ressorts, etc.; étaux pour mécaniciens, avec rondelle, sphériques; étaux avec boîte en cuivre massif; enclume de maréchal ferrant; spécimens de fer fagotté.

370 *Mapplebeck & Lowe*, Prop. Birmingham.—Chambranle de cheminée en fonte bronzé, avec ornements noirs en fer de Berlin; nouvelles grilles de cheminée avec garniture complète; appareil nouveau pour cuisine; lits en fer; chaises, &c.

371 *Peyton & Harlow*, Inv. et Fab. Birmingham.—Lits en fer, perfectionnés, de différents genres.

372 *Powell, J.* Inv. et Fab. New Windsor.—Four portatif, économique, pouvant cuire du pain ou de la pâtisserie en laissant le devant libre pour d'autres usages.

373 *Winfield, R. W.* Fab. et Brev. Cambridge Street Works, Birmingham, et 141 Fleet Street, London.—Articles d'ameublements en bronze et cuivre, antiques et modernes.

374 *Gorton, G.* Inv. & Fab. Birmingham.—Grille de salon avec miroir dans un cadre doré en or-moulu; autres grilles.

378 *Keed, G. J.* 100 Crawford Street, Marylebone.—Cuisinière sur un nouveau principe, dans laquelle on peut simultanément bouillir, rôtir, cuire au four, avoir de l'eau bouillante, &c., et qui empêche les cheminées de fumer.

379 *Andrews, H. P.* Inv. Fab. et Prop. 2 North Street, Tottenham Court Road.—Fourneau et appareil de cuisine pour colons; réflecteur pour rôtir la viande.

380 *Goddard, H.* Fab. Nottingham.—Cuisine brevetée, propre à plusieurs usages, et qui n'exige pas beaucoup de feu.

381 *Wakefield, F.* Dess. et Fab. Sherwood Iron Works, Mansfield.—Cuisine Great Western; grille Sherwood; palissades, &c., en fer forgé; statuette de Bacchus en fonte.

382 *Love, J.* Inv. 20 St. Andrew's Square, Glasgow, Ecosse.—Machine à gaz pour chauffer, éclairer, &c., dans les hôtels et tavernes; chaudière à vapeur et à gaz; foyer économique, sans fumée, conservant tout le calorique; appareil pour générer le gaz, éclairer une locomotive et un nombre quelconque de wagons, &c.

383 *Peterson, T.* Water Lane.—Four économique.

384 *Yates, Haywood & Cie.* Effingham Works, Rotherham, et 200 Upper Thames Street.—Foyer pour salon, en acier bruni et en or-moulu; foyers pour salles à manger, &c. avec garnitures de cheminées, &c.

386 *Slate, J.* Inv. et Brev. 14 Belmont Place, Wandsworth Road.—Fourneau (patenté), pour empêcher les cheminées de fumer; mitre pour le haut des cheminées, avec deux courans intérieurs.

387 *Edwards, F.* Fab. 42 Poland Street.—Poêle circulaire pour chauffer les églises, chapelles, escaliers, bâtiments publics, ventilateurs de cheminée.

388 *Nettleton & Fils*, Inv. et Fab. 4 Sloane Square, Chelsea.—Poêle gothique pour église, avec chambre à air pour la ventilation; poêles gothiques à couvercles contenant de l'eau, &c.

389 *Court, J.* Inv. et Fab. 18 Queen Street, Grosvenor Square.—Poêle pour chauffer les magasins, les églises, &c.

389A *Tozer, T.* Inv. et Fab. 55 Dean Street, Soho.—Fourneau à gaz; ventilateur pour réfectoires, boutiques, &c.; appareil de cuisine (portatif); calorifère pour contenir de l'eau bouillante, pour chauffer les pieds en voiture, &c.

391 *Norman, G.* Inv. 5 St. Ann's Place, Limehouse.—Four de cuisine, pour bouillir, rôtir et cuire à la vapeur.

392 *Deane, A.*—Cheminées et fours à ventilateur de Noirsain, brev.

393 *Frost, H.* Inv. et Fab. 17 Rathbone Place.—Cheminée modèle de cuisine, et appareil culinaire.

395 *Hewett, H. B.* Inv. 308 High Holborn.—Appareil pour chauffer ou rafraîchir instantanément les liquides.

396 *Kent, J.* Dess. Inv. et Fab. 8 Elizabeth Street South, Pimlico.—Passoire à légumes perfectionnée; chaudière pour cuire les pommes de terre à la vapeur.

397 *Price, V.* Inv. Dess. et Fab. 33 Wardour Street, Soho.—Nouvelle machine à laver; machine à hacher; ventilateur; presse à copier; machine nouvellement inventée pour nettoyer les couteaux, &c.

399 *Roper & Fils*, Fab. 68 Snow Hill.—Réchaud verni pour chauffer les assiettes.

400 *Reches, J.* Inv. 50 Hasker Street, Chelsea.—Bonnet de bain qui peut être instantanément converti en ceinture de sauvetage; fourneau portatif, principe nouveau.

401 *Taylor & Fils*, Warwick Lane.—Baignoires perfectionnées; urnes-théières; pompes-arrosoirs de jardin; poids étalons, &c.

402 *Warren, G.* Fab. 15 Lower Market Street, Woolwich.—Modèle de fourneau à thermomètre, &c.

403 *Alderton & Shrewsbury*, Dess. et Fab. Hastings.—Cheminée à air chaud et ouverte, de minerai de fer du comté de Sussex, &c.

404 *Argall, J. & W.* Inv. et Fab. St. Agnes, Cornwall.—Appareil culinaire qui permet d'économiser une grande quantité de combustible.

405 *Gray, T. & A.* Inv. et Fab.—Nouveau foyer à radiateur et à réflecteur, &c.

406 *Huxman & Brown*, Exeter.—Fourneau de cuisine avec four et bouilloire à vapeur; fourneau de colon ou de cottage, &c.

407 *King, S.* Inv. 1 South Hays, Bath.—Grilles de foyer fumivores et munies d'un appareil de ventilation, &c.

408 *McSherry, M.* Inv. 3 James Street, Limerick.—Modèle d'un fourneau pour chauffer les établissements publics, les serres, &c., par la circulation de l'air.

409 *Blair, J.* Ecosse.—Couche portative.

410 *Redgate, J.* Fab. Nottingham.—Poêles enregistrés.

411 *Rigby, P.* Inv. Liverpool.—Cuisine portative à gaz; cuisine de colon.

412 *Tippen, J.* Inv. Chichester.—Modèle de couchette pour impotents, nouvellement inventée; modèle de fourneau de cuisine perfectionné.

413 *Wallace, J. & Fils*, Inv. Edimbourg.—Modèle d'une cuisine de sûreté pour la marine, &c.

414 *Stocken.*—Fontes métalliques.

416 *Massey, W. & Cie.* Fab. 58 Baker Street.—Tuteur pour fleurs, de différentes grandeurs, à tiges de cuivre faits à la main.

418 *M'Kenzie, A.* Fab. 38 De Beauvoir Square, Kingsland.—Modèle de machine à condensation; instrument pour indiquer la vitesse d'évolution, susceptible de la plus grande précision, applicable aux roues de bateaux à vapeur, aux locomotives, aux presses d'imprimerie, &c.

421 *Haslam, W.* Dess. et Fab. Derby.—Gonds pour les portes d'églises (style antique).

422 *Bott & Allen*, Fab. Manchester.—Métal à anti-friction pour les relèvements de machines; soupapes de machines à vapeur, clous, crampons de navires, poulies, &c.; compteur à gaz.

424 *Paddon & Ford*, Fab. Brownlow Mews, Gray's Inn Road.—Compteur à gaz. (Breveté.)

428 *Botton, C.* Fab. Clerkenwell.—Compteur à gaz protecteur, &c.

430 *Sparks, J.* Inv. 12 King Street, Tower Hill.—Coffre fort à l'usage des chemins de fer; gonds en caoutchouc, &c.

431 *Grant, D.* Inv. Luton Place, Greenwich.—Becs de gaz parfaitement ventilés; fourneau de cuisine chauffé au gaz; fourneau chauffé au gaz ou au charbon; tuyaux de cheminée perfectionnés.

432 *Haldane & Rae,* Dess. et Fab. Edimbourg.—Lustre à gaz; lavabo; modèles de cabinets d'aisance, &c. (Brevetés.)

433 *Richets, Ch.* 5 Agar Street, Strand.—Fourneaux de cuisine avec rotisseur, four et autres accessoires chauffés au gaz; appareil à gaz pour chauffer les fers à repasser, les outils de relieur et les fers de tailleur; calorifère à gaz pour chauffer les appartements, et autres appareils chauffés au gaz.

434 *Cochrane, J.* Fab. Greenside Law, Edimbourg.—Gazomètre de 10 pouces de diamètre.

435 *Siebe, A.* 5 Denmark Street, Soho.—Pompe rotatoire universelle à jet continu.

436 *Ryan J.* Inv. et Fab. 13 Stafford Street, Dublin.—Gazomètre transparent.

437 *Roper, J.* Fab. Wigan, Lancashire.—Gazomètre transparent pour compter le gaz à un centième de pied près.

438 *Biddell, J. A.* Inv. et Brev. 22 Montpellier Square, Knightsbridge.—Bec de gaz automoteur, pouvant se placer horizontalement ou verticalement.

438A *Shears & Fils,* Inv. et Fab. 27 Bankside.—Compteur à gaz.

439 *Lockerby & Stephenson,* Dess. et Fab. Glasgow.—Lampe à gaz à six branches.

440 *Harvey, G.* Great Yarmouth.—Fourneau de navire.

441 *Edge, T.* Fab. Westminster.—Compteur à gaz liquide; id. à gaz sec; photomètre pour préciser la puissance incandescente du gaz.

442 *Young, W.* Inv. et Fab. 18 et 33 Queen Street, Cheapside.—Lampes vesta, et lanternes, consumant la térébenthine rectifiée.

444 *Faraday, J. & Fils,* Fab. et Brev. 114 Wardour Street.—Chandelier à gaz, d'après le principe ventilateur patenté de Faraday, par lequel le gaz acide carbonique, &c., est absorbé.

445 *Dehaufer, H.* Dess. et Fab. 10 et 11 Creed Lane.—Lampe à gaz concentré pour éclairer l'extérieur des devantures de boutique.

446 *Clark & Restell,* Dess. et Inv. 447 Strand.—Modèles de lampes et de becs de gaz; nouvelles serrures, &c.

447 *Palmer et Cie.* Fab. Sutton Street, Clerkenwell.—Lampes à bougies; id. pour magasins, écuries, et dessus de portes.

448 *Holliday, R.* Inv. et Fab. Huddersfield (et 128 Holborn Hill, Londres).—Assortiment de becs de gaz, et de lampes d'église, de maison, &c., liqueur ammoniaque tirée du charbon, dont on fabrique plusieurs produits ammoniacs.

449 *Rettie, M. & Fils,* Fab. Aberdeen.—Lampes de détresse pour les navires (brevetées).

450 *Holgate, J.* Inv. et Dess. 6 Arthur Street, East.—Lampe pour signaux, avec lumières rouge, verte et blanche; lampe à queue pour chemins de fer; lampe pour locomotives; spécimens de gonds, serrures, verrous.

451 *Squire, R.* Fab. 16 South Street, Manchester Square.—Lampes de carrosses et autres en plaqué; lampes pour trains de chemins de fer; signaux; lanternes magiques perfectionnées; lanternes de voyage; lampes pour flamber les chevaux.

452 *Smiths & Cie.* Dess. et Fab. Edimbourg.—Signal stationnaire de chemin-de-fer, lanterne, et lampe; lanterne et lampe pour convoi de chemin-de-fer; lampe pour la toiture des wagons, &c.

453 *Biggs,* —, Frome, Somerset.—Moules de patisserie en étain.

455 *Saunders, W. J.* Inv. et Fab. 11 Polygon, Clarendon Square.—Lampe pneumatique solaire pour les signaux de chemins de fer, &c., égale en intensité à la clarté du gaz.

458 *Bright, R.* Inv. et Fab. 37 Bruton Street.—Différens modèles de lampes; mèches de lampes sur un nouveau modèle. (Brevetées).

459 *Childs, J.* Fab. Brentford.—Lampe en bronze, avec bec concentrique à 4 mèches, pour phares.

461 *Hughes, J. G.* Prop. 158 Strand.—Lampes de diverses dimensions, candélabres, encriers, &c., &c.

462 *Barlow, J.* Inv. et Fab. 14 King William Street, Mansion House, City.—Illuminateur de Barlow, ou lumières pour les caves; nouvelle méthode d'éclairer les caves, les ponts de navires, en admettant la clarté du jour; robinet à siphon.

464 *Black, B.* 49 South Molton Street.—Lampe de voiture.

465 *Pyrke, J. S. & Fils,* Dorrington Street.—Fontaine à thé, en bronze, et bouilloire de nouveaux dessins.

470 *Sarson, T. F.* Fab. Leicester.—Bec de gaz, avec appareil de ventilation.

472 *Nibbs, J. S.* Inv. Baslow, Bakewell.—Lampe pour la distribution économique de la lumière artificielle, à l'aide de laquelle on obtient une plus grande quantité de lumière; on peut se servir des huiles ordinaires; lanterne éclairant les caves, les vaisseaux, les chemins de fer, &c.

474 *Hawkins, J.* Fab. Dublin.—Lampes circulaires de voiture.

476 *Dowson, J. E.* Fab. 123 Oxford Street.—Calorifère à air chaud et à ventilateur, &c.

477 *Brown & Redpath,* Brev. et Fab. Commercial Road, près des West India Docks.—Atre de cheminée, ou appareil de cuisine à l'usage des navires; modèle de lanternes employées à bord des vaisseaux.

479 *Callam, T.* Leith.—Modèle d'une cuisine pour les vaisseaux.

480 *Searle, C.* M.D. Inv. et Brev. 51 Weymouth Street.—Fourneau condensant la chaleur, pour chauffer les écoles, passages, boutiques, &c.; briques à feu avec surface en porcelaine.

481 *Goodbehere, G. J.* Fab. 9 Wellclose Square.—Appareil, ou fourneau, pour cuisine de navires, fourneaux pour colons.

482 *Defries, N.* Inv. et Brev. Regent Street.—Dessin de bain chauffé par le gaz; nouveau mode pour éclairer, chauffer et aérer les maisons, &c.

483 *Garton & Jarvis,* Exeter.—Appareil de cuisine; chaudière cylindrique; presse hydraulique à cidre, &c.

486 *Hale, Th. & Cie.* Dess. & Fab. Bristol.—Chandeliers gothiques à gaz, &c.; robinets; sonnettes d'horloge à carillon; bouilloires; statuettes en bronze et en laque.

487 *Hodges & Fils,* Des. et Fab. Dublin.—Bouilloires et lampes de cuivre.

488 *Loysel, E.* Inv. Essex Street. Strand.—Filtres à café, système nouveau; poèle à frire les pommes de terre, invention nouvelle.

489 *Kepp & Cie.* Fab 40, 41, et 42 Chandos Street.—Baignoires en cuivre; tuyaux d'eau chaude pour chaudières; chassis de clair-voie; couverture en cuivre pour constructions; aiguilles d'horloges.

490 *Wilson, R. & W.* Dess. et Fab. 49 Wardour Street, Soho.—Douche de fer étamé, forme demi-circulaire avec siège en acajou; bain plongeur à ondée; bain pour enfants.

491 *Noirsains,* —, 131 Regent Street.—Fourneaux et fours à ventilateur.

493 *Gillispie & Fils,* Inv. et Fab. Edimbourg.—Modèle de la douche Victoria.

494 *Gilbert*, S. Inv. et Fab. Ironmonger Street, Stamford, Lincolnshire.—Bain somapanthique.

495 *Moggridge*, M. Inv. The Willows, Swansea.—Modèle d'un bain à éponger.

496 *Hardwicke*, W. 32 Hatton Garden.—Bain portatif à eau chaude ou froide, &c.

498 *Moss*, R. Inv. et Fab. Bartholomew Square.—Bains à vapeur en cuivre, chauffés avec une lampe à esprit.

499 *Dawbee & Dumbleton*, Inv. South Town, Yarmouth.—Modèle fonctionnant d'un filtre en pierre, dans un réservoir en ardoise.

499A *Dawbee & Dumbleton*, jun. South Town, Yarmouth.—Modèle fonctionnant d'un filtre en pierre, dans une fontaine d'ardoise.

500 *Bray*, C. Inv. 14 Cranbourn Street, Leicester Square.—Lavabo en papier-mâché, verni et orné de moulures dorées; nouveau modèle de bain avec réservoir; machine portative pour faire bouillir l'eau.

501 *Dale*, R. Fab. 192 Upper Thames Street.—Modèle d'une baignoire perfectionnée pour bains chauds, et appareil calorifère, &c.

502 *Faulding*, J. Inv. et Prod. 11 Edward Street, Hampstead Road.—Bain à vapeur portatif.

503 *Longfield*, W. Inv. et Fab. Otley, près Leeds, Yorkshire.—Coffre-fort de sûreté, ayant quatorze verrous mis en mouvement par un seul tour de clé.

504 *Mather*, J. Chelsea.—Baignoire d'une construction perfectionnée.

506 *Leadbeater*, J. Fab. 125 Aldersgate Street.—Coffre-fort de banquier, à l'épreuve du feu et de l'effraction.

507 *Tann & Fils*, Fab. et Brev.—Coffres forts en fer avec portes extérieures et intérieures à serrures de sûreté. (Patenté.)

508 *Fisher*, J. N. 10 Charles Street, Manchester Square.—Coffre-fort pour serrer les sacs d'argent sur les chemins de fer, dans les banques, &c.

509 *Baker*, C. Inv. Jireh Cottage, Rotherfield Street, Islington.—Coffre-fort à l'épreuve du feu.

510 *Marr*, W. Fab. 52 Cheapside.—Coffre-fort en fer, à l'épreuve du feu, &c., avec serrures de sûreté.

516 *Rosindale*, G. Inv. High Street, Hull.—Boîte de service applicable aux garde-robes et ne demandant pas de reservoir d'eau.

517 *Clark*, C. C. Inv. Reading.—Cabinet d'aisance automoteur; soupape automotrice pour les égouts.

518 *Gray*, T. W. 79 King William Street, City.—Fenêtre de cabine; œil de bœuf, &c.

519 *Hodges*, T. Fab. Dublin.—Cloches d'églises, de fermes, et sonnettes d'autel; grue en cuivre; pompe en métal; tuyaux en métal pour conduits d'eau ou de gaz.

520 *Turner*, E. W. K. Inv. 31 Praed Street, Paddington.—Modèle démontrant l'application de la force centrifuge à la purification de l'eau en grande quantité, pour les bourgs et les villes.

523 *M'Cullum*, J. Inv. Edimbourg.—Aréomètre.

524 *Guest & Chrimes*, Fab. Pat. et Prop. Rotherham Brass Works, Rotherham.—Garde robe tubulaire, inventée et enrégistrée par W. Kirkwood d'Edimbourg; robinet à incendie pour éteindre le feu, et arroser les rues, patenté par T. Bateman et A. Moore de Manchester; robinet à double soupape à haute pression.

524A *Guest*, J. & W. Fab. Birmingham.—Quincaillerie et bijouterie fausse.

525 *Wiss*, R. Inv. et Fab. 38 Charing Cross.—Cabinet d'aisance portatif, agissant de lui-même. (Patenté.)

529 *Aberry*, J. Inv. et Fab. 29 North Street, Hackney.—Lieux d'aisance perfectionnés, sans aucune manivelle, soupape, &c., fixés sans clous ou vis, ils peuvent se placer sans délabrer les murs, la peinture ou le papier.

530 *Downton*, Limehouse.—Garde-robe brevetée.

531 *Marsden*, C. Inv. et Fab. Waterloo House, Kingsland.—Dés à ventilation (brevetés); doigtiers en caoutchouc vulcanisé (brevetés); nouveau modèle de ciseaux, pour couper avec la main gauche aussi bien qu'avec la droite (brevetés); nouveau modèle d'entonnoir (enregistré); modèle de nageoires, &c.

532 *Green*, S. & Cie. Fab. Lambeth.—Filtre à eau perfectionné; réservoir à siphon; poterie chimique; tubes condensateurs cylindriques; condensateur pour la distillation, &c.

533 *Chambers & Robins*, Fab. 47 Carey Street, Lincoln's Inn Fields.—Cabinet d'aisance portatif.

534 *Lambert*, T. Inv. et Fab. New Cut, Lambeth.—Robinet flexible pour l'eau; double robinet également pour l'eau; modèle en bronze du même; soupape à haute pression, robinet se fermant de lui-même; modèle en bronze du même, robinet en fer; lampe économique de Lambert; appareil lieux à l'anglaise.

535 *Price*, —.—Machine à laver. (Breveté.)

536 *Davis*, J. B. Inv. et Fab. 63 Roupell Street.—Robinet pour vapeur, eau, gaz, ou autre fluide. (Enregistré.)

538 *Adams*, J. Prod. et Fab. Selby.—Machine à laver, tordre et calandrer le linge.

539 *Tasker*, W. Dess. et Fab. St. James's Road, Halifax.—Machine à laver, tordre et calandrer.

540 *Wilkinson*, —.—Calandre perfectionnée.

541 *Pearson*, Leeds.—Machine à laver, à tordre, à calandrer.

542 *Tindall*, E. O. D. L. Inv. Scarborough.—Calandre impériale à pression horizontale, &c.

543 *Reid*, J. Dess. et Inv. 10 Thornton Place.—Modèle de baignoire et autres machines.

544 *Tarian*, M. Nelson Street, Mornington Crescent.—Cartouchière, seau de ménage, &c.

545 *Stutterd*, J. Inv. et Fab. Banbury.—Calandre à levier; calandre portative.

546 *Fryer*, R. Inv. et Fab. 4 Wood Street, Spitalfields.—Machine à laver, tordre et calandrer.

547 *Baker & Cie.* Inv. et Fab. 65 Fore Street, Cripplegate.—Calandre tournante, pour presser et donner du lustre au linge et à tout autre tissu, &c.

548 *Macalpine*, W. Inv. Hammersmith.—Machine à laver le linge ou à nettoyer les chiffons pour papeterie; chaudière à rotation avec appareil à vapeur pour laver les objets lourds.

550 *Tupper & Carr*, Fab. 3 Mansion House Street, City.—Fers galvanisés, échantillons de tôle pour toitures de maisons, fils de fer pour télégraphes électriques et grilles; sièges en fonte de fer, &c.

551 *Stanley*, C. 238 High Street, Borough.—Modèle d'une machine à peser avec levier régulateur, pour navires.

552 *Orpwood*, G. 82 Bishopsgate Street.—Moulin à brûler le café, automoteur.

553 *Kent*, G. Inv. Fab. et Brev. 329 Strand.—Machine à nettoyer les couteaux; passoires; crible cylindrique à rotation.

554 *Moreton*, J. New Vauxhall, Wolverhampton.—Machine à calandrer.

555 *Harrison*, W. Fab. Fisher Street, Birmingham.—Poêles à frire étamées, à manche court et long; moules à sucre, étamés, &c.

556 *Gidney*, J. W. Inv. et Fab. Dereham, East Norfolk.—Modèles d'un treillage à six branches, pour parcs, jardins, ainsi que pour l'agriculture, &c.

557 *Watts & Harton*, Fab. 61 Shoe Lane, Holborn.—Modèles d'articles en étain; moules en forme de melon pour les poudings glacés; moules pour les crèmes glacées; moules en cuivre d'animaux, de bustes, &c.

559 *Baker, W.* Fab. 14 Allen Street, Goswell Street.— Alènes, poinçons, &c. pour cordonniers, charpentiers, &c.

560 *Farrow, C.* Fab. 18 Great Tower Street.—Machines, &c. en usage dans la manutention des vins et des distilleries.

563 *Hale, J.* Fab. Walsall.—Groumettes à ressorts pour mors de cheval, émérillons en acier à ressorts, chaînes de limons et de traits pour voitures, boucles, colliers, et chaînes de chiens.

565 *Robertson, H.* Inv. Milngavie, Ecosse.—Instrument pour tailler un carré; machine pour laver le fil; trappe pour les rats, &c.

566 *Pope, W.* Fab. Bridge Street, Exeter.—Feutre, pour soupapes de pompes, pour ferrer les chevaux, pour polir le marbre, &c. Fourneau absorbant la fumée, avec appareil pour produire le naphta.

568 *M'Clure, J.* Inv. Galloway House, Garlieston, Ecosse.—Modèle de porte battante sans ressorts ni poulies.

570 *Green, C.* Inv. Portland Street, Brighton. — Machine pour couper le pain en tranches d'épaisseur uniforme, et variant d'un seizième de pouce à deux pouces.

571 *Gray, J.* Fab. Dunbar, Ecosse.—Modèles de pièges à lapin.

572 *English, J.* Fab. Epping, Essex.—Appareil fumigatoire pour détruire les insectes.

573 *Collins, C.* Lambeth.—Gonds, et modèle de portières de voiture.

574 *Pinder, W. & Fils*, Manchester.—Plaques en acier pour graver; limes, &c.

575 *Bradnack, I. R.* Inv. Great Yarmouth.—Paire de patins d'été, dont on peut faire usage sur une route ordinaire macadamisée, ou sur toute autre surface solide et unie; marteau de porte, &c.

576 *Burrows, T.* Inv. Barnsly.—Charnière de lit pour remplacer les écrous.

577 *Hedley, G.* Irelande.—Appareil culinaire à gaz.

578 *Learwood, T.* Truro.—Nouveau tourne vis, &c.

579 *Cook, T.* Inv. et Fab. Ann Street, Plumstead.— Cloche d'alarme pour porte, fenêtre, jardin, plantation, &c.

580 *Armstrong, J.* jeune, 10 Pollen Street, Maddox Street, Regent Street.—Peignes de toutes sortes.

581 *Hughes, H.* Inv. 72 Charles Street, City Road.— Machine à gaufrer.

582 *Hayward Frères*, 106 Blackfriars Road.—Ventilateur de Sherringham (breveté).

583 *Leaver, J. C.* Maidenhead.—Un lustre.

584 *Haynes, J.* Inv. 88 St. James's Street.—Appareil pour déboucher les bouteilles.

587 *Knight, T. W.* Inv. 33 Regent Terrace, Widcomb, Bath.—Verrous de porte à deux battants.

591 *Bishopp, Rev. J.* M.A. Inv. 11 Canterbury Row, Kennington Road.—Crible-cendre à rotation.

592 *Hockin, C.* Prop. et Ag.—Appareil de Carson pour injecter les substances animales que l'on désire conserver; cet instrument est très estimé des cuisiniers de tous climats, particulièrement des tropiques.

594 *Jenkinson, J.* Inv. 21 President Street, Goswell Street.—Rouleau de store perfectionné, avec crochet à ressort.

595 *Moore, J.* Prop. 38 Clerkenwell Close.—Ventilateur à levier (Patenté).

597 *Azulay, B.* Inv. Rotherhithe. — Patrons perfectionnés pour ouvrage de Berlin; baignoires à eau chaude, fourneaux à gaz, &c.; crochets à ressorts pour poulies de store.

600 *La Compagnie des Glacières du Lac de Wenham*, 164A Strand.—Réfrigérateur glacière; filtre à syphon.

601 *Keith, G.* 36 Piccadilly.—Réservoirs à glace pour conserver toute espèce de provisions, pour frapper le vin et l'eau, système de Ling; glacière de Gablen; poêle à rôtir les marrons; bruloirs à café; miroir magique; liquidomètre.

602 *Holland, —, —,* 40 South Audley Street.—Robinet perfectionné pour bouilloire de cuisine.

606 *Bentley, W. H.* Inv. et Fab. Bedford.—Arrosoir de jardins; appareil de cuisine pour rôtir ou cuire à la vapeur; appareil pour ramoner les cheminées; bouilloire universelle pour le thé; fourneau (enregistré); cafetière filtrant le café avec rapidité; fontaine filtrante, &c.

607 *Daniell, J. C.* Limpley Stoke, près Bath.—Pièce d'artillerie, pour être chargée par la culasse au lieu de l'être par la bouche, ce qui donne une plus grande justesse de tir et de portée.

609 *Hughes & Kimber*, Fab. 106 et 107 Shoe Lane, Fleet Street.—Planches de cuivre et d'acier pour graveurs.

610 *Morewood & Rogers*, Fab. Inv. and Prop. London.— Fer étamé et galvanisé pour gouttières, conduits, moules, fils de fer pour télégraphes, &c.

611 *Mitchell, J.* Stonehaven, Ecosse. — Couvercles de pipes en fer blanc avec chaîne et débouchoir; id. en argent d'Allemagne; id. en argent; pipe en fer battu, invention de l'exposant.

612 *Hampden, J. & Cie.* Prop. et Agent, 448 West Strand. —Echelle de sauvetage en cas d'incendie; gouvernail de rechange; gonds et ressorts élastiques pour portes et grilles; jarres hermétiques; lettres en verre et en porcelaine pour devantures de boutiques.

614 *Durham, E. D.* 16 Linton Street, New North Road, Islington.—Bouilloires en forme d'entonnoir pour chauffer de l'eau en quelques minutes sur un feu ordinaire.

615 *Gray, J.* Inv. 11 Inverleith Row, Edimbourg.— Saucières faites de manière à séparer le jus de la graisse.

618 *Hanson, J.* Inv. Brev. et Fab. Huddersfield.— Echantillons de plomb manufacturé. (Breveté.)

620 *Sears, R.* Dess. et Fab. 2 York Street, Middlesex Hospital.—Filtre à café en étain avec une lampe à esprit pour bouillir l'eau sur la table; appareil pour cuire des côtelettes, &c.; bouilloire à thé pour bouillir l'eau sur la table.

621 *Ridley & Edser*, Vincent Square, Westminster et St. James' Terrace, Vauxhall Bridge Road.—Modèle fonctionnant, démontrant un système de portes de sûreté, &c.

622 *Taylor, J.* Inv. et Fab. Wolverhampton.—Assortiment de serrures perfectionnées.

626 *Cunningham, A. R.* Inv. Addison Road.—Planche à émeri pour nettoyer et repasser les couteaux.

627 *Farrar, W.* Inv. et Fab. Leicester.—Fenêtres à coulisses perfectionées; bassinoire, fontaine en zinc, &c.

627A *Daniell, J. C.* Limpley Stoke, près Bath.

630 *Common, J.* Fab. Melrose, Ecosse.—Robinet, capable de supporter toute pression d'eau; inventé par J. Common.

633 *Burney, G. & Bellamy, E.* Inv. et Fab, Mill Wall, Poplar.—Réservoirs à eau, huile, peinture, &c. Fontaine et barril à huile, goudron, esprit, &c.

634 *Masters, T.* Inv. et Fab. 309 Regent Street.—Machines pour faire de la glace; machines pour nettoyer les couteaux; machines pour aérer; appareils pour chauffer ou refroidir, &c.

636 *Hart & Fils*, Fab. 53, 54 et 55 Wych Street, Strand. —Boutons et plaques de portes en cuivre, porcelaine, verre et bois de fantaisie; objets en fer pour maisons de campagne, &c.

637 *Riddle, W.* Inv. East Temple Chambers.—Portecrayons s'approvisionnant d'eux-mêmes; crayons toujours pointus; plumes d'or à réservoir; encriers, &c.

638 *Naylor, J.* Inv. 121 Radnor, St. Hulme, Manchester. —Lampes pour piliers et murailles.

639 *Machell, J. C.* Carlisle Street, Soho Square.—Baindouche portatif.

640 *Nixey, W. G.* Inv. 22 Moor Street, Soho. — Tiroir caisse, breveté, pour prévenir les erreurs et fraudes au moyen de casiers séparés qui reçoivent l'argent au fur et à me-

QUINCAILLERIE, y compris la SERRURERIE, les GRILLES, &c.

sure des encaissements ; échelle de sauvetage en cas d'incendie ; ciment flexible.

641 *La Compagnie de Coalbrook Dale,* Inv. Dess. et Fab. Coalbrook Dale.—Fontes en fer et en bronze. Entrée de parc en fonte bronzée, consistant de deux portes principales et de deux portes latérales, fixées à des piliers de fer de construction nouvelle ; chaque porte est d'un seul jet. Dôme rustique en fonte bronzée, de 20 p. de diamètre et de 30 p. de haut, pour orangerie, &c. (Avenue principale, Ouest). Cheminée et foyer avec décorations illustrant la chasse au corf, au sanglier, et au faucon, et enrichi du bronze de la mort du cerf, de B. W. Hawkins. Série de cheminées, grilles, garde-cendres, &c. Collection de groupes et statuettes, &c.

642 *Milner & Fils,* Pat. et Fab. Liverpool, Manchester et 47A Moorgate Street.—Coffres de sûreté à l'épreuve du feu.

643 *Davis, T. B.* Inv. et Fab. 63 Roupell Street.—Soupape pour vapeur, eau, gaz et tout autre fluide, appelée soupape à claire-voie.

643A *Hulett, D.* Fab. 55 High Holborn. — Lustres ciselés Lustre ventilateur à gaz. Gazomètre. Candélabre antique. Fourneau culinaire à gaz, &c.

644 *Sedgwick & Taylor,* Dess. et Fab. 186 Piccadilly.— Lustres en verre à fleurs de couleurs, style vénitien ; lustres en métal, avec incrustations de cristaux, &c. ; lampes, &c.

645 *Miller & Fils,* Inv. Fab. et Prop. 170 Piccadilly et 30 Oxford Street.—Fanaux de mer pour empêcher toute espèce de collision (breveté) ; modèle de bateau à vapeur avec ces fanaux ; lampes de différents modèles pour cabines, ponts, &c. ; lampe de voiture, à réflecteur perfectionné, illuminateurs en cire.

646 *Chubb & Fils,* Inv. Fab. et Brev. 57 St. Paul's Church Yard.—Serrures et de loquets ; caisse de banquier à l'épreuve du feu ; serrures et clefs de différentes espèces.

647 *Haywood, J. & Fils,* Fab. 20 St. James's Walk et Suffolk Street, Clerkenwell.—Serrures à l'usage des ébénistes, &c., d'une nouvelle construction, qui peuvent servir à tous les usages ; divers échantillons d'ornements dorés, applicables aux serrures, &c., et à toute espèce de fontes en cuivre.

648 *Mayo et Bates,* Fabs. Wolverhampton.—Clés de portes dans leurs divers degrés de fabrication.

649 *La Compagnie des vis à pointe,* Fab. Wolverhampton. —Vis à pointe brevetées, forgées de fer malléable, &c.

649A *Huffer, J.* Inv. et Fab. Wilderness Row, Clerkenwell.—Serrures de coffre fort de sûreté et à secret, serrures diverses pour meubles, malles et portefeuilles.

650 *Foster, R.* Inv. 1 York Place, St. George's East.— Serrure automotrice ; si l'on cherchait à ouvrir cette serrure avec une fausse clé, on ne pourrait la retirer.

650A *Bigford, H.* Inv. et Fab. Wolverhampton—Serrure perfectionnée.

651 *Gollop, J.* Fab. Wellington Foundry, Charles Street, City Road.—Gonds perfectionnés pour portes et grilles.

652 *Gerish, F. W.* Inv. et Fab. East Road, City Road. —Serrure de sûreté dont la clé ne peut être contrefaite ; gonds de portes à double jeu.

653 *Bramah & Cie.* Inv. et Fab. 124 Piccadilly.—Serrures de sûreté incrochetables ; serrure de coffre-fort à quatre pênes ; cadenas en cuivre ; serrure de porte, &c.

654 *Gibbons, J. (jeune)* Fab. Wolverhampton.—Serrures perfectionnées.

655 *Carpenter et Tildesley* Fab. Willenhall, Wolverhampton.—Assortiment de serrures brevetées ; étrilles, élastiques pour chevaux, &c.

656 *Whitley, J.* Fab. Warrington.—Gonds en fer forgé, différentes espèces.

657 *Clark, T. & C. & Cie.* Wolverhampton.—Quincaillerie creuse et émaillée en fonte.

658 *Osmond, G.* Inv. 19 Somer's Place East, New Road, St. Pancras. — Ajustement perfectionné pour rouler les stores, les cartes, &c. ; serrure ; verrou ; attache pour chassis, ayant un ressort qui empêche le chassis de faire du bruit quand on le ferme, &c.

659 *Parkes, H. W.* Fab. 110 Strand.—Grand cadenas en cuivre d'un nouveau genre.

660 *Harley, G.* Fab. Warwick Street, Wolverhampton. —Serrures brevetées pour coffres, commodes, sacs de nuit, &c.

661 *Cartwright, D.* Prop. Carlisle.—Serrure d'alarme en cherchant à l'ouvrir, une cloche sonne, et quand le verrou est tiré, un coup de pistolet part.

663 *Aubin, C.* Inv. et Fab. Wolverhampton.—Sections historiques automotrices pour illustrer la naissance et les progrès de la serrurerie ; serrures ordinaires et de fantaisie ; méthode originale et à bon marché pour orner les objets en étain et les vitres.

664 *Yates, H.* Inv. et Fab. St. John's Square, Wolverhampton.—Serrures de coffre, de tiroir, &c., d'après différents principes.

665 *Lea, W. & J.* Fabs. Wolverhampton.—Espagnolettes ; sonnettes d'alarme ; gonds gothiques ; poignées pour serrures, loquets ; serrures, verroux.

667 *Whitehouse, C. & Cie,* Inv. et Fab. Wolverhampton. —Tubes et accessoires pour appareils à gaz, vapeur et eau, fer de Suède amalgamé pour canons de fusil.

668 *Windle & Blyth,* Fab. et Brev. Walsall.—Modèle de la serrure de Strutt : le devant est en verre pour en montrer le méchanisme intérieur ; serrure de cabinet ; cadenas ; tire-bouchons de poche ; plumes d'acier ; porte-plumes. (Brevetés.)

669 *Morcton & Langley,* Prop. 11 Bush Lane, City, Wolverhampton. — Quincaillerie pour la consommation intérieure et les marchés étrangers, avec imitation d'article étrangers.

670 *Walters, B. & P.* Fab. 100 North Street, Wolverhampton.—Serrures pour meubles, portes, &c.

671 *Pearce, W.* Inv. 50 High Street, Dumfries.—Serrure de sûreté.

672 *Mitchell, J.* Redruth, Cornwall.—Pistolet perfectionné ; serrure de sûreté nouvelle.

673 *Lewis, G.* High Cross Street, Inv. et Fab.—Serrure perfectionnée.

674 *Horton, A.* Inv. Ashburton, Devon.—Serrure d'une nouvelle invention, inaccessibles aux voleurs.

675 *Downs, W.* Fab. et Inv. Long Melford, près Sudbury, Suffolk.—Serrure à 12 verrous de toutes dimensions propre aux coffres-forts, aux maisons de banque, &c., et qui dispense de garnir les portes en fer.

676 *Thrupp, H. J.* 5 George Street, Grosvenor Square. —Gonds en fer forgé.

676A *Greenfield, J.* Broad Street, Golden Square.—Modèle de porte de sûreté.

677 *Boulter, B.* Inv. Hull.—Verrou d'un nouveau genre pour fermer les volets.

678 *Barnwell, T. & Fils,* Fab. 46 Bishop Street, Dublin. —Caisse de sûreté en fer à double fond, à deux tiroirs d'entrée deux portes avec serrure à secret ; serrure de portes d'entrée, serrure de bureau à secret ; serrure à enveloppe de fer, à usage à la prison de Dublin, pour fermer les cellules.

679 *Wisson, R.* Inv. et Fab. 5 Coburg Square.—Serrure à secret qui ne peut s'ouvrir avec la clé sans la connaissance de ce secret ; cadenas et sa clé.

680 *Boobbyer, J. H.* 14 Stanhope Street, Clare Market. —Ventilateurs intérieurs et extérieurs ; serrures ; verroux, serrures à 3 verroux, &c.

681 *Bamber, J. & Fils,* Inv. et Fab. 17 Wood Street, Westminster.—Verrou perfectionné pour chambres à coucher, cabinets de toilettes.

QUINCAILLERIE, y compris la SERRURERIE, les GRILLES, &c.

682 *Taylor & Fils.* Fab. Loughborough, Leicestershire.—Sonnettes et accessoires perfectionnés.

683 *Murphy, J.* Fab. 15 Thomas Street, Dublin.—Cloches d'églises.

684 *Mears, C. & G.* Fab. 167 Whitechapel Road.—Cloche hémisphérique, cinq pieds de diamètre.

686 *Featham, Miller & Sayer,* Dess. et Fab. 9 Clifford Street, Bond Street.—Fourneaux, fours, grilles &c.; serrures, clés, poignées de portes, marteaux, &c.

687 *Aldridge, J. Major,* Inv. 20 Nelson Street, City Road.—Nouveaux gonds à pivot à ressorts, pour portes de toutes dimensions et à deux battants.

687A *Perry & Cie.* 37 Red Lion Square.—Grand assortiment de plumes métalliques.

689 *Knight & Foster,* Inv. 5 Eastcheap.—Plumes à écrire de Paxton, en boîtes; plumes de la banque d'Angleterre; plumes de cygne, &c.

690 *Rodgers, J. & Fils,* Fab. Sheffield.—Couteau de chasse, contenant 80 lames et instruments, richement orné de différentes villes, &c., le manche en nacre sculpté, de 12 pouces de long; superbe échantillon de coutellerie en nacre, contenant 1851 lames et instruments; couteau et fourchette à découper de 58 pouces de long; ciseaux de 44 pouces de long; ciseaux en miniature, ne pesant pas un demi grain; plumes; couteaux de poche; couteaux en tous genres, &c., &c.

691 *Mollram & Hawkins,* Fab. 15 Carr Lane, Sheffield.—Couteaux, tranchets, et autres outils, pour cordonniers, bouchers, cuisiniers, tisserands, &c.

691A *Terry, R. & Fils,* Fab. Temple Street, Wolverhampton.—Ustensiles de cuisine et autres objets en cuivre, étain et métal verni.

692 *Lorkin, J.* Inv. 68 Basinghall Street.—Appareil pour battre les œufs. (Breveté pour l'Angleterre et la France.)

693 *Whittles & Froggart,* Fab. 100 West Street, Sheffield.—Instrumens de chirurgie et canifs.

693A *Lee, G.* Inv. et Fab. 9½ Church Street, Paddington.—Bouton à queue pour toute sorte de vêtements et particulièrement pour les uniformes; nouveau modèle de fer à presser toute espèce de marchandise.

695 *Barron, F. & Fils,* Prop.—Serrures pour portes, meubles, coffres, caisses, &c.

697 *Boake, J. F.* Inv. 11 & 12 Wellington Quay, Dublin.—Modèle de signal, adopté par la compagnie du Great Southern et Western Railway; lanterne à signal à foyer acrométrique; lampes de table, &c.

698 *Cottam & Hallen,* Inv. et Fab. 2 Winsley Street.—Mangeoire ratelier, et auge en métal émaillé pour chevaux, grilles de parcs; dessins pour rampes d'escaliers en fer.

700 *Hardman, J. & Cie.* Fab. Birmingham.—Pupitres prie-Dieu; autel supporté par six piliers en cuivre, style des autels dans les anciennes cathédrales de France; croix d'autel en cuivre; chandeliers id.; flacons; encensoirs; vases; livres de prières; chandeliers à branches en cuivre, style du quinzième siècle; chasuble en brocard, soie et or, avec croix en dentelle d'or; échantillons de broderies, &c.

700A *Lloyd & Summerfield,* Birmingham.—Lustres et lampes.

701 *Walton, F.* Wolverhampton.—Objects en papier-maché, étamés, vernis, en fer battu, &c. le tout émaillé.

702 *Hanson, G.* Huddersfield.—Garde-robe.

703 *Nunn, Mlle. A.* Welbeck Street.—Blanchisserie de ménage; méthode de chauffer plusieurs appartements avec un seul feu.

705 *Thompson, T. H.*—Trappe à égout.

754 *Culverwell, W.* Inv. 16 Charlotte Street, Blackfriars Road.—Baignoire portative en cuivre ou fer blanc pour bains de vapeur. (Enregistré.)

755 *Jeffcoat, F. L.* Inv. et Fab. 26 Strand.—Couches perfectionnées, &c.; appareil à chauffer les fers des blanchisseuses.

792 *Maund, E.* Prop. 370 Oxford Street.—Poêle en fonte et en forme de vase, admettant un rayonnement vertical.

793 *Murray, W.* 20 John Street, Adelphi.—Filtre tubulaire et robinet à compensation.

794 *Lane, W. R.* Inv. 226 Strand.—Cafetières perfectionnées.

795 *Mariott, W.* Fab. 89 Fleet Street.—Balance à bascule, avec les séries de poids des diverses nations européennes, balance avec cadran, télégraphe d'hôtel, &c.

796 *Loseby, E. T.* Inv. 44 Gerrard Street, Islington.—Grue portative pour douches.

797 *Dixon J. & Fils,* Sheffield.—Poires à poudre et à plomb, gourdes, &c., en métaux, précieux et autres.

798 *Warner, J. & Fils,* 8 Crescent, Jewin Street.—Urnes à thé et à café de forme nouvelle, lampes diverses, chandeliers de fantaisie; poids et mesures étalons, série suivant le système décimal; fenêtres en verre, robinets, soupapes, robinets à coulisses, &c., cloches d'églises. (Au Nord du Transept.)

799 *Wheeler, C.* Birmingham.—Spécimens de boutons de nacre.

800 *De la Fons, J. P.* Charlton Hill, St. John's Wood.—Serrures et verrous de sûreté pour portes et fenêtres.

801 *Jones, J. & Cie,* Sheffield.—Composition anti-corrosive; échantillons d'acier exposés à l'action de l'air, les parties brillantes ayant été enduites de la composition.

802 *Robertson, Carr & Steel,* Chantrey Works, Sheffield.—Cheminées, grilles et foyers de salon, en acier fondu orné, gardes-cendres et garnitures de cheminée en cuivre et acier poli.

803 *Lowe, J. & H.* Fab. Clarence Works, Birmingham.—Lampes de voiture; montures pour voitures, et fournitures pour la sellerie, &c.

804 *Kennard & Cie,* Fab. 67 Upper Thames Street, et Falkirk Iron Works, Ecosse.—Quatre écussons héraldiques, de dessins et de dimensions variés; tourne broches automates, fourneaux de campagne, en fonte ornementale, &c.

805 *Baily, W. & Fils,* Dess. et Fab. 7 Gracechurch Street.—Cheminées en fer moulé; cheminées en marbre colorié; lustre gothique pour gaz; lampe à pied; cheminée gothique, &c.

806 *Oxley, W. & Cie.* Fab. Park Gate Steel Works, Rotherham.—Spécimens d'acier pour outils de mécaniciens, &c. et pour ressorts de voitures de toute espèce.

807 *Chambers, W.* Prop. Fonderie de Brunswick, Birmingham.—Sangles métalliques élastiques pour lit; mouchettes en acier, &c.

808 *Thompson, F.* Inv. et Fab. Westfield Terrace, Sheffield.—Patins en gutta-percha de couleurs diverses.

810 *Jennings, G.* Great Charlotte Street, Blackfriars Road.—Garde-robes avec tubes en caoutchouc; robinets en caoutchouc, soupape de réservoir perfectionnée, &c.

Aller a la Salle du Moyen-Age, page 161.

Classe 23. MÉTAUX PRÉCIEUX, ORFÉVRERIE, &c.

—— Galerie Centrale du Sud. ——

1 *Elkington & Mason*, New Hall Street, Birmingham. —Candélabres, vases, service de table, à l'électro-plaqué; vaisselle de buffet d'après l'antique, à l'électro-déposé; statuettes, &c., à l'électro-déposé, en bronze, de la manufacture des arts de M. H. Elkington. (Voyez aussi l'Avenue principale, Ouest, Nos. 92, 93, 94).

2 *Martin, Baskett & Martin*, Dess et Fab. Cheltenham.—Pièce centrale, avec figures. Châtelaine en or et émail, perles, chaînes d'or, chronomètres, &c.

3 *Reid & Fils*, Fab. 14 Grey Street, Newcastle-on-Tyne.—Articles en argent: flacon à Bordeaux ciselé; service à café et à thé; corbeille à jour et gravée; pièce de centre, &c.

4 *Payne & Fils*, Prod. 21 Old Bond Street, Bath.— Vase en argent, d'après un marbre antique du Musée Capitolin.

5 *Wall, Th.* Dess. & Fab. Bristol.—Dessin original en cheveux; chaînes; bracelets; boucles-d'oreille; bourses, &c.

7 *Greenwell, J.* Fab. Whitby.—Théière, cafetière et bouilloire en argent.

8 *Greenbury, T.* Fab. Whitby. — Colliers en jais; bracelets; broches; chandeliers; pelotte; boucle-d'oreille; jais brut.

10 *Tucker, J. & T.* Inv. Exeter.—Chaîne de sûreté pour broches.

11 *Harding, J.* Inv. et Prop. St. Davids, Exeter.— Bracelet perfectionné; bracelets de différentes espèces.

12 *Ellis & Fils*, Dess. et Fab. Exeter.—Horloge perfectionnée pour voiture, avec échapement duplex et compensateur. Chaînes de sûreté pour broches. Argenterie de table, &c.

13 *Mortimer, W.* Edimbourg.—Encrier en cailloutage écossais.

14 *Mayer, J.* Dess. et Fab. Liverpool.—Plateaux, encrier, épergnes, candélabre, en argent; vaisselle du Club des Yachts de la Mersey, &c.; bijouterie; diamant noir.

15 *West, J. & Fils*, Fab. Dublin.—Broches, bracelets, chaînes et autres ornements en argent et argent oxidé, modèles d'ornements Irlandais antiques.

16 *Connell, D.* Sculp. 10 Nassau Street, Dublin.—Coupe sculptée; encrier ciselé; grande quantité de broches, colliers, couteaux à papier en chêne de marais d'Irlande, montés en or de Wicklow et diamants d'Irlande, &c.

17 *Mosley, D.* ss. Dublin.—Cassette sculptée, de bois d'if blanc et rouge de marais d'Irlande, avec sujets en hautrelief.

18 *Bennett, T.* Dublin.—L'arche d'alliance, en argent; services d'argent; ornements en chêne de marais d'Irlande.

20 *Waterhouse, G. & S.* 25 Dame Street, Dublin.— Broches pour manteaux et châles, en minéraux d'Irlande.

21 *Nicholl, W.* Fab. Princes Street, Edinburgh. — Plumes d'or à bec d'iridium.

23 *Marshall & Fils*, Fab. 87 Great George Street, Edinburgh.—Costume de montagnard écossais, avec ornements d'argent ciselé, cairngorms, &c. Bijouterie en pierres d'écosse.

24 *Rettie & Fils*, Fab. Aberdeen.—Epingles, broches, bracelets, avec granit, porphyre, topazes montés en or et en argent.

25 *Thompson, F. H.* Fab. 10 Brandon Place, Glasgow. —Porte-carafe; fontaine à café; porte-liqueurs, coquetier, &c. de dessins les plus variés, à sujets historiques, mythologiques et de fantaisie.

26 *Baird, W.* 72 Argyle Street, Glasgow.—Tête de bélier, autrefois la propriété du Duc de Hamilton, ch… corne mesurant 3 pieds 5 pouces; montée en tabati… garniture d'or et d'argent, &c.

27 *Lister & Fils*, Fab. Newcastle-upon-Tyne.—T… tières, bijouterie, ornements de montagnards écossais; … cons à Bordeaux en argent; cafetières et théières; bo… à ressort, pendule-chronomètre.

28 *Spurrier, —.* Birmingham.—Cafetières, plats, … déliers, &c. en argent et plaqué.

29 *Hilliard & Thomasson*, Fab. Birmingham.—Art… de fantaisie; broches; bracelets; couteaux et fourch… en argent pour découper le poisson, &c.

30 *Cartwright & Hiron*, Birmingham. — Huilier… criers, corbeilles, &c. en plaqué et argent.

31 *Marrian, F.* Fab. Cannon Street, Birmingha… Epergne; vases étrusques; cafetière antique; salière… lées; chandeliers, calice; services pour thé et pour café…

32 *Wilkinson, T. & Cie.* Fab. Birmingham.—Art… électro-plaqués: plateaux; candélabres; plats; encrier…

33 *Gough, W.* Fab. 11 Parade, Birmingham.—Art… électro-plaqués, candélabres, plateaux, épergnes, &c.

34 *Collis, G. R.* Fab. Birmingham.—Un dessus de t… en argent massif, pesant près de 900 onces, exécuté par o… du gouverneur d'Alep; épergnes; candélabres; seau à g… en cristal et ornements en argent; plateaux, vases, ur… thé, soupières, saladiers, moutardiers, &c., en argent; … de 60 médailles en bronze, avec sujets de l'Ecriture Sa… id. des rois de l'Angleterre depuis Guillaume le Co… rant, &c.

35 *Hawksworth, Eyre & Cie.* Dess et Fab. Sheffield… Pièce centrale en argent avec trépied; articles élec… plaqués.

36 *Bradbury, T. & Fils*, Fab. Sheffield.—Service de … et de café; urnes à thé, couvercles, réchauds, pots à ca… à café, à thé, seaux, bouilloires, assiettes, plats, cav… liqueur, paniers à pain, plateau, chandeliers, candél… girandoles, &c., de dessins les plus variés et les plus ric…

37 *Harrison, T.* Fab. Sheffield.—Services de … bouilloires; urne à thé; candélabre et autres articl… l'électro-plaqué sur métal impérial et nickel.

38 *Dixon, J. & Fils*, Sheffield—Vaisselle en méta… Sheffield (composition); soupière et plateau; plateau à … urne à thé, style antique; candélabre et épergne en … sculpté, garni en cristal; service complet pour thé ou … en argent, calice en argent doré; plateaux en argent pou… ou café, ronds ou ovales; plats; théières, cafetières, &c…

39 *L'Ecole de Dessin de Sheffield.* — Cabinet en … sculpté, et buffet.

40 *Roberts & Hall*, Fab. Sheffield. — Plateau à … électro-plaqués; urnes; bouilloires; porte-liqueurs; … deliers, &c.

41 *Owen & Levick*, Sheffield.—Articles plaqués en … gent et en métal britannique.

42 *Padley, Parkins & Staniforth*, Fab. Sheffield… Plateaux à thé; spécimens d'articles, plaqués de … qualité. Illustrations des procédés du plaqué.

43 *Broadhead & Atkins*, Sheffield.—Argenterie, … montés, articles électro-plaqués.

44 *Wilkinson, H. & Cie.* Fab. Sheffield.—Candéla… urne à thé, plateau à café (enregistrés); porte-cara… chandeliers; couvre-plats, réchauds, épergnes, &c.

45 *Creswick, T. J. & N.* Fab. Sheffield.—Candéla…

orbeilles à fruits, couvercles, casseroles, &c; la généralité des objets exposés sont plaqués au feu, et montés en argent, à l'exception des figures centrales des No. 851, 854 et 871, qui sont plaquées à l'électricité.

46 *M'Gregor,* M. Fab.—Tête de bélier, formant tabatière et boîte à cigares, monture or et argent.

47 *Meyer & Mortimer,* Dess. et Fab. Edimbourg.—Changements pour les régiments Highland de S. M. La Reine Victoria; tartans, &c.

51 *Biden,* J. & F. Graveurs et Joailliers, 37 Cheapside.—Cachets en or massif; bagues; cachet représentant les armes du prince de Galles; spécimens de gravure sur pierre, acier et autres métaux.

52 *Eaton,* E. 16 Irvine Crescent, Londres.—Couverts en argent, &c.

53 *Woodbridge,* T. Prop. 4 Albion Road, Holloway.—Ouvrage en argent ciselé: La Mort sur le Cheval Pâle, d'après West.

54 *Rawlings,* J. Fab. 85 Portland Road, Regent's Park.—Cadres pour miniatures, monté en imitation d'or-moulu.

55 *Mills,* M. Fab. 17 Ossulton Street, Somers Town.—Plateau travaillé en relief, et ciselé sur argent, représentant l'Aurore et les Heures.

56 *Inderwick,* J. 58 Princes Street, Leicester Square.—Pipe à tabac en écume de mer sculptée; sujet: La Mort de Nelson.

59 *Cleal,* W. Fab. 53 Poland Street, Oxford Street.—Specimen de travail en cheveux.

60 *Warriner,* W. Fab. 16 Charlotte Street, Fitzroy Square.—Encadrement de miniature en or-moulu, sur velours cramoisi.

62 *Loewenstark,* A. D. Dess. et Fab. 1 Devereux Court, Strand.—Cassollette à parfums, en filigrane d'argent, style antique; sonnette de table pour dame, &c.

63 *Restall,* R. Inv. et Fab. 35 High Street, Croydon.—Chaîne de sureté pour broche, enregistrée.

64 *Goodwin,* C. Prop.—Vase chinois monté en metal; coupe de sanguine montée en vermeille, &c.

65 *Wisedill,* G. V. Inv. et Fab. 1 Gloucester Place, Prospect Row, Walworth Road.—Modèles d'attaches pour broches; protecteurs pour montres, &c.; anneaux à double sureté.

66 *Abbott,* G. 4 Perry Street, Bedford Square.—Divers modèles en argent ciselé, et une fonte, "l'Inconstant," non ciselée.

67 *Morley,* T. Prop. 140 High Holborn.—Dorure électrique sur métaux.

68 *Wolff,* L. J. Dess. et Fab. 45 Upper York Street, Bryanstone Square.—Cachet monté en or, orné de turquoises et surmonté d'une perle.

69 *Gowland,* J. Inv.—Fermoirs à ressort pour broches et bracelets.

70 *Bakewell,* W. Artiste en cheveux, 25 Red Lion Street, Clerkenwell.—Echantillons pour broches, &c.

71 *Lee,* B. Fab. 41 Rathbone Place.—Bracelets d'un nouveau modèle, en cheveux et or; broches de différents dessins, en cheveux; chaîne en cheveux, d'un nouveau genre; épingles.

72 *Seymour,* E. & J. Prop. 40 Gerrard Street, Soho.—Petit vase en or émaillé, avec le portrait de Sa Majesté et de S. A. R. le Prince Albert, peints sur émail en imitation de camée par J. Haslem.

73 *Hope,* H. T. Prop. 116 Piccadilly.—Ecrin contenant un diamand bleu pesant 177 grains, monté en médaillon et entouré de brillians; pièce unique en son genre.

74 *Harding, Dando & Cie.* Inv. et Brev. 23 Hatton Garden.—Attache en spirale pour boutons, épingles, broches.

76 *Campbell,* A. Inv. Dess. et Fab. 43 Tottenham Court

Road.—Corne d'abondance, pouvant servir de broche, de porte-bouquet, et de crochet de sûreté de montre.

77 *Forster,* E. Expo. 19 Queen Street, Haymarket.—Cuiller en vermeille, représentant Jenny Lind, rôle d'Alice dans Robert le Diable; tabatière en argent.

78 *Edwards,* R. Fab. 26 Lisle Street, Leicester Square.—Specimens de teintes et couleurs employées dans les émaux; portraits émaillés de la Reine, du Prince Albert, du Duc de Wellington, de Shakespeare, &c.; bagues émaillées, boutons, épingles, &c.

79 *Buss,* H. Dess. et Fab. 13 Great Newport Street, Leicester Square.—Médaillon représentant les devises héraldiques de toutes les nations qui sont représentées à l'Exposition.

80 *Zimmerman, Godfrey & Simon,* Fab. 38 Old Bond Street.—Cassette en porphyre et en malachite, montée en ormoulu; statuettes équestres en argent de Sa Majesté la Reine Victoria; id. de Son Altesse Royale le Prince Albert, &c.

81 *Stocken,* C. 53 Regent Street.—Boîtes à envelopes, buvards ornés.

83 *Gass,* S. H. & D. Prop. 166 Regent Street.—Service de dessert en argent, style et dessin nouveau, moulé d'après nature d'après les plantes aquatiques de Kew Gardens. Plat central avec ciselures, représentant un paysage d'Egypte. Bracelet d'escarboucle et pierreries, avec les portraits de la Reine et du Prince de Galles, d'après Thornburn. Grand vase en cheveu, &c.

84 *Paravagua & Casella,* Imp. et Fab. 3 Brabant Court, Philpot Lane.—Branche de corail brut d'une grande valeur; bracelets, colliers et camées en corail.

85 *Barling,* J. Maidstone et Londres.—Couverts en argent et émaillés.

86 *Nash,* E. Dess. et Fab. 30 Coppice Row, Clerkenwell.—Porte-crayons en or et en argent; plumes en or; tabatières en écaille, et en nacre, montées en or et argent, &c.

87 *Phillips Frères,* Inv. et Prod. 31 Cockspur Street.—Statuette équestre, sujet: Garde du corps Anglais, l'homme et le cheval modelés d'après nature et exécutés en or et argent oxidé; Lablache, dans le rôle de Caliban; autres statuettes; broches Sévigné en topaze, montées en or et brillants, &c.; montres de chasse, &c.; pions d'échiquier, style renaissance, en émail, incrustés de pierres précieuses, de perles, &c.

88 *Adams,* G. W. Fab. Hosier Lane.—Service de dessert en vermeille; id. en argent; cuillers et fourchettes; pincettes à sucre, &c.

90 *Hermann,* A. Dess. et Fab. 4 Oxendon Street, Haymarket. — Guirlande de lauriers imitant la dentelle, découpée aux ciseaux; bouquets en cheveux de différentes couleurs, d'un style tout-à-fait nouveau.

91 *Wheeler,* G. & M. Fab. 28 Bartlett's Buildings, Holborn.—Broches en or pour dames; colliers de styles variés et en pierres vraies; broches de sûreté perfectionnées. (Enregistrées.) Plusieurs autres bijoux en or et en pierreries.

92 *Harvey & Cie.* Prop. 126 et 128 Regent Street.—Candélabre en argent, à base triangulaire, et composée d'ouvrages en coquillage, de plantes marines, &c.; les angles sont ornés des statues de Vénus, d'un triton, et de Cupidon; amphore en argent.

94 *Smily,* W. R. Fab. 9 Camomile Street.—Cafetière en argent richement ciselée; théière argentée; sucrier en argent ciselé; aiguière à crème; cuillers à l'antique, &c.

95 *Mathews,* E. Dess. et Fab. 46 Berwick Street, Soho.—Dessin héraldique, représentant les armoiries royales depuis la conquête, sur différents métaux.

96 *Robinson,* W. Fab. et Brev. 70 Wynyatt Street,

Clerkenwell.—Boîte d'horloge, dorée à l'électrotype; id. plus petite, dorée par le même principe avec lignes en relief; encrier doré et plaqué; boîte à thé plaquée, &c.

97 *Hunt & Roskell* (autrefois *Storr & Mortimer*), Inv. Dess. et Fab. 156 New Bond Street.—Ouvrage en argent sculpté et ciselé. Bouclier au repoussé et ciselé en fer et argent. Vases, candélabres, pièces centrales, coupes, salières, cassettes, &c., dess. par Alfred Brown, A. Vechte, Sir C. Hayter, F. Howard, Sir F. Chantry, E. H. Bailey, Winterhalter, &c. Collection de pierres précieuses, brutes, taillées, et montées.

98 *Garrard, R. & S.* Panton Street, Haymarket.—Coupe nautique, grande coupe de forme ancienne, entouré d'un groupe représentant St. Georges et le Dragon; flacon, avec groupe d'Arabes dans le désert; aiguières; vaisselle d'or et d'argent; candélabres, &c. Bijouterie: opales, brillants, saphirs, perles, &c., montés.

99 *Forrer, A.* Fab.—Blondes en cheveux et en or; bijouterie; cadre d'ornement, contenant les miniatures de la Reine, du Prince Albert, et de la Famille Royale, montées en or et en cheveux.

100 *Widdowson & Veale*, Fab. 73 Strand.—Pièce centrale en argent; plateau avec candélabre et plateaux de dessert ornés de figures; statuette équestre du Duc de Wellington, bijouterie, &c.

101 *Gray, J.* 5 Billiter Square.—Série d'objets en plaqué.

102 *Lambert & Rawlings*, Prop. Conventry Street.—Candélabre à 10 becs, en argent; flacon à vin en argent doré; carafes en argent; soupières en argent; coupes en verre, montées en argent doré, d'après l'antique; salières, &c.

103 *Angell, G.* Fab. 51, Compton Street, Clerkenwell.—Grand vase dans le style étrusque; candélabre dans le style oriental; plateau à thé représentant le Palais de Cristal, &c.

104 *Marshall, E. S.* Fab. 31 John Street, Tottenham Court Road.—Feuilles d'or pour doreurs, relieurs, vernisseurs et imprimeurs en or; feuilles d'or pour dentistes, fabricants de galons; argent, cuivre, étain, zinc, plomb et tellure; série illustrant la malléabilité des métaux.

105 *Watherston & Brogden*, Fab. 16 Henrietta Street, Covent Garden.—Magnifique vase d'or pur, émaillé, surmonté d'un groupe représentant la Grande Bretagne, avec reliefs et bustes d'hommes célèbres, &c.; broches, bracelets, chaînes, &c., en or.

106 *Holt, J.* 80 Pratt Street, Camden Town.—Variété de médaillons ciselés.

107 *Mosley, J. & Cie.* Fab. 8 Hatton Garden.—Plumes d'or à bec d'iridium, porte-crayons, porte-plumes en argent, &c.

108 *Forrest, W.* 54 Strand.—Plateau à eau de rose, dessiné et ciselé par Wagner de Paris, dont c'est la dernière œuvre.

109 *Eady, H. J.* Dess. et Fab. 26 Red Lion Street, Clerkenwell.—Pièces de jeu d'échec, période 1520: Henri VIII et François I, au camp du Drap d'Or.

110 *Smith, Nicholson & Cie.* Fab. Duke Street, Lincoln's Inn Fields.—Articles en argent: candélabre, modelé par W. Beattie, sculpteur; id. dessiné par la Duchesse de Sutherland, modelé par W. Beattie, tribut présenté à W. C. Macready; ornement de table, &c.; articles plaqués: candélabres, services, &c.

111 *Angell, J.* Dess. et Fab. 10 Strand.—Groupes en argent: La Caravane Arabe faisant halte dans le Désert; Sir Roger de Coverley et les Bohémiens. Boucliers ciselés: La Bataille d'Alexandre et de Darius. Coupe: Les Travaux d'Hercule, &c.

112 *Hancock, C. F.* Fab. 39 Bruton Street, Berkeley Square.—Table en ébène, à incrustation d'argent, étrusque; groupe en argent massif sur piédestal de chêne, style de l'ère des Tudors: la reine Élizabeth à cheval. Groupes divers en argent; candélabres style Louis XIV; nécessaire de toilette; cravate de drapeau, brodée en or, velours pompadour, &c.

113 *Attenborough, R.* Prop. 19 Piccadilly.—Vase, table pour fruits, fleurs, ou dessert; modèles de cuillers, de fourchettes d'un nouveau modèle; bijouterie, &c.

115 *Higgins, F.* Dess. et Fab. 40 Kirby Street, Hatton Garden.—Coutellerie de table et de dessert, à manche argent, et en ivoire; couverts en argent, couteaux de poche, canifs, rasoirs, &c.

116 *Mott, W.* Prop. 36 Cheapside.—Porte crayons en or et en argent.

117 *Morel, J. V. & Cie.* New Burlington Street, Regent Street.—Statue équestre en argent de la Reine Élisabeth au repoussé; pièce de centre; coupes d'agate; coupes en lapis lazuli; vase de cristal de roche, monté en or émaillé, &c.; bouquet de diamants et de rubis, &c.

118 *Rowlands, C. & W.* Fab. 146 Regent Street.—Bracelet en brillants et rubis, style de Holbein; broche de corsage en brillants et éméraudes, monture nouvelle; bracelet en or et émail avec escarboucle et diamans, style 15ème Siècle, &c.

119 *Emanuel, M.* Fab. 5 Hanover Square.—Grande horloge en argent, sujet: Apollon, conduisant le Char du Soleil; seau en argent; corbeilles de dessert en argent; plateau en vermeil, &c.

120 *Sharp, T.* Dess. et Fab. 57 Burton Crescent.—Coupe de Shakspeare, en argent, avec sujets en relief des comédies: le Roi Lear, Jules César, la Tempête, Othello, Hamlet et Macbeth; candélabre, &c.

121 *Keith, J.* Fab. 29 Britannia Terrace, City Road.—Articles d'église pour la communion; aiguières, calices, &c.

122 *Dodd, P. G.* Prop. 79 Cornhill.—Services à thé, à café avec figures en relief; carafes en argent; écrin en argent dans le style de Louis XIV.; vase à fleurs en argent; corbeilles à pain, &c.

123 *Stone & Fils*, Fab. 7 Middleton Street, Clerkenwell.—Chaîne en or. Chaîne Albert, id. Arthur, id. impériale. Bracelets et bagues, &c.

124 *Hanssen & De Koning*, Soho Bazar, et 50 Dorset Street, Portman Square.—Ouvrages en cheveux: le Prince de Galles, le cimetière de Kensall Green, fleurs, &c.

125 *Townley, R. C.* Cursitor Street, Chancery Lane.—Cheveux tressés par une machine.

126 *Lias & Fils*, Fab. Salisbury Court.—Articles en argent, de différents modèles; flacons à Bordeaux, cafetières, théières, sucriers; huiliers, salières; couteaux; fourchettes et cuillers pour enfants; pincettes à sucre, &c.

127 *Donne, W. & Fils*, Grav. 51 Cheapside.—La Foi, l'Espérance et la Charité de la Religion, d'après Armitage et Calcott Horsley; cuillères et pincettes en vermeille, &c.

128 *Mason, J.* Fab. 4 Gate Street, Lincoln's Inn Fields.—Plat richement travaillé, doré en relief, style d'Élisabeth; saint ciboire ciselé en relief, &c.

129 *Skidmore, Fr. & Fils*, Fab.—Calices, patènes, style du moyen âge; évangiles en reliures antiques, &c.

131 *Henrys & Cie.* 2 Budge Row.—Imitation de pierres précieuses.

140 *Sa Majesté la Reine.*—Le grand diamant de Runjeet Singh, appelé "Koh-i-Noor," ou montagne de lumière; cassette à bijoux, style cinque-cento, dessinée par L. Grüner, Esq. (Dans l'Avenue centrale.)

Aller à la Classe 19, page 123.

Classe 24. VERRERIE.

—— Galerie Centrale du Nord. ——

1 *Ross, O'Connor, & Carson*, Belfast, Irlande.—Verre à montre. Procédés de fabrication.

2 *Hetley, J. H. & Cie.* 35 Soho Square.— Globes et vitrines.

3 *Kidd, W.* Inv. et Fab. 12 Poland Street, Oxford Street.—Nouveau procédé pour enluminer, broder et argenter le verre.

4 *Swinburne, R. W.* Fab. South Shields et Newcastle-Tyne.—Plaques de verre argentées, brutes, vénitiennes, appareils pour la chimie, &c.

5 *Pinkerton, J.* Dess. et Fab. 143 High Street, Borough. Assiettes en métal plaqué pour dessert, avec incrustations à verre taillé; globe sur piédestal avec ciselures en métal plaqué, à réflecteur interne; porte-chandelier en verre taillé, réflecteur interne; plat en verre bleu; chandeliers; encrier; corbeilles à dessert, &c.

6 *The Aire and Calder Bottle Company, Breffit, E.* Fab. Castleford, près Pontefract.—Bouteilles et fioles pour médicaments, avec bouchons creux; bouteilles pour chimistes, confiseurs, bière, café, &c.; bouteilles pour toutes sortes d'objets; isolateurs en verre, pour télégraphes électriques.

7 *Wood & Perkes*, Barnsley, Fab.—Cannelles de verre; épergne rubis dont le dessous forme un vase séparé à fruits et à fleurs; encrier et boîtes à pains-à-cacheter en verre.

8 *Shephard, J.* 5 Crawford Passage, Ray Street, Clerkenwell.—Alambics avec tuyaux à vis pour rallonger, pour chimistes; ustensiles en verre pour chimistes.

9 *Sanderson, R. et Fils*, Inv. et Fab. 9 Brook Street, Holborn.—Verre nouveau à partition, pour les poudres de Seidlitz et autres poudres effervescentes.

10 *O'lson, J.* 70 Union Street, Southwark.—Plats en verre expliquant les trois différents degrés de la taille des verres en Angleterre.

11 *Jones & Fils*, Dess. Inv. et Fab. 5 Ludgate Hill, Londres.—Girandoles de cheminées, à deux bougies, à globes en verre et pieds dorés; spécimens de boutons de portes en verre taillé, &c.; cornes d'abondance en verre richement taillé, &c.

12 *Gatchell, G.* Fab. Anne Street, Waterford.—Etagère pour table de banquet; service de table en verre; carafes, &c.

13 *Molineaux, Webb, & Cie.* Manchester, Fab.—Echantillons de verres, carafes, &c., taillés, gravés, et en couleur.

14 *Richardson, W. H., B. & J.* Stourbridge, Fab.—Cristal taillé et uni; carafes, verres à vin, &c.; verre peint, taillé, doré et émaillé.

15 *Davis, Greathead, & Green*, Stourbridge, Fab.—Carafes, verres, gobelets, vases, lustres en cristal taillé, blanc et colorié.

16 *Wood, T.* Stourbridge, Graveur.—Verre; plat bleu; bouteille bleue à champagne; bouteille rouge foncé; carafe, grand verre, verres à vin.

17 *Webb, T.* Stourbridge, Fab.— Verre à différents dessins; gobelets, piédestal, plats, &c.; carafes, verres à vin, gobelets, vases à fleurs, lustres, &c.

18 *Lloyd & Summerfield*, Fab. Birmingham Heath, Birmingham.—Service de table et de dessert, taillé, en couleur, &c.; lampe de vestibule; bustes en cristal anglais S. M. la Reine et de S. A. R. le Prince Albert, &c.

19 *Bacchus, G. & Fils*. Birmingham, Fab.—Jardinière; vases; carafe; tazza; verres à vin, à champagne, flacons à vin, &c.

20 *Osler, F. & C.* Broad Street, Birmingham, et 44 Oxford Street, Londres.—Paire de candélabres en cristal taillé, la propriété de S.M.; autres candélabres, lustres, &c.; bustes de la Reine, du Prince Albert, de Shakspere, Milton, Scott, et Sir Robert Peel; grande fontaine en cristal taillé, de 27 pieds de haut (à l'intersection de l'Avenue principale et du Transept.).

21 *Harris, R. & Fil*, Islington Glass Works, Birmingham, Dess. et Fab.—Verres, gobelets, sucriers, carafes en verre moulé; verres dorés et émaillés, articles d'ornement.

22 *Chance, Frères & Cie.* Birmingham, Fab. — Verre crown pour croisées; feuille, ou vitre cylindrique, représentant le bâtiment de l'Exposition; verre plaqué breveté, pour tableau, glaces, &c.; verre de couleur pour vitraux; globes de verre; verres d'optique; phare à dioptrique tournant. (Avenue principale, Ouest.)

23 *Lochhead, J.* 35 Royal Exchange.—Modèle de fenêtres pour aérer les maisons (brevetées); fenêtres avec cadre en acajou; modèle de fenêtres pour navires, rondes et carrées, (brevetées); ventilateurs pour cheminées, en verre. (Brevetés.)

24 *Shore, G.* Fab. et Brev. Deptford et 488 New Oxford Street.—Lettres détachées en verre.

25 *Claudet & Houghton*, 49 High Holborn. — Globes en verre et vitrines rondes, ovales, carrées, &c.

26 *Cogan, R.* Dess. Inv. et Fab.—Modèle du palais de cristal, en verre et métal; pavillon portatif en verre pour pelouses; veranda portative en verre; collection d'articles en verre, &c.

27 *Varnish, E.* Prop. 48 Berner's Street.—Plateaux; vase en verre blanc et vert, argenté; globes en verre, &c.

28 *Conne, A.* Dess. et Art. 118 Wardour Street, Oxford Street.—Gobelets avec ornements; verre à champagne en ambre; verre à vin, couleur rubis, &c.

29 *Vizetelly & Branston*, Fleet Street, Fab.—Verres d'ornements pour meubles et objets d'architecture; lampes.

30 *Naylor, W.* Dess. et Inv. 7 Princes Street, Cavendish Square. — Flacon à vin, antique, richement ciselée; beurrier, ciselure riche, avec couronne et plumes du prince de Galles; carafes; amphores; verres à vin; gobelets, &c.

31 *Powell, J. & Fils*, Fab. White Friars Glassworks.—Spécimens de verres à vitres peints et pressés; tuyaux de verre pour conduits d'eau et de gaz; tuyaux pour chimistes; service à dessert et autres échantillons de verre.

32 *Green, J.* Dess. et Fab. 19 St. James' Street, Piccadilly.—Services de table en cristal taillé en style Grec; id. siècle de François 1er; id. taillé en fleurs; carafes, verres de différentes espèces, &c.

33 *Pellatt, A. & F. & Cie.* Fab. Falcon Glass Works et 58 Baker Street, Portman Square.—Modèles et spécimens de la manufacture du cristal Anglais, avec catalogue explicatif; fioles pour médecine et parfumerie; verre taillé de toute espèce; lustres à gaz et à bougies; verres de table; candélabres divers, &c.

34 *Binns, R. W.* Dess. 58 Baker Street, Portman Square.—Fontaine en miniature pour serre; déjeuners avec ornements en fleurs.

36 *Perry & Cie.* Dess. et Fab. 72 New Bond Street.—Grand chandelier en verre taillé pour 144 bougies; spécimen du degré de perfection que la taille du verre a atteint depuis le 18ème siècle.

37 *Davies, G.* Dess. 20 Wyndham Street, Bryanstone Square.—Marbres peints sur verre, pour décorations intérieures.

38 *Davies, W.* Dess. 7 Broadley Street, Blandford Square.—Peintures opaques sur verre.

39 *Kiddle, H.* 4 Broadley Street, Norton Folgate.—Douze spécimens de marbre sur verre, encadrés, &c.

40 *Ford, D.* Dess. 4 James Street, St. Peter's, Islington.—Spécimens variés de verre-marbré; pour dessus de manteau de tables et autres meubles, entablements, parquets, &c.

41 *Hall, J. W.* Fab. Bristol.—Croisé en verre taillé; verre en plaque à relief, pour portes ornementées, lettres, &c. Fenêtre à vitraux peints, &c.

42 *Forrest & Bromley,* Fab. Liverpool.—Vitraux peints; manteau de cheminée de verre.

43 *Price, J.* Dess. et Inv. 7 Bridge Road, Lambeth.—Porte en verre peint exposée comme spécimen de peinture sur verre, applicable à toute espèce de décoration.

44 *Jones, Z.* 17 Park Place Clifton, près Bristol, Dess. et Fab.—Table en vitrilapis, nouveau genre d'ornementation en verre.

45 *Beningfield, W.* Colchester, Essex, Dess. et Fab.—Cadres en verre, dessin original.

46 *Braun, H.* Dess. et Imp. 10 Old Fish Street Hill.—Une tasse taillée et gravée, fabriquée en Bohême.

46A *Hancock, Rixon & Dunt,* Fab. 1 Cockspur Street.—Lustre en verre taillé, à 32 bougies.

47 *Coathupes & Cie.* Nicolas Street, Bristol, Inv. et Fab.—Tuyaux en verre pour l'eau; articles en verre.

48 *Freeman, Messrs.* 3 Wigmore Street, Cavendish Square.—Modèle enregistré d'un percolateur ou filtre à froid.

49 *Barnes, W.* 15 Grafton Street, Fitzroy Square.—Echantillons de verre pour décoration d'églises, de bibliothèques, &c., transparent et imperméable.

50 *Sinclair, C.* 69 Old Street, St. Luke's.—Modèle en verre d'un outil à tailler le veue.

51 *Tarin, M. L. A.* 8 Nelson Street, Mornington.—Réflecteurs de lampes en verre grossissant.

52 *Skidmore, T. R.* 19 Haymarket.—Modèle en verre d'une pompe.

53 *Moore G.* 33 Clerkenwell Close.—Ventilateur à levier breveté.

54 *Mash, J.* 93 Farringdon Street. — Store royal vénitien en cristal.

55 *Pettit, R. L.* Inv.—Reliquaire fait de morceaux de verre.

*** *Vitraux peints et verrières (v. la Galerie du Nord est.)*

60 *Chance, Frères & Cie.* Birmingham, Fab.—Appareil dioptrique du 1er ordre pour phares, à lentilles tournantes et zones catadioptriques. Vitraux peints dans le style gothique et le style du 14e siècle. Paysage sur une seule vitre, pour fenêtre d'escalier. Group de fleurs, avec échantillons de verre émaillé.

61 *Baillie, E.* Prop. 12B Cumberland Market, et 118 Wardour Street.—Vitraux peints contenant un buste de la reine Elizabeth, ses armes, &c., figure à genoux; emblème de St. Mathieu; armes des Tudor; peinture sur verre représentant Shakespeare lisant devant Elizabeth et sa cour, &c.

63 *Holland & Fils,* St. John's Warwick, Dess. et Fab.—Spécimens de verres peints de différents styles.

64 *Bury, T. T.* Dess. et Prod. Welbeck Street, Caven-dish Square.—Vitraux peints; compartiments d'une fen... à ogive pour un établissement religieux, &c.

66 *La verrerie de Ste. Hélène, Lancashire.*—Fen... d'ornementation représentant les emblêmes nation... Vitraux représentant divers sujets; chacun sur une s... vitre, &c.

67 *Howe, J. G.* Dess. et Ex. 4 Cumberland Pl... New Road.—Vitraux peints dans le style du 13ème s... représentant: La naissance du Christ; Siméon prés... l'enfant Jésus au Temple; le Christ discutant avec les D... teurs.

68 *Gaunt, T.* Springfield Place, Leeds, Dess.—Fen... vitraux peints.

71 *Toms, J.* High Street, Wellington, Somerset, F...—Fenêtre en vitraux peints, &c.

72 *Gibson, J.* 89 Clayton Street, Newcastle-u... Tyne.—Vitraux en grisaille, &c.

75 *Gibbs, I. A.* Harwood Place, Camden Tow... Fenêtre Normande, sujets tirés de la vie de St. Pie... compartiments gothiques décorés: St. Jean, notre Seig... et la Sainte Cène.

76 *Mayer, G.* 1 Bloomfield Terrace, Harrow Ro... Paddington.—Vitraux peints.

77 *Jackson, E. & W. H.* 315 Oxford Street.—Les a... d'Angleterre peintes sur verre.

78 *Ballantyne & Allan,* George Street, Edimbo... Dess. et Inv.—Vitraux; verres peints, style Elizabeth...

79 *Newsham, J. T.* Dess. et Prod., 1 Hereford St... Oxford Street.—Verre peint, couronne et plumes de S.A... le prince de Galles sur fond de pourpre, avec la rose... chardon et le trèfle, entourés d'une guirlande de feuill... chêné vert.

80 *Bland, S. K.* Fab. 15 Lisson Grove, North, Ma...le-bone.—Vitraux peints sur émail.

81 *Tobey, J.* Dess. et Prod. 20 Henrietta Street, M...chester Square.—Vitraux peints; les armes royales, av... jarretière, la couronne, les supports, la crête, l'âme, &c...

83 *Fabrique Royale Décors en Verre, Brevetés,* 21 C...Street, Southwark Bridge Road. — Vitraux représent... l'Adoration des Mages, comp. et exec. par Poussin Cart... Deux grandes fenêtres, dessins de dentelles sur verre... neuf fenêtres du salon de la commission royale, nouv... style de vitraux, comp. et exec. par Joseph Cartisser.

84 *Swinburne, R. W. & Cie.* (Gallerie Nord-Ouest) Vitraux.

85 *James, W. H.* 7 Ferdinand Terrace, Pancras, ... Inv. et Dess.—Verres de fenêtre, ornés par des proc... mécaniques.

86 *Long, C.* King Street, Portman Square.—Ec... tillons de verres tournés à la mécanique. (A côté de... porte de sortie, No. 18.)

87 *Bankart & Fils,* South Wales, et 9 Clements ... Londres. — Vitraux peints, contenant différentes p... pièces, unies sur du verre plaqué, &c.

88 *Danby, J.* 14 Hasley Street, Chelsea.—Imit... de dentelle sur verre, &c.

100 *Hartley, J. & Cie.* Fab. Sunderland.—Verre pla... brut. Verre pour toiture à sillons. Modèles, &c., ill... trant la fabrication du verre crown et du verre en feu... Fenêtres en verre de couleur roulé, &c. (Avenue Pri... pale Est, à l'angle du Sud.)

Aller a la Classe 10, page 85.

Classe 25.　PORCELAINE, FAIENCE, POTERIE, &c.

—— Galerie au Nord du Transept. ——

1 *Minton, H. & Cie.* Fab. Stoke-upon-Trent, Stafford-shire.—Tuiles en terra cotta, vases, &c. en imitation de majolica; tuiles encaustiques et autres, grand vases en terra cotta, dessinés par le Baron Marochetti; pots à fleurs, avec bas-reliefs de Paros d'après Thorwaldsen; statuettes, bustes, vases, service de table en porcelaine; ustensiles de chimie en porcelaine, matières brutes, &c.

2 *Copeland, W. T.* Fab. Stoke-upon-Trent, Stafford-shire, et 160 New Bond Street.—Statuaire en porcelaine d'après les artistes les plus distingués; grande collection de vases; tasses et plateaux, services de table en porcelaine; échantillons de poterie commune pressée, et spécimens d'objets en cristal, taillé et gravé.

3 *Mason, C.* Longton, Staffordshire, Inv. et Dess.—Porcelaine de minerai de fer, bancs de jardin, jarres man-darin, grandes jarres avec couvercles, porcelaine blanche de minerai de fer, en usage dans les hotêls des Etats Unis d'Amérique, &c.

4 *Kennedy, W. S.* Fab. Burslem, Staffordshire.—Por-celaine et faïence; garnitures de volets et de portes; numéros pour les portes d'entrée, &c.

5 *Ridway, J. & Cie.* Fab. Caudon Place, Staffordshire Potteries, Newcastle-under-Lyme.—Services de table de porcelaine anglaise; id. à café; id. à thé, &c. et autres articles magnifiques de porcelaine; modèle d'escalier, avec les marches, &c.; modèle de four à briques, &c.

6 *Wedgwood & Fils,* Fab. Etruria, près de Newcastle-under-Lyme.—Statuaire de carrare en porcelaine; copie du vase de Portland ou Barberini, et vases en jaspe bleu, avec bas-reliefs blancs d'après l'antique, pions de jeux d'échecs 34 pieces d'après Flaxman; tasses, camées de diverses couleurs, avec bas-reliefs antiques, vases en terra-cotta rouge, avec reliefs noirs, faïence voltaïque, poterie blanc de lait, poterie colorée, pieds et pots de fleurs de jardin.

7 *Alcock, S. & Cie.* Fab. Burslem, Staffordshire.—Por-celaine de tout genre, coupes, vases, bouteilles, statuettes, &c.; d'après les dessins de Crowquill, Arnold et San Gio-vanni.

8 *Clementson, J.* Shelton, Staffordshire Potteries. — Porcelaines de diverses couleurs, décorées, peintes, dorées et émaillées; assiettes; service de table, de thé, de café, de des-sert, tasses, coupes, sauciers, vases à fleurs, &c.

9 *Mayer, E. J. & J.* Fab. Dale Hall Pottery, Long-port, Burslem, Staffordshire.—Service de table en porce-laine opaque; service de dessert, et objets de toilette; vases de jardin rustiques; plaques et boutons de portes émaillés et dorés; poterie en faïence; poterie de Paros; buste de Wesley.

10 *Meigh C. & Fils,* Fab. Hanley, Staffordshire.—Vaisselle, pour la soupe, les légumes, le fruit; bassins et chandeliers à la Lotus; vases—portraits de la Reine Victoria, et vue du Palais de Cristal; têtes de sir Robert Peel, Shakspeare, &c.

11 *Boote, T. & R.* Burslem, Staffordshire.—Vase de Portland, fond fauve avec figures blanches: ce vase a environ 3 pieds de hauteur; vases, groupes de fleurs, et statuettes de Paros; buste en Paros de Sir Robert Peel d'après Lawrence; vases en mosaïque style Dorique; bois grecs azur et fauves, avec incrustations blanches et filets d'or.

12 *Dimmock, T.* Fab. Shelton Potteries, Staffordshire. Assiettes; plats, plusieurs échantillons; chaises de jardins dorées; réfrigérateur en terra-cotta.

13 *Bowers, G. F.* Fab. Brownhills, Tunstall, Stafford-shire.—Corniches en faïence; briques pour décoration; articles en porcelaine.

14 *Keys & Mountford,* Dess. Inv. et Fab. Poteries, Newcastle-under-Lyme, Stafford.—Echantillons de statues en porcelaine: Flore, Vénus, Esclaves, chiens, gibier, &c.

15 *Pinder, Bourne & Hope,* Fab. Burslem, Staffordshire Potteries.—Vaisselle pour la soupe, élégamment dorée, sur fond bleu; assiettes et plats; id. bassins; aiguières, &c.

16 *Anderson & Bettany,* Longton, Staffordshire Pote-ries.—Assortiment de tasses, de soucoupes, et services de dessert, en porcelaine.

17 *Hilditch & Hopwood,* Dess. et Inv. Newcastle-under-Lyme, Stafford.—Théières; bassin à sucre; tasses et sou-coupes, dorées et brunies, ornées de médaillons et de pein-tures de paysages, &c.

18 *Deakin, E.* Fab. Longton.—Cafetières, théières et plats pour légumes; chandeliers; burettes et toutes sortes de vaisselle nécessaire à la table et au ménage.

19 *Serjeant & Pepper,* Hanley, Staffordshire.—Spéci-mens de planches pour imprimer sur poterie.

20 *Till, T. & Fils,* Fab. Burslem, Staffordshire, près Newcastle-under-Lyme.—Echantillons de faïence; bassins; boîte à savon; jattes; tasses et soucoupes; plats et assiettes, &c.

21 *Cork & Edge,* Queen Street, Burslem, Staffordshire. —Service à thé en poterie noire, lustrée fauve, et lilas.

22 *Pratt, F. & R. & Cie.* Fab. Fenton Potteries, Staf-fordshire.—Modèle en terra-cotta, pour horloge; vases étrusques; vaisselle de terre imprimée d'après des tableaux de Mulready, Landseer, Wilkie, Gainsborough et autres; assortiment de faïencerie fine.

23 *Daniell, A. B. & R. P.* Dess. 18 Wigmore Street, et 129 New Bond Street.—Services de desserts, de la fa-brique de porcelaine de Colebrooke Dale.

24 *Earnshaw & Graves,* Fab. Masborough Pottery, Rotherham, Yorkshire.—Biura peint, avec des échantillons de lettres en porcelaine, brevetées par Yates.

25 *Glover & Colclough,* Longton.—Faïence en imitation d'or et d'argent; poterie.

26 *Bell & Cie.* Fab. Glasgow.—Echantillons de services de table, et de toutes sortes de vaisselle de terre, de diverses couleurs, et en imitation de marbre et de porcelaine, ornés de bas-reliefs à l'antique, &c.; vases, &c., en terra cotta.

27 *Whalley, T.* Stockton-on-Tees.—Nouvelles compo-sitions pour vernir la faïence.

28 *Fell, T. & Cie.* Fab. St. Peter's Pottery, Newcastle-upon-Tyne.—Poterie commune.

29 *Southern, W.* Fab. Broseley, près Iron Bridge, Shropshire.—Pipes à fumer de terre d'argile, préparées de manière à les rendre poreuses et plus agréables à fumer.

29a *Michell, J.* Calenich, Truro.—Creusets de Cor-nouailles.

30 *Juleff, J. & J.* Redruth, Cornwall.—Spécimens de creusets pour bijoutiers, et pour analyser l'argent, le cuivre et le plomb; pots pour raffineries, cruches et alambics.

31 *Kay, Th.* Inv. et Fab. Leeds.—Pots à fleur; pots à suspension pour orchides, &c.

32 *Mills, J.* Fab. Leeds.—Théières et cafetières de Rockingham; théières en forme de coquillage; id. pots et théières noires.

33 *Simpson, J.* 28 Theobald's Road. — Service de table, de thé, et de dessert, en poterie; bassins à robinets garniture de toilette; statuettes de Paros.

M

34 *Wood, G.* Dess. Inv. et Fab. Brentford. — Pots gigantesques pour orangers. Ce sont les plus grands qui se font en Angleterre.

35 *Bourne, J.* Fab. Derby Pottery, près de Derby.— Objets en terre de pipe; étiquettes de jardin, &c.

36 *Sharpe, Frères & Cie.* Fab.—Swadlincote, près de Burton-on-Trent.—Faïencerie de matières et qualités diverses.

37 *Edwards, J. & Fils,* Dale Hall, Staffordshire. — Grand vase de Paros, grand plateau en poterie.

38 *Finch, J.* 6 Peckhard Street, City Road, breveté avec F. T. Rufford de Stourbridge.—Baignoires et terrines pour laver; bassins de toilette et conduits à vapeur; dalles et briques émaillées, &c.

39 *Lowe, T.* Peint. et Fab. 40 Ely Place, Holborn.— Plaqués pour tables, avec peintures de sujets différens; portrait en miniature de Sa Majesté la Reine Victoria, d'après Ross; l'Enfant Jean, d'après Corregio; la Harpe du Juif, d'après Wilkie; le Paysan Anglais, d'après Howard.

40 *Allen, J. M.* Prod. 14 Catherine Street, Strand.— Service de dessert en porcelaine, peinte et dorée.

41 *Sharpus & Cullum,* 13 Cockspur Street, Charing Cross.—Services de dessert, etc. en porcelaine et en faïence; carafes et verres à vin.

43 *Brameld, J. W.* Fab. 7 Coburg Place, Bayswater. Seau à glace de porcelaine de Rockingham; panier à raisin; tasse et soucoupe de Rockingham.

44 *Chamberlain & Cie.* Dess. et Fab.—Service à thé en porcelaine de coques d'œufs; calice de la Sainte-Communion; service à déjeûner; tablettes en porcelaine pour portefeuilles; vases; encriers, assiettes, bracelets et broches en porcelaine; tasses, service de dessert, &c.

45 *Brown, T. & M. L.* Fab. 47 St. Martin's Lane.— Assiettes de diner et de dessert; spécimens de peinture et de dorure sur porcelaine; tasses à thé et soucoupes; collection d'articles en verre.

46 *Grainger, G. & Cie.* Inv. et Fab. Worcester. — Capsules chimiques; articles en semi ou porcelaine chi-mique, invention nouvelle; service à thé; Baptistère (sty... moyen-âge); tasses; soucoupes, &c.

47 *Rose, J. & Cie.* Fab. Coalbrook Dale Ironbrid... Shropshire.—Services de table en porcelaine à relief, ... couleurs brillantes et diverses; épergnes; vase à fleur... assiettes de porcelaine, de diverses couleurs, &c.

48 *Lee, J.* Fab. Pottery Rotherham, Yorkshire.—... seigne de maison, avec les lettres en porcelaine.

49 *Potts, W. W.* Burslem, Staffordshire.—Spécim... d'impressions sur papier tissu au moyen de cylindre... vapeur, et transférable sur porcelaine, verre et pap... mâché.

50 *Green, J.* moitié Prop. et Ag. 35 Upper Tha... Street.—Fontaine en porcelaine ou en faïence pour gr... salons et conservatoires.

51 *Sherwin, H.* Dess. et Grav. Wolstanton, Newca... under-Lyme.—Echantillons de gravures pour la décor... de la faïence. Les dessins représentent des fleurs de to... espèces.

52 *Lorkin, J.* 68 Basinghall Street.—Battoir à œu...

53 *Battam, T.* Fab. 2 and 3 Johnson Court, F... Street.—Collection de vases avec sujets d'après l'antiqu...

54 *Lipscombe, J. & Cie.* Dess. 53 Regent Street.— taine: le bassin est en verre taillé, le piédestal en ma... de Carrare, avec cupidon en biscuit supportant une co... de marbre. Machines à filtrer, &c.

55 *Lockett, G.* Bleak Hill, Colbridge, Staffordsh... Divers échantillons illustrant la main d'œuvre, la ... queterie, les couleurs émaillées, &c.

56 *Dudson, J.* Fab. Shelton, Staffordshire.—Stat... en porcelaine ornementée.

57 *Emery, F.* Colbridge, Staffordshire. — Couleu... peindre sur verre ou sur porcelaine.

58 *Marsh, J.* Mod. et Dess. Longpont, Staffordsh... Réfrigérateur à vin et buste en terra-cotta.

59 *Leitch & Hammond,* Fab. 11 Mortimer Te... Kentish Town.—Pipe à respirateur, enreg.

60 *Hughes, T. jeune,* Dess. Colbridge, Stafford... —Buste en paros, du Révd. Jonn Wesley.

Aller a lá Classe 29, page 168.

Classe 26. MEUBLES, AMEUBLEMENT, PAPIERS PEINTS, Articles de PAPIER-MACHÉ, et VERNIS.

—— Groupes I. J. 19 — 25, L. O. 21 — 24. ——

1 *Thorn & Cie.* Dess. et Fab. 98 New Bond Street.—Gutta percha; décorations variées; encadrements de glace, &c.

2 *Wallace, Elisabeth,* Inv. 4 Russell Place, Fitzroy Square.—Plaques de verre, imitant différentes espèces de marbre pour décorer les maisons; colonne de verre, imitation de malachite; tombeau en verre, imitation de marbre, résistant à l'influence de l'atmosphère; cadres de tableaux et de miroirs en verre sur métal; articles de décors en verre.

2ᴀ *Townshend, T. E.* Inv. et Fab. High Street, Camberwell.—Bois de lit pour invalides, &c.

3 *Melville, J.* 64 John Street, Fitzroy Square.—Modèle de chaire portative se supportant d'elle-même.

4 *Burroughes, W. & Watts, F.* Dess. Fab. et Prop. 19 Soho Square.—Table de billard, et planche à marquer, en chêne anglais, style du temps d'Elisabeth.

5 *Jackson & Fils,* Dess. et Fab. 49 et 50 Rathbone Place.—Ouvrages en carton-pierre, papier-mâché, et composition pour décors et ameublements; compartiment de décoration en carton pierre, en haut relief, pour grand salon, &c.

6 *White & Parlby,* Fab. 4 Rathbone Place.—Modèle d'une chambre, en ornemens de composition, preparée pour le doreur, le peintre, &c.; table de travail pour dames, &c.

7 *England, G. W.* Dess. et Fab. Leeds.—Encrier de bibliothèque en bois de rose; fauteuil de bibliothèque en chêne; chaise de salle à manger en acajou.

7ᴀ *Bursillt, G. P.* Inv. 9 New York Terrace, Hornsey Road.—Divan à coulisses formant lit, &c.

8 *Ridge, B.* M.D. Inv. Putney.—Lit à roues, pour lever et transporter les malades, sans leur causer la moindre douleur. Il peut être converti en fauteuil pendant qu'il est occupé par le malade, et se prêter à tous ses mouvemens.

9 *Taylor & Fils,* Dess. et Fab. 167 Great Dover Street, Southwark.—Meubles d'une forme nouvelle pour cabine de bateau à vapeur, &c.; bergère en bois de noyer, pouvant former un lit au besoin; commode en noyer; plaque en poterie polie et cuite imitant le marbre, &c.

10 *Johnstone & Jeanes,* Fab. 67 New Bond Street.—Buffet en acajou, avec attributs sculptés; table à manger en acajou; plateau à rallonges; fauteuil de bibliothèque en noyer sculpté, recouvert en velours.

11 *Seibe, A.* 5 Danemark Street, Soho.—Vase à fleurs en bois sculpté.

12 *Earp, E.* 15 Chester Terrace, Chester Square.—Chaise en chêne, style rustique, avec tabouret.

14 *Riddle, T.* Fab. 54 Well's Street, Oxford Street.—Fauteuil pour malades.

15 *Brown, J. M. & T.* 165 Piccadilly.—Chaise à suspension, formant bois de lit, ou lit de camp. (Brevetée.)

16 *Dircee, T.* Inv. 14 Salisbury Place, New Road.—Berceau automoteur pour les enfants ou les invalides; modèle d'un appareil de sauvetage pour les incendies.

17 *Thurston & Cie.* Fab. Catherine Street, Strand.—Billard en acajou, la table en ardoise avec coussins patentés; planche pour marquer, et rateau en suite.

18 *Blott, Esther,* Dess. Wellesbourne, près de Stratford-sur-Avon.—Coussins avec épigraphes.

19 *Wynne & Lumsden,* 30 East Street, Manchester Square.—Cheminée en chêne sculpté dessinée par Mr. Paxton, architecte; chaise d'autel en chêne richement sculptée designée par E. Christian.

20 *Cattle, J.* Dess. et Fab. Beverley.—Lavabo Elizabéthien, pour chambres à coucher; nouveau modèle de lavabo, fabriqué de chêne anglais, avec ornements, &c.

21 *La Compagnie de Gutta Percha,* 18 Warf Road, City Road.—Table et trumeau, en gutta percha de couleur naturelle.

22 *Hutchinson, E.* High Wycombe, Buckinghamshire.—Fauteuil antique en chêne sculpté, et monté en velours. La sculpture est de E. Hutchinson, jeune.

23 *Lovegrove, H. (jeune).* Inv.—Slough, près Windsor.—Chaise expansive et portative; chaises-sopha portatives.

24 *Fleet, J.* Tenterden.—Articles fabriqués au tour.

25 *Grubb, F. C.* Fab. Banbury.—Table à ouvrage en noyer anglais; plats à pain en bois sculpté.

26 *Starkey, Th.* Fab. Banbury.—Table qu'on peut convertir en lit, garde-robe, commode, table de nuit, siège, armoire et bain.

27 *Everest, J.* Fab. Tunbridge, Kent.—Ottomane qui peut se convertir en chaise, avec commode.

28 *Rose, Elizabeth,* Oxford.—Ecran à relief de chaque côté, qui peut se transformer en échiquier.

29 *Shacklock, G.* Dess. et Fab. Bolsover, près de Chesterfield, Derbyshire.—Fauteuil royal représentant en sculpture la généalogie héraldique de Sa Majesté la Reine Victoria; le tout en chêne anglais.

30 *Lyon, W.* Marlborough, Wiltshire.—Lit en fer moulé; chaise et table, id.

31 *Geake, T.* Dess. et Fab. Sherborne, Dorset.—Modèle d'une table à rallonges, perfectionnée.

32 *Horne, R.* Fab. 41 Gracechurch Street.—Décoration de salon; id. de salle à manger en bois de chêne; échantillons de racine de chêne, d'érable, &c.

33 *Foster, C.* Dess. et Peintre, East Retford, Nottingham.—Panneaux peints en encaustique et en imitation de marqueterie.

34 *Hudson, J.* Prop. East Retford, Nottinghamshire. Chaise rustique, dess. et fabriquée par W. Marsh, de Retford, ouvrier en brique; en bois de la Forêt de Sherwood.

35 *Lambert, S.* Inv. et Fab. East Retford, Nottinghamshire.—Fauteuil en acajou perfectionné.

36 *Fisher, J. W* Fab. Calvert Street, Norwich.—Table à jouer.

37 *Guslow, T.* 34 Newman Street, Oxford Street.—Imitataion de porcelaine pour surtouts de table, plateau à thé en papier-mâché-ardoise.

38 *Freeman, W. & C.* Dess. et Fab. London Street, Norwich.—Cabinet, secrétaire et bibliothèque sculptés en bois de noyer et d'ebène.

39 *Puxley, W.* Dess. et Fab. Norwich.—Etagère à fleurs en bois sculpté et ardoise.

40 *Fomereau, Kate G.* Inv. et Dess. Ipswich.—Boîte octogone en imitation de bois incrusté.

41 *Hanbury, Louisa Emily,* Inv. et Dess. Ipswich.—Table, imitation de marbre, supportée par des sculptures en bois.

42 *Ringham, H.* Fab. Gar Street, Ipswich.—Grille en chêne sculpté; pour une église; groupe d'épis de blé et de pavots sculptés en tilleul.

43 *Whyte, W.* Banffshire.—Table, et table à ouvrage.

44 *Bates, T. H.* Dess. et Fab. St. Alban's, Herts.—Table rustique, composée de plus de 4,000 morceaux de bois d'Angleterre.

M 2

MEUBLES, AMEUBLEMENT, PAPIERS PEINTS,

45 *Abbott, J.* Colchester.—Table de marqueterie ; id. avec piédestal sculpté, &c.

46 *Cheek, W.* Dess. et Fab. Saffron Walden.—Cabinets en ébène, incrustés d'ivoire.

48 *Garthwaite, W.* Darlington.—Peintures en imitation de divers bois.

49 *Riddett, G.* Inv. et Fab. Ryde, Isle of Wight.—Table brevetée pour lecture ; pupitre, table ou écran pour invalides.

50 *Eyles, H.* Dess. et Fab. 31 Broad Street, Bath.—Table en bois de chêne-têtard anglais ; chaise longue et chaise de salon en bois de noyer anglais.

52 *Heasman, W.* Inv. 66 Middle Street, Brighton.—Modèle de store à rouleau, d'une construction perfectionnée.

53 *Palmer, R.* Fab. Brighton. — Imitation d'acajou et de chêne sur sapin.

54 *Nye, E.* Fab. Tunbridge Wells. — Deux tables rondes, une étagère, et une boîte à ouvrage, ornées de devises en mosaïques de bois.

55 *Calder, J.* Dess. et Fab. 4 James Street, Bath.—Table à manger circulaire, en bois de noyer.

56 *Horsfall, Mme.* Hawksworth Hall, Bradfort. — Groupe de fleurs peintes sur marbre, dans un cadre doré.

57 *English, E. F.* Dess. et Fab. Bath. — Cabinets à piédestal, en ébène et marbres italiens, &c ; console, &c.

59 *Palmer, H.* Dess. et Fab. 5 et 6 James Street Bath. —Table à jouer en bois de noyer ; buffet en bois de chêne anglais.

60 Réfrigérateur à vin en noyer, avec coussin en velours cramoisi.

61 *King, C.* Tonbridge Street, City Road. — Fenêtre décorée.

62 *Clarke & Cie.* Inv. 29 West Street, New Road End, Leeds.—Tentures pour murs d'appartements, présentant l'apparence de draps fins.

62A *Holland W. & Fils*, Stained Glass Works, St. John's Warwick.— Imitation de marbres incrustés, et dessus de table, &c.

63 *Hall, Theodosia,* Baring Place, Exeter.—Paravent, avec un groupe de fleurs illustrant, un nouveau mode de travail avec la laine de Berlin.

64 *Azulay, B.* Rotherhithe.—Dessin modèle pour ouvrages en laine de Berlin, &c.

65 *Tunner, W.* 3 Harrington Place, Bath.—Cabinet en bois de chêne, style François 1er.

66 *Stopher, T.* Dess. et Fab. Saxmundham.—Pupitres, pour lire, ou écrire ; nécessaires de toilette.

67 *Herbert, W.* Dess. et Fab. Oxford.—Table, pupître, cabinet et bergère en chêne ; cabinet en noyer ; chaise de repos, &c.

69 *Hockendon, J.* Inv. et Fab. Oxford.—Pupître d'université que l'on peut élever et baisser à volonté.

70 *Spiers & Fils,* Dess. et Fab. Oxford. — Tables, écrans, pupitres, portefeuilles, albums, &c. en papier mâché ; ornés de vues d'Oxford et de ses environs ; encriers d'université.

71 *Heywood, Higginbottoms, Smith & Cie.* Fab. 62 Watling Street.— Echantillons de papier peints, fabriqués par une machine qui a douze cylindres.

72 *Warner, M. R.* Dess. et Fab. Stanton-Harcourt, Witney.—Table rustique, incrustée de 1851 pièces de bois de lierre.

73 *Woodman, H. G.* Inv. Melksham.—Instrument pour tendre les tapis.

74 *Potter, C. H. & E.* Dess. et Fab. Blackburn.—Papier de tenture à dix couleurs, fait à la mécanique. (Breveté).

75 *Johnston & Cie.* Dess. et Fab. Bristol.—Paillasse pour lits de fer et de bois.

76 *Spurrier, C.* Dess. et Fab. Bristol.—Chiffonnière en noyer sculptée ; vase à fleurs ; bergère ; ottomane.

77 *Burton, Mlle.* Edimbourg.—Ornements pour cadres de tableaux, faits de cuir en relief.

78 *Jones, A. J.* Dess. et Fab. 135 Stephen's Green, Dublin.—Collection d'objets d'ébénisterie d'art en if d'Irlande, représentant des sujets historiques, les productions minérales et végétales, &c. de ce pays.

79 *Mechi, J. J.* Fab. 4 Leadenhall Street.— Articles en papier mâché, tables, &c.

80 *Medcalf, F.* 98 Dess. et. Fab. 98 Bride Street, Dublin.—Cabinet en chêne de Wicklow, et marbre de Connemara.

81 *Molloy, —.* Dublin.—Siège rustique.

82 *Calvert, G. (naguère Buzan & Calvert.)* Huddersfield.—Imitation de bois d'acajou, de chêne, de palissandre et d'érable.

83 *Aggio, G. H.* Colchester. — Ottomane blanche et d'or, &c.

84 *Fletcher, E.* Dess. et Fab. Barnsley. — Papiers peints qui se lavent.

85 *Hold, A.* Dess. et Sculp. Barnsley.—Cadre de miroir sculpté en bois de pin et orné de fruits, de fleurs et d'oiseaux.

87 *Allan, D.* Sloane Street, Chelsea.—Porte-bouquet, porte-gant ou porte-éventail, se fixant à la chaise, pendant le dîner, &c. (Enregistré).

88 *Gaunt & Fils,* Inv. et Fab. Wortley, Leeds.—Décors pour bibliothèques, salles à manger et salons.

89 *Law & Fils,* Monkwell Street.—Papier de décors.

90 *Collinson, G. C.* Fab Doncaster, Yorkshire.—Chaise de bibliothèque ou vestibule, en chêne noir, trouvé près de Doncaster dans le Yorkshire, et que l'on présume avoir été enterrée pendant 2000 ans.

91 *Innes, Elizabeth & Susanne,* Dess. Castle Street, Montrose.—Ecran de soie blanche moirée, avec guirlandes et corbeille de fleurs, travaillées en plumes, &c.

92 *Dinham, Annie,* Camelford, Prop.—Table à ouvrage de fantaisie incrustée de feuilles de tulipes.

93 *Cameron, G.* 11 Shepherd's-market, Mayfair.—Décors.

95 *Haselden, —.* Chelsea.—Dessins pour papiers peints.

96 *Crawford, J.* Dess. Inv. et Fab. 242 Stobcross Street, Glasgow.—Miroir composé de bois de platane, fait par un amateur.

97 *Newton, W.* Prop. Dess. Inv. et Fab. 226 Argyle Street, Glasgow.—Table de jeu composée de près de 7000 pièces de bois exotiques divers ; table de 18 espèces de bois ; chiffonnière de 4000 morceaux de bois ; boîte à thé de 1340 morceaux de bois.

98 *Imrie, P.* Fab. Perth.—Table ronde fabriquée de racines de mélèze.

99 *Alexander, G. S.* Maxwelltown, Dumfries.—Siège de jardin orné, en racines et branches de chêne.

100 *Hay, J. & J.* Dess. et Fab.—Cadres emblématiques.

101 *Scrymgeour, H.* Dess. et Fab. Edimbourg.—Modèle d'un lit de parade Anglais, couvert d'un dais, style Elisabéthien.

102 *Warrack, H.* Dess. Dee Street.—Ecrans avec ornemens.

103 *Ker, W.* New Inn Yard, Tottenham Court Road.—Table et dessus de table, incrustés.

104 *Barrie, G.* Dess. et Fab. Edimbourg.—Etagère pour livres, exécutée par un ouvrier laboureur, le soir, sans modèle et sans aide, avec un simple canif.

105 *Wood, J.* Collingwood Street, Blackfriars.—Dessus de table, &c. en marqueterie.

106 *Lithgow & Purdie,* Dess. 60 Hanover Street.—Panneaux et tables en imitation de marbres incrustés d'or et mou...

107 *Ross, D.* 11 Norton Place.—Riche buffet en chêne sculpté, avec figures allégoriques.

108 *Bonnar & Carfrae,* Edimbourg.—Décors peints.

109 *Carson, W.* Dess. Stirling.—Bois peints en imitation d'acajou, chêne, &c.

110 *French, G. G.* Prod. et Prop. Bolton.—Tapis en velours pour la Sainte Table, avec coussins, livres de prière, &c.; chaire épiscopale; toiles de lin fines; agenouilloirs; rideaux, &c.

111 *Tilling, E.* Fab. Bolton.—Ornements d'une nouvelle combinaison de matières, pour décoration intérieure, pour plafonds, murs, cadres, &c.

112 *Bland, M.* Dess. et Fab. Halifax.—Buffet avec sculptures représentant des branches du vigne.

113 *King, W. A.* Inv. et Fab. Whitehaven.—Le cabinet d'Aldobrand Oldenbuck (l'Antiquaire, par Sir Walter Scott), fait de trois variétés de chênes de Cumberland.

114 *Carmichael, J.* Dess. et Fab. William Street, Workington, Cumberland.—Chaise sculptée, en racine de chêne, en racine de chêne.

115 *Mills, T.* Dess. et Fab. Bradford, Yorkshire.—Table de vestibule et porte-manteau combinés ensemble; chaise de salon.

116 *Drew, D.* Truro, [Cornwall.—Table rustique, et deux tabourets.

117 *Harrold, T.* Hinckley, Leicestershire.—Table en chêne.

118 *Wood, J.* Milk Street, Bristol.—Table ornée.

120 *Mathieson, R. R.* Dess. Stirling.—Table d'antichambre, en imitation de marbres variés. Dans le centre sont les armes royales, avec celles de S. A. R. le Prince Albert.

121 *Grundy, J. C.* 4 Exchange Street, Manchester.—Cadres; table circulaire, en or, dont le surtout représente paysages peints à l'huile, par J. B. Pyne.

122 *Doveston, G.* Dess. et Fab. 106 King Street, Manchester.—Meubles de luxe en ébène, en noyer et autres bois.

123 *Mousley, C. E.* Haunton Hall, Tamworth.—Dessus de table en acajou, d'une seule pièce, mesurant 14 pieds 3 pouces sur 5 pieds 3 pouces de large.

124 *Steevens, J.* Dess. et Fab. Taunton.—Cabinet en noyer de Taunton, taillé en groupes allégoriques avec panneaux à relief; échantillons de chêne anglais, de la plus fine qualité, pour tables, &c.; buffet de ce bois.

125 *Bampton, J. A.* Prod. Dess. et Inv. 49 Union Passage, Birmingham.—Echantillons de produits de mousse, &c.

127 *Clarke, J.* Dess. et Peintre, Birmingham.—Dessins héraldiques.

128 *Lane, T.* 91 Great Hampton Street, Birmingham.—Table en papier-mâché, incrustée de nacre; écrans; échiquier, &c. (Breveté.)

129 *Davies, G. C.* Dess. & Prod. Birmingham.—Boîte à ouvrage en papier-mâché; panneau de verre, style nouveau pour décors, &c.

130 *Gilbert & Cie.* 114 Kingsland Road et Fleming St.—Lit pour malade, sur un principe nouveau et très-simple; plumes à écrire et plumes pour literie, épurées par le procédé chimique des exposants.

131 *Halbeard & Wellings,* Fab. 45 St. Paul's Square, Birmingham.—Objets en papier-mâché; série démontrant les différents procédés de la fabrique.

132 *Foothorape, Showell, & Shenton,* Dess. et Fab. Birmingham.—Tables à ouvrage: étagères de salon, écrans, boîtes à thé, &c.

133 *Lee, L.* Prod. Liverpool.—Table de fantaisie peinte en émail sur bois préparé.

134 *Thompson & Worthy,* Durham.—Pupitre de dame.

135 *Dawes, B.* Fab. 20 Carlisle Street, Soho Square.—Table à jeu octogone; table circulaire en cèdre; table de toilette en bois de tulipe, &c.

136 *McCallum & Hodson,* Fab. 147 Brearley Street. Birmingham.—Articles d'ameublement en papier-mâché; articles de fantaisie pour salons, boudoirs, &c.

137 *Sutcliffe, I.* Fab. 27 Great Hampton Street, Birmingham.—Plateaux de toutes sortes en papier-mâché; vases chinois en papier mâché, ornés de figures dorées; boîtes à ouvrage, &c.

138 *Turley, R.* Fab. Birmingham.—Paravent, de grande dimension; objets de luxe pour dames, ornés de dorures et peintures, tels que fruits, fleurs, &c.; chaises, tables, cabinets, &c.

139 *Hopkins, R. P.* Winborne, Dorset.

140 *Brown, J.* 71 Leadenhall Street.—Lits en métal pour navires.

141 *Smith, G. F.* Dess. March, Cambridgeshire.—Echantillons de peinture, imitant toutes sortes de marbres; peintures en imitation de chêne, &c.

142 *Scholey, Mlles.* 36 Westbourne Terrace.—Siège et tabouret dorés, bosselés en laine et soie.

143 *Davis, G.* Dess. et Fab. Southampton.—Spécimens de papier marbré et vernissé.

144 *Gore, G.* Dess. et Peintre. Speenhamland, Newbury.—Ecran, vieux style Anglais, sujets historiques.

145 *Belléaby, W.* Dess. York.—Armoire de chêne, enrichie de panneaux de bois blanc brûlé, sur lesquels on a exécuté la Descente de Croix, d'après D. Riccarelli da Valterra, et Jésus-Christ portant la croix, d'après Raffael d'Urbino.

146 *Findley, C. V.* Dess. et Fab. 3 King Street, Leicester.—Chaise sculptée en chêne de Leicester.

147 *Barker, G.* Inv. 2 Brook Street, Bond Street.—Nouveau modèle de vis pour suspendre les tableaux.

148 *Meakin, —,* Baker Street, Portman Square.—Chaise: enregistrée.

149 *Cotterell, Frères.*—Papiers peints.

150 *Welch, T.* Birmingham.—Meuble et boîte à ouvrage en papier mâché, pour dames.

151 *Fletcher, R.* Derby, Inv.—Papier de tenture en granit de cristal.

152 *Ramuz, A.* Prod. 17 Frith Street, Soho.—Billard mécanique pouvant être changé en table à manger; canapé contenant un bois de lit en acajou; modèle de bois de lit double; modèle d'ottomane double; modèle de lit pour navire, préservant du mal de mer.

153 *Rivett, W. & Fils,* Dess. et Fab. 50 Crown Street, Finsbury Square.—Buffet en acajou à piédestal.

154 *Hopkins, W. & Fils,* Fab.—Store s'arrêtant à volonté.

155 *Minter & Cie.* Stoke-upon-Trent.—Deux bustes en marbre.

157 *Bielefeld, C. F.* Inv. et Fab. 15 Wellington Street.—Articles en papier-mâché perfectionné; dragon et aigle; buste de Flaxman; cadres pour miroirs, moulures, décorations, &c. (Avenue Principale, Ouest).

159 *Greig, E. & Fils,* Dess. et Fab. 27 Farringdon Street.—Garde robe portative en acajou d'Espagne.

160 *Wills & Bartlett,* Kingston-on-Thames.—Bibliothèque en noyer, avec autres sortes de bois en relief, et candélabres en trois espèces de bois.

161 *Holland & Fils,* Fab. Mount Street.—Bibliothèque, style cinque-cento, composée de bois et marbres anglais; console, &c.

162 *Trollope & Fils,* Dess. et Fab. Parliament Street, Westminster.—Plafond décoré avec corniches et frises en couleur; papiers peints; buffet en chêne; chaises, &c.

163 *Moulin, —.*—Modèle de pupitre.

164 *Morant,* Dess. et Fab.—Spécimen de décoration; table circulaire supportée par des cygnes, exécutée d'après les dessins de la Duchesse de Sutherland; table console, de

dessin italien, avec incrustations de mosaïques pour imiter la pierre dure de Florence ; écran à chevalet ; cadre fait pour Sa Majesté, &c.

165 *Nunn & Sons*, 19 Great James Street, Bedford Row.—Table d'échiquier, en noyer italien, et à reliefs argentés à l'électrotype. Les pièces d'échiquier sont sculptées en ivoire.

165A *Cumming, W.* Fab. Edimbourg.—Chaise-berceuse de salon perfectionée.

166 *Banting, W. & T.* Dess. et Fab. 27 Great James' Street. — Table circulaire en marqueterie ; buffet en chêne de la forêt de Windsor ; secrétaire en bois de satin ; table ovale de bois d'amboyne.

168 *Fox, T.* 93 Bishopsgate Street Within.—Bois de lit en noyer doré, avec draperie en soie bleue.

169 *Durley, T. & Cie.* Fab. 66 et 67 Oxford Street.—Lit en noyer, style Elizabéthien, couvert d'un dais.

170 *Snell & Cie.* Fab. Albemarle Street. — Glace de cheminée, dans un cadre en noyer ; rayons en noyer à l'usage de libraires et papetiers ; sofa de cabinet ; écran ; tables ; chaises, &c.

171 *Webb, G.* 8 Old Bond Street.—Vase et plateau de cristal de roche, style du seizième siècle, avec montures du style actuel, émaillées sur or, par Morel ; échiquier, &c.

172 *Braun & Cie*, Old Fish Street Hill.—Ornement en verre pour piédestal.

173 *Sandeman, G.* Dess. et Fab. 9 Greenside St. Edimbourg.—Siège d'Holyrood. Dessin d'une ottomane ornée de branches de chardons sculptées en chêne noir.

174 *Smee, W. & Fils*, Dess. et Fab. 6 Finsbury Pavement.—Bois de lit en acajou d'après le style de Tudor avec tentures en soie cramoisie ; id. en bois de noyer, avec tentures en soie bleue ; armoire, style Louis XIV. &c.

175 *Watson, G.* Dess. et Fab. 42 Spring Street, Paddington.—Table octogone en marqueterie avec moulures en ébène.

176 *Tomasini, D.* 234 Tottenham Court Road.—Chaise, en satin richement façonnée.

177 *Wertheimer, S.* 35 Greek Street, Soho.—Cassette de bijoux richement ornée ; id. richement montée dans le style du cinque-cento ; une boîte à ouvrage du style Louis XIV., &c. ; candélabres, &c.

178 *Toms & Luscombe.*—Une paire de candélabres en boule et or-moulu, &c.

179 *Clark, S. B.* Dess. et Fab. 14 Dean Street, Soho.—Table de centre en ébène, en bois de rose et en boule ; table à ouvrage en noyer anglais ; nouveau modèle de table.

180 *Brunswick, M.* Dess. et Fab. 26 Newman Street, Oxford Street. — Chiffonnière en marqueterie, &c.

181 *Le Mercier, Sarah S. A.* Inv. Elmtree House, Hammersmith.—Nouveau modèle de chaise, inventée en honneur du Prince de Galles (enregistrée) ; la tapisserie est exécutée d'après les dessins de M. J. Mogford, de Primrose Cottage, Haverstock Hill.

182 *Nicoll, Th.* Dess. et Fab. 39 Great Titchfield Street.—Cadres pour aquarelles ou dessins au crayon. Écran en bois sculpté et doré ; l'ornement supérieur peut servir de candélabre pour 5 bougies, ou de vase à fleurs, ou de pupitre à musique, ou de table à café.

183 *Lecand, S.* Dess. et Fab. 246 Tottenham Court Road.—Cadre de console et table sculptés en pin d'Amérique et en tilleul, avec dorures mattes et brunies.

184 *Wilkinson, W. & C.* Dess. et Fab. 14 Ludgate Hill.—Bois de lit à quatre piliers, sculptés en noyer, polis à la française, &c. ; matelas à ressort perfectionné, &c.

185 *Carter, M.* Dess. et Fab. 40 May Street, Lower Hampstead Road.—Pièce d'autel dans l'ancien style anglais, symbolisant la foi évangelique.

186 *Gillow & Cie.* Dess. et Fab. 176 Oxford Street, et Lancaster.—Buffet, réfrigérateur, chiffonnière ; tables en noyer ; chaise de bibliothèque ; sopha ; cadre, dessin gothique de Pugin, &c.

187 *Jennens & Bettridge*, Fab. 6 Halkin Street, West Belgrave Square.—Grande variété d'objets en papier-mâché avec ornemens et incrustations en or, ivoire, nacre, et autres matières précieuses : le berceau Victoria Regia, dessiné par Bell. Piano, dont l'instrumentation est de Dimoline. Chaises, encriers, albums, &c. Le "multum in uno." (Avenue principale, Ouest.)

188 *Eloure, W. W.* Fab. 12 Poland Street, Oxford Street.—Imitations diverses de laque du Japon, portes de secrétaire, écrans encrustés d'or et de nacre, table peinte en imitation de marbre ; échiquier, imitation d'ivoire et d'ébène.

189 *Clay, H. & Cie.* Dess. 17 et 18 King Street, Covent Garden.—Chiffonnière en papier-mâché ; table de toilette en papier-mâché ; écrans d'un nouveau modèle, &c.

190 *Dixon, J.* Fab. 18 Brownlow Street, Holborn.—Table de papier-mâché, marquetée en perles et ornée d'or bruni ; plateaux ; encriers de papier-mâché, &c.

190A *Howell, G. & C.* 61 Regent Street.—Grand encrier en boule pour bibliothèque.

191 *Chapman, J.* Sculp. 23 East Place, Lambeth.—Trumeau avec cadre en chêne sculpté.

192 *Sowerby & Castle*, Inv. 29 Albert Street, Camden New Town.—Couche ottomane géométrique, pouvant volonté se placer dans une encoignure, le long d'un mur, ou former le demi-cercle autour d'une table.

193 *Boadella, J.* Fab. 72 Charlotte Street, Fitzroy Square.—Table en marqueterie ; cabinet en boule, &c.

194 *Waheling & Fils*, Fab. 36 Gerrard Street, Soho.—Bois de lit arabe sculpté, blanc et or, et tentures en soie.

195 *Rogers, W. Gibbs*, 10 Carlisle Street, Soho.—Grands trumeaux avec cadres richement sculptés.

196 *Pratt, S.* Fab. New Bond Street.—Buffet, sculpté en bois de noyer anglais, style Elisabeth ; table à manger, parqueterie ; panneaux découpés à la mécanique ; commode de salon, avec incrustations d'écaille de tortue, enrichi d'ornemens en or-moulu, &c.

197 *Hanson, S. & Fils*, Dess. et Inv. 16 John Street, Oxford Street.—Meuble en bois de noyer, à portes vitrées pour serrer la porcelaine, bronzes et autres objets de valeur ; cadre oval sculpté pour miroir ; divers autres spécimens de meubles sculptés.

198 *Donne, G. J.* Fab. 155 Leadenhall Street.—Miroir et glaces de salon de la manufacture de R. W. Swinburne et Cie. South Shields.

199 *Ponsonby, T.* Dess. et Fab. Regent Circus, Piccadilly.—Grande glace de cheminée à cadre doré et sculpté ; grande girandole à branches, sculptée et dorée ; divers modèles de cadres pour tableaux, sculptés à jour et dorés.

200 *Stocken, C.* Fab. 53 Regent Street.—Nécessaire pour dames et pour messieurs, d'après un principe perfectionné ; boîte à ouvrage, servant de pupitre ; boîte pour enveloppes ; buvar, &c.

201 *Goodison*, 14 Cullum St. Fenchurch St.—Décorations diverses.

202 *Hunter, W. J. R. & E.* Fab. 30 Moorgate Street.—Buffets en noyer anglais, le dessus de marbre de Galway, Irlande ; deux chaises.

203 *Levien, J. M.* Dess. et Fab. 10 David Street, Grosvenor Square.—Buffet de bois de la Nouvelle Zélande richement sculpté ; écritoire en bois marqueté, style Louis XIV, &c.

204 *Poole & Macgillivray*, Dess. et Fab. 15 Prince Street, Cavendish Square.—Buffet en noyer, avec sculptures et incrustations de bronze ; les sujets des haut-reliefs des panneaux sont, à droite, Bacchus et Philémon ; à gauche, Le Jugement de Midas.

Articles de PAPIER-MACHE, et VERNIS.

205 *Herring, R. W. & Fils*, 109 Fleet Street.—Glace de toilette à cadre sculpté, style Louis XIV, bureau avec ornemens en ormoulu ; table en bois de noyer, avec incrustations de métal, ivoire et perles, &c.

206 *Caldecott, Messrs.* Dess. et Fab. 53 et 54 Great Russell Street, Bloomsbury.—Buffet en chêne anglais, style Renaissance ; table octogone de bois Amboyna, incrustée.

207 *Richardson, J.* 2 Keppel Street. Russell Square.—Cadre en chêne sculpté ; impressions chromo-lithographiques en couleurs, dessin pour une cheminée, dessins pour ameublement. Table et tabouret sculptés par Learmouth. Dessins pour meubles dans le style Elizabéthien.

208 *Bailes, H.* Dess. et Fab. 29 Tottenham Street.—Nouveau modèle de porte avec incrustations ; incrustations diverses en marqueterie, montées en or-molu ; fruits et fleurs avec bordure en marqueterie.

209 *Harding & Fils.*—Table en noyer, à dessus en marqueterie française.

210 *Woollams, W. & Cie.* Fab. 110 High Street, Marylebone.—Papiers peints pour décorations ; id. d'après le style de l'Alhambra ; id. pilastres arabesques ; id. style Pompéien, &c.

211 *Minter, G.* Inv. et Fab. 51 Frith Street, Soho.—Lits pour malades.

211A *Whitcombe, A.* Dess. et Fab. Cheltenham.—Cadres de portraits ; miroir de toilette.

212 *Bell, D.* Fab. 10 Anne Street, Belfast, Irlande.—Prie-Dieu sculpté en chêne de marais.

213 *Aspinwall & Fils,* Inv. Fab. et Prop. 70 Grosvenor Street.—Nouveau modèle de chaise ; table à jeu.

214 *Chaplin, T.* Fab. Rose, Tun Street, Kilkenny.—Table circulaire en chêne, &c.

215 *Curran, J. & Fils,* Dess. Sculp. et Fab. Lisburn, Antrim, Irlande.—Fauteuil sculpté d'après l'antique ; fait expressément pour l'Exposition par trois pauvres ouvriers, de chêne noir de marais irlandais. Dessins orientaux au crayon.

217 *Verrinder, G.* Lincoln.—Lit-sopha.

218 *Bacon, W.* Inv. et Fab. 65 Wells Street, Oxford Street.—Matelas à ressorts.

219 *Budge, —,* Wells, Somerset.—Chaise en chêne, copie de la chaise célèbre de l'abbaye de Glastonbury.

220 *Brittan, W.* Butleigh, near Glastonbury.—Chaise sculptée, et corbeille rustique pour fleurs.

221 *Cottam, E.* Inv. et Fab. 2 Winsley Street, Oxford Street.—Lit à ressort. (Breveté).

222 *La Compagnie Harrison,* Ranelagh Road, Thames Bank.—Cabinet en chêne sculpté.

224 *Evans, F.* Inv. 18 Albert Street, Deptford.—Chaise pliant portative ; pupitre à musique d'une seule pièce de bois, se fermant à volonté.

225 *Cawley, J.* Dess. et Fab. Michael's Place, Brompton.—Bois de lit en aca'ou d'Espagne.

228 *Nunn, J.* Dess. 7 Upper Vernon Street, Lloyd Square.—Cadre pouvant servir de portefeuille, &c.

229 *Paye, H. M.* Coventry Street.—Glace de toilette d'un nouveau style ; nécessaire id.

230 *Billamore, Mad.*—Siège d'invention nouvelle.

231 *Gardner, J. H.* Dess. et Fab. 19½ Poppin's Court, Fleet Street.—Glace de toilette à cadre en bois de satin, &c., à tiroirs secrets. Table de toilette pour homme.

232 *Wells, E.* Prod. 311 Regent Street.—Store transparent représentant un paysage.

233 *Sang, F.* 58 Pall Mall.—Décors d'intérieur.

234 *Hopkins, H.* Fab. 13 Westmoreland St.—Dessus de table peint en imitation de marbre.

235 *Cooper, W. M.* Fab. Derby.—Chaire pour une église à Holbeck, Leeds. Les figures ont été sculptée par G. Phillips sur un dessin de G. G. Scott de Londres.

236 *Wetherell, F. S.* Dess. et Fab. 13 Shepherd Street, Oxford Street.—Ecran gothique, sculpté en chêne, &c.

237 *Hawkins, S.* Fab. et Brev. 54 Bishopsgate-Street-Without.—Table à manger à rallonges et à vis, sans pieds supplémentaires au centre, la traverse supportant seule tout le poids ; table ronde à rallonges, &c.

238 *Howard, J. & Fils,* Fab. et Dess. 22 Berners Street, Oxford Street.—Cabinet en noyer ; le dessus est en mosaïque, et l'ensemble est orné de fleurs dessinées et modelées d'après des fleurs du jardin de Kew, par le dessinateur, assisté de Mesdames Peachey and Strickland, artistes en fleurs de cire.

239 *Hancock, N.* Inv. 6 Bartlet Court, Bow Street.—Fauteuil, pour salon et pour malade.

240 *Board, C.* 28 Swindon Street, Gray's Inn Road, Fab.—Oreillers à ressorts en spiral d'acier et de baleine. Modèle d'une courte-pointe faite d'un article exporté de Russie, &c.

241 *Isaacs & Campbell,* Inv. et Fab. 21 St. James' Street.—Meubles portatifs de casernes, collèges, campement et cabines de navires, remarquables par leur simplicité et leur utilité.

242 *Jackson, G.* Fab. 4 Russell Mews, Fitzroy Square.—Siège en bois de noyer sculpté, représentant trois dossiers de chaises.

246 *Kendall, C. H.* Inv. et Fab. 24 Park Lane.—Nouvelle machine pour vider les bouteilles sans remuer le liquide ; machine pour boucher les bouteilles ; bouchon pour clarifier le vin ; capsule pour champagne.

247 *Edwards, S.* Fab. 13 Cannon Street Road, St. George East.—Table octogone de bibliothèque, contenant 14,000 pièces de bois anglais et étrangers.

251 *Latham & Dighton,* Dess. et Fab. 1 Bateman's Buildings, Soho Square.—Vase en métal doré pour fleurs, orné d'améthystes, de turquoises, de grenats, &c.

252 *Moxon, C.* 33 High Street, Marylebone.—Décorations pour salon, en imitation de marbre incrusté ; manteau de cheminée, &c. par John Thomas ; panneaux, imitations de bois incrusté ; imitations de marbre.

253 *Marchant, W.*—Table à ouvrage pour dames.

254 *Martin, W.* Inv. 6 Rutland Street, Hampstead Road.—Pots à fleurs avec ornemens, pour protéger les plantes contre la chaleur du soleil. (Enregistré.)

255 *Greverie, A. S.* Fab. Farmington Cottage, Brompton Park Lane, Brompton.—Table ovale, vases, corbeilles, avec ornements de fleurs de divers bois, tels que chêne, cèdre, orme, &c.

256 *Miles, H.* Inv. et Fab. 16 Seabright Place, Hackney Road.—Table à jouer en bois de rose, avec tiroir secret à l'épreuve du feu.

257 *North, D.* Dess. et Fab. 13 Great Windmill Street, Haymarket.—Boîte à thé ovale en bois de rose ; deux sucriers en bois de satin ; encrier, forme ovale, en bois d'ébène.

258 *Nutchey, J.* Dess. et Fab. West Street, Soho.—Paire de candélabres en ébène et ivoire sur colonnes torses ; jardinière en bois d'if anglais.

259 *North, Ch.* Inv. et Fab. 1 Queen's Head Court, Great Windmill Street, Haymarket.—Pupitre à lire, pouvant s'adapter au dosier de sofa, &c. ; chaise longue pour les malades.

260 *Pinnell, T. D.* Dess. et Fab. 5 Warren Street, Camden Town.—Cadre en zinc doré, avec bordure en treillis, &c.

261 *Jackson & Graham,* Fab. 37 & 38 Oxford Street.—Buffets, bibliothèques, chaises, sofa, écrans, &c. Tapis de Londres, tapis à dessin moresque, tapis velouté, tapisserie, tapis de foyer de Londres, &c.

262 *Reynolds, J.* Fab. 57 New Compton Street, Soho.—Table en fil de fer pour fleurs.

263 *Robinson, C.* Inv. et Fab. 6 et 7 Greenland Place, Gray's Inn Road.—Lit de fer portatif, pouvant être transformé en ottomane, &c.

264 *Rogers & Dear*, 23 et 24 St. George's Place, Hyde Park Corner.—Bois de lit en noyer, style renaissance, rideaux en tapisserie d'Angleterre rehaussés de passementerie riche; bois de lit en acajou, &c.

265 *Archer, E. T.* 451 Oxford Street.—Décors, en papier.

266 *Hindley & Cie.* 134, Oxford Street.—Buffet avec chiffonière à trumeau; chaises, &c.

267 *Simpson, G.* Dess. et Fab. 12 Eldon Street, Finsbury.—Table de bibliothèque, perfectionnée.

270 *Simpson, W. B.* 456 West Strand.—Papiers pour décors, pouvant se laver.

271 *Scroxton, J. H.* 137 Bishopsgate Street.—Devanture de boutique; vases; ornements, &c.

273 *Squire, C.* Inv. 20 Old Fish Street.—Appareil pour cuire le bois pour le placage, et pour bouillir et distiller l'eau; miroirs se démontant; cadres dorés, argentés, &c.

275 *Thomas, W.* Dess. et Fab. 29 Berner's Street.—Statuaire en chêne; cadres (en composition) semblables à ceux faits pour la collection royale d'émaux et la galerie de tableaux.

276 *Thomas, J.* Dess. et Sculp. 9 Old Church Street, Paddington, et New Palace, Westminster.—Cadre de glace avec feuillage, &c.; cheminée, ornée de reliefs; modèle d'une fontaine, &c.

279 *Ward* (autrefois Griffin et Ward), 5 et 6 Leicester Square.—Fauteuils perfectionnés pour malades; chaise-propulseur, portative, et à roues de cautchouc vulcanisé.

285 *Waller, F.* Fab. 49 Fleet Street.—Bureau en bois de rose, pour diplomates et commerçants, &c.; petit bureau en bois de rose, pour dames, &c.

287 *Jones, W.* Inv. et Fab. Dolgelly.—Table porte feuille tournant sur un pivot comme un pupitre à lecture, en ébène.

288 *Warren, T.* Inv. 371 Oxford Street.—Pupitre à lire, sculpté en bois de rose, avec ornements en or et en ormolu, et coussin en velours d'Utrecht cramoisi.

289 *Creaser, Mrs.* 18 Melton Street, Euston Square.—Table-secrétaire pour dame, d'un style nouveau.

291 *Cooper, G.* Kingston, Surrey.—Chaise rustique.

292 *Mummery, F. H.* 5 Railway Place, Holloway Road.—Bois de lit en forme de caisse de piano.

293 *Wilson, J. & Fils*, Inv. et Fab. 18A Wigmore Street, Cavendish Square.—Table centrale ovale de nouvelle construction, à dessus tournant; id. avec une table circulaire de bagatelle ou petit billard; table à ouvrage, &c., &c.

300 *Scott, Cuthbertson & Cie.*—Papiers pour décors.

301 *D'Almaine, W. F.* Dess. et Fab. 8 Percy Street, Bedford Square.—Modèle de panneau, style d'Edouard I.

303 *Arthur, T.* Prod. 3 Sackville Street.—Ecran peint à la main et à l'huile, sujets d'après nature; échantillon de papier de tenture damassé; imitation de marqueterie en marbre pour escaliers, &c.

304 *Ascroft, T.* Dess. et Prop. 35 Queen's Road Chelsea.—Nouveau modèle de tenture, combinaison de damas et de perse.

305 *Barrett, J.* Dess. 246 Bethnal Green Road.—Dessins pour papiers peints.

307 *Coomber, J.* 66 Brand Street, Blandford Square.—Dessus de table peint, imitation de mosaïque de bois; tablette en imitation de marbre incrusté.

308 *Goddard, J.* 21 Walcot Place East.—Dessins pour papiers peints.

309 *Woollams, J. & Cie.* Fab. 69 Marylebone Lane, Oxford Street.—Un assortiment général de papiers à tapisser et à décors; damas; modèles de fleurs et bordures de décorations; papier peint, dessiné à l'école de dessin du gouvernement.

310 *Hinchliff, N. & Cie.* Fab. 123 Wardour Street, Oxford Street.—Papiers peints; décors de panneaux, &c.

312 *Price, J.* Gateshead.—Table à dessus de verre jaspé.

312A *Trapnell & Fils*, Bristol.—Chiffonière en noyer, avec trumeau, &c.

313 *Newbery, J. & R.* Fab. 2 et 3 Hemlock Court, Carey Street, Lincoln's Inn Fields.—Papiers dorés et argentés pour relieurs; tissus dorés et argentés pour fleurs artificielles; papiers de décors; papiers continus, de couleur cramoisie, bleue et verte, peints à la mécanique, pour tapisser, &c.

314 *Norwood, Ch.* Fab. De Beauvoir Factory, Rosemary Branch Bridge, Hoxton.—Décoration architecturale, style gothique-Tudor.

315 *Purkiss, J. & Fils*, Dess. et Fab. 29 Old Change.—Papiers peints pour corridors, imitant le marbre, &c.

316 *Sopwith, T. & J.* Inv. et Fab. 15 Northumberland Street, Newcastle-on-Tyne.—Secrétaire.

317 *Turnell, I.* 32 Pinstone Street, Sheffield.—Table, ouvrage pour dame.

318 *Townsend, Parker & Townsend*, Dess. et Fab. Goswell Street, Westminster.—Papiers peints pour décors.

320 *Turner & Cie.* Fab. Elizabeth Street, Pimlico.—Papiers peints, damas, panneaux, et perses, dessinés par James et Marchand, de Paris, &c. (Galerie, Sud-Est).

321 *Williams, Coopers, Boyle & Cie.* Fab. 85 West Smithfield.—Décorations de salon; damas pour salle à manger, &c.

322 *Woollams, J. & Cie.* 69 Marylebone Lane, Oxford Street, Fab.—Papiers peints et décors imprimés au bloc; panneau pour décor dessiné par Mlle. Palmer; papiers peints imprimés par une machine. (Extrémité Est de la Nef et Galerie Est).

326 *Jeffrey, Allen & Cie.* Fab. Kent et Essex Yard, Whitechapel.—Papier peint; échantillons de papier perse à plusieurs couleurs.

329 *Davis, C.* Dess. et Peint. 26 Blackfriars Road.—Modèle pour décoration de plafond, imitation de bois incrusté.

236 *Jones, T. & Cie.* Inv. et Dess. 214 Piccadilly.—Décors pour appartemens, en papier relevé de panneaux dorés en relief, avec bordure et surmonté d'une corniche blanc et or; décors de plafond en couleur, &c.

337 *M'Lachlan, J.* Prop. 35 St. James' Street, Piccadilly.—Spécimens de peinture arabesque sur verre; imitations d'incrustations en marbre sur verre, &c.

340 *Sewell, C. & F.* Fab. et Dess. 13 Charles Street, Westbourne Terrace.—Ecran dans le style d'Elizabeth, imitation de différents marbres et bois.

341 *Smith, C.* 43 Upper Baker Street.—Imitations marbres en peinture sur ardoise et sur bois; décors arabesques pour salons, boudoirs, &c.

342 *Southall, C. & Cie.* Fab. 157 Kingsland Road.—Demi-dessus de table en imitation de marbre; imitation d'une pièce de marbre rouge royal; papier marbré, &c.

343 *Strugnell, H.* Dess. et Fab. 25 Kirby Street, Hatton Garden.—Pupitre de dame en ébène, avec bordures de fantaisie; l'intérieur dessiné par M. Wathen, de Glasgow.

344 *Hayball, A.* Ecole de Dessin, Sheffield.—Cabinet sculpté en noyer.

345 *Hoyles, H.* Ecole de Dessin, Sheffield.—Buffet sculpté en noyer.

346 *Steedman, C.* Charles Street, Hampstead Road.—Tablettes en ardoise, vernies et ornées, pour églises. (Dans la Classe 1ère).

347 *Pickering, J.* Prod. 39 Little Moorfields.—Spécimen de décors de salon, en couleur et en or.

361 *Burke, J. H.* 95 Castle Street East, Oxford Street.—Cadres pour miniatures; imitation d'or-moulu.

364 *Follit, G.* Fab. 67 Great Titchfield Street, Marylebone.—Spécimens d'imitation d'or-moulu, en papier non sujet à s'écailler.

365 *Newnham, B.* Inv. et Fab. 22 Princes Street, Leicester Square.—Cadres pour miniatures, imitation d'or-moulu.

369 *Furse, C. & S.* Fab. 4 Hanway Street, Oxford Street.—Dorures pouvant être lavées, applicables à toute espèce de cadres et particulièrement aux décorations de théâtres, salons, salles de bal, &c.

379 *Herring, C.* Inv. et Dess. 222 Whitechapel Road.—Duvet de soie oriental produit du Bombax, arbre des Indes.

380 *Baxter, R.* Dess. Fab. et Prop. 12 George Street, Foley Place.—Spécimens de l'art de dorer les cadres de tableaux et de glaces, les corniches, &c.

382 *Vigers, E. (jeune,)* Fab. Union Mills, Upper Lisson Street, Paddington.—Moulures, architraves, pans, &c. préparés à la mécanique.

384 *Jordans, —,* Belvedere Road, Lambeth.—Table ronde de bois de noyer; chaises richement sculptées.

385 *Arrowsmith, H. & A.* Dess. et Fab. 80 New Bond Street.—Cabinet en zèbre et or, avec riches sculptures; nouveau modèle de rideaux; nouveau procédé pour nettoyer les tapis, rideaux, tapisseries, et ouvrages à l'aiguille.

388 *M'Lean, —,* Fleet Street.—Grande table console et glace. (Avenue principale, Ouest).

389 *Avery & Dangar,* Fab. 11 Great Portland Street.—Stores à ressort; stores vénitiens; stores hollandais à resort, pour croisées, &c.

390 *Burt, H. P.* Inv. 238 Blackfriars Road.—Modèle de jalousies perfectionnées, en métal.

391 *Austin, J.* 8 Princess Street, Finsbury.—Nouveau modèle de chassis; id. de persienne, en lin, soie, coton et laine, &c.

395 *Harris, H. G.* Fab. 528 New Oxford Street.—Stores en mousseline perforée. (Breveté.)

397 *Lucas, P. (jeune),* Inv. 19 Hyde Park Gardens.—Jalousies pour magasin, à rotation, d'un nouveau modèle.

399 *La Compagnie de Glaces de la Tamise.*—Glaces de grandes dimensions. (Avenue Centrale).

400 *Noel, H. W.* Dess. et Fab. 37 High Street, Camden Town.—Stores transparents, imitant le verre peint, pour croisées de bibliothèque et d'escaliers; id. peints pour salons et boudoirs, &c.

401 *Grigg, J.* Banwell, Somersetshire, Fab.—Chaise rustique ornée, avec incrustations; tableaux mécaniques, vues d'Ecosse.

402 *Lee, G. L.* 245 High Holborn.—Imitation de vitraux peints, &c.

403 *Pratt, H.* 123 New Bond Street.—Garde robes de voyage en maroquin rouge, doublées en satin; lits et chaises portatives en cuivre.

404 *Dowbiggin & Cie.* 23 Mount Street, Grosvenor Square.—Commode de bois divers, les panneaux ornés de marqueterie et de sculpture, et de peintures sur porcelaine au centre, &c. Bois de lit en noyer sculpté, &c.

405 *Auldjo, Mrs. T.* Richardson, Noel House, Kensington.

406 *Martin, J.* 4 Southampton Row, Russell Square.—Chaise en bois de noyer sculpté, avec le portrait de Denis Affre, archevêque de Paris, tué dans l'insurrection de Juin 1848.

407 *Holland, W.* St. John's, Warwick.—Spécimens de peinture et de décors d'ornementation pour salon, salle à manger; machine nouvellement inventée pour décorer les murs.

408 *La Compagnie des Glaces Britanniques.* — Deux glaces, chacune de plus de 12 pieds de haut. (Avenue principale, Ouest).

526 *Cowell, W. & T. J.* Dess. et Fab. 103 High Street, Marylebone.—Spécimen d'incrustation à la main, pour parquets de salon, boudoirs, salles de bal.

527 *Marsden, C.*—Spécimens de papiers peints, marbrés et autres.

528 *England, G. W.* Leeds, Dess. et Fab.—Chaise de salle à manger en acajou; chaise de bibliothèque en chêne de nouvelle construction; encrier en bois de rose.

Aller aux Classes 12 et 15, Page 100.

—— Salle du Moyen-Age.——
Groupes du Sud, N., O., 28, 29.

529 *Pugin, M. M.*—Ornements d'église de toutes espèces.

530 *Grace, J. G.* 14 Wigmore St. Cavendish Square.—Etoffes d'ameublements brevetées, tapis, papier de tenture.

531 *Minton, H. & Cie.* Fab. Stoke-upon-Trent, Staffordshire.—Tuiles ornées, porcelaines, faïence peinte.

532 *Hardman, J. & Cie.* Fab. Great Charles St. Birmingham.—Objets en vermeil, vases en bronze pour églises, emaillés, plaqués, &c.

533 *Myers, —.*—Sculptures en bois et en pierre.

534 *Bifield, Caroline,* Dess. 6 Canonbury Place, Islington.—Ecran: St. Georges et le Dragon, avec les armes nationales, l'écusson royal, &c.

535 *Du Cane, A.* Dess. Witham.—Boîte pour contenir un médaillon de cheveux.

Aller a la Classe 26, Page 155.

————

Decorations de Plafonds.—Au Sud de la Nef.

Travee M. 21 *M.M. Trollope & Fils.*
     M. 22 *M.M. Jackson & Fils.*
     M. 26 *M.M. Jackson & Graham.*
     M. 24 *M.M. Calli & Cotti.*

Galerie Inferieure du Sud.

P. 15 *M.M. Jones & Cie.* (avant *Robson & Jones.*)
P. 1 *M.M. Lithgow & Purdie.*

Au Nord de la Nef.

I. 19 *M.M. Jackson & Fils.*
I. 20 *M. A. Hervieu,* 10 Portugal Street, Grosvenor Square.
I. 21 *M. Croughton,* 100 Upper Street, Islington.
I. 22 *M. Thomas,* St. John's Wood.
I. 23 } *L'Ecole de Dessin.*
I. 24 }
I. 25 *M. C. F. Bielefield.*

[Les décorations de murs, les imitations de marbres et de bois, les stores, &c. sont exposés contre les principaux murs et partitions du bâtiment à l'aîle du Sud, aux extrémités Est et Ouest, à l'angle Nord-est, et dans l'avenue des locomotives].

Aller a la Classe 17, Page 117.

Classe 27.   SUBSTANCES MINÉRALES MANUFACTURÉES, pour CONSTRUCTION ou DÉCORATION de BÂTIMENT.

—— Groupes G. H. 14-17, I. J. 16, 17. ——

1 *Kershaw, T.* 35 John Street, Fitzroy Square, Peintre. —Imitation de marbres et bois étrangers et anglais pour décorations de maisons; en bois et ardoises.

3 *Brendon, W. S.* Fab. Yeolm Bridge, près de Launceston.—Cheminée pavage et bas de lambris, pour vestibule, en ardoise et en pierre de taille.

4 *Bovey, J.* Plymouth, Devon, Fab.—Cheminée dessinée par O. C. Arthur, architecte; baptistère dans le style perpendiculaire, dessiné par Damant architecte et exécuté par l'exposant.

5 *Frewer, J.* Dess. et Fab. Ipswich. — Cheminée sculptée en pierre de Caen.

6 *Champernowne, H.* Prop. Dartington House, Totness.—Table en pierre calcaire du Devonshire.

7 *Mayo, W.* 17 Silver Street, Wood Street, Cheapside.—Vases à syphon pour eaux gazeuses.

8 *Willock, E. P.* 10 Exchange Arcade, Manchester.— Spécimens de terra cotta de Ladyshore.

9 *Humble, W.* 35 University Street.—Table octogone en mosaïque de marbre.

11 *Wilson, J.* Stratford, Essex.—Table à échiquier peinte en imitation de marbre.

12 *Hartley, T. H.* Prop. Westminster Marble Works, Earl Street, Holywell Street, Millbank, Prop.—Monument mural en pierre, style gothique.

13 *Ekins, G.* Fab. Ware, Herts.—Cercueil en ardoise, à clous à vis.

14 *Wilson, S.* Grimley, Notts.—Tablette en peinte, imitation de marbre.

17 *La Compagnie des Travaux en Marbre ou en Pierre,* Imp. Dess. et Fab. Esher Street, près de Millbank, Westminster. — Cheminée à colonnes grecques, et fonts baptistères, en marbre blanc de Carrare; modèle d'un escalier en marbre noir d'Irlande, fait pour le Duc de Hamilton.

18 *Mirror Marble, la Compagnie,* Pat. 16 Castle Street, Southwark Bridge Road.—Nouveaux spécimens de cheminées en fer et en verre. (Brev.)

19 *Coates, E. J.* Prop. 13 Bread Street, Watling Street. —Chambranles de cheminées, de fer et de verre. (Breveté.)

20 *Vaughan, T.* Bath, Prop.—Vase et piédestal, pour montrer la qualité de la pierre de Bath.

21 *Blackburn, B.* Fab. Île de Valentia, Kerry.—Dalles d'ardoise, de l'île de Valentia; chassis; siège de jardin, table d'ardoise, &c.

22 *Betts, E. L.* Prop. Aylesford, près de Maidstone.— Produits naturels et fabriqués de la propriété de Preston Hall, vallée du Medway, Kent; chaux; argile; ciment; briques; creuses; sable pour faire le verre, vase en terra cotta, poterie, &c.

23 *Doulton, H. & Cie.* Fab. Lambeth.—Articles en grès vernis; spécimens d'ornements en terra cotta, &c.

24 *Stevens & Fils,* Fab. 186 Drury Lane.—Ciment de Martin, pour murs intérieurs, décorations unies et de couleur, &c. (Mur du Sud, S. 21).

25 *Moore, A.* 19 Arthur Street, Belfast, Irlande, Fab. —Table peinte en imitation de marbre.

26 *Page, H. C.* 28 Commercial Road, South Pimlico. —Marbre préparé pour résister aux effets de la poussière et autres matières nuisibles.

28 *Iles, C. & C.* Bradford Street, Birmingham.—Piédestaux et blocs d'une substance nouvelle imitant le marbre.

29 Petite table scagliola, avec minéraux.

30 *Vokins, C.* Pimlico Wharf, Wilton Road.—Échiquier et pièces d'échiquier, faits de charbon et de gypse.

32 *Read, W.* 28 Dorset Street, Portman Square, Dess. et Exec.—Imitation de diverses sortes de marbres peints.

33 *Stewart, W.* Prop. Rhodeswell Road, Limehouse.— Pièce de marbre d'Agra, très ancien, incrusté d'agates et d'autres pierres, du palais d'Akbar Khan, Caboul, Inde.

34 *Hoss, W.* Dess. et Sculp. York.—Petite sculptée en pierre, représentant David.

35 *Bradley, J.* Fore Street, Exeter, Dess.—Table peinte sur ardoise en imitation de marbre du Devonshire.

36 *Orsi & Armani,* Fab. et Brev. 6 Guildhall Chambers, Basinghall Street.—Pavement métallique (patenté), table, style mauresque, pour le président de la République Française: cette matière est une nouvelle combinaison de substances connues; stuc de Venise, &c.

37 et 38 *Hall, J. et T.* Fab. Derby.—Cheminée en marbre noir de Derby, des carrières du duc de Devonshire, daims sculptés en albâtre de Derbyshire; obélisque égyptien en marbre noir; coupes; candélabres, &c.

39 *Woodley, J.* Torquay, Dess. et Fab.—Table ronde, autre petite table et tablette, avec incrustations de spécimens de marbres et de madréporites, trouvés dans le Devon.

40 *Vallance, J.* Matlock, Bath, Derbyshire, Dess. et Fab.—Tables, vases, et autres articles composés ou incrustés de feltspar et de marbres de Castleton, Ashford, &c., Derbyshire.

41 *Oliver,* 52 Upper John Street, Fitzroy Square, Dess.—Imitations de marbre rouge royal, de Sienne, et de Mora.

42 *Hall, W.* 5 Prospect Row, Walworth, Dess. et Fab. —Inscriptions sur ardoises émaillées imitant le verre.

43 *Wright, J.* Fab.—Façade de tombe de granit poli.

44 *Buckley, G.* Imi. de la Nature, Bayswater. — colonne et deux blocs, peints en imitation de marbre de Sienne.

45 *Dolan, D.* 27 Blackfriars Street. — Colonnes et arches gothiques en scagliolia.

46 *Magnus, G. E.* Inv. Pimlico.—Extrémité et côté d'une salle de bain, en ardoisé, imitation de marbre incrusté à la manière de mosaïques florentines; candélabra imitation de porphyre; table de billard, avec pieds et bords en ardoise émaillée; table circulaire en ardoise, imitation de marbre noir, &c.

47 *Francis & Fils,* Fab. Nine Elms.—Echantillons de ciment de Paros de diverses qualités; ciment de Medina, ciment pour travaux de dessèchement dans les chemins de fer.

48 *Thornhill, J.* 13 Regent Street, Camberwell.— Deux tables en imitation de marbre.

49 *Lipscombe, J. & Cie.* Dess. 93 Regent Street.— Nouveau modèle de fontaine, le bassin, en cristal taillé, piédestal en marbre de Carrare; fontaine filtre, dessin arabesque.

50 *Plows, W.* Foss Bridge, York, Dess. et Sculp.— Table incrustée de bois pétrifiés; table de marbre noir avec symboles de franc-maçonnerie, trouvée dans le crypt de la cathédrale de York.

51 *Duppa.*—Peintures sur tuiles.

52 *Brown, R.* Dess. et Sculp. 58 Great Russell Street, Bloomsbury. — Monument sépulcral, en pierre de Caen.

SUBSTANCES MINERALES MANUFACTUREES, &c.

53 *Lane & Lewis,* Dess. et Exéc. Clifton, près Bristol.—Statue de St. Pierre dans une niche à cintre, en pierre de Caen.

54 *Baker, R. C.* Dess. 33 Above Bar, Southampton.—Dessin de monument funéraire.

55 *Stuart, W.* Memb. de l'Inst. C.E. Inspecteur Général de H.M. Briselames de Plymouth.—Tablette en marbre poli sur deux piédestaux, de pierre calcaire de la carrière du briselames de Plymouth.

56 *Moon, G.* Dess. Godalming, Surrey.—Table octogone avec incrustations de diverses espèces de marbre.

57 *Beld, J.* Dess. et Fab. 25 Buckingham Place, Fitzroy Square.—Deux obélisques en solite poli.

58 *Hoban, M.* Fab. Dublin.—Dessus de tables en marbre.

59 *Rumley, —,* Essex Street, King's Cross.—Deux petits ornements de table sculptés en marbre.

60 *Newman, W. H.* Prod. Bathford, près Bath.—Buste de Milton, en pierre de taille de Bath.

61 *Wishaw, —.*—Echiquier de nouvelle construction.

62 *Rowlands, I.* Fab. Llandegai, près Bangor, Galles.—Encrier monstre, taillé d'un bloc d'ardoise des carrières de Penrhyn, près Bangor.

64 *Cumming, Rev. J. G.* Ile de Man.—Obélisque construit en marbre de l'Ile de Man.

65 *Pearson, W. P.* Prod. et Dess. Harrogate, Yorkshire.—Table octogone en stalactites, principalement de Knaresborough et des environs.

66 *Porter, W. N.* Prop. 3 Pembroke Road, Dublin.—Poterie fabriquée de terres trouvées dans plusieurs parties de l'Irlande; ornements en marbre irlandais de Clifden, Connemara.

67 *Griffiths & Strong,* Fab. Whitby.—Pierre en ciment; modèle d'un cottage de laboureur; tuiles de ciment.

68 *Allen, C. B.* Londres.—Modèle d'un cottage de laboureur; tuiles creuses en encaustique.

69 *Nicoll & Allen,* 37 Upper Mary-le-bone Street, Dess. et Peintre.—Imitations de marbre, dessins de dessus de table imitation de mosaïque de marbre.

70 *Lambert, A. C.* Prop. Abbey.—Tables de marbre vert foncé de Connemara; tables de serpentine de la carrière de Ballynahinch, Galway; sur piédestaux de marbre noir de Galway.

71 *La Société Royale de Dublin.*—Bustes et piédestaux en marbre statuaire vert et blanc de Connemara, des carrières de Donegal.

72 *Monteagle, Lord,* Inv. Mount Trenchard, Comté de Limerick, Irlande.—Statue de feu Henry Grattan, sculptée en marbre, comme spécimen de marbre statuaire irlandais, des carrières de Dunlevey, comté de Donegal.

73 *Fanklin, P. L.* Prop. Galway.—Bloc de marbre noir poli à la surface; marbre noir pour statues, tiré des carrières des environs de Lough Corrib, à trois milles de Galway.

74 *M'Donald & Leslie,* Fab.—Vases de granit, &c.

75 *Pearce, W.* Fab.—Table de stéatite; candélabre de stéatite et de serpentine; colonnes de serpentine; piédestal de granit, &c.

76 *Oldfield & Cie.* Fab. Ashford.—Colonne de marbre noir des carrières d'Arrock Hill, à Ashford; colonne de marbre laminé, de Nettle Dale, près d'Ashford; colonne de marbre gris-rousselet, de High Low, près de Sheldon, &c.

77 *Woodruffe, T.* Blockwell, Fab.—Table à échiquier, en marbre noir, à bordure incrustée, &c.

78 *Redfern, G.* Fab. Ashford, près de Bakewell.—Table en marbre mosaïque de plus de quatre pieds de diamètre; vase en marbre noir, style gothique.

79 *Tomlinson, J.* Ashford, Fab.—Tables mosaïques en marbres de Staffordshire et de Derbyshire. Table en marbre noir de Derbyshire incrustée. Spécimens de mosaïques.

80 *Bright, S.* Fab. Buxton, Derbyshire.—Vases en marbre noir, provenant des carrières du Duc de Devonshire; table mosaïque incrustée de fleurs, &c.

81 *Lomas, J.* Fab. Bakewell.—Piédestaux de marbres de Derbyshire pour bustes; chambranles de cheminées en marbre noir de Derbyshire et de Sienne, ornés de mosaïques; autres chambranles sculptés, &c.

82 *Turner, J.* Fab. Buxton, Derbyshire.—Deux amphores, chacune de 56 pouces de haut, en marbre noir d'Ashford, Derbyshire.

83 *Bird, E.* Matlock Bath, Derbyshire.—Modèles en marbre noir de l'obélisque de Héliopolis, et de l'obélisque Philoe, &c.

85 *Organ, J.* Fab. Penzance, Cornwall.—Fonts de baptême; obélisques; colonnes; échiquier, &c., fabriqués en serpentine des carrières de Lizard, Penzance.

86 *Minton, H. & Cie.* Stoke-upon-Trent, Staffordshire, Fab.—Tuiles, terra cotta et vases, &c. en imitation de composition de majolica; tuiles encaustiques et autres; baignoires en porcelaine, fourneau en briques ornementales; frises porcelaine.

87 *Lovelace, (le Comte de),* East Hornsley Park, Ripley, Surrey.—Briques et tuiles pour décorations, fabriquées à Ockham, Surrey.

88 *Singer & Cie.* Fab. Vauxhall Pottery.—Modèles de pavé mosaïque pour églises, salles, &c. (patenté), &c.

89 *Rufford F. T.* Fab. Stourbridge.—Baignoire en terre réfractaire plaquée de porcelaine et vernie; cuviers; briques, &c.; poterie blanche vernie (breveté).

90 *Ramsay, G. H.* Derwent-Haugh, Newcastle.—Réfrigérateur en charbon parrot.

91 *Margetts, T. K. & Eyles, H.* Oxford.—Baptistère sculpté en pierre de Caen: dessins de T. K. Margetts, sculpture de H. Eyles.

92 *Blanchard, M. H.* King Edward Street, Westminster Road.—Terra cotta: chapiteau ionique dessiné par C. Barry, Esq. Pinacle gothique, dessiné par Puget, &c.

93 *Ferguson, Miller & Cie.* Fab. Heathfield, près de Glasgow.—Copie du vase de Warwick en terre cuite, avec piédestal; vase à fleurs; spécimens de bouillottes de cheminée, de diverses grandeurs, &c., en argile vitrifiée.

94 *Bowen, J.* Bridgwater.—Deux statues en pierre artificielle.

95 *Doulton & Watts,* Fab. Lambeth.—Vases à fleurs ornés de fougères en terra cotta.

96 *Bell, J. & Cie.* Fab. Glasgow.—Vases en terra cotta.

97 *Ransom & Parsons,* Inv. et Fab. Ipswich.—Pierre et marbre artificiels dans les divers degrés de fabrication, &c.

98 *Sprot, M. & T.* Fab. Oarnkirk, près de Glasgow.—Jets d'eau, vases et piédestaux, conduits d'eau vitrifiés, bouillottes, &c.

99 *La Compagnie des Houillères de Grangemouth,* Grangemouth.—Deux grands vases avec leurs piédestaux, d'argile réfractaire; briques; tuyaux de cheminée de différentes grandeurs; argile réfractaire brute, &c.

100 *Tomson, L.* Dess. et Fab. Wisbech.—Briques pour architecture; fenêtre en triangle équilatéral, en briques; modèles en pierre de Caen, &c.

101 *Laurie, —.*—Modèles tiré du Mémorial chrétien, &c.

102 *Les Usines de Fer de Fernley.*—Articles divers en terra cotta.

103 *Robins, Aspdin & Cox,* Fab. Northfleet et Great Scotland Yard, Whitehall.—Bloc de ciment de Portland, avec échantillons pour prouver la force de la matière, propre à être employé dans la construction de digues, quais, &c.; pierre; modèle, &c.

104 *Bowers, Cnallinor, & Woliscroft,* Brownhills, Tunstall, Staffordshire.—Imitation de corniches en chêne sculpté.

Corniche gothique en imitation de bois de rose, &c. le tout en poterie.

105 *Jones, W.* Newcastle-under-Lyne. — Tuiles faites d'une matière nouvelle pour toits et pavés ; tuyaux faits à la mécanique, pour usages agricoles, &c.

106 *Beswick, R.* Stafford.—Briques de nouvelle construction.

107 *Hickman, R. & Cie.* Fab. Stourbridge.—Cornue à gaz faite d'argile réfractaire de Stourbridge.

108 *Pulham, J.*—Fenêtre et ornements d'architecture, en terra cotta et en pierre artificielle ; colonne en marbre de madrépore.

109 *Hunt, C.* Inv. et Fab.—Filtre en ardoise émaillée.

110 *Ramsay, O. H.* Herwent Haugh, Newcastle, Inv.—Briques et autres objets en argile réfractaire, cornues pour chimistes.

111 *Luff, J.* Fab. Ipswich.—Cheminées ornées, style de la Reine Élizabeth ; briques rouges et blanches ; tuiles rouges et blanches, &c., à paver, &c.

112 *Cowen & Cie.* Fab. Blaydon Burn, Newcastle-on-Tyne.—Cornues d'argile réfractaire (brevetées) ; briques réfractaires ; argile réfractaire telle qu'elle est tirée du gisement ; charbon de terre.

113 *Westwood & Moore,* Fab. Stourbridge.—Echantillons de bouteilles de verre et poterie de grès perfectionnée.

114 *Haddon, J. C.* 29 Bloomsbury Square.—Briques rhomboïdales.

115 *Potter, A.* Fab. Newcastle-under-Lyme.—Vase avec piédestal, en argile ; cornue d'argile.

116 *Workman, J.* Stamford Hill, Inv.—Briques imperméables, &c.

117 *Brown, R.* Inv. et Fab. Surbiton Hill, Kingston, Surry.—Tuiles d'une nouvelle invention ; tuiles italiennes, imperméables ; nouvelles tuiles de tout genre.

118 *Fordham, J. G. & Fils,* Fab. Royston, Herts.—Briques perfectionnées.

119 *Harper & Moore,* Fab. Stourbridge.—Creusets pour fondre la glace et le verre ; briques ; cornues d'argile réfractaire, &c., employées dans les verreries.

120 *Stirling, T. aîné,* Inv. et Fab. Bow Bridge Slate Works, Stratford, et 473 New Oxford Street.—Filtre à ascension rapide (patenté) ; filtre royal Albert (patenté) ; réfrigérateur ; différentes sortes de filtres, &c. ; articles en ardoise émaillée, et en imitation de marbre, &c., &c.

121 *Skinner & Whalley,* Inv. Stockton-on-Tees.—Plaque de marbre de diverses couleurs, pour façades de bâtiment, bains, &c. imperméables. Les couleurs sont vitrifiées, durent aussi long-temps que le matériel même.

122 *Kent, J.* Chichester.—Petit spécimen d'un nouveau genre de vitrer les serres.

123 *Peake, T.* Fab. Tunstall.—Tuiles terro-métalliques pour toitures, briques, tuyaux d'écoulement, &c. ; imitation du vase de Warwick, en terro-métallique, &c.

124 *La Société pour l'Amélioration de la Condition des Classes Ouvrières.* — Maisons-modèles pour les classes ouvrières ; constructions en briques creuses émaillées et non émaillées, qui rendent les habitations sèches et chaudes, durables, et à l'épreuve de l'incendie ; qui amortissent le bruit du dehors, et offrent une grande économie de construction. Dessins et plans de maisons.

125 *Green, J. & Cie.* Fab. Princes Street, Lambeth.—Appareil de chimie en grès ; grès émaillé au sel ; grès émaillé à l'intérieur et à l'extérieur, au moyen d'une composition de sel et de plomb ; tuiles creuses vernies, de Colman, Swanton Novers.

126 *Key, E. S.* Inv. Bale, Dereham, Norfolk.—Châssis de fenêtre, en briques blanches ; autres échantillons de châssis de fenêtre ; tuiles d'une qualité particulière.

127 *Haywood, H. & R.* Fab. Brownhill's Tileries, Burslem, et 15 South Wharf, Paddington. — Argile métallique très fine ; articles qui en sont fabriqués, &c.

128 *Ambrose, J.* Fab. Colchester.—Cheminée gothique en briques rouges ; id. en briques blanches ; briques en argile.

130 *Sealy, J.* Inv. et Fab. Bridgewater, Somersetshire.—Tuiles pour toiture ; briques connues sous le nom de Bath bricks ; argile, &c. de Bridgwater.

131 *Brannam, T.* Barnstaple.—Four, en usage dans le Devonshire, et autres inventions ; faïencerie, &c.

132 *Jepson, W.* Edensor, Derbyshire.— Un vase en "blue John," de dimensions extraordinaires.

140 *S. A. R. le Prince Albert.*—Un bloc de charbon "parrot," de la houillère de Wemyss, Kirkaldy, Fifeshire, en parti poli ; siège de jardin, dessiné par L. Gruner, exécuté par T. W. Waun, de charbon "parrot" ou "cannel," tiré de la propriété de Contre-Amiral Wemyss.

Aller aux Ornements, Decorations, &c. de Plafond, page 161.

Classe 28.   SUBSTANCES ANIMALES et VÉGÉTALES MANUFACTURÉES, ni TISSÉES ni FEUTRÉES.

—— Galerie Latérale du Nord.——

3 *Hastings, S.* Fab. Limerick, Irlande.—Assortiment de brosses.

7 *Jones, D.* Dess. et Fab. Hay, Pays de Galles.—Cadre à tableau, ancien style gallois, fait d'excroissances de pommier.

8 *Wallis, S.* Dess. et Fab. Halifax, York.—Sculpture d'ornement en bois.

9 *Scaling, W.* Fab. 37 George Street, Edimbourg.—Etagère pour fleurs, en fer et bois de saule.

10 *Wippel, J.* jeune, 219 High Street, Exeter.—Ameublement d'église ornementé, &c.

12 *Ramsey, J.* Inv. et Fab. Berwick-on-Tweed.—Ruche à vis et à fond mobile, &c.

15 *Johnson, P.* Fab. Wigan.—Objets de fantaisie tournés en ivoire, en bois et en charbon.

16 *Farrar & Fils*, Fab. Chapel Lane, Bradford.—Ficelle de chanvre, de lin et de coton.

18 *Crummack, E.* Prop. et Fab. York.—Peignes de toilette, en écaille de tortue, ivoire et corne, faits à la main.

20 *McClintock, G.* Fab. et Dess. York.—Chaîne découpée et formée d'un seul bloc de bois.

21 *Jackson, T.* Fab. 3 Pinstone Street, Sheffield.—Brosses à polir, pour la coutellerie et l'orfèvrerie ; brosses en tous genres.

22 *Smith, J.* 79 Sidney Street, Sheffield.—Objets sculptés en ivoire, bois de fantaisie, &c.

28 *Maunder, J.* Fab. Launceston, Cornwall.—Petite table en bois, service miniature de dessert, en ivoire sculpté.

29 *Dow, A.* Fab. Liverpool.—Brosses pour argenterie et bijoux.

30 *L'Ecole d'Industrie pour les Aveugles*, Bristol.—Tapis de foyers en laine, gardes-feu, nattes, &c., fabriqués entièrement par des aveugles.

34 *Cook, J.* Bradford Street, Walsall.—Brosses de toutes espèces.

35 *Lee, F.* Shipham, Norfolk.—Lutrin en chêne.

36 *Crespin, E.* Esq. Cheshunt, Hertfordshire.—Modèles de sculptures pour ornements d'église.

38 *Bevington & Morris*, Fab. 67 King William Street, City.—Nattes en fibre de noix de cacao ; paillassons et nattes en chanvre de Manille.

39 *Treloar, T.* Fab. 42 Ludgate Hill.—Echantillons de nattes faites de fibres de cocotier (provisoirement enregistré), différentes sortes de nattes, brosses, &c.

40 *Wildey & Cie.* Fab. et Brev. 7 Holland Street, Blackfriars Road, Southwark.—Nattes en fibre de cocotier.

41 *King, J.* Dess. Inv. et Fab. 49 Tufton Street, Westminster.—Paniers en paille de couleur ; chandelier en paille exposé comme nouveauté.

42 *Robinson, Vincent & Cie.* Inv. et Imp. 38 Welbeck Street, Cavendish Square.—Echantillon de nattes choinoises, peintes d'après un procédé nouvellement découvert.

43 *Armstrong, J.* Dess. et Fab. 9 Chad's Place, Gray's Inn Road.—Tapis pour voitures ; nattes pour salon et chambre à coucher ; natte de salon en laine, chanvre, chanvre d'Indostan et fibres de coco.

45 *Kain, J. F.* Inv. et Fab. 29 Brownlow Road, Dalston.—Cage en ivoire.

47 *Taylor, B.* 169 St. John Street Road, Clerkenwell.—Tour avec minarets, composée de plus de 1000 pièces, fabriquée en ivoire végétal.

48 *Fentum, M.* Fab. 8 Hemmings Row, Charing Cross.—Echiquier et pions en ivoire.

49 *Brown, H.* Inv. 187 Whitechapel Road.—Ivoire Anglais (sans composition).

51 *Coate, J. & Cie.* 5 Brewer Street, Golden Square, St. James's.—Brosse à dents ; brosses de toilette en ivoire, &c.

52 *Croger, T.* Inv. 7 Belvidere Place, Bethnal Green.—Une invention pour préparer les manches des brosses de manière à empêcher la colle, le goudron, &c., d'y adhérer.

55 *Gosnell & Cie.* Fab. 12 Three Kings' Court, Lombard Street.—Essences, parfums et parfumerie ; savons de fantaisie de différentes espèces ; brosses et peignes de différents modèles.

55A *Smith, A.* Inv. et Fab. 8 et 9 Osborn Street, White Chapel.—Pinceaux pour la peinture.

58 *Rigby, E. R.* Fab. et Brev. 80 Gracechurch Street.—Echantillons de brosses d'une substance animale, pouvant remplacer les brosses en soie ordinaires.

61 *Child, W. H.* Prod. 21 Providence Row, Finsbury Square.—Brosse perfectionnée, liée avec du cuivre ; id. flexible pour la peau ; id. pour les cheveux ; casse-noisettes perfectionnés.

62 *Truefitt, H. P.* Inv. Fab. et Prop. 20 et 21 Burlington Arcade et 144 Piccadilly.—Perruque d'hommes, d'après un principe nouveau ; id. pour dames ; nouvelle méthode pour planter des cheveux, peignes en écaille (de fantaisie) ; brosses à cheveux, &c.

64 *Ross, W. F.* Inv. et Fab. 119 et 120 Bishopsgate-Street-Within.—Coiffures de dame et d'homme, perruque de cheveux gris, dont une partie est teinte en diverses nuances ; cheveux allongés artificiellement ; perruques et toupets transparents ; brosses à barbe, à cheveux, &c.

65 *Truefitt*, 1 New Bond Street.—Brosses et peignes en ivoire sculpté ; peignes en écaille, &c.

67 *Slape, G.* Dess. et Fab. 7 Brook Street, New Road.—Brosse de fantaisie à plume, sculptée en noyer anglais.

68 *Nash, T.* jeune, Inv. et Fab. 19 Swan Street, Southwark.—Nouveau modèle de brosses à peindre. (Enregistrée).

70 *Tallerman, R.* Inv. et Fab. 20 White Lion Street, Norton Folgate.—Cachemire imperméable pour bottines ; bottines de soie et de satin, lacées de côté ; satin, soie et velours (noirs) imperméables, &c.

72 *Hodges, R. E.* Inv. et Fab. 44 Southampton Row, Russell Square.—Appareils mécaniques perfectionnés (brevetés) ; projectiles perfectionnés (brevetés).

73 *Sanders, J.* Fore Street, Cripplegate.—Tente ombrelle, imperméable, faite en gomme élastique.

75 *Wansborough, J.* Inv. Brev. et Fab. 52 Little Britain.—Etoffe imitant le velours, imperméable, et dont les deux côtés sont de différentes couleurs, employée pour rideaux, chapeaux, sac de voyage, &c., &c.

76 *Macintosh, C. & Cie.* Import. Fab. et Brev. 73 Aldermanbury et Cambridge Street, Manchester.—Spécimens de caoutchouc brut ; id. de caoutchouc travaillé et vulcanisé ; bateaux de sauvetage ; ceintures de sauvetage ; coussins ; oreillers ; lits ; vêtements imperméables ; articles de chasse et de voyage ; bouchons de carafes, imperméables et élastiques ; caoutchouc pour vétérinaires ; id. pour librairie.

77 *Bunn, Lockington & Cie.* Imp. 19 & 20 Walbrook.—

Echantillons de diverses espèces de caoutchouc et gomme élastique, natifs ou bruts.

78 *Nickels, C. & Cie.* Fab. 13 Goldsmith Street, Cheapside.—Différents articles en caoutchouc; tissus élastiques pour bretelles, jarretières et gants; tissus pour sandales et autres articles du même genre; corde élastique de différents genres.

81 *Matthews, S.* Fab. 58 Charing Cross.—Bateau portatif en caoutchouc, d'après les dessins du Lieutenant Halkett, de la marine royale; bain portatif en caoutchouc, &c.

82 *Cording, J. C.* Prod. 231 Strand.—Vêtements de soie imperméable; différents autres articles d'habillement imperméables.

83 *Hancock, J. L.* Fab. Goswell Mews, Goswell Road.—Douche en caoutchouc; lit-fauteuil en caoutchouc.

84 *Baker, C.* Jireh Cottage, Rotherfield Street, Islington.—Brosses à cheveux et à dent. Brosses à dent, nouveau modèle.

85 *La Compagnie de Gomme Gutte,* Import. Fab. et Brev. 18 Wharf Road, City Road.—Spécimens de gutta-percha brute; spécimens de gutta-percha en tranches; application de gutta-percha pour vêtements et chaussures; différents articles de gutta-percha pour les manufactures et l'agriculture; id. pour la marine; id. pour décors.

86 *Thorn & Cie.* Fab. de Gutta-percha.—Cadres et tables; spécimens divers d'ornementation.

87 *Walker, T.* Inv. et Fab. 1 Conduit St. Regent's Street.—Formes de chapeaux en gutta-percha; chapeaux ventilateurs; boîte à chapeaux servant de bouée de sauvetage.

90 *Hancock, C.* 48 Milner Street, Islington, Fab.—Tuyaux en gutta-percha, cadres, divers articles en gutta-percha.

91 *Faulding, J.* 11 Edward Street, Hampstead Road.—Sculptures à jour.

95 *Smith, O.* Fab. 21 King Street, Covent Garden.—Modèle d'ivoire sculpté et tourné, formant un piédestal, vase et fleurs dont les tiges, feuilles, &c., sont en ivoire; unique modèle d'ivoire tourné, de la forme d'un œuf, creusé par une ouverture d'un douzième de pouce.

96 *Clayton, B.* 54 Mansfield Street, Kingsland Road.—Méthode de nouvelle invention pour fabriquer les blocs et rouleaux à imprimer le calico; nouvelle marqueterie en bois, gutta-percha, &c.

97 *Grugeon, A.* Dess. et Fab. 24 Thomas Street, Hackney Road.—Piédestaux pour fleurs artificielles, &c., en érable.

98 *Turnbull, T.* Fab. William Street, Portland Town.—Nouveau système de sciage.

99 *Minns, J.* Fab. Luard Street, Caledonian Road.—Modèle du monument de Lysicrate à Athènes; lanterne de Démosthènes en bois de marronnier.

100 *L'Ecole des Aveugles Indigents,* Fab. St. George's Fields, Southwark.—Articles fabriqués par les aveugles: tapis de foyer en laine filée; bourses à filets en soie; brosses à cheveux; bracelets et chaînes, &c.

101 *Criper, R.* Inv. et Fab. 18 Artillery Lane, Bishopsgate-Street-Without.—Chaises et sofa en bois de saule.

102 *Williams, J.* Fab. 40 Exeter Street, Strand.—Panier, pour le linge sale.

103 *Bode, H.* Inv. et Fab. 11 Portsea Place, Connaught Square.—Vannerie.

104 *Potts, D.* Fab. 18 St. Dunstan's Hill, Tower Street.—Vase à fleurs en vannerie, à double fond imperméable.

106 *M'Rae, J. & Cie.* Fab. 17 Ave Maria Lane.—Boîtes à ouvrages et autres articles d'Ecosse; sacs; buvards; boîtes à cigares; papeterie; boîtes à aiguilles, &c.

108 *Mallandain & Cie.* Fab. 5 James Street, St. Luke's.—Encrier de table d'un nouveau modèle; id. en sycamore anglais.

109 *Wheatley, W.* Dess. et Fab. 2 Clipstone Street.—Formes de cordonniers.

110 *Begent, T. J.* Inv. 8 York Street, St. James's Square.—Cheville pour fixer le linge, &c. pendant qu'il sèche, qui peut servir de presse-papiers. (Enregistré.)

111 *Sheppard, F.* Prop. 125 Kingsland Road.—Articles de fantaisie en bois, manufacturés en Ayshire, et consistant en boîtes à aiguilles, cartes, enveloppes, &c.

112 *Sandy & Powell,* Fab. 76 George Street, New Road.—Spécimens d'ornements à jour, sciés à la mécanique.

113 *Taylor, C. & A.* Dess. et Fab. 30 Berner's Street, Oxford Street.—Tablette d'ornement (modèle d'ouvrage en bosse), employée comme décoration de pianos, d'orgue, découpée à la mécanique.

116 *Rousseau, A.* Fab. 352 Strand.—Boîtes à châle, en velours, à broderie, à dentelle; boîtes à papier; boîtes à gants, à livres, à ouvrages de dame; porte-feuilles, &c.

117 *Harris, S. & H.* Imp. 27 et 41 Mansell Street.—Echantillons d'éponges; échantillons de teintures et pour harnais, avec spécimens de leurs effets.

118 *Barber, C. A.* Dess. Counter 440, Soho Bazaar.—Paysages et figures en papier, découpés avec des ciseaux sans copie ou esquisse.

119 *Burgess, J.* Fab. 1 Johnson Street, Horseferry Road, Westminster.—Vase de fleurs, en papier découpé.

120 *Collings, J.* Inv. et Fab. 14 Great Ormond Street, Bloomsbury.—Coussin à bras pour les tailleurs, leur donnant la facilité de s'asseoir sans croiser les jambes.

122 *Jones, J.* 25 John Street, Cannon Street, St. George's East.—Chevilles pour faire des souliers, sans clous ni coutures; une paire de souliers à chevilles pour enfant, &c.

124 *Bass, G. H.* Inv. et Fab. 6 Featherstone Street, City Road.—Bouchons en liège taillés à la machine; procédé breveté.

125 *Esdailles & Margrave,* City Saw Mills, Regent's Canal.—Spécimens de bois de liége, taillé par une machine à vapeur.

126 *French & Butler,* Fab. 28 Piccadilly.—Echantillons de bouchons en liége.

127 *Blizard, J.* Fab. Cheltenham.—Panneaux et moulures débités par la machine; outils employés dans cette fabrique.

128 *Franks, C.* Wolverhampton, Fab.—Corbeille.

131 *Peters, R. & Fils,* Fab. Birmingham.—Boîte à pendule en écaille, richement incrustée de nacre et d'argent; pupitres; boîtes à thé; brosses à cheveux, incrustées en or et argent.

132 *Hayden, J.* 35 Northwood Street, Birmingham.—Articles recouverts et incrustés d'écaille; écaille et perle.

137 *Whittaker, H. W.* 20 Charlotte Street, Fab.—Cage ornée.

138 *Springfield, W.* Dess. et Fab. Wisbech.—Modèle de tonnellerie.

141 *Garrett,* Fab. Ipswich.—Tabatières guillochées en ivoire et en bois étrangers de fantaisie.

143 *Gould, J.* Dess. Tottenham Park, Marlborough.—Une Bible, dont la reliure est de chêne sculpté, &c.

144 *Rendall, G.* Stromness, Orkney, Ecosse.—Divers échantillons de tresses pour chapeaux, en paille d'Orkney.

145 *Still, C. S.* Prop. Smoogrow House, près de Kirkwall, Ecosse.—Echantillons de paille tressée pour chapeaux.

146 *MacGregor, J. W.* Fab. 28 Jamaica Street.—Barrique pour navires, avec anses et cercles en cuivre; baquet pour pont, cerclé en cuivre, pour navires, &c.; mesures légales, cerclées et montées en cuivre et en fer; barrique de 10 gallons, faite de douves en chêne rouge, bois poreux qui devient imperméable en l'enduisant de suif fondu.

151 *Cooper,* — Derby.—Lutrin avec figures sculptées.

152 *Stevenson, J. & J.* Sheffield, et 9 Cripplegate Buildings, Wood Street.—Peignes ornés de toutes espèces, en corne de buffle, &c.

SUBSTANCES ANIMALES et VÉGÉTALES MANUFACTURÉES, &c.

154 *Toplis, J. & Fils*, Dess. et Fab. Ashby-de-la-Zouch.—Paniers de fantaisie; chenil de fantaisie, &c.

155 *Dunlop, J.* Inv. Lauder, Ecosse.—Panier pour la pêche à la truite, &c.

156 *Adamson, R.* Dess. et Fab. Colinsburgh, Fifeshire.—Paniers pour fruits fins, en saule d'Écosse.

157 *Halliday, W.* Chilton-Super-Polden, près Bridgwater.—Pièce de chêne anglais sculpté, représentant les pélerins se préparant à se mettre en route pour Canterbury. (Chaucer).

158 *Hemphill, W. D.* Clonmel, Irlande, Dess. et Fab.—Articles en ivoire tournés, simples et ornés.

159 *Cannings, Mlle. Jane*, Walcot Parade, Bath.—Articles divers. L'exposante est sourde, muette, et aveugle.

160 *Horne, W.* Dess. et Fab. 8 Crown Row, Mile End.—Boîte à ouvrage, faite de 1,500 morceaux de bois comprenant 70 espèces tirées de tous les pays.

161 *Hawley, G. & T.* 181 Bromsgrove Street, Birmingham, Fab.—Echantillons de brosses en os pour ongles, dents, cheveux et chapeaux.

162 *Tate, F.* 18 Percy Street, Bedford Square.—Une cassette dorée emblématique; imitations de métaux en terre plastique.

163 *William, H.* Dublin.—Articles d'ivoire tournés par mouvement excentrique.

164 *Shaw, C.* Lower Mount Street, Dublin.—Spécimens de sculpture mécanique, réduits de modèles en plâtre et bronze par la machine.

165 *Meadows, J.* 91 Princes Street, Leicester Square, Inv. Breveté, et Fab.—Cadres ornés, nouveau style; articles ornés, &c.

166 *Howton, G. W.* Fab. 34 Thayer Street.—Panneau pour décors d'appartements en bois de tilleul.

167 *Mitford, B.* Cheltenham, Inv. et Fab.—Balles concentriques faites de sphères solides de buis, à l'exemple des balles chinoises.

168 *Winterbond, J.* Dess. et Inv. Hackney Road.—Modèles: indicateur automoteur en cas d'incendie à bord des vaisseaux; bain chaud portatif; éteignoir automoteur; sculpture en noyer d'Italie, &c.

169 *Day, Mlle.* 4 Oakley Terrace, Old Kent Road.—Boîte à thé composé de plus de 100,000 coquillages rares et précieux, &c.

170 *Ramsay, G. H.* Newcastle-upon-Tyne, Fab.—Articles en charbon de terre; modèle d'un monument élevé à la mémoire du Comte de Durham; réfrigérateurs, creusets, &c.

171 *Bevan, C.* Metropolitan Buildings.—Boîte à thé, ornée de sculpture.

172 *Smith, T.* Fab. Hurstmonceux, près d'Hailsham.—Paniers faits de saule, à différents usages.

173 *Wolstenholme, G.* Dess. et Fab. 12 Lord Mayor's Walk, York.—Sculptures d'ornements en chêne de Norwege.

174 *Strugnell, H.* 25 Kirby Street, Hatton Garden.—Pupitre à écrire.

175 *Peel, J.* Prospect Place, Pudsey.—Appereil de tourneur pour travailler en relief; fac-simile de médailles, fleurs, &c.

176 *Moore, G. W.* Huddersfield, Yorkshire.—Sculptures en bois.

177 *Hamilton, C. F.* Inv. et Fab. 15 Greek Street, Soho.—Brosses à raser.

178 *Forster, —,* Streatham, Surrey.—Objets brevetés et autres.

179 *Rogers, M.*—Sculptures en bois.

181 *Frineby, F. N.* 63 Carson Street, Inv. et Fab.—Brosses enregistrées et autres pour peintres.

182 *Bushell, —.* 222 Whitechapel Road, Inv.—Substitut économique pour vitraux peints.

183 *Godfrey W.* Romford.—Fenêtre ornée.

184 *Hall, J. S.* 308 Régent Street, Fab.—Galoches perfectionnées.

185 *Tarbutt, W.* Cranbrook, Kent, Dess. et Fab.—Berceau d'osier, ornementé et mis en mouvement par un ressort.

188 *Horsey, J.* 5 Sutton Street, Soho Square, Inv. et Fab.—Articles de caoutchouc, résistant à la chaleur et au froid; feuilles de caoutchouc en couleur.

190 *Hall, J. S.* 308 Regent Street.—Galoches de caoutchouc vulcanisé, à semelles en cuir.

191 *Woodhead, J.* Leeds, Yorkshire. — Cordes de chanvre; filets pour arbres fruitiers.

192 *Griffith, W.* Dublin.—Bracelets, broches, et ornements en chêne de marais.

193 *Canley, J.* 21 Bridgewater Gardens, Barbican.—Nattes et paillassons.

194 *Curtis & Frères.* 29 Green Street, Blackfriars Road.—Bandes en boyeaux pour machines à vapeur.

195 *Hemens, N. J.* Hayes, Middlesex.—Sabot de cheval chaussé de gutta percha.

196 *Hinde, J. G.* Broad Street, Birmingham.—Assortiment de brosserie.

197 *Clarkson, —,* 111 Strand.—Chapeau en liège breveté.

Aller a la Classe 25, page 153.

Classe 29.   FABRICATIONS DIVERSES et PETIT OBJETS.

—— Galerie au Nord du Transept. ——

1 *Rowland, A. & Fils*, Prop. 20 Hatton Garden.—Huiles: pommades; essences; eaux; savons et parfumeries de toilette.

2 *Yardley & Statham*, Fab. 7 Vine Street, Bloomsbury.—Savons de senteur raffinés; savon d'huile de tourne-sol; savon de miel; savon brun et blanc de Windsor.

3 *Rimmell, E.* 39 Gerrard Street, Soho, et 19 Boulevard de la Gare d'Ivry, Paris.—Cheveux artificiels; fontaine Flore pour parfumer les appartemens et les rafraîchir; bouquets de fleurs artificielles, pour bals, théâtres, &c.; sultana, pour parfumer mouchoirs, gants, &c.; savons de toilette, &c.

4 *Williams, I. & Fils*, Fab. 28 Compton Street, Clerkenwell.—Savon d'huile de Gallipoli; savon gras ou mou; savon à dégraisser; savon marbré, &c.; id. jaune, &c.

5 *Taylor, Humphrey & Cie.* Dist. King's Road, Chelsea.—Liqueurs distillées de fruits anglais et étrangers; esprit anglais; id. d'eaux distillées de fleurs, d'herbes, &c.; savons de fantaisie.

6 *Lloyd, A.* Fab. 10 Beak Street.—L'euxesis, pour se raser sans savon et sans eau.

8 *Knight, J.* Old Gravel Lane, St. George's.—Savon jaune de composition très pure; savon dont on se sert dans la manufacture des draps, de la soie, &c.

10 *Hendrie, R.* Fab. 12 et 13 Tichborne Street, Quadrant.—Savons de toilette; parfumeries; essences; vinaigre de toilette, et divers autres articles.

13 *Grossmith, J.* 39 Friday Street.—Savons de fantaisie pommade, essences, parfumerie, huiles.

14 *Clarne, W. R.* 27 Compton Street, Clerkenwell.—Une canne.

15 *Barnes, J. & W.* Poyle, près Colnbrook.—Assortiment de fouets.

16 *Carrick, J.* Inv. 127 Crawford Street.—Savon de toilette.

17 *Galbraith, W. J. T.* Inv. and Fab. Wellington Cottage, South Lambeth. — Encres, poudres de sedlitz, essences culinaires, huiles, parfums.

18 *Ede & Cie.* Fab. 47 Ludgate Hill.—Parfumerie, encre brevetée de Waithman.

19 *Cowan, L. & Fils*, Fab. 139 New Gravel Lane, Shadwell.—Savon, jaune pâle, marbré, &c.

20 *Cleaver, F. S.* Mod. et Fab. 18 Red Lion Square.—Savons de toilette, savon d'hiver, savon blanc et brun de Windsor, savon d'amandes et autres.

21 *Farina, J. M.* Fab. Cologne, et 1 Salter's Hall Court.—Nouvel extrait d'eau de Cologne.

22 *Fisher, T. W. & P.* Fab. breveté, King's Head Court, Barbican.—Parfumerie et produits chimiques.

23 *Stevenson, D.* 4 Carlton Street, Regent's Street.—Eau de Cologne fabriquée en Angleterre.

24 *Pears, A & F.* Inv. et Fab. 91 Great Russell Street, Bloomsbury.—Savon transparent.

25 *Kendall, J.* Fab. et Imp. Dublin. — Savons de toilette et parfumerie.

26 *Taiers, J.* 154 High Street, Colchester.—Huile végétale pour parfums.

27 *Wharry, J.* Fab. Market Place, Chippenham.—Eau de lavande distillée.

28 *MacKean, W.* Fab. Paisley.—Savon blanc et autres. Huile de palmier épurée par une méthode simple et à bon marché, saindoux, huile de lard pour les machines.

29 *Payne, G.* Prop. Cowes, Isle of Wight.—Bouquet, royal Osborne, parfum superfin; savon sablonneux, de l'île de Wight; sauce royale Osborne.

30 *Low, R. & Cie.* Fab. 330 Strand.—Brosses à veux en ivoire et en bois de rose; savons parfumés; boîte de parfumerie.

31 *Gould, A.* 36 Great Marylebone Street. — Attirail de pêche.

32 *Worrell, J.* 36 Dofford Street, Bath.—Assortiment de corbeilles à ouvrage; modèle de corbeille à layette, &c.

33 *Adams, S.* Nottingham. — Enfile-aiguille pour aveugles.

34 *Frost, —.* 17 Rathbone Place.—Appareils à vapeur et eau bouillante.

35 *Stiven, C. et Fils*, Inv. et Fab. Laurencekirk.—Boîte à thé; boîte à ouvrage pour dames; boîte à cigares; tabatières en bois variés, &c., &c.

36 *Austin, G.* Fab. 6 et 7 St. Andrew Street, Dublin.—Nécessaire de toilette pour homme en if de marais d'Irlande; nécessaire pour dames; pupitre à écrire, et autres articles du même genre, à dessins, façons et dorures riches.

37 *Best, T.* Fab. Birmingham.—Nécessaires d'homme, écritoire en cuir de Russie; sac de dame en cuir de fantaisie; porte-feuilles, &c.

38 *Haywood, M.* Birmingham.—Attirail de pêche.

39 *Purdon, T.* Inv. and Fab. 68 Whitefriar's Gate, Hull.—Bureau de voyage enregistré; lampe de sûreté; pont de fer par W. Grantham.

40 *Russel, R.* Inv. et Fab. Tunbridge Wells, Kent.—Boîte à ouvrage incrustée.

41 *Hollamby, H.* Tunbridge Wells.—Boîte à ouvrage et pupitre en marqueterie de Tunbridge Wells.

42 *Strudwich, T.* Fab. 24 New Bond Street.—Bureau portatif pour écrire en bois d'if, incrusté en ébène, montures antiques en bronze; boîte à toilette en cèdre du Liban, &c.

43 *Stocken, —,* 53 Regent Street.—Boîtes à enveloppes buvards, &c.

44 *Leuchars, W.* Inv. et Fab. 38 Piccadilly.—Nécessaire pour dames, en noyer, monté en argent massif; nécessaires pour hommes en maroquin; nécessaire de voyage pour deux personnes, avec boîte en maroquin; pupitre en maroquin d'un nouveau modèle, avec un nouveau modèle de serrure (enregistré); ridicule en maroquin.

45 *Mechi, J. J.* Des. Tiptree Hall, near Kelvedon, Essex.—Nécessaires de toilette, boîtes à ouvrage, pupitre à écrire, &c.

46 *Hurrell, W.* 66 Houndsditch. — Modèles de cure en chêne anglais.

47 *Hine, J.* Dess. et Fab. Skinner Place, Holloway.—Meuble de fantaisie, avec incrustations de perles colorées, écailles; &c.; pupitre à écrire, &c.; boîtes à ouvrage en marqueterie; boîte à pendule sur colonnes de perle.

48 *Dalton, T.* Inv. 85 Regent Street.—Pupitre à écrire, boîte à dépêches, &c.

49 *Lucas, F.* Fab. 9 St. John's Street Road, Clerkenwell.—Droguier en bois de rose.

50 *Asprey, C.* 166 New Bond Street.—Un riche nécessaire de dame garni d'articles de toilette; pupitre en écaille doublé en bois de santal; buvard en velours, boîte à enveloppes richement ornée; écritoires, boîtes, coffres en ébène, &c.

51 *Johns, G. E.* Dess. et Fab. 3 Aldermanbury.—Boîte de toilette et boîte à ouvrage en papier et satin brodé.

52 *Turrill, J.* Fab. 52 New Bond Street.—Bureau portatif pour écrire, à tiroirs secrets, &c.

53 *Sturgeon Harriett,* 180 High Holborn.—Vase de fleurs en plumes.

54 *Clive, J. H.* Tunstall, Staffordshire.—

55 *Langdale, E. F.* 83 Upper Thames Street.—Huiles de différentes qualités.

56 *Down, J.* Dess. et Fab. Birmingham.—Fruits modelés en cire ; table dessinée et faite par l'exposant.

57 *Stirling E. M.* Dess. Hippencross, Dumblanc.—Impressions de feuilles, pour illustrer sur une grande échelle la croissance des arbres forestiers.

58 *Arthur, Mary,* Glasgow.—Vase de fleurs artificielles.

59 *Jackson, Elizabeth,* Manchester.—Vase de fleurs artificielles.

60 *Perry, J.* 1 Victoria Place, Ramsgate.—Vase de fleurs en coquillages.

61 *Temple, Emily,* 46 Connaught Terrace.—Fleurs et feuillage en cire modelés d'après nature.

62 *Sugden, Borras & Cie.* Fab. 22 Aldermanbury.—Fleurs artificielles de manufacture anglaise ; plumes pour chapeaux de dames, et coiffures anglaises.

63 *Strickland, Maria,* Fab. 8 New Bond Street.—Victoria Regina, dans ses états variés de développements ; rose et autres fleurs modelées d'après nature.

64 *Slaughan, Elizabeth.*—Vase de fleurs artificielles.

65 *Riddiford, Jane,* Dess. et Fab. 14 Cowley Street, Westminster.—Groupe de fleurs découpées, en papier de riz.

66 *Randolph, W.* Prod. 55 Marsham Street, Westminster.—Echantillons de plantes et de fleurs découpées, d'après nature ; fleurs faites avec des plumes de différentes espèces d'oiseaux, par un amateur.

67 *Pursey, W. H.* 14 Spring Street, Sussex Gardens, Paddington.—Fleurs découpées de légumes.

68 *Cox, J.* Gorgie Mills, Edimbourg.—Appareils nautique et de sauvetage.

69 *Burch & Fils,* 32 Platt Terrace, St. Pancras.—Assortiment de crayons.

70 *Mintorn, J. H. H. Eliza & Rebecca,* Dess. et Fab. 6 Soho Square.—Fleurs en cire pour décoration ; spécimens de plantes en cire de différentes espèces.

71 *Maguire, W. J.* Fab. 5 Chenies Street, Bedford, Square.—Fleurs en plumes teintes.

72 *Hoskings, Ann,* Fab. 7 Langthorn Place, Stratford.—Panier de fruit en cire ; plats de patisserie et légumes en cire.

73 *Gatti, A. & G.* Prop. 28 Westminster Road, Lambeth.—Grappes de pois de senteur faites avec du velours et de la mousseline ; fleurs en papier.

73A *Gatti, A. & G.* Fab. 20 Coppice Row, Clerkenwell.—Fournitures pour fleurs artificielles.

74 *Foster Fils, & Duncum,* Fab. 16 Wigmore Street.—Fleurs artificielles ; fleurs artificielles dans divers degrés de manufacture ; fleurs artificielles en vases ; fleurs pour parure de dame, &c.

75 *Ewart, Henrietta,* Fab. Bath Place, New Road, et Ampthill Square, Hampstead Road.—Vases de fleurs et plantes en cire.

76 *Pope, W.* Bridge Street, Exeter.—Echantillons de feutre, &c.

77 *Dorvell, Elizabeth,* Inv. 199 Oxford Street.—Fleurs en cire perfectionnées.

78 *Chisholme, Emma* Fab. 29 Edward Street, Hampstead Road.—Fleurs en cire.

79 *Lemare, Jeanne Clara,* Fab. 11 Cowley Terrace, North Brixton.—Feuille de cire pour modelage de fleurs.

80 *Fisher, J.* Fab. 3 Cripplegate Buildings.—Aubépine et autres fleurs artificielles anglaises.

81 *Harding et Standfast,* 83 Hatton Garden.—Vase de fleurs.

82 *Jones, Isabella,* Mod. 22 St. George's Road, Notting Hill.—Groupe de fleurs en cire, d'après nature.

83 *Callow & Fls,* Park Lane.—Assortiment de fouets.

84 *Skill, R.* Inv. et Fab. 79 Warwick Street, Pimlico.—Fleurs en cire ; panier de fleurs ; vase contenant un bouquet ; échantillons des matériaux employés.

85 *Miers, W. J.* 15 Lamb's Conduit Passage, Red Lion Square.—Lettres d'ornementation.

86 *Fielder, W. E.* Fab. 12 Upper Portland Place, Wandsworth Road.—Groupe de fleurs en cire.

87 *Hool Mary.*—Fleurs en plumes.

87A *Going, J. & Cie.* Fab. Clonmel, Irlande.—Savon jaune et blanc, exposé pour la qualité.

88 *Stanton, Mary,* Fab. 19 Noel Street, Islington.—Fleurs en cire, dans des vases.

89 *Edwards, —.* 21 King Street, Holborn.—Nécessaires de toilette.

90 *Brien C.* Dublin.—Chandelles de suif clarifié.

91 *Dixon, G.* Fab.—Chandelles de composition ; chandelles de suif avec mêches cirées ; savon de ménage.

92 *Morrell, J.* Inv. et Fab. Darlington High Row, Durham.—Chandelles de suif qui brûlent sans devoir être mouchées et qui parfument la chambre.

93 *Galton, Marie Anne,* Dess. et Fab. 56 Upper Charlotte Street, Fitzroy Square.—Resier réséda modelés en cire.

94 *Mitchell, G. A.* Prod. et Inv. Whiteburn, Edimbourg.—Plante acéteuse infinitésimale ; vinaigre, &c.

95 *Jones, Rev. W. H.* Inv. et Brev. Chailey, près de Lewes, Sussex.—L'acolyte : un instrument qui empêche le suif de couler dans les chandelles, qui, garnies de cet instrument, donnent plus de lumière, et ne brulent pas avec perte.

96 *Kirby, Beard & Cie.* Cannon Street.—Assortiment d'aiguilles et d'épingles.

97 *Sandell, E.* Inv. et Fab. Putney.—Allumettes odoriférantes, pour allumer les bougies, lampes, &c., et par un parfum d'ambre, rafraîchir l'atmosphère des chambres, &c.

98 *Oxland, R. & J.* Plymouth.—Echantillons de sucre.

99 *Hale, W. S.* Fab. 73 Queen Street.—Echantillons d'acide stéarique et de suif qui le fournit ; chandelles faites avec cet acide ; chandelles de composition ; boites de veilleuses.

101 *Bell, R.* 16 Basing Lane.—Fusées perfectionnées.

102 *Gower, T.* Inv. et Fab. Gun Lane, St. Stephen's, Norwich.—Limonade pure concentrée, préparée de substances végétales.

103 *Graham, Lemon & Cie.*—Echantillons de dragées et de fruits conservés ; échantillons de produits de confiseur, les plus fins, &c.

104 *Boland, P.* Fab. 138 Capel Street, Dublin.—Biscuits de toutes espèces.

105 *Thwaites, A. & R.* Inv. et Fab. 59 Upper Sackville Street, Dublin, et 17 St. Alban's Place, Haymarket, Londres.—Soda water de différentes forces.

106 *Wootherspoon, J. & Cie.* Fab.—Pâtes et pastilles, produits de confiseurs, faits par machine à vapeur.

107 *Huntley & Palmer,* Fab. King's Road, Reading.—Biscuits de toutes sortes, faits par des machines à vapeur.

108 *Leale & Albrecht.*—Moules de pâtissiers.

109 *Begg, W. G.* Fab. Edimbourg.—Pastilles ; gâteaux ; réglisse raffinée ; tablettes de gingembre, &c.

110 *Lucas, G.*—Pastilles, dites lozenges, et autres.

111 *Tidmarsh, R.* 3 Jamaica Row, Bermondsey.—Cachous aromatique ; pastilles fumigatoires aromatiques.

112 *Gunter, R.* Inv. Motcomb et Lowndes Street, Belgrave Square.—Deux gâteaux de mariage.

113 *Hubbard, H. B.* Fab. Baker Street, Enfield.—Petits

gâteaux de gingembre, et pain d'épices pouvant se conserver vingt ans.

114 *Schooling, H.* Inv. 7 North Side, Bethnal Green.— Pâtes de jujubes, d'ananas, de réglisse, de cassis, sucreries, et autres articles de confiseur.

115 *Warrick Frères*, Fab. 3 Garlick Hill.— Jujube, pastilles, lozenges, et autres articles de confiseur.

116 *Vine, R.* Fab. King Street, Borough.—Ornement pour gâteau de mariée.

117 *Burton, H.* Hampstead.—Collection d'insectes anglais.

118 *Richards, R.* 21 Tonbridge Place, New Road.— Filets de pêche.

119 *Keogh, H.* Dess. et Fab. 22 Gilbert Street, Grosvenor Square.—Pièces de dessert, blanc et or; ornements de table, blanc et or.

120 *Farrell, R. H.* Dess. et Fab. 35 Lamb's Conduit Street.—Ornements pour tables et montres de confiseurs, tels qu'église en cire sur rocher, palmiers et éléphants, &c.

121 *Spratt, I.* Prop. 1 Brook Street, Hanover Square. —Le jeu de cockamaroo, perfectionné; modèle de voiture à foin, à deux chevaux.

122 *Montanari, Augusta*, Fab. 29 Upper Charlotte Street, Fitzroy Square.—Poupées en cire perfectionnées.

123 *Lascelles, J. W.* Liverpool.—Modèle d'une mairie, &c.

124 *Bouchet, A.* 74 Baker Street, Portman Square.— Tableau mécanique à carillon de la Grande Exposition de toutes les nations; chevalier armé, avec son cheval, &c.

125 *Blackmore, Mary* Inv. et Fab. 1 Rosoman's Buildings, Islington Green. — Plantes de fleurs artificielles pour ornement de salons, &c.

126 *Spurin, E. C.* Dess. 37 New Bond Street.—Fouet mécanique; modèle d'une ferme anglaise, avec figures; machine pour battre le blé; moulin à vent, &c., en action.

127 *Lucas, H.* 8 Broad Court, Long Acre.—Cheval à bascule.

128 *Dear, J. C.* Fab. 191 Bishopsgate-Without.—Cheval à bascule avec garnitures et selle pour les enfants, &c.

129 *Short, J.* Wallington, Surrey.—Huiles essentielles de menthe et de lavande.

130 *Bauney, T.* Fab. St. Leonards-on-Sea.—Assortiment de flèches incrustées de bois de diverses couleurs, par un procédé mécanique; petit phaéton, à siège double ou simple; boomerang, semblable à ceux dont se servent les natifs d'Australie; support en fer pour tours de tourneur, principe nouveau.

131 *Holland, H.* Inv. et Fab. Darwin Street, Birmingham.—Montures de parapluie et d'ombrelle.

132 *Stears, S.* Fab. Leeds.—Ombrelle de la Princesse royale.

133 *Wilson & Matheson*, Fab. 58 Candlerigge Street.— Parapluie, qui peut être plié et serré dans une petite boîte; le manche servant de canne de promenade.

134 *Waddington & Fils*, 1 Coleman Street.—Parapluies et ombrelles perfectionnés et brevetés.

135 *Slark, W.* 67 Burlington Arcade.—Parapluie perfectionné; cannes à épées; fleuret, &c.

136 *Sangster, W. & J.* Fab. et Brev. 140 Regent Street.— Nouvelle ombrelle (Sangster's patent); ombrelles et parapluies en alpaca, &c.

137 *Rutter, J. & W.* Fab. 122 Cheapside.—Ombrelle de promenade; ombrelles à manche d'ivoire, &c.

140 *Meyers, B.* Imp. et Fab. 18 Crutched Friars.— Assortiment de cannes de tous les pays.

141 *Lewis & Allenby*, 193, 195, et 199 Regent Street.— Ombrelles de construction nouvelle.

142 *Linton, W.* Belve.—Attirail de pêche.

143 *Carpenter, J.* Exp. 59 Church Street, Old Kent Road.—Cannes faites de branches naturelles d'arbres sculptées par un vieux jardinier à l'aide d'une serpette d'une lime.

144 *Porter, W.* Northampton.—Canot-balançoire.

145 *Preston, R.* Fab. 37 Highbury Vale, Islington.— Cannes ornées, &c.

146 *Boss, I. A.* Inv. Fab. et Brev. 6 Bury Street.— Ombrelle employée par Sa Majesté et la Duchesse de Sutherland; parapluie de voyage pouvant se plier et se placer dans une malle, &c.

147 *Hargrave, Harrison & Cie.* Inv. et Fab. 13 Wood Street, Cheapside.—Ombrelles d'un nouveau genre. (Enregistrés).

148 *Evans, T. & Cie.*—Ombrelles.

149 *Foster, Porter & Cie.*—Ombrelles.

150 *Muir, P.* Fab. Archer's Wall.—Spécimens d'arcs et de flèches.

151 *Hore, W.* Inv. Harperstown, Taghmon, Co. Wexford, Irlande.—Détente d'arbalète.

152 *Parkins, T.* Fab. Carlisle.—Hameçons; mouches artificielles, &c.

153 *Rowell, J.* Fab. Carlisle.—Manche de ligne à jointures, &c., pour la pêche à la truite; hameçons, fils non-finis; mouches artificielles pour la pêche du saumon et de la truite; variété d'attirail de pêche, &c., &c.

154 *Nicholas, Martha*, Inv. et Fab. 58 Castle Street, Carlisle.—Mouches et appâts artificiels, pour la pêche à la ligne.

155 *La Compagnie de Corderie Brevetée*, Fab. Newcastle-on-Tyne.—Échantillons de filets pour la pêche aux harengs, truites et maquereaux; ficelle, lignes, cordes, &c.

156 *Flinn, W.* Inv. Worcester.—Amorces flexibles pour la pêche au saumon, &c.

157 *Allies, F.* Inv. et Fab. Worcester.—Différentes amorces pour la pêche au saumon, &c.

158 *Davidson, G. & W.* Fab. 17 Quay.—Filet d'Aberdeen pour la pêche au saumon.

159 *Kelly & Fils*, Fab. 50 Lower Sackville Street, Dublin. —Attirail de pêche; mouches artificielles.

160 *Banim, M.* Inv. et Fab. Kilkenny.—Cabinet contenant une collection méthodiquement arrangée de tous les matériaux nécessaires à l'imitation d'insectes aquatiques pour amateur, &c.

161 *Dennis, le Rév. J. B. P.* Bury St. Edmunds.—Perdrix faisant la roue (d'après nature); petite mouette.

162 *McNair, J.* Fab. Tillicoultry, Alloa.—Lignes de pêche.

163 *Pulman, G. P. R.* Fab. Crewkerne. — Mouches artificielles pour la pêche.

164 *Nicholls, W.* Chippenham.—Sauce à la Beaufort.

165 *Morley, J.* Fab. Nottingham.—Articles de pêche.

166 *Harding, J. P.* 83 Hatton Garden.—Chapeaux de plumes, de nouvelle fabrication.

167 *Remmie, les Dlles.* 20 New Ormond Street, Bloomsbury.—Gâteau de mariage et autres ornements de table en gomme.

168 *Harmer, H. R.* Prod. Great Yarmouth. — Types; fillet pour garder le poisson en vie.

169 *Harvey, H.* King's Head Court, Barbican.—

170 *Daniel, T.* Burslem.—Sujets découpés en papier. Mme. Daniel.

171 *Gould, A.* Fab. 36 St. Marylebone Street.—Appareil de pêche de nouvelle invention.

172 *Ustonson & Peters*, Inv. 48 Bell Yard, Temple Bar. —Perche de ligne en bambou; boîte d'appâts artificiels.

173 *Pearce, T. B.*—Articles et appareils de pêche.

174 *Little, Giles & Cie.* Inv. et Fab. 15 Fetter Lane, Fleet Street.—Ligne volante supérieure, ornée; et autres lignes pour le saumon perfectionnées.

175 *Buchanan, J.* Fab. 191 Piccadilly.—Trois arcs de bois des Alpes ; arcs et flèches.

176 *Farlow, C.* Fab. 221 Strand.—Lignes de pêche, avec divers appâts artificiels.

177 *Bernard, J.* Fab. 4 Church Place, Piccadilly.—Attirail de pêche.

178 *Bazin, G.* Fab. 110 Old Street, St. Luke's.—Assortiment de flottes pour la pêche à la ligne.

179 *Alfred, W. H.* Fab. et Prop. 54 Moorgate Street.—Attirail complet de pêche.

180 *Ainge & Aldred*, Fab. 126 Oxford Street. — Arcs, flèches, &c. de différents modèles ; articles pour la pêche à la ligne.

181 *Farlow, J. K.* Fab. 5 Crooked Lane, City.—Attirail complet pour la pêche du saumon, &c.

182 *Jones, J.* 111 Jermyn Street, St. James's.—Lignes à pêcher et attirail.

183 *Jacobs, G.* Inv. et Fab. 32 Cockspur Street.—Arcs en bois rare ; collection de flèches en bois différents ; carquois ; parapluie protecteur, nouvelle invention (enregistrée) ; plan de Londres ; compas de mer d'un nouveau modèle ; corne de rhinocéros, &c.

184 *Jefferies, J.* Fab. 40 Mulgrave Place, Woolwich.—Raquettes et volants.

185 *Le Comité Local de Falmouth et Penryn*, Falmouth.—Bateau pilote ; barques de pêche, et filets ; appareil pour extraire les pompes des mines inondées, &c.

186 *Clapshaw, M.* High Street, Eton.—Crosses, balles, &c. pour le jeu de cricket.

187 *Gilbert, W.* Fab. Rugby.—Ballons à jouer.

188 *Lambert, Eleanor*, Fab. 89 Leman Street, Goodman's Field, Whitechapel.—Mouches artificielles pour pêcher à la mouche.

189 *Clements, J.* Inv. et Fab. Leicester. — Crosse à manche flexible, pour jouer au jeu crosse.

190 *Massey, W. A.* Liverpool. — Boules et cochonnet pour le jeu Anglais de boules.

191 *Duke et Fils*, Fab. Penshurst, près de Tonbridge, Kent.—Crosses, balles, &c. pour le jeu de cricket.

192 *Gourley, J.* Edimbourg. — Balles pour le jeu de cricket.

193 *Peacock, A.* Inv. 2 Cumberland Row, Islington.—Planche et pions pour jouer le jeu d'agon, avec les instructions nécessaires.

194 *Page, E. & W.* Fab. Kennington Common.—Crosses pour le jeu de crosse ; gantelets, &c., perfectionnés ; paumes ; balles, &c.

195 *Medway, J.* Dess. et Fab. 5 Spencer Street, Northampton Square.—Nouveau modèle de bâtons pour le jeu de cricket.

196 *Lillywhite & Fils*, Inv. et Fab. 10 Prince's Terrace, Islington.—Crosses pour le jeu de cricket ; balles pour le jeu ; balles perfectionnées, fabriquées par F. Wickham, Kent ; gants vulcanisés pour jouer à la crosse ; articles pour le même jeu.

197 *Dark, Matilde & Fils*, Fab. Lord's Cricket Ground, Marylebone.—Crosses pour le jeu de crosse, &c.

198 *Dark, R.* Inv. et Fab. Lord's Cricket Ground.—Articles usités dans le jeu de la crosse ; gants de gomme élastique, gantelets, semelles de souliers, balles, &c.

199 *Caldecourt, W. H.* Fab. 14 Townsend Road, St. John's Wood, Marylebone. — Catapulte pour servir la balle au jeu de crosse ; crosses, &c. pour ce jeu.

200 *Trebeck, J. F.* Prop. 3 Sun Street, Bishopsgate.—Variété de chevaux en bois, poupées et jouets divers.

201 *Gordon, C.* Fab. Londres.—Groupe d'oiseau empaillé.

202 *Harbor, T.* Reading.—Echantillons d'oiseaux empaillés.

204 *Beevor, J.* M. D. Newark.—Forestier.

205 *Smith, W. & A.* Manchline.—Divers articles écossais en bois de fantaisie.

206 *Ratteray & Thompson.*—Filets pour la pêche.

207 *Walford, C. Père*, Witham Essex.—Oiseaux anglais empaillés ; plus de 16 espèces.

208 *Yerbury, J.* Prop. 114 Bishopsgate-Street-Within.—Embouchure de pipe diaphragme, patentée, pour condenser et recueillir le jus de tabac.

209 *Thompson, H.* Inv. et Fab. Weybridge Common, Chertsey, Surrey.—Imitations de caméeux ; pains à cacheter dorés et argentés.

213 *Barsham, Fils & Cie.* Londres et Stratford.—Echantillon d'une composition de papier en poulpe et laine ; toile émeri, pour adoucir et polir les métaux et machines ; papier de verre ; émeri ; mine de plomb, &c.

214 *Sacker, F. C.* Dess. 7 Epping Place, Mile End.—Cuir à rasoirs formé d'une composition de laine.

215 *Rogers, R. & H.* Fab. Prospect Row, Walworth.—Echantillons de draps et papiers de verre, d'émeri et de sable.

219 *Williams, T. M.*—Oiseaux empaillés.

220 *Fisher, J.* Blandford.—Boutons en fil de laiton.

221 *Leadbeater, J.* 19 Brewer Street, Golden Square.—Oiseaux et animaux empaillés.

222 *Spencer, T.* Inv. et Fab. 7 Great Portland Street.—Oiseaux empaillés.

223 *Gardner, J.* 426 Oxford Street. — Différents spécimens d'oiseaux empaillés.

224 *Anderson, R.* Fab. Dunkeld.—Mouches artificielles pour la pêche au saumon et à la truite.

225 *Fisher, E.* Inv. et Prod. Wisbech. — Modèles de meules pour démontrer une nouvelle méthode de les couvrir.

226 *Slater, J.* Inv. et Fab. Cheadle, Staffordshire.—Dévidoir de ficelle dont se servent les épiciers, les droguistes, les marchands de drap, &c.

228 *Daubarn, W.* Wisbech. — Echantillons de coton à coudre.

230 *Quin, J.* Inv. Dess. et Fab. Kidderminster.—Laine peignée blanche et de couleur ; cage gothique en bois ; tour perfectionné, &c.

231 *Chamberlain, T.* Fab. Ashby de la Zouch, Leicestershire.—Pierres pour polir l'argenterie, et la vaisselle dorée.

232 *Moore & Muiphy*, Inv. et Fab. Holborn Hill.—Gateau de marriage richement decoré.

234 *Dunbar, W.* Fab. Loch Inver, Golspie, Ecosse.—Animaux et oiseaux sauvages du Sutherlandshire.

237 *Brown & Fils*, Fab. Leeds.—Bobines de coton, de laine et de soie.

239 *Standing, J. & Frère*, Fab. Manchester.—Passementerie, garniture de fantaisie, mercerie, &c.

240 *Fletcher, H.* Manchester.—Lettres de cuivre sur verre.

242 *Hall, J.* Dess. et Inv. Green Gate Street, Oldham.—Cage d'oiseau faite de 2,522 morceaux de bois de 21 espèces différentes.

243 *Bell & Black*, Fab. 15 Bow Lane. —Allumettes chimiques en cire, &c. avec une machine pour les couper.

244 *Fletcher, W.* Burdham, près de Bridgwater.—Modèles en mouvement de fontaines à filtrer ; modèle du phare de Burdham ; échantillons d'ambre et de jais, &c.

245 *Cowper, E. A.* Kensington.—Modèles à l'usage des écoles.

248 *Morell, H.* 149 Fleet Street.—Crayons de mine de plomb.

250 *Wright, H.* Fab. Belview Steam Mills, Dublin.—Boutons en os et en corne ; manches de couteaux de fourchettes et de brosses ; couteaux et fourchettes pour maisons d'aliénés ; fécule de pommes de terres, et sucre de betteraves.

252 *Staight & Fils.*—Articles en ivoire.

253 *Iliff, W. T.* Newington.— Scènes des rues de Londres modelées à la main et en caoutchouc par Mlle. E. Moorson, agé de 13 ans.

257 *Brison, R.* Inv. & Fab. Bristol.—Modèles de pieds ou formes pour bottiers, d'une matière nouvelle qu'on peut marteler et clouer.

259 *Ritchie, J.* Fab. 2 South back of Canongate, Edimbourg.—Cordes métalliques de toutes espèces.

261 *Earnshaw, R. J.* Fab. Doncaster.—Couvertures pour emballer la laine.

262 *Napier, G.* Inv. East Seienn, Edimbourg.—Cases d'imprimerie perfectionnées; ornements en bois.

266 *Wanless, T.* Fab. Rock, près d'Alnwick, Newcastle.—Pelote à épingles et perçoirs, &c.

267 *Down, S.* Ivythorn, near Glastonbury.—Modèle d'un système de pièges pour prendre les canards sauvages.

270 *Comité (le) de l'Exposition à Liverpool,* Prop. Liverpool.—Collection d'échantillons des articles importés à Liverpool depuis 1845.

272 *Alcock, S* Fab. Redditch près de Worcester.—Mouches, et appâts de tout genre pour la pêche à la ligne

274 *Mitchell, Rev. W.* Inv. Woolwich.—Corne de bœuf recouverte d'un appareil qui amortit les coups de corne; devise en onze langues différentes; brosse somnifère électrique.

275 *Westhead & Cie.* Manchester.—Articles variés, cordons de sonnette, &c.

277 *Lucas, G.* Inv. et Fab. 42 Kennedy Street, Manchester.—Porte, fenêtre, et enseigne en cuivre et en zinc, gravées par une machine, &c.

278 *Esdaile, J.* Inv. et Fab. Elm Place, Hulme, Manchester.—Feuilles de feutre pour chapeaux, faites à la main, composées de peaux de lapin et de laine d'agneaux de Saxe, &c.

280 *Smith, W.* Maucline, Airshire.—Articles écossais en bois de fantaisie, ornés d'arabesques, &c.

281 *Cockerill, R.* Banbury, Oxon.—Cirage.

282 *Easterling, J.* Fab. 90 Whitecross Street, St. Lukes.—Sauces d'anchois et autres.

285 *Wood, P. H.* 20 Redman's Row, Mile End.—Poudre pour raffiner le café et colorer les soupes, sauces, &c.

286 *Cocks, E.* Reading.—Sauces de Reading et autres.

287 *Dutton & Cie.* Fab. Runcorn, Cheshire.—Ardoises d'école manufacturées par la machine.

289 *Mallalieu, W.* Imp. 97 Hatton Garden.—Modèles de maisons et ameublements faits par les Esquimaux Chrétiens de la colonie Moravienne, sur la côte de Labrador, Amérique du Nord.

290 *La Comité local de Hull.*—Spécimens des articles formant le commerce d'importation du port de Hull; descriptions et détails statistiques.

291 *Bartlett, A. D.* 16a Great College Street, Camden Town.—Spécimens de taxidermes; modèle du dodo, oiseau de l'île Maurice, grandeur naturelle.

292 *Withers, W.* Prop. Devizes, Wilts.—Perdrix empaillées.

293 *Bessent, Maria,* Fab. et Prop. 5 Union Street, New Bond Street.—Pelotes de fantaisie pour épingles; boîtes d'allumettes; portier dans sa loge &c., en coquilles d'œuf de poule.

295 *James, J.* Redditch, Worcester. — Epingles et aiguilles; hameçons; boîtes à aiguilles, &c.

297 *Chambers, R.*—Epingles et aiguilles.

301 *Herbert, Madame F.* Inv. 20 Royal Avenue Terrace, Chelsea.—La château de Chepstow, Monmouthshire, au clair de lune: spécimen de papyrographie, nouveau style de paysage en papier.

302 *Rankin, Emilie, & Lear, Hélène,* Dess. et Fab. Soap Street, Wandsworth.—Cadres et ornements en cuir.

303 *Prideaux, Mlle.* Wellington, Somerset.—Une petite corbeille de fleurs en papier de riz, découpée aux ciseaux.

304 *Harrison, Margaret,* 19 Bromley Street, Commercial Road East.—Fleurs en cire: Victoria Regina et orchidées.

305 *Barling & Fils,* Dess. et Fab. 142 High Street, Camden Town.—Pipes en écume de mer, montées en argent.

305A *Gibbs, D. & W.* Fab. de Savon, Cité.—Savon camées faits par des procédés mécaniques, d'invention nouvelle; divers autres échantillons de savons.

308 *Morland, J. & Fils,* 50 Eastcheap.—Parapluies, ombrelles.

307 *Adair, B.* Workington.—Echantillons de chaînes en cheveux pour montres.

308 *Barrett & Fils,* Beech Street, Barbican.—Machine brevetée pour ramoner les cheminées.

309 *Burch, J. & Fils,* 31 Pratt Terrace, St. Pancras Road.—Boîte en bois de rose avec ornements, style Elizabeth.

311 *Pearce, T. B.* Newman Street, Oxford Street.—Ligne à pécher, multiple; articles de pêche variés.

312 *Aggio, G. H.* Dess. et Fab. Colchester.—Ottomane d'un nouveau style.

313 *Hodge, W.* Dess. et Fab. 34 Great Marlborough Street.—Pupitre-nécessaire à écrire en maroquin orné.

315 *Stirling, T.* Bow Bridge Slate Works, Stratford, Essex, and 32 New Bread Street, City.—Filtres brevetés, filtre Albert; cheminées; dessus de table, &c., en ardoises émaillées.

316 *Lucas Frères,* 113 Aldersgate Street.—Quarante neuf espèces différentes de pastilles médicinales et autres.

317 *Cocks, J. & C.* Inv. et Fab. Reading.—Sauce Reading et vieilles sauces anglaises.

320 *Hancock, J. A.*—Collection d'oiseaux et autres animaux empaillés.

Aller a la Classe 24, page 151.

Aller a la Classe 24, page 151.

Section IV.—BEAUX ARTS.

Class 30. SCULPTURE, MODELES, et ART PLASTIQUE, MOSAIQUE, EMAUX, &c.

—— Groupes F. 30—32, G. & H. 28—32, et I. & J. 28, 29, & 32. ——

SALLE DES BEAUX ARTS.

1 *Miller, Th.* Inv. et Fab. 56 Long Acre.—Peinture à l'huile et aquarelle; vitrine contenant un assortiment complet de matériel d'artiste.

2 *Concanen, Ed.* Inv. et Prod. 427 Oxford Street.—Peinture de marine, exécutée dans le nouveau style des teintes aériennes.

3 *Rowney, G. & Cie.* Fab. 51 Rathbone Place.—Matériel d'artiste; chevalet; statuette en composition de cire; imprimerie typo-chromatique.

5 *Kearney, W. H.* Inv. Marlborough Cottage, Brompton.—Peintures au crayon.

6 *Robertson, C. & Cie.* Fab. 51 Long Acre.—Canevas préparé pour peintures à l'huile, &c.; pinceaux; couleurs pour aquarelles.

7 *Reeves & Fils,* 113 Cheapside, Inv. et Fab.—Crayons à dessiner; couleurs à aquarelles préparés avec la cire.

8 *Green & Fahey,* 62 Charlotte Street, Portland Place.—Modèles à dessiner, pliants et en trois séries, illustrant l'application de la perspective, de la lumière et de l'ombre.

9 *Cook, J. E.* Inv. Railway Offices, Greenock.—Panneaux pour peintres amateurs.

10 *L'Ecole de Dessin du Gouvernement, Somerset House.*—Dessins pour tapis et draperies.

11 *Borrows, Mary L.*—Dessus de table, peint sur ardoise.

12 *Farren, M.* 32 Dorset Square.—Dessin original pour bracelet, &c.

13 *Seager, W.* Tavistock.—Modèle d'un escalier géométrique.

14 *Gibb, J.* 12 London Street, Fitzroy Square.—Modèle de la voiture de cérémonie du Lord Maire.

15 *Kepp & Cie.* 40, 41, 42 Chandos Street, Charing Cross.—Modèle du globe de la coupole de St. Paul à Londres, et de la croix qui le surmonte.

16 *Oliver, G. T.* Dess. 22 Victoria Terrace, St. John's Wood.—Dessin indiquant l'arrangement et la combinaison des couleurs des fleurs, pour les parterres, &c.

17 *Papera, J. P.* Sculp. Clarendon Street, Cambridge.—La Reine Elizabeth, Sir Robert Peel, Jésus Christ, Rubens, Vandyke, Cromwell, Charles I.; &c.

18 *Lascelles, E.* Dess. et Prod. Wavertree.—Modèles en bois de l'église, de la salle publique et des fermes de Wavertree.

19 *Johnston, G. J.* Prod. et Dess. Newmarket.—Relief, frise et tablettes pour église; corbeille de fleurs.

20 *Sharp, G.* Inv. 16 Wentworth Place, Dublin.—Modèles pour faciliter l'enseignement et l'étude du dessin élémentaire.

21 *Burns & Palmer,* Prod. Manchester.—Modèles en plâtre des fenêtres de la banque de Sir Benjamin Heywood, Bart. et Cie.

22 *Unwin, W. H.* Sawbridgeworth, Herts.—Tournois du temps de la Reine Elizabeth, en papier découpé.

22A *Papworth, J. W.* Dess. 14 Great Marlborough Street.—Pavages d'ornementation; dessins pour décors de maisons, et pour ouvrages d'or et d'argent, papier-mâché, sculptures en marbre et en pierre, peintures sur verre, &c.

23 *Bury, R.* Prod. 9 Durham Street, Southsea, Portsmouth.—Groupe de chevaux, sculpté en liége. (Histoire de Mazeppa.)

25 *Cossens, Ed. T.* Inv. 15 Little Queen Street, Holborn.—Modèle d'un sultan et d'une sultane entourés de leurs esclaves, en moëlle de sureau recueillie dans les environs de Cheltenham.

26 *Sillett, J.* Dess. Kelsale, Saxmundham, Suffolk.—Modèle d'un cottage bâti, par l'exposant pour la somme de £65.

28 *Bond, C.* Inv. Edimbourg, et 53 Parliament Street, Londres. — Modèle d'un cottage pour les montagnes de l'Ecosse, combinant implicité de construction, comfort, chaleur, ventilation, et économie.

29 *Fox, C.* Dess. et Mod. Brighton.—Dessin de fronton; statuettes modelées en plâtre—Chaucer, Spenser.

30 *Wyatt, M. Digby,* 99 Great Russell Street, Bloomsbury.—Dessins de fabriques, de décors, et de reliure; nouvelles combinaisons, mosaïques, et pavage encaustique; frontispice d'ouvrage, publié pour le dessinateur par M. Day, Gate Street, Lincoln's Inn Fields; fenêtre monumentale à vitraux peints, &c.

31 *Harvey, F.* 1 Oriel Street, Oxford, Inv.—Chevalet pour dessiner d'après nature, contenant tout ce qui est nécessaire à l'artiste, couleurs, palette, crayons, pinceaux, couteau, &c.

31A *Smith, H. E.* Prop. Saffron Walden. — Dessins d'après l'antique, pour planchers ornés.

32 *Pearce, E. E.* Nailsea, près de Bristol.—Deux modèles en verre d'une maison en brique, et d'une autre en pierre de taille.

33 *Caldwell, G.* Lighfield, Dess.—Bas relief en plâtre, sujet tiré du poème de Burns : Tam o'Shanter.

34 *Brown, J.* Dess. 71 Herbert Street, New North Road.—Cahiers de dessin pour les écoles élémentaires.

36 *Corns, W.* Waterloo Plate, Edimbourg.—Modèle de la Jérusalem moderne, pour illustrations bibliques, &c.

37 *Standidge, H. & Cie.* Pr. 36 Old Jewry.—Calendrier enluminé; le Décalogue enluminé; dessin d'un pavé mosaïque découvert à Leicester; gouvernail (breveté) de Guérin, imprimé en couleurs.

38 *Cowell, S. H.* Ipswich, Suffolk.—Echantillons d'impression anastatique, appliquée à des dessins originaux au crayon ou à l'encre, gravures sur bois, illustrations archæologiques.

40 *Kronheim, J. M.* Grav. et Imp. 39 Paternoster Row.—Imprimerie en couleur; la descente de Croix, d'après Rubens, &c.

41 *Donalds, W. J. & C.* Dess. 29 Artillery Place West. Bunhill Row.—Plateaux en argent, assiettes de dessert en cristal, &c., supérieurement ornées.

42 *Burke,* —, Bull's Head Court, Newgate Street.—Modèle de l'Exposition; ornements de fantaisie en papier, &c.

43 *Ward, M. & Cie.* Corn Market, Belfast.—Spécimens de chromo-litographie, 5 planches imprimées en or et couleurs, représentant la châsse de St. Patrick.

44 *Wilson, H.* Glasgow.—Impressions ornées.

46 *Vokins, G. & W.* 5 John Street, Oxford Street. Inv. et Dess.—Porte feuille in-folio. (Enregistré.)

47 *Rayner, Madame,* 15 Berners Street, Oxford Street. —Gravure diamant, sur marbre noir.

48 *Wood, G.* York.—Appareil pour transporter les vins, &c.

49 *Earle, J. H.* 60 Upper Marylebone Street.—Ecran et surtout de table, peints.

50 *Humphreys, N. H.* Dess. et Prod. 22 Dorchester Place, Blandford Square.—Echantillons d'imprimerie pour décors, l'illustration et la reliure des livres.

52 *Brett, G.* Dess. 21 Tysoe Street, Wilmington Square. —Camées: Cupidon et les colombes; têtes d'Adriane, des Bacchantes, de la Déesse de la jeunesse, et de Méduse.

53 *Abbott, G.* Prod. 4 Percy Street, Bedford Square. —Alexandre traversant le Granicus; la mort de Rufus.

54 *Jones, O.* 9 Argyle Place, Regent Street.—Impressions en couleur pour ouvrages illustrés.

55 *Wilson, A.* 19 Queenhithe.—Dessin pour couverture de livre; sculpté avec un canif par W. Blackett, architecte.

56 *Harmer, J. jeune,* Dess. et Sculp. 10 Thornhillbridge Place, Pentonville.—Frise sculptée en plâtre.

57 *Crook, F.* Fab. 5 Carnaby Street.—Lys blanc en fer forgé.

58 *Duelin, M.* Fab. 41 Tottenham Court Road.— Vignettes coloriées, lithographiées par un nouveau système.

59 *Leighton, J.* Dess. 40 Brewer Street, Golden Square. —Les Sept Ages de Shakspeare; dessins pour médailles, chandeliers, &c.

60 *Bursill, H.* Mod. 9 York Terrace, Queen's Road, Hornsey Road.—Modèles en cire infrangible.

61 *Hellyer & Fils,* Dess. Northumberland Wharf, Blackwall.—Groupe de 17 figures, taillées en bois, sur un piédestal.

62 *French, C.* Dess. et Sculp. Eton College, Bucks.— Deux chandeliers sculptés en bois de noyer.

63 *Jullien & Cie.* Prop. 214 Regent Street. — Exemplaires de musique imprimée en couleurs à l'huile, et sur pierre, &c.

63A *Leake, F. G.* Warwick Street, Regent Street.— Tentures de cuir en relief or, argent et couleurs. Bibliothèque en chène aver ornements de cuir en relief; dessins pour médaillons.

64 *Hanhart, M. & N.* 64 Charlotte Street, Rathbone Place —Cromo-lithographie en teintes graduées.

65 *Davis, W.* Dess. 13 Osnaburgh Street, Regent's Park.—L'Ascension et la Descente de Sabrina, du Comus de Milton; Titanie et Obéron de Shakspeare.

66 *Chappell & Cie.* Prop. 50 New Bond Street.—Echantillons d'imprimerie lithographique, applicable à la musique.

67 *Edwards, J.* Dess. et Sculp. 40 Robert Street, Hampstead Road.—Bas-reliefs.

68 *Dickes, W.* Inv. et Prod. 4 Crescent Place, Bridge Street, Blackfriars.—Différents échantillons d'estampes en couleurs à l'huile, surfaces en relief.

69 *Solomons, A.* Fab. 22 Cambridge Street, Hyde Park. —Une pagode d'ivoire sur piédestal de houille. Spécimen remarquable d'ouvrage de tourneur très-ancien, du midi de la France.

70 *Jones, A. G.* Dess. et Fab. 135 Stephen Green, Dublin.—Collection d'ornements en if des tourbières d'Irlande.

71 *Hulmandel, C. & W. J.* Inv. 51 Great Marlborough Street.—Marine, par C. Stansfield, R.A., dessinée sur pierre à l'estompe; paysages, par J. D. Harding, combinaison d'estompe et de crayon blanc lithographique; le réfectoire d'un couvent de Capucins, deux copies faites sur pierre teinté par G. Cattermole (breveté), &c.

72 *Deacock, E.* 26 Union Street, Middlesex Hospital. Modèle fonctionnant d'une machine nouvellement inventée pour nettoyer les souliers.

73 *Trundle, Madame,* Cambridge.—Figures en cire de Sa Majesté et du Prince Albert.

74 *Rogers, W. G.* 10 Carlisle Street, Soho.—Modèle en bois pour une crosse; coupe historique, trophée, glace de toilette, buste de Walter Scott, &c.

75 *Truefitt, G.* Dess. 6 Bloomsbury Square.—Dessin pour un tombeau en fer forgé; le comble de porcelaine, la statue en albâtre.

76 *Graf, C.* Fab. 1 Great Castle Street, Regent Street. —Paysages et vues, lithographiées en couleurs; fleurs, vignettes lithographiées et imprimées en couleur; prières enluminées, style d'ancien missel; série d'étiquettes enluminées.

77 *Underwood, T.* Union Passage, Birmingham.—Impressions lithographiques, illustrant un nouveau procédé d'imitation d'aquarelles et d'aquarelles et de peinture à l'huile.

78 *Layard, Caroline, M.* Mod. Bird's Grove, Coventry. —Modèles des marbres de Ninive du Musée Britannique.

79 *Allen, C. B.* 12 Porchester Street, Hyde Park.— Vase en argile rouge. Dessin d'une croix monumentale.

80 *Day & Fils,* Inv. 17 Gate Street, Lincoln's Inn Fields.—Spécimens de lithographie teinte et colorée, chromo-lithographie, d'après L. Haghe, G. Hawkins, Walker, F. Digby Wyatt, &c.

81 *Gordon, J.* Sculp. 46 Park Street, Bristol.—Sculptures en buis; vase à l'antique, et "Bélisaire;" figure anatomique d'homme en ivoire, avec modèles supplémentaires démontrant toutes les parties du corps, séparées ou réunies.

82 *Williams, J.* Prop. 24 Alpha Road, Regent's Park. —Une colonne de l'ordre Dorique, sculptée en différents bois en imitation de marbre et ornée des portraits de Raphaël, Michel-Ange et Vitruvio; elle est surmontée d'une statue de Minerve.

83 *Sangiovanni, B.* 13 Clarence Place, Brighton.—Modèle en terra cotta d'un sanglier; id. d'un groupe de chiens, id. d'un cerf courru par des chiens.

84 *Pullen, R.* Dess. Farnham, Surrey.—Bas-reliefs en bois: La dance de Village; Le Colporteur fatigué; Joueur de Violon bohémien.

85 *Martin & Hood,* Great Newport Street.—Spécimens de dessins et impressions lithographiques.

86 *Harvey, A.* Prod. Penzance.—Pierre le Grand, Laocoon; chasse au lion, &c. sculptés en buis.

87 *Mitchell, J. T.* Percy Place, Clapham Road.—Spécimens de gravure sur bois de marronnier brûlé: le Martyre de St. Jean; le chapeau de Brigand; le méchant Berger, d'après E. Landseer.

88 *Bingham, H.* Fab. Car Street, Ipswich.—Gerbe de pavots et d'épis de blé en bois blanc sculpté.

89 *Wallis, T. W.* Dess. Louth, Lincolnshire.—Sculptures en bois de tilleul; le printemps, représenté par des yeux de vigne et des fleurs de pommier; groupe de pluvier doré, &c.

90 *Kehoe, J.* Wexford, Irelande.—Cadre, sculpté en chêne de marais.

92 *De Groot, C.* Fab. 1 Swift's Row, Dublin.—Groupe de fruits, fleurs et ornements, sculptés en sycamore; cadre oval pour dessin, sculpté en bois de tilleul.

93 *Carrick, C.* Dess. et Fab. Canterbury.—Dessin de table à jouer.

95 *Longley, W. H.* Fab. 1 Eaton Place, Park Street, Oxford Street.—Gravures en bois: paniers de fleurs, cornes d'abondance.

96 *Mills, Isabelle F.* Inv. et Prod. Little Paxton, St. Neots, Hunts.—Copies de gravures au fer chaud. Les instruments sont de l'invention de l'exposante.

97 *Calvert, Rév. W.* 3 Great College Street, Westminster.—Spécimens de pyrographie, exécutés sur pierre à chaux, avec un pique-feu chauffé à rouge.

98 *Wright, F.* Dess. et Prod. 23 Cirencester Place, Fitzroy Square.—Tasseau pour oratoire, ciselé en acajou.

99 *Millbank, D.* 10 Cumberland Place, New Road.—Deux dessus de table incrustés.

100 *Newham, R.* Blackheath Hill, Kent.—Pupitre à écrire et boîte à ouvrage, sculptés.

101 *Perry, W.* Dess. et Sculp. Bridge Street, Taunton.—Vase de roses, sculpté en buis, avec bas-relief allégorique.

102 *Walker, J.* Prod. Great Market, Newcastle-on-Tyne.—Panneau sculpté en chêne : Le Christ bénissant les petits enfants.

103 *Esquilant, E.* Fab. 346 Oxford Street.—Fleurs et fruits en cuir, pour cadres, tapisseries et décors d'intérieur.

104 *Cook, G.* Prod. Hyde Park Lodge.—Sculptures en bois de tilleul.

105 *Sutton, H.* Fab. 93 Vauxhall Street, Vauxhall.—Cadre de tableau, incrusté d'écaille et de nacre de perle.

108 *Stalon, T.* Dess. et Fab. 42 Berwick Street, Soho.—Barrier sculpté en noyer.

109 *Brooker, G.* Dess. 3 Trinity Street, Cambridge.—Modèle en liège d'un vaisseau de 120 canons; dessin de l'esplanade quadrangulaire du collège de la Trinité.

110 *Cookes & Fils,* Dess. et Fab. Warwick.—Buffet en chêne, à sculptures en reliefs représentant les principaux événements dont le château de Kenilworth a été le théâtre pendant le règne d'Elizabeth.

111 *Fletcher, J.* Dess. et Fab. 71 Patrick Street, Cork, Irlande.—Table : le pied, sculpté en chêne d'Irlande, représente un gladiateur combattant; le dessus représente un atelier.

111A *Beeson, J.* Wilmot Street, Derby.—Le Pater Noster, caractères enluminés.

112 *Cundal & Addey,* Editeurs, 21 Old Bond Street.—Imprimeries en couleur, par Messieurs Leighton, de Lambs Conduit Street; impressions de gravures sur bois par Robert Levey, et Franklin.

113 *King, Th. R.* Inv. et Dess. 5 Church Row, Islington.—Nouveau style de peinture, consistant de l'application d'une couleur en poudre très-fine sur un fond gras et granulé.

114 *Leith, S.* Inv. Edimbourg.—Volume contenant des exemples d'un nouveau procédé pour remplacer le papier de Chine dans les impressions en taille-douce.

115 *Baxter, G.* Inv. Fab. et Brev. 11 et 12 Northampton Square.—Impressions de tableaux à l'huile. Breveté pour l'Angleterre, la France, la Prusse, l'Autriche et la Belgique.

116 *Nisbet & Cie.* Prod. 21 Berners Street, Oxford Street.—Bible reliée en bois et cuir; les couvertures sont sculpté.

117 *Myers,* ——Echantillon d'impression, invention nouvelle.

118 *Hamer, M. J.* Kennington Row.—Dessin chimique.

119 *Harvey, J. K.* 25 Ely Place, Holborn Hill.—Dessins pour tapis, &c.

120 *Robinson, F. K.* Fab. Whitby, Yorkshire.—Modèle des ruines de l'abbaye de Whitby, avant la chute de la grande fenêtre de l'ouest, en 1780, et de la tour en 1830.

121 *Colley, C.* Upper Dorset Street, Belgrave Square.—Groupe en plâtre : les Arts de la Paix vainqueurs de la guerre, avec un médaillon du Prince Albert au centre.

122 *Whiting, C.* Prop. Beaufort House, Beaufort Buildings, Strand.—Spécimens d'imprimerie d'après le principe de la typographie.

123 *Mitchell, Mrs.* 50 Wigmore Street, Cavendish Square.—Modèle d'une dame en costume de cour.

125 *Lumsden, Mlle. I.* Dess. et Fab. 8 Trevor Terrace, Knightsbridge.—Tableau de fleurs en cire.

126 *Simmons, J.* Fab. Portobello Terrace, Kensington Park.—Boîte à ouvrage en marbre statuaire, sculptée en relief.

129 *Wolff & Fils,* Fab. 23 Church Street, Spitalfields.—Crayons, pastels et autres, fournitures pour peintres.

130 *Watson, E. F.* 201 Piccadilly.—Echantillons de dorure, &c.

131 *Barker, T. J.* Dess. 101 Stanhope Street, Hampstead Road.—Le Troubadour mourant. (D'après Sir Walter Scott.)

132 *Hawkins, B. W.* Dess. 57 Cambridge Street, Hyde Park Gate.—Groupe en bronze du bison Européen, &c.

133 *Richardson, E.* Mod. 7 Melbury Terrace.—Bronzes : William Marshall, Comte de Pembroke; J. Gower récitant ses poësies à Richard II.; cheval lancé à fond de train. Plaître : un jeune athlète.

135 *Hatfield, J. A.* 21 Cumberland Street, Middlesex Hospital.—Bronzes : buste de la Reine Victoria; le gladiateur; Napoléon; Mercure; Vénus au bain, &c.

136 *Copland, C.* Prop. South Villas, Kennington Oval.—Fac-simile du vase de Portland.

137 *Christie, J.* Dess.—Dévidoir de ficelle.

138 *Sherwood Iron Works* (hauts fourneaux de Sherwood).—Fonte d'après une statuette antique de Bacchus.

139 *Boote, T. & R.* Burslem, Staffordshire.—Vase de Portland, procédé breveté : groupes de fleurs, vases, et statuettes; vase dorique en mosaïque; buste en marbe de Paros de Sir Robert Peel, &c.

140 *Coote, —,* 434 New Oxford Street.—Marbres statuaires.

140A *Massey & Cie.* 58 Baker Street.—Jardinière ornementée.

141 *Mabey, J.* Mod. 26 Paradise Street, Lambeth.—Modèle en stuc d'un monument élevé en l'honneur de H. Handley, Esq. à Stratford.

142 *Fowler, C.* 1 Gordon Square.—Modèle de l'église de St. Jean, Paddington, exécuté en carton de Bristol par Thomas Dighton, Esq.

143 *Lewis, D.* Fab. Ragland.—Ruines de l'abbaye Cistercienne de Ste. Marie à Tintern.

144 *Peake, C. C.* Dess. 5 Grosvenor Place, Camberwell.—Modèle en cire de la plante Stephanotus, formant ornement de plateau.

145 *Gill, G.* Prod. New Buildings, Ludlow.—Modèle de la chapelle du château de Ludlow, copie du St. Sépulcre de Jérusalem.

146 *Cribb, T. J.* Fab. Kilburn.—Modèle d'un paysage mouvant.

147 *Cook, H.* 6 Brewer Street.—Dessins en soie, &c.

148 *Powell, J.* Trentham, Newcastle-under-Lyme.—Modèle de la maison où Shakspeare naquit à Stratford-on-Avon, fait en chêne et plâtre de Paris; modèle du Palais de Cristal, en bois, verre, et papier.

149 *Webber, J.* Maçon, Corfe Castle. — Dessin d'une tombe en pierre de Purbeck, sur une dalle en marbre de Purbeck.

151 *Weir, J.* Mod. Edimbourg.—Modèle de la maison de John Knox, et d'une partie de High Street, Edimbourg.

152 *Ashton, W.* Prod. 154 Sloane Street, Chelsea.—Modèle en carton de Bristol de l'extérieur de l'église de St. James, Louth, Lincolnshire; découpé avec un canif.

153 *Webber, F. & Bartlett, J.* Prop. Bridge Street, et St. James' Street, Taunton. — Modèle d'une cathédrale, sculpté en chêne.

154 *Maling, —.*—Dessin de baptistère.

156 *Beauclerc, —.*—Sculpture; statuettes en argile d'Irlande.

157 *Ball, R. L.L.D.* Dess. Musée de l'Université, Dublin.—Modèle d'une ancienne harpe, qu'on dit avoir appartenu à Brien Boru, Roi d'Irlande.

158 *Stevens, G. H.* Dess. et Fab. Vauxhall Gardens, Lambeth.—Candélabre en ciment de Keen; décoration héraldique; dessus de table en mosaïque de verre et en marbre.

159 *Brodie, W.* Dess. et Prod. Edimbourg.—Groupe en plâtre: La petite Nell et son Grand-père. (Dickens.)

160 *Dighton, T. D.*—Modèle d'une partie du bureau des archives. (Record Office.)

161 *Montefiore, Sir M. B.* Grosvenor Gate, Park Lane.—Deux vases en grès de Jérusalem; sculptés avec un canif, par M. Schnitzer, de cette ville.

161A *Day, R.* Mod. 1 Rockingham Place, New Kent Road.—Modèles d'architecture: Le Portique du Parthénon à Athènes; un ancien spécimen de l'ordre Dorique Grec; l'église du Temple, Fleet Street; Portique du Panthéon à Rome, &c.

162 *Wilby, T.* Mod. St. Bartholomew's Hospital.—Modèle de la Cathédrale de St. Paul, en carton de Bristol.

163 *Bainbridge, J. Gilling,* Richmond, Yorkshire.—Modèle de Clumber House, résidence du Duc de Newcastle, en carton.

164 *Gorringe, W.* Fab. Chichester.—Modèles d'architecture en papier; Chichester Cross; Monument du roi Edouard III.; la Cathédrale de St. Paul.

165 *Grainger, R.* Dess. Newcastle-on-Tyne.—Modèles; cour d'assises; bourse de Newcastle-upon-Tyne.

166 *Middleton, J.* Prod. Bondgate, Darlington.—Modèle de la cathédrale de York.

167 *Smith, T. jeune,* Fab. 49 Eastcheap.—Modèles en liége: la Bourse de Londres; le Monument, Fish Street Hill.

168 *Hoare, M.* Fab. Langport, Somerset.—Modèle en liége de l'Eglise de l'Abbaye à Bath.

169 *Fulton, H.* Stillorgan, Dublin. — Modèle d'un temple.

170 *Smith, F. S.* Dess. Stourbridge.—Modèle en plâtre d'une colonne, d'après un dessin pour un bâtiment pour la Grande Exposition.

171 *Tobin, T.* Inv. Ballincollig, près de Cork.—Modèle en ivoire du temple de Neptune à Pæstum, et d'autres temples; modèle en ivoire de la colonne de Phocas; buste en ivoire de la reine d'Angleterre.

172 *Merrett, H. S.* Dess. et Fab. Modèle d'un hôpital général.

173 *Bally, W.* Inv. et Fab. 54 King Street, Manchester.—Buste en miniature pour l'étude de la phrénologie.

174 *Wood, C.* 31 Paternoster Row.—Trophée guerrier, et les quatre Saisons en pâte gommeuse.

175 *Bardwell, W.* 4 Great Queen Street, Westminster.—Modèles d'architecture.

176 *Swain, T.*—Modèle en carton d'une église et d'une dilligence de voyage.

177 *Cotton, D.* Longwood, Huddersfield.—Modèle de l'école d'industrie de Leeds.

178 *Sollick, H. C.* Fab. Highgate Lane, Balsall Heath, Birmingham.—Modèle en carton de la Cathédrale de St. Paul.

179 *Limeuse, C.* Ex. Delganey.—Modèles en moëlle de bois de sureau, de la Grande Croix de Monasterboice; croix de Muiredach, id.; id. de Clonmacnoise; baptistère de St. Grégoire, Norwich, &c.

181 *Dickenson, T.* 1 Waterloo Place, Commercial Road, Limehouse.—Modèle en carton de la cathédrale de York.

182 *Tite, W.* F.R.S. Dess. 43 Lowndes Square.—Modèle du portique et de la façade occidentale du New Royal Exchange à Londres.

183 *Wyatt, J.* Sculp. 33 Dudley Grove, Paddington, et 33 Spital Square.—Modèle de Quadriga, consistant d'un char et quatre chevaux, avec figures allégoriques de Britannia,

suivie par la Paix et l'Industrie; dessiné pour un arc de triomphe.

184 *Milnes, T.* Dess. et Sculp. Judd Place East, Euston Square.—Dessin du monument qu'on doit élever à la mémoire de Lord George Bentick. Groupe d'animaux, &c.

185 *Makepeace, Mlle. E.* Mod. 7 Manor Street, Clapham.—Modèles en cire de fleurs rares, et nouvelle méthode de préparer la cire pour le modelage des fleurs.

186 *Stirling, Elizabeth,* Madame, Pinn's, St. Thomas, Exeter.—Statuette de Waverley en ivoire, sculptée par un artiste de 20 ans, sans modèle.

187 *Watkins, H.* Newport, Monmouthshire, Dess. et Sculp.—Groupe en marbre: la Mort de Llewellin, dernier Prince de Galles.

188 *Christie, J.* Carmylie, Arbroath, Dess.—Groupe en terre cuite: Paysans écossais.

189 *Anderson, W.* Dess. et Mod. County Place, Perth.—Un Ecossais jetant la pierre, élevé sur un piédestal orné de groupes en relief, illustrant les jeux écossais.

190 *Franchi, G. S.* 15 Middleton Street.—Statuette en imitation d'ivoire.

191 *Ross, H.* 15A Douro Place, Kennington.—Statuette en cire de Sir Robert Peel.

192 *Daymond, J.* Dess. et Sculp. 5 Regent's Place, Westminster.—Vase de fleurs en marbre, et fleurs sculptées en marbre.

193 *Ritchie, J.* Prod. 92 Princes Street, Edimbourg.—Statue en marbre: du duc de Wellington.

194 *Cheverton, J.* Inv. 38 Camden Street.—Sculptures débitées par machine.

195 *Lees, J.* Fab. Hinckley.—Modèle du métier à bas introduit par W. Iliffe, dans le 17e siècle, et qui est encore employé.

196 *Worrall, C.* Dess. et Mod. Little Drummond Street, Euston Square.—Modèles et fontes. Tombe du Prince Edward, &c.

197 *Palmer, W.* Inv. 144 Western Road, Brighton.—Table tournante pour modeleurs, sculpteurs, et statuaires pour supporter les bustes, statues, &c., (enregistrée); compas d'épaisseur.

199 *Allin, J.* Prop. 26 Cannon Street road East.—Groupe, modelé en cire: Sir Robert Peel et le Duc de Wellington.

200 *Wilson, G. chez Hime & Addison,* St. Ann's Square, Manchester.—Planche pour marquer les points dans le jeu de cartes de "cribbage," ornée d'une nouvelle sorte de marque.

201 *Hine, E.* Mod. 2 Orchard Street.—Modèle de toiture, en carton.

202 *Evans, G.* 2 Kender Street, New Cross.—Deux modèles d'architecture.

203 *Wright, C.* Dess. et Mod. 8 Torriano Terrace, Kentish Town.—Statuette d'un jeune enfant endormi, modelée d'après nature en composition imitant le marbre.

204 *Mossman, W.* 17 Rodney Street, Pentonville, Dess. et Fab.—Papiers d'ornements découpés; candélabre.

205 *Vinn, T. C.* Union Walk, Kingsland Road.—Spécimens de dorures; imitation d'or-moulu.

206 *Russell, G.* 4 Dee Street, Aberdeen.—Relief: Combat à boulles de neige.

208 *Jordan C.* Manchester.—Boules d'ivoire, tournées.

208A *Foots, Madame,* 2 Little Chapel Street, Westminster.—Fleurs en plumes.

209 *Wood, C. H.* 2 High Street, Poplar.—Gravures sur coquillage.

210 *Jacot, H. L.* Dess. Coventry Street.—Echantillons d'œufs, ciselé à l'intérieur et gravés à l'extérieur, nouvelle invention.

211 *Smith, H. A.* Dess. et Exec. 2 Caroline Place, Hampstead Road, Haverstock Hill.—Plafond gothique, 15ème siècle, groupe en plâtre, &c.

212 *Bartens, Mlle.* 18 Oxendon Street, Haymarket.—Cartes à jouer, d'un demi-pouce, peintes à la main; autres articles-miniatures.

213 *Smith, Mary, A. P.* Dess. et Fab.—Modèle d'une villa anglaise du 19ème siècle.

214 *Luntley, J. & Cie.* New Broad Court.—Spécimen de gravure à la machine.

215 *Morgan, H. K. G. M.P.* Prop. Johnstown Castle, Wexford.—Modèle du Château de Johnstown, Comté de Wexford, Irelande.

216 *Pulham, J.* Dess. et Fab. Waltham Cross, Broxbourn.—Vase et piédestal en terra-cotta; ornements en ciment et en terra-cotta, &c.

217 *Holding, Mary Anne,* Dess. et Fab. Scarborough.—Deux figures, costume de fantaisie, en cire; groupe de fleurs et groupe de coquillages en cire.

218 *Seal, J.* Worship Street, Shoreditch.—Modèle en bois, de Crosby Hall, Bishopsgate, bâti en 1470, par Sir J. Crosby, sheriff de Londres; habité autrefois par Richard III.

219 *Frewer, J. A.* Dess. et Fab. 105 Upper Thames Street.—Modèle d'une serre Gothique.

220 *Mechi, J. J.* Tiptree Hall, near Kelvedon, Essex, Dess.—Modèle fonctionnant de la ferme de Tiptree Hall.

221 *Caplin, J. H. I.* Dess. et Exéc. Strawberry Hill, Pendleton, Manchester.—Peinture topographique à l'huile; vue du golfe de Naples, prise d'un point élevé.

222 *Clifford, W.* Prop. Exeter.—Modèle de la façade occidentale de la cathédrale d'Exeter, en sève de jonc, &c.

223 *Gushlow, G.* Inv. 34 Newman Street, Oxford Street.—Table en composition et plâtres, imitant bronze, l'acier et l'or.

224 *Montanari, N.* 29 Upper Charlotte Street, Fitzroy Square.—Indiens civilisés et sauvages du Mexique, modelés d'après différents points de vue et en diverses positions.

225 *Pidgley, F. G.* Prop. Conniger Cottage, Torre, Teignmouth Road, près de Torquay.—Un plateau en marbre de Florence, représentant la chute de Troie.

226 *Bingley, H.* Dess. et Fab. 17½ Kensington Place, Holywell Street, Westminster.—Tables en ardoises émaillées, Imitations de marbre, &c.

227 *Craddock, T.* Prod. Wisbech.—Copies photographiques de la gravure de l'Elymas de Raphaël, par Holloway; de St. Ambroise refusant l'entrée d'église à Théodose, par Vandyke, &c.

228 *Calvert, W.* 43 Clerkenwell Green.—Feuille de zinc, gravée et incrustée de différents métaux.

228A *Bulman, J.* Kelso at Wark, Northumberland.—Modèle d'une ferme.

229 *Chrichton, G.* Dess. et Fab. Edimbourg.—Spécimens de mosaïque en cailloutage écossais; châtelaine en argent, armée d'émaux de différentes couleurs; carafe à bordeaux, en argent, &c.

230 *Russell, S.* Inv. 3 Darnley Terrace, Gravesend.—Nouvelle invention pour produire sur un acier un fac-simile gravure.

230A *Dowse, Mlle. H.,* Inv. et Dess. 39 Upper Charlotte Street, Firzroy Square.—Cotte d'armes enluminée et blasonnée.

231 *Holmer, J.*—Fragments du vase de Portland.

231A *Humphreys, J.* Inv. et Fab. 13 Howard Street, Strand.—Lettres métalliques transparentes fixées sur verre, pour enseignes.

232 *Rochead, J. T.* Dess. Glasgow.—Modèle de l'arc de Dundee, érigé en mémoire de la visite de Sa Majesté en 1844.

232A *Whishaw, F.* 1 St. John Street, Adelphi.—Carte de Londres.

233 *Green, J.* Dess. et Grav. 109 Great Portland Street, Oxford Street.—Trophée militaire gravé sur zinc.

234 *Etherington, H.* Inv. 1 West Street, Pimlico.—Dessus de tables, en imitation de mosaïque en verre.

235 *Aldred, S.* Sculp. 38 Fetter Lane.—Groupes de statuettes; représentant chacun une des principales scènes des drames de Shakspeare.

235A *Thomas, J.* 9 Old Church Street, Paddington.—Dessin pour Preston Hall.

236 *Thomson, J.* 57 Devonshire Street, Portland Place.—Dessin de pendule colossale.

237 *Haslem, J.* Peint. 1 Wilton Place West, Portland Terrace, Regent's Park.—Peintures en émail sur or; trois émaillures sur porcelaine.

238 *Bone, H. P.* Prod. 22 Percy Street.—Peintures émaillées d'après Mola, Guido, Reynolds, Frank Hals, et Murillo; portrait de Pierre le Grand de Russie, par Kneller, &c.

239 *Chabot, C.* Dess. et Grav. 9A Skinner Street, Snow Hill.—Zincographie, médaillon et sculpture gravés par machine.

240 *Laing, J.* Calton Hill, Edimbourg, Dess. et Fab.—Echiquier et damier en verre.

241 *Essex, W.* Peint. en émail, 3 Osnaburgh Street, Regent's Park.—Collection de portraits émaillés de personnages distingués, des collections de Sa Majesté la Reine Victoria et de S.A.R. le Prince Albert, &c.

242 *Carrick, T.* Inv. 10 Montague Street, Portman Square.—Application du marbre blanc pour la peinture des miniatures; substance très durable.

243 *De Lara, D.* Dess. 3 Alfred Place, Bedford Square.—Dessins sur vélin en couleurs et or, échiquier avec bordure en arabesques.

244 *Harris, J.* Prod. 40 Sidmouth Street, Regent's Square.—Typographie antique, &c.

245 *Gear, J. W.* Inv. 5 Charlotte Street, Fitzroy Square.—Echantillons d'une composition qui doit remplacer l'usage de l'ivoire pour les aquarelles.

246 *Chesters, S.* Fab. 1 Bloomfield Road.—La Sainte Famille; spécimen de peinture sur porcelaine.

247 *Gould, J.* Inv. 20 Broad Street, Golden Square.—Nouvelle méthode de représenter le coloris lumineux et métallique des *Trochillidæ* ou colibris.

248 *Cox, G. J.* Inv. Royal Polytechnic Institution.—Méthode perfectionnée pour transférer les gravures sur cuivre ou acier sur la pierre lithographique.

249 *Bell, W. C.* Prod. 44 Dean Street, Soho Square.—Peinture en émail, " Ecce Homo," d'après Corréggio.

250 *Newton, Sir W. G.* Argyle Street.—Peintures sur ivoire réunies ensemble par l'artiste au moyen d'un procédé de nouvelle invention.

251 *Nichols, Mlle. M. A.* Inv. et Dess. 7 St. Michael's Terrace, Pimlico.—Imitation de camées.

252 *Laroche, M.* Dess. et Prod. 65 Oxford Street.—Trois daguerréotypes; daguerréotype appliqué à la sculpture.

253 *Doe, E.* Dess. High Street, Worcester.—Spécimens d'émaillure sur des assiettes de porcelaine.

254 *Voigtlander, Evans & Cie.* Prop. 3 Lowndes Terrace, Knightsbridge.—Portraits daguerréotypes, produits instantanément par un procédé nouveau: artiste, E. T. Pickering.

255 *Trotman, S.* Inv. Clarendon Road, Notting Hill.—Impressions sur verre pour ornements.

256 *Pring, Dr. J. H.* Inv. et Dess. Weston-super-Mare.—Gravure d'ornements sur acier poli, produits par la batterie voltaïque.

257 *Byrn, O.* Art. et Dess. 9 Monmouth Road, Westbourne Grove.—Cadres en liége.

258 *Bremner, J.* Dess. et Ciseleur, Edimbourg.—Ciselures héraldiques et d'autres styles, en argent; ornemens, &c. des montagnards Ecossais.

259 *Hasse, E.* Leeds.—Cadres ornés et fleurs.

260 *Yeo, D. Dr.* Prop. Ashburton, Devonshire.—Procédé de la peinture à l'huile sur velours blanc; pour meubles.

261 *Gardie, L.* 59 Westbourne Green, Hyde Park.—Bustes en bronze de Sir Robert Peel, et du Marquis de la Roche Jacquelin.

262 *Batsford, J.* 22 Stafford Place South, Pimlico.—Le faucon cresserelle et la piegrièche sur une levée de terre.

263 *Staveley, T. K.* Peint. Old Steningford, Ripon.—Carte relief de Linz, Haute-Autriche, dessiné par T. Firth.

264 *Brown, G.* Dess. et Fab. 25 Newman Street, Oxford Street.—Candélabre pour salon, avec statuettes et dolphins, en carton-pierre.

265 *Pullan, R. P.* Dess. 65 Higher Temple Street, Manchester.—Dessins pour décorations polychromatiques; dessin pour la décoration d'un sanctuaire dans le style romanesque; id. d'un palais royal dans le style de Tudor, &c.

266 *Morgan, E.* Dess. St. Helen's, Swansea.—Modèle topographique du château de Tynemouth; modèle de l'abbaye de Tintern.

267 *Place, G. G.* Nottingham.—Dessins illustrant l'architecture britannique de la Grande-Bretagne.

269 *Driver, C.* 46 West Square, Southwark.—Dessin d'architecture pour fonts baptismaux.

270 *Stocker, N. B.* Dess. et Prop. 7 Charles Place, Kentish Town.—Dessins de fenêtres d'église.

271 *Dichsee, J. R.* Aut. 27 Howland Street, Fitzroy Square.—La veillée du Sabbat, spécimen de chromo-lithographie en six couleurs.

272 *Nicholl, S. J.* Dess. 11 Argyll Place.—Dessin pour balustrade de chapelle, et vu les formes de l'architecture du moyen âge sont appliquées au fer.

273 *Tennent, Mrs. R. N.* Vale of Health, Hampstead.—Miniature du Pape Pie IX., autre miniature.

274 *Appel, R.* Inv. 43 Gerrard Street, Soho.—L'Offrande des Mages, et la Nativité, par le procédé Anastatique; portraits et peinture par le procédé Appelotype.

275 *Warner, W.* 44 Gerrard Street, Soho.—Impressions et fontes d'intaglio, portraits, cachets, &c.

276 *Morison, D.* Fab. 31 Arlington Street, Haymarket.—Portraits médaillons en cire.

277 *Sounes, J.* Mod. 49 Rupert Street, Haymarket.—Modèle réduit en cire; groupe d'animaux.

278 *Bishop, J.* Inv. North Audley Street.—Gravures à la mécanique pour rendre la contrefaçon impossible; planches et impressions de mandats et lettres de change pour banquiers.

279 *Rundell, W. W.* Falmouth.—Cachets gravés par une machine.

280 *Gifford, J.* Dess. Institution Royale Polytechnique.—Lion, tigre, éléphant et la chèvre des Alpes, gravés sur cornaline.

281 *Adams, G.*—Médailles, &c.

282 *Martin, T.* Inv. et Fab. Newton Abbot.—Impressions de cachets sur cire gravées à la mécanique. Ce procédé est connu sous le nom de tornographie.

283 *Cox, H.* 6 Upper Southampton Street, Pentonville.—Modèle: La Mort sur le Cheval pâle.

284 *Wyon, W.* R. A. Dess. et Mod. Hôtel Royal de la Monnaie.—Portraits de S.M. la Reine Victoria et de S.A.R. le Prince Albert, modèles des faces des médailles destinées à être distribuées comme prix à la Grande Exposition; monnaies; modèles de médailles.

285 *Barclay, G.* 11 Gerrard Street.—Spécimens d'impressions sur perles. Imitation de médailles en papier, &c.

286 *Wyon, L. C.* Hôtel Royal de la Monnaie.—Portraits des Enfants de la Famille Royale; médaille qui a obtenu des Commissaires royaux le second prix de 100l.

287 *Wyon, B.* Dess. 287 Regent Street.—Impressions des gauds sceaux d'Angleterre, d'Ecosse et d'Irlande.

288 *Longman, Successeur de Strongitharm,* Waterloo Place.—Impressions de cachets gravés, par J. et R. Longman.

289 *Kitchener, T.* Dess. 3 Little Compton Street,—Cachets et seaux faits à la mécanique.

289A *Woodhouse, W.* Grav. 23 Molesworth Street, D—Médaille en bronze représentant la reine d'Angle frappée en commémoration de sa visite en Irelande; ries des Lords Downshire et Clancarty, &c.

290 *Butters, L.* Graveur, Edimbourg.—Intailles de Scott et d'autres hommes éminents; onyx taillé camées, &c.

291 *Wilbud, J.* Prod. 6 King Street, Snow Hill.— en profil de Shakspeare, en plâtre de Paris imitant l'iv

292 *Westwood, J. O.* Prop. Hammersmith.— Ele types; petit cadre en boule. style Louis XIV.

293 *Gray, Eliza M.* Dess. et Fab. 5 Charles Sq Hoxton.—Groupe de fleurs en cheveux.

294 *Rouw, Peter,* Mod. 13 Denmark Terrace, Islin — Portraits médaillons en cire.

295 *Sellers, J.* Fab. Sheffield.—Planches d'acier, gravures en taille douce, &c.

296 *Hopley, E.* Inv. 16 University Street.—Dessin simple échelle au moyen de la quelle le statuaire peintre peuvent réaliser, avec exactitude et prompt les proportions de la figure.

297 *Melton, —,* Edimbourg.—Impressions en cou

298 *Harmer, H. R.* Great Yarmouth.—Quatre de

299 *Ross & Thomson,* Prod. Edimbourg.—Talbotyp verre albumineux.

300 *Hill, D. O.* Prod. et Dess. Calton Hill Stairs, burgh.—Portraits calyotypes, d'hommes, de femmes fants, &c.; calyotypes de pêcheurs de Newhaven, d'Edimbourg, &c.

301 *Buckle, S.* Prod. Peterborough.—Série de tabl d'après nature, par le procédé photographique, app lotype.

302 *Burnard, N.* Dess. et Sculp. 36 High Street, ton Square.—Buste colossal; Le prince de la (Isaï. ix. 6.)

303 *Foster, E. R.* Prince's Street, Bank.—Vase sculpté en pierre de Malte par un ouvrier de cette île

304 *Willson, T.* Dess. Leicester.—Modèle de la mide "Victoria," qui doit être érigée à Woking Comm

305 *Carruthers, W.* Maçon, Reigate.—Modèle, en de Reigate, de la nouvelle église de Southwater, Sussex

306 *Lucas, R. G.* Dess. et Fab. The Firs, Otterb près de Winchester, Hants.—Sculptures en ivoire; tivité; le baptême de St. Jean-Baptiste; la résurre Lazarre, &c., &c.; imitations de bronze: le jeune Ba un martyr, Neptune, &c., &c.

307 *Biss, G.* Dess. et Fab. Bradninch, Cullomp Piliers de lit sculptés en bois de noyer, par un couvreur.

308 *Bailey & Fils,* Fab. Gracechurch Street.— ments en fonte, bronzés; mouche en bronze, d'après par W. Midworth de Mansfield.

309 *Norchi, E.* Fab. 18 King William Street, St Vase Warwick, en marbre serpentine monté sur pié groupe en même marbre: l'Enlèvement des Sabines John Belognar; copie, en marbre agate, d'une très an amphore en bronze du Musée d'antiquités de Volter

310 *Aithen & Allen,* 102 Princes Street, Edinbu Table-console emblématique et cadre pour glace.

312 *Cuff, R. P.* 7 Owen's Row, Goswell Road.— d'une lampe à gaz de vestibule.

313 *Austin, W.* Prod. Limehouse Dockyard.—L cifiement.

314 *Castle, J.* Dess. et Sculp. Oxford.—Fonts tême en pierre de Caën avec quatre haut-reliefs.

315 *Wilson, J.* Dess. et Ing. 20 Leicester Square séparation d'Hector et d'Andromaque, entaille sur cornaline rouge.

316 *Kaulbach, E.* 5 Duke Street, Grosvenor Square.—Titan apostrophant le soleil.

317 *Hall, R.* Dess. et Sculp. Rotherhithe.—Figure de Sa Majesté, en bois d'aulne pour vaisseau.

319 *Wilkinson, Sir G.* 33 York Street, Portman Square.—Petite table d'après des dessins originaux, en partie construite d'un des grands cèdres du Liban.

320 *Peachey, J. jeune,* Prop. 10 George Street, Hanover Square.—Buste en bronze de Sir Thomas Lawrence, par M. Samuel Parker.

321 *Ingram, J. W.* 120 Islington, Birmingham.—Cabinet en commode en bois, décorée par le procédé d'émaillure, avec moulures en métal dorées à l'électro-type. Imitations de marbres.

322 *Graves, D.* Dess. et Fab. King's Langley.—Dessins pour orfèvres, fondeurs, peintres en décors, &c.

323 *Ibbetson, Capt. L. L. B.* Inv. et Fab. Clifton House, Old Brompton.—Electrotypes des règnes végétal et animal ; fontes ornementales de divers métaux. (V. aussi l'Avenue principale, No. 91.)

325 *M'Hardy,* Jardinier.—Modèles de jardins.

326 *West, Alice.*—Peintures à fresques.

327 *Russell, H. H.* Inv. et Dess. 20 George Street, Adelphi.—Modèle de la tour Royale Victoria, que l'on va ériger à Kingstown, Dublin, en commémoration de la visite de S.M. en Irlande. Dessin de concours pour le monument qu'on se propose d'élever à la mémoire de Sir Robert Peel.

328 *Adshead, J.* Dess. 45 George Street, Manchester.—Plan illustré de la ville de Manchester, minutieusement corrigé jusqu'en Février 1851.

329 *Mills, Eliza.*—Peintures à fresques.

330 *Liechfield, —,* Ridley, Huntingdonshire.—Modèle de cottage composé de 2,000 morceaux de bois de saule, sculptés avec un canif.

331 *Chancellor, F.* Chelmsford.—Modèle de bâtiments pour une ferme de 300 à 500 arpens, arrangement perfectionné, &c.

332 *Beecham, —.*—Modèle d'une devanture de boutique.

333 *Partridge, W.* Dess. et Four. 28 Newman Street.—Armoiries de feu Sir Robert Peel, Bart., émaillées sur ardoise ; Magna Charta, avec boucliers et noms des chefs, prélats et barons, blasonnés sur vélin et enluminés.

334 *Baxter, J.* Dess. Lewes et Ringmer, Sussex.—Deux modèles de cour et bâtiments de ferme.

335 *Pike, T.* Cheltenham.—Les armes royales, &c., blasonnées sur verre.

337 *Hayward, R. J.* Danes Place, Kentish Town.—Nouveau procédé d'ombrer les plaques d'acier pour imprimer.

338 *L'Ecole de Dessin à Belfast,* Prod. Irlande.—Dessins pour nappes damassées, robes, mouchoirs, chemisettes, &c., exécutés par les élèves de l'école, &c.

339 *Barritt, J. L.* Dess. et Fab. 173 Fleet Street.—Modèle de tableau : Le Moulin à Eau, un soir d'été.

340 *Whaite, H. C.* Inv. 85 et 87 Bridge Street, Manchester.—Drapeaux peint sur soie, avec préparation élastique pour prévenir la déchirure de la soie.

341 *Lee, J. G.* Holborn.—Imitation de marbre sur verre.

342 *Coulton, G. D.*—Dessins pour décors.

342A *Clarke, Th. C.* Dess. 9 Percy Circus, Lloyd Square.—Dessin pour une Galerie Nationale de sculpture.

343 *Thompson, T. J.*—*God save the Queen,* en lettres de bois.

343A *Herdman, W. G.* Liverpool.—Illustrations de perspective.

344 *Bonnar & Carfrae,* Dess.—Dessins : imitations de peinture de fresque, et d'incrustations de bois et de marbre.

345 *Emery, J.* Dess. et Mod. North Street, Westminster.—Modèle d'une porte gothique avec les figures de la Foi, de l'Esperance, et de la Charité.

346 *Norton, J.* Clayton West, Huddersfield.—Modèle d'une manufacture.

347 *Herwitz, B.* 1 Bridges Street, Strand.—Décor emblématique de salon, &c.

348 *Zuccani, B.* 40 et 41 Brick Lane, Spitalfields.—Une volière.

349 *Talbot, B.* 50 Welbeck Street, Cavendish Square.—Dessin d'un palais des arts, et d'une galerie nationale de peinture et de sculpture.

350 *S.A.R. le Prince Albert.*—Deux surtouts de table dess. par L. Gruner Esq., style cinque-cento, exécutés par M. T. Woodruff de Bakewell, en pierre de Derbyshire, imitation de mosaïque Florentine.

351 *Candélabre,* style cinque-cento, dess. par L. Gruner, Esq., modelé par Ant. Trentanove, et exécuté en scagliola, imitation de giallo antico, par L. Romoli.

353 *Un Berceau,* sculpté en buis de Turquie, par W. G. Rogers, et dessiné par son fils, symbolisant l'union de la maison royale d'Angleterre avec celle de Saxe-Coburg-Gotha. (V. page 29.)

357 *Lawson, J.*—Dessin de tapis.

358 *Marshall, Lieut. R.*—Quatre spécimens de xulopyrographie, ou gravure sur bois carbonnisé.

359 *Soune, W.* 49 Rupert Street, Haymarket.—Impressions de coins (taillés en acier) pour estamper les métaux.

360 *Field, G.*—Spécimen de sculpture sur bois, style du milieu du 18e siècle, par Démontreuil.

361 *Spiers & Fils,* Dess. et Fab. Oxford.—Divers modèles en carton, comprenant des cathédrales, Osborne, &c.

362 *Shinner, —,* Sheffield.—Fac-simile de ciselure et gravure sur métaux, exécutées par impressions.

363 *Wilson, Charlotte E.* Dess. et Fab. 19 Howland St. Fitzroy Square.—Buvards, orné de perles, et doublé de satin.

364 *Wills, W. J.* Harrison Street, Gray's Inn Road.—Modèle de lampe de table, &c.

Salle de Sculpture.
—— Groupes Q. à S. 28, 29. ——
(Derrière la Salle du Moyen-Age.)

1 *Brown, A.* Dess. 4 Red Cross Square.—David devant Saül, statue en plâtre.

2 *Kirk, J.* A.R.H.A. Sculp. Jervis Street, Dublin.—Groupe original, en plâtre : La création des Fossettes.

3 *Hughes, T.* Dess. 28 Long Acre.—Statue d'Eve, en plâtre.

4 *Foley, J. H.* A.R.A. Dess. 19 Osnaburgh Street, Regent's Park.—L'errant.

5 *Durant, Mdlle.* Sculp. 14 Conduit Street West.—Groupe en plâtre : Bélisaire.

6 *Jennings, B.* Hereford, et 17 Lower Eaton Square, Grosvenor Place, Dess. et Sculp.—Buste en marbre de la Madone.

7 *Thomas, J. E.* Sculp. 7 Lower Belgrave Place.—Haut-relief : L'Esprit de la Science dévoile l'Ignorance et le Préjugé.

8 *Legrew, J.* Dess. 1 St. Alban's Road, Kensington.—Groupe : Cupidon piqué par une abeille, se plaint à Vénus.

9 *Carew, J. E.* 40 Cambridge Street, Hyde Park, Dess. et Sculp.—Le baptème du Christ ; modèle d'autel de la chapelle catholique de Brighton.

10 *Carew, —.*—Whittington.

11 *Carew, —.*—Dessin en relief pour un temple dans le Comté de Suffolk.

12 *Thomas, J.*—La nymphe et le cheval marin.

13 *Theed, W.* 12A Henrietta Street, Cavendish Square, Dess. et Sculp.—Statue de Prométhée.

14 *Hogan, J.*—Faune ivre.

15 *Marshall, W. C.* A.R.A. Sculp. 47 Ebury Street, Eaton Square.—Sabrina.

16 *Earle, T.*—Ophélie. Le triomphe du péché. Abel et Thirza.

17 *Miller, F. M.* Sculp. 24 Bloomfield Terrace, Pimlico.—Groupe: L'enfance.

18 *Farrell, T.* Dess. 132 Lower Gloucester Street, Dublin.—Le Chagrin précoce, en marbre.

19 *Foley, J. H.* A.R.A. 19 Osnaburgh Street, Regent's Park, Dess. et Sculp.—Ino et Bacchus.

20 *Sharp, T.* 27 Burton Crescent, Dess. et Sculp.—Statue en marbre: l'Enfant et le Lézard.

21 *Earle,* —.—Pastourelle.

22 *Lawler, J.* Dess. 30 Wyndham Street, Bryanstone Square.—Statue en plâtre: Baigneur.

23 *Campbell, T.* Dess. et Sculp. 16 Great Marlborough Street.—Portrait d'une dame sous les traits d'une Muse.

24 *Bell, J.* Inv. et Prod. 15 Douro Place, Victoria Road, Kensington.—La Pureté, ou Una et le Lion.

25 *Kirk, W. B.* A.R.H.A. Sculp. Jervis Street, Dublin.—Groupe en plâtre: l'Age Pastoral.

26 *Sharp, T.*—Modèle en plâtre: Le Christ et l'Apôtre St. Pierre.

27 *Papworth, E. G.* Sculp. 17 Newman Street, Oxford Street.—Cupidon déguisé.

28 L'Amour et le Cygne.

29 *Ritchie, J.* Sculp. 62 Princes Street, Edimbourg.—Une Muse, statuette en marbre.

30 *M'Donnell,* —, Londres.—Mère et Enfant, par un artiste sourd et muet.

31 *Farmer, P.*—Bas-reliefs: Enfants.

32 *Summers, C.* Dess. et Mod. 86 Warwick Street, Pimlico.—Statue en plâtre: un Enfant jouant avec une coquille.

33 *Francis, J.* Sculp. 56 Albany Street, Regent's Park.—Statue de S. M. la Reine Victoria en marbre de Carrare.

34 *Thornycroft, Th. & Mlle M.* Sculp. 39 Stanhope Street, Hampstead Road.—Le Prince de Galles et les enfants royaux, en berger, glaneur, &c.

35 *Nelson, G.* Sculp. 30 Bidborough Street, Burton Crescent.—Relief moulé en plâtre: La Victoire, monument élevé à la mémoire des officiers et soldats du 50ème régiment tués sur les bords du Sutlej dans les Indes, pendant la campagne de 1845-6.

36 *Stephens, E. B.* Dess. et Inv. 27 Upper Belgrave Place, Pimlico.—Eve offrant à Adam le fruit défendu. L'Expulsion du Paradis. La Malédiction. La Mort d'Abel.

37 *Adams, G. G.*—Massacre des Innocents.

38 *Miller,* —.—Bas-relief: Frères et Sœurs (Comus).

39 *Thrupp, F.* Dess. et Sculp. 30 Gloucester Place, New Road.—La bonne et le méchant enfant.

40 *Jones, J. E.* Dess. et Prod. 41 Upper Charlotte Street, Fitzroy Square.—Médaillon d'une mère et son enfant; groupe d'enfans et d'animaux; statuette en marbre: La Favorite.

41 *Munro, A.* Dess. 105 Tachbrook Street, Pimlico.—Francesca et Paolo (Dante).

42 *Taylor, F.* Dess. et Sculp. Ramsey, Hampshire.—Statue de grandeur naturelle, en plâtre: Notre Sauveur portant la Croix.

43 *Gallagher, J.* Dess. et Prod. 10 King Street, Regent Street, Dublin.—Dessin en plâtre pour une fontaine; Adriane pleurant Thésée.

44 *Smith, C. R.* 37 Gloucester Place, New Road, Sculp.—Statue: Lady Danberry en costume du moyen âge.

45 *Jones, J. E.*—La Favorite.

46 *Kirk, G.* Ecole de Dessin, Birmingham.—Bas-relief en plâtre: "Découragé, affligé, perdu," (Milton, Paradis Perdu).

47 *Physick, E. G.* Sculp. 6 Gloucester Place, New Road.—Pluton enlevant Proserpine.

48 *Adams, G. G.*—Bas-relief: Combat des Centaures et des Lapithes.

49 *Miller,* —.—Bas-relief: Titania.

50 *Miller,* —.—Ariel.

51 *Beauclerc, le Cap. G.*—Nymphe endormie.

52 *Farrell, J.* Dess. 123 Lower Gloucester Street, Dublin, — Le retour de la Colombe chérie, groupe en marbre.

53 *Carew,* —.—Modèle original: La descente de Croix.

54 *Behnes, W.* Sculp. 13 Osnaburgh Street, Regent's Park.—Statue en marbre d'une Nymphe effrayée.

55 L'Enfant et la Chèvre.

56 *Thrupp,* —.—L'Enfant et le Papillon.

57 *Manning, S.* Sculp. 3 Union Place, Regent's Park.—Modèle d'une statue de Prometée.

58 *Thrupp,* —.—Arétuse.

59 *Theed, W.*—Le Retour de l'Enfant prodigue.

60 *Franks, J.* 50 Bazing Place, Waterloo Road.—Statue de John Flaxman, éxécutée par feu Musgrave Lewthwaite Watson.

61 *M'Dowell, P.* R.A.—Chagrin précoce.

62 *Adams, G. G.* de Rome.—Le Troubadour et le Rossignol. Strada.

63 *Beauclerk, le Cap.*—Une femme sur une couche.

64 *Gibson, J.* Dess.—Bas-relief en plâtre, représentant les Heures et les Chevaux du Soleil.

65 *Thornycroft,* —.—Groupe d'enfants, bas-relief.

66 *Miller, F. M.*—Bas-relief: Le calme.

67 *Miller,* —.—Le génie de Comus, bas-relief.

68 *Miller,* —.—Lycidas, bas-relief.

69 *Physick, E. G.*—Tête en marbre: Le Sauveur expirant.

70 *Foley, T. H.* A.R.A.—L'Innocence.

71 *Bell,* —.—Dorothée (Don Quichotte).

72 *Bell,* —.—Les Enfants perdus dans le Bois.

73 *Manning, S.* 3 Union Place, Regent's Park.—Modèle d'une statue de John Wesley.

74 *Westmacott, J. S.* Dess. St. John's Place, Lisson Grove.—Modèle d'une statue de Saher de Quincy, Comte de Winchester, A.D. 1215, devant être exécuté en bronze pour la Chambre des Pairs.

75 *Durham, J.*—L'Allegro.

76 *Durham,* —.—Le Penseroso.

77 *Behnes, W.* Sculp. 13 Osnaburgh Street.—Statue de Lady Godiva.

78 *Durant, Susahne.*—Une jeune Fille, étude d'après nature.

79 *Theed, W.*—Narcisse.

80 *Yarborough, le Comte de,* Prop. 17 Arlington Street, Piccadilly.—Statue en marbre: Chasseur Grec, par M. Gibson, R. A. de Rome.

81 *Jennings,* —.—L'Amour.

82 *Earle,* —.—Miroir de la Nature.

83 *Smith, C. R.*—Statue de Michel-Ange, en costume du moyen-age.

84 *Jones, J. E.*—La Mère et l'Enfant.

85 Statuettes de l'Union-des-Arts, admises à concourir aux prix de 100l. et 50l.

86 *Wyon, E. W.*—Tazza, modèle d'un dessin pour l'Union-des-Arts de Londres.

**** *Voir, pour les autres Sculptures, le Transept et les Avenues, page 32, 33, 34, et 35.*

Aller a la Classe 9, page 79.

Possessions Coloniales.

EMPIRE ANGLO-INDIEN.

INDES ORIENTALES,
comprenant l'ARCHIPEL INDIEN.

MATIERES BRUTES.
Classe 1.—Produits Minéraux.

Marbre primitif; marbre serpentine; pierre-à-chaux primitive; jaspe rouge et jaune; cailloux; jaspe; jaspe brun; bois fossiles de Senva; argiles plastique, jaune, et couleur d'ardoise; kaolin blanc; pierres saponacées pour alambics; grenats de Kashning en serpentine, pour poterie; sable à laver l'or; deux bouteilles de petroleum, et deux bouteilles d'huile de Meharnet; sable ferrifère; sable ferrifère argileux.

Colliers de grains de Nimluck; cornaline unie et taillée en diamant; grains de pierre verte et de nacre; boucle de nacre; boucles d'oreille d'ampélite ou pierre noire; spécimens de cristal; cornalines pour broches; pierres pour agrafes; sanguines; goowries; améthystes; émeraudes; rajawahs; pierres assorties; forazahs; saphires; yeux de chat; grenats; romarooks; pierre salamine; pierre bleue; turquoises.

Houille de Mergni; pierre-calcarie; minerai de fer; manganèse; tremenhérite; albâtre; petroleum; minerai de plomb et de cuivre; agate de cornaline et calcédoine; sable perle Ava; minerai d'étain, premier et second lavage; minerai d'antimoine, de la province de Tenassorim.

Minerai de fer, deux qualités; pierre calcaire, deux qualités; spécimens de minerai de fer, de fer en fonte, et de fer en saumon, de Mirzapore.

Salpêtre de manganèse; chromate de fer; carbonate de magnésie; minerai de fer; barres de fer; acier fondu, tel qu'il sort du creuset; barres d'acier; grains de fer; acier pour taillanderie, de Salem.

Sulfure d'antimoine; cendre perlée, préparation de nitre et de charbon de bois, deux qualités.

Carbonate de soude, presque pur.

Minerai de fer bisulfure adhérant à la pierre; soude de Cuddapah.

Blocs de marbre de Bellary; briques de terre blanche; mortier de marbre, du district de Ceded.

Pierre à aiguiser, de Kurnool.

Pierres lithographiques de Kurnool, Fuggiapettah, et Datchapilly.

Boîte d'argent de poudre d'or, d'Ernaak, Kaloo, Calicut, et Wynaad, Malabar.

Minerai de fer magnétique; sel nowpadah, de Vizagapatam.

Minerai de cuivre; métal pour cloche; carbonate de soude, de Bellary.

Sel produit par l'inondation périodique d'une plaine sablonneuse par la mer, recueilli en blocs après l'évaporation; de Coombaconum.

Potasse; bouteille contenant du sel de roche de Bootan;

pierre ferrifère, pierre, et minerais de fer, de diverses variétés, de différentes parties de l'Inde et l'Asie centrale.

Compagnie des Forges et Fonderies de Fer et d'Acier, Beypore, près de Calicut, Malabar, et *Porto Novo*, près de Cuddalore, Carnatic. (Comptoir à Londres, 10a King's Arms Yard, Moorgate Street.)—Spécimens des minerais et charbons de bois employés, &c.: Oxide magnétique; cristaux de minerai magnétique; minerai tel qu'il est préparé pour le haut fourneau; pierre ferrifère argileuse; charbon de bois employé dans la manufacture; saumon de fer du haut fourneau et raffiné; fontes chauffées faites de ce saumon; câble 5-16, fondu entièrement en anneaux; barre arrondie, pour montrer la surface et le poli; volant, qu'on ne faisait avant que de fer forgé; ressorts de toutes sortes, tous de fonte de fer.

Spécimens de fer forgé: barres fracturées, forgées, et tordues à froid; fer étiré en fil.

Barre de fer pour acier: barre d'acier; lingot d'acier fondu, démontrant la couleur et la cristallisation de l'acier; acier fondu étiré; limes, scies, ciseaux, gougé, &c.

Coutellerie de table; rasoirs, ciseaux, couteaux et coutellerie fine; lame de sabre.

C'est de ces minerais de fer magnétique que les natifs fabriquent le "Wootz," ou acier indien, ainsi que le fer malléable.

Spécimens de minerai de chrôme; de chromate et de michromate de potasse fabriqués de ce minerai.

Antimoine, calamite, pyrites, cuivre, et minerais de cuivre.

Minerais de cuivre et cuivre brut, plomb et minerais de plomb, de Népal. Plomb, supérieur, de Shookpoor. Plombagine; minerai d'étain et étain; poussière d'or; chromate de fer. Métal pour cloches et étain de Bellary et Népal. Agates, de Nerbudda, Kane, Goane, et autres rivières. Cailloux, de la rivière Goane. Sanguines; chitta hindnee, pic ou tachetée; lapis lazuli; cornaline et onyx; jaspe et marbre, de Bombay et Bengal.

Houille de différentes espèces; lignite; petroleum; terres résineuses; calcédoine; soufre; sel, et autres minéraux; serpentines, de diverses localités de la Péninsule Indienne, et de la Présidence du Bengal, &c.; soudes et carbonates; nitrate de potasse; cendres perlées; magnésie; salpêtre; stéalite; ardoises lithographiques; alun; corundum (de Malabar); terre de pipe; talc, bois pétrifiés; magnésie et autres terres; une assiette de pierre ressemblant au jaspe, trois d'agate, et deux de marbre vert; deux coupes en agate-jaspe, deux d'agate; deux pilons et mortiers et deux d'agate de jaspe; six carrés, trois pierres, et trois blocs bruts d'agate de jaspe, de Jesselmère; six variétés, comprenant cristaux roses et de roche, quartz, améthystes, flint, pierre sablonneuse blanche et rose; pierres saponacées; corundum; felspar; spars calcaires, de glace, cube, et autres, et felspar; gypse; sélénite; flint de fer; terre de pipe; argiles jaune et autres; marnes claires et rouges; lithomarge; hyalite; pierre verte; talc vénitien; sel gemme et raffiné ; carbonate de potasse ; marbres-jaune, blanc, vert, rose, gris, lavande, et pourpre ; pierre calcaire dolomite ; rocs porphyriques ; granits—blanc, carnation, rose et gris ; rocs micacés, silex, basaltes, ardoises, environ 160 variétés ; saphirs hyacinthe, blanc et bleu, grenats et autres pierres ; diamant breccia ; beryl ; schroal ; jaspe ; yeux de chat ; agates et améthystes ; cristal de roche ; opales ; calcédoines ; cornalines ; onyx ; sanguines, &c. Cuivre noir, gris et vert ; minerai de cuivre pourpre et malachite ; étain ; terre d'ombre, ou oxide de manganèse ; galène ; chromate de fer ; sable ferrifère ; pierre ferrifère compacte noire et cerise, et pierre calcaire brune ; oolite ; lapis lazuli et préparations de bleu d'outremer qui en sont faites à Bombay ; ocres de différentes espèces ; plombagine ; alumine.

Classe II.—Substances et Produits Pharmaceutiques et Médicamenteux.

Du Bengal.—Jabrang (*Xanthoscylum*), fruits employés dans la médecine ; noix vomique d'Assam.

Cannab—extrait et teinture ; noix vomique ; écorce de noix vomique ; Aconitum Ferox ; teinture id. ; graines d'huile de castor ; Cassia fistula ; feuilles de séné ; gamboge ; Ipomea cœrulea ; cheretta, extrait et teinture ; coloquinte ; extrait id. ; catechu ; assafœtida ; Calotropis gigantea ; calotropis en poudre ; Hemidesmus indicus (anantomool) ; borax raffiné ; acide nitrique ; acide benzoïn ; Meloe trianthene (cantharide native) ; huile de Népaul (croton tiglium)—de Vizagapatam et Gamjam.

Miel de montagne ; noix de galle ; acide arsénieux ; realgar ; orpiment ; carbonate minéral de soude ; sulfate de soude ; salpêtre ; sulfate de cuivre ; carbonate de plomb ; litharge ; minium ; cinabre de Singapore, de Malacca, de la Péninsule Malaise, de Népaul, Salem, Surat et autres lieux. Sublimé corrosif ; magnésite ; magnésie sulphas ; hydrochlorate d'ammoniaque ; huile de cubeb et de croton ; huile de moutarde ; huile d'herbe ; huile de Gurjun ; opium médicamenteux ; morphie ; hydrochlorate ; acétas ; hyoscyami, fol. ; extrait et teinture id. ; graines de stramoin ; Canabis indica ; Malkungnee, ou Celastrus nutans ; Myrica lapida (écorce de) ; Annutamsol, ou substitut de salsepareille ; Momordica ; Mishmee amère et tita.

De Bombay.— Huile d'Oondee (Tanna). *Calophyllum inophillum*, huile extraite de la noix, employée comme stimulant à l'intérieur et à l'extérieur ; importée de la côte de Somali.

Huile de Kurunj (Tanna).—Pongamia glabra, huile extraite de la noix, employée comme stimulant à l'intérieur et à l'extérieur.

Calabunda (Aloe perfoliata) ; de Vizagapatum.

Gamboge—de Canara.

Hemidesmus indicus ; Convolvolus turpethum, racine et poudre ; graine et poudre de clitoria ; Cannabis indicus.

Chicorée mylabaris ; Pulvis mylabaris ; Tinctura cannabis sativa ; Hoya viridiflora (*Asclepias vomitoria*) ; hymenodictyon utile ; Soymida febrifuga ; écorces sèches de Margosa.

Justicia paniculata ; creyat : sel de Nellore.

Collection de substances minérales, végétales, et animales des bazars Indiens, par J. Forbes Boyle, D.M.

Classe III.—Substances Alimentaires.

Royaume Végétal.

Blé :—Pissee, sshalya, jullalya, kutya, variétés de *Triticum sativum*, de la vallée de Nerbudda.

Farine : trois qualités, produits des moulins de Calcutta.

Avoine (Avena sativa) de Patna.

Riz ; maïs ; millet ; sarrasin ; grain vert (Moong) ; grain noir ; légumes, graines alimentaires, &c., de Népaul et autre pays.

Substances usées dans la préparation des boissons.— Thé Pekoe, Souchong, et poudre-à-canon (gunpowder), des plantations de la compagnies des Indes Orientales à Kemaon, Himalayas ; thés pekoe, congo, et autres, d'Assam ; café.

Drogues enivrantes, &c.—Tabac ; opium ; cigares ; graine de chanvre.

Epices & condiments.—Cannelle ; muscades ; macis ; clous de girofle ; cacis ; poivre rond et noir ; poivre blanc et sauvage ; noix de bétel ; gingembre, &c.

Amidons d'arrowroot, de sagou perlé, de tapioca, &c.

Sucre manufacturé d'après les méthodes européenne indienne ; district de Rohilkund.

(*Saccharum Officinale*) de Ganjam, Cossipore, &c.

Sucre, manufacturé dans des vaisseaux à vide et à haute pression, et par un procédé qui n'est pas généralement connu ; autres sucres, fabriqués dans des machines à vide et haute pression, &c. ; sucre de canne ; de jus de spathe, de dates, &c.

Classe IV. — Substances Végétales, Employées Principalement dans les Manufactures.

Gomme et résine, d'Arabic, du Bengal, de Vizagapatam, *Mackintosh & Cie.* Manchester et Londres.—Caoutchouc indien, dans divers degrés de fabrication ; étendu sur tissu qu'il rend imperméables ; en fil, pour tisser en élastique, pour tricoter et pour broder au crochet ; *gutta percha* (*Isonandra gutta*), id. (Artocarpus) employée comme glu ; Johore, Singapore, et Assam.

Huiles.

Volatiles.—Otto de roses ; eau de roses ; huile d'herbe et graines de l'herbe dont elle est extraite ; huile de cajaputi, kayer patch, santal, aloès, safran, et camphre.

De Graisse.—De graine de lin ; et environ 30 ou 40 autres produits oléagineux de divers pays de l'Inde et de l'Archipel.

Teintures et Couleurs.

Indigo des Factoreries Anglaises, et de Cuddapah, Kohlapore, Sindh, et Madras.

Indigo pâle, de Salem.

Garance, et lichens ; écorces de Mangrove, Samak, autres arbres.

Bois divers ; annatto ; fleurs d'Hursinghar ; noix de galle, mûres ; écorces, &c.

Substances tannines.—Ecorces diverses, catechu, kino, sbir, &c.

Substances fibreuses (comprenant les matières premières pour cordage et vêtement) de Giwaloir, Broach, Khandeish, Belgaum, &c.

Spécimens nombreux de fibres d'ananas, plantain, orties.

Lin, apprêté et brut ; spécimens de plantes du tropique pour remplacer le lin et le chanvre ; de corderie indienne.

Substances cellulaires, de toutes les parties de l'Inde.

Bois de construction et de fantaisie.—En grande variété, toutes les parties de l'Inde.

Produits Divers.

Substances Animales Alimentaires. — Gélatine ; poisson, souris ; nageoires de requins ; nids d'oiseaux.

Peaux de léopards, de tigres, de daims mouchetés, daims blancs, de faons, de buffles, chèvres, vaches, et moutons ; laque en bâton, en graine et en teinture.

Mouches Cantharides. Soies de sanglier, d'éléphant, porte-épic ; peaux brutes et tannées, d'élan, buffle, taureau, tigre, cheeta, chat sauvage, chèvre, mouton, daim, éléphant, bison, et sanglier ; plumes d'oiseaux ; ailes d'escarbot, trompe d'éléphant ; ivoire blanc ; cornes de bison, buffle, élan, antilope, et daim—de Madras.

Cornes de daim et de buffle ; diverses autres peaux, cornes ; musc, dans une bouteille de bambou ; écureuil, laine blanche et noire tordue, et non tordue; laine de cachemire; cocons; cire d'abeilles; soies de Tusseh.

Laine de mouton de Ladak, Tibbit Yarkhandi, Khotani, Turfani; laines de chèvre de divers pays.

Œufs et chenilles; cocons et soie de Tussur, &c.

Classe V.—MACHINES À USAGE DIRECT, Y COMPRIS LES VOITURES.

Modèle d'une machine employée à la Monnaie de Madras.

Un eka, ou voiture; modèle de voiture pour dames et de voitures Mahratta; voiture et deux charrettes pour attelage de bœufs—de Lahore.

Modèle d'un palanquin de cérémonie, fait pour le Rajah de Travancore; charrette pour attelage de bœufs, et panier.

Balances et étalons en fer, &c.

Classe VI.—MACHINES ET OUTILS EMPLOYÉS DANS LES MANUFACTURES.

Modèles de différents rouets, de Lahore.

Rouet pour filer le fil d'ananas.

Modèles d'une machine pour cordonnets de soie employés dans le tissage, et d'une machine à main pour filer le coton.

Métiers de tisserand, et outils pour fabriquer les mousselines de Dacca.

Modèle d'un métier de tisserand, et d'autres métiers et machines de tissage; préparation de lin et de fils de soie, et autres ouvrages en coton et soie; métiers pour préparer le coton, &c.

Outils de mineur; outils pour les ouvrages de filigrane; outils de tourneur, de charpentier, et de masson; ustensiles de ferme; instruments et outils employés par des artificiers indigènes dans la serrurerie, la taillanderie, l'orfèvrerie, le laqué, &c.; outils de tuiliers, de tailleurs de pierre, et autres travaux.

Classe VII.—GÉNIE CIVIL, ARCHITECTURE, BÂTIMENT, &c.

Modèle d'une roue de Perse, de Lahore.

Modèle piccotah, pour tirer l'eau d'un puits, de Madras.

Modèles d'un pont-de-fer en Doottee, ponts jetés sur différentes rivières; modèles d'une citerne et d'une maison; &c.

Classe VIII.—ARCHITECTURE NAVALE, GÉNIE MILITAIRE, ARMEMENT.

Bunglo, naodee, gungo, kotéo, et muchoo, de Cutch.

Bateau-serpent de Cochin, catamaran de Madras, bateau de Bombay, bac, canots, batelles, dow, dingee, co-doni, bugalow, pattamar, bugalo, &c.

Bateaux de plaisir et autres. Modèles de pirates, ou pranum; la première classe a un équipage de 100 hommes, la seconde de 60, de Mindanao; autres modèles be ba-teau, &c.

Topee, croissants d'argent, et chaîne portées par les officiers du Népaul.

Accoutrements et armes de guerre et de chasse.

Arcs, massues, sabres, fleurets, &c., dont se servent les chasses Indiens.

Armure complète, pièces d'armure; canons, mortiers; pièces de campagne, &c.; de Lahore, Kurnool, et Mysore.

Modèles de l'artillerie de la compagnie des Indes Orientales; accoutrements, &c.

Tente, fabriquée à Jubulpore.

Classe IX.—MACHINES ET INSTRUMENTS D'AGRICULTURE ET D'HORTICULTURE.

Modèles en bois de charrues et charrettes, charrues, herses, pioches, râteaux, jougs, bêches, pèles, faux, couteaux, haches, échelles, et autres instruments d'agriculture employés dans les diverses régions des Indes Orientales.

Classe X.—INSTRUMENTS DE MUSIQUE.

Guitare, timbale, sarindah ou violon, tomtona, trompette, flûte, cymbales, &c., et divers autres instruments à corde ou à vent en usage chez les Indiens.

Classe XI.—MANUFACTURES—COTON.

Mousselines fines, de Dacca; bordées, à fleurs, et brodées; perses, et tissus imprimés; cotonnades; linge de table; guingangs; toile à voile, drap de Sumatra, &c., de toutes les parties de l'Indoustan.

Drap envoyé par le Résident à Nagpore.

Nappes, serviettes, linge diapré, perses, mousselines, &c., de Lahore, &c.

Cotonnades rayées et perses, de Scinde.

Beau tissu pour punjum, fabriqué dans les Circars du Nord.—Mr. Masters.

Mousseline, d'Arnee, Circars du Nord, Oopada.

Mousseline à tissage fin, du Bengal.

Autres étoffes, draps, &c.

Classe XII.—LAINE.

Châle de drap, porté par les natifs; pièces de drap; tissus de laine quadrillés et rayés, cachemires, cumlees, couvertures, fils de laine pour châle, &c.

Classe XIII.—SOIE ET VELOURS.

Fil et cordonnet de soie; soie de couleur; étoffes de soie; corahs; matteaux de soie grège; foulards, &c.

Rubans et velours, &c.

Classe XIV.—PRODUITS MANUFACTURES DE MATIÈRES POUR REMPLACER LE LIN, LE CHANVRE, &c.

Cordages de jute, de fibres d'ananas, de chanvre, &c., présentés par les fabricants, Messrs. Harbon & Cie. Calcutta.

Gunny et autres tissus de fibres de plantain, de Madras.

Toile à voile de fibre de Wackanoor ou Wackoonar, de Travancore.

Drap d'écorce, fabriqué par les Semangs ou tribus de nègres orientaux, de Kedah.

Drap d'écorce, fabriqué de l'écorce de mûrier à papier, de Kailli.

Drap d'écorce, fabriqué de l'écorce du Papyrus, de Java.

Drap manufacturé par les Arafuras, de fibres natives.

Classe XV.—TISSUS MÉLANGES, COMPRENANT LES CHÂLES ET LA BRODERIE.

Turbans; beaux tissus pour robes, châles, et turbans: draps brodés d'or pour turbans; draps de lit, brodés d'or, d'argent, &c.; broderies en or; tissus de soie, brochés d'or, et d'argent; pièce de soie écarlate, imitant les étoffes chinoises, &c.

Tapis de velous brodé d'or, avec coussins, formant une espèce de trône pour les princes indigènes.

Châles et écharpes brodés; écharpes, cravates et pour turbans, brodées en or et en argent, &c.; écharpes de mousseline brochées d'or; brocarts, &c.

Plusieurs paires de drap de lit, brodés d'or et d'argent, et de soie et or; turban avec bouts d'or, du Bengal.

Pièce de drap d'or; clinquant d'argent estampé; bordure en or; bordure en argent, de couleur rose, de Benares.

Mouchoir de tête ouvragés d'or et de clinquant d'argent; id. avec clinquant d'or teint en pourpre; de Benares.

Broderies d'or, de Benares.

Pièce de soierie, brochée d'or et d'argent; pièce de soie

écarlate, ouvragée en soie à l'aiguille, en imitation des tissus de Chine; soierie avec fleurs brodées; autre soieries,— d'Agra.

Cachemires, fonds vert, cramoisi, bleu, et écarlate, brodés d'or et d'argent.

Châles longs, rouges et verts, travaillés à l'aiguille; cachemires carrés; châles longs, blancs; châles carrés, noirs, bleus, &c. de Cachemire.

Bonnets, brodés d'or et de perles.

Châles longs, carrés, et petits, verts, bleus, noirs; châles ouvragés, rouges, avec des perles; châles blanc et rouge; châle écharpe, de Lahore.

Tapis de table, de dimensions diverses, brodés de fils d'or et d'argent; grand tapis de table, brodé de fil d'argent, velours brodé, pour chaises de Sindh.

Drap de Khyrpoor.

Etoffes soie et or, d'Ahmedabad.

Etoffes pour gilets; étoffes pour turbans; rubans de clinquant; de Lahore.

Etoffe soie et coton, imitation de la soi de Suttaree.

Ouvrage au tambour de Moultan; busmedans de Moultan.

Brocart de Borhanpore; dessin de brocart, d'Indore.

Brocarts soie et or, d'Ahmedabad.

Loongee, avec bordure en fil d'or, et fil d'or, vert, rouge, blanc, et jaune; id. rouge, noir, et jaune; tapis de table de diverses dimensions, brodé de fil d'or et d'argent; petit tapis de table, brodé de fil d'argent; housses de coussins, avec or; de Scinde.

Echantillon de soie verte et orange, avec fil d'or; pièce de soie verte, avec fil d'or—d'Ahmednuggur.

Echarpe de soie de Chine, et soie d'ananas, fabriqué par des Musulmans; robes de mousseline ouvragée; robes d'aîles d'escarbot; écharpe de dentelle—de Madras.

Soie Kincob—de Trichinopoli.

Draps tissés, rouge uni, avec soie; draps tissés, pourpre et noir; draps tissés, avec dentelle—de Guntoor.

Echarpes brodées de fil d'or—de Tringanee et Pabang, Peninsule Malaise.

Foulards et châles de soie—de Tringanee, Sing, et Timor.

Echarpes, coton et teintures indigènes; soie grège, de l'Asie continentale—de Sumatra.

Drap brodé—de Chine.

Ruban brodé—de Célèbes.

Robe d'enfant, drap brodé d'herbe—de Sérampore.

Tissus or et argent; soie et coton; brocarts; soieries de couleurs variées; tissus soie, or, et argent; tapis de table; robes d'aîles d'escarbot, &c.

Draps tissés, rouges, pourpres, et noirs.

Mantilles de mousseline, jaquettes, et cols; drap et cols de fibres d'ananas, &c., fabriqués par les aborigènes.

Divers autres articles de toilette, d'habillement, &c., de toutes les régions des Indes Orientales.

Kincobs en paille de couleurs variées, &c.

Classe XVI.—Cuir, Sellerie, Harnais, Peaux, Fourrures, Plumes, et Crin.

Harnais d'éléphant; housse de selle; brides, &c.; le tout assorti et brodé en or.

Autres selles; mors et autres objets de sellerie; cuir et sac en cuir; cuirs de buffle, pour accoutrements militaires; peaux de vache et de veau, préparées et vernissées, pour sellerie et chaussure; autres peaux tannées et préparées, &c.—de MM. Teil, de Calcutta.

Peaux de vache du Bengal, tannées avec l'écorce du Babool, l'une noire, les deux autres brunes; moitié de peau de buffle, pour chaussure et machines; autre moitié de peau de buffle, pour harnais, et autres peaux de veaux, &c. tannées d'après le même principe, pour divers usages.

Selles de chameaux et autres.

Plumes, boas, fleurs artificielles; palatines fabriquées par les Indiens; manchons; victorines.

Classe XVII.—Papeterie, Librairie, Reliure, Imprimerie, &c.

Papier; spécimens de reliure; cire à cacheter, rouge, verte, grise, or, jaune, et noire.

Classe XVIII.—Tissus imprimes et teints.

Soieries imprimées et teintes. Corahs, cottonades imprimées et teintes du Bengal, Lahore, Cutch, Bombay, Singapore, et des Iles Indiennes.

Classe XIX.—Tapisserie, comprenant les Tapis, les Dentelles, et la Broderie.

Tapis de coton, et de laine; tapis de foyer.

Couvertures, blanches, de couleur, rayées.

Tapis richement brodés en or; tapis en velours brodé or; tapis cachemire.

Dentelle d'or, d'argent, et autres blondes, de fabrication indienne.

Classe XX.—Objets d'Habillement, &c.

Kamptee dotee, ou habillement d'homme. Poosoong, habillement de femme, &c.

Divers objets d'habillement et articles de draperie de diverses Présidences.

Classe XXI.—Coutellerie et Taillanderie.

Couteau et fourchette à découper; couteau; casse-noix, instruments dont se servent les personnes de rang; outils de bûcheron, &c. &c.

Classe XXII.—Quincaillerie.

Gobelet; fil métallique; lampes; ustensils de cuisine; collection d'objets employés dans le culte, et d'usage domestique.

Classe XXIII.—Orfevrerie, &c.

Le Durria-i-Noor, ou Mer de Lumière, diamant monté en bracelet, au milieu de dix autres diamants plus petits.

Collier de perle, consistant de 224 grosses perles.

Autres colliers en perle; bracelets d'émeraudes; et divers autres bijoux.

Selle montée en or, ornée de diamants, d'émeraudes et rubis.

Robe de perles et ccinture d'émeraudes d'un chef Sikh.

Ornements en fil d'argent; ornements pour coiffure; bracelets; broches; parapluies; bracelets en poil d'éléphant; épingles de cheveux; chaîne de cou; ceinture.

Lutchkas émaillés, guirlandes, &c.

Divers autres bijoux, ornements, &c., en usage dans les Présidences.

Classe XXIV.—Verrerie.

Verres, gobelets, bouteilles, coupes, soucoupes, bocaux, fioles, &c., en verre.

Classe XXV.—Manufactures Ceramiques.

Poterie vernissée; jarres.

Tasses à boire; verres à anses; vases à eau de même, autres objets de plus grande dimension; spécimen terre céramique.—Manufacturés à Almona, district de Moradabad.

Assortiment complet de poterie native.

Poterie peinte, &c.

Classe XXVI.—MEUBLES ET EBENISTERIE.

Lit royal, avec couverture de soie et velours, et matelas de velours; objets de literie; chaises d'ivoire; couches sculptées; chiffonières; consoles; ouvrages en bois de santal et d'ébène; candélabres; bibliothèque; boîte à outrage; boîte à thé.

Deux chaises longues et chaises, en marbre de Rajpootana, présentées par le Rajah Anund Nath Roy de Nattore.

Classe XXVII.—SUBSTANCES MINERALES MANUFACTUREES.

Divers spécimens de marbre polis; ouvrages de treillis en marbre noir et blanc; écrans en pierre; figures en pierre; cygnes et poissons, tasses, bouteilles, et assiettes, en marbre blanc.

Jeu d'échecs, en agate, exposé par le Lieut.-Col. Sykes.

Classe XXVIII. — SUBSTANCES ANIMALES ET VEGETALES MANUFACTUREES.

Bracelets d'écaille; scie demi-circulaire pour découper l'écaille; assortiment complet des outils employés par les fabricants de bracelets, à Dacca.

Coquilles de noix-de-cacao sculptées et à diverses montures; éléphant et chevaux en ivoire; divers animaux, fleurs, fruits, épices—taillés en ivoire.

Nattes; chapeaux; jouets; articles de laque; ustensiles en bois; paniers; encriers; pipes; hookas, &c.

Classe XXIX.—OBJETS DIVERS.

Boîtes et autres articles en ivoire, en corne, en bois de santal, en plumes de porc-épic, en cornaline; souliers et pantoufles ouvragés en or, et de cuir rouge et jaune; peignes en corne de buffle; fourrures, &c.

Parasol de cérémonie; éventail de cérémonie; chattahs.

Savon de mer, fait d'huile de cacao et de soude; articles divers, tels que boîtes, paniers, &c.

Porte-plume de porc-épic.

Boîte en bois de santal.

Ornements faits de fruits secs.

Jeu de trictac en ivoire; boîte à enveloppe et boîte à tricot; encriers en corne, &c.

Spécimens du sable dont les pierres laques sont faites; pierres corundum servant à faire les pierres laques—de Coïmbatore.

Coton rouge pour encre, et bouteille d'encre rouge—de Madras.

Cachets taillés sur pierre; la statue du général Munro, et le phare de Madras.

Peignes, &c.

Classe XXX.

Figures en terre plastique, représentant différentes castes et professions des Hindous:— un sheristadar; un chamassee, &c.

Modèle d'un percepteur réglant ses comptes avec les cultivateurs.

Modèle d'une cour de justice européenne et indigène, siégeant dans les provinces; autres modèles curieux, &c.

Temple indien; modèle d'un temple indien, du Bengal.

Modèles d'un roygoporum; l'entrée de la pagode de Streengum; et de la pagode de Nagesoorum.

Plâtres, en argile blanche, et modèles plastiques; "Cutch," sculpture en bois.

Deux portraits: Nabah Rajah et son père, &c.

JERSEY & GUERNSEY.
—— Groupes I. 29, 30. ——

Commissaires: *Le Capitaine W. Walbanke Childers,* 16 Eaton Sq. Londres, et St. Hélier, Jersey; and *Thomas Clugas, Jun. Esq.* Guernsey.

1 *White, H. C.* F.G.S., Regent Road.—Spécimens géologiques des granits de Jersey.

2 *Le Couteur, Col.* (Q.: A.D.C.) Guernsey.—Echantillons de froment récolté dans l'Ile de Jersey.

3 *Seignuret, H. J.* Inv. et Fab. First Tower.—Machine à moteur équilibrique d'eau et d'air, invention nouvelle; bateau et horloge d'après le même système.

3A *Dunlevie, Madame,* Belmont Pl.—Bourse de soie tricotée supérieurement: par une dame de 83 ans.

4 *Berland, T.* Great Union Road.—Machine pour arrêter les trains de chemin de fer instantanément.

5 *Le Moyne, H.* St. Helier.—Plan pour expliquer la méthode de compasser les angles.

6 *Chevalier, J.* Inv. Don Street.—Modèle d'un fanal suspendu pour indiquer la position des écueils, &c.

7 *Grellier, J.* Bond Street.—Modèle d'un bateau de sauvetage.

7A *De la Conde, M.* Fab. Broad Street.—Dents artificielles de nouvelle construction; à double charnière.

8 *Feltham, R. D.* Queen Street.—Pendule régulateur.

9 *Dupré, W. H.* Inv. Charing Cross.—Appareil pour prévenir l'introduction des courants d'air ou la descente de la fumée dans les cheminées; toiture en verre, éclairant et ventilant, et à l'abri de toute infiltration.

10 *Le Feuvre, P.* Inv. St. Clement's Academy.—Planétaire à l'usage des écoles.

11 *Messervy, G.* George Town.—Série de tableaux pour l'instruction de la jeunesse; lecture, calculs, &c.; sans livres, plumes ni papier.

11A *Le Feuvre, Madame,* Edward Place, Fab.—Ecran, travaillé en tapisserie.

12 *White, G.* Prop. St. Mark's School.—Appareil pour l'enseignement de l'écriture, pouvant servir de siège et de pupitre; appareil pour empêcher les portes de se fermer avec bruit; mitre de cheminée à ventilateur; horloge illuminée, indiquant l'heure dans la nuit; pompe et soufflet, à eau et à air.

13 *Brohier, H.* Prop. New Street.—Articles tricotés de Jersey.

14 *De Faye, T.* Prop. Seale Street.—Douze paires de bas tricotés.

15 *Vibert, S.* Fab. St. Mary.—Une paire de bas tricotés par une personne de Jersey, âgé de 71 ans.

16 *Marie, M.* Fab. King Street.—Jaquette en soie tricotée, avec les armes du Prince de Galles sur le devant.

17 *Scarfe, G.* Prop. Beresford Street. — Harnais de cabriolet.

18 *Carmalt, J.* Fab. David Place.—Une paire de ciseaux et un couteau, ne pesant pas un grain en tout.

19 *Jouhaud, P.* Inv. et Fab. Peter Street.—Arme à feu de voiture, se démontant et pouvant s'employer comme carabine, fusil de chasse ou pistolet; ne pouvant se décharger par accident.

20 *Le Feuvre, G. C.* Fab. Edward Place. — Chiffonnière en chêne, &c.

21 *Stead, W.* Fab. Hill Street.—Un meuble de fantaisie pouvant servir de cave ou de fontaine.

22 *Collie, W.* Belmont House. — Calotypes d'après nature.

23 *Saunders, G.* Bath Street. — Un modèle en papier représentant Sa Majesté débarquant à Jersey.

24 *Simon, Mlle.* Elizabeth Place.—Un panier en papier.

O

25 *Clugas, T.* (*jeune*).—Echantillons de granit de Guernsey.

26 *Martin, P.* St. Peter's Port, Prod.—Soie grège, produit de l'île de Guernsey; fécule d'arrow-root, plante indi-
e de Guernsey.

27 *Alléond, E.* Inv. St. Peter's Port.—Modèle d'une machine pour calculer la distance parcourue par les navires.

28 *Harris, P. G.* Inv.—Machine pour boucher les bouteilles.

29 *MacDonald, Sophie,* Inv. Dess. et Fab. Woodland.—Robe de tulle brodé, avec fleurs en soie copiées d'après nature.

30 *Dobrée, H.* Dess. et Inv. De Beauvoir.—Dessus de table, orné de coquillages trouvés dans l'île de Herm; groupe de volaille.

31 *Hutchinson, E.* Dess. Inv. et Fab. Queen's Road.—Vases avec fleurs en coquillages, &c.

32 *Sarchet, J.* Inv. Victoria Road.—Modèle d'une machine pour souder les chaînes de cables, et autres anneaux.

33 *Arnold, A.* 11 Fab. Commercial Arcade.—Manufacture d'iode et d'hydriodate de potasse, cendres de plantes marines contenant du sel de soude, de la potasse, de la chaux et de la magnésie, &c.

34 *Gould, T.* Fab.—Sels, semblables à ceux communément appelés sels d'Epsom.

35 *Dobrée, D.* Prop. Forest Rectory.—Vestes et bas, caleçons, bonnets, gants et cravattes tricotés.

36 *Le Beir, N.* Prop. St. Peter's Port.—Selles de ferme de Guernsey, natte et coussin de pied de " han," &c.

37 *Dorey, D.* Prop. St. Mary de Castro.—Pot d'osier de Guernsey, pour pêcher les crabes, &c.; paniers à poisson en osier, &c.

38 Divers ouvrages de tricot de Guernsey, par des paysans.

39 *Goodridge, J.* (*jeune*).—Modèle d'un canot de sauvetage.

40 *Volpy, Madame,* King Street, Holborn.—Spécimens de la conchologie de Jersey, réunis, classés, préparés, et arrangés par l'exposante, pendant une résidence de 22 ans dans cette île.

41 *Bertrams, Madame,* Fab. St. Hélier.—Paire de bas, tricotés sans lunettes par l'exposante, âgée de 93 ans.

42 *Marquard, P.* Forgeron, Inv. et Fab. North Pier.—Modèle de drosse brevetée pour vergues de navires, en métal " Muntz."

43 *Pope, Madame,* Halket Place, St. Hélier.—Diverses sucreries.

44 *Ellis, Mlle.* (fille du général Ellis).—Spécimen de cuir supérieurement ouvragé.

CEYLAN.
—— Groupe I. J. 31. ——
(Commissaire, *J. Capper, Esq.*)

PRODUITS NATURELS ET MANUFACTURÉS.

1 *Grey, Comtesse de.*—Arrosoir à parfum, sous verre.
Noix de cacao, des provinces du Sud et de l'Ouest; riz; arrowroot; maïs, millet, manioc, &c. Cannelle, et huile de cannelle.
Cristal de roche; quartz de fer; améthyste; grenat; pierre de cannelle; rubis; feldspath, &c.
Pyrites; minerai de fer et de fer aimanté; manganèse, &c.
Minerai d'étain; arseniate de nickel; plombagine; wolfram; kaolin, &c.
Café. Tabac. Muscades. Pommes de terre douces. Gingembre.
Sucre de cacao, de Palmyre, de canne.
Farine de manioc, d'arrowroot, de sagou, &c.
Coton natif de Bourbon, de l'Ile-de-Mer, &c.

Bois en général. Fibres d'aloès, de plantain, d'hibiscus, &c.
Ivoire. Cornes de buffles, &c. Bois de cerfs, &c.
Nids d'oiseau. Miel et cire. Peaux et cornes. Mus... érable, &c.
Turmériques et mirobolants; perles; mousse de Jaffna, &c. Eponges. Sel.
Bêche de mer, ou limace de mer.
Huiles de coco, de cannelle, de clous de girofle, de citron, de cajeputi, de margosa, de castor, de citronnelle, &c.
Modèles de voitures et palanquins.
Métiers; alambics pour médicaments.
Forges; fourneaux de fonderie des provinces du centre et du midi.
Instruments d'agriculture.
Cotonnades, unies et teintes, des provinces du Nord, l'Est, et du Sud, &c.
Dentelle; coutellerie en général.
Ornements d'or et d'argent.
Poterie, unie et vernie; livres; nattes; cordages; eng... de pêche, &c.
Objets d'ornement en écaille; corbeilles, paniers, boît... en corne, en paille, &c.
Ouvrages sculptés sur ébène, ivoire, bois, acier, coqui... de cacao, coquille d'œuf.
Modèles de temples, de Colombo.

3 *Parlett, O'Halloran & Cie.* Colombo.—Écha... tillons de cannelle, et d'huiles essentielles qui en sont traites; outils à couper et à peler la cannelle.

4 *Kitchin, J.* 42 Salle des Ventes Publiques, Min... Lane, Londres.—Table d'ébène, avec incrustations de... bois différents.
Modèles d'appareils à café en usage à Ceylan, &c.
Trente échantillons d'huiles médicinales, de T. A. Pie... de Kandy.
Gommes et résines; bois d'ornementation et de cons... tion, &c.

ILES IONIENNES.
—— Groupes I. J. 30. ——
(Commissaire, *M. E. Glenglal,* 66 Cornhill.)

1 *Woodford, Lady.*—Une robe grecque, fait... Corfou. Une paire de bracelets d'argent, faits à ... l'un porte pour devise " ΕΦΙΓΓΩ ΑΔΟΛΟΝ ΦΙΛΙΑΝ." ... pression est celle de l'amitié sans artifice; l'autr... ΦΕΡΩΝ ΑΓΑΠΗΝ." " Qui sait affectionner."
Une broche en argent, à jour, et formée d'une guir... de vigne entourant l'emblème des Sept Nations. Un b... grec. Un fermoir en or, d'un travail exquis.

2 *Mavroianni, Madame.*—Un bracelet d'or... foulards en soie, de la fabrique de Zante. Un tabli... mousseline, élégamment brodé. Un tablier fait au... d'un dessin et d'un travail admirables: ce qui prou... ces sortes d'ouvrages, si prisés en Angleterre, ... partie, depuis des siècles, des travaux ordinai... paysannes de l'Ionie.

3 *Mavroianni.*—Groseilles sèches de Céph... Huile d'olive récoltée à Corfou.

4 *Fitz Roy, Lord O.*—Trois écharpes en soie... mouchoir de Zante.

5 *Lord Seaton,* Contributions de.—1. Pierre de C... Ionie. 2. Trois spécimens d'olivier. 3. Deux échan... de soie brute. 4. Six petits échantillons de soie ... 5. Cinq belles cravates, de Zante. 6. Un sac bro... or, de Santa Maria. 7. Un mouchoir, de Santa... 8—16. Sacs brodés, bracelets, crochet, bagues, ... portefeuille, &c.

GIBRALTAR.

Boîte contenant des échantillons fabriqués d'aloès et de pierre rocheuse.

MALTE.
—— Groupes I. J. 31. ——

(Commissaire, C. J. Ginyell, de Valletta, et 66 Cornhill.)

1 Tonna, J. Strada Forni, Valletta, Fab. — Violon en érable.

2 Bonavia, C. Casal Navaro.—Toile à voile de coton; drap de coton à carreaux pour tapis.

3 Schembri, G. Valletta, Fab. —Tissus de coton; nankins véritables de Malte, blanc, de couleur pâle, à carreaux, damassés.

4 Pulis G. Montebello.—Tissus de coton; nankins à côte, superfins, communs; graines de cumin, d'anis, de sésame; orges; soie de cocons de Malte.

5 Villa, F. Stradi Mercanti, Valletta, Fab. —Couvertures blanches et rouges; courtepointes; assortiment de chapeaux de paille.

6 Fenech, V. Floriana.—Spécimens de la reliure de Malte; collection des costumes anciens et modérnes de cette île.

7 Gravagna, Marie, Valletta.—Dentelles de grande largeur.

8 Naudi, Rosina.—Sacs de velours, brodés; robe de mousseline, brodée; dessus de toilette en dentelle; mouchoir brodé; dentelles et mitaines.

9 Enriquez, Marie.—Mitaines de soie noire; chemisettes brodées.

10 Schembri, Antonie.—Spécimens de dentelles à fil d'or; cols; deux cols de dentelles.

11 Gozo, Salvo del.—Spécimens de dentelles de soie noire.

12 Gasha, Costanza.—Dentelles, dessins grecs.

13 Polito, Canonico.—Dentelles, dessins grecs.

14 Camilleri, E.—Dentelles larges, pour aubes, &c.

15 Vella, Paolo, & Cie.—Spécimen de dentelles.

16 Camilleri, Fortunata.—Dentelles.

17 Grech, Giuseppina. — Robe de nouveau né en mousseline brodée.

18 Lagrestiz, Elena Nuzro.—Broderies en soie; dessin d'une pelotte.

19 Fenech, A.—Enveloppes en papier, brodées en soie et or.

20 Azzopardi, J. M.—Paire de mitaines.

21 Dimech, Mrs.—Mitaines longues et courtes; tulle brodé; dentelles; col et manchettes; robes de nankin de Malte, brodées en laine et soie, &c.

22 Le Conservatoire de San Giuseppe —Collets brodés; dentelles tricotées: bonnets et bas tricotés, &c.

23 Portelli, A., Strada Strella, Valletta.—Ridicule en d'argent.

24 Cretien, C., Strada Forni, Valletta, Fab.—Bracelets; nœuds de broche; chaînes en fil d'or, &c. bassin; chandeliers; tasses; couronnes; bracelets; nœuds de broche, &c., en fil d'argent.

25 Falson, S. Strada Reale, Fab.—Bijouterie en or; bracelets; broches; épingles; boutons de chemise; bagues, &c.; étagères pour fleurs; ornements pour assiettes et tasses; bracelets; chaînes; châtelaine; épingles, &c.; porte-monnaies; boutons, &c.

26 Darmanin, J., & fils, Strada Levante, Valletta—quatre dessins de table en marbre incrusté, de différentes couleurs; pierres de Malte; vase avec piédestal de marbre rouge de Gozo; figures en cire et en drap.

27 Decesare, P. P. Strada San Giovanni, Valletta, Sculp.—Vases, amplores de grandes dimensions.

28 Dimech, F., Strada Teatro, Valletta, Sculp.—Sculptures sur pierre; candélabre, de 6 pieds de haut; grand vase.

29 Soler, J. (contremaître de M. G. Muir), Strada Reale, Valletta, Sculp. —Sculptures sur pierre; vase à anses; amphore ornée de vigne; vase oval; petit panier.

30 Testa, S., Strada San Giovanni, Valletta, Sculp.—Vase avec satires et fleurs; vase avec aigles.

31 Buttigieg, M. Birchircara.—Nattes de pailles, chapeaux, casquettes, et échantillons de paille tressée.

32 Gerada, A. & filles, Strada Mercanti, Valletta.—Panier de fleurs artificielles, avec coquillages.

33 Testa, F. Strada Sancta Lucia, Valletta, Sculp.—Deux vases de forme antique, avec satires, couronnes de fleurs et de vignes. Vase ordinaire.

34 Le Canonico Polito, Vittoriosa, Fab.—Figures en cire: les grands maîtres Valletta et Lonzadari; un chevalier de l'ordre de Malte; grand maître en costume guerrier.

CAP DE BONNE-ESPERANCE.
—— Groupes du Sud, L. M. 30. ——

(Agent, M. H. Watson, St. Peter's Chambers, Cornhill.)

1 Mines de Maitland.—Minerai de plomb et de fer. Graphite. Corail. Ecailles d'huîtres.

2 De Villiers, I. Z. Paarl.—Crême de tartre, blanche et rouge.

3 Thalwitzer, M. Ville du Cap.—Plantes et drogues médicinales. Tan. Tamboukise.

4 Jeppe, H. Swellendam.—Drogues et plantes médicinales. Graine de moutarde. Huile de noix.

5 Bayley, J. B. Caledon.—Fruits conservés.

6 Volsteedt, J. P. Caledon.—Echantillons de maïs.

7 Paardeberg, J. S. C. Malmesbury.—Miel.

8 Trutor, H. A. O. Ville du Cap.—Farine. Œufs d'autruche.

10 Le Jardin Botanique, Ville du Cap.—Echantillons de coton.

11 Manuel, C. Ville du Cap.—Echantillons de coton.

12 Schinieterloen, C. Ville du Cap. —Palatine de plumes.

13 Clarence, R. Ville du Cap.—Huile d'éléphant marin; huile de queue de mouton.

14 Kunhart & Cie. Ville du Cap.—Huile de queue de mouton.

15 Thompson, G. Ville du Cap.—Dent de vache marine.

16 Meeser, F. Ville du Cap.—Cornes de bœufs, brutes et polies.

17 Watermeyer, C. Point Vert.—Spécimens de chanvre (aloès)

18 Blackburn, J. Ville du Cap.—Karosses. Pattes de chats sauvages et de chacals.

19 Deane & Johnson, Ville du Cap.—Karosses, ou manteaux de Kaffirs, de peaux d'animaux sauvages.

20 Hanbury, E. Ville du Cap.—Peaux d'animaux sauvages.

21 Bridges, C. Ville du Cap.—Peaux d'animaux sauvages. Chaise de Kaffir, hache de guerre, houe, &c.

22 Cluappini, C. & Cie. Ville du Cap.—Peaux d'animaux sauvages. 12 peaux de chêvre, pesant 25 livres chaque.

23 Rutherford, H. E. Ville du Cap. —Froment. Plumes d'autruche.

26 Woodman, J. C. Ville du Cap.—Ouvrages d'olivier.

27 Thalwitzer, M. Ville du Cap.—Curiosités; arcs et flèches; couverture de Bushman.

28 *Hanbury, E. J.* Ville du Cap.—Cannes et cravaches en corne de rhinocéros.

29 *Moag, W.* Ville du Cap.—Coiffure de guerrier Kaffir.

30 *Foord, R.* Ville du Cap.—Modèle en argile.

30A *Sutherland, J.* Agent.—Farine de froment, fabriquée par M. Fredericksen, aux moulins à vapeur de Twist Niet, Ville du Cap.

30B *Bazley, T.*—Trois balots de coton du Port Natal.

Produits de l'Afrique Méridionale, envoyés par la Société Agricole du Cap de Bonne-Espérance.

31 *Reitz, Breda, & Cie.*—Spécimens de laine fine.

32 *Breda, D. J. Van.*—Spécimens de laine fine.

34 *Prince, Collison, & Cie.*—Farine fine.

35 *Volsteedt, J. P.*—Fruits conservés.

36 *Moss, N.*—Cigares et tabac de kanaster.

37 *Searight, J.*—Guano de Malaga.

38 *Smithers, J.*—Suif et savon.

39 *Schlussler, H.*—Bœuf salé.

40 *Martin, W.*—Porc salé.

41 *Mossos, T.*—Cuir pour semelle.

42 *Schmieterloew, C.*—Pélerine de plumes d'oiseaux du Cap. Cuir pour semelle.

43 *La Mission de Groenkloof.*—Cannes teintes de coing; boîte à ouvrage d'olivier.

44 *La Mission Moravienne de Genadendaal.*—Coutellerie; boîte contenant 30 spécimens de bois divers; boîte d'olivier.

45 *Lindenberg, J.*—Cire végétale; cire d'abeilles.

46 *Barn, S. A.*—Sac de froment.

47 *Dumbleton, H.*—Boîte contenant 43 spécimens de bois du Cap.

48 *Scheuble, J. H. & Cie.*—Drogues et herbes médicinales.

49 *Seppe, H.*—Carbonate impur de soude, préparé des cendres de gunna.

50 *Pass, A. De.*—Guano.

51 *Watermeyer, C.*—Orchilla (alycoe).

52 *Soubert, J. G.*—Miel.

53 *Buchanan & Law.*—Défenses d'éléphant, pesant 102 et 97 livres.

54 *Clarence, R.*—Fruits secs.

55 *Calf, J.*—Plombagine; écailles d'huîtres.

56 *Greig, G. & Cie.*—Minerai de fer.

57 Fauteuil de bibliothèque, présenté à C. B. Adderley, Esq. M.P., par les habitants de la province Orientale du Cap.

58 Paire de cornes de bœuf, polies (adhérentes à la tête), mesurant 8 pieds 4 pouces d'un bout à l'autre, et 21 pouces de circomférence, de Port Natal. Dessus de table en pierre.

58A *Crouch.*—Modèle des machines du vaisseau de S. M. le "Dee."

59 Dalle de marbre de couleur, du district de Natal, sur un pilier de chêne du domaine de Lord Willoughby d'Eresby; sculpté par MM. Wells et Cie. Regent Street.

60 *Bush, C. J.* 12 Pancras Lane, Londres.—Echantillon d'ébène noir, de Natal, avec 14 pièces d'échiquier tournées en partie de ce bois, qui n'est pas teint, mais seulement graissé et poli.

AFRIQUE OCCIDENTALE.
—— Groupes du Sud, L. M. 32. ——

1 *Weston, W.* 73 Gracechurch St. Imp.—Bois de construction. Pierre ferrifère. Coton et graines de coton. Huiles. Arrowroot. Café. Poivre. Gommes. Nattes et paniers. Draps de coton.—Côte occidentale d'Afrique.

2 *Forster & Smith.*—Zobes, ou robes de coton; couteaux; sac en cuir, contenant des manuscrits extraits du Coran; amulettes portées dans la Gambie; bracelets de verre, &c.

3 *Brown, J. P.* Château de la Côte du Cap.—Grande housse de cheval, soie et coton.

4 *Rothery, Miss,* 10 Stratford Place, Londres.—Deux courte-pointes de coton; trois mantilles en soie, portées par les dames du Cap Vert.

5 *Trotter, le Capitaine H. D.* de la Marine Royale.—Articles divers, produits naturels ou manufacturés en Afrique, et principalement à Egga et autres lieux sur les bords du Nigre. Soie grège; teinture jaune; coton brut chaux; flèches empoisonnées; fils de coton blanc et de couleur; cordes; étoffe laine et coton pour femmes; peau de chèvre et de mouton; robes de femmes, de qualités diverses; étoffes fabriquées dans les campagnes; bandeaux de femmes; robes et autres vêtements du pays; ustensiles de ménage; calabashes; bracelet d'ivoire; nattes, &c.

6 *M'William, J. O., D.M.,* de la Société Royale, médecin principal de la dernière expédition du Nil.—Bois de teinture; arcs et flèches, lances; petit instrument de musique; étoffes; ornements en corne sur soie, portés par les femmes du pays; petites bouteilles en cuir contenant la galène pour teindre les sourcils; vêtements brodés sur le devant; écharpes tricotées; chapeau de paille à larges bords; faïencerie; calabashes; cordes pipe; bâton d'honneur, porté devant les chefs africains.

6A *Hutton, W. B. & Fils.*—Etoffe ou robe de Dahomey; trône et coussin d'un chef de Dahomey; défense de l'éléphant-reine, adoré par les indigènes de Dahomey; drap; étalons en cuivre pour peser l'or; ceintures-cartouchières; dattes; tambour; costume de guerre et sabre, porté par les Mandingoes; violon; fruits de palmier; huile et savon de noix, &c.

7 *King, R. & W.* Bristol.—Trois coussins de la part du Roi de Dahomey. Deux pièces de drap de coton du même pays.

8 *Forbes, le Commandeur.*—Deux métiers de tisserand, tabouret et tabouret de pied d'un chef; deux lampes du Dahomey. Robe portée par les Amazones du Roi de Dahomey. Sac fabriqué à Wydah, sur la côte occidentale d'Afrique.

9 *Matson, le Cap.* (M.R.)—Bonnet porté par les chefs de Kabenda. Instrument de musique. Fétiches.

10 *Miller, T.* Irlande, et San Nicolas, Cap-Vert.—Serrure de porte du Cap-Vert; presque similaire à celle en usage chez les Egyptiens il y a quarante siècles.

11 *Townsend, G.* Exeter.—D'Abbrokuta; drap; panier de marché; bracelets de fer; robe; tambour.

12 *Beecham, le Révérend Dr.*—Chapeau et sac de messager; draps; pipes; figures en métal, servant de poids; tabouret et coussin de chef; boîte à cartouche; paniers.

13 *Townsend, G.* Exeter.—Articles divers d'Abbokutu, ville de 50,000 habitants de la province de Yoruba.

14 *Ackland, Lady.*—Deux pièces de drap d'Abbrokuta.

15 *Forbes, le Commandeur F. G.* de la Marine Royale.—Articles divers de Dahomey.

16 *Sutherland, Madame la Duchesse de.*—Divers oiseaux de la rivière du Nigre.

17 *Ackland, Sir T. D.* Baronet M.P.—Une hache de guerre.

18 *Straith, le Major H.*—Deux étoffes fabriquées d'herbes sèches.

19 *Faddy, le Colonel P.* Woolwich, Prop.—Antilope (hartebeest) tué par le capitaine Faddy, de l'Artillerie, à milles de la ville du Cap.

20 *Faddy, Madame la Colonelle,* Prop.—Echarpe arabesque d'or manufacturée à Fez; paire de pantoufles portées par les dames de Barbarie; vase de faïence de Barbarie.

21 *Hutton, J. F.* 25 Watling St. Imp.—Etoffes de coton, faites par les esclaves dn roi de Dahomey ; coussin ; draps de coton ; étoffes d'herbes sèches ; paniers, &c. Le coton de ces articles est récolté et filé en Afrique par les aborigènes ; toutes les teintures sont natives, excepté le rouge.

COTE D'OR ET ASHANTEE.

Instrumens à tisser et à filer ; fibres de plantain ; cotonnades, de la Côte d'Or. Cotonnades, imprimées avec des teintures natives, d'Ashantee. Pièce de soie tissée à Ashantee du fil obtenu en effilant des soieries importées. Figures en cuivre employées pour peser l'or en Ashantee. Ornements d'or de la Côte d'Or. Poterie de ménage ; têtes et tuyaux de pipe ; blague à tabac ; drap d'herbe ; drap mi-herbe et mi-coton, de la Côte d'Or.

1 *Forster & Smith.*—Bracelets en verre ; le verre a été obtenu en fondant de la verroterie Européenne. Drap de coton. Tissu de soie fait du fil obtenu en effilant des soieries importées. Etoffes et cuir natifs ; poterie, &c., de la Côte d'Or.

CANADA.

Groupes du Sud, L. M. N. O. 31, 32.

(Commissaire, *Henry Houghton*, Esq.)

1 *Logan, W. E.* Montréal, Directeur de la direction géologique du Provinces, &c.—Minerais de fer magnétiques spéculaires et de marais ; sulfure de zinc, de plomb, de cuivre, &c. ; or et argent du pays ; manganèse de marais ; phosphate de chaux, &c.

2 *Wilson, Dr. J.* Perth.—Minerai de fer aimanté ; phosphate de chaux, &c. ; granit végétal et mineral.

3 *Dickson, A.* Packenham.—Minerai de fer spéculaire de Macnab.

4 *La Fonderie de Marmora*, Marmora.—Gueuse fondue dans leur fourneaux, provenant du minerai magnétique de la ville.

5 *Ferrier, Hon. J.* Montréal.—Minerai de fer et grès réfractaire employés dans les forges de St. Maurice ; fer en barres tordu à froid, fer pour fers à cheval, socs de charrue et haches.

6 *Lancaster, —,* Vaudreuil.—Minerai de fer et phosphate de fer.

7 *Proulx, —,* St. Eustache.—Minerai de fer de la Rivière du Chêne.

8 *Marcotte, F.* Portneuf.—Minerai de fer.

9 *Morin, le Capitaine,* St. Vallier.—Minerai de fer.

10 *Compagnie de mines de Montréal.*—Minerai de cuivre des mines de Bruce ; cuivre et argent du pays.

11 *Badgley, J.* Montréal.—Minerai d'argent et argent fondu en provenant.

12 *La Compagnie des mines de la Chaudière*, Québec.—Or natif.

13 *Claussen, Chevalier,* Londres.—Labradorite de Labrador.

14 *Harwood, Hon. —,* Vaudreuil.—Mine de plomb de Grenville.

15 *Boudoin & Lebère,* Vaudreuil.—Grès blanc quartzeux employé dans la fabrication du verre.

16 *Seer, L. M.* St. Eustache.—Ocre de fer.

17 *La Barre, D. G.* Point du Lac.—Ocre de fer.

18 *Hall, J.* Melbourne.—Ocre de fer de Durham et ardoises pour toiture de Kinsey.

18A *Herbert, J. W.* Fab. Montréal.—Un piano. Un casier de caractère. Une robe indienne.

19 *Caron, E.* Ste. Anne, Montmorency.—Spécimens d'ocre de fer.

19A *Rahu, C.* Toronto.—Un assortiment de dentisterie.

20 *Quigley, M.* Frampton.—Spécimens d'ardoises.

21 *Duberger, G.* Murray Bay.—Ocre de fer d'Ibberville, comté de Jaquancy.

22 *Kelly, R. W.* Gaspé.—Ocre de fer et marne de coquillage.

23 *Yeomens, A.* Belleville.—Marne de coquillage.

24 *De Lesdernières, P. T. C.* Vaudreuil.—Marne de Coquillage.

25 *Boston, —,* Montréal.—Marne de coquillage.

26 *Boutillier, Dr.* St. Hyacinthe.— Echantillons de tourbe.

27 *Logan, J.* Montréal.—Trois boisseaux de froment.

28 *Allan, J.* Longpoint.—Baril de froment.

29 *Weese, W. F.* Ameliasburgh.—Baril de blé de mars.

30 *Desjardins, P.* Terrebonne.— Baril de blé de mars.

31 *Laurent, D.* Varennes.—Baril de blé de mars.

32 *Drummond, J.* Petite Caté.—Baril de blé de mars.

33 *L'Association Agricole de la Provinces*, Canada, O.—Baril de froment.

34 *Graham, J.* Sydney.—Baril de froment.

35 *L'Association Agricole des Provinces*, Canada O.—Baril de froment.

36 *Tittemore, G.*—Baril d'avoine.

37 *Muir, A.* Hinchinbrooke.—Baril d'avoine.

38 *Watts, R. M.* Grantham.—Baril d'avoine.

39 *Boa, W.* St. Laurent.—Baril de pois.

40 *Limoges, D.* Terrebonne.—Baril de pois.

41 *Jones, D.* Sydney.—Baril de pois.

42 *Lamère, Mme.* Montréal.—Baril de haricots.

43 *Fisher, J.* Rivière de Prairie.—Baril de feverolles.

44 *Brien, J.* St. Martin's.—Baril de haricots jaunes.

45 *Founier, C.* Longueuil.—Baril de haricots.

46 *Boa, W.* St. Laurent.—Baril d'orge.

47 *Desjardins, P.* St. Rose.—Baril de sarrasin.

48 *Simpson, J. & Cie.* Bowmanville.—Baril de farine.

49 *Lingham, T.* Thurlow.—Baril de farine.

50 *Tailey, P. V.* Thurlow.—Baril de farine.

51 *Squair, R.* Bowmanville.—Baril de gruau d'avoine.

52 *Trenholm, E.* Kinsey, E. T.—Baril de farine de sarrasin.

53 *Caniff, F. & T.* Thurlow.—Baril de farine de sarrasin.

54 *Trenholm, E. E. T.*—Baril de farine de maïs.

55 *Richer, A.* St. Lawrent.—Baril de farine de maïs.

56 *Shaw, A.* Toronto.—Epis de blé.

57 *Logan, J.* Montréal.—Epis de blé.

58 *Desjardins, B.* St. Rose.—Baril de graine d lin.

59 *Fisher, J.* Rivière de Prairie.— Graine oléagineuse de Sibérie.

60 *Ubardeau, S.* St. Anne.—Baril de graine.

61 *M'Ginn, T.* Montréal.—Baril de graine.

62 *Jeffries, J.* Baradon.—Graine de trèfle rouge.

63 *Shepherd, G.* Montréal.—Echantillons de graines de Jardinege.

64 *Smith, B.* Stanstead.—Balle de houblon.

65 *Penner, J.* Lachine.—Balle de houblon.

66 *La Commission Centrale*, Montréal.—Sucre royal.

67 *Bales, J.* York.—Sucre royal.

68 *Parker, J.* Hatley.—Sucre d'érable.

69 *Fisher, A.* Ascott.—Sucre d'érable.

70 *Bastien, M.* St. Rose.—Echantillons de lin.

71 *Grice, F.* Montréal.—Chanvre et graine de chanvre.

72 *Macculloch, Dr. J.* Montréal.—Champignon de pin, employé dans le Canada comme tonique amer.

73 *Levey, J.* Montréal.—Tabac en carotte.

74 *Egan, J.* Ottawa.—Planche d'érable moucheté.

75 *Reed & Meakins*, Montréal.—Planches de bouleau, cerisier, pin et noisetier.

76 *Parisault, J.* St. Martin.—Planche de châtaignier.

77 *Parisault, F.* St. Martin.—Planche d'érable tendre.

78 *Davis, F.* Simcoe, C. W.—Planche de noyer.

79 *Henson, J.* Dawn.—Planche de noyer noir. Epis de maïs.

80 *La Commission Centrale,* Montréal. — Crochets et courbes pour la construction des navires.

81 *La Commission,* Montréal.—Echantillons d'érable plaqué ; croix de chêne et de noyer noir plaqués.

82 *Brainerd, O. M.* Hamilton.—Balais pour le blé.

83 *Brainerd, O. K.* Hamilton.—Balais communs.

84 *Nelson & Butlers,* Montréal.—Balais communs et chasse-mouches.

85 *Weese, W. J.* Ameliasburgh.—Baratte.

86 *Bailey, J.* Sherbrooke.—Seaux en bois.

87 *Dodd, R.* Ayr.—Une cuve.

88 *Skinner & M'Culloch,* Breckville.—Fourches à foin et d'écurie ; faux.

89 *Glassford,* Brockville.—Crible pour le grain.

90 *Skinner & M'Culloch,* Brockville.—Cribles pour le grain.

91 *Hulbert, S.* Presscott.—Charrue.

92 *Fleck, A.* Montréal.—Charrue légère.

93 *La Commission Centrale,* Montréal.—Un coupe-navet.

94 *Allos, J.* Montréal.—Cuir pour empeignes et harnais.

95 *McKlean & Cumming,* Chippewa.—Cuir de semelles.

96 *Murray, H.* Montréal. — Peaux de veau et cuir d'empeignes.

97 *Teongathasen, P.* Québec.—Peaux de mooses.

98 *Tourangean, P.*—Peaux de mooses tannées.

99 *Thompson, T.* Three Rivers.—Paire de cornes d'élan (*Alus Americana*).

100 *Allon, J.* Montréal. — Matières pour le tannage.

101 *Hollwell,* Québec.—Bride double de sûreté.

102 *Dean,* Montréal.—Malle en cuir.

103 *Bell, P. W.* St. Catherines.—Selle indienne ; malle de voyage ; peaux d'ours, de loups et de renards ; garnitures de traîneaux ; harnais.

104 *Wardle, M.* Montréal.—Formes pour souliers.

105 *McGivan & Sullivan,* Hamilton.—Selle de chasse.

107 *Henderson, J.* Montréal.—Robes pour traîneaux en fourrures d'ours, de loup et de rénard.

108 *Willock, J.*

109 *Tetu, C. A.* Québec.—Peau de marsouin apprêtée, et cuir de baleine.

110 *Barbeau, J.* Québec.—Bottes de pêche en peau de daim.

111 *Dangerfield, —,* Montréal.—Paire de bottines pour dame.

112 *La Commission Centrale,* Montréal. — Bottes du Canada, longues et courtes.

113 *Morris, R.* Montréal.—Harnais doubles pour carrosses.

114 *Morris, J.* Montréal.—Bois de lit en noyer.

115 *Paterson, J.* Dundas.—Couvertures et draperie.

115A *Reed & Meakins,* Montréal.—Chaises, sofa et chiffonnière.

117 *Ramsay & M'Arthur,* Montréal.—Tables en acajou peint imitant le chêne et le marbre.

118 *Hummond, R.* Montréal. — Table de centre en pierre.

119 *Dunn, W.* Québec.—Chaises brodées.

120 *Redhead, T.* Montréal. — Chaises en noyer noir chaise de bureau.

121 *Allan, W.* Montréal.—Chaise de salon.

122 *Laflamme, M. A.* Montréal.—Toile cirée pour table et planchers.

123 *Hilton, J. & W.* Montréal.—Tables et consoles en noyer ; chaise à dos élastique ; tête-à-tête ; chaises.

124 *MacFarlane,* Côtes de Neiges.—Spécimens de colle.

125 *Prendergast, J.*—Echantillons amidon.

126 *Robb, J.* Montréal.—Boîte de biscuits.

127 *Fletcher, J.* Montréal.—Sirop de capillaire ; vinaigre de framboises.

128 *Brunsden & Shipton,* St. Hilaire.—Pommes de terre conservées pour les voyages de long cours. Amidon de fécule.

129 *Parisault, J.* St. Martin.—Cire d'abeilles.

130 *Levey, J.* Montréal.—Spécimens de tabac à priser.

131 *Lynam, H.* Montréal.—Spécimens de miel.

132 *Penner, J.* Lachine.—Cidre en bouteilles.

133 *Gillespie & Cie.* Montréal. — Baril de vinaigre fabriqué de bois.

134 *Stewart, W.* Toronto.—Baril de biscuit. Harnais en cuir verni.

135 *Fitts, A.* Montréal.—Biscuits de fantaisie.

136 *Fletcher, J.* Montréal.—Sucre candi.

137 *Bean, S. C.* E.—Couvrepied en laine.

138 *Dixon, T.* Toronto.—Couvrepied en laine.

139 *Gamble, W.* Milton Mills.—Couverture de cheval ; pièce de tapis.

140 *Barber, Messrs.* Esquesing.—Pièce de tapis.

141 *Fortier, M.* St. David.—Pièce de toile de lin.

142 *Bean, S. E. T.*—Nappes.

143 *Willett, Messrs.* Chambly.—Pièce de drap gris.

144 *M'Kay & Cie.* New Edinburgh.—Pièces de drap gris et de satinette, variées.

145 *Henderson,* Montréal.—Nappe brodée.

146 *Patterson, J.* Dundas Mill.—Couvertures et draperie.

147 *Wallace,* Montréal.—Rabots et doucines.

148 *Scott & Glassford.*—Une hache de charpentier.

149 *Shaw, S.* Toronto.—Haches de chasse, doloires, &c. ; outils de tonneliers ; ciseaux de charpentiers.

150 *Leavitt, G.* Dundas.—Haches à couper et haches d'armes.

150A *Rice, W. W.* Montréal.—Toile métallique.

151 *Cheney, G. H.* Toronto.—Fourneau de cuisine.

151A *Ladd, C. F.* Montréal.—Haches.

152 *Holland & Dunn.*—Coupe-ongles, assortis.

154 *Molson, G. E.* Montréal.—Cloche d'église.

155 *Cheney, G. H.* Toronto.—Plaqué de fer ; case de types.

156 *Cheney, G. H.* Toronto.—Poêle de salon.

157 *Perry, J.*—Presse à copier.

158 *Garth, C.* Montréal.—Gonds pour machines de bateaux à vapeur ; robinet double, en cuivre, pour introduire la graisse ou l'huile dans le cylindre ; robinet pour chaudières ; soupape à eau.

159 *Cheney, G. H.* Toronto.—Ornemens en cuivre pour poêles.

160 *Boyd, F. J.* Montréal.—Carabine.

161 *Ashfield, J.* Toronto.—Carabine ; support de théodolite.

162 *Bartrain, A.* Montréal.—Modèle de canon.

163 *De Montenac, Mme.*—Armes municipales de Montréal.

164 *Ferguson, W.* Montréal.—Tuyau d'embranchement flexible.

165 *Clarke, J.* Montréal.—Poulies diverses pour navires.

166 *Threlkeld,* Toronto.—Assortiment de fouets.

167 *Wheeler, T.* Toronto. Modèle et coin en cuir brosses diverses.

168 *Henderson,* Québec.—Rouleaux de corde.

169 *Spooner, A.* Montréal.—Boîte de ficelle.

170 *Dixon, T.* Toronto.—Echantillons de cordages.

171 *La Commission Centrale,* Montréal.—Un canot de l'écorce d'un arbre.

172 *Ondaquahout, S.*—Souliers pour la neige et mocassins.

173 *Bell, P. W.* St. Catherine.—Vêtement indien, composé d'un habit, d'une casquette, d'un bracelet, &c.

174 *Henderson,* Montréal. — Pantoufles, porte-cigares, bourses et éventail, brodés.

175 *Rocheleau, Helen,* Three Rivers.—Boîte et éventail en écorce.

178 *Campbell, Major,* St. Hilaire.—Plateau et boîte en écorce.

178 *M'Lean & Wright,* Montréal.—Traîneau simple, timon et brancards.

179 *O'Meara,* Montréal.—Traîneau double.

180 *Laurin, J. J.* Québec.—Traîneau; voiture légère; roues.

181 *Perry, G.* Montréal.—Pompe à incendie.

183 *M'Pherson, J. & Fils,* Montréal.—Clarinette et cornet-à-piston; traineau; voiture légère; chapeaux de paille.

185 *Higgins, P. H.*—Violon dans sa boîte.

186 *Parkes, Frères,* Toronto.—Divers spécimens d'objets tournés.

187 *Henderson,* Montréal.—Caisse de pipes assorties.

188 *Matthews, C.* Montréal.—Lithotype.

189 *Palsgrave, J. T.* Montréal.—Case de types.

190 *Meyer, H.* Toronto.—Dessin litographique.

191 *Starke & Cie,* Montréal.—Impression ornementée.

192 *Bureau & Marcotte,* Québec.—Typographie unie et ornementée.

193 *Dickinson, C. M.* Montréal.—Spécimens de dentisterie.

196 *Irwin, J.* Montréal.—Malle de voyage; curiosités indiennes.

244 *Lewis, R.* Melbourne.—Modèles de ponts.

301 *La Commission Centrale,* Montréal.—Pelles en bois pour la neige; tabouret à pied d'élans.

324 *Mann, A.* Montréal.—Eaux minérales.

328 *Nicholson,* Montréal.—Baril de bœuf.

329 *Matthewson & Fils,* Montréal.—Caisse de savons de fantaisie; caisse de savons ordinaires et chandelles.

331 *Adams, W. H. F.* Montréal.—Habillement complet d'un habitant du Canada.

334 *Morris, R.* Montréal.—Casque militaire, destiné aux tirailleurs (Rangers); fait pour Sir James Alexandre, A.D.C.

339 *La Commission Centrale,* Québec.—Chapeaux de paille.

340 *Savage, G. & Fils,* Montréal.—Bouilloire en argent repoussé; étui à lunettes en argent, gravé; cuillère et fourchette en argent; cuillère à dessert et à thé, id.

341 *Leggatt, H.* Montréal.—Chaine de montre et crochet en or; broches, épingles; id. en diamants, topazes et rubis.

348 *Rodier, P.* St. Hyacinthe.—Locomotive modèle.

351 *Duncan, J.* Montréal.—Dessins de monnaies.

353 *Wheeler, T.* Toronto.—Médaillon en gutta percha du Comte d'Elgin, gouverneur-général du Canada.

354 *Perry, J.* Secrétaire de la Compagnie du Canada, Londres.—Collection d'oiseaux empaillés.

NOVA SCOTIA.
—— Groupe Sud P. 30, 31, 32. ——

1 *La Compagnie des Mines de Fer de l'Acadie.*—Fer, acier, étain en feuilles, fil de fer, coutellerie, &c.

2 *Archibald, C. D.* M.R.S. 15 Portland Place, Prop.—Minerais de fer natif; manganèse; cuivre; barytes; marbre; ocre; chaux; fossiles; matériaux divers de construction.

3 Articles exposés par le *Comité Central de Nova Scotia,* consignés aux soins de C. D. Archibald, Esq., Portland Place. (Agent, M. Maclean, Lobby, Custom House).—Impressions sur argile; spécimens de pierres de taille; ocre, jaune et brûlé; couleurs minérales; charbon de terre; arbre fossile; coquillages; marne et chaux; minerai de fer; échantillons d'huile de foie de morue; produits chimiques; sucre d'érable cristallisé, pulvérisé, et en syrop; froment cultivé par les Indiens; id. cultivé par les planteurs; poisson conservé; échantillons de diverses essences de bois; échantillons de produits botaniques; fonte de fer: canot indien à trois paires de rames; châles; oiseaux empaillés; peaux tannées de bêtes fauves; étoffes diverses pour habillemens et autres usages; berceau indien; chaise en érable; produits indiens; cases d'insectes conservés; savons et chandelles; lignes à pêcher; paniers indiens; ridicules en herbe tressée.

TERRE-NEUVE.
—— Groupe Q. 32. ——

1 *Stabb, E.* Liverpool Street, Londres.—Echantillons d'huile de foie de morue purifiée, (très-efficace dans les affections pulmoniques) de la fabrique de W. L. M'Kay, St. Jean, Terre Neuve.

LE NOUVEAU BRUNSWICK.
—— Groupe Q. 32. ——

1 *Grey, Lady (Douairière).*—Un canot avec trois figures: Joseph Janner, chef de la tribu des Mélicites, sa femme, et leur enfant, en grand costume.

2 *Gibbs, Bright & Cie.* Liverpool.—Une tête de chef indien.

3 *Gould, N.* 4 Tavistock Square, Importeur.—Echantillons de charbon liquide, ou asphalte, récemment découverte sur les bords de la rivière Peticodiac, dans le comté Albert. Jusqu'alors l'asphalte était complètement inconnue dans l'Amérique Britannique. Cette qualité produit du gaz d'une plus grande pureté et en plus grande abondance que tout autre charbon connu. Plombagine.

STE. HÉLÈNE.
—— Groupe Q. 32. ——

1 *Massans, S.*—Echantillon de café, récolté à St. Hélène.

2 *La Société d'Agriculture de St. Hélène,* par le Capitaine Bolton, 18 Wilton Street, Belgrave Square, Londres.—Caisse de coton brut; caisse d'alcali tiré de la plante de Salsola; sel de roche.

3 *Magnus, S.* 127 Fenchurch Street.—Sac de café de St. Hélène.

ILE MAURICE.
—— Groupe Q. 31. ——

1 *Grey, Madame la Comtesse.*—Corbeille et guirlande de fleurs des îles Séchelles, faites de feuilles du palmier des Séchelles (*Nipa fruticaus*).

2 *Dupont, E.* Port St. Louis.—Sept livres de soie blanche, de cocons élevés dans le district de Tamarin. Il est à remarquer que la fabrication de la soie n'est encore qu'à son enfance dans l'Ile Maurice.

Dans les régions les moins chaudes de cette île, 300 acres de terre ont été plantées de mûriers, qui ont crû rapidement, et qui sont aujourd'hui en plein rapport. On vient d'établir aussi des filatures de soie. Les résultats déjà obtenus font espérer qu'avant peu la fabrication de la soie sera une nouvelle et importante source de prospérité pour l'île, dont le climat est d'ailleurs si favorable à l'élève des cocons.

3 *Webb, C. J.* Imp.—Sucre, produit de l'établissement de la colonie du Phénix. Il a été obtenu directement de la canne, exprimé par un moulin horizontale, et clarifié à la vapeur.

4 *La Société Royale d'Histoire Naturelle de Maurice.*

(Importeur, A. Steele, 107 Leadenhall St.)—Paniers de paille, riz, liqueurs, huile de noix de cacao. Clous de girofle, cacao, cadran.

5 *Balkfield & Cie.* Maurice, pour Madame E. Chapon, & Mlles. Gancourt (Importeurs MM. S. Baker & Co. Londres). Ouvrages et ornements en paille; bouquets en écaille; corbeilles et paniers de feuilles de cocotier; vases, cadrans, &c.

6 *Mellon*, M. Maurice, Exposant.—Huile de noix de cacao; bois des Séchelles; spécimens de cacao de mer; 12 bouteilles de liqueurs choisies, de la fabrique de M. E. Bérichon.

7 *Reader*, J. S.—Riz; vannerie des Séchelles; cacao de mer; clous de girofle, &c.

GRENADE.—(Aucun Envoi.)
—— Groupe R. 30. ——

1 *Grose*, H. Imp. 12 Coleman Street. — Tapioca et noix de muscade (introduits pour la première fois dans ce pays par M. Kennedy en 1827.)

MONTSERRAT.
—— Groupe Sud Q. 10. ——

Maïs ou blé des Indes; arrow-root.

JAMAIQUE.

1 *Nash*, Mme. Manchester.—Dix variétés de fleurs du Tropique (artificielles).

ST. KITT.
—— Groupe R. 30. ——

1 Un pot pour pêcher, fait par un noir de l'Ile St. Christophe, avec l'écorce intérieure d'un arbre. Après l'avoir amorcé, on le plonge dans l'eau à une profondeur de huit à dix toises. On marque la place au moyen d'une bouée, et on le laisse séjourner dans l'eau environ 12 heures.

BARBADES.
—— Groupe R. 30. ——

PRODUCTIONS NATURELLES.—FRUITS, ÉPICES, &c.

Cactus (*Cereus trigonus*).
Jujubier (*Ziziphus jujuba*).
Poivre pourpre (*Capsicum purpureum*).
Poivre (*Capsicum purpureum*).
Raisins de mer (*Coccoloba uvifera*).
Groseilles (*Cicca disticha*).
Pomme d'or (*Spondias dulcis*).
Prunes (*Spondias dulcis*).
Citron d'eau (*Passiflora laurifolia*).
Pomme rose (*Passiflora laurifolia*).
Poivre du Chili (*Capsicum*).
Poivre de cerise (*Capsicum cerasiformis*).
Cachou (*Anacardium occidentale*).
Poivre rouge à cloche (*Capsicum annicum*).
Poivre vert (*Capsicum tetragonum*).
Poivre jaune de Caribe (*Capsicum Caribæum*).
Mangonstan (*Mangifera indica*).
Mangoustan pêche (*Spondias lutea*).
Prune de la Jamaïque.
Prunes étoiles (*Chrysophyllum monospermum*).
Pomme sucrée verte (*Anona squamosa*).

Pomme sucrée pourpre (*Anona squamosa*).
Tamarindes.
Poivres couleur crême.
Guavas.
Sapodille (*Achras sapota*).
Cacao (*Theobroma cacao*).
Citrons (*Citrus acida*).
Pomme étoile (*Chrysophyllum Cainito*).
Banane rouge (*Musa sapientum*).
Banane jaune (*Musa sapientum*).
Poire avocada (*Persea gratissima*).
Citron (*Citrus*).
Grenade.
Cachiment (*Anona reticulata*).
Fruit pain (*Artocarpus incisa*).
Anona muricata.
Plantain vert (*Musa Paradisiaca*).
Plantain jaune (*Musa Paradisiaca*).
Papan (*Carica Papaya*).
Citrus.
Canne à sucre (*Canna coccinea*).
Spécimens de houille bitumineuse et de Sélénites.
Ballot de coton.
Gourde d'aloès.
Aiguilles espagnoles, &c.

1 *Reade*, A. Exposant.—Liste explicative de plantes et racines potagères contenues dans un panier, et modelés en cire par M. et Mme. Braithwayte, de Barbade.

1 *Elwell*, H. Birmingham & Barbades, Imp.—Soixante modèles en cire, de fleurs et de fruits, modelés par M. et Mme. Braithwayte.

ANTIGUE.
—— Groupes Q. 30. ——

1 *Grey*, Madame la Comtesse.—Bois fossile d'Antigue, envoyé par le Gouverneur Higginson.

GUIANE ANGLAISE.
—— Groupe R. 32. ——

(*La Guianne Anglaise comprend les pays de Démérara, Berbice et Essequibo.*)

Produits exposés par *A. F. Ridgway*, Esq. 42 Leicester Square, Londres, agent de la Société Royale d'Agriculture et de Commerce de cette colonie:—

1, 2 *Pollard*, T. M.—Sable blanc et rouge, des bords de la Démérara.

3, 4 *Duggin*, T. B.—Sable blanc, des bords de la rivière Berbice; et d'Orcala, rocher en décomposition; on pense que cette dernière matière peut être précieuse pour la fabrication de poteries.

5 *Bee*, J. F.—Argiles et sable, tirés d'un puits artésien à différentes profondeurs.

6 *Netscher*, A. D. Van der Gon.—Riz de Démérara.

7 *Duggin*, T. B.—Riz de la rivière Berbice.

8-11 *Netscher*, A. D. Van der Gon.—Blé indien, et gruau de ce riz. Fruits de plantain, cueillis avant la maturité, coupés par branches, et séchés à l'air; grusu de ce fruit, Démérara.

12 *Davison*, W.—Gruaux de la plantation de la Vigilance, Démérara.

13, 14 *Garnett*, H. T.—Gruaux fait de fruit amer, la Plantation Herstelling, Démérara.

15, 15A *Putron, de*, J. D.—Figues de Bananier, séchées à l'air, Plantation de la Vigilance.

16 *Netscher*, A. D. Van der Gon.—Café, Démérara.

16A, 16B *Kennedy, J.*—Café perlé, Démérara.

17, 18 *Bee, J. F.*—Café, Georgetown, Démérara.

19 *Netscher, A. D. Van der Gon.*—Graines de cocotier, Démérara.

20 *Duggin, T. B.*—Noix de Saouari, Berbice.

20A *Outridge, J.*—Péricarpes, &c.

21, 22 (A, B, C), 23, 24 *Shier, D.*—Capsicums, en capsules sèches; conservés dans de l'acide acétique; extraits de capsicums, par l'huile d'olive et le vinaigre, Plantation Kitty, Démérara.

25 *Stutchbury, J. S.*—Capsicums conservés dans de l'acide acétique, Georgetown.

26 *Duggin, T. B.*—Fruit d'un arbrisseau, appelé birambi, conservé dans le vinaigre Berbice.

27 *Netscher, A. D. Van de Gon.*—Limes, conservés dans le vinaigre, Démérara.

28, 30 *Stutchbury, J. S.*—Kasareep, jus congelé de la cassava amère, Démérara.

29 *Bee, J. F.*—Racine de turmérique et kasareep, Démérara.

29A *Patron, de, J.*—Cendre saline, ayant l'apparence de cendre noir, est qui est un substitut du sel chez les Indiens.

31, 32 *Garnett, H. T.*—Arrow-root; amidon de la cassava amère, Démérara.

33, 35 *Shier, D.*—Amidon de la cassava douce, de fruits de plantain, &c., Démérara.

36 *Anderson, G. & Cie.*—Vacuum ou appareil à cuivre dans le vide pour sucre, de la Plantation Ogle, Démérara.

37, 38 *Jones, J.*—Vacuum de la Plantation Hope, Démérara.

39 *Stutchbury, J. S.*—Vacuum de la Plantation Emore, Démérara.

40 *Laing, J.*—Sucre, de la Plantation des Amis, Berbice.

41-44 *Shier, D.*—Muscavado et mélasses, du Laboratoire Colonial de Georgetown.

45, 46 *Stutchbury, J. S.*—Muscovado, de la Plantation Fellowship, Démérara. Baume de copahu, Essequibo.

47, 48 *Outridge, J.*—Caoutchouc, Démérara.

49 *Duggin, J. B.*—Résine de gomme, de l'arbre locuste (simiri), Berbice.

50 *Bonyun, G. R.*—Karman, Essequibo.

51 *Outridge, J.*—Gomme de Hyawai, ou encens, Démérara.

52, 53 *Stutchbury, J. S.*—Huile de laurier; huile de pommes sauvages, Essequibo.

54, 56, 57 *Duggin, J. B.*—Graines de l'arbre de Dari; écorce de l'arbre de Mora; écorce du prunier sauvage, Berbice.

55, 58 *Shier, D.*—Graines de noix vomiques; écorce de Courida, Démérara.

55A, 55B *Kock, H. A.*—Fruit et teinture de Lana, de la rivière de Berbice.

59, 61 *Stutchbury, J. S.*—Hy-yarri, on Hai-ari, poison pour les poissons; Démérara. Ecorce d'Angussora, Essequibo; écorce de Rhizophora racemosa, Démérara.

59A *Kock, H. A.*—Fruit de Yarrisara.

62 *Outridge, J.*—Ecorce de trysale, Démérara.

63, 65, 66 *Stutchbury, J. S.*—Ecorce d'arbre, poivre, en grains du paradis; graines d'Alpinéa; Démérara.

64 *Duggin, T. B.*—Graines d'arbres; Démérara.

67 *Shier, D.*—Graines de noix médicinales, Démérara.

68 *Mauget, Madame.*—Graines de noix médicinales, Démérara.

69 *Arrindell, Madame.*—Quassia amara; Essequibo.

70 *Stutchbury, J. S.*—Boeiari; Démérara.

71, 72 *Blair, D.*—Coton nettoyé et non nettoyé, Plantation Batavier.

73 *Netscher, A. D. Van der Gon.*—Cotton non nettoyé, Démérara.

74, 76 *Bee, J. F.*—Graines de coton; balle de coton soie; Démérara.

74A, 74B *Hughes, P.*—Graine blanche de Mexique; autres graines, &c.

76A, 76B *Ross, E. C.*—Soie coton, et cocons; balle de soie coton. De Georgetown.

77 *Davison, W.*—Fibres de plantain, de la Plantation Vigilance.

78 *Netscher, A. D. Van der Gon.*—Fibres de plantain; Démérara.

79 *De Burton, J.*—Fibres de plantain et d'herbe; Démérara.

80, 81 *Duggin, T. B.*—Matierès fibreuses; Berbice.

82, 83 *Bee, J. F.*—Fibres de Mahoe; Démérara; dessus de table, formé de 84 différents spécimens de bois, croissant dans la colonie.

84, 84A, 85 *Outridge, J.*—Sections transversales et verticales de Mora; Démérara.

85A *Stutchbury, J. S.*—Bois; Démérara.

85B, 85C *Outridge, J.*—Echantillons de sections transversales et verticales.

86, 86A *Buchanan, A.*—Bois; Esequibo.

87, 87A, 88, 88A, 89, 89A *Outridge, J.*—Différents bois; Démérara.

90, 90A *Buchanan, A.*—Sections de Wallaba; Essequibo.

90B *Duggin, T. B.*—Cœur de Wallaba, Berbice.

91, 91A, 92, 92A *Outridge, J.*—Bois de Démérara.

93, 94 *Fauset, T.*—Bois de silverballi.

95, 95A, 96, 96A *Buchanan, A.*—Bois; Essequibo.

97, 97A, 97B, 98, 98A *Outridge, J.*—Bois; Démérara.

99, 102A *Duggin, T. B.*—Bois; Berbice.

102B *Pontifex, G.*—Liège; Essequibo.

102C, 103A *Bee, J. F.*—Bois; Mahaica, Démérara.

104, 105A *Outridge, J.*—Cèdre blanc et autres bois; Démérara.

105B, 105C *Bee, J. F.*—Cèdre blanc; Démérara.

106-115A *Outridge, J.*—Diverses sortes de bois, Demerara.

116, 117A *Bee, J. F.*—Bois de café; Démérara.

117B, 117C *Stutchbury, J. S.*—Sections transversales et verticales de bois natifs.

117D, 117E *Outridge, J.*—Sections transversales et verticales de bois natifs.

ARTICLES DIVERS.

118, 118A *Stutchbury, J. S.*—Fève de Tonkin; Démérara.

119 *Duggin, T. B.*—" Fleurs de Jab;" Berbice.

120 *Ross, G.*—Fèves saponacées; Démérara.

121 *Magnet, Madame.*—Barricarri; Démérara.

122 *Shier, D.*—Graines; Démérara.

123 *Morison & Knox.*—Gélatine; Démérara.

124 *Bee, J. F.*—Miel; Mahaica; Démérara.

125, 128, 129 *Barkly, Madame.*—Hammac; chapeau fait avec de l'écorce de palmier; chapeaux indiens.

126, 127 *Stutchbury, —.*—Hammac de palmier; cordes des fibres du même arbre.

130-132 *Holmes, W. H.*—Eventails faits avec des feuilles de palmier, &c.

133 *Shier, D.*—Matapi, fait de palmier.

134 *Bee, J. F.*—Crible, fait de palmier.

135 *Barkly, Madame.*—Modèle d'habitation indienne.

136 *Rose, Mlle.*—Hammac de coton.

137 *Ries, B.*—Coton filé; Pomeroon.

138, 139 *Stutchbury, —.*—Filets de pêche d'herbe soyeuse.

140 *Dennis, G.*—Panier pour porter les enfants; trousseau complet d'une Indienne de la tribu de Warrow.

141 *Duggin, T. B.*—Massue de guerre indienne.

142, 144, 145A *Arnott, R.*—Massue de guerre ; arcs et flèches empoisonnées.

146, 148A *Duggin, T. B.*—Pipes à fumer, des Indiens de Berbice. Brosse à moustiquière ; paniers ; calebasses de manufacture indienne.

148B—**153** *Outridge, J.*—Wadada, ou écorce de bois, employée par les Indiens dans la construction de leurs canots d'écorce ; paniers et calabashes.

154, 155B *Steele, M.*—Serrures de portes, en bois indigènes.

156 *Bee, J. F.*—Deux cannes, faites de l'écorce extérieure du palmier tooroo ; caisse contenant 86 spécimens de bois de la colonie.

157, 157A Légendes, indiquant le cours de la température à Georgetown, Démérara, de 1846 à 1850, &c.

158 Table ronde, en bois divers de la colonie.

159 Bassin et plat vernis, en figuier ; par J. Hopkinson, Esq.

160, 161 *Ridgway, A. F. Esq.*—Oiseaux et animaux empaillés.

162 Modèle d'une maison et d'une famille indiennes en bouleau ; par J. Colling, Esq.

163 Coton récolté ; par W. Finlaison, Esq., Fullerswood Park, Blackhow, Jamaïque ; par A. T. Ridgway, Esq.

164 Echantillons de noix de couleuvrée native ; sac de verroterie.

BAHAMAS.
—— Groupe R. 31. ——

1 *Barnett, Madame Ed.* de Nassau et de Londres.—Spécimens en cire des différents fruits du pays.

2 *Thompson, J. T.* Nassau.—Chanvre de Yucca ; cordes et autres articles qui en sont fabriqués, &c. Feuilles de palmetto ; fibre fait de feuilles ; corde complète.

3 *Baines, F. & Cie.* Imp. et Agents, 109 Fenchurch Street.

4 *Nicolle, Mlle.* Cardese, Nassau.—Couronne et piédestal en coquillage.

5 *Grant, Mlle.* Nassau.—Vase manufacturé de la fève de Mimos.

5 *Baines & Cie.* Nassau.—Eponges. Bois divers et rares.

6 *Cameron, J. B.* Directeur des paquebots poste de St. Thomas.—Corne d'abondance et couronne en coquillages, par deux dames de Nassau. Envoyés par le Gouverneur Gregory.

7 *Greig, Mlles.* Fab. Nassau.—Epergne entièrement de coquillages, formant des cornes d'abondance remplies de fleurs. (Consignataires, Messrs. Daniell, 18 Wigmore Street, Londres.) Grand vase orné de fleurs, en coquillages blancs, &c.

ÎLE de la TRINITE.
—— Groupe R. 31. ——

1 Produits envoyés par ordre *du Gouverneur Lord Harris,* par l'entremise de *M.M. Lightly & Simon,* 123 Fenchurch Street, London.

Une hutte ; un dessus de table de bois de cèdre ; laines ; pierre, ardoise et houille ; tabac et cigares ; sucre, arrowroot, coton, riz, épices, fruits, &c. ; série de productions naturelles du lac bitumineux et de ses environs ; lignite ; pierres bitumineuses ; gypse ; ocre, jaune et blanc ; ardoises et pierres de construction ; salsepareille et baume de copahu ; épices ; noix muscades ; clous de girofle ; gingembre ; poivre Turmeric et de Cayenne ; poivre noir et blanc ; tabac ; deux espèces de sucre de muscade ; série d'échantillons

d'amidon ; arrow-root et tous les maïs ; substances usitées pour boissons : café moka, cacao préparé pour le marché anglais ; id. espagnol ; maïs en épis, et noix de Brézil ; gomme anime ; noix de cacao et huile carasse ; mantec de cacao, ou beurre de cacao ; plantes fibreuses ; fibre bromelia kavata ; fibre agave Mahagua (écorce interne) ; courroies de Hercules Cariboea ; échantillons de bois ; lobuste ; charme ; cèdre ; platane ; poui ; grugru ; grigri ; olivier ; bois de fer ; acajou ; joncs pour cannes, &c., &c. ; écaille de tortue ; huile de baleine ; diverses pièces d'une roue de voiture ; calebasses sculptées ; graines pour colliers ; éventails en paille, et objets de parure à l'usage des Indiens ; différents échantillons de bitume en différents états ; bois, graines, &c. La hutte Indienne renferme l'ameublement et les ustensiles domestiques à l'usage des aborigènes.

ILES DE FALKLAND.

1 *Whittington, C. D.* Prop. Woking, Surrey.—Portefeuille renfermant 14 dessins de lieux remarquables. Structure géologique, plantes, &c. de ces îles. Autre album contenant 27 feuilles : échantillons d'herbes, de laine mouton, &c. ; échantillons de houille, de cuivre, de quartz spar, roc, tourbe, lichen, &c.

BERMUDES.
—— Groupe R. 32. ——

1 *Gray.*—Echantillon d'arrow-root.

2 *Jackson.*—Ebéniste, Bermudes.—Echiquier d'un travail remarquable, exposant les divers bois des Bermudes.

PRODUCTIONS NATURELLES, &c.

Pierre ponce.

Arrow-root.

Collection de productions marines.

Modèle d'un bateau à voile.

Modèle d'un cercle pour mâts.

Echantillons de paille tressée du palmetto natif.

NOUVELLE GALLES DU SUD.
—— Groupe S. 31. ——

1 *Armitage, Frères,* Imp. Huddersfield.—Ballot de laine de Sydney, lavée par Armitage et Cie. de Sydney.

1A *Bidwell, J. G.* Commissaire du Gouvernement Lands, Zinana, Wide Bay, Australie.—Pièce de bois, provenant d'une espèce d'acacia qui n'est pas probablement décrit.

2 *Bogue, A.* Fabriqué et envoyé par M.M. J. et W. Day, constructeurs de bateux, New South Wales.—Viandes salés ; bois ; rames et payaies.

3 *Burchett, J. R.* Edmonton.—Un pupitre et échiquier.

4 *Callaghan, —.* Procureur-Général.—Deux volumes de statuts imprimés à Sydney.

5 *Clinch, J.* 31 Abchurch Lane.—Cornemuses faites par un habitant de Sydney.

6 *Dunbar, D.* Limehouse ; (Agent, N. Tweeddale).—Farine.

7 *Dangar, R. C.* Billiter Street.—Bœuf et moutons frais conservés.

8 *Learmouth, T.* 40 Royal Crescent, Notting Hill.—Laine de mérinos, Port Philippe.

10 *Devitt & Moore,* 9 Billiter Street.—Voiture faite à Sydney.

11 *Dudgeon & Cie.* 1 New Bank Buildings.—Minérais et bois de Sydney ; jambons ; coton récolté près de Maitland.

12 *Learmouth, T.* 40 Royal Crescent, Notting Hill.—Laine de mérinos, des Galles du Sud.

13 *Macarthur,* Colonel.—132 échantillons de laine de mérinos. La première importation en Angleterre de cette laine, du troupeau du père de l'exposant, fut de 245 livres. En 1848, elle s'élevait à 23,000,000 de livres (plus de 200,000 liv. sterl.) Vues des Nouvelles Galles du Sud.

15 *Moses, Fils & Davis,* 14 et 15 Aldgate, High Street.—Suifs de mouton et de bœuf, de l'établissement de Benjamin et Moses, Sydney.

16 *Watson, Young & Cie.* 2 Abchurch Lane.—Haricots rouges; peaux émaillées, préparées par T. Hall et Cie.

17 *Bland,* Dr. Sydney.—Modèle de son invention pour éteindre le feu causé par combustion spontanée sur les navires chargés de laine.

18 *Francis, W.* Ing. Shields.—Modèle d'un pont à treillis pour chemin de fer; modèle de nouveaux rails en fer et en bois, &c.

19 *Mitchell, Lieut.-Colonel, Sir T. L.* Ingénieur-Génér. des Nouvelles Galles du Sud.—Cylindre pour essayer l'action des divers propulseurs à hélice; corde, et produit dont elle est fait; carte géographique; cuir natif et galène.

20 *Bogue, A.*—Articles envoyés à l'Exposition de Sydney, Nouvelles Galles du Sud:

No. 1. Satins de laine, A. & J. Rayner.

No. 4. Noix de palmier, ouvragées par les détenus des prisons d'Australie; envoyées par le Capt. Webster.

No. 5. Huile de pieds de veau; le Colonel Gibbs, Sydney.

No. 6. Bas et mitaines, tricotés de fil fait avec la fourrure d'opossum.

21 *La Compagnie Agricole de l'Australie,* 62 King's Arms Yard, Moorgate Street.—Houille de Newcastle, Nouvelles Galles du Sud.

AUSTRALIE DU SUD.
Groupe R. 31.

1 *La compagnie de l'Australie Méridionale,* New Broad Street.—Echantillons de minéraux de Ranmantoo.

2 *La Compagnie des Mines de Barossa,* par M.M. Coode, Browne & Cie. 10 King's Arms Yard, Moorgate Street.—Minerais de cuivre; sulfure de cuivre.

3 *Graham & Hallett,* Prop. Australie du Sud.—Oxide rouge de cuivre; carbonate vert de cuivre; autres oxides et carbonates; malachites, &c. Vue de la mine de Burra Burra, de la fonderie, et de la ville.

Vues des mines et de la fonderie de Burra Burra.

Ces mines offrent l'exemple le plus frappant de la spéculation la plus lucrative dans cette industrie. L'exploitation fut entreprise le 5 Septembre 1845 avec un capital de £12,320, souscrit par quelques négociants d'Adelaide. Les résultats obtenus jusqu'au mois de Septembre ont progressé dans les proportions suivantes:

	Ton.	Quint.
1846	6,359	10
1847	10,794	17
1848	12,791	11
1849	7,789	16
1850	18,692	9

On a donc obtenu en 5 ans 56,428 2 de minerai de cuivre, représentant un capital de £733,108.

Jusqu'ici tout le cuivre des mines de l'Australie du Sud avait été envoyé en Angleterre, et fondu à Swansea; mais on a récemment établi près des mines une fonderie qui promet de grands avantages.

1,003 ouvriers sont employés à l'exploitation des mines de Burra Burra.

4 *Moses, H. E. & M.* 87 Tower Hill.—Blé d'Australie; viandes conservées.

5 *Hallet, R. & Fils,* Imp. Broad Street, Ratcliff.—Blé; savon, huile d'olive; opales et autres rocs alliés à des pierres précieuses; farine et orge; herbier de petites plantes natives; or de rivières, et or dans sa matrice; pierres polies.

6 *Murray, Mme.*—Soie récoltée à Adélaïde en 1850, produite par 580 vers à soie.

7 *Grey, le Comte.*—Soie, produit de l'Australie du Sud.

8 *Heath & Burrows,* 6 New London Street, Mark Lane.—Blés d'Australie et autres.

9 *Joseph, J. A.* 7 Blomfield Crescent, Bayswater.—Minérais et spécimens géologiques.

VAN DIEMEN.
Groupe S. 31.

1—5 *Denison, Son Exc. Sir W. T.*—Tronc de gomme bleue de Van Diemen, égale le chêne pour construction de navires; écorce fibreuse pour construction de maisons; bois noir; sassafras, pour parquets; bois de myrte pour meubles, susceptible d'un beau poli.

6 *Adcock, Mme. W.* Elizabeth Street, Hobart Town.—Deux barriques de viande conservée.

7,8 *Hamilton,* —, Ebéniste, Elizabeth Street, Hobart Town.—Fauteuil de vestibule, en bois noir sculpté; petite table ronde, en pin de Huon, avec incrustation de damier.

9 *Pierson,* —, Ebéniste.—Chiffonnière en bois noir poli.

10 *Fraser, A.* Coachmaker, Collins Street, Hobart Town.—Roues de carrosse: les moyeux sont en bois noir, les rayons en bois de gomme bleue.

11 *Reeves, J. G.* Elizabeth et Macquarie Streets, Hobart Town.—Caisse contenant des cuirs, cuir noir et brun pour harnais; peaux de kangourou; peaux de veau, &c., tannées et préparées à l'établissement de M. Reeves.

12 *Champion,* —, Hobart town.—Table en bois de musc; table ronde à bascule, avec garniture en cuivre et ressorts.

13 *La Compagnie des Houilles de la Rivière Douglas.*—Echantillons de charbon bitumineux, de la côte orientale de Van Diemen.

14—16 *Brown, J.* Ebéniste, Launceston.—Buffet en bois noir de Tasmania; dessus de table à jeu; table à ouvrage pour dame, en bois de musc.

17 *Strahan, R.* Bonnington.—Boîte contenant des sels de deux espèces, gros sel pour salaisons et sel de table.

18 *Murray, W.* Liverpool Street, Hobart Town.—Boîte contenant de l'amidon.

19,20 *Dixon, J.* Skelton Castle, Isis.—Lin préparé en 1850. L'exposant essai d'établir la culture du lin en Tasmania; boîte de pommes sèches.

21—23 *Button, T.* Launceston.—Colle forte; solution concentrée d'écorce de mimosa; écorce de mimosa réduite en poudre.

24—35 *Denison, Son Exc. Sir W. T.* Norfolk Island.—Caisse contenant du tabac en feuilles; caisse d'arrowroot; maïs; poivre de Cayenne; grains, &c.

36—37 *Marshall, G.* Noble Farm, Pittwater.—Sac de froment marqué G; sac d'avoine id.

38 *Denison, Son Exc. Sir W. T.*—Froment (Chidham).

39 *Milligan, J.* Oyster Cove.—Racine de sassafras de Tasmania, &c.

40 *Murray, W.* Liverpool Street, Hobart Town.—Chandelles en suif, moulées.

41 *M'Naughten, A.*—Barril de froment velouté.

42 *Lipscombe, F.*—Barril de froment blanc.

43 *M'Naughten, A.*—Barril de froment blanc.

44 *Walker, J.* Barrack Street, Hobart Town.—Barril de froment blanc.

45, 46 *Brown & Cie.* New Wharf.—Barril de froment blanc.

47 *Tooth, E.* Bagdad.—Barril de drèche.

48 *Patterson,* —, Liverpool Street, Hobart Town.—Barril de petite drèche, le barril fait en brindelle argentée.

49 *Walker, J.* Barrack Street, Hobart Town.—Orge perlé, barril fait en brindelle argentée.

50 *Clayton, H.* Norfolk Plains.—Farine dans un barril en brindelle argentée.

51 *Walker, J.* Barrack Street, Hobart Town.—Farine fine.

52 *M'Naughten,* —.—Farine superfine de Van Diemen.

53 *Milligan, A. M.* Launceston.—Petit barril contenant des biscuits faits avec de la farine de Tasmania.

54, 55 *Brock,* —, Macquarie Street, Hobart Town.—Biscuits de mer communs ; id. fins.

56—77 *Denison, Son Exc. Sir W. T.*—Bois de musc, lissé et poli d'un côté, pour montrer le grain du bois ; bloc de myrte de Van Diemen ; cèdre ou bois pour crayon, de Tasmania ; id. sections, avec l'écorce ; pin à faîte de céleri, de Tasmania, &c.

78 *Smith, C. T.*—Houblon de Tasmania.

79 *Milligan, J.* Mount Wellington, et Constitution Hill.—Pierres à aiguiser les outils tranchans.

80 *Denison, Son Exc. Sir W. T.*—Pierre poreuse de l'Isle de Norfolk ; filtres faits de cette pierre.

81 *Milligan, J.* Flinders' Island, Bass's Straits.—Gomme résineuse du Zanthorrhœa Australis ; la gomme résine ou baume, est très-inflamable, et entre dans la fabrication de la cire à cacheter.

82—89 *Fowler,* —, Maria Island.—Tronçons de cornouiller (Bedfordia) ; madriers de bois de musc ; chêne ; bois de fer.

90 *Robinson,* —, Westbury.—Bois de fusil en bois noir, taillé dans un bloc et poli d'un côté.

91—93 *Whitesides,* —, Hobart Town.—Bois noir de Tasmania, feuille mince polie d'un côté.

94 *Quinn,* —, Argyll Street, Hobart Town.—Gomme bleue de Van Diemen ; tronçon coupé près la racine ; équarri et poli de deux côtés.

95 *Quinn,* —, Norfolk Island.—Erable, mince feuille polie.

96—102 *M'Naughten,* —, Hobart Town.—Bois de musc de Van Diemen.

103, 104 *Hadden,* Capitaine, R. E.—Bois de musc.

105, 106 *Euston & Milligan,* Macquarie Harbour.—Bois de fer de Tasmania.

107, 108 *Brownrigg.*—Tronçons de bois de musc.

109, 110 *Burgess, Mme.* Davey Street, Hobart Town.—Broderie ou tissu, représentant une branche d'arbre de gomme bleue, avec 4 oiseaux de Tasmanie qui y sont perchés ; tissu représentant des fleurs indigènes de Tasmanie.

111—120 *Hood, R. V.* Liverpool Street, Hobart Town.—Tronc d'Acacia dealbata poli d'un côté ; bloc de bois de musc ; tronçon de pin de Huon, poli et applani d'un côté ; racine de myrte.

121—125 *Denison, Son Exc. Sir W. T.*—Bois de rose de Van Diemen, trouvé dans les marécages près Marlborough.

126, 127, 129 *Hood, R. V.*—Cadre pour tableau en pin de Huon ; cadre en bois de musc et de myrte.

128 *Marriott, Archidiacre.*—Cadre en bois de musc.

130—134 *Wiseman,* —, Hobart Town.—Fouet pour train à 4 chevaux ; cravaches pour amazones ; fouets de chasse ; selles de chasse, &c.

135 *Button, T.* Launceston.—Peaux de kangourou préparées.

136, 137 *Denison, Son Exc. Sir W. T.*—Rouleau d'étoffe fabriqués par les naturels avec des matériaux de la colonie.

138—142 *L'Ecole Royale des Orphelins.*—Gants de laine tricotés, par les élèves de cette maison.

143 *Barnard, J.*—Deux peaux.

144 *Cleburne, R.* Murray Street, Hobart Town.—Caisse de savon.

145, 146 *Lumsden,* —, Brisbane Street, Hobart Town.—Dessus de table à jeu ; pieds pour le même, le tout en pin de Huon.

147 *Watchorn, W.* Liverpool Street, Hobart Town.—Barril de suif, l'exposant est le premier qui ait importé du suif en Angleterre.

148 *Brown,* —, Launceston.—Table de salon en bois noir.

149—151 *Denison, Son Exc. Sir W.*—Table de salon en bois de cornouiller ; pied pour cette table ; dessus de guéridon en marqueterie.

152 *Rout, W.*—Porte manteau en cuir de la colonie.

153 *Gunn, W.* Launceston.—Plumes de pétrel pour oreilliers, coussins, lits de plume, &c.

154—158 *Rout, W.* Elizabeth Street, Hobart Town.—Ficelles ; petites cordes ; cables de trois grosseurs ; cordes ordinaires.

159, 160 *Marshall,* —, Hobart Town.—Cravaches, et matières fournies par la colonie ; deux manches de fouet. 16

161—164 *Oakden, P.* Launceston.—Deux toisons de bélier, Leicester ; colle forte ; huiles de pieds de bœuf ; huiles de pieds de mouton.

165, 166 *Hood, R. V.* Feuilles d'or de la Californie ; peau de baudruche.

167—170 *M'Kenzie, Mme.* Blue Hills, Bothwell.—Gants tricotés en poil d'opossum ; bonnet de dames en peaux.

168 *Slieglitz, Mme.* Killymoon, Breakoday.—Gants poil d'opossum.

169—171 *Tooth, E.*—Gants en poil d'opossum et en laine d'agneau.

172 *Button, T.* Launceston.—Parchemin.

173 *Rout, W.*—Brosseries.

174 *Lipscombe, F.*—Lin dressé.

175 *Sharland, W.*—Tapis de carrosse de peaux d'opossum, doublé en peaux de chats du pays.

176 *Denison, Son Exc. Sir W. T.*—Tapis en fourrures diverses, de kangourou, d'opossum, chat tigre, &c.

177 *Pharland, Mme.* George Town.—Livre contenant des algues pressées.

178, 179 *Davies, Ven. Archdeacon.*—Tapis de pied en peau d'opossum noir, &c.

180, 181 *Milligan, J.*—Etable pour charpentier, formes de souliers.

182 *Valentine, Dr.* Campbeltown.—Tuyaux d'orgues en pin Huon.

183 *Ward, C.* Collins Street, Hobart Town.—Bottes de Stockman en matières de la colonie.

184 *Regan,* —, Liverpool Street, Hobart Town.—Neuf peaux de kangourou tannées.

185 *Harper,* —, Launceston.—Gruau préparé.

186 *Ward, C.*—Cirage pour souliers.

187 *Rout, W.*—Thylacinus cyanocephalus : tanné avec la peau ; c'est l'hyène ou le tigre de la colonie, il est devenu très rare.

188 *Denison, Son Exc. Sir W. T.*—Paradoxus ornytorynchus ; six peaux tannées.

189 *Smith, C. T.*—Echantillons de laine fine.

190 *Dunn,* —, Davey Street.—Mylitta d'Australie, pain natif de Tasmanie. Ce pain croit sous le sol comme la truffe en Angleterre, et a, comme elle, un goût particulier.

191 *Lowes, T. Y.*—Mylitta australis.

192—194 *M'Naughten,* —, Pupitre à écrire, en bois de musc, à incrustation en pin, bois noir, &c. ; nécessaire de toilette, boîte à ouvrage, &c.

195 *Walker, A.* Norfolk Plains.—Plomb noir, trouvé dans un gisement de galène et de minerai de cuivre.

196 *Rolwegan*, —, Collins Street, Hobart Town.—Livre ou volume, imprimé et publié à Van Diemen, relié en maroquin et doré avec de l'or de la Californie.

197—206 *Milligan, J.*—Journal de Tasmanie, en trois volumes, imprimé à Van Diemen.

198 *Anderson*, —, Liverpool Street, Hobart Town.—Peignes pour dames, en écaille.

199 *Brown, Fielding*, Hobart Town.—Chandelier en bois de fer de Norfolk, tourné.

207 *Moses, S.* Liverpool Street, Hobart Town.—Mâchoire de baleine franche avec 48 dents complète.

208, 217, 218, 219, 220 *Hull, H.*—Section de tronc de Tolosa. Les aborigènes faisaient leurs masses d'armes avec ce bois.

209 *M'Naughten*, —Tronçon de bois de musc.

210—216 *Freeman, le Rév. E.* Brown's River.—Bois à placage en chêne de Tasmanie ; tronçon de myrte ; bois de chèvrefeuille à placage.

221, 223, 227, 230, 231 *Milligan, J.*—Section d'un faible tronc de Richea pandanifolia ; cet arbre pousse comme le palmier et atteint une hauteur de 30 à 40 pieds.

222 *Smith, P.* Ross Reserve.—Petite balle de laine.

224—226 *Pech, G.*—Marques pour le jeu de cribbage ; placage de sapin.

228 *Moses, Champion & Cie.*—Dents de baleines franches.

229 *Denison, Son Exc. Sir W. T.*—Erable de l'île de Norfolk.

232 *Strutt, W.* Bath Street.—Marbre de l'Ile Marie en partie ouvragé.

233 *Boyd, J.*—Marbres de l'Ile Marie, taillés en serre papiers.

234 *Tibbs*, —, Goulbourn Street, Hobart Town.—Spécimens de poteries en argile.

235 *Kermode, R. Q.* Mona Vale.—Petite balle de laine, échantillon très fin.

236 *Jennings, J. D.* Liverpool Street—Baratte en pin Huon.

237 *Moses, S.*—Paquet de baleines, article d'exportation.

238—241 *Smith, Lieutenant, M.R.*—Confitures de framboises et de groseilles, &c.

242 *Roat, W.*—Crins de cheval crépus.

243—253 *Symonds, E.*—Crible à blé, à orge ; tamis, écrans de cheminée en osier ; paniers à bouteilles ; paquet de branches d'osier, &c.

254—268 *Milligan, J.*—Gomme d'acacia arbuste ; guano ; spécimens de granit gris ; porphyre ; pierres calcaires ; minerai de fer ; ocre rouge ; minerai de magnésie.

269—270 *Denison, Son Exc. Sir W. T.*—Deux tronçons du gommier bleu ; pierre à chaux.

271 *Flegg, R. G.*—Bottes en peau de kangourou, tannée à Hobart Town.

272 *Denison, Son Exc. Sir W. T.*—Gravier calcaire de l'île de Norfolk.

273 279 *Milligan, J.*—Gâteau de cire de Tasmanie.

274—278 *Symonds, E.*—Panier à couvercle ; panier rond, sans couvercle ; panier long et chapeaux de paille, &c.

280 *Cox, F.*—Boîte vitrée, contenant des insectes de Tasmanie.

281 *Bonney.*—Boîte, contenant des oiseaux.

282 *Gunn, W. & Milligan, A. M.*, Launceston.—Huile de Pétrel. Cette huile, de couleur rouge foncé, s'obtient en pressant l'estomac des jeunes oiseaux.

283—285 *Brown & Cie.*—Huile de baleine noire ; id. baleine franche.

286 *Lowes, T, Y.*—Huile de requin.

287 *Denison, Son Exc. Sir W. T.*—Sanguine tirée d'un arbre de l'île de Norfolk, pour marquer le linge.

288 *Milligan, J. & Hull, H.*—Gomme-kino, de l'arbre à gomme bleue ; égale en bonté le kino des Indes Orientales.

289 *Bonney.*—Manne ; exsudation des feuilles et branches délicates du gommier blanc de Van Diemen. Cette exsudation est produite par la piqûre d'un insecte.

290 *Abbott, J.*—Sable ferrugineux, substance semblable à l'émeri, se trouve en gisements de peu d'épaisseur le long de la côte du canal d'Entrecasteaux.

291—293 *Rout, W.*—Miel de Tasmanie : deux espèces, l'une de 1849, l'autre de 1850.

292 *Milligan, J.*—Résine de pin de la Baie aux huitres.

294 *Bicheno, J. E.*—Alun, trouvé près Bridgewater, dans des cavernes rocheuses.

295, 296 *Smith, Lieut. M.R.*—Sels d'Epsom ; sulfate de magnésie ; gommes de l'acacia molissina.

297 *Lipscombe, F.*—Jambon salé.

298—303 *Haines, J.* Murray Street, Hobart Town.—Marinades de choux rouges, noix, choux fleurs, oignons.

304 *Denison, Son Exc. Sir W. T.*—Cannes en baleine.

305 *Screen, T.*—Cannes en baleine.

306 *Milligan, J.*—Minerai de fer de Long-Baie.

307 *Marriott, Ven. Arch.*—Cannes en chêne de Tasmanie.

308 *Lipscomb, F.*—Petite table ronde, en pin de Huon, incrustée.

309, 310 *De Little, R.*—Galène de la rivière de Tama ; minerai de fer.

311, 313, 315—319 *Milligan, J.*—Galène du port de Macquarie.

312 *Denison, Son Exc. Sir W. T.*—Café de l'île de Norfolk.

314 *Rees.*—Ecorce pour tanneurs.

320 *Kemp, G.*—Coraline de la côte de Derwent.

321 *Sharland, W. S.*—Dentelle de fil de deux espèces.

322, 323 *Reeves.*—Laine ; toison, &c.

324, 325 *Milligan, J.*—Jet ou liquide ; pierre calcaire.

326, 327 *Bicheno, J. E.*—Pierre calcaire.

328 *Athers, R.E. Lieut.*—Pin de l'île de Norfolk.

329 *Sly, T.* Liverpool Street, Hobart Town. — Une paire de bottes vernies.

330 *Fenton, Mrs.*—Miel de 1850.

331—333 *Dowling, H.*—Livre (Almanach de Tasmanie, de 1848 ; id. 1849 ; id. 1850).

334—340 *Denison, Son Exc. Sir W. T.*—Potasse de bois de Tasmanie ; ocre rouge ; ocre jaune ; échantillons de marbre, &c.

341, 342 *Milligan, J.*—Spécimens de bois de la Baie des huitres ; spécimens de diorite de Van Diemen.

343 *Blackburn & Thomson.*—Modèle du pont jeté sur la Derwent, à Bridgewater. Ce modèle est fait en pin de Huon, sur une échelle de 1 pied sur 48 ; la longueur du pont est de 960 pieds sur 24 de large ; sa hauteur est de 9 pieds au-dessus du niveau des grandes eaux.

344 *Thomson, J.*—Dessin et élévation coloriés du pont de Bridgewater.

345 *Le Conseil de la Société Royale de Van Diemen.*—Livres et reliures de la Société de Van Diemen.

346 *Watson, J.* Hobart Town.—Madrier en bois du gommier bleu, longueur 140 pieds, largeur 20 pouces.

347—353 *Grant, T.* Tulluchgorum, Fingal, Van Diemen.—Six toisons de bélier, de différents poids.

354, 355 *Richardson, Frères, & Cie.* 17 St. Helen's Place.—Spécimens de deux sortes de laine.

NOUVELLE ZELANDE.

—— Groupes Q. R. & S. 30, 31, 32. ——

1 *Tyrrel*, —.—Lin et laine.

2 *Murchison, T. H.* Prop. 10 Holles St. Cavendish Sq.—Minérai de cuivre de Kawan, petite île à quelques milles d'Auckland.

3 *Collinson, Rev. T.* Prop. Gateshead.—Spécimens

géologiques; sables ferrugineux; sachet en lin; teintures; nattes en lin, servant de vêtement aux indigènes.

4 *Robertson, J.* — Echantillons de matières brutes; lin fort; cordages en lin d'Owec; lin peigné; cordes en fibres de bois; échantillons de cordages divers.

5 *McVay, J.* — Echantillons de cuirs et de peaux; peaux de moutons tannées et non tannées; échantillons d'écorces pour tanneurs.

6 *Smith, J. A.* — Echantillons de savons, fabriqués à Auckland, Nouvelle Zélande.

7 *St. John's College*, Nouvelle Zélande. — Echantillons de drap et chapeau manufacturés par un jeune naturel, agé de 17 ans, avec de la laine tondue, cardée, filée et tissée à St. John's Collège, et teinte avec du bois du pays; chapeau, vannerie, &c.

8 *Hargreaves, J.* — Echantillons de lignite, des rives de Tamaki, dans le voisinage d'Auckland.

9 *Greenwood, W.* — Echantillons de charbons des mines de Matakana, à 15 milles d'Auckland.

10 *Connel, W.* — Echantillons de charbon de Waikato, à 35 milles d'Auckland.

11 *Taylor. J.* — Echantillons de minerai de cuivre de la Compagnie de Kawau.

12 *Reeve, J.* — Echantillons de minerai de cuivre de l'exploitation Whitaker et Beale's, à Kawau.

13 *Lewis, T.* — Echantillons de minerai de cuivre de l'île du Grand Barrier.

14 *Smith, J. A.* — Echantillons des mines de Brodie; échantillons de sable ferrugineux; soufre.

15 *Meurant, E.* — Echantillons de pierres ponce des rives du Waikato.

16 *Brown, W.* — Echantillons de gomme de Kauri, tirée en immenses quantités du nord de la Nouvelle Zélande.

17 *Greenwood, W.* — Echantillons de pierres de construction.

18 *Brown, W.* — Echantillons de pierres à chaux.

19 *Smith, J. A.* — Echantillons de pierre à ciment romain, se trouve en grandes quantités sur les bords du Tamaki.

20 *Balneavis, Lieut. H. C.* H.M. 58th Regt. — Modèle de canot de guerre de la Nouvelle Zélande.

21 *Johnson, J.* — Echantillons de bois pour meubles de la Nouvelle Zélande.

22 *La Compagnie des Houilles de Waikato*, Auckland. — Echantillons de charbons.

23 *Purchas, Rév. A.* — Echantillons de minerai de fer et pierre et chaux.

24 *Low & Motion.* — Maïs natif; blé et farine.

25 *Caradus J.* — Lin de Nouvelle Zélande.

26 *King, Mlle.* New Plymouth. — Ridicule en lin de la Nouvelle Zélande, teint avec des bois du pays.

27 *Ligar, C.* — Plan de l'Ile Blanche; soufre en provenant.

28 *Tyrrel, J.* Prof. — Lin et laine indigènes.

29 *Smith, J. A.* — Huile de baleine.

30 *McLeod, R.* — Manganèse.

31 Farine présentée par les natifs de Rangiarwhia.

32 *Whitely, le Rév. J.* — Coffre-armoire des indigènes.

33 *Taylor, T. E.* — Le verre du "Sphinx," détruit par un fongus trouvé sous un arbre.

34 *Whytlaw & Fils.* — Lin, lavé à la machine.

35 *Bourne, W.* — Fonte de fer.

36 *McLeod, R.* — Mulets salés.

37 *Moore, P. G.* — Lithographies, aquarelles, et gravures représentant des pays et des sujets de la Nouvelle Zélande; massue, ustensiles, nattes, &c.

38 Articles de Wellington; charbon; bois; espèces d'alun; orge; vannerie, &c.

39 Drêche et houblons; charbon; pierres, filet de pêche; lin teint, cuir tannée, mousse, &c.

LABUAN, ET AUTRES PARTIES DE L'ARCHIPEL ORIENTAL.

1 *Grey, Madame la Comtesse.* — Drap fabriqué par les Séribas, Bornéo. Drap fabriqué par les Mellanées, Bornéo; envoyés par le Gouverneur Sir James Brooke.

2 *Hammond, W. P. & Cie.* Négociants, Londres. — Sucre; café; sagou perlé et commun; poivre; muscades; macis; clous de girofle; gommes; riz; écailles; dents mâchelières et autres d'éléphant; gutta percha; caoutchouc; gélatine manufacturée dans l'Archipel des membranes intérieures de poisson, et recherchée à cause de ses qualités glutineuses.

Série de trente-six peintures, par un artiste Malais.

Modèle d'un bateau à voile dont les indigènes se servent dan les mers de Chine et de l'Archipel Oriental, pour pirater et faire la contrebande.

Spécimens de rotins et de bambous, &c.

3 *Woolley, W.* Secrétaire de la Compagnie de l'Archipel Oriental, 34 Cornhill, Londres. — Drap d'écorce d'arbre, fabriqué par les Dyaks de Bornéo. Spécimens de bois dur de Bornéo; houille de Labuan.

Etats Etrangers.

ALLEMAGNE, ETATS DU ZOLLVEREIN.

Commissaire en Chef à Londres : M. von VIEBAHN, 43 Albion Street, Hyde Park ; Prusse : M. le Prof. SCHUBARTH, Dr. ; Bavière : M. le Prof. SHAAFHAUTL, Dr. ; Saxe : M. le Dr. W. SEIFFARTH, LL.D. ; Würtemberg : M. le Dr. STEINBEIS ; Bade : M. le Prof. RAU, Dr. ; Hesse Electorale : M. SCHREIBER ; Grand Duché de Hesse : M. ROESSLER ; Thuringe : M. de Prof. Dr. SCHULER ; Brunswick : M. le Prof. VARRENTRAPP, Dr. ; Nassau : M. ODERNHEIMER ; Fancfort-sur-le-Mein : M. PHILIPPE ELLISSEN.

1. PRUSSE, BADEN, et ETATS UNIS de L'ALLEMAGNE du Nord.

à Provinces de BRANDENBOURG, SILESIE, POSEN, et POMÉRANIE,

(Agents à Londres, M.M. STEIN et HALL, 70 Newgate Street, Cité.)

1 *La Direction des Fonderies Royales de la Prusse*, Gleiwitz, Prod.—Rouleaux en fer forgé ; rouleaux pour le fer en tôle et en barre.

2 *La Fonderie Royale de Prusse*, Malapane, près d'Opeln.—Cylindres en fer fondu ; minerais de fer ; fer forgé au charbon de terre ; calamine rouge et blanche ; oxide de zinc ; cadmium.

3 *La Fonderie Royale de Königshütte.*—Collection de divers spécimens de minerais.

4 *Elsner, von Gronow & Cie.* Prod. Tarnowitz, Silésie.—Ciment romain trouvé dans une mine de plomb, à 60 pieds de profondeur.

5 *La Manufacture Brevetée de Céruse*, Stettin, (Agent à Londres, C. Kekulé, 60 Mark Lane).—Blanc de plomb.

6 *Güttler, W.* Prop. Reichenstein, Silésie.—Minerai d'arsenic, démontrant un procédé pour extraire l'or du résidu des minerais arsénicaux.

7 *Du Bois, C. A.* Prod. Hirschberg, Silésie.—Echantillons de cinabre.

8 *Lucas, M.* Prod. Cunersdorf, près Hirschberg.—Echantillons de cinabre.

9 *Milch, A.* Ingénieur, Warmbrunn et Cologne.—Echantillons de briques, avec dessin et description d'un pressoir à brique de construction particulière.

10 *Rimann, E.* Hirschberg, Silésie.—Pierres précieuses brutes et taillées.

11 *Ruffer & Cie.* Fab. Breslau.—Assortiment de plaques de zinc d'épaisseur et de dimension diverses, dont deux sont aussi minces qu'une feuille de papier.

12 *Cochius, E. E.* Prod. Oranienburg, près de Berlin.—Spécimen de cristallisation ; prussiate de potasse.

13 *Kunheim, Dr. L.* Prod. Berlin.—Groupe de cristaux de sucre de plomb ; acétate de chaux ; nitrate de plomb ; tinate de soude ; cynate de potasse ; acide de tungsten, &c.

14 *Sanden, Bernhard de*, Prod. Wiese et Marwitz, près Preuss, Hollande.—Echantillons de sucre de betterave brut et raffiné.

15 *Christiani, C. H.* Prod. Kerstenbruch.—Bière en bouteilles et extrait de bière pour la marine ; cette bière est brassée sans malt.

16 *Farthmann, le Capitaine*, Prop. Klein-Schwein.—Pommes de terre sèches, coupées par tranches, et pouvant se conserver des années ; fécule.

17 *Gross, J. D.* Fab. Berlin.—Chocolats à la vanille ; chocolats de santé, sans épices ; chocolats épicés.

18 *Paetsch, G. T.* Fab. Wrietzen sur l'Oder.—Sirop d'amidon de pommes de terre.

19 *Kruse, A. T.* Prod. Stralsund (Agent à Londres, Mr. Charles Jones).—Amidon préparé avec du froment récolté dans le pays.

20 *Weill, C.* Fab. Berlin.—Fruits conservés ; conserves alimentaires.

21 *Uechtritz, de*, Prop. Mühlrädtlitz, Lüben.—Spécimen d'amidon de pommes de terre.

22 *Le Dépôt Royal de la Remonte*, Prod. Treptow, Poméranie.—Laine cardée.

23 *Thaer, A. P.* Conseiller, Prod. Moeglin, près de Wrietzen sur l'Oder.—Toisons lessivées et écrues.

24 *Lübbert, E.* Prod. Zweibrodt près de Breslau.—Toisons de laine.

25 *Lipski, J. Von* Prod. Ludomy près d'Obernick Posen.—Toison et peau de bélier ; échantillons de laine.

26 *Hey, Administrateur supérieur du Domaine Royal*, Prod. Haynsburg.—Toisons de laine.

27 *L'Administration Royale de Frankenfelde*, près de Wrietzen sur l'Oder. — Toisons de bélier et de brebis ; échantillons de laine.

28 *Rothschild, Baron S. de*, Prod. Shillersdorf, Silésie.—Toisons de bélier, de brebis et d'agneau mérinos.

29 *Küpfer, conseiller de Légation*, Prod. Dromberg.—Toisons mérinos de brebis âgées de deux ans.

30 *Nordmann, G. L.* Prop. Liszkowi, près de Inowraclaw.—Toisons de laine.

31 *Winkler, F.* Fab. Berlin. — Assortiment d'éponges purifiées, blanchies, et teintes d'après un nouveau procédé.

32 *Eckardstein, A. Baron de*, Prod. Reschenow.—Toisons de laine.

33 *Schwerin, Comte de* Prod. Wolfshagen, Ukermark.—Toison de bélier et de brebis.

34 *Rüfin, A.* Prod. Rüstern, Liegnitz.—Lin de Silesie battu et sérancé d'après la méthode belge.

35 *La Compagnie des Meuniers*, Elissa, Posen.—Millet, sarrasin, gruau, farine d'avoine.

36 *Ziegler, Baron T. de*, Prod. Dambrau, en Silésie.—Trois toisons de béliers.

37 *Lorenz*, G. Fab. Wolgast.—Echantillon de colle.

38 *Bolzani*, A. M. Prod. Berlin.—Ruche de filature avec cocons de vers-à-soie.

39 *Kiszewsky*, Prod. Meseritz, Posen.—Soie grège.

40 *Tessler*, D. F. Fab. Stolp.—Deux pièces d'ambre jaune brut; perles d'ambre; pièces d'ambre contenant des insectes.

41 *Tessler*, C. L. Fab. Stolp.—Pièce de bois d'ambre; ambre jaune; ornements d'ambre jaune; tabatière enchassée d'or avec le buste de Frédéric II.

42 *Luttwitz*, Baron de, Prop. Simmenau.—Echantillons de lin non sérancé; toisons de laine.

43 *Grüne*, W. cadet, Fab. Berlin.—Composition nouvellement inventée pour teindre la laine; fils de laine teints par ce procédé.

44 *Heyl*, J. F. & Cie. Fab. Berlin.—Couleurs en pâte pour peintres; substances chimiques; couleurs.

45 *Brünneck*, de, Prod. Trebnitz.—Toison de bélier et de brebis de la race des mérinos.

46 *Brünneck*, Bellschwitz, Prod. Rosenberg.—Toisons de laine.

47 *Lehmann*, R. Prod. Nitsche.—Toisons de laine écrue.

48 *Holtzstamm*, B. F. Prod. Berlin.—Echantillons de fibres végétaux, imitant la soie et pouvant la remplacer dans les dessins.

49 *Friedrich*, C. Fab. Potsdam.—Voiture de promenade, ou phaéton.

50 *Gevers & Schmidt*, Fab. Görlitz.—Draps noirs et de couleurs; draps pour dames; cuir laine.

51 *Würden*, C. A. & Cie. Fab. Grabow, près Stettin.—Pompe à vapeur complète.

52 *Heckmann*, C. Fab. Berlin.—Appareil à vide pour cuire le sucre de canne ou de betterave.

53 *Bonardel*, Frères, Fab. Berlin.—Machines à la Jacquart; machine à estamper les dessins pour le travail à la Jacquart; machine à couper les bouchons.

54 *Dörffel*, T. Fab. Berlin.—Machine à crêper.

55 *Leonhardt*, J. E. Fab. Berlin.—Machine pour la fonte des types.

56 *Winter*, F. Fab. Berlin.—Métiers à tisser à la Jacquart.

57 *Thomas*, H. Prod. et Inv. Berlin.—Machine à tondre les châles, avec fouloir.

58 *Hamann*, A. Berlin, Inv. et Fab.—Tour mécanique.

59 *Renner* S. B. jeune, Fab. Breslau.—Modèle de couverture en zinc, sur une petite échelle; id. grandeur régulière.

60 *Gehrmann*, T. Fab. Berlin.—Carabine et fusil à deux coups.

61 *Ludvich*, W. Fab. Posen.—Carabine avec tournevis, poire à poudre, moule à balles.

62 *Ohle*, E. F. Héritiers de, Fab. Breslau.—Tubes à plombs de chasse; fils métalliques de différents diamètres; plomb rouge et litharge; balles; plomb en feuilles étamé, &c.

63 *Grzybowski*, H. Fab. Potsdam.—Carabine.

64 *Kehl*, J. C. Fab. Berlin.—Boîte contenant une paire de pistolets et les accessoires.

65 *Stollé*, Dr. E. Inv. Berlin.—Hache-paille, remarquable par l'application du caoutchouc vulcanisé. (Brevet en France et en Angleterre.)

66 *Bruckisch*, W. Koppitz, près Grotkau.—Ruches à miel double, &c.

67 *Sprengel*, Dr. C. & Cie. Fab. Regenwalde, Poméranie.—Machines à semer et à labourer; machine à broyer le maïs; charrue de Flandre, perfectionnée par Schwarz; charrue à vibration; houe de Mecklembourg; charrue soussol, &c.

68 *Guerlin*, P. Fab. Berlin.—Horloges de nuit; pendules en bronze; régulateur, &c.

69 *Kruger*, A. Inv. Bromberg.—Anémomètre automoteur électro-magnétique; système de quatre aimants électriques; la révolution galvanique s'opère par le mercure chaque heure au moyen d'un mouvement d'horloge.

70 *Kunst*, J. A. Fab. Berlin.—Rangées de dents artificielles, substance dont elles sont fabriquées.

71 *Bessalie*, H. P. Breslau.—Piano à queue en bois de palissandre, breveté.

72 *Thiemke*, A. F. Fab. Berlin.—Horloge de voyage en cuivre.

73 *Guricke* B. Inv. et Fab. Zossen, près de Berlin.—Piano à répétition.

74 *Siegert*, C. Man. Stettin.—Appareil pneumatique.

75 *Seemann*, G. Fab. Warmbrunn.—Horloges de ménage.

76 *Baumann*, T. Inv. Berlin. — Nouvelle mesure, d'après Bessels; aune ordinaire.

77 *Nobert*, F. A. Fab. Barth, près Stralsund, Province de Poméranie.—Plaques en verre avec échelles, pour observations au microscope; micromètre pour télescopes.

78 *Tiede*, F. Fab. Berlin, (Agent, M. Oertling, Londres.)—Régulateur astronomique; chronomètre démonté, en buis.

79 *Pokorny*, J. A. Fab. Berlin.—Moule en fer pour faire des pillules; et autres mortiers; lampes Berzélius et autres; gazomètres, &c.

80 *Westermann & Cie.* (G. Willmanns) Fab. Berlin.—Piano à queue en palissandre.

81 *Lüttig*, G. Fab. Berlin.—Instrumens de géométrie; télescope optomètre; étui d'instrumens de mathématiques en argent allemand; autre en cuivre; chambre-obscure.

82 *Baltzer*, A. Inv. Francfort.—Æolodion; instrument à clés de six octaves, à ressorts métalliques mis en vibration par des soufflets. Horloges. Pendule indiquant la variation du temps à vingt endroits différents.

83 *Luhme*, J. F. & Cie. Fab. Berlin.—Appareil platine, pour les acides; balances pour analyses; appareil polarisateur pour les fluides saccharifères; lampes, balances à l'usage des chimistes, pharmaciens, &c.

84 *Luppold*, —, Inv. Stettin.—Instrument à l'usage des accoucheurs, en acier, ivoire, &c.

85 *Goldschmidt*, S. Fab. Berlin.—Assortiment d'instrumens de chirurgie et de physique.

86 *Reimann*, L. Fab. Berlin.—Boîte en palissandre contenant des balances de précision, pour peser depuis un milligramme jusqu'à un kilogramme; étalons depuis un milligramme jusqu'à un gramme.

87 *Oertling*, A. Inv. Berlin.—Balances pour chimistes avec étalons; sextants; gonismètre réflecteur.

88 *Hoffmann & Eberhardt*, Fab. Berlin.—Assortiment complet d'appareils et d'objets pour la chimie, la physique, la pharmacie.

89 *Busch*, E. Fab. Rathenow.—Montures et verres de lunettes; montures de télescopes; assortiment de lunettes; grand télescope monté sur son pied.

90 *Ruhmann*, A. Fab. Eulam, près Landsberg, sur la Warthe.—Guitare.

91 *Voelkel*, J. G. & Cie. Fab. Langenbielau et Breslau.—Cotonnades diverses; tapis de table.

92 *Dierig*, C. Fab. Langenbielau.—Linge ouvré à jacquart; échantillons de coutils pour lits; toile glacée pour chemises, &c.

93 *Nauen*, Löwe & Cie. Fab. Berlin.—Toiles de coton peintes, tissées en Silésie, et blanchies et imprimées à Berlin.

94 *Mentzel*, Conseiller-privé, Prop. Berlin.—Draps pour l'armée, bleus et gris, tels qu'ils sont employés dans l'armée prussienne.

95 *Fabian*, C. G. Fab. Humboldt, près Breslau.—Feuilles de pin préparées pour garnir les meubles, matelas, &c., qu'elles préservent de la teigne.

96 *Wald*, C. F. & Fils, Fab. Zielinzig.—Fils de laine blancs et teints.

97 *Itsigsohn, M.* Fab. Neudam.—Draps, grande largeur; draps mêlés de gris, pour manteaux et pantalons des soldats prussiens; cuir-laines de couleur, pour voitures.

98 *Behrend & Schmidt,* Prop. Berlin.—Draperie.

99 *Haberland, G. A.* Fab. Finsterwalde.—Drap noir.

100 *Geissler, C. S.* Gab. Görlitz.—Draps de diverses couleurs, teints en laine; fabriquées de laine de Silésie.

101 *Ruffer, S. B. & Fils,* Fab. Liegnitz, Silésie.—Draps impériaux, et cachemires teints en laine; draps teints en pièces.

102 *Scheder, F. & Cie.* Fab. Schweidnitz.—Cuir-laines et autres draps pour pantalons, &c.

103 *Lutze, Frères,* Fab. Cottbus.—Draps couleur de mûrier, olivâtre et noir.

104 *Cohn, Frères & Hermann,* Fab. Berlin. Agents, Krohn Frères, Bread Street, Londres.—Etoffes mixtes de laine, de soie et de coton.

105 *Cockerill, W.* Fab. Guben.—Fil de lin écru et de couleur; filé de la laine de Poméranie.

106 *Bergmann & Cie.* Fab. Berlin.—Fils de laine.

107 *Feller, J. G. & Fils,* Fab. Guben.—Draps noirs; fils de laine, employés dans la fabrique du drap noir.

108 *Schlief, Frères,* Fab. Guben.—Drap noir et satin.

109 *Freidheim, S. M. & Fils,* Fab. Berlin.—Etoffe d'Orléans de fantaisie et gros-de-Berlin.

110 *Hoffmann, E.* Fab. Soran, Lusetin.—Drap de couleur pour damés; drap noir.

111 *Mende, T. & Fils,* Fab. Finsterwahls. — Diverses pièces de drap noir, de laine de Silésie.

112 *Bormann, F. A.* Fab. Goldberg, Silésie.—Pièces de drap noir et bleu, teints en laine; id. vert, foncé et rouge.

113 *Mark & Weigert,* Fab. Berlin.—Châles de cachemire; velours de poils de chien de Turquie; de laine et de coton.

114 *Levin, H. & Fils,* Fab. Berlin.—Cravates de soie; filets de soie; articles de soie et de coton.

115 *Weigert & Cie.* Fab. Schmiedeberg, Silésie.—Châles de cachemire; velours d'Utrecht, &c.

116 *Oehne, C. W.* Fab. Inv. et Prop. Berlin.—Peluche pour chapeaux, en soie d'Italie et de France, mélangée avec du coton, filé en Angleterre; échantillon de peluche de soie, pour casquettes.

117 *Kauffmann, H.* Inv. et Fab. Berlin. (Agent à Londres, Mr. Carl Schwebemeyer, 314 Oxford Street).—Peluche pour meubles; do. imprimée; peluches pour livrées et pour garniture d'habits, de souliers et de casquettes; velours de coton (Castorine), &c.

118 *Schärff, R.* Fab. Bricy.—Passementerie pour carosses; brides, sangles, &c.

119 *Gabain, G.* Fab. Berlin.—Articles divers en soie, coton et or; dessins originaux.

120 *Kirstein, C.* Prop. Hirschberg, Silésie. — Toiles, toiles mixtes, mouchoirs de poche, &c.

120▲ Echantillons de drogues.—Livêche, ellébore, varienne, mousse d'Islande, &c.

121 *Seylers, G. Héritiers de,* Wüstewaltersdorf, Silésie.—Toile de lin blanchie pour les marchés de l'Amérique du Sud.

122 *Websky & Fils,* Fab. Wüstewaltersdorf, Silésie.—Toile de lin blanche.

123 *Kauffmann, M.* Fab. Scheidwitz.—Linge ouvré à jacquart, mi-lin; damas mi-laine pour meubles; étoffe toile et de laine pour vêtements.

124 *Rimann & Geisler,* Prop. Hirschberg, Silésie.—Pièces de toile de lin blanchie.

125 *Engel, E. jeune,* Fab. Görlitz.—Hâvre sac fait en chanvre. Ficelles de chanvre très-fines, à deux et trois bouts.

127 *Stiller, A. E. et Fils,* Fab. Soran.—Toile à matelas laine et mi-laine; nappe et serviettes.

128 *Kramsta, C. G. & Fils,* Fab. Freiburg, Silésie.—Toiles écrues et blanchies; mouchoirs de poche; serviettes et nappes de damas; échantillon d'amidon.

129 *Prentzel, J. C.* Fab. Greiffenburg, Silésie.—Mouchoirs de poche de toile.

130 *Tschorn & Bürgel,* Fab. Wüsterwaltersdorf.—Toile écrue et linge de ménage.

131 *Schildknecht, C. F.* Fab. Berlin.—Satin d'Amérique; châles mixtes, coton et laine, laine et soie.

132 *Sussmann & Wiesenthal,* Fab. Berlin. (Agent à Londres, C. Holland, 41 Finsbury Circus.)—Assortiment d'articles fabriqués entièrement par les exposants, tels que plaids, broché, étoffes pour parapluies, tartan tout laine, &c.

133 *Meyer, Max & Cie.* Fab. Berlin.—Coton de couleur et soie mêlée avec peluche.

134 *Opdenhoff & Hartung,* Fab. Berlin.—Assortiment de châles.

135 *Pintus, H. Cadet & Cie.* Fab. Brandenburg. (Agent à Londres, A. Hurtzmann, 17 Ironmonger Lane.)—Etoffe de Llama brodée; cachemire; étoffe chinée, &c.; pièces fabriquées de lins cardés.

136 *Lehmann, D. J.* Fab. Berlin. (Agents, Messrs. Ullmann, Hirshhorn & Co., No. 2 Wallbrook, Londres.)—Velours d'Utrecht pour meubles: peluche pour casquettes, gilets, collets, &c.; châles carrés et longs; étoffes pour manteaux: ces étoffes sont fabriquées de matières diverses mélangées.

137 *Cohn, Phillipp & Cie.* Berlin, Fab.—Assortiment de châles de laine, demi-laine et d'étoffe mixte.

138 *Lehmann, H.* Fab. Berlin.—Assortiment de gants de peaux de daim, de chevreau et d'agneau.

139 *König, L.* Fab. Berlin.—Camail en fourrure.

140 *Lusk, A.* Fab. Berlin.—Cannes, cravaches, bâtons de sûreté.

141 *Becherer, J.* Fab. Berlin.—Assortiments de fouets.

142 *Grutzmacher, G. T. & Fils,* Fab. Stettin.—Peaux de veau bruns.

143 *Koppe, A.* Fab. Berlin.—Assortiment d'objets de fantaisie en carton, pierre, bois et cuir.

144 *Beyerhaus, A.* Fab. Berlin.—Impression de caractères chinois.

145 *Ebart, Frères,* Fab. Berlin.—Papier fait à la main pour billets de banque, &c.; papier mécanique; exemplaires de cartons.

146 *Glanz, P.* Fab. Berlin.—Assortiment de cire à cacheter.

147 *Liepmann, J.* Inv. Berlin.—Couleurs pour imprimer à l'huile, remplaçant les encres de couleur; spécimens de diverses méthodes pour imprimer, &c.

148 *Decker, R. L.* Fab. Berlin.—Spécimens d'impression et de caractères à imprimer; la Bible, contenant l'Ancien et le Nouveau Testament, grand in-8vo.; id. petit in-8vo.; les Psaumes et le Nouveau Testament, édition diamant; id. sur papier fin; cinq volumes des ouvrages de Frédéric le Grand, grand in-4to.; seize volumes des mêmes, grand in-8vo.; le Nouveau Testament, d'après l'édition allemande du Dr. Martin Luther, de l'année 1545; moules en acier, pour fondre les caractères du Nouveau Testament, caractères d'imprimerie, matrices, &c.

149 *Leisegang, W.* Fab. Berlin.—Album en velours brodé.

150 *Osten, L. V. D.* Fab. Stralsund.—Tapis imprimés; grands et petits tableaux imprimés sur coton; copies de gravures en bois, d'après Albert Durer; jeux de cartes.

151 *Wuttig, G. L.* Fab. Francfort sur l'Oder.—Papier mécanique.

152 *Kühn, C. & Fils,* Fab. Berlin.—Registres de différentes dimensions; étui en maroquin rouge, pour planches imprimés, &c., porte-feuilles, albums, porte-cigares, porte-monnaies, &c.

153 *Schäffer, O. & Scheibe,* Fab. Berlin. — Exemplaires de papiers de luxe et de fantaisie.

154 *Schöning, H.* Fab. Berlin.—Album en velours foncé, doré; Bible pour autel en maroquin.

P

155 *Wayner, F. G. jeune,* Fab. Berlin.—Spécimens exécutés par les machines à copier, à règles et à relief, de l'exposant.

156 *Möser, W. & Kühn,* Fab. Berlin.—Spécimens d'impression.

157 *Karschelitz, S. N.* Fab. Berlin.—Tapis de table imprimés.

158 *Trautwein, T.* Edit. Berlin.—Cartes de l'industrie de l'Europe centrale, dessinée sur toile.

159 *Stephan, A. & Cie.* Fab. Berlin.—Pièces de coton à côté imprimé, en partie sans apprêt, en partie glacé et bosselé.

160 *Schleuss, H.* Berlin.—Assortiment de broderies.

161 *Stieff & Harrass,* Dess. et Fab. Potsdam.—Echantillons de soie embossée, représentant la grotte de Neptune, bâtie par Frédéric le Grand à Sans-Souci; cravates et gilets de soie; gilets brodés.

162 *Seiffert & Cie.* Fab. Berlin.—Dessin de broderie.

163 *König, C. A.* Fab. Berlin.—Grand tapis brodé; échantillons de broderie pour petits meubles.

164 *Burchardt, B. & Fils.* Fab. Berlin.—Toile cirée imprimée; persiennes peintes; échantillons de doublures de chapeau; tapis, &c.

165 *Lipke, W.* Fab. Berlin.—Tapis de canapés en feutre, fait à la mécanique et en tissu; tapis de feutre.

166 *Grünthal,* Fab. Berlin.—Dessins de broderie.

167 *Lehmann, M.* Fab. Berlin, (Agents à Londres, MM. J. Simonssen & Cie. 46 Lime Street).—Toiles cirées imprimées avec poudre d'or et en différentes couleurs; tapis de table; persiennes peintes; drap élastique imperméable pour wagons de chemin de fer, &c.

168 *Neic, F. W.* Fab. Berlin.—Dessins de broderie.

169 *Parey, C. F. W.* Fab. Berlin.—Tapis brodé.

170 *Rudloff, Frères,* Fab. Berlin.—Dessins de broderie.

171 *Todt, A.* Berlin.—Dessins de broderie.

172 *Adolphi, C F. W.* Fab. Berlin.—Bottines, souliers et pantoufles de dame; bottines d'enfants; galoches.

173 *Sommerfeld, B.* Fab. Berlin.—Nappe d'autel brodé; broderie: paysage écossais; Moïse à Midian; objets brodés, tels que portefeuilles, porte-cigares, porte-monnaies, &c.

174 *Beckhs Frères,* Fab. Berlin.—Tapis imitation turque, de divers dessins.

175 *Dinglinger, A. F.* Fab. Berlin.—Tapis en velours; tapis de cheminées, &c.

176 *Gluer, L.* Berlin, Fab.—Dessins sur papier pour ouvrages de Berlin; la Descente de Croix, d'après Rubens; George Washington, et Albert, Prince de Galles.

177 *Andresen, P.* Fab. Berlin.—Souliers pour le matin, brodés en or; bottes à l'écuyère, à revers blancs; bottes de bal; bottes vernies; id. en liège, &c.; chevilles remplaçant avantageusement la couture.

178 *Fraystadt, Frères,* Fab. Berlin (Agents à Londres, Krohn Brothers, No. 1, Bread Street).—Chapeaux en peluche de soie; chapeau d'amazone avec voile.

179 *Plessner, S.* Fab. Berlin.—Assortiment de gants et de bretelles.

180 *Wolter, G. C.* Fab. Berlin.—Assortiment de gants.

181 *Seldis, C.* Fab. Berlin. (Agent à Londres, C. Schwebemeyer, 314 Oxford Street.)—Assortiment de chapeaux en feutre, en peluche de soie; chapeaux en feutre noir et de couleur et en imitation.

182 *Lietzmann, J. C. H.* Fab. Rummelsburg, près Berlin.—Empeignes de souliers et tiges de bottes de diverses grandeurs, de cuir tanné d'une manière toute particulière.

183 *Müller, T. L.* Fab. Berlin.—Bottes d'homme et de femme pour les pieds difformes; pieds modelés d'après nature; formes

184 *Pfeiffer, C.* Fab. Berlin.—Bottes et galoches.

185 *Schneider, F.* Fab. Potsdam.—Gants.

186 *Vassel & Cie.* Fab. Berlin.—Assortiment de chapeaux d'homme.

186 *Mohr, W.* Fab. Berlin.—Bottines en satin blanc; bottines en peau de chamois; socques de dames; bottines et socques en cuir de couleur émaillé.

187 *Henkels, J. A.* Fab. Berlin.—Coutellerie fabriquée d'acier raffiné.

188 *Bardfeld, C.* Fab. Posen.—Culottes en peau de renne; gants et bretelles en peau de daim; bretelles en cuir; jarretières.

189 *Arnheim, S. J.* Berlin (Agents, Krohn Frères, Bread Street, London).—Bureau coffre-fort en fer, dont les portes, les tiroirs et les serrures s'ouvrent et se ferment avec la plus grande facilité, malgré leur grand poids.

190 *Zobel, W.* Fab. Berlin.—Lampes à régulateur, à pression, &c.

191 *Minutoli, de,* Conseiller Privé, Leignitz.—Copies photographiques de modèles pour manufactures, en terre glaise, en verre ou en bois; modèle phelloplastique de ruines d'une chapelle gothique; démontrant que la terre de poterie peut-être employée à des objets moins communs; manteau de cheminée; carafe en cristal, d'après un dessin de l'exposant.

192 *Loeff, S.* Fab. Berlin.—Cafetières et théières en porcelaine; lampes de table et autres.

193 *Gärtner, A.* Fab. Stettin.—Cage de perroquet en argent d'Allemagne.

194 *Kummer, K. W.* Inv. Berlin.—Globe en relief, de quatre pieds de diamètre, sur piédestal.

195 *Zobel, J.* Fab. Berlin.—Articles en étain vernis représentant la *calla œthispica,* &c., en fleurs; corbeilles à fruit et à pain.

196 *Kolesch, H.* Fab. Stettin.—Coffre-fort en fer ne pouvant s'ouvrir que sur les indications de l'exposant.

197 *Lehman, A. F.* Fab. Berlin.—Ornements de balcon en fonte; crucifix; chandeliers d'autel; autres articles et ornements en fonte.

198 *Lewy, Frères,* Fab. Francfort-sur-l'Oder.—Articles divers et vaisselle d'étain.

199 *Stobwasser, C. H. & Cie.* Inv. Berlin.—Articles vernissés, ornés de peintures; lampes en divers métaux, &c.

200 *Egells, F. A.* Fab. Berlin.—Dessus de cheminée en fonte, &c.

201 *Müller, J F.* Fab. Müncheberg.—Brides en cuir avec mors en acier et bridons. Hâvre sac de chasse.

202 *Schwartz, C.* Inv. et Fab. Berlin.—Bracelets; bouches d'oreille; broche représentant un combat entre lion et un serpent, montée en diamants.

203 *Schneider, F.* Inv. Berlin.—Ecritoire en or argent, sous un globe de verre et supportée par une colonne en palissandre; plaques pour daguerréotypes.

204 *Winterfeld, J. A.* Fab. Breslau.—Articles d'ambre jaune et blanc; vase; pièces d'échecs; ornements de dames; pipes; boucles d'oreille, bracelets; porte-plumes, &c. ambre jaune.

205 *Jantzen, G. E.* Fab. Stolp.—Ornements en ambre jaune ciselés d'or; objets de table en ambre jaune.

206 *Strahl, O.* Fab. Francfort-sur-l'Oder.—Vases à fruits, dorés et décorés; service à café et à thé; plats à dessert, cabarets, &c.; assortiment de faïence blanche.

207 *Bergmann, W.* Prod. Warmbrunn, près Hirschberg, Silésie.—Collection de topazes octogones; têtes et cannes en topaze.

208 *La Verrerie du Comté de Schaffgotsch,* Fab. Schreiberhau, près Warmbrunn, Silésie.—Vases gigantesques rubis; vases à fleurs genre émaillé; vases émaillés signe marine; verres-calices, avec arabesques sculptées, &c.

209 *Willmanns, C. W.* Fab. Berlin.—Glace taillée, représentant le théâtre et deux tourelles d'églises de Berlin, &c.

210 *Solms, le Comte,* Fab. Administrateur de la Verrerie Baruth.—Verre de couleur; globes de lampes; différentes sortes de verres à vin; verroterie.

211 *Finsch, M.* Fab. Warmbrunn, Silésie.—Bol à punch, avec couvercle, cuiller, verres, et plateau; vases d'albâtre; carafe et verres, &c.; coupe à lignes blanches opaques, et ornements en reliefs et en creux sur verre mat.

212 *Metzger, U.* Mme. Prop. Zechlin, près Rheinsberg. (Agent, C. Luhme, Berlin.)—Articles divers en verre pour chimistes, &c.

213 *La Manufacture Royale de Porcelaine*, Berlin.—Un vase pot-pourri, avec couvercle; un vase avec les douze apôtres, d'après Pierre Visher; un vase avec peintures d'après de Micris et Terburg; un vase à poignées de cuivre, et représentant la moisson, d'après de Klöberg; un vase avec poignées de serpentine, représentant des figures dansantes, d'après de Klöberg; un vase persan, représentant une forêt américaine, d'après Bollerman; vases, candélabres, services, statuettes, bustes, &c.

214 *Actien, Verein*, Fab. Wilhelmshütte, près de Spottan.—Assortiment de poterie émaillée.

215 *Altmann, J. G.* Fab. Bunzlau.—Echantillons de poterie, comprenant une cafetière de la contenance de deux cents tasses.

216 *Frankenberg-Ludwigsdorf*, le Comte de, Fab. Tillowitz, Silésie.—Faïencerie; console en faïence, argentée.

217 *Matschass, J. G. H. Veuve, et Fils*, Fab. Francfort-sur-l'Oder. — Faïence et poterie, comprenant consoles, lampes, vases, plateaux, &c.

218 *Pätsch & Hintze*, Fab. Francfort-sur-l'Oder. — Grand assortiment de faïencerie.

219 *Tielsch, Chevalier, et Cie.* Fab. Altwasser, Silésie.—Grand assortiment de porcelaine, peinte et blanche, remarquable par sa blancheur et son brillant.

220 *Förster, J. S.* Fab. Grünberg, Silésie.—Spécimens de laine et de fils de laine; draps de différentes qualités et couleurs; draps zéphir, &c.

222 *Bongé, A. L.* Fab. Potsdam.—Quantité de figures et consoles en pierre et en bois, sculptées, bronzées et dorées.

223 *Bauer, R.* Inv. et Fab. Schwerin-sur-Warthe.—Jardinière, dans le style gothique.

224 *Baumann, Louise*, Prod. Berlin.—Ecran, brodé en peluche.

225 *Zeisig, H.* Fab. Breslau.—Cordons de sonnettes en soie, soie et or, soie et argent.

226 *Gropius, P.* Fab. Berlin, (Agents Mr. W. F. Sachse, 3c Trinity Square, Bow, and Messrs. Knigsford & Lay, Londres).—Ornement de partition, consistant en statuettes, glaces, médaillons, &c., en carton-pierre; divers articles de papier mâché.

227 *Müller, F. L.* Fab. Berlin.—Cadres dorés, fabriqués depuis sept ans et parfaitement conservés.

228 *Stab, C. G. aîné*, Fab. Berlin.—Assortiment d'objets de fantaisie en cuir.

229 *Richt, G.* Fab. Berlin.—Buffet, et buffet à étagères, sculptés.

230 *Elsholtz, F.* Fab. Berlin.—Spécimen de parqueterie.

231 *Alberti, Frères*, Prop. Waldenbourg, Silésie. Platilles Royales, telles qu'on les exporte au Mexique et aux Indes Occidentales.

232 *Becher, F. E.* Fab. Berlin.—Chaise longue, à mécanisme, avec un pupitre pour lire.

233 *Bellow, F.* Fab. Berlin.—Spécimens de corniches en papier-mâché doré.

234 *Bengen, D.* Fab. Berlin.—Stores peints en couleurs et à la sépia.

235 *Cantian, C.* Inv. Berlin.—Piédestal, dessus de table en marbre; dessus de table circulaire en granit rouge; grand vase avec piédestal.

236 *Küttner, C. A.* Fab. Wolgast.—Presse à linge.

237 *Schievelbein, J. F. E.* Fab. Berlin.—Table octogone, mosaïque de bois indiens très-rares; échantillons de ces bois;

chaise longue, pouvant être divisée en plusieurs parties.

238 *Sommerfield & Hubner* Fab. Potsdam.—Tables rondes en acajou.

239 *Wamp, C. & Schröder*, Fab. Berlin.—Stores peints.

240 *March, E.* Fab. Thiergarten, près Charlottenburg.—Fontaine, ornée d'un piédestal, groupe d'enfans, &c.; grand vase gothique; deux vases italiens, &c., faits avec de la poussière du grand chemin, &c.

241 *Ungever, C.* Fab. Hirschberg.—Tuyaux en porcelaine.

242 *Engeler, H. & Fils*, Fab. Berlin.—Grand assortiment de brosserie.

243 *Kersten, A.* Fab. Berlin.—Cadres en papier mâché pour daguerréotypes; articles divers, tels que porte-feuilles, porte cigares, &c.

244 *D'Heureuse, C.* Fab. Berlin.—Chapeaux de paille de Bruxelles, de Suisse, &c.; chapeau de paille d'Italie, &c.

245 *Dreusike, W. & L.* Fab. Neu Ruppin.—Pupitre à coffre-fort et à pendule; table à ouvrage pour dame.

246 *Körner, M.* Fab. Schönau, Basse Silésie.—Panier, composé principalement d'etain, de plomb, et de verre, et consistant de plusieurs milliers de parties.

247 *Mess L. & Cie.* Fab. Brandebourg.—Spécimens de bois dorés sur tranches.

248 *Gebhardt, C. A.* Fab. Berlin.—Porte-feuilles et albums en maroquin et velours; porte-feuilles, porte-cigares, porte-monnaies, &c.

249 *Moniac, E.* Fab. Berlin. — Papiers bosselés pour décoration; cartes de visite de nouvelle année, &c.; papiers bosselés et dorés; enveloppes pour confiseurs, &c.

250 *Wunder, L.* Fab. Inv. et Prop. Liegnitz.—Echantillon de savon de ménage; savon d'huile de palme et de suif; savon d'ananas.

251 *Mossner, A.* Fab. Berlin.—Bourses, porte-cigarres, porte-feuilles, boîtes de carton.

252 *Gerlach, C. F.* Fab. Naumburg; (Agent à Londres A. Heinzmann, 17 Ironmonger Lane, Cheapside).—Boîtes en carton, avec jouets d'étain.

253 *Ringelhann*, Fab. Hirschberg, Silésie.—Chèvre empaillée; poulain empaillé, sans couture.

254 *Dachmel, H.* Fab. Quaritz, Basse Silésie.—Divers échantillons de savon.

255 *Sarre, H. jeune*, Fab. Berlin.—Divers échantillon de savon de couleurs grise et blanche; savon-soude d'huile de palmier; savon de suif.

256 *Bahn, A. E.* Fab. Berlin.—Assortiment de poupées.

257 *Wigdor, M.* Fab. Berlin.—Cannes de parapluies et d'ombrelles.

258 *Tzitschke*, Fab. Soran.—Boutons de nacre, de noix de coco, d'écaille, et de corne.

259 *Zeschke, L.* Fab. Mullrose, près de Francfort-sur-l'Oder.—Hâvre sacs de chasse; gibecières; grands sacs en filet.

260 *Krebs, W.* Fab. Berlin.— Bourses, porte-feuilles, étuis, et autres articles en maroquin.

261 *Krumteich, L.* Fab. Schwiebus.—Corbeilles de cire blanche, avec ornements peints et dorés; cierges ornés, &

262 *Motard, A. & Cie.* Fab. Berlin.—Echantillons d stéarine, préparée de diverses manières; bougies stéarines; graisse d'huile de palmier, et chandelles qui en sont manufacturées; ces chandelles ont une couche extérieure de stéarine.

263 *Palis, A.* Fab. Berlin.—Savon d'huile de suif et d'huile de palmier; suif pour chandelles, &c.

264 *Schmerbauch, H.* Fab. Berlin.—Porte-cigares, porte-feuilles, bourses, porte-clés, de cuir et de paille.

265 *Söhlke, G.* Fab. Berlin.—Jouets: un régiment anglais en parade devant S.M. la Reine Victoria, et le cortège royal, formé de figures peintes en acier.

266 *Fechner, F.* Fab. Guben.—Bordures dorées et ornées; fleurs et feuilles artificielles; papier doré, argenté, et de couleurs; articles pour relieurs, confiseurs, et parfumeurs.

267 *Geiss, M.* Fab. Berlin.—Statues en zinc, moulées.

268 *Bergmann, L.* Inv. Warmbrunn, Province of Silésie.—Paysage et animaux, découpés en os, de dimensions microscopiques.

269 *Dähns, A.* Inv. Berlin.—Guirlande de fleurs, taillée d'un bloc de bois de chêne.

270 *Alberty, J.* Inv. Berlin.—Cadre sculpté en bois et doré d'après un dessin de Slüter; madone sculptée en tilleul appartenant au Roi de Prusse; relief en bois, représentant Silène.

271 *La Fonderie Royale Prussienne*, Berlin.—Groupe de figures, en fonte; le vase de Warwick, doré à l'intérieur; le vase athénien, avec figures et anses, doré à l'intérieur; le vase d'Alexandre, dont les bords sont ornés de reliefs d'après Thorwaldsen, monté en argent, et doré à l'intérieur.

272 *Eichler, G.* Inv. Berlin (Agents à Londres, Williams & Norgate, 14 Henrietta Street, Covent Garden).—Plâtres de Paris; bas-reliefs, médailles, médaillons.

273 *Drake, Prof. F.* Inv. Berlin.—Haut-relief en plâtre de Paris; portion du piédestal du monument de Frédéric Guillaume III à Berlin, &c.

274 *Engel, F.* Inv. Berlin.—Rabot à ondulations, ellipsoïde.

275 *Möhring, F. L.* Inv. Berlin.—Haut-relief et ornement de table à deux couleurs, argentés et dorés par 1 procédé électrique; vases à fleurs, &c.

276 *Liedel, C. J.* Inv. Warmbrunn.—Compositions artificielles de mousse et de papier, représentant Warmbrunn, et autres lieux.

277 *Kruse, C. B.* Inv. Stettin.—Modèles en liège de la porte de Bâle, du château de Rheinstein, &c.

278 *Krause, M.* Inv. Berlin.—Plâtres des douze apôtres en onyx sculpté du bouclier offert par le Roi de Prusse au Prince de Galles; bracelets de compositions diverses, &c.

279 *Kiss, A.* Sculp. Berlin.—Groupe colossal en zinc bronzé, représentant une amazone à cheval attaquée par un tigre, d'après le bronze placé à l'entrée du Musée Royal, à Berlin; autre groupe du même sujet, en bronze, et sur une plus petite échelle.

280 *Devaranne, S, P. & Fils*, Inv. Berlin.—Fontes en zinc; un lion; une panthère; Vénus, &c.; assortiments de belles fontes en acier; bijouterie.

281 *Fisher, K.* Inv. Berlin.—Portrait de S.M. l'Impératrice de Russie (onyx); médailles en bronze; reliefs en ivoire.

282 *Winkelmann, J.* Inv. Berlin.—Statue de Frédéric II, Electeur de Brandebourg; plateaux; porte-mouchettes; chandeliers; candélabres; corbeilles à pain et à argenterie, &c., produits par un procédé galvano-plastique.

283 *Franz, J.* Inv. Berlin.—Groupe en plâtre, représentant un berger attaqué par un léopard.

284 *Hänel, E.* Berlin (Agent à Londres, Mr. M. Kronheim, 32 Paternoster Row.) Boîtes contenant 500 certificats d'actions, billets de banque, étiquettes de toutes sortes: noirs, coloriés et en or.

285 *Kalide, T.* Inv. Berlin.—Groupe d'une Bacchante, et d'une panthère, coulé en plâtre sur du marbre; enfant et cygne, en bronze.

286 *Pfeuffer, C.* Inv. Berlin.—Médailles en bronze et en métal blanc.

287 *Müller*, Artiste, Berlin.—Bronzes: le prince de Prusse à cheval, &c.; toile d'araignée rompue; articles uniques.

288 *Sondermann*, Inv. de l'Académie Royale Berlin.—Tête de cerf, prise d'après nature, dans la saison du rut, en plâtre, recouverte de cire, et vernie; tête de chevreuil, sculptée en pierre.

289 *Fribel, L.* Sculp. Berlin.—Chien de Terre-Neuve en bronze; statue en bronze, représentant l'Espoir, d'après le modèle de Rauch.

290 *Heymann, C.* Prop. Berlin.—Ouvrages d'architecture avec 48 illustrations; carte typographique des environs de Berlin et de Potsdam.

291 *Seeling, G. W.* Inv. Berlin.—Façade de l'arsenal royal de Berlin.

292 *Möller, C.* Inv. Berlin.—Groupe en bronze; enfant avec chien de Terre-Neuve; jeune fille avec dogue.

293 *Frantz, J.* Inv. Berlin.—Statues en bronze; la Victoire sur un rocher, jetant une couronne au vainqueur; la Victoire écrivant les noms des héros dans le livre de l'histoire.

294 *Fadderjahn, B.* Inv. Berlin.—Moulages; bas-relief gothique en bronze, en commémoration de l'union des princes allemands pour terminer la cathédrale de Cologne.

295 *Bianconi, F.* Inv. Berlin.—Bustes en marbre; Berlin d'après Thorwaldsen; Paris d'après Canova; Vénus d'après Thorwaldsen.

296 *Fischer, C. H.* Inv. Berlin.—Aigle en bronze; statue représentant une fille en prières; Danaïde en bronze.

297 *Dietrich, F.* Inv. Berlin.—Deux têtes d'enfants jouant, en marbre de Carrare.

298 *Frith, G.* Inv. Berlin.—Bronze représentant la chasse aux papillons.

299 *Kesseler, C.* Griefswald.—Statue en bronze, grandeur naturelle, de la muse Polymnie, d'après la statue antique du Musée Royal de Berlin.

300 *Konarzewski, A.* Sculp. Berlin.—Groupe en bronze: Un enfant et une pendule. Modelé par Albert Wolff, sculpteur et membre de l'Académie des Beaux-Arts de Berlin.

301 *Mansis, H.* Inv. Berlin.—Collection de modèles pour doreurs, en composition de soufre.

302 *Runge, Dr.* Inv. Oramenbourg.—Peintures par agence chimique. Ce procédé peut être employé par les peintres, les dessinateurs, et les imprimeurs sur tissus. Nouvelle invention.

303 *Schropp, Simon, & Cie.* Editeurs, Berlin.—Cartes géographiques, imprimées par une planche en cuivre; cartes lithographiques, imprimées et coloriées; cartes géologiques.

304 *Stetter, C. G.* Prop. Breslau.—Modèle en papier d'un vieux théâtre grec.

305 *Sussmann, L.* Inv. Berlin.—Modèle de l'obélisque de Luxor, à Paris, électrotype et doré.

306 *Winkelman & Fils*, Inv. Berlin.—Lithographies coloriées.

307 *Wolff, A.* Dess. Berlin.—Groupe en marbre: Un jeune fille avec un agneau.

308 *Zebger, F. W.* Artiste, Berlin.—Vitraux peints.

309 *Bernhard, Afinger T.* Berlin.—Portraits et statuettes en bronze.

310 *Bläser, G.* Inv. et Mod. Berlin.—Statue en bronze de Beethoven; statue équestre, aussi en bronze, de l'Impératrice de Russie.

310A *Siemens & Halske*, Prop. et Brev. Berlin.—Télégraphes électriques fonctionnant; télégraphe indicateur, en communication avec deux instruments à imprimer, avec un instrument intermédiaire avec alarum; télégraphes de chemins de fer; nouveau télégraphe à un seul fil métallique; autres systèmes de télégraphies; électroscopes, &c.

b. Grand Duché de BADE; parties meridionales des Provinces Occidentales de la PRUSSE, et HESSE ELECTORALE.

311 *Biegel, J.* Prop. Orettnich.—Manganèse en morceaux et en poudre.

312 *Bischof & Rhodius,* Linz sur-le-Rhin.—Blanc de plomb et zinc blanc; céruses.

313 *Bleibtreu, L.* sur la Hard, près de Bonn.—Deux blocs cylindriques d'alun ordinaire et raffiné.

314 *Brasseur & Cie.* Inv. & Fab. Cologne.—Plaques oxydées.

315 *Bredt & Cie.* Stolberg.—Minerais de zinc et de plomb; carbonate et blanc de plomb; soufre de plomb, &c.

316 *Meinerzhagen & Kreuser, Frères,* Mechernich et Commern.—Produits des mines de plomb de Mechernich, &c.

317 *Porzelt & Harperath.* Fab. Cologne.—Cheminée de marbre blanc, style renaissance; plaque de marbre coloré.

318 *La Société des mines et fonderies d'Eschweiler.* Stolberg.—Minerais de plomb et de zinc; bloc d'argent; plaque de spalt et lingot de plomb raffiné.

319 *Mülmann. A.* de Prop. Zeche Plato.—Tourbe; argile et brique réfractaires; creuset.

320 *Waldthausen, W. O.* Ravenburg.—Blanc de plomb.

321 *Landau, S.* Coblentz et Andernach sur-le-Rhin —Pierres meulières de lave.

322 *Hagen, F.* Cologne.—Minerai de zinc et de calamine, extraits de la mine Margaretha Josephe, à Berg-Gladbach, près de Mülheim.

323 *König, G.* Trères.—Pierres pour édifices et pour sculpture.

324 *Fonderie d'acier,* de Lohe, près de Bonn.—Acier spéculaire; fonte en gueuse; minerai de fer employé dans la fabrique de l'acier; acier de première et seconde qualité; minerais de fer carboné et oxide hydraté; scorie du haut-fourneau, &c.

325 *Weber, C.* Fab. Mannheim.—Cailloux, extraits du lit du Rhin, taillés en diamants; exposés pour le fini de la taille.

326 *Les Mines Royales d'Eske,* près Siegen.—Echantillons d'acier.

327 *Marquardt, le Dr. L. C.* Bonn.—Chloroforme; alcool sulfureux; acétum concentré pur.

328 *Pauli, O.* Fab. Carlsruhe.—Prussiate de potasse; sel ammoniac; muriate d'ammoniaque; phosphore.

329 *Koch, C. A.* Fab. Kieppemühl, près de Bergish sur le Rhin.—Papier à lettre, blanc, et azuré, fin et épais; divers formats de papier pour le commerce; papier doux pour imprimeurs, &c.

330 *Eipenschleid, L.* Fab. Neuœied.—Fécule.

331 *Welcker, A. C.* Fab. Wallergheim, près Coblentz. Fécule.

332 *Wahl, F.* Neuwied.—Farine de sagou et fécule.

333 *Weerth, A. & Cie.* Bonn.—Farine de pommes-de-terre.

334 *Wiesman, A. & Cie.* Augustenhütte, près de Bonn. —Huile minérale; charbon bitumineux; laque, &c.

335 *Flockenhaus & Cie.* Cologne,—Teinture pour le drap; indigo préparé; bourre de couleur et laine de mérinos.

336 *Loosen, J. G.* Cologne.—Colle de Cologne.

337 *Römer, Ch.* Fab. Brühl.—Huile d'os raffinée; huiles.

338 *Grund, Karlsruhe.*—Deux tableaux peints par de nouveaux procédés.

339 *Homberg & Scheibler,* Eupen.—Echantillons de cuirs-laine; draps d'amazone.

340 *Mengelbier, J.* Fab. Aix-la-Chapelle.—Voiture de promenade ou calèche.

341 *Mies, A. & Fils.* Fab. Cologne.—Assortiment de bandages.

342 *Richard, L.* Inv. et Fab. Berlin et Locle, Neufchâtel. —Chronomètre nautique, et plan extricatif; nouvelle invention.

343 *Dorer, M.* Fab. Bade.—Montre à secondes, d'ivoire, à vis d'or et à mouvement en acier; pesant une demi-once; autre montre ne pesant que ⅜ d'once.

344 *Baunscheidt, C.* Inv. Endenich, près de Bonn.— instrument de chirurgie appelé baunsheidt; sangsues mécaniques.

345 *Rolffs & Cie.* Fab. Cologne.—Mouchoirs et calicos imprimés.

346 *Wagner & Fils,* Fab. Aix-la-Chapelle.—Douze pièces de drap.

347 *Christoffel, L.* Fab. Montjoie.—Cuirs-laine pour hiver et été.

348 *Elbers, J. H.* Fab. Montjoie.—Casimirs de fantaisie.

349 *Jansen, J. W.* Fab. Montjoie.—Etoffes de laine pour paletôts d'été; cuirs-laine pour été et hiver.

350 *Offermann, F. W.* Fab. Imgenbruck, près Aix-la-Chapelle.—Cuirs-laine de couleur.

351 *Merelbach, T. & Fils,* Fab. Montjoie.—Cuirs-laine pour été et hiver.

352 *Müller, M. W.* Fab. Montjoie.—Cuirs-laine pour été et hiver.

353 *Sauerbier, J. A.* Fab. Montjoie.—Cuirs-laine pour hiver et pour été.

354 *Scheibler, F. J.* Fab. Montjoie.—Cuirs-laine pour été; flanelle mélangée de déchet de soie, et de laine; dessins Jacquart pour étoffes d'hiver.

355 *Ulenberg & Schnitzler,* Fab. Opladen, près Cologne. —Fils de laine à trois tords; laine à tricoter et autres fils.

356 *Menzerath. J.* Fab. Imgenbruch, près d'Aix-la-Chapelle. (Agents à Londres, *Droin, Crüger & Cie.* 47A Moorgate Street.)—Satins de laine noire, en laine de Silésie.

357 *Haas, L. F. & Fils,* Fab. Burtscheid, près Aix-la-Chapelle. (Agent à Londres, M. Henri Hoffmann).—Drap blanc; casimir pour gilets de cour; satins pour pantalons de cour; satins de couleur, &c.

358 *Visseur, P.* Fab. Aix-la-Chapelle.—Satin de laine et draps pour femme.

359 *Zambona, J. & G. Frères,* Fab. Burtscheid. (Agent à Londres, H. Kayser, 27 Basingall Street).—Cachemires d'hiver et d'été, &c.

360 *Andreae, C.* Fab. Mühlheim-sur-le-Rhin, près de Cologne.—Assortiment de velours et de peluches.

361 *Villeroy & Boch,* Wallerfangen, près Saurbouis, et Mettlack, près Merzig, Fab. et Prop.—Poterie de grès fine, avec ornements et peintures; poterie ordinaire et fine; poterie de cuisine.

362 *Boehme, C. L.* Fab. Aix-la-Chapelle et Imgenbruch, —Drap de cachemire.

363 *Brugmann, & Cie.* Burtscheid, près d'Aix-la-Chapelle. —Cachemires de fantaisie: camelot de poil de chèvre.

364 *Feaux & Riedel,* Fab. Aix-la-Chapelle.—Drap de Russie pour habits de promenade; laine de cachemire.

365 *Schöller, A. & P.* Fab. Elberfeld.—Echantillons de fil teint en rouge d'Andrinople.

366 *Haan, C. & Fils,* Fab. Moselkern près Coblentz.— Couvertures de laine; couvertures de cheval.

367 *Hendrichs, F.* Fab. Eupen.—Echantillons de draps fins et superfins.

368 *Pauli, H. & Bucholz,* Fab. Burtscheid.—Assortiment de draps.

369 *Peill & Cie.* Fab. Düren.—Draps teints en laine écrue de Silésie.

370 *Kayser, A.* Fab. Aix-la-Chapelle.—Drap léger croisé, et draps amazone.

371 *Kesselkaul, J. H.* Fab. Aix-la-Chapelle.—Drap noir croisé, drap uni, et satin de laine.

372 *Kleinschmidt & Halfern, Von,* Fab. Burtscheid.—Draps croisés, draps d'amazone.

373 *Knops, Frères,* Fab. Aix-la-Chapelle.—Drap noir uni, et drap croisé; satin de laine noir.

374 *Schöller, L. & Fils,* Fab. Düren.—Etoffes de drap, qualités diverses.

375 *Thywissen, Frères,* Fab. Aix-la-Chapelle.—Drap léger croisé, draps pour paletot; satins de laine; draps de cachemire.

376 *Sternickel & Guelcher,* Fab. Eupen, près d'Aix-la-Chapelle.—Drap noir à côtes.

377 *Pass, C. G.* Fab. Remscheid.—Rubans de soie; rubans filoselle; lacets et rubanerie de soie et filoselle.

378 *Anthoni, A.* Fab. Imgenbruck.—Satin-laines noirs.

379 Rubans de velours; gilets de velours, et de velours et peluche.

380 *Felten & Guilleaume,* Fab. Cologne.—Cordes de fil de fer; cordes de chanvre; amidon de froment.

381 *Federer, Frères,* Fab. Freibourg, Bade.—Cuir de veau noir verni; botte de cuir; parties de bottes de veau.

382 *Heintze & Freudenberg,* Fab. Weinheim. (Agent à Liverpool, L. Heintze, 1 School Lane).—Veaux vernis et cirés, pour chaussure.

383 *Oberconz, H.* Fab. Trèves.—Peaux de cuir maroquin; empeignes d'Allemagne et de Java; tiges et semelles, pour chaussure.

384 *Weber, W.* Fab. St. Vith.—Peau de veau noire de Java.

385 *Berres, M.* Fab. Trèves.—Cuir.

386 *Buschmann, J. W.* Fab. St. Vith.—Cuir de semelles; peau tannée d'un bœuf de Buenos Ayres.

387 *Leudersdorff, A. C.* Mülheim.—Cuirs de bœuf et de veau; tiges de bottes.

388 *Weiland, F.* Fab. Cassel.—Boîte contenant une paire de pistolets et les accessoires.

389 *Engel, P.* Inv. et Fab. Hanau.—Epreuves d'impression, par une presse perfectionnée.

390 *Sommer, J.* Fab. Heidelberg.—Portefeuille et appareil à écrire; boîtes à gants, à ouvrages, &c.

391 *Karcher, F.* Inv. et Fab. Carlsruhe.—Papier a tracer, dessiner, et modeler, fabriqué d'après un nouveau système.

392 *Hösch & Fils,* Fab. Düren.—Papier de soie et à lettre.

393 *Schüll, L.* Fab. Düren.—Assortiment de papier à lettre.

394 *Piette, L.* Fab. Dillingen.—Assortiment de papier à lettre.

395 *Flammersheim, W.* Fab. Cologne.—Tapisseries, d'après des tableaux originaux.

396 *Meixel, A.* Fab. Bade.—Châles de lin tricotés, travaillés à deux aiguilles et un seul fil.

397 *Rössler, C.* Fab. Hanau.—Chapeaux de feutre et de soie, conditionnés pour l'exportation.

398 *Leimkühler, L.* Fab. Aix-la-Chapelle.—Chapeaux en feutre et en soie.

399 *Schützendorff, H. J.* Fab. Cologne.—Bottes fines d'homme; bottes, &c.

400 *Kohlstadt, L.* Fab. Cologne.—Bretelles et jarretières de caoutchouc.

401 *Wahlen & Schmidt,* Fab. Cologne.—Ganterie.

402 *Schön, P.* Fab. St. Goar.—Scies pour orfèvres, pour charpentiers et pour fabricants de peignes; les lames sont faites avec l'acier des ressorts des montres de Suisse et de France.

403 *Ulrich, T.* Fab. St. Goar.—Scies de différentes dimensions, employées par les orfèvres, les fabricants de peignes, les tourneurs en ivoire et les menuisiers.

404 *Reinecker, G. A. & Cie.* Fab. Cologne.—Epingles, hameçons, &c.; fils métalliques élastiques, représentant des arches gothiques, surmontées des armes de la ville de Cologne.

405 *Schleicher, C.* Fab. Bellevallée.—Fil d'acier fondu galvanisé; anneaux de fil de métal; assortiment d'aiguilles.

406 *Assmann, J.* Fab. Neuwied-sur-le-Rhin—Articles fabriqués de tôle, et étamés à l'étain banca.

407 *Beissel, (veuve) & Fils.* Fab. Aix-la-Chapelle.—Assortiment d'aiguilles; aiguilles à passer et à tricoter, &c.

408 *Käsen, J.* Fab. Cologne.—Fourneaux en fer ornés.

409 *Juender, J. (Veuve),* Fab. Hanau.—Assortiment d'émaux de toutes couleurs.

410 *Steinhaeuer & Bier,* Inv. et Fab. Hanau.—Bijouterie; broches, bracelets, bagues.

411 *Backes, J. F. & Cie.* Inv. et Fab. Hanau. (Agent à Londres, T. Sachs, St. George Terrace, Hyde Park).—Grand assortiment de bijouterie.

412 *Weishaupt, C. M. & Fils,* Hanau. (Agent à Londres, R. Phillips, 31 Cockspur Street).—Echiquier complet, d'or et d'argent, style renaissance, orné d'émaux, de pierres précieuses, et de perles. Les figures principales représentent Charles Quint et Marguerite de Parme, François 1er et Marguerite de Valois, &c.; corbeille en argent, &c.

413 *Haulick, G. F.* Fab. Hanau.—Fleurs en brillants et rubis, dont les feuilles sont d'émeraudes et d'émaux, dans un vase d'or émaillé.

414 *Wagner, A.* Prod. Sulzbach.—Assortiment de bouteilles à vin.

415 *Wiegandt, F.* Fab. Cologne.—Petit table ronde en mosaïque, composé de 24,700 morceau; spécimens de mosaïque pour parquets.

416 *Kramer, C. A.* Inv. Cologne.—Corniche et ornements en stuc.

417 *Engelhardt & Karth,* Fab. Mannheim.—Papiers peints.

418 *Noe, O.* Fab. Hanau.—Modèle de lustre en gypse.

419 *Faller, Trittscheller & Cie.* Fab. Lenzkirch, Forêt Noire.—Chapeaux de paille, pour hommes et enfants; porte cigares.

420 *Nees, A. F.* Fab. Cologne.—Moulures en bois, pour cadres, ébénisterie, décors, &c.

421 *Pallenberg, H.* Fab. Cologne.—Secrétaire de dame en bois de palissandre.

422 *Kendall, H.* Cologne et Aix-la-Chapelle. (Agent à Londres, P. Kendall, 8 Harp Lane, Great Tower Street, Londres).—Eau-de-Cologne et parfumerie.

423 *Leven, F.* Inv. et Fab. Heidelberg.—Collection de têtes, &c.; d'animaux.

424 *Spendech, J. P. & Cie.* 18 Grosse Neugasse, Cologne.—Eau-de-Cologne double.

425 *Martin, M. C.* Cologne.—Eau de Cologne de qualité supérieure; esprit de mélisse.

426 *Farina, J. M.* 4 Place Julien, Cologne.—Echantillons d'eau de Cologne.

427 *Herstatt, C. & Cie.* Cologne.—Eau-de-Cologne de différentes qualités.

428 *Moosbrugger & Kobbe,* Fab. Coblentz.—Dessus de table et cassette en mosaïque de marbre.

429 *Weygold, A.* Inv. Eckelent.—Tapisserie: "Ruth et Booz."

430 *Kechel, K. F.* Herboriste, Mannheim.—Groupe pittoresque de plantes des Alpes; volume contenant une collection de plantes Alpines.

431 *Cauer, C.* Inv. Creuznach.—Statue d'Arminius, prince des Chérusques, en ôtage à Rome, méditant sur la liberté de l'Allemagne; stuc, cuivre galvanisé et marbre de Carrara.

432 *Dickert, T.* Fab. Bonn.—Cartes en relief du "Siebengebirge" sur le Rhin; du Mont Vésuve; démontrant les relations géologiques et orographiques des deux régions.

c. Provinces PRUSSIENNES et LITHUANIE.

433 *Saucken, A. De*, Prod. Julienfelde.—Deux toisons de laine.

434 *Wätcher, J*, Prop. et Fab. Tilsit. (Agent à Londres A. Gubba).—Tourteaux de graines de lin et de navette; charbon animal; lie de sucre pour engrais.

435 *Hermann, C*. Fab. Danzig.—Deux chandeliers de bronze.

436 *Lieck, A.* Fab, Marienwerder. — Cafetières et théières de voyage; broyeur d'amandes pour massepains.

437 *Löwenson, M*. Fab. Tilsit.—Une tour en filigrane ornée de grenats, pareille à celles dont les juifs se servent pour célébrer le sabbat.

438 *Mannheimer, W*, Prod. Könisberg.—Echantillons d'ambre.

439 *Hoffman, C. W.* Fab, Danzig. — Divers articles fabriqués d'ambre.

440 *Hoffman, G. J.* Fab. Danzig.—Divers articles fabriqués d'ambre.

441 *Roy, W. de*, Fab. Danzig. — Collection d'ambre brut; plateau à thé, orné des armes de la Grande Brétagne; tabatière; manche de poignard; broches, bracelets et cachets; fabriqués d'ambre.

442 *Reichel, Frères*, Fab. Tilsit.—Cordes d'instruments de musique.

443 *Heydenreich*, Prop. Tilsit. — Scène de l'histoire sainte, sculptée sur bois.

444 *Grzybowski, Rév.* Prop. Berent. — Sculpture sur bois (encadrée) représentant un vase de fleurs, des oiseaux, &c.

d. Parties Septentrionales de la HESSE Electorale, et des PROVINCES OCCIDENTALES de la Prusse; Principauté de LIPPE.

445 *Salines Royales*, Durnberg.—Echantillons de sel à grain fin et moyen.

446 *Worster, C. D.* Prod. Eilpe, près Hagen. — Fontes de fer, malléable et décarbonisé, pour coutellerie.

448 *Lehrkind, Falkenroth & Cie.* Fab. Harpe, près Hagen. (Agent à Londres, E. Riepe, 38 Finsbury Square.)—Echantillons d'acier allemand; acier en barres raffiné; essieu en acier pour waggon, breveté.

447 *Compagnie par action de Mülheim* (Directeur, M. Stinnes), Muhlheim-sur-Ruhr.—Echantillons de coke purifié de toute substance hétérogène, tiré du charbon des mines Victoria Mathias.

448 *Stinnes, H. A. S. M.* Prod. Muelheim-sur-Ruhr.—Coke, dégagé de toutes substances hétérogènes.

449 *Dressler, J. H., ainé*, Fab. Siegen.—Echantillons de minérai de fer, fer forgé, fer en barres, en saumons, &c.

450 *La Compagnie des Houillères Réunies, Saelzer & Neuack*, Prod. Essen.—Echantillons de charbon de terre, produit de la mine réputée pour posséder plus de parties bitumineuses sans soufre, qu'aucune autre mine du pays.

451 *Lambinon, Ulrich & Cie.* Brilon, près d'Arnsberg.—Minerai de plomb et d'argent; sulfure de plomb et de zinc.

452 *Rochaez, C. & Cie.* Fab. Mülheim. (Agent à Londres, C. Rothschild, 2 New Court, Swinthin's Lane.—Blanc de zinc, substituant le blanc de plomb; spécimens de minerai de zinc grillé; zinc en feuilles.

453 *Böing, Röhr & Lefsky*, Prod. Limburg.—Pièces d'acier en barres, roulées, et arrondies au marteau.

454 *Hambloch, J.* Prop. Crombach, près Siegen.—Echantillons d'acier raffiné et brut; minerai de fer, &c.

455 *Haniel, F.* Ruhrort sur la Ruhr.—Coke et charbon de terre; charbon des mines Heinrich, Steingatt, Hagenbeck, Zollverein, &c.; coke de Schölerpa, &c.

456 *Harkort & Fils*, Wetter, sur-la-Ruhr.—Echantillons d'acier d'Allemagne recommandé pour armes en acier fondu; acier pour couteaux; acier commun pour limes; ressorts en acier, &c.

457 *Krimmelbein & Bredt*, Barmen.—Prussiate rouge de potasse; poudre de bleu royal; extrait d'indigo, et divers produits chimiques.

458 *Curtius, J.* Duisburg sur-le-Rhin.—Bleu et vert d'outremer pour peintres, vernisseurs, imprimeurs, &c.

459 *Gutheil & Cie.* Prod. Düsseldorf. — Prussiate de potasse.

460 *Stohmann & Wustenfeld*, Fab. Neusalzwerk, près Minden.—Produits chimiques des salines de Neusalzwerk.

461 *Wesenfeld & Cie.* Barmen.—Echantillons de potasse contenant 99½ p. °/₀ de carbonate de soude pour verreries; chlorure de chaux; antichlore, substance employée pour neutraliser l'effet du chlorure de chaux après le blanchissage, particulièrement employé par les fabricants de papier.

462 *Horstmann & Cie.* Fab. Horst, près Steele.—Bleu d'outremer.

463 *Mines Royales d'Alun*, Schwemsal, près Düben.—Alun crystalisé raffiné, contenant seulement une partie imperceptible de fer; acide sulfurique; argile connu sous la dénomination d'alumine.

464 *Mathes & Weber*, Fab. Duisburg, sur-le-Rhin.—Acide muriatique; chlorure de chaux; potasse; sulfate de soude et autres produits chimiques.

465 *Fabrique Electorale*, Schwarzenfels. — Couleurs: bleus divers, smalts violets, zaffres, nickel avec outremer, &c.

466 *Schram, Frères*, Fab. Neuss.—Amidon pour apprêts de coton, toile et étoffes de soie; amidons de diverses qualités.

467 *Rocholl, T.* Fab. et Imp. Minden.—Echantillons de cigares.

468 *Carstanjen, A. F. (jeune)*, Fab. Duisburg, près Düsseldorf.—Echantillons de tabac à fumer, à priser, et cigares. (Agent à Londres, MM. Mess et Cie.)

469 *Jaeger, C*, Fab. Barmen.—Extrait de safran, qui donne une belle couleur rose à la soie, au coton, à la toile, au papier, et aux fleurs artificielles.

470 *Elmendorf, E. F.* Isselhorst, près Bielefeld.—Chanvre filé et chanvre brut.

471 *Becker, Sapp & Cie.* Fab. Fredeburg.—Champignons très grands, &c.

472 *Diepers, J. H.* Crefeld.—Machine pour filer la soie; machine à 40 dévidoirs pour tresser la soie.

473 *Piepenstoch & Cie.* Inv. et Fab. Hoerde, près Dortmund.—Axe creux avec deux roues à disques pour waggons de chemins de fer.

474 *Erdelen, C.* Fab. Elberfeld.—Peignes de tisserands, en acier fondu.

475 *Uhlhorn, C. G.* Fab. Grevenbroich, près Düsseldorf.—Cardes pour peigner la soie, le coton et la laine.

476 *Uhlhorn, H.* Inv. et Fab. Grevenbroich, près Cologne.—Trois machines à frapper la monnaie et les médailles. La supériorité de ces machines a engagé les gouvernements du Hanovre, de Mecklembourg Schwerin, d'Autriche, d'Italie, du Danemark, de la Suède, de la Russie, de France, de Belgique, &c., à en faire l'acquisition pour frapper la monnaie.

477 *Spangenberg, Sauer & Sturm*, Suhl.—Fusil de chasse à deux coups, avec boîte et accessoires perfectionnés, et ornemens riches.

478 *Schaller, C.* Fab. Suhl.—Carabine garnie en fer; fusil de chasse à monture dorée et ciselée. Cette carabine se charge par la culasse, à balles pointues; moules de balles pointues, &c.

479 *Sauer & Fils*, Fab. Suhl.—Fusil à deux coups; carabine à un coup; carabine ornée, avec accessoires.

480 *Schnitzler & Kirschbaum*, Solingen.—Lames de sabres et d'épées unies, polies et dorées; sabres et poignards d'infanterie et de cavalerie; épées d'officiers.

481 *Pistor, G. & W.* Fab. Schmalkalden, Kurhessen.— Carabines perfectionnée, le canon en acier fondu d'Allemagne.

482 *Suess, W.* Fab. Marburg, Electorat de Hesse. — Thermo-batterie avec aimant, appareil de chauffage et autre, produisant une réaction chimique.

483 *Seel, H. (ieune)*, Fab. Elberfeld.—Appareil pharmaceutique, et utensiles de chimie.

484 *Schrödter, E.* Fab. Dusseldorf.—Machine pour sécher et peser la soie; machine pour s'assurer du poids réel des soies en balles, &c., théodolite.

485 *Lampferhoff, J. & A.* Essen.—Nouvelle flûte solo; clarinette solo; clarinette de régiment.

486 *Heitemeyer, T.* Fab. et Inv. Munster.—Une table-piano (brevetée), invention nouvelle.

487 *Adam, G. A.* Fab. Wesel-sur-le-Rhin. (Agents à Londres, MM. Mess & Cie.)—Piano droit et piano oblique.

488 *Wiedemann, Pferdemenges & Schmölder*, Fab.—Echantillons de cordons de coton.

489 *Klöpper, H.* Wellentrupp, près Oerlinghausen.— Pièce de toile recommandée pour sa longue durée.

490 *Bolten, W. & Fils.* Kettwich-sur-la-Ruhr.—Draps de laine pour gilets et pantalons.

491 *Braun, Frères*, Hersfeld, Hesse.—Etoffes de laine de toutes couleurs.

492 *Teschenmacher & Kattenbusch, F. E.* Fab. Werden-sur-Ruhr.—Drap en laine, matière première de Silésie.

493 *Johanny-Abhoe, W. A.* Fab. Hückeswagen.—Draps de diverses couleurs.

494 *Beech, J. C. (Van Der)*, Fab. Dusseldorf.—Châles carrés et longs en laine; cache-nez; étoffes de laine pour habillements de dames.

495 *Wiese, Frères*, Fab. Werden-sur-Ruhr. — Etoffe de laine fabriquée de laine de Silésie.

496 *Schürmann & Schröder*, Fab. Lennep.—Echantillons de drap noir, diverses qualités; drap bleus &c., teints en laine.

497 *Oelbermann, J. D. Fils et Cie.* Fab. Lennep.—Echantillons de draps noirs et verts invisibles.

498 *Hilger, Frères*, Fab. Lennep, près Düsseldorf.— Draps fins, olive, bleu-vert, &c.

499 *Hueck, D. & A.* Herdecke-sur-la-Ruhr. — Draps: dahlia, bleu et noir.

500 *Huffmann, Frères*, Werden-sur-la-Ruhr.—Pièce de drap en laine de Silésie.

501 *Moll, C.* Hagen. (Agent à Londres, J. H. Kohn, 3 Fenchurch Buildings, Fenchurch Street.)—Echantillons de draps de laine, diverses couleurs; matières brutes de Saxe et de Silésie.

502 *Merten, J. F.* Fab. Urdenbach, près de Düsseldorf.— Molletons de coton et flanelles; flanelle rayée de toutes couleurs, en laine d'Allemagne et coton anglais.

503 *Schnabel, Frères*, Fab. Hükerswagen.—Echantillons divers de draps, bleus et noirs.

504 *Scheidt, Frères & Cie.* Fab. Kettwig-sur-Rhur. — Echantillons de marengo et d'étoffes rayées de laine.

505 *Scheidt, J. W.* Fab. Kettwig-sur-Ruhr.—Echantillons de satin de laine; cuir de laine gris, &c.

506 *Clarenbach, J. D. et Fils*, Hückeswagen.—Fil de laine cardée; vis à têtes rondes, plates et carrées.

507 *Feulgen, Frères*, Fab. Werden-sur-la-Ruhr.—Draps bleu-indigo; id. bleu-marin; id. noir, &c.

508 *Fortsmann & Huffmann*, Fab. Werden-sur-la-Ruhr. —Draps verts et noirs.

509 *Diergardt, F.* Fab. Viersen, près Crefeld.—Velours noirs de soie et coton, et tout soie; id. en couleurs; velours estampés et à dessins pour gilets; rubans de velours; peluches pour chapeaux de dame; velours perforé; écharpes estampées, &c.

510 *Duyn, Hipp & Cie.* Fab. Crefeld.—Etoffes de soie pour robes et parapluies.

511 *Storck, P.* Fab. Crefeld. — Etoffes en soie, couleur noire; satin qualité supérieure; cravates, soie et satin; châles et gilets.

512 *Kerkhoff, de, & Kreitz*, Fab. Crefeld.—Etoffes de soie pour ombrelles.

513 *Siebel, C. W. & Brink*, Fab. Elberfeld. — Rubans et passementerie.

514 *Simons, J. (les Héritiers)* Fab. Elberfeld.—Châles et étoffes de soie; écharpes, fichus pour dames; cravates, gilets et autres étoffes de soie.

515 *Schröers, G. & H.* Fab. Crefeld.—Etoffes pour gilets en soie et velours; gilets de fantaisie en soie et velours unis exposés pour l'orginalité des dessins, et le bon marché.

516 *Rappard & Cie.* Fab. Crefeld.—Assortiment de cravates en soie.

517 *Rappard & Gösmann*, Fab. Crefeld. — Etoffes de soie et velours.

518 *Peltzer, W.* Fab. Rheydt, près de Crefeld.—Etoffes soie, mi-soie, velours; échantillons de satin et de velours; étoffes pour gilets et cravates.

519 *Hæninghaus, C. W. & Fils*, Fab. Crefeld.—Rubans de velours de soie de fantaisie.

520 *Hermes, Frères & Wolfferts*, Fab. Crefeld.—Soieries; ombrelles brochées à dessins, en étoffes façonnées à la Jacquart, en satiné écossais, &c.

521 *Heydweiller, T. V. & Fils*, Fab. Crefeld.—Rubans tout soie, et soie et coton; galons pour chapeaux; rubans de serge, &c.

522 *Neuhaus, H. J.* Fab. Crefeld.—Assortiment de soie teintes et imprimées.

523 *Neviandt & Pfleiderer*, Fab. Mettmann, près d'Elberfeld.—Tabliers de soie de couleur; mouchoirs de soie à franges.

524 *Jacobs & Bering*, Fab. Crefeld.—Soie; satin; étoffes damassées pour ombrelles.

525 *Kaibel, J.* Fab. Crefeld.—Articles en soie et satin; gros de Naples; poult de soie écossais, uni et imprimé; satin et satin chiné pour ombrelles et parapluies.

526 *Lingenbrinck & Vennemann*, Fab. Viersen; (Agents à Londres, *Messrs. Walter & De Vos*).—Rubans de velours; velours noir et de couleur.

527 *Krahaus & Kauertz*, Fab. Crefeld-sur-le-Rhin.— Etoffes en satin; satin de coton noir, rouge et blanc; satin noir pour robes; les satins mêlés avec le coton sont généralement adoptés, étant à très-bas prix.

528 *Kupfer & Steinhauser*, Fab. (Ag. à Londres, Charles Holland, 41 Finsbury Circus).—Thibets, bleu français, satin d'Espagne, satin Berber vert, satin rayé vert.

529 *Meer & Cie.* Fab. Crefeld.—Soie pour robes; id. parapluies et ombrelles; échantillons de soie unie et façonnée pour robes et ombrelles.

520 *Menghius (Frères)*, Fab. Viersen, près de Crefeld. —Echantillons de velours de soie uni et épinglé, de différentes couleurs; velours; rubans de soie.

531 *Lumm J. W. & Rütten*, Fab. Crefeld.—Soieries exposées à cause de la beauté de la façon et le bon marché.

532 *Morgenroth & Krugmann*, Fab. Elberfeld.—Velours de diverses couleurs, pourpre, bleu de France, grenat, vert, cramoisi, &c.

533 *Greef, F. W.* Fab. Viersen.—Soies pour ombrelles et parapluies; soies; velours de soie et satins pour robes, gilets; cravates.

534 *Scheibler & Cie.* Fab. Crefeld.—Soieries moirées; velours de fantaisie; rubans de velours épinglé; id. étroits; id. garnis de franges; velours estampé et uni, &c.

535 *Bruck, H. (de) & Fils*, Crefeld.—Rubans de velours, de soie noir et de couleur, unis et à dessins; velours de soie uni.

536 *Bovenschen, H. & Cie.* Crefeld.—Etoffes de soie, pour robes de dame.

537 *Gerlich & Greiff*, Prod. Elberfeld.—Boutons en velours, soie, satin cordé, &c.

538 *Groote, H. G.* Fab. Ronsdorf, près Elberfeld.—Rubans de soie; galons en soie et coton pour chapeaux; ganses et bordures pour souliers, robes et manteaux; cordonnet de soie, &c.

539 *Brockmann F.* Fab.—Wellentrupp, Lippe Detmold.—Pièce de toile filée et tissée à la main.

540 *Velhagen, W. R.* Bielefeld.—Toile à mouchoirs filés à la main.

541 *Müller, J. G.* Fab. Marl, près Recklinghaussen.—Nappes et serviettes damassées, avec les armoiries du Comte Wetterhold, du Baron Wolf Metternich, du Comte Hombesch, &c.

542 *Wessel, F. W.* Fab. Spenge, près Bielefeld.—Mouchoirs en toile blanchie et écrue, tissés à la main en véritable lin de Westphalie.

543 *Westermann, A. H. & Cie.* Fab. Bielefeld et Cologne, (Agent à Londres: Arnsel, P. 20 Providence Row, Finsbury Square).—Echantillons divers de toile de lin, filée au rouet, tissée sur métier ordinaire et blanchie sur pré.

544 *Westermann, G. S. & Fils*, Fab. Bielefeld.—Toile blanchie et écrue; mouchoirs de batiste blanchis; linge de table damassé, &c., &c.

545 *Schwemann & Fils*, Fab. Lippstadt.—Echantillons de fils, filés à la main; exposés pour la bonne qualité et la modicité des prix.

546 *L'Ecole de Filature*, Heepen, Bielefeld.—Fils de lin.

547 *Döbel, H. J.* Fab.—Cordons de sonnettes; poches de dames, &c.

548 *Delius E. A. & Fils* Fab. Bielefeld.—Un assortiment de toiles fines et mouchoirs de poche, ayant le brillant de la soie.

549 *Eickholt, A. & Héritiers*, Fab. Warendorf.—Nappes en toile blanchie; toile en pièces; nappes blanches et écrues avec guirlandes de fleurs et paysages.

550 *Landwehrmann (Frères)*, Fab. Föllenbeck, près de Bielefeld.—Toile blanchie et écrue, fabriquée à la main, du lin de Westphalie.

551 *Ollerdissen, P.* Prod. Uerentrup, près de Bielefeld. Echantillons de lin.

552 *Königs & Bücklers*, Fab. Dülken, près Düsseldorf.—Fil; chanvre; cordes, pour tisserands; toiles cirées; chanvre d'Allemagne, &c.

553 *Kisker, W.* Fab. Halle, près Bielefeld.—Toiles à chaînes et trames de Westphalie; chanvre filé.

554 *Hörkens, H. J.* Lübbecke, près Minden.—Cordes et ficelles.

555 *Heidsick, L. A.* Fab. Bielefeld.—Toiles blanchies et mouchoirs.

556 *Krönig, F. W. & Fils*, Fab. Bielefeld.—Echantillons de toile écrue.

557 *Mevissen, G.* Fab. Dülken, près de Düsseldorf.—Fil de lin écru; fil pour broderie; fil glacé; le lin est récolté dans la Prusse Rhénane, à Düsseldorf et à Aix-la-Chapelle.

558 *Schnell, J. H. & Fils*, Fab. Bielefeld.—Echantillons de toile d'allemagne; lin filé à la main; fil de chaîne.

559 *Bruenger, A.* Fab. Jöllenbeck, près Bielefeld.—Toiles blanchies; lin de Westphalie; toiles fines.

560 *Delius, J. D.* Fab. Bielefeld.—Toiles blanchies et mouchoirs.

561 *Blankenburg, F. & Cie.* Fab. Lippstadt.—Echantillons de fils et ficelles; cordes; chanvre de Lippstadt et d'Italie.

562 *Bolenius & Nolte*, Bielefeld.—Echantillons de toile filée, linge blanchi, mouchoirs en toile fine.

563 *Gante, G. F. & Fils*, Fab. Bielefeld.—Divers échantillons de toile blanchie.

564 *Trappmann & Spitz*, Fab. Barmen.—Echantillons de boutons en étoffe de soie, laine et coton.

565 *Wülfing & Windrath*, Fab. Elberfeld. — Rubans de fil et lacets en coton et laine.

566 *Zollmann & Steigerthal*, Fab. Leichlingen, près Opladen.—Etoffes coton, mi-coton et laine, pour robes et autres objets d'habillements; matières premières tirées d'Angleterre; robes jacquard et Berlin en coton pur.

567 *Haarhaus, J. C. & Fils*, Fab. Elberfeld.—Châles et robes en grande variété.

568 *Plücker, M.* Fab. M. Gladbach.—Châles en laine et soie; id. en coton.

569 *Weber & Metzges*, Fab. Gladbach.—Echantillons de piqués pour gilets; piqués laine et coton; matières premières tirées d'Angleterre; étoffe de laine et soie, bon teint et bon marché.

570 *Weyerbusch, C. & Cie.* Fab. Elberfeld. — Echantillons de tissus de soie et laine, et boutons.

571 *Engelmann, C. & Fils*, Fab. Crefeld.—Châles et soie noire.

572 *Funke, Böddinghaus, E. & Cie.* Fab. Elberfeld.—Soieries; satin rayé broché; taffetas; gros grain; croisés glacés; tabliers arabes; châles; corahs; satins.

573 *Pferdmenges & Kleinjung*, Fab. Viersen.—Etoffes pour pantalons et gilets; casimire façonné, clair et foncé; satin et satin rayé, &c.

574 *Pferdmenges (Frères)*, Fab. Gladbach. — Etoffes soie, mi-soie et coton, tels que satins, satins turcs, madras, lustrines et gros de Berlin.

575 *Heymann, C. & Cie.* Fab. Crefeld.—Assortiment de gilets et de cravates de fantaisie.

576 *Langenbeck & Martini*, Elberfeld.—Boutons en soie; bretelles en soie et élastiques.

577 *Neuhaus, L.* Fab. Betterath, près de Gladbach.—Etoffes coton, soie et coton; échantillons d'étoffes de coton pour gilets, &c.

578 *Klein, Scheatter, C. F.* Fab. Barmen, (Ag. à Londres, MM. F. Huth & Cie.)—Coton, et châles en laine et coton.

579 *Lamberts & May*, Fab. M. Gladbach.—Etoffes solides en laine et coton, pour ouvriers; pantalons, vestes, &c.

580 *Rurmann & Meckel*, Fab. Elberfeld.—Divers châles, gilets, robes, et étoffes en laine, coton, laine et coton.

581 *Mengen, C.* Fab. Viersen.—Velours mi-laine; canevas pour broderies; canevas de soie; canevas de laine; étoffes pour meubles et voitures; tissus de crins; tissus pour jupes.

582 *Meyer & Engelmann*, Fab. Crefeld.—Echarpes de soie et tabliers; écharpes à carreaux, satinées et moirées; moires à réserve et taffetas; tissus de soie d'Italie à franges, &c.

583 *Neitner & Brabant*, Fab. Viersen, près de Crefeld; (Agent à Londres, G. Ems, 28 Swan Chambers, Gresham Street).—Etoffes en soie, coton et laine, comprenant: popelines de diverses façons; foulards de Perse; foulards pointillés, &c.

584 *Lühdorff, J. & Cie.* Fab. Elberfeld.—Châles; étoffes pour gilets; châles en laine de Llama; id. brochés; soies et barèges; étoffes pour manteaux mi-laines; étoffes rouges d'Andrinople, &c.

585 *Schmits & Holthaus*, Fab. Eberfeld, (Agents à Londres, Gebnardt, Rottmann & Cie. 83 Hatton Garden).—Etoffes pour meubles et carrosses; tapis de table unis façonnés et en couleurs.

586 *Bockmühe, P. E.* Fab. Elberfeld.—Cravates en soie et coton; châles, &c.

587 *Funke, R.* Fab. Gladbach. — Coton; coton et

soie; laine et étoffes de laine; victorias laine et coton; crêpe de Chine; foulards, &c.

588 *Lorentz, F.* Fab. M. Gladbach.—Etoffes moitié laine, moitié coton; ces articles sont remarquables par leur beauté, leur durée et la modicité de leur prix.

589 *Schmidt & Cie.* Fab. Barmen, (Agents à Londres, Messrs. Graetzer & Hamann, 9 Huggen Lane, Wood Street.)—Rubans de soie; passementerie en soie et en laine; cordons, soie et laine.

590 *Greeff, Bredt & Cie.* Fab. Barmen.—Boutons en soie et moire; boutons de fantaisie; étoffes pour boutons.

591 *Grase & Neviandt,* Fab. Elberfeld.—Cachemires pour gilets.

592 *Graff, P.* Prod. Siegen.—Echantillons de minerai, cobalt et bleu, des mines Philipp-Hoffnung, près Siegen; cobalt blanc brillant, crystallisé.

593 *Schulz, C.* Inv. Fab. et Imp. Essen. (Agents à Londres, Messrs. Cahn & Cie. 3, Copthall Chambers, Copthall Court, Cité).—Mousselines vernissées pour casquettes, souliers et chapeaux; cannes à épée en baleine; cannes en bois de Manille, &c. La matière première pour les cannes a été achetée en Hollande et en Angleterre.

594 *Reinecke, C.* Inv. et Fab. Horn, Lippe.—Selle de dames avec pommeaux et étriers élastiques.

595 *Klems, J. B.* Fab. Düsseldorf. (Ag. à Londres, M. F. Klein, 38 Finsbury Square).—Un piano à queue d'après Erard.

596 *Fudikar, H.* Fab. Elberfeld.—Crins, soie et coton pour tapissiers; étoffes pour meubles en crin noir et blanc, noir et soie bleue; crins noirs et soie rouge, &c.; velours d'Utrecht.

597 *Ruhl, P. & Fils,* Fab. Hesse-Cassel.—Boîtes en carton; papier de couleurs variées; enveloppes.

598 *Hoddick, W.* Langenberg.—Soies teintes en noir.

599 *Westhoff, Frères,* Fab. Dusseldorf.—Calicots imprimés: matières premières tirées d'Angleterre, et les garances de la Hollande.

600 *Wolff, J. F.* Fab. Elberfeld.—Echantillons de fils teints au rouge d'Andrinople.

601 *Troost, C. & F.* Fab. Louisenthal, Mulheim-sur-Ruhr.—Echantillons d'impressions: fils anglais, tissés en Westphalie, mais imprimés à Louisenthal.

602 *La Teinturie du Rouge de Turquie,* Hayen, près d'Elberfeld. (Agent à Londres, J. H. Cohn, 3 Fenchurch Buildings.)—Fils rouge turquie, et rose: filés en partie en Angleterre, en partie en Allemagne.

603 *Neuhoff, J. H.* Teint. Elberfeld.—Fils en rouge d'Andrinople, &c.

604 *Lambert, A. C. & Fils,* Fab. Gladbach.—Etoffes de couleur pour culottes, noires, vertes, &c.

605 *Lupp & Fils,* Imp. et Fab. Düsseldorf.—Calicos imprimés et calicos en couleurs, tissés; napolitaines avec laine; perses; mouchoirs; plaids; mouchoirs imprimés, &c.; matières brutes d'Angleterre et d'Allemagne.

606 *Bockmühl, Schlieper & Hecker,* Fab. Elberfeld.—Calicos imprimés de diverses couleurs.

607 *Brinck, J. W.* Fab. Gladbach.—Coton filé de couleur rouge de Turquie, brun, lilas, noir, &c.

608 *Schöller, A. & F.* Fab. Elberfeld.—Echantillons de fil teint en rouge d'Andrinople.

609 *Croon, Frères,* Fab. Gladbach.—Etoffes de coton et de laine, unies et imprimées.

610 *Kramer, L. & G.* Fab. Düsseldorf.—Cotons et étoffes imprimées; guingams, &c.

611 *Sartorius, A. & Cie.* Fab. Dusseldorf.—Echantillons de fil teint en rouge d'Andrinople, pour le commerce indien.

612 *Diechmann, W. C.* Fab. Elberfeld.—Portraits du Roi et de la Reine de Prusse, en soie tissée, encadrés; gilets brodés en tissu de soie, laine et coton, &c.

613 *Rups, L.* Crefeld.—Chapeaux de soie.

614 *Erbschloe, F. W. & Fils* Fab. Lüttringhausen, près Elberfeld.—Outils en acier de menuisier.

615 *Post, J. D.* Fab. Hayen.—Coutellerie et quincaillerie.

616 *Post & Fils,* Fab. Eilpe, près Hagen.—Echantillons de ciseaux en acier fondu.

617 *Mannesmann, A.* Fab. Remscheid. (Agent à Londres, Heirtsmann, 8 Coolebrook Row, Islington.)—Limes en acier; acier brut, de Siegen (Prusse rhé-nane), fabriqués à Remscheid.

618 *Plümacher, W.* Fab. Solingen.—Soieries, grande variété.

619 *Pickardt, G.* Fab. Remscheid.—Variété de limes et rapes, en acier fondu et raffiné.

620 *Brand, P. W.* Fab. Remscheid.—Modèles de scies et instruments tranchants.

621 *Braunschweig, J. A.* Fab. Remscheid.—Outils menuiserie.

622 *Reinshagen, G.* Fab. Remscheidt.—Limes en acier d'allemagne.

623 *Bleckmann, T. E.* Fab. Ronsdorf.—Ciseaux, forces, limes, râpes, marteaux, compas, pinces, &c.

624 *Thomas, C.* Fab. Remscheid.—Tarières et quincaillerie, &c.

625 *Felde, R.* Fab. Feld, près Solingen.—Echantillons de scies en tous genres.

626 *Arns, A.* Fab. Remscheid.—Outils de menuisier.

627 *Ante, A.* Fab. Züschen, près Brilon.—Haches, hachettes, instruments d'agriculture.

628 *Coppel, A.* Fab. Solingen.—Echantillons de coutellerie.

629 *Linder, B.* Solingen.—Canifs et couteaux de poche.

630 *Lohmann, F.* Fab. Witten-sur-la-Rhur.—Limes acier fondu; fer fondu en barres et converti en acier; barres d'acier; acier refondu; limes en acier fondu.

631 *Hilger & Fils, Luckhaus & Günther, Luckhaus Cie. & Hasenklever & Fils,* Fab. Remscheid.—Quincaillerie, coutellerie.

632 *Huth, F. & Cie.* Fab. Hagen.—Acier; minerai; quincaillerie; outils, &c.

633 *Böcher, R. & H.* Fab. Remscheid.—Coutellerie, outils, ustensils, &c.

634 *Wescher & Strasmann, Frères,* Fab. Barmen.—Echantillons de boutons en corne fabriqués des sabots de bœuf.

635 *Nottebohm & Cie.* Lüdenscheid.—Echantillons cuivre fondu et argent d'Allemagne.

636 *Turck, P. C. (veuve)* Lüdenscheid.—Echantillons de boutons en métal, boucles et clous pour tapissiers.

637 *Höller, A. & E.* Solingen.—Sabres et épée d'honneur en boîtes; fleurets et rapières; lames damasquinées; gants; lances; couteaux de bouchers et de cordonniers; scies; compas; serrures; outils de joaillier, &c.

638 *Dreyse & Collenbusch,* Fab. Sömmerda.—Echantillons de capsules à percussion; chevilles.

639 *Ritzel, L. (veuve),* Fab. Ludenscheid, Westphalie.—Boutons de métal divers; cuivre d'Angleterre de et d'Allemagne; zinc du Rhin et de Silésie.

640 *Schwarte, T. D.* Solingen.—Rasoirs, canifs, &c.

641 *Dültgen, Frères,* Fab. Dültgenthal, près Wald.—Montures de parapluie; boîtes à cigares; porte-monnaie; serrures de porte-feuilles; poignées de porte, &c.

642 *Altenloh, Brink & Cie.* Fab. Schwelm. (Agent à Londres, Heintzmann, A. 16 Colebrook Row, Islington.)—Vis à têtes rondes et plates.

643 *Schlegelmilch, C.* Fab. Suhl.—Boîte faite de laminée; le couvercle s'ouvre au moyen d'une pression le corps de la boîte.

644 *Schmidt, C.* Fab. Soest.—Fourneau de cuisine.

645 *Asbeck, C. & Cie.* Fab. Hagen.—Fers à cheval, outils de maréchaux, cadenas, &c.; spécimens d'acier d'Allemagne.

646 *Schmidt, P. L.* Fab. Elberfeld.—Quincaillerie et outils.

647 *Kissing & Möllmann,* Iserlohn.—Articles en cuivre et fer; écussons et poignées de tiroirs; sonnettes à main; bénitiers; images de saints; chandeliers en cuivre estampé; montures de parapluie, &c.

648 *Hosterey, G.* Fab. Barmen.—Boutons plaqués en or, argent et platine.

649 *Krupp, F.* Inv. et Fab. Essen, près Düsseldorf.—Moulin à rouleaux, les rouleaux sont exposés pour leur dureté; acier-fondu forgé, exposé pour sa pureté et sa ténacité.

650 *Lucas, F. W. & Cie.* Fab. Elberfeld.—Crucifix; chandeliers d'autel; encriers; pots à tabac; jardinières, &c.

651 *Schmidt, J. D.* Fab. Sprockhövel.—Quincaillerie; serrures; outils de charpentiers, menuisiers et autres; ustensiles de cuisine et de ménage.

652 *Funke & Huck,* Fab. Hagen.—Echantillons de quincaillerie; vis; vis à pointes, &c.

653 *Greef, G. W. & Fils, J. P.* Fab. Barmen.—Boutons en métal; tabatières.

654 *Wöste, G. & Cie.* Fab. Solingen. (Agent à Londres, A. Heinzmann. 16 Colebrook Row, Islington.)—Ciseaux en grande variété.

655 *Caron, A. H.* Fab. Barmen.—Joaillerie et boutons richement dorés; la matière première est du cuivre de Russie, d'Angleterre, et de Suède.

656 *Wolff & Erbslöh,* Fab. Barmen, (Agents à Londres: Frank, E. & H., 10 Trump Street, King Street).—Divers objets en plaqué: matières premières, or, platine, argent et cuivre: cer articles sont manufacturés en partie à la mécanique et en partie à la main.

657 *Seel, G.* Fab. Elberfeld.—Divers ouvrages en cheveux, tels que paysage, représentant les ruines d'un couvent; vue d'une forêt; guirlande de fleurs; bouquets, &c.; dessins pour broches, boucles d'oreilles, bagues, &c.

658 *Lipp, (de), F.* Fab. Düsseldorf.—Parfumerie; eau de Düsseldorf; pastilles orientales.

659 *Hilgers, C.* Inv. et Fab. Düsseldorf.—Table à ouvrage et à écrire en ébène, avec 4 vues du Rhin.

660 *Eichelberg, D. & Cie.* Fab. Yserlohn.—Rideau de théâtre avec encadrement de cuivre, fixé sur bois.

661 *Biefang, C.* Fab. Düsseldorf.—Articles en pâte et carton; cadres pour daguerréotypes, et peintures, en verre, bronze et marbre, &c.

662 *Höltring & Höffken,* Fab Barmen.—Bandes et banlages en gomme élastique.

663 *Scheller, Weber & Wittich,* Hesse-Cassel, Hesse.—Jouets d'enfants; fusils; pistolets; arcs; dominos, &c.; outils de jardinage et de colons; sacs de nuits et de voyage, &c.

664 *Basse & Fischer,* Fab. Lüdenscheid, Westphalie.—Tabatières; boucles; boîtes pour allumettes, &c.

665 *Kilian, H.* Prod. Siegen.—Bois sculpté: La Sainte Cène, d'après Leonardo da Vinci.

666 *Felthauss,* — Prod. Wetzlar.—Fragments de mine; et échantillons du cinabre qui en a été extrait.

667 *Pfeiffers & Ax,* Fab. Rhuydt.—Coton et coton-cuirs de laine.

668 *Scheel, C.* Fab. Cassel.—Piano.

669 *Widenmann, T.* Fab. Gladbach.—Linge de table damassé, surfin; nappe représentant les armes d'Angleterre; nappe d'autel, &c., le tout en toile extra-fine.

670 *Breithaupt, F. W. & Fils,* Cassel.—Instruments de physique.

671 *Vogel, —.* Saxe-Weimar.—Exemplaire des œuvres de Schiller, d'une reliure fort riche.

672 *Merklinghans & Wex,* Fab. Barmen.—Peaux tannées et coutellerie.

673 *Schmolz, W. & Cie.* Fab. Solingen et Berlin.—Sabres et coutellerie.

674 *Tack, W. & Pelizaeus,* Fab. Crefeld.—Etoffes de soie, et de soie et coton pour gilets.

675 *Schulte, J. H.* Fab. Barmen.—Etoffes de soie, de coton et laine, pour gilets.

676 *Siepermann & Möhlan,* Fab. Derndorff, Düsseldorf.—Cotons imprimés.

677 *Krupp, F.* Inv. et Fab. Essen, près la Ruhr.—Canon en acier: six cuirasses, dont l'une a été éprouvée par six balles différentes, &c.

678 *Teutenberg, L.* Inv. et Fab. Huesten, Kreis Arnsberg.—Carabine à sept canons, pouvant être tirés et chargés à la fois, recommandée spécialement pour la chasse au canard sauvage, &c.

---

e. Grand Duché de SAXE, SAXE PRUSSIENNE, BRUNSWICK, ANHALT, et les Etats de THURINGE.

679 *Bennighaus, J. C.* Thale, près Quedlinburg.—Pierre ferrifère de spath; minerai de fer brun; fer en saumon et en barres, &c.

680 *Schade, E.* Fab. Breitenbach.—Peinture sur porcelaine représentant Jubal, l'inventeur de la musique; assiette de porcelaine peinte; portrait de dame, costume du temps de Louis XVI.

681 *Salines de Minden.*—Echantillons de gros sel raffiné.

682 *Usines de Mägdesprung,* près Harzgerode, Anhalt Bernburg.—Modèle d'instrument en fer et à vent: fer spatheux brut; id. grillé; essieu puddlé et rougi une seconde fois au gaz; modèle d'un foyer à gaz; fluor spath; trois espèces d'antimoine; litharge et proloxide de fer; vitriol mêlé, &c.

683 *Manufacture Royale de Chimie,* Schönebeck.—Préparations chimiques, et échantillons de sel, de cuivre et autres produits chimiques.

684 *Weiss, J. H.* Fab. Mülhausen.—Couleurs d'artistes, extraites de plantes.

685 *Behm, F.* Fab. Anhalt Bernburg.—Sucre de betteraves: 12 quintaux ont produit 5½ quintaux de sucre brut.

686 *Bleibtren, L. O.* Fab. Brunswick.—Chicorées, diverses préparations; café de chicorée.

687 *Brumme, & Cie.* Fab. Waldau, près Anhalt Bernburg.—Sucre de betterave.

688 *Feigenspan, A.* Fab. Muhlhausen.—Echantillons de colle.

689 *Haberland, W.* Schöningen, Brunswick.—Echantillons de fruits secs, tels que pommes, poires, prunes, cerises, melons, &c.

690 *Haller, J. C.* Fab.—Amidon de froment pour divers emplois, fabriqué à la mécanique.

691 *Hennige & Wiese,* Fab. Magdebourg. (Agent à Londres, M. J. Horstman, 20 Finsbury Square.)—Sucre de betterave; pains de sucre purifié; sucre raffiné.

692 *Solomon, J. A. & Cie.* Fab. Brunswick.—Racine sèche de chicorée; chicorée en poudre; café-chicorée.

693 *Teichmann, C.* Fab.—Chicorée; id. en poudre; vermicelle, gruau de froment, orge perlée, moutarde et cirage.

694 *La Fabrique de Lobury,* Magdebourg.—Sagou; fécule; amidon; orge perlée; gomme artificielle; mélasses, &c.

695 *Wittekop & Cie.* Fab. Brunswick.—Echantillons de farines, macaroni et chocolat.

696 *Giessler, N. H.* Tröchtelborn.—Une balle de guède, préparée avec grand soin.

697 *Hucke, C.* Directeur et Professeur de l'Ecole d'Agriculture d'Alach, près Erfurt.—Soies d'animaux de différentes races; graines de chiendent et de coriandre.

698 *Anschütz, R.* Fab. Zella, Duché de Gotha.—Fusils à deux coups, damasquinés, &c.

699 *Brecht, A.* Fab. Weimar. (Agent à Londres, Consul S. Cahlman.) — Carabine à deux coups, damasquiné, montée en noyer, &c. &c.

700 *Hanau, W.* Fab. Gera, Reuss. — Boîte contenant une paire de pistolets et les accessoires.

701 *König, C. G. & Fils,* Fab. Coburg.—Une paire de pistolets incrustés en argent, style gothique.

702 *Sauerbrey, L.* Fab. Zella, Duché de Gotha.—Carabine en acier fondu, à deux coups perfectionnée ; fusil double damasquiné.

704 *Ausfeld, H.* Gotha, Duché de Saxe-Gotha.—Planimètre, pour mesurer les surfaces, invention nouvelle ; microscope d'un grand pouvoir, grossissant les objets à une distance considérable.

705 *Brömel, A.* Fab. Arnstant, Sonderhausen, Principeauté de Schwarzberg. —Balance décimale d'un grand pouvoir.

706 *Nietzschmann & Vaccani,* Fab. Halle.— Boîtes de dessin ; instruments de mathématiques.

707 *Schulze, J. F. & Fils,* Rudolstadt, Principauté de Schwarzburg.—Orgue, donnant des notes d'un grand pouvoir, d'un mécanisme très-simple, et accélérant la transmission des sons.

708 *Wagner & Cie.* Fab. Gera. (Agent à Londres, MM. Elmenhorst Frères.) — Accordéons incrustés en nacre et métal armoire vitrée.

709 *Zeitter & Winkelman,* Brunswick.—Deux pianos.

710 *Danneberg & Fils,* Fab. Eilenburg. — Etoffes blanches et de couleur pour ameublement ; jaconas ; calicots, &c.

711 *Vogel & Carner,* Fab. Gera.—Tissus de coton de couleur ; id. de fantaisie, de couleur et tissés à la Jacquard, fabriqués de fils de coton allemand et anglais.

712 *Hagenbruch, C. G.* Fab. Weimar.—Laines filées ; laines teintes de Silésie et de Saxe, fabriquées à Weimar.

713 *Haseloff, & Cie.* Fab. Bury. (Agent, M. G. G. Leeger.)—Drap royal noir, bleu et violet ; les laines sont les produits de Silésie et du Grand Duché de Posen.

714 *Walter, Hennig, & Cie.* Fab. Ronneburg.—Thibets ; mousseline de laine ; cachemires d'Ecosse, &c.

715 *Damsch & Munzers,* Fab. Ronneburg, Duché de Saxe Altenburg.—Flanelle superfine de couleur et blanche ; cachemires tout laine.

716 *Weber, E.* Fab. Gera, (Agent à Londres, Mr. C. Holland, 41 Finsbury Square.) — Etoffes ; thibets ; mousselines de laine, unies et imprimées, &c.

717 *Weiss, jeune, & Cie.* Fab. Langensalza.—Filés de laine de Prusse peignée, pour thibets, barèges ; alépines ; cachemires ; mousseline de laine et autres tissus. Le fil zephir s'emploie pour broderies, châles, &c.

718 *Zimerman, C. & Fils,* Fab. Apolda, Saxe-Weimar.—Bonneterie de laine et articles de fantaisie.

719 *Scheibe, G.* Fab. Gera.—Peaux de cheval et de veau pour semelles.

720 *Weissflog, E. F.* Fab. Gera, Reuss ; (Agent à Londres, M. B. Grus, 1 Sambrook Court, Basinghall Street).—Thibet ; satin de laine ; pièce de velours brodé.

721 *Les directeurs de la Prison d'Herford,* Fab.—Divers échantillons de tapisserie ; toile ; fournitures de tapissiers ; tapis en poils de vache ; tapis damassés et toiles pour housses ; articles en papier-mâché, &c.

722 *Hornig, C. E.* Brunswick.—Echantillons de lin et d'étoupe.

723 *Müller, A. F.* Fab. Mülhausen.—Etoffes pour ouvrages de dames, &c.

724 *Urban, A.* Fab. Gundersheim, Brunswick.—Linge de table damassé.

725 *Bauer & Fürbringer,* Fab. Reuss.—Etoffes soie et laine ; thibets, cachemires, mouchoirs ; châles et écharpes.

726 *Bodemer, J. (jeune),* Fab. Eilenburg.—Mous... de laine, et cachemire d'écosse.

727 *Brössel,* Fab. Greiz, Reuss.—Cachemires, mou... lines de laine, satins de laine, thibet, &c.

728 *Bauch, F. T.* Fab. Reuss-Greiz ; (Agent à Lon... MM. H. Oppenheim & Cie. 15 Addle Street, City).—Eto... cachemires et thibet ; châles de mousseline de laine, &c.

729 *Lucius, J. C. & Cie.* Fab. Erfurt. ; (Agents à L... dres, Schmuck, Souchay & Cie.)—Damas laine, diverse... leurs ; amarante, chaîne coton, trame soie ; robes écossa... robes de fantaisie ; manteaux tartans, toile et coton, ro... d'Andrinople, &c.

730 *Macht, H. W.* Fab. Zeulenroda ; (*Gottscha... Shœnder,* Agents à Londres, 72 Basinghall Street.)—Eto... pour souliers, mélangées de laine ; étoffes d'habillement... laine, et toiles fil et coton.

731 *Morand & Cie.* Fab. Gera-Reuss ; (Agent à L... dres, M. C. Holland, 41 Finsbury Square).—Etoffes mi-... alépine ; thibet ; mousseline de laine ; satins d'Espagne...

732 *Schraidt & Cie.* Fab. Cobourg.— Coutils gris et... couleur, pour pantalons, &c. ; tissus blancs et rouge de T... quie, teints à l'établissement.

733 *Schweitzer & Heller,* Fab. Greitz, Reuss.—Eto... thibets ; cachemires, &c.

734 *Wiegand, E.* Fab. Erfurt.—Tapis en damas à fr... rouge en soie. Ce tapis est à l'endroit, en chaîne de c... blanc avec trame de soie ; à l'envers, en chaîne de c... orange avec trame de laine bleue.

735 *Buchner, A.* Fab. Erfurt.—Variétés de gue... bottes ; id. en velours lilas ; souliers de serge, &c.

736 *Enke, F.* Fab. Gera, Reuss.—Peaux pour bo... noires et légères tiges de bottes ; tapis de table.

737 *Kramer & Baldamus,* Fab. Madgebourg, (Agent à... Londres, M. Schöfer).—Peau de cuir doux, noir et léger...

738 *Kretchmann, H. W.* Fab. Eisenberg, Duché... Saxe-Altenburg.—Etoffes pour chaussures.

739 *Lange, F.* Fab. Halle.—Selles et brides pour... zones et messieurs, d'un nouveau modèle.

740 *Langethal, G.* Fab. Erfurt.—Bottes en peau de... ordinaire et verni, et bottines à boutons.

741 *Ranniger & Fils,* Fab. Altenbourg, Duché de... Altenbourg.—Peaux d'agneaux ; peaux pour ganterie... teint.

742 *Scheibe, H. L.* Fab. Gera, Reuss.— Peaux de... tannées.

743 *Sondermann, W.* Fab. Erfurt.— Parchemins... peaux de veau.

744 *Weber, C. F.* Fab. Langensalze.— Tan pour pe... de chevreaux.

745 *Wiegand, F.* Fab. Erfurt. — Souliers de serge... cuir brut ; bottes id. ; souliers en serge et en caoutchou... en serge anglaise de Berry ; cuirs vernis de Mayence, &c.

746 *Graf,* H. Altenbourg.—Bible d'autel illustrée... gravures, reliée en peau de chagrin, dorée intérieure... et extérieurement.

747 *Körner, J. W.* Erfurt.—Compositions musi... pour orgues.

748 *Reisser, W.* Fab. Köthen.—Album en papier... dessin de couleur, reliure riche et dorée.

749 *Westermann, G.* Brunswick. — Galerie... péenne : collection de gravures en taille douce : les planc... ont été gravées en Angleterre. Histoire des cours de... kenstein ; l'imprimerie, le papier, et les caractères... allemands.

750 *Ehrenberg & Richter,* Fab.—Calicos de toutes c... leurs.

751 *Alberti, Melle. Frédérique,* Fab. Nauen, près P... dam.—Tapis de table, brodé en soie, chenille et or.

752 *Grossmann, Agnès de,* Weissenfels.— Tapis br... sujet principal : La découverte de Moïse.

753 *Gottschalk, J. A.* Fab. Erfurt.—Bottines en satin turc; souliers en peau et en satin; bottes pour femmes en peau de cheval.

754 *Israël, C.* Fab. Erfurt.—Bonnets en peluche su-fine; échantillons d'ouvrages à l'aiguille.

755 *Krocher, C. F. & Fils,* Fab. Zeulendora.—Bas pour femmes et chaussettes.

756 *Schmidt, W. & Fils,* Fab. Dessau.—Chapeaux de soie; id. de castor à poils longs et ras.

757 *Schopper, F.* Fab. Zeulenroda, Reuss-Greiz. (Ag. à Londres, A. Gottschalk & Shröder, 72 Basinghall Street.)—Bas de femmes; chausettes.

758 *Schopper, C. F.* Fab. Zeulenroda. (Agent à Londres, W. Meyerstein, 15 Watling Street).—Echantillons de bas de dames.

759 *Webendörfer, Frères,* Fab. Zeulenroda, Reuss-Greiz.—Bas de coton.

760 *Baum, E.* Fab. Coburg.—Poêle en tôle polie, de la forme d'un chevalier armé de toutes pièces.

761 *Beyer & Heintre,* Fab. Dobra.—Spécimens de parfumerie.

762 *Einsiedel, Le Comte, G.* Usines de Lauchhammer.—Articles en fonte; fourneaux; bouilloires; pots; vases, &c.; buste du Prince de Prusse; ours; singes; tigres, &c.

763 *Fleischmann, A.* Fab. Sonnenberg. (Agent à Londres, T. Kendall, 8 Harp Lane.)—Etagère Paxton; chandelier philharmonique; miroir encadré; ornements; animaux en bois de couleur; médaillons dans des cadres de verre; aiguière et coupe en serpentine, &c.

764 *Meyer & Wried,* successeurs de *Stobwassers,* Bruns-wick.—Plateaux à thé, vernissés et à dessins.

765 *Piegler, G.* Fab. Schleiz.—Horloges de nuit; glaces de toilette; lampes; abats-jour; chandeliers, &c.; boîtes à allumettes en plaqué; chandeliers de voyage; bouchons, &c.

766 *Stubgen & Kleemann,* Fab. Erfurt—Lampe en cuivre.

767 *Wallach, A.* Fab. Weimar.—Boîte à bijoux dans le style Byzantin, en bronze doré et argenté.

768 *Röhrig, C.* Fab. Braunhage. (Agents à Londres, A. & P. J. Meyers & Cie. 114 Leadenhall Street.)—Cylindres en verre; glaces; id. avec peintures; tuiles et gouttières en verre.

769 *Bolm, C.* Fab. Brunswick.—Urne à thé; théière; lait taillé à la main.

770 *Hagen, A.* Fab. Erfurt.—Chiffonnière, style la renaissance, en noyer sculpté, ornée de marqueterie en métal, tiroirs secrets.

771 *Heinrich, G.* Fab. Zerbst.—Glace, le cadre en carton-pierre à médaillons dorés en ivoire.

772 *Henneberg, F. E. & Cie.* Fab. Gotha.—Table à ouvrage pour dame, incrustée de porcelaine, avec peintures. Table à thé, avec le groupe de "la Famille du Pêcheur." statuette en biscuit.

773 *Hoffmeister, T. & T.* Fab. Behrens, Duché de Saxe-Allemagne.—Buffet en chêne sculpté dans le style gothique, moyen âge, orné en peluche brune; fauteuils, genre.

774 *Hupfer & Wolfermann,* Fab. Saxe Altenburg.—de fantaisie, &c., en papier-mâché.

775 *Puff, W.* Fab. Coburg.—Table dans le vieux allemand, avec incrustations.

776 *Scharf, C.* Fab. Bernburg.—Echiquiers riches en érable, châtaignier et autres bois.

777 *Schader, C.* Fab. Bernburg.—Echiquiers riches en érable, chataignier et autres bois.

778 *Arnoldi, C. E. & F.* Fab. Elgersbourg, Duché de Saxe-Gotha.—Ustensiles; tuyaux de cheminée; conduits, en terre et argile de la forêt de Thuringe.

779 *Stolberg, Wernigrode, Comte de,* Usine d'Ilsenburg.—Articles en fer fondu; vase gothique; chassis de fenêtre; de jardin; id. à dessus de marbre; grilles, &c.

780 *Les Inspecteurs de la Fonderie du Duché de Brunswick,* Rübeland.—Blocs de marbres tirés de la carrière de Rübeland, noir, rouge et gris.

781 *Rompler, J. S.* Fab. Erfurt.—Bracelets, et cordons de montre en gomme élastique; étoffes pour bottines mi-soie, et soie mélangées de gomme élastique; souliers confectionnés avec cette étoffe; matières brutes.

782 *Walter, E. & Fils,* Fab. Brunswick.—Chaises et paniers à papier.

783 *Schreiberg, J. C. G.* Fab. Mersebourg.—Grand nécessaire, incrusté d'argent; grande variété de nécessaires; boîtes, albums, &c.

784 *Ziegler, Frères,* Fab. Ruhla, agent à Londres: M. C. Holland, 41 Finsbury Circus.—Pipes à tabac et têtes en écume de mer, unies et sculptées; id. imitation; pipes et têtes en bois, terre, porcelaine; têtes en écume véritable, bouillies à l'huile.

785 *Boesche, J. C.* Prod. Magdebourg.—Modèles: La Cathédrale de Magdebourg, en bois de tilleul, &c.

786 *Jacob, H.* Schmoeln, Duché de Saxe-Altenburg, (Agent à Londres, M. T. Wirkler, 16 Sidney Street, Commercial Road).—Peinture à l'huile sur plaque de fer vernie, représentant Idyle, &c.

787 *Jacobi, F. A.* Brunswick, (Agent à Londres, J. Simousson & Cie.)—Coupe de chasse ciselée; tête de lion (plâtre).

788 *Stockmann, W. & Cie.* Brunswick.—Peintures vernies sur plaques d'étain, encadrées: sujets religieux.

789 *Trumpelmann, A.* Ilsenbourg.—Peintures et transparents.

790 *L'Association d'Agriculture de Sangehausen.*—Graines et chanvre.

791 *Zirkenbach, A.* Fab. Raghun, Duché d'Anhalt-Dessau.—Draps de laine.

792 *Hauch, A.* Fab. Halle.—Articles divers fabriqués de chanvre.

793 *Bauch, F. S.* Fab. Greitz.—Mousseline de laine, châles, mouchoirs de poche.

794 *Kausche, G.* Inv. et Fab. Brunswick.—Divers articles de fantaisie, brodés d'or, de soie, d'argent, de perles, &c.

795 *Künemund, J. G.* Fab. Ronneburg.—Une herse.

796 *Lux, Frères,* Fab. Ruhla.—Assortiment de pipes.

797 *Weimar, J. jeune,* Fab. Jéna.—Laines élastiques.

798 *Harrass, P.* Fab. Suhl.—Divers articles de laine.

799 *Burbach, Frères,* Fab. Hoerselgan près Gotha.—Divers articles de chanvre.

800 *Selenka, J.* Inv. et Fab. Braunschweig.—Articles en papier et cuir dorés et de fantaisie; porte-feuille, &c.

801 *Blanche, E.* Fab. Naumburg.—Fusil à deux coups; carabine avec accessoires.

802 *Sommermeyer, & Cie.* Fab. Magdebourg.—Coffre-fort en fer, de construction nouvelle.

803 *Graff, W.* Fab. Münchenoff.—Moutons empaillés; toison de laine.

804 *Association des Manufactures de Sonneberg,* Duché de Saxe-Cobourg-Gotha.—Tableau plastique, représentant la fête champêtre donnée au château de Florence, résidence de campagne du Duc de Saxe-Cobourg-Gotha, à l'occasion de la visite de S. M. la Reine; c'est aussi le lieu de naissance du Prince Albert. Ce tableau contient environ 400 figures, &c.

805 *Hutschenreither, F. A. & Fils,* Fab. Wallendorff.—Verrerie.

806 *Schramm, J. L. F.* Fab. Dessau.—Huile.

807 *Dietrich et Fils,* Fab. Pössneck.—Flanelle.

808 *Göbel, F. D.* Fab. Wallendorff.—Articles de porcelaine et de verre.

809 *Schmidt, C. & H.* Fab. Pössneck.—Ombres transparentes.

810 *Burckhardt, Frères*, Inv. et Fab. Eisfeld.—Peintures sur verre.

811 *Schulz, L. W.* Inv. et Sculp. Meiningen.—Coupes en ivoire sculpté.

812 *Heinig, J. G. & Fils*, Altenburg. — Cordons et ficelles.

813 *Foese, G.* Prod. Halle.—Soies d'animaux.

814 *Dahlheim, J.* Fab. Salzwedel.—Cotonnades,

815 *Conta & Böhme*, Inv. et Fab. Pössneck. (Agent à Londres, J. Kendall, 8 Harp Lane, Great Tower Street.)—Articles de verre, porcelaine, &c. ; assortiment d'ornements chinois.

816 *Bruhm & Nägler*, Fab. Gera.—Diverses étoffes de laine.

817 *Kummer, W. L. (Veuve)* Fab. Weissensee.—Jouets et articles de fantaisie.

818 *Sommer, C. F.* Fab. Erfurt.—Sacs à argent et porte-monnaies.

819 *Wirth, F. E.* Fab. Merseburg. — Fouets et cravaches.

820 *Bodemer & Cie.* Fab. Eilenburg.—Cotonnades.

821 *Jannasch, H.* Fab. Bernburg.—Assortiment de faïencerie.

822 *Vieweg & Fils*, Imprimeurs, Brunswick. — Divers livres.

823 *Jacobi, F. A.* Fab. Brunswick.—Cheval coulé en fer ; divers articles fondus en fer.

824 *Diesel & Cie.* Saalfeld.—Couleurs

825 *Cosack, J.* Arnsberg.—Minerai de plomb et d'argent ; sulfure de plomb et de zinc.

826 *Augustin, H. F. L.* Fab. Halberstadt. — Sucre de plomb en cristal.

827 *Barre & Küster*, Fab. Lübbecke.—Amidon de froment.

828 *Münnel, F.* Fab. Weissenfels.—Serre-journal.

829 *Gerlach, C. F.* Fab. Naunburg. (Agent à Londres, A. Heinzman. 16 Colebrook Row, Islington.)—Boîtes en carton, garnies de jouets en fer blanc.

830 *Bachoven & Vollschwitz*, Fab. Zerbst. (Agents à Londres, Brocklesby & Wessels, 4 Moscovy Court, Tower Hill.)—Peluches noires teintes en Allemagne.

831 *Schmidt, J. C.* Fab. Erfurt. — Paniers et pots à fleurs en cire.

832 *Büdeker, J. Ed.* Elberfield.—La sainte bible en allemand, imprimée en très petits caractères.

833 *Langner, H.* Fab. Halberstadt.—Paletôt de Nürz doublé de 3840 têtes d'écureuil ; manchou et victorine.

834 *Les Salines Royales de Schönebeck*, près Magdebourg.—Sel de ménage.

835 *Arnold, C. H.* Fab. Hesse-Cassel.—Papiers de tenture richement ornés ; papier satiné ; papier velouté et or, et autres.

836 *Jannasch, O.* Bernburg. — Esprit de vinaigre et vinaigre medicamenteux.

837 *Devisse, N.* Berlin.—Deux colonnes ; une sphère ; deux tables en marbre de Florence et de Venise.

838 *Spinn & Menke*, Fab. Berlin.—Bibliothèque d'un travail supérieurement fini, avec deux battants vitrés en forme d'arc.

839 *Gerhardt, A.* Fab. Berlin.—Tableaux et divers articles en liège, avec ciselures en or et en argent.

840 *Wagner, J. & Fils*, Fab. Berlin.—Table d'ornement en forme d'un plat de fruit, représentant les divers degrès de civilisation du genre-humain.

841 *Zeitz, J. F.* Fab. Berlin.—Paletôt gris-bleu, doublé de peau de Virginia Altis.

842 *Blankenstein*, Inv. Potsdam.—Boîte à gants en bois de rose.

843 *Schuer, Dr. & Kohring*, Brandebourg. — Produits chimiques.

844 *Zschille, J. C. & K.* Fab. Franckfort-sur-l'Oder (31 Finsbury Square).—Draperie.

845 *Laverdure*, Sculpteur, Breslau, & *Von Minutoli*, conseiller, Leignitz.—22 échantillons de marbre Silésien.

846 *Friedenthal, C.* Giesmannsdorf.—Levain en poudre sèche pouvant se conserver.

847 *Kielman, Masson*, Posen, & *Von Minutoli*, Leignitz. —Trois parquets en mosaïque dans le vieux style romain, et déchets de marbre et verre en pâte.

848 *Gebauhr, C. T.* Fab. Königsberg.—Deux pianos en bois de rose.

849 *Wessely*, Klein-Nuhr.—Deux têtes d'élan, modelées d'après nature.

850 *Les Usines combinées des mines de Mansfield.*—Illustrations des procédés employés dans ces mines pour obtenir le cuivre et l'argent. Cuivre.

851 *Kröning, Dr.* Stollberg. — Feuille de substances tissées et non-tissées, dorées et argentées par un procédé mécanique.

852 *Hanel, T.* Sculpteur, & *Lauchhammer.* — Plâtres autruche, giraffe, chien, tigre, et tigre femelle de grandeur naturelle, dont l'original est aux jardins Zoologiques à Londres.

853 *Prætorius, L.* Fab. Weissenfels.—Plateau avec bord à la rococo, en bois d'ébène, &c., avec incrustations de nacre.

854 *Gressler, E.* Fab. Erfurt.—Baterie de 12 éléments en charbon-zinc ; 12 cylindres en charbon. Machine pour étendre les plâtres. Fourneau économique.

855 *Schilling*, Fab. Suhl.—Paire de beaux pistolets de tir.

856 *La Saline Royale*, Duerrenberg.—Sel à gros grains raffiné, et commun.

857 *Heinrigs, J.* Cologne.—Tableau calligraphique, représentant la Reine d'Angleterre.

858 *Farina, Jean-Marie*, Fab. Cologne, en face place St. Julien.—Eau de cologne véritable.

859 *Zonoli, Carl A.* Fab. Cologne.—Eau de cologne.

360 *Gammersbach Frères*, Fab. Meckenheim, près Bonn. —Cuir et vernis.

861 *Moser, A. & Cie.* Fab. Aix-la-Chapelle.—Double machine à aplanir de construction nouvelle.

862 *Siegfried & Waldthausen*, Burtscheid.—Douze pièces de drap à côte et satin-de-laine.

863 *Hösch, Eb. & Fils.* Fab. Düren.—Feuilles de cire en rouleau. Matière brute des provinces rhénanes.

864 *Scheibler & Fils*, Montjoie.—Lainages.

865 *Bötcher & Engel*, Fab. Imgenbruch.—Etoffes fantaisie pour pantalons.

866 *Delius, —*, Fab. Imgenbruch.—Etoffes de laine.

867 *Mertins, H. T.* Imgenbruch.—Etoffes pour habits et pantalons.

868 *Martens, S.* Fab. Imgenbruch.—Etoffes pour habits et pantalons

869 *Deinhart & Jordan*, Coblentz.—Echantillons de vin du Rhin et de Moselle.

870 *Geiger, A. & Cie.* Creuznach.—Quatre bouteilles de vin mousseux du Rhin et de Moselle.

871 *Michels, Fr. H.* Andernach.—Deux petites meules à moulin en lave de basalte.

872 *Gerresheim & Neef*, Solingen.—Assortiment de ciseaux. (Agents à Londres, H. & D. Sharpe, 26 Broad Street Buildings.)

873 *Bern Frères*, Wald.—85 échantillons de ciseaux.

874 *Hilger Frères*, Fab. Lennep.—Beau drap violet ; beau cachemire noir.

875 *Leverkus*, Wermelskirchen.—Divers échantillons bleu d'outremer.

876 *Harkort, C.* Harkhorten.—Blocs de cadmie, plomb, soufre, manganèse, alun. Zinc fondu et en rouleau. Cuir de Bufle sauvage tannée en chamois. Cuir de Russie.

877 *Karcher, Fréd.* Karlsruhe.—Papier à tracer, brevet.

878 *Sommer, F.* Heidelberg.—Pupître-buvard en velours; boîtes à gants; nécessaires à barbe; porte-feuilles, &c.

879 *Krausz,* —, Rodach.—Fonte d'un bouclier représentant une bacchante.

880 *Schulz, J.* Sculp. Meiningen.—Tabatières, porte-cigares, pommes de canne, manches de couteaux et poignards. Sculptés en ivoire.

881 *Schulz, W.* Meiningen.—Divers articles en ivoire.

882 *Diesel & Cie.*—Couleurs à l'huile et à l'eau, encre de chine, différentes autres couleurs, &c.

883 *Heimburger,* —, Sondershaussen.—Table en bois de Jacaranda, incrustée de nacre, de métal, et d'ivoire, contenant douze scènes de Shakespeare.

884 *Schutze, And.* Frose, près d'Aschersleben.—Fourniture en peau de marmottes allemandes.

885 *Engel, Ph.* Graveur, Hanau.—Spécimens de nouvelles productions pour la presse à imprimer avec quelques épreuves originales.

886 *Reiffert, T. C.* Bockenheim.—Divers modèles de voitures de chemin de fer.

887 *Gleichauf, B.* Bockenheim.—Pistolet à 12 canons.

888 *Keller & Cie.* Birkenfeld, Oberstein.—Service en cornaline rouge; vases, boîtes, cassettes, bijoux, et articles de fantaisie en onyx, cornaline, et agate verte.

889 *Wild & Robinson,* Birkenfeld.—Bronzes; vases de fleurs, bracelots, &c. d'agate.

890 *Görlitz, L.* Idar, Birkenfeld.—Boîte, colliers, assiettes, &c. d'agate.

---

2. BAVIERE.

Agent à Londres : M. le Dr. SCHARHAULT, 5 Albion Street, Hyde Park Terrace.

1 *Benda, G.* Prod. Fürth.—Couleurs de bronzes.

2 *Birkner & Hartmann,* Prod. Nürnberg.—Série métaux dépolis, bronzés et battus.

3 *Brandeis, T. jeune,* Prod. Fürth.—Echantillons de poudre de bronze; id. de métaux laminé; barre de plomb fondu.

3A *Meier, J. C.* Prod. Fürth.—Couleurs de métal, or, et bronze.

4 *Fuchs & Fils,* Prod. Fürth.—Divers échantillons de métaux en feuilles; poudre de bronze, &c.

5 *Linz, J. L.* Prod. Fürth.—Feuilles faites de métal blanc ou d'étain anglais.

6 *Lepper, G.* Prod. Fürth.—Cinquante échantillons de poudre de bronze, et feuilles de métal.

7 *Storbers, L. Fils,* Prod. Fürth.—Poudre de bronze.

8 *Börer & Porzelius,* Prod. Regensburg.—Extrait de noix de galle.

9 *Benda, G.* Prod. Fürth.—Bronze en poudre.

10 *Gerstendörffer, J.* Prod. Fürth. — Métal battu (Métal allemand.)

11 *Kübler, G.* Prop. Fürth.—Métal battu. (Métal allemand.)

11A *Ammon, J. P.* Prod. Nürnberg.—Tréfilerie d'or et d'argent.

11B *Fuchs, H. M.* Prod. Nürnberg. (Agent à Londres, M. Meyerstein, 15 Watling Street.)—Fil en cuivre jaune et malléable, de 75,000 pieds de long, pour tissu métal. Fil de laiton chalibé extra fin pour lanternes, de 1,000 de long.

12 *Gademan, H.* Prod. Schweinfurt.—Outremer, bleu, noir et vert.

13 *Rau, T.* Prod. Fürth.—Poudre de bronze et métal en feuilles.

14 *Sattler, W.* Prod. Schweinfurth.—Couleurs en petites fioles.

15 *Schuch & Uhlich,* Prod. Bamberg.—Outremer.

16 *Stöber, J. J.* Prod. Fürth.—Poudre de bronze.

17 *Wolff & Cie.* Prod. Schweinfurt.—Outremer.

18 *Hammerschmidt (le gendre de),* Prod. Ratisbonne.—Echantillon de blé, son, &c. de Bavière; gruau de blé, recoupe, seigle, gruau de seigle, gruau d'avoine.

19 *Erich, C. A.* Prod. Munich.—Froment de Bavière; gruau de froment; farine de froment et orge pelée.

20 *Heinlein, C. V.* Inv. Bamberg.—Fusil, vieux style allemand.

21 *Kuchenreuter, J. A.* Inv. et Prod. Regensburg.—Deux paires de pistolets, chaque paire dans une boîte en bois de palissandre.

22 *Baader, J. A. & Cie.* Prod. Mittenwald.—Violon ténor et violoncelle.

23 *Boehm, T.* Inv. et Fab. Munich.—Flûte cylindrique en argent, avec embouchure en or; flûte d'amour (B bémol) en argent allemand, de la même construction; modèle de haut-bois, système nouveau, construit suivant les mêmes principes. Breveté en Allemagne, en Angleterre et en France.

24 *Eisenmenger, G.* Fab. Fürth.—Collection de lorgnettes, lunettes et lorgnons.

25 *Ertel, Traugott & Fils,* Inv. et Prod. Munich.—Instrument d'astronomie universelle.

26 *Issmayer, I. M.* Prod. Nürnberg.—Collection d'objets magnétiques.

27 *Jordan, J. F.* Fab. Fürth.—Tuyaux d'épuisement flexibles; tubes à anses; pipes, &c.

28 *Kapeller, L. & Fils,* Fab. Hafnerzell, près Tassau.—Creusets.

29 *Klinger, C. A.* Prod. Nürnberg. — Globes célestes et terrestres, avec pieds et compas.

30, 31 *Merz, G. & Fils,* Inv. et Fab. Munich.—Réfracteur à 45" et 48" de foyer, pour les latitudes variables, équatorial; microscope avec divers objectifs, et trois oculaires, pour neuf pouvoirs grossissants, de 20 à 1,800 fois, et avec micromètre à vis.

32 *L'Institut mécanique de Zweibrücken.*—Appareil électro-magnétique; id. à rotation.

33 *Neuner & Hornsteiner,* Prod. Mittenwald.—Violoncelle; violes et violons; archets de violoncelle et de violon.

34 *Riefler, C. Maria,* Inv. et Prod. Rhein, près Kesselwang.—Boîte d'instruments de précision perfectionnés.

35 *Pfaff, M.* Prod. Kaiserslautern.—Bombarde en C, à piston et embouchure; trompette en B (bémol) à 3 piston, branches et embouchure.

36 *Brentano, Pellorz & Cie.* Fab. Augsbourg.—Drap de soie, broché d'or et d'argent, pour chasubles et meubles; échantillons de diverses étoffes fabriquées de soie de Bavière.

37 *Simon, H.* Fab. Zweibrücken.—Peluche de soie.

38 *Knorr, F.* Fab. Zweibrücken.—Peluche de soie pour chapeaux.

39 *Braver, L.* Fab. Wunsiedel.—Garniture en damas de Manille : étoffe: coton mélangé avec chanvre de Manille.

40 *Schutzmann, A.* Fab. Munich. — Canevas pour peintres.

41 *Trendel, J. J. & Fils,* Fab. Culmbach.—Damas de toile; toile rayée pour pantalons; toile fine satinée; id. milin, &c.

42 *Gebhardt, Frères,* Fab. Hof.—Tissus de coton; fichus et mouchoirs; châles, laine et coton; étoffes, coton et caoutchouc.

43 *Lienhart, F.* Fab. Hof.—Tissus de coton; étoffes, laine et coton.

44 *Steinhäuser, H.* Fab. Hof.—Châles laine et coton; tartans id.

45 *Griess, L.* Fab. Landau.—Sangles de cheval en chanvre écru et blanchi ; licous en laine rouge ; id. en chanvre blanchi.

46 *Mayer, I.* Fab. Munich.—Peaux émaillées ; peaux de veaux émaillées ; peaux de veaux vernies pour souliers ; cuir de sanglier pour brides ; id. pour selles.

47 *Haenle, L.* Prod. Munich.—Papier doré et argenté, uni et façonné ; poudre de bronze ; spécimens d'impressions, avec couleurs à base de bronze ; échantillons de bordures en papier d'or.

48 *Escherich, T.* Fab. Munich.—Porte-feuilles et étuis en cuir.

49 *Kohn, M. T.* Prod. Bernheim. — Echantillons de cire à cacheter ; id. fine pour dames.

50 *Sammet T.* Fab. Marksteft.—Encre noire pour impression en taille-douce.

51 *Prötzsch, Mina,* Prod. Hof.—Une madonne en broderie.

52 *Mayer, Emilie,* Prod. Aschaffenburg.—Broderies sur soie.

53 *Frank, J.* Fab. Regensburg.—Souliers de dames en satin ; id. cuir et drap noir ; pantoufles brodées.

54 *Fehr & Eisenring,* Prod. Augsbourg.—Plates métalliques, avec lettres et caractères en relief, pour l'instruction des aveugles.

54A *Kaltenecker, J.* Fab. Munich.—Spécimens de tissus métalliques, de crin, de bois, et de jonc, tamis, tambours, masques d'escrime.

55 *Gradmann, A.* Fab. Fabrique d'Erbach, près Homburg.—Quarante échantillons de fers à cheval.

56 *Jansen & Lichdorf,* Fab. Hof.—Guingams.

57 *Kuhn, E.* Prod. Nürnberg.—Echantillons de fils de plaqué d'or et d'argent, laiton, paillettes, &c.

58 *Kullrich, F.* Prod. Munich.—Ornements divers à l'usage des dames.

59 *Tröltsch & Hanselmann,* Fab. Weissenberg.—Galons.

60 *Hechinger, H.* Fab. Fürth.—Miroirs.

61 *Heilbronn, L.* Fab. Fürth.—Miroirs de glaces à teintes.

62 *Neft, M. N.* Fab. Schleichach, près d'Eltman.—Echantillons de verre-crown.

63 *Reinsch, O.* Inv. et Prod. Nürnberg.—Divers objets d'art, faits avec du verre.

64 *La Manufacture Royale de Porcelaine,* Kymphenbourg, près Munich.—Porcelaine : vases, coupes, amphores, vases à fleurs, avec peintures ; service de dessert ; assiettes et pots, avec portraits. Biscuit blanc : les huit départements de la Bavière ; huit bustes de personnages célèbres, &c. ; statue dorée ; deux figures tyroliennes ; statues de princes, d'artistes, et de poëtes célèbres, de la Bavière.

65 *Held, K.* Fab. Nürnberg.—Pipes à tabac, en terre cuite, façon turque ; tubes à cigares, en écume de mer.

66 *Adt, Frères,* Fab. Ensheim, près de Zweibrücken.—Objets divers en papier-mâché.

67 *Barth, Frères,* Fab. Würtzburg.—Bureau de dame, style renaissance ; table à ouvrage de dame, style rococo.

68 *Dessauer, A.* Fab. Aschaffenburg.—Echantillons de papiers peints.

69 *Fortner, F. X.* Prod. Munich.—Table à écrire en bois, style gothique, de palissandre, à incrustations de métaux, nacre et écaille, et avec portraits de Charlemagne, Frédéric Barberousse, Louis de Bavière, Rodolphe d'Hapsbourg et Maximilien I., avec leurs écussons ; fauteuil faisant pendant ; porte-feuille en bois de palissandre, avec incrustations de métaux, nacre et écaille, &c.

70 *Mayer, T.* Prod. Munich. — Deux crucifix ; une madonne ; un vase à fleur, de carton pierre.

71 *Fleischmann, C. W.* Prod. Nürnberg.—Préparations anatomiques, en papier-mâché.

72 *Pleisch, N.* Fab. Ensheim, près de Zweibrücken.—Tabatières et autres objets en papier-mâché.

73 *Hartmann, J. J.* Prod. Munich.—Echantillons parqueterie.

74 *Bauder, I.* Prod. Garmisch.—Candélabres en corne de cerf (faits au tour).

75 *Frank, C.* Prod. Fürth.—Coupe ciselé en ivoire ; pions d'échiquier, en ivoire ; crucifix sculptés en ivoire, avec croix en bois ; rouet à filer, en ivoire.

76 *Henteh, J.* Fab. Lindberg, près de Zwisel.—Bois préparés pour tables d'harmonie.

77 *Lang, G.* Prop. Oberammergau.—Objets d'ornements et de fantaisie, taillés en bois, ivoire et albâtre.

78 *Jacob, J.* Würtzbourg.—Nouvel appareil pour traire le thé et le café à la vapeur.

79 *Birkmann, M.* Prod. Nürnberg.—Série de crayons en mine de plomb.

80 *Eichner, G. L.* Prod. Nürnberg.—Jouets d'enfants en fer étamé et verni.

81 *Faber, A. W.* Prod. Stein, près de Nürenberg.—Echantillons de crayons en mine de plomb.

82 *Rehbach, T. T.* Fab. Regensburg.—Crayons en mine de plomb ; boîtes de crayons pour le dessin ; étuis avec crayons en mine de plomb.

83 *Hagen, M.* Inv. et Prod. Munich.—Coupe en ivoire avec ciselures de figurines et arabesques ; coupe en vermeil avec incrustations.

84 *Halbig, J.* Inv. et Prod. Munich.—Coupe avec les emblêmes de l'empire germanique, en plâtre de Paris ; buste en marbre.

85 *Hanfstängel, F.* Prod. Munich.—Galvanographie, d'après la méthode inventée par le Prof. Franz von Kobell, Munich ; planche de cuivre primitif, avec dessin en relief, planche à impression, obtenue par le galvanisme ; épreuve de cette dernière planche.

86 *Kellner, S.* Prod. Nürnberg.—Peinture sur verre, copie de la fenêtre de l'église St. Laurent, à Nürnberg.

87 *Ozann, Dr.* Würzbourg.—Planche à imprimer, produite par le courant hydro-électrique, et épreuves qui en sont tirées.

88 *Knoll, C.* Prod. Munich.—Modèle d'une coupe en plâtre de Paris, pour être jetée en bronze.

89 *Leeb, J.* Inv. et Prod. Munich.—Deux statues en marbre de Carrare.

90 *Miller, F.* Prod. Munich.—Lion colossal fondu en bronze ; deux statues de 7 pieds de hauteur chacune, fondues en bronze, retouchées au ciseau.

91 *Muhr J.* Prod. Munich. — Peinture stéréochromique sur mortier fixé sur bois ; méthode nouvelle pour peinture à fresque, inventée par le Prof. T. N. von Fuchs, à Munich. La couleur est fixée au moyen de verre liquide, solution de silex et d'alcali ; plusieurs des grands tableaux d'histoire du nouveau Musée de Berlin, ont été peints d'après cette méthode par Mr. Kaulbach, de Munich.

92 *Schmidt, C.* Prop. Bamberg.—Autel, avec une copie de la Madonna del Sista, par Raphaël, peint sur porcelaine ; peintures diverses sur porcelaine.

93 *Zeiller, F.* Prod. Munich.—Corbeille à fruits en argent, en forme de coquille, en relief ; deux reliefs en argent.

94 *Foltz, L.* Sculp. Ratisbone.—Modèle en plâtre, pour une médaille de récompense.

95 *Grenanth, Frères,* Prop. des Forges de Hockheim dans le Palatinat.—Fer pour canon et rails de chemin de fer. Fer en rouleau et fer forgé, &c. Tréfilerie.

96 *Weppler, C. L.* Fab. Arsbach.—Articles de fantaisie en mosaïque de paille.

97 *Neubronner, G.* Frankental.—Six poupées, richement habillées.

98 *Bischoff, C. A. & Cie.* Fab. Würzbourg. (Agent J. Kendall, 8 Harp Lane, Great Tower Street.)—Buvard, porte-cigares, porte-monnaies, porte-feuilles, &c.

99 *Wagner & Cie.* Klingenberg-sur-le-Mein.—Terre réfractaire.

3. SAXE.

LE DR. WOLDEMAR SEYFFARTH, L.L.D., Commissaire de la Saxe Royale, 91 Piccadilly.

1 *Sommer*, Prod. Sornzig.—Echantillons de lin cultivé d'après la méthode Belge, roui à l'eau et espadé; échantillons peignés et espadés; échantillons de fil de lin, filé à la main.

2 *Watteyne*, J. Fab. Lichtenberg.—Echantillons de lin cultivé d'après la méthode Belge, espadé et roui à l'eau.

3 *Gatzschmann*, W. Fab. Zittau.—Echantillons de lin roui à l'eau, espadé et peigné.

4 *Thieme, Wiedtmarckter & Püschel*, Fab. Reudnitz.—Eponges blanchies, de qualité fine et ordinaire.

5 *Kunze*, F. Fab. Rochlitz.—Cuir verni; cuir de veau noir verni en noir, pour les cordonniers; id. pour ceintures; cuir de basane.

6 *Jordan & Timaeus*, Fab. Dresde.—Chocolats de dessert et pour étrennes, &c.; cacao en paquets.

7 *Hardegen*, Fab. Leipsic.—Couleur noire pour imprimer à la main; couleur noire pour la presse.

8 *Jagodzinsky*, A. Fab. Leipsic.—Vernis à l'huile de suie calcinée; couleurs pour l'imprimerie de plusieurs qualités.

9 *L'Usine Royale de la Saxe pour le Cobalt et le Nickel*, Schneeberg.—Série de 28 échantillons de bleu de cobalt, et de cobalt; bismuth métallique; nickel métallique.

10 *La Fabrique Royale de Porcelaine de Dresde*, Meissen.—Série complète d'échantillons d'outremer artificiel.

11 *Schmidt & Cie.* Prop. Daubnitz.—Fusées de sûreté (système Bickford); 1. Fusées noires pour carrières; 1000 mètres dans une seule pièce. 2. Fusées grises pour les mines. Fusées pour brûler sous l'eau. Terre de porcelaine.

12 *Hoffmann*, C. Fab. Leipsic.—Machine en fer pour perfectionner les caractères d'imprimerie; machine à forer les coraux.

13 *Brockhaus*, H. Prop. Leipsic.—Machine à couler caractères d'imprimerie.

14 *Rickborn*, C. H. T. Inv. Leipsic.—Machine à ramoner les cheminées étroites.

15 *Stoehrer*, Fab. Leipsic.—Télégraphe magnéto-électrique à aiguille, système inventé par l'exposant, en usage sur les lignes télégraphiques de la Saxe et de la Bavière.

16 *Leyser*, Fab. Leipsic.—Electro-dynamomètre avec télescope, pour mesurer exactement l'action mutuelle des courants électriques.

17 *Lange*, A. Fab. Glashütte.—Montres: arrangement systématique de toutes les parties d'une montre; quatre horloges perfectionnées; montres avec échappement, &c.

18 *Klemm*, G. Fab. Neukirchen.—Instrumens à cordes, violons, guitares, violoncelles, &c.; archet première qualité; accessoires de violon; instrumens à vent, cor et trompette.

19 *Herold*, C. G. Fab. Klingenthal.—Instrumens à vent; flûte-tuba, avec trois soupapes coniques; cor; clarinette; piccolo et harmonica; peignes en bois.

20 *Glier*, F. & Fils, Fab. Klingenthal.—Peignes en bois; violons; archets; guitare; trompette de Packfong; cor en cuivre; cornet-à-piston en cuivre jaune.

21 *Glier*, G. Neukirchen, Man.—Instrumens à vent; cor de Saxe à cylindres, &c.; flûte en bois d'ébène avec toutes les languettes.

22 *Schuster*, L. Fab. Neukirchen.—Saquebute à sous en B, à trois cylindres; trompette de Packfong en G; cornet en B.

23 *Schuster*, M. cadet, Fab. Neukirchen. (Agent, C. Rolland, 41 Finsbury Circus.)—Instrumens à vent; clarinettes à trois cylindres, &c.

24 *Zimmermann*, C. Fab. Carlsfeld.—Harmonicas pour les concerts, basso et tenore; accordéons.

25 *Breitkopf & Haertel*, Fab. Leipsic.—Piano très-grand pour concerts, en bois de palissandre.

26 *L'administration Royale des chemins de fer*, Dresde.—Modèles des deux grands viaducs du chemin de fer Saxo-Bavarois, jetés sur les vallées de l'Elster et de la Goltzsch.

27 *Lattermann & Fils*, Fab. Morgenrothe.—Pots; cafetière; casseroles; poêles; cuillères en fer.

28 *Rechsteiner* J. B. Inv. Leipsic.—Echantillons de vis en bois faites à la mécanique; la machine a été inventée par l'exposant.

29 *Wolf*, Fab. Burgstadt.—Carte d'échantillons de clous, de rivets et de ferrets.

30 *Krumbholz & Trinks*, Fab. Neustadt.—Canifs, couteaux, poignards, et couteaux de chasse.

31 *Levy*, H. Fab. Dresde.—Grand couteau et fourchette de table, les manches en nacre massif.

32 *Thürigen*, Fab. Meissen.—Fusil à deux coups et à percussion, avec les dernières améliorations.

33 *Strube & Fils*, Fab. Leipsic.—Argenterie; un vase avec 15 fleurs d'argent, pesant 93½ onces.

34 *Jahn*, A. Fab. Dresde.—Jeu d'échecs en métal.

35 *De Bünau*, Fab. Reudnitz.—Fouets d'enfans de différentes sortes; vaisselles, services de café, de thé et de punch, &c.; objets de "galanterie," toilettes, écrins, boites à cigarres, &c.

36 *Hoffmann*, F. Fab. Sebnitz.—Différentes parties d'une lampe de cuivre rouge; becs de différents numéros; régulateurs; tubes.

37 *Gruhl*, F. Fab. Kleinwelka.—Cloche de métal pesant 751 livres, avec battant de fer et tout les accessoires de suspension et de sonnerie.

38 *Strauss*, E. W. & Erben, Fab. Chemnitz.—Fil de coton, plusieurs qualités à différents prix.

39 *Heymann*, G. F. Fab. Chemnitz.—Fil de coton moyen et de première qualité; fil à tricoter, première qualité.

40 *Bodemer*, G. Fab. Zschopau.—Fil de coton pour tisser les bas.

41 *Höffer*, C. F. Fab. Tanneberg.—Echantillons de fil de coton; fil de Georgie pur.

42 *Pansa & Hauschild*, Fab. Chemnitz.—Fil de coton à tricoter; vitrine contenant des échantillons de ce fil de coton de différents numéros et de différentes qualités.

43 *Mattoch*, C. G. Fab. Chemnitz.—Echantillons de fil de coton de différents numéros.

44 *La Société de la filature de Laine*, Leipsic.—Tableau représentant la filature de la laine, depuis la laine brute jusqu'au fil le plus fin; échantillons de fils de laine peignée.

45 *Trinius et Fils*, Fab. Leipsic.—Collection de fils de laine peignée, écrue et colorée.

46 *Petzold & Ehret*, Fab. Reichenbach.—Fils de laine peignée.

47 *Solbrig*, E. F. Fab. Chemnitz.—Fil de laine cardée; trame de laine peignée.

48 *Wolff*, C. H. Fab. Burgstädt.—Fil de laine peignée, écrue, et sur le dévidoir.

49 *Schmidt*, J. G. jeune, & Fils, Fab. Penig.—Fil de laine de diverses couleurs; et une carte d'échantillons de couleurs ombrées.

50 *Behr & Schubert*, Fab. Frankenberg.—Etoffes de soie pour tapisserie, meubles, voitures, &c.; satin pour tapisserie, &c.; damas, brocatelle, &c.

50A *Röhling & Cie.* Fab. Annaberg.—Lampas; damas à liserés; broderie Pompadour moiré à réserve; façonné, lancé, découpé; façonné glacé; armure.

51 *Beyer*, (Veuve) & Cie. Fab. Zittau.—Damas de lin; nappes; serviettes unies et garnies de franges.

Q

52 *Lieske & Häbler*, Fab. Gross-Schönau.—Linge de damas écru et blanchi ; nappes ; serviettes de différentes qualités, de plusieurs largeurs et à différents prix.

53 *Wäntig et Fils*, Fab. Gross-Schönau. — Linge de table damassé en grande variété.

54 *Prölss et Fils*, Fab. Dresde.—Nappes de damas de lin brun et blanc de différentes grandeurs ; serviettes de damas ; serviettes garnies de franges.

55 *Brandstetter*, F. Fab. Leipsic. — Nappe de fil damassée, de 24 pieds de long, 8 pieds de large.

56 *Böhler, F. L. & Fils* Fab. Plauen.—Etoffes claires de coton et broderies ; rideaux unis et brochés ; mouchoirs de linon brodés.

57 *Heynig, F. G. & Cie.* Fab. Plauen.—Etoffes de coton pour rideaux, gazes, damas, &c.

58 *Krause, C. G. & Cie.* Fab. Plauen.—Broderies ; jaconas façonnés ; bords imprimés, &c.

59 *Mammen, F. A. & Cie.* Fab. Plauen.—Broderies en jaconas et batiste de lin ; cols et mouchoirs au tambour brodés à l'aiguille et au métier.

60 *Schmidt, G. F.* Fab. Plauen.—Broderies en jaconas, en soie et en batiste ; meubles.

61 *Meinhold & Stoffregen*, Fab. Plauen.—Rideaux de mousseline, brochée, brodée, rose et blanche, travaillée à la Jacquart ; rideaux de gaze brochée, travaillée à la Jacquart ; mouchoirs de linon brodés à la main, &c.

62 *Schnorr & Steinhäuser*, Fab. Plauen.—Broderies ; batiste française et écossaise ; tulle.

63 *Gläser, F.* Fab. Lengenfeld. — Batistes ; jaconas, et jaconas brochés de différentes qualités.

64 *Hetzer, Ernst, & Fils*, Fab. Auerbach.—Etoffes claires de coton, façonnées ; gaze ; jaconas ; batiste ; organdi.

65 *Bech, G. F.* Fab. Hohenstein.—Tissus de coton piqué ; couvertures de lit figurées, rouges, unies et veloutées ; jupes de dessous.

66 *Stoelzel, G. F. & Fils*, Fab. Eibenstock.—Broderies : cols, chemisettes, bonnets, visites, pélerines, mantilles, châles, &c. ; dentelles : dentelle de Bruxelles, garnitures de lit.

67 *Priem, Emilie*, Fab. Eibenstock.—Dentelles : une robe et un volant travaillés à la main, voile noir, berthe de crêpe.

68 *Förster, F.* Fab. Eibenstock.—Broderies : cols, manchettes, bonnets, barbes, voiles, châles, pélerines ; chemisettes, mouchoirs de poche, jupons, mantille, dentelles.

69 *Dörffel, C. G. & Fils.* Fab. Eibenstock.—Dentelles de fil blanches ; entre-deux de soie noire ; dentelles de soie noires.

70 *Köster & Uhlmann*, Fab. Schneeberg. — Dentelles, garnitures de soie noire ; dentelles de Valenciennes ; dentelles de fil ; dentelles de lit ; berthe de dentelle de Bruxelles ; broderies ; cols, manchettes, mouchoirs en batiste ; demi-voiles de soie noire ; berthes et barbes ; mantille de dentelles noires, id. de soie noire, id. guipure, id. blanche ; châle long de tulle.

71 *Schreiber, F. A.* Fab. Dresde.—Dentelles et broderies de Bruxelles : volans, berthes, barbes, points, écharpe ; dentelle ; broderies : cinq cols et manchettes ; mouchoirs.

72-83 *Société (la) des Négociants-Fabricants : Friedrich & Fils, Nacke & Gehrenbeck, F. Neuber, F. Solbrig, Wex & Lindner*, Chemnitz ; *F. S. Gläser, jeune*, Schönau, près Chemnitz ; *H. C. Härtel*, Waldenburg ; *August Pester*, Limbach ; *Meinert, Frères*, Oelsnitz ; *Gottfried Landgraff*, Hohenstein ; *C. H. Webendorffer & Fils*, Lichtenstein ; *Gustav Sedlag*, Königsbrück. (Agents à Londres, Nacke & Gehenbeck, Friedrich & Fils, W. Meyerstein, 15 Watling Street ; A. Heintzmann, 17 Ironmonger Lane ; H. C. Härtel, G. Landgraff, Dr. Joshua, 34 King Street, Cheapside.)—Bonneterie et mercerie de Saxe.

84 *Becker & Schraps*, Fab. Chemnitz.—Calicots imprimés ; toile de coton croisée, imprimée à huit couleurs ; foulards teints en garance ; cravates.

85 *Lohse, E.* Fab. Chemnitz.—Damas pour meubles ; foulard lustrine mi-soie, guingams, &c. tapis de table et couverture de lit ; cravates de jaconas, de soie, de satin, &c.

86 *Hösel, R. & Cie.* Fab. Chemnitz.—Damas pur laine, rouge, carmin, vert ; laine et soie brune à 2 et 3 nuances ; gobelins rayés ; laine et coton écarlate, bleu clair, brun, vert, carmin, &c. ; tapis de table.

87 *Röhrig & Albrecht*, Fab. Chemnitz.—Damas ; laine et coton, laine et soie, de différentes couleurs.

88 *Seyfferth & Breyer*, Fab. Chemnitz.—Damas, laine et coton ; laine ; soie et coton ; gobelins enluminés ; tapis ; gobelins, laine et coton.

89 *Vogel, W.* Fab. Chemnitz.—Coton, mi-laine, laine et soie ; damas, satin laine, satin coton, &c.

90 *Thümer & Töpffer*, Fab. Chemnitz.—Damas, pur soie ; laine et coton ; tapis ; étoffes pour robes ; satin laine façonné.

91 *Winkler & Fils*, Fab. Rochlitz.—Etoffes de laine (de fil de laine peignée) ; satin ; cuir de laine ; velours laine ; velours rayés ; cachemire, &c.

92 *Ziegler & Haussmann* Fab. Glauchau. — Etoffes de fil de laine peignée et soie mêlées.

93 *Köhler & Schedlich* Fab. Glauchau. — Etoffes de laine, mi-laine, et mi-soie.

94 *Günther & Simon*, Fab. Glauchau.—Etoffes de laine rasées.

95 *Facilides & Cie.* Fab. Glauchau. — Châles, carrés et longs.

96 *Hecker & Tash*, Fab. Glauchau.—Etoffes en laine et coton, plusieurs qualités à différents prix.

97 *Schiffner & Zimmermann*, Fab. Glauchau. — Etoffes de laine rasées.

98 *Trinks, E.* Fab. Glauchau.—Etoffes de laine ; laine et coton.

99 *Stauss & Leuschner*, Fab. Glauchau. — Etoffes laine rasées.

100 *L'Ecole des Tisserands*, Glauchau.—Etoffes de laine et coton ; robe faite à la Jacquart ; châles en laine et soie.

101 *Grüner, F. W.* Glauchau.—Etoffe de laine ; 20 cartons thibet, qualité supérieure en plusieurs couleurs.

102 *Gräfe, J. F. & Fils*, Fab. Meerane.—Etoffes de laine et demi-laine.

103 *Dietrich & Straff*, Fab. Meerane.—Etoffes de laine ; tartans ; cachemires, &c.

104 *Richter, H. L.* Fab. Meerane.—Pièces d'étoffes mi-laine ; mousseline d'Ecosse, &c.

105 *Glafey & Neubarth*, Fab. Reichenbach.—Etoffes de laine et tapis imprimés.

106 *Seyferth, J. & Cie.* Fab. Reichenbach. — Etoffes de laine, et châles imprimés ; pièces cachemire ; lama ; châle Victoria imprimés de différentes couleurs et d'après divers dessins.

107 *Lehmann, T. G.* Fab. Boetnigen, près de Rossweiss. —Etoffes de laine et mi-laine ; assortiment de 57 coupons ; flanelle lainée pour manteaux de différentes couleurs ; cuir-de-laine, &c.

108 *Böttiger, H. G. F.* Fab. Crimmitzschau.—Etoffes de laine, savoir : pièces de cassinet, vert, bleu, brun et noir ; id. mêlé ; tricot cora ; cassinet double, noir bleu ; id. mêlé ; cachemire carré.

109 *Burkhart, Th.* Fab. Crimmitzschau. — Etoffes laine pour hommes ; pièces de draps élastiques d'hiver et d'été ; cassinet.

110 *Collel, F.* Fab. Crimmitzschau.—Etoffes de laine pour hommes ; pièces cassinet ; satin d'été ; cuir-de-laine d'hiver.

111 *Hüffer, H.* Fab. Crimmitzschau.—Etoffes de laine, pour pantalons et paletots; cuir-de-laine chaine doublée; à même chaine doublée et lainée; id. pour été; id. cassinet gris et vert.

112 *Helling & Cie.* Fab. Crimmitzschau. — Etoffes de laine pour hommes; pièces élastiques d'été et d'hiver.

113 *Kirsten, C. W.* Fab. Crimmitzschau.—Etoffes de laine pour hommes; pièces cassinet; cuir-de-laine d'été.

114 *Kauffmann & Fils, C. H.* Fab. Crimmitzschau.—Etoffes de laine; paletots; satin d'été; cassinet.

115 *Müller & Cie.* Fab. Crimmitzschau.—Etoffe de laine pour hommes; pièces de cuir-de-laine d'été et d'hiver.

116 *Oehler, Frères,* Fab. Crimmitzschau.—Etoffes de laine pour hommes; cassinet de couleurs différentes; satin-laine; pièces satinées, couleur de drap; pièces glacées.

117 *Spengler, Ch. jeune,* Fab. Crimmitzschau.—Etoffes de laine pour hommes; pièces de cuir-de laine d'hiver.

118 *Matthes, Ch. jeune,* Fab. Zschopau.—Pièces de cassinet tissé à la mécanique.

119 *Zschille, F. & Cie.* Fab. Grossenhain.—Coupons de cuir-de-laine; pièces de satin laine noir; pièce de cuir-de-laine bleu clair.

120 *Schröer, F. W.* Fab. Oschatz.—Etoffes de laine pour hommes.

121 *Bernhard, W.* Fab. Leisnig. — Etoffes de laine; pièces de cuir-de-laine pour paletots, &c.

122 *Herrmann, F. G. & Fils,* Fab. Bischofswerda.—Pièces de drap superfin.

123 *Koblick, H.* Fab. Bischofswerda. — Pièces de drap fin et de couleur.

124 *Grossman, C. G.* Fab. Bischofswerda. — Pièces de drap fin noir et de couleur.

125 *Grossmann, Frères,* Fab. Bischofswerda.—Pièces de drap fabriqué par C. E. Bernhardt, à Leisnig, pour les marchés des Etats-Unis, apprêté et fabriqué dans l'établissement des exposants.

126 *Meissner, T.* Fab. Bischofswerda.—Pièces de drap fin.

127 *Mörbitz, C. G. E.* Fab. Bautzen.—Drap; tableau montrant tous les procédés de la fabrique du drap, depuis la laine écrue jusqu'au drap confectionné.

128 *Fiedler, A.* Fab. Oederan.—Pièce de drap noir, qualité fine; pièces d'étoffes pour habits d'été.

129 *Meissner, F. T.* Fab. Grossenhain.—Pièces de drap noir et de couleur.

130 *Meissner, F. A.* Fab. Grossenhain.—Drap noir, brun vert, qualité fine.

131 *Junghans, J. G.* Fab. Grossenhain.—Pièces de drap noir et de couleur.

132 *Caspari, G. F.* Fab. Grossenhain.—Pièces de drap noir et de couleur.

133 *Buckwald,* Fab. Grossenhain.—Drap noir, qualité moyenne.

134 *Jaehnig, W.* Fab. Grossenhain.—Drap noir et de couleur.

135 *Pressprich, E. & Fils,* Fab. Grossenhain.—Pièces de drap noir.

136 *Meissner, E.* Fab. Grossenhain.—Pièces de drap de couleur.

137 *Meissner, M.* Fab. Grossenhain.—Pièce de drap vert et olive.

138 *Zschille, Frères,* Fab. Grossenhain.—Pièces de drap, première qualité, &c.

139 *Herrmann, J. W.* Fab.—Leisnig.—Pièces de drap, qualités différentes.

140 *Reichel, C. F.* Rosswein.—Pièces de drap teint.

141 *Petzoldt, F.* Fab. Lengefeld.—Drap noir.

142 *Wolf, C. A.* Fab. Kirchberg.—Pièces de drap rouge, bleu, et noir ordinaire.

143 *Wolf, J. G. aîné,* Fab.—Kirchberg.—Drap noir et couleur, qualité ordinaire jusqu'à la mi-fine.

144 *Wolf, F.* Fab. Kirchberg.—Drap: rouge, ponceau et bleu chimique.

145 *Singer, C. F.* Fab. Kirchberg.—Drap écarlate, noir, bleu, vert obscur, &c.

146 *Unger, O. G.* Fab. Kirchberg.—Draps, qualités ordinaires.

147 *Krause, F. W.* Fab. Grossenhain.—Drap imprimé pour gilets.

148 *Beck & Heynich,* Fab. Glauchau.—Tapis de sofa; poches de voyage.

149 *Beck, H.* Fab. Glauchau.—Empeignes de souliers; poches d'école en tapis; poches d'enfans; coupons sur une carte à échantillons.

150 *Batz, P.* Fab. Leipsic.—Cabas de dames.

150A *Teubner, C.* Fab. Rosswein.—Poches pour dames; ouvrages entrelacé de filets de laine zéphir.

151 *Eisenstuck & Cie.* Fab. Annaberg.—Dentelles; rubans, ceintures mi-soie, tissus de fils d'or et d'argent.

152 *Hänel, E.* Fab. Annaberg.—Dentelles de soie noire, et de fil; dentelles de fil (à l'antique.)

153 *Hänel, Frères,* Annaberg et à Londres, *F. A. Hofmann, & Cie.* Fab.—Franges.

154 *Oehmig & Schmidt,* Fab. Annaberg.—Passementeries; cordons blancs et de couleur, de coton, mi-soie, laine et soie, pour rideaux; agrémens d'embrasses-rideaux, &c.

155 *Uhlich, veuve, & Juncker,* Fab. Annaberg.—Boutons; cordelières pour robes de dames; garniture d'entre-deux pour robes; agréments pour manteaux.

156 *Schubert Ernestine,* Annaberg.—Tapis de table, travaillé à l'aiguille avec fils de gaze sur tulle.

157 *Muhlenderlein, C. F.* Annaberg.—Franges à torsades demi-soie, de laine et de coton; agréments demi-soie; chenille de soie; dentelles de laine; passements élastiques.

158 *Bach, G. F.* Fab. Buchholz.—Franges pour la draperie, en fil de coton blanc, de soie et mi-soie; crêpes mi-soie et mi-laine, &c.

159 *Helweg, H.* Fab. Buchholz.—Franges.

160 *Hillmann, F.* Fab. Sebnitz.—Passementeries: cartes avec échantillons de boutons de soie et mi-soie, pièces de cordes, lacs, galons, de soie ispahan et gemappe.

161 *Röller & Huste,* Fab. Leipsic.—Toiles cirées; futaine cirée.

162 *Quast, F.* Fab. Leipsic.—Toiles cirées.

163 *Teubner & Cie.* Fab. Leipsic.—Toiles cirées; imitations de marbre et de bois.

164 *Göhring & Böhme,* Leipsic.— Carte d'échantillons de toiles imprimées en or et argent; id. en couleurs; tapis de table cirés; id. lins et coutils cirés pour peintres; id. toiles cirées pour garniture de chapeaux.

165 *Einenkel, J. C. C.* Fab. Dresdo.—Toile préparée pour la peinture.

166 *Weichert, J. D.* Fab. Leipsic.—Foutres pour pianos; tables de feutre pour marteaux et sourdines; bandes de feutre, rouge et vert, pour garnitures.

167 *Mühle,* Fab. Pirna.—Chaussures et pantouffles en feutre pour hommes et femmes.

168 *Fischer, C. F. A.* Fab. Bautzen.—Papier à estampes pour pierres lithographiques et plaques en acier; papier à imprimer; papier Joseph de soie, blanc et rose; papier à écrire; papier de dessin; papier végétal à calquer; papier pour documens, billets de banque, &c.; carton gigantesque pour la fabrique des wagons de chemins de fer.

168B *Hietel, J. A.* Fab. Dresde.—Sept tableaux brodés en cheveux et en soie: la Reine Victoria, le Roi de Saxe, les pavillons de toutes les marines, &c.

169 *Götze,* Fab. Leipsic.—Cheveux allemands bruts, dits cheveux de Brabant, de différentes longueurs et couleurs; cheveux purifiés et préparés pour toupets et boucles; cheveux artificiellement travaillés.   Q 2

170 *Kindermann*, Fab. Buchholz.—Marchandises de papier-mâché : imitations d'animaux et groupes d'animaux en papier-mâché.

171 *Feistel et Fils*, Fab. Aue, près de Schneeberg.—Tabatières : tabatières en écailles ; id. en métal avec peintures ; tabatières de dames avec des arabesques d'argent ; boîtes à dessins carrés ; damier ; boîte d'ivoire avec peintures.

172 *Rockhausen*, Johanngeorgenstadt.—Cassettes pour la toilette : toilette de dames ; nécessaire de voyage ; boîte de fiches ; boîtes en nacre ; étuis à cigares, &c.

173 *Papperitz*, Fab. Dresde.—Selles plates à l'anglaise, ouatées et couvertes de peau de cochon, la sangle de laine fine, avec étrières et couverture ; bride percée à jour, les boucles couvertes de cuir, &c.

173A *Haussman, L.* Fab. Dresde.—Une paire de harnais complet, avec colliers, rènes rondes brunes, bride d'acier ; trois brides ; dix cravaches-

174 *La Manufacture Royale de Porcelaine de Saxe*, Meissen.—Vases en porcelaine, bleu royal, vernis, avec portraits coloriés de la Reine d'Angleterre et du Prince Albert ; lustre, vases et cadre de miroir ; statuettes ; service de table et vaisselles de chimie et de pharmacie.

175 *Adler, C.* Fab. Königsbrück.—Vaisselles d'argile : terrine à soupe ; cafetières ; vases à fleurs ; théière ; crémières ; jouets d'enfans.

176 *Bucker, H.* Dess. Dresde.—Peintures sur porcelaine ; id. en cadres dorés ; broches bordées de bronze ; petites peintures de différentes sortes, dorées et non dorées.

177 *Walther, G.* Dresde.—Peintures en émail sur porcelaine, copies d'originaux classiques.

178 *Brockhaus, F. A.* Fab. Leipsic.—Livres imprimés : Collection de 356 volumes, tous imprimés en 1850 et élégamment réliés.

179 *Barth, J. A.* Prop. Leipsic.—Editions de luxe : Troubadours d'Allemagne, par M. de Hagen ; les vignettes ainsi que les lettres initiales peintes en or ; l'Egypte Ancienne, par MM. G. Schwarze, imprimée, en vingt sept langues, contenant le premier exemple des hiéroglyphes de l'Egypte.

180 *Hirschfeld, J. B.* Leipsic.—Produits d'imprimerie : Tableau polychromique ; échantillon d'impression.

181 *Meinhold & Fils*, Fab. Dresde.—Quatre tableaux d'échantillons d'imprimerie polychromique.

182 *Schelter, G.* Inv. et Fab. Dresde.—Produits d'une fonderie de caractères d'imprimerie : assortiment complet d'épreuves faites avec les caractères d'imprimerie les plus nouveaux ; cadres dorés contenant des notes de musique faites par des types fondus et coupés en acier anglais ; impression des types sténographiques récemment inventés, à la manière de Gablesberger, en cadre doré.

183 *Jahn, F. H.* Grav. Dresde.—Tableau d'échantillons de différents travaux de graveur.

184 *Le Bureau Royal de la Topographie militaire*, Dresde.—Les trois premières livraisons de la Carte Royale de la Saxe, tracée par le Corps Royale du Génie.

185 *Rietschel*, Profess. M.R.A.F.A. Dresde.—L'Ange-Christ, en relief, marbre de Carrare ; l'Amour sur une Panthère, en relief, marbre de Carrare ; Marie à genoux près du corps de Jésus Christ, de grandeur naturelle, groupe en plâtre.

186 *Kuegler, H.* Drèsde.—Cachet, en forme de vase et de cristal de roche.

187 *Luther, G.* Plauen.—Robe de bal.

188 *Schuetze* Dresde.—Echantillons de laine.

---

4. WURTEMBERG.

Agents à Londres, MM. BRANDT et SCHIEDMAYER, 6 Pinner's Hall, Old Broad Street, Cité.

1 *Zeller, F.* Prop. Neckarthailfingen, Stuttgart.—Pierres meulières.

2 *Bonz & Fils*, Fab. Boeblingen.—Créosote tirée de goudron ordinaire ; potasse.

3 *Breuninger & Fils*, Fab. Kirchheim, Teck.—Bleu d'outre-mer.

4 *Jobst, F.* Fab. Stuttgart.—Sulfate de quinine.

5 *Leube, Frères*, Fab. Ulm.—Craie hydraulique.

6 *Siegle, H.* Fab. Stuttgart.—Carmin et autres couleurs.

7 *Abt, F.* Fab. Esslingen.—Couleur jaune, pour les confiseurs ; carmin, laques, &c.

8 *Breuning, F.* Prod. Möhringen, Stuttgart.—Fruits secs.

9 *Schmidt, W.* Calmbach.—Fruits secs.

10 *Fricker, C.* Prod. Kirchheim.—Fruits secs.

11 *Noerdlinger, le Professeur*, Hohenheim, Stuttgart.—Collections de toutes espèces de bois et d'insectes.

12 *Schottle, G. J. & Fils*, Fab. Ebhausen, Nagold.—Sérançoir.

13 *Wolff, F. A.* Fab. Heilbronn.—Appareil à vapeur pour évaporer les fluides ; alambic à l'usage des chimistes ; appareil à souder le plomb ; vases pour le mesurage des liquides, &c.

14 *Kohl, G. H.* Fab. Stuttgart.—Sabres, coutelas et poignards, d'après le style antique et de la renaissance.

15 *Fabrique Royale de Fusils*, Oberndorf.—Fusil d'infanterie, carabine avec baïonnette et carabine ordinaire.

16 *Haller*, Fab. Schwenningen.—Horloges hollandaises, de grandeurs diverses ; autres horloges exposées pour la modicité du prix.

17 *Bacher, A.* Fab. Stuttgart.—Nouvel échappement pour montres, sans balancier ; montre construite d'après ce principe ; montre qui marche une semaine ; chronographe.

18 *Holch, W.* Fab. Hall.—Régulateur qui marche huit jours.

19 *Stoss, V.* Ulm, Fab.—Petite horloge d'église, qui sonne les heure et les quarts-d'heure ; horloge qui marche huit jours.

20 *Dieudonné & Blatdel*, Fab. Stuttgart.—Piano à queue à double action ; petit piano droit.

21 *Doerner, F.* Fab. Stuttgart.—Piano à queue ; piano carré en bois de rose.

22 *Lipp, R. R.* Fab. Stuttgart.—Pianos carrés perfectionnés.

23 *Schiedmayer, J. L. & Fils*, Fab. et Inv. Stuttgart.—Piano à queue, en bois de rose, à double action ; piano carré en acajou ; petit piano droit en bois de noyer.

24 *Helwert, J.* Fab. Stuttgart.—Basson à dix-neuf touches.

25 *Rexer, C.* Fab. et Inv. Stuttgart.—Timbales de nouvelle construction pour musique d'orchestre ou d'église ; grand tambour.

26 *Kinzelbach, T.* Fab. Stuttgart.—Télescope ; goniomètre perfectionné de Wollaston ; hydromètre.

27 *Hecht & Arnold*, Fab. Reutlingen.—Toilinettes ; Valentias.

28 *Kolb & Schule*, Fab. Kirchheim.—Couvre-pieds piqués en coton de couleur ; basin et ginguam pour lits ; étoffe pour parapluies en coton de couleur, &c.

29 *Weigle, J. J.* Fab. Ludwigsburg.—Couvre-pieds piqués et toilinette.

30 *Schill & Wagner*, Fab. Caln.—Etoffes drapées ; satin noir ; flanelles.

31 *Finckh, J. G.* Fab. Reutlingen.—Plusieurs échantillons d'étoffe drapée, exposés comme spécimens de teinture

32 *Schönleber, A.* Fab. Bietigheim.—Etoffe de laine pour pantalons, et fil de laine.

33 *Faber, C.* Fab. Stuttgart.—Nappes et serviettes damassées; étoffes de brocart en soie tricolore pour meubles.

34 *Lang, A. F.* Fab. Blaubeuren.—Toile blanchie et mouchoirs de toile.

35 *La Fabrique de fil de lin*, Urach.—Echantillons de fils de lin.

36 *Seemann, C. & H.* Fab. Stuttgart.—Toile de lin blanchie d'après les méthodes Irlandaise et Hollandaise; coutils; batistes peintes.

37 *Bantlin, D.* Reutlingen.—Empeignes et tiges de bottes.

38 *Eckhard, F. M.* Fab. Ulm.—Cuir vernis en noir.

39 *Reichhold, G.* Fab. Stuttgart.—Objets de fantaisie en cuir.

40 *Schenck, E. & Cie.* Fab. Stuttgard.—Porte-feuilles de fantaisie; livres, albums, porte-monnaies, &c.

41 *Schaeuffelen, G.* Heilbronn.—Carton blanc et de couleur; papier de soie; papier à lettres.

42 *Kämmerer, C.* Fab. Stuttgart.—Porte-feuille contenant des cartons à l'usage des peintres.

43 *Faulhaber & Leube*, Ulm.—Papier anti-rhumatique.

44 *Rauch, Frères*, Fab. Heilbronn.—Papier de fantaisie.

45 *Veiel & Cie. G.* Fab. Stuttgart.—Papier de fantaisie.

46 *Kohler, F.* Fab. Göppingen.—Tapis de tables et étoffes en laine peinte pour gilets; mouchoirs de toile peinte.

47 *Otto, H.* Fab. Nürtingen.—Cotons rouges-de-Turquie, qualité première, seconde et superfine.

48 *Zais, W.* Fab. Cannstatt.—Coton couleur rouge de Turquie.

49 *Neuburger & Fils*, Fab. Dietenheim, près d'Ulm.—Rideaux de lit brodés.

50 *Robeck, C.* Nürtingen, près de Teck.—Festons et entre-deux.

51 *Tanner, T.* Dess. et Inv. Stuttgart.—Dessins pour tapisserie et pour étoffes de meubles.

52 *Van Zwerger, Deffner & Weiss*, Fab. Ravensburg.—Rideaux blancs et à raies rouges; rideaux de tulle et de mousseline brodés.

53 *Hils, Haas & Cie.* Fab. Schramberg.—Bonneterie de laine, tricotée, jupes, bas, chemises d'hommes et de femmes.

54 *Rehm, J. F.* Fab. Reutlingen.—Bonneterie de laine et de coton; dentelles et cols.

55 *Boelsterli, C. & Cie.* Fab. Stuttgart.—Outils de toutes sortes, pour préparer et façonner le bois.

56 *Goebel, G.* Fab. Stuttgart.—Outils pour la préparation du bois.

57 *Dittmar, Frères*, Fab. Heilbronn.—Assortiment de rasoirs et de cuirs à rasoir; couteaux, canifs, poignards et couteaux et instruments de jardin.

58 *Haueisen & Fils*, Fab. Stuttgart.—Assortiment de faux.

59 *Buhrer, F.* Fab. Ludwigsburg.—Jouets d'enfants; moules de pâtisserie.

60 *Stohrer, J. F.* Fab. Stuttgart.—Fils de laiton et d'acier; tissu métallique; cribles en crin et en fil de laiton.

61 *Wagner, C.* Fab. Esslingen.—Chaudronnerie.

62 *Rexer, C.* Fab. Stuttgart.—Fils de fer, de cuivre et d'acier; fils métalliques pour la fabrication du papier; toile en fil métallique.

63 *Erhard & Fils*, Fab. Gmünd.—Echecs en bronze; marionnettes diseuses de bonne aventure; sonnettes, et autres objets de table; croix en bronze; bénitier, &c.

64 *Faist & Steinhaeuser*, Fab. Schramberg.—Grenats ciselés de différentes grandeurs et formes.

65 *Bruckmann, P. & Fils*, Fab. Heilbronn.—Services à thé et de table.

66 *Groeber, A.* Fab. Riedlingen.—Panier à fruit en fil d'argent.

67 *Lenz, C.* Gmünd.—Conserves dorées et plaquées, montures de lorgnons.

68 *Uechtritz & Faist*, Fab. Schramberg.—Faïencerie; pots-à-fleurs, corbeilles ou assiettes à fruit en émail noir; service de table en faïence blanche; plusieurs services à thé.

69 *Staib & Wasserott*, Fab. et Inv. Ravensburg.—Fenêtres gothiques en architecture ogivale; monument en argile.

70 *Wirth, J. F.* Fab. Stuttgart.—Table de toilette et à écrire.

71 *Deffner, C.* Fab. Esslingen.—Table à fleurs; pupitres; corbeilles d'ouvrage; échiquier; plateaux; objets de ménage.

72 *Rau & Co.* Inv. et Fab. Göppingen.—Assortiment d'objets, en étain et en papier-mâché vernis, avec marqueterie de nacre; objets plaqués.

73 *Remetsch, C.* Inv. et Fab. Stuttgart.—Ardoises (brevetées) à écrire.

74 *Vetter & Erno, C.* Fab. Stuttgart.—Cadres dorés.

75 *Lettenmeyer, T.* Fab. Stuttgart.—Cadres dorés.

76 *Abele & Cie.* Fab. Stuttgart.—Tabatières en papier-mâché, avec ornements en nacre, en or et en argent.

77 *Heller, C.* Fab. Stuttgart.—Bas-relief doré, de gypse; papier doré, &c.

78 *Seeger, E.* Fab. et Inv. Esslingen.—Nouveau procédé pour fabriquer les ouvrages en mosaïque de bitume.

79 *Haas, T. P.* Prop. Schramberg.—Tresses de paille.

80 *Klein, G. F.* Fab. Tübingen.—Brosses à drap, à cheveux, à velours et à billard; grande brosse pour les fabricants de drap.

81 *Kieser & Cie.* Fab. Gaildorf.—Tour gothique et thermomètre; plateau à bijoux; cachets; manches de cannes; tire-lire; bonbonnière et anneaux de serviettes.

82 *Wittich, A. Kemmel & Cie.* Fab. Geislingen.—Jouets d'enfants en ivoire et en os.

83 *Schmidt, F.* Inv. et Fab. Geislingen.—Objets de fantaisie, en os et en ivoire.

84 *Weber, C. F.* Fab. Esslingen.—Manches et boutons en ivoire, en corne de daim, en bois et en plomb.

85 *Stoll, C.* Fab. Ulm.—Eventails d'ivoire et d'os; tabatières d'ivoire ciselé, et incrustées d'écaille.

86 *Weeber, G. & Cie.* Fab. Esslingen.—Boîtes de fantaisie en bois.

87 *Baur, Frères*, Fab. Biberach.—Assortiment de confiseries.

88 *Goll, Frères*, Fab. Biberach.—Sucreries.

89 *Roth, W. cadet*, Fab. Stuttgart.—Assortiment de confiseries.

90 *Riess, F. X.* Fab. Gmünd.—Ornements en cire, bougies, corbeilles, &c.

91 *Tröglen, G.* Fab. Ulm.—Adraganthes et sucreries.

92 *Hedinger, C.* Fab. Stuttgart.—Cannes; montures de parapluies, &c.

93 *Schumacher*, Fab. Bietigheim.—Pierres à aiguiser; pierres ponces et de polissage, fabriquées pour l'usage des artisans.

94 *Blumhardt, H.* Fab. Stuttgart.—Jouets d'enfants.

95 *Rominger, J.* Fab. Stuttgart.—Jouets en verre et en tain.

96 *Dieterich, C. F.* Inv. et Fab. Ludwigsburg.—Instruments de cuisine, d'écurie, et de jardin, pour enfants.

97 *Knosp & Backe*, Inv. et Fab. Stuttgart.—Maisons en carton, pour poupées.

98 *Rock & Graner*, Fab. Biberach.—Jouets et bagatelles en étain, en laiton et en papier-mâché.

99 *Reuss, Frères*, Fab. Stuttgart.—Bougies stéarines.

100 *Sutorius, C. F.* Fab. Gmünd.—Allumettes chimiques.

101 *Lindauer, Mdlle. E. L.* Fab. Stuttgart.—Fleurs artificielles.

102 *Kuhn, J.* Fab. Ulm.—Allumettes chimiques.

103 *Viehhauser, G.* Fab. Ludwigsburg.—Fleurs artificielles.

104 *Wagner, F.* Entrepreneur, Stuttgart.—Pierres à aiguiser.

105 *Von Hofer, L.* Sculp. Stuttgart. — Groupe de chevaux.

106 *Holder, T. M.* Inv. Stuttgart.—Portraits peints sur ivoire.

107 *Ploucquet, H.* Prod. Stuttgart. — Groupes d'animaux et d'oiseaux empaillés.

108 *Wagner, T.* Inv. et Dess. Stuttgart. — Statue: La Madeleine repentante en marbre de Carrare.

109 *Wetzel, C. T.* Inv. et Dess. Stuttgart. — Peintures sur verre:—La Prophète de la destruction de Jérusalem, d'après Begas; Esther implorant pour son peuple la grâce d'Assuérus; La Sainte Mère, d'après Murillo.

---

5. FRANCFORT-SUR-LE-MEIN.

1 *Brönner, F. J.* Fab. Francfort. — Créosote; spécimens d'encres d'impression.

2 *Busch, P. A.* Prod. Francfort. — Huile de cognac rectifié.

3 *Zimmer, Dr. C.* Fab. (Agent, F. W. Roller & Cie. 15 Union Court, Old Broad Street, Londres.)—Chinidine pure cristalisée; substance extraite du sulphate de quinine, qu'elle remplace entièrement, et sur lequel elle a l'avantage de l'économie.

4 *Minoprio & Cie.* Fab. Francfort.—Différentes sortes de tabacs à priser.

5 *Barthel, J. C.* Inv.—Modèles d'appareils à l'usage des aveugles et des maisons de correction; appareil pour faciliter la torsion de la paille ou de la corde; appareil pour mouiller la paille; id. pour faire de la dentelle; id. pour faire des paillassons, &c.; articles fabriqués avec ces appareils par des aveugles, sous la direction de l'exposant.

6 *Weber & Shultheis,* Fab. Francfort.—Carabines à un et deux coups.

7 *Albert, J. W.* Fab. Francfort. — Appareil daguerréotype.

8 *Meyer & Schwavze,* Fab. Francfort.—Fils de laine.

9 *Koth, C. W.* Fab. Francfort. — Peaux de veau émaillées, cirées, et brunes.

10 *Roth, J. A. Fils,* Fab. Francfort.—Peaux de veau, noires d'un côté, brunes, et vernissées.

11 *Kupp & Bechstein,* Fab. Francfort.—Cuirs en peaux, doux et pliables.

12 *Baldenecker, J. B. jeune,* Fab. Francfort. — Encres noires d'imprimerie.

13 *Bauer & Krebs,* Fab. Francfort.—Livre avec spécimens de caractères d'imprimerie; matrices, types, &c.

14 *Wüst, C. L.* Fab. Francfort.—Cartes à jouer.

15 *Vaconius, J. J.* Fab Francfort.—Tapis de sofa.

16 *Hoffman, J. G. & Fils,* Francfort. — Un poèle en faïence.

17 *Jnngé & Walther,* Fab. Francfort. — Lustre doré, style grec.

18 *Raab, G. A. B.* Fab. Francfort.—Un coffre-fort.

18 *Zimmermann, E. G.* Fab. Francfort. (Agent à Londres, F. Kellermann, 94 London Wall.)—Articles divers en fer et en zinc; ouvrages en fil de fer; montre à cadrans blanc et rouge; corbeilles de fleurs, &c.

20 *Goldschmidt, M. & Fils,* Inv. et Fab. Francfort.—Bracelet; broche; crochet de montre; boucles d'oreilles et chaînes d'or, &c.

21 *Tacchis, P. A.* Fab. Francfort.—Fontaine d'albâtre; lampe-carcel; photographes; vases, &c.

22 *Vogelsang, T. & Fils,* Inv. et Fab. Francfort.—Divers articles de verrerie, coloriés, taillés, et dorés: vases à fleurs, candélabres, flacons à vin, verres, &c.

23 *Albert, J. V. Fils*—Tête de nègre mécanique; poupées; optiques pour la polarisation de la lumière; thermomètres; ustensiles en verre pour la chimie; phénakisticope pour expliquer la théorie des vibrations, &c.

24 *Dresler, F.* Inv. et Fab. Francfort.—Spécimens de caractères allemands, gothiques, anglais, russes, et hébraïques; ornements, bordures, &c. pour relieurs.

25 *Ehr, N.* Fab. Francfort.—Brosserie.

26 *Gouda, P. F.* Fab. Francfort. — Boîtes à ouvrage; nécessaires; boîtes à thé, &c.

27 *Köhler, J.* Prod. Francfort.—Boîte à thé en mosaïque de bois.

28 *Wohlfahrth, J. E. aîné,* Fab. Francfort.—Pupitre et articles de papeterie.

29 *Delkeskamp, F. W.* Fab. Francfort.—Relief pittoresque de la Suisse et de ses Alpes.

30 *Schmerber, S.* Lib. Francfort.—Arts et ustensiles du Moyen-âge et de la Renaissance; spécimens de l'architecture romaine sur le Rhin; A. B. C. gothique, à l'usage des artistes et des ouvriers, &c.

31 *Vanni, A.* Prod. Francfort.—Groupe en ivoire: Adriane, sur piédestal.

32 *Kress, G. L. Von,* Prop. Francfort.—Statuette galvano-plastique; bas-relief, l'amour sur une panthère; lézard, serpent, &c.; modelès d'après nature.

33 *Strauch, F.* Prod. Francfort.—Photographes.

---

6. GRAND DUCHE DE HESSE.

Commissaire: M. Hector Rössler, 39 Finsbury Square.

1 *Bechner, W.* Fab. Darmstadt.—Bleu d'outremer.

2 *Rosenberg & Cie.* Prop. Giessen.—Manganèse.

3 *Usine pour la préparation du sel et de la tourbe à Salzhausen.*—Matières brutes, articles principaux qui sont fabriqués.

4 *Briel, W. & Cie.* Prop. Giessen. — Mineral de manganèse.

5 *Salines de Théodorshalle près de Kreuznach.*—Cristaux de sel remarquables par leur grandeur; bouteille de mère lessive concentrée.

6 *Jonghaus & Venator,* Fab. Darmstadt.—Cartes en relief et imprimées en couleurs; plans en relief.

7 *Koch, F.* Fab. Oppenheim.—Alcaloïdes de l'écorce de Pérou employés en médecine.

8 *Oehler, C.* Fab. Offenbach.—Créosote pure; naphta de charbon et de résine; couleurs; sel ammoniac cristallisé.

9 *Bernard, Frères,* Fab. Offenbach.—Tabac.

10 *Meyer & Lindt,* Fab. Sprendlingen.—Farine de froment; de gruau; de seigle.

11 *Müller, J. P.* Fab. Offenbach.—Tabac et cigares.

12 *Zahn & Volbrecht* Fab. Russelsheim.—Chicorée et café allemand.

13 *L'administration centrale de l'Agriculture,* Grand Duché de Hesse, Darmstadt.—Produits agricoles; gommes, tabac, &c.; moulin à fécule, &c.

14 *Hoffmann, G. W.* Fab. Ingenheim.—Amidon de pomme de terre; sagou; amidon de froment, &c.

15 *Appel, C.* Greisheim.—Plusieurs sortes de grains.

16 *Michel & Morell,* Fab. Mayence.—Encres pour les impressions en taille douce et la lithographie, &c.

17 *Dick & Kirschten,* Fab. Offenbach.—Phaéton, principalement de fer, à un ou à deux chevaux.

18 *Dickore, A.* Fab. Giessen.—Carabine incrustée d'or et d'argent, la monture ciselée et marquetée d'ivoire, &c.

19 *Schuchard, H.* Fab. Darmstadt.—Chapeaux ronds et à cornes; casques d'officiers

20 *Kühnst, G.* Fab. Darmstadt.—Piano à queue en acajou, action nouvelle.

21 *Maury, J. C.* Fab. Offenbach.—Plusieurs casques, bonnets militaires et casquettes.

22 *Huch, H. C.* Fab. Mayence.—Instrument à niveler avec télescope achromatique.

23 *Klein, C.* Fab. Mayence.—Instruments de musique en cuivre, &c.

24 *Müller, C. A.* Fab. Mayence.—Cornet-à-piston en cuivre.

25 *Schott, B. & Fils,* Fab. Mayence.—Piano en marqueterie.

26 *Seidel, J.* Fab. Mayence.—Instruments de musique.

27 *Artz, P. L.* Fab. Michelstadt.—Drap de laine.

28 *Mörschel, Winzenried & Cie.* Fab. Herrenhag.—Assortiment d'ouvrages de laine au crochet.

29 *Lohn, Intendant de l'Hôpital de Schlitz,* Fab. Schlitz.—Serviettes de damas, de lin filé à la main.

30 *Strüth, S. (aîné),* Fab. Lauterbach.—Nappe et serviettes de lin filé à la main.

31 *Ihm, Böhm & Pfältz,* Fab. Offenbach.—Cuir verni.

32 *Heyl, C.* Fab. Worms.—Cuir verni noir pour bottes et souliers.

33 *Dörr & Reinhard,* Fab. Worms.—Peau de veau verni pour cordonniers, et émaillé pour la fabrique des meubles.

34 *Hellmann, J.* Inv. et Fab. Neckarsteinach.—Cuir pour semelles, préparé d'une manière toute différente du procédé ordinaire.

35 *Mayer, P.* Fab. Mayence.—Cuir fabriqué; bottes, souliers, &c.

36 *Mayer, Michel & Deninger,* Fab. Mayence.—Peau vernie et émaillée, en plusieurs couleurs; maróquin, &c.

37 *Minoprio & Hohwiesner,* Fab. Bingen.—Peaux de veau vernis; bottes et souliers.

38 *Freund, E. A.* Fab. Offenbach.—Cartes et papiers bosselés et émaillés; étiquettes.

39 *Frommann, M.* Fab. Darmstadt.—Cartes à jouer.

40 *Reuter, W.* Fab. Darmstadt.—Assortiment de cartes à jouer.

41 *Petri, J.* Fab. Mayence.—Encre pour les impressions en taille douce.

42 *Schnapper, H. L.* Fab. Offenbach.—Cartes à jouer.

43 *Weber, J. B.* Fab. Offenbach.—Papier de couleur et papier marbré.

44 *Wust, Frères,* Fab. Darmstadt.—Papier de couleur et papier marbré.

45 *Kern, H.* Fab. Mayence.—Articles ornés de bronze sur canevas.

46 *Ihm, F.* Fab. Offenbach.—Toile cirés pour couverts de table, de pianos, &c.

47 *Schumacher, J.* Mayence.—Souliers, bottes, pantoufles, &c.

48 *Werner, M.* Mayence.—Assortiment de bottes.

49 *Reis, G. & Cie.* Fab. Mayence.—Lampes à camphine; camphine.

50 *Seebass, A. R. & Cie.* Fab. Offenbach.—Encriers, lampes, chandeliers, &c. en fer fondu.

51 *Schreger, B.* Darmstadt.—Bijouterie: bracelets, broches, &c.

52 *Wagner, J.* Fab. Mayence.—Perles en toutes couleurs; objets d'ornements en perles.

53 *Büttner, P.* Fab. Darmstadt.—Miroir avec cadre doré; toilettes.

54 *Reinhard, J. M.* Fab. Mayence.—Chaises en noyer.

55 *Wenderlein, J. N.* Fab. Darmstadt.—Cadres dorés pour peintures.

56 *André, Frères,* Fab. Hirschhorn.—Feuilles à plaquer en noyer.

57 *Gick, J. G.* Fab. Mayence.—Vannerie.

58 *Schmitt, E.* Fab. Darmstadt.—Boutons filés à la main.

59 *Anselm, F. C.* Fab. Offenbach.—Bourses; galons d'or et d'argent, &c.

60 *Berge, Frères,* Fab. Offenbach.—Porte cigares; portefeuilles, &c.

61 *Frank, J. G.* Offenbach.—Rotins vernis; tabatières en papier-mâché.

62 *Haas, C. & Cie.* Fab. Offenbach.—Grand choix de porte feuilles.

63 *Klein, P.* Fab. Offenbach.—Bourses de filet et autres exemples de tricotage.

64 *Klein, J. G. (aîné),* Fab. Offenbach.—Porte-monnaies, boîtes à cigarres, nécessaires, &c.

65 *Luttringhaus, A.* Fab. Offenbach.—Portefeuilles, boîtes à cigarres, porte-monnaies, &c.

66 *Mönch, J. & Cie.* Fab. Offenbach.—Boîtes à thé, à cigarres, à cartes; porte-monnaies, &c.

67 *Nänny, H.* Fab. Bingen.—Grand porte feuille en maroquin rouge à clef, fait à la main.

69 *Seeling & Becker,* Fab. Offenbach.—Portefeuilles, nécessaires, &c.

70 *Weintraut, C. (jeune)* Fab. Offenbach.—Assortiments de bourses en coton, mi-soie et en soie, &c.

71 *Birnstill, J.* Mod. Darmstadt.—Fleurs et fruits en cire.

72 *Dulcius, C.* Brod. Bingen.—Broderie en soie noire sur la soie blanche, représentant S.M. la Reine Victoria et S.A.R. le Prince Albert.

73 *Felsing, H.* Imp. Darmstadt.—Impressions de deux paysages; l'une à la manière ordinaire, l'autre perfectionnée.

74 *Friedrich, F. H.* Ciseleur, Darmstadt.—Ciselures en ivoire et en corne de cerf.

75 *Heyl, C. W.* Ciseleur, Darmstadt.—Ciselures en ivoire.

76 *Schiffmann, L.* Fab. Bingen.—Vitraux peints pour imiter ceux du moyen âge.

77 *Schröder, J.* Fab. Darmstadt.—Modèles; instruments pour le dessin.

78 *Zabern, T. V.* Imp. Mayence.—Typographie de la presse ordinaire.

79 *Dunmich, P.* Fab. Mayence.—Spécimens de divers articles en fourrure, pour vêtements.

80 *Klein, B.* Inv. Mayence.—Appareil chorégraphique.

81 *Stein & Schröder,* Prod. Mayence.—Plusieurs échantillons de houblon.

7. LUXEMBOURG.

1 *Godshaux, Frères,* Fab. Schleifmühl.—Cuirs laine et draps de Lamas.

2 *Lamort, J.* Fab. Luxembourg.—Papiers de tenture, de couleurs et dorés.

3 *Wemmer, F.* Fab. Luxembourg.—Bottes de chasse, bottes et souliers, à semelles simples et doubles.

4 *Ganterie Française de l'Union,* Luxembourg.—Gants de chevreaux et d'agneaux; peaux blanches et de couleurs de chevreaux et d'agneaux; peaux de chevreaux dorées, bronzées, et vernissées.

5 *Roch, J. F.* Luxembourg.—Pavés mosaïques composés de petites briques cuites.

6 *Metz, A. & Cie.* Eich.—Fourneau en fonte; l'aigle d'Allemagne, &c.

8. NASSAU.

1 *Les Ingénieurs (du Gouvernement) des Mines, (au nom des propriétaires).*—Minerai de cuivre gris; minerai de plomb; sulfure de plomb, carbonate de plomb et phosphate de plomb; pyrite de cuivre; sulfure de zinc; manganèse; minerai de fer, hématite rouge et oxide rouge de fer; charbon bitumineux; lignite; ardoise; spath pesant; terre à foulon; terre glaise; ocre; poterie de grès; fer en saumon, fondu et en barres; nickel; combinaison de l'arsénic, du nickel et du cuivre avec le soufre, et un petit dépôt de fer, produite par la fonte.

2 *Lassen, M.* Fonderie de Michelbach.—Fer en saumon et en barre, fonte; saumon gris tendre, avec spécimens de scorie et de plombagine artificielle; divers spécimens de fer en barres, arrondies et forgées, &c.

3 *Hutte, Isabelle,* Fonderies de Dillenzbourg.—Nickel, et compositions de ce métal; argent d'Allemagne, poli d'un côté, en barre et en feuille; spécimen d'arsenic, de nickel, et de cuivre, combinés avec du soufre et une petite portion de fer; assortiment de pipes de terre, exposées pour démontrer la qualité de l'argile de Nassau.

4 *Von Rössler, F.* Westerbourg.—Coke de charbon bitumineux.

5 *Manufacture de Marbre,* Diez.—Marbres rouge, noir, jaune, et gris.

6 *Leicher, A. & Cie.* Fab. Wiesbaden.—Terre glaise; colonne et vase.

7 *Roehr, F.* Fab. Wiesbaden.—Bleu d'outre-mer.

8 *Heckel, F. A.* Fab. Biebrich.—Clarinettes et bassons perfectionnés.

9 *Wingrender, Frères,* Höhr.—Pipes de terre.

10 *Mullenbach & Thewald,* Höhr.—Pipes de terre.

11 *Montag, L.* Fab. Wiesbaden.—Corbeille en corne noire de buffle, incrustée de la corne blanche du Brésil.

12 *Beesten, F. (van),* Wiesbaden.—Modèles de fruits en cire.

13 *Geismar, L. & Cie.* Fab. Wiesbaden.—Armoire à fusil, montée en corne de cerf, et les ornements en ivoire; coupe en ivoire; broches et bracelets en ivoire; porte-monnaies, &c.

HAMBOURG.

Commissaire, C. Noback, Esq. 20 Spring Garden. Agent à Londres, M. Pilgheim, 14 Tavistock Street.

1 *Meyer, T. W.*—Manganèse.

2 *Hildebrandt, C. G.*—Diamants pour graver; diamants de vitriers.

3 *Ressing, H. B.*—Echantillons de sucre raffiné.

4 *Wagener, J. C. L.*—Echantillons de sucre raffiné.

5 *Petersen, J.*—Tourteaux oléagineux.

6 *Reynold, A. & G.*—Pompe à incendie.

7 *Croissan & Lautenstein.*—Voiture moderne et élégante.

8 *Fridrichsen, K. A.*—Moufle à une, deux et trois poulies, à l'usage de la marine.

9 *Bufe & Fils,* Cuxhaven.—Un brick et une barque, avec dessins.

10 *Nieberg, J. L.*—Pendule à mouvement perpétuel.

11 *Bröcking, W.*—Pendule électro-magnétique; horloge avec balancier à demi-seconde.

12 *Baumgarditen & Hains.*—Piano carré.

13 *Schröder, C. H.*—Piano carré.

14 *Rumms, H.*—Piano piccolo droit.

15 *Cellier, F. & Fils.*—Violoncelle.

16 *De Rode, F.*—Timbales.

17 *Kohn, M. A.*—Machine à guillocher.

18 *Pepper, O.*—Echantillons de crins frisés.

19 *Wamosy, D.*—Peaux de veau vernies.

20 *Kruger, A.*—Selle de cavalier.

21 *Gerbers, E.*—Carte géographique sur toile de lin vernie; papier double éléphant à dessin.

22 *Möller, C. H. A.*—Quatre grands livres.

23 *Lade, E.*—Echantillons de foulards; dessins et clichés pour les foulards de couleur.

24 *Arndt & Berend.*—Tapis de table en laine imprimée; étoffe drapée et peinte pour meubles.

25 *Dissmar & Harloff.*—Tapis de table imprimés et peints.

26 *Heiser, F. L.*—Rideaux de couleur.

27 *Muckenheim & Alpers.*—Rideaux de couleur.

28 *Verheim, J.*—Rideaux de couleur.

29 *Windmüller, A.*—Mousseline de laine imprimée, pour cravates, châles, &c.

30 *Rey, G. E.*—Robes brodées de dames.

31 *Schelle, J. G.*—Broderies.

32 *Gerson, H.*—Serviette garnie de dentelle et brodée.

33 *Gompertz, B.*—Portrait de S.M. la Reine Victoria et du Prince de Galles, brodé en cheveux; la bourse de Hambourg, id.

34 *Cahen, T. J.*—Chapeaux divers.

35 *Curjar, T.*—Trois chapeaux.

36 *Sahlberg, C. F. G.*—Bottes et souliers pour dames et pour hommes.

37 *Schoost, J. N. C.*—Bottes et souliers pour dames et pour hommes.

38 *Magdalinski, J.*—Bottes de chasse imperméables et bottes fines pour hommes.

39 *Kinol, A.*—Bottes de jockey et bottes fines pour hommes.

40 *Hensel, C. J.*—Souliers de dames.

41 *Kopp & Kroll, F. W.*—Habit galonné pour hommes.

42 *Cohn, J. H.*—Casquette pour hommes sans couture, d'une nouvelle étoffe.

43 *Ritter, W.*—Un assortiment de vrilles; id. de tarières pour le métal et le bois.

44 *Hünten, J. A. F.*—Scie circulaire.

45 *Berend, W.*—Plaques de cuivre gravées et guillochées, pour relieurs.

46 *Schultze, J.*—Planches gravées pour la musique.

47 *Lehrmann, J. J. A.*—Cage de perroquet en fil de laiton.

48 *Schultz, F. J.*—Cages d'oiseaux.

49 *Schulte & Schumann.*—Boîtes à thé; seaux à charbon et baignoire en zinc.

50 *Richter, J. M. S.*—Cage de perroquet en fil de laiton.

51 *Heine, G. T.*—Cages de perroquet, &c. en fil de laiton.

52 *Floersheim, J. M.*—Seau à charbon; boîte à thé et bouilloire.

53 *Korlan, G.*—Cadres pour daguerréotypes.

54 *Brahmfeld & Gutrup.*—Encrier en argent.

55 *Meyer, Diedr.*—Ecran de cheminée; réfrigérateurs à vin; lampe de nuit, avec deux plaques lithophaniques; cage de perroquet, &c. vin; service à thé; lampe de nuit, avec deux réflecteurs translucides.

56 *Hildebrandt, C. L.*—Carreaux de verre, lettres et boîte en verre diamants pour couper le verre, &c.

57 *Wright, J. G.*—Bouteilles à eau de Seltz.

58 *Hansa.*—Poteries.

59 *Albrecht, A.*—Ecran verni.

60 *Rampendahl, H. F. C.*—Miroir avec cadre en corne de cerf.

61 *Hübener & Pohle.*—Psyché (cadre antique, style rococo.)

62 *Korlan, G.*—Trois miroirs.

63 *Bruening, C. D.*—Bureau.
64 *Hagen, T. F.*—Buffet en ébène.
65 *Engels, H. W. M.*—Buffet en jacaranda.
66 *Sengle, J. G.*—Buffet en jacaranda.
67 *Adikes, J. D.*—Buffet en jacaranda.
68 *Geseller, H.*—Fauteuil pour homme en jacaranda; id. pour dame.
69 *Plambeck, C. F. H.*—Guéridons en marqueterie.
70 *Rampendahl, H. F. C.*—Bureau marqueté de corne de cerf et d'ivoire.
71 *Faulwasser, C. E.*—Table à ouvrage en ébène; guéridon en marqueterie; boîtes diverses.
72 *Köhler, J. H.*—Guéridon en jacaranda marqueté.
73 *Bey, H.*—Tables en marqueterie.
74 *Loose, C. L.*—Guéridon en marqueterie; table à ouvrage marquetée; boîtes marquetées.
75 *Loose, J. R.*—Table ronde; boîtes marquetées.
76 *Muller, W. O.*—Tables en jacaranda marquetées.
77 *Kopke, C. J. C.*—Bureau de dame (style rococo.)
78 *Heymann, J. D.*—Canapé, fauteuil et chaise en palissandre.
79 *Werner & Piglhein.*—Table de marqueterie; causeuse et fauteuil.
80 *Kruger, G. H.*—Chaise à bascule; vannerie; fauteuil d'osier; paniers.
81 *Mehne, P.*—Table à ouvrage en jacaranda.
82 *Koll, J. N.*—Buffet en jacaranda; quatre chaises.
83 *Jantzen, J. C. F.*—Echantillons de l'art du tourneur.
84 *Eckert, J. C. H.*—Différents objets en nacre et en ivoire; tuyaux de pipes.
85 *Umlauff, A.*—Plusieurs sortes de peignes.
86 *Meyer, H. C. (jeune).*—Cannes, fouets; objets en ivoire et en baleine.
87 *Harter & Huben.*—Cannes, fouets; objets en ivoire et en baleine.
88 *Aspern, W. M. V.*—Boîte en velours, pour dames.
89 *Wöbke, H.*—Pipes à fumer en terre de Turquie.
90 *Olshardsen, F.*—Fleurs artificielles arrangées de manière à représenter un tableau.
91 *Löwenthal & Cie.*—Têtes de poupées en cire et en papier-mâché.
92 *Douglas, J. S. & Fils.*—Plusieurs sortes de savons.
93 *Engelhard, F.*—Statue de Richard Cœur de Lion en bronze.
94 *Kleft, B.*—Jésus Christ en relief sur marbre; deux lévriers en ivoire.
95 *Schiller, J.*—Jeune fille, tenant une grappe de raisin à la main, en marbre.
96 *Engelhard, W.*—Relief en plâtre; série de dessins.
97 *Bohm, A.*—Coupe de verre gravé.
98 *Rampendahl, H. F.*—Coupe d'ivoire ciselé.
99 *Bostelmann, A.*—Vitraux d'église peints en miniature.
100 *Rösing, F. W.*—Deux transparents en verre de couleur; deux tablettes en stuc; deux tablettes émaillées; deux tablettes avec peintures fixées par la vapeur.
101 *Cornides, L.*—Peintures sur corne transparente.
102 *Schuberdh & Cie.*—L'opéra Lichtenstein, volume de musique, relié en velours.
103 *Kohnke, F. J.*—Daguerréotype colorié.
104 *Schnautz, W.*—Un saucisson.
105 *Meyer, Berlin.*—Deux jupons d'Orléans vert; spécimens de crin préparé, et corne.
106 *Bartels, J. C. M.*—Sculptures sur bois.
107 *Zuber, J.*—Sculptures sur ivoire.
108 *Prale & Ballheimer.*—Placage en acajou, 54 plaques par pouce.
109 *Thiele jeune.*—Sofa d'enfant.
110 *Classen.*—Garde-feu.
111 *Buss.*—Cage d'oiseau.

112 *Schultz.*—Deux candélabres en bronze.
113 *Boye, C. T.*—Tour à filer.
114 *Mieolci, C. L.*—Spécimens de reliure.
115 *Hartog, C. H.*—Ecran à l'aiguille.
116 *Boëhel, A.*—Stores peints.
117 *Kahler, A.*—Spécimens de lithographie.
118 *Severin, C.*—Ouvrages d'aiguille.
119 *Appel, J. C.*—Ouvrages d'aiguille, tapis, balles.
120 *Meinke, W. C.*—Cinq pavillons.
121 *Beinhauer, C.*—Un fourneau.
122 *Bahr, H. & Cie.*—Foulards en soie.
123 *Thiel, Von C.* Fabrique à Schledehaus.—Trois formes en fer pour le raffinage du sucre; trois vaisseaux culinaires: tous étamés.

HANOVRE.

Commissaire, M. F. Stahlschmid, 14 Mark Lane.

1 *Henning,* Limmer, près Hanover.—Echantillons d'asphalte; asphalte brut; terre d'asphalte; asphalte moulé en pains, &c.
2 *Horsmann, C.* Celle.—Encre pour typographes et lithographes, &c.
3 *Tanner, C. D.* Hanover.—Paire de pistolets avec boîte, fusil et carabine.
4 *Lohdefink, W. A.* Hanover.—Appareil électro-magnétique pour télégraphes (système Morse), avec appareil de relais.
5 *Hansen, J. G.* Hildesheim.—Pièce de toile à voiles.
6 *Wagner, C. A.* Hanover.—Chapeau en peluche avec carcasse en feutre; id. en coton, &c.
7 *Schultze, D.* Bodenseich, Luneburgh.—Toiles blanchies et écrues.
8 *Bernstorff, C. & Eichwede,* Hanover.—Lustre en bronze doré, pour 60 bougies; buste de S. M. le Roi de Hanovre.
9 *Hersing, C.* Einbeck.—Spécimens de papiers peints.
10 *Friedrich, J. P.* Norden.—Trois peaux de veau.

LUBECK.

Commissaire, M. F. Stahlschmid, 14 Mark Lane.

1 *Platzman, C.* Fab.—Tourteaux oléagineux.
2 *Carstens, D. H.* Fab.—Asperges conservées; petits pois verts; choux rouges conservés dans le vin; autres légumes et commestibles conservés.
3 *Behrens, J. C.* Fab.—Véritable maroquin noir; échantillons de glue.
4 *Beckmann, J. J. C.* Fab.—Toison d'agneau chamoisée.
5 *Fischer, C. A.* Fab.—Carabine de tir a deux canons; fusil de chasse, &c.
7 *Brunswig, G. H.* Fab.—Peau de veau vernie; id. de mouton; peaux gauffrées, &c.
8 *Spiegel, W. A. C. & Cie.* Dess. et Fab.—Broderies sur canevas de soie, pour écrans; broderie commencée pour démontrer le progrès.
9 *Stolle, D. C. F.* Fab.—Echantillons de broderies commencées, avec soie, laine et perles; dessous de bouteille en canevas de papier, porte-montre, &c.
10 *Breyer, G. W.* Fab.—Paravent de lit en osier.
11 *Raper, F.* Fab.—Boîte à ouvrage pour dame, décorée de broderies, velours et bronze.

MECKLENBOURG-STRELITZ.

Commissaire à Londres, M. DE VIEBAHN, 43 Albion Street, Hyde Park.

1 *Benecke, W.* Fab. Neustrélitz.—Appareil à vapeur portatif, en tôle d'étain ; poèles en fonte pour chauffer les appartements à la vapeur.

2 *Eange, C.* Fab. Neustrélitz.—Porte à air comprimé pour poèle à chauffer les appartements ; dessin de poèle, construit d'après le principe de la lampe de sûreté de Sir' Humphry Davy.

3 *Scharenberg, A.* Inv. et Fab. Neustrélitz.—Extrait de garance pour la teinture de tous les tissus ; procédé d'extraction nouveau et économique.

4 *Gundlach, C.* Fab. Wesenberg.—Rouet avec incrustations de 450 pièces de bois.

MECKLENBOURG-SCHWERIN.

Agent à Londres, M. PIGLHEIM, 14 Tavistock Street.

1 *Stolzenberg, J.* Genoyen.—Appareil pour la distillation.

2 *Schmidt, J.* Güstrow.—Trois fusils.

3 *Gerber, C. H. A.* Güstro.w—Deux tapis de table.

4 *Bahrt, H.* Schwerin.—Rasoirs.

5 *Meyne, J.* Schwerin.—Soupière d'argent allemand.

6 *Meyer, W.* Warnemünde.—Echantillons de charbon de terre.

7 *Behr, H.* Rastock.—Sculpture sur bois.

8 *Bear, H.* Rastock.—Ornement de meuble, en bois de tilleul, sculpté en style de fantaisie appelé " Baroque."

9 *Bahrt, H.* Fab. Schwerin (Ville). — Sept rasoirs concaves, damasquinés.

10 *Yerber, C.* Fab. Güstrow, Mecklenbourg. — Deux tapis de table en soie damassée, l'un avec les armes d'Angleterre brodées, l'autre avec celles de Mecklenbourg.

NUREMBERG.

1 *Fuchs, Maria,* Fab. Nuremberg.—Une livre de fil de laiton très-fin, de la longueur de 76,000 pieds. Une livre de laiton chalibé, pour lanternes de mineurs, de 41,000 de long.

OLDENBOURG.

Agent à Londres, M. PILGHEIM, 13 Tavistock Street.

1 *Cassebohm, T. H.* Oldenbourg.—Modèle du château d'Heidelberg, sculpté en liège, de proportion exacte. Echelle : ¹⁄₁₇.

2 *Bramlage, A.* Lohne.—Assortiment de plumes.

3 *Sharnhorst, C.* Oldenbourg. — Fil de lin filé à la main.

AUTRICHE.

Commissaires : M. le Chevalier DE BURG, et M. CHARLES BUSCHEK, 43 Clarges Street, Piccadilly.

1 *Miesbach, A.* Prop. Vienne.—Charbons, tourbes et lignites de la Basse-Autriche, &c. ; alun.

2 *Les Mines Impériales,* Vienne.—Minerai de mercure et de cinnabre, souffre, cuivre, étain, litharge, zinc, antimoine, &c.

3 *L'Association pour l'Exploitation des Mines de la Haute Hongrie,* Schmöllnitz, Hongrie.—Mercure, cuivre raffiné, et autres produits semblables pour la fonte.

4 *Szumrak, J. F.* Prop. Neushol, Hongrie.—Minerais de cobalt et de nickel, ardoises calcaires, &c.

5 *Kochmeïster, F.* Prop. Pesth. Hongrie.—Deux espèces de nickel, spongieux, oxide rouge et noir de cobalt.

6 *Sapy, A.* (Directeur de la mine de Philippi Jabob), Rosenau, Hongrie.—Minerai de nickel.

7 *L'Administration de la Mine Zemberg,* Dobschau, Hongrie.—Minerai de cobalt et nickel ; fleur de nickel et cobalt.

8 *Kengyel, J.* (Directeur de la mine de Johannes), Rosenau, Hongrie.—Minerai de nickel.

9 *Batka, W.* Fab. Prague, Bohème. — Minéraux de Bohème ; uranium ; nickel ; vanadium ; cobalt de fer et autres minéraux.

10 *Szegö, S.* (Directeur de la mine Michaeli), Rosenau, Hongrie.—Antimoine et minerai d'antimoine.

11 *Geissberger, F.* (Usines et fonderies Francis), Metzenseifen, Hongrie.—Régule d'antimoine.

12 *Szolleny, C.* (Usines et fonderies de Bistroer), Rosenberg, Hongrie.—Régule d'antimoine.

13 *Volderauer, G.* Prop. Salzburg. — Arsenic, arsénieux jaune et blanc.

14 *Hochberger, J.* Prop. (Usines St. Procopi), Kaltenbohème.—Sulfate de fer ; alun de soufre.

15 *Schönborn, E. Comte de* Prop. Dlazkowie, Bohème.—Pyrope brute de Bohème.

16 *Lobkowitz, le Prince de, Duc de Raudnitz,* Prop. Bilin, Bohème.—Grenat bruts, tallés, et percés de Bohème.

17 *La Saline Impériale,* Galicie.—Echantillons de sel de cuisine.

18 *Weber, G. D.* Fab. Venice.—Echantillons de crème de tartre fine.

19 *Wagenmann, Seybel & Cie.* Fab. Vienne.—Produits chimiques ; acide de tartre ; vinaigre ; acide acétique ; acétate de soude ; acide arsénieux, &c.

20 *Brosche, F. X.* Fab. Prague, Bohème.—Produits chimiques ; acide de succin ; acide de tartre ; mercure et ses composés.

21 *Braun, G. J.* Fab. Prague, Bohème.—Albumine, stannate de soude, ferrocyanide de potasse.

22 *Engelmann, S.* Fab. Karolinenthal près de Prague.—Albumine ; dextrine : laiogome, et gomme artificielle.

23 *Setzer, J.* Fab. Weiteneck sur le Danube.—Bleu d'outremer de huit nuances ; vert d'outremer ; cadmium jaune ; garance rouge et rose.

24 *Kutzer & Lehrer,* Fab. Prague.—Bleu d'outremer de huit nuances ; outremer vert et noir ; couleurs diverses.

25 *Fiala, W.* Fab. Prague.—Bleu d'indigo de trois espèces différentes.

26 *Heinzen, Frères,* Fab. Tetschen sur l'Elbe, Bohème.—Orseille d'herbes, rouge et violette ; extrait d'orseille rouge et violette.

27 *Kinzlberger & Cie.* Fab. Prague. — Echantillons de couleurs.

28 *Petz, W.* Fab. Pesth, Hongrie.—Carmin de deux sortes.

29 *Rattich, J. B.* Fab. Atzgersdorf, près de Vienne.—Noir pour impression en taille douce.

30 *Herbert, F. P.* Fab. Klagenfurt et Wolfsberg, Carinthie.—Blanc de plomb (céruse) de diverses espèces.

31 *Egger, G. Comte de* Fab. St. Veit, Carinthie.—Blanc de plomb de diverses espèces.

32 *Herbert, I.* Fab. Klagenfurt, Carinthie.—Plomb rouge et orange ; litharge rouge et dorée.

33 *Diez, E.* Fab. Villach, Carinthie.—Blanc de plomb de diverses qualités ; balles et plomb de chasse.

34 *Bigaglia, P.* Fab. Venice.—Echantillons de plomb, de plomb de litharge et de vermillon.

35 *Hardtmuth, L. & C.* Fab. Vienne.—Jaune de Naples; pierre ponces artificielles.

36 *Schabas, J.* Patenté, Vienne.—Pierres ponces artificielles de diverses sortes.

37 *Rohlik, L.* Inv. et Brev. Prague.—Pierres artificielles, imitation de marbre et de lapis lazuli.

38 *Cristofoli, A.* Fab. Padoue.—Huit échantillons de dalles et de colonnes en marbre artificiel.

39 *La Compagnie des Chandelles Stéariques* (Chandelle Apollon), Vienne.—Acide stéarique et bougies.

40 *La Compagnie des Chandelles Stéariques* (Chandelle Milly), Vienne.—Acide stéarique et bougies.

41 *Pfitzner & Beckers* Fab. et Brev. Vienne.—Bougies appelés palmatines, produites de l'huile de palmier distillée.

42 *La Compagnie des Chandelles Stéariques,* Hermannstadt, Transylvanie.—Acide stéarique et bougies; savon de soude élaène.

43 *Chiozza, C. A. & Fils,* Fab. Trieste.—Savons de différentes espèces.

44 *Melzer, D.* Fab. Hermannstadt, Transylvanie.—Savons divers, pour blanchir les étoffes; savon de lessive.

44A *Richter, A.* Fab. Königsaal, Bohème.—Savons de différentes espèces.

45 *Czekelius, C.* Fab. Hermannstadt, Transylvanie.—Chandelles de suif de Transylvanie.

46 *Furth, B.* Fab. Schüttenhofen et Goldenkron, Bohème, Agent à Londres, J. Lippmann, 29 Nicholas Lane, Lombard Street.—Allumettes chimiques, de diverses qualités et formes.

47 *Pollak, M.* Fab. Vienne.—Allumettes chimiques de formes et qualités variées.

48 *Preshel, F.* Fab. Vienne.—Allumettes chimiques diverses.

49 *Hoffmann, G.* Fab. Wisoczan, Bohème.—Allumettes chimiques de différentes sortes.

50 *De Majo, S.* Fab. Trirsch, Moravie.—Allumettes chimiques de toutes les qualités et formes.

51 *Dolleschal, J.* Brev. Vienne.—Liquide pour la destruction de la vermine.

52 *Edler de Wursh, W.* Inv. et Brev. Vienne.—Spécifique pour arrêter la carie des dents.

53 *Les Directeurs des Mines de S. A. le Prince de Lobkowitz, Duc de Raudnitz,* Bilin, Bohème.—Pastilles digestives de Bilin, préparés des eaux minérales de Bilin.

54 *Halla & Cie.* Fab. Prague.—Poudre chimique pour faire de l'encre noire pour écrire instantanément.

55 *Robert & Cie.* Fab. Gross Selowitz, Moravie.—Sucre de betteraves.

56 *Fabrique des Chevaliers de Neuvall,* Klobauk, Moravie.—Sucre de betteraves.

57 *Richter & Cie.* Fab. Königsaal, Bohème.—Sucre de betteraves.

58 *Lobkowitz, le Prince de F.* Fab. Bilin, Bohème.—Sucre de betteraves.

59 *Lurisch Moennich, le Comte H. L.* Fab. Karwin, Moravie.—Sucre de betteraves.

60 *Fabrique de Sucre de Betteraves,* Tlumacz, Galicie.—Sucre de betteraves.

61 *Reali, G.* (ci-devant Reali, A.), Venice.—Quatre pains de sucre.

62 *La Compagnie Brevetée des Moulins à Vapeur,* Vienne.—Farine de froment d'Autriche.

63 *Le Moulin à Vapeur Breveté,* Fiume.—Diverses sortes de farine de froment de Hongrie.

64 *Moulin à Vapeur,* Smichow, près de Prague.—Diverses espèces de farine de blé d'Autriche.

65 *Hawranck, C.* Troja, près de Prague.—Diverses sortes de farine de froment d'Autriche.

66 *Nowotny, A.* Prague.—Diverses espèces de farine de froment d'Autriche.

67 *Thun, le Comte F.* Tetschen, Bohème.—Diverses sortes de farine de froment d'Autriche.

68 *Jordan & Barbei,* Tetschen-sur-l'Elbe, Bohème.—Diverses sortes de farine de froment d'Autriche.

69 *Régies Impériales de Tabac,* Vienne.—Quatre sortes de tabac à priser de Galicie et du Tyrol.

70 *Société d'Agriculture de Carnoline,* Laibach.—Miel produit en grande partie du suc de la fleur de sarrasin, recueilli par les abeilles; graine de liu de la Carnoline; maïs de la Carnoline supérieure.

71 *Chwalla, Ant. C.* Fab. Vienne.—Trame autrichienne, à deux et trois filaments.

72 *Scola, A.* Linz.—Soie grège de la Haute-Autriche.

73 *Société pour la Production des Vers-à-soie,* Gratz, Styrie.—Soie grège de la Styrie; traité de l'education du ver-à-soie.

74 *Radulovitz, Frères,* Weisskirchen, Hongrie.—Soie de Hongrie.

75 *Lorenz Aloys, L.* Weisskirchen, Banat.—Soie grège du Banat.

76 *Herzog, E.,* Werschetz, Banat.—Soie grège du Banat.

76A *Hofler, Hermann, & Cie.* Tyrol.—Echantillons divers de filoselle.

77 *Mattiuzzi, G. B.* Varmo, Frionly.—Echantillons de soie grège.

78 *Senigaglia & Carminati,* Palma, Frionly.—Soies.

79 *Pappafava,* Zarra, Dalmatie.—Soie de Dalmatie.

80 *Schiebler & Cie.* Milan.—Echantillons de soie dans ses divers degrés de préparation, depuis le ver-à-soie jusqu'au fil prêt pour le tissage.

81 *Secchi, F.* Milan.—Echantillons de soie filée à l'eau froide.

82 *Ronchetti, A.* Milan.—Echantillons de soie grège et filée.

83 *Grassi, D. G.* Milan.—Vers-à-soie malades, guéris d'après la méthode du D. Grassi.

84 *Querini, G.* Venice.—Echantillons de soie grège.

85 *Pare, Gera Di,* Conegliano, province de Trévise.—Echantillons de soie grège.

86 *Carossa, la Marquise Eléonore,* (née Mucelli) Verône.—Echantillons de soie grège.

87 *Steiner, G & Fils,* Bergame.—Echantillons de soie grège et filée.

87A *Verza, Frères,* (ci-devant Verza, C.) Milan.—Cocons; soie grège et filée; étoffes de soie.

88 *Rossi, G. M.* Sondrio.—Echantillons de soie grège et filée.

89 *Hunyadi de Kétheley, le Comte C. J.* Prop. Urmélly, Hongrie.—Laine de moutons en toison.

90 *Figdor, T. & Fils,* Vienne.—Laine de mouton et d'agneau de Hongrie, d'Autriche et de Silésie.

91 *De Mittrowski, le Comte A.* Prop. Grossherrlitz, Silésie.—Laine mérinos pure.

92 *Larisch Moennich, le Comte H.* Prop. Karwin, Silésie.—Laines en toison.

93 *Wallis Ollivier, le Comte de,* Prop. Kolleschowitz, Bohème.—Laine lavée et non lavée; houblons.

94 *Panna, N. & Alexis, J.* Cronstadt, Transylvanie.—Laine lavée et non lavée de moutons et d'agneaux de la Transylvanie.

95 *Birnbaum, J.* Fab. Pesth, Hongrie.—Chauvre de Hongrie préparé.

95A *Filature privilégiée des Fils de Lin,* Shönberg, Moravie.—Lin écru et peigné.

96 *L'Etablissement breveté pour le rouissage du Lin,* Ullersdorf, près de Schönberg, Moravie.—Lin écru et peigné de 1850.

97 *Tamassia, L.* Poggio, Lombardie.—Paille de saule pour chapeaux.

98 *Rotsch & Reichel*, Gratz, Styrie.—Chardons à foulon de Styrie pour manufacture d'étoffes de laine.

99 *Schöfel, J.* Prod. Saaz, Bohème.—Houblons de Saaz, Ausche, et Melnik, en Bohème.

100 *Batka, W.* Fab. Prague, Bohème.—Productions végétales de la Bohème; plantes médicales et productions pharmaceutiques.

101 *Reali, G. ci-devant Antonio Reali*, Venice.—Cire vénitienne en grains blanchie.

102 *Malvieux, C. T.* Fab. Pesth, Hongrie.—Huile de Colza raffinée et non raffinée.

105 *Schmidt, H. D.* Ingénieur, Vienne. — Machines à vapeur à régulateur parabolique; dessins pour manufacture de sucre de betteraves.

106 *Milesi, A.* Ingénieur, Vérone.—Modèle de machine à vapeur à double condensation.

107 *Knicrim, F.* Vienne.—Un carrosse.

108 *Laurenzi, L.* Carrossier, Vienne.—Calèche à quatre places, sur ressorts en acier à neuf plaques et essieux perfectionnés.

109 *Les Héritiers de Pietro Gamba*, Ingénieurs, Milan.—Métier à la Jacquard.

110 *Riedler, F.* Spital-sur-le-Pyhrn, Haute-Autriche.—Acier damasquiné, épées et lames d'épées damasquinées.

111 *Perger, J.* Fab. Gratz, Styrie.—Une paire de pistolets.

112 *Meyer & Cie.* Fab. Innspruck, Tyrol.—Carabine tyrolienne, exposée pour sa supériorité, sa qualité, et le bon marché.

113 *Schönhuber, J.* Fab. Villach, Haute Carinthie.—Fusil à vent.

114 *Lebeda, A. B.* Fab. Prague.—Fusil double; carabine de tir; pistolet de tir.

115 *Nowak, F.* Fab. Prague.—Fusil double; pistolets de tir.

116 *Kehlner, (Neveu) A. C.* Fab. Prague.—Une paire de pistolets de tir; le bois en est sculpté par M. Warlinek, sur les dessins de MM. Maryx et Seiberts.

117 *Preis, A.* Fab. Prague.—Assortiment d'armes et de ceinturons.

118 *Schamal, F.* Fab. Prague.—Pistolets à vent.

119 *Micheloni, G.* Fab. Milan.—Fusil de chasse à deux canons.

120 *Bubenitich, J.* Fab. Hermannstadt, Transylvanie.—Gibecière de voyage, contenant un couteau de chasse, un pistolet, couteaux et fourchettes.

121 *Kirner, J.* Fab. Pesth, Hongrie.—Fusil double.

122 *Sellier & Bellot*, Fab. Prague.—Capsules pour fusils à percussion; pistons fermant hermétiquement la cheminée des armes à feu; spécimens de cylindres en acier fondu.

123 *Horshy, F.* Brev. et Inv. Libejic, Bohème.—Une herse semoir; un cultivateur de pommes de terre; une machine pour arracher l'ivraie, &c.

124 *La Manufacture des Instruments Agricoles du Prince Ferdinand de Lobkowitz*, Eisenberg, Bohème. — Herse semoir; double marqueur; machine pour recouvrir les semailles; charrue sous-sol, &c.

125 *Riesi Stallburg, Baron W. F. de*, Prop. Schlan, Bohème.—Semoir pour carrottes.

126 *Magni, G.* Prop. Milan.—Une herse en fer.

127 *La Société d'Agriculture de la Carnioline*, Laibach.—Modèle d'un grenier de la Carnioline; id. d'une ruche d'abeilles, id.

128 *Hoepfner, J.* Prop. Grottenhof Styrie.—Modèle d'un appareil pour recevoir les vers à soie sur le point de chrysalider.

129 *Proksch, A.* Inv. Görkan, Bohème.—Appareil pour aider à porter les fardeaux.

130 *Le Département de la Mécanique à l'Institut Poly*technique *Impérial*, Vienne. — Niveau universel; niveau pour mesurer les hauteurs et les distances; cinq instruments différents à niveau; appareil de précision ou guide de perspective; théodolite; dynamographe, pour déterminer la force moyenne du tirage; inventé par le Chevalier A. de Burg, directeur de l'Institut Polytechnique de Vienne.

131 *Riedl, J. de* Inv. Leutenstein, Vienne.—Le globe de la lune.

132 *Zibermayr, M.* Inv. Gratz, Styrie.—Chronoglobe et planétaire.

133 *Brandeis, R. W.* Fab. Prague.—Appareil saccharométrique pour analyser la bière.

134 *Jerak, F.* Fab. Prague.—Verres pour chimistes, physiciens, &c.; œuvres d'art en verre.

135 *Batka, W.* Fab. Prague.—Appareil chimique et physique; magnéto-électrique; appareil pour analyser la bière.

136 *Rocchetti, P.* Ingénieur, Padoue.—Instrumens de géométrie.

137 *Wurm, F. X.* Ingénieur, Vienne.—Pyromètre pour préciser l'intensité de la chaleur; bras et jambes artificiels; gril, nouveau système; cable en fil de fer.

138 *Zwickl, J.* Inv. Atzgersdorf, Vienne.—Mesure pour surfaces concaves.

139 *Marchesi, G. B.* Lodi.—Appareil pour écrire à l'usage des aveugles; instrumens de musique.

140 *Schneider, J.* Fab. Vienne.—Piano en érable américain, mécanique de Vienne, avec incrustation.

141 *Vlasky, J.* Fab. Prague.—Piano, caisse en noyer.

141A *Pottje, J.* Fab. Vienne.—Grand piano de bois de rose, avec ornements sculptés, à 7 octaves; mécanisme de Vienne.

141B *Scuffert, E.* Fab. Vienne.—Piano piccolo de bois de rose, avec ouvrages de boule et transposition mécanique, dessiné par l'architecte Bernardo de Bernardis, à Vienne.

142 *Wilhelm, A.* Fab. Mödling, près de Vienne.—Peaux pour doubler les marteaux de pianos.

143 *Bicnert, D. & Fils.* Fab. Maderhäuser, Bohème (Agent à Londres, M. Holste, 76 Basinghall Street).—Diverses espèces de bois préparés pour instrumens de musique.

144 *Bittner, D.* Fab. Vienne.—Quatuor à cordes; deux violons, alto, et violoncelle; contrebasse et guitare.

145 *Kosselt, J.* Fab. Turnan, Bohème. — Violoncelle avec incrustations en nacre.

146 *Herzlieb, F.* Fab. Gratz, Styrie.—Quatuor à cordes; deux violons, alto, violoncelle.

147 *Enrico, C.* Fab. Cremone.—Un violon.

148 *Kiendl, A.* Fab. Vienne.—Deux mandolines.

149 *Huther, M.* Fab. Vienne.—Une mandoline.

150 *Callegari, A.* (Maison Antonio Priali detto Emanin & Cie.) Fab. Padoue.—Assortiment de cordes pour instrumens.

151 *Indri, A.* Fab. Venice.—Echantillons de cordes pour guitares, violons, violoncelles et contrebasses.

152 *Hell, F.* Fab. Vienne.—Instruments de musique; clarinettes, bugles, trompettes; instrument en cuivre, nouvelle invention, appelé Hell's horn.

153 *Riedl, (Veuve), J. F.* Fab. Vienne.—Instrumens à vent en métal.

154 *Stehle, J.* Fab. Vienne.—Instrumens à vent en bois et en métal.

155 *Uhlmann, J.* Fab. Vienne.—Instrumens à vent en bois et en métal.

156 *Ziegler, J.* Fab. Vienne.—Instrumens à vent en bois.

157 *Cerveny, W. F.* Königgrätz, Bohème.—Instruments en métal au nombre desquels se trouve un cor appelé phonicon de nouvelle invention.

158 *Rott, A. H.* Fab. Prague.—Divers instrumens en métal.

159 *Rott, J.* Fab. Prague.—Instrumens à vent et à cordes.

160 *Stöhr, F.* Fab. Prague. — Instruments à vent en métal.

161 *Pelitti, G.* Fab. Milan. — Instrumens à vent en métal.

162 *Rzebitschek, F.* Fab. Prague.—Quatre boîtes à musique, jouant deux, trois, quatre et six airs.

163 *Reinisch, J.* Fab. Vienne.—Concertines, accordéons, &c.; guimbardes des diverses espèce.

164 *Steinkellner, C.* Fab. Vienne.— Accordéons et concertines de diverses espèces.

165 *Liszt, A.* Vienne.—Deux montres de voyage.

166 *Marenzeller, I.* Horlogerie, Vienne.—Chronomètre de construction nouvelle.

167 *Ratzenhofer, J. F.* Horlogerie, Vienne.—Horloge géographique, indiquant en même temps les heures différentes des diverses capitales de l'Europe.

168 *Schubert, A.* Horlogerie, Vienne. — Horloges de divers systèmes; pendules de table de cheminée, et de toilettes.

169 *Kralik, S.* Horlogerie, Pesth, Hongrie.—Horloge de voyage à 13 échappements; montre de gousset.

170 *Zelisko, A.* Horlogerie, Prague.—Pendule allant douze mois, à trous de pierres fines et échappement.

170A *Anderwalt, P.* Trieste, Fab.—Trois pendules; les Nos. 1 & 2 sont mis en mouvement par le dégagement du gaz hydrogène, qui renouvelle, à intervalles déterminés, leur remontage; le No. 3 est remonté constamment par la pression de l'atmosphère sur le mercure appliqué à l'horloge même, qui marche ainsi un temps infini.

171 *Chiachich, M.* Fab. Fiume.—Filés de coton.

172 *Grillmayer, J.* Fab. Linz.—Filés de coton.

173 *Hirschel & Minerbi*, Haidenschaft, Illyria.—Filés de coton blanc; id. rouge d'Andrinople.

174 *Perger, J.* Fab. Hirtenberg.—Filés de coton.

175 *L'Usine de Coton et Teinturerie*, Pordenone, près Venice.—Filé coton retors, teint en rouge d'Andrinople.

176 *Richter, F.* Fab. Schmichow, proche Prague, Bohème.—Filés de coton.

177 *Fröhlich, G. A. & Fils*, Fab. Warnsdorf.—Velours coton de diverses qualites, teints et imprimés.

178 *Grohmann, C.* Fab. Lindenau, Bohème.—Filés de coton, teints en rouge d'Andrinople velours coton et calicos, id.

179 *Lange, F. & Fils.* Fab. St. Georgenthal, Bohème.—Velours coton de diverses espèces.

180 *Winter, J.* Fab.—Courtepointes en piqué.

181 *Ehinger, A.* Fab. et Blanch. Oberlangenau, près Hohenelbe, Bohème.—Cotonnades, jaconats, &c.

182 *Freidrich, A.* Fab. Vienne.—Cotonnades pour chemises; mousselines, &c.

183 *Tenny & Schindler*, Fab. Hard, Voralberg.—Toiles de coton pour meubles; draps; robes pour dames, en étoffes tout-laine; écharpes pour dames et enfans.

184 *Klamer, J.* Fab. Vienne.—Cotonnades de fantaisie pour robes.

185 *Lang, J.* Fab. Vienne.—Cotonnades de fantaisie.

186 *Leitenberger, E.* Fab. Reichstadt, Bohème.—Tissus de coton imprimés à la main ou au cylindre; jaconas batistes, mousselines de diverses couleurs.

187 *Leitenberger, F.* Fab. Cosmanos, Bohème.— Cotonnades unies, et de couleurs, imprimées à la main ou au cylindre; jaconas de couleur; mousselines; étoffes imprimées pour chemises.

188 *Liebisch, J.* Fab. Warnsdorf, Bohème.—Piqués imprimés.

189 *Ossberger, P. (Le Successeur de)*, Fab. Zwettl.—Cotonnades diverses.

190 *Volkmann, I.* Fab. Vienne.—Robes de fantaisie; rideau.

191 *Keller, J.* Fab. Brünn, Moravie.—Filés de laine.

192 *Leidenfrost, E.* Fab. Brünn, Moravie.—Filés de laine.

193 *Schmieger, A.* Fab. Neudeck, Bohème. — Estames et filés de laines; étoffes de laine, thibets, mousselines, draps, &c.

194 *Soxhalet, H. F. & E.* Fab. Brünn, Moravie.—Filés de laine.

195 *Tetrner, G.* Fab. Göckau, près Comotau, Bohème.—Filés de laine; fils de Vigogne; filés de laine et coton.

196 *Thomas, L.* Fab. Graslitz, Bohème.—Estames et filés de laine.; étoffes de laine; robes pour dames; lamas; tartans mi-laine.

197 *Thum, A.* Fab. Reichenberg, Bohème.—Estames et fils de laine; lainages circassiennes; Orléans; étoffes pour gilets; châles cachemires et de Circassie, imprimés.

198 *La Compagnie des Fabricants de Laine-filée*, Vöslau, près Vienne.—Filés de laine pour tapisserie de Berlin.

199 *Kamner, G. T.* Cronstadt, Transylvanie.—Gros tapis; draps blancs et noirs, appelés draps de Gujoratz.

200 *Maurer, V.* Fab. Iglau, Bohème.—Couvertures de lit; id. pour chevaux; gros tapis.

201 *Matschuko, N.* Cronstadt, Transylvanie.—Tapis d'hiver à long poil; couvertures de lit.

202 *Tartler, M.* Fab. Cronstadt, Transylvanie.— Droguets divers.

203 *Wochovzky, J. R.* Fab. Skalitz, Hongrie.—Tissus à étamine en laine.

204 *Auspritz, L.* Fab. Brünn, Moravie.— Draps fins, casimir, satins et élastiques.

205 *Bauer, T. & Cie.* Fab. Brünn, Moravie.—Draps.

206 *Biedermann, M. L. & Cie.* Fab. Teltsch, Moravie.—Draps fins, casimirs et satins-de-laine.

207 *Binder, T. Traugott*, Fab. Hermannstadt, Transylvanie.—Draps et satins-de-laine.

208 *Fürler, F.* Fab. Gratz, Styrie.—Gros draps et castors de Styrie, de couleurs diverses.

209 *La Compagnie des Fabricants de Drap*, Gáes, Hongrie.—Draps divers et satins-de-laine.

210 *Ginzel, R. C.* Fab. Reichenberg, Bohème.—Drap du Pérou.

211 *Gürtler, J.* Fab. Brünn, Moravie.—Etoffes de laine pour pantalons.

212 *Hartig, J.* Fab. Reichenberg, Bohème.— Draps et étoffes du Pérou.

213 *L'Union de Commerce*, Brünn, Moravie.—Lainages, draps et étoffes pour pantalons d'été.

214 *La Companie des Fabricants de Drap*, Hermannstadt, Transylvanie.—Assortiment de draps et de flanelles.

215 *Honauer, F.* Fab. Linz.—Lainages, fourrures, velours, peluches, &c.; ceintures turques et de Vallachie.

216 *Illek, F.* Fab. Brünn, Moravie.—Echantillons de drap.

217 *Miess, G.* Cronstadt, Transylvanie.—Draps blancs pour manteaux Hallina.

218 *Moro, Frères*, Fab. Klagenfurt, Carinthie.—Draps de la qualité la plus fine pour uniformes.

219 *Müller, A. L.* Fab. Reichenberg, Bohème.—Assortiment d'étoffes en laine.

220 *La Compagnie des Fabicants de Drap*, Namiest, Moravie.—Draps fins, péruviens, satins-de-laine et casimir.

221 *Offermann, J. H.* Fab. Brünn, Moravie.—Draps fins; étoffes pour pantalons, et pour habillemens d'été et d'hiver.

222 *Popper, Frères*, Fab. Brünn, Moravie.—Draps fins, péruviens, satins-de-laine; zéphyrines; étoffes pour pantalons.

223 *Posselt, A. jeune*, Fab. Reichenberg, Bohème.—Echantillons de draps, satin-de-laine et casimir.

224 *Schmieger, J.* Fab. Brünn.—Etoffes de laine, pour habillemens d'hiver.

225 *Schmitt, F.* Fab. Aicha, Bohème.—Draps de différentes espèces.

226 *Schöll, A.* Fab. Brünn, Moravie.—Draps fins; brésiliennes; casimirs élastiques; étoffes d'hiver.

227 *Schoeller, Frères,* Fab. Brünn, Moravie.—Draps fins, brésiliennes, élastiques, péruviennes, américaines; étoffes pour habillemens d'été et d'hiver.

228 *Seidel, C. & Cie.* Fab. Kratzau, Bohème.—Lainages, cachemires, Orléans, alpacas.

229 *Neuhauser, Siegmund, & Cie.* Fab. Reichenberg, Bohème.—Draps fins, brésiliennes, castorines, élastiques et péruviennes.

230 *Siegmund, W.* Fab. Reichenberg, Bohème.—Draps fins, castors, draps pour dames; étoffes de laine diverses; châles; châles laine et soie.

231 *Stepanek, F.* Fab. Bruck-sur-Mur, Styrie.—Draps et castors de Styrie.

232 *Steffens, P.* Fab. Goldenkron, près Budweis, Bohème.—Draps, cachemires, cuir-de-laine.

233 *Strakosch, S. & Fils,* Fab. Brünn, Moravie.—Draps pour manteaux de dames; étoffes pour pantalons.

234 *Trenkler, A. & Fils,* Fab. Reichenberg, Bohème.—Draps et péruviennes.

235 *Tschörner, J. jeune,* Fab. Reichenberg, Bohème.—Echantillons divers de draps.

236 *Ullricht, A. jeune,* Fab. Reichenberg, Bohème.—Draps et péruviennes.

237 *Vonwiller & Cie.* Fab. Senftenberg, Bohème.—Draps, péruviennes, étoffes pour pantalons.

238 *Schmitt, S. M. (héritiers) & Cie,* Fab. Neugedein, Bohème.—Thibets, cachemires, camelots, &c.; châles, écharpes.

239 *Bossi, J.* Fab. St. Veit, près Vienne.—Châles, écharpes et robes, imprimés.

240 *Bracht, F. W.* Fab. Vienne.—Assortiment d'étoffes en laine et mi-laine, imprimées, pour robes; balzarines; châles de laine; barège, mouchoirs, écharpes, &c.

241 *Liebig, F.* Fab. Reichenberg, Bohème.—Echarpes et mouchoirs en thibets et circassiennes, pour robes; tapis de table.

242 *Winter, J.* Fab. Vienne; Tuppadl, Bohème; et Trebitsch, Moravie.—Robes imprimés; étoffes mi-laine.

243 *Haas, P. & Fils,* près Vienne.—Velours d'Utrecht.

244 *Dierzers, J. (héritiers),* Fab. Kleinmünchen, près Linz.—Tapis de dimensions et couleurs diverses.

244A *Prochaska, W.* Tailleur, Prague.—Tapis de table de diverses pièces rapportées.

245 *Salzer, C.* Teinturier, Vienne.—Echantillons de soie teinte.

246 *Messat, A.* Fab. Vienne.—Rubans de soie.

247 *Moering, C.* Fab. Vienne.—Rubans de gros de Naples et de satin brochés.

248 *Pfeningberger, J.* Fab. Vienne.—Rubans de soie de diverses qualités.

249 *Backhausen, C. & J.* Fab. Vienne.—Etoffes mi-soie, pour robes.

250 *Bader, Frères,* Fab. Vienne.—Soieries, écharpes, robes et foulards.

251 *Blaha & Rosenberger,* Fab. Vienne.—Satins brochés; soieries blanches pour gilets; velours.

252 *Bujatti, F.* Fab. Vienne.—Soieries pour meubles et damas; doublures de carrosses; brocarts pour chasubles; dalmatiques, &c.

253 *Dorfleuthner, L.* Fab. Vienne.—Etoffes soie et mi-soie, pour robes; satin, velours, &c.

254 *Flemmich, A.* Fab. Vienne.—Robes en soie brochées.

255 *Fries & Zeppezauer,* Fab. Vienne.—Robes de soie; brocarts pour chasubliers; tapisseries, damas, &c.

256 *Ganser, J.* Fab. Vienne.—Gaze de soie diaphane.

257 *Giani, J.* Fab. Vienne.—Etoffes soie et mi-soie; brocarts pour chasubles, &c.

258 *Gruber & Enzinger, Frères,* Fab. Vienne.—Soieries, satins; gros de Naples; châles.

259 *Haas, P. & Fils,* Fab. Vienne.—Soie, mi-soie, damas, étoffes pour meubles, et lampas.

260 *Hell, G.* Fab. Vienne.—Etoffes pour meubles, soie brocatelle; lampas, satins, &c.

261 *Herzig, J. & Fils,* Fab. Vienne.—Robes en soie brochée.

262 *Hornbostel, C. G. & Cie.* Fab. Vienne.—Soieries, velours soie bayadère; mouchoirs, robes, foulards, &c.

263 *Krickl, E.* Fab. Vienne.—Chasubles et autres ornemens d'église; infula en véritable drap d'argent, brodé d'or, &c.

264 *Kostner, A.* Fab. Vienne.—Brocarts pour chasubles, brodés en or, argent, soie et chenilles, &c.

265 *Lemann, J. & Fils,* Fab. Vienne.—Tapisserie; brocarts pour églises; chasubles brodées, &c.

266 *Mayer, Frères,* Fab. Vienne.—Etoffes soie et velours, pour gilets; écharpes et mouchoirs en soie.

267 *Mestrozi, P.* Fab. Vienne.—Mouchoirs de soie pour dames; gilets de satin et velours.

268 *Reichert, F.* Fab. Vienne.—Soieries; gros de Naples; gros grain; gros d'Afrique, &c.

269 *Schipper, C.* Fab. Vienne.—Peluches pour chapeaux.

270 *Schopper, M. A.* Fab. Vienne.—Assortiment complet de soieries, brocarts, lampas, satins, damas, &c.

271 *Siebert, F.* Fab. et Brey. Vienne.—Mouchoirs brodés en chenilles et bayadères.

272 *Sigmund, I.* Fab. Vienne.—Soieries unies; soie diaphane; bayadères.

273 *Spanraft, F. X.* Fab. Vienne.—Mouchoirs unis et brochés; écharpes et châles.

274 *Wojtech, F.* Fab. Vienne.—Soieries de fantaisie pour gilets; écharpes, &c.

275 *Hielten, E. & Fils,* Fab. Schönlinde, Bohème.—Fils à coudre, à broder, à tricoter; toiles.

276 *Tauber, F.* Fab. Unter-Meidling, près Vienne.—Fils à deux bouts, teints, de diverses qualités.

277 *La Compagnie des Cordiers,* Hermannstadt, Transilvanie.—Objets en chanvre et lin, y compris sangles et cordages.

278 *Jager, F. J.* Fab. Prague, Bohème.—Cordages; tapis de chanvre d'Italie; id. de chanvre de la nouvelle Zélande; sangles de selle, &c.

279 *Parsch, Frères,* Fab. Graupen, Bohème.—Tuyaux en chanvre de Bohème pour pompes d'incendies.

280 *Weinberger, G.* Fab. Linz.—Sangles de selles, cordages, &c.

281 *Butschek & Graff,* Fab. Brünn, Moravie.—Toiles à voiles de diverses sortes.

282 *Chiachic, M.* Fab. Fiume.—Toiles à voiles, diverses sortes.

283 *L'Etablissement de la Société de Bienveillance,* Milan.—Trois nappes et une pièce de toile.

284 *Feril, W.* Merklow, près Starkenbach, Bohème.—Fil de lin filé à la main; batiste en fil; mouchoirs de poche.

285 *Harrach, Count de,* Janowitz, Moravie, et Starkenbach, Bohème.—Toiles de lin damassées; nappes damassées; serviettes; mouchoirs, &c.

286 *Haupt, L.* Fab. Brünn, Moravie.—Toiles de lin, damas croisés teints, &c., de diverses sortes.

287 *Mathie, J.* Fab. Haslach.—Nappes et serviettes, toile.

288 *Peldrian, Héritiers,* Fab. Hohenelbe, Bohème.—Toiles de lin, à la main; toiles blanchies sur pré; mouchoirs de poche.

289 *Petrah, J.* Fab. Branna, Bohème.—Lin préparé; filés de lin; mouchoirs de toile.

290 *Siegl, J. & Cie.* Fab. et Blanch. Schönberg, Moravie.—Toiles blanchies de toutes largeurs et longueurs.

291 *Simonetta, P.* Fab. Helfenberg, près Linz.—Nappes en toile; grosse toile, tout fil; toile damassée, &c.

292 *Vonwiller & Cie.* Fab. Haslach, Haute-Autriche.—Toiles lin et coton, coutil, &c.

293 *Witschel et Reinisch,* Fab. Warnsdorf, Bohème.—Étoffes pour pantalons en lin façonné; gilets blancs de divers dessins, &c.

294 *Blaschka & Cie.* Fab. Liebenau, Bohème.—Lainages, Orléans à côtes; mouchoirs thibet; châles imprimés; châles circassiens.

295 *Bruder, (Veuve), R.* Fab. Vienne.—Robes brochées; châles longs; bayadères en laine; gilets en cachemire; écharpes pour hommes.

296 *Fürst, J.* Fab. Vienne.—Étoffes de fantaisie mi-soie pour robes; robes en coton; manteaux mi-laine, &c.

297 *Kroitzsch, M.* Fab. Atssig-sur-Elbe, Bohème.—Draps de laine et coton, alpacas, poil de chèvre.

298 *Liebig, J.* Fab. Reichenberg, Bohème.—Assortiment d'étoffes de laine imprimées et brochées; châles d'hiver, thibets imprimés.

299 *Neubert, C. G.* Fab. Georgswalde, Bohème.—Robes de soie, de coton, et laine, préparées pour l'impression.

300 *Ramede, I.* Fab. Vienne.—Châles de laine, jupons, courtepointes.

301 *Wolfrum, C.* Fab. Atssig-sur-Elbe, Bohème.—Étoffes de laine et de coton, victorines, poil de chèvres, &c.

302 *Wurst, J. N.* Fab. Freudenthal, Silésie.—Nappes pour déjeuner de diverses couleurs, en toile, laine et soie; couvrepied en laine.

303 *Bienert, F.* Fab. Vienne.—Étoffes divers pour gilets.

304 *Echinger Frères,* Fab. Vienne.—Gilets et écharpes pour hommes.

305 *Kral, A.* Fab. Vienne.—Gilets divers.

306 *Rockstroh, H.* Fab. Vienne.—Gilets étoffes de laine et coton.

307 *Tial, J.* Fab. Vienne.—Gilets étoffes de laine et de laine et coton mêlés.

308 *Westhauster, J.* Fab. Vienne.—Gilets en piqué et laine.

309 *Berger, J.* Fab. Vienne.—Châles à ramage, longs et autres.

310 *Brotzmann, A.* Fab. Vienne.—Tapis et châles à ramage; châles longs.

311 *Haydter, S.* Fab. Vienne.—Châles longs et à ramages.

312 *Kubo, J. & Fils,* Fab. Vienne.—Châles tapis et à ramages: châles longs et Thibets.

313 *Martinek, J.* Fab. Vienne.—Châles tapis et à ramages, châles longs.

314 *Mogel, N.* Fab. Vienne.—Assortiment de châles.

315 *Reinhold, W.* Fab. Vienne.—Châles tapis et à ramages, châles longs.

316 *Riss, J.* Fab. Vienne.—Châles à ramages et châles longs.

318 *Schindl, A.* Fab. Vienne.—Châles carrés et longs.

319 *Wenzel, C.* Fab. Vienne.—Châles en coton et en laine fantaisie; châles de deuil.

320 *Zjcisel, J. & J. & C. Blünd,* Fab. Vienne.—Grand assortiment de châles.

321 *Messeiner, F.* Fab. Reutte, Tyrol.—Peaux de veaux bruns; cuirs de veau et de vaches pour bottes.

322 *Pollak, J. J. & Fils.* Pat. et Fab. Prague, Bohème.—Peaux de veaux bruns, pressées, &c.; veau verni; mouton verni; chamois.

324 *Seykora, J.* Fab. Adlerkosteler, Bohème.—Peaux de vaches tannées à l'écorce de pin.

325 *Suess, A. H.* Fab. Vienne.—Peaux vernies; peaux de moutons pour couvrir les meubles.

326 *Wolfe F.* Corroyeur, Hermannstadt, Transylvanie.—Peaux de chèvres et de moutons de diverses couleurs; peaux de veaux; id. chèvres imprimées.

327 *Christlil, J.* Fab. Vienne.—Bottes et souliers; bottes de chasse imperméables; bottes à semelles de liége.

328 *Frank, J.* Pat. Vienne.—Bottes à semelles d'une matière nouvellement inventée.

329 *Langder, J.* Fab. Vienne.—Bottes et souliers pour hommes.

330 *La Société des Cordonniers,* Hermannstadt, Transylvanie. — Bottes appelées, Tschiszmen, appartenant au costume national Saxon et Roumain.

331 *Helia, J.* Fab. Vienne.—Bottines, souliers, et pantoufles pour dames.

332 *Friedl, L.* Fab. Vienne.—Souliers, galoches et bottines à semelles chevillées, pour dames.

333 *Kunerth, A.* Fab. Vienne.—Souliers et pantoufles de dames, avec broderies en or et en velours, souliers pour hommes.

334 *Boulogne, P.* Fab. Prague, Bohème.—Peaux de chevreux et d'agneaux pour gantiers.

335 *Jaquemar, F.* Fab. Vienne.—Gants en chevreau pour dames et pour hommes.

336 *La Société des Gantiers,* Prague, Bohème.—Gants pour dames et pour hommes en peaux de chevreau, d'agneau et de mouton, gants de daim, &c.

337 *Portschest,* —. Fab. Hermannstadt, Transylvanie.—Peaux de moutons et de chevreau.

338 *Jellinek, J.* Fab. Prague, Bohème.—Harnais divers.

339 *Löffler, F.* Fab. Prague, Bohème.—Selles de diverses espèces.

340 *Zapf, I.* Pat. et Fab. Vienne.—Selles, sangles, brides et couvertures de cheval.

341 *Griess, F.* Fab. Vienne.—Fouets et cravaches, à manches et pommes, en argent, ivoire, &c.

342 *Mænschön, M. F.* Fab. Pesth, Hongrie.—Fouet de Osikòs hongrois.

343 *Groshopf, G.* Fab. Vienne.—Malles de voyage, carnassières et sacs de nuit.

344 *Einhauser, J.* Leather-cutter, Uderns, Tyrol.—Gibecières du Tyrol, bretelles de fusil et ceintures.

345 *La Société des Corroyeurs,* Hermannstadt, Transylvanie.—Une ceinture.

346 *Geyer, J.* Fourreur, Pesth, Hongrie.—Manteau hongrois en peaux de mouton.

347 *La Société des Fourreurs,* Hermannstadt, Transylvanie.—Peaux d'agneaux noirs, fourrures de Valachie et de Heltau.

348 *Dinzl, F.* Fab. Vienne.—Objets en caoutchouc, comprenant des cannes, cravaches, tabatières, &c.

349 *Lang, F.* Fab. Stadt Steyer.—Pinceaux pour artistes de diverses espèces.

350 *Pattan, G.* Fab. Hermannstadt, Transylvanie.—Brosse pour chevaux; brosses à habits et à cheveux.

351 *Bayer, J. G.* Fab. Hermannstadt, Transylvanie.—Feutres et matériaux pour faire le feutre.

352 *Hübsch, J.* Fab. Prague, Bohème.—Chapeaux de soie et de poil de Bohème.

353 *Krise, C.* Fab. Prague, Bohème.—Chapeaux de feutre et de soie; chapeaux Thibet à ressorts.

354 *Much, J.* Fab. Prague, Bohème.—Chapeaux en feutre et en soie pour dames et pour hommes de diverses espèces; souliers et bottes en feutre, &c.

255 *Srba, A.* Fab. Prague, Bohème.—Chapeaux de soie et de feutre; chapeaux militaires imperméables, &c.

356 *Benedig, J.* Fab. Strassisch, Krainburg, Illyrie.—Fonds de tamis en crins d'espèces diverses; tamis pour manufactures de papiers.

357 *Globotschnig, A.* Fab. Strassisch, Illyrie.—Fonds de tamis en crins de cheval de diverses espèces, tamis cylindriques pour manufactures de papiers.

358 *Locher, d'Antonio,* Fab. Krainburg, Illyrie.—Fonds de tamis en crins de cheval, de diverses espèces, fonds cylindriques pour manufactures de papiers.

359 *Pfeningberger, J.* Fab. Heiligenstadt, Vienne.—Toiles cirées ; futaines et cotonnades façonnées, tapis de table ressemblant à du bois, tapis de planches, &c.

360 *Smith & Meynier,* Fiume, Fab.—Papiers à imprimer, dessiner, et écrire, de différentes sortes et dimensions. Papiers de couleur.

361 *Eggerth, J.* Fab. Stubenbach, Schüttenhofen, Bohème.— Papier d'emballage d'espèce particulière pour emballer les verres, &c.

362 *L'Imprimerie Impériale de la Cour et du Gouvernement,* Vienne.—Spécimens de typographie et d'impressions diverses.

363 *L'Institut Impérial de Géographie Militaire,* Vienne. —Cartes géographiques diverses.

364 *Cerri, C.* Officier à l'Institut Militaire de Géographie, Vienne.—Carte d'Italie en huit feuilles.

365 *Raffelsperger, F.* Brev. et Imp. Vienne.—Cartes géographiques avec indications en Anglais, Français, Allemand, Hongrois, Italien, &c., exécutées à la presse typographique ordinaire.

366 *Battagia, G.* Imprimeur, Venise. — Spécimens de typographie, reliures diverses.

367 *Haase, G. & Fils,* Imp. et Fond. Prague, Bohème. —Caractères typographiques ; spécimens typographiques à lettre d'or et d'argent ; missel Romain.

368 *Arneth, J.* Directeur du Cabinet Impérial de Numismatique et d'Antiquités ; par Wilhelm Braumüller, Vienne.—Livre sur les monumens d'or et d'argent ; spécimen de l'art de la gravure en taille douce à Vienne.

368A *Kayser, J. F.* Lithog. Gratz, Styrie.—Cartes géographiques.

369 *Rauh, J.* Imp. Vienne.—Album contenant des copies lithographiées des œuvres d'artistes de Vienne.

370 *Bermann, J.* Edit. Vienne.—Lithographies : vues des rives du Danube, costumes de l'armée autrichienne depuis deux siècles.

371 *Mechetti,* (ancienne maison *Carlo Mechetti*), Edit. Vienne.—Portraits, dessinés d'après nature, par Kirchuber ; musique composée par Dessauer, Spohr et Strauss, &c.

372 *Müller, H. F.* Edit. Vienne.—Carte de la Carniolie ; illustrations de l'histoire d'Autriche ; album des artistes de Vienne, &c.

373 *Neumann, L. T.* Edit. Vienne.—Lithographies : portraits ; scènes ; battailles ; album avec vues de Vienne.

374 *Steiger, G.* Fab. Vienne.—Cartes à jouer de quatre espèces en un cadre.

374A *Greiner, M.* Vienne. — L'oraison dominicale et trois autres spécimens de calligraphie, entièrement exécutés à la main.

375 *Schütz, F.* Cal. Vienne.—Tableau calligraphique.

376 *Habenicht, A.* Vienne.—Table de toilette pour dame, avec ornemens en ivoire, chevalet de peintre, articles de fantaisie en cuir, porte-feuille, &c.

377 *Stiasny, W.* Prague, Bohème. —Un porte-notes ; album avec vues du château Royal de Prague ; papeterie.

378 *Renel, A.* Vienne.—Articles de fantaisie en bois et papier, écrans, presse-papiers, &c. ; échantillons de papiers estampes.

379 *Johne & Thiele,* Vienne.—Cartonnages ; porte-notes, porte-montres, &c. ; objets en carton pierre, coupes, corbeilles, &c.

380 *Berger, C. H.* Vienne.—Pains à cacheter en papier et gélatine de diverses sortes.

381 *Hardtmuth, L. & C.* Fab. Vienne.—Crayons en mine de plomb et en craie rouge de diverses espèces.

382 *Grohmann, A.* Fab. Schönlinde, Bohème.—Dentelles de soie, voiles, &c.

383 *Meinl, A. (les héritiers,)* Fab. Vienne.—Dentelles de soie, de laine, de diverses couleurs ; broderies diverses, &c. &c.

384 *Rölz, S.* Fab. Graslitz, Bohème.—Mouchoirs bayadère en soie ; mouchoirs de batiste brodés ; chemisettes brodées.

385 *Schlick, F.* Fab. Vienne.—Grand assortiment de dentelles de soie, bayadères ; mouchoirs, &c.

386 *Bossi, J.* Fab. Vienne.—Châles et écharpes brodées.

387 *Laporta, H. F.* Vienne.—Echarpes et mouchoirs brodés ; mantilles ; écharpes, châles de velours et de cachemire.

388 *Bauhofer, F.* Emb. Vienne.—Cotte d'armes, brodée en or, argent et soie.

389 *Benkowits, M.* Art. Emb. Vienne.—Broderie en soie de crêpe sur gros de Naples blanc, représentant la Bienfaisance ; broderie sur laine et soie, &c.

390 *Fusinata, Maria,* Bellune.—Tapis brodé.

390A *Schreier, Susanne,* Vienne, Fab.—Spécimens d'ouvrages au tricot.

391 *Krach, Frères,* Fab. Prague, Bohème. — Habit de cérémonie de main d'œuvre particulière ; vêtement double pouvant se porter des deux cotés, &c.

392 *Singer, J.* Fab. Pest, Hongrie.—Habillement complet pour homme.

393 *Budinsky, A.* Fab. Reichenberg, Bohème.—Bonneterie pour dames et pour hommes, vestes, caleçons, bonnets, &c.

394 *Malatinszky, E.* Fab. Miskolz, Hongrie.—Costume national hongrois, appelé szür.

395 *Rigo & Kraetschmar,* Fab. Rima Szombath, Hongrie.—Vestes hongroises (guba) ; habits de chasse hongrois.

395A *Nessel, C.* Tailleur, Oedenbourg, Hongrie.—Un habit et un gilet.

396 *Oestreicher, D.* Fab. Mayk, Hongrie.—Manteaux hongrois, blanc et gris (guba) ; draps hongrois (halli), gros tapis.

397 *Schramm, S.* Tiss. Hermannstadt, Transylvanie.—Voiles pour le costume national roumain.

398 *L'Union du Commerce,* Hermannstadt, Transylvanie. — Tapis szelistjan ; Szarika du costume national Vallaque.

399 *Seitter, A.* Fab. Brünn, Moravie.—Bonnets orientaux (fez), de diverses espèces.

400 *L'association des Charrons,* Vordernberg, Styrie.—Minerai de fer tendre en saumon ; barres de fer.

401 *Egger, G. Comte de,* Knappenberg, Carinthie.—Spath gras ; minerai de fer spatheux, cristallisé.

402 *Egger, G. Comte de,* Hüttenberg, Treibach, et Obellach, Carinthie.—Fer en saumon, acier fondu, clous pour le Levant.

403 *Les Forges et Fonderies de Rauscher,* Heft et Mass, Carinthie.—Morceaux de minerai de fer, fer en feuilles.

404 *La Compagnie des Mines du Comte de Christal,* Eberstein, Carinthie. — Minerai de fer brun ; spath, fondu pour acier, &c.

405 *Zois, Veuve C.* Fonderies, Tauerburg, Feistritz, Wochin, Carniola.—Minerai de fer fondu ; fer en saumon, en barres ; acier, &c.

406 *Kossuch, J.* Fzinobanga, Hongrie.—Minerai de fer ankeris, brut et raffiné ; échantillons de fer en saumon.

407 *La Fonderie Impériale,* Pillersee et Zennbach, Tyrol.—Acier raffiné, acier à ressort, acier fondu, pour faucelles, &c.

408 *Le Dépôt des Mines de Fer et des Fonderies Impériales,* Vienne.—Acier fondu de minerai de Styrie ; brut, &c.

409 *Egger, le Comte Ferdinand de*, Lippitzbach, Carinthie.—Fers en barres, en cylindres; lames de scies, &c.

410 *Egger, le Comte Ferdinand de*, Freibach, Carinthie.—Assortiment d'acier de Brescia.

411 *Töpper, A.* Scheibbs, Basse-Autriche. — Fers en barres et en tringles; fers pour navires, locomotives et tubes de diverses espèces.

412 *Furstenberg, le Prince*, Althutten, Neuhutten, Rostok et Neujoachimsthal, Bohème. — Echantillons de fer forgés; fourneaux en fonte, crucifix colossal, &c.

413 *Metternich, le Prince*, Plas, Bohème.—Fourneau en fonte de fer, pour rendez-vous de chasse.

414 *Bouquoi, le Comte*, Kallich, Bohème. — Fers en barres et en feuilles.

415 *Andrassy, le Comte G.* Dernö, Hongrie.—Fers étirés.

416 *Fonderies du Chapitre de Gurk*, Ste. Madeleine, Carinthie. — Acier, pour faux et limes, de diverses espèces.

417 *Schwarzenberg, le Prince*, Muran, Haute-Styrie. — Aciers de Paal, de Brescia, de Styrie, fer dur, aciers raffiné, &c.

418 *Pfeiffer, J.* Spitzenbach, Haute-Styrie.—Aciers de scharschach et de Brescia, acier pour faux et faucilles.

419 *Thurn, le Comte G.* Streitcben, Schwarzenbach et Kussa, Carinthie.—Acier et fer pour clous.

420 *Fischer, A.* St. Aegydi, Basse-Autriche.—Minerai de fer et fer en saumon; acier à ressorts; fils de fer, &c.

421 *Fischer, B.* Fab. Traisen, Basse-Autriche.—Objets divers en acier fondu, fuseaux pour filatures, &c.

422 *Lindheim, H. D.* Plan, Bohème.—Rails pour chemins de fer.

423 *La Compagnie Privilégiée des Manufacturiers*, Wöllersdorf, Basse Autriche.—Feuilles de fer étammé, &c.

424 *Kleist, Baron de*, Neudeck, Bohème.—Feuilles fer étammé, appelé papier de fer.

425 *Egger, le Comte F.* Feistritz, Carinthie.—Fils de fer pour câbles, ressorts de lit, fils divers.

426 *Fischer & Wurm*, Pat. et Fab. St. Ægidi, Basse-Autriche.—Cables de fer de diverses dimensions.

427 *Eberstaller & Schindler*, Fab. Stadt Steyer, Haute-Autriche.—Fils de fer fins et ordinaires; cordes d'instrumens; scies.

428 *Hueber, F.* Josefsthal, Styrie.—Fils de fer et d'acier diverses espèces.

429 *Schedl, C.* Wasserlug et Frauenthal, Basse-Autriche.—Rouleaux de fils de fer; fils de fer pour ressorts.

430 *Salm, le Prince*, Blansko, Moravie.—Lampe à gaz fer fondu; statue en fonte (Maréchal Comte Radetzky).

431 *Albrecht, l'Archiduc*, Trzinietz, Silésie.—Appareil cuisine en fonte de fer émaillée.

432 *Bartelmus, Frères & Bernhardi*, Neujoachimsthal, Bohème.—Ustensiles de cuisine, en fonte émaillée.

433 *Pleischl, A.* Pat. et Fab. Vienna.—Marmites en battu, émaillées.

434 *Kitschelt, A.* Fab. Vienne.—Articles divers en métal; un vase, une croix et deux flambeaux en fonte; en zinc, vases à fleurs en bronze, &c.

435 *Egger, J. B.* Fab. Villach, Carinthie.—Un tuyau plomb pressé, de 900 pieds de long, d'une seule pièce.

436 *Hirsche, F.* Brünn, Moravie. — Lampe d'église, service de salon, matériaux pour écrire; urne à thé en fin, &c.

437 *Wagner, F.* Fab. Prague.—Coffre-fort en fer, pesant ... livres.

438 *Beitl, F.* Fab. Prague.—Deux coffres-forts en fer.

439 *Dietrich, le Baron J.* Fab. Spital-on-the-Semmering, Styrie.—Assortiment de faux.

440 *Gatt, A.* Fab. Erl, près Kufstein, Tyrol.—Assortiment de faux.

441 *Graber, J.* Fab. Weer, Valley de la Basse-Inn, Tyrol.—Faux diverses.

442 *Grauss, J.* Fab. Finsing, Tyrol.—Faux de tous genres.

443 *Hierzenberger, G.* Fab. Leonstein, près Stadt Steyer, Haute-Autriche.—Faux de différentes espèces.

444 *Offner, Frères*, Fab. Wolfsberg, Carinthie.—Faux de diverses espèces.

445 *Pammer, S.* Fab. Schalchen, près Mattighofen.—Faux et hache-paille.

446 *Penz, J.* Fab. Mühlerau, en Zillerthal, Tyrol.—Faux diverses.

447 *Penz, T.* Fab. Kleinboden, Tyrol.—Assortiment de faux.

448 *Weinmeister, G.* Fab. Spital sur le Pyhrn.—Faux en acier d'Innerberg, et fondu.

449 *Weinmeister, J.* Fab. Brühthal, Haute-Autriche.—Faux diverses.

450 *Zeitlinger, J.* Fab. Spital sur le Pyhrn.—Faux diverses.

451 *Zeitlinger, J. A.* Fab. Eppenstein, Styrie.—Faux de différentes espèces.

452 *Zimmermann, les Héritiers de, B.* Fab. Mairhofen, en Zillerthal, Tyrol.—Assortiment de faux.

453 *Feldbaumer, P.* Fab. Trofajach, Styrie. — Pics, hachettes, haches, scies.

454 *Lobkowitz, le Prince F.* Miknitz, Styrie.—Pelles et pioches.

455 *Schmidlehner, J.* Fab. Neuzeug, près Stadt Steyer.—Hachettes de différentes espèces.

456 *Dubsky, le Comte*, Eissitz, Moravie.—Fils de fer de différentes espèces, pour décors, &c.

457 *Ernst, P.* Fab. Stadt Steyer.—Clous pour souliers assortis.

458 *Falent, M.* Fab. Stadt Steyer.—Clous forgés.

459 *Sanderl, L.* Fab. Stadt Steyer.—Clous faits à la mécanique.

460 *Vingert, A.* Fab. Stadt Steyer.—Clous pour souliers.

461 *Weidl, M.* Fab. Stadt Steyer.—Clous faits à la mécanique.

462 *Haller, A.* Fab. Neuzeng, près Stadt Steyer.—Anneaux en cuivre, pour divers usages.

463 *Kronowither, J.* Fab. Neuzeng, près Stadt Steyer.—Anneaux similor divers.

464 *Poiger, F.* Fab. Stadt Steyer.—Anneaux divers en argent allemand.

465 *Kurg, C.* Fab. Stadt Steyer.—Chaînes en fer pour chevaux.

466 *Koller, F.* Fab. Steinbach, près Stadt Steyer.—Etrilles diverses.

467 *Mitterberger, J.* Sierminghofen, près Stadt Steyer.—Bouts et talons en fer pour souliers.

468 *Ring, J.* Fab. Neuzeng, près Stadt Steyer.—Briquets de diverses formes.

469 *Grabner, F.* Fab. Molln, près Stadt Steyer.—Epinettes, en cuivre et en fer.

470 *Schwarz, C.* Fab. Molln, près Stadt Steyer.—Epinettes ou guimbardes.

471 *Schwarz, F. ainé*, Fab. Molln, près Stadt Steyer.—Epinettes ou guimbardes.

472 *Schwarz, F. jeune*, Fab. Molln, près Stadt Steyer.—Epinettes ou guimbardes.

473 *Schwarz, I.* Molln, près Stadt Steyer.—Epinettes ou guimbardes.

474 *Blumauer, W.* Fab. Stadt Steyer.—Grelots pour chevaux de diverses espèces.

475 *Tomaschitz, J.* Fab. Veldes, Haute-Carniole.—Cloches et sonnettes pour bestiaux, en usage dans les Alpes du Tyrol.

476 *Pfleiderer, J.* Fab. Stadt Steyer.—Balances en cuivre.

477 *Strunzs, Veuve de, J.* Fab. Vienna.—Echantillons d'aiguilles et d'épingles.

R

478 *Cassel, J.* Fab. Vienne. — Poires à poudre et à plomb, capsules, &c.

479 *Buchberger, J.* Fab. Stadt Steyer.—Alènes diverses.

480 *Derfler, J.* Fab. Neuzeng, près Stadt Steyer.— Alènes diverses.

481 *Diltsch, J.* Fab. Stadt Steyer.—Alènes diverses.

482 *Hanser, J.* Fab. Stadt Steyer.—Vrilles de diverses sortes.

483 *Kettenhuber, J.* Fab. Stadt Steyer.—Alènes diverses.

484 *Kolm, J.* Fab. Stadt Steyer.—Alènes diverses.

485 *Metz, G.* Fab. Stadt Steyer.—Vrilles diverses.

486 *Molterer, C.* Fab. Sierninghofen, près Stadt Steyer. —Alènes diverses.

487 *Molterer, C.* Fab. Neuzeng, près Stadt Steyer.— Alènes diverses.

488 *Molterer, G.* Fab. Stadt Steyer.—Alènes diverses.

490 *Molterer, M.* Fab. Taolmat, Stadt Steyer.—Alènes pour cordonniers et selliers.

491 *Molterer, V.* Neuzeng, près Stadt Steyer.—Alènes diverses.

492 *Nothhaft, F.* Neuzeng, près Stadt Steyer.—Alènes diverses.

493 *Reindl, J.* Fab. Stadt Steyer.—Forets divers.

494 *Teuflmayer, C.* Fab. Stadt Steyer.—Machine à faire les vis et une filière.

495 *Beyer, A.* Fab. Stadt Steyer.—Assortiment de limes.

496 *Lechner, M.* Fab. Stadt Steyer.—Assortiment de limes de différentes espèces.

497 *Nussbaumer, L.* Fab. Stadt Steyer. — Limes assorties.

498 *Preitler, M.* Fab. Stadt Steyer.—Limes diverses.

499 *Reichel, J.* Fab. Stadt Steyer.—Limes diverses.

500 *Sonnleithner, A.* Fab. Stadt Steyer. — Limes diverses.

501 *Unzeitig, F.* Fab. Stadt Steyer.—Limes et rapes de différentes espèces.

502 *Vater, F.* Fab. Neuzeng, près Stadt Steyer.—Limes diverses.

503 *Alsterberger, J.* Fab. Stadt Steyer.—Différentes sortes de couteaux et fourchettes.

504 *Bauer, J.* Fab. Steinbach, près Stadt Steyer.— Diverses espèces de couteaux de poche.

505 *Bley, J.* Fab. Stadt Steyer.—Rasoirs divers.

506 *Bresilmaier, J.* Fab. Stadt Steyer.—Rasoirs divers.

507 *Bubenitsch, J.* Fab. Hermannstadt, Transylvanie.— Serpettes; pistolet et coutelas du costume national roumain.

508 *Daucher, S.* Fab. Untergrunburg, près Stadt Steyer. —Couteaux et fourchettes divers.

509 *Dernberger, F.* Fab. Grunberg, près Stadt Steyer.— Couteaux pour le jardinage.

510 *Dietzl, M.* Fab. Sierninghofen, près Stadt Steyer.— Coutellerie de table.

511 *Doppler, A.* Fab. Sierninghofen, près Stadt Steyer. —Diverses espèces de couteaux et fourchettes.

512 *Förster, L.* Fab. Neuzeng, près Stadt Steyer.— Coutellerie diverse.

513 *Freukner, A.* Fab. Sierninghofen, près Stadt Steyer. —Coutellerie de table.

514 *Fröhlich, C.* Fab. Steinbach, près Stadt Steyer.— Toutes sortes de couteaux de poche.

515 *Fröhlich, J.* Fab. Steinbach, près Stadt Steyer.— Assortiment de couteaux de poche.

516 *Grünwald, J.* Fab. Neuzeng, près Stadt Steyer.— Coutellerie de table.

517 *Haindl, A.* Fab. Stadt Steyer.—Couteaux et fourchettes.

518 *Helm, A.* Fab. Sierninghofen, près Stadt Steyer.— Couteaux divers.

519 *Hofer, P.* Fab. Sierninghofen, près Stadt Steyer.— Coutellerie de table.

520 *Kaltenmark, P.* Fab. Linz.—Rasoirs, couteaux et ciseaux divers.

521 *Kerbler, J.* Fab. Sierninghofen, près Stadt Steyer. —Diverses qualités de couteaux de table.

522 *Kranawetter, J.* Fab. Neuzeng, près Stadt Steyer. —Couteaux divers.

523 *Lichtl, J.* Fab. Stadt Steyer.—Couteaux et fourchettes divers.

524 *Lieder, F.* Fab. Stadt Steyer. — Assortiment de couteaux et fourchettes.

525 *Löschenkohl, C.* Fab. Frattenbach, près Stadt Steyer.—Couteaux divers.

526 *Löschenkohl, J.* Fab. Steinbach, près Stadt Steyer. —Couteaux de poche divers.

527 *Maderboeck, M.* Fab. Steinbach, près Stadt Steyer. —Assortiment de couteaux de poche.

528 *Miller, R.* Fab. Steinbach, près Stadt Steyer.—Couteaux de poche.

529 *Mitter, J.* aîné, Fab. Stadt Steyer.—Couteaux de chasse, épées de diverses formes.

530 *Mitter, J.* Fab. Stadt Steyer.—Couteaux et ciseaux de différentes espèces.

531 *Moser, A.* Fab. Sierninghofen, près Stadt Steyer.— Couteaux de poche de différentes espèces.

532 *Moser, A.* Fab. Steinbach, près Stadt Steyer.— Canifs divers.

533 *Moser, C.* Fab. Steinbach, près Stadt Steyer.—Assortiment de couteaux et fourchettes.

534 *Moser, F.* Fab. Steinbach, près Stadt Steyer.— Couteaux divers.

535 *Moser, G.* Fab. Sierninghofen, près Stadt Steyer.— Couteaux de poche de toutes formes.

536 *Moser, J.* Fab. Steinbach, près Stadt Steyer.—Assortiment de couteaux.

537 *Moser, J.* Fab. Sierninghofen, près Stadt Steyer.— Couteaux de table divers.

538 *Osterberger, L.* Fab. Stadt Steyer. — Couteaux divers.

539 *Pieler, J.* Fab. Neuzeng, près Stadt Steyer.—Couteaux divers.

540 *Pilss, C.* Fab. Neuzeng, près Stadt Steyer.—Couteaux et fourchettes divers.

541 *Pilss, F.* Fab. Neuzeng, près Stadt Steyer.—Couteaux divers.

542 *Pilss, G.* Fab. Sierninghofen, près Stadt Steyer.— Assortiment de couteaux de poche.

543 *Pilss, M.* Fab. Neuzeng, près Stadt Steyer.—Couteaux et fourchettes de diverses sortes.

544 *Pessl, G.* Fab. Sierninghofen, près Stadt Steyer.— Couteaux divers.

545 *Pichler, J.* Fab. Sierninghofen, près Stadt Steyer.— Assortiment de couteaux de table.

546 *Pfustersmidt, J.* Fab. Neuzeng, près Stadt Steyer. —Couteaux de table divers.

547 *Rapp, M.* Fab. Stadt Steyer.—Couteaux de table.

548 *Ressl, J.* Fab. Steinbach, près Stadt Steyer.—Couteaux divers.

549 *Ressl, M.* Fab. Steinbach, près Stadt Steyer.—Couteaux divers.

550 *Riedler, J.* Fab. Neuzeng, près Stadt Steyer.—Assortiment de couteaux et fourchettes.

551 *Riedler, L.* Fab. Stadt Steyer.—Couteaux et fourchettes.

552 *Rösler, I.* Nixdorf, Bohème. — Grand assortiment de couteaux, rasoirs et ciseaux.

553 *Rupprecht, S.* Fab. Stadt Steyer.—Rasoirs divers.

554 *Salzwimmer, P.* Fab. Sierninghofen, près Stadt Steyer.—Couteaux de table de différentes espèces.

555 *Schindler, S.* Fab. Steinbach, près Stadt Steyer.—Couteaux divers.

556 *Schwinghammer, S. T.* Fab. Steinbach, près Stadt Steyer.—Assortiment de couteaux de poche.

557 *Stierhofer, A.* Fab. Stadt Steyer.—Assortiment de couteaux et fourchettes.

558 *Stierl, J. jeune,* Fab. Stadt Steyer.—Ciseaux divers.

559 *Stuckhart, J.* Fab. Stadt Steyer.—Couteaux et fourchettes.

560 *Voith, A.* Fab. Sierninghofen, près Stadt Steyer.—Coutellerie diverse.

561 *Wachter, L.* Fab. Stadt Steyer.—Rasoirs divers.

562 *Weichselbaumer, J.* Fab. Neuzeng, près Stadt Steyer.—Couteaux et fourchettes.

563 *Weiselbaumer, M.* Fab. Sierninghofen, près Stadt Steyer.—Couteaux divers.

564 *Tevfelmeyer, J.* Fab. Untern Himmel, près Stadt Steyer.—Instrumens de chirurgie.

565 *Bachner, F.* Fab. Stadt Steyer.—Assortiment d'outils de cordonniers.

567 *Grossaver, A.* Fab. Stadt Steyer. — Assortiment d'outils de cordonniers.

568 *Grossaver, F.* Fab. Stadt Steyer. — Assortiment d'outils de cordonniers.

569 *Klement, F.* Fab. Stadt Steyer.—Outils pour ébénistes, &c.

570 *Sailer, J.* Fab. Stadt Steyer.—Outils divers en acier.

571 *Welzigbach, K.* Fab. Stadt Steyer.—Outils assortis en acier.

572 *Weiss, J. & Fils,* Fab. Vienne.—Outils pour ébénistes, chaudronniers et carrossiers.

573 *Wertheim, F.* Fab. Vienne et Scheibbs.—Outils pour ébénistes, chaudronniers et tourneurs.

574 *Brunner, A.* Fab. Vienne.—Echantillons de scies de précision.

575 *Baecher, A. B.* Prague.—Orfévrerie au repoussé: coupes, gobelets, salières, paniers à pain, porte-huiliers, couteaux et fourchettes.

576 *Grohmann, H.* Prague.—Breloques en or; garniture de grenades de Bohème.

577 *Ratzersdorfer, H.* Vienne.—Une psyché en argent massif poli et bosselé pesant 135 onces.

578 *Wien, L.* Prague.—Pions pour échiquier en argent.

579 *Berg, F.* Prague.—Articles divers en bronzes; groupe de cavaliers; deux candélabres, &c.

580 *Bröse, W.* Vienne.—Deux chandeliers en bronze doré, décorés de porcelaine.

581 *Hollenbach, D.* Fab. Vienne.—Deux candélabres en bronze doré.

582 *Abele, F.* Fab. Neuhurkenthal, Bohème.—Un miroir taillé en facettes de 88 pouces de hauteur sur 43 pouces de largeur.

583 *La Manufacture de Glace,* Viehofen, Basse-Autriche, et St. Vincez, en Carinthie.—Glace soufflée, 84 pouces de hauteur, 42 pouces de largeur.

584 *Buquoy, le Comte,* Fab. Schwarzthal et Silberberg, Bohème.—Vases à fleurs et encriers en hyalite rouge; vases étrusques, plateaux, et presses-papiers en hyalite; carafes, flacons, verres, &c., en cristaux divers.

585 *Czermak, P.* Fab. Prague.—Verreries: vases à corbeilles à fruits, carafes, flacons, &c.

586 *Grohmann, J.* Fab. Kreibitz, Bohème.—Verrerie: à fleurs en albâtre, pièce centrale, flacons, bougeoirs.

587 *Harrach, le Comte de F. E.* Fab. Neuwelt, Bohème.—Verreries: vases, carafes, flacons, bouteilles, gobelets, coupes, candélabres.

588 *Hegenbarth, A.* Fab. Musterdorf, Bohème.—Coupes en verre.

589 *Helmich, F. A.* Fab. Wolfersdorf, Bohème.—Vaisseaux en verre: vases à fleurs, coquilles à beurre, chandeliers, flacons, verroterie, &c.

590 *Hofman, N. W.* Fab. Prague; agents, J. & R. MacCracken, 7 Old Jewry, London.—Verrerie: deux grandes vases en albâtre de sept pieds de hauteur; vases divers, flacons, chandeliers, &c.

591 *Janke, Frères,* Fab. Blottendorf, Bohème.—Verrerie: vases à fleurs, gobelets, milieu de table, flacons, carafes.

592 *Kittl, A. (héritiers),* Fab. Kreibitz, Bohème. Agent, William Mierstein, 15 Watling Street, London.—Verrerie; vases à fleurs décorés, &c.

593 *Kuchinka, F.* Fab. Katharinenthal, Hongrie.—Gobelets, carafes, coupes nationales, verres à liqueurs, &c.

594 *Lötz, Veuve, & Gerstner,* Fab. Defferink, Bohème.—Pièces centrales, vases à fleurs, flacons, coupes, carafes, &c. &c.

595 *Meyr, les Neveux,* Fab. Adoff et Leonorenhain, Bohème.—Vases à fleurs, de diverses grandeurs; milieus de table, sucriers.

596 *König, F. P.* Fab. Steinschönau, Bohème.—Pièce de centre, corbeilles à fruits, sucriers, assiettes, carafes.

597 *Pelikan, I.* Fab. Meisterdorf, Bohème.—Coupes en verre avec couvercle.

598 *Vivat, B.* Fab. Langerswald et Benedicthal, Styrie.—Assortiment d'objets en cristal, verres taillés, coloriés et gravés; verres dorés, &c.

599 *Zahn, J. aîné,* Fab. Steinschönau, Bohème.—Pièce centrale, gobelets, vases à fleurs, flacons, &c.

600 *Bigaglia, P. (ancienne maison Lorenzo Bigaglia),* Venise.—Verre à vitres fondu, dépoli; pierres émaillées, pierres précieuse artificielles, mosaïque en aventurine artificielle.

601 *Blaschka & Fils,* Fab. Liebenan, Bohème.—Pâte pour pierres précieuses artificielles, perles, boutons, pendants pour lustres.

602 *Franke, J.* Fab. Kamnitz, Bohème.—Ornements pour cheveux; épingles, broches et articles divers en verroterie.

603 *Pazelt, A.* Fab. Turnau, Bohème.—Assortiment de pierres précieuses artificielles en verre taillé.

604 *Pfeiffer, A. F.* Fab. Neudorf, près Mormenstern, Bohème.—Pâte pour pierres précieuses artificielles.

606 *Pfeiffer, J. & Cie.* Fab. Gablonzj, Bohème, Agent, Oscar Frauenknecht, 80 Bishopsgate-Street-Within, London.—Boutons en verre taillé: épingles et broches, pierres précieuses artificielles, perles, pendants de lustres, &c.

607 *Sander, P.* Fab. Gablonzj, Bohème.—Assortiment de verroterie, boutons, et pierres précieuses artificielles, bagues, boucles d'oreilles, &c.

608 *Schwefel, A.* Fab. Vienne.—Yeux humains mécaniques en verre.

609 *Spietschka, V.* Fab. Liebenau, Bohème. Agent, Charles Holland, 41 Finsbury Circus, London.—Verroterie; assortiment d'épingles à cheveux, colliers en grains de verre, bagues, boucles d'oreilles, &c.

610 *Miesbach, A.* Fab. Vienne et Pesth.—Assortiment de briques et tuiles, en argile; briques creuses pour construire les arches de ponts.

611 *Partsch, A. jeune,* Fab. Theresienstadt, Basse-Autriche.—Assortiment de pipes en terre.

612 *Bähr & Maresch,* Fab. Aussig-sur-Elbe, Bohème.—Articles en sydérolite: vases à fleurs, corbeilles, assiettes à fruits, &c.

613 *Huffzhy, V. Veuve,* Fab. Höhenstein, près Teglitz, Bohème.—Articles en terralite; vases à fleurs, milieu de table, coupes, tasses, &c.

614 *Schiller & Gerbing,* Fab. Bodenbach, près Tetschen-sur-Elbe, Bohème.—Articles en sydérolite: milieu de table, vases à fleurs, encriers, coquilles à beurre, &c.

615 *La Manufacture Impériale de Porcelaine*, Vienne. —Vases: service de table, corbeilles à pain et à fruits, une table et peintures diverses.

616 *Bagatti-Valseichi*, B. Milan.—Deux peintures à l'encaustique sur porcelaine faïence, émaux, et verre.

617 *Fischer*, C. Fab. Pirkenhammer, Bohème.—Service de table, de thé et de café; vases, encriers, corbeilles à fruits, &c.

618 *Fischer*, M. Fab. Herend, Hongrie.—Vases, services de table, de thé, café, &c.

619 *Haas*, A. Fab. Schlaggenwald, Bohème.—Vases, services à thé, corbeilles à fruits en porcelaine.

620 *Haidinger*, *Frères*, Fab. Elbogen, Bohème.—Service de table, service à thé, boîtes à thé, tasses diverses, écritoires; appareil de chimie en porcelaine.

621 *Hardmuth*, L. & C. Fab. Budweis, Bohème. — Service de table; service de thé et de café en faïence; poterie pour chimistes.

622 *Hubner*, J. Gablonzy, Bohème. — Bols en porcelaine peinte; une peinture sur porcelaine: Varus, le général romain, se perçant de son épée dans la forêt teutonique.

623 *Kreigel* & *Cie*. Fab. Prague.—Vases, service de table, de thé et de café, encriers, &c.

624 *Minitzeh*, *Comte de S*. Fab. Frain, Moravie.—Vases, pièces centrales, tasses, assiettes, chandeliers, &c.

625 *Nowotny*, A. Fab. Alt-Rohlau, près Carlsbad, Bohème.—Service à thé et à café en grès, corbeilles à pain, assiettes à dessert, vases, &c.

626 *Portheim*, A. P. & *Fils*, Fab. Unter Kodau, Bohème. — Milieu de table en porcelaine; service de thé et café, corbeilles à pain, assiettes à desserts; statuettes, &c. &c.

627 *Quast*, J. Prague.—Vases et plats en porcelaine peinte, peinture représentant le Jugement dernier.

628 *Zascha*, J. Vienne.—Peinture sur porcelaine: La Madonna, d'après Carlo Dolce.

629 *Batka*, W. Fab. Prague, Bohème.—Deux meubles avec boîtes et tiroirs pour chimistes et droguistes.

630 *Colomb*, V. Fab. Milan.—Table ronde avec incrustations.

631 *Grögcr*, F. Fab. Vienne.—Cabinet en ébène avec ornemens en mosaïque de pierre, &c.

632 *Knill*, J. Vienna.—Table de billard, avec billes et queues.

633 *Leistler*, C. & *Fils*, Fab. Vienne.—Quatre pièces: salle à manger, salon, bibliothèque de dame, et chambre à coucher, avec parquets incrustés, complètement meublées; dessinées par M. Bernardo de Bernardis, architecte de la manufacture. La passementerie des meubles est de la fabrication de Franz Huber, de Vienne. Bibliothèque gothique présentée à la Reine Victoria par l'Empereur d'Autriche, dessinée par B. Bernardis & J. Kranner, de Vienne.

634 *Lechner*, F. Fab. Vienne.—Fauteuil en noyer; siège Balzac en chène.

635 *Mentasti*, B. Fab. Varèse, Lombardie.—Table carrée oblongue, avec incrustations représentant le passage du mont St. Bernard par Napoléon; Prie-Dieu, &c.

636 *Moschini*, P. Fab. Crémone.—Pupitre et table à écrire; table de toilette pour dame, &c.

637 *Palhueber*, V. Fab. Vienne.—Table à ouvrage; une corbeille en noyer incrusté.

638 *Rietsch*, F. G. Inv. Vienne.—Modèle d'une table pour navire.

639 *Rosani*, P. Fab. Brescia.—Un sécrétaire en érable d'Amérique avec incrustations.

640 *Staudinger*, A. Fab. Vienne.—Meubles: table de boule en bois de rose, bibliothèque, &c.

641 *Thonet*, M. Fab. Vienne.—Meubles: sofas, chaises longues, fauteuils, &c.; petite table ronde, avec incrustations de nacre et d'écaille.

642 *Klanner*, F. Fab. Vienne.—Ebénisterie de fantaisie, boîtes à thé, à ouvrage, pupitres, &c.

643 *Becker* & *Kronick*, Fab. Vienne.—Ecran en bois verni; écran de cheminée, en papier-maché tables et bassins en papier-maché, &c.

644 *Hofrichter*, C. Fab. Reichenau, Bohème. — Tabatières en papier-maché, sucriers et pelottes, &c.

645 *Behr*, C. Pat. et Fab. Prague, Bohème. — Colonne, piédestal et une boîte, comme échantillons de marbre artificiel; échantillons de bois dorés.

645A *Kölbel*, B. Fab. Vienne.—Un cadre de bois doré pour glace ou tableau. Spécimens.

646 *Afh*, F. Fab. Vienne.—Ecran à fleurs en bambou et joncs; étagère pour statuettes et fleurs.

647 *Franzony*, A. Fab. St. Wolfgang, Ischl.—Etagère à fleurs.

648 *Melzer*, G. Fab. Krems-sur-le-Danube.—Corbeille en écorces diverses.

649 *Pauller*, J. & *Fils*, Vienne.—Cadres pour tableaux en bois dorés.

650 *Polt*, A. Vienne.—Pric-Dieu en style gothique.

651 *Spoerlin* & *Zimmermann*, Fab. Vienne.—Papiers de tenture; plafonds et bordures; papiers imprimés.

652 *Hallers*, J. *Veuve* & *Beau-fils*, Fab. Vienne.—Joujoux en papier, bois, métal, &c.

653 *Kietaibl*, F. Vienne.—Joujoux en bois, métal et papier; boites à musique.

654 *Muller*, C. A. Fab. Oberleutensdorf, Bohème.—Joujoux en bois, métal et papier.

655 *Purger*, J. B. Gröden, Tyrol. — Sculptures en sapin, tilleul, érable, &c.; joujoux et statuettes.

656 *Faller*, *Fritscheller* & *Cie*. Vallonara, près Bassano.—Chapeaux de paille.

657 *Tandler*, S. Zinnwald, Töplitz, Bohème.—Echantillons de tresses et agréments de paille.

658 *Kumpf*, I. Fab. Schluckenau, Bohème. — Esp-drilles en osier; chapeaux, &c.

659 *Wunsche*, A. Fab. Altehrenberg, près Rumburg, Bohème.—Espadrilles en osier; casquettes en paille.

660 *Biondeh*, M. Baden, Vienne.—Tuyaux de pipes mérisier, cannes, &c.

661 *Lang*, F. Vienne.—Tuyaux de pipes en mérisier, cannes, &c.

662 *Partsch*, A. *Fils*, Fab. Theresienfeld, Basse-Autriche.—Baguettes en mérisier pour tuyaux de pipes.

663 *Trenner*, J. Baden, Prod. Vienne.—Cannes en mérisier, tuyaux de pipes et baguettes pour tuyaux.

664 *Alba*, S. Fab. Vienne.—Embouchures pour porte-cigares, en bois, os, écume-de-mer et ambre; têtes de pipes en écume; tuyaux et embouchures, &c.

665 *Arrer*, J. Fab. Vienne.—Boutons en nacre.

666 *Astrath*, C. Fab. Vienne.—Portes-cigares en écume de mer et ambre.

667 *Beisiegel*, P. Fab. Vienne.—Ouvrages de fantaisie; cannes; pipes et porte-cigares, en écume, ambre, nacre et corne; têtes de pipes en écume.

668 *Dreher*, A. Fab. Vienne. — Pions d'échiquier en ivoire; tabatières, en écaille et corne; encriers, en corne et bois de rose; billes de billard, &c.

669 *Enstaller*, G. Fab. Stadt Steyer.—Têtes de pipes de Styrie en bois.

670 *Flöge*, G. Fab. Vienne. — Porte-cigares et tuyaux de pipes, en bois, ambre, écume, &c.; assortiment de pipes en écume, &c.

671 *Friedrich*, J. Vienne.—Embouchures de pipes en écume et ambre, avec lettres et chiffres; figures, &c.

672 *Grünhut*, A. ainé, Prague. — Pipes en écume; embouchures, et porte-cigares.

673 *Grünhut*, jeune, Prague.—Pipe en écume; un porte-cigare et embouchure.

674 *Grünhut, W.* Fab. Prague, Bohême. — Pipes en écume et embouchures de porte-cigares.

675 *Hartmann, L.* Vienne. — Espèces diverses de cannes, en bois et joncs, montures pour cannes, tuyaux de pipes, porte-cigares en bois, ambre, écume et corne; assortiment de cannes.

676 *Infanger, M.* Fab. Stadt Steyer. — Pipes de chasse de Styrie; têtes en bois.

677 *Kraftl, J.* Fab. Vienne. — Ecritoires de poche de diverses espèces, en bois; porte-plumes, &c.

678 *Litschke, C.* Fab. Vienne. — Porte-cigares en écume, ambre, bois, corne; tuyaux et embouchures pour pipes.

679 *Franz, L.* Fab. Vienne. — Cannes diverses, en bois et en jonc; pipes-cannes.

680 *Nagl, L.* Fab. Vienne. — Embouchures en écume et ambre; tuyaux de pipes.

681 *Pfeiffer, L.* Fab. Vienne. — Cannes diverses, en baleine, noyer, joncs, &c.

682 *Pfregner, F. A.* Fab. Vienne. — Porte-cigares de diverses espèces, en bois, corne, os, &c.

683 *Sievers, E.* Fab. Vienne. — Embouchures en ambre et écume.

684 *Schwarz, J.* Fab. Vienne. — Médaillons, porte-plumes, étuis à aiguilles, couteaux à papier, &c.

685 *Tantz, A.* Fab. Vienne. — Assortiment de cannes, en baleine, joncs, &c., à pommes sculptées et gravées, en ivoire, argent, &c.

686 *Wojtech, J.* Fab. Vienne. — Tuyaux de pipes de diverses espèces.

687 *Zeitler, J.* Fab. Vienne. — Pipes et porte-cigares; têtes en écume; embouchures en ambre, noix de cocos, &c.

688 *Petschacher, A.* Pat. et Fab. Vienne. — Tuyaux élastiques pour pipes, faits à la mécanique.

689 *Begsteiger, M.* Sierning, Fab. Stadt Steyer. — Règles de toutes espèces.

690 *Buchberger, F.* Fab. Stadt Steyer. — Règles diverses.

691 *Tober, J.* Fab, Prague, Bohême. — Règles de différentes espèces.

692 *Tiffe, A.* Fab. Vienne. — Manches de parapluies et d'ombrelles; montures, &c.

693 *Zandra, J.* Fab. Vienne. — Manches pour parapluies et ombrelles; montures.

694 *Herdt, J. B.* Fab. Vienne. — Parapluies et ombrelles en soie.

695 *Rademacher, C.* Fab. Vienne. — Parapluies en soie.

696 *Ritter, N.* Vienne. — Poudre à cheveux; peignes et brosses, en corne, écaille et ivoire.

697 *Kratschsmann, M.* Pat. et Fab. Vienne. Agent, M. L. Kanitz et Fils, Vienne. — Boutons en corne, pour vêtemens.

698 *Metzner, W.* Fab. Vienne. — Boutons d'habits, de gilets, de chémises, en nacre et corne.

699 *Bittner, F.* Fab. Neudorf, Bohême. — Rabots pour menuisiers; baguettes en bois pour allumettes chimiques.

700 *Dürger, J.* Fab. Vienne. — Fleurs artificielles diverses.

701 *Schlater, H.* Mod. Vienne. — Figures et fleurs en cire.

701A *Oppenheimer, Caroline,* Fab. Vienne. — Un écran de lampe, découpé à la main.

702 *Serafino, Palatini & Cie.* Fab. Venice. — Vingt-cinq spécimens de masques assortis.

703 *Gasser, J.* Sculp. Vienne. — Vénus au bain, en bronze; quatre figures plus petites; modèle d'une fontaine; vase à fleurs en bronze et zinc.

704 *Kähszmann, J.* Sculp. Vienne. — Trois statues en marbre de Carrare: Un berger, une bouquetière, et Hébé avec l'aigle.

705 *Max, E.* Sculp. Prague. — Groupe en marbre de Carrare: Agar et Ismaël; bas-relief en marbre de Carrare, Amazone à cheval.

706 *Cacciatore, B.* Prof. Sculpt. Milan. — Un enfant dans un panier fleuri.

707 *Cocchi, L.* Sculp. Milan. — Statue en marbre: La Vierge immaculée.

708 *Croff, G.* Sculp. Milan. — Statues en marbre: Léda et le cygne, &c.

709 *Emanueli, G.* Sculp. Milan. — Statue en marbre: Amour maternel.

710 *Fraccaroli, I.* Sculp. Milan. — Deux statues en marbre: Achilles blessé; David lançant la pierre; un groupe en marbre: Atala et Chactas.

711 *Galli, A.* Sculp. Milan. — Trois statues en marbre: Susanne au Bain; la Fille de Jephtha; un jeune homme au bord de la mer.

712 *Gandolfi, D.* Sculp. Milan. — Groupe de quatre figures: Le pauvre Honteux, une statuette. Episode de l'histoire de France (1793). Une tombe avec figures en marbre représentant la Foi et l'Espérance, &c.

713 *Strazza,* —, Sculp. Milan. — Statue en marbre: Ismaël dans le Désert.

714 *Magni, P.* Sculp. Milan. — Groupe en marbre: Le premier Pas.

715 *Manfredini, G.* Sculp. Milan. — Statue en marbre: Narcisse à la Fontaine.

716 *Marchesi, L.* Sculp. Milan. — Statue en marbre: Eurydice mordue par un Serpent.

717 *Micotti, I.* Sculp. Milan. — Statue en marbre: La Candeur.

718 *Motelli, M.* Sculp. Milan. — Groupe en marbre: La Vendange de Cupidon.

719 *Dal Negro, P.* Sculp. Milan. — Statue en marbre: l'Innocence.

720 *Pierotti, G.* Sculp. Milan. — Groupe en plâtre: Mazeppa lié sur un cheval; Cheval arabe attaqué par un serpent.

721 *Puttinasi, A.* Sculp. Milan. — Statue en marbre: La Prière.

722 *Sangiorgio, A.* Sculp. Milan. — Statues en marbre: Une âme montant au Ciel; la tête du Rédempteur; une tête de poète.

723 *Somajni, F.* Sculp. Milan. — Groupe en marbre: Pan et Syringa.

724 *Gottl, B.* Carlsbad, Bohême. — Deux vases de grandeur colossale en tuf de Carlsbad, par Knoll, frères.

725 *Benzoni, G.* Sculp. Milan. — Cheminée en marbre, avec huit figures.

726 *Bottinelli, G.* Sculp. Milan. — Cheminée en marbre; cheminée en granit, richement ornée; modèle de cheminée en plâtre.

727 *Botinelli & Gandolfi,* Sculp. Milan. — Cheminée en marbre et cheminée en granit, avec sculptures.

728 *Motelli, G.* Sculp. Milan. — Cheminée en marbre, en style anacréontique; groupe en marbre: Paolo et Francesca di Rimini; groupe de cupidons.

729 *Szentpétrij, J.* Posth, Hongrie. (Agents, M.M. Garrard & Cie. 31 Panton Street, Haymarket.) — Tableau en cuivre embossé, représentant la bataille d'Arbelles, d'après Lebrun. Il contient des centaines de figures en relief de trois pouces, produit d'une simple feuille de cuivre d'environ ⅛ de pouce d'épaisseur, repoussé avec des marteaux de formes et dimensions variées. L'artiste, qui n'a jamais eu de maître, a mis cinq ans à produire cette œuvre. Tableau représentant la capture du roi Porus; avec 217 figures, repoussées à la main sur une feuille d'argent pesant 18 marks 3 onces.

730 *Petrowitz, D.* Inv. et Sculp. Vienne. — Cinquante-trois médaillons en métal de composition, par une méthode nouvellement inventée.

731 *Cesari, D.* Sculp. Milan. — Trois portraits de S. Romagnosi, A. Rolla, et Bertini, ciselés dans le style de Benvenuto Cellini.

732 *Fraener, G. B.* Graveur, Milan.— Médaillons en bronze.

733 *Zapparelli, G.* Graveur, Brescia.—Médaillons divers ; objets faits à l'embossage, bagues ; livre d'échantillons.

734 *Borrini, L.* Peintre, Milan.—Une statue couchée.

735 *Dinkler, C.* Graveur, Vienne.—Spécimens de gravures sur bois et métaux.

736 *Geyling, C.* Peintre-sur-verre, Vienne.—Peinture sur verre, représentant une église ; paysage d'hiver (vue de la Haute-Autriche) ; vue du Johannisberg, sur-le-Rhin ; vue de la porte de la ville de Kremnitz, en Hongrie.

737 *Bertini, G.* Milan.—Grands vitraux peints, représentant Dante, et quelques unes de ses créations.

738 *Montanari, A.* Decorateur, Milan.—Décors de bibliothèque.

739 *Vogel, C. F.* Milan.—Photographies.

740 *Pucher, J.* Inv. Voldes, Haute-Carniole.—Photographies sur verre, nouvelle découverte.

741 *Bongiovanni, B.* Sculp. Vienne.—Dessin d'un candélabre.

742 *Hartmann, L.* Dess. Prague.—Dessin pour impressions.

746 *Monti, R.* Dess. et Sculp. Milan, et 45 Great Marlborough Street, Londres.—Statues en marbre de Carrare : Eve, après sa chute ; Une vestale voilée (Propriété de S.G. le Duc de Devonshire.) Statuettes : l'Amour ancien et moderne. (Propriété de B. Cohen, Esq.) Groupe de l'Innocence. Statue : Une Esclave circassienne au marché. Groupe : Angélica et Médora. Groupe de deux jeunes filles. Statuette d'un garçon attrapant une sauterelle. (Propriété de T. Baring, Esq., M.P.)

747 *Thompson, Mlle.* Prop. 35 Euston Square.—Tapis exécuté par l'Impératrice Marie-Louise, les Reines de Naples et de Wurtemberg, et Mlle. de Beauharnais. Ce tapis était destiné à l'Empereur Napoléon, mais il ne fut terminé qu'après la mort de Marie-Louise.

748 *Farina, Jean-Marie,* Cologne. (Dans la salle des meubles.)—Fontaine à jet d'eau de Cologne.

BELGIQUE.

Commissaires : *M. de Brouckère, M. Charles Cuylitz.*

1 *Guillaume, J. A.* Bovigny (Luxembourg).—Pierres à rasoirs.

2 *Otte, J.* Vielsalm (Luxembourg).—Pierres à rasoirs, brutes et travaillées.

3 *Lamberty, C.* Vielsalm.—Pierres à rasoir.

4 *Offergeld, P. J.* Vielsalm.—Echantillons de pierres à aiguiser.

5 *Collette-Doucet, F. J.* Bertrix, (Luxembourg).—Pierres à écrire, à aiguiser ; ardoises, servant à couvrir les bâtiments.

6 *Société des Hauts Fourneaux de Pommeroeul,* Hainaut.—Echantillons de fonte, savoir : fontes de moulage ; fonte d'affinage ; grise ; id. truitée ; id. blanche.

7 *Société de la Nouvelle Montagne,* Verviers.— Oxide de zinc gris : poussière de zinc ; tuiles en zinc pour toitures ; échantillons de toitures en tuiles de zinc ; feuilles en zinc, pour satiner les papiers ; feuilles de zinc épaisses, servant principalement à la gravure ; feuilles de zinc, destinées au doublage des navires ; saumons de plomb doux.

8 *St. Hubert, E.* Bouvignes. — Meule gisante ; meule volante aérifère ; fragments, échantillons de pierres meulières.

9 *Morimont, —,* Wierde (Namur).—Paire de meules à moudre le grain ; silex molaire.

10 *Fallon-Piron,* Namur.—Bloc de marbre noir.

11 *Eloin, F.* Namur. — Echantillons de lampe de sûreté ; échantillons de verre garni pour lampes, appareil servant à l'introduction de l'air dans la lampe et à sa distribution au tour de la flamme ; clef pour fermer les lampes ; échantillon de mèche.

12 *Tombelle-Lomba, E.* Bonneville (Namur).—Kaolin belge ou China-clay.

13 *Petit & Cie.* Auvelais (Namur).—Charbons et chauffage domestique ; charbons pour machines à vapeur et usages domestiques ; divers échantillons de charbons.

14 *Gaiffier d'Hestroy, Baron de,* Mallien (Namur).— Echantillons de kaolin ou China-clay.

15 *De Ferrare, F. et L.* Wierde (Namur).— Terres plastiques.

16 *Desmanet de Biesme, Vicomte, C.* Golzinne (Namur). —Pilastre en marbre noir poli de Golzinne ; quatre carreaux de marbre noir poli.

17 *La Société de Vedrin,* (Namur).—Echantillons de pyrite (bi-sulfure de fer) ; échantillon de galène (sulfure plombique) ; échantillons de plomb métallique.

18 *Pérard & Mineur,* Couvin, Rouillon et Liège.—Six échantillons minerai de fer ; quatre gueusets fonte ; médailles, 1ère fusion ; neuf barres fer fort à canon, au bois ; id. fer à canon et à taillanderie ; trois id. fer puddlé, pour canons.

19 *Dethier, A.* Theux (Liège).—Specimen de marbre noir d'une carrière de Theux ; vases du même marbre, polis ; spécimen de calamine de zinc ferrière ; spécimen de zinc brut, provenant de cette calamine.

20 *Behr, F. L.* Directeur de la Société de l'Espérance, Seraing (Liège).—Gueusets en fonte brute ; l'un de fonte d'affinage, et l'autre de fonte de moulage.

21 *Société de Corphalie,* (Directeur M. Brixhe,) Antheit (Liège).—Galène ; calamine ; blende avec galène ; galène avec plomb carbonaté ; saumon de plomb ; feuilles de zinc laminé ; collections d'échantillons de clous de zinc, pour toitures et doublages de navires ; oxide gris de zinc, pour peinture.

22 *Compagnie des Mines et Fonderies du Bleyberg,* Montzen (Liège).—Echantillons de galène, de blende, et de galène et de blende mélangés, brutes ; galène obtenue aux ateliers de préparation mécanique depuis l'état de roche jusqu'à celui de poudre ; blende, id. ; saumon de plomb, obtenu avec de la galène dans les fours à réverbère.

23 *De Hansez Theux,* Liège.—Minerais de fer.

24 *Mueseler, —,* Liège.—Deux lampes de sûreté, à l'usage des mines, dites lampes Mueseler.

25 *Lamberty, Frères,* Stavelot, Liège.—Echantillons de pierres à aiguiser, de différentes dimensions.

26 *Société des Mines et Fonderies de Zinc de la Vieille Montagne,* Liège.—Minerai brut, en roche et lavé ; minerai calciné et broyé ; minerai et charbon mélangés pour être chargés dans les fours ; zinc brut ; zinc laminé, de toutes espèces, pour toitures, doublages des navires, satinage des papiers, ustensiles de ménage, ferblanterie, &c. ; barres de chevillage, pour navires ; zinc étiré, pour clous de toutes espèces ; laiton jaune, argent neuf (argentau) ; un assortiment de composés chimiques, formés avec le zinc ; oxide gris pour peinture ; mastic pour chaudières.

27 *Société Anonyme des Hauts Fourneaux, Usines et Charbonnages de Châtelineau,* Hainaut.—Echantillons de charbon.

28 *Compagnie du Charbonnage de Pont-de-Loup,* Sud Pont-de-Loup (Hainaut).—Charbon gras à longues flammes ; id. sec.

29 *Compagnie du Charbonnage de Boubier, L. J. Maulin & Cie.,* Châtelet (Hainaut).—Charbon gras ; charbon demi gras.

30 *Delcourt, A.* Société Charbonnière du Poirier, Montigny-sur-Sambre.—Un échantillon de houille grasse.

31 *Quinet, S.* Directeur gérant des Charbonnages du Trieukaisin, Deux Forêts et Combles, Gilly, près Charleroi.—Deux échantillons de houille grasse; deux id. demi-grasse.

32 *Wautelet, J. Charbonnage d'Oignies Aiseau,* Charleroi.—Echantillons de houille maigre flambante.

33 *De Rasse, A.* Mons.—Echantillons de minerais de cuivre, et de cuivre métallique.

34 *Société Pire et Violette,* à La Chartreuse-lez-Liège. Echantillons de charbons de terre.

35 *Wouvermans, —, aîné,* Molenbeck, St. Jean.—Bleu d'azur et bleu minéral, vernis et polissure.

36 *Vloeberghs,* Bruxelles.—Laques et teintures.

37 *Cappellemans J. B. aîné, Deby & Cie.* Bruxelles.—Collection complète, produits chimiques; une collection de feuilles de verre à vitre de diverses grandeurs; une collection de bouteilles de tous genres; Dames-Jeanne, &c.

38 *Société de Floreffe,* Floreffe (Namur). — Bocal de sulfate de soude anhydre; id. sel de soude à 90°, ou carbonate sodique anhydre; sel de soude à 80°, ou carbonate sodique anhydre, mélangé de sulfate sodique; sel de soude caustique, ou carbonate sodique, mélangé de soude caustique; des cristeaux de soude, ou carbonate sodique cristallisée.

39 *Debbaudt Frères,* Courtrai.— Céruse pure; pains de céruse.

40 *Société des Charbonnages et Hauts Fourneaux d'Ougrée,* Ougrée (Liège).—Quatre bocaux de couleurs métalliques, pour la peinture sur bois et sur métaux, consistant dans un mélange de zinc et de plomb métalliques, ou de leurs oxides.

41 *Colders, Van Roy,* Anvers. — Enduit préservatif contre l'humidité salpétrique; huile Sarangousty, pour le même objet; feuilles papier-conservateur, id.

42 *Brasseur, E.* Gand.—Echantillons de céruse.

43 *Heerinckx, F.* Uccle (Brabant).—Seigle.

44 *Vanden Borre,* Uccle (Brabant).—Froment d'hiver.

45 *Vander Elst, F.* Uccle (Brabant).—Avoine.

46 *Verheyden E.* Dilbeck (Brabant).— Froment rouge et seigle d'hiver.

47 *Legras, A.* Nederoverheembeek (Brabant).—Froment, seigle et orge d'hiver.

48 *D'Huard, le Baron,* Villermont (Luxembourg). — Avoine, féverolles et sarrasin.

49 *Van Ophem,* Uccle.—Sarrasin; orge d'hiver.

50 *Peems Veuve, H.* Corbeck-Loo (Brabant).—Froment blanc d'hiver.

51 *D'Hollander, J.* Moerzeke (Flandre Orientale).—Froment rouge.

52 *Vanden, Abeele L.* Appels (Flandre Orientale).—Foin maigre.

53 *Perdicus, J.* Herent (Brabant). — Froment roux d'hiver.

54 *Minten, A.* Louvain.—Froment roux d'hiver.

55 *Mertens, le Baron, Ostin (Namur).*—Froment, orge, avoine, seigle, vesces.

56 *Coosemans, M.* Kesseloo (Brabant).—Froment roux d'hiver.

57 *De Mulder,* Poesele (Flandre Orientale). — Froment.

58 *De Mathelin,* Messancy (Luxembourg).—Froment, seigle, orge.

59 *Vyvens,* Huysse (Flandre Orientale). — Froment roux.

60 *Stobbelaers,* Moerzeke (Flandre Orientale).—Froment, seigle.

61 *Colle,* Lootenhulle (Flandre Orientale).—Froment.

62 *De Heunhruse,* Aye (Luxembourg).—Epeautre.

63 *Degryse, L.* Poperinghe (Flandre Occidentale).—Houblon, pois bleus et blancs.

64 *Dequidt, L. veuve,* Poperinghe (Flandre Occidentale). Houblon.

65 *Van Meries, Mme.* Poperinghe (Flandre Occidentale).—Houblon.

66 *Delbaere, Mme.* Poperinghe (Flandre Occidentale).—Froment blanc d'hiver.

67 *Fontaine, G.* Bruxelles.—Lait solidifié, susceptible d'être conservé pendant très longtemps.

68 *Docquir, P. J. & Parys,* St. Josse-ten-Noode.—Fécule de pommes de terre blutée, id. non blutée, noir animal gros grain, id. petit grain, id. en poudre.

69 *Clavareau, T. & Frères,* Dinant. — Couque dite Dinant.

70 *Billiard, H.* Menin.—Tabac en feuilles dit de Wervicq.

71 *Plaideau, Fils, aîné,* Menin.—Paquets de tabac en poudre; paquets de tabac à fumer. Echantillons de tabac à chiquer.

72 *Brovellio, J. B. & Cie.* Menin.—Echantillons de tabac en poudre; id. à fumer; id. à chiquer.

73 *Bochen, Hubert & Cie.* Liège.—Amidon bleu; amidon blanc.

74 *Van Bunnen, Mme.* Bruges.—Fécules de pommes de terre blutée et non blutée.

75 *Peers, le Chevalier E.* Oostcamp (Flandre Occidentale).—Espèces de froment; deux échantillons de seigle; une échantillon d'orge d'été; deux échantillons de sarrasin.

76 *Beheyt,* Rumbeke (Flandre Occidentale). — Orge d'hiver, seigle d'hiver, haricots d'hiver, froment rouge et blanc d'hiver, avoine d'hiver, sarrasin.

77 *Willems,* Hasselt. — Echantillons de froment, de seigle, d'épeautre, d'orge, d'avoine, et de sarrasin, récolte de 1850.

78 *Blyckaerts, G.* Tirlemont. — Un sac de fécule de pomme de terre, (farina).

79 *Verschaeve, L.* Ypres.—Tabac belge, dit de Wervicq.

80 *Lahousse, A.* Wervicq (Flandre Occidentale). — Tabac belge, dit de Wervicq.

81 *Claus & Caron,* Gand.—Sucres candis; sucre centrifugé; sucre pilé; sucre blanc centrifugé; sucre verre de Bohème; pain de sucre fin; pains de sucre; sucre concret et sucres divers.

82 *Vercauteren, J. L.* Zele (Flandre Orientale). — Tourteaux de graine de lin indigène.

83 *Roels & Cie.* Lokeren.—Echantillons de lin teillé.

84 *Vanderstraeten, F.* Bruxelles. — Huile de colza, à l'état primitif; id. épurée pour quinquets, lin épurée pour la peinture.

85 *Claude, L.* Bruxelles.—Huile de colza, épurée pour l'éclairage.

86 *De Mevius,* Forest. — Matteaux de soie grège; échantillons de filoselle et de frisons, faits avec des déchets de la soie grège; échantillons des cocons dont provient la dite soie.

87 *Bissé, L. E.* Anderlecht.—Oléine spéciale pure, ou extrait d'huile de pieds de bœuf et de moutons; oléine animale pure, ou extrait de la graisse de chevaux; oléine végétale pure, ou extrait d'huile végétale épurée.

88 *Leclerc, F.* Longchamp (Namur). — Echantillons de lin roui, teillé et raffiné.

89 *Jobart-Aubreby,* Dinant.—Colle forte.

90 *Begraeve, Delforterie,* Gheluwe (Flandre Occidentale).—Echantillons de lin teillé, et de lin vert.

91 *Vercruysse, H. & D.* Courtrai. — Tourteaux, résidu de graines de colza; tourteaux résidu de graines de lin.

92 *Debbaudt-Delacroix,* Courtray.—Une fiole huile de colza ordinaire; huile de colza épurée.

93 *Bihet, H.* Huy.—Cinq tablettes de colle-forte.

94 *Hansotte-Delloye, H. G.* Huy.—Echantillons de colle-forte.

95 *Bortier, P.* Adinkerke (Flandre Occidentale). — Sept échantillons d'engrais minéral; coquilles naturelles id. en poudre impalpable; id. calcinées au rouge sombré; id. et imprégnées d'eau de mer; id. impalpables; chaux de coquilles; id. éteint avec de l'eau de mer.

96 *Laviolette-de-Moor*, Bruges.—Lins teillés, rouis verts

97 *Strubbe & Baey*, Bruges.— Ecorces de chêne dits plansons de Poperinghe; écorces de chêne de jeunes arbrs. des environs de Bruges.

98 *David & De Boe*, Anvers.—Lin teillé.

99 *Briers, J. Père*, Anvers.—Colle-forte fabriquée par la vapeur.

100 *Reusens, P. F.* Anvers.—Une étagère garnie d'é- chantillons de vernis copal, savoir: vernis copal pour les voitures de luxe et des chemins de fer; vernis copal pour les appartemens.

101 *Vanderschriech, Frères*, Anvers.—Echantillons de laine artificielle.

102 *Verhelst, F.* Grembergen (Flandre Orientale).— Chanvre brut; chanvre teillé; récolte de 1850.

103 *Van Riet, P. J.* Moerzeke (Flandre Orientale).— Un échantillon de chanvre brut, récolté en 1850.

104 *Desmedt & Cie.* Zele (Flandre Occidentale).— Echantillons de lin teillé; échantillons de lin séché avec sa graine, récolte de 1850.

105 *Gilta, J. L.* Appels (Flandre Orientale).—Un échantillon de chanvre brut, récolte de 1850.

106 *Van Hoey, S. P.* Hamme (Flandre Orientale).— Tresses de lin teillé.

107 *Van Bogaert, J. B.* Grembergen, (Flandre Occiden- tale).—Echantillons de lin teillé; récolte de 1850; tresses de chanvre.

108 *Verstraeten, E.* Gand.—Bocaux de noir animal.

109 *Le Chevalier Soenens, E.* Swynaerde-lez-Gand (Flan- dre Orientale).—Toisons laine brute; écheveaux de laine peignée; échantillon de laine filée à la main.

110 *Seghers, B.* Gand.—Noir animal.

111 *Depotter, A.* Audenarde.—Echevaux soie grège; cocons: buissons paille de Colza, garnis de cocons.

112 *De Coninck, A.* Gand.—Cocons blancs de la race Sina, récoltés dans l'établissement agricole sétifère à St. Denis, Westrem-lez-Gand; cocons jaunes, récoltés dans le même établissement; soie grège blanche dévidée; échan- tillon de fleuret.

113 *Verbeeck, P. J.* Grembergen (Flandre Orientale). —Echantillons de lin séché avec sa graine; id. de lin teillé, récolte de 1850.

114 *Van Wiele, J. B.* Germbergen (Flandre Orien- tale).—Echantillons de lin roui à l'eau stagnante; id. de lin teillé; id. de lin sérancé, récolte de 1850.

115 *D'Haese, B.* Zele (Flandre Orientale).—Echantil- lons de lin roui à l'eau stagnante; id. de lin séché avec sa graine; récolte de 1850.

116 *Deman, P.* St. Josse-ten-Noode (Brabant). — Une voiture dite: *cab-phaéton.*

117 *Monthuy, A.* Bruxelles.—Une courroie pour ma- chine à vapeur.

118 *Jones, Frères*, Bruxelles.—Quatre voitures, savoir: —Calèche; phaéton-cab (breveté); brack pour pony; buggy.

119 *Société, John Cockerill*, Seraing, Liège.—Echantillon de fonte grise, pour pièces de moulage; id. de fonte grise, pour affinage; id. de fonte blanche forte, pour affinage; de fer puddlé, à nerf, pour fer doux; id. de fer fini, à nerf doux; id. de fer puddlé, à grain, pour fer dur; id. de fer fini, dur aciéreux; id. fragment d'un essieu de waggon. Barre de fer à grain, aciéreux pour bandage de roue de locomotive. Divers petits échantillons de fer. Machine à vapeur à ex- pansion et à condensation de la force de 140 chevaux, destinée à recevoir des roues à aubes mobiles, pour bâteaux de rivière à courants rapides et de peu de profondeur.

Locomotive à train articulé; diamètre des pistons, 16 pouces; course, 24 pouces; pour convois de grande charge roulant sur des courbes à petit rayon. Machine à haute pression, de la force de 16 chevaux, à cylindre vertical, pour fabrique de drap. Machine à vapeur à haute pression, de la force de trois chevaux; diamètre du piston, 4¾ pouces; course, 12 pouces; avec chaudière à tubes pour arroser des jardins et des serres. Modèle au quart de la grandeur natu- relle, d'une *Fahrkunst*, (machine pour opérer sans danger ni fatigue la descente et la remonte des ouvriers de houillère).

120 *Société anonyme des hauts fourneaux, usines et char- bonnages de Marcinelle et Couillet*, Couillet (Hainaut).—Une locomotive pour chemin de fer, avec son tender, d'après le système Stephenson. Un ventilateur, système Fabry, in- venté récemment; destiné principalement à l'aérage des travaux des mines, mais pouvant servir à l'aérage des théâtres, prisons, &c. Une paire de cylindres de locomotive bruts, moulés en terre. 3 rails. 1 bandage de roue de loco- motive. 33 barres de fer. 1 tôle gauffrée. 2 billes en fer, pour chemin de fer. 1 barre fer rond, pour cylindres can- nelés. Echantillons de clous. Echantillon de houille demi- grasse.

121 *Van Aken, C. B.* Anvers.—Une voiture à quatre roues.

122 *Van Aken, P. & Fils*, Anvers.—Une voiture dite cabriolet-chaise.

123 *Jouve, L.* Molenbeck St. Jean (Brabant).—Echelle à incendie et de sauvetage; un métier circulaire, pour la fabrication de tricots en laine, fil, coton et soie; pompe foulante et aspirante.

124 *Van Goethem, V.* Zombecq (Brabant).—Un appareil à force centrifuge, pour la purgation et le blanchiment des pains de sucre. Un appareil à force centrifuge à deux tam- bours alternes, pour l'épuration des sucres bruts et raffinés en poudre. Un appareil centrifuge à un tambour, destiné au même usage sur l'appareil précédent. Ces trois appareils sont brevetés en faveur de l'exposant.

125 *Houyet, A.* Bruxelles.—Machine à peler et glacer le riz, brevetée en faveur de l'exposant; modèle de machine à monder et perler l'orge, breveté; modèle de moulin sér- teur; machine à décortiquer le café brut; cheminée à va- peur, avec tube intérieur, utilisant le calorique perdu pour chauffer l'eau d'injection dans les chaudières; produits ali- mentaires, consistant en farines, riz, pâtes dites d'Italie, semoule, orge mondé et perlé, amidon, biscuit de mer, &c.

126 *Vandevin, F.* Bruxelles.—Machine à tisser.

127 *Kessels, H.* Bruxelles.—Machine à mouler vingt- mille briques par jour. Brevetée en Belgique en faveur de l'exposant.

128 *Troupin, Frères*, Verviers.—Une tondeuse Lewis et finisseuse; lames pour tondeuses longitudinales Lewis et transversales.

129 *Fetu, A. & Deliége, J.* Liège.—Cardes pour filature de laine et de coton.

130 *Houtthacve, Stragiers*, Roulers.—Un peigne métal- lique, 1500 dents par mètre; id. 2000 id.; id. 3500 id.; id. 4000 par 103 centimètres.

131 *Debcaune, U* Anvers.—Humecteur, machine des- tinée à humecter les grains ou les graines (breveté); accélérateur-refroidisseur, machine destinée à mouture des grains; régulateur-atmosphérique, destiné à assainir toute espèce de locaux et à déterminer le tirage des cheminées et conduits d'aérage.

132 *Mertens, Charles*, Gheel (Anvers).—Un étau paral- lèle en fer, &c.

133 *Van Mierlo, A. aîné*, Anvers.—Machine à fabriquer les peignes; machine à broyer les fèves de Cacao; machine à filer la ganse perlée; machine à filer des lacets.

134 *Société du Phénix*, Gand.—Banc à broches, machine de filage; le mouvement de renvidage par engrenages est de l'invention de M. Bruggeman, ingénieur en chef de l'établissement. Batteur hélicoïde (Willow), la machine est de l'invention de la Société du Phénix.

135 *Goudeau*, Alost.—Appareil destiné à remplacer le mode actuel de montage et de tissage à la marche. Inventé par l'exposant.

136 *Zaman & Cie.* St. Josse-ten-Noode. — Modèle de pavés de quenast et de porphyre poli.

137 *Van Esschen, N. G.* Molenbeck St. Jean (Brabant).—Modèle de pont en fer de 40 pieds de longueur et de 3½ de largeur; modèles de tubes travaillés en lames de fer, pour ponts et tunnels.

138 *Sioen, J.* Gand.—Paquet de 100 lattes en chêne brun du Pays, pour plafonnage; tronc d'arbre en chêne du Pays, divisé en 143 lattes de trois millimètres d'épaisseur environ.

139 *Jansen, A.* Bruxelles.—Fusil à deux coups; carabines; pistolets; sabre, modèle turc, lame en damas; un couteau de marine, id.; un couteau de chasse, acier incrusté; cibles indicatrices pour pistolet de tir.

140 *Henrard, M. J.* Namur.—Une carabine à percussion brevetée.

141 *Renkin, Frères,* Liége. — Une collection de fusils doubles et fusils simples, de chasse à percussion; de fusils simple a silex, pour les colonies et les côtes d'Afrique; de mousquets de différents prix, qualités et modèles; de carabines de guerre à tige et balles coniques; de pistolets de cavalerie, d'arçon et de poche.

142 *Fonderie royale de canons,* Liège; dirigée par M. Frédéric, Colonel d'artillerie.—Canons de contrôle, modèle prussien, non tourné; canon léger, modèle non tourné; canon court, modèle Belge, tourné; canon de place, modèle Belge, non tourné; obusier de campagne, modèle Belge, tourné; mortier éprouvette, en fonte, modèle Belge; deux globes pour id. avec croisillon; bombes; obus excentrique, modèle prussien; boulets, &c.

143 *Ancion & Cie.* Liège.—Fusils simples et doubles; carabines de guerre; de tir et de chasse; fusils d'exportation; mousquetons portugais et de cavalerie; pistolets de tir, de cavalerie, et de poche; platines et pièces détachées de fusil; éprouvette; pistolets à poignard; canons simples de fusils.

144 *Thonet, J.* Liège.—Fusil, avec garniture en vermeil; une paire d'écossaises incrustées. (Pistolets.)

145 *Lepage,* Liège. — Collection complète d'armes de luxe: Fusils à deux coups; carabines; pistolets d'arçon; pistolets de tir; pistolets de poche.

146 *Plomdeur, N.* Liège.—Un fusil, bois en ébène; une paire de pistolets, bois en ébène; fusils, genre anglais; fusil, système Lefaucheux; une paire écossais, en ivoire; pistolets bijou, avec nécessaire; une paire platines; pistolet à six coups; id. de salon; sous-garde de fusil.

147 *Malherbe, L.* Liège.—Fusils doubles de chasse, à percussion et à silex; fusils simples, &c.; carabines; pistolets de poche, simples et doubles; pistolets de combats et de tir.

148 *Ledent, M.* Liège.—Platine de fusil de guerre et de luxe. (Breveté en Belgique le 27 Juillet, 1850.)

149 *Doutrewe, F. J.* Liège.—Un fusil, système à aiguille, se chargeant par la culasse. (Breveté).

150 *Bernimolin, N. & Frère,* Liège. — Un fusil double, se chargeant par la culasse; fusils damassés, genre anglais; une paire de pistolets de tir, poignée en ébène; deux paires de pistolets, système Delvigne.

151 *Lardinois, N. C.* Liège.—Carabine de tir, genre suisse, avec accessoires; un fusil double, avec accessoires. Les pièces de ce fusil, sauf le canon et les platines, sont de l'exécution du sieur Christian Lenders.

152 *Tinlot, J. M.* Herstal, Liège.—Un fusil double, crosse sculptée, genre Louis XV.

153 *Dehousse, L.* Liège.—Une paire de pistolets de tir, crosse en ébène sculptée; une paire de pistolets mouche, crosse en ivoire; fusil double avec accessoires, canon damassé turc; un fusil double, canon damassé.

154 *Falisse & Trapmann,* Liège.—Fusils et carabines rayées et à balle, pointue et à broche; série de cheminées pour armes de guerre et pour armes de chasse; modèles de becs à gaz; série de divers modèles de capsule pour armes de chasse et de fantaisie; échantillons de divers modèles pour armes de guerre; série d'échantillons de modèles de rubans de différents boutages et numéros; échantillons de plaques pour laine, pour volant et pour coton.

155 *Tourey, H.* Liège.—Fusil à deux coups, ouvrage d'art, arme de cabinet; carabine à deux coups à double détente avec accessoires; arme de précision; fusil à deux coups, en blanc; fusil carabine; carabine à un coup, arme de précision; paire de pistolets riches, armes de précision; paire de pistolets de tir, armes de précision; écrin, contenant un pistolet à quatre coups; paire pistolets bijou; platine de fusil; double-détente pour arme de précision, et pour fusil carabine; petite pièce mécanique, pour fusil à quatre coups; sous garde de fusil; visière pour carabine.

156 *Le Capitaine Groetaers, J. B.* Anvers. — Appareil pour mesurer les distances inaccessibles. (De l'invention de l'exposant).

157 *Neyt, A.* Gand.—Tableaux dessinés, représentant un projet de batterie d'artillerie à tir simultané, normal ou oblique, applicable aux vaisseaux de guerre et à la défense des côtes.

158 *Montigny & Fusnot,* Bruxelles.—Trois fusils de munition, système Montigny.

159 *Dufour,* Neufville (Hainaut).—Une charrue. (Breveté).

160 *Denis, J. B.* St. Léger (Luxembourg).—Charrues.

161 *Le Docte, H.* Leuze (Hainaut).—Houe multiple.

162 *Verbist, E.* Nivelles (Brabant).—Charrue tourne-oreille.

163 *Claes, P.* Lembecq (Brabant). — Semoir écossais; rouleau articulé en fonte.

164 *Scheidweiler, M.* St. Josse-ten-Noode (Brabant).—Un moulin à grain agricole sur chariot mobile.

165 *Romedenne, A.* Erpent (Namur). — Charrue nouveau modèle; charrue à deux versoirs; herse mobile perfectionnée.

166 *Duchêne, J. J.* Assche-en-Rifail (Namur). — Barattes ou machines à battre le beurre; seau.

167 *Train, B.* Huy.—Tarare pour vanner les grains.

168 *Van Macle,* Thielt.—Charrue double pour terres légères, brevetée en faveur de l'exposant; charrue double pour terres fortes et légères, brevetée.

169 *Odeurs, J. M.* Marlinne (Limbourg). — Charrue simple; charrue à double garniture.

170 *Berchmans, J. F.* Blaesvelt, Anvers.—Charrue flamande perfectionnée.

171 *D'Omalius-Thiéry, G. et Fils,* Anthisnes (Liège).—Charrues, houe, binette ou sarcloir à roulette.

172 *Valérius, B.* (Exposant comme Auteur), Bruxelles.—Un traité théorique et pratique de la fabrication du fer; un traité théorique et pratique de la fabrication de la fonte.

173 *Van Schendel, P.* Bruxelles.—Un modèle de géométrie descriptive, pour la perspective.

174 *Berden, F. & Cie.* Bruxelles.—Pianos buffet.

175 *Mahillon, C.* Bruxelles. — Contre-basse; basse; bugles; ophycléïde; trombonnes; cor; trompettes; cornet; clarinettes; bec de clarinette à table mobile.

176 *Jastrzebski, F.* Bruxelles.—Pianos droits.

177 *Darche, C. F.* Bruxelles.—Violons, genre Stradivarius; id. genre Guarnerius; id. genre Amati; id. genre Mazini; Basses, genre Strativarius; basse à six cordes.

178 *Demanet, C. A. J.* Ixelles (Brabant).—Machine

pour la transformation du mouvement de va-et-vient en mouvement circulaire continu.

179 *Verhrasselt d'Outrelepont, F.* Bruxelles.—Harmonium-mélodium, pour églises; harmonium-mélodium pour salon; pianos-harmonium, accouplés, se séparant à volonté.

180 *Sternberg, L.* Bruxelles. — Pianos buffet à trois cordes.

181 *Vogelsangs, F. J.* Bruxelles.—Pianos à queue. (Breveté).

182 *Girard, A. J.* Liège.—Compas à diviser les cercles; réveilles-mignon; une plume-encrier; plan d'un instrument pour mesurer les distances.

183 *De Hennault, J. B.* Fontaine l'Evêque. — Lunette mobile à niveau constant, &c.; boussole à niveau fixe; anémomètre.

184 *Latinie, A.* Soignies.—Verres de lunettes, depuis le No. 6 jusqu'au plus élevé; paires de verres, du No. 3 au No. 5; loupes achromatiques; loupes simples; paires de lunettes pour myopes.

185 *Lambert, G.* Mons.—Modèle d'échelle de mines au dixième de la grandeur, breveté le 8 Janvier 1846; boussole à niveau constant pour tirer les plans dans les mines ou à la surface, brevetée d'invention.

186 *Aerts, F. G.* Anvers. —Piano à cordes obliques, breveté, meuble en palissandre sculpté.

187 *Champagne,* Donstiennes (Hainaut).—Avant bras-mécanique.

188 *Deffaux,* Bruxelles.—Trois pianos.

189 *De Bast, C.* Gand.—Calicots, écrus et blancs.

190 *Canfyn-Nimegeers,* Renaix.—Siamoises; cotonnettes; Madras.

191 *De Behault Du Carmois,* Termonde.—Couvertures de coton.

192 *De Cuyper, J. F.* St. Nicolas. —Cotonnettes ordinaires, croisées, renforcées, coutils, croisées de fantaisie; siamoises, siamoises double chaîne: gala plaids, chaîne en coton; gala plaids unis, en couleurs; châles en laine.

193 *Jansseus, De Decker,* St. Nicolas. —Flanelles gala plaids.

194 *Simonis, J.* Verviers.—Draps et étoffes de laine.

195 *Biolley François, & Fils,* Verviers.—Draps et étoffes de laine.

196 *Dubois, G. & Cie.* Verviers.—Eoffes d'hiver pour pantalons; étoffes d'été, id.; une pièce drap castor pour paletots; une pièce drap lisse; une pièce drap croisé; trois pièces satin-laine; une pièce étoffe d'été pour paletots.

197 *Sirtaine, François,* Verviers.—Pièces satin-laine; pièces croisé noir; draps légers; draps en couleur.

198 *Dorct-Léonard,* Verviers.— Quatre pièces drap.

199 *Pirenne & Duesberg,* Verviers.—Trois pièces satin laine; six pièces drap castor.

200 *Piron, —,* Thimister, Françomont (Liège).—Satin laine; drap zéphir.

201 *Olivier & Cie.* Verviers.—Drap soie pour livrée; id. croisé noir: id. d'Asie bleu; id. d'Asie bronze.

202 *Snoeck, C. J.* Herve (Liège).—Douze pièces draps zéphir; trois pièces draps lisse; onze pièces cachemire laine; six pièces satin laine.

203 *Deheselle, A. J.* Thimister (Liège).—Flanelles et domets.

204 *Xhoffray, C. & Cie.* Dolhain-Limbourg (Liège).— Fils de laines cardées pour la fabrication des plaids, twins, flanelles fines, châles, tartans, et autres nouveautés.

205 *Vanderstraeten, A. & Cie.* Liège.—Pièces étoffes de laine, dites: cachemire noir; satin laine noir; satin laine Marengo.

206 *D'Hont, J.* Roulers.—Satins-chine et brochés.

207 *Metdepenningen, G.* Anvers.—Fils de soie à dentelles, à coudre, à franger, soie cordonnée, soie à trois bouts à filocher, soie demi-naples à franges, soie poil écrue et en couleur, soie trame écrue, organsin de soie belge, trame, id.

208 *Dobbelaere-Hulin,* Gand.—Six pièces toile de lin à blanchir, fil filé et tissé à la main; toiles à voiles; toiles voiles larges; toile à bâche.

209 *Ameye-Berte, R.* Gand.—Toiles de lin à voiles tissées à la vapeur; toiles à bâches (étoupes); toiles de lin toiles à teindre ordinaire, en fils d'étoupes; id. communs; toiles à blanchir fines.

210 *Pyn & Van Pelt,* Tamise (Flandre Orientale). Fil de chanvre.

211 *Wilford, W.* Tamise.—Toiles à voiles.

212 *Cooreman, A. J.* Rebecq-Rognon (Brabant). Echantillons de fil de lin à dentelle.

213 *Vercruysse, F.* Deerlyck près Courtray.—Lin écru provenant de la récolte de 1850; lin teillé, lin sérancé; id. fil en provenant; pièce de toile; un rouleau à disque du même lin.

214 *Verriest, P.* Courtray.—Toile à matelas ouvragé de couleur.

215 *Van Ackere, J. C.* Wevelghem (Flandre Occidentale).—Toile, chaîne de fil retors, trame simple, le tout filé à la main; toile écrue, fil à la main; mouchoirs, chaîne en fil mec., trame fil à la main; mouchoirs batiste écrue; mouchoirs linon, lin teillé, ramé, roui.

216 *Berthelot & Bonte,* Courtrai.—Fils de lin à la main, dits fils de noulquinerie. Devidés à l'anglaise.

217 *Du Jardin, C.* Courtray.— Serviettes damassées, serviettes damassé blanches; une nappe avec le portrait de S. M. le roi des Belges.

218 *De Brabandère, P. F.* Courtray.—Toiles blanchies en fil mécanique; toiles blanches, dites mixtes, en fil mécanique et fil à la main; toiles blanches de fil à la mécanique; toiles écrues en fil à la mécanique; coutils écrus; coutils blancs; deux douzaines de mouchoirs en fil teint.

219 *Van Oost, P.* Hooghlede (Flandre Occidentale). Une pièce de toile.

220 *Thiban-Accou,* à Iseghen.—Toile blanche filée et tissée à la main, ayant 7000 fils en chaîne.

221 *Decock, Wattrelot et Baudouin,* Roulers.— Toiles écrues et blanchies, confectionnées avec du fil filé à la mécanique; tissus unis en laine et coton dits orléans; orléans brochés; tissus unis en laine et coton dits alpacca; tissus en laine et coton dits paramatas.

222 *Parmentier, P.* Iseghem (Flandre Occidentale). Pièce de toile écrue en 6000 fils; id. 7000 fils; id. 8000 fils; mouchoirs batiste blancs.

223 *Demeulenacre, E.* Moorslede (Flandre Occidentale).—Echeveaux de fil de lin à la main.

224 *Hartog, Frères,* Malines.—Toiles Russias.

225 *Van Nuffel & Coveliers,* Anvers.—Toile à peindre; tapis de pied en toile cirée.

226 *Commission administrative de la maison de correction St. Bernard,* Anvers.—Pièce toile russias blanche; id. crémée; gantés rayées; id. à carreaux; brabantes rayée; id. à carreaux; dowlas lin sur lin; double ravensduck; sheetings; sheeks; listados rayée; id. à carreaux; matisados; coletas rayée; id. blanche; streeps; shierduck; duck; ravenduck; planters linen.

227 *Marynen, Vues,* Turnhaut (Anvers). — Coutils pour fil, de diverses lessives et sans apprêt.

228 *Haegens, C.* Zèle (Flandre Orientale).—Toiles à voile, tissées de fil de chanvre; id. de fil de déchet de chanvre.

229 *Bongaerts,* Anvers.—Sacs filés à la main sans coutures; une gibecière tissée sur un métier.

230 *Société Linière Gantoise,* Gand. — Fil paquets d'étoupe; id. fil de lin tresse; lin de lokéren gris; id. de Courtrais jaune, pour No. 300.

231 *Moerman-Vanlaere* Gand. — Toile à voiles écrue d'étoupes; id. blanchie; toile gantes forte de lin; d'étoupes; id. coletas de lin; id. d'étoupes; toile à voiles blanchie de lin; id. de chanvre; toile Russias de lin; id. d'étoupes.

232 *De Smedt, Breckpot*, Alost.—Toiles écrues, chaîne et trame fil de lin, filés à la main; toiles écrues, chaîne et trame fil de lin, filés à la mécanique; toiles écrues, chaîne fil d'étoupe, filé à la mécanique, trame fil de lin filé à la main; toiles écrues, chaîne fil de lin, filés à la mécanique, trame fil de lin, filé à la main.

233 *Dommer, T.* Alost. — Mouchoirs de batiste; serviettes; nappes; toile écrue; toile blanchie; stores; tapis.

234 *Eliaert-Cools*, à Alost.—Fils à coudre, et à tricoter.

235 *Cumont-Declercq*, Alost.—Un assortiment de fils à coudre.

236 *Cornelis Van Overloop, J.* Zèle (Flandre Orientale).—Toiles à voiles de navire, tissées de fil de chanvre et filées à la main; le fil des pièces Nos. 1 et 3 de la matière ordinaires, et celui des Nos. 2 et 4, du déchet de chanvre.

237 *Goens, L. J.* Termonde.—Cables plats en chanvre; cables plats en fil de fer, à l'abri de l'oxidation.

238 *Bosteels-Geerinck, J.* Zèle (Flandre Orientale).—Pièces de toile à voiles, tissées de fil de déchets de chanvre, et filées à la main.

239 *Deroubaix, H.* Courtray. — Pièces coutils façonnés, en fil de lin sans mélange; pièces toiles écrues, en fil mécanique.

240 *Lemaire Descamps & Plissart*, Tournai.—Etoffes pour pantalons; fil de lin; id. fil et coton; id. coton; id. fil de coton et en laine.

241 *Gilson & Bossut*, Tournay. — Tissus façonnés et unis, en coton, pour pantalons; coupons de tissus en fils et coton, façonnés et unis, pour pantalons; coupons de tissus en fil laine et coton, unis et façonnés, pour pantalons et paletots; coupons de tissus unis en fil pur.

242 *Liénart-Chaffaux, Veuve*, Tournay.—Tissus en pur coton pour pantalons; id. en pur fil; id. en fil et coton; id. en laine et coton; tissus pour vêtements.

243 *Verhulst, De Rongé, & Cie.* Bruxelles.—Pièces cotonnade ordinaire; id. satiné; id. fond chiné; jaconas ordinaire; id. demi fin; jaconas satin soie; cravattes mi-fines, en jaconnas; id. satiné soie.

244 *Catteaux, Frères*, Bruxelles.—Etoffes pour pantalons, en fil de coton, de lin, de lin et coton et de coton et laine.

245 *Catteaux-Gauquié*, Coutray.—Etoffes à pantalons, en coton pur et mélangé; pièce molleton fin, laine et coton; damoise en coton; mouchoirs de batiste; toiles blanches.

248—250 *Petit Noël, Lerouge, Demyttenacre, M. Dujardin, Terrein & Cie.* Mouscron (Flandre Occidentale).—Tissus pour pantalons, en laine et coton, en coton, en fil de laine et de coton.

251 *Schelstraete L.* Courtray.—Etoffes tout coton, pour pantalons; id. coton et fil de lin.

252 *Vandenberghe, J.* Courtray. — Etoffes de coton; étoffes laine et coton; étoffes de coton et fil de lin pour pantalons.

253 *Houdin et Lambert, J.* Bruxelles.—Peaux de veaux vernissées, pour chaussures.

254 *Taillet, V.* Bruxelles.—Une douzaine de paires de tiges; id. paires avant-pieds; id. veaux cirés; id. veau gris; id. veau prêt à être verni; une demi douzaine veau à l'usage des filateurs; une vachette prête à être vernie; six veau vernis, pour les carrossiers.

255 *Van Molle, E.* Assche (Brabant).—Un collier de cheval de labour.

256 *Ladoubie, Le jeune*, Bruxelles.—Harnais; selles; brides de différents modèles; martingales, id.; étuis à cigares, id.; fronteaux et cocardes; boucles garnies en cuir; malle en cuir fort; étuis à chapeau en cuir fort; échantillons de cuir corroyé.

257 *Haussens-Hap*, —, Vilvorde.—Etoffes en crin et aloès, pour meubles; garnitures pour chaises, fauteuils, canapés et satin en crin écarlate; damas en aloès diverses couleurs; étoffes en aloès, double face; id. pour casquettes; id. en crins, damassés, satinés, &c., pour meubles; services composés de trois nappes et de 60 serviettes; six serviettes armoriées; services composé de 14 nappes et de 186 serviettes; deux douzaines serviettes blanches pour dessert; serviettes écrues à franges, pour déjeuner; 11 nappes écrues, pour déjeuner; étoffes damassées écrues pour matelas; échantillons soie de porc préparées et blanchies pour pinceaux.

258 *Weber, G.* Bruxelles.—Un assortiment de 48 porte-monnaies et porte-cigares.

259 *Weinknecht*, —, Bruxelles.—Tapis de salon en fourrure; pelisse en fourrure; tabourets, représentant des renards couchés.

260 *Fasbender, H. J.* Bruxelles.—Un cuir de vache, laqué; une vachette vernie; cuir noir, pour harnais; id. pour brides.

261 *Lombaer, J. B.* Jette, St. Pierre (Brabant).—Peaux de veau vernissées pour chaussure; quatre peaux de différentes couleurs pour chaussures.

262 *Bauchau de Baré, Ambroise*, Namur.—Cuirs tannés pour semelles et seaux de pompe.

263 *Cabu-Fevrier, F.* Assortiment de chaussures, consistant en bottes, bottines, brodequins, souliers, &c.

264 *Troostenberghe, C.* Bruges.—Une paire souliers sans couture.

265 *Somzé-Mahy, H.* Liège.—Brosses à cirer et à laver le plancher, à balayer, pour cheval, &c. (Les brosses 1, 2, 3, 4, 11 et 12 sont brevetées). Echantillons de soies de porc; crins bruts, queues et crinières.

266 *Bouvy, A.* Liége.—Douze cuirs de veaux gris; six cuirs de veaux cirés.

267 *Masson, C.* Huy.—Cuirs pour semelles et houillères.

268 *Somzé, cadet*, Liège.—Brosse égouvillon, pour les canons, remplaçant la brosse en peau de mouton; brosses de diverses espèces, nouveau système.

269 *Vanstraelen, J.* Hasselt.—Selle pour hommes; id. pour dames; harnais pour tilbury.

270 *Kistemaeckers, H.* Anvers.—Toiles de crin pour tamis; mêches de crin teint.

271 *Van Alleynnes-Schockeel, L.* Ypres.—Demi cuirs bœuf pour semelles; rossettes pour cordonnerie et corroyérie.

272 *Dusauchoit, E.* Gand. — Peau de chat teinte et préparée; paire de gants en cuir de lapin; peau de lapin naturelle, et peau de lapin préparée; paquet de peaux blanches de lapins de garennes; peau de lapin rasée et lustrée imitant le loutre; peau de lapin indigène; dessin d'une machine servant à préparer le cuir.

273 *Hesnault & Frère*, Gand.—Peaux de lapins teintes et tannées; peau de chèvre teinte et tannée; peau de chien teinte et apprêtée.

274 *Vandenbos-Poelman G.* Gand. — Paire de bottes à l'écuyère en veau verni grené; paire de bottes pour la chasse, en cuir de Russie; tige d'une seule pièce; bottes imperméables pour la pêche et la chasse au marais; souliers et guêtres pour la chasse; bottines en veau verni.

275 *Casterman & Fils*, Tournay. — Une collection d'œuvres typographiques.

276 *Hayez, M.* Bruxelles.—Oeuvres de typographie.

277 *Briard, J. H.* Ixelles.—Editions diverses de la Bible et du Nouveau Testament.

278 *Parent, F.* Bruxelles.—Album de promologie, ou description écrite et figurée des fruits les plus nouveaux et les plus méritants.

279 *Lesigne, T.* Bruxelles.— Oeuvres typographiques: statistique général de la population de la Belgique; statistique agricole de la Belgique.

280 *Zegelaer, E.* Bruxelles.—Cire à cacheter.

281 *Tardif, E.* Bruxelles.—Enveloppes de lettres.

282 *Wesmaël-Legros, A.* Namur.—Missel romain, in

folio, impression noire et rouge; missel defunctorum, in folio, impression noire et rouge; bréviaire romain, 2 vol. in 4to. impression noire et rouge.

283 *Henry, P.* Dinant.—Cartons de presse; papier cartier.

284 *Godin, J. L. & Fils,* Huy (Liége).—Papier de toute espèce et de tout format.

285 *Hanicq, P. J.* Malines.—Cinquante livres de liturgie romaine, imprimés en rouge et noir, formant la liturgie complète pour tous les pays catholiques et pour tous les ordres religieux.

286 *Glenisson & Van Geenehten,* Turnhout. — Papiers marbrés, unis, de couleur, pour reliure, imageries; cartes à jouer.

287 *Idiers, N. J.* Bruxelles.—Fils teints: en rose, en lilas, en paliaca diversement nuancés; en rouge d'Andrinople, en rouge garance; calicos uni, teints en rouge d'Andrinople.

288 *Dietens, J. B.* Bruxelles.—Châles imprimés Cachemire d'Écosse.

289 *Verhulst & Cie.* Bruxelles.—Indiennes.

290 *Verreyt, J.* Bruxelles.—Foulards imprimés, dits corahs; mouchoirs imprimés; une robe soie satin imprimé.

291 *Servais, J. B.* Louvain.—Toiles de coton teintes en bleu; toiles de lin teintes en bleu.

292 *Thibau-Sette P.* Iseghem (Flandre Occidentale).—Toiles de couleur en fil filé à la mécanique, pour blouses et robes.

293 *Deweweirne, J. J.* Gand. — Coupons indiennes; peaux teintes et imprimées.

294 *Voortman, A.* Gand.—Pièce calico imprimé pour châles; pour mouchoirs; neuf pièces calicos imprimés de diverses espèces.

295 *Servaes, M. F.* Alost.—Impressions sur tissus de coton, pour mouchoirs, cravates, robes, &c.

296 *Verdure-Bergé, C. M.* Tournay.—Tapis de pied, moquette veloutée, représentant les armes des anciennes provinces des Pays-Bas et diverses allégories.

297 *Manufacture Royale de Tapis, Directeurs Gérants MM. Overman et Delevigne,* Tournai.—Tapis, genre savonnerie, fabriqués à la main; imitation de tapis de Smyrne, fabriqués à la main; tapis moquette (Wilton carpets); tapis velouté, grande largeur.

298 *Polak, Mlle. F.* Bruxelles.—Dessins pour dentelles.

299 *Vanhaelen, Veuve,* Bruxelles.—Echarpes, imitation de dentelles de Bruxelles; voilettes; mantille-châle; cols; 8 mètres de volant; berthe; paire de manches; ombrelle; pièce de dentelle; mantille; coiffures; écharpe en application, dentelle de Bruxelles; pèlerine; mouchoir de poche.

300 *Lemaieur Detige & Cie.* Bruxelles.—Passementeries pour ameublement.

301 *Roy, C. F.* Bruxelles.—Dentelles en point à l'aiguille.

302 *Melotte, E.* Bruxelles.—Un drapeau brodé.

303 *Van Halle, J.* Bruxelles. — Ornements d'église; brodés en or et enrichis de pierres précieuses, de perles fines; aubes en dentelles de Bruxelles.

304 *Atelier de Notre Dame,* Bruxelles.—Dentelles en guipure, et en point de Bruxelles.

305 *Delehaye, —. successeur de Ducpétiaux & Fils,* Bruxelles.—Application sur vrai réseau, une écharpe en point à l'aiguille; un volant, en point à l'aiguille; une voilette en point plat; une bande en point à l'aiguille et berthe en point plat; application sur tulle, un volant en point à l'aiguille, une berthe et un col en même point, un mouchoir et une berthe en point plat.

306 *Jorez, L. Fils,* Bruxelles.—Tapis en toile cirée; toiles cirées imprimées et dorées; étoffes gommées; étoffes imperméables; peaux de vache, tannées et corroyées pour capotes, pour sellerie; id. vernies; peaux de veau pour

vernir; id. de vache vernies; id. pour chaussure à grains; peaux de mouton vernies noire et en couleur; papier vernis pour embaler.

307 *Stocquart, Frères,* Grammont.—Châle et demi châle en dentelle soie noire, fait au fuseau et à la main; écharpe, id.; mantille garnie, id.; voile, id.; berthe, id.; parasol, id.; coiffure, id.; barbe et coiffure, id.; garniture de robe, id.; demi châle en blonde, soie blanche, fait au fuseau et à la main; mantille garnie, id.; parasol, id.; voile, id.; bord de chapeau, id.; coiffure, id.; barbe et coiffure, id.; berthe, id.; fond de bonnet, id.; voilette en dentelle, fil blanc, faite au fuseau et à la main; berthe, id.; coiffure, id.; barbe, id.

308 *Naeltjens, G.* Bruxelles.—Dentelles de Bruxelles, application et point à l'aiguille.

309 *Reallier, Mlle. Emma,* Bruxelles.—Mouchoir en dentelle, point de Bruxelles, en fil de lin, travaillé entièrement.

310 *Heusschen, Van Eeckhoudt, & Cie.* Bruxelles.—Une robe, point à l'aiguille; une id. en plat.

311 *Robyt, L.* Bruxelles.—Dentelles en application de Bruxelles, et en guipure.

312 *Vanderhaegen, Van Overloop J. B. St. Overloop Gilles* (Brabant).—Dentelles de Bruxelles.

313 *Vanderkelen-Bresson,* Bruxelles.—Dentelles en application, point à l'aiguille de Malines; moires, guipure, &c.

314 *Duhagon-Brunfaut et Cie.* à Bruxelles et Ypres.—Cent onze dentelles de Valenciennes, quarante dentelles de Bruxelles.

315 *Vandersmissen, P. ainé,* Bruxelles.—Dentelles imitation.

316 *Defrenne, Mme. Sophie,* Bruxelles.—Dentelles point à l'aiguille, et plat de Bruxelles.

317 *Du Jardin-Lammens,* Bruxelles.—Coussin en tapisserie; bonnet grec brodé; dessous de lampe; pantoufles en tapisserie, bretelles, bourses, &c.

318 *Washer, F. Père,* Bruxelles. — Pièces tulle réseau de Bruxelles, confectionnées avec des fils à dentelles anglais retors, des Nos. 360, 400, 450, 500, et 530.

319 *Belloni-Ance, L.* Bruxelles.—Assortiment d'objets en passementerie, comprenant entr'autres les articles suivants: garnitures variées de robes et de boutons, des nœuds, cocardes, &c.; échantillons de boutons; échantillons crêtes laine, or et soie; garnitures de galeries; cordons de sonnette; glands lambrequin et chinois; cordelières; vases, or fin et mi-fin; garniture de robe, or et argent, faite à l'aiguille; épaulette; galon de fantaisie, argent fin; corbeille de fleurs en laine, faites à l'aiguille.

320 *Violard, G.* Bruxelles.—Modèle d'une nouvelle disposition de dessins pour la fabrication des dentelles.

321 *Everaert, Sœurs,* Bruxelles.—Un châle carré de dentelle noire; une garniture de robe, consistant en deux volants; une voilette; un paletot; un pointe.

322 *Etablissement St. Joseph,* Verviers. — Guipure de Flandre; col, id.; manchette, id.

323 *Desmedt, (Veuve).*—Sweveghem (Flandre Occidentale).—Mouchoirs en batiste, brodés; bandes ou entre-deux brodés sur mousseline; cols pour dames, brodés sur mousseline; manchettes pour dames, id.

324 *Beek, Père & Fils,* Courtrai.—Dentelles, dites Valenciennes; une pièce de toile blanche filé à la main.

325 *Deblauwe-Peel, J.* Courtrai.—Dentelles, dites Valenciennes.

326 *Beernaert, H. & De Cuypere, H.* Courtrai.—Dentelles, dites Valenciennes.

327 *Van Straelen, Mme.* Courtrai, (Bruges).—Dentelles Valenciennes, deux collets en dentelles.

328 *Bousson-de Vlieghere, F.* Bruges. — Volans pour robes de dames en dentelles, dites guipures de Flandre.

329 *Dartevelle & Mounoury, L.* Bruxelles. — Tulle brodés.

330 *Thérèse Tollenaers, Mlle.* Bruges.—Sept pièces dentelles.

331 *Paternostre, J.* Louvain.—Une boîte renfermant des broderies soie et or, sujets religieux ; tableau en broderie ; chasuble gothique.

332 *Noël,* Louvain.—Un assortiment d'objets en passementeries, consistant notamment en épaulettes, aiguillettes, fourragères, dragonnes, pompons, et galons ; un cordon en soie, sans noeud ni couture pour montre, breveté ; vases en or, avec fruits, passementerie ; pendule or et soie, id.

333 *Van Kiel, Sœurs,* Anvers.—Dentelles de Malines.

334 *Berenharts, A.* Anvers.—Volant brodé sur réseau fin, en imitation d'application véritable ; écharpe, id. ; berthe, id. ; coiffure, id. ; paire de manches, id. ; mouchoir de batiste à bordure brodée.

335 *Paquet, M.* Anvers.—Châle sur tulle réseau, imitant l'application de Bruxelles ; mouchoir sur tulle réseau, imitant le point d'Alençon ; échantillons de volants sur tulle.

336 *Weil-Meyer, & Cie.* Anvers.—Robe en tulle coton blanc, à volants ; berthe, id. ; écharpe, id.

337 *Hammeirath, P. H.* Ypres.—Assortiment de cent pièces de dentelles d'Ypres, dites Valenciennes, de 1 à 50 centimètres de largeur.

338 *Florimond Soenen,* Ypres.—Assortiment de dentelles d'Ypres, dites Valenciennes.

339 *Van Loo, E. J. & F.* Gand.—Châle en dentelle de soie noire, en application (point à l'aiguille.)

340 *Plettinck-Mabilde,* Gand.—Volants en application.

341 *Haeck, I. T.* Déstelberghe-lez-Gand.—Voilette en application de Bruxelles sur réseau vrai, travaillée au fuseau avec du fil de lin.

342 *Frétigny, L.* Wetteren, Flandre Orientale.—Tapis, genre oriental ; tapis de table ; tapis de pieds en laine ; jupons en percale ; jupons piqué anglais ; courtes-pointes genre anglais ; pièces damas en percale broché.

343 *Van Nieuvenborg, Frères,* Lokeren.—Chapeaux en soie et en feutre, ordinaires, pour militaires, pour prêtres, &c.

344 *Anchiaux, J.* Lokeren.—Chapeaux en feutre, ordinaires, pour prêtres, pour militaires, &c.

345 *Van Beneden-Bruers,* Bruxelles.—Corsets sans couture.

346 *Van Beneden, (Veuve),* Bruxelles.—Corsets.

347 *Jacquot, F.* Bruxelles.—Chapeaux de feutre ; formes en cuivre.

348 *Hègle, C.* Bruxelles.—Cinquante paires de gants de peau.

349 *Berger, Mme.* Bruxelles.—Huit corsets.

350 *De Ketelaere,* Bruges.—Assortiment de sabots.

351 *Lievain, L.* Malines.—Chapeaux.

352 *Monnoyer, P. J.* Namur.—Douze couteaux de table, garnis en argent ; id. de dessert.

353 *Drion, E.* Gosselier (Hainaut).—Echantillons de clous forgés à la main.

354 *Lefebvre, V. & Cie.* Chercq-lez-Tournai.—Clous d'épingles, clous pour souliers, dits Bocquets, chevilles et semences en fer, en cuivre ; clous en fer pour vitriers ; rivets en fer et en cuivre.

355 *Vandercamer, J. A.* Bruxelles.—Vases en zinc.

356 *Puissant, F.* Court-St. Etienne, (Brabant).—Un creuset en fer battu, à l'usage des hôtels de monnaie.

357 *Gob, J.* Bruxelles.—Un coffre-fort.

358 *Sieron, L.* Bruxelles.—Echantillons de clous, dits pointes de Paris.

359 *Mathys, J.* Bruxelles.—Coffre-fort, en forme de buffet ; secrétaire en fer, à double corps ; feu ouvert en acier poli, style Louis XV. ; feu ouvert de salon, garni en acier poli, avec consoles ; fourneau, cuisinière économique.

360 *Du Bois, A. & Cie.* Molenbeck, St. Jean-lez, Bruxelles.—Objets fabriqués en zinc : un chambranle de che-

minée ; groupes pour pendules ; presse-papier ; flambeaux ; porte-cigare ; un encrier ; bougeoirs ; un lustre ; une paire de candélabres.

361 *De Bavay, P.* Bruxelles.—Echantillons de clous, dits pointes de Paris, confectionnés en fil de fer, de zinc, de laiton et de cuivre.

362 *Marchal, D.* Ixelles, Bruxelles.—Billes en fer laminé, avec coussinets en fonte.

363 *De Latour, A.* Schaerbeek-lez-Bruxelles.—Buste en fonte du roi des Belges ; id. de feu la reine des Belges ; boîte aux lettres adoptée par le gouvernement belge.

364 *De la Roche, F. T.* Bruxelles.—Coffre-fort ; cheminée avec ornements ; poêle à feu ouvert ou fermé à volonté ; cheminée à foyer mobile.

365 *De Rosée, A. Baron,* Moulin (Namur).—Trente-neuf chaudrons en cuivre jaune ; quinze bassines en cuivre jaune ; trois Neptunes, id. ; sept casseroles ovales, id.

366 *Moncheur, F. & A.* Ardennes (Namur).—Six lingots de fonte, pour fer à canon de fusil, et produite par un mélange particulier de minerais et au moyen de charbon de bois d'essence dure.

367 *Sevrin, E.* Rochefort (Namur).—Clous de planches, d'ardoises, de plafond, et de pompes, ou chaudières ; grands clous de lattes ; petits clous de bourreliers ; gros clous de talon de souliers ; gros clous de semelles ; grosses pointes de talons ; pointes de semelles ; toute espèce de clous de chevaux ; clous à ferrer, à glace ; crochets d'espaliers, et autres.

368 *Amand, J.* Ermeton-sur-Biert (Namur).—Fers battus et fonte au bois.

369 *Benoit, Faber,* Marche-les-Dames (Namur).—Echantillons de minerais de fer ; échantillons de fonte, grise, douce, forte, pour moulage et la préparation du fer fort ; de première qualité, pour armes ; fonte froide, pour la fabrication d'un fer moins fort ; fonte blanche lamelleuse, pour la fabrication du fer tendre ; fers ; fers en barres ; une barre à canon ; un bandage.

370 *De Chimay, Prince,* Chimay (Hainaut).—Quatre barres de fer battu, affiné au charbon de bois, spécialement employé pour la confection des armes de guerre.

371 *Remacle, J. & Perard, Fils aîné,* Liège.—Tôles de fer au bois et au coke.

372 *Orban, J. M. & Fils,* Liège.—Tôles en fer au coke, et tôles en fer au bois ; deux bandages de roues de waggons en fer au coke ; deux bandages de roues de waggons en fer au charbon de bois ; barres laminées de fer au coke ; barres forgées de fer au bois.

373 *Thonnart, L.* Herstal.—Collection de vingt-sept mors pour chevaux de selles et pour chevaux de voiture.

374 *Société de St. Léonard,* (Directeur, M. Regnier-Poncelet) Liège.—Lingot en acier fondu ; barres en acier forgé ; échantillons d'acier fondu, pour horlogerie et outils divers ; scie circulaire en acier fondu ; couteau id. ; lame femelle de machine à tondre le drap ; lame pour papeterie ; id. pour machine à tondre ; collection de limes.

375 *Pérée J. F.* Liège.—Un robinet en cuivre à bec courbé ; un id. à bec droit, avec ressort caché ; trois Christs en cuivre.

376 *Delloye-Matthieu, C.* Huy.—Assortiment de tôles, en fer et acier.

377 *Chaudoir, Charles et Hyacinthe,* Liège.—Deux tubes en laiton, étirés sans soudure, &c.

378 *Macquinay, Frères & Neveux,* Liège.—Soixante-onze échantillons de clous de fer belge, fabriqués à la main.

379 *Giliay J. J.* Liège.—Dix-sept paires d'éperons ; cinq muserolles ; six mors ; sept paires d'étriers.

380 *Fauconier-Delire, Veuve,* Châtelet (Hainaut).—Cent onze espèces de clous forgés à la main.

381 *Limelette F.* Gosselies (Hainaut).—Echantillons de clous de fer forgé.

382 *Levy-Prins et Prins, J. B.* Bruxelles.—Une collection de broches, garnies de perles, de pierres précieuses, &c. ; bracelets ; deux chatelaines ; épingles ; sonneuses ; basses ; diamant, forme cachet ; modèle d'établi avec un assortiment complet d'outils pour la taille et le polissage du diamant.

383 *Julin, N.* Liège.—Camées.

384 *Falloise, J.* Liège.—Objets en acier, en bronze, en cuivre, et en vermeil, incrustés et ciselés.

385 *Michiels, J.* Anvers.—Une statue en plâtre métallisée par le galvanisme, représentant la Princesse Charlotte.

386 *Brodier Chistiaens,* Bruxelles.—Cristaux taillés.

387 *Capellemans, J. B. aîné,* Bruxelles.—Collection de cristaux et de verreries ; soies pour la brosserie.

388 *Zoude, Louis & Cie.* Namur.—Objets en cristal, consistant en vases à ananas, coupes, compotiers, gobletteries, &c. ; objets de gobletteries en demi-cristal.

389 *Jonet, D.* Couillet. — Verres à vitre colorés, imitation des anciens ; id. modernes ; id. mats.

390 *Bennert & Bivort,* Jumet (Hainaut).—Verres à vitre.

391 *Dierckx, F.* Anvers.—Service de table en cristal taillé.

392 *Jules-Frison et Cie.* Dampremy (Hainaut).—Verre à vitre, double épaisseur ; id. épaisseur ordinaire ; id. mince, dit de Bohème ; id. mat, double épaisseur ; id. épaisseur ordinaire ; verre cannelé ; pannes.

393 *Cappellemans, aîné, & Daboust,* Bruxelles.—Bustes et pièces diverses en biscuit ; collection de services à café ; vases ; collection de pièces de services de table, à dessert, à café, en porcelaine blanche.

394 *Temsonnet G. & Dartet,* Namèche et Samson (Namur).—Échantillons de terre à l'usage des verreries, &c.

395 *Pastor-Bertrand & Cie.* Andennes (Namur).—Cornue à gaz ; brique réfractaire de creuset de hauts-fourneaux ; id. pour étalage de hauts id. ; id. de chemises de revêtements intérieurs de hauts-fourneaux ; terres fortes ou argiles réfractaires ; briques réfractaires, A, B, et C, de dimensions courantes et assorties ; tuyaux de drainage, de diverses dimensions.

396 *Commission de l'Exploitation communale,* Marchin (Liège).—Pierres poudingues, pour creusets, hauts-fourneaux, &c. ; creusets des hauts-fourneaux, composé de ces pierres.

397 *Coste, F.* Tilleur (Liège).—Creusets, ayant pour base le graphite (plombagine), ayant pour base la terre plastique réfractaire.

398 *Smal-Werpin, A.* Huy.—Etalages en briques réfractaires, à dimensions reduites.

399 *Boucher, T.* Baudour, Hainaut.—Cornue en terre réfractaire, pour la production du gaz ; table en terre réfractaire, pour revêtement de hauts-fourneaux, fours à gaz, tables à étendre le verre, &c. ; gazette ou enveloppe à cuire la porcelaine, par un procédé nouveau pour lequel l'exposant est breveté.

400 *De Fuisseaux, N.* Baudour, Hainaut.—Objets en porcelaine, tels que corbeilles, bols, assiettes, &c. ; compotiers, cafétières, tasses, soupières, corbeilles, cabarets en cristal, &c.

401 *Devis, E.* Bruxelles.—Papiers peints, pour ameublement.

402 *Demanet, C.* St. Josse-ten-Noode (Brabant).—Une table en palissandre, incrustée en bois ; un buffet étagère en palissandre, incrusté.

403 *Lefèvre, A.* Molenbeek, St. Jean (Brabant).—Papiers peints, pour ameublements.

404 *Couvert & Lucas,* Bruxelles.—Parquets en mosaïque ; table avec dessus en parquetterie et pied incrusté.

405 *Picard-Masy, E.* Bruxelles.—Papiers peints, glacés, veloutés, dorés, &c.

406 *De Keyn, Frères,* St. Josse-ten-Noode (Brabant). —Parquets en mosaïque, faits en bois naturels de diverses couleurs.

407 *Dussaert, J.* Bruxelles.—Un bénitier gothique, carton pierre ; un cadre en carton pierre.

408 *Giron, Elisa, Mme.* Bruxelles.—Meubles en imitation de laque de chine (un paravent, trois tables, une feuille de table et deux chaises).

409 *Menge, A. G.* Bruxelles.—Modèle de fontaine ; cadres sculptés en chêne ; une chapelle sculptée en chêne, style gothique ; un clocheton en chêne, avec ornements et tilleul ; tables guéridons, tablettes en bois de chêne.

410 *Jehin, H. J.* Spa.—Une table ; boîte à thé ; boîte à enveloppes ; boîte à mouchoirs ; pupître ; boîte à jeu ; porte-feuilles Buvard.

411 *Bruno, H.* Spa. — Une table ; boîte à ouvrages ; portefeuille ; boîte à thé.

412 *Misson, E. & L.* Spa. — Table ; nécessaire pour dame ; boîtes à ouvrages ; portefeuille Buvard ; boîte, forme de violon ; boîte à gants ; boîte à cigares ; boîte à nid ; boîte à tricot ; porte-aiguille ; boîtes à allumettes ; cire-fils ; pelotes.

413 *Misson, A.* Spa.—Buvard ; boîte à ouvrage ; boîte à cigares ; boîte à thé ; boîte à bijoux ; boîte à enveloppes ; corbeille ; pupître à musique ; une bibliothèque.

414 *Marin, J. E.* Spa.—Guéridons ; boîte pour nécessaire de dames ; boîtes à ouvrages ; brise feu ; boîte à thé ; boîte à bijoux ; album.

415 *Massardo, J. Veuve,* Spa. — Boîtes à ouvrage ; boîtes à bijoux ; albums buvards ; table ; écrans ; corbeille.

416 *Ambroise de Jonghe,* Bruges.—Modèle d'incrustation en bois, pour l'ornement de meubles, colonnes, balustres, &c.

417 *Colfs, J. F.* Anvers.—Chaise de salon ; un fauteuil de salon ; un tête-à-tête.

418 *De Raedt, J. G.* Anvers.—Buffet étagère à glaces, en bois de palissandre et en bois de satin.

419 *Roulé, A. F.* Anvers.—Meubles, bois d'ébène et écaille ; en bois de palissandre, en bois de chêne.

420 *Judo, J. B.* Berchem (Anvers). — Commode en chêne sculptée, style Louis XV. ; chaise en acajou sculptée ; chaise en noyer, id. ; chaise légère en acajou ; id. à moulure ; chaise simple, unie, en noyer.

421 *Deruelle-Deleboye, F.* Gand.—Bibliothèque à pupître cylindrique.

422 *Hooghstoel, Louis-François,* Gand. — Armoire, style bysantin, architecture du 12ème et 13ème siècle.

423 *Guislain, C.* Hastière-Lavaux (Namur). — Quatre guéridons en marbre belge.

424 *Soetens, C.* St. Gilles-lez-Bruxelles.—Borne dalle, portrait, en lave fusible, d'après un nouveau procédé.

425 *Leclercq, A.* Bruxelles.—Une cheminée statuaire en marbre blanc ; une cheminée en marbre noir de Belgique ; un lavabo en marbre exotique ; une toilette en marbre ; un carré mosaïque, composé d'échantillons de marbre de Belgique.

426 *Follet, N.* Verviers.—Une colonne en stuc.

427 *Vanderoost, M.* Bruxelles. — Chaussures ; embauchoirs ; formes.

428 *Stainier, S.* Bruxelles.—Une collection d'embauchoirs ; une paire de formes à bascule ; une paire de souliers montés sur les dits formes à bascules.

429 *Dosin, B. J.* Hermalle-sous-Argenteau (Liège).— Une table tressée en osier ; fauteuils en osier.

430 *Loncke-Haeze, C. L.* Roulers.—Un assortiment de brosses, consistant en brosses à lustrer, à habits, à tête, à cirer, à chapeaux, à balayer, &c.

431 *Quanonne, C. & J.* Cureghem (Brabant).—Bougies stéariques ; bloc de stéarine.

432 *Robert, Fils,* Bruxelles.—Ombrelles et marquises.

433 *Delstanche, R. & Leroy,* Molenbeck-St. Jean (Brabant).—Bougies de la comète ; id. stéariques ; id. provenant du suif indigène.

434 *Touche, Gilles E.* St. Laurent (Anvers).—Savons

l'huile d'olive à l'instar de Marseille; id. d'Anvers au suif; id. d'adoucissement; id. superfin au Saindoux; id. au beurre de coco pur.

435 *Brenta, D.* Anvers.—Groupe d'oiseaux de Belgique, empaillés; groupe d'oiseaux étrangers.

436 *Van Campenhoudt, C. & Cie.* Heusden-lez-Gand (Flandre Orientale).—Bougie stéarique, dite Bougie de Flandre; acide oléique.

437 *Vander Maelen, P.* Molenbeck-St.-Jean, (Brabant).—Un atlas renfermant 18 feuilles, gravées sur pierre, de la nouvelle carte topographique de la Belgique.

438 *Capronnier, J. B.* Bruxelles.—Vitraux représentant St. Joseph, patron de la Belgique; cadre renfermant des vitraux peints dans le style du 13éme, du 15ème et du 16ème. siècle.

439 *Beernaert, A.* Bruxelles.—Une pile de pierre, une armoire à armes, en bois de chêne sculpté.

440 *Magnée, F.* Bruxelles.—Dessins à la plume.

441 *Hart, L. J.* Bruxelles.—Collection de 39 médailles.

442 *Wiener, J.* Bruxelles.—Une collection de médailles, représentant les principaux monuments de la Belgique.

443 *Du Châstel, Comte Ferd.* Grimberghe (Brabant).—Dessins de xylopyrographie.

444 *Jamar, A.* Bruxelles.—Epreuves de gravures sur bois; livres illustrés.

445 *Deville-Thiry*, Liège.—Echantillons du devilleo-type vitrifié; application de la gravure sur verre par un procédé nouveau.

446 *Avanzo, D.* Liège.—Gravures sur pierre représentant le palais de Liège.

447 *Jehotte, C.* Liège.—Quatorze médailles en bronze.

448 *Daveluy-Delhoungue*, Bruges.—Cadres renfermant les divers genres de lithographie, tels que: dessin au crayon sur pierre, à la plume sur pierre, au pinceau; impression en chromolithographie ou couleurs; gravure à la pointe sèche; impression de cartes à jouer, par un procédé nouveau, breveté en Belgique. (Brevetée).

449 *Egide-Rosseels*, Louvain.—Un plan de jardin, style Anglais.

450 *Geerts, C.* Louvain.—Un groupe en bois de chêne, représentant la reine des anges; un id. représentant le massacre des innocents; une vierge en bois; modèle en bois d'une chair à prêcher.

451 *Geefs, J.* Anvers.—Statue en plâtre représentant le messager fidèle.

452 *Valerius-Jouan, C.* Anvers.—Plan cadastral de la ville d'Anvers.

453 *Vanhulle, H. J.* Rymenam (Anvers).—Plan d'assolement potager.

454 *Van Hool*, Anvers.—Christ sur la croix, en bois de palme; festons en fleurs, fragment pour l'ornementation d'une boiserie exécuté en bois de chêne.

455 *De Cuyper, Léonard*, Anvers.—Deux statues en marbre: femme canadienne pleurant la perte de son enfant; Moïse flottant sur les eaux du Nil.

456 *Tuerlinckx, J.* Malines.—Statue en marbre: le jeune pâtre Giotto s'esseyant à dessiner.

457 *Joostens, G.* Essen-lez-Dixmude (Flandre Occidentale).—Un pinacle destiné aux travaux du Jubé à l'église de St. Nicolas à Dixmude en pierre d'Ordain.

458 *Van De Meersche, C.* Alost.—Un cadre sculpté, fait en mémoire de l'exposition.

459 *Jacqmain, G.* Gand.—Recueil de lettres initiales historiques, avec bordures et fleurons.

460 *Marchand, E.* Schaerbeck (Brabant).—Madone, buste en marbre.

461 *Jacquet, J.* Schaerbeek (Brabant).—Trois groupes en bronze: 1e Scène du Déluge; 2e Massacre des Innocents; 3e Mort d'Abel; une statue en plâtre: l'Amour désarmé.

462 *Jaquet, Cadet*, Schaerbeek. (Brabant). — Une statue en plâtre: le joueur de toupie.

463 *Jehotte, L.* St. Josse-ten-Noode (Brabant).—Statues: une madone en marbre; Caïn, en plâtre; groupe en bronze: l'enfant et l'épagneul; bas-relief: mater dolorosa, en marbre.

464 *Simonis, E.* Koekelberg (Brabant).—Godefroid de Bouillon; modèle colossal en plâtre de la statue équestre en bronze, inaugurée à Bruxelles 1848; la Vérité, statue en plâtre; le Bambin heureux, le Bambin malheureux, statuettes en marbre.

465 *Fraikin, C. A.* Schaerbeck (Brabant).—Statues en plâtre, représentant: l'Amour captif; 2e Psyché appelant l'Amour à son secours; 3e l'Amour au berceau; statuette en plâtre, représentant la Prière.

466 *Geefs, G.* Schaerbeck (Brabant).—Un groupe en plâtre: le Lion amoureux et une petite statue en marbre: l'Amour.

467 *Mullet, E. & C.* Charleroy.—Clous, dits pointes de Paris.

468 *Kums, E.* Anvers.—Toiles Westphalie, Schierduck, Hollande, Russie, Ravensdoek.

469 *Ghislain-Dubois*, Binche.—Bandes de cuir de vache étiré.

470 *Verberckt, H.* Anvers.—Ostensoir gothique, vase, style Louis XIV., corbeille, style Louis XV.

471 *Mackintosh, T.* Bruxelles.—Serre-page pour la composition typographique.

472 *Wynants, C.* Schaerbeek (Brabant).—Machine à sculpter les bois, les marbres, la pierre, &c.

473 *Muquardt, C.* Bruxelles et Gand.—Volume relié contenant des spécimens de différentes publications illustrées.

474 *Point, Père et Fils*, Mouscron (Flandre Occidentale).—Deux cuisinières économiques en fonte.

475 *Vander Hecht, E.* Bruxelles.—Appareil dit parachute des mines.

476 *Lund*, Bruxelles.—Etonnoir régulateur.

477 *Bertani, A.* Bruxelles. — Une table mosaïque en paille.

478 *Bemand, R.* Courtrai.—Feuilles de parchemin.

479 *Lecherf*, Bruxelles.—Une statue en bronze représentant Rubens d'après Geefs.

480 *Van Hecke, A. T.* Appareil de ventilation pour l'assainissement et l'aérage des mines, navires, hôpitaux, casernes, prisons, théâtres, fabriques, écoles, églises, ateliers, &c. (breveté); ventilateur à mouvement alternatif et à effet constant pour l'aérage des voitures du chemin de fer (breveté); nouveau système de compteur marquant, par unités, depuis 1 à 100 millions, s'appliquant aux divers genres d'industrie, comme moyen de contrôle; sonde mécanique, pour la marine; parachoc-réveil pour la marine.

481 *Felhoen-Coucke, Veuve*, Courtrai.—Toiles damassés et ouvragés.

482 *Hubert, A.* Bruxelles.—Chaîne de gilet en or; id. sautoir en or; échantillons.

483 *Saffre, Veuve*, Mouscron.—Etoffe de coton; tissus laine et coton; tissus pur fil de lin, pour pantalons.

484 *Pasteyns*, Louvain.—Echarpe en dentelle Malines; pièces de dentelles.

485 *De Pauw*, Gand.—Modèle d'un nouveau système de pont mobile, combinaison du pont fixe et du pont tournant.

486 *Lantheere, F. et Cie.* Gand.—Echantillons de cardes à lin.

487 *Robyns, P.* Louvain.—Huile de colza épurée, première qualité pour carcels; huile de chanvre épurée.

488 *Boone, A. J.* Alost.—Cuirs de semelle, de harnais, d'empeigne, vachettes, peaux de veau cirées, et tiges de bottes.

489 *Van Gecteruyen, C.* Hamme (Flandre Orientale).—Amidon de maïs.

490 *Browne, W. Henry*, Bruxelles.—Une sphère terrestre.

491 *Pluys, J. F.* Malines.—Vitrail historié formant une galerie d'anciens ducs de Bourgogne et Comtes de Flandre ; vitrail historié, style bizantin, figures grisailles ; un panneau d'échantillons armoriés et coloriés ; un panneau composé de médaillons coloriés, genre XVIIème siècle ; trois arcades géminées, ornées de médaillons en grisaille ; un cadre avec un grand dessin d'après Rubens.

492 *Wood, W.* Anvers. — Merinos de France, toiles blanches.

493 *Tiberghien, L. J.* Binche (Hainaut).—Peaux veaux corroyées en gris ; peaux de veau cirées ; tiges de bottes ; avant-pieds.

494 *Dupierry, Fils, Ch.* Vielsalm (Luxembourg).— Pierres à aiguiser.

495 *Ponscele, E.* Tournay.—Seize paires de sabots de diverses grandeurs et qualités, en bois de noyer.

496 *Merchx, M.* Kesselloo (Brabant).—Orge et seigle d'hiver.

497 *Scheppers, F.* Loth (Brabant).—Laine peignée, fils de laine pour chaine et trame, tissus de laine légers, teints et apprêtés, toutes opérations faites dans le même établissement.

498 *Brichaut*, Schaerbeek (Brabant).—Christ en bronze doré ; le monument de Waterloo, réduit au 6ème de sa grandeur ; le buste de Juste Lipse ; une statuette en bronze.

499 *Lacroix*, Molenbeek St. Jean (Brabant).—Cordes harmoniques pour la monture d'une harpe.

500 *Lava, De Koninck*, Poperinghe, (Fl. Occi.) — Houblon.

501 *Nöggerath, Dr.* Bruxelles.—Instrument pour introduire par les voies nasales, des vapeurs résineuses dans la trompe d'Eustache et dans l'oreille, dans le cas d'obstruction ou d'engorgement de ces parties ; paire de ciseaux courbes pour l'excision de la luette allongée ; pompe pour la compression de l'air dans le cas d'obstruction simple de la trompe d'Eustache.

502 *Van Burkhoven, L.* Moerbeke (Flandre Orientale). —Modèle de vis d'Archimède, à double hélice ; vis d'Archimède, à triple hélice.

503 *Renkin aîné*, Liège.—Fusils et pistolets, système arrêt de sureté. (L'Exposant est breveté en Belgique et en France).

504 *Sacré, E.* Bruxelles.—Balances de précision de la chimie, l'une pouvant peser 2 kil. au $\frac{1}{2}$ millig, l'autre pouvant peser 90 gram. au 20ème du millig.

505 *Suermondt Frères*, Wandre, Liège.—Echantillons de charbons.

506 *Romsée, F.* Fleron (Liège).—Echantillons de charbons.

507 *Danneau, D.* Neufvilles (Hainaut). — Cylindre à toyer les grains.

508 *Van Loy, F.* Anvers. — Tonneau à cinq compartiments.

509 *Kestemont, T. B.* Bruxelles.—Pompe foulante et aspirante. (Brevetée.)

510 *Delstanche, P.* Marbais (Brabant).—Rouloir à 19 compartiments. (Breveté.) Extirpateur forme triangulaire pour déchaumer. Charrue jumelle. Charrue de Brabant avec arrière-soc. Etaupinoir. (Brevetée.) Extirpateur oblique à 5 socs, force de 2 chevaux. (Brevetée.) Tarare. Machine à épurer les grains et graines. (Brevetée.)

511 *Van den Branden, J. A.* Malines.—Table de salon incrustée de bois naturels. Echiquier.

512 *Linden, Van.*—Une Madone, statuette en marbres, vase en marbre, à sujets sculptés.

BRESIL.

1 *Adamson, O. G.*—Un bouquet de fleurs du Brésil, fait de plumes d'oiseaux de ce pays, à l'exception de quelques unes qui sont faites d'ailes d'escarbots.

2 *Cox,* — Modèle d'un radéau indigène.

3 *Mornay, E. De*, Agent M. Peat, Sellier, 14 Old Bond Street, Londres.—Un assortiment de brides, de la province de Rio-Grande da Sul ; coiffure ou casquette, de l'intérieur de la province de Pernambuco ; le cuir est fait de peau du daim rouge de ce pays. Exposés comme spécimens de l'industrie des habitants les moins civilisés de cet empire.

4 *Major, C. T. Esq.* 21 Billiter Street, Londres.— Fleurs et papillons faits d'ailes d'escarbots, par Henrique José da Silva, Rio de Janeiro.

CHILI.

1 *Schneider & Cie.* Broad Street Mews.—Bloc de minerai d'or, pesant 150 kilog.

CHINE.

Le Consul de S. M. SHANGHAE, par l'entremise du Board of Trade (Ministère du Commerce).

1 Spécimens des principaux produits de la Chine, dans leur état brut :—Cuivre rouge du Japan ; cire végétale ; différentes vernis ; produit désigné sous le nom de soie grossière, mais qui n'est, sans doute, qu'une substance fibreuse produite par une espèce particulière de cactus. Racines ; couleur rouge ; safran ; camphre ; rhubarbe ; chanvre et graines de chanvre ; coton, brut et nettoyé ; racine médicinale ; différentes sortes d'arsenic ; cire animale, blanc et jaune ; sulphalte de fer (vitriol).

2 Collection complète des divers matériaux employés dans la *Grand Manufacture de Porcelaine de Kiaing Tih Chin*, dans les environs de *Poyang-lake* :—1 Waukuh (littéralement "squelette de la coupe.") 2 Tseihe. On peut faire de la porcelaine avec un mélange de Waukuh. Matière déjà mélangée ; cette matière, étendue d'eau, formera de la porcelaine. 4 Poudre pour vernir, déjà mélangée. 5 Pierre saponacée, très-dure. Elle se trouve dans les districts de Luh Sin et Kweihe, dans la province de Keangse. 6 Matière à vernir. 7 Blanc de plomb et autres matières.

Divers colis, contenant les couleurs :—23 paquets, contenant des couleurs préparées de diverses espèces. 47 paquets contenant des couleurs pour peindre sur les meilleures porcelaines après la cuisson.

Articles divers :—1 Un grand camée bas-relief sur fond jaune. 2, 3 Deux grands bas-reliefs sur fonds bleus. 4—7 Deux grands bas-reliefs sur fonds bleus, représentant fleurs, des arbrisseaux, &c. 8 Une table en laque, incrustée de nacre. 10—13 Quatre chaises en laque, incrustées de nacre. 18 Un brasier quarré sur piédestal, pour chauffer un appartement avec des cendres chaudes de charbon de bois. 19 Un encensoir ou urne à parfum. 20, 21 Deux candélabres en bronze, émaillés à la mosaïque. 22 Un vase en bronze, en mosaïque émaillée, avec couvercle et piédestal en bois sculpté. 23—44 Ornements de table ; sceptre chinois ; boîtes ; tableau en bois sculpté ; vases antiques et autres ; armoire en bois sculpté, à bords d'ébène et incrustation d'ivoire.

3 *Produits envoyés au Secrétaire de la Société d'Horticulture de Londres.*—Echantillons d'indigo et de soie grège des provinces du Nord ; étoffes fabriquées, &c.

4 *Exposé par l'Hon. Compagnie des Indes Orientales.*

—Chanvre de palmier, et cordes qui en sont fabriquées; arrow-root; whi-mey, teinture verte; gardenia radicans (fruit), teinture jaune; copal de Chine; indigo; cierges de cire usés à Pékin; teintures pour thés verts, &c.

5 *Le Captaine Shea*, 31, Connaught Square, Hyde Park, Londres.—Une tabatière, spécimen de sculpture chinois sur charbon anglais, le seul spécimen connu; sculpture sur nacre; soucoupe, cuivre émaillé; chaises; lanterne; damas vert et cramoisi.

6 *J. Reeves*, Esq.—Une caisse de thés choisis; encres de Chine; porcelaine blanche; deux théières en métal, doublées en porcelaine commune, oiseaux sculptés sur bambous, &c.; booka chinois; 3 cassolettes à parfums en pierre; bouilloires en terre; four chauffé par la flamme d'une lampe, &c.

7 *Messrs. Hewett & Cie.* Imp. 18 Fenchurch Street, Londres.—Porcelaines de Chine: vases, jarres, plats, assiettes, articles pour toilette, bowls; pots à fleurs et jardinières. Sculptures en ivoire: boîtes à ouvrage; pièces d'échiquier; vases; corbeilles pour cartes de visite; rateaux; éventail: panier à ouvrage; modèle de jonque, &c. Articles laqués: table à ouvrage, écrans, bureau, boîte à thé, fauteuil, sièges, panneaux, plateaux, &c. Porcelaine du Japon: pupitre, boîte à ouvrage, bureau; le tout avec incrustations de nacre. Articles divers: peau servant de tapis, pavillons d'été, calculateur, ombrelles, souliers de femme, raquette de bambou, tablier de satin brodé, courtepointe id., peintures sur verre, bronzes, nattes, papiers de tenture, écrans, instrument de musique, miroir avec piédestal d'ébène sculpté, peignes d'écaille, costume complet de mandarin. Nankins, jaune et blanc; soieries, crêpes, damas, gazes, &c. &c.

8 *Copland, C.* Prop. South Villa, Kennington Oval.—Pupitre contenant les accessoires chinois pour écrire et calculer; papier de riz chinois; dessins chinois, &c.

9 *Lindsay, H. Hamilton*, Imp. Berkeley Square.—Balles de soie grège de Taysaam et Tsathee, pesant chacune 10 catties; damas, écarlate, bleue, et autres couleurs; échantillons de satin blanc façonné; broderie, &c.

10 *Parker, le Rev. Dr.*—Boîte, contenant diverses graines; boîte, contenant divers bois.

11 *Astell & Cie.* Vigo Street, Piccadilly.—Presse typographique chinoise.

12 *Palmer, Macelloch & Cie.* 1 King's Arms Yard, City.—Diverses échantillons de soie, préparés exprès pour l'exposition.

13 *Dent, L.*—Bois de lit chinois curieusement sculpté, avec incrustations d'ivoire et de nacre; échantillons de soie.

14 *Thoms, P. P.* Imp. Warwick Square.—L'adresse originale, signée par 776 marchands, présentée à S. E. Kwang, lorsqu'il fut nommé gouverneur de Canton en 1820; cette addresse mesure 7 pieds de long sur 6 pieds de large, et contient 2,328 caractères chinois, parfaitement exécutés, &c. Cinquante gravures chinoises sur bois; un sceptre chinois de la forme du sceptre donné à Yu, &c.

15 *Ripley, P. W.* Canton.—Collection de thés exportés de Canton; thés souchongs, pekoe, et autres sortes de thés.

17 *Baring, Frères*, Prop. Bishopsgate Street.—Un livre en ivoire sculpté; deux housses de meubles, brodées; porte-cartes, l'un en ivoire, l'autre en bois de santal; soies de différentes couleurs; 4 peintures; 7 lanternes; spécimens de porcelaine; modèles de bateau de charge, et d'un bateau de mandarin; chaises; bronzes; mouchoirs brodés de pina (tissu fait avec les fibres de la feuille du *[ana]*), &c.

18 *Braine, C. J.* Way House, près Taunton.—Meubles divers; éventail de plumes; vases à fleurs, &c.

19 *Bowring, E. A.* Secrétaire de la Commission Royale.—Bas-relief en soie; spécimen de costume chinois, représentant une dame de rang reposant sur un sofa.

20 *Boileau, le Lieut.-Col. A. H. E.* du Génie du Bengal, Gerston Terrace, Paignton, près Taunton.—Missel enluminé, contenant 64 pages, peintes et écrites d'un côté seulement.

21 *Daniell, J.* 11 Cumberland Place.—Deux robes magnifiquement brodées (dites Shang-Hae).

22 *Monteiro, L. A.* 13 Claremont Terrace, Pentonville.—Cinq tasses et soucoupes en porcelaine émaillée de Chine ou d'Orient; le fond représente un paysage Européen.

23 *Bowman, W.* 9 Bread Street, Londres.—Table faite dans le nord de la Chine.

24 *Rawson, T. S. Cristophe.*—Meubles et porcelaine du Japon.

25 *Rawson, C.*—Boîte à bonbons à roues, en porcelaine rouge du Japon, vernissée. Deux ornements en porcelaine rouge du Japon, vernissée. Une boîte en ivoire, contenant quinze autres balles. Un spécimen de sculpture sur bambou. Une figure chinoise dont la tête et les pieds sont de fer fondu, et le manteau de vieille porcelaine.

26 *Rawson, Mme.*—Un spécimen d'ouvrage d'aiguille chinois, broderie en soie. Spécimens d'étoffe d'herbes sèches, ou toile chinoise. Filés de lin; lin brut; graines de lin.

27 *Sichart & Cie.* (Importeurs d'articles chinois et autres objets de fantaisie) 169 Fenchurch Street.—Grand vase chinois, peint de 10,000 caractères; chaque caractère est un mot distinct, et l'ensemble forme un ode à la longévité. Ornements sculptés en ivoire et en bois. Boîtes naines, sculptées de noyaux de pêche, représentant des jonques, paniers, &c. Écrans en verre, et peintures sur verre. Grand encensoir, excellent spécimen de cuivre émaillé. Petits écrans, fabriqués de gélatine de tête d'un poisson. Porcelaines de chine.

28 *Walkinghaw, W.* Hong Kong.—Kiosque, ou maison d'été chinoise, par Patrick Dudgeon. La "Coupe Céleste," présentée aux courses de Hong Kong en 1850. Coupe d'argent, présentée aux courses de Hong Kong. Coupe de Néphrite, sorte de pierre chinoise.

29 *Twining*, 13 Bedford Place, Russell Square.—Grand trepied en cuivre. Grand et petit écran en marbre. Vase en cuivre, avec dessus et pied de bois, &c.

30 *Carpenter, F. S.* Prop. Queen's Road, St. John's Wood.—Canne bambou sculptée, du nord de la Chine.

31 *Standish & Noble*, Imp.—Cupressus Funébris, ou cyprès pleureur; nouvel arbre, très-dur, du nord de la Chine (à l'extérieur de la façade Est). Cuivre rouge. Cire végétale, Japan. Spécimen de vernis. Produit décrit comme " grosse soie," mais qu'on suppose n'être que des fibres d'une certaine espèce de cactus.

32 *Hammond, W. P. & Cie.* Londres, Importeurs.—Echantillons des différentes qualités de thé importées de la Chine en Angleterre. Feuilles de thé naturelles et roulées. 12 tableaux sur papier de riz, peints par les indigènes, et illustrant la culture de la plante à thé, &c. Echantillons des différents qualités de soie chinoise, brute. Table à ouvrage en camphre, avec des sculptures sur ivoire.

33 *Haemond, W.* Négociant, Londres.—Modèle d'un bateau faisant la contrebande de l'opium, sur les côtes de la Chine.

34 *Berncastle, Dr.* 80 Albany Street, Regent's Park.—Sabres chinois, de soldat, de mandarin, &c. Epée fait entièrement de frêne; autres articles d'usage domestique.

S

DANEMARK.

Commissaire à Londres ; M. Regnar Westenholz, Mark Lane.

1 *Puggaard, H. & Cie.* Prod. Copenhague.—Orge de l'isle de Möen.

2 *Kolbjörnsen, K.* Prop. Reikavik.—Echantillons de laine Islandaise.

3 *Topp, A. L.* Copenhague.—Peaux de mouton ; peaux de chèvre, pour gants et souliers.

4 *Drewsen & Fils,* Fab. Silkeborg, Jutland.—Spécimens de papier glacé par une machine inventée par les exposants.

5 *Wulff, Jens, & Fils,* Fab. Brede, Schleswig.—Dentelle de fil et étoffes en coton.

6 *Meyer, J. E.* Fab. Copenhague.—Plateaux vernis ; paniers à pain ; toiles cirées.

7 *Warming, E.* Fab. Copenhague.—Tapis et tabouret de pied.

8 *Fjelrad,* Prop. Jutland. — Tricotage ; jaquettes, jupons, bas, &c.

9 *Thomsen, —* Fab. Randers.—Gants de Randers.

10 *Mattat, C. & Fils,* Fab. Randers.—Gants de peau de Randers ; peaux de Randers.

11 *Petersen, P. L.* Fab. Copenhague.—Galoches brevetées pour hommes et pour femmes ; bottes, peau de veau ; bottines et souliers.

12 *Lunde, P. F.* Fab. Copenhague.—Pompe qui peut servir dans les incendies ; poêle ; manomètre à sifflet.

13 *Sörensen, C.* Inv. et Fab. Copenhague.—Instrument compositeur qui assortit le type après que l'impression à été faite.

14 *Jessen, N. S.* Inv. et Fab. Copenhague.—Carabine à canon oval qu'on charge avec une balle oblongue.

15 *Andersen, P.* Fab. Copenhague.—Machine à hacher la paille.

16 *Funch, A.* Inv. et Fab. Copenhague.—Horloge à pendule astronomique avec un échappement tel que le pendule ne reçoit qu'une impulsion pendant dix secondes.

17 *Jurgensens, Fils,* Inv. et Fab. Copenhague.—Chronomètres avec échappement particulier et des ressorts régulateurs cylindriques en or ; thermomètres en métal.

18 *Langgaard, J. P.* Inv. Copenhague.—Modèle d'une machine orthopédique pour corriger les difformités de l'épine du dos. (Breveté.)

19 *Nyrop, C.* Fab. Copenhague.—Jambes mécaniques perfectionnés ; machines orthopédiques, &c.

20 *Nissen, J.* Fab. Copenhague.—Machine pneumatique ; balances ; baromètres ; psychromètres ; thermomètres ; tubes.

21 *Weilbach, J. J.* Fab. Copenhague.—Compas azimuth ; compas, &c.

22 *Naylor, J. W.* Dess. et Fab. Copenhague.—Limes en acier fondu ; limes douces, &c.

23 *Wulff,* Fab. Copenhague.—Deux urnes à thé en cuivre.

24 *Potmager, H.* Prop. Hjerting. — Echantillons de poterie noire des paysans du Jutland.

25 *Hansen, C. B.* Dess. et Fab. Copenhague.—Table-bureau en bois de rose, pour dame ; siège.

26 *Nielsen, N.* Dess. et Fab. Copenhague.—Bibliothèque en chêne, style Gothique.

27 *Holmblad, L. P.* Fab. Copenhague.—Chandelles de stéarine ; cartes à jouer ; colle forte.

28 *Tutein, F.* Fab. Copenhague.—Sucre-candi cristallisé.

29 *Smed, S.* Fab. Copenhague.—Essieu de voiture.

30 *Hornung, C. C.* Inv. et Fab. Copenhague.—Piano droit ; piano en forme de table en bois de rose marqueté.

31 *Selboe, J. C.* Fab. Copenhague.—Flûte en ébène avec onze clefs en argent ; hautbois ; clarionette en si mineur.

32 *Möller, H. P.* Inv. et Fab. Copenhague.—Erthochord ou diapason.

33 *Fabrique Royale de Porcelaine,* Copenhague.—Vases ; tasses ; statuettes ; bas-reliefs modelés d'après Thorwaldsen, &c.

34 *Klingsey, C. G.* Fab. Copenhague.—Cassette à bijoux, sculptée, en ivoire, ornée de bas-reliefs.

35 *Petersen, P.* Dess. Copenhague. — Quatre camées ; une médaille en bronze.

36 *Conradsen, N.* Dess. Copenhague.—Un revers de médaille ; deux camées.

37 *Schöler, P. C.* Inv. Copenhague.—Spécimen de gravure par le procédé appelé stylographie.

38 *Bissen, H. W.* Sculp. Copenhague.—Sculptures en marbre : Eros aiguisant ses Darts ; Le jeune Pêcheur ; Oreste.

39 *Jerichau, J. A.* Sculp. Copenhague.—Adam et Eve bannis du Paradis ; groupe ; deux bas-reliefs destinés à orner le Palais Royal de Christiansborg, à Copenhague.

40 *Dirksen, G.* Kiel.—Pompe et seaux à incendie.

41 *Holzapfel, C.* Altona.—Franges pour rideaux.

42 *Lange, H.* Altona.—Ouvrages en cheveux.

43 *Meyer, A. D.* Altona.—Quatre moules à gelées, en étain.

44 *Sorensen, J.* Prop. Hjerting.—Vases ornementés et décorés ; assiettes de dessert et tasses et soucoupes de déjeuner, décorées ; exposées autant à cause du style que pour le bon marché. Statuettes, bustes, et bas-reliefs, en biscuit, représentant, d'après Thorwaldsen, des sujets sacrés, allégoriques, et mystiques. Vases étrusques décorés modelés d'après l'antiques, exposés comme spécimens de manufacture.

EGYPTE.

Le Gouvernement Egyptien.—Commissaire, le Capitaine Abdel Hamid, Alexandrie. Agents : Redjeb Hassan Effendi, Alexandrie ; Hassan Ali Effendi, Alexandrie ; Charles Joyce & R. P. Lazari, Londres.

Agent, Mr. C. J. Major, 21 Billiter Street, City. S'adresser, pour renseignements, à l'agent, M. Major.

1 Petit dessus de table en albâtre.
2 Bloc carré d'albâtre.
3 Idem.
4 Grand dessus de table ronde en albâtre.
5 Bloc carré d'albâtre.
6 Bois pétrifié.
7 Pierre de plâtre.
8 Minerai de souffre.
9 Spécimens de terre jaune et grise.
10 Fardeh, grands paniers.
11 Nitres de différentes sortes.
12 Deux spécimens de terre et d'argile pour poterie.
13 Différentes qualités de salpêtre.
14 Pierre rouge dure.
15 Pierre blanche.
16 Nitre minéral.
17 Nitre brut de la Basse Egypte.
18 Terre réfractaire d'assouan.
19 Cassia.
20 Gomme ammoniaque.
21 Nielle.
22 Coloquinte.
23 Opium de la Haute-Egypte.

24 Huile de castor.
25 Séné.
26 Tombac.
27—36 Dates de différentes qualités.
37 Tabac de la Haute-Egypte.
38 Fruits de palmier.
39 Huile de nielle.
40—42 Riz de diverses qualités.
43 Pois chiches.
44—48 Sucre brut et raffiné.
49 Plante bonne à manger, Habclaziz.
50 Pâte liquoreuse.
51 Graine de moutarde.
52 Froment de la Haute-Egypte, 1er choix.
53 Huile de laitue.
54 Dates conservées.
55 Huile de Carthame.
56 Rayon de miel de Mehalech.
57 Grosses olives dans l'huile.
58 Olives de qualité ordinaire.
59 Miel blanc de Mehalech, 1ère qualité.
60 Dattes dans du miel.
61—62 Miel blanc.
63 Beurre de trois qualités.
64 Tamarindes.
65 Troêne.
66 Sucre candi.
67 Graine de lin.
68 Froment de la Haute Egypte.
69 Id. de la Basse Egypte.
70 Maïs blanc.
71 Graine d'huile de castor.
72 Graines de trèfles.
73 Orge de la Haute Egypte.
74 Graines de sésame.
75—83 Riz de Rosetta.
76 Graines de Cumin.
77 Fenouil.
78 Graines d'anis.
79 Indigo du pays.
80 Graines de pavot.
81 Graines de trèfle de Metkâour.
82 Boutargue de Damiette.
84 Fèves de la Basse Egypte.
85 Petit maïs jaune.
86 Riz de Rosetta, première qualité.
87 Petit maïs blanc.
88 Haricots natifs.
89 Fèves de la Haute Egypte.
90 Petit maïs rouge.
91 Maïs jaune.
92 Petit maïs blanc de la Basse Egypte.
93 Froment.
94 Orge.
95—97 Pois chiches.
96—98 Lentilles.
99 Blé de Turquie jaune.
100 Saffran.
101 Pois.
102 Huile de Sésame.
103 Sorbets.
104 Cannes à sucre.
105 Lin peigné à la mécanique
106 Coton makô, première qualité.
107—108 Lin.
109 Chenevis.
110 Lupins.
111 Essence de menthe.
112 Massue d'ébène.
113—114 Cornes d'antilopes et de gazelles.

115 Dents d'éléphant.
116 Cire vierge.
117-119 Cornes de rhinocéros, taureau sauvage, et capricornes.
120-121 Gommes.
122 Graines de mimosa.
123 Cardamomum.
124-125 Cornes de buffle et de bœuf.
126 Cartes de la Basse-Egypte.
127 Peau de crocodile.
128 Natte pour fromage.
129-131 Huiles de graines de coton, de navet, et de lin.
132 Fibres du dattier.
133 Plateau fait de feuilles de dattier.
134 Coton de Sea Island.
135 Eau de rose.
136 Eau de menthe.
137 Eau de fleurs d'oranger.
138-140 Spécimens d'alizier, de sycamore, et de palmier.
141,142 Troncs de dattier; d'ébène.
143 Pièce d'ébène.
144 Règles d'ébène.
145 Pièce de palmier doux.
146 Bois d'acacia.
147-149 Bois de palmier, de dattier, et d'azédarak.
150 Filets de fibres de dattier.
151 Coton de 2ème qualité.
152 Chanvre.
153 Moulin à café.
154 Moulin à main.
155 Auge ou pétrissoir.
156-158 Tamis.
159-161 Tamis en crin et en soie.
162 Mesure en bois; cerclée en fer.
163 Etalons en cuivre.
164 Bouteille de cuir de chèvre.
165 Mesure en acier, avec ses accessoires.
166 Flints.
167 Paniers de dattes.
168 Serrures en bois.
169 Pioche.
170 Serpe.
171 Faucilles.
172 Houe.
173 Charrue.
174 Machine-semoir.
175, 178 Toiles de coton pour voilure, &c.
179 Batiste imprimée.
180-182 Coton écru et blanchi.
183 Voiles de coton.
184 Toiles de coton pour chemises de soldat.
185 Batiste écrue.
186, 187 Toiles de coton.
188 Couverture de laine brune
189 Ceintures de laine blanche
190, 191 Vêtements en laine noire.
192 Bonnet de fellah, en feutre brun.
193 Melayé, soie et or.
194 Voile de soie noire.
195-203 Soieries diverses.
204 Serviette à bordures.
205-210 Pièces de soiries, de couleurs diverses.
211, 212 Franges, soie et or.
213, 214 Franges d'or, pour divans.
215 Crêpe de soie rouge.
216 Soies galonnées.
217 Cordons de soie bleu foncé, pour suspendre les pistolets.
218 Jarretières, soie et or.

S 2

219 Gland de soie bleu foncé, pour tarbuche.
220, 221 Franges et galon d'or.
222 Franges de couleurs diverses.
223, 224 Dragonnes, soie et or.
225 Galons de soie et or.
226 Toile d'emballage.
227 Selle de dromadaire, complète.
228 Selle arabe.
229 Selle du Caire.
230 Housse de cheval, en castor.
231 Selle, drap rouge brodé d'or.
232-234 Peaux de bœuf.
235-242 Peaux diverses.
243 Brosses d'écurie, en fibres de dattier.
244-246 Hâvre-sacs.
247 Peau de chameau.
248 165 volumes en langes turque, arabe, et persanne.
249 Tapis en castor de couleur.
250 Toiles à voile, de Broulof.
251 Fonte pour pistolets, en peau, &c.
252 Sabre damasquiné, avec ceinture d'or.
253, 254 Corde gute, pour nettoyer le coton et la laine.
255 Corbeille à fromage, en jonc.
256 Balances, en branches de dattier.
257 Petit panier colorié.
258, 259 Cordes, faites de fibres de datte.
260 Bougies de cire, blanches et jaunes.
261 Souliers jaunes.
262-265 Chaussure rouge.
266 Narguilé.
267 Selle d'âne.
268-270 Ceintures de cuir.
271 Sac à tabac, en maroquin rouge.
272-273 Nacres de perles, de différentes grandeurs.
274 Chapelet, en noix de Dourn.
275 Flacon à antimoine.
276 Œufs d'autruche.
277 Panier (Maryhouna) en branches de palmier.
278-279 Pipes.
280 Sac, en peau de chèvre.
281-283 Voiles de femmes, à fond rouge et à fleurs, &c.
284 (Kamar) ceinture en soie, pour grooms.
285-287 (Dekké) cordons pour pantalons, brodés.
288 (Yazma) mouchoir pour coiffure de femme.
289 Turbans en soie, pour Bédouins.
290 Melayé Bassiouni) voile en soie, pour femme.
291-293 (Remoud) Cordons rouges en soie.
294 (Yardakham) tablier en soie.
295-296 Pièces de soieries à fond jaune et rouge.
297 (Chaki) tissus de soie et coton.
298 Soieries, fond vert foncé.
299 Ceinture de voyage.
300 (Derayé) soie forte, pour doublure.
301 Taffetas violet-changeant.
302-304 Tarbouches.
305 (Cotné) tissus soie et coton.
306-309 Toiles.
310 Ceinture en soie rouge.
311-312 Toiles.
313-318 Glands et torsades.
319-337 Soieries et mousselines brodées, &c.
338 Toile fine.
339 Tissus soie et coton.
340 Lanterne.
341 Eteignoir.
342 Jarre.
343 Couvercle, en jonc indien.
344 Panier contenant une cruche à eau.
345 Cruches à eau.
346 Panier contenant une margboune.

347 Cruches à eau.
348 Pupitre à écrire, en bois d'alizier.
349 Eventails.
350-352 Plateaux en branches de dattier.
353 Petits paniers, id.
354 Grosse corde, id.
355 (Leban) câble pour attacher les bâteaux.
356 (Salatch) id.
357 Grands paniers.
358-360 Paniers blancs, de dimensions différentes.
361 (Batta) tube à beurre, pour voyage, en cuir.
362 Attaches de fibres de dattier, pour porter la paille.
363 Pipes du Caire.
364 Pipes.
365 Selle de dromadaire, avec harnachements complets.
366 Laine blanche et noire.
367 Soda.
368 Narguilé.
369 Encrier en argent.
370 Fonte pour pistolets.
371 Alun brut et raffiné.
372 Selle en velours, richement ornée.
373 (Marchaha) selle sans dossier.
374 Catalogue de livres orientaux.
375 Plateau d'argent pour café.
376 Bouchons de cruches.
377 Boîte à café.
378 Tamis d'argent à café.
379 Flacon d'argent à antimoine.
380 Cafetière d'argent.
381 Tasses à café en porcelaine.
382 Soucoupes en argent, pour les tasses.
383 Grande boîte pour service à café.
384 Huit espèces de soie.
385 Bouchons d'argent pour cruches, &c.
386 Flacon pour eau de rose, et cassolettes pour parfums.
387 Réchaud en argent.
388 Bois de réglisse.
389 Rum, de la Haute-Egypte.
390 Huile.
391 Sucre raffiné de la raffinerie d'Ibrahim Pasha.

ESPAGNE.

Commissaires à Londres : M. T. Alfonso, *Président*; Ramon de la Sagra, 34 Leicester Square; F. Villanueva, 9 Panton Square; Ramon de Echevarria, Chapel Street, West Mayfair; Manuel de Ysasi, Water Lane, Tower Street, Cité.

1 *Cerain, J. B. Alava.*—Minerai des mines de Rostro; minerai calciné; minerai et fer, dans leurs divers degrés de fabrication.

2 *L'Inspecteur des Mines du District de Barcelone.*—Galène des mines de Falset, appartenant au gouvernement, province de Taragone; quartz aurifère de Culera, province de Gerone.

3 *Guadalajara.* — Minerai d'argent des mines de Hiendelaencina.

4 *L'Inspecteur des Mines du District de Guipuzcoa.* — Dix spécimens de minéraux de Guipuzcoa, renfermant fer, de la galène, de la blende, du lignite, &c.

5 *Le Directeur des Mines de Linares.*—Plomb sulfuré des mines d'Arrayanes; plomb de première fusion.

6 *L'Inspecteur des Mines du District de La Mancha.* —Trente-deux spécimens de minéraux d'Almaden, tels que schiste argileux, grès, mercure, pyrites de fer, spath calcaire, &c.

7 *L'Inspecteur des Mines du District de Murcie.*—Spécimens de 84 espèces de minéraux, &c., qui se trouvent dans le district de Murcie, tels que: galène, sulfure de zinc, pyrites de fer, carbonate et sulfate de plomb, litharge, alun, &c.

8 *Le Directeur des Mines de Rio Tinto, à Séville.*—Cuivre gris de la mine Preciosa; minerai brut de la veine doublement sulfurée de fer et de cuivre; minerai préparé à la chaleur douce, exposé à l'air en piles, ouvré par procédé humectant; barres de fer forgé, recouvertes de feuilles de cuivre déposé par les eaux de Rio Tinto; barres de cuivre fin.

9 *L'Inspecteur des Mines de Santander.*—Pyrites de cuivre des mines de Constancia, près de la ville de Camaleno; le minerai produit 20 °/₀ de cuivre.

10 *La Compagnie des Mines de Marte, à Losacio, Zamore.*—Minerai et regule d'antimoine; échantillons d'argent, plomb et autres minéraux.

11 *L'Inspecteur des Mines de Saragosse.*—Spécimens de galène argentifère, cuivre, antimoine, galène d'antimoine, sulfure de plomb et d'antimoine, cuivre argentifère.

12 *Le Directeur de la Fabrique de S. Pedro de Araya, Alave.*—Spécimens de fer spathique, améthyste rouge; grès refractaire; charbon de bois; fer brut, affiné et étiré.

13 *L'Inspecteur des Mines du District d'Almerie.*—Collection de 40 spécimens de minerais de métaux du district d'Almeira, comprenant argent, plomb, mercure, cuivre, minerais de fer, et leurs produits, alkalis, marbres et argiles.

14 *Société des Mines de Plomb, Linares.*—Minerai de plomb.

15 *L'Inspecteur des Mines du District d'Asturies, Oviedo.*—Vingt-huit spécimens de minéraux des Asturies, tels que: cuivre, cinabre, plomb, calamine, fer, charbons et marbres.

16 *L'Inspecteur des Mines de Grenade.*—Vingt-trois spécimens de minéraux, y compris: marbres, serpentine, minerai de cobalt, sulfure de cuivre, minerai de plomb et de zinc, magnésie, sable d'or, &c.

17 *L'Inspecteur des Mines du District de Léon.*—Dix-huit spécimens de minéraux du district de Léon, tels que: hydroxide et peroxide de fer, et pierres calcaires.

18 *Le Sous-Inspecteur des Mines de Lugo.*—Minerai argentifère; échantillons de plomb; id. d'étain; id. de kaolin; argiles refractaires; nickel, minerai, produits et métal pur.

19 *L'Inspecteur des Mines de Malaga.*—Onze échantillons de minéraux de Malaga; galène de diverses espèces; minerai de fer magnétique; nickel; graphite, ou mine de plomb; pyrites de fer et de cuivre; argile plastique; serpentine; terre à foulon.

20 *L'Inspecteur des Mines du District de Zamora.*—Spécimens de carbonate et de phosphate de plomb; plomb argentifère, silicate d'antimoine, régule d'antimoine laminé, minerai d'oxide d'étain, argile refractaire, &c.; minerai hydro-oxide de fer, carbonate de fer, sulfure de plomb, carbonate de plomb, cristal de roche jaune.

21 *La Compagnie Léonaise-Asturienne, Asturies.*—Spécimens d'acier.

22 *Amor, F.* Cordou.—Fer de Villa Franca. A cet endroit, le minerai forme une montagne entière d'une grande étendue.

23 *Giró, J.* Prod. Malague.—Spécimens de fer des mines d'El-Angel.

24 *La Compagnie de Pedroso, Séville.*—Spécimens de fondu; fer en barres et en feuilles; charbon de terre.

25 *Fernandez, V.* Séville.—Spécimens de cuivre fin.

26 *Ibarra J. M.* Séville.—Bloc de cuivre.

27 *L'Inspecteur des Mines du District de Palencia, province de Léon.*—Charbons des mines situées près la ville de Barruelos; coke fabriqué de ce charbon en plein air.

28 *L'Inspecteur des Mines de Soria.* — Asphalte minéral, trouvé sur une étendue de plus de deux lieues d'Espagne, imprégnant des couches de grès sablonneux de grande épaisseur, qui forment la base de la chaîne de montagnes de Pico-frentes.

29 *Cordoon.*—Neuf spécimens de marbres des carrières de Fuente-de-los-Frailes, d'Acebuchal, de Lanchares, et de Cerro de Nuestra Senora.

30 *Huelve.*—Spécimens de marbre d'une carrière du district de Fuente Heridos.

31 *Bibliothèque Royale de Madrid.* — Quatre-vingt-sept spécimens de marbres d'Asturies, Calatayud, Aragon, Tortosa, de la Biscaye, de Navarre, de Ségovie, de Murviedro, de Tolède, de la Vieille Castille, &c.

32 *Saragosse.* — Marbres de Calatorao, de Fuentes Ebro; d'Alhama; de Roden.

33 *Oviedo, Asturies.*—Jais, brut et poli, du district de Villaviciosa.

33A *Iles des Canaries.*—Carbonate de soude.

34 *Santo y Diaz,* Havanne.—Spécimens de marbres.

35 *L'Inspecteur des Mines du District de Burgos.*—Glaubérite des mines de Cerezo; sulfate de soude cristallisé; sulfate calciné.

36 *Les Salines d'Arana à Alava.*—Sel commun; sel natif cristallisé.

37 *Alicante.*—Barilla.

38 *Angulo, J.* à Barcelone.—Spécimens de barilla; sulfate de soude; extrait d'un courant d'eau du voisinage immédiat de Cervera.

39 *Elias, M.* Barcelone.—Nitre: le sel gemme du commerce anglais.

40 *Maurandy, D. A. J.* Cartagène.—Spécimens d'alun manufacturé par l'exposant.

41 *Semperede, F.* Elche.—Morceau de soude brute, tirée de la plante salicor, cultivée dans la province d'Elche.

42 *Grenade.*—Semence de barilla et barilla dure.

42A *Cadix.*—Soufre cristallisé de la mine abandonnée de Conil; écume de mer de San Lucar.

43 *Maisterra, M.* Lorca.—Sel natif cristallisé.

44 *Pardo y Bartolini,* Saragosse.—Nitre.

45 *Murcie.*—Plante de Barilla, spécimen remarquable par sa dimension; argile sulfureux et soufre natif compact, des hauteurs de Serrata, district de Lorca; alun raffiné; sélenite des hauteurs de Serrata; blanc de plomb; Barilla dure.

46 *Durango y Trigo* Saragosse.—Soufre des mines de Teruel, &c.

47 *Yust & Cie.* Lorca.—Spécimen de soufre artificiel.

48 *Prats, F.* Prod. Alave.—Chaux hydraulique.

49 *Concha, A* Cáceres.—Phosphorite d'Estramadure.

49A *Cuesta, A. de la,* Santander.—Sulfate de chaux.

51 *Ysasi, M.* Londres. — Grande dame-jeanne, du Toboso.

52 *Ysasi, M.* Londres.—Alcarraza, ou bouteille en terre poreuse, de Chidana.

53 *La Compagnie d'Aulencia,* Prod. Madrid.—Briques réfractaires.

54 *Tejer & Cie.* Fab. Ségovie.—Carreaux.

55 *Gonzalèz Valls, R.* Fab. Valence. — Vingt-deux cadres, avec 204 carreaux peints et vernis.

55A *La Compagnie Apolytomène,* Fab. Madrid.—Marbre Apoolizoo ou artificiel.

56 *Albacete.*—Echantillons de froment.

57 *Badillo, J. M.* Ciudad-Réal.—Froment de Ciudad Réal, de deux espèces (Macho et Candéal) recoltées dans la province.

58 *Guzman, R.* Ciudad-Réal. — Deux espèces de froment (Jijona et Candéal) recoltées dans la province de Ciudad Réal.

59 *Almerie.*—Sparte (Macrochlea tenacissima).

60 *Huelve.*—Echantillons du meilleur froment cultivé dans la province, et qui fait sa plus grande richesse.

61 *Cea, J. A.* Léon.—Froment appelé Mocho ó chamorro.

62 *Nuno, D.* Prod. Guadalajara.—Froment.

63 *Oviedo*, Asturies.—Froment blanc; maïs blanc et jaune.

64 *Cea, A.* Léon.—Froment appelé del Blanquillo, de la province de Léon.

65 *Macorra, F.* Prod. Malague.—Froment de la même province; variété appelée recio ó claro.

66 *Medina del Campo*, Pedrosa et Gomeznarro.—Froment.

67 *Torres, M. M.* Séville.—Froment, appelé cerrado de color, de Arahal, province de Séville.

68 *Ternero, J.* Prod. Séville.—Froment appelé pinton, de Marchene, province de Séville.

69 *Fernandez de Cordoba, D. M. M.* Constantina, Séville.—Froment connu sous le nom de papalina.

70 *Ginoves, J.* Ségovie.—Froment appelé chamorro, de la province de Ségovie.

71 *Becerril, A.* Ségovie.—Froment, candeal, de la province de Ségovie.

72 *Valence.*—Riz commun, en paille et blanc; riz moscado; riz long; id. qualité supérieure; froment blanc, d'Albérique; id. canivano; id. rouge; épis de neuf variétés de riz; quatre variétés de maïs; ognons blancs; haricots de Pinet; chufas; pistaches de terre; caroubier.

73 *Navarro, D. I.* Alicante.—Echantillons de maïs blanc.

74 *Colon, D. Juan*, St. Lucar.—Orge et orge perlée; graine de moutarde sauvage.

75 *Salido, A.* Prod. Ciudad Réal.—Froment (Candeal de Raspa) de la province de Ciudad Réal; yeros, espèce de lentille; seigle.

76 *Castellon.*—Maïs.

77 *Penafiel, E.* Ciudad Réal.—Millet.

78 *Benito, M.* Ciudad Réal.—Millet (millium sorghum) de la province de Ciudad Réal.

79 *Gerone.*—Maïs de deux espèces; gaude; angélique, valériane.

80 *Grenade.*—Froment de diverses espèces; maïs blanc; cannes à sucre d'Almunécar.

81 *Huesca.*—Céréales, légumes et fruits, de la même province; froment blanc; haricots; amandes; noix et pêches séchées.

82 *Jaen.*—Pêches séchées d'Alcaudete et Bedmar; froment d'Alcalá la Réal et d'Ubeda.

83 *Barrientos*, Malaga.—Maïs de la province de Malaga.

84 *Piedrola, M.* Prod. Malaga.—Blé de Churrian, province de Malaga, batatin; pomme de terre douce.

85 *Casado, P. J.* Malaga.—Froment de la province de Malaga (genre appelé chamorro); amandes appelées Larga; caronbier.

86 *Murcie.*—Haricots (paniceras) poivre long; poivre moulu appelé de flor; farine; garance, &c.

87 *Murcie.*—Blé; froment blanc; deux espèces de llet.

88 *Monfort, F.* Prod. Torrente de Cinca.—Fr men; seigle et haricots; graines diverses particulières à la province; figues et pêches sèches.

89 *Martinez-y-Perez, V.* Prod. Valence.—Riz de la province de Valence.

90 *Fernandez-Vitores, J. M.*—Valladolid.—Farine de froment des première, seconde, et troisième qualités.

91 *Zamore.*—Froment blanc de Hiniesta et Piedrahita de Castro; haricots de Puebla de Sanabria; lin de Camarzana et Puebla de Sanabria; gaude de Zamore; lichen; camomille de Villafáfila.

92 *Saragosse.*—Froment ambré; maïs jaune; ambre; haricots de Moncayo; pêches séchées de Calatayud; noix; id.; figues de Caspe; sirop de raisins; safran.

93 *Huelve.*—Haricots, glands et branches de chêne qui les produisent.

94 *Malaga.*—Pois chiches d'Alfamate; noix; châtaignes; amandes; pêches séchées.

95 *Gil, V.* Prod. Ségovie.—Pois chiches.

96 *Valladolid.*—Pois chiches de la province de Valladolid.

97 *Alicante.*—Amandes, pestaneta, planeta, blanches amères, &c.

98 *Valgoma, F. A.* Cacabelos, Léon.—Châtaignes sèches; haricots; id. de qualité supérieure; écheveaux de lin peigné; châtaignes.

99 *Le Conseil d'Agriculture de Cordoue.*—Figues sèches; olives; herbe aux puces; branches d'olives; mou tarde de Santaella.

100 *Alvear, J.* Cordoue.—Prunes de Montilla.

101 *Aramburu, G.* Cordoue.—Prunes douces muscates.

103 *Aramburu, G. A.* Cordoue.—Figues sèches.

104 *Labat, M.* Cordoue.—Grosses noix d'espèce particulière de la province de Cordoue; id. de Palma del Rio; miel de fleurs d'oranger.

105 *Casado, J. R.* Prod. Malaga.—Raisins muscats.

106 *Enriquez, J.* Malaga.—Figues sèches.

107 *Olmo, J.* Prod. Malaga.—Prunes cultivées à Priego; figues sèches.

108 *Marquez, J.* Prod. Malaga.—Olives cultivées à Alora et Casarabonella. Elles sont très douces et se séparent facilement du noyau.

109 *L'Ecole de Commerce de Reus.*—Amandes.

110 *Oviedo*, Asturies.—Noisettes, châtaignes et noix.

111 *Zambrano, J.* Prod. Séville.—Olives (appelées de figura.)

112 *Carabé, M.* Séville.—Olives (appelées Manzanilla de la Reina.)

113 *Lesaca, J. J.* Séville.—Olives monstres de Pedrosa.

114 *Le Conseil d'Agriculture de Tarragone.*—Amandes, noisettes.

115 *Badajoz.*—Glands doux.

116 *Pardo y Bartolini*, Saragosse.—Herbe aux puces; brioine; langue de chien; buglosse de vipère: mélilot; réglisse.

117 *Barcelone.*—105 spécimens de plantes indigènes, la plupart tirées du Monserrat, du Monsen, et de Monjuich; quelques unes appartiennent exclusivement à la Catalogne.

118 *Oviedo*, Asturies.—Extraits d'aconite, de belladone, de laitue, de digitale, de fleurs d'orangers, et de salsepareille; miel de salsepareille; salsepareille préparée.

119 *Iles Canaries.*—Euphorbe lathyre, connue dans les îles sous la dénomination de tartaguillo, et oignons sauvages.

120 *Oviedo*, Asturies.—Prunes épineuses, valériane officinale et racines, gentiane officinale et racines, fleur de carqueja, digitale pourprée, feuilles, carqueja, tiges et fleurs.

121 *Amor, F.* Cordoue.—Oignon sauvage; salsepareille.

122 *Gerone.*—Plantes médicinales sauvages; telles que belladona, pulsatilla; gentianes; digitales pourprées, &c.

123 *Huesca.*—Herbes médicinales qui croissent naturellement dans la province; sauge; digitale; camomille; réglisse; aconite, &c.

124 *Palencia, M. R.* Léon.—Fleurs de violettes; fleurs d'arnica; fleurs de tilleul; lichen.

125 *Malaga.*—Artemisia arborescens; quercus toriglis; atropa belladona; cotula aurea; viola odorata.

126 *Bartolome, M.* Ségovie.—Sauge commune.

126A *Gomez, Alveric B.* Havanne.—Cigares de différentes espèces.

127 *Durangoy, Frigo*, Saragosse.—Lichen; cetraria islandica; absynthe; sauge; arnica; digitale.

127ᴅ *Fernandez, D. F.* Havanne.—Papier à cigarettes.

128 *Mirat, G.* Salamanque.—Amidon superfin, en aiguilles et en poudre.

128ᴀ *L'Académie de Médecine et de Chirurgie de Saragosse.* —Lichen d'Islande; lichen pulmonaire; sauge; digitale pourprée; camomille romaine (anthemis nobilis); gentiane; valeriane, &c.

129 *Zabala, P. V.* Vitoria.—Extrait d'aconite.

130 *Almerie.*—Froment; coloquinte; sauge; pegamon harmala, employé comme épice ou comme teinture rouge.

131 *Palme.*—Majorca coralline.

132 *Le Conseil d'Agriculture de Castellon.* — Branches d'olivier de treize variétés différentes.

133 *Manso, R.* Prod. Logrono.—Piment conservé.

133ᴀ *Vazquez, T.* Seville.—Reglisse

134 *Beck & Cie.* Séville.—Pâte de réglisse; racines de réglisse.

136 *Huelva.*—Grana (rhamnus?).

137 *Gisbert, J.* Alicante.—Gaude, teinture jaune.

138 *Cadix.*—Racine de garance de San Lucar.

139 *Cabello, D. E.* Prod. Ciudad-Réal.—Echantillons de safran.

139ᴀ *Conti, D. V.* Corogne.—Bœuf, première et seconde qualités, lard, qualité supérieure, avec et sans os; porc, préparé à la manière américaine.

139ʙ *Oviedo*, Asturies.—Jambons d'Avilés.

139ᴄ *Huelva.* — Miel d'Hinojos; produit principal de cette ville.

140 *Matesanz, Z.* Cuellar, Segovie.—Garance.

141 *Iles Canaries.*—Echantillons de garance, poudre carminée tirée de la garance; gaude.

142 Valladolid.—Garance, plante, poudre, et extrait.

143 *Semovilla, R.* Ségovie.—Echantillons de garance.

144 *Matesanz, A.* Ségovie.—Garance en poudre.

145 *Martinez, T.* Séville.—Gaude.

146 *Torrelobaton.*—Sumac.

147 *Marcos, J.* Valladolid.—Extrait de garance.

148 *Le Conseil d'Agriculture de Saragosse.*—Teintures végétales de plantes cultivées et sauvages: carthame, garance, sumac, pastel, gaude.

149 *Santa Cruz de Ténériffe.*—Cochenille.

150 *Meron, E.* Malaga.—Cochenille.

151 *Alcaide, M. G.* Malaga.—Cochenille.

152 *Calderon, J.* Grenade.—Chanvre peigné et brut, graine de lin et de chanvre.

153 *Castellon.*—Chanvre brut.

154 Murcie.—Graine de lin, chanvre préparé; échantillons de chanvre en tiges et préparé.

155 *Saragosse.*—Chanvre de Calatayud, brut et préparé; lin de Borja.

156 *Martinez, P.* Valence.—Echantillons de cordages de chanvre, fils pour toiles à voiles; toiles à voiles.

157 *Sagra, Ramon de la,* Madrid.—Tronc de la plante appelée Daguilla (Lagetta lintéaria), montrant la substance fibreuse de l'écorce interne; corde et natte faite avec la fibre de la feuille de palmier et du majagua; filés de chanvre du Sénégal; corde faite de ce filé.

158 *Huesca.* — Productions végétales pour manufactures: sparte, lin et chanvre.

159 *Pinan, J.* Léon.—Lin non peigné.

160 *Vinas, A.* Puerto Rico.—Fibre de la tige de bananier, brut.

161 *Heras (de Las)* Ségovie.—Lin brut, lin peigné.

162 *Villars, J. B.* Séville.—Coton brut, cultivé dans la province de Séville.

163 *Ripalda, (Comte).*—Valence.—Chanvre peigné.

164 *Almerie.*—Huile d'olive commune.

165 *Cordoue.*—Huile d'olives, produit de l'olive sauvage.

166 *Oviedo*, Asturies.—Huile de noix.

167 *Montesinos, C. T.* Estramadure.—Huile d'olive.

168 *Zayas, J.* Grenade.—Huile d'olive du village de Niguëlas.

169 *Fernandez, M.* Malaga.—Huile d'olive filtrée.

170 *Murcie.*—Huile de graine de lin, faite à Lorca.

171 *Séville.*—Huile d'olive de la meilleure qualité, faite dans cette province.

172 *Diez de Rivera,* Grenade.—Huile d'olive; chanvre peigné.

173 *Le Conseil d'Agriculture de Valence.*—Huile d'olive de deux qualités, fabriquée par D. Vicente, Tortosa, et par D. José, Carrascosa.

174 *Le Comte de Sobradiel,* Saragosse.—Huile d'olives.

176 *Enriquez, J. N.* Velez, Malaga.—Sucre raffiné de cannes cultivées dans les environs de Malaga, et fabriqué à l'usine de N. S. del Carmen, nouvellement fondée à Torre del Mar, par Mr. de la Sagra.

177 *Alvar Gonzalez, R.* Oviedo.—Conserves alimentaires et confitures.

178 *Huesca.*—Chocolat.

179 *Martinez, S.* Fab. Vitorie.—Confitures de divers fruits.

180 *Molina, A.* Ciudad Réal.—Miel vierge de El Moral de Calatrava.

181 *Abad, M.* Cordoue.—Miel de fleurs d'oranger.

182 *Colemenero, F.* Prod. Guadajalare.—Miel en rayon; id. clarifié; cire blanche et jaune.

183 *Escudero, C.* Prod. Guadajalare.—Miel en rayon.

184 *Centenera, E.* Prod. Guadajalare.—Miel en rayon.

185 *Benjumea, J. M.* Séville.—Miel d'orangers.

186 *Le Jardin Botanique de Madrid.*—Collection de bois employés en l'île de Cuba, pour constructions et autres usages, envoyée de Madrid; la liste en a été tirée de la section botanique de l'histoire naturelle et politique de l'île de Cuba, par M. Ramon de la Sagra.

187 *Société Economique de Manille.*—Collection de 213 espèces de bois, des îles Philippines; collection de feuilles des différentes espèces de tabac cultivées à Manille et autres îles, et employées dans les manufactures du gouvernement.

188 *Guinart, J.* Fab. Séville.—Liége et bouchons.

189 *Gérone.*—Liége en feuilles.

190 *Castells, J.* Fab. Esparraguera.—Toiles à voile.

191 *Arsenal Royal de Cartagène.*—Cordages; voilure.

192 *Escudero y Gonzalez,* Fab. Cervera del Rio.—Toiles à voiles.

192ᴀ *Berenguer, J. B.* Prod. Valence.—Cochenille.

193 *La Manufacture d'Isabelle II.* Ferrol.—Toile et autres tissus de lin.

194 *La Municipalité de Castellon,* Fab.—Sandales en fil de chanvre; sangles; câbles; cordages; toiles, et fil d'emballage.

195 *Le Baron de Finestrat,* Alicante.—Echeveaux de soie.

196 *Iles Canaries.*—Soie de vers, dits Marsellés et Trevoltins, et de deux variétés croisées.

197 *Pujals, F.* Prod. Valence.—Echeveaux de soie de 4, 5, 6 et 7 cocons.

198 *Gonzalez, S.* Prod. Valence.—Echeveaux de soie de 4, 5, 6, 9 et 14 cocons.

199 *Murcie.* — Boyaux de vers à soie pour appâts de pêche, 1ere et 2nde qualités.

200 *Almansa, D.* Murcie.—Soie.

201 *Cruz, de la, S.* Santa Cruz de Ténérife.—Soie, cochenilles.

202 *Monfort, F.* Torrente de Cinca.—Soie, produit de ce district; soie de vers de différentes espèces, dits Trevaltins, de Raiko, et de Turquie.

203 *Murcie.*—Echeveaux de soie filée; chaîne de soie filée double; écheveau de soie filée à la Piémont, &c.

204 *Margarit, F.* Fab. Barcelone.—Soie filée.

205 *Garcia, J.* Fab. Murcie.—Spécimens de soie filée.
206 *Ferrer & Cie.* Fab. Roda, Barcelone.—Filoselle.
207 *Rey & Cie.* Fab. Talavera.—Soie filée.
208 *Monfort, F.* Fab. Torrente del Cinca, Huesca.—Soie filée.
209 *Conseil d'Agriculture de Valence*—Soie filée.
210 *Trenor, T.* Fab. Valence.—Echantillons de soie filée.
211 *Reynoso, M.* Fab. Valladolid.—Soie filée.
212 *Giner, J.* Fab. Villa Real, Castellon.—Echantillons de soie filée.
213 *Alcalá, Veuve, & Fils,* Fab. Talavera.—Fil de soie; étoffes de soie.
214 *Orduna, V.* Fab. Valence.—Echantillons d'étoffes de soie, pour draperies; brocatelle; étoffes pour robes, en gros de chine et de damas; velours; velours de fantaisie pour gilets; coupons de velour et de damas pour gilets.
215 *Dotres, Gaspar & Cie.* Fab. Valence.—Echantillons de soie filée, (jaune et blanche).
216 *Roig, J.* Fab. Barcelone.—Echantillon d'étoffe de soie, imitant l'image gravée de Jésus Christ dans le tissu.
217 *Amigo, R.* Fab. Barcelone.—Pièces d'étoffes de soie pour parapluies.
218 *Castillo, M.* Fab. Séville.—Echantillons d'étoffes de soie.
219 *La Société Manufacturière des Corps des Métiers,* Fab. Talavera et Ezcaray.—Tissus en soie et or.
220 *Rodriguez Leal, R.* Plasencia.—Spécimens de soie filée.
221 *Fiter, J.* Fab. Barcelone.—Blondes, grands fichus de blonde noire à fleurs; mantille de blonde noire; voiles en blonde blancs et noirs.
222 *Fiter,* Barcelone.—Robe et châle de blonde noire, avec fleurs de couleur.
223 *Margarit & Ena,* Fab. Barcelone.—Echarpe en dentelle noire; robe composée du corsage, jupe, manches, &c.; voile en blonde blanche; mantilles de blonde noire, &c.
224 *Municio, Casla,* Ségovie.—Echantillons de laine.
225 *Montero, S.* Séville.—Echantillons de laine fine non lavée.
226 *Huelve.*—Laine fine des troupeaux de la Sierra de Andevalo.
227 *Société Economique de Tudela.*—Laine (dite churra).
228 *Barrasa, M.* Valladolid.—Laine blanche lavée; id. cardée; laine brune lavée; id. peignée.
229 *Saragosse.*—Laine blanche et noire, et filés de laine de Ejea.
230 *Hernandez, J.* Prod. Madrid.—Laine blanche et noire.
231 *Delgado, D.* Saragosse.—Poil de lièvre et de lapin.
231A *La Municipalité de Lucena,* Castellon.—Couverture de laine.
232 *La Municipalité de Morella,* Fab.—Sacs de voyages, en canevas; manteau de voyage; deux ceintures.
233 *L'Alcalde de Santa-Maria de Nieva-Ségovie,* Fab.—Gros draps pour habillemens d'hiver, première et deuxième qualités.
234 *La Société Economique (Amicos del Pais),* Iles de Bisayas, Iles Philippines. — Pièce d'étoffe "yloylo;" tissus pour blouses; pièce et châle de "jusi."
235 *Ile de Luzon.*—Tablier; mouchoirs de poche; chemisettes; cols et manchettes, brodées; robes et châles; porte-cigares; couronne de chapeau, de fibres de "bejuco."
236 *Smith, Constable & Cie.* Liverpool.—Robe de "pina" brodée par Mlle Margarito, de Manille (Isles Philippines).
237 *Gilart, R.* Dess. et Fab. Madrid.—Bouclier des armes royales d'Espagne, en soie, or, et argent; destinée à feu le prince des Asturies.
238 *Mme. G. M.* Madrid.—Chemise brodée.
239 *Bescanzas, F.* Corogne.—Crême de tartre; tartrate de potasse.

240 *Zabala, P. V.* Vitorie.—Vert de Schweinford; tous les matériaux employés sont de production espagnole.
241 *Flores, Calderon & Cie.* Burgos.—Résine et esprit de térébenthine.
242 *Santo, A. C.* Havanne.—Produits chimiques.
242A *Canales, J.* Malaga.—Essence de citrons.
243 *Léon y Rico, E.* Fab. Madrid.—Savon dur, fait à froid.
244 *Giró, J.* Fab. Malaga.—Savon marbré.
245 *Bert, J.* Fab. Madrid.—Acides; bougies stéariques communes.
246 *Bert, J.* Directeur de la fabrique de l'Etoile; Madrid.—Bougies stéariques, dittes de cire végétale ou d'huile; savon d'huile blanc; savon d'oleine jaune.
247 *Golferichs, J.* Barcelone.—Gaz portatif, inodore, et brûlant sans fumée.
248 *La Fabrique centrale de Tabac,* Manille.—Spécimens de cigares et cigarettes de différentes espèces.
249 *Taren, J. A.* Havanne.—Bandages divers.
249A *Vignaux, P. J.* Fab. Barcelone.—Peaux corroyées, pour bottiers; cuirs vernis, pour souliers; peaux glacées, pour chapeliers; cuirs, pour selliers, harnacheurs et carrossiers.
249B *Roig, S.* Fab. Barcelone.—Peaux fines teintes en couleurs diverses et doré.
250 *La Société économique de Manille.*—Tabac cagayan en feuille, le seul qui soit manufacturé pour l'exportation.
251 *Partagas & Cie.* Havanne.—Cigares.
252 *Carreras y Alberich, J.* Barcelone.—Peignes pour métiers.
253 *Deu, G.* Fab. Barcelone.—Cardes pour tisserands.
253A *Sastre, C.* Lorca.—Drap de laine.
253B *Mendez, J.* Lorca.—Drap de laine.
253C *Cruz Arcas, N.* Lorca.—Drap de laine.
253D *Moreno, Frères,* Fab. Antequera.—Bayettes.
253E *Trueba-y-Campo,* Fab. Santander.—Drap de laine de la manufacture de Renedo.
254 *Aleman, P.* Fab. Ezcaray. — Cardes pour tisserands.
255 *Sastachs, J.* Fab. Barcelone.—Toiles métalliques; moules à papier.
256 *Belmonte, R.* Salamanque. — Deux chapeaux de feutre.
256A *Ybarra, J.* Fab. Placencia.—Limes.
257 *Callejo, J.* Fab. Madrid.—Serrurerie.
258 *Villardet & Callejas,* Fab. Valladolid.—Gants en peau de chevreaux et d'agneaux.
258A *Baeches, C.* Fab. Madrid.—Etriers.
259 *Sanchez Pescador, & Miguel, F. de,* Fab. Madrid.—Lit en acier fondu, avec ornements en bronze, ciselés et dorés.
260 *Miguel, F. de,* Fab. Madrid.—Lits en fer avec ornements dorés et incrustés.
261 *Moratilla, F.* Madrid.—Saint Sacrement, en argent doré, incrusté de pierres précieuses.
262 *Bureau de l'Artillerie Royale,* Madrid.—Un obusier de 16 pouces en fer forgé et un mortier de neuf pouces en fer forgé, fabriqués à Onate par les Carlistes.
263 *Fonderie Royale de Canons,* Séville.—Un obusier allongé de neuf pouces de calibre.
264 *Zuloaga, E.* Madrid.—Plaques en fer, ciselées et damasquinées avec or et argent, pour former la reliure d'une titre de noblesse.
264A *Zuloga, E.* Fab. Eibar.—Deux paires de pistolets et deux couteaux de chasse, avec leurs accessoires, en fer forgé avec incrustations; sabre de cavalerie, damasquiné avec or et argent; fusil à deux coups, monté à l'anglaise; fusil monté à l'espagnole.
265 *L'Artillerie Royale,* Plasencia.—Fusil de munition pour l'infanterie, à percussion, avec sa bayonette.

266 *L'Artillerie Royale*, Tolède.—Neuf lames d'épées et de sabres pour l'armée ; hallebarde ancienne gravée et dorée ; poignard émaillé et damasquiné ; épée dans une gaine en forme de serpent.

287 *Ysasi, M.* Londres.—Epée d'une extrème élasticité fourrée dans une gaine d'argent en forme de serpent, de la manufacture royale de Toledo.

288 *Ibarzabal, G.* Fab. Biscay.—Deux fusils de chasse.

269 *Aretio, G.* Fab. Biscay.—Deux fusils de chasse.

270 *Medina, M.* Fab. Madrid. —Secrétaire avec incrustations.

270A *Garate, M.* Fab. Biscay.—Un pistolet à six canons.

271 *Oppelt, E.* Fab. Malaga.—Instruments d'optique.

271A *Perez,* Inv. et Fab. Barcelone.—Table octogone, de bois incrusté, composée de 3,000,000 pièces. Les armes royales d'Angleterre seules, occupant un espace de trois pouces sur deux, en contiennent 53,000.

272 *Gallegos, J.* Inv. et Fab. Malaga.—Harpe-guitare.

272A *Settier, B.* Fab. Valence.—Chapeaux de paille.

273 *Cort-y-Marti, P.* Inv. et Fab. Madrid.—Appareil orthopédique. Formes pour souliers.

274 *Léon, J.* Fab. Madrid.—Dents artificielles.

274A *Sena Sorni, F.* Fab. Valence.—Rubans pour décorations et franges.

275 *Yraburu, G.* Fab. Madrid.—Décorations espagnoles.

276 *Mir Frères,* Fab. Barcelone.—Garnitures en passementerie.

280 *L'Artillerie Royale,* Trubia.—Buste en fonte de S.M. le Roi d'Espagne.

281 *Naury, J. B.* Prod. Madrid.—Groupes en bronze, représentant un incident de combat de taureaux ; bronze représentant un Picador.

281A *Gutierez de Leon R.* Dess. et Fab. Malaga.—Trois figures en terre cuite.

282 *Pena, A.* Fab. Madrid.—Figures en terre cuite.

283 *Contreras, R.* Aranjuez.—Arabesques : détails de l'Alhambra de Grenade.

284 *Ysasi, M.* Londres.—Pièce originale d'un des murs de l'Alhambra.

285 *Timénés, M.* Madrid.—Deux tableaux en mosaïque de bois.

286 *Pascual y Abad, A.* Fab. Valence.—Peintures pour éventails.

287 *Mitjana, R.* Fab. Malaga.—Eventails et peintures pour éventails.

289 *Mata Aguilera, J.* Madrid.—Modèle de la moitié du Cirque des combats de Taureaux à Madrid, avec 4,000 figures, en bois, représentant divers incidents de ces fêtes.

ETATS-UNIS D'AMERIQUE.

M. *Edouard Riddle,* Commissaire. M. *N. S. Dodge,* Secrétaire.

1 *Baker, S.* Inv. Portsmouth, New Hampshire.—Machine à goudronner les navires, &c.

2 *La Compagnie Manufacturière d'Amoskeag,* Manchester, New Hampshire.—Etoffes de coton, pour literie et lingerie.

3 *Eastman, R.* Concord, New Hampshire.—Machine à tailler les pierres.

4 *Hauel, J.* Philadelphie, Pennsylvanie.—Parfumerie et savons de toilette.

5 *Spratt, J.* Cincinnati, Ohio.—Paratonnerres et insulateurs.

6 *Heath, G.* Prod. Delhi, Ohio.—Blé indien.

7 *Louderback, M. J.* Cincinnati, Ohio.—Pêches conservées.

8 *Mooklar & Childs,* Cincinnati, Ohio.—Tabac en feuilles.

9 *Hunter, W. M.* Cincinnati, Ohio.—Dents artificielles.

10 *Shepherd, R. A. J.* Cincinnati, Ohio.—Une chemise.

11 *Yeatman, T. H.* Cincinnati, Ohio.—Vins de Catawba.

12 *Buchanan, R.* Cincinnati, Ohio.—Vins de Catawba.

13 *Cornear, J. B. T. & J. B.* Cincinnati, Ohio.—Vins de Catawba.

14 *Williams, N. L.* Cincinnati.—Machine pour préparer le chanvre.

15 *Duhme, H.* Cincinnati.—Vins de Catawba.

16 *Huzari, R.* Cincinnati, Ohio. —Microscope composé.

17 *Barnard, J.* Lanesville, Ohio.—Brosses et balais, et chandelles adamantines.

18 *Emory, T.* Cincinnati, Ohio.—Huile de Saindoux.

19 *Frank, F.* Cincinnati, Ohio.—Huile de Saindoux.

20 *M'Gregor & Lee,* Cincinnati. —Serrure perfectionnée.

21 *Dominick, G.* Cincinnati.—Suif de bœuf et lard.

22 *Smith, H. & D.* Newark, New Jersey.—Farine.

23 *Otis, B. H.* Cincinnati, Ohio.—Machine à forer et à mortaises.

24 *Le Conseil d'Agriculture de l'Etat d'Ohio,* Prod. Columbus, Ohio.—Epis de maïs, échantillons des diverses espèces cultivées dans l'Ohio ; boîte de de maïs. Collection des produits de la géologie économique de l'état d'Ohio.

25 *Moyston, W. A.* Columbus, Ohio.—Ecureuil empaillé.

26 *Thompson, R.* Columbus, Ohio.—Charrue ; instrumens de chirurgie. Invention pour enseigner aux aveugles à dessiner et à écrire.

27 *Tillinghast, J. B.* Inv. Steubenville, Ohio.—Baratte brevetée.

28 *Eaton, C. L.* Columbus, Ohio.—Balais.

29 *Stafford, J. R.* Cleveland, Ohio.—Farine de blé séchée à la vapeur.

30 *Bartlett, R. M.* Fab. Cincinnati, Ohio.—Comptoirs pour banques et maisons de commerce.

31 *L'Imprimerie du Globe. Chapin, W. J.* Fall River, Massachusetts.—Calicots imprimés.

32 *Pope, J.* Memphis, Tennessee.—Coton égrené.

33 *Jones, White & M'Curdy,* Philadelphie, Pennsylvanie.—Dents artificielles, et or en feuilles.

34 *Billings & Ambrose* Inv. Claremont, New Hamptonshire.—Modèle de machine à souder les essieux.

35 *Lonsdale, Goddard Frères & Cie.* Providence, Rhode Island.—Cotonnades.

36 *Bazin, X.* Philadelphie.—Parfumerie et savons.

37 *Bond, S.* Memphis, Tennessee.—Coton égrené.

38 *Learned & Reynolds,* Indianopolis, Indiana.—Extracteur de farine.

39 *Palmer, F. B.* Philadelphia.—Jambe mécanique sur un nouveau principe.

40 *Brown, P. A.* Philadelphie, Pennsylvanie.—Laine fine.

41 *Lacey & Phillips,* Philadelphie, Pennsylvanie.—Sellerie et harnais.

42 *Root, M. A.* Philadelphie.—Daguerréotypes.

43 *Wetherill & Fils,* Philadelphie, Pennsylvanie. —Quatre bouteilles de produits chimiques et blanc de plomb.

44 *Morris, J. & Cie.* Fab. Philadelphie, Pennsylvanie.—Marmites en fer fondu et en fer battu ; minerai de fer ; clous faits à la mécanique.

45 *Oakford, C.* Philadelphie.—Chapeaux en feutre de castor pour cavaliers et amazones.

46 *Cornelius & Cie.* Philadelphie, Pennsylvanie. —Lampes, lustres, et appareils à gaz.

47 *Wardle, S.* Philadelphie.—Dents artificielles.

48 *Howell, & Frères,* Philadelphie.—Papiers peints.

49 *Husband, T. J.* Fab. Philadelphie, Pennsylvanie. —Magnésie calcinée.

50 *Mattson, T. W.* Philadelphie.—Malle de voyage.

51 *Crawford, H. M.* Philadelphie, Pennsylvanie. — Peaux de veau diverses.

52 *Duval, P. S.* Philadelphie.—Chromo-lithographie, translation des planches de cuivre sur pierre.

53 *Watson, G. W.* Philadelphie, Pennsylvanie.—Américaine, espèce de tilbury avec siège pour une seule personne (Sulky.)

54 *Abbey & Fils, C.* Philadelphie, Pennsylvanie. Or en feuilles.

55 *Savery, P. B.* Philadelphie.—Poteries émaillées.

56 *Yeager & Ord,* Philadelphie, Pennsylvanie.—Jambe mécanique.

57 *Lippincott, Grambo & Cie.* Philadelphie.— Livres et reliures.

58 *Hickey & Tull,* Philadelphie.—Deux malles.

59 *Meyer, C.* Philadelphie.—Pianos à chevets, avec caisses en tôle de fer.

60 *Sims, S.* Philadelphie.—Huile de foie de morue.

61 *Reynolds, R. J.* Philadelphie.—Dents artificielles.

62 *Langenheim, W. F.* Philadelphie.—Verres photographiques pour lanternes magiques.

63 *Buckingham, T. L.* Philadelphie. —Dents artificielles.

64 *M'Mullen, J.* Baltimore, Maryland.—Machines pour faire les filets, et échantillons.

65 *Hussey, O.* Baltimore, Maryland. — Machine à faucher et à moissonner.

66 *Detmold, C. E.* Prop. Lonacoming, Maryland, Massachusetts.—Fer en saumon; minerai de fer; charbon et coke.

67 *Hyde, F.* Baltimore, Maryland.—Savon de toilette.

68 *Chapman, J. L.* Baltimore, Maryland.—Verreries et cristaux.

69 *Barlow, J. C.* Lexington, Kentucky.—Un planétaire.

70 *M'Culloch, S. D.* Lexington, Kentucky.—Moutarde de Burrow.

71 *Colman, Mme. C.* Louisville, Kentucky.— Trois couvre-pieds.

72 *Perry, J.*—Narragansett, Rhode Island.—Couteaux à découper.

73 *M'Cormick, C. H.* Chicago, Illinois.—Faux dont se servent les moissonneurs de la Virginie.

74 *Peale, C. W.* Lickscherville, Pennsylvanie.—Charbon anthracite.

75 *Senneff, J.* Philadelphie, Pennsylvanie.—Navettes à tisser.

76 *Avery, Otis,* Honesdale, Pennsylvanie. — Dentisterie.

77 *Wright, W. B. & C. B.* Rochester, New York.— Machine à scier.

78 *Lloyd, L. J.* Fab. Albany.— Harnais; malle de dame en baleine; id. pour homme.

79 *Dick, D.* Imp. et Inv. 15 Buckingham Street, Adelphi, New York.—Machine à estamper; taille scie; machine à antifriction.

80 *Hurst, J. A.* Albany.—Animaux, oiseaux, et poissons empaillés.

81 *Mott, C. A.* Lansingburgh, New York.—Couleurs minérales.

82 *Grant, A. T & Cie.* Schaghticoke, New York.— Moulin à vanner.

83 *La Société d'Agriculture de l'Etat de New York,* Albany, New York.—Boîte de froment; jarre de sucre d'érable.

84 *Kirtland, B. B.* Greenbush, New York.—Maïs.

85 *La Compaynie d'Ebénistes,* Fab. Troy, New York.— Chaises à ressorts, sièges à ressorts pour wagons de chemins de fer.

86 *Smith, L.* Troy, New York.—Machine pour nettoyer le blé.

87 *Mawson, Frères,* New York.—Fourrures diverses.

88 *Starr, C.* New York.—Deux machines pour relieurs, l'une pour le dos des livres, l'autre pour les finir.

90 *Pirson, J.* New York.—Piano double; piano carré.

91 *Starbuck, N. B.* Troy, New York.—14 charrues.

92 *Page, E.* 20 West Street, New York, et 38 Eastern R. R. Wharf, Boston.—Deux avirons de 36 pieds de longueur chacun; avirons et rames.

93 *Milward, J. & Fils,* New York.—Chapeaux de Parmela, blancs.

94 *Hotchkiss, G.* Windsor, New York.—Objets divers pour scieries.

95 *St. John, J. R.* Inv. Buffalo, New York.—Compas pour déterminer les variations.

96 *Mix & Gardinier,* Schoharie, New York.—Modèle de wagon.

97 *Allen, A. B. & Cie.* Fab. Water Street, New York. Agents à Londres, Charlwood & Cummins, 14 Tavistock Row.—Baratte à thermomètre; radeaux de jardinage et d'agriculture; faulx et faucilles; charrues sous-sol et ordinaires; cultivateurs; outils et instruments divers d'agriculture.

98 *Gould, J. & Cie.* Fab. Albany, New York.—Traîneaux pour pony.

99 *Chase, Mary W.* Chatham, New York.—Herbier.

100 *Learned & Thatcher,* Albany, New York.—Fourneau-lustre pour salon; fourneau potager "âge d'or."

101 *Dean, Amos & Cie.* Albany, New York.—Boutons en argile.

102 *Pratt, W. A. & Cie.* Richmond, Virginie.—Plumes; spécimens de lithographie.

103 *Bell, T.* Morrisania, New York.—Produits agricoles; froment de diverses espèces; orge; avoine; maïs; lin; millet, &c.

104 *La Fabrique d'Amidon d'Oswego,* Auburn, New York.—Amidon de maïs, d'une beauté remarquable.

105 *Evans, O. B.* Buffalo, New York.—Daguerréotypes.

106 *Peters, T. C.* Darien, New York.—Laine de Saxe.

107 *Wells, L.* Rochester, New York.—Outils aratoires.

108 *Leask, Mme.* Albany, New York.—Ouvrages à l'aiguille, couverture de berceau, chemise brodée, pantoufles, &c.

109 *Mead & Brothers,* New York.—Daguerréotypes.

110 *Brown, G. S.* Inv. New York.—Bretelles.

111 *Fenn, J.* New York.—Objets en ivoire.

112 *L'Institut National des Aveugles,* New York.—Ouvrages en osier et soie, exécutés par des aveugles.

113 *La Compagnie pour la Fabrication du verre et du cristal (Flint Glass)* Brooklyn, New York.—Cristaux appelés flint glass.

114 *Hecker & Frères,* Croton Mills, New York.—Vingt boîtes de farine de froment granulé; farine pour boulangerie, &c.

115 *Pell, R. L.* Pelham, New York.—Bois d'Amérique et autres.

116 *Jeffers, W. H.* New York.—Souliers guêtres à semelle de liège, souliers et pantoufles brodées, &c.

117 *Tuckerman, E. G.* Prop. New York.—Modèle de machine pour tremper les scies.

118 *Jennings & Cie.* New York.—Habit noir, drap américain; pantalons casimir noir.

119 *Simmons & Cie.* New York.—Haches et outils tranchants.

120 *Chevalier, J. D.* New York.—Instrumens pour chirurgiens dentistes.

121 *Seabury, J. & J. L.* Fab. New York.—Vernis pour fourneaux.

122 *Putnam, G. P.* New York.—Livres et reliures.

123 *Walker, E. & Cie.* New York.—Spécimens d'impressions et de reliures.

124 *Herring, S. C.* New York.—Coffre fort en sala-mandre.

125 *Gavit, D. E.* New York.—Daguerréotypes.

126 *Les Usines des Bassins Atlantiques*, Brooklyn, New York.—Farine de blé indien.

127 *Rogers, J.* New York. — Registres télégraphiques et clefs.

128 *Raymond & Schuyler*, West Farms, New York.—Barrique de farine de froment de Gennessee ; orge perlée.

129 *Commeford & Redgate*, Prop. New York.—Quatre chaises.

130 *Leary & Cie.* New York.—Chapeaux.

131 *Blakeslee, J.* Prod. North Castle, New York.—Laine de mérinos.

132 *D'Avignon, F.* Dess. New York.—Lithographies.

133 *Clirchugh, V.* Fab. New York.—Perruques de substances filamenteuses (gossamer.)

134 *Brown, L.* Fab. Brooklyn, New York.—Six plumes en or, porte-plumes.

135 *Woodcock, F.* Brooklyn, New York.—Tapis en toile cirée.

136 *Frisbie, M. J.* New York.—Souliers en caoutchouc.

137 *Brady, M. B.* New York.—Daguerréotypes.

138 *Arrowsmith, G. A.* Prop. New York.—Serrures incrochetables de Jennings.

139 *Dix, E. R.* Prod. Vernon, New York.—Produits agricoles : guano, maïs, blé, sucre d'érable, &c.

140 *Gwynne, J. S.* Inv. et Fab. New York, et 1 Agar Street, Strand, London.—Pompes centrifuges à balancier, système Gwynne, breveté.

141 *Cochran, J. W.* New York.—Machine pour faire des briques.

142 *Brady, D'Avignon & Lester*, Prop. New York.—Volume illustrant l'art de la lithographie américaine.

143 *Sherman & Smith*, New York. — Carte des Etats-Unis.

144 *Griffin, D.* New York.—Modèle de roue hydraulique, fourneaux, &c.

145 *Bullock, S. W. & J.* New York.—Pressoir automoteur à huile.

146 *Ericsson, J.* New York.—Instrumens de marine et de précision.

147 *La Companie des Ponts-de-Fer*, New York.—Pont en fer.

148 *Emory & Cie.* Albany, New York.—Semoir.

149 *Moore, D. D. T.* Watervliet, New York.—Balais.

150 *Jeffrey, A.* Canandaguia, New York.—Peintures à l'huile, fleurs sauvages de l'ouest de New York.

151 *Lawrence, M. M.* New York.—Daguerréotypes.

152 *Benjamin, J. R.* New York.—Bandages élastiques.

153 *Hawes, G. E.* New York.—Dentisterie.

154 *Hotchkiss & Prescott*, Fab. Phelps, New York.—Farine de maïs séchée au four.

155 *Leach, M. S. & H. J.* Fab. Lyons, New York.—Farine de Gennessee surfine.

156 *Hotchkiss, H. G. & L. B.* Fab. Lyons, New York.—Huile de menthe.

157 *Hill, C. J. & Fils*, Fab. Rochester, New York.—Farine de Genessee extra-fine.

158 *Harmon, A.* Clifton, New York.—Farine superfine de Genessee.

159 *Leech, D.* Leechburgh, Pennsylvanie.—Farine de froment.

160 *Tourey, P.* Tuscaloosa, Alabama.—Minéraux.

161 *Inslee, J. A.* Lafayette, Indiana.—Plateaux de balances.

162 *Gating, R. J.* Indianopolis, Indiana.—Semoir.

163 *La Compagnie pour l'Exploitation des fers des montagnes du Missouri.* St. Louis, Missouri.—Minerai de fer.

164 *Merriweather, J. B.* Montgomery, Alabama. — Coton ; riz ; blé ; farine.

165 *Gamble & Frères, J. K.* Fab. Philadelphie.—Maroquins de diverses qualités et couleurs ; maroquins de peaux d'Amérique, des Indes et autres pays.

166 *La Compagnie pour l'exploration et l'exploitation des mines de New Jersey*, Prop. Newark, New Jersey.—Zinc, fer, acier et autres métaux et minerais.

167 *Compagnie*, Trenton, New Jersey.—Fil de fer ; rivets.

168 *Heinizch, R.* Newark, New York.—Ciseaux ordinaires, pour tailleurs, pour tondre.

169 *Treese, T.* Greensburg, Pennsylvanie.—Mortier.

171 *Bryant, W.* Nashville, Tennessee.—Charrue sous-sol.

172 *Jones, J. V.* Charleston, Caroline du Sud.—Coton d'Upland.

172A *Jones, J. R.* Charleston, Caroline du Sud.—Coton d'Upland.

172B *Hampton, W.* Charleston, Caroline du Sud.—Coton d'Upland.

172C *Heriot, E. T.* Charleston, Caroline du Sud.—Riz mondé.

172D *Ward, J. J.* Charleston, Caroline du Sud.—Riz en épis.

172E *M'Leod, W. W.* Charleston, South Carolina.—Coton.

172F *Seabrook, W.* Charleston, Caroline du Sud.—Spécimens de coton.

173 *Jamison, V. D. V.* Charlestown, South Carolina.—Essence de térébenthine.

174 *Capers, C. B.* Ile Ste. Hélène, Caroline du Sud.—Canot taillé d'un tronc de cyprès.

174A *Artman, J.* Charleston, Caroline du Sud.—Voiture, dite phaéton.

175 *La Fabrique de Graniteville*, Graniteville, Caroline du Sud.—Etoffes pour chemises et coutils.

175A *La Manufacture de Charleston*, Charleston, Caroline du Sud.—Toile de coton pour chemises et literie.

176 *Bell, E. B.* Charleston, Caroline du Sud.—Echantillons de bois de cèdre Palmetto, chêne et autres.

176A *De Saussure, J. B.* Prod. Charleston, Caroline du Sud.—Bois de gomme douce.

177 *La Compagnie du Chemin de Fer Caroline du Sud* R. R. Charleston, Caroline du Sud.—Table ronde.

177A *Mellichamp, Mary H.* Charleston, Caroline du Sud.—Paniers.

178 *Nailor, J.* Vicsburgh, Missouri.—Coton.

179 *Mitchell, G. D.* Vicsburgh, Missouri.—Coton.

180 *La Compagnie pour l'Exploitation des pierres saponacées*, Baltimore, Maryland.—Pierre saponaire ; tube pour bain ; pierre, &c.

181 *James & Chapman*, Crawford County, Missouri.—Fer et minerai de fer.

182 *Stratton, W. J.* Glasgow, Howard County, Missouri.—Tabac manufacturé.

183 *Albro & Hoyt*, Elizabethtown, New Jersey.—Tapis en toile cirée.

184 *Bryant, W.* Nashville, Tennessee.—Cardes pour laine et coton.

185 *Wright, G. W.* Californie.—Machine à vapeur pour broyer le quartz.

186 *Walbridge, H.* Californie.—Minerai d'or et autres.

187 *Burt, W. A.* Mount Vernon, Macomb county, Michigan.—Compas solaire de Burt.

188 *Ewing, J. H.* Prop. Washington, Pennsylvanie.—Laines.

189 *Gevelot, —*, Philadelphie.—Un médaillon.

190 *Clinton, E.* Philadelphie, Pennsylvanie.—Brosse à cheveux et à habits.

191 *Darling, W.* Prop. Reading, Pennsylvanie.—Fer et minerai de fer.

192 *Hopkins, J. M.* Brock, Pensylvanie.—Fer en saumon.

193 *Ragan, W.* Philadelphie.—Fauteuils à dos mobiles.

194 *Star, E.* Philadelphie, Pennsylvanie.—Matrices pour imprimer les billets de banque et stéréotyper.

195 *Dunton, J. H.* Philadelphie, Pennsylvanie.—Bois de lit en cèdre rouge.

196 *Vine & Ashmead,* Hartford, Connecticut.—Machine à battre l'or.

197 *Sibley, S.* Hopkinton, New York.—Laine de Saxe des troupeaux de l'exposant.

198 *Wooolman, E.* Inv. Damascoville, Ohio.—Portière de voiture, pouvant être ouverte sans déranger le siège de la voiture.

199 *Longworth, N.* Cincinnati, Ohio.—Vin de Catawba et autres.

200 *Schooley & Hough,* Cincinnati, Ohio.—Jambons et épaules de porc.

201 *Perkins & Brown,* Akron, Ohio.—Laine fine à peigner.

202 *Morrell, Stewart & Cie.* Cincinnati, Ohio.—Fer en feuille fabriqué de minerai de fer natif.

203 *Salt & Mear,* East Liverpool, Ohio.—Vases en argile à briques.

204 *Schumans, C. A.* Cincinnati, Ohio.—Vins de Catawba.

205 *Wisdom, R. & Whitman,* Cleveland, Ohio.—Crin bouclé.

206 *La Compagnie d'Assurance contre l'Incendie, de l'Ouest.*—Nouvelle voiture.

207 *Trotman, J.* Cincinnati, Ohio.—Bois pour sellerie.

208 *Holbrook & Stanley,* Fab. Cincinnati, Ohio.—Huile de saindoux obtenu au moyen de la vapeur, pour graisser les machines ou pour usage domestique.

209 *Hugget, J. jeune,* Columbus, Ohio.—Rabot à rainures, perfectionné pour menuisiers.

210 *De Bonneville, M.* Providence, Rhode Island.—Feuilles d'Automne.

211 *Bretts, S. G.* Gilmanton, New Hampshire.—Clous et pointes pour souliers.

212 *Read, C. A.* Oneida County, New York.—Modèle de machine à foulons cannelés.

213 *Ross, C.* Rochester, New York.—Moulins portatifs perfectionnés.

214 *Ambler & Avery,* New York.—Articles pour dentistes.

215 *Disturnell, J.* New York.—Cartes des Etats-Unis et de l'Etat de New York.

216 *Brown, S.* New York.—Dentisterie.

217 *Godwin, T.* New York.—Inventions mécaniques.

218 *Hiler, S.* New York.—Rampes d'escalier, rivets en cuivre.

219 *Armstrong, S. T.* New York.—Pontons en caoutchouc gonflés d'air.

220 *Alcock, J.* New York.—Objets de dentisterie.

221 *Lyon, E.* New York.—Poudre magnétique pour la destruction des insectes.

222 *Brooks, W. T.* New York.—Indicateur, système Jackson.

223 *Harrison, C. C.* New York.—Chambres obscures pour daguerréotypes.

224 *Thompson, W. M.* New York.—Poinçons, coins et empreintes pour relieurs.

225 *Pooley, S. J.* New York.—Deux services de table en miniature, a incrustations de nacre; couteaux de table; ciseaux; forceps; rasoirs; canifs, &c.

226 *Griffith, J. W.* New York.—Modèle d'un bateau à vapeur transatlantique; traité d'architecture maritime.

227 *Thornton, F.* New York.—Chemises et lingerie.

228 *Barton, C. D.* Keesville, New York.—Echantillons de minerai de fer; oxyde magnétique de fer du Pérou, &c.

229 *Tuckerman, E. G.* Prop. New York.—Cercueil hermétique, conservant les cadavres intacts; boîte à conserver les fruits.

230 *Pease, R.* Albany, New York.—Lithographies.

231 *Higginbotham, L. C.* Vernon, New York.—Machine à vapeur en miniature, faite par un jeune homme de 16 ans, ne connaissant aucune notion de mécanique.

232 *Genin, J. R.* Fab. New York.—Six chapeaux et six bonnets.

233 *Blake, W.* Inv. New York.—Peinture à l'épreuve du feu.

234 *Clark, R.* New York.—Farine d'avoine.

235 *Parker & Brown,* Utica, New York.—Balle de laine fine.

236 *Allen, G. F.* Prop. Utica, New York.—Fusil télescopique ou à coulisse.

237 *Smead, C.* New York.—Télégraphe imprimeur.

238 *Thompson, S. L.* Setauket, Long Island.—Froment.

239 *Ulrici, R. W.* St. Louis, Missouri.—Minerai de plomb.

240 *Whiteman, E.* Baltimore, Maryland.—Hache-paille.

241 *Thompson, Rev. Z.* Burlington, Vermont.—Bois de Vermont.

242 *Cook, J.* Burlington, Vermont.—Draps de Burlington.

243 *Williams, Mary,* Woodstock, Vermont.—Feuilles d'automne.

244 *Parmenter, E.* Mechanicville, Vermont.—Placage en racine d'érable.

245 *Dean, L.* Prod. Manchester, Vermont.—Sucre d'érable, et mélasse de sucre d'érable.

246 *Barnes, W.* Rutland, Vermont.—Sucre d'érable en boîtes d'étain.

247 *Cain, J.* Fab. Rutland, Vermont.—Crayons en ardoise.

248 *Pech, Mme. C. P.* Burlington, Vermont.—Bas de soie.

248A *Pierce, Mme. J. S.* Burlington.—Foulards.

249 *Penniman, U. H.* Colchester, Vermont.—Pierre à chaux pure.

250 *Catlin, H. W.* Burlington, Vermont.—Farine de froment.

251 *Benjamin, J. R.* St. Albans, Vermont.—Bandages à ressorts en cuivre.

252 *M'Lenan, E.* Newbury, Vermont.—Poli américain, fort supérieur à l'émeri.

253 *Kitteridge, F. O.* Mount Vernon, New Hampshire.—Matelas en cosses de blé.

254 *Remers, P.* Pittsburg, Pennsylvanie.—Buste de l'Evêque Upfold.

255 *Hall & Spear,* Pittsburgh, Virginia.—Charrue à train en fer.

256 *Eakins, S.* Pittsburg, Pennsylvanie.—Hydromètre galvano-plastique.

257 *Baher, A.* Honesdale, Pennsylvanie.—Pompe.

258 *Rogers, C. B.* Philadelphie, Pennsylvanie.—Charrue.

259 *Brown & Wells,* Philadelphie, Pennsylvanie.—Outils.

260 *Hart, Montgomery & Cie.* Philadelphie, Pensylvanie.—Papiers de teinture.

261 *Pulsifer, J. S.* Orwigsburg, Pennsylvanie.—Un alphabet.

262 *Power & Weightman,* Philadelphie, Pennsylvanie.—Produits chimiques.

263 *Fisher, T.* Philadelphie, Pennsylvanie.—Diagrammes mathématiques et physiques.

264 *Pratt, W. A. & Cie.* Richmond, Virginie.—Daguerréotypes.

265 *Robinson, P.* Richmond, Virginie.—Tabac manufacturé.

266 *Miles, G. C.* Richmond, Virginia.—Selles de cavaliers et d'amazones.

267 *Sims, E. W.* Buckingham County, Virginie.—Minerai de fer.

268 *Hardgrove, T. S. & Fils,* Richmond, Virginie.—Tabac manufacturé.

269 *Braxton, C.* Hanover County, New York.—Marne verte.

270 *L'Institut pour les Aveugles,* Stanton, Virginie.—Livres et types.

271 *Cocke, Gen. J. H.* Fluvanna County, Virginie.—Minerai de fer et pierre saponacée.

273 *Dill & Mulchahey,* Prod. Richmond, Virginie.—Tabac manufacturé.

274 *Sims, E. H.* Buckingham County, Virginie.—Ardoises pour toitures.

275 *Sims, E. H.* Buckingham County, Virginie.—Dalle d'ardoise.

276 *Jennings & Claghorn,* Richmond, Virginie.—Selle pour cavalier.

277 *Hobson, F.* Buckingham county, Virginie.—Minerai d'or.

278 *Patteson, R. S.* Buckingham County, Virginie.—Minerai de fer.

279 *Faber, W.* Prop. Nelson County, Virginie.—Minerais.

280 *Faker, W.* Nelson, Virginie.—Echantillon de galène et d'argent combinés.

281 *Anderson, J. R. & Cie.* Richmond, Virginie.—Minerai de fer.

282 *La Compagnie de la Manufacture du Belvédère.*—Richmond, Virginie.—Papier à enveloppes.

283 *Brown,—,* Buckingham County, Virginie.—Quartz rocheux.

284 *Grant, J. H.* Fab. Richmond, Virginie.—Tabac.

285 *Maupin, S.* Richmond, Virginie.—Minéraux.

286 *Farrington, A. C.* Prop. Newark, New Jersey.—Apatite et minéral pur de Franklinite.

287 *Dumont, J. S.* Patterson, New Jersey.—Peluche soie pour chapeaux.

288 *Morgan, J. S.* Tuscumbia, Alabama.—Coton.

289 *Collyer, H. W.* Gov., Prop. Montgomery, Alabama.—Minéraux réunis et envoyés par les soins du Gouverneur de l'Etat d'Alabama.

290 *Steere, E.* Providence, Isle de Rhode.—Cirage.

291 *Ambler & Avery,* Honesdale, Pennsylvania.—Pièces mécaniques pour dentistes.

292 *Taylor, H. P. & W. C.* Philadelphie, Pennsylvanie.—Savons transparents imitant les verres de couleur.

294 *Hayward, Rubber & Cie.* Colchester, Connecticut.—Bottes et souliers en caoutchouc.

295 *Goodyear, Rubber & Cie.* Nangatuck.—Caoutchouc.

296 *Pennfield & Camp,* Middletown, Connecticut.—Pellicule liquide médicamentée.

297 *Cochran, J. W.* New York.—Machines à scier les mats et les pierres.

298 *Day & Newell,* New York.—Serrure de sûreté incrochetable.

299 *Lathrop, J.* Le Roy, New York.—Froment de Gennessee.

300 *Finch, H.* Fab. Honeoye, New York.—Farine de blé de Gennessee.

301 *Colegate, W. & Cie.* New York.—Amidon perlé.

302 *Gray, le Dr.* New York.—Yeux mécaniques.

303 *Simmons, Mme. W.* New York.—Modes.

304 *Gardner, J. N.* Troy, New York.—Etrilles.

305 *Oyler & Anderson,* Lynchburgh, New York.—Tabac manufacturé avec de la manne.

306 *Macy, J. & Fils,* New York.—Spermaceti et bougies.

307 *Pecare & Smith,* New York.—Pistolets, montés en ivoire, acier et or.

308 *Day, H. H.* New York.—Articles divers en caoutchouc.

309 *Bougard, C.* New York.—Ouvrages en cheveux, perruques.

310 *Colton, J. W.* New York.—Mappe-monde.

311 *Hannington, W. J.* New York.—Verre peint pour croisées.

312 *Boole, L. H.* New York.—Modèle de navire.

313 *Spaulding, J.* New York.—Couverture en soie.

314 *Rousseau, A. J.* Troy, New York.—Minerai de fer.

315 *Basham, F.* New York.—Modèle en plâtre de la Bourse de New York.

316 *Holmes, G. L.* Memphis, Tennessee.—Coton égrené.

317 *Remsburgh, J.* Frederick County, Maryland.—Maïs et froment.

318 *Cooke, W. & Fils,* Baltimore.—Tabacs en feuilles.

319 *Owens, J.* Arundel County, Missouri.—Tabac en feuilles.

320 *Getsinger, M. R.* Charleston, South Carolina.—Broderies et ouvrages à l'aiguille.

320A *Golding, M. C.* Spartanburg, South Carolina.—Couverture piquée, style de Marseilles.

320B *Peckham, J.* Columbia.—Canne à pomme d'or.

320C *La Compagnie pour la fabrication des fers Suédois.*—Minerai de fer ; clous ; oxyde magnétique.

320D *Seabrook, W.* Charleston, Caroline du Sud.—Coton et graines de coton.

320E *Horry, W. B. C.* Charleston, Caroline du Sud.—Maïs en épis.

320F *Tew, H. S.* Charleston.—Balais.

321 *Colt, S.* Hartford, Connecticut.—Armes à feu.

322 *Havenner, T. H.* Washington.—Pain et épices.

323 *La Compagnie de la Wayne du Nord, pour la fabrication des faux,* South Wayne, Massachusetts.—Faux.

324 *La Compagnie Manufacturière de Wasselboro,* New Vasselborough, Maine.—Cachemire de laine d'Amérique.

325 *Warwick & Otey,* Lynchburgh, Virginie.—Tabac manufacturé.

326 *Rowe, M. & J. M.* Philadelphie, Pennsylvanie.—Balais.

327 *La Companie du Chemin de fer en Pennsylvanie,* Philadelphie, Pennsylvanie.—Modèle d'aqueduc.

328 *Robins & Lawrence,* Windsor, Vermont.—Fusils.

329 *Bagby, Gouv. A. P.* Montgomery.—Coton brut.

330 *Lak, D.* Memphis, Tennessee.—Coton égrené.

331 *Holmes, J. E.* New York.—Modèle de machine à hisser les rochets pour horloges.

332 *Lee, W.* New York.—Minerai de fer spathique.

333 *Tuckerman, E. G.* Prop. New York.—Serrure de sûreté de Butterworth.

334 *Browne & Lambert,* Prop. New York.—Deux lits de camp portatifs.

335 *Bartholomew, F. H.* New York.—Cylindre hydraulique de sûreté.

336 *Ryle, J.* Patterson, New Jersey.—Soie floche et à coudre.

337 *Chatain, H.* New York.—Moulures débitées à la mécanique.

338 *Eastman, W. P.* Newark, New Yersey.—Machine à tisser.

339 *Sibell & Mott,* New York.—Livres de commerce.

340 *Haskell, Merrit & Buel,* Fab. New York.—Drogues en poudre.

341 *Oliver, T.* New York.—Patrons pour tailleurs.

342 *Hotchkiss, W.* Lewiston, Kentucky.—Froment d'hiver.

343 *Hillyer, V.* New York.—Farine de froment.

344 *La Compagnie des Forges "Adirondac,"* Newark,

New Jersey.—Fer et acier; saumons de métaux décarbonisés : barres de fer et d'acier.

345 *Sperry, H.* New York.—Horloge.

346 *Gibson, W.* New York.—Vitraux peints.

347 *Palmer, W. R.* New York.—Fusils.

348 *Wadsworth & Sheldon,* New York.—Bœuf conservé de qualité supérieure.

349 *Monahan, & Beers.* New York.—Boîte de tabac.

350 *Barlow & Beers.*—New York.—Dentisterie.

351 *Batty, T.* New York.—Maillet perfectionné.

352 *Fox & Polhemus,* New York.—Toile à voile en coton.

353 *Baron, Frères,* New York.—Échelle de sauvetage.

354 *Winship, A. H.* Choctaw Nation, Arkansas. — Marque de livre ou paginaire.

355 *Asher, A.* Fab. New Orleans, Louisiane.—Machine pour faire la glace.

356 *Dennington, C. L.* New York.—Modèle d'une église flottante.

357 *Richards, B. W.* Philadelphie.—Plombagine.

358 *Clingman, T. L.* Ashville, Caroline du Sud.—Plombagine.

359 *Olmsted, Mme. John,* Hartford, Connecticut.—Feuilles d'arbres forestiers d'Amérique dans leurs couleurs naturelles.

360 *Cowperthwaite & Cie.* Philadelphie.—Cartes géographiques.

361 *Watson, G. W.* Philadelphie.—Voiture américaine à une seule place, (sulky).

362 *M'Alister & Tannehill,* Louisville, Kentucky.—Moutarde.

363 *Duffield, C.* Prop. Louisville, Kentucky.—Jambons fumés.

364 *Hill, J.* New York.—Malle de voyage.

365 *M'Weeny, M.* New York.—Serre chaude de salon, portative.

366 *Lord, L. & Cie.* New York.—Savon.

367 *Stanton, D.* New York.—Calligraphies.

368 *Macy, Stanton & Cie.* New York.—Cachemire de laine.

369 *Whitlock, B. M.* New York.—Tabac de la province Henry.

370 *Baron, Frères,* New York.—Soufflets de forge.

371 *Le Comité de l'État de Maryland.*—Secrétaire en bois de Maryland.

372 *Fryer, F.* Baltimore, Maryland.—Appareil à glace pour confiseurs.

373 *Roy, W. L.* New York.—Douze dictionnaires Hébreux.

374 *Nunns & Clark,* Dess. et Fab. New York.—Deux pianos.

375 *Hanley, J.* New York.—Clefs perfectionnées pour serrures de portes.

376 *Hitchcock, W. L.* New York.—Faux à faucher et à moissonner, de fer norwégien et d'acier fondu, de Saunderson et Cie.

377 *Whitehurst, J. H.* Baltimore, Massachusetts.—Daguerreotype: la chute du Niagara.

378 *Goodyear, C.* New Haven, Connecticut.—Articles divers en caoutchouc.

379 *Usher, R.* Louisville, Kentucky.—Poitrines de bœuf.

380 *Brady, W. N.* New York.—Deux volumes "Kedge Anchor," ouvrage théorique et pratique de l'art nautique.

381 *Jacot & Courvoisier,* New York.—Montre de chasse en or.

382 *Church & Chittenden,* New York.—Souliers en caoutchouc.

383 *Tuph, J.* New York.—Chaises en jonc.

384 *Maxwell, Mlle.* New Jersey.—Feuilles d'automne.

385 *Haight, Mme. E.* New York.—Chemise brodée; id. piquée.

386 *Hayden, W.* Willimantic, Connecticut.—Machine à tirer le coton.

387 *Newton, I.* Philadelphie.—Maïs.

388 *Wilder, A. A.* Detroit, Michigan.—Machine à rotation à cylindre; sifflet pour phares, en temps de brouillard.

389 *Ludland, H.* Prod. New York.—Tabacs.

390 *Phalon, E.* Fab. New York.—Ouvrages en cheveux; perruques et toupets.

391 *Bachman, J.* New York.—Vues de New York et Brooklyn.

392 *Stephens, H.* New York.—Deux jarres de pêches conservées.

393 *Stewart & Cie. J. J.* New York.—Tabacs.

395 *Tobit, J. H.* New York.—Types combinés.

395A *Bache, Professeur A. D.* Washington.—Types de poids, mesures et balances.

396 *Wood & Tomlinson,* New York.—Voiture de chasse.

397 *White, M.* Nouvelle Orléans.—Sucre; poivre; chanvre.

398 *Rallings, Mme. W.* New York.—Modes.

399 *Hobart & Robins,* Boston.—Un livre.

400 *Reed, Chadwick & Dexter,* Boston.—Draps pour impression.

401 *Baker, W. R.* Lowell, Massachusetts. — Cirage liquide et en tablettes.

402 *Newman, H. J.* Andover, Massachusetts.—Imitations de bois.

403 *Upham, Appleton & Cie.* Boston, Massachusetts.—Guingams, cachemires, &c.

404 *Proutry & Mears,* Boston.—Charrues.

405 *Gray, T. & Cie.* Boston, Massachusetts.—Echantillon de sable pour verrerie.

406 *Sayle, Merriam & Brewer,* Boston.—Etoffes de coton.

407 *Parker, Wilder & Cie.* Boston.—Couvertures de lit.

408 *Ward, W. & J. W.* Boston.—Minerai de cuivre.

409 *Lawrence, A. A. & Cie.* Boston.—Toiles de draps de lit, étoffes de laine, tapis.

410 *Frogg & Burbank,* Boston. — Bottes et souliers à chevilles.

411 *Breed, N. A. & Cie* Lynn, Massachusetts.—Souliers d'enfans.

412 *Shattuck, W. G.* Boston, Massachusetts.—Pupitres et chaises d'école.

413 *Prouty & Mears,* Boston, Massachusetts.—Charrues.

414 *Pond, M. & Cie.* Boston.—Fourneaux de cuisine perfectionnés.

415 *Bliss, R. & Cie.* Pawttrucke, Massachusetts.—Tournevis et autres outils.

416 *Ruggles, G. H.* Boston, Massachusetts.—Mica, ou talc, pour portières de fournaises.

417 *Chilson R. & Cie.* Boston, Massachusetts.—Fourneaux.

418 *Doe, Hazelton & Cie.* Boston.—Table de salon.

419 *Browne, C. A.* Boston.—Dents artificielles.

420 *Gassett, H.* Boston.—Echantillons de reliure.

421 *Washburn, I. & Cie.* Worcester, Massachusetts.—Cardes en laiton.

422 *Thayer, E. B.* Boston.—Chevilles pour souliers.

423 *Gates, W.* East Lee, Massachusetts.—Fourches à foin et fumier.

424 *Loring, G.* Concord, Massachusetts. — Seaux de puits et à main.

425 *Turner, T.* Weymouth, Massachusetts.—Cirage pour les bords de semelle, pour bottiers.

426 *Atwood, G. B.* Taunton, Massachusetts.—Creusets en plomb noir.

427 *Everett, A.* Middlefield, Massachusetts.—Ecuelles en bois.

428 *Lombard & Hall,* Boston.—Meules de moulin.

429 *Robinson, C. & Cie.* Lynn, Massachusetts.—Souliers et bottes.

430 *Sutton, J. A.* Boston, Massachusetts.—Poulies mécaniques.

431 *Warner, R. & Cie.* Boston.—Balais, boissellerie.

432 *Gilbert, A.* Boston.—Perruque faite de substances filamenteuses.

433 *Emerson, F.* Boston, Massachusetts.—Ventilateurs pour navires.

434 *Pond & Cie. M.* Boston.—Fourneaux potagers perfectionnés.

435 *Gilbert & Cie.* Boston.—Pianos.

437 *Paige, J. W. & Cie.* Boston, Massachusetts.—Coutils de coton écru.

438 *Hews, G.* Boston, Massachusetts.—Pianos.

439 *Howe, S. G.* Boston.—Livres pour aveugles.

440 *Bates, Hyde & Cie.* Bridgewater, Connecticut.—Machine à égrener le coton.

441 *Johnson, Sewall & Cie.* Boston, Massachusetts.—Planelles diverses.

442 *Gemunder, G.* Boston.—Violons.

443 *Woodbury, J. P.* Boston, Massachusetts.—Machine à planer.

444 *Mills, J. K. & Cie.* Boston.—Chemises fines.

445 *Maynard & Noyes,* Boston, Massachusetts.—Encres à écrire; encres typographiques.

446 *Pook, S. M.* Charlestown, Massachusetts.—Modèle de navire.

447 *L'Atelier de Machines de Lowell,* Lowell, Massachusetts.—Tour mécanique.

448 *Sowrel, A.* Woburn.—Dessins lithographiques.

449 *Darton, W.* Boston.—Modèle de navire.

450 *Skinner, F. & Cie.* Boston.—Cachemires.

451 *Whipple, J. A.* Boston.—Daguerréotypes.

452 *Cummings, J. A.* Boston.—Dentifrices.

453 *Lawrence, A. A. & Cie.* Boston.—Articles manufacturés.

454 *Almy, Patterson & Cie.* Boston, Massachusetts.—Cotons.

455 *Field, A.* Taunton, Massachusetts.—Clous et pointes en fer et en cuivre.

456 *Earle, T. K. & Cie.* Boston, Massachusetts.—Cardes mécaniques.

457 *Kimbal, D.* Boston.—Toile à voile en coton.

458 *Chickering, J.* Boston, Massachusetts.—Pianos.

459 *Hooper, H. N. & Cie.* Boston, Massachusetts.—Surtout de table en or-moulu et fonte.

460 *Morey, C.* Prop. Boston.—Machine à tailler et polir le marbre.

461 *Stimpson, G. jeune,* Boston.—Plumes en or.

462 *Adams W. & Cie.* Boston.—Serrure de sûreté pour banques.

463 *Bond, W. & Fils,* Boston, Massachusetts.—Horloge électrique.

464 *Lawrence, Stone & Cie.* Boston.—Châles et cachemires.

465 *Bacon, S. F.* Boston, Massachusetts.—Machine à carder, à presser et à filer.

466 *Riddle, E.* Boston, Massachusetts.—Voiture américaine; wagon du Prince Albert; wagon de York, autre véhicule américain.

467 *Stephenson, P.* Boston, Massachusetts.—Statue: l'Indien blessé.

468 *Gatchel, J. L.* Elkton, Maryland.—Bélier hydraulique.

469 *Feuchtwanger, L.* New York.—Charbons; diamants natifs; coquillages; minéraux.

470 *Upfield, W.* Lancaster.—Embouchoirs de bottes.

471 *Addington, W. H.* Norfolk, Virginie.—Soufflets brevetés; bottes en cuir de la Californie.

472 *Perkins, S. M.* Athens, Pennsylvanie.—Gants et mitaines en feutre.

473 *Bradley, B. & Cie.* Boston.—Livres reliés.

474 *Evans, H.* Fab. New Bedford.—Cordages de chanvre de Manille.

475 *Stevens & Cie.* Londres.—Chaudière, pont, et machine à excavation.

476 *Adams, H.* New York.—Selle portative.

477 *Bidwell, Rev. W. H.* New York.—Cartes géographiques.

478 *Patterson,* New Brunswick, New Illinois.—Anthracite des mines de Leigh.

479 *Fitch, S. S.* Dr. New York.—Suspensoirs.

480 *Cochran, J. W.* Agt. New York.—Aiguille de chemin de fer, patentée.

481 *Eisenbrant, C. H.* Baltimore, Maryland.—Flûtes; machine à pointage pour aveugles.

482 *M'Adams, J. & W.*—Grand livre et journal, reliés en cuir de Russie, dorés sur tranches, &c.

483 *Dunlop, W. A.* Nouvelle Orleans, Louisiana.—Spécimens de calligraphie.

484 *Reed, I. & Fils,* Philadelphie, Pennsylvanie.—Plumes en or pour écrire.

485 *Rodriguez, B.* Nouvelle Orleans, Louisiana.—Poèles à air chaud.

486 *Howland, C.* New York.—Télégraphe à sonnétte.

487 *Borgnis, Mlle. M. A.* Boston, Massachusetts.—Broderie: le Christ guérissant la fille de Jaïrus.

488 *Searle, G.* Boston, Massachusetts.—Selle indienne.

489 *Mills, P.* New York.—Médailles d'or et d'argent.

490 *Fuller, J. E.* Boston, Massachusetts.—Télégraphe mathématique et calculateur modèle; télégraphe compteur.

491 *Mayall, J. E.* Philadelphie.—Daguerréotypes.

492 *Kidder, C. F.* Boston.—Coiffure indienne.

493 *Dalphin, J. E.* Otsego County, New York.—Baratte s'ajustant d'elle même.

494 *Truesdale, Jacobs & Cie.* New York.—Echantillons de coton.

495 *Commiford & Redgate,* New York.—Chaises en chêne.

496 *Rodgers, H. S.* Prop. New York.—Deux vélocipèdes.

497 *Howe, D. T.* Prop. New York.—Extrait de salsepareille.

498 *Baker, J. B.* Fab. Boston.—Harnais.

499 *Jewett, S. W.* Middlebury, Vermont.—Caisse de blé.

500 *Kimber, A. M. & Cie.* Philadelphie, Pennsylvanie.—Echantillon de laine fine.

501 *M'Henri, J.* Philadelphie.—Pierre de savon.

502 *Herrick, J. K.* New York.—Série de livres de compte.

503 *Clawson, H. N.* Michigan.—Savon "excelsior."

504 *Pinkus, H.* 17 North Audley St. Londres.—Démonstration de procédés reposant sur des principes scientifiques, et combinés avec les progrès du mécanisme, afin de les rendre applicables, comme forces motrices, dans les chemins de fer, et rendre ce mode de transit plus sûr, plus rapide, et plus économique. Démonstration des progrès comparés, de 1825 à 1851.

504A *Homer, F. L.*—Balais pour tapis.

505 *Siebert S.* Easton.—Cartes de l'Allemagne.

507 *Hough, R. M.* Ohicheo.—Deux quartiers de bœuf.

508 *Henry, S.* Charleston, South Carolina.—Balais en jonc.

509 *Shattuck, W. F.* Prop.—Roue de chemins de fer en fonte, système Eddy.

510 *St. John, J. R.* Prop. Buffalo, New York.—Savons divers.

511 *La Compagnie des Ponts de fer de New York* (Rider' E. manufacturier et propriétaire), New York.—Modèle réduit de pont suspendu perfectionné, breveté.

512 *Harris,* — Waterville, New York.—Moulins à couleurs, brevetés.

513 *Burch, S. D.* New York.—Fourneaux potagers à air comprimé.

514 *Holloway & Cie.* Londres.—Horloges.

515 *Elias, A.* Boston.—Chaises.

516 *Lawrence, le Colonel T. B.* Boston.—Parquet de fer.

517 *Lawrence, le Colonel T. B.* Boston.—Couteau et fourchette à découper.

518 *Hitchcock, le Dr. D. K.* Boston.—Dents minérales.

519 *Smith, J. M. & Cie.* New York.—Un baril de bœuf salé.

520 *Tapling, Frères,* Londres.—Six balais.

521 *Lawrence, l'Hon. A.* Boston.—Carte géographique.

522 *Grant, J.* Londres.—Statue de l'esclave grecque, par Hiram Power.

523 *Eddy & Cie.* Union Village, New York.—Machine de la force d'un cheval.

524 *Borden, G.* Galveston, Texas.—Biscuit.

525 *Whitehurst, J.* Washington.—Daguerréotypes.

526 *Pfaff, G.* Philadelphie.—Flûte.

527 *Keremerle, M.* Philadelphie.—Tourne feuille auto-moteur pour cahier de musique.

528 *De Ford & Cie. C. D.* Baltimore.—Tabac.

529 *Wethered & Frère,* Baltimore.—Cuir-laines noirs.

530 *Lee, J. & Cie.* Boston.—Gâteau de graine de lin.

531 *Catlin,* —, Inv. New York.- Modèle de Niagara.

532 *Rogers & Cie.* Newhaven.—Horloges.

533 *Hale, J. P.* Bacheter, Vermont.—Piano violon.

534 *Moulton, S. C.* New York.—Articles en caoutchouc.

535 *Asmead & Harlburt,* Comté de Hertford. — Feuille d'or.

536 *Willard, Mome. Emma,* Inv. Comté de Troy.—Cartes chronologiques.

537 *Goddard, L.* Crescent, America Square, Londres.—Deux lames de baleine de la mâchoire de la baleine pôlaire.

538 *Sholl, J.* Comté de Burlington.—Ruches et mouches à miel.

539 *Forest, R.* New York.—Chemises.

540 *Andrews, H. Q.* New York.—Salsepareille.

541 *Perkins, A. M.* Londres.—Appareil à eau chaude; fourneau à eau chaude; chaudière à vapeur, &c.

542 *St. John, J. R.* Inv. Buffalo, New York.—Vélocimètre aquatique pour déterminer la vitesse de marche des navires.

543 *Dawson, G.* Comté d'Albany.—Collection de journaux publiés dans l'état de New York.

544 *Beach Frères,* New York.—Journaux à bon marché.

545 *Delanoe,* Capt. *J. C.* New Bedford.—Drap de coton.

546 *Updegraff,* Dr. *J. T.* Wheeling, Virginie.—Foulards de soie.

548 *Stephenson, R.* Londres.—Statue du jeune pêcheur, par Hiram Power.

549 *Nicholson, A.* New York.—Tapis de table.

550 *Fontain & Porter,* Cincinnati, Ohio.—Bois de lit breveté.

551 *Blodget, S. C.* New York.—Machine à scier.

552 *Batjeman, H. C.* Cincinnati.—Bois de lit breveté.

553 *Campbell, S.* New York.—Machine à envelopper.

554 *Houston, J. D.* Pont Naturel, Virginie.—Peinture à l'épreuve du feu et de l'eau.

555 *Chickering, J.* Boston.—Plâtre: Dan. Webster.

556 *Whiting, C.* Londres.—Spécimens d'impressions américaines de billets de banque.

557 *Browning, W.* New York.—Lithographique de la machine du bateau à vapeur la Pacifique.

558 *Philadelphie.*—Dents plombés d'or.

559 *Hicks, G.* Londres.—Echantillons de mousse de la Nouvelle Orléans.

560 *La Compagnie de Caoutchouc de New-Brunswick* New York.—Souliers.

561 *Davidson, J. D.* Virginie.—Alun de rocher; de la cave de Weir; de mousse pétrifiée.

562 *Mears, G.* Boston.—Quatre bouteilles d'huile de lard.

563 *Davis, J. D.* Boston.—Ornements indiens.

564 *Moore, W.* Pittsbourg.—Savons.

565 *Simpson,* Prof. Edimbourg.—Coupe d'argent, fabriquée à New York.

566 *Smith, F. H.* Baltimore.—Télégraphe pour voter.

FRANCE.

Commissaire Général du Gouvernement Français à Londres: M. SALLANDROUZE DE LAMORNAIX, 12 George Street, Hanover Square. Agents: MM. LIGHTLY et SIMON, Fenchurch Street.

1 *Adolphe, C.* Fab. Mulhouse (Haut Rhin); maison à Paris, chez M. Guébin, 8 rue de la Bourse.—Pièces de damas, laine et soie, tissées par métiers à la Jacquard.

2 *Agombart, P.* Fab. St. Quentin (Aisne).—Chaux hydraulique en poudre (brevetée); propre aux grands travaux hydrauliques, aux enduits intérieurs et extérieurs, et aux constructions.

3 *Alboy, N. L.* Fab. au Bois-Milon, Setz, (Oise).—Charrue à âge coudé et brisé; arrière-trains de rechange pour différents labours.   (Brevet d'invention.)

4 *Alcan & Locatelli,* Ingénieurs Civils, 28 rue d'Enghien, Paris.—Limes diverses, brevetées en France, en Angleterre, en Belgique, et en Allemagne; (le brevet français est exploité par une association ouvrière établie à Paris, rue Philippeaux, passage de la Marmite); nouveau procédé pour l'exécution des limes, qui a pour principe l'écrouissage de chacune des dents par la taille elle-même.

5 *Alcan & Limet,* Ingénieurs Civils, 28 rue d'Enghien, Paris.—Soie filée à l'eau froide; soie provenant de cocons de Calcutta; les échantillons exposés ont été produits par un procédé et une machine tellement simples et sûrs qu'après quelques heures d'apprentissage, une personne étrangère au travail de la soie peut filer parfaitement.

6 *Allix, A. J.* Modeleur en Cire, 41 rue Montmartre, Paris.—Spécialité de bustes pour coiffeurs; corsets et nouveautés.

6A *Blank,* 20 rue du Roi de Sicile, Paris.—Mosaïque, incrustations sur ivoire et étaille.

7 *Angrand,* Fab. 59 rue Meslay, Paris.—Papiers bordures, et cartonnages de fantaisie en tous genres; papiers et cartes porcelaines.

8 *Arduin & Chancel,* Fab. Briançon (Hautes Alpes) au bureau de poste.—Fantaisie blanche, cressentin, bourre de soie peignée, &c.; produits obtenus par la préparation et le cardage des déchets de filature et de moulinage de soie.

9 *Arrault,* 96 rue St. Denis, Paris.—Papier de fantaisie; ronds d'assiettes et abat-jours en papier dentelle.

10 *Andreoletti, Père et Fils,* Mécaniciens-fumistes, Lô, (Manche), et 167 Drury Lane, Londres.—Vingt-trois modèles d'appareils divers; appareils culinaires et distillatoires; fours de boulangerie, &c.

11 *Audot, E. J.* Fab. et dépôt 81 rue Richelieu, Paris.—Nécessaires en tous genres pour toilette et pour voyage.

12 *Augan, M.* Fab. 10 rue Latour d'Auvergne, Paris.—Gommeline (gomme arabique artificielle); nouveau procédé destiné à remplacer la gomme arabique dans tous emplois industriels.

13 *Auzoux, L.* Docteur en Médecine, 2 rue de l'Observance.—Anatomie clastique : Modèles artificiels montrant, dans les plus petits détails, l'organisation de tous les êtres, depuis l'homme jusqu'au zoophyte.

14 *Armengaud, Aîné,* Professeur au Conservatoire des Arts et Métiers, à Paris.—Dessins industriels pour les usines et manufactures ; publication industrielle relative aux machines, outils et appareils français et étrangers formant 7 vol. avec atlas.

15 *Baranowski, J. J.* 3 rue de Parme, Paris ; représenté à Londres par W. Lund, 24 Fleet Street, City.—Machine à imprimer, chiffrer et contrôler les billets de chemins de fer, de théâtres, bals, concerts, &c. (brevetée en France et en Angleterre) ; machine à voter et autres machines.

16 *Barrallon & Brossard, J.* St. Etienne (Loire).—Satin uni ; rubans et étoffes tissés en soie grège (brevetés) ; produits teints et imprimés après le tissage.

17 *Bahuet, A.* Fab. de tissus, Beaumont (Marne).—Tissus mérinos écrus et teints.

18 *De Bajelaire, E.* Fab. de rubans, Moirans (Isère).—Rubans de satin et de taffetas, tissés par procédé mécanique, dans une fabrique mue par eau.

19 *Barbeaux Lécuyer, J. L.* Fab. de tissus, Bazancourt (Marne).—Pièces de mérinos, moitié écrues, moitié teintes.

20 *Barré Russin,* Fab. de porcelaine, Orchamps (Jura).—Porcelaine dure résistant à l'action du feu.

21 *Barth, Massing & Plichon,* Fab. Sarreguemines (Moselle), maison à Paris, 29 rue du Temple. Représentés par J. S. de Gaëtan & Cie. 3 Bow Lane, Cheapside, Londres.—Peluches et velours de soie pour chapeaux.

22 *Bathier, V.* Bottier, La Souterraine (Creuse).—Satin-souliers de formes et dimensions différentes, nouvelle invention (exportation).

23 *Beguin, A.* Fab. 6 rue du Marché St. Honoré.—Cartons-velours ; cartons ordinaires, ; papeteries et nécessaires de bureau, &c.

24 *Bencraft, S.* Sellier, 36 rue de Ponthieu, Paris.—Colliers, attelles, selle et accessoires.

25 *Berger-Walter,* Fab. 27 rue de Paradis Poissonnière, Paris.—Verres de lunettes ; boutons en cristal montés en cuivre ou tout autre métal, pour ameublements, et provenant de la cristallerie de St. Louis (Moselle).

26 *Billecoq, A.* Fab. 25 boulevart Poissonnière, Paris.—Broderies sur châles, écharpes et tissus cachemire et crêpe.

27 *Blanchet, J. B.* Fab. St.-Just-en-Chaussée (Oise), maison à Paris, 14 rue des Mauvaises Paroles.—Articles de soie unis et brodés ; bas de soie unis et à jours.

28 *Blanzy, Poure & Cie.* Fab. Boulogne-sur-Mer.—Plumes d'acier de toutes formes.

29 *Blech Steinbach & Mantz,* Fab. Mulhouse (Haut-Rhin), maison à Paris, 37 rue du Sentier.—Tissus imprimés pour coton. (Exportation.)

30 *Blériot & Lemaître,* Fab. 21 rue de Cléry, Paris.—Fab. de mouchoirs de linon et pièces de tulle.

31 *Boileau, R.* Fab. Pontfaverger (Marne).—Pièces mérinos écru.

32 *Boniface & Fils,* Fab. Cambrai (Nord).—Tissus de batistes et linons.

33 *Bonte, L.* Fab. Roubaix (Nord).—Assortiment de tissus mélangés de laine et de coton, pour pantalons.

34 *Bouchez-Pothier,* Fab. Warmeriville (Marne).—Tissus de mérinos, écrus et teints.

35 *Boyer aîné, & Lacour Frères,* Fab. Limoges (Haute Vienne). Représentés par J. S. de Gaëtan & Cie. 3 Bow Lane, Cheapside, Londres.—Flanelles et droguets. Filature, teinture et tissage dans le même établissement.

36 *Bréauté, E.* Fab. 11 rue de la Monnaie, Paris.—Cartons pour l'aquarelle et cartons en relief pour le dessin l'encadrement.

37 *Brun, A.* Gantier, Grenoble (Isère).—Machine à couper les gants ; gants de chevreaux, coupés seulement et finis ; peaux mégier.

38 *Bruneaux aîné, Père & Fils,* Constructeurs de machines, Rethel (Ardennes).—Laine peignée, filée sur des métiers dits renviveurs mécaniques, de la construction des exposants. (Nouveau système.)

39 *Burgun, Walter Berger & Cie.* Verrerie, Goetzenbruck (Moselle).—Verres pour montres, pendules, couvremouvements ; boîtes ; lampes à esprit de vin, &c.

40 *Barrère, B.* Mécanicien graveur, de la maison Lemercier, 62 rue Mazarine, Paris.—Résultats de quatre nouvelles machines à graver et à sculpter : procédés spécialement destinés aux maisons de banque et de commerce, pour la reproduction mécanique.

41 *Barrès Frères,* St. Julien en St. Alban (Ardèche).—Filature de cocons et moulinage de soies : organsins servant à la fabrication des étoffes de soie, peluche, satin, rubans façonnés et unis.

42 *Bataille, V.* Blangy-sur-Brest, (Seine Inférieure).—Acide pyroligneux et autres acides ; produits chimiques employés dans l'industrie, spécialement dans la teinture et l'impression sur étoffes.

43 *Baudon,* teinturier en bois, 6 Rue Neuve St. Laurent.—Bois noir en placage de diverses couleurs, à l'usage de la marqueterie et des ébénistes en meubles de goût, nécessaires, caves à liqueurs, &c.

44 *Baudouin, A. P.* 12 rue de Socrate, Rouen, et 74 rue Richelieu, Paris.—Application de la *peinture émail* : nouveau procédé conservateur, applicable à l'intérieur et à l'extérieur des bâtiments.

45 *De Bay,* Statuaire. La Rotonde, 5 passage Colbert, Paris.—Statues et ornements en pierre factice : terre cuite, brevetée, résistant à toutes les intempéries des saisons.

46 *De Beaufort,* 28 rue de Bourgogne, Paris.—Pied artificiel, employé dans les cas d'amputation au dessus et au dessous du genou, et d'amputation des deux jambes.

47 *De Beauvoys, C.* Méd. Seiches (Maine-et-Loire).—Ruches, casiers &c. : appareils pour l'*apiculture* ou éducation des abeilles.

48 *Béchot, Fils,* 3 rue du Pont Louis-Philippe, Paris.—Pendules de voyage (spécialité).

49 *Bégou, Frères,* Fab. de pâtes alimentaires, 6 Impasse des argentiers, Bordeaux.—Vermicelles, amidons ; glutens et farineux de légumes de toutes sortes.

50 *Belvallette, Frères,* Carrossiers, Boulogne-sur-Mer.—Voitures de chasse et de fantaisie. (Pour Paris et l'exportation.)

51 *Bérard & Cie.* 44 rue Blanche, Paris.—Houille menue épurée et ses résidus ; système d'épuration de la houille. (Breveté en France, en Angleterre, en Belgique et en Allemagne).

52 *Berliner, A.* 4 rue de Provence, Paris.—Ornements calligraphiques : tableau de calligraphie, représentant la mort de Sir Robert Peel ; et petit meuble en bois d'ébène, avec ornements exécutés à la main.

53 *Berlioz & Cie,* Fab. Montluçon (Allier). Dépôt, 16 rue de la Douane, Paris.—Glaces non terminées et glaces prêtes à livrer avec cadres dorés et sculptés.

54 *Berr & Cie.* 17 rue de Cléry, Paris, représentés à Londres par Grätzer & Hermann, 3 Huggin Lane, Wood Street, Cheapside, City.—Broderies sur tulle et mousseline en tous genres.

55 *Berrus, Frères,* 73 rue Montmartre, Paris.—Dessins pour châles cachemires en tous genres.

56 *Berthault,* Fab. Issoudun (Indre). — Parchemins divers, pour reliures, couvertures, boîtes, gainerie, impressions, &c.

57 *Berthiot,* Corroyeur, 5 rue Oblin, Paris.—Cuirs de Paris et de Milan, qualité supérieure.

T

58 *Bertonnet*, Armurier, 56 passage Choiseul, Paris.—Armes à feu diverses : fusils à bascule, damasquinés et ciselés ; pistolet de salon à canon gothique ; pistolets de tir, ciselés, &c. &c.

59 *Bertrand, F. & Cie.* Ganges (Hérault).—Filet de pêche maritime, fabriqué à la mécanique par un seul fil (brevet d'invention) : mecanisme simple, facile, destiné à économiser la main d'œuvre.

60 *Bescher, R. F.* 2 rue Guénégaud, Hôtel des Monnaies, Paris.—Composteur musical (brevet d'invention); appareil de démonstration qui représente l'échelle musicale mise en rapport avec un clavier de piano.

61 *Besnard, Richou & Genest*, Angers (Maine-et-Loire).—Chanvres ; cordes et ficelles de toute sorte, pour marine, pêche, usines, emballages, et tous autres emplois, industriels et commerciaux.

62 *Biber, L.* 32 rue Hautefeuille, Paris.—Clyso-irrigateur ou clyso-syphon (brevet d'invention) : appareil fonctionnant seul et facile à remonter.

63 *Bondon, L.* rue Granges-aux-belles, 5 Impasse Ste. Opportune, Paris.—Papier et cartes porcelaine blancs et en couleurs : papiers et cartes stuc, toutes couleurs ; papier damassés : pour cartonnages et impressions en tous genres.

64 *Bonnassieux*, Sculpt. Paris.—Amour se coupant les ailes, statue coulée en bronze, par MM. Eck & Durand, fondeurs à Paris : sérieusement épris, cet Amour s'ôte les moyens de redevenir volage.

66 *Blanvin*, Fab. 23 rue aux Ours, Paris.—Miroirs.

67 *Bourdaloue*, ingénieur résident des chemins de fer du Gard, Bourges (Cher).—Grand tableau représentant l'ensemble et le mécanisme des plans *bis-automoteurs*, exécutés par l'exposant en 1844.

68 *Boas, Frères & Cie.* 4 rue Vide-Gousset, Paris.—Châles brochés cachemire et brochés laine.

69 *Boyer, P. J.* Horloger, Dôle. (Jura).—Montre à longue marche (invention brevetée) : pour intervalles de huit jours et trente-deux jours.

70 *Boyer*, Fab. 38 rue Saintonge, au Marais, Paris.—Bronzes divers : pendules, candélabres, statuettes, coupes, lustres et bronzes d'art.

71 *Boyer & Cie.* Pharm. 33 rue de La Harpe, Paris.—Albumine de sang, dite *serum albumineux* (brevet d'invention en France) : Albumine destinée à remplacer le blanc d'œuf dans toutes ses applications, principalement pour l'impression sur étoffes, le collage des vins, &c.

72 *Braun, C.* Dess. 34 Boulevart Bonne Nouvelle, Paris.—Dessins exécutés pour diverses maisons de Paris et de l'étranger. Dessins de nouveautés ; dessins de rubans, exécutés pour la maison Vignat Frères de St. Etienne ; grands dessins pour soieries.

73 *Bredif Frères*, Fab. 5 rue Colbert, Tours ; dépôt 3 rue Caumartin, Paris.—Chaussures à couture perfectionnée.

74 *Brocchieri, P.* 21 rue Louis-le-Grand, Paris.—Sang, liquide ou préparé, d'hommes et d'animaux malades ou en état normal, conservé et épuré au moyen de l'eau de Brocchieri. (Brevetée).

75 *Brunier, Lenormand & Cie.* 55 rue Vivienne, Paris. —Vinaigre aromatique (dit Cosmaceti) pour usages de toilette.

76 *Brunier*, 55 rue Vivienne, Paris.—Doublé d'or inaltérable sur cuivre similor, nouveau procédé.

77 *Budin*, Corroyeur, 50 rue du Fer-à-Moulin, Paris.—Cuirs de chevaux tannés et corroyés, spécialement pour empeignes de souliers.

78 *Budin-Signez*, Fab. Beauvais (Oise).—Feutres tissés de toutes dimensions, propres aux machines continues servant à la fabrication du carton et du papier.

79 *Burat Frères*, Médecins Chirurgiens, 12 rue Mandar, Paris.—Systèmes pour hernies ; bandages à pivots excentriques. Nouvelle invention, pouvant exercer la compression sur toutes les faces de la pelotte.

80 *Caillaux, Mme. A.* 16 Passage du Saumon, Paris.—Corset de satin blanc ; corset de moire à busc mécanique.

81 *Cabrit & Roux*, Filateurs, St. André de Valborgne (Gard).—Soies grèges à cocons fixes, blanches et jaunes. Produits d'une filature de 60 bassines. (Représentants à Paris : MM. A. Germain & Cie., 30 rue de l'Echiquier).

82 *Caillet Frangville*, Fab. Bazancourt. (Marne).—Tissus de mérinos écru et teint.

83 *Castel, E.* Fab. Aubusson (Creuse).—Portières tissu d'Aubusson, genre Gobelins ; panneau, même genre ; canapé ; tapis de table ; tapis de pied.

84 *Cerf & Naxara*, Fab. 17 rue St. Rémy, Bordeaux (Gironde).—Cartonnages fins pour corbeilles de noces, boîtes de toilette, de parfumerie, &c.

85 *Chartier, P.* Fab. Douai (Nord).— Dames-jeannes en verres, clissées en osier blanc. Exportation.

86 *Chatelain-Férou*, Fab. Rheims (Marne).— Flanelle dite Bolivart ; manteaux, draps dits sultanes ; draps zéphyr pour gilets.

87 *Chenard, Frères*, Chapeliers, 8 rue du Puits Marais, Paris.—Chapeaux lièvre et castor ; pièces de feutre pour gilets.

88 *Chérot & Cie.* Fab. Nantes (Loire-Inférieure).—Echantillons de fils, toiles et cordages en chanvre de la Loire ; dessins de machine à filer, et de machine à fabriquer les cordages. (Brevetées en Angleterre).

89 *Chinard, Fils*, Fab. 9 rue de Cléry.—Châles divers longs et carrés.

90 *Chocqueel, L.* Fab. Labriche, près St. Denis (Seine) —Châles longs imprimés et robes imprimées.

91 *Christophe, L. A.* Fab. Leschelles (Aisne).—Echantillons divers de tissus de bois.

92 *Chapelle*, rue du Chemin Vert, Paris.—Machines régulateurs ; modèles pour la fonte des engrenages.

93 *Collet, F. C.* Passementier, rue des Vieilles Andriettes, Paris.—Echantillons divers de passementerie.

94 *Constantin* (dit *Joseph Marques*), Fab. 7 rue d'Anjou, 135 Regent Street, London. — Fleurs artificielles pour étoffes et guirlandes ; colonnes en fer doré ; glaces étamées ou non étamées.

95 *Cornillon, J. H.* Bijoutier, 36 rue du Temple, Paris. —Coupes ; toilette ; etagère ; flacons de cristal, genre nouveau d'application.

96 *Couderc & Soucaret Fils*, Filateurs de Soie, Montauban (Tarn et Garonne). Représentés par J. S. de Gaza & Cie. 3 Bow Lane, Cheapside, Londres.—Soie grège ; tissus de soie écrue à bluter.

97 *Courtey Frères & Baret*, Fab. Perigueux (Dordogne) —Etoffes de laine, dites cadis.

98 *Couturier & Renault, A.* Fab. Sarreguemines (Moselle) ; maison à Paris : 31 rue Ste. Avoye.—Peluches soie pour chapeaux d'hommes ; chapeaux.

99 *Cugnot, A.* Fab. 177 rue Montmartre, Paris.—Pièces diverses de serrurerie fine et de luxe pour bâtiment.

100 *Caillo, jeune, & Prin*, Fab. Nantes (Loire inférieure).—Sardines conservées à l'huile d'olives pure. Exportation.

101 *De Caligny*, Versailles.—Appareil hydraulique. Simplification du bélier hydraulique, spécialement propre à utiliser la force motrice des petits cours d'eau.

102 *Candlot*, Fab. 6 rue St. Pierre Popincourt, Paris.—Ouates parisiennes, fabriquées d'une manière continue, ouatier mécanique. Système inventé par M. Robertson, Paris, 19 Boulevart Montmartre, et breveté pour 15 ans.

103 *Colin*, 30 rue du Bac, Paris.—Pianos.

104 *Carbonneau, J. B. C.* 33 quai Bourbon, Paris.—Gravures sur bois pour illustration typographique, faisant partie d'un ouvrage intitulé : Histoire des peintres de toutes les écoles, publié par M. Armengaud.

105 *Carnet, X.* 1 rue des Jeûneurs, Paris.—Dessins châle, dessin cachemire pour robe, &c., pour les manufactures d'impression sur étoffes.

106 *Carrière, Frères*, Corroyeurs, Amiens, (Somme).—Peaux de veau corroyées, et tiges de botte. Exportation.

107 *Castelle, H.* 55 rue de la Verrerie, Paris.—Gélatine imperméable en feuilles; papier-glace; papier-cristal; gélatine imprimée; gélatine gravée, guillochée, &c., pour impressions, cartonnages, dessins, gravures, fleurs, tentures et décors pour théâtres, &c. (Nouvelle invention.)

108 *Cazal*, 27 Boulevard des Italiens.—Parapluies e umbrelles s'ouvrant d'eux mêmes; cannes et parapluies de voyage.

109 *De Cavaillon*, Chimiste, 30 rue Taitbout, Paris.—Produits chimiques obtenus par l'épuration du gaz éclairant. Procédés adoptés en France par un grand nombre d'usines.

110 *Cosnier & Lachèse*, Angers, (Maine et Loire).—Typographie.

111 *Chaleyer, J.* 24 rue du Roi-de-Sicile, (au Marais.)—Balancier et découpoir, pour équipement militaire, bijouterie, horlogerie, lampes, &c.

112 *Chambon, F.* Cheylard, (Ardèche.)—Manufacture d'impressions et de teintures sur étoffes; foulards soie; foulards fantaisie.

113 *Chambon, C.* Alais, (Gard.)—Soies grèges et soies ouvrées, blanches et jaunes. Produits d'une filature de cocons qui donne, par an, 5000 kilogrammes, dans les titres de ⅘ à ⅚ cocons, et d'une fabrique de moulinage qui met en œuvre annuellement 7000 kilogrammes de soies grèges. (Agents à Londres, MM. Fordati, Coxhead & Cie. 13 Old Jewry Chambers.)

114 *Champanhet-Sargeas, M. M. J.* Vals, près Aubenas, (Ardèche.)—Cocons soies grèges et soies ouvrées. Applicables à la confection de diverses étoffes de soie, fabriquées en France, en Angleterre, en Allemagne et en Suisse. (Agents à Londres, MM. Fordati, Coxhead & Cie. 13 Old Jewry Chambers.)

115 *Charbonnier*, Bandagiste, 347 rue St. Honoré, Paris.—Appareils à douches et syphons; bandages divers. Spécialité du traitement des hernies.

116 *Chardon, aîné, & Fils*, 30 rue Hautefeuille, Paris.—Gravures diverses, spécimens d'impression. Maison spéciale pour l'impression en taille-douce des planches gravées au burin.

117 *Charles & Cie.* 7 rue Furstemberg, Paris, et 22 South Molton Street, Oxford Street, Londres.—Machines en tôle galvanisée ou cuivre. Pouvant servir à la fois pour laver le linge, prendre des bains, et cuire des racines, légumes, grains pour la nourriture des bestiaux.

118 *Chatel*, Dess. 2 rue de Mulhouse, Paris.—Dessins de fabrique, pour étoffes de soie, mousseline-laine, jaconat, toiles peintes et tapis.

119 *Chenot, A.* Clichy-la-Garenne (Seine).—Eponges métalliques; fer et acier obtenus au moyen de ces éponges sans fusion du minerai.

120 *Chennevière, D.* Louviers, (Eure.)—Draps; nouveautés teintes, cardées, filées et foulées dans le même établissement, à Louviers.

121 *Chevet, J.* Palais National, Paris.—Conserves alimentaires de toute espèce, (dîners complets). Plats de luxe de haute cuisine à la française, avec sauces liées.

122 *Chomereau*, Professeur de dessin au lycée de Laval, (Mayenne.)—Modèle en relief de cire d'ornements pour coffret à bijoux.

123 *Chuard*, 6 rue Carnot, Paris.—Lampe de sûreté à courant d'air, sans toile métallique; gazoscopes, &c.; appareils destinés à prévenir l'asphyxie et l'explosion du gaz dans les mines et tous les lieux éclairés par le gaz.

124 *Cochois & Colin*, 7 rue des Déchargeurs, (Fabrique à Troyes et à Arcis, Aube.)—Bonneterie de coton: bas, chaussettes, gants, pantalons, gilets et camisoles.

125 *Cocu, A.* 58 faubourg du Temple, Paris.—Tissus cachemire: spécialité pour gilets en tous genres.

126 *Collin, C. E.* 7 quai Conti, Paris.—Gravures hydrographiques; plans, cartes et études topographiques et hydrographiques. Ces divers ouvrages font partie des publications du dépôt général de la marine, à Paris.

127 *Coupier & Mellier*, 20 rue Gaillon, Paris.—Papier fabriqué avec des matières végétales mêlées de pâte de chiffons.

128 *Coppin, le jeune*, Douai, (Nord.)—Cuirs à cardes perfectionnés; rubans et plaques, finis et non finis, pour cardes à laine et à coton.

129 *Coulaux, aîné, & Cie.* Molsheim et Heilingenthal (Bas-Rhin.)—Armes blanches et articles de grosse quincaillerie. Fabrication importante, (ancienne manufacture royale d'armes).

130 *Courtois, aîné, A.* 28 rue des Vieux Augustins, Paris.—Piston curviligne, (instrumens de musique en cuivre), destiné à remplacer les anciens pistons à angles droits. (Brevet d'invention.)

131 *Cropet*, Facteur de pianos, Toulouse, (Haute Garonne.)—Piano droit; petit modèle en bois d'acajou, deux pédales, quatre-vingt-deux notes.

132 *Croutelle Neveu*, Etablissement de Pont-Givart, Rheims, (Marne.)—Fils cardés et fils encollés pour tissage mécanique; nouveau procédé d'encollage des fils. (Breveté pour 15 ans.)

133 *Crucifix, E.* Crèvecœur, près Beauvais, (Oise.)—Chaussures imperméables. La semelle est composée d'une quintuple super position; cuir fort, cuir mince, bois mince, liège et cuir mince, qui garantit les pieds de l'humidité.

134 *Cudrue, F.* 58 rue du Faubourg du Temple, Paris.—Crémones, pour fermetures de croisées et porte-cochères.

135 *Curmer, A.* 13 rue des Marais St. Germain.—Clichage à la pâte de papier, d'un usage général dans la librairie française, et importé en Angleterre, en Russie et en Danemark.

136 *Danjard, L. F. A.* Fab. 40 rue de Seine St. Germain, Paris.—Têtes mobiles pour modistes.

137 *Dautremer & Cie.* Filateurs de lin, Lille (Nord.)—Fils de lin gris & jaune.

138 *David-Labbez & Cie.* Fab. Sains Richaumond (Aisne).—Tissus mérinos, écrus et teints.

139 *Debray, C.* Vannier, 73 rue Rambuteau, Paris.—Paniers et corbeilles de formes différentes.

140 *Debuchy, F.* Fab. rue Basse, Lille (Nord).—Tissus et coutils pour gilets; articles de nouveauté pour pantalons.

141 *Delage-Montignac, F.* Fab. 414 rue St. Honoré, Paris.—Soie filée pour la pêche; filets de pêche; épervier. (Spécialité.)

142 *Delattre, Père & Fils*, Fab. Roubaix (Nord).—Tissus variés pour robes, en laine longue peignée et laine mérinos peignée.

143 *Delègue & Cie.* Fab. Saffres (Côte-d'Or).—Tissus de laine; laine peignée; fils de laine de divers titres.

144 *Delfosse, Frères*, Fab. Roubaix (Nord).—Tissus de laine, genre riche, et tissus ordinaires.

145 *Dervaux Lefebvre*, Fab. Condé (Nord).—Chaînes, boutons et autres articles de grosse quincaillerie.

146 *Dietsch & Cie.* Fab. Strasbourg (Bas-Rhin).—Draps casimir; draps zéphyr de diverses teintes.

147 *Doucet & Duclerc, A.* Chemisiers, 21 rue de la Paix, Paris.—Lingerie pour hommes; chemises et objets divers de confection.

148 *Dubar Delespaul*, Fab. Roubaix (Nord).—Tissus de coton, pour pantalons et autres articles d'habillement pour hommes.

149 *Ducrot & Petit*, Fab. 11 rue des Fontaines, Paris.—Eventails divers et moules en carton pour plisser les feuilles d'éventails.

T 2

150 *Dussol*, Fab. Sumène (Gard).—Soies grèges fines, jaunes et blanches; gants de soie de diverses couleurs.

151 *Duval & Paris*, Fab. 1 boulevart St. Denis, Paris. Maison à Londres, J. Dissart, 57, King Street, Golden-Square. —Lampes en bronze et en porcelaine, avec pied, abat-jour et cheminées; objets divers en bronze.

152 *Dabaret Tampé*, Precy-sur-Oise (Oise).— Boutons de soie de tous genres. (Spécialité.)

153 *Damainville*, Poudron, près Crépy (Oise), dépôt à Crépy.—Rayons artificiels pour agriculture; procédé nouveau pour nourrir les abeilles.

154 *Dauchel, Fils, aîné*, Man. Amiens (Somme).—Tissus divers pour ameublement (brevetés) dessinés et fabriqués par l'exposant. (Exportation.)

155 *Daudrieu*, Pontchartrain (Seine-et-Oise), dépôt à Paris, 4 rue de Bussi.—Papiers peints à la main, pouvant se laver. (Procédé nouveau.)

156 *Daudville, A.* St. Quentin (Aisne).—Stores divers et rideaux, dessinés par l'exposant (brevet d'invention); portraits de la Reine Victoria et du Prince Albert; armes d'Angleterre; attributs de la France.

157 *David, Frères & Cie.* St. Quentin (Aisne), dépôt à Paris, 20 rue St. Fiacre.—Tissus divers en laine, tissés avec du fil peigné provenant du troupeau de M. Graux, (de Mauchamp).

158 *Delacretaz & Fourcade*, 18 rue Croix-Nivert, Vaugirard.—Bougies stéariques et acides stéariques, nouveau procédé. (Brevet d'invention.)

159 *David*, Fabricant de Cables-chaînes, (Hâvre). — Nouveau système de treuils et cabestans agissant d'une manière continue sans bossage ni choquage.

160 *Deleuil, L. J.* 8 rue du Pont de Lodi, Paris.—Instruments de physique; balances de précision et balances monétaires; machines pneumatiques; batteries électriques en charbon; appareils magnéto-électriques, &c.

161 *Denis, A.* Teint. Notre Dame de Bondeville, près Rouen (Seine Inférieure).—Cotons teints en rosesaffranum.

162 *Dervillé & Cie.* 36 Quai Jemmapes, à Marseille, 6 rue de Breteuil, Paris. — Marbres de France, de diverses sortes.

163 *De Haussy*, Paris, rue Lafayette, à Londres, Charles street, Berkeley square.—Dessins de fabrique pour panneaux de papier peint.

164 *Despréaux, A. A.* 6 rue Neuve des Petits Champs. —Cuirs vénitiens; soieries, pour ameublement, tentures, costumes et ornements d'église, habillement, &c.; nouveau système pour la fabrication des étoffes. (Brevet d'invention.)

165 *Deuzy, P.* Athiez-lès-Arras (Pas-de-Calais).—Carton de pâte pure; carton toile; carton de paille, pour reliure, emballages, &c.

166 *Devisme*, Arquebusier, 36 boulevart des Italiens, Paris.—Fusils; armes à feu diverses et armes blanches, pour France et l'exportation. (Brevet d'invention.)

167 *Dezaux-Lacour*, Tanneur et Corroyeur, Guise (Aisne).—Cuirs tannés et corroyés; veaux cirés; veaux pour filatures et pour selleries. (Exportation.)

168 *Dillenseger & Patry*, 8 rue Frépillon, Paris.—Lunettes achromatiques de spectacles; lunettes or, argent, écaille, buffle, maillechort et acier; faces à main; pince-nez et lorgnons en tous genres. (Brevet d'invention.)

169 *Drouïn et Brossier*, Fab. Labriche, près St. Denis (Seine).—Produits chimiques divers; potasses pour distilleries; deutochlorure d'étain; carmin d'indigo; bluet; cochenille, &c., pour impression et teinture sur tissus.

170 *Dubois et Fils*, Tanneurs et Corroyeurs, 31 rue de Cheverus, Bordeaux (Gironde).—Tiges de bottes; veaux en croûte, blancs et cirés.

171 *Duchenne*, Méd. 35 rue Louis Legrand, Paris.—Appareils volta-électrique et magnéto-électrique à double cou-

rant. Invention exécutée et exposée par MM. Charrière et Deleuil, fabricants d'instruments de chirurgie à Paris.

172 *Duchesne*, Peintre en bâtiments, 16 rue Croix des Petits Champs, Paris.—Apprêt pour peinture artistique et monumentale; application sur dalle pour localités humides.

173 *Ducroquet, P. A.* Facteur d'orgues, 15 rue St. Maur St. Germain, Paris.—Orgue d'église de 20 jeux, à deux claviers à main et un clavier à pédales. Application du levier pneumatique pour le mécanisme des claviers, avec système particulier d'accouplements; soufflerie fournissant du vent à des pressions différentes. (Brevet d'invention.)

174 *Dufour, Fils*, Fab. 40 rue de Paris, Lille (Nord). Brosse mécanique pour frotter les parquets. (Brevet d'invention.)

175 *Dumaine, X.* Prod. Tournon (Rhône).—Soies grèges jaunes; soies moulinées dites organsins à deux bouts, employées à la fabrication des étoffes riches; rubans, crêpes et satins, de Lyon et de St. Etienne.

176 *Duméril, Leurs Fils & Cie.* St. Omer (Pas de Calais).—Pipes de terre (brevetées) et statuettes en terre de pipe; échantillons de variétés différentes.

177 *Dumortier, L.* Bousbecque, près Lille (Nord). Botte de lin brut, cru français, roui dans la rivière de la Lys (Nord), récolte de 1849.

178 *Dumoulin, Mme. S.* 44 rue Basse du Rempart. Corsets sans goussets. (Invention brevetée.)

179 *Delvart*, Horloger, Zouques, (Pas-de-Calais). Horloge astronomique.

180 *Dupont, A.* 3 et 5 rue Neuve St. Augustin, Paris. Lits en fer plein et en fonte ornementée; matelas et sommiers élastiques. (Brevet d'invention.)

181 *Dupont, P.* 55 rue de Grenelle St. Honoré, Paris. —Imprimerie et librairie administratives; lithographie; litho-typographie; clichés sur pierre et pierres lithographiques.

182 *Duport, V.* 16 rue des Francs Bourgeois St. Marcel, Paris.—Peaux *mastlodontoïdes*, c'est-à-dire aussi grandes que celles des animaux antédiluviens appelés *mastlodontes*; nouveau procédé de refente des peaux. (Breveté en France.)

183 *Dupré, J. F.* Forges-les-Eaux (Seine-Inférieure). Couperose verte (sulfate de fer), sel métallique, particulièrement propre aux opérations de la teinture.

184 *Dupuis, J.* Marbrier, 22 Petite Rue St. Pierre Amelot.—Cheminées en marbre.

185 *Derriey*, 12 rue Notre Dame, des Champs, Paris, fondeur en caractères typographiques.—Impressions de musique.

186 *Durand*, à la Sauvetat du Drob (Lot-et-Garonne). —Four-étuve (nouvelle invention, brevetée): modèle réduit au tiers de la grandeur de l'appareil en fonction.

187 *Du Seigneur, J. B.* Sculp. 36 rue de l'Ouest.—St. Michel vainqueur de Satan, groupe colossal en plâtre (voir Milton.)

188 *Dietrich, Mme. & Fils*, Niederbronn (Bas-Rhin). Le Christ sur la croix en fonte de fer; une feuille de fonte de 7 pieds de long sur deux pieds de large et $\frac{1}{4}$ pouce d'épaisseur; enseigne avec ornements en fonte; deux boîtes contenant l'une 11 et l'autre 24 mouline en fonte; plats, saucières et objets divers en fer travaillé.

189 *Duval, A.* Caen (Calvados.)—Soies jaunes et blanches, destinées spécialement à la fabrication des dentelles et blondes.

190 *Evrot, C. N.* Fab. Charmes (Vosges.)—Imitation de divers marbres, faite au moyen de stuc à l'huile, nouveau procédé.

192 *Engelmann & Graf*, 12, rue de l'Abbaye, Paris. Impression lithographique en couleurs; procédé mécanique. (Breveté.)

193 *Frère Eustate*, Institut des Frères des Ecoles Chrétiennes, Lille (Nord.)—Machine à faucher les plantes céréales et fourragères (instrumens aratoires) inventée par le frère Eustate et exécutée par Albert Dutriez, son élève.

194 *Fassin, Jeune,* Rheims, (Marne).—Tissus de laine, articles pour gilets, en cachemire, et valencias.

194 *Forgeot, E. & Cie.* Saleux, Thil, près Amiens, (Somme).—Filature de poil de chèvre ; écheveaux et bobines de fil de chèvre retors ; poil de chèvre brut et peigné.

197 *Fayolle, T. C.* Palais National, 10 Galerie de Valois.—Croix des différents ordres français et étrangers, en or, argent et imitation ; bijoux en strass, cordon brodés et décorations de tout genre pour la franc-maçonnerie.

198 *Féau-Béchard, V. A.* Passy-lès-Paris (Seine.)—Laine et Cachemires teintés en couleurs diverses, destinées à la fabrication des châles cachemire et des articles de nouveauté.

199 *Félix Alexandre,* Fab. 40 rue St. Honoré, (représente à Londres par Graetzer et Hermann, 3 Huggin Lane, Wood Street, Cheapside, City.)—Eventails en tous genres ; spécialités pour mariages, genre riche ; bijouteries et peaux françaises, pour éventails. (Exportation.)

200 *Férouelle & Rolland,* Fab. St. Quentin et Tarare, (dépôt à Paris 8 rue de Sentier.)—Stores et tissus brochés pour meubles ; mousselines unies et façonnées ; tarlatanes, nouveautés pour robes, &c.

201 *Fauquet-Lemaître,* Bolbec, (Seine-Inférieure.)—Fils d'étoupes ; fils de lin ; chaîne et tissure pour tissage mécanique ; tissure de déchets de coton.

202 *Fauvelle-Delebarre,* Fab. 10, Boulevart de Bonne-nouvelle, Paris.—Peignes en écaille et en corne de buffle.

204 *Flaissier, Frères,* Fab. de tapis, Nîmes (Gard),—Tapis pour divers usages ; moquettes, &c.

205 *Mad. Fontana,* Fab. de pinceaux, 41 rue des Marais.—Pinceaux pour architecture, miniature aquarelle, huile, dorure, porcelaine, lavis.

206 *Fortel, Larbre & Cie.* Fab. de tissus, à Rheims (Marne).—Etoffes pour gilets, robes, manteaux et paletôts.

208 *Froment Clolus,* Fab. de sabots, 15 rue neuve St. Méry, Paris.—Sabots de différentes formes.

209 *Feyeux,* Fab. 10 rue Taranne, Paris.—Pâtes et farines alimentaires ; chocolats.

210 *Fieux, Fils aîné & Cie.* Tanneurs corroyeurs, Toulouse (Haute Garonne).—Cuirs divers, pour selliers, bourreliers, cordonniers, &c.

211 *Fiolet, L.* St. Omer (Pas-de-Calais).—Pipes à ternes diverses : produits d'une fabrique qui livre annuellement 50,000 grosses de pipes.

212 *Firmin Didot, Frères,* Imprimeurs Libraires et Fabricants de papiers, Paris.—Livres et publications diverses : Bibliotheca Scriptorum Græcorum ; Annuaire du Commerce, &c. &c.

213 *Flamet, jeune,* 87 rue St. Martin, Paris.—Bas élastiques sans couture pour varices : industrie fondée par l'exposant en 1836.

214 *Fleury, P. F.* Pharmacien, la Teste de Buch, près Bordeaux (Gironde). Térébenthine maritime épurée ; procédé nouveau d'épuration de la térébenthine brute des landes de Bordeaux (brevet d'invention). Exportation.

215 *Flobert,* Arquebusier breveté, 3 rue Racine, Paris.—Fusils, carabines et pistolets : nouveaux systèmes, adoptés par la généralité des arquebusiers de France.

218 *Froely A.* 37 Rue Battant, Besançon (Doubs).—Limes diverses, en acier fondu français ; les unes taillées à main, les autres à la mécanique, par un procédé perfectionné par l'exposant.

219 *Fromage, L.* 5 rue des Petites-Eaux, Darnetal (Seine Inférieure).—Métiers à tisser mécaniques, perfectionnés par l'exposant ; destinés à tisser les articles Rouennaises et les tissus écossais.

220 *Fromont,* Ingénieur Mécanicien, Chartres (Eure-et-Loir.—Modèle perfectionné d'une turbine système *Fontaine.* (Brevets d'invention et de perfectionnement.)

220A *Foucault, P.* (aveugle) rue de Charenton, 28 aux Quinze-Vingts.—Appareil à écrire à l'usage des aveugles : nouvelle invention adoptée par l'Institution des Jeunes Aveugles de Paris.

221 *Fournival Fils, Altmayer & Cie.* Filateurs, Réthel (Ardennes). Fabrique de mérinos à Solesmes (Nord), Dépôt à Paris, 46 rue de l'Echiquier.—Laine filée maronnée ; mérinos teints.

222 *Goudchaux-Picard, Fils,* Fab. de draps, Nancy, (Meurthe).—Draperies fines et nouveautés. (Exportation.)

223 *Gesson-Mazille,* Fab. de laines, Réthel (Ardennes).—Pièces en tissu mérinos écru et teint.

224 *Gigot & Boisotau,* Fab. de tissus, Rheims (Marne).—Tissus mérinos écrus et teints.

225 *Gaillard, Fils,* 210 rue du Faubourg St. Denis. Paris.—Toile métallique en cuivre, fer, laiton, &c.

226 *Gaillard, Fils, aîné,* Laferté-sous-Jouarre (Seine-et-Marne).—Meules diverses ; meules en morceaux, fabriquées, dressées, rayonnées ; carreaux de meules : applicables à la monture de tous les grains.

227 *Gagneau, Frères,* 25 rue d'Enghien, Paris.—Lampes et bronzes ; lampes mécaniques suspendues, pour éclairage des salles à manger et divers autres usages.

228 *Galimard, N. A.* 4 rue Honoré Chevalier, Paris.—Dessins de fabrique : épistolographes écrivant leurs épitres ; Sainte Apolline ; Saint Laurent, exécutés en vitraux pour la décoration du chœur de l'église Saint Laurent, à Paris.

229 *Gallicher & Cie.* Exploitant des usines à fer de Bigny et Forge-Neuve (Cher).—Fers fins (dits fers de Berry), employés à l'agriculture, à la taillanderie, la serrurerie fine, la construction des machines et la carrosserie.

230 *Gandillot & Cie.* 40 rue Bellefond, Paris.—Lit en bronze ; meubles en fer creux, &c.

231 *Gérente, A.* 13 Quai d'Anjou, Paris.— Vitraux peints.

232 *Garach, J.* Roquemingarde (Herault), près Montagnac.—Compositions écrites sans l'emploi des temps du verbe, destinées à l'éducation des élèves.

233 *Garnaud, Fils,* 9 rue St. Germain-des-Prés, Paris. fabrique à Choisy-le-Roy (Seine).—Ornements en terre cuite blanche, employée particulièrement dans l'ornementation extérieure des bâtiments.

234 *Gauthier, Fils,* 14 rue de la Parcheminerie, Paris.—Caractères typographiques à supports ; vignettes, &c. Nouveau système breveté en France et à l'étranger.

235 *Gavard, A.* 9 Quai de l'Horloge, Paris.—Diagraphes et pantographes, pour la reproduction des cartes et plans typographiques, des tableaux et des dessins de tout genre.

236 *Gide & Baudry,* Libraires-éditeurs, 5 rue des Petits Augustins, Paris.—Volumes et publications diverses : exploration scientifique de l'Algérie ; Monuments de Ninive ; l'Architecture du 5 au 16e siècle ; Voyage en Perse ; Voyage de Dumont d'Urville.

237 *Gilber, C. J.* 63 rue du Bac, Paris.—Stores peints (Brevetés pour leur imperméabilité).

238 *Gilbert & Cie.* Manufacture de Givet (Ardennes). Dépôt à Paris, 18 rue Quincampoix, et 105 Regent Street, Londres.—Crayons de toute espèce, pour dessins, architecture, bureaux, &c.

239 *Gratia.*—Tableaux au pastel ; procédé nouveau pour l'application du pastel.

240 *Godard, A. & Bontemps,* fabriques à Cambrai et Valenciennes (Nord), à Bapaume (Pas-de-Calais), à Vervins (Aisne), et à Clermont (Oise), Dépôt à Paris, 40 rue de Cléry.—Linons et batistes.

241 *Gouin, A.* Peintre, 37 rue Louis-le-Grand, Paris.—Daguerréotype colorié.

243 *Mad. Grandjean, O.* (veuve), 8 cité d'Antin, Paris.—Fleurs en verre filé. Nouveau procédé pour la fabrication des fleurs. (Breveté en Angleterre.)

244 *Grandbarbe*, 48 rue des Marais St. Martin, Paris. —Dessins de fabrique pour tapis de pied.

245 *Graux, J. L.* Cultivateur à la ferme de Mauchamp, commune de Juvincourt (Aisne).—Toisons à laine soyeuse et lustrée, formant une variété particulière de la race ovine mérinos.

246 *Gremailly, Fils, aîné*, Gray (Haute-Saône), Hôtel du Sauvage.—Conserves alimentaires (cuisine française): boîtes de 12 ou 24 couverts, destinées principalement aux états-majors de la marine, aux chasseurs et voyageurs.

247 *Grenet, L. F.* Rouen (Seine Inférieure).—Colle-forte ; gélatine dite *grenétine* ; gélatines diverses et objets (fleurs, ornements, &c.) en gélatine.

248 *Gros-Odier-Roman & Cie.* Fab. à Wesserling (Haut-Rhin). Dépôts: 15 Boulevard Poissonnière, Paris, et chez MM. B. Salomons et Sons, 42 Old Change, Londres.—Filature de coton ; tissage de calicots et tissus de laine ; blanchiment et impressions au rouleau, à la perrotine et à la main, de tissus de laine et de tissus de coton.

249 *Grosselin, A.* Géographe, 7 rue du Battoir St. André, Paris.—Globe céleste ; géoramas et uranoramas, pouvant servir de globes de lampes ; nouvelle sphère de Copernic ; globe terrestre à calotte sphérique pour représenter les alternatives de jour et de nuit.

250 *Guesnu*, 70 rue du Temple, Paris.—Papier de fantaisie ; estampes pour le cartonnage ; impression d'or, d'argent et de couleurs.

251 *Guillemot, Frères,* Fabrique à Meulan (Seine et Oise). Dépôt, 88 rue neuve des Mathurins, Paris.—Passementerie pour voitures et livrées.

252 *Guinier, T.*, 25 rue de Grenelle St. Honoré, Paris. —Garde-robes et robinets. Nouveau système, breveté en France, en Angleterre et en Belgique.

253 *Guyotin Lorsignol*, 14 & 99 rue du Bourg St. Denis, Rheims (Marne).—Couvertures de laine, depuis la qualité la plus commune jusqu'à la qualité la plus fine.

254 *Guynet & Becquet*, 30 rue du Sentier, Paris—maison à Valenciennes, à Cambrai et à Nancy.—Mouchoirs de batiste blancs, imprimés et brodés.

255 *Hadrot, jeune*, 37 faubourg St. Martin, Paris—maisons à Londres, 12 Castle Street, Holborn, et 289 Regent Street.—Lampe Hadrot, dite à modérateur. (Brevetée.)

256 *Hartmann & Fils*, Munster (Haut-Rhin). Dépôts à Lyon et à Paris, 32 rue du Sentier.—Cotons filés ; tissus de coton blanc ; percales, jaconas, mousselines et tissus laine et coton, imprimés. (Dessins nouveaux composés chez eux.) Leur établissement à Munster comprend filature, tissage et manufacture d'impressions.

257 *Hartmann & Cie.* Malmerspach (Haut-Rhin).— Peignage mécanique et filature de laine peignée ; laine brute fine de diverses provenances, peignée mécaniquement et convertie en fils pour la fabrication de châles et de tissus divers, tant en France qu'à l'étranger.

258 *Hayot, J. J.* Carossier, Caën (Calvados).—Voiture à quatre roues, à siège mobile (brevet d'invention). Pouvant se diviser en deux parties distinctes et former séparément deux tilburys à deux roues.

259 *Heiligenthal & Cie.* Strasbourg (Bas-Rhin).—Ornements en mastic-pierre, pour la décoration intérieure et extérieure des bâtimens. (Exportation.)

260 *Helbronner, G.* 129 rue Montmartre, Paris.—Tapisseries et canevas. Représentants à Londres : MM. Graetzer et Hermann, 3 Huggin Lane, Wood Street, Cheapside, City.

261 *Hénoc*, 1 rue St. Sauveur, Paris.—Ecrans et plumeaux de diverses couleurs, en plumes d'autruches, de paons, de coqs de France et d'autres volatiles. (Exportation.)

262 *Henri, J.* Oculiste-opticien, 21 passage Delorme et 12 rue de Rivoli.—Lunettes ortho-strabiques, pour les malades du strabisme ; conserves garde-vue pour ophtalmies et vues faibles.

263 *Hess, G.* 6 rue de la Villière, Paris—représentant à Londres, 1 Bread Street.—Tissus brochés (chaîne coton ou fantaisie, trame pure laine peignée), en divers genres, mais plus spécialement pour gilets.

264 *Hoen, J. P.* Nimes (Gard.)—Nouveau système de fenêtres, persiennes et volets (breveté pour 15 ans). Système élégant et simple, sans mécanisme, ressorts, ni engrenage.

265 *Hostin*, Fleuriste, Etel (Morbihan.)—Fleurs, feuilles et corbeilles en coquillages.

266 *Huard, Frères*, Versailles (Seine-et-Oise.)—Pièces diverses d'horlogerie nautique.

267 *Delaroche-Daigremont*, Fab. 17 rue de la Paix, Paris. Dépôt à Londres, 8 Maddox Street, Hanover Square. —Broderies et nouveautés.

268 *Hubert, Mme. Joséphine*, Mondeville, près Caën (Calvados) ; fabrique à Paris, 2 rue du Grand Chantier. —Fleurs, fruits, feuilles, dentelles et guipures en relief bombés et simplement soulevés ; nouveaux ornements pour toilette, ameublement et objets de fantaisie. (Brevetés en France et en Belgique.)

269 *Hue, J. B.* 76 faubourg St. Martin, Paris.—Serrure entièrement mobiles ; machine à découper et ployer simultanément les agrafes, exécutée et inventée par l'exposant (brevet d'invention) ; agrafes découpées.

270 *Huet, Veuve*, Rouen (Seine inférieure), maison à Paris, 12 et 14 rue du Cimetière St. Nicolas.—Caoutchouc, bretelles et retors.

271 *Jacobber*, Peintre-sur-porcelaine, 43 rue du faubourg St. Denis, Paris.—Douzaine d'assiettes peintes, en porcelaine de Sèvres ; deux grands tableaux, fleurs et fruits, exposés par la manufacture nationale de Sèvres.

272 *Jacquemart, Frères*, Charleville (Ardennes).— Armes à feu ; articles de ferronnerie (brevetés) ; quincaillerie ; serrurerie (nouveaux systèmes brevetés). (Exportation.)

273 *Jaillon, Moinier & Cie.* La Villette, près Paris (Seine).—Acides stéariques ; bougies stéariques ; savons (Brevetés en France et en Angleterre).

274 *Japuis & Fils*, Claye, près Paris (Seine-et-Marne.) —Indiennes ; impressions sur tissus, articles pour ameublement et mousselines pour robes.

275 *Japy, Frères*, Beaucourt (Haut-Rhin), maison à Paris, 208 rue du Temple. Représentés par J. S. de Gaëtan & Cie. 8 Bow Lane, Cheapside, Londres.—Horlogerie, mouvemens de pendules et de montres ; quincaillerie, vis à-bois ; serrurerie ; ustensiles en fer battu.

276 *Jolly, F.* Mer (Loire-et-Cher.)—Huile extra-fine épurée, pour horlogerie, mécanique fine et armes à feu.

277 *Joly*, Esternay (Marne)—dépôt à Paris, 24 rue du faubourg St. Denis, chez M. Loeullier.—Deux grands vases en porcelaine, d'une seule pièce, décorés en or et en couleur, avec un bouquet de fleurs en couleur.

278 *Juhel Desmares, J.* Fab. Vire (Calvados.)—Draps, diverses étoffes et couleurs (castor-croisé ; cuir-laine ; drap uni ; satin.)

279 *Julien, Mlle. Marguerite*, Fabricante de dentelles, au Puy (Haute-Loire).—Blondes, dentelles, fil de chèvre, soie, velours, alençon soie, volant, châles, cols, barbes et voiles.

280 *Keller*, Ingénieur hydrographe, 40 rue du Bac, Paris.—Double planisphère pour naviguer par le grand cercle et faciliter la pratique et l'enseignement des sciences nautiques. (Nouvelle invention.)

281 *Kirstein, F.* Ciseleur, Strasbourg (Bas-Rhin.)— Haut-reliefs en argent, ciselés au repoussé, représentant des groupes d'animaux et de chasses.

282 *Knecht, E.* Sculpteur sur bois, 45 rue de Babylone, Paris.—Bénitier, sculpture sur bois de poirier, représentant une Vierge dans une niche entourée de feuillages et d'oiseaux (d'une seule pièce) ; cadre oval avec chûte de fleurs et nœuds de rubans, sculpté en bois de chêne, doré par Picarel.

283 *Lacroix, Père & Fils*, Ingénieurs Mécaniciens, 25 et 27 boulevard St. Hilaire, Rouen (Seine Inférieure).—Machine lithographique (brevetée); machine à fouler les draps et autres étoffes de laine, par pression continue. (Brevetée.)

284 *Lafaye, P.* 9 rue de l'Empereur, Paris (barrière Blanche.)—Vitraux peints. Sujets de la composition de l'exposant, à l'exception de quelques petites imitations des genres Suisse et Allemand.

285 *Lahure*, Hâvre (Seine-Inférieure).—Yole insubmersible. Nouveau système d'embarcations ne pouvant ni s'emplir ni rester chavirées, à l'usage de la marine militaire et du commerce.

286 *Laine-Laroche, & Max Richard*, Angers (Maine-et-Loire). — Chanvre d'Angers, sans préparation ; chanvre peigné pour filature mécanique; fils de chanvre pour chaîne et trame de toile à voile ; et toiles à voiles en chanvre, tissées sans encollage, pour la marine nationale de France.

287 *Laneuville, V.* 17 rue Ste. Croix de la Bretonnerie —Machine à fabriquer les bourses (sans couture); machine à fabriquer le cordon de montre. (Brevet d'invention).

288 *Lang, L.* Schlestadt (Bas-Rhin.) — Toiles métalliques diverses, pour la fabrication du papier à la mécanique.

289 *Langlois & Leclerq*, Libraires-éditeurs, 81 rue de la Harpe, Paris.—Ouvrages divers, de sciences et de littérature, avec illustrations.

290 *Larivière, C.* Gérant des ardoisières d'Angers (Maine-et-Loire.)—Ardoises d'Angers; produits des huit carrières en exploitation appartenant à la société.

291 *Laroche, E.* 10 rue des Jeûneurs, Paris.—Dessins de fabrique, pour impressions sur divers tissus, imprimés pour diverses maisons de France et de l'étranger.

292 *Laumain, C.* Horloger, 15 rue de la Truanderie.—Chronomètres de poche.

293 *Laureau, L.* 12 rue St. Gilles (au marais) Paris.—Cinq statuettes en bronze métal étain composé et galvanisé, représentant la République, l'Europe, l'Asie, l'Afrique, et l'Amérique.

294 *Laurent, Gsell & Cie.* Peintres sur verre, 43 rue St. Sébastien, Paris.—Deux armoiries, style 17ème siècle, genre suisse ; deux vitraux, intérieurs chinois ; une panneau, style du 16e siècle ; six carreaux pour ornementation d'appartements avec médaillons.

295 *Lautz, L.* Sculpteur sur ivoire, 40 rue Montmorency, Paris.—Vase en ivoire représentant la bataille des Francs et des Saxons, gagnée par Charlemagne.

296 *Laydet, Fils, aîné, & Cie.* Niort (Deux Sèvres), maisons à Paris, 37 rue Grenelle St. Honoré ; représentés à Londres par Graetzer et Hermann, 3 Huggin's Lane, Wood Street.—Peausserie chamoisée ; gants daim, castor et chamois.

297 *Leblanc, A.* Meunier, Mourroux, près Coulommières (Seine-et-Marne.)—Farine de froment, première qualité, pour la fabrication du pain. Expéditions à l'étranger.

297A *Leblond, J. D.* Sculpteur, 5 rue St. Louis (au Marais,)—Mannequins d'homme et de femme, en caoutchouc, exécutant toutes les poses pedestres ou équestres, nécessaires aux artistes. Brevetés.

298 *Lebrun, A.* Opticien mécanicien, 3 rue Chapon, Paris, Agent à Londres, M. Salomon, 22 Red Lion Square.—Lunettes, lorgnons, verres pour optique.

299 *Leclerc, H.* Ingénieur mécanicien, 105 quai Valmy.—Machines Hydrauliques en tous genres ; pompes, jets, fontaine, &c. Brevets d'inventoe.

300 *Lecoëntre*, Officier de Marine, rue St. Georges, Paris.—Plomb de sonde, appareil nautique à l'usage du sondage, adopté pour les bâtimens de la flotte française ; l'exposant fait hommage de son invention à l'Amirauté Anglaise, à la suite de l'Exposition.

301 *Lefrançois*, 202 rue St. Denis, et 7 Passage Basfour, Paris.— Boîtes coulisses à allumettes, boîtes-bougeoirs à allumettes et à amadou en tous genres. (Brevetés.) Exportation.

302 *Lehuby*, Pharmacien, 78 rue St. Lazare, Paris.—Enveloppes médicamenteuses, où capsules en lichen (brevetées en France et en Angleterre) servant à renfermer et à priver de mauvais goût tout médicament à avaler.

303 *Lemolt, A. E.* 42 Passage Jouffroy, Paris.—Batterie galvanique, construite dans les ateliers de M. Loyreau, opticien, à Paris, Quai de l'Horloge.—Cho'ca, substance alimentaire. (Brevets en France et en Angleterre).

304 *Lemonnier*, Bijoutier, 6 Place Vendôme, Paris.—Deux parures, l'une émeraudes, l'autre saphirs, exécutées pour S.M. la Reine d'Espagne. Divers objets de joaillerie. Epée pour le Duc de Berwick et Alba.

305 *Léon*, Chimiste, 7 rue de Crussol, Paris.—Vernis pour la reliure, les portefeuilles, la gainerie, la corne, l'or, l'écaille, le bois sculpté, les cannes, les métaux, &c. ; or pour cuivre.

306 *Léon Clément & Bourgeois*, Morez (Jura).—Horlogerie, dite de comté; pendules, horloges, régulateurs et tourne-broches. (Exportation).

307 *Leperdriel*, Pharmacien, 28 rue des Martyrs, Paris. —Etablissement des vésicatoires et cautères ; bas pour varices; nouveaux systèmes.

308 *Leroux*, Vitry-le-François (Marne).—Ecorce de saule ; salicine; produits chimiques pouvant être employés comme fébrifuges.

309 *Leroux*, Horloger, Cancale (Ille et Vilaine).—Horloge à nouveau système de sonnerie.

310 *Lapierre & Fils*, Vallerangue, (Gard).—Filature de soie ; soie grège.

311 *Lespinasse*, 34 Quai de Billy, Paris.—Modèle de four, pour la boulangerie. (Nouveaux système breveté).

312 *Lethuillier-Pinel*, Sotteville-lès-Rouen (Seine inférieure).—Nouveaux appareils de sûreté pour les chaudières à vapeur et locomotives (brevetés). Sifflets, flotteurs, manomètres, &c.

313 *Leunenschloss, M.* Fab. Rouen (Seine inférieure); Dépôt 15 rue de la Fidélité, Paris.—Bretelles et passementeries pour tailleurs et pour femmes.

314 *Lorthiois-Desplanque*, Tourcoing (Nord).—Fils de laine cardée pour tissus, de trois qualités différentes.

315 *Louis, Blais Fils, Letellier & Cie.* Hâvre (Seine inférieure).—Cordages divers pour la marine (brevetés) ; haubans, ralingues de voiles, manœuvres, &c.

316 *Louit Frères & Cie.* Bordeaux (Gironde).—Chocolats et moutardes, fabriqués par mécaniques mues par la vapeur (Exportation).

317 *Maire & Cie.* Fab. Strasbourg (Bas-Rhin).—Acétates de plomb, de soude, de chaux, de cuivre ; acide acétique ; céruse ; alcool épuré ; vinaigre (Brevets d'invention).

318 *Maitre, A.* Libraire Relieur, Dijon (Côte d'Or).—Livres reliés ; albums de dessin reliés ; porte-feuilles de formes et emplois divers.

319 *Malapert*, Pharmacien, Poitiers (Vienne).—Sulfate de magnésie et sulfate de soude, obtenus par des procédés de nouveaux fabrication.

320 *Malo-Dickson & Cie.* Coudekerque Branche, près Dunkerque (Nord). Représentés par J. S. de Gaëtan & Cie. 3 Bow lane, Cheapside, Londres.—Filature de lin et manufacture de toiles à voiles; toiles à voiles pour la marine marchande et la marine militaire.

321 *Mame & Cie.* Libraires-imprimeurs et Relieurs, Tours (Indre-et-Loire). — Ouvrages divers, cartonnés ou reliés, avec illustrations.

322 *Malingié*, Propriétaire, Directeur de l'Ecole d'Agriculture de la Charmoise, Pont-Leroy (Loir-et-Cher.)—Laine à peigne ; produit d'une race de bêtes à laine, créée à La Charmoise.

323 *Martin, W.* Mécanicien, St. Pierre-lès-Calais (Pas-de-Calais).—Machine Jacquard, pour métiers à tulle et métiers à tisser. (Brevetée en France et en Angleterre).

324 *Montgolfier,* Fab. Annonay (Ardèche); maison à Paris, 18 rue de Seine St. Germain.—Papiers et cartons divers; spécialité pour papier à calquer en pâte végétale naturelle, et pour parchemin animal; ce dernier produit est employé pour les gargousses à poudre de la marine française.

325 *Moreau, U.* 3 rue Drouot Grange-Batelière, Paris.—Huiles d'éclairage; essences pour vernis; huiles pour graisser les mécaniques; graisses blanches pour chemins de fer, wagons, &c.; savons et pâtes; produits tirés des mines bitumineuses de Schabwiller (Bas-Rhin), appartenant à l'exposant, et fabriqués par des procédés brevetés, dans son usine de Montrouge.

326 *Moreau, F.* 88 rue de la Glacière, Banlieue de Paris.—Nouveau combustible, dit Charbon Français, procédé breveté.

327 *Mader, Frères,* 1 rue de Montreuil, Paris.—Papiers peints.

328 *Moriceau & Cayeux,* Mécaniciens, Moily (Oise).—Régulateur à pendule pour moteurs hydrauliques, de la force de un à cent chevaux. Nouvelle invention, brevetée, applicable à toute espèce de vannes.

329 *Marechal & Guynon,* Peintres verriers, Metz (Moselle).—Vitraux peints: 1. St. Charles donnant la Communion aux Pestiférés (verrière du 16ème siècle); 2. Un Bourgmestre; 3. Une Rose du 13ème siècle.

330 *Mareschal, J.* Ingénieur Mécanicien, 82 rue du Faubourg St. Martin, Paris.—Machines à hacher et mélanger les viandes, les savons, les pâtes, les racines, à l'usage de diverses industries (brevetées); spécialement appliquées à la charcuterie et à la pâtisserie.

331 *Marrel Frères,* Bijoutiers orfèvres, 27 rue de Choiseul, Paris.—Grand vase, objet d'art, doré et oxydé, et décoré de sculptures, représentant le combat des Amazones, d'après Rubens; nécessaire de toilette; coupes, couteau de chasse, poignard, et autres pièces d'orfévrerie.

332 *Marsaux & Legrand, P.* 14 rue de la Perle, Paris; Londres: 27 Castle Street, Holborn.—Objets en cuivre estampé pour dessus de fenêtres et décors d'ameublement.

333 *Massing Frères, Huber & Cie.* 2 rue de Braque, Paris.—Peluches, de soie destinées à la chapellerie.—Fabriques à Puttelange (Moselle); à Lyons et à Tarare (Rhône). Exportation.

334 *Obry, Fils, Bernard, J. & Cie.* Fab. Prouzel, près Amiens (Somme). — Papiers divers; rouleaux sans fin, pour enveloppes, couvertures de brochures, paquetages, écriture et impression, dessins et plans, tenture, &c.

336 *Opigez & Chazelle,* 83 rue Richelieu, Paris, maison Gagelin.—Nouveautés confectionnées pour dames; broderies sur riches étoffes de soie de Lyon; tissu et broderie de châles, imitation de l'Inde.

337 *Paget, J. A.* Horloger, Béziers (Hérault).—Montre à nouveau système de barillet, dite montre Paget. (Brevet d'invention).

338 *Paillart Frères,* Tanneurs et Corroyeurs, 17 rue du Grand St. Michel, Paris.—Peaux de veaux et moutons pour la couverture des cylindres dans les filatures; plaques et rubans pour cardes à laines et à coton; courroies en cuir de toutes dimensions, &c.

339 *Papavoine & Châtel,* Fab. Rouen (Seine inférieure).—Machine pour fabriquer les rubans de cardes à l'usage des filatures de coton et de laine; rubans de cardes divers, sur cuir et sur drap feutré. (Brevet d'invention).

340 *Paradis, De Ruolz & Cie.* 6 Faubourg Poissonnière, Paris; maison à Londres: MM. Devaux & Cie., 62 King William Street.—Peinture en enduits hydrofuges; procédé de Ruolz, chimiste. (Breveté en France et en Angleterre).

341 *Pardoux,* Mécanicien, Randon (Puy-de-Dôme).—Charrues à avant train, à versoir fixe; et charrues diverses à versoir mobile. Nouvelles inventions brevetées.

342 *Pauwels, A.* 179 Faubourg Poissonnière, Paris.—Régulateur et Modérateur, machines à régler la pression, l'écoulement et l'émission du gaz; pièce en terre réfractaire pour opérer la distillation de la houille dans les usines à gaz. (Brevets en France, en Angleterre, et ailleurs).

343 *Perron,* Fab. 14 rue Vivienne, Paris.—Chocolats divers, fabriqués par machines en granit, torréfiés par évaporation, et moulés et décorés sous toute forme de sujets au moyen d'une glace en sucre.

344 *Pescheloche-Vavin,* Horloger, Epernay (Marne).—Pendules montres et pièces d'horlogerie diverses; nouveau système de ressort moteur.

345 *Petit, Fils aîné & Cie.* Nantes (Loire inférieure).—Pierres meulières, propres à former des meules à froment.

346 *Painchaut, —.* Fab. Brest (Finistère). — Deux appareils pour tendre ou vider les haubans et étuis à bord des navires. L'un est une crémaillire qui agit par la force d'un levier et fixe la tension obtenue. L'autre est une chaîne se manœuvrant également par un levier, la tension est maintenue par une mâchoire en guise de stopper.

347 *Picard, E.* Dess. 3 rue de Lenôtre, Rouen (Seine inférieure).—Dessins de fabrique, pour impression sur laine, coton, &c; dessin fond blanc, dit genre Perse, avec portrait de la Reine d'Angleterre.

348 *Picault, G. F.* Coutellier Breveté, 46 rue Dauphine, Paris.—Ouvre-huîtres; couteau à tranchant-scie; couteau à cisaille; et pièces diverses, fermantes, de coutellerie fine.

349 *Pichot, A.* 20 Place d'Armes, Poitiers (Vienne).—Imitation, sur ivoire épais ou mince, de marqueterie et d'incrustation. Nouvelle invention.

350 *Pierret,* Horloger, 21 rue des Bons Enfants, Paris.—Pendule à sphère, système Copernic, avec les dernières découvertes; pendules réveils d'un nouveau système; petits réveils-matin, applicables aux montres.

351 *Pillaut & Cie.* 8 rue Vivienne, Paris.—Ceintures et corsets de toilette, élastiques et orthopédiques.

352 *Renouard, J. & Cie.* Libraires-Editeurs, 6 rue de Tournon, Paris.—Publications diverses, concernant l'histoire, les sciences, beaux arts, &c.

353 *Reynier, Cousins,* 19 rue Puits-Gaillot, Lyon (Rhône).—Fichus, châles, écharpes, robes et ombrelles.

354 *Richer, F.* Cultivateur et Eleveur, Gouvix (Calvados).—Deux toisons de béliers de race pure, âgés de deux ans.

355 *Riess, M.* Dieuze, (Meurthe).—Gélatine et colle forte; pour apprêts de tissus, soieries, collage de vins, &c.

356 *Biétry & Fils,* Fab. 102 rue Richelieu, Paris.—Tissus cachemire; châles cachemire.

357 *Robert, A.* Sancerre, (Cher).—Système de répétition pour montres et pendules, dit répétiteur Robert. Breveté.

358 *Rojon, J. L.* 51 Quai Valmy, ruelle des Lilas, Paris.—Emeri préparé; couleurs broyées par nouveaux procédés mécaniques; tripoli, &c.

359 *Roulet, Gilly & Chaponnière,* Marseille, (Bouches-du-Rhône).—Savons à l'huile de palme, pour blanchiment des étoffes, teintures des soies, &c.

360 *Rousseau, L.* Distillateur, 12 rue des Cinq Diamants, Paris.—Spécialité pour les fruits conservés. Exportation.

361 *Roussel, C.* Graveur-Typographe, Besançon (Doubs).—Matrices de plains-chants, d'après l'ancien système perfectionné; musique composée avec des types mobiles.

362 *Rouxel, F.* Cultivateur, St. Brieuc, (Côtes-du-Nord).—Lin teillé et peigné, employé pour la filature à la main et la filature mécanique.

363 *Ruez, L.* Fab. Cambrai, (Nord).—Amidons divers.

364 *Saget, Veuve,* Fab. 17 rue Ste. Elizabeth, Paris.—Phare pour la marine ; lanterne à gaz, à réflecteur parabolique ; lanterne de grue hydraulique ; et autres appareils d'éclairage.

365 *De Sandoval & Cie.* Chocolatiers, Tarbes, (Hautes-Pyrénées).—Chocolats fabriqués par moteurs hydrauliques.

366 *Sanson, E.* Fab. Evreux, (Eure).— Coutil pour corset, lit de plumes et ameublement.

367 *Sauraux, J. V.* Fab. 21 Faubourg du Temple.—Billard en bois noir sculpté, genre boule, avec table d'un nouveau système, breveté.

368 *Savary & Mosbach,* Bijoutiers, 2 rue Vaucanson, Paris.—Imitations des diamants, des pierres précieuses et des perles massives.

370 *Schmautz, C. ainé,* 19 rue du Cherche-midi, Paris.—Rouleaux, chassis et sangles pour la lithographie.

371 *Schönenberger,* Editeur de musique, 28 boulevart Poissonnière, Paris.—Répertoire des concerts du Conservatoire National ; bibliothèque classique des pianistes ; bibliothèque dramatique.

372 *Séguy,* Mécanicien, Thézan (Hérault).—Charrue à avant-train, pouvant servir de charrue à *dental* et de charrue à *versoir.* (Nouvelle invention, brevetée.)

373 *Sénéchal,* Mécanicien Brev. 41 rue des Solitaires, Belleville, près Paris.—Machine à coudre le point surget, applicable à la couture des grosses toiles ; machine à couper les gants de peaux et de tissus.

374 *Silbermann, G.* Imprimeur-Typographe, Strasbourg (Bas-Rhin).—Impressions typographiques en tous genres, exécutés d'après des procédés nouveaux, de l'invention de l'exposant.

375 *Simonet, Mlle. V.* 161 rue St. Jacques, Paris.—Copie sur porcelaine du portrait de L. Cherubini, par M. Ingres.

376 *Société Anonyme des Mines de Bouxwiller ;* M. Schatteumann, Directeur, Bouxwiller (Bas-Rhin).—Alun épuré et ordinaire ; sulfate de fer ; prussiate de potasse ; bleu de Prusse ; colle d'or ; produits ammoniacaux. (Exportation.)

377 *Société Anonyme des Papeteries du Souche* (Vosges) ; M. Mauban, représentant. Maison à Paris, 5. rue du Pont-de-Lodi.—Papiers divers pour écriture, impression, tenture, analyses chimiques, fleurs ; imitation de papier de Chine.

378 *Société Anonyme des Ardoisières de Rimogne* (Ardennes), A. Moreaux, représentant.—Echantillons divers des ardoises de Rimogne ; ardoises grises de Deville (Meuse).

379 *Société d'Ourscamp* (Oise), M. Peigné Delacour directeur, 14 boulevart Poissonnière, Paris.—Filature de coton ; tissage de calicots forts, dits cretonnes et madapollams.

380 *Saehnée, Frères,* Fab. 17 rue des Vinaigriers, Paris.—Vernis divers pour cuirs, bois et métaux, pour tableaux et aquarelles, &c. ; fleurs naturelles conservées par un procédé chimique.

381 *Soins, Père et Fils,* Teinturiers Brev. Esquermes-lez-Lille (Nord).—Teinture et satinage de fils de lin retors ; teinture et glaçage de cotons retors, dits fils d'Ecosse et d'Irlande. (Procédés nouveaux.)

382 *Steinbach, J. J.* au Petit Quévilly, près Rouen (Seine-Inférieure).—Amidons-fecules et gommes, destinés à la fabrique d'indiennes.

383 *Steiner, C.* Fab. Ribeauvillé (Haut-Rhin). Représenté per S. S. Gaëtan & Cie. Bow Lane, Cheapside.—Teinture en rouge uni ; impression sur rouge andrinople.

384 *Sturm, P. H.* 28 rue de l'Ancienne Comédie, Paris.—Peinture sur émail : 1. La Vierge au coussin vert, d'après Andréas de Solario ; 2. Enée racontant à Didon la prise de Troie, d'après Pierre Guérin ; 3. Vierge de Raphaël ; 4. Vierge tirée de l'Assomption de Murillo ; 5. Fleuriste en pied, d'après Greuse ; 6. Bergère, d'après Fragonard ; 7. et 8. Bouquets de fleurs.

385 *Tailbouis, E.* Fab. et Brev. 15 rue des Mauvaises Paroles, Paris.—Gants de soie, écharpes, châles, bas et autres objets de fantaisie de haute nouveauté.

386 *Tailfer, J. B. & Cie.* Construct. 4 rue Notre Dame de Grâce, Paris.—Appareils dynanométriques pour bâteau à hélice et pour machine fixe, inventés par M. Taurines, à Paris, et brevetés en son nom. (Brevet en Angleterre.)

387 *Taillandier, L. H.* Fab. Evreux (Eure).—Coutils divers, pour literie et cosets.

388 *Tambour Ledoyen,* (maison Privat), Fab. 49 rue Neuve St. Augustin, Paris.—Gants fabriqués suivant un nouveau système de coupe.

389 *Tellier,* Sculp. en ivoire, 122 Grande Rue, Dieppe, (Seine-Inférieure).—Objets divers en ivoire sculpté ; pièces principales : un vaisseau, un Christ, un pauvre.

390 *Thomas, C. X.* 13 rue du Helder, Paris ; représente à Londres par M. de Fontaine Moreau, 4 South Street, Finsbury.—Arithmomètre, machine à calculer plusieurs chiffres à la fois. (Invention de l'exposant, brevetée en France et dans la Grande-Bretagne.

391 *Thierry, C. A.* Bottier, 301 rue St. Honoré, Paris, et 278 Regent Street, Londres.—Chaussures de modèles divers ; bottes à talons mobiles et tournants, système inventé par M. Walker, de Birmingham, et breveté en France et en Angleterre.

393 *Trancart, A. A.* 12 rue Neuve St. Denis, Paris.—Nouveauté de peignes d'écailles. (Spécialité.)

394 *Trémaux, P.* Architecte, Charcey, par le Bourgneuf (Saône-et-Loire). — Harmonium perfectionné, invention brevetée pour diminuer à volonté la sonorité des notes basses.

395 *Du Tremblay, A.* 3 rue de Milan, Paris.—Dessins reproduits, à l'aide de la lithophanic, sur divers objets en faïence, en porcelaine et en cristal. (Nouvelle invention brevetée.)

396 *Tricot, Frères,* Fab. 25 rue Stanislas Girardin, Rouen (Seine-Inférière).—Tissus à la main, mélangés de diverses matières, telles que coton, laine, lin de soie ; tissus de coton seul. (Exportation).

397 *Tudot,* Dess. Moulins (Allier).—Lithographie à la manière noire. (Nouveau procédé.)

398 *Tulou,* Fab. 27 rue des Martyrs, Paris.—Flûte perfectionnée, nouvelle disposition des clefs.

399 *Acklin,* Mécanicien, 36 rue Bourbon Villeneuve, Paris.—Métier Jacquard, avec appareil pour la substitution du papier au carton, breveté en France et en Angleterre ; tableau représentant les détails de l'appareil.

400 *Albinet, Fils,* 19 ruede la Vieille Estrapade, Paris.—Couvertures de toutes sortes, en laine, en mérinos et en coton.

401 *Archambault, A.* Fab. 124 rue St. Lazare, Paris.—Moulures, cadres et bâtons, canelés et plaqués.

402 *Arnavon, H.* Fab. Marseilles (Bouches-du-Rhône). Echantillons divers de savons. (Exportation.)

103 *Aubert & Noël,* 265 rue St. Honoré, Paris.—Eaux-de-vie de fruits, pêches, frambroises, abricots, fraises, &c.

404 *Aucher,* Facteur de pianos, 44 rue de Bondy, Paris.—Deux pianos droits, l'un à cordes obliques et à clavier fixe, l'autre à cordes verticales et clavier mobile

405 *Amuller, E. F.* 51 rue du faubourg Possonnière, Paris.—Un modèle de toiture, couvert en tuiles perfectionnées.

406 *Baillière, J. B.* Libraire, 19 rue Hautefeuille, Paris.—Librairie, 12 ouvrages sur les sciences médicales et naturelles.

407 *Bailly-Comte, Père et Fils aîné,* Morez-du-Jura (Jura).—Une horloge de tour à quarts, marchant 30 heures.

408 *Bally, P.* Horloger, 25 rue Notre Dame de Nazareth, Paris.—Pendules diverses ; mouvements.

409 *Bapterosses, J. F.* Fab. 27 rue de la Muette, Paris.—Boutons de porcelaine de toutes sortes.

410 *Barral, C.* Filateur de soie, Ganges (Hérault).— Echantillons de soie grège et ouvrée, blanche et jaune.

411 *Basely,* 11 rue Constantine, Paris.—Aiguilles pour l'horlogerie portative.

412 *Batailler, A. P. E.* au château de Portail, près Montargis (Loiret).—Machines agricoles.

413 *Bauchet-Verlinde,* Fab. Lille (Nord).—Machine à ligner le papier des deux côtés en même temps : registres à l'usage de la comptabilité commerciale.

414 *Bayard, H.* 81 rue de la Paix, Batignolles (Seine). —Dessins photographiques contenus dans 3 cadres.

415 *Bayvet, Frères & Cie.* Choisy-le-Roi, dépôt à Paris 16 rue Mauconseil.—Cuirs et maroquins.

416 *Bazin, A.* au Mesnil St. Firmin (Oise).—Une Charrue fouilleuse.

417 *Borie, Frères,* Ingénieurs Civils, 24 Boulevart Poissonnière à Paris.—Briques tubulaires (creuses) de toute forme et de toute dimension, et machines pour les fabriquer ; brevets en France et en Angleterre ; à Londres, s'adresser à M. Edward Elliot, 33 Bucklersbury, City.

418 *Berger, F.* St. Etienne (Rhône).—Fusils de luxe, divers genres.

419 *Clesinger, T.* Sculpteur, 32 rue de Penthièvre, Paris.—La bacchante, statue de marbre, premier prix de sculpture à l'exposition de 1848.

420 *Bernard,* Constructeur de machines, 34 rue de Constantine, Paris.—Machine à filtrer les eaux.

421 *Bernardel,* aîné, 21 et 23 rue Croix-des-petits-Champs, Paris.—Violons ; basses ; altos ; archets et cordes pour ces instrumens.

422 *Berthelot, N.* Troye (Aube.)—Deux métiers circulaires pour faire la bonneterie ; un compteur adapté à chaque métier ; échantillons à l'appui.

424 *Besson, G. A.* Fab. 7 rue des Trois Couronnes, Paris.—Cornets à pistons, en cuivre et en argent ; ophicléides ; trompettes d'harmonie ; trombones ; altos ; basses et contrebasses, &c.

425 *Bézault, J. & Cie.* Fab. 18 rue des Vinaigriers, Paris.—Hydro-extracteur, machine à retirer de l'eau, nouveau système.

426 *Bodin, J.* Rennes (Ille et Vilaine.)—Quatre charrues et une herse.

427 *De Boissimon, C.* Fab. Langeais (Indre et Loire.)— Vases d'ornement et pièces de poterie en grès ; briques réfractaires.

428 *Boland, A.* 52 rue St. Louis, Paris.— Un pétrisseur mécanique propre à la boulangerie et à toute espèce de mélange et de lavage.

429 *Bonnal V. & Cie.* Fab. Montauban (Tarn-et-Garonne).—Soie grège blanche et jaune, filée à la vapeur ; coupons de gaze de soie pour le blutage des farines.

430 *Bontems,* Fab. 80 rue de Cléry. — Pendule en bronze, surmontée d'oiseaux mécaniques ; groupe en pâte d'oiseaux mécaniques.

431 *Bouchon, L. A.* la Ferté-sous-Jouarre (Seine et Marne), 16 Place de la Madeleine, Paris.—Un moulin à bras et sa bluterie.

432 *Boudon de St. Amans,* Fab. Lamarque, près Agen (Lot-et-Garonne).—Application de couleurs vitrifiables sur porcelaines, et toutes matières céramiques, durcies et émaillées par le feu. Nouveau procédé.

433 *Boulonnois,* Fab. 48 rue St. Sebastien. Paris.— Bronzes d'art de divers modèles, &c.

434 *Bourgogne, J.* Fab. 2 bis, rue d'Arcole, Paris. — Séries de préparations microscopiques tirées des trois règnes de la nature.

435 *Braquenié & Cie.* Fab. 16 rue Vivienne, Paris. — Tapis ; tapisseries pour portières ; écrans et tapis de table. (Brevetés.)

436 *Breton Frères & Cie.* au Pont de Claix, près Grenoble (Isère.)—Deux paquets de papier, et dessins imprimés sur le même papier.

437 *Bricard & Gauthier,* Fab. Woincourt, (Somme.) —Maison à Paris, 3 rue Pavée St. Sauveur.—Pièces diverses de serrurerie et cylindres cannelés pour filatures.

438 *Brière, A.* Fab. 24 boulevart Beaumarchais, Paris. —Produits arsénicaux ; acide arsénieux, vert de Schweinfurt, &c.

439 *Briet, J. C.* 22 rue Neuve St. Jean, Paris.—Différents appareils et un vase pour eaux gazeuses.

440 *Brisset, E.* Fab. 13 rue des Martyrs, Paris.—Presse lithographique en fer.

441 *Brocot, A.* Fab. 18 rue Charlot, Paris.—Pendules artistiques, médaillons et objets divers en bronze, marbre, &c.

442 *Buffet jeune,* Fab. rue du Bouloi, Paris.—Clarinettes, nouveau système ; flûtes ; hautbois et bassons militaires, &c.

443 *Buron,* 8 rue des Trois Pavillons, Paris.—Instrumens d'optique et de mathématique.

444 *Caffort, J.* Marbrier Carcassone (Aude) et 14 rue neuve St. Jean, Paris—Echantillons de marbres du Languedoc.

445 *Carré, L.* Fab. 43 rue Beaubourg, Paris.—Cadres en bronze, pour miniatures et Daguérreotypes.

447 *Leroux-Mainguet,* Nantes.—Appareil distillatoire d'eau de mer.

448 *Chapot & Pelon, H.* au Vigan (Gard.)—Pierre lithographique des carrières du Vigan.

449 *Chauvin, G.* Fab. 10 rue des Gravilliers, Paris.— Bourses, garnitures de bourses, boucles, breloques et autres objets en acier poli.

450 *Chavin, frère aîné,* Morez-du-Jura (Jura.)—Différens systèmes d'horloges ; balanciers et régulateurs ; cadran en émail ; cabinets en sapin verni, pour régulateurs et horloges.

453 *Chaverondier, H.* Fab. St. Germain Laval, (Loire). —Articles divers de passementerie et nouveautés.

454 *Clair Godefroy,* aîné, 63 rue Montmartre, Paris. — Flûtes en bois et argent (différens systèmes). (Breveté pour les flûtes Boehm).

455 *Clément-Bourgeois, L.* Morez (Jura).— Horlogerie et tourne-broches.

456 *Cloët, C.* Fab. Lille (Nord).—Orges perlés et non-perlés ; vermicelles de différents titres ; macaronis, imitation de Naples ; riz de Caroline ; farine de froment ; produits brevetés en Angleterre.

458 *Colletta-Lefebvre,* 9 rue Mandar, Paris. — Tabatières ; porte-monnaies ; étuis, &c.

459 *Combet,* Fab. 6 rue Grénetat, Paris.—Cordes harmoniques, en soie et en nerfs, pour violons.

460 *Cordier, C.* 5 rue Carnot, Paris.—Buste en bronze: un nègre de Tombouctou, sur une colonne.

461 *Corniquel, C.* Vannes (Morbihans).—Diverses sortes de cuirs.

462 *Courmerie & Cie.* Fab. Cherbourg (Manche).—Sodure de potassium ; iode sublimé ; chlorure de potassium; sulfate de potasse, &c.

463 *Courtois, A.* aîné, 28 rue des Vieux Augustins, Paris.—Instruments de musique en cuivre (basses, bugles, trombones, néocor, cors, cornets, contrebasse.

464 *Toussaint, A. N.* 4 rue de la Jussienne, Paris.— Une écharpe pour dentelles, (dessin).

465 *Crespel-Delisse, T.* Agriculteur, Arras (Pas-de-Calais).—Echantillons de blés divers ; un semoir.

466 *Trouillier, J.* Dess. 31 rue de Cléry, Paris.—Dessins modèles pour impressions sur étoffes.

468 *Cusson-Pourcher & Rossignol,* Arquebusiers, Clermont-Ferrand (Puy-de-Dôme).—Pistolets-carabines, d'une portée de 100 mètres. (Breveté pour 15 ans.)

469 *Cuvillier, H.* aîné, 16 rue de la Paix, Paris.—Con-

serves alimentaires : moules, huitres, champignons, pois, truffes, &c.

470 *Darras, P.* Sériculteur, Tixin (Côte-d'Or).—Substances employées dans les manufactures de soie.

471 *Dauphinot-Pérard,* Fab. Isles-sur-Suippes (Marne).—Tissus mérinos, de toutes couleurs.

472 *Delacour, H. P.* Fab. 47 rue Vieille du Temple, Paris.—Etoffes de crin et soie végétale.

473 *Delvigne, G.* Mécanicien, 24 rue du Bouloy, Paris.—Obusier portatif; porte-amarres, appareils employés pour sauvetage.

475 *Detir & Cie.* (Association des Facteurs de Pianos), 162 rue du Faubourg St. Denis, Paris.—Un piano droit à cordes demi-obliques; piano droit à cordes verticales.

476 *Deyeux,* Liancourt (Oise), et 7 rue Garancière, Paris.—Creusets pour la fonte des métaux et ustensiles de chimie.

477 *Domény, L. J.* Fab. d'instruments de musique, 101 faubourg St. Denis, Paris.—Harpes; pianos droits.

478 *Donneaud & Cie.* Fab. 190 quai de Jemmapes, Paris.—Acide stéarique; acide oléique; bougie du phare.

479 *Dorey, J.* Mécanicien, Hâvre (Seine-Inférieure).—Cadran d'horloge, avec ses accessoires, portant application d'un nouveau système d'éclairage.

480 *Dubreuille, Dervaux-Lefebvre & De Fitte,* Fab. Wagnier-le-Grand (Nord).—Pains de sucre de betterave. (Exportation.)

481 *Dubus,* aîné, 58 route de Caen, Rouen, (Seine-Inférieure).—Cylindres à émeri, en fer.

482 *Ducommun,* 28 boulevart Poissonnière, Paris.—Fontaine, filtre charbon avec robinet nouveau; boîte contenant un filtre charbon à pression; bidon de voyage en étain filtre charbon. (Breveté.)

483 *Dufour, L.* Fab. 8 boulevart Beaumarchais, Paris.—Papiers dorés, argentés et de fantaisie, fabriqués à la mécanique; assiettes et pierres à brunir pour tous genres de dorures.

484 *Fortin-Boutellier,* Fab. Beauvais.—Draps et feutres, bandes de draps pour pianos.

485 *Dufour, J. B.* Saumur (Maine-et-Loire).—Echantillons de chaussées en pierres asphaltiques, composées de substances bitumineuses; échantillons de macadam asphaltique, naturel et factice; mosaïque en pierres naturelles liées par le mastic asphaltique.

486 *Dumas, A.* 272 rue St. Honoré.—Différents becs de gaz.

487 *Dumérey,* 45 rue des Petites Ecuries, Paris.—Machine dépendante de la fabrication des chaussures; planches à graver la musique.

488 *Dumont, F. L. H.* Tanneur, rue des Wetz, Douai (Nord).—Cuirs forts de Buénos-Ayres.

489 *Montignac,* 6 rue Beauregard, Paris. — Orfèvrerie et bijouterie.

490 *Dunaime, J. A.* 18 rue Lepelletier, Paris.—Une voiture dite berline de ville montée à quatre roues.

491 *Dandoy-Maillard, Lucq & Cie.* Maubeuge (Nord).—Quincaillerie : outils et pièces détachées pour toutes les filatures; armes de guerre.

492 *Duprat & Cie.* Fab. Castres (Tarn), dépôt 1 rue du Grand Chantier, Paris.—Bouchons en liège, fabriqués à la mécanique, d'après un système breveté en Angleterre au nom de M. de Boissimon; bandes de liège coupées à la mécanique.

492A *Funstenhoff, Emma,* 17 rue de Choiseul, Paris.—Fleurs artificielles pour l'étude de la botanique.

493 *Dupré, A. G.* Arcueil (Seine).—Capsules métalliques pour le bouchage des bouteilles.

494 *Duranton, J. B.* Chemisier, 11 rue St. Joseph, Paris.—Tissus coton et fil de lin pour devants de chemises. (Brevetés en France et en Grande Bretagne).

495 *Duvelleroy, P.* Fab. 17 passage Panorama, Paris. Dépôt à Londres, 167 Regent Street.—Éventails de diverses natures sculptés et peints, en tous genres pour tous pays.

496 *D'Enfert, Frères,* Plaine d'Ivry, Deux Moulins, près Paris (Seine).—Gélatines diverses: applicables aux arts, à la confection des fleurs, aux apprêts de tissus, à la lithographie, au calque, à l'imagerie et à divers emplois culinaires, &c.

497 *Erard, P.* Facteur de pianos, 13 et 21 rue du Mail, Paris.—Pianos de divers modèles et une harpe, sur inventions brevetées en Angleterre.

498 *Ernoux, C. H.* Chapellier, 9 passage St. Avoye, Paris.—Chapeaux de fantaisie en feutre, avec ou sans ornements. (Nouvelle invention.)

499 *Esprit & Noyé, F.* Fab. 42 quai de Retz, Lyons (Rhône).—Régulateur de bonneterie (dessin de); gants et bas fabriqués au moyen de ce régulateur.

501 *Fastré, J. T.* 3 rue de l'école polytechnique, Paris.—Baromètres, hyromètres, thermomètres et différens autres instrumens de physique.

502 *Fauquier,* Fab. de brosses, 7 rue Bourg-L'Abbé, Paris.—Brosserie diverse pour tous usages.

503 *Félix, J.* Fab. 66 rue Rambuteau, Paris.—Portemonnaies; trousses; porte-cigares; buvards, et broderies montées en velours et en maroquin.

504 *Féron, J. F.* 29 rue de Clichy, Paris.—Rampes; main-courantes incrustées.

505 *Féry, A.* Cultivateur, La Teste, près Bordeaux (Gironde).—Échantillons de riz brut et riz décortiqué, provenant de la quatrième récolte de riz dans les Landes de Gascogne, faite en 1850.

506 *Fischer, Frères,* Fab. Ste. Marie-aux-Mines (Haut-Rhin).—Tissus de coton, laine et soie teints, pour robes, cravates et madras: articles de nouveauté et d'exportation.

507 *Flaud, H. P.* Mécanicien, 27 rue Jean-Goujon, Paris.—Machine à vapeur de la force de cinq chevaux; pompe à incendie avec ses agrès.

508 *Fondet,* aîné, Architecte, 11 Boulevart Poissonnière, Paris.—Articles de fumisterie; appareils de chauffage à tubes prismatiques.

509 *Fontenau, F.* 8 rue Dugommier, Nantes (Loire-Inférieure).—Un fusil à percussion avec cheminée perfectionnée et chien de sûreté.

510 *Fortier-Beaulieu,* rue de la Lancette, Bercy (Seine).—Peaux et cuirs.

511 *François-Grégoire,* Distillateur de mélasse, Haubourdin-lès-Lille (Nord).—Esprit de mélasse.

512 *Fray, M.* Orfèvre, 22 rue Pastourelle, Paris.—Service complet de table; lavabo, bougeoirs; encriers, et autres pièces d'orfèvrerie.

513 *Fumet, C. F.* Fab. de produits chimiques, 25 rue du Helder.—Appareils à faire des glaces sorbets et de la glace brute, sans emploi de glaces naturelles.

515 *Galimard, E.* Filateur-moulinier de soie, Vals (Ardèche).—Soie grège et ouvrée de différents titres. Agents à Londres, M.M. Fordati, Coxhead et Cie. 13 Old Jewry Chambers.

516 *Gannery, V.* St. Nicolas d'Alihemont (Seine-Inférieure).—Une pendule astronomique.

518 *Gaymard & Gérault,* 10 rue Montmorency, Paris.—Régistres pour bureaux, &c., lithographiés et réglés.

519 *Gevelot & Lemaire,* 30 rue Notre Dame des Victoires.—Amorces pour fusils à percussion.

520 *Gervais,* 3 rue des Fossés St. Jacques, Paris.—Chaudière de cuivre avec grille en cuivre (brevetée); tuyau à double effet et ventilation avec colonne de retour.

521 *Gillet, A.* Fab. Knevel (Morbihan).—Sardines confites à l'huile.

522 *Gillot,* Imprim.-Lithog. 8-10 rue du Chevalier du Guet, Paris.—Trois cadres contenant des épreuves typogra-

phiques, dont deux avec leur cliché. (Breveté en France et en Belgique.)

524 *Goffinet-Salle, J. B. T. L.* Filateurs, Reims (Marne). Filature de laine cardée ; poils, laine et coton ; laine pure ; cachemire et laine ; mélangés de couleurs.

525 *Gourdin,* Mayet (Sarthe).—Une horloge de luxe, à quarts, perfectionnée pour château ou palais.

526 *Grassot & Cie.* Fab. place du Collége, Lyon (Rhône).—Serviettes ou nappes en fil blanc damassé ; services de table complets.

527 *Grey, M.* Fab. Dijon (Côte-d'Or).—Echantillons divers de moutardes.

529 *Grosse, Frères,* 29 quai Napoléon, Paris.—Aréomètres pour liquides dilatés et denses, et divers instruments de chimie, tels que creusets, capsules, cuiller, &c.

530 *Groult, jeune,* Fab. 16 rue Ste. Apolline, Paris.—Pâtes et farines pour potages et purées.

531 *Groult & Cie.* 7 et 9 rue Frépillon, Paris.—Différentes sortes de tubes en cuivre.

532 *Gueuvin, Bouchon & Cie.* Laferté-sous-Jouarre (Oise).—Meules à moulins et pierres meulières.

533 *Guérot, A.* Teinturier, Elbeuf (Seine-Inférieure).—Echantillons de laines teintes en diverses couleurs, et destinées à la fabrication du drap.

534 *Guillot, J. J. A.* Tannerie et Corroierie, 17 rue du Bouloy, Paris.—Fabrique spéciale de tiges, avant-pieds et veaux cirés pour l'exportation.

536 *Henri C.* Mécanicien, 21 Côte St. Sébastien, Lyon (Rhône).—Peignes d'acier pour tisser les étoffes de soie et autres.

537 *Herme,* Filateur, Crest (Drôme).—Echantillons divers de soies grèges et ouvrées.

538 *Herrenschmidt. G. F.* Strasbourg.—Tiges de bottes ; peaux de veau cirées et blanches ; peaux de vaches et courroieries cousues.

539 *Heyler, Mlle. M.* Fab. 36 rue de l'Echiquier, Paris.—Mitons et gants en filets de soie.

540 *Hildebrand, A.* 202 rue St. Martin, Paris.—Cloches en accord pour églises et beffrois ; timbres en gammes pour orchestres.

541 *Huck,* 31 rue Corbeau, Paris.—Un appareil complet de féculerie, tout en fer, fonte et cuivre.

542 *Husson, F. C.* 13 quai de la Tournelle, Paris.—Toiles transparentes pour la reproduction des dessins ; cartes et plans.

543 *Imlin, F.* Médecin-vétérinaire, Strasbourg (Bas-Rhin).—Plâtres moulés sur nature, représentant des pieds-bots de cheval, avant l'opération de la ténotomie plantaire, et les mêmes pieds après entière guérison.

544 *Imprimerie Nationale de France,* Paris.—3 volumes de la collection orientale ; un volume relié de spécimen typographique et trois cartes de géographie, ces cartes sont coloriées par procédé lithographique ; copies d'anciens missels et manuscrits.

545 *Jacquet Robillard,* Arras (Pas-de-Calais).—Un Binot-semeur.

546 *Jacquin, J. J.* Troyes (Aube).—Métiers circulaires ; échantillons tricot coton et coton et laine.

547 *Jacquot,* Nancy (Meurthe).—Violons : un alto et une basse.

548 *Jamin,* 71 rue St. Martin, Paris.—Verres d'optique montés et non-montés.

549 *Jérôme, Frères,* Mécaniciens, Amiens (Somme).—Machine à nettoyer le blé noir.

550 *Jourdan, A.* 3 rue Neuve St. Eustache, Paris.—Châles de laine brochés et cachemirs.

551 *Josselin, J. J.* Fab. 37 rue Louis-le-Grand, Paris.—Corsets de toutes sortes ; mécaniques Josselin perfectionnées, pour toutes difformités de la taille.

552 *Joubert, Bonnaire & Cie.* Fab. Angers (Maine-et-Loire).—Chanvres et lins bruts et peignés ; toiles à voiles pour la marine ; toiles à tentes, à seaux, à pantalons blancs. (Exportation.)

553 *Journial, J.* Fab. 46 rue du Commerce, Grenelle (Seine).—Bouchons mécaniques, ou nouveau système de bouchage capsulo-cylindriques, pour eau de seltz.

554 *Kissel, J.* Ebéniste, 14 rue Bonafoux, Bordeaux (Gironde).—Lit mécanique, d'un système nouveau. (Breveté en Angleterre.)

555 *Kuhlmann, Frères,* Fab. Lille (Nord), manufactures à Loos et à la Madelaine (Nord) et à Amiens (Somme). Représentes par J. S. de Gaëtan & Cie. 3 Bow Lane, Cheapside, Londres.—Collection d'échantillons de vingt produits chimiques différents

556 *Labbaye,* Fab. 17 rue du Caire, Paris.—Instruments de musique en cuivre.

557 *Lacombe, L.* Fab. Calamane, Canton de Catus (Lot), et 183 rue de Grenelle St. Honoré, Paris.—Fleurs artificielles en émail.

558 *Lemercier,* 57 rue de Seine, Paris.—Estampes.

559 *Lailler, E. H.* l'Hôtellerie (Calvados).—Lins teillés.

560 *Laporte & Durand,* Toulouse, Haute-Garonne.—Pains et biscuits conservés depuis 1845.

562 *Latache de Neuvillette P. A.* Ferme de Valbruant, près Arc (Haute-Marne).—Echantillons et toisons de laine mérinos-nan.

563 *Laurent, Mme. P.* 44 rue Richer, Paris.—Une peinture sur porcelaine.

564 *Laurent, F.* Fab. 5 rue Chapon, Paris. Maison à Londres, J. Dissart, 57 King Street, Golden Square.—Nécessaires ; porte-feuilles ; caves à liqueurs ; jardinières et autres articles d'ébénisterie d'art.

565 *Lusson, A.* Peintre verrier de la Ste. Chapelle, 21bis rue de Laval, Paris.—Vitraux peints dans le style des treizième, quinzième et seizième siècles, et genre moderne avec sujets historiés ; cartons calqués d'après les rosaces de la Ste. Chapelle.

566 *Lantein & Cie.* Reims et Tinqueux (Marne).—Echantillons de laines de couleur et de laines blanches.

567 *Laur, J. A.* 4 rue St. Claude, au Marais, Paris.—Instrumens de précision.

568 *Laury, G.* 29 rue Tronchet, Paris.—Calorifères en fonte et cuivre ; cheminées et feux garde-cendre ; colonnes de modèles variés et divers objets de bronze.

569 *Lebert, L.* Fab. Pont-sous-Gallardon (Eure-et-Loir).—Charrues et modèles de charrues ; machine à battre la graine de trèfle.

570 *Lebléis, H.* Agriculteur, Pont-l'Abbé (Finistère).—Farine de froment de divers titres, et fécule de pomme de terre.

571 *Lebrun, A.* 3 rue Chapon, Paris.—Différentes pièces, modèles de télescopes, de microscopes, et une cafetière de l'invention de l'exposant.

572 *Lebrun, J. A. jeune,* Sculpteur-marbrier, 9 boulevart du Temple.—Chambranles de cheminées sculptées, de différents styles.

573 *Lechesne, A. J. B.* 37 et 30 rue Fontaine St. George, Paris.—Un cadre en bois de poirier.

574 *Lechesne, N. & P. Frères,* Sculp. 66 rue des martyrs, Paris.—Presse-papier en bronze ; bibliothèque en chêne sculptée ; fontaine en pierre sculptée ; divers objets en carton pierre.

575 *Leclerc, J.* Fab. Mesnil St. Firmin (Oise).—Une croisée en vitrage de couleur pour église.

576 *Leclerc, Frères,* Angers (Maine - et - Loire).—Chanvres bruts, chanvres peignés et cordages plats.

577 *Lefebvre, A. P.* 4bis rue Jean Jacques Rousseau, Paris.—Montres marines et de poche (chronomètres) ; montres cylindres, patentes et à fusées ; divers ressorts d'horlogerie.

578 *Lefébure, J. P.* Fab. 14 rue du Paradis Poissonnière, maison à Londres, 27 Cranbourn Street, Leicester Square.—Chaussures à vis, pour hommes et femmes. (Procédé breveté en France et en Angleterre.)

579 *Lefebvre, Frères,* Distillateurs de mélasse, Warguenel (Nord).—Echantillons divers d'alcool et de potasse brute.

580 *Lefebvre, T. & Cie.* Fab. Moulins-Lille (Nord).—Pains de céruse et céruse en poudre.

581 *Lefèvre, aîné,* 53 Nantes-sur-la-Fosse (Loire-Inférieure).—Blanc de zinc reverbéré contenu dans un flacon.

582 *Lefrançois,* Fab. 302 rue St. Denis, passage Basfour, Paris.—Boîtes métalliques pour allumettes et amadou.

583 *Légal, R.* Châteaubriand (Seine-Inférieure).—Cuirs en veaux.

584 *Legrand, M.* 99 rue du Cherche Midi, Paris.—Caractères d'imprimerie; spécimens d'impressions chinoises pages composition en caractères en relief pour impression à l'usage des aveugles, &c.

585 *Le Gray, G.* chemin de ronde de la barrière de Clichy, Paris.—Epreuves photographiques.

586 *Lemaire, P. H.* Sculp. 3 rue Jean Bart, Paris.—Une statue et une tête.

587 *Lemercier, R. J.* 57 rue de Seine, Paris.—Cadres remplis d'estampes.

588 *Lenormand, A.* Fab. Vire (Calvados).—Draps divers, satin, cuir-laine, castor, &c.

589 *Léonard, C.* 55 boulevart St. Martin, Paris.—Lits en fer ornés. Représenté par M. Ad. Brown, 26 Charles Street, Berners Street, Middlesex Hospital.

590 *Le Paisant, L.* Agricul. Pont-l'Abbé (Finistère).—Fécules de pommes de terre et glucose.

591 *Lervilles, J.* Fab. 21 rue St. André, Lille (Nord).—Chicorée moulue, dite moka en poudre; moka en demi-grains moka en semoule.

592 *Leseeq, H.* Dess. 35 quai Bourbon, Paris.—Deux cadres remplis d'héliographie.

593 *Lesourd Delisle, A.* Angers (Maine-et-Loire).—Modèle de cuve à faire fermenter les vins à vase clos.

594 *Levraud, P. J.* Nantes, succursale, Belle-Isle-sur-Mer.—Conserves alimentaires: soupes, viande, pâtés, truffes, sardines, &c.

595 *Lévy, Frères,* Fab. 76 rue des Fossés-du-Temple, Paris.—Bronzes et porcelaines ornées; pendules de genres divers; vases; coupes; lustres, &c.

596 *Machet, Marotte & Paroissien,* Fab. Reims (Marne).—Drap zéphirs; casimirs superfins; mérinos satinés; valencias lisses et croisés; manteaux; châles et draps sultanes.

597 *Maillot, E.* Fab. 28 rue Grenier St. Lazare, Paris.—Flacons de poche modelés, ciselés, ou gravés, avec garnitures en argent.

598 *Maistre, Frères,* Fab. Villeneuvette, près Clermont (Hérault).—Pièce de drap rouge garance et pièce de drap bleu foncé, destinées à l'habillement des troupes.

599 *Mallet, Frères,* Fab. Calais (Pas-de-Calais).—Valenciennes de Calais à la mécanique; machine modèle à l'appui.

600 *Marguerie,* 23 rue Menilmontant, Paris.—Papiers peints.

601 *Montandon, Frères,* Paris (Seine).—Ressorts d'horlogerie, de lampes, d'instrumens de musique et ressorts divers.

602 *Mantois, Mme.* rue du Pot-de-fer, Paris.—Un tableau d'anatomie.

603 *Maquet-Hermel,* Fab. de tissus, Rethel (Ardennes.)—Pièces de mérinos écru et teint, genres communs.

604 *Maquet, A.* Fab. de tissus, Rethel (Ardennes.)—Pièces de tissus mérinos écrus et teints.

605 *Marcelle S.* Fab. de tissus, Béthenville (Marne.)—Tissus mérinos, écrus et teints, genres fins et forts.

606 *Marcelin,* 40 rue Basse du Rempart, Paris.—Table mosaïque, avec sculpture, table à ouvrage, bibliothèque, parquets en mosaïque, trictrac mosaïque, vase surmonté d'une sphère, &c.

607 *Marchand, J. B.* Fab. de bronzes, 57 rue Richelieu.—Candélabres et pendules en bronze doré, avec socles en marbre.

608 *Marga, E.* 5 boulevard des Filles du Calvaire, Paris.—Trois cheminées en marbre blanc sculptées.

609 *Marion, A.* Fab. de papier, 14 cité Bergère, Paris.—Papeterie fine et de luxe; machine à plier les enveloppes.

610 *Martens, F.* 6 rue du Pot de Fer, Paris.—Trois cadres; photographie.

611 *Marti, S.* 9 rue d'Orléans, marais Paris.—Différens mouvemens de pendules.

612 *Martin & Casimir,* Fab. de peluches, Tarare (Rhône), et Metz (Moselle); succursales à Lyon et à Paris.—Peluches de soie pour chapeaux d'hommes.

613 *Martin, aîné, C. A.* Passementier, 18 rue Mauconseil, Paris.—Galons, boutons de soie, garniture en velours, &c.

614 *Martin, O. & Viry, Frères,* Fab. Sommevoire (Haute Marne). Maison à Paris, 74 quai de la Mégisserie.—Ornemens en fonte de fer, pour l'intérieur et l'extérieur des maisons.

615 *Massue, L. J.* Fab. de peignes, 3 rue Aumaire, Paris.—Peignes d'ivoire de toutes sortes.

616 *Matagrin, Stolz & Cie.* Fab. Tarare (Rhône). Dépôt à Paris, 13 rue de Cléry.—Tarlatanes blanche et de couleurs; mousselines diverses. Exportation.

617 *Mathieu-Danloy, Veuve,* Fab. de boucles, Rethel (Ardennes).—Echantillons de boucles en fer et en acier.

618 *Mathieu, L.* 28 rue de l'ancienne Comédie.—Instrumens de chirurgie divers, pour accouchemens et autres opérations, et appareils orthopédiques de toute sorte; armes à feu, nouveaux systèmes.

619 *Mauban & Vincent Journet,* Directeurs de la Société anonyme des Papeteries du Souche (Vosges), 5 rue du Pont de Lodi, Paris.—Papiers de diverses qualités et de divers formats; imitation de papier de Chine, &c.

620 *Maucomble,* 26 rue de Grammont, Paris.—Cinq portraits au daguerréotype, coloriés.

621 *Maurel, Jayet & Cie.* 43 avenue de l'Observatoire, Paris.—Machines à calculer, brevetées en Angleterre.

622 *Mayer, Frères,* 46 rue Vivienne, Paris.—Appareils pour daguerréotype, et cadres d'épreuves.

623 *Masse, V.* 5 Faubourg St. Honoré, Paris, et 3 Goldsmith Street, Gough Square, Fleet Street, Londres.—Plans en relief de toutes espèce de propriétés particulières, maisons de campagne, parcs, jardins et dépendances.

624 *Mayer, Mme. Veuve, T.* Fab. de papiers de fantaisie, 22 rue de la Vieille-monnaie. Maison à Londres, J. Dissart, 57 King Street, Golden Square.—Papiers de fantaisie; gravures et lithographies; éventails; cartonnages; enveloppes de bonbons.

625 *Naze, Fils & Cie.* 23 rue du Sentier, Paris.—Dessins pour impressions; châle, meuble, foulards et dessins de robes.

626 *Mazarin, J. G.* 38 passage du Hâvre, Paris.—Imitation d'acier poli et d'argent oxydé. Invention brevetée en France et en Angleterre, remplaçant la dorure pour meubles, ornemens d'appartemens, &c.

627 *Méhu, J. M. F.* Ingénieur aux mines d'Anzin (Nord).—Appareil Méhu (breveté en France, en Angleterre et en Belgique). Pour l'extraction des minerais, l'entrée des ouvriers dans la mine, et leur sortie, sans fatigue et sans danger.

628 *Masson, V.* Libraire Editeur, 1 Place de l'Ecole de Médecine, Paris.—Ouvrages de sciences naturelles.

629 *Meillet & Pichot,* Poitiers (Vienne).—Papiers infalsifiables; timbres-poste, nouvelle combinaison d'encre d'im-

pressions différentes suposées, et garantie contre toutes contrefaçons.

630 *Mêne, P. J.* 7 faubourg du Temple, Paris.—Bronzes d'art: chasse au sanglier; chasse au cerf; jument et son poulain.

631 *Méraux, J. H.* 7 rue de la Jussienne, Paris.—Dessins pour fabrique de dentelles, et tulles façonnés.

632 *Mercier, A. & Cie.* Louviers (Eure), 74 faubourg Poissonnière, Paris.—Carde à rubans et carde boudineuse; support à tourneur; cylindre émery; un métier à filer de 240 broches.

633 *Mercier, S.* Facteur de pianos, 31 boulevard Bonnenouvelle, Paris.—Pianos droits à cordes obliques. Spécialité. Exportation.

634 *Merlaut, L. J.* 14 rue des Cathérinettes, Nantes.— Veaux corroyés, cirés et jaunes.

635 *Mesnier, Fils & Cartier,* Mécaniciens, Pontoise (Seine-et-Oise).—Nouveau système de moulin portatif, pour broyer les céréales et toute espèce de graines, et pouvant également broyer les matières dures.

636 *Mestiviers & Hamoir,* Fab. de tissus, Valenciennes (Nord).—Tissus de lin; pièces de batistes et linons.

637 *Meyer, E.* Imprimeur typographe, 2 rue de l'Abbaye, Paris.—Impressions, par procédés typographiques, en couleurs, or et argent; pour les arts et le commerce en général.

638 *Meynier, Dess.* 1 rue Hauteville, Paris.—Dessins de divers fabrique.

639 *Meyruéis & Fils, Frères,* Ganges (Hérault). Dépôt à Paris, 18 rue des Mauvaises Paroles.—Bas de soie; bas de fil d'Ecosse; gauts de soie et de laine; guêtres castor pour enfants.

640 *Michel, A.* Fab. de produits chimiques, Puteaux, près Paris (Seine). Représenté par J. S. de Gaëtan & Cie. 3 Bow Lane, Cheapside, Londres.—Bocaux renfermant des extraits divers de la matière colorante des bois de teinture.

641 *Michelin, T.* Fab. de rubans, 139 rue Montmartre, Paris.—Rubans de soie et rubans de velours.

642 *Milon, M.* Fab. de tissus, Boiné (Marne).—Tissus de laine, barèges, &c.

643 *Meissonnier, C.* St. Denis, (Seine). — Produits chimiques; sels divers, extraits de bois de teinture.

644 *De Milly,* Manuf. de l'étoile, 52 rue Rochechouart, Paris. — Acides et bougies stéariques; savons. Exportation.

645 *Miroude, Frères,* Fab. de cardes. Rouen (Seine-Inférieure).—Cardes en tous genres, fabriquées par des machines d'un nouveau systême, inventées par M. A. Miroude. (Breveté.)

646 *Miroy, Frères,* Fab. 10 rue d'Angoulême du Temple. —Pendules et candélabres, représentant divers rois et grands hommes de France et d'Angleterre; statuettes en bronze et en imitation de bronze.

647 *Molines, L.* St. Jean-du-Gard. — Echantillons de soie; déchets de soie et cocons.

648 *Mollet Warmé, Frères,* Fab. Amiens (Somme.) — Tissus laine et soie pour robes, et châles.

649 *Molteni & Siégler,* 62 rue neuve St. Nicolas.—Instrumens de sciences, pour optique et mathématiques.

650 *Montcharmont,* La Fermeté, près Nevers (Nièvre.)— Meules à moulins de Nevers, pouvant moudre 150 kilos. de blé et plus dans une heure. (Exportation.)

651 *Montebello, A.* (Laines de,) Château de Mareuil sur Ay (Marne).—Machine à boucher les bouteilles; bouchons avec incisions annulaires. Nouvelles inventions brevetées.

652 *Moreau & Cie.* 22 rue d'Enghien.— Chemises en toile et en batiste, à devants piqués et brodés.

653 *Moser,* 15 Boulevart du Temple, Paris.—Pendules en marbre noir et en bronze; pendules de voyage en tous genres.

654 *Motte, Bossut & Cie.* Roubaix, (Nord.)—Coton simple et retors; pièce de velours coton; procédé pour la filature du coton, bréveté en France et en Angleterre.

655 *Moulard, Mlle.* 39 rue Montmartre, Paris.— Coiffures en passementerie, calottes, blagues et bourses au filet, et nouveautés diverses au crochet.

656 *Maës,* Paris, 9 Cour des petites écuries.—Fabrique à Clichy. Cristaux blancs et colorés; Millefiori, filigranés de Venise; verres d'optique, etc.

657 *Moussard,* Carrossier, 58 allée des Veuves, Paris.— Voiture à quatre roues, dite petit coupé; dessin d'un nouveau modèle de wagon.

658 *Mulot, Père & Fils,* 69, rue Rochechouart, Paris.—Un assortiment d'outils de sondage.

656 *Moussier & Boulland,* 24 rue Crebillon, Nantes (Loire Inférieure.)—Verres de lunettes periscopiques à double foyer, blancs et bleus, concaves et convexes.

659 *Nast, H. J.* Fab. 22 Place Royale, Paris.— Objets divers en porcelaine blanche et dorée ou décorée.

660 *Nazet, B.* Fab. Reims (Marne.)—Etoffes pour gilets; manteaux; draps légers pour robes de femmes; draps croisés et satins casimirs pour paletots; châles. (Exportation.)

661 *Néraudeau, J. A.* Fab. 16 rue des Fosses-Montmartre, Paris.—Registres divers, pour bureaux, &c.

662 *Neuburger,* Fab. 4 rue Vivienne, Paris.— Lampe ombinus à bec mobile; lampes à verrine; veilleuses bouilloires. (Brevetées.)

663 *Nicod, Veuve & Fils,* Annonay, (Ardèche.)—Mèches tressées ou nattées pour les bougies en stearines. (Exportation.)

664 *Nicolas, P.* Grav. et Brev. Thann (Haut-Rhin.)— —Machine dite Pauline, destinée à couper le fond des rouleaux gravés pour l'impression des tissus.

665 *Niédrée, J. E.* passage Dauphine, escalier E.—Ouvrages divers, reliés et dorés, genre riche.

666 *Noël, ainé,* 33 rue de Lancry, Paris.—Peignes d'ivoire à dents évidées et arrondies, en tous genres.

667 *Numa, Grar & Cie.* Valenciennes (Nord.)—Echantillons de sucres extraits par les procédés de M. Dubrunfault, des mélasses réputées épuisées par les procédés ordinaires.

668 *Ochs, J.* Fab. 28 et 30 rue Notre Dame de Nazareth, Paris. — Spécialité d'articles de fantaisie en cornaline et agathe, montés et ouvrés, tels que objets de bureau, de bijouterie, &c.

669 *Oudin-Cormy,* Fab. Bétheniville (Marne.)—Tissus mérinos écrus et teints.

670 *Ozouf, H.* 36 rue de Chabrol, Paris.—Appareil à caux gazeuses; bouteilles capsulo-mécaniques, propres à contenir les liquides gazeux.

671 *Paillard, E.* Fab. 16 rue du Grand Chantier, Paris. —Miroirs avec entourages en cuivre et en zinc; objets divers en zinc, imitation de bronze.

672 *Paillard, J. M.* Fab. 21 rue des Francs-Bourgeois (au Marais.)—Couleurs, crayons et boîtes, pour les arts.

673 *Parmuit, Veuve, Dautresme Fils & Cie.* Fab. Elbœuf (Seine-Inférieure.) — Articles de haute nouveauté pour hommes, tels que pantalons, gilets, paletôts, hiver et été; nuances diverses.

674 *Patoux-Drion & Cie.* Fab. Aniche (Nord.) Représentés par J. S. Gaëtan & Cie. 3 Bow Lane, Cheapside.— Verres à vitres de toutes espèces; glaces soufflées; produits chimiques.

675 *Pagny,* Bayeux, (Calvados).—Dentelles et broderies.

676 *Paul, U.* Fab. Bourg-les-Valence (Drôme.).—Mouchoirs de fils, en diverses teintes; mouchoir fantaisie soie; foulards soie, coro de l'Inde garancé.

677 *Pellereau, A.* Fab. Châteaurenault (Inde-et-Loire). —Cuirs entiers; côtés de vache lissés; coupons de bœuf et de vache lissés.

678 *Pesel & Menuet,* Fab. 7 rue Bourbon Villeneuve,

Paris.—Echantillons de fils cachemire; coupes de tissus cachemire

679 *Petit-Clement*, Fab. Boult (Marne.)—Pièces tissus, mérinos écru et teint, qualités fines.

680 *Philip*, Fab. 16 passage Choiseul. — Bracelets, broches, parure, diadême et bagues en écaille.

681 *Pilout*, Fab. 21 rue du Puits de l'Hermite, Paris.— Une aube brodée.

682 *Pin-Bayard*, Fab. Roubaix (Nord.)—Coupes satin de laine et satin de Chine, pour robes; châles mérinos, &c.

683 *Paul, A. & Frères*, Paris. — Brazeros pour la Turquie.

684 *Plichon, V.* Fab. 10 rue des Filles du Calvaire, Paris.—Parures, bracelets, boucles d'oreilles, bagues et autres objets de bijouterie, en doublé d'or sur cuivre.

685 *Poitevin et Fils*, Fab. Louviers (Seine-Inférieure) —Draps nouveautés pour paletôts, (étoffes d'hiver et d'été.)

686 *Polliart & Carpentier*, Fab. Aubenton (Marne.)— Echantillons de filature cardée; coupons de draps et flanelles de Reims, tissés à la mécanique.

687 *Pouyat, J.* Fab. Limoges, St. Léonard et St. Yrieux (Haute Vienne).—Matières à porcelaines; porcelaines diverses.

688 *Prax & Lambin*, Fab. 9 Passage Basfour, rue St. Denis, Paris.—Selles diverses; harnais; appareils destinés à l'équitation, et brevetés.

689 *Presbourg, P.* Fab. 56 rue Quincampoix, Paris.— Pinceaux divers pour tous usages, artistiques et commerciaux.

690 *Saugrin*, 11 boulevard Montmartre, Paris.—Miniature au daguerréotype.

691 *Saintin, A.* 8 rue du Petit Bourbon, Paris.—Imagerie dans un cadre.

692 *Séguin, A.* 22 rue d'Assas, Paris.—Cheminée en marbre blanc sculptée, médaillon, bas-relief; panneau moulure, tête d'ange, &c.

693 *Simier, J.* Relieur, 39 rue de l'Arbre Sec, Paris.— Livres reliés.

694 *Compagnie des Ardoisières de Rimogne et St. Louis-sur-Meuse*, Rimogne.—Ardoises de différentes sortes.

695 *Thibierge*, Perruquier, 4 rue Vide Gousset, Paris.— Perruques d'hommes et de dames; devants de coiffures pour dames.

696 *Thoumin, A.* Fab. 44 boulevart Beaumarchais, Paris.—Ornements en cuivre estampé et fondu, pour ameublements.

697 *De Tillancourt, E.* 85 rue de Chaillot, Champs Elysées, Paris.—Filature de soie grège provenant du Nord de la France; produits destinés aux étoffes légères de la fabrique de Paris, telles que gaze, barège, &c.

698 *Tilman*, Fab. 2 rue Ménars, Paris. — Fleurs de modes, parures de bal, coiffures nuptiales. (Brevet d'invention).

699 *Tordeux*, Fab. Cambrai (Nord).—Machine tordeux, employée dans la construction des hautes cheminées d'usines. Noir animal, sous diverses formes.

700 *Trelon, Weldon, & Weil*, Fab. 28 rue de Bercy, St. Antoine, Paris.—Boutons de porcelaine de toutes sortes.

701 *Trotté, H.* Bonnetier, 19 rue Quincampoix, Paris.— Articles de bonneterie, tricots, &c.

702 *Trouvé Cutivel & Cie.* Tanneurs Corroyeurs, La Suze (Sarthe).—Veaux blancs; veaux cirés; tiges de bottes.

703 *Truc*, Fab. 9 rue de Saintonge, Paris.—Lampes porcelaine de toutes sortes, et accessoires.

704 *Tuvée & Cie.* Fab. 13 rue Choiseul, Paris.—Rubans, soieries, et grandes nouveautés de chaque saison pour modes.

705 *Vachon, Père & Fils, & Cie.* 1 place Satonay, Lyon (Rhône).—Deux machines applicables à l'épuration des céréales; l'une pour la meunerie, l'autre pour l'agriculture. (Brevetées en Angleterre).

706 *Valérius, P.* Mécanicien Orthopédiste, 7 rue du Coq St. Honoré, Paris.—Lit pour la réduction des luxations du fémur; gouttière a plan incliné, pour fracture du fémur; ceintures et corsets orthopédiques; bandages divers.

707 *Valès-Constant*, Fab. 161 rue St. Martin, Paris. — Diverses sortes de perles; coiffures en perles; statuettes montées sur perles, &c.

708 *Valin, J.* Fab. Faubourg Mont-Jovis, Limoges (Haute Vienne).—Objets divers en porcelaine; carafe, lustre, bénitier, statues, &c.

709 *Valtat & Rouillé*, Chemisiers, 70, rue Rambuteau, Paris.—Chemises confectionnées; devants de chemise à la mécanique et à la main en tous genres; cols de chemise; cols-cravates, gilets de flanelle, &c.

710 *Vaucher-Picard*, Fab. Rethel (Ardennes).—Pièces, tissu mérinos écru et teint.

711 *Vandenbroucke, E.* 16 rue de Strasbourg, Paris.— Bruloirs à café. Nouveau procédé breveté pour conserver au café son arôme.

712 *Vanderdorpel, Fils*, Fab. 3 rue Chapon, Paris.— Bordures, coins, ornemens et cadres dorés, lithographiés et coloriés; papiers de fantaisie divers; reliefs en tous genres.

713 *Van Eeckhout & Cie.* Fab. 38 rue Notre Dame des Victoires, Paris.—Dentelles blanches d'Alençon, Bruxelles, Binche, et des deux Flandres; dentelles noires de Chantilly, Bayeux, Caën, et Grammont.

714 *Van Leempoel de Colnet & Cie.* Verreries de Quiquengrogne, près La Chapelle (Aisne).—Bouteilles et demi-bouteilles de toutes formes et pour tous usages.

715 *Vantroyen & Mallet*, Filateurs de Coton, rue Jemmapes, Lille (Nord). Représentés par J. S. Gaëtan & Cie, 3 Bow Lane, Cheapside.—Coton filé, simple, pour mousseline; cotons retors et glacés pour tulle et dentelle; fils teints, blanchis, glacés (imitation de soie), &c.

716 *Vasse*, de St. Ouen, Docteur-ès-Sciences; fabrique à Paris, chez Lerebour, Pont Neuf. — Jauge universelle, qui en comprend 17, avec l'indication de celle dont il faut se servir dans chaque cas particulier.

717 *Varral, Middleton, & Elwell*, 9 avenue Trudaine, Paris.—Une machine à papier continu, et une machine complémentaire à couper.

718 *Vaugeois & Truchy*, 1 rue Mauconseil, Paris.— Broderies et passementeries or et argent. Fabrique spéciale pour l'exportation.

719 *Védy, F.* Opticien, 52 rue de Bondy, Paris.—Instrumens d'astronomie pour la marine, montés en bronze, et dans leurs boîtes en acajou verni.

720 *Veissière, A.* Teinturier d'Etoffes de Laine.— Puteaux, près Paris (Seine). — Etoffes de laine mérinos teintes.

721 *Velin Frères*, Fab. Gerbéviller (Meurthe).—Tissus à pantalon, en fil écru pur, ou avec mélange de coton de diverses nuances.

722 *Vergé, A. aîné*, 17 Chaussée Magdeleine, Nantes.— Fauteuil Pompadour, bois de chêne.

723 *Verstraete Frères*, Filateurs de lin, Lille (Nord).— Fils retors à coudre et à monter les métiers à tisser. Procédé de lustrage breveté en France, en Angleterre, et en Belgique.

724 *Van Overbergh*, 9 rue de Choiseul, Paris.—Pianos.

725 *Viault-Esté*, 17 rue de la Paix, Paris; dépôt à Londes, chez MM. Thierry & Fils, 278 Regent Street. — Mules, bottines, et toute variété de chaussures de dames.

726 *Vié, J.* Fab. 161 rue St. Jacques, Paris.—Tissus en caoutchouc: bas élastiques, ceintures, genouillières, &c.

727 *Vidal, R.* Toulouse (Haute Garonne). — Vermicelles, pâtes alimentaires, amidons, &c.

728 *Vigouroux, S.* Filateur et Fab. de Tissus, Reims (Marne).—Filatures peignées cardées; tissues unis, imprimés, en chaine coton, et fantaisie, pour robes et gilets; bobinoire à mèches distinctes, breveté.

729 *Viguier, B.* 6 boulevart Beaumarchais, Paris.— Chauffe-pieds ou chaufferette hydraulique, pour la nuit et le jour. (Breveté).

730 *Vincent & Tisserant,* Fab. 21 rue Michel-le-Comte, Paris.—Cires à cacheter, pains à cacheter, gélatine en feuilles, encres à écrire, &c.

731 *Violard, G.* Fab. 4 rue de Choiseul, Paris.—Demi-châle et bout de dentelles fabriqués par un nouveau système.

732 *Virebent, Frères,* Fab. Brev. de grès Céramique, Toulouse (Haute-Garonne).—Reproductions, en grès céramiques, de divers chapiteaux ou figures de monuments connus; cheminée à décor, style Renaissance, &c.

733 *Vissière,* Argenteuil (Seine et Oise).—Grands chronomètres et chronomètres de poche; un compteur, minutes et secondes.

734 *Vivet, E. T.* Peintre pour Décors, 6 rue des Petits Hôtels, Paris.—Modèles de tentures peintes à la cire.

735 *Vuillaume, J. B.* 42 rue Croix des Petits Champs, Paris.—Série complète d'instrumens de musique, à cordes et à archets, avec archets fabriqués mécaniquement. (Brevet d'invention).

736 *Wagner,* neveu, Horloger Mécanicien, 47 rue des Petits Champs, Paris.—Horloges de force et de mécanismes différents; dynamomètre, barographe, marégraphe, et autres instrumens de précision.

737 *Walwein,* Dess. 24 Passage de l'Industrie, Paris.—Dessins pour fabriques d'impressions sur étoffes, et de tissus Jacquard.

738 *Watrelot-Delespaul,* Fab. 10 rue Nationale, Lille (Nord).—Chocolats de divers titres. (Exportation).

739 *Weber, J.* 2 rue Hautefeuille, Paris.—Reliure mobile, nouvelle invention permettant de relier soi-même les gravures, dessins, plans, cartes, &c. (Brevetée.)

740 *Weygand, A.* Fab. 138 vieille rue du Temple, Paris, —Pendules et candélabres en bronze: statuettes et groupes, bronzes d'art.

741 *Whitaker, Fils & Cie,* Charleville (Ardennes.—Plaques et rubans de cardes, pour laine et coton.

742 *Williams, H.* (de Londres), 111 rue de Charenton, Paris.—Papiers peints, imitation de bois, marbre et agathe.

744 *Wolf,* — 2 rue Ste. Appoline.—Sculpture sur ivoire: un Christ.

745 *Yon, Veuve,* 110 rue Vieille du Temple, Paris.— Huit médaillons en bois sculptés, représentant des sujets religieux, d'après des tableaux de maîtres, et exécutés par MM. Vechte, Gayrard & Yon.

747 *Zeiger, A.* Facteur d'Orgues, 8 rue des Marronniers, Lyon, (Rhône).—Gymnase du pianiste; piano octaviant, nouvelle invention.

749 *Affourtit, G. L.* Valleraugue (Gard).—Soïes et cocons.

750 *Allard & Claye,* Parfumeurs, 317 rue St. Denis, Paris.—Tables et pains de savons; savons liquides ou en crêmes diverses; parfumeries fines.

751 *Appert,* —, Fab. 15 rue des Trois Bornes, Paris.— Produits alimentaires: mouton braisé et farci.

752 *Arera, N. G.* 3 rue de la Barillerie, Paris.—Un mouvement de pendule compliqué à cadran nouveau; une pendule indicateur de surveillance mouvement à quantième, et une à mouvement simple; un compteur pour les liquides.

753 *Arnheiter, M.* Fab. 9 Place St. Germain des Près, Paris.—Sicateurs, émondoirs, enfumigateurs, greffoirs, serpettes, scies, et divers autres instrumens destinés à l'horticulture.

754 *Aubergier, P. H.* Clermont-Ferrand (Puy de Dôme). —Opium français et sirop de lactucarium.

755 *Aymé, Frères,* Fab. 26 Port St. Clair, Lyon (Rhône)- —Soie teintes; soies grenadines pour dentelles; cordonnet tout prêt pour dentelles; cordonnet à broder.

756 *Barrande, J. P.* 26 rue du Fer à Moulin Paris.— Quatre douzaines de peaux fabriquées en veaux, chevreaux, agneaux, mouton, chèvres pour chaussures, ganterie, bretelles et jarretières.

757 *Barthelats, L. de,* Logères, Commune de Châtel de Henore (Allier); représentés par J. S. de Gaëtan & Cie. 3 Bow Lane, Cheapside, Londres.—Flotte de soie et cocons.

758 *Basin, A.* Gérant des Minières de Marsanne (Drôme) 14 rue d'Antin, Paris.—Tripoli rose, tripoli jaune tamisé et tripoli natif.

759 *Béard, J.* 20 rue Jean Jacques Rousseau, Paris.— Impressions en taille douce, et papier imitant les reflets de la nacre de perle. (Nouvelle invention).

760 *Bénouville, M.* Igny, canton de Gray, Haute-Saône. —Flottes soie grège.

761 *Béranger, J. & Cie.* Fab. Lyon, (Rhône).—Balances bascules, et divers autres instrumens de pesage perfectionnés. (Brevetés pour 14 ans en Angleterre, fournisseurs des chemins de fer, des mines, des douanes et des arsenaux de France; entrepreneurs des poids publics pour les communes. Gros et détail.)

762 *Bernard, D. F.* Opticien, 30 rue des Marmouzets, Paris.— Microscopes, chambres-claires, et instrumens de précision pour le cadastre.

763 *Bert,* Fab. 7 rue St. Marcel, Lyon (Rhône).—Tissus de soie de fabrication ancienne; brocard broché, taffetas broché; croix de chasuble, portraits tissés à la grande tire de Louis XV et Catherine II, &c.

764 *Bertrand, A.* Fab. 26 port St. Clair, Lyon (Rhône). Soieries façonnées: popeline écossaise, gros de Naples chiné, châle chiné, ombrelle chinée, &c.

765 *Beyerlé, G.* 44 rue Mazarine, Paris.— Optique cylindrique; (verres concaves, polyprismes, lentilles, loups, &c.

766 *Biondetti, H.* 48 rue Vivienne.— Bandages herniaires et orthopédie.

767 *Bisiaux,* 54 rue de la Victoire, Paris.—Tableaux imitation bois et marbres, procédé Français et Anglais.

768 *Blanchet, Frères,* Fab. Fures, près Tullins, (Isère). —Bande de locomotive en acier naturel corroyé.

769 *Boche, M.* Fab. 19 rue des Vinaigriers, Paris.— Poires à poudre, et divers articles de chasse, brevetés en Angleterre.

770 *Bœringer & Cie.* Serruriers-Mécaniciens, 6 et 8 Cour des Miracles, Paris.—Porte avec application d'un ferme-porte de nouveau système.

771 *Bonneton,* Filateur de Soie, St. Vallier (Drôme.) Soies grèges et ouvrées; cocons.

772 *Bonzel Frères,* Fab. Haubourdin (Nord).—Pains de céruse; bocaux de bleu d'outremer; nouveau procédé de M. Charles Kléberger, pour la fabrication de la céruse.

773 *Bossi, J. P.* 26 St. Hyacinthe, St. Michel, Paris. Table en mosaïque (marbre)

774 *Bouasse, Lebel (Veuve), & Cie.* Fab. rue du Petit Bourbon, Paris.— Images en gélatine découpées et ornées de brillants collés, échantillons divers.

775 *Bouchard-Huzard, Mme. Veuve,* Imprimerie et librairie, 5 rue de l'Eperon, Paris.—Histoire naturelle du Maïs; des Oiseaux dorés; Description des Machines, &c.

776 *Boucher & Cie. E.* 15 rue des Vinagriers, Paris; représenté à Londres par M. Fontaine Moreau, 4 South Street, Finsbury.—Etamage électro-chimique; vases culinaires; quincaillerie et treillages.

777 *Bouquillard,* Lithographe, 226 rue St. Martin, Paris. —Cadre représentant un plan de Paris, lithographie.

778 *Bourgery, Mme.* 24 rue Hautefeuille, Paris.—Peinture en relief; tableaux de fruits, &c.; fruits détachés; pièces d'anatomie pathologique.

779 *De Braux d'Anglure,* 10 rue Castiglione, Paris. Vases; statues en zinc galvanisé; bustes en bronze.

780 *Brie & Jeofrin,* Fab. 81 rue Richelieu, Paris.—Articles de modes, chapeaux, coiffures et bonnets.

781 *Brison, P. aîné*, Renne (Ile et Vilaine).—Cuirs forts et cuirs lissés ; veaux en croûte propres au vernis.

782 *Bronno Bronski*, (*Major de*) Filateur de Soie, au château de St. Selves, près Bordeaux (Gironde). — Soie grège et cocons provenant de la race de vers à soie *Bronski*.

783 *Budy, J. P. A.* 13 rue de la Roquette, Paris.—Ustensils de cuisine et poêle en fonte.

784 *Buisson, E. R. & Cie.* Manosque (Basses Alpes).—Trois flottes de soie grège.

785 *Cabasson, G. A.* 12 rue Taranne, St. Germain, Paris.—Dessins sur bois pour la gravure typographique.

786 *Cabirol, J. M.* Fabricant d'instrumens de chirurgie, 6 rue St. Marc, Paris.—Instrumens et appareils en gutta-percha, destinés à la chirurgie et à la thérapeutique ; tissu électro-magnétique et cataplasmes galvaniques du Docteur Récamier, brevetés en France, en Angleterre, &c.

788 *Callaux, Belislenoriel de Tinan & Cie.* Angoulème pour les Usines de Veuze et Maumont.—Echantillons de papier à dessin, à registres, et lettres, &c.

789 *Camus, M.* de la Rochelle (Charente-Inférieure).—Boîtes de sardines à l'Huile.

790 *Camion-Pierron*, Urgnes-aux-Bois, près Mézières (Ardennes).—Objets en fer et en cuivre pour bâtiments et meubles.

791 *Carnet-Saussier*, 95 rue Rambuteau, Paris. — Fabrique de toute espèce de conserves alimentaires.

792 *Carteaux & Chaillou*, Docteurs en médecine, 20 rue Louis-le-Grand, Paris.—Anantomie artificielle en cuir repoussé.

793 *Cerceuil, L. F.* 33 rue Travesière, Paris.—Laines teintes et moulues, et couleurs en pâte pour papiers peints.

794 *Champoiseau, N.* Tours (Indre-et-Loire). — Soies grèges, blanche et jaune ; poil blanc et jaune ; trame ; cordonnets, floche écrue et teinte ; organsin ; or soie, &c.

795 *Chapus & Richter*, Fab. Wazemmes-lès-Lille (Nord) ; représentés par J. S. de Gaëtan & Co. 3 Bow Lane, Cheapside, Londres— Bleu d'outremer, en dix qualités différentes.

796 *Chartron, Père et Fils*, Filateurs-mouliniers de soie, St. Vallier (Drôme).—Flottes de soie grège ; manteaux de soie ouvrée ; bruyère de cocons.

797 *Chatelain & Basset*, La Rochelle (Charente-Inférieure).—Conserves alimentaires.

798 *Claye, J.* Imprimeur, 7 rue St. Benoît, Paris.—Albums et volumes reliés et illustrés; impressions de gravures sur bois.

799 *Clerget, C. E.* Ornemeniste, 10 rue Albouy, Paris.—Cadres contenant des dessins et des épreuves de gravures.

800 *Coint-Bavarot & Fils aîné*, Fab. 20 rue des Capucins, Lyon (Rhône).—Peignes à tisser de toutes sortes, en acier et en cuivre.

801 *Collas, M. A. C.* 8 rue Dauphine, Paris.—Essences blanches et coloriées d'amandes et d'ananas ; digitaline.

802 *Colville, M. & Mlle.* 22 rue des Vinaigriers, Paris.—Echantillons de couleurs sur plaques de porcelaine et sur plaques en émail, et deux portraits de la Reine d'Angleterre et du Prince Albert.

804 *Cosquin, J.* 71 rue de l'Université et 13 rue Mayet, Paris.—Cadre avec nouvelle carte de France, exécutée pour le gouvernement français.

805 *Couteaux, A. I.* Tavaux-Ponséricourt (Aisne). — Une invention destinée à donner à l'homme le moyen d'écrire sans confusion la nuit, sans lumière, dans son lit et presque sans dérangement.

806 *Courtépye-Duchesnay*, 11 rue du Renard St. Sauveur, Paris.—Cuirs de veaux tannés et corroyés.

807 *Courtial*, Fab. 9 quai de Javel, Grenelle (Seine).—Bocaux de bleu d'outremer artificiel.

808 *Courtois, E.* Paris (Clignancourt).—Cuirs vernis pour sellerie et veaux vernis pour chaussures.

809 *Croco, F.* 163 rue de Charonne, Paris, Fab. de tissus riches.—Diverses coupes de gilets et de cache-nez, en cachemire ; tissus nouvaux pour robes.

810 *Cruchet, V.* 58 rue Notre Dame de Lorette, Paris.—Boiseries pour intérieur d'appartements ; motifs de cadre d'architecture ; carton-pierre ; animaux en bois de chêne sculpté ; console avec bas-reliefs à figures.

811 *Dagand*, Sculp.—Têtes ; le printemps, l'été, la moisson ; l'innocence ; étude de M. Dupin, M. d'Argout et M. de Thury.

812 *David, C.* 12 rue Mauconseil, Paris.—Maroquins du Levant ; maroquins chagrins ; moutons chagrins.

813 *Deaddé*, Charronne (Seine), fabrique 18 boulevart Charonne.—Cuir verni manufacturé.

815 *Descartes, J.* Ebéniste, 6 rue du 29 Juillet, Paris.—Divan, fauteuil, chaises, canapés et toilette ; objets en ébène et en laque.

816 *Desplanque, jeune*, Lizzy-sur-Ourcq (Seine-et-Marne).—Machines et mécaniques pour le lavage et le dégraissage des laines ; un outil servant au peignage de la laine ; échantillons de laine lavée et de laine peignée.

817 *Desrosiers, A.* Imprimeur, Moulins (Allier).—Six volumes : l'ancien Bourbonnais, l'ancienne Auvergne et le Velay, quatre volumes in folio.

818 *Devers, J.* 32 rue d'Enfer, Paris.—Terres cuites peintes, à pâte d'émail ; vierge à pâte d'émail sur lave, sur biscuit peint à pâte d'émail et peinture à pâte d'émail sur porcelaines.

819 *Deydier, veuve*, 90 rue de l'Ecole, Vaugirard.—Vases de zinc ; toiture pour clocher ; lucarne en zinc, &c., épis et pots à fleurs.

820 *Didier, F.* Dess. 40 rue des Jeuneurs, Paris.—Un dessin pour châle imprimé, avec ses accessoires.

821 *Doublet & Huchet*, Graveurs-typographes, 12 rue des Moulins, Paris.—Deux cadres de vignettes et lettres ornés pour la fonderie en caractères d'imprimerie (épreuves).

822 *Doumerc, E.* Société Anonyme des Papetiers du Marais et de Ste. Marie, Jouy St. Morin (Seine-et-Marne), dépôt, 3 rue du Pont de Lodi, Paris.—Papiers pour impression, pour lithographie et taille douce, à dessin et à lavis, à registres, et cartes pour métier et boîtes.

823 *Dorey, J. F.* Havre (Seine-Inférieure).—Une machine à fabriquer mécaniquement les laines de tissage.

824 *Ducel, S. J.* Maître de forges, 26 faubourg Poissonnière, Paris.—Statues avec leur socle ; animaux ; vases et parties de balustrade avec leur encadrement.

825 *Dujardin, L.* Graveur sur bois pour la typographie, 18 rue St. Séverin, Paris.—Cadre renfermant une gravure.

826 *Dumont-Pettrelle*, 12 rue Thévenot, Paris.—Sculpture sur bois ; bouquet de fleurs ; guirlande de fleurs et fruits, dorés à l'eau mate, et brunis par un procédé qui résiste à l'humidité, &c.

829 *Durand & Bal*, Fab. 10 rue St. Polycarpe, Lyon (Rhône).—Peignes à tisser, 220 et 230 dents en 27 millimètres.

830 *Enfer*, 32 rue de Malte, Paris.—Diverses machines soufflantes.

831 *Eymieu, Père et Fils*, Saillans (Drôme).—Bourre de oie, trois écheveaux de fantaisie.

832 *Fabrègue, Nourry Fils, Hardouin & Cie.* Nîmes.—Déchets de soie et cardage de bourres de soie.

833 *Famin, P. A.* 13 rue de Berlin, Paris.—Statue en marbre : joueur de billes.

834 *Farochon, E.* 47 et 58 rue d'Enfer, Paris.—Statue en marbre d'un enfant surchargé de fruits : (Qui trop embrasse mal étreint.)

836 *Flacheron Hayard*, place d'Espagne, Rome, à Paris chez M. Duban, Architecte, 17 rue de Lille ; et à Londres, chez M. Fontaine Moreau, 4 South Street, Finsbury.—Sept vues de Rome ; album de vues différentes.

837 *Foucher*, Mécanicien, 8 rue Salle au Comte, Paris.

—Petites mécaniques à tisser des chaussons en lacets ; chaussons avec ou sans semelles, produits de ces mécaniques ; pelottes de lacets pour les faire fonctionner.

839 *Gaillet-Baronnet*, Fileur de laine à la main, Sommepy (Marne).—Laine filée à la main, servant à la fabrication des voiles, des robes de barège et d'autres articles extrêmement légers.

841 *Gattiker, G.* 80 rue des Marais St. Martin, Paris.—Dessins d'impressions ; châles ; toile peinte : papier peint ; robe et échantillons pour robes.

842 *Gaudet du Fresne*, Fab. 41 rue Richelieu, Paris.—Spécialité de feuillages artificiels pour fleurs fines.

843 *Gaume & Cie.* 4 rue Cassette, Paris. — Livres : œuvres de St. J. Chrysostôme, de St. Basile, St. Augustin, &c. ; deux volumes papier de couleur brochés.

844 *Gautrot, ainé*, 60 rue St. Louis au Marais, Paris.—Instruments de musique : cors harmonie, cornets, neocor' trompettes, clairons chromatiques, contre-bombardon, ophicléïdes, trombonnes ; &c.

845 *Gellé, ainé & Cie.* 35 rue des Vieux Augustins, Paris.—Savons de toilette.

846 *Gibelin & Fils*, Filateurs de soie, La Salle (Gard). —Flottes de soie grège, blanche et jaune.

847 *Gilbert & Cie.* Fab. Givet (Ardennes). — Crayons composés. (Exportation).

848 *Gille, J. M.* Fabr. 28 rue Paradis Poissonnière, Paris.—Statuettes, vases, flacons, carafes, et divers objets en porcelaine, blanche et décorée.

849 *Gillot, F.* Fab. 19 rue du Pont-aux-Choux, Paris.—Pendules et candélabres en bronze ; compositions et groupes divers.

850 *Giraud, Frères*, Tanneurs, 38 rue du Fer-à-Moulin, Paris.—Peaux de maroquins et moutons maroquinés, pour reliure et porte-feuilles, meubles et chaussures.

851 *Goldenberg, G. & Cie.* Zornhoff, près Savernes (Bas-Rhin).—Divers objets de quincaillerie et de taillanderie.

852 *Goube-Phérucie*, Fab. Douai (Nord).—Cuirs ouvrés pour cardes, filatures et équipements militaires.

853 *Graillon, P. A.* Dieppe (Seine-Intérieure).—Groupes en terre cuite.

854 *Gratiot, A.* Directeur de la papeterie d'Essone, 8 rue Vivienne, Paris.—Divers papiers, blanc et de couleur.

855 *Grimonprez & Cie.* Roubaix, (Nord).—Tissus de laine pour robes, châles et tabliers ; tissus de laine pour tentures. (Exportation).

856 *Grossmann & Wagner*, Fab. 11 rue du Renard St. Sauveur, Paris.—Instruments de chirurgie ; bandages et articles en caoutchouc.

857 *Gruel*, 10 rue de la Concorde, Paris.—Livres reliés ; missel ; volumes mosaïques ; bibles ; livres d'heures, &c.

858 *Guerre, père*, Fab. Langres (Haute-Marne).—Échantillons divers de coutellerie.

859 *Guesnu*, 16 rue Portefoin, Paris.—Impression lithographique ; papiers en relief.

860 *Guilbert & Watcau*, Fab. 16 rue St. Fiacre, Paris. —Tissus de laine ; tissus laine et soie, écrus et teints.

861 *Hamann, E. F.* 43 quai des Augustins, Paris. — Un planimètre sommateur.

862 *Humm & Cie.* Fab. 6 place de l'Ecole de Médecine, Paris.—Instruments pour cataractes, amputations, trépans, lithotrisie ; trousses ; et instruments divers de coutellerie et de chirurgie. (Brevetés).

863 *Harand, E.* Fab. 15 rue de Choiseul, Paris.—Coiffures et garnitures de robes en roses ; fond lierres et roses, &c., &c.

864 *Harding Cocker*, Fab. 6bis rue de Metz, Lille, (Nord). —Modèle de machine pour peigner le lin, la laine et la soie ; machine à peigner la laine, pouvant fonctionner ; objets divers pour la filature du lin, de la laine, et de la soie, tels que gills, peignes cylindriques, &c., &c.

865 *Hardonin*, 26 rue Bréda, Paris.—Ornements de sculpture plastique ; rosaces de lustre ; cadres de glace.

866 *Haro, E. F.* Fab. 18 rue des Petits Augustins, Paris.—Toiles pour la peinture d'histoire ; couleurs fines ; vernis ; nouveau procédé pour la restauration des tableaux.

867 *Hartweck, E.* Dess. 14 rue du Mail, Paris.—Dessins de châles longs et carrés.

868 *Hyppolite, Mme.* Fabricante de Corsets, 21 rue de la Michodière, Paris.

869 *Hébert, L. A.* 252 rue St. Martin, Paris.—Vernis pour la chaussure.

870 *Heckel, ainé, & Cie.* Fab. 14 rue des Capucins, Lyons, (Rhône).—Etoffes de satin uni, différentes teintes.

871 *Henri, F.* Bij. 47 rue du Vert Bois, Paris.—Coffres, coupes, broches, épingles, &c., &c., imitation de bijoux.

872 *Hérault*, 22 rue Neuve St. Eustache, Paris.—Tableau de dessins de châles.

873 *Hermann, G.* Mécanicien, 92 rue de Charenton, Paris.—Machines à broyer le chocolat, les couleurs, et à triturer les produits pharmaceutiques.

874 *Hermanowska, M.* Troyes (Aube).—Vorrière style Louis XV.

875 *Hofer, H. & Cie.* Filateurs de coton, Kayscrsberg, (Haut-Rhin). — Cotons filés : bobines, paquets, trames et chaînes.

876 *Holstein, J. P.* St. Etienne, (Loire).—Moulures en terre cuite.

877 *Honoré, E.* Fab. 6 boulevart Poissonnière, Paris.—Porcelaines blanches et dorées.

878 *Houzeau, E.* Fab. 33 rue de l'Arbre Sec, Paris.—Papier Bouzeau, pour calquer. (Procédé particulier).

879 *Huber, C. J. E.* 28 rue Bergère, Paris.—Une porte, style Louis XIV ; frise à figures ; niche, style renaissance ; pilastre renaissance, femmes caryathides ; médaillons ; vases et chapiteaux.

880 *Huet, J.* Fab. 3 rue Postourelle, (Au Marais).—Garnitures de bourses, sacs de perles, boucles, épingles, bracelets, broches, &c., &c.

881 *Hugues, J. J. Fils*, Parfumeur-distillateur, Brev. Grasse, (Var) ; maison à Paris, 7 rue St. Denis.—Flacons d'essences diverses ; pommades et huiles parfumées. Représenté à Londres par T. Lamotte, 57 New Bond Street, Oxford Street.

882 *Hulot, A.* Graveur général adjoint des monnaies, Hôtel des Monnaies, Paris. — Epreuves sur papier de planches, gravées en relief ; billets de banque, cartes à jouer, timbres, &c., &c.

883 *Kunzer, J.* Fab. Bischeviller, (Bas-Rhin).—Draperies diverses : satin noir, drap noir, satin de Chine, amazone croisé, &c.

884 *Hurtrel & Cie.* Lille, (Nord).—Une virole générateur avec assemblage.

885 *Husson & Buthod*, Fab. 13 et 15 rue Grénetat, Paris.—Violons, guitares, orgues à manivelle, et chanterelles en soie.

886 *Jacobs & Dupuis*, Cordonniers, 32 rue de la Paix, Paris.—Chaussures pour dames et enfants.

887 *Jaudin, A.* Fab. 15 rue de la Croix St. Martin, Paris.—Etain en feuilles et paillou couleurs.

888 *Javet, C.* 10 rue Geoffroy Marie, Paris.—Dessins de fabrique.

889 *Jeanselme, J. P. F.* Ebéniste, 93 boulevart Beaumarchais, Paris.—Buffet en chêne ; meubles de cabinet ; fauteuils et chaises, Louis XV.

890 *Jolly-Leclerc*, Ebéniste, 38 faubourg St. Antoine, Paris. — Armoire à glace en palissandre, avec sculptures et petite étagère.

891 *Joly, ainé, J. M.* Fab. St.-Malo, (Ile-et-Vilaine).—Pièce de cordage pour hauban.

892 *Joly, Sœurs, Mmes.* Fab. 45 rue Neuve St. Augustin.—Corsets de luxe, en satin blanc, coutil blanc, moire, &c., avec garnitures de toutes sortes.

893 *Jouvin, X. Veuve*, Fab. Grenoble, (Isère), maison à Paris, 18 boulevart Poissonnière.—Peaux pour gants; gants fabriqués; emporte-pièces ou instruments à découper les gants. (Inventions brevetées).

894 *Köppelin, E.* 17 quai Voltaire, Paris.—Impressions lithographiques.

895 *Laboulaye, C. & Cie.* Fondeur en caractères typographiques, 30 rue de Madame, Paris.—Tableaux d'épreuves de caractères typographiques, et spécimens de produits.

896 *Lamort, G.* Fab. Rethel (Ardennes).—Tissus de mérinos écrus et teints.

897 *Laude, A.* 19, rue de la Roquette, Paris.—Lit en fonte de fer et bronze, et un sommier élastique.

898 *Langevin & Cie.* Filateurs de bourre de soie, Laferté Aleps (Seine-et-Oise).—Fils de bourre de soie, qualités diverses.

900 *Laporte, Veuve & Fils*, Fab. Limoges, (Haute-Vienne); représenté par J. S. de Gaëtan & Cie. 3 Bow Lane, Cheapside, London.—Draps croisés; gris blanc, marengo uni, &c.

901 *Laroque Frères, Fils, et Jaquemet*, Fab. Bordeaux (Gironde).—Assortiment de laines filées pour tricot; couvertures de laine de diverses qualités; tapis ras; échantillons de peaux fabriquées.

902 *Laurent, J. B.* Passementier, 40 rue Rambuteau, Paris.—Cordons; boutons de soie, et autres objets de passementerie.

903 *Lauret, Frères*, Bonnetiers, 19 rue des Mauvaises Paroles, Paris.—Bas, gants, et mitaines de soie; fil d'Ecosse coton; bourre de soie et cachemire; articles de luxe et d'exportation.

905 *Lazare, A. (Veuve) et Lacroix*, Fab. Avignon (Vaucluse).—Foulards en fil, en soie, et en coton; flacon de garancine.

906 *Lebrun, L. J.* 126 rue Grenelle St. Germain, Paris.—Reliures; livres; Lewis's sketches; Napoléon en Egypte, &c.

907 *Lefebvre, Fils & Cie.* Lille.—Une armoire à glace en bois de châtaignier, intérieur en chêne et panneaux en cèdre.

908 *Leistner, G. L.* 48 rue de Chaillot, Paris.—Parfumerie; eau de Paris; vinaigre et dentifrice.

909 *Lemonnier & Cie.* Dess. 1 rue du Coq St. Honoré, Paris.—Bijoux divers montés en garnitures de cheveux.

910 *L'pine, F. D.* Fab. 19 rue des Vinaigriers, Paris.—Fermoirs pour gants.

912 *Lhoest, C. V.* Fab. 14 rue Pastourelle, Paris.—Diverses épreuves d'une sculpture, réduites par procédé mécanique.

913 *Lombard*, Sculpteur d'ornemens, 5 rue Thorigny, Paris.—Cadres de glaces et de tableaux. ornés en tous genres; bronzes d'art, pendule, &c.; meuble console et bénitier.

914 *Lundy, J. A. V.* 2 rue Chapon, Paris.—Dessins paléographiques; manuscrit du 15e siècle, et prières sur parchemin. genre moyen-âge.

915 *Maehly*, 69 rue du Rocher, Paris.—Plan d'une machine à extraire l'huile des schistes bitumineux.

916 *Meissonnier*, 8 rue Meslay, Paris.—Couleurs et teintures.

917 *Manson, E.* Nantes (Seine-Inférieure). — Veaux cirés.

918 *Mantois, Mme. Eliza*, Coloriste, rue du Pont de Fer St. Sulpice.—Blanc de zinc préparé pour la gouache et la peinture à l'huile; tableau d'anatomie.

919 *Mars*, 20 rue de la Cerisaie, Paris.—Un chargeoir mécanique ou appareil réunissant le cric et la balance.

920 *Marsat, F. Fils*, Maître de Forges, Angoulême (Charente).—Fer plat et carré affiné au charbon de bois; fonte pour l'artillerie.

921 *Martel Geoffray & Valansot*, Fab. Lyon (Rhône).—Cravates et colliers en soie, nouveautés.

922 *Martin de Lignac*, Agriculteur, Mont Levade, commune de St. Sulpice (Creuse).—Boîtes de lait concentré, breveté dans toute la Grande Brétagne.

923 *Matifat, C. S.* Fab. 9 rue de la Perle, Paris.—Pendules, candélabres, et pièces diverses en bronze; bronzes d'art en tous genres.

924 *Mauzaize, J. N.* Impasse St. Michel, Chartres, (Eure et Loire).—Machine propre à isoler le mouvement, appliquée aux moulins à farine.

925 *Menier & Cie.* Fab. 37 rue Ste. Croix de la Bretonnerie, Paris, Usine hydraulique à Noisiel-sur-Marne.—Substances pulvérisées; extraits pharmaceutiques faits à la vapeur et évaporés dans le vide; chocolats; orge perlé, orge mondé, gruau.

926 *Merlié Lefebvre & Cie.* Ingouville (Seine Inférieure)—Corages.

927 *Mercier*, 100 Faubourg St. Antoine, Paris.—Meuble de salon en ébène à bijou avec son parfum brute; table de salon, armoire à glace, en palissandre, lit, commode, &c.

928 *Meurisse*, Fab. 1 rue du 29 Juillet, Paris.—Deux corsets de luxe.

929 *Milliau, jeune*, Fab. Marseille (Bouches-du-Rhône).—Echantillons divers de savon. Exportation.

930 *Milon, P. D. aîné*, Bonnetier, 98 rue St. Honoré, Paris.—Bas de soie de toutes sortes, pantalons, maillots, et articles de bonneterie divers.

931 *Morisot*, Fab. 12 rue de la Cerisaie, Paris.—Bronzes d'art; chenets, pinces, porte-pinces, vases, et statuettes, ou groupes.

932 *Mottet, C.* rue des Trois Bornes, Paris.—Orseille pour teinture et impressions.

933 *Moussillac*, La Réole, Gironde. — Une meule de douze cercles, en acacia noyé.

934 *Muel-Wahl & Cie.* Fonderies de Tusey, près Vaucouleurs.—Statués: une Hébé, un Faune; bustes, candélabres, fontaine, panneau de portes, Christ, pilastre, pieds de table, &c.

935 *Nillus, jeune*, Granville, près le Hâvre (Seine-Inférieure).—Une pompe, double d'épuisement.

936 *Noël, F.* Fab. 14 Chemin de Ronde de la Barrière des Vertus, Paris.—Appareils en pierre, employés pour le filtrage de l'eau.

937 *Nogarède, J. L.* St. Jean du Gard.—Flottes de soie grège.

938 *Odent, X. Fils & Cie.* Courtalin, (Seine et Marne).—Papiers à la machine et à la main.

939 *Oyer, J. L. M.* 17 rue Culture Ste. Catherine, Paris.—Savon de ménage, de toilette, et parfumerie.

940 *Pagnerre*, Libraire Editeur, 18 rue de Seine, Paris.—Trente-deux volumes divers.

941 *Paix de Beauvoy, C.* Seiches, (Maine et Loire).—Ruches avec accessoires, en menuiserie et en paille.

942 *Palmer, J. L.* Fab. rue Montmorency, Paris.—Pièces diverses de tréfilerie; emboutissage; mesure de précision.

943 *Pape, J. H.* 19 rue des Bons Enfans, Paris.—Pianos console, carré, à queue-console et à queue.

944 *Parent*, 33 rue des Arcis, Paris.—Différens systèmes de balance; poids et mesures de précision.

945 *Paroissien, A.* Fab. 12 rue Ste. Appoline, Paris.—Feuillages en cire, coiffures pour dames.

946 *Paublan*, Serrurier-mécanicien, 366 rue St. Honoré, Paris.—Coffres-forts; plusieurs systèmes de serrures.

947 *Peignè, V. J.* Nort (Loire-Inférieure).—Un fusil, nouvelle invention. Cette arme s'amorce mécaniquement au moyen d'un réservoir à capsules, ménagé dans l'intérieur du fusil.

948 *Pellier, Frères*, Fab. de conserves alimentaires, Mans (Sarthe).—Flacons et boîtes de conserves alimentaires diverses ; couteaux à ouvrir les boîtes.

949 *Peltereau, Frère, jeune*, Château-Renaud (Indre-et-Loire).—Différentes espèces de cuirs.

950 *Peneau, J.* Fab. de conserves alimentaires, La Musse, près Nantes (Loire-Inférieure).—Boîtes de gibiers truffés, de sardines, de petits pois, et de viandes diverses conservées ; flacons de fruits.

951 *Pérot, Père, G. J.* Graveur sur acier, 8 rue Mandar, Paris.—Incrustations sur acier, objets d'art en différents genres.

952 *Perrot, Petit & Cie.* Fab. 22 rue de la Bourse, Paris. —Fleurs artificielles pour modes ; plumes façonnées pour parures ; broderies d'or, d'argent, perles, &c., pour modes et parures.

953 *Petitcolin, J.* Graveur, 2 place Dauphine, Paris.—Épreuves de gravures en taille douce, d'ouvrages de machines.

954 *Petithomme, L. A.* Mécanicien-fondeur, 283 rue St. Jacques, Paris.—Boîte démontrant un système de suspension de cloches, représenté par un carillon de quatre cloches. (Breveté.)

955 *Peyron, S.* Fab. de cercles de tamis, Rumengol, près Brest (Finistère).—Cercles de tamis en hêtre sciés et ployés par mécanique mue à la vapeur.

956 *Philippe & Canaud*, Fab. de conserves alimentaires, Nantes (Loire-Inférieure, Ville-en-Bois).—Boîtes et flacons de diverses conserves alimentaires, viandes, légumes, poissons, &c.

957 *Piéron*, Fab. de bronze, 13 rue des Enfans-Rouges. —Garde-feux, avec pelles et pincettes, dorés et oxydés, ou dorés et bronzés ; écran breveté.

958 *Pierret, J. B.* 29 rue de Breda, Paris.—Une machine rotative à vapeur de la force de dix chevaux.

959 *Pitet, aîné*, Fab. de pinceaux, 305 rue St. Martin, Paris.—Divers échantillons de pinceaux et brosses pour la peinture.

960 *Pitoux, V.* Fab. de fleurs en gélatine, 24 rue Pavée, au Marais, Paris.—Fleurs en gélatine, parure et bouquet ; cylindres en gélatine de diverses couleurs.

961 *Poëlman, I.* Moulins-lez-Lille, à Paris, chez M. Gauthier Bouchard, 14 rue du Cloître St. Méry.—Céruse.

962 *Poilleu, Frères*, Brest (Finistère). — Corps d'un cénotaphe en granit.

963 *Poirier, L.* Constructeur de machines, 36 rue du Faubourg St. Martin, Paris.—Presses à copier ; à cacheter les lettres ; presses autographiques ; timbre sec ; presses de voyage ; de laboratoire. (Enrégistrées ou brevetées.)

964 *Potonié*, 5 rue Neuve St. François, Paris.—Pendules et accessoires de différens procédés et de modèles variés.

965 *Poulat, A.* Fab. 6 cours de Brosses, à la Guillotière, Lyon (Rhône).—Filières en cuivre, avec trous à rubis, pour l'extraction de toutes sortes de métaux.

966 *Poullot*, Opticien, 35 rue St. Louis, au Marais, Paris.—Lorgnons, pince-nez, faces à mains, lunettes, &c.

967 *Pouyer*, Mécanicien, Rouen (Seine-Inférieure). — Appareil à cliquet, pour une force de 40 chevaux environ, permettant d'engrener ou dégrener, à volonté, un nombre quelconque de moteurs.

968 *Pecqueur*—Filets de pêche.

969 *Proutat, Mutrot & Thomeret*, Arnay-le-Duc (Côte d'Or).—Echantillons d'outils et limes.

970 *Provancher, B.* place du Château Rouge, Montmartre.—Plaque en porcelaine, application de lithographie, représentant la Reine Victoria et la famille royale dans une galerie du Palais.

971 *Ragot, J. F.* Dess. 39 boulevart St. Martin.—Dessin de couvre-pied en dentelle blanche, application de Bruxelles, sans la garniture.

972 *Ragot-Mayeux*, Fab. de tissus, Reims (Marne).—Tissus mérinos écrus et teints, diverses qualités.

973 *Randoing, J.* Fab. de draps, Abbeville (Somme).—Draps fins, castor fin, cachemires divers, satin d'été, &c. ; teints en nuances de toutes sortes.

974 *Rapp, C. F.* Bottier, 22 rue Feydeau.—Chaussures diverses, pour hommes et pour femmes.

975 *Rebert, C.* 25 place du Dôme, Strasbourg (Bas-Rhin).—Différens modèles de ferme-portes Rebert à tringles simples et à tringles avec pompes. (Brevetés.)

976 *Rédelix, C. H.* 357 rue St. Denis, Paris.—Outils pour fabriquer les fleurs.

977 *Rémond, N.* rue du Foin St. Jacques, Paris.—Cadres en bois, contenant des épreuves en couleur non retouchés au pinceau, et un tableau d'enseigne.

978 *Rénard*, Coutellier, 28 rue des Gravilliers, Paris.—Spécialité d'outils pour tous les genres de gravures.

979 *Reigniaud*, Chaudronnier, 6 rue Sainte Foy, Paris. —Moules à pâtisserie ; moules en cuivre de différentes sortes.

980 *Richard Frères*, St Chamont (Loire).—Lacets de soie.

981 *Rénard, Père & Fils*, Fab. de verres à vitres, Fresnes, près Condé (Nord).—Verres à vitres ; blanc, demi-blanc, petit blanc ou ordinaire, et verre cannelé.

982 *Renodier, Père & Fils*, Fab. de grosse coutellerie, St. Etienne (Loire).—Couteaux dits *Eustaches*, à lames d'acier.

983 *Repeyre, S.* Fab. de châles, 9 rue des Fossés, Montmartre, Paris.—Châles en laine brochés et écharpes.

984 *Reydor, P. G. Frères & Colin*, 17 rue Jean Robert, Paris.—Différens systèmes d'horloges, de régulateurs et tourne-broches.

985 *Riby, P.* Angers (Maine et Loire.)—Meules à moudre le blé.

986 *Rieroch, C. & Cie.* Association d'ouvriers porcelainiers, Limoges (Haute-Vienne).—Objets divers, service de table, en porcelaine blanche.

987 *Rivaud, G.* Petit Rochefort (Charente).—Toison, laine superfine mérinos.

988 *Robaut, L.* Tanneur corroyeur, Douai (Nord).—Cuirs tannés et corroyés pour cardes et équipements militaires.

989 *Robert-Galand*, Fab. Pont Faverger (Marne).—Tissus mérinos écru et teint.

990 *Roche & Dime*, Fabricants d'étoffes de soie, 1 place Romarin, Lyon (Rhône).—Trois châles de soie façonnés.

991 *Rocher, M.* Nantes (Loire Inférieure).—Appareil distillatoire (breveté en Angleterre) ; condenseur sous-marin inéchauffable.

992 *Roedel & Fils Frères*, Bordeaux.—Conserves alimentaires.

993 *Roth, J. C.* Strasbourg (Bas-Rhin).—Instrumens de musique en cuivre et en bois.

994 *Rouchier, F. & Fils*, Fabricants de conserves alimentaires, Ruffec (Charente).—Biscuits de Reims ; petits pois conservés. (Exportation.)

995 *Roux & Fortin*, Fabricants de roulettes, 21 rue d'Anjou (Au Marais).—Roulettes à sphère brisée assorties. (Brevetées en France et en Angleterre.)

996 *Saint Jean*, Peintre, à Lyon (Rhône), 2 quai Fulchiron.—Peintures à l'huile : une vierge au milieu ud buissons de roses ; bouquets de fleurs ; fleurs et fruits.

997 *Savaresse, H.* 30 avenue St. Charles, Grenelle (Seine) —Cordes et instruments de musique.

998 *Savaresse, Fils*, Fab. Grenelle près Paris (Seine).—Cordes harmoniques en soie et en boyaux, avec fleurs en même nature, garnies en passementerie fausse, pour harpes, basses, violons et guitares.

999 *Schiertz, J. G.* Fab. 27 rue de la Huchette, Paris. —Ebénisterie de précision pour l'optique ; appareils divers de daguerréotype ; pieds de daguerréotype ; pied de lunette mécanique pour l'observation des astres.

1000 *Schlumberger, G. & Cie.* Fab. Mulhouse (Haut-Rhin).—Etoffes pour meubles, laine et soie ; tissage par métiers à la Jacquard.

1001 *Schneider, E. & A. & Legrand*, Sédan (Ardennes).—Une tondeuse longitudinale pour la tonte des étoffes.

1002 *Schneider, Frères*, Négociants, 137 rue Montmartre, Paris.—Rubans de soie fabriqués par diverses maisons de St. Etienne (Loire).

1003 *Schwartz & Huguenin*, Fab. Mulhouse (Haut-Rhin). Dépôt à Paris, C. Müller, 3 rue du Sentier ; à Londres, s'adresser à M. Sauphar, 9 Southampton Street, Holborn. —Toiles imprimés en laine et en coton ; lastings imprimés.

1004 *Schwartz, Trapp & Cie.* Filateurs de laine, Mulhouse, (Haut-Rhin).—Fils de laine, peignée à la mécanique.

1005 *Scrive, Frères*, Fab. Lille, Nord.—Plaques et rubans de cardes, pour carder le coton, la laine et les étoupes de lin.

1006 *Scrive, Frères, & J. Danset*, Fab. Marquette et Halhein près Lille (Nord).—Tissus de lin : toiles diverses, coutils, &c., tissés sur métiers mécaniques.

1007 *Scrive, Frères*, Filateurs de lin, Lille (Nord). Représentés par J. S. de Gaëtan & Cie. Bow Lane, Cheapside. —Fils de lin et d'étoupes de lin.

1008 *Seguin, J.* Fab. Puy (Haute-Loire), maison à Paris, 40 rue des Jeûneurs.—Dentelles de soie ou nouveautés au fuseau.

1009 *Seib, J. A.* Fab. Strasbourg (Bas-Rhin).—Toiles cirées de diverses qualités, pour paquets, broderies, &c.

1010 *Sengenwald*, Strasbourg (Bas-Rhin).—Echantillons de garance d'Alsace.

1011 *Sentis, Père & Fils & Cie.* Filateurs de laine, Reims (Marne).—Echantillons de laines filées, en écheos, pochets et cannettes. (Exportation.)

1012 *Servais, J. P.* Doreur-ornemaniste, 15 rue St. Louis en l'Ile, Paris.—Cadres dorés, ornemens en sculptures plastiques.

1013 *Signoret-Rochas, P.* Fab. rue du Chemin Neuf, Vienne (Isère).—Coupes de draperies nouveautés, draps noirs, twines grises, &c.

1014 *Simon, E.* Strasbourg.—Impressions en couleur et noir de lavis ; aquateinte lithographique.

1015 *Paul, S.* 36 Boulevart du Temple.—Art plastique, tableau.

1016 *Simon, J.* 4 rue Vidé Gousset (Place des Victoires). —Marbres, pendules, coupes, encrier, cheminée, &c.

1017 *Sirot, Père*, Fab. Valenciennes, Nord (Nord).—Echantillons de clous et chevilles à chaussures, en fer, cuivre rouge et acier. Specialité.

1018 *Société Anonyme de la Vieille Montagne.*—M. A. Guynemer, Fils, Directeur, 19 rue Richer.—Feuilles de zinc laminé à toutes épaisseurs et dimensions ; échantillons de tous les produits de l'industrie du zinc ; statues, bustes et statuettes.

1019 *Société Linière du Finistère* (Heuze), Radiguet, Homon, Goury & Leroux, Gérants, Landernau (Finistère). —Toiles à voiles pour la marine et le commerce, et fils mécaniques ; filés secs.

1020 *Sorel*, Ingénieur-civil, Fabricant d'oxyde, Grenelle (Seine), maison à Paris, 6 rue de Lancry.—Qualités diverses de blanc de zinc siccatif ; tableau peint moitié au blanc de plobm ou céruse. (Produits brevetés en Angleterre.)

1021 *Stamin & Cie.* Thann (Haut-Rhin).—Un banc à broches pour filature de coton, à 120 broches, à double compression et servant de troisième passage.

1022 *Suser, H.* Tanneur-cordonnier, Nantes et la Morinière (Loire-Inférieure).—Peaux tournées peaux corroyées ; chaussures. (Exportation).

1023 *Susse, Frères*, Fabricant de Bronzes, 31 place de la Bourse, Paris.—Candélabres ; statues en bronze et en marbre ; pendules et bronzes divers ; statuettes ; fantaisies.

1024 *Taborin, P. F.* 62 rue Amelot, Paris.—Différentes sortes de limes.

1025 *Tailbouis, Verdier & Cie.* Fabricants, 17 rue des Mauvaises Paroles, Paris.—Ganterie nouvelle en soie, laine et fil ; fantaisie en laine et soie.

1026 *Tailfer, J. B.* 9 rue St. Etienne, Batignolle (Seine) ; représenté à Londres par M. de Fontaine Moreau, 4 South Street, Finsbury. — Machines dynamométriques. (Breveté en Angleterre).

1027 *Léon Talabot & Cie.* Toulouse (Haute-Garonne) et à Saus-du-Tarn, près Albi (Tarn).—Différentes espèces de faux, sapes et limes.

1028 *Talbot, Frères*, Menneton-Salon, près Bourges (Cher). —Une charrue Talbot, avec avant train et sullier en fer, trois versoirs de rechange, une vis de pression et une coulisse de rappel pour régler la largeur du labourage.

1029 *Tautenstein & Cordel*, 90 rue de la Harpe, Paris.— Musique typographique ; spécimen de musique ; volumes imprimés.

1030 *Teillard, C. E.* Fabricant de soieries, 25 et 27 rue Nationale, Lyon (Rhône). Représentés par J. S. Gaëton & Cie. 3 Bow Lane, Cheapside, Londres.—Etoffes de soie, en noire, velours, taffetas, foulard, popeline, &c.

1031 *Teissier du Cros, L. & E.* Représentés par J. S. de Gaëtan & Cie. 3 Bow Lane, Cheapside.—Filateurs de soie, à Vallerangue (Gard).—Echantillons divers de soie grège et ouvrée.

1032 *Terrier, J. & Cie.* Teinturiers-Apprêteurs, Suresnes (Seine).—Etoffes de laine diverses, satin, damas, mérinos, mousseline de laine, teintes et apprêtées.

1033 *Texier, Fils, T.* Fabricant de gants, Niort (Deux Sèvres).—Ganterie et chamoiserie en daim, castor et mouton.

1034 *Texier, V.* 350 rue St. Honoré, Paris.—Volumes reliés et brochés ; Musée de Sculpture antique et moderne.

1035 *Theil, J.* Fabricant de meules, St. Lucien, près Epernon (Eure et Loire).—Meules spécialement destinées à la triture des grains secs, tels que ceux d'Amérique.

1036 *Thévenot, E.* Clermont-Ferrand (Puy de Dôme).— Sujets de vitraux peints, style 15ème siècle ; vitraux représentant deux reines de France ; style moderne, &c.

1037 *Thibert & Adam*, Fabricants de peluches Metz (Moselle), Dépôt à Paris, 10 rue du Grand Chantier.—Peluches de soie, destinées à la chapellerie.

1038 *Thierry, J.* Fabricant, rue Bat d'Argent, Hôtel des Négociants, Lyon, (Rhône). — Cadres contenant neuf épreuves héliographiques.

1039 *Taillefer, A. & Cie.* Fab. Laigle (Orne).—Aiguilles et épingles.

1040 *Thomas, Frères*, Fabricants de soieries, Avignon (Vaucluse), Dépôt à Lyon (Rhône).—Florences d'Avignon, en teintes diverses.

1041 *Thorel, H.* Fabricant de conserves alimentaires, Hôtel des Postes, Ruffec (Charente).—Terrines de foies de canard truffés ; et de perdreaux rouges truffés. (Brevetées en Angleterre.)

1042 *Tiffereau, T.* Horloger-mécanicien, 10 rue de Vaugirard.—Horloge hydraulique, brevetée en France et en Angleterre.

1043 *Toulza, F.* St. Etienne (Loire).—Fers ornés, serrurerie, outils de cordonnier et manchettes, &c.

1044 *Travers, P. L.* 146 Faubourg Poissonnière, Paris.— Modèle du comble de la douane ; modèle de la coupole mobile de l'Observatoire ; modèles divers de serres chaudes.

1045 *Truchy, E.* Bijoutier, 18 rue du Petit Lion, St. Sauveur. Paris.—Perles fausses imitant les perles fines ; pièces imitées, montées ou non, à l'usage des joailliers.

1046 *Turpin, F. A.* 28 rue Richelieu, Paris. Maison à Londres, J. Dissart, 57 King Street, Golden Square.—Chocolats en pastilles et en diverses formes.

1047 *Viel*, Pharmacien, Tours (Indre et Loire).—Pilulier à rotation, obtenu à l'aide de la galvanoplastie.

1048 *Warmont, V. E.* Teinturier, Neuilly-sur-Seine.—Chaîne disposée pour tissage ; écharpes laine.

1049 *La Chambre de Commerce d'Avignon,* Vaucluse, (Garances et Garancines).—Trois échantillons de racines de garances; six flacons de poudres de garances, et deux flacons de garancines.

1050 *Alcan, M.* 28 rue d'Enghien, Paris.—Soies grèges, provenant de cocons français et de Calcutta, et produites à froid; un assortiment de limes produites par un nouveau système de taille. (Brevetées en Angleterre.)

1051 *Alluaud, ainé,* Fab. Limoges (Haute-Vienne).—Pièces diverses de porcelaine, pour table et pour toilette.

1052 *Aucoc, ainé,* 6 rue de la Paix, Paris.—Nécessaires pour hommes et pour femmes; une toilette complète, avec appareils.

1053 *André, J. P. V.* Maître de Forges au Val d'Osme, (Haute-Marne). Maison à Paris, 14 rue Neuve Ménilmontant.—Fonte de fer; lit; cheminée; groupes d'animaux; candélabres; statues et vases fontaine.

1054 *André, J. & Comte de Bronno Bronski, Major,* au Château de St. Selve, Arrond. de Bordeaux (Gironde).—Deux charrues, André Jean, à un et à deux socs, avec semoir et herse.

1055 *Aubanel,* Fab. 43 rue de Trévise, Paris.—Dessus de cheminée en bronze et en marbre; fonte de fer et bois, doré et sculpté.

1058 *Aubeux,* Fab. 6 rue et impasse de l'Orillon, Paris.—Etoffes cachemire pour gilets, haute nouveauté.

1059 *Aucler, Veuve, & Ledoux, P.* au Fidèle Berger, 46 rue des Lombards, Paris.—Confiserie et articles à l'usage de la confiserie.

1061 *Bach Pérès,* 99 faubourg St. Denis, Paris.—Stores peints, transparents.

1062 *Bacot, P. & Fils,* Sédan (Ardennes).—Draps satins et casimirs.

1063 *Badin, J. C. F.* Fab. 377 rue St. Denis, Paris.—Vanneries et chapelleries en tissus de plumes diamantés.

1064 *Balay, J.* St. Etienne (Loire).—Rubans de soie.

1065 *Balleidier, F.* Fab. 20 rue des Capucins, Lyon (Rhône). Représentés par J. S. de Gaëtan & Cie. 3 Bow Lane, Cheapside, Londres.—Velours façonnés, avec ou sans broderies; gilets en velours.

1066 *Balny, jeune, J. P.* 41 rue de Charenton, Paris.—Meubles; milieu de salon en noyer, couvert en soie, avec statue en bronze; fauteuils et chaises.

1067 *Barbat,* Lithographe, Chalons-sur-Marne.—Volume d'Evangiles illustré.

1068 *Barbé, C.* Dess. Mulhouse (Haut-Rhin).—Dessins pour impressions sur étoffes.

1069 *Baton, veuve, & Fils,* 11 rue Noire, Lyon (Rhône).—Chapeaux feutre et soie.

1070 *Battenberg, G.* 20 rue de Dragon, Paris.—Modèles d'imprimés et un livre relié.

1071 *Baudry, A. T.* Athis-Mons (Seine et Oise).—Acier en bottes, pour ressorts et autres.

1072 *Bauerkeller & Cie.* (Berger Walter, successeur), 7 rue d'Enghien, Paris.—Cartes de géographie; plans de villes en relief; tableaux de sainteté et abat-jour.

1073 *Bazin, Père,* Agriculteur, Mesnil St. Firmin (Oise).—Echantillons de blés en épis et en grain.

1074 *Beaufils,* Place des Quinconces, Bordeaux.—Bureau table à ouvrage; armoire; canapé; causeuse; fauteuils et chaises.

1075 *Bernard, A.* 16 Avenue de la Mothe-Piquet, Paris.—Fabrique de canons de chasse.

1076 *Beauvais, C.* 18 rue Notre Dame de Nazareth, Paris.—Soie grège.

1077 *Bellangé, A. L.* 77 rue des Marais, St. Martin, Paris.—Ebénisterie; meubles boule; jardinières; consoles et bureau boule.

1078 *Belleville, Frères,* Nancy (Meurthe).—Un bocal, renfermant de l'amidon.

1079 *Bellon J. & Cie.* 2 rue du Griffon, Lyon (Rhône).—Soieries façonnées; lustrine, taffetas, velours anglais, vénitienne, satin, &c.

1080 *Bergerie Nationale de Rambouillet,* (Seine et Oise).—Quatre toisons de mérinos purs.

1081 *Bernard, J. B.* Valenciennes (Nord).—Panneau de marqueterie et de parquetage; cadre d'impressions hypertables; bloc, élément de marqueterie et de parquetage.

1082 *Bertèche, Chesnon & Cie.* Sédan (Ardennes). Maison à Paris, (Bonjean & Cie.) rue des Fossés St. Germain l'Auxerrois. Référence à Londres, chez M. Vacossin, Bonnet et Fournier, 5 Wood Street.—Draps de toutes couleurs, casimirs, satins, articles paletots nouveautés.

1083 *Barbotin et Legoff.*—Cabestan et appareils pour la manœuvre des cables en fer à bord des vaisseaux.

1084 *Berton, H.* 13 faubourg St. Martin, Paris.—Cartonnage; boîtes et sachets parfumés; enveloppes de lettres.

1085 *Bertrand, Guyet & Dumontal,* Fab. 27 place de la Comédie, Lyon (Rhône).—Soieries façonnées: châles, fichus, écharpes, colliers, châtelaines, &c.

1086 *Bettignies, M.* Fab. St. Amand-les-Eaux (Nord).—Vases en porcelaine, pâte tendre, richement décorés et montés en bronze; jardinière et autres produits en porcelaine tendre décorée.

1087 *Bianchi, J. & Duseigneur,* Lyon (Rhône).—Divers échantillons de soies, grèges et ouvrées.

1088 *Bisson, I. jeune,* Fab. Bernay (Eure).—Draps frocs; ouatine bronze; pilotes bleus, verts, &c.

1089 *Blaize, H.* Graveur, 3 rue de Touraine St. Germain, Paris.—Gravure en relief sur cuivre.

1090 *Blanchet Frères & Kleber,* Rives (Isère).—Papiers blancs et de couleurs, collés et sans colle.

1091 *Bleuze, Hadencourt,* 33 rue des Lombards, Paris.—Divers échantillons de savons et d'essence.

1092 *Bobec, veuve, & Lemire,* Choisy-le-Roi (Seine).—Produits chimiques; acides, acétates, bi-carbonate de soude, chloroforme, émétique, esprit de bois, éther, huiles, liquide pour l'éclairage, nitrate de plomb, potasse caustique, pyrolignite de fer et de plomb, sulfate de cuivre pur, vert Schweinfurt.

1093 *Bollée, E.* Fondeur de cloches, Ste. Croix-lès-le-Mans (Sarthe).—Trois cloches, formant l'accord parfait et montées dans un beffroi à deux étages. La grosse est suspendue par un système de suspension à la développante, présentant, au 5e, le nouveau montage adopté par l'exposant pour le bourdon de la cathédrale de Paris.

1094 *Bonfils, Michel, Souvraz & Cie.* Fab. rue des Fossés Montmartre, Paris.—Châles longs et carrés en cachemire.

1095 *Bonnet, J. B.* Rousset.—Une charrue à double défoncement.

1096 *Bonnet, jeune,* 5 Chemin de Ronde de la Barrière Ménilmontant.—Poterie réfractaire; appareils pour la chimie et creusets pour la fonte en terre réfractaire.

1097 *Bonnet & Cie.* Fab. 2 rue du Griffon, Lyon (Rhône).—Soieries unies; taffetas et satin.

1098 *Boquet, Mlle. M. V.* Peintre sur porcelaine, 27 rue Tronchet, Paris.—Portrait du roi Louis Philippe, peint sur émail.

1099 *Bord,* Facteur de pianos, 35 boulevart Bonne-Nouvelle, Paris.—Piano à queue.

1100 *Borsary,* Appareils de chirurgie, Dijon (Côte d'Or).—Machines d'emplois divers et bandages.

1101 *Boltier, L. N.* Mécanicien, 30 rue St. Jean de Beauvais, Paris.—Moules à battre l'or, et or battu comme spécimens d'application.

1102 *Bonasse, Level & Cie.* rue du Petit Bourbon, Paris.—Echantillons d'images découpées en gélatine.

1103 *Bouchard Florin,* Tourcoing (Nord). Représenté par J. S. de Gaëtan & Cie. 3 Bow Lane, Cheapside, Londres.—Tissus en satin laine, coton, &c.

1104 *Boucherie, J. A.* 4 rue Mondovi, Paris.—Bois divers, teints par un procédé chimique qui les rend suspectibles de conservation.

1105 *Boudon, L.* Manufacture de soie, St. Jean du Gard.—Soies blanches et jaunes pour toiles, à blutter, pour trames et organsins satin, pour gaze et articles de St. Quentin (Aisne).

1106 *Bouhardet, C. P.* Fabricant de billards, 70 rue de Bondy. Paris.—Billard sculpté, style boule, avec accessoires.

1107 *Bouillette, Hyvelin & Cie.* Bijoutier, 46 rue St. Avoye, Paris.—Grand bandeau composé de 7 broches; pièces de corsage, bracelets, broches, et autres articles de bijouterie or et argent montée avec pierres.

1108 *Bourdon, E.* Machines, 74 Faubourg du Temple, Paris.—Modèle fonctionnant de machine à vapeur; instruments divers pour mesurer la pression de la vapeur et des gaz, la pression atmosphérique, les températures, &c.

1109 *Fortin Boutellier*, Tissus de laine, 24 rue du Moulin l'Huile, Beauvais (Oise).—Fabrique, filature et apprêt de draps.

1110 *Bouvard & Lançon*, Fabricants de soieries, Lyon (Rhône).—Soieries façonnées : satin, damas, lustrine, brocatelle, &c.

1111 *Brandus & Cie.* 87 rue Richelieu et 40 rue Vivienne, Paris.—Ouvrages de musique imprimée.

1112 *Breteau, C. A.* Fab. 34 rue Notre-Dame des Victoires, Paris.—Fleurs artificielles et plumes fines pour parures et coiffures, garnitures de robes, &c.

1113 *Breton, Frères*, Fab. 23 rue Dauphine, Paris.—Machine pneumatique à mouvement de rotations; appareils électro-médicaux; locomotive électrique.

1114 *Benoit, Malo, et Valbaum*, Rheims. Mérinos.

1115 *Bridard, J.* 53 rue Vivienne, Paris.—Bottes vernies à l'écuyère; bottines de chasse, chaussures diverses.

1116 *Briquet & Perrier*, Fab. 22 rue Jean Robert, Paris.—Tissus en caoutchouc pour bretelles, jarretières, &c., et confectionnés.

1117 *Brisson, Frères*, Fab. 13 rue du Griffon, Lyon (Rhône).—Peluches de soie et de coton.

1118 *Brosse & Cie.* Fab. 1 rue Lorette, Lyon (Rhône).—Velours unis, en soie, de diverses couleurs.

1119 *Bruneau, L. A.* Orfèvre, 40 rue Montmorency, Paris.—Orfèvrerie et bijouterie de fantaisie, tels que porte-monnaies, cachets, flacons, tabatières, coffrets, &c.

1120 *Brunel, Lecomte, Guichard & Cie.* Fab. Lyon (Rhône).—Soieries imprimées: taffetas, mousseline satinée, gaze damassée, crêpe pour châles, écharpes et fichus. Impressions de MM. Perregaux et Brunet-Lecomte.

1121 *Bertolacci, —.* Paris.—Porte-plume pneumatique, alimentaire d'après un principe nouveau; écoulement, facultatif de l'encre sans dérangement de la main; l'encre remonte au réservoir après avoir humecté la plume.

1122 *Buffault & Truchon*, Fab. de couvertures, Essonne (Seine-et-Oise), maison à Paris, 11 rue des Bourdonnais.—Couvertures de laine et de coton.

1123 *Rugré, A.* Fab. de cannes, 18 rue Neuve St. Laurent, Paris.—Cannes en écaille et en cornes de bélier.

1124 *Buignier, G. S. F.* 20 rue des Vertus, Paris.—Matrices gravées sur acier et bronze d'arts. Bataille de Brenneville; sujets religieux; groupes d'animaux et d'enfants, &c.

1125 *Buisson, aîné & Cie.* St. Etienne (Loire).—Rubans de soies.

1126 *Cubanes & Rambié*, 53 quai de Paludate, Bordeaux (Gironde).—Fleurs de gruau; minots faits avec des blés du marché de Bordeaux; minots faits avec des blés d'origine égyptienne; farine d'origine égyptienne.

1129 *Cain, A.* Sculpteur, 103 faubourg St. Denis, Paris.—Bronzes : un nid avec groupe d'oiseaux combattant; une paire de coupes; groupe d'oiseaux; un nid avec oiseaux; deux encriers; deux hérons, &c.

1130 *Canneaux & Fils*, Négociants en vins, Reims (Marne), et à Londres, 14 John Street, Crutched Friars.—Appareil à doser et à liquorifier les vins de Champagne.

1131 *Cavelan & Cie.* Bagnères de Luchon (Hautes-Pyrénées).—Produits chimiques: minerai de plomb argentifères; minerai d'oxide de manganèse; litharge rouge paillette, et jaune; galine bocardée à sec.

1132 *Carle, A. T.* St. Maur-les-Fossés (Seine).—Fonderie en bronze, objets d'art: flambeaux, pendules, jardinières, &c.

1133 *Caron, A.* Arquebusier, Passage de l'Opéra, Paris.—Un fusil de Paris très riche; fusils simples; une carabine; pistolets de tir; une paire genre oriental; un pistolet de salon.

1134 *Carquillat, Ch. Candy & Cie.* Fab. de soieries, Croix Rousse, Lyon (Rhône).—Tableaux tissés en soie, représentant: la visite du duc d'Aumale dans l'atelier de l'exposant; le portrait du Pape Pie IX.; étoffes façonnées; brochées pour robes.

1135 *Carrier-Rouge*, Fab. de bronzes d'art dorés et argentés pour églises et palais, rue du Puits d'Ainay, Lyon (Rhône).—Candélabres, chandeliers, et encensoirs en bronze, statues, lustres, et pièces monumentales.

1136 *Carrière, F.* Filateur de soie, St. André de Valborgne (Gard).—Echeveaux de soie grège, blanche et jaune.

1137 *Causse & Garion*, Filateurs de soie, Lyon (Rhône).—Soies grèges et ouvrées.

1138 *Cauvet, C.* Produits manufacturées, Chantilly (Oise).—Laine peignée à la carde et fils.

1139 *Chagot, aîné*, Fab. de plumes et fleurs fines, 73 rue Richelieu, Paris.—Plumes et bouquets de plumes; fleurs artificielles, parures et coiffures en fleurs fines; vases pour mettre des fleurs.

1140 *Chambellan & Cie.* Fab. de châles, 8 rue des Fossés Montmartre, Paris.—Châles longs et carrés, en laine et en cachemire.

1141 *Chambre de Commerce*, Lyon (Rhône).—Tableaux tissés en soie: étoffe de soie tissée sur métier Jacquard, représentant le testament de Louis XVI., et fabriqué par MM. Maisiat; les armes de la ville de Lyon, en couleurs, fabriquées par MM. Mathevon et Bouvard; le portrait de Jacquard, par M. Didier Petit; le Christ sur la Croix.

1142 *Chamouillet*, Fab. de glaces, 22 rue Cléry, Paris.—Glace ovale, et miroir glace bisotée, avec cadres de bois sculpté.

1143 *Champagne & Rougier*, Fabricants de soieries, Lyon (Rhône).—Soieries façonnées: divers spécimens, ombrelles, et modèles de robes à volants.

1144 *Charayeat, E.* Fabricant de parapluies, 268 rue St. Denis, Cour de Bleus, Paris.—Parapluies, ombrelles et marquises, avec manches en diverses matières.

1145 *Charrière*, rue de l'Ecole de Médicine, Paris.—Appareils et instruments de chirurgie de toutes sortes.

1146 *Chebeaux, J.* Dessins de manufactures, 3 rue St. Fiacre, Paris.—Dessins pour robes et pour tapis d'Aubusson.

1147 *Carriol Baron*, Angers (Maine-et-Loire.)—Laine filée.

1148 *Chocqueel, F.* Fabricant de châles, Paris.—Châles longs en barège satiné, fonds de teintes diverses, dessins cachemire.

1149 *Choquart, C.* 259 rue St. Honoré, Paris.—Chocolat de diverses qualités.

1150 *Chosson & Cie.* Fab. 63 rue Montmartre, Paris.—Gants de chevreau, pour hommes et pour femmes.

1151 *Clair, P.* 93 rue du Cherche-Midi. Paris.—Dynamomètre de rotation; modèle de locomotive; indicateur Clair; totalisateur Lapointe.

1152 *Clémençon, Mme.* Fab. 8 rue du Port-Mahon, Paris.—Corset de luxe, en soie blanche.

1153 *Coignet, Père & Fils*, Fab. La Guillotière, près Lyon, (Rhône). Représentés par J. S. de Gaëton & Cie. 3

Bow Lane, Cheapside, Londres —Produits chimiques : colleforte, gélatine, phosphore, prussiate de potasse, &c.

1154 *Colliard & Comte*, St. Etienne, (Loire).—Rubans de soie.

1155 *Collot, Frères*, 41 rue de l'Ecole de Médecine, Paris.—Balances et instruments de précision.

1156 *Conrad, W.* Fab. 26 rue Vieille du Temple, Paris. —Pains de camphre raffiné ; bocaux d'iode sublimé et d'iodure de potassium.

1157 *Corderant, A.* Fab. 12 rue de Paradis (Marais), Paris.—Boutons et plaques de porte en porcelaine ; portechapeaux ; balustres en cristal et en porcelaine, garnies de cuivre ; ventilateur, &c., &c.

1158 *Claudin*, 1 Rue Joquelet, Paris.—Fusils et pistolets d'un nouveau système.

1159 *Cordonnier & Cie.* Fab. 5 rue de Charonne, Paris.— Bibliothèque en palissandre ; buffet de salon ; jardinière en palissandre et avec porte à glaces, genre renaissance.

1160 *Couchonnal & Cie.* Fab. 79 rue de Richelieu, Paris. —Broderies de soie, sur robes et châles de soie.

1161 *Couchoud*, 11 place St. Charles, St. Etienne (Loire). —Rubans de soie.

1162 *Coupin, C.* Chapellier, Aix (Bouches-du-Rhône).— Chapeaux en feutre sans apprêt, de diverses teintes.

1163 *Courtois, A.* Facteur d'instruments de musique, 21 rue du Caire, Paris.—Trompettes, clairons, trombones, cors, ophicléïdes, et divers autres instruments de musique, en cuivre.

1164 *Courte, P.* Teinturier, 47 Grande rue, Lyon (Rhône). —Soies teintes en noir fin, pour peluches.

1167 *Damison & Cie.* Fab. de châles, 6 rue des Capucins, Lyon (Rhône).—Châles longs en laine, et en laine et cachemire.

1168 *Daniel, jeune*, Bijoutier en faux, 33 rue Michel-le-Comte, Paris.—Garnitures en acier pour bourses ; pièces de bijouterie fausse en acier.

1169 *Darvieu aîné, Valmale & Cie.* Filateurs de soie, Laroque, près Ganges (Hérault).—Soies blanches et jaunes.

1170 *Daudré, A.* Fab. St. Quentin (Aisne), 17 rue Bertin Poirée, Paris.—Tissus, nappes et serviettes.

1171 *Dauthuille, A. T.* Relieur, 84 rue Montmartre, Paris.—Couvertures de livres sur boîtes dorées et estampées ; relief ; dessus de boîte en relief rehaussé, or, argent, et couleurs, &c., &c.

1172 *Debain, A.* 15 rue Vivienne, Paris.— Un piano, un harmonium, un antiphonel avec ses accessoires.

1173 *Debbeld, Pellerin & Cie.* Fab. de broderies, Nancy (Meurthe). Maison à Paris, 73 rue Richelieu.—Tapis de lit brodé ; carte d'échantillons divers.

1174 *Degardin, V. A. M.* 62 rue du Temple, Paris.— Pierres brunies, sanguines, silex, agathes ; brunissoirs d'acier pour l'orfèvrerie.

1175 *Delarbre, aîné*, Lavalette, près Montpellier (Hérault).—Soie grège et moulinée.

1176 *Delarbre, V.* Filateur de soie, Gazilhac, près Ganges, (Hérault).—Soie grèges et ouvrées.

1177 *Duval*, Paris.—Nouveau système de chemin de fer.

1178 *Deleuze, A.* St.-Ambroix, Arrondt. d'Alais (Gard). —Soie grège.

1180 *Delignon, V.* Fabricant de calorifères, 165 rue Montmartre, Paris.—Un calorifère à cylindres en cristal, socle, cercle et corbeille, en cuivre découpé ; lampes, estampées et en fer-blanc verni ; flacons d'essence de schiste.

1181 *Delisle & Cie.* Fabricants de maroquins imprimés, Brié, près Grenoble (Isère).—Maroquins imprimés, pour pantoufles, ameublements, médaillons, &c.

1182 *Dencirouse, E. Bois-Glavy & Cie.* Fabs. de châles, 16 rue des Fossés Montmartre, Paris.—Cachemire français.

1183 *Denuelle, A. D.* 43 rue des Petites Ecuries, Paris. —Produit naturel, pour l'art céramique ; feldspath.

1184 *Desauges, A.* Pierre de Tonnerre, 57 quai Valmy, Paris.—Une cheminée sculptée, deux mangeoirs, deux fontaines à filtre.

1185 *Deschamps, N.* 14 Galerie d'Orléans, Palais National, Paris.—Chaussure.

1186 *Leroy & Fils*, Horlogers, 13 et 15 Galerie Montpensier, Palais National, Paris.—Garniture de cheminée en fer ; pendule de voyage, sonnant les minutes ; pendule en fer et en porcelaine, mouvement à quart ; montres ; chronomètre ; tableau-horloge, &c., &c.

1187 *Deviolaine, Frères*, Verreries, Vauxrot (Aisne).— 30 échantillons de cloches et de bouteilles.

1188 *Devrange, B. B.* 257 rue St. Denis, Paris.—Pièces en papiers dentelles, comme ronds d'assiettes, &c. ; cartes.

1189 *Dida, A.* Vernis, 11 boulevart du Temple, Paris. —16 flacons d'échantillons de vernis ; fragments de papier et tissus hydrofuges.

1190 *Dinant & Huette*, 8 rue Levesque, Nantes (Seine-Inférieure).—Beurre frais, conservé sans sel. (Brevet en Angleterre et en France).

1191 *Dollfus, Mieg & Cie.* Fabricants de toiles peintes, Mulhouse (Haut-Rhin), maison à Paris, 9 rue St. Fiacre, et à Londres, 44 St. Paul's Churchyard.—Pièces de laine, mousseline, jaconas, organdys, &c., (filature, tissage et impression par les exposants).

1192 *Donat, A.* Fabricant de soieries, place Croix-Paquet, Lyon (Rhône). Représentés par J. S. Gaëtan & Cie. 3 Bow Lane, Cheapside, Londres.—Gilets et robes, nouveautés en moire, grenadine, satin, popeline, &c., &c.

1193 *Donat & Cie.* Fabricants de soieries mélangées, Lyon (Rhône).—Peluches de soie pour chapeaux, en pièces ; chapeaux non garnis.

1194 *Dopter, C. V. M.* 58 rue de la Harpe, Paris.— Echantillons d'images en dentelles noires et coloriées ; dessus de boîte et écrans, avec dessins imprimés en chromolithographie sur soie.

1195 *Donzel & Maussier*, St. Etienne (Loire).—Rubans façonnés.

1197 *Dubosq-Soleil*, Opticien, 35 rue de l'Odéon, Paris.— Appareils et instrumens d'optique de toute sorte, tels que héliostat de Silbermann, porte-lumière solaire, &c.

1198 *Duchêne, aîné*, Fabriquant de chapeaux, 7 Geoffroy Langevin, Paris.—Chapeaux mécaniques en soie et en feutre, avec leurs étuis ; carcasses de chapeaux mécaniques.

1199 *Ducourtioux, C. L.* Fabricant de bas en caoutchouc, 4 rue Fontaine-au-roi.—Bas et ceintures en caoutchouc, fabriqués à la mécanique. (Spécialité.)

1200 *Dufossé, aîné*, 13 rue St. Dominique, faubourg St. Germain.—Chaussures de chasse imperméables.

1201 *Dufossée*, Cordonnier, 20 rue de la Paix, et 23 Old Bond Street, Londres.—Chaussures pour dames, perfectionnées.

1202 *Dulud*, 27 boulevart des Italiens, Paris.— Cuirs en relief, pour sculpture et tenture ; fauteuils ; meuble étagère ; panneaux de cuir, pour tentures, et divers échantillons de sculpture en cuir.

1204 *Dupas, E.* 6 rue Folie Méricourt, Paris.—Conserves alimentaires.

1205 *Dupasquier, J. P.* 20 montée St. Barthelemy, Lyon (Rhône).—Une banquette pour voiture, avec ressorts.

1206 *Durand, Boncourt & Pitard*, Confiseurs, 68 rue des Carmes, Rouen.—Sucres de pommes et de cerises ; gelées ; sucres pralinés.

1207 *Durand, E. P.* Ebéniste, 6 rue St. Claude, au Marais.—Fauteuils en acajou ou en bois dorés ; chaises et dressoirs de salle à manger ; bibliothèque en style renaissance.

1208 *Durand, G.* Fabricant de cuirs forts, 8 rue Marie Stuart, Paris.—Cuirs forts et peaux de veaux tannées.

1209 *Dutrou, Fils*, Fabricant de rubans de soie, 345 rue St. Denis, Paris.—Séries d'échantillons de rubans de soie pour décorations.

1210 *Duval*, Paris.—Produits chimiques ; pastilles d'og-nons, de café au lait, de chocolat, solidifiés en pastilles ; papiers de tenture métalliques ; ivoire, cornes, os métallisés.

1211 *Eck & Durand*, Fonderie de bronzes d'art, 15 rue des Trois Bornes, Paris.—Une statue de l'Amour se coupant les ailes, par Bonnassieux ; un Faune dansant sur une outre, par Lequesne.

1212 *Emmerich, J. B. & Görger, Fils*, Fabrique de ma-roquins, Strasbourg (Bas-Rhin).—Maroquins diverses cou-leurs ; maroquins gris, pour sellerie, et maroquins dorés, cantharide et noirs ; moutons dorés.

1213 *Essique et Delamare*, 5 rue de Périgueux, Paris.—Perles métalliques.

1214 *Estivant, Frères*, Fondeurs de cuivre et tanneurs, Givet (Ardennes).—Planches en cuivre jaune ; barreaux ronds, et carrés, et laminés ; bassines d'une seule pièce ; laitons clairs de toutes dimensions ; cuir tanné de Buénos-Ayres ; colle-forte.

1215 *Etex, A.* Statuaire à l'Institut, Paris.—Deux groupes en plâtre, représentant l'un la famille de Caïn, l'autre le Cho-léra ; groupes en marbre, bas-reliefs, &c.

1216 *Ernest, Mme.* 26 Rue de Bourgogne, Paris.—Cor-sets sans couture.

1217 *Farjon, H.* Manufacture de soie, Roquemaure (Gard).—Soies grèges et organsins.

1218 *Faure*, Sculpteur, 24 place de la Madeleine, Paris.—Un Christ, sculpté dans une seule pièce de bois.

1219 *Faure*, Fabricant de meubles, 14 rue du faubourg St. Denis, Paris ; dépôt à Londres 27 Great Russell Street.—Buffet en bois d'ébène, avec ornements en cuivre ; chaises, fauteuils, de différents styles.

1220 *Favrel, A.* Batteur d'or, 27 rue du Caire, Paris.—Or et platine battu en feuilles, divers tons et couleurs ; spé-cimens de l'emploi de ces métaux ainsi préparés.

1221 *Fayet-Baron*, Serrurier, chez M. M. Fontaine, 269 rue St. Honoré, Paris.—Serrure indécrochetable, nouvelle invention.

1222 *Forges de Bigny.*—Fers, fontes, et tréfilerie.

1223 *Florange, jeune*, Fabricant de meubles, 20 rue du faubourg St. Antoine, Paris.—Meubles en ébène et en bois de rose, avec bronze doré.

1224 *Florimond*, Fabricant des fleurs artificielles, 8 rue Montigny, Paris.—Fleurs artificielles ; jardinières ; coiffures, fleurs et fruits.

1225 *Fontaine, F.* Fabricant de soieries, 16 rue des Ca-pucins, Lyon (Rhône).—Velours de soie, nuances diverses.

1226 *Fontaine, Felix*, Lyon (Rhône).—Corsets en tissus divers.

1227 *Fontaine, P. L.* 58 faubourg St. Honoré, Paris.—Robinets pour borne-fontaine ; robinets flotteurs avec arma-tures ; robinets à potence ; raccords d'incendie ou d'arrose-ment ; garderobe ; joint à brides pour conduits d'eaux ; une soupape ; corps de pompe à piston.

1228 *Forton Duponceau & Cie.* Chattemoue (Mayenne). (Agent à Londres, Felix Tourneux, 22 Henrietta Street, Cavendish Square.)—Une table de billard en ardoise.

1229 *Fouché Le Pelletier, E. E. F.* Javel, près Paris.—Produits chimiques : acides de minéraux et végétaux ; sels de potasse, de soude, d'ammoniaque, de baryte, de stranti-ane, de chaux, de zinc, d'étain, de plomb ; deux flacons d'engrais.

1230 *Fouqueau-Lecompte*, Orléans (Loiret).—Un billard riche.

1231 *Fourdinois, A. G.* 46 rue Amelot, Paris.—Ebénis-terie d'art. Buffet avec dressoir en noyer sculpté, meuble de boule.

1232 *Fox, J. F.* Fabricant de tuiles, St. Génie Laval (Rhône).—Tuiles en terre cuite et en verre.

1233 *Franc, A. P re & Fils, & Martelin*, Filature, Lyon (Rhône).—Divers échantillons de fils ; laines peignées, fan-taisie et Thibet ; cordages de fantaisie.

1234 *Franche, C.* Facteur de pianos, 42 rue de l'Univer-sité, Paris.—Deux pianos de formes et mécanismes différents.

1235 *Fratin*, Sculpteur, chez M. Aubanel, 43 rue de Trévise, Paris.—Groupe d'aigles en bronze, grande compo-sition.

1237 *Friry & Riga*, 124 rue St. Jacques, Paris.—Epreuves typographiques ; compositeurs et poinçons en acier.

1238 *Gaas d'Agnen à l'Institution Nationale des Jeunes Aveugles.*—Cartes géographiques en relief ; 2 planches pour écrire en points saillants, &c.

1239 *Galy-Cazalat*, 14 rue Charlot, Paris.—Une nou-velle machine oscillante (brevetée en Grande Bretagne) ; un tableau contenant cinq manomètres (brevetés en France) ; deux grands manomètres ; un appareil de sûreté contre les explosions des chaudières (breveté en Angleterre).

1241 *Gantillon, C. E.* Fabricant de soieries, 2 rue des Capucins, Lyon (Rhône).—Dossier de canapé, représentant le lac de Côme ; dossier de fauteuil, une vue des environs de Naples ; dossier de chaise, Ganymède et l'aigle de Jupiter ; soieries pour ameublement.

1242 *Gaussen & Cie.* Fabricants de châles, 1 rue de la Banque, Paris.—Châles longs cachemires, et nouveautés.

1243 *Gaussen, jeune, Fargeton & Cie.* Fabricants de châles, 2 place des Victoires, Paris.—Châles ; cachemires français.

1244 *Gauthier, J.* Vernisseur, 4 faubourg Montmartre, Paris.—Maroquins vernis de toutes couleurs.

1245 *Gautier-Bouchard*, Fabricant de couleurs, 14 rue du cloître St. Merri, Paris.—Neuf flacons d'ocres de diverses qualités.

1246 *Germain-Simier, M.* 20. rue Poissonière, Paris.—Imprimerie lithographique ; papiers de sûreté, garantissant de la contrefaçon les billets de banque, actions, obligations, mandats, &c.

1247 *Gindre, L.* Fabricant de soieries, 23 rue des Capu-cins, Lyon (Rhône). — Soieries unies ; satin en diverses teintes.

1248 *Girard, Neveu, & Cie.* Fabricants de soieries, 19 port St. Clair, Lyon (Rhône). —Velours de soie en diverses nuances.

1249 *Le Général Girod de l'Ain*, Chevry, près Gex (Ain). —Produits agricoles ; deux toisons mérinos (troupeau de Naz).

1250 *Girodon, A.* Fabricant de soieries, 30 quai de Retz, Lyon (Rhône).—Cravates de soies ; nouveautés en taffetas, satin, toile de soie satinée, &c.

1251 *Goddet, A.* Fabricant de canons de fusil, 130 rue St. Lazare, Paris.—Canons de pistolets, de carabine et de fusils de chasse à deux coups et à quatre coups.

1252 *Godefroy, L.* Fab. 45 quai National, Puteaux (Seine).—Tissus imprimés, châles longs et carrés, robes, étoffes diverses.

1253 *Gorsas et Périer*, Fab. Limoges, (Haute Vienne).—Service de table, et divers autres articles en porcelaine blanche et décorée.

1254 *Gradé, L.* Fab. 9 rue Castex, Paris.—Deux bureaux avec étagère ; grande étagère ; toilette ; table de salon en marqueterie ; table à ouvrage, &c.

1255 *Grandval, J. B.* Hôtel-Dieu, Reims (Marne). — Bocaux de produits pharmaceutiques, tinctoriaux et alimen-taires obtenus dans le vide au moyen d'un appareil breveté.

1256 *Grangoir, Jean-Marie*, Serrurier, 22 rue Ste. Apol-line, Paris. —Serrures pour coffre-fort, porte-feuilles de poche, portes d'appartemens ; et diverses inventions de l'ex-posant.

1257 *Grassot & Cie.* Fabricants de Linge Damassé, 19 Port St. Clair, Lyon, (Rhône).—Linge damassé ; serviettes, nappes, &c. pour thé, déjeuner, et autres services de table.

1258 *Griffon, Frères et Sœurs*, 99 rue St. Honoré, Paris. —Dépiquage, dégraissage à sec et teinture en fin d'étoffes de soie, velours, rubans, bonnets, galons, &c.

1259 *Grillet, aîné & Cie.* Fabricans de Châles, 11 Place

Croix-Paquet, Lyon (Rhône). (Agents à Londres, 3 Huggin Lane, Wood Street.)—Châles longs en cachemire, blancs et noirs.

1260 *Grison*, 15 rue Bourg-l'Abbé, Paris.— Un planisphère ; différentes espèces de mèches de lampes et de phares.

1261 *Guerlin Hoel*, Tannerie et Corroyerie, Grenelle, (Seine).—Veaux vernis lisses et graissés.

1262 *Guihéry, Deslandelles & Cie.* Fabricants de Conserves alimentaires, Nantes (Loire Inférieure).— Pâtés, sardines, petits pois, et diverses autres conserves alimentaires.

1263 *Guinon, N. P.* Teinturier sur Étoffes, Lyon, (Rhône).— Tableau, cercle chromatique ; échantillons de soies et laines teintes en diverses couleurs ; flacon d'acide picrique.

1264 *Guyon, E.* Fabricant de couvertures, 57 rue Galande, Paris.—Couvertures de laine et de coton.

1264a *Gonse & Magnier*, Bapaume (Pas-de-Calais). — Poudre clarifiante et conservatrice de la bière, stout, ale, et porter. &c.

1265 *Hayem, aîné*, Chemisier, 38 rue du Sentier, Paris.— Chemises de batiste, devants de chemises, cols (brevetés) en tous genres.

1266 *Hennecart, J. F.* 30 rue de l'Echiquier, Paris ; représenté à Londres par M. de Fontaine Moreau, 4 South Street, Finsbury.—Une bluterie ; échantillons de gazes bluteries de diverses qualités, plus une chemise de bluterie.

1267 *Henry, H. F.* Dessinateur de fabrique, 69 rue des Marais-St.-Martin, Paris.— Dessins de fabrique pour impressions et tissus.

1268 *Herz, H.* Facteur de Pianos, 48 rue de la Victoire, Paris.—Piano orgue ; piano à queue ; piano à demi-queue.

1269 *Hindenlang, aîné*, Filateur de laine, Cramoisy (Oise). Maison à Paris, 24 rue des Vinaigriers.—Fils de laine ; fils de duvet de cachemire, obtenus par filature mécanique ; tissus de laine ; tissus de cachemire.

1270 *Houdaille, F. N.* Bijoutier, 225 rue St. Martin, Paris.—Bijouterie d'argent, de cuivre doré, argenté ; acier, ivoire, &c. ; spécialité pour la garniture des livres.

1271 *Houette, A. & Cie.* Tannerie et Corroyerie, 46 rue du Fer-à-Moulin.—Veaux vernis à chaussure.

1272 *Humbert & Cie* Dieuze, Meurthe.—Gélatine.

1273 *Jame, Bianchi & Duseigneur*, Filature, 4 rue Désirée, Lyon, (Rhône).—Soies grèges et ouvrées, cocons.

1274 *Jaulin, J.* Instrument de Musique, 11 rue Albouy, Faubourg St. Martin, Paris.—Une panorgue accouplée à un piano, et un orgue nouveau système.

1275 *Jeannin*, 81 rue de l'Ecole de Médecine, Paris.—12 queues de billard.

1276 *Jeanselme, jeune*, Ebéniste, 2 Impasse St. Claude, au Marais, Paris.— Ecrans, galeries de croisée, fauteuils, canapés, chaises, &c.

1277 *Jeanti, Prevost, Perraud & Cie.* Raffinerie de sucre, rue d'Isly à la Villette, près Paris.—Trois pains de sucre raffiné.

1279 *Jouvin & Doyon*, Fabricants de gants, 8 Boulevard Bonne-Nouvelle, Paris.—Peaux brutes ; outils servant à la fabrication des gants ; peaux mégies ; peaux teintes ; diverses paires de gants de peau.

1280 *Jullien*, Tours (Indre-et-Loire). —Passementerie pour ameublement. Toilette riche.

1282 *Jumeau, P. F.* Fab. 18 rue Mauconseil, Paris.— Poupées et trousseaux de poupées. Exportation.

1283 *Krieger & Cie.* 79 Faubourg St. Antoine, Paris.— Plusieurs meubles en ébénisterie, pour salons, salles à manger, &c.

1284 *Lacarrière, A.* Bronzes, 9 rue St. Elisabeth, Paris. —Lustres, bras, candélabres, médaillons, &c.

1285 *Lachapelle et Levarlet*, Filateurs, Reims (Marne). Echantillons de fils de laine peignée et cardée.

1286 *Lachassagne, A.* Fabrique de Porcelaine, 55 rue Meslay, Paris, et à Limoges.—Vases et groupes en biscuit.

1287 *Lahoche, P. I.* Fabricant de Porcelaines, 162 Palais National, Paris.—Pièces de porcelaine décorée et montée en bronze doré ; cristaux gravés et dorés, même monture.

1288 *Lalande & Chevallier*, (ancienne maison Mallet) Mans (Sarthe).—Produits chimiques ; carbonate de magnésie, sulfate de magnésie ; sulfate de soude, citrate de magnésie, oxide de magnésium, hydroxide de magnésium, un échantillon dolomie.

1289 *Lambert & Fils*, Fabricant de draps de feutre, Toulouse (Haute-Garonne).—Paletôts en draps de feutre ; chapeaux en feutre lapin ; chapeau laine gris.

1290 *Landon & Cie.* Parfumeurs, 67 rue Montorgueil, Paris.—Vinaigre aromatique et anti-méphitique de Bully; essence amère dite mirbane.

1291 *Lange-Desmoulins*, 32 rue du Roi-de-Sicile, Paris.— Couleurs ; carmins, laques, jaune de chrôme, vermillon, cinabre, laque de garance.

1292 *Lapeyre, (Oncle) & Dolbeau*, Fabricants de soieries, 1 Place Romarin, Lyon (Rhône).—Soieries façonnées ; étoffes de damas et châles.

1293 *Larcher, Faure, & Cie.* St. Etienne (Loire).—Rubans de soie.

1294 *Larenaudière*, successeur de Guyot, 5 rue du Mouton, Paris.—Encres de diverses nuances.

1295 *Lefort (aîné)*, 12 Rue Mauconseil, Paris. — Fleurs et fruits artificiels.

1296 *Laurençot, E.* Fabricant de brosses, 8 rue Neuve Bourg-l'Abbé, Paris.—Brosses de tout genre, en ivoire, en os et en buffle.

1297 *Laurent F.* Sculpture, 98 rue Ménilmontant, Paris. —Ornements pour encadrement, mosaïque et marqueterie pour parquets.

1298 *Lavernhe et Mathieu, dit Verger*, Filatures des cocons de vers-à-soie ; ouvraison de la soie, Uzès (Gard).— Soie de cocons de vers-à-soie, filée d'après le système verger (breveté) ; la même soie ouvrée ou moulinée.

1299 *Lavoisy, A. D.* 180 rue Montmatre.—Trois Battes mécaniques..

1300 *Lebel, L.* Soissons (Aisne).—Une remorque à double torsion renversée.

1301 *Leblond, J. D.* 5 rue St. Louis, au Marais, Paris. —Mannequins d'homme et de femme garnis en caoutchouc, pour les artistes.

1302 *Leclerq, N.* 17 rue Chapon, Paris.—Gélatine en feuilles, blanche et de couleur.

1303 *Lecocq-Préville*, Gantier, 50, 52 et 53 passage du Saumon, Paris.—Gants de chevreau, pour hommes et pour femmes, de diverses teintes. (Exportation.)

1304 *Lecoq & Rieder*, Fabricants de poteries, Billom (Puy-de-Dôme).—Poteries et divers échantillons de produits céramiques.

1305 *Le Crosnier, M. L.* Toiles cirées, 7 rue du Bourg l'Abbé, Paris ; fabrique au Bourget (Seine).—Soies gommées et toiles cirées.

1306 *Lecun & Cie.* Fabricant de tapis, Nîmes (Gard). Tapis de pied de tous genres.

1307 *Ledrency, C.* Fabricant de glaces, 21 rue de la Michaudière.—Glaces de luxe, avec cadres dorés et sculptés.

1308 *Lefaucheux*, 37 rue Vivienne, Paris.—Différentes sortes de fusils.

1309 *Lefebvre-Ducatteau Frères*, Fabricants de tissus, Roubaix (Nord).—Tissus de laine variés pour gilets ; nouveautés.

1310 *Letestut*, Fab. 118 rue du Temple, Paris.—Pompes hydrauliques pour tous les usages.

1311 *Lefèvre*, 21 rue Beaubourg.—Tableau de papeterie de luxe.

1312 *Lefèvre, Elizée*, Gevrolles (Côte d'Or).—Laines et toisons.

1313 *Legrand, D.* Fabricant de tissus, Avesnes-les-Au...

bert (Nord).—Tissus batiste et linon; échantillons de fil à la main.

1314 *Lejeune, F.* Chapellier, 251 rue St. Honoré, Paris.—Chapeaux, soie et feutre, nouvelle invention; peluche de soie imperméabilisée.

1315 *Lemaire,* Fabricant d'ornements pour meubles, 2 place du Caire, Paris.—Chassis de lit; ornements de croisées, embrasses, &c.

1316 *Lemaître, C.* Fabricant de tissus, Pontfaverger (Marne).—Tissus mérinos, écrus et teints, qualité fine.

1317 *Louvet.*—Cuirs tannés.

1318 *Lerolle, Frères,* 3 chaussée des Minimes, Paris.—Pendules, candélabres, coupes, lampes en bronze, &c.

1320 *Leroy Soyer (Veuve),* Fabricante de verrerie, Masnières, près Cambrai (Nord).—Bouteilles de diverses formes.

1321 *Lessieux, Père & Fils,* Fabricants de tissus, Rethel (Ardennes).—Tissus mérinos écrus et teints.

1322 *Letillois, F. L. G.* 47 rue des Noyers, Paris.—Vernis et peinture de décors; peinture représentant le marbre, &c. &c.

1323 *Leven & Fils, aîné,* Tannerie, 23 rue de Loureine, Paris.—Trois veaux en croute de la boucherie de Paris.

1324 *Levert, Frères,* Fabricants de tissus, Rethel (Ardennes).—Tissus mérinos écrus et teints.

1325 *Lhuillier, E.* Fabricant de plumeaux, 86 rue St. Martin, Paris.—Plumeaux en divers genres, pour cheminées, chapeaux, pendules; écran en plumes de paon.

1326 *Liénard, M. J.* Sculpteur sur bois, rue Plumet, Paris.—Une pendule sculptée en bois de noyer, représentant une chasse au sanglier; un bas-relief, représentant des groupes d'animaux.

1327 *Lion, Frères & Cie.* Agents à Londres, Graetzer et Hermann, 3 Huggin Lane, Wood Street, Fabricants de châles, 9 place des Petits Pères, Paris.—Châles longs et carrés, brochés, en laine ou en cachemire.

1328 *Du Liscoet, Fils & Cie.* Produits alimentaires, 24 rue Barbet de Jouy, Paris.—Echantillons de biscuit-bœuf.

1329 *Loddé,* Fabricants de plumeaux, 50 rue Bourg-l'Abbé, Paris.—Plumeaux et écrans de toutes sortes; divers types de plumes.

1330 *Lolagnier,* 6 rue St. Hyppolite, Paris.—Peaux de chevreaux, d'agneaux et de moutons.

1331 *Lucas, Frères,* Filateurs-fabricants de tissus, Bazancourt (Marne).—Echantillons de laine filée; et tissus de mérinos écru.

1332 *Luce, P. N.* Miroitier, Versailles (Seine-et-Oise).—Cheminée garnie de glaces avec parquet de glaces au dessus.

1333 *Luer, A.* Fabricant d'instrumens de chirurgie, 19 place de l'Ecole de Médicine, Paris.—Instrumens de chirurgie, pour opérations de toute sorte, lithotritie, amputations, cataractes, &c., et contenus dans des trousses ou boites de divers genres.

1334 *Malivre, Fils,* Cultivateur, Rouen (Seine-Inférieure).—Céréales d'hiver, blé rouge, *spalding red wheat,* blés rouges et blancs de Russie.

1335 *Macé, J. M.* Fabricant de corsets, 5 rue neuve St. Augustin, Paris.—Corsets en coutil et en soie; ceintures en coutil.

1336 *Mathieu.*—Cartes marines.

1337 *Magnin, J. V.* Manufacturier, Clermont Ferrand (Puy-de-Dôme).—Pâtes françaises alimentaires et farines de légumes; onze flacons de blés rouges durs.

1338 *Maillard, F.* Fabricant de meubles, 21 et 23 rue Notre-Dame-de-Lorette, Paris.—Lits-divans mécaniques et lit dit Californien. (Brevetés d'invention et de perfectionnement.)

1339 *Maille & Segond,* 14 rue St. André des Arts, Paris. Maison à Londres, J. Dissard, 57 King Street, Golden Square.—Vinaigres, moutardes et fruits confits au vinaigre.

1340 *Mallat, J. B.* Bijoutier horloger, 5 rue neuve St. François.—Pendule mécanique; danseur de cercle; plumes inaltérables en or et platine, à pointes diamantées et à pointes de rubis; manches divers.

1341 *Maniguet, N.* Fabricant de draps cuirs laines, Vienne (Isère).—Draps cuirs laine et nouveautés.

1342 *Mansard,* Céramiques, 93 rue Richelieu, Paris.—Grès artistiques décorés.

1343 *Ministère de la Marine.*—Cartes des côtes de France par le corps des hydrographes de la Marine.

1343A *Ministère de la Marine.* — Cartes de France par le corps d'Etat Major.

1344 *Marx & Cie.* Vigan (Gard).—Deux pierres lithographiques dont l'une polie des deux cotés.

1345 *Massemin, C. L.* Tanneur, 28 rue de la Reynie, Paris.—Veaux en croûte, veaux corroyés, veaux cirés; paires de tiges, d'avant pieds et de clarences.

1346 *Masse, V. Tribouillet & Cie.* Produits chimiques, Neuilly-sur-Seine (Seine).—Acides gras; bougies et produits analogues. (Brevet en Angleterre.)

1347 *Massez,* 24 rue Aubry-le-Boucher, Paris.—Chaussures; souliers, bottines et pantoufles.

1348 *Masson, E.* 8 place St. Michel.—Conserves alimentaires comprimées.

1349 *Matheron & Bouvard,* Fabricants de soieries, Lyon (Rhône). Représentés par J. S. de Gaëtan & Cie. 3 Bow Lane, Cheapside, Londres — Soieries façonnées; échantillons divers d'étoffes pour meubles, robes et gilets.

1350 *Mathias, L. A.* Librairie, 15 quai Malaquais, Paris.—Ouvrages faisant partie de la Bibliothèque scientifique industrielle.

1351 *Mathieu, E.* Dessins pour manufactures, 132 rue Montmartre.—Dessins de châles cachemires brochés et imprimés.

1352 *Meier, F.* Cordonnier, 17 rue Tronchet, Paris.—Bottines, pantoufles, mules et souliers, de divers genres.

1353 *Mejean, A.* Filature de soies, Lyon (Rhône).—Soie zéphir et grenadine; m'ateaux organsin; soies grèges, blanches et jaunes.

1354 *Mercier,* Fabricant de passementerie, 21 rue d'Anjou, au Marais, Paris.—Bourses; sacs; porte-monnaies; ouvrages de fantaisie.

1355 *Meresse, M. A.* Noyon (Oise).—Quatre tableaux à l'huile dont trois copiés par un procédé mécanique sur le 4ème qui a servi de modèle.

1356 *M ro, C. D.* Parfumeur et distillateur, Grasse (Var).—Huiles essentielles diverses; eaux distillées aromatiques; extraits de pommade et d'huiles parfumées; extraits d'odeur; huile d'olive pure.

1357 *Meurer & Jandin,* Fabricants de soieries, 29 rue Nationale, Lyon (Rhône).—Pièces de foulards imprimés; robes en foulards imprimés; pièces de tissu de l'Inde.

1358 *Moison, F. T.* Pharmacien, Mouy (Oise).—Régulateur de roue hydraulique, avec sa vanne (modèle réduit); régulateur de roue hydraulique, à échappement sans secousse et à engrenage proportionnel, pouvant s'adapter aux plus grandes prises d'eau sans vannage spécial.

1358A *Miramout,* Pharmacien, Méru (Oise). — Médicaments pour les animaux, et principalement pour les bestiaux.

1359 *Molyn Lesoeuf, Mme.* Fabricante de rubans, 36 rue Neuve-des-Petits-Champs.—Cols, cravattes, rosettes, grands cordons, &c. (Brevetés.)

1360 *Montessuy & C'omier,* Fabricants de soieries, 25 Place de la Comédie, Lyon (Rhône).— Soieries unies: tarlatane soie, mousseline soie, crêpe, crêpe anglais, &c.

1361 *Moreau, A. U.* Paris.—Huiles d'éclairage et de pied de bœuf; savons, graisses pour chemins de fer, et tissus imperméables.

1362 *Mornieux, F.* Boutons et Galons, 31 rue Mondétour, Paris.—Galons et boutons de soie pour hommes.

1363 *Monargue & Bousquet,* Manufacture de soie, St. Hippolyte-du-Fort (Gard).—Une boîte contenant quatre écheveaux de soie grège et quatre matteaux d'organsin.

1364 *Moutier-Le Page*, Arquebusier, 11 rue Richelieu, Paris.—Fusils, carabines, pistolets, épées, poignards, couteaux de chasse, lames de sabres damas et boucliers.

1365 *Müller, T. A.* Facteur d'orgues, 42 rue de la Ville l'Evêque.—Deux orgues expressives de voyage, en acajou et en palissandre.

1366 *Muzard, L.* Mécanicien, 22 rue Buffault, Paris.—Une machine à conditionner la soie.

1367 *Manufacture nationale de Beauvais*, Beauvais (Oise).—Tapisseries pour meubles : fauteuils, chaises, canapés, écrans ; tapis.

1368 *Manufacture nationale des Gobelins*, Paris. Dépôt à Londres, 13 George Street, Hanover Square.—Tapisseries de haute lice et veloutées dites de la savonnerie ; tapis.

1369 *Manufacture nationale de Sèvres*, de porcelaine et de peinture sur verre.—Tableaux, ou copies, d'après des grands maîtres, faites par différents artistes attachés à la manufacture de Sèvres ; vases d'art, peints et décorés ; meubles d'art en porcelaine ; services à thé et à café ; pièces diverses. Emaux, coupes ou petits tableaux en émail, de divers auteurs. Dépôt à Londres, 13 George Street, Hanover Square.

1370 *Nachet*, 16 rue Serpente, Paris.—Instruments de micrographie.

1371 *Nillus*, Constructeur de machines, Graville (Seine-Inférieure).—Une machine à écraser la canne à sucre.

1372 *Noyé, F.* Produits alimentaires, 42 quai de Retz, Lyon.—Dix bocaux vermicelle, châtaignes et pommes de terre.

1373 *Nyset & Cie.* 132 faubourg du Temple, Paris.—Six douzaines veaux-vernis à chaussures.

1374 *Oudard, L. Fils & Boucherot*, 42 rue des Lombards, Paris. Maison à Londres, J. Dissard, 57 King Street, Golden Square.—Fruits conservés à la vapeur et sucreries diverses.

1375 *Oudin & Cie.* Conserves alimentaires, St. Herblain, près Nantes (Loire-Inférieure).—Lait solidifié.

1376 *Oudin, C. A. F.* Produits alimentaires, 29 quai de la Fosse, Nantes, Paris.—Beurre conservé avec ou sans sel.

1377 *Paillette, P.* Fabricant de brosses, 29 rue du Grenier-St. Lazare, Paris.—Brosses à tête et à habit, en bois, en buffle, et en ivoire ; brosses fantaisie.

1378 *Paret, M.* Fabricant de draps, Sédan (Ardennes). Représentés par J. S. de Gaëtan & Cie. 3 Bow Lane, Cheapside, Londres.—Draps, casimirs et satins.

1379 *Paris, C. E.* 111 rue de Bercy, Bercy (Seine).—Echantillons de tôle ou fer controxidé ; émaux bruts.

1380 *Patriau, C.* Fabrique à Rheims, Dépôt à Paris, 17 rue des Mauvaises Paroles ; référence à Londres, 5 Wood Street, Cheapside.—Tissus de laine et de coton, pour gilets, manteaux, robes, &c.

1381 *Paturle-Lupin, Seydoux, Sieber & Cie.* Fabrique au Cateau ; Dépôt, Paris.—Tissus pure laine et laine et soie ; barèges, mousselines, mérinos, draps d'été.

1382 *Pauwels, A.* 179 Faubourg Poissonnière, Paris.—Un modérateur à gaz pour distribuer le gaz sous les voies publiques ; un régulateur à gaz pour les consommateurs (appareils brevetés en France et en Angleterre) ; cornue à l'usage des usines à gaz.

1383 *Pellerin, C. A.* 18 cour des Petites Ecuries, Paris.—Mélophones de divers genres.

1384 *Ventujol & Chassang*, 21 rue des Gobelins, Paris.—Cuirs : tiges de bottes et de souliers ; veaux blancs et cirés.

1385 *Pérot, G. G.* 13 rue des Trois Portes, Paris.—Compositions et modèles d'ornemens pour les graveurs en bijou.

1386 *Picarel, V.* 11 Rue St. Jean, Paris.—Sculpture sur bois et dorure.

1386A *Parreyon.*—Boutons et système de boutons.

1387 *Peyron, S.* Quimperlé (Finistère).—Cercles de tamis en hêtre sciés et ployés à la vapeur.

1388 *Pichard, A. F.* Bijoutier, 26 rue des Blancs-Manteaux, Paris.—Parures et pièces de bijouterie ; imitation d'or et de joyaux.

1389 *Picquot, E.* Filateur de coton, Monville (Seine-Inférieure).—Paquets et bobines de coton filé écru, produit par des Mull-jenny.

1390 *Piedagnel, Mlle. Blanche*, 9 Quai Voltaire, Paris.—Une copie sur porcelaine de la Vierge de Sasso-Ferrato.

1391 *Pimont*, Constructeur de machines, Saint-Léger-de-Bourg-Denis (Seine-Inférieure) ; représenté à Londres par M. de Fontaine-Moreau, 4 South Street, Finsbury.—Appareils de combustion divers, destinés à économiser le combustible. (Breveté en France, en Angleterre, en Belgique, &c.)

1392 *Pinsonnet, A. L.* Sculpteur sur bois, 34 rue Ste. Marguerite, St. Germain, Paris.—Une chaise en bois sculpté style renaissance.

1393 *Piques*, Vélars-sur-Ouche (Côte d'Or).—Objets en carton.

1394 *Plasse*, —, 67 rue St. Honoré, Paris.—Jets-d'eau portatifs, se montant à ressort. (Brevetés).

1395 *Plon, Frères*, 36 rue de Vaugirard. — 27 albums de vignettes sur bois (chaque album est unique) ; — 126 volumes depuis le plus grand in-folio avec planche vignettes, jusqu'au plus petit format en caractères microscopiques. De 2 grands cadres renfermant quelques spécimens de caractères et fantaisies, et de 12 albums comprenant tous les types de leur fonderie. — De quelques grandes affiches imprimées d'un seul coup et sur une seule feuille de 9 pieds de large sur 5 pieds de haut.—Enfin de quelques rouleaux de ces papiers peints, imprimés à la mécanique, qu'on voit aujourd'hui chez tous les marchands de papier de tenture. Livres imprimés : albums, plans, almanachs et gravures.

1396 *De Poilly & Cie.* Verrerie de Folembray, près Coucy (Aisne).—Bouteilles, verres et pièces de verrerie diverses.

1397 *Poinsignon*, 23 rue Neuve St. Martin, Paris.—Peignes imitation d'écaille ; spécialité pour l'application de la corne à toute espèce d'objets, tels que coffrets, corbeilles, jumelles, cadres, abat-jours, &c.

1398 *Poirier, P.* Cordonnier, Châteaubriant (Loire-Inférieure).—Chaussures imperméables, et guêtres, spécialement destinées aux chasseurs.

1399 *Poisat, Oncle et Cie.* 19, rue d'Enghien, Paris. Fabrique à la Folie-Nanterre (Seine) ; acides stéariques, nitrique, oxalique, sulfurique, &c. ; sulfate d'alumine, alumine pure ; modèles d'appareils de distillation, à bain métalique. Brevetés en France et en Angleterre.

1400 *Pommier, P.* 22 bis rue Neuve Coquenard, Paris.—Produits chimiques ; vernis pour les voitures.

1401 *Potonié, L.* 5 rue Neuve St. François, au Marais, Paris.—Pendules en tous genres ; dépôt à Londres, 20 Red Lion Square.

1402 *Potton, Rambaut & Cie.* Fabricants de soieries, 18 rue Lafont, Lyon (Rhône). — Etoffes de soie façonnées ; cravattes en damas, ombrelles montées, étoffes diverses ; portrait tissé de la Famille Royale d'Angleterre.

1403 *Ponson*, Fabricant de soieries, 21 rue des Deux Angles, Lyon (Rhône).—Soieries unies ; en diverses teintes.

1404 *Popelin-Ducarre*, 137 Boulevart de l'Hôpital, Paris, représenté à Londres par M. de Fontaine Moreau, 4 South Street, Finsbury.—Charbons artificiels.

1405 *Poussielgue Rusand, P.* Bronzes et orfèvrerie, 34 rue Castelle, Paris.—Candélabres, reliquaires, lampes, ostensoirs, plateaux, aiguières, calices, &c.

1406 *Pradier, J.* Filature de soie, Annonay (Ardèche).—Soies grèges blanches.

1407 *Pradier, J.* Sculpteur, membre de l'Institut à Paris.—Statue en marbre, Phryné ; un conseil à l'amour par Vénus, groupe en bronze ; Pandore, petite statue en bronze. Ces deux bronzes sont uniques.

1408 *Pradine & Cie.* Filateurs de laine, Reims (Marne) Échantillons de laine peignée mécaniquement; blousses fils de laine peignée, de couleurs unies et mélangées.

1409 *Preinsler, T. F. V.* 20 rue St. Fiacre, Paris.—Dessins sur impressions sur foulards, robes, &c.

1410 *Pretot, L. H. E.* 3 rue Harlay (Au Marais), Paris. Fabrique d'ébénisterie, marqueterie et bronzes; différens meubles, tels que: armoire à glace, prie-Dieu, table, &c.

1411 *Prin, Fils ainé,* Tanneur corroyeur, Nantes (Loire-Inférieure).—Peaux de veau, cirées ou jaunes. (Exportation.)

1412 *Prudent, L.* Opticien, 29 rue du Ponceau, Paris.—Lorgnettes de spectacle, de toutes sortes, en écaille et en buffle, fabriquées d'après un nouveau procédé.

1413 *Pujade, J.* Médecin, Amélie-les-Bains, près Arles-sur-Tech (Pyrénées-Orientales).—Série d'appareils, constituant un nouveau mode de traitement des maladies chroniques, et principalement des affections de poitrine, pendant l'hiver; appliqué par l'exposant dans son établissement d'Amélie-les-Bains.

1414 *Puzin,* Fab. Beaumont (Seine-et-Oise), Dépôt à Paris, 135 rue St. Denis.—Galons et passementeries pour garnitures de voiture; galons de livrées; dessins d'armoiries.

1415 *Quéru, A. & Cie.* Dessinateurs, 14 Boulevart Poissonnière.—Dessins pour impressions sur étoffes en tous genres; tapis tissés, broderie.

1416 *Rabourdin,* 88 rue des Marais St. Martin, Paris.—Bretelles; jarretières; tissu soie et gomme pour corsets.

1417 *Raguenet-Rolland,* 9 rue des Capucins, Paris. — Peignes en acier fondu pour les tissus. (Brevet pris en France.)

1418 *Bance, B.* 25 rue Croix des Petits Champs, Paris.—Livres reliés; Hôtel de Ville de Paris; église St. Eustache; parallèle des maisons de Paris; Encyclopédie d'Architecture.

1419 *Ramus, J. M.* 33 rue de l'Ouest, Paris.—Groupe en marbre, représentant Céphale et Procris, au moment de la mort de cette dernière. (*Vide* Ovide.)

1420 *Rabiot,* —, 2 rue de l'Ecole de Médecine, Paris.—Modèles de lits, appareils pour les malades.

1420A *Roussy, Casimir,* Ganges, Hérault.—Cocons et soies grèges de divers titres.

1421 *Rastouin,* Mécanicien, Blois (Loir-et-Cher).—Essieu de voiture, système Rastouin, à écrou régulateur, à double réservoir (devant et derrière). (Breveté.)

1422 *Raucher, L. jeune,* Fabrique d'engrais animal, Saumur (Maine-et-Loire).—Six bocaux, contenant corne pulvérisée; noir d'os carbonisé et pulvérisé; os naturels pulvérisés; engrais noir animalisé; chairs pulvérisées; matières fécales désinfectées.

1423 *Récy, C. M. H.* St. Arnour (Jura).—Tétrugeon opaques; lumineux; porrographe.

1424 *Rédelix, H.* 29 rue Notre Dame de Nazareth, Paris.—Boutons à vis, se posant sans couture; nouveautés pour robes.

1425 *Redier, A.* Horloger breveté, 2 rue du Châtelet, Paris.—Pendules de divers systèmes; montres, réveils-matin; rorographe et métrographe, instrumens pour chemins de fer; chronomètre double, à l'usage de la marine.

1426 *Regard Frères,* Fileurs mouliniers en soie, Darbres (Ardèche).—Cocons, soies grèges et ouvrées, pour étoffes de soie et peluche.

1427 *Régny, L. & Cie.* Usines à Roquefort, la Nerthe, Arles; Dépôt à Marseille (Bouches-du-Rhône). — Chaux hydraulique et ciment, obtenus d'après les procédés de M. Henri de Villeneuve, ingénieur.

1428 *Ribert.*—Clyso-irrigateur.

1429 *Reichmann, A.* Fabricant de papier, 21 Rue St. Benoist, Paris.—Papier quadrillé en rouleaux, à l'échelle d'un millième, pour réduction de dessins; breveté.

1430 *Reidon, E.* St. Jean de Valériscles (Gard).—Soie grège et organsin pour satin.

1431 *Renard, L.* 54 rue des Gravilliers, Paris.—Vernis noir, copal, à éventails, à sculptures, et siccatif français.

1432 *R. piquet & Silvent,* Fabricants de soieries, Place de la Croix-Paquet, Lyons (Rhône). — Nouveautés pour gilets, galons, velours, et passementerie en soie.

1433 *Réquillart, Roussel, & Chocqueel,* Fabricants de tapis, Tourcoing (Nord), et 20 rue Vivienne, Paris.—Grosse moquette pour tapis; petite moquette pour meuble; portière et panneau en tapisserie, &c.; échantillons de laines mérinos peignées et tissées mécaniquement.

1434 *Reulos, A. J.* Tannerie et corroierie, 15 rue Geoffroy-St.-Hilaire, Paris.—Bandes, cheval corroyé.

1435 *Reynier, Cousins,* Fabricants de soieries, 19 rue Puits-Gaillot, Lyon (Rhône).—Fichus, châles et colliers en diverses étoffes de soie.

1436 *Richez, Madame,* Fabricante de corsets, 323 rue St. Honoré, Paris.—Corsets en soie et en coutil.

1437 *Ringuet-Leprince, A. G.* 9 rue Caumartin, Paris.—Un cabinet ou médailler en bois d'ébène et de poirier sculpté avec incrustation de pierres précieuses. Meuble en ébène et bronze doré. Table en marqueterie; fauteuil doré, couvert en tapisserie.

1438 *Risler, Fils,* Cernay (Haut-Rhin).—Une nouvelle machine pour filature de coton, dite épurateur, &c.

1439 *Rivart & Andrieux,* Meubles, 1 rue de Normandie Paris.—Meubles incrustés en porcelaine pâte tendre.

1440 *Robert, A. & Cie.* Affineurs de métaux, La Villette près Paris (Seine).—Plaque, petits lingots, morceau et lingots forgés en cuivre; lingots d'étain fin, boîte, rouleau étain pour glaces, &c.

1441 *Robert-Guérin,* Fab. de tissus, Pontfaverger (Marne).—Tissus mérinos écrus et teints.

1442 *Robert-Faure, C.* Fab. de dentelles, 27 rue de Cléry Paris.—Dentelles de laine en toutes couleurs; dentelles de soie guipures; rubans de laine, blanche et noire.

1443 *Robert-Mathieu,* Fab. de tissus, Pontfaverger (Marne).—Tissus mérinos écrus et teints, genre fin et fort.

1444 *Robert, Werly & Cie.* Fab. de corsets, Bar-le-Duc (Meuse).—Corsets sans couture; nouveau système.

1445 *Robichon, Frères & Cie.* Fab. de verres à vitre, Givors (Rhône).—Verres à vitre de diverses couleurs.

1446 *Roeck, L.* Mécanicien, 10 rue du Griffon, Lyon (Rhône).—Sérimètre, instrument ayant pour but de reconnaître les diverses qualités de soies grèges et ouvrées.

1447 *Robin, L.* Fab. de bronze, 32 rue Grénetat, Paris.—Objets divers en bronze, coupes, bouquets, &c. Timbres en bronze de divers modèles.

1448 *Roger, Fils,* Fab. de meules, La Ferté-sous-Jouarre (Seine-et-Marne).—Carreaux de diverses qualités; meules de toutes dimensions; boitards; produits de carrières appartenant à l'exposant.

1449 *Roger Frères & Cie.* Filateurs de laine, Trie-château (Oise). Représentés par J. S. de Gaëtan et Cie. 3 Bow Lane, Cheapside, Londres.—Assortiment de laines filées.

1450 *Roissard, J. M.* Coutellier, 58 grande rue, Brest (Finistère).—Pièces de coutellerie diverses; instrumens de chirurgie, destinés en grande partie aux chirurgiens de la marine militaire.

1451 *Ronchard-Siauve,* Armurier, St. Etienne (Loire).—Un canon double, de quinze nuances.

1452 *Rosselet, C. P. H.* 3 Rue de la Madeleine, Paris.—Flacons liquides chrysopalingénisiques pour la revivification des dorures, étoffes soie et or, passementerie, &c.

1453 *Rosset & Normand,* Fabricants de Cachemires, 32 Rue Feydeau.—Cachemires français, longs et carrés; dentelles noires de Chantilly et dentelles point d'Alençon.

1455 *Rouget de Lisle, T. A.* 8 rue de Tracy, Paris.—Appareil pour composer les dessins de fabrique, avec une lampe à tringle et réflecteurs paraboliques; deux appareils pour augmenter et réduire les dessins, un nouveau principe mécanique.

1456 *Rougé, Fils & Cie.* Chantenay, près Nantes (Seine-Inférieure).—Cuirs battus et corroyés, deux forts et deux baudriers.

1457 *Rousseau, Frères*, Fab. de sucre, 9 rue de l'Ecole de Médecine, Paris.—Pains de sucre, fabriqués sans raffinage. (Brévetés en Angleterre).

1458 *Roussel-Dazin*, Fab. de tissus, Roubaix (Nord).—Etoffes en satin de laine pour robes.

1459 *Rousselet-Baronnet*, Fab. de tissus, Bétheniville (Marne).—Tissus mérinos écrus et teints.

1460 *Rouvenat, L.* Joaillier bijoutier, 62 rue Hauteville, Paris.—Parures, bracelets, couronnes, épées, et divers autres objets de joaillerie, bijouterie, or et diamants.

1461 *Royer, J. C. A.* 55 quai de la Tournelle, Paris.—Feuilles en gélatine de toutes couleurs.

1462 *Royer, P. E.* Fab. 6 rue du Caire, Paris.—Feuillages artificiels.

1463 *Ruaud, J. B.* Fab. de porcelaine, Limoges (Haute-Vienne).—Pièces de grosse porcelaine, porcelaines fines, statuettes, vases, vierges, &c.

1464 *Ruas & Cie.* Filateurs de soie, St. André de Valborgne (Gard.)—Soie grège, blanche et jaune.

1465 *Rudolphi*, Orfevre, 3 rue Tronchet, Paris.—Objets divers d'orfevrerie et bijouterie artistiques et émaillées; ouvrages de fantaisie, &c.

1466 *Ruolz*, 53 rue de Verneuil, Paris.—Peintures et enduits hydrofuges: 14 bocaux, contenant des matières, en poudre et en pâte broyée; un bocal de liquides gras. (Brevet en Angleterre).

1467 *Sabatier, H.* 65 Palais National, Paris.—Portrait au daguerréotype.

1468 *Saget, Veuve*, 17 rue St. Elisabeth, Paris. — Un phare sidéral avec sa poulie d'agrafe; lanterne à quatre réflecteurs; diverses lanternes de locomotive de signal, de grue hydraulique, &c.; manchon à réflecteur; lampe sidérale. (Breveté en Angleterre).

1469 *Sallandrouze de Lamornaix*, Ancienne Manufacture Royale de Tapis d'Aubusson (Creuse). Dépôts 23 boulevart Poissonnière, Paris, et 13 George st. Hanover sq. Londres.—Manufacture de tapis veloutés, tapis ras et tapisseries; filatures de laines peignées, à Felletin; filatures de laines cardées et tissage de tapis à Morissart.

1470 *Sambuc, P.* Filateur de soie, Vaison (Vaucluse).—Soie grège, blanche et jaune.

1471 *Surran & Dufour*, Sauve (Gard). — Fourches et attelles pour colliers de chevaux.

1472 *Sauvage, R. & Cie.* Soieries, 5 rue St. Polycarpe, Lyons.—Etoffes de nuances diverses; moire; taffetas, &c.

1473 *Sautret, Fils*, Fabricant de tissus, Bétheniville (Marne).—Tissus mérinos écrus et teints.

1474 *Sautreuil, Fils*, Fabricant de menuiserie mécanique, Fécamp (Seine-Inférieure).—Machine à raboter le bois et à faire des moulures; construite en fer, fonte, cuivre, et acier; mue par la vapeur.

1475 *Schwerber*, Ragolsheim, Haut-Rhin.—Marteau vertical pour forger toutes sortes de pièces avec une énergie variable et augmentée par l'action des ressorts.

1475A *Schneider et Cie.*—Dessins de machines.

1476 *Savard*, Bijoutier en doublé d'or, 22 rue St. Gilles, Paris.—Cadres, chaînes, broches, bracelets, &c., en doublé d'or; tabatière; hausse-col; parure complète, &c.

1477 *Savaresse, P.* 42 rue des Marais, Paris.—Appareil à fabriquer les eaux gazeuses et appareils pour les contenir et les débiter.

1478 *Sochet.*—Appareil pour la distillation de l'eau marine à bord des navires.

1479 *Scamps, P.* Fabricant de tissus, Roubaix (Nord).—Tissus croisés et façonnés en pur coton.

1480 *Schloss (veuve) & Frère*, Fabricants de portefeuilles, 15 rue Chapon, Paris. — Porte-feuilles; porte-monnaies; porte-cigares, et briquets. (Brevetés en Angleterre.) Paniers, sacs en peau et trousses.

1481 *Schlumberger, jeune, & Cie.* Fabricant d'impressions sur tissus, Thann (Haut-Rhin).—Impressions sur coton et sur laine et coton.

1482 *Schollus*, Facteur de pianos, 1 rue Bleue, Paris.—Deux pianos droits.

1483 *Sérionne, Loin & Cie.* Fabricants de boutons de porcelaine, 32 boulevart du Combat, Belleville, près Paris.—Boutons de porcelaine, blancs et de couleur. (Brevetés en Angleterre.)

1484 *Serlay, C. G.* Gueurs (Seine-Inférieure).—Papiers.

1485 *Serret, Hamoir, Duquesne & Cie.* Sucrerie indigène Valenciennes (Nord). — Collection des produits de la betterave, renfermant un ensemble d'environ trente échantillons renfermés dans des bocaux, sauf quelques pains de sucre sous globe.

1486 *Feyeux*, Conserves alimentaires, 10 rue Taranne Paris.—Echantillons de conserves alimentaires en dix-huit flacons et six paquets.

1487 *Sigaut*, Conserves alimentaires, 23 et 25 rue de la Vieille-Monnaie, Paris.—Biscuits de Rheims, patisserie sèche et pains d'épice.

1489 *Simon & Henry*, 179 rue St. Honoré, Paris.—Archets de violon et de basse, hausse écaille et ébène, garnis or et argent.

1490 *Soubeyrand, L.* St. Jean-du-Gard.—Cocons et soie grège et ouvrée.

1491 *Souchon, J. M.* Chimiste, 111 rue Montmartre, Paris.—Bleu de Prusse (Souchon).

1492 *Soulès, Madame H.* Fabricante de Corsets, 21 rue de la Michodière, Paris. --- Deux corsets, l'un en moire blanche, l'autre en satin blanc, avec petites bouches.

1493 *Sourd, A.* Filateur de laine, Tenay-l'Ain, Maison à Lyon (Rhône). Représentés par J. S. de Gaëtan & Cie. 3 Bow Lane, Cheapside, Londres.—Laine peignée, filée et Thibet.

1494 *Stoltz, Fils*, Mécanicien, 10 rue de Boulogne, Paris.—Petits modèles de machine à vapeur, de machines à clous, à pression et à percussion; modèle d'appareil hydraulique; pompes d'arrosage et autres.

1495 *St. Ubery*, Préparation des bois d'ébénisterie, Tarbes (Hautes-Pyrénées).—84 échantillons de bois indigènes, préparés pour l'ébénisterie.

1496 *Tabourdeau, P.* Coutellier, Moulins (Allier).—Couteaux à plusieurs pièces; couvert à decouper, monté avec des pieds de chevreuil garnis de vermeil, jardinière complète, &c.

1497 *Tachy, A. & Cie.* Fabricants d'Aiguilles, 24 rue Dauphine, Paris.—Aiguilles à la Française pour les aveugles.

1498 *Terrasson de Montleau, J. A.* St. Estèphe (Charente).—Laines en toison.

1499 *Théret, J.* Fabricant de Mosaïques, 38 rue des Saints-Pères, Paris.—Articles d'ameublement, cheminées, pendules, tableaux, &c., en incrustations et mosaïques; pierres dures en relief.

1500 *Thevenet, Raffin & Roux*, Fabricants de soieries, 30 rue Romarin, Lyon (Rhône).—Châles en soie; crêpe de chine; pékin moiré; reps façonnés, &c.

1501 *Thibaud Dallet, E.* Clermont Ferrand (Puy-de-Dôme.—Vitraux de différents styles.

1502 *Thibault Boileuve, H.* Cinq-Mars-la-Pile (Indre-et-Loire.—Meules à moulin; panneaux et boitard.

1503 *Thibert (fils)*, 31 Rue Michel le Comte, Paris.—Jumelles.

1503A *Tarride, Fils, & Cie.* Toulouse, Haute-Garonne.—Echantillons des marbres fournis pour le tombeau de l'Empereur Napoléon.

1504 *Tripet*, Paris.—Tulipes.

1504A *Turgan, Mme.* 28 Rue d'Enfer, Paris.—Peinture sur porcelaine.

1505 *Thier,* Ingénieur-mécanicien, 39 passage Choiseul.—Instrumens de chirurgie et d'hygiène : têterelles, biberon. (Brevetés en Angleterre.)

1506 *Thierry-Mieg,* Fabricants d'impressions sur étoffes, Mulhouse (Haut-Rhin), 29 rue des Jeûneurs, Paris.—Divers cachemires imprimés.

1508 *Touaillon, C.* 12 rue Coquillière, Paris.—Meules de moulin ; machine à rhabiller les meubles.

1509 *Tourneur,* 39 rue Richelieu, Paris. — Torréfication de café, Bourbon, Moka et Martinique.

1510 *Triebert, F.* Instrumens de musique, 132 rue Montmartre, Paris.—Baryton ; cors Anglais ; flûtes ; hautbois ; mécaniques à gouger, becs de clarinette à table mobile ; nouvelles inventions pour divers instrumens.

1511 *Troccon, A.* Fabricant de soieries, 14 Rue des Capucins, Lyon (Rhône)—Châles et cravattes, en diverses étoffes de soie.

1512 *Trouchon, N.* Avenue St. Cloud, Passy, près Paris.—Meubles en fer, pour appartements et ornementation de jardins.

1513 *Trouvé, A.* Sculpteur, 5 Passage Violet, Paris.—Cadres décorés d'ornemens en pâte, objets de piété et moules d'ornemens en soufre.

1514 *Valansot,* Fabr. de soieries, Lyon (Rhône), et 4 rue Puits Gaillot, Paris.—Soieries unies : gros de Naples, frise, peluche, et taffetas.

1515 *Valant,* P. T. Papetier, 23 rue de Seine, Paris.—Papeterie de luxe ; papier à lettre décoré et illustré ; enveloppes de lettres à la mécanique, perfectionnées.

1516 *Van Balthoven, P.* 28 faubourg St. Antoine, Paris.—Armoires à glace ; lits ; commodes en palisandre avec marbres.

1517 *Vantillard & Cie.* Fabricants, Mérouvel, près l'Aigle (Orne.)—Epingles en fer, blanchies par procédés brevetés en France et en Angleterre.

1519 *Verdet & Cie.* Avignon (Vaucluse).—Quatre mateaux soie ouvrée en organsin.

1520 *Vézon Frères,* Ligugé, Poitiers (Vienne).—Gluten granulé de différentes grosseurs.

1521 *Viard, L.* 54 rue St. Martin, Paris.—Divers échantillons de couleurs et de vernis.

1522 *Villeroi,* Ingénieur civil, Instrumens de musique, rue Pavée St. André, Paris.—Nouvel instrument de musique, sous le nom d'harmonine.

1523 *Vilpelle, T.* Montereau-sur-Yonne (Seine-et-Marne.)—Poignard en acier sculpté d'un seul morceau.

1524 *Vignat, Frères,* St. Etienne (Loire).—Rubans de soie.

1525 *Vincent, H.* rue Neuve St. François, au Marais, Paris. — Objets en moulage plastique : Calvaire, Jésus, médaillons, groupes, écusson, &c.

1526 *Vincent, J.* Filature de soies, Valleraugue (Gard).—Soies grèges, jaunes et blanches.

1527 *Vincent, J.* quai des Tanneurs, Nantes (Loire-Inférieure).—Tiges et avant pieds de bottes.

1528 *Violette, J. H. M.* St. Omer (Pas de Calais).—Plâtre et biscuits de mer, cuits par l'immersion de la pierre ou de la pâte dans la vapeur d'eau surchauffée ; charbon obtenu par l'immersion du bois dans la vapeur d'eau surchauffée ; mercure distillé par le même procédé pour ses amalgames d'or et d'argent.

1529 *Vivier & Cie.* Fabricants de soieries, 1 rue Croix-Paquet, Lyon (Rhône).—Etoffes de moire, de velours, etc., nouveautés de toute sorte pour gilets.

1530 *Vittoz, —,* 10 rue des Filles du Calvaire, Paris.—Bronzes d'art, garnitures de cheminées, pendules, candélabres, vases, buires, coupes, et lustres.

1531 *Voizot, E.* 32 rue Bourg l'Abbé, passage de l'Ancre Paris.—Acier poli et pierres fausses à bijoux.

1532 *Volhert, —,* Ebéniste, 99 rue du faubourg St. Antoine, Paris.—Placages incrustés, sur panneaux en marqueterie.

1533 *Voruz, S. S. ainé,* Nantes (Loire-Inférieure). — Coussinets pour chemins de fer.

1535 *Zadig, J. B.* Fabricant de nouveautés, 28 rue du Sentier.—Gazes, barèges, châles et écharpes, étofes de soie, nouveautés.

1536 *Zuber, J. & Cie.* Rixheim (Haut-Rhin).—Papiers blancs, peints, et outremer artificiel.

1537 *Société d'Agriculture du Rhône,* Lyon (Rhône).—Soies filées et cocons.

1538 *Allson, H.* Fabricant d'albumine, Annonay (Ardèche).—Produit naturel ; albumine d'œufs.

1539 *Société des Ardoisières de Chattemone,* Javron (Mayenne). — Ardoises pour couvertures, dallages, tables de billard.

1540 *Andelle, G. & Cie.* Fabricants de bouteilles, Epinac (Saône-et-Loire)—Echantillons divers de bouteilles.

1541 *Anthelme, —* Andelin (Aisne).—Bloc de potasse.

1542 *Arnoux, C.* Carrossier, 23 rue du Mont-Parnasse, Paris.—Voitures ou trains modèles, au 5e d'exécution.—(Brevetés en Angleterre.)

1543 *Avisseau, C.* Tours (Indre-et-Loire). — Poteries émaillées ; une grande coupe, genre rustique, etc.

1544 *Aubry, Frères,* Fabricants de dentelles, 33 rue des Jeûneurs, Paris.—Robe, châle, mouchoir, pélerine, barbe en dentelle, pièce de dentelle, barbe application.

1545 *Audiat, F.* Fabricant de dentelles, 22 rue du Mail, Paris.—Tulles brodés, imitation de dentelles et applications.

1546 *Béringer, B.* Arquebusier, 6 rue du Coq St. Honoré, Paris.—Fusils de différens prix.

1547 *Bernard, Léopold,* Arquebusier, 12 rue Villejust, Passy (Seine).—Canons de fusil et canons de pistolets, en damas.

1548 *Bernoville, Larsonnier, & Chenest,* Fabricants de tissus laine, 23 rue des Jeûneurs, Paris.—Laine peignée ; laine filée ; tissus écrus, teints, imprimés et façonnés, manufacturés dans quatre établissements distincts appartenant aux exposants.

1549 *Bertaud, jeune,* Opticien, 32 rue de Bretagne, Paris.—Cristaux pour expériences ; prismes de spath, de quartz et de crown ; objectifs achromatiques, &c.

1550 *Billiet & Huot,* 43 rue du Sentier, Paris.—Laines peignées filées.

1551 *Blanquart, E.* Lille (Nord).—Cadre contenant des épreuves héliographiques.

1552 *Blaquière, J. M.* Fabricant de cartes, 6 rue Neuve St. Augustin, Paris.—Cartes parisiennes ; nouveau genre de cartes.

1553 *Bourgogne, A.* Fabricant de lampes, 3 rue du Hâvre, Paris.—Lampes-modérateurs à sonnerie avertissante.

1554 *Boyer,* Porcelaines, 22 rue de la Paix, Paris.—Vases, coupes, tableaux et corbeilles de genres divers.

1555 *Breton,* Fabricant d'instrumens de musique, 28 rue Jean Jacques Rousseau, Paris.—Flûtes, système Boëhm et ordinaires, en cristal et en bois ; clarinette en bois, système Boëhm.

1556 *Tahan, A.* Ebénisterie d'art, 30 rue la Paix, Paris.—Meubles ; bibliothèques ; étagères ; coffres ; boîtes à thé, à cigares, à whist, &c. ; caves ; porte-montres ; jardinières ; horloges ; pupitres ; prie-Dieu, &c.

1557 *Cail & Cie.* Constructeur de machines, 46 quai de Billy, Paris.—Une locomotive à marchandises ; un appareil à cuire dans le vide, pour sucre, avec sa machine à vapeur ; une presse monétaire ; et plusieurs autres machines ou appareils.

1558 *Chailloux, Lepage, & Pochon,* Agiculteurs, Puiseaux (Loiret).—Baril de miel, et boîte de safran.

1559 *Chennevière, T.* Fabricant de draps, Elbeuf et

Louviers (Seine-Inférieure).—Nouveautés pour pantalons, robes, manteaux et doublures. Draperies lisses, croisées, pilotes, castors, et draps imperméables.

1560 *Chérif ben Mimoun*, Tisserant des Beni Abès, Constantine.—Un burnous abessi blanc.

1561 *Chrétin, M. T.* Fabricant de mosaïques, Amiens (Somme).—Une mosaïque, tête de Christ.

1562 *Christofle & Cie.* Orfèvres, 56 rue de Bondy, Paris.—Grande fontaine à thé; surtout de table, et autres pièces d'orfèvrerie dorée et argentée.

1563 *Clicquot,* Courbevoie (Seine).—Un tableau renfermant des outils de gravure.

1564 *Colin, J. R.* Marbrier, Epinal (Vosges).—Marbres, granits et serpentine polis.

1565 *Chambre de Commerce de Lyon,* (Brosset, aîné, Président).—Damas; gros-de-tours; brocatelles; droguets; et diverses autres étoffes de soie.

1566 *Couder, A.* Dessinateur, 67 rue Rochechouart, Paris.—Décors pour papiers peints; portières pour tapisserie; châles longs pour impressions, et autres dessins industriels.

1567 *Connerat, M.* 37 rue Bourbon Ville-Neuve, Paris.—Parapluies et ombrelles.

1568 *Conservatoire des-Arts-et-Métiers* (Administrateur, Colonel Morin), rue St. Martin, Paris.—Mesures métriques; mesures ployantes, de capacité, et de longueur en diverses matières.

1569 *Coulbois,* Fab. de cuirs, Avallon (Yonne).—Cuirs vernis; veaux à grains pour chaussures, et garnitures.

1570 *Courtin, R.* Fabricant de vinaigres, 124 route d'Oliver, Orléans (Loiret).—Un baril de vinaigre, et divers échantillons.

1571 *Courtois, E.* Corroyeur, 13 rue du Faubourg Montmartre, Paris.—Veaux vernis pour chaussures, et cuirs en tous genres pour selliers, carrossiers, et harnacheurs.

1572 *Cousin,* 38 Grande rue Verte, Paris.—Cadres, contenant des épreuves héliographiques sur papier.

1573 *Cremer, J.* Fabricant de marqueterie, 39 rue de l'Entrepôt, Paris.—Grand meuble à 3 portes; table-bureau; toilette; et tableaux en mosaïque et marqueterie.

1574 *Croisat, J.* Perruquier, 76 rue de Richelieu, et 2 rue de la Paix, Paris.—Perruques sans toupets, et mécanique à implanter les cheveux dans des tissus de soie ou autres espèces de tissus.

1575 *Dafrique, F.* 8 rue Jean Jacques Rousseau, Paris (breveté).—Pièces de bijouterie en or, telles que bracelets; léontines; chaînes, avec émail et pierres fines, et broches camées. (Exportation.)

1576 *Darblay, jeune,* Fabricant de farines, 16 rue des Vieilles Etuves St. Honoré, Paris; 37 Fenchurch Street, Londres.—Sacs, et un baril de farine de froment.

1577 *Darbo, F.* Instrumens d'allaitement et pompes injectives, 86 passage Choiseul, Paris.—Biberons à spirales; pompes jumelles; têterelles; bidets pour injections, &c.

1578 *Darnet,* rue Richelieu, Paris.—Lingerie pour hommes; chemises.

1579 *Daubet & Dumaret,* Fabricants de meubles, Lyon (Rhône).—Meubles divers.

1580 *Deydier, C. P.* Filateur de cocons, Ucel, près Aubenas (Ardèche).—Flottes de soie grège et matteaux organsins.

1581 *Baume, C. de la,* Prop. Paris, Représenté à Londres par M. de Fontaine-Moreau, 4 South Street, Finsbury.—Une machine pour timbrer et additionner, nommée timbre additionneur, (garantie par l'enregistrement provisoire), breveté en France et en Belgique; à Paris, M. Féry, 20 rue de Courcelles.

1582 *Delacour, L. F.* Fabricant d'armes blanches, 20 rue aux Fers, Paris.—Epées et sabres de divers pays; objets en bronze et fonte de fer; candélabres; chenets; galeries, &c.

1583 *Delamorinière, Gonin & Michelet,* Fabricants d'impressions sur étoffes, 12 quai de Bethune (Ile St. Louis), Paris.

Représentés par J. S. de Gaëtan & Cie. 3 Bow Lane. Cheapside, Londres.—Robes barège satiné; mousseline de laine; crêpe de Paris, &c.; châles longs; tissus laine et coton, fantaisie.

1584 *Delcambre, A.* Fabricant de dentelles, 6 rue de Choiseul, Paris.—Pièce dentelle noire de soie; écharpe et dentelle noire de soie; dentelle d'or fin et soie naturelle, &c.

1585 *Delongueil, H.* Carossier, 8 rue Nationale St. Honoré, Paris.—Calèche fermée à vasistas, montée sur ressorts à pincettes, garnie en gris, peinte en bleu, et plaquée blanc.

1586 *Depoully, C.* Fabricant de soieries et impressions sur étoffes, 7 rue du faubourg Poissonnière, Paris.—Robes variées de dessin et de tissus; échantillons divers de foulards.

1587 *Desbordes,* Fabricant d'instrumens de précision, 22 rue des Fossés du Temple, Paris.—Instrumens de sciences: Indicateurs du niveau de l'eau à glaces planes, manomètres, baromètre, &c.

1588 *Desjardins-Lieux,* Fabricants d'objets estampés, 4 Passage Ste. Avoye, Paris.—Médaillons, bénitiers, petites statuettes, lampes, et autres objets en tout genre estampés.

1589 *Detouche & Houdin,* Horlogers de précision, 158 et 160 rue St. Martin, Paris.—Horlogerie de précision: grands et petits régulateurs, chronomètres, montres, &c., et appareil uranographique, inventé par M. Guenal.

1590 *Digeon,* Fabricant de produits chimiques, 34 route d'Ivry, près Paris (Seine).—Carbonnate, nitrate, et sulfate de strontiane; sulfate de cuivre et d'ammoniaque, &c.

1592 *Duché, aîné, & Cie.* Fabricants de châles, 1 rue des Petits Pères, Paris.—Châles brochés, longs et carrés, de toutes sortes.

1593 *Dumortier & Cie.* Fabricants de bougies, 15 rue d'Algerie, Lyon (Rhône).—Caisse de bougies de France.

1594 *Dupes & Cie.* 21 rue Fontaine au Roi, Paris.—Bâtons conducteurs pour rideaux et appartements. (Brevetés en France.)

1595 *Durand, F.* Orfèvre, 41 rue du Bac, Paris.—Service à thé composé de 17 pièces; un milieu de table, accompagné de quatre coupes en cristal.

1596 *Durand, J.* Fabricant de pâtes alimentaires, Grenade (Haute-Garonne).—Vermicelles, glutens, et diverses autres sortes de pâtes alimentaires.

1597 *Eloffe,* Naturaliste, 10 rue de l'Ecole de Médicine, Paris, et Boubée, professeur de géologie.—Collections diverses disposées pour l'étude de la géologie, de la paléontologie, et de la minéralogie pures, et appliquées à l'agriculture et à l'industrie; tableau synoptique et technologique servant de catalogue.

1599 *Faussemagne, J. M.* Fabricant de colle, 6 rue du Bœuf, Lyon (Rhône).—Colle de poisson.

1600 *Feltrappe Frères,* 144 rue du faubourg St. Denis, Paris.—Cadre renfermant des échantillons de gravures sur cylindres pour l'impression des étoffes et le gaufrage du papier.

1601 *Fetu, J.* Fabrique de bronzes, 10 rue de Gravilliers, Paris.—Lustres; bras; flambeaux; bougeoirs; candélabres; pendule; encrier; statuettes.

1602 *Foulques, H.* Fabricant de porcelaines, St. Gaudens.—Porcelaines blanches et dorées.

1603 *Foulquié, Mdlle. & Cie.* Fabricantes de filet à la main, 20 rue Hauteville, Paris.—Colliers, pointes, châles, fichus, et autres articles de filet à la main; grande nouveauté.

1604 *Fourquemin & Godet,* 35 rue Neuve des Bons Enfans.—Dessins pour châles.

1605 *Fourneaux,* Facteur d'Orgues, 64 & 70 Galerie Vivienne, Paris.—Un orgue.

1606 *Fraigneau, A.* Horloger, 114 & 115 Palais National, Paris.—Montres diverses, pièces détachées, avertisseurs; pendules avec avertisseur.

1608 *Frey, Fils,* Ingénieur mécanicien, 2 Impasse St. Laurent, Belleville (Seine).—Machine à clous, nouveau système.

1608 *Frinault,* Fondeur en cuivre, Orléans (Loiret).—Robinets hermétiques, nouvelle invention destinée à l'économie domestique.

1609 *Froment, G.* Fabricant d'instrumens de précision, 5 rue Ménilmontant. Représenté à Londres par M. de Fontaine, Moreau, 4 South Street, Finsbury.—Instrumens de sciences ; théodolite, et divers modèles d'électro-moteur.

1610 *Gaspard, P. A.* Graveur, 1 rue Madame, Paris.—Cadres contenant des estampes, sujets religieux.

1611 *Gastinne-Renette,* Arquebusier, 39 Allée d'Antin, Paris.—Fusils ; carabines ; canons bruts ; pistolets de tir dans leur boîte ; et petits pistolets de luxe. Modèle de machine à charger les pistolets et servant de compteur.

1612 *Cauvain, J.* Arquebusier, 93 Boulevart du Mont Parnasse.—Fusils doubles avec gravure, et autres.

1613 *De Géminy,* Fabricant de produits chimiques, 136 rue de Paradis, Marseille (Bouches-du-Rhône).—Huile de coton épurée et blanchie, échantillons.

1614 *Giudicelli & Delabarre,* Fabricants d'instrumens de précision, 154 rue Montmartre, Paris.—Règles universelles en divers genres, nouvelle invention brevetée, pour mesures de précision.

1615 *Gocht, F.* Ebéniste, 10 rue des Marais St. Martin, Paris.—Bureau de dame, en bois de Courbary ; intérieurs en bois de rose et érable gris.

1616 *Grangoir, E.* Fabricant de corsets, 28 rue de Bourgogne, Paris.—Corset de luxe, en satin.

1617 *Grignon Meusnier,* rue d'Orléans, Paris.—Pendules ; candélabres ; statuettes en bronze, &c.

1618 *Grolleau & Deville,* Fabricants d'impressions sur étoffes, 33 rue du Sentier, Paris.—Robes, en foulard, barège, gaze de soie, &c. ; dessins provenant de la maison des exposants ; impressions exécutées par MM. Guillaume père & fils, St. Denis (Seine).

1619 *Gueyton,* Orfèvrerie d'art et bijouterie, 11 rue Chapon, Paris.—Statuettes, coupes, coffrets, bouquets, tableaux, sabres, épées, couteaux, bracelets, tabatières, bonbonnières, cachets, porte-cigares, porte-monnaie, bagues, broches, cannes, cravaches, plaques en galvano-plastie, &c.

1620 *Guinet, J. B.* Fabricant de bleu d'outremer, Lyon (Rhône).—Flacons de bleu d'outremer artificiel, applicable aux arts industriels et aux beaux-arts.

1621 *Hébert & Fils,* Fabricants de châles, 13 rue du Mail, Paris.—Châles en cachemire pur longs et carrés, fonds divers.

1622 *Henry, F.* Fabricant de bronzes, 8 rue de Limoges, Paris.—Coffre en bronze, poignard liqueur en bronze ; deux souvenirs, acier fixé nacre et bronze ; nécessaires de dames en acier ; glace en bronze, &c.

1623 *Hennequin,* 17 rue Chapon, Paris.—Ecrins à renfermer des bijoux.

1624 *Herré Frères,* 127 route de Charenton, Bercy.—Gélatine et colle-forte.

1625 *Hooper, G. Carroz, & Tabourier,* Fabricants de broderies et impressions, 6 rue des Fossés Montmartre, Paris, manufactures à Rohain (Aisne), et Lyon (Rhône).—Pointes et mitaines en filet ; châles robes diverses et nouveautés, brodées et imprimées.

1626 *Houssard, E. F.* Fabricant de pâtes alimentaires, Wesson (Seine-et-Oise), maison 59 rue St. Honoré, Paris.—Pâtes alimentaires françaises.

1627 *Houbigant-Chardin,* Fabricants de gants, 19 rue du Faubourg St. Honoré, Paris.—Gants de peau assortis de couleur et qualité.

1628 *Houllier-Banchard,* Arquebusier, 36 rue de Cléry, Paris.—Une boîte de pistolets.

1629 *Jacob-Petit,* Fabricant de porcelaines, 32 rue de Bondy, Paris.—Porcelaine fantaisie décorée ; biscuits de porcelaine ; dessins pour modèles.

1630 *Jouhanneaud & Dubois,* Fabricant de porcelaine, 5 rue de l'Entrepôt, Paris.—Vases, carafes, pendules, flacons, tête-a-têtes, &c.

1631 *Jourdain, X.* Altkirch (Haut-Rhin.)—Tissus, jaconats, organsins, mousselines, &c.

1632 *Karcher & Westermann,* Fabricants de fer estampé, Metz (Moselle.)—Objets en fer estampé, étamés ou vernis.

1633 *Kleinjasper, J. F.* Facteur de pianos, 296 rue St. Honoré, Paris.—Un piano droit.

1634 *Koechlin Frères,* Mulhouse (Haut-Rhin). —Indiennes, percales imprimées, barèges laines, et demi-laines imprimées, &c.

1636 *Lacroix Frères,* Fabricants de papier, Angoulême (Charente).—Papiers peints et décorés, diverses sortes.

1637 *Laignel, J. B.* Constructeur de machines, 13 rue de la Harpe, Paris.—Un modèle de freins pour chemins de fer.

1638 *Lambert, S.* 34 rue Vert, Paris.—Sphères de cristal argenté ; deux vases de cristal argenté, et plusieurs autres objets du même genre.

1639 *Landron Frères,* Tanneurs, Meung-sur-Loire (Loiret).—Cuirs de différents animaux à la jurée, du pays et de Buénos-Ayres.

1640 *Laugier,* Omgle (Basses-Alpes).—Miel et cire.

1641 *Lanne, E.* Coutellier, 130 rue du Temple.—Ciseaux, rasoirs, couteaux, et autres pièces de coutellerie.

1642 *Lapeyre, Kob, & Co.* 112 rue de Charenton.—Papier peints, &c.

1643 *Latellin & Payen,* place St. Nicolas-des-Champs, Paris.—Bracelets, broches, cachets, breloques et diverses autres pièces de bijouterie.

1644 *Lecocq, H.* Fabricant de cuivre estampé, rue des Frans-Bourgeois (Au Marais).—Tableau d'ornements en cuivre estampé. Calorifères et appareils de chauffage divers.

1645 *Leduc, C.* Fabricant de cordages, Nantes (Loire-Inferieure).—Lignes fils et chanvre pour la pêche et cordages pour la marine. (Exportation.)

1646 *Lefébure, A.* Fabricant de dentelle, Bayeux (Calvados), maison à Paris, 42 rue de Cléry.—Dessus de lit en dentelle de fil ; écharpe et barbe en dentelle d'Alençon ; châle, pointe, écharpe, voilette, et volants en dentelle soie noire ; mantille blonde soie noire.

1647 *Lefèvre, B.* 109, rue Montmartre, Paris. —Différens vernis pour les arts, les batimens, les équipages, &c.

1648 *Lefèvre,* Fabricant de galvanoplastie, 40 rue Fontaine-au-Roi, Paris, Cité Holbacher.—Porte-monnaies, porte cigares et autres produits par la galvanoplastie ; brevetés en Angleterre.

1649 *Lemire Père et Fils,* Fabricant de soieries, 1 rue des Feuillants, Lyon (Rhône).—Etoffes de soie pour ameublemens et ornemens d'église ; velours, damas, brocard, &c.

1650 *Lalanne, L.* Ingénicur en chef des Ponts et Chaussées, 18 rue de Fleurus, Paris.—Une règle calcul, avec réglette glissante, construite par de nouveaux procédes. Un abaque ou compteur universel, tableau graphique, permettant d'obtenir à moins de 1-200 près, tous les résultats des calculs que l'on effectue ordinairement avec le *sliding rule*.

1650A *Langlade,* Paris.—Tissu-vernis imperméable, dit cuir-Langdale. Breveté.

1651 *Liégard, H.* Sellier, 23 Val St. Cathérine, Paris.—Dessins encadrés représentant des spécimens de selles, harnais, et articles d'équipement militaire.

1652 *Lortic, P. M.* Relieur, 199 rue St. Honoré, Paris.—Publications diverses, reliures de luxe.

1653 *Mabrun, P.* Fabricant de papiers peints, 21 place des Vosges, Paris. — Cartes géographiques de France et d'Angleterre ; tableaux chronologiques de France et d'Angleterre.

1654 *Magnin, J. M.* Inventeur, Villefranche (Rhône.—Machine à coudre, broder et faire des cordons, dite couso-brodeur, nouvelle invention, brevetée en Angleterre. Echantillons de coutures sur différentes étoffes.

1655 *Mallet & Bailly,* 23 Rue de Rambuteau, Paris.—Fleurs artificielles en gaze.

1656 *Mayer & Co.* Peintres sur porcelaine, 64 rue des Marais St. Martin.—Vase façon de chine en bronze doré, et autres objets en porcelaine peinte et décorée.   X

1657 *Menet, J.* Filateur moulinier de soie, Boulieu et Annonay (Ardèche).—Organsins jaunes et blancs de divers titres et apprêts ; trame jaune et blanche ; flottes de soies grèges jaunes et blanches filées.

1658 *Mercier, C. V.* 28 rue des Gravilliers, Paris.—Tabatières en écaille, buis, ivoire, rhinocéros, palmier, corne, olivier, bois de rose, &c.

1659 *Meurant Frères & Willemin,* Constructeurs de machines à Charleville (Ardennes), maison à Paris, 73 faubourg St.Martin (Directeur de l'usine, M. Willemin).—Pressoir avec seau en fer et bassin en zinc ; pressoir d'un modèle différent.

1660 *Michel Pascal,* Sculpteur, 27 quai d'Anjou, Ile St. Louis, Paris.—Groupe en marbre, de trois figures, portant pour épigraphes, "Sinite parvulos venire ad me." Un chartreux en prière, figure en plâtre.

1661 *Mittelette, V.* Mécanicien, Soissons (Seine-et-Oise). —Machine à battre le blé ; machine à cribler.

1662 *Mohammed Ben Achir,* Caïd de Mascara (Oran).— Un burnous en laine noire naturelle.

1663 *Mohamed ben Salah,* Tisserant chez les Beni Abès (Province de Constantine).—Un Burnous Abessi Mzouaïk blanc.

1664 *Monet,* Fabricant d'instrumens de précision, 32 rue Meslay, Paris.—Chronomètre, donnant plusieurs indications inusitées, telles que les jours de la semaine, le quantième annuel, &c.

1665 *Montal, C.* Instrumens de musique, 5 Boulevart Montmartre, Paris.—Quatre pianos droits, avec transposition et peddle d'expression.

1666 *Morel, Frères,* Fabricant d'objets en fer et fonte Charleville (Ardennes).—Fonte moulée ; poterie ; projectiles ; clous mécaniques ; ferronneries découpées, &c.

1667 *Mouchot,* Fabricant de menuiserie mécanique, Petit Montrouge (Seine).—Modèles d'une boulangerie mécanique et des machines qui y fonctionnent.

1668 *Mourceau,* 27 rue du Mail, Paris.—Tissus pour tentures et ameublemens, portières et tapis pour dessus de table.

1669 *Noël,* Bijoutier en faux, 16 rue du Ponceau. — Chaînes de gilets dorées et oxydées ; chaînes de col, léontines, breloques et cachets montés sur cornaline breloques de fantaisie.

1670 *Nourry Frères, & Meynard, Cousins,* Fabricants de foulards, Lyon (Rhône).—Foulards en soie, corahs, damassés blancs, et autres.

1671 *Odiot,* Orfèvre, 26 rue Basse du Rempart.—Services de tables, de divers styles ; services à thé, et autres pièces d'orfèvrerie d'argent.

1673 *Parisot, F.* 192 quai Jemmapes, Paris.—Six becs pour l'éclairage au gaz ; un appareil régulateur pour la pression du gaz.

1674 *Payen, A. R.* Bijoutier, 18 Boulevart St. Denis, Paris.—Bijouterie en or pour l'exportation.

1675 *Pepin-Veillard,* Fabricant de couvertures en laine, 14 Faubourg Madelaine, Orléans (Loiret).—Couvertures en laine pure.

1676 *Peyroux, H.* Fabricant de bleu de cobalt, Gouzon, Canton de Jarnages (Creuse).—Flacon en cristal rempli de bleu de smalt, ou cobalt pur ; deux vases porcelaine Sèvres, coloriés avec le bleu de smalt.

1678 *Piver, A.* Fabricant de savon, 103 rue St. Martin, Paris.—Savons divers, huile, graisse, et alcool parfumés.

1679 *Plagniol,* Fabricant de lunettes, 5 rue Pastourel.— Lunettes, jumelles ivoire et verni, têtes de Daguerres.

1680 *Poulet, J. F.* Fabricant de plombs filés, 12 rue Pierre Levée, Paris. — Plombs filés pour l'horticulture et les pépiniéristes.

1681 *Prelat,* Arquebusier, 41 rue de la Ferme, Paris.— Paire de pistolets garnis en or sculpté et ciselé ; pistolets à cinq coups partant à volonté ; fusil double gravé et sculpté à charger par la culasse, &c.

1682 *Prat, A. & Agard, F.* Aix (Bouches-du-Rhône).— Produits des eaux des salines.

1683 *Quennessen,* Affineur de platine, 4 Rue du Bouloi. —Creusets, capsules en platine, et divers autres appareils de chimie en platine, petite dimension.

1684 *Randon, L.* Fab. de blondes, Caën (Calvados), et 9 Passage des Petits Pères, Paris. — Blondes de soie blanche : écharpe, volants, coiffure et barbe ; grande barbe or et soie.

1685 *Rieussec, N.* Avenue du Bel Air, St. Mandé, près Paris.—Chronographes et montres.

1686 *Rigault Fils,* Fabricant de Vinaigres, Orléans (Loiret).—Echantillons divers de vinaigres.

1687 *Roller & Blanchet Fils,* Facteurs de Pianos, 26 rue Hauteville, Paris.—Quatre pianos de différentes sortes.

1688 *Roswag, A. & Fils,* Fabricants de Toiles Métalliques, Schlestadt (Bas-Rhin), Lyon (Rhône), et 321 rue St. Denis, Paris.—Cylindre à papier vergé continu ; toiles et gazes métalliques, &c.

1689 *Roucou, J.* Fabricant d'armes damasquinées, 21 rue de Paris, Belleville (Seine).—Poignards, trophées, couteaux de chasse, &c., avec reproduction de damasquines anciennes, incrustations et filigranes.

1690 *Roux, F. M.* Fabricant de Lacets, St. Chamond (Loire).—Lacets de soie et passementerie de divers genres.

1691 *Saye, P. G.* 9 rue du parc royal, Paris.—Pendules, statuettes, encriers, et coffres en bronze.

1693 *Seguin,* Sculpteur Marbrier, 22 rue d'Assas, Paris. —Echantillons de marbres divers, statuettes et statues en marbre, représentant l'Empereur Napoléon dans de différentes situations de sa vie. Presse papier en quarzite.

1694 *Si Amou ben Ouataf,* Tisserand, Zamoura, province de Constantine.—Un burnous zamouri.

1695 *Si Ali ben Lamouchi,* Constantine.—Un burnous zamouri.

1696 *Si Hamida,* Muphti d'Oran.—Un caban ordinaire en laine.

1697 *Simon, S.* Lyon (Rhône).—Veaux cirés.

1698 *Soucin-Corbet,* Chaumont (Haute-Marne). — Une douzaine de peaux de veaux fabriquées.

1699 *Soufleto,* Facteur de pianos, 171 rue Montmartre, Paris.—Piano à queue, et deux pianos droits.

1700 *Suchel, J. D.* 3 rue St. Catherine, Lyon (Rhône). —Corsets sans coutures.

1701 *Thollon,* Fabricant de parfumeries, Grenoble (Isère). —Flacons d'essences diverses, et liqueurs de parfumerie.

1702 *Thouret, F. A.* Orfèvre, 31 place de la Bourse, Paris. —Orfèvrerie argentée et galvanoplastique. (Brévetée en France et en Angleterre).

1703 *Thoupeau, C. M.* Opticien, 4 Rue Grange Batelière. —Réflecteurs diurnes.

1704 *Vatin, jeune & Cie.* 13 rue de Cléry, Paris. — Tissus gaze de soie fantaisie, et tissus laine et soie.

1705 *Verstaen, L. N.* 6 rue Beaujolais, Paris.—Coffres forts.

1706 *Videcoq & Simon,* Fabricants de dentelles, 35 rue des Jeûneurs, Paris.—Châles dentelle noire Chantilly ; voilette, barbe et garniture en dentelle noire point d'Alençon.

1707 *Villemsens,* Fabricant de bronzes, 71 rue du Temple, (ancienne rue St. Avoye), Paris.—Tabernacle, vases, candélabres en bronze, groupes, lampes, &c.

1709 *Barbedienne, & Cie.* 30 Boulevart Poissonnière. —Réductions de sculptures, par le procédé mécanique de A. Collas ; bronzes d'art ; porte du Baptistère de Florence, réduction d'après l'original ; collection des chefs-d'œuvres de la statuaire ancienne et moderne ; sculptures sur ivoire et sur bois ; bibliothèque en ébène ; bronze, collection d'œuvres de choix de Ghilberti et Michel-Ange, par le sculpteur Clésinger.

1710 *Lapeyrière.*—Forges de Bruniquel (Tarn-et-Garonne). Représenté par Mons. Détape, Paris.—Barres de fer forgées au charbon de bois, pour la fabrication de l'acier ; échantillons destinés à d'autres usages après avoir été tordus, percés, etc. Limes ordinaires, et limes pour maréchaux ferrants, en acier provenant de ces fers, et sorti des ateliers de M. M. Ibbetson, de Sheffield, Angleterre.

1711 *Martin, L. P. A.* 13 rue Fontaine-au-Roi, Paris. Agent à Londres, M. Frelon, 87 Piccadilly.—Un orgue expressif à percussion.

1712 *Duclos, J.* 47 rue Richelieu, Paris,—Armurerie, six fusils et 12 pistolets.

1713 *Paillard, A. V.* 8 rue St. Claude, au Marais.—Bronzes, pendules, candélabres, &c.

1714 *Genoux, F.* 236 rue du Faubourg St. Antoine, Paris.—Papiers peints.

1715 *Delicourt, E.* 157 rue de Charenton, Paris.—Sept panneaux de tenture de papiers peints, rouleaux papiers et un livre (album du contraste des couleurs).

1717 *De Bastard, A.* 95 rue St. Dominique, Paris.—Miniatures et ornemens encadrés.

1718 *Docayne, P.* 3 rue de Grammont, Paris.—Dentelles point d'Alençon.

1719 *Alexandre et Fils,* 39 rue Meslay, Paris.—Deux orgues mélodium, un orgue système nouveau.

1720 *Froment Meurice,* Orfèvre de la Ville de Paris.—Toilette de la duchesse de Parme ; milieu de table en argent repoussé, appartenant au duc de Luynes ; coffret du comte de Paris, &c.

1720A *Zipelius, G. & Fuchs,* Dess. Mülhouse.—Dessin de portière exécuté en moquette par Roussel, Réquillart et Choquel.

1721 *Festugière, E. J. et Cie.* aux Eyzies, canton de Tayac (Dordogne).—Fonte et fer.

1722 *Godéfroy, Dr.* de la Société des Gens de Lettres, 14 Cité Trévise, Paris.—Album de la Société des Gens de Lettres ; collection de dessins et d'autographes.

1724 *Lagrèze,* Armurerie, Paris (Seine).—Cinq fusils.

1725 *Sax, A. & Cie.* 50 rue St. George's, Paris.—Instrumens de musique en cuivre et en bois.

1726 *Morgant, E.* Guines (Pas-de-Calais).—Deux stores transparens imperméables.

1727 *Rastouin, V.* Carosserie, Blois (Loir et Cher).—Un essieu de voiture et ses moyeux.

1728 *Lenseigne, L.* 72 rue St. Jacques, Paris,—Machines, appareils, instrumens de mathématiques, outils, &c.

1729 *Chevalier, C.* Ingénieur Opticien, 158 Palais National, Paris.—Microscopes, chambre claire perfectionnée, photographes à verres combinés, lorgnette jumelle mégascopique, longue vue perfectionnée, épreuves photographées.

1730 *Bourdin,* Condrieux (Rhône).—Soies ouvrées teintes.

1734 *Morel, Frères,* Charleville (Ardennes).—Fonte ; poterie ; projectiles ; clous débités à la machine ; faïence émaillée ; quincaillerie ; carabines.

1735 *Granger, J. M. F. L.* Serrurier, 22 rue St. Appoline. —Serrures de différentes espèces, cadenas, &c.

1736 *Cox, E. & Cie.* Filateurs à la Louvière-lez-Lille. —Coton filés avec les cotons longue soie d'Algérie récoltés en 1850 ; série d'échantillons du No. 200 au No. 360 métrique en fil simple, et No. 400 en fil retors.

1737 *Goldenberg, G. & Cie.* Zienhoff près de Saverne (Bas-Rhin).—Quincaillerie, taillanderie, scies plates, limes, acierie, &c.

1738 *Zipelius G. & Fuchs,* Dess. Mulhouse (Bas-Rhin).— Dessin d'une portière, exécuté par Roussel, Réquillart et Choquel.

1739 *Gregoire, F.* Fab. Honbourdin, près Lille (Nord). —Trois bouteilles d'esprit de molasses et de vinaigre de grain

1740 *Mallet & Bailly,* Fab. Rue Rambuteau, Paris.— Arbre et fleurs funéraires, artificiels.

1741 *Menotti, —.* Fab. 5 rue de la Paix, Batignolles, et à Londres, chez M. de Fontaine Moreau, 4 South Street, Finsbury.—Hydrofugine pour rendre imperméable à l'eau et non à l'air, les étoffes de toutes sortes.

1742 *Bruneau (Félix)* Cambrai (Nord).—Appareil de sûreté applicable aux machines à vapeur et destiné à prévenir les accidents résultant du manque d'eau.

1743 *Bouquet (Michel)* Paris, et Londres, 12A Great Cumberland Place, Hyde Park.—Album composé de 36 planches représentant les sites les plus curieux et les plus pittoresques des Highlands (Ecosse). Dessiné d'après nature et lithographié par l'exposant.

1744 *Tailfer, A.* Laigle (Orne).—Nouveau genre d'épingles dites épingles anoxides.

1745 *Meauzé, Fils, et Pillet,* Fab. Tours (Indre-et-Loire). —Damas de soie, brocatelles et lampas pour rideaux et meubles.

1746 *A. Ladent, Fils,* Fab. Amiens (Somme).—Velours d'Utrecht pour meubles.

ALGERIE.

M. EDMOND BOUVY, Délégué du Ministre de la Guerre à l'Exposition de Londres.

1 *André, Directeur du service des tabacs,* Alger. — Tabac en feuilles, des colons de Sahel et Mitidja, et des indigènes de ces districts ; scaferlati, tabac haché ; cigares faits avec les tabacs des Krachenas.

2 *Arnaud,* Fab. Bone (Constantine).—Echantillons de savon blanc.

3 *Averseng & Cie.* Breveté pour l'Algérie et la France ; manufacture à Toulouse.—Crin végétal, fait des feuilles du palmier nain d'Algérie.

4 *Beauregard,* Philippeville (Constantine).—Minerai de fer du Mont Filfilah.

5 *Bedel,* Grantee, Arzen (Oran). — Sel cristallisé du Lac salé d'Arzew.

6 *Benes, Mlle.* Philippeville (Constantine). — Coton blanc, appelé coton de Naples, récolté en 1850.

7 *Ben Zekri* (l'épouse du Caïd), Constantine. — Un haïck de soie et laine.

8 *Bernardon, H. A.* Soldat détenu à la prison militaire de Bone (Constantine).—Manteau en fil d'aloès ; par l'exposant.

9 *Borde, J.* Fab. Philippeville (Constantine).—Huile d'olives, de la récolte de 1850.

10 *Boulanger, P. H.* Sellier.—Selle Crapeau, arçon en cuir ; selle Bauché, arçon en cuir ; selle pour petites courses, arçon en cuir ; selle d'enfant, tout en velours ; un mors, fait sur un nouveau principe.

11 *Briqueler & Cie.* Concessionnaires, Tenez.—Spécimens de pyrites de cuivre rouge, des mines d'Oued Allelah.

12 *Carnabillas, Veuve,* Usine à Scierie, Algers.—Cinq spécimens de plaqué, pour ébénisterie.

13 *Cailliez, A. L. J.* Ebéniste, Mustapha.—Table de toilette, et table à ouvrage incrustée, faites de bois indigènes.

14 *Canton, Négociant,* Président de la Chambre de Commerce, Algers. — Spécimens de laine brute de Bouçada et Médéah. Trois spécimens de laine du haut Chilif, peignée par machine.

15 *Casteiran,* Colon de la Colonie Agricole de *St. Louis* (Oran).—Soie jaune bouillie et foulards de soie blanche, récolte de 1850.

16 *Chapel,* Kouba.—Farine de racine de Canna, nouvel article alimentaire.

17 *Chuffart,* Agriculteur, Birmandreïs.—Blés durs et tendres de 1850 ; coton, appelé Louisane, de 1850 ; soie en cocons et soie filée.

18 *La Commission des Mines de Mouzaïc.*—Minerai de

cuivre gris cristallisé; échantillons de cuivre de première fusion.

19 *La Compagnie des Mines d'Ain Morka*, Constantine. —Acier fabriqué en France de minerais de fer d'Ain Morka ; assortiment de limes ; assortiment de faux fabriquées d'acier fondu et raffiné.

20 *Mines et Fonderies de Bone*, Constantine.—Fontes d'acier brut ; acier fondu.

21 *Converso*, Bone, Constantine. —Un buvard en marqueterie bois indigène.

22 *Curtet, jeune*, Fab. Bab-el-Oued.—Spécimens d'huile d'olive ; huiles de sésame, moutarde, coton, arachide, brassica, ricincolza, pavots, tournesol.

23 *Dupré de St. Maur*, Agriculteur, Orbal (Oran).— Blé tendre, feuilles de tabac, laine, coton jumel, racines de garance.

24 *Flechey, J. B.* Fab.—Papier et carton breveté fait des feuilles de palmier nain.

25 *Frédéric, J. B.* Agriculteur, Montpensier.—Spécimen d'opium, accompagné de capsules de pavots blancs, de 1850.

26 *Grima, F.* Agriculteur, Philippeville (Constantine). —Cotons blancs et nankins de 1850.

27 *Haloche*, Agriculteur, Drariah.—Coton de 1850.

28 *Hardy*, Directeur de la Pépinière de Hamma, près Algers.—Cotons blancs Jumel, Louisiane, New York, Georgie ; cotons macédoine et nankin, de 1849 et 1850 ; soies grèges ; cochenille, opium, riz sec, graines oléagineuses ; variétés de maïs ; cannes de bambou de huit et six mois de pousse.

29 *Jeantet*, Agriculteur, Constantine.—Blé dur et orge de 1850.

30 *Judas Moha*, Fab. Oran.—Deux robes en soie brodées d'or pour des dames juives.

31 *Julien*, Fabricant de Conserves, Bougie (Constantine).—Olives conservées.

32 *Laya & Cie.*—Echantillon de farine de blé indigène.

33 *Lepelletier*, Agriculteur, Fondonck.—Blé tendre de 1850.

34 *De Lutzow*, Colon, Bone (Constantine).—Spécimen de safran.

35 *Maffre, E. F.* Fab. Bougie (Constantine). — Huile d'olive fine.

36 *Marchal*, Agriculteur, Bondjaréah. — Blé tendre et avoine brune, 1850.

37 *Mercurin, H. J.* Agriculteur, Cheragas. — Huile d'olive de 1850 ; essences odoriférantes.

38 *Montigny, G. de*, Agriculteur, St. Joseph, Oran.— Blé tendre et orge de 1850 ; racine de garance ; safran.

39 *Morin*, Agriculteur, El Biar. — Tabac en feuilles, appelé Philippin ; tabac haché ; cigares ; coton Jumel de 1850 ; soie en cocons et soie filée.

40 *Oxeda & Aqui*, Fab. — Echantillons de cigares de diverses qualités.

41 *Pêcheries de la Calle*, Constantine. — Spécimens de corail ; écorce d'argile calcaire rougeâtre

42 *Pélissier, C.* Agriculteur, Kaddous.—Coton blanc.

43 *Piglia, J.* Agriculteur, Constantine. — Racine de garance.

44 *Reverchon, H.* Agriculteur, Birkadeny. — Tabac en feuilles et coton Jumel, de 1850.

45 *Service des Mines d'Alger*, (Province d'Alger). —Spécimens de différents minerais.

46 *Service des Mines*, Bone (Constantine). — Minerais ; spécimens géologiques et minéraux.

47 *Service des Bois et Forêts.*—Spécimens de bois indigènes et de liège.

48 *Si Ahmed-el-Hachemi*, de la tribu d'Amer Cheragas (Province de Constantine). — Un hambel, sorte de couverture ou tapis de laine.

49 *Si Amar-Smin* (son épouse), Constantine.—Echantillon de laine filée au fuseau.

50 *Si-El-Bey Ben-Bou-Ras*, Fab. Constantine. — Selle arabe avec couverture en maroquin brodé d'or et d'argent, et tous les accessoires formant l'équipement d'un cavalier arabe.

51 *Simounet, P.* Fab.—Essences parfumées de jasmin, géranium, &c.

52 *Soual*, Taillandier, Bone (Constantine).—Une hache en fer.

53 *Tribu des Beni Abbes*, Province de Constantine.— Un burnous abessi blanc.

54 *Tribu des Bou Taleb*, Province de Constantine.— Un haïck boutalbi.

55 *Tribu des Drides*, Province de Constantine.—Burnous de laine.

56 *Tribu des Haractas*, Province de Constantine.— Spécimen de laine brute ; deux grands tapis de laine ; une couverture de laine.

57 *Verrier, F.* Fabricant de Conserves alimentaires.— Sardines à l'huile.

58 *Le Délégué d'Algers.*—Cotons filés, soies, laines, tapis, couvertures, ceintures, manteaux, écharpes, &c. ; divers articles d'orfèvrerie ; articles divers ; cinq chapeaux de feutre de coton de l'Algérie, avec ou sans mélange de crin, fabriqués par M. Ernoux Diolo à Paris ; trois échantillons de feutre fait de coton algérien ; spécimen de papier fabriqué en France avec de l'écorce d'aloès et de bananier algérien.

59 *Baruch Toledano*, Brodeur, Oran.—Une jupe de soie brodée d'or pour une Juive.

60 *Le Chérif Ben Mimoun*, Filateur de la tribu des Beni Abbes, Constantine.—Un burnous abessi mzouak, blanc.

61 *Caïd Ben Zekie des Seignas* (son épouse), Constantine.—Un gandoura, de laine et soie.

62 *Mohamed Ben Achir* (Caïd de Mascara), Oran.—Un burnous de laine noire.

63 *Saad Ben Bartha*, Bone (Constantine).—Panier fait de feuilles de palmier et de laine.

64 *Si Hamou Bel Onataf*, Filateur, Zamenona (Constantine).—Burnous fait de poil de chameau.

65 *Si Ali Bel Lamouchi*, Négociant, Constantine.—Un burnous Zamouiri, à raies rouges, pour enfant.

66 *Si El Medani*, Filateur (tribu des Ouled Taben de Bou Taleb), Constantine.

67 *Beni Snous* (tribu des) Oran. — Une natte d'écorce de palmier et de laine.

68 *Cox, E. & Cie.* Filateurs à la Louvière-lez-Lille.— Coton filés avec les cotons longue soie d'Algérie récoltés en 1850 ; série d'échantillons du No. 200 au No. 300 métrique en fil simple, et No 400 en fil rétors.

GRECE.

Commission à Londres : M. P. RALLI, Président, et M. P. D. SCARAMANGA, Secrétaire, 25 Finsbury Circus ; Agent M. C. J. MAJOR, 21 Billiter Street.

1 ZAPHIRAKIS, Z. Prod. Gythium, Laconie.—Avelanède (employée par les tanneurs.)

2 SOPHIANOS, A. Prod. Ile de Zea.—Avelanède (employée par les tanneurs.)

3 MALANDRINUS, A. Prod. Athènes.—Garance tinctoriale.

4 PHILLIPPOS, G. Prod. Eubée.—Garance tinctoriale.

5 PETROPOULOS, C. Prod. Tripolitza.—Kermes (teinture rouge.)

6 LONDOS, A. Prod. Patras.—Raisins de Corinthe.

7 INGLESSIS, N. Prod. Ile de Santorin.—Raisins.

8 Perotis, G. Prod. Messène.—Figues.
9 Athanasiou, D. Prod. Lamia.—Tabac.
10 Lapas, D. Prod. Livadie.—Tabac.
11 Cacoulidis, J. Prod. Ligouriou, Argolis.—Tabac.
12 Pavlides, B.. Prod. Golfe de Nauplie.—Eponges.
13 Tsitzimbakos, A. Prod. Athènes.—Miel du Mont Hymettus.
14 Eveque (l') d'Eubée,—Carysto, Eubée—Miel.

Le Gouvernement Grec.

15,16 *Milo.*—Pierre de savon pour enlever les tâches de graisse; cimolite; minerai de fer, doux et de couleur rouge, employé comme couleur; meulières; soufre natif.
20 *Naxos.*—Emeri.
21 Boudouris, B. Prop. Limni en Eubée.—Carbonate de magnésie.

Le Gouvernement Grec.

22 *Santorin.*—Poozzolane.
23 *Thèbes.*—Ecume de mer.
24 *Messène.*—Pierre lithographique.
25 Malakatesi, J. Prop. Pinos.—Marbres blanc et noir.
26 *Sciros.*—Marbre blanc.
27,28 *Sparte.*—Deux spécimens de marbre.
29 *Areopolis.*—Marbre.
30 *Damaristica, Maïna méridionale.*—Marbre.
31 *Perori.*—Marbre amygdolaïde, &c.
32 *Pyrgavo.*—Marbre.
33 *Nyphi.*—Marbre blanc.
34,35 *St. Jean.*—Marbres, brèche, violet, &c.
36,37 *St. Elie.*—Marbres verts et d'autres teintes.
38 *Carysto.*—Marbre Cippolin.
39 *Scutari.*—Marbre rose antique, employé par les anciens pour la sculpture, &c.

Cleanthes, S. Paros, Imp.

40 Pièce de marbre blanc.
41 Marbres lichinites.
42 Marbre couleur chair.

Le Gouvernement Grec.

43 *Crokea.*—Marbre connu sous le nom de "porfido serpentino," &c.
44 Marbre vert connu sous le nom de "porfido verde."
45 Prieur (le) du Monastère à Pentelicon, Prop.—Marbre blanc.

Le Gouvernement Grec.

46 Porphyre vert.
47 *Tripolitza.*—Marbre noir.
48 Prieur (le) du Monastère à Hymette, Prop.—Marbre trouvé sur le Mont Hymette.
49 *Psitalie, Ile de.*—Marbre albâtre.
50 Ralli, L. Fab. Pirée d'Athènes.—Echantillons de soie jaune et blanche.
51 Pantazopoulos, A. Fab. Calamata, Messénie.—Echantillons de soie.
52 Pithoulis, N. Fab. Sparte.—Un mateau de soie.
53 Costantoulachi, Fab. Hydra.—Ceintures de soie, portées par les marins Grecs.
54 Sœurs (les) de Ste. Constantine, Fab. Couvent de Ste. Constantine.—Rideaux de soie, moustiquières; mouchoirs de soie.
55 Calotas, P. Fab. Syra.—Cuir.
56 Sauis & Rencos, Fab. Athènes.—Robe brodée en or, et autres articles d'habillement.
57 Congos, G. Fab. Patras.—Jus de réglisse.
58 John, A. Fab. Cumi.—Echarpes de dames.
59 Trandaphylos, le Rev. A. Dess. Athènes.—Croix sculptée en bois; ciselures.

60 Vitalis, L. Athènes.—Bas-relief en marbre de Pentelicon.
61 Vitalis, G. Athènes.—Bas-relief en marbre de Paros.

NOUVELLE GRENADE.

1 Un sac de cacao; variété d'émeraudes.
2 *Grut, B.*—Un sac de cacao, connu dans le commerce sous la dénomination de cacao de caracas consommé principalement en Espagne dans l'Amérique du sud.
3 *Balleras, G. B.* Imp. Bagotá.—Spécimen d'émeraude des mines de Muzo.
4 *Paris, E.* Prod. Bagotá.—Spécimen d'émeraude brute des mines de Muzo.
5 *Bonito, Sir T.*—Emeraudes brutes.

HOLLANDE.

Commissaire, M. G. Goossens, Union Hôtel, Salisbury Square.

1 *Bleekrode, le Professeur S. Delft & Enthoven, Lz.* Inv. La Haye,—Peintures blanches de l'oxide de zinc; chromate jaune de zinc; oxide et chlorure de zinc, breveté.
2 *Poortman & Visser,* Fab. Schiedam.—Blanc de plomb.
3 *Stratingh & Cie.* Fab. Groningen.—Blanc de plomb.
4 *Maas, H.* Fab. Doorn-Heg, près d'Amersfoort.—Ciment hydraulique.
5 *Drura (Van) & Versteeven,* Fab. Rotterdam.—Bleu de Prusse; bleu minéral; chrome jaune; chrome vert, &c.
6 *Diederichs, Frères,* Fab. Amsterdam.—Echantillons de couleurs à aquarelle.
7 *Vis, A.* Fab. Wormerveer.—Orge mondée; farine de gruau; amidons.
8 *Oomen, A. M.* Fab. Ginneken, près de Bréda.—Tourteaux de graines oléagineuses, de chanvre et de farine de lin; colle gélatine.
9 *De Haan, A.* Fab. Rotterdam.—Graine de navette; huile de navette.
10 *Deyl (Van der), Leendert & Fils,* Fab. Weesp.—Poudre de chocolat.
11 *Bocken, C.* Fab. Venlo près de Rotterdam.—Amidons. (Breveté.)
12 *Prins, C. C.* Fab. Wormerveer.—Amidons.
13 *Schoneveld & Westerbaan,* Fab. Gouda.—Farines de pommes de terre; sagou; sirop blanc, jaune et brun.
14 *Voorst (Van), Dirk & Fils,* Fab. Zaandam.—Farine de froment Hollandais.
15 *Visser, Nolet & Cie.* Fab. Schiedam.—Farine de pommes de terre.
16 *Heuveldop, H.* Fab. Leeuwarden.—Echantillons de chicorée, tuiles et briques; lainages.
17 *Visser, E. E.* Fab. Amersfort.—Cire jaune.
18 *Jorritsma, A.* Inv. Dokkum.—Onguent pour guérir les brebis et toute autre espèce de bétail de la gale ou de la teigne.
19 *Janssen, N. H. A.* Fab. S. Hertogenbosch.—Vivres conservés.
20 *Smits, P.* Fab. Utrecht.—Poly-chromate ou chrysamine acide.
21 *Roosegaarde, G. T.* Fab. Zutphen.—Cuir à semelles, fabriqué de peaux de Buenos Ayres; colle produite du reste de ces peaux.
22 *Buyleweg, N.* Fab. Delft.—Peaux de vache de l'intérieur du pays et de Buenos Ayres; peau de veau; peau de mouton préparée.

23 *Kok, A. P.* Fab. Apeldoorn.—Maroquin et basanes de diverses couleurs et qualités; peaux de veaux pour selliers et relieurs.

24 *Hoop (Van der), J. & Cie.* Fab. Rotterdam.—Rottins de Java, préparés et nettoyés.

25 *Crap, H. J. L.* Inv. Den Helder.—Nattes en algue marine séchée (albini marino), à l'usage des fleuristes et botanistes, fabriquées dans l'institution de bienfaisance établie par la corporation de Den Helder.

26 *Hoogen (Van der), T.* Fab. Dordrecht.—Manœuvres dormantes; brevetées.

27 *Beeftingh (Van), N. & Cie.* Katwyk, près de Leyde.—Cordage pour le gréement des vaisseaux.

28 *Lafebre, A.* Fab. Gouda.—Corde pour rideaux; cordage de pêche fabriqué de chanvre hollandais, &c.

29 *Dirks, H. J.* Fab. Dordrecht.—Balais et brosses.

30 *Catz & Cie. P. S.* Fab. Amsterdam.—Crin pour archets de violon; id. très long pour tisser le drap; crin de qualité ordinaire pour bourrer les chaises et les matelas.

31 *Hase, J. H.* La Haye.—Camail; manchon et manchettes fabriqués des plumes du colymbus crystatus; manchon fabriqué des plumes du marabout.

32 *Warnar, Willinck,* Fab. Amsterdam.—Velours de laine de différentes couleurs pour meubles et voitures, connus sous le nom de velours d'Utrecht.

33 *Vreede, P. & Hendrick & Cie.* Fab. Filbury.—Drap croisé; basin croisé et lissé; drap léger pour exportation dans les Indes; flannelle croisée et lisse.

34 *Zaalberg, J. C. & Fils,* Fab. Leyde—Couvertures de laine.

35 *Zuurdeeg, J. & Fils* Fab. Leyde.—Couvertures de laine de qualité superfine.

36 *Wyk (Van), Frères & Cie.* Fab. Leyde.—Couvertures de laine à raies de couleur; fils de laine à tricoter; bas de laine tricotés.

37 *Hoogeboom, J. J. & Fils.* Fab. Leyde.—Couvertures de laine hollandaise.

38 *Scheltema, J. J.* Fab. Leyde.—Couvertures de laine.

39 *Theunissen, J.* Fab. Heppel.—Toile à matelas; toile à voile.

40 *Koopmans, K.* Fab. Beverwyk.—Drap teint en rouge avec garance hollandaise, sans mélange de garance française.

41 *Alphen (Van), G.* Fab. Breda.—Tapis de poil de vache.

42 *Heukensfeldt, T.* Fab. Delft.—Tapis.

43 *Kroonemburg, W. H.* (Directeur de la Société de la manufacture royale des tapis de Smyrne où Turquie). Deventer.—Tapis.

44 *Ven (Van der), P. C.* Fab. Boxtel.—Serviettes; nappes, et nappes d'autel de damas superfin.

45 *Voort (Van der), H.* Fab. Boxtel.—Nappes et serviettes de damas.

46 *Geffen (Van), J. H.* Fab. Boxtel.—Serviettes, nappes, et nappes d'autels de damas; serviettes et nappes de linge ouvré, toutes fabriquées de lin filé à la main.

47 *Galle, P. H.* Fab. Kampen.—Nappes et serviettes de toile damassée, superfine.

48 *Travaglino, J. A.* Fab. Harlem.—Soies à coudre et autres; drap d'or; damas d'argent; satin de chine; soie noire à la Jacquard; gros de Naples; dentelle de soie; rubans, &c.

49 *Enthoven (Van), A. J.* Prop. Empt, près de Zutphen.—Soie blanche Hollandaise crue; soie grège; soie à quatre trames; soie de deux fils du ver-à-soie.

50 *Swaab, S. L.* Inv. La Haye.—Lin et chanvre à moitié préparés, &c.

51 *Kaiser, G. C. F.* Fab. Amsterdam.—Gants de peau de chamois.

52 *Rooyackers & Fils,* Fab. Rotterdam.—Assortiment de bottes.

52A *Pilger, L.* Fab. Amsterdam.—Deux coffres.

53 *Lafebre, A.* Fab. Gouda.—Rênes et licoux de coton tordu.

54 *Catz (Van), J. B.* Fab. Gouda.—Fils de caret pour la pêche au saumon; rênes tricotées; filets de pêche et pour prendre les oiseaux.

55 *Post & Wendt,* Fab. Gouda.—Fouets, cravaches et cannes en baleine.

56 *Otto, F. H.* Brod. Amsterdam.—Broderie entièrement travaillée en cheveux sur gros-de-Naples blanc, représentant un incident de la jeunesse de Mliton.

57 *Coucke, C.* Fab. Rotterdam.—Coiffure de dame; perruque de cheveux gris.

58 *Rooyen (Van), H.* Dess. Utrecht.—Echantillons de soie teinte, &c.

59 *Honig B. C. & F.* Fab. Zaandyk.—Assortiment de papier.

60 *Honig, J. & Fils,* Fab. Zaandyk.—Assortiment de papier.

61 *Gelder (Van) & Fils.* Fab. Wormerveer.—Papier employé par les raffineurs de sucre.

62 *Giesbers, T. M.* Fab. Roermond.—Coffres de sûreté.

63 *Martin, E. C.* Fab. Zeyst, près d'Utrecht.—Poêle perfectionné.

64 *Martin, E. C.* Fab. Zeyst, près d'Utrecht.—Ornemens brevetés pour architecture, d'une espèce particulière d'argile, destinés aux belles constructions, à l'épreuve des intempéries; chapiteau de pilastre; balustrade de balcon; vases à fleurs, vernis à l'intérieur; pots à fleurs, &c.

65 *Graamans, H. C.* Fab. Rotterdam.—Poêle de cuisine, et deux foyers; brevetés.

66 *Hesselink, W. F.* Gorsel, près de Zutphen.—Laveir et berceau.

67 *Landkroon, J.* Fab. Noordwold, près de Dokkum.—Paniers de tiges de saule ou d'osier.

68 *Draaisma, D.* Fab. Deventer.—Pots de terre poreuse en usage dans l'appareil galvanique.

69 *Linden (Van der), A.* Fab. Rotterdam.—Cigares préparés de tabac Hollandais et des Indes Orientales.

70 *Brandon, N. D.* Amsterdam.—Bougies et cierges de stéarine; savon calcaire; acide stéarique; id. clarifié.

71 *Perselaert, N. & Fils,* Maestricht.—Savons.

72 *Sondermeyer, J. K.* Dess. Rotterdam.—Instrument à forer la terre, pour favoriser la végétation des fruitiers et autres arbres.

73 *Stam, F.* Inv. et Fab. Bennebrock, près de Haarlem.—Machine à distribuer l'engrais liquide.

74 *Jenken, W.* Fab. Utrecht.—Brandilloire; faux mécaniques pour couper les navets et les carottes.

75 *Van Vlissingen, Van Heel & Derosne, Cail & Cie.* Fab. Amsterdam.—Moulin à sucre de canne, avec rouleau horizontaux de nouvelle construction.

76 *Enthoven, C. L.* Inv. et Fab. La Haye.—Grue en fer, pour peser et enlever.

77 *Goossens, G.* (Artisan de la Fabrique Royale de capsules), Inv. Delft.—Machine à fabriquer les capsules.

78 *Petit & Fritsen,* Aarlerixtel, près de Helmond.—Cloches fondues pour un carillon.

79 *Enschede, J. & Fils,* Haarlem.—Plusieurs assortiments de types d'imprimerie; clichés.

80 *Nering, Bogel & Cie.* Fab. Deventer.—Cylindre en fer fondu, pour calandrer le velours de laine.

81 *Soeders, G.* Inv. et Fab. Moorsien, près d'Utrecht.—Essieu de sûreté à double action, pour voitures.

82 *Bosch, C. G.* Inv. et Fab. Amsterdam.—Cuivre qui peut se chauffer au rouge et ne s'oxyde pas sous l'influence de l'eau salée.

83 *Becker, C.* Arnheim.—Balance avec ses poids; machine à niveler.

84 *Kaiser, A.* Inv. et Fab. La Haye.—Régulateur

d'horloges ; horloge astronomique simplifiée, avec nouvelles dispositions.

85 *Uhlman, K. W.* Inv. Zwolle. —Cadran solaire équatorial de cuivre.

86 *Hohwu, A.* Fab. Amsterdam.—Horloge astronomique qui marche huit jours (balancier à mercure) ; chronomètre qui marche deux jours, &c.

87 *Logeman, W. M.* Fab. et Inv. Haarlem.—Aimants permanents avec une force d'attraction de 30 jusqu'à 500 livres Anglaises ; machine électro-magnétique.

88 *Eder, S. T.* Fab. Rotterdam.—Horloge.

89 *Cazaux, J.* Inv. et Prop. Valkenburg, près de Leyde.—Dynamomètre pour mesurer la résistance des charrues ; clé d'accordeur mécanique pour pianos.

90 *Conrad, F. U.* (Ingénieur-en-chef) Inv. La Haye.—Ponts à grues et à rouleaux sur le chemin de fer Hollandais ; invention pour fermer les écluses ou les bassins.

91 *Claasen, P. C.* Inv. Amsterdam.— Modèle de wagon à frein perfectionné pour arrêter les trains, (breveté en France, Belgique et les Pays Bas) ; modèle d'un chemin de fer, avec une troisième ligne de rails afin de prévenir le déraillement ; id. avec courbes à rayons retrécis.

92 *Maitland, R. T.* Inv. La Haye.—Modèle d'une locomotive automotrice de sûreté.

93 *Vollenhoven (Van), C. J.* Prop. Rotterdam.—Modèles de cutter, de chaloupe avec pièce d'artillerie, de guigue, de yole, et de pinasse.

94 *Wal (Van der), K. S.* Inv. Heeg près de Sneek.—Modèle d'un moulin à eau.

95 *Cuijpers, J. F.* Fab. La Haye.—Petit piano.

96 *Zeegers, F.* Fab. Amsterdam.—Paravent ; écran ; table ronde.

97 *Horrix, Frères, M. & W.* Fab. La Haye. —Echelle et escalier à l'usage des bibliothèques.

98 *Schutz, L. W.* Dess. et Fab. Zeijst, près d'Utrecht.—Statuettes de zinc ; objets de bois et de roseau tordu ornés de carton-pierre, &c.

99 *Regout, P.* Fab. Maestricht.—Candélabres et vase de cristal taillé ; assortiment de verres ; conduits en verre à gaz et à eau ; lustres en cristal ; vase ; verres ; tuyaux, &c.

100 *Lurasco, Frères,* Fab. Amsterdam. — Statues en bronze de M. A. de Ruyter, du prince Guillaume I. et de Rembrandt van Ryn, modelées par L. Royer.

101 *Kempen (Van), J. M.* Fab. Utrecht.—Objets en argent, représentant les principaux styles d'architecture.

102 *Grebe, J. G.* Rotterdam.—Exemple de bosselage, coupe d'argent formée d'une seule pièce.

102A *Heynsbergen, W. J. (Van)* Fab. La Haye.—Montre contenant des galons militaires pour épaulettes, dragonnes, nœuds d'épaule, écharpes, &c.

103 *Lucardie, J. M.* Fab. Rotterdam.—Bouilloire en argent, avec symboles allégoriques bosselés.

104 *Romain, D.* Fab. Rotterdam.—Corsage en pointe formé de diamants et de perles.

105 *Versnel, J. S.* Sculp. Rotterdam. —Fleurs et papillons sculptés en marbre de Carrara, de différentes couleurs.

106 *Dionisy, J. M.* Grav. Roermond.—Camées, représentant Sa Majesté la Reine d'Angleterre, &c. ; impressions de médailles et d'estampes.

107 *Lefebre, L. J.* Cadet. Dess. et Fab. La Haye.—Corne d'abondance, fabriquée de cheveux d'homme.

108 *Hess, T. A.* Fab. Amsterdam.—Œil mécanique démontrant que les images des objets passent directement sur la rétine et non dans un ordre renversé.

109 *Enschede, J. & Fils,* Imp. Haarlem.—Bibles in-quarto et in-folio.

110 *Noordendorp, P. H.* Imp. La Haye. — Spécimen d'imprimerie hollandaise : Journal de l'Ambassade extraordinaire de Son Excellence le Comte de Portland en France.

111 *Zweesaardt, A.* Imp. & Rel. Amsterdam—Deux livres in-quarto : Graduale Romanum ; Antiphonarium Romanum.

112 *Regeer, H. J.* Rel. Rotterdam.—Les œuvres de Hogarth, comme spécimens de reliure.

113 *Foon, Dr. H.* Inv. Amsterdam. — Spécimens d'écriture transparente.

114 *Sauerbier, J. C.* Rotterdam.—Bracelet de diamants, avec rose et améthyste mobiles.

ITALIE.

ROME.

Commissaire du Gouvernement Romain, Signor CARLO TREBBI. Agents à Londres, J. & R. M'CRACKEN, 7 Old Jewry, Londres.

1 *Biancoucini, le Comte Biagio.*—Echantillons de terre : quartz silicieux ; au moyen de procédés chimiques on en fait du verre à bouteille.

2 *Pasquali, D. R.*—Asphalte naturel et artificiel.

3 *Sneider Pelligrini.*—Quatre blocs d'alun naturel.

4 *Biancoucini, le Comte.*—Echantillons de produits d'étoupes de chanvre de Bologne ; bois divers.

5 *Morti, Signor.*—Echantillons de soie ; pommes de pin.

6 *Berretta, D.*—Echantillons de soie de la fabrique de l'exposant.

7 *La Filanda-Bracci al Fano.*—Echantillons de soie.

8 *Runuzzi, Count Angelo.*—Echantillons de voiles pour dames, jaspés et rayés.

9 *La Chambre de Commerce de Cento.*—Echantillons de chanvre de la province de Ferrare, et toile à voile et cordages qui en sont manufacturés.

10 *Minghetti, M.*—Echantillons de chanvre, et toile en provenant.

11 *Blanchini, L.* Inv.—Mors à ressort.

12 *Miliani, P.*—Papier fait avec du chanvre et du lin.

13 *Marchesi, Ossoli.*—Echantillons de briques et tuiles imitant les mosaïques de marbre.

14 *Livizzanna, A. E.*—Ouvrage en papier, découpé aux ciseaux par l'exposant.

15 *Barberi,* Artiste.—Table en mosaïque, représentant divers sites de l'Italie.

16 *Benzoni, G. M.*—Sculpture contenant trois groupes en marbre de grandeur naturelle : Cupidon et Pysché, Gratitude, Fidelité et Innocence.

17 *Boschetti, B.*—Deux tables en mosaïque, de trois pieds de diamètre chacune, style Byzantin, représentant le triomphe de l'amour, et l'âme bénie.

18 *Macdonald, L.*—Statue ionique en marbre, de six pieds de haut et trois pieds de diamètre.

19 *Moda, T. D.*—Coupe en albâtre d'Orient.

20 *Moglia, L.*—Mosaïques : temples de Pestum ; table ronde ; dalle représentant St. Georges.

21 *Moglia, D.*—Mosaïques : le Forum ; le Colyssée ; temple de Pestum.

22 *Rocchigiani, A.* Artiste.—Mosaïque : les temples de Pestum au lever du soleil.

23 *La Manufacture Royale de St. Pierre.*—Plusieurs mosaïques, sujets divers.

24 *Savalini, T.*—Camées en onyx ; Jupiter tonnant, d'après Saulini ; portrait du Rév. Dr. Townsend. Camées sur coquillages : la naissance de Vénus : les heures conduisant les chevaux au char du soleil ; le mont Roveto, d'après Raphaël ; les quatre saisons, d'après Thorwaldsen ; et cinq autres sujets.

25 Petits sujets en mosaïque.

26 *Raineri, Biscia, le Comte.*—Soufre, brut et raffiné.

27 *Pellegrini, S.* Rome.—Alun naturel des montagnes deCivita-Vecchia; pozzolane, ou ciment romain, de la mine de San Paolo.

28 *Gott, M.*—Cérès, statue.

29 *Rinaldi, R.*—Rinaldo et Armide, groupe en marbre.

31 *Trentanove, A.*—Table; candélabre en plâtre.

32A *Passamonti, S.* Rome (premier graveur à la monnaie).—Camée en onyx, représentant Jupiter battant les Titans; c'est le chef-d'œuvre de l'artiste, qui est élève de Canova.

32B Le groupe du Lacoon, exécuté à Rome; exposé par H. Cassin, Esq.

33 Mosaïque, vue du Panthéon, par Lingi Moja.

34, 35 Deux tables à rouleaux en mosaïque, par Dies.

36 Divers petits objets, en mosaïque, par Dies.

37 Trois parties du Forum Romain, en marbre jaune, représentant le temple de Jupiter Stator, la colonne Foca, et le temple de Jupiter Tonnant, avec plusieurs autres spécimens; par Dies.

38 Une table représentant au centre St. Pierre, la Campanile, &c.; par Dies.

39 Une mosaïque avec un groupe de pigeons, et fleurs; par Dies.

40 Cadre représentant deux figures, d'après Carlo Dolci (mosaïque).

41 Cadre: La chasse au Sanglier, par Luiggi Moja.

42 Cadre: Vue de la grande place de St. Pierre à Rome, par Luiggi Moja.

43 Cadre: Vue du Collisée, par Luiggi Moja.

44 Cadre: Vue du Panthéon, par Luiggi Moja.

45 Cadre: Vue du Temple de la Sybile, par Luiggi Moja.

46 Vase en argent, par Benvenuto Cellini, appartenant au Capitaine Leyland.

47 Cadre: Le pont de Lugano, par Luiggi Moja.

48 *Jones, W.* Rutland Gate.—Bagnarola, lapis lazuli d'Orient, taillée d'un grand bloc, 18 pouces sur 12, par le Sig. Sybilio, de Rome.

49 Divers camées sur coquillages, sculptés par G. Deas, de Rome.

50 *Dees, E.* Consul Britannique à Rome.— Quatre grand volumes en vélin blanc: les Edifices Romains, de Canina, 2 vols.; les Epoques Chrétiennes, de Canina; les Antiquités Maritimes de l'Etrurie.

51 *Norchi, E.* 13 King William Street, Strand.—Vase Anglais, copié de l'antique, en marbre vert de Prato, &c.

52 Trenta Nove.—Vase de marbre blanc, en forme de vase étrusque, exécuté en pierre d'Afrique.

53 Tazza en marbre blanc, copié du grand vase de Warwick; colonne en albâtre Oriental, représentant la colonne de Trajan; appartenant l'un et l'autre à C. Trebbi.

54 Un autel de deux vases, en albâtre Oriental, par Della Moda.

55 *Godwell, M.* Sculp.—Groupe en marbre blanc, représentant deux jeunes garçons ayant un nid d'oiseaux.

SARDAIGNE.

Commissaire Royal: M. le Chevalier LENCISA, 124 Mount Street, Grosvenor Square. Agents: MM. LIGHTLY & SIMON, Fenchurch Street.

1 *Grange, F.* Fab. Randens, près Aiguebelle (Savoie). —Echantillons de fer spathique, de St. Georges des Hurtières, et de fonte blanche cristalisée pour la fabrication de l'acier.

2 *Zolesi, S.* Chiavari.—Table d'ardoise polie et vernie; ardoise polie pour écrire; ardoises pour couvrir les toits.

3 *Pianello, D.* Chiavari.—Ardoise brute de 14 décimètres (5 pieds 6 pouces) carrés.

4 *Selopis, Frères,* Fab. Turin et Brozzo (Ivrée).—Echantillons d'acides sulfurique, nitrique et hydrochlorique; sulfate de fer, de cuivre, d'alumine, et de potasse; pyrites, soufre, &c.

5 *Girardi, Frères,* Prop. Turin.—Echantillons d'huiles de navette, de castor, de lin et de noix.

6 *Rossi & Schiapparelli,* Fab. Turin.—Bougies stéarines; savons d'acide oléique; acide stéarique; sulfate et carbonate de magnésie, &c.

7 *Albani, Frères,* Fab. Turin.—Allumettes chimiques; gélatine et savon de soude; acides sulfurique et nitrique; nitrate de barytes. Cornue.

8 *M. Girod & Cie.* Fab. Aiguebelle.—Acide gallique tiré du châtaignier.

9 *Garrissini, P.* Toirano, Gènes.—Echantillons de vin d'orange.

10 *M. Saluce,* Fab.—Menthe, cristallisée; absynthe, complètement incolore; noyeau, cristallisé; mastic.

11 *Calloud, F.* Fab. Annecy.—Divers produits chimiques.

12 *Bonjean, J.* Fab. Chambery.—Produits chimiques et appareil servant à leur préparation.

13 *Dufour, L.* Fab. Gènes.—Echantillons de sulfate et de citrate de quinine.

14 *Profumo, J.* Fab. Gènes.—Echantillons de céruse.

15 *Simone Mancu, Le Chevalier,* Prop. Sassari.—Deux espèces d'huile d'olive.

16 *Scola, B.* Fab. Turin.—Capsules gélatineuses de baume de copahu.

17 *Pallestrini, Frères,* Prop. Villabiscossi (Lomellina). —Echantillons de riz récolté en Piémont.

18 *Blondel, Gaston & Cie.* Prop. Turin.—Echantillons de diverses espèces de riz.

19 *Bo, A.* Fab. Turin.—Echantillons de couleurs minérales, laques, et encres de couleur.

20 *Prever, J. J.* Prop. Turin.—Laine brute, d'un roupeau de 2,000 mérinos.

21 *Brun, Frères,* Prop. Pignerol.—Laine lavée, d'un troupeau de 2,000 mérinos.

22 *Calvi, J.* Gènes.—Huile et tourteaux de graine de lin.

23 *Guiso, M.* Prop. Nuoro.—Echantillons de cire vierge et bougies de cire blanche; miel doux et miel amer.

24 *Bravo, M.* Prop. Pignerol.—Echantillons dé soie grège et organsinée.

25 *Sinigaglia, Frères,* Prop. Busca.—Echantillons de soie grège et organsinée.

26 *Jacquet, H. & Cie.* Prop. Latour, Luzerne.—Echantillons de soie grège et organsinée.

27 *Casissa & Fils,* Prop. Novi.—Echantillons de soie grège, blanche.

28 *Vertu, Frères,* Fab. Turin.—Echantillons de soie blanche organsinée.

29 *Galimberti, C.* Prop. Pella, Novara.—Soie grège.

30 *Rignon, F. & Cie.* Prop. Savigliano, Saluzzo.—Soie grège et organsinée.

31 *Mesina, S.* Prop. Nuoro.—Filés de laine noire; laine brute noire; laine noir grossière, brute. Huile d'olive.

32 *Rocca, J.* Fab. Turin.—Deux violons construits d'après le système de Guarneri et Stradivario.

33 *Benoit, A.* Fab. Cluses (Savoie, Faucigny).—Machines usées dans l'horlogerie. Ouvrages d'horlogerie. Machine à vapeur, à haute pression. Appareil pour mesurer es chemins de fer.

34 *Annecy & Pont,* Fab.—Calicots de diverses couleurs; mouchoirs madras; percalines, &c.

35 *Rey, Frères,* Fab. Turin.—Drap de laine pour tapis.

36 *Le Comité Divisionnaire de Nuoro.*—Gros drap noir pour jupons, spencers, bas, et culottes.

37 *Fermento, L.* Prop. Ala Rocca, Mondovi.—Echantillons de soie organsinée.

38 *Imperatori, J. H. Frères,* Prop. Intra, Pallanza.—Soie organsinée.

39 *Chichizola, J. & Cie.* Fab. Turin et Gènes.—Assortiment de velours unis et de couleurs. Satins façonnés ; gros de soie ; gros de Paris ; gros de soie glacé ; damas à fleurs.

40 *Soley, B.* Fab. Turin.—Soierie de différentes couleurs ; taffetas blanc et de couleur.

41 *Guillot, J. & Cie.* Fab. Turin et Gènes.—Peluche de soie pour chapeaux ; pièce de velours, à dessin de dentelle ; velours de tapis ; foulards pour robes.

42 *Guillot, J. & Cie.* Gènes.—Velours de soie, noir, pensée, bleu, oreille d'ours, cramoisi, &c.

43 *Molinari, A.* Gènes.—Pièces de velours de soie noir, style antique ; velours et damas de soie, satin, &c. pour meubles et tenture.

44 *Defferrari, Frères,* Gènes.—Quatorze échantillons d'étoffes ou de velours de soie.

45 *Borzone, J.* Chiavari.—Deux serviettes en toile.

46 *Durio, Frères,* Turin.—Deux pièces de cuir pour semelles et fouets.

47 *Farina, A.* Turin.—Moule pour la fonte de caractères typographiques, microscopiques ; série de moules pour caractères romains, anglais, et allemands ; spécimens imprimés.

48 *Bayno, J.* Turin.—Echantillons de différentes qualités de dentelles.

49 *Tessada, F.* Gènes.—Mouchoirs de batiste, brodés ; pèlerines pour dames, en dentelle noire ; dessins pour dentelles.

50 *Crocco, Frères,* Gènes.—Mouchoirs de batiste, brodés ; métier à broder ; gilets de laine.

51 *Forno, J.* Turin.—Toilette de soirée ; costume de groom.

52 *Gullia, J. B.* Turin.—Une paire de bottes, de postillons ; bottes en cuir préparé sans enlever le poil ; bottes en veau, sans couture, &c.

53 *Mantaut, L.,* Grav. Turin.—Spécimen de planche de cuivre gravée (inoxidable).

54 *Ropolo, P.* Turin.—Petite machine à gaufrer, montée sur pivots mécaniques.

55 *Granzini, J.* Turin.—Lit de fer avec matelas élastiques, enfermés dans un buffet ; modèle en bois d'une bombe à diaphragme, &c.

56 *Barbie, J.* Turin.—Serrure pour coffre-forts, et clé d'une seule pièce.

57 *Montefiori, C.* Turin.—Plat en argent avec portrait de S. M. Marie Adelaïde, Reine de Sardaigne, &c. Portraits de Victor Emmanuell II. Roi de Sardaigne, ciselés sur un plat d'argent, &c.

58 *Loleo, J.* Gènes.—Ouvrages divers en filigrane d'argent ; colonne ornée d'emblêmes commémoratifs de la grande Exposition.

59 *Bennati, J.* Gènes.—Statuette avec piédestal, représentant Christophe Colomb, en filigrane d'argent.

60 *Lendy, N.* Turin.—Trois moules ou coins à estamper des Dorini, espèces de médailles d'or que portent les paysannes piémontaises.

61 *Bertinetti, P.* Turin.—Voiture sur un nouveau principe, à placage et incrustations.

62 *Martinotti, J.* Table de toilette à étagères, en palissandre.

63 *Martinotti, J.* Turin.—Grand cadre en bois sculpté et doré, pour glace ou tableau.

64 *Capello, G.* Turin.—Corniche en poirier, sculptée ; une table, une chaise curule, et un piédestal ; appartenan au Roi de Sardaigne. Table ronde en acajou, ornée de figures et de masques sculptés ; la partie supérieure, faite de bois blanc, est recouverte de velours à franges ; appartenant à S. A. R. le Duc de Gènes. Parquet, incrusté de divers bois indigène et exotiques.

65 *Griva, M.* Turin.—Meuble en bois ee rose, pouvant servir de secrétaire, de toilette, et de table à ouvrage pour dame

66 *Perelli, A.* Turin.—Table-sofa, en palissandre et acajou, sculptée et ornée de marqueterie chinoise.

67 *Guglierero, R.* Turin.—Deux trotteuses en bois indigènes.

68 *Ciaudo, J.* Nice.—Table de salon ovale, en bois d'olivier, à mosaïque, &c.

69 *Bisso, Frères,* Gènes.—Table ronde avec incrustations, &c.

70 *Magni, F.* Gènes.—Table ronde, avec incrustations, &c.

71 *Speich, P.* Gènes.—Table d'ébène, style renaissance ; un prie-dieu, en noyer des Indes, même style, &c.

72 *Descalzi, J.* Chiavari.—Table ronde avec incrustations de bois, imitant le marbre ; table ronde, incrustée ; deux trotteuses chiavari ; glace.

73 *Da Fieno, J. B. & Montecucco A.* Gènes.—Console sculptée et dorée, à dessus de marbre.

74 *Canepa, J. B.* Chiavari.—Chaises en bois blanc ; id. bois teint en jaune, &c. ; chaises gothiques en bois noir et blanc.

75 *Bourgoin, B.* Fab. Turin.—Cirage.

76 *Castagneto, E.* Fab. Gènes. — Crême de tartre blanche.

77 *Fino, J.* Turin.—Brosserie.

78 *Montu, J. & Cie.* Turin.—Echantillons de bruyères du Piémont, pour faire des brosses ; brosses de bruyère à divers usages.

79 *Bafico, J. L. F.* Gènes.—Vases en bois peint, imitant les vases du Japon.

80 *Strauss, J.* Turin.—Pipes et porte-cigares en talc blanc, gravés et ornés.

81 *Valdettaro, J.* Gènes.—Cinquante qualités de pâtes superfines, ou vermicelles.

82 *Romanengo, G.* Gènes.—Boîtes de fruits confits au sucre.

83 *Comba, F.* Turin.—Elan (*Cervus ales*) empaillé, appartenant au Musée d'Histoire Naturelle de Turin.

84 *Acquarone, J. B.* Porto Maurizio.—Acide citrique liquide.

85 *Bosio, A.* Turin.—Armoiries de la Maison Royale de Savoie, sculptées en bois.

86 *Stefani, W.* Prop. Turin.—Deux grands tableaux brodés en soie.

87 *Cavigioli, C.* Turin.—Médailles de bronze, fondues avec un alliage d'un dixième d'étain.

88 *Spanna, J. & Cie.* Fab. Turin.—Spécimens de marbre artificiel préparé avec du granit et du bois.

89 *Chirio & Mina,* Turin.—Un grand volume, contenant l'histoire de l'abbaye de Hautecombe.

90 *Rondelli, F.* Nice.—Obélisque, couvert de coquillages et autres objets, trouvés au bord de la mer.

91 *Rotto, le Chev.* Gènes.—Gravure sur acier.

92 *Frumento, J. B.* Gènes.—Statue de marbre : Une Bacchante.

93 *Barbieri, de,* Gènes.—Vermicelle superfin.

94 *Guelfi,* Gènes.—Vermicelle superfin.

95 *Gandolfi,* Turin.—Uniforme militaire.

96 *Domenget,* Savoie.—Eau minérale.

97 *Masera, —,* Turin.—Spécimens d'appareils ou instruments de chirurgie.

TOSCANE.

Commissaire à Londres, le Professeur PHILIPPE CORRIDI, Directeur de l'Institut Technologique Impérial et Royal de Florence, 7 Piccadilly.)

1 *L'Institut Technologique Impérial et Royal de Florence.*
Matériaux de Construction.—Echantillons de pierres sablonneuses; carrières de Monte Ceceri, près de Florence; carrières de Signa, et d'autres localités de la Toscane.

Matériaux réfractaires.—Echantillons de pierres réfractaires; carrières de plusieurs localités de Toscane.

Incrustations d'eaux minérales.—Incrustations des eaux minérales des bains de St. Philippe.

Pierres pour ornement.—Echantillons de marbre existant dans diverses localités de la Toscane; marbres de Seravezza, de Santa Maria del Giudice près de Lucques, de Monte Rombolo de la province de Sienne, de l'Isle d'Elbe.

Pierres lithographiques.—Echantillons de pierres lithographiques de diverses localités de la Toscane et spécialement de la carrière de Ponte-a-Sieve, appartenant à M. P. Giovannini, de Florence.

Pierres dures.—Echantillons de calcédoines et de plusieurs variétés de pierres dures existant en Toscane.

Alabastrites.—Echantillons de toutes les qualités d'albâtre des carrières connues en Toscane.

Fer.—Echantillons de minerai de fer des mines de la propriété Royale de l'Ile d'Elbe.

Cuivre.—Echantillons de minerai de cuivre qu'on exploite en Toscane, et de mines non-exploitées, mais d'une richesse reconnue.

Plomb.—Echantillons de minerai de plomb argentifère qu'on exploite en Toscane.

Mercure.—Echantillons de minerai de mercure qu'on exploite en Toscane, et de mines non-exploitées, mais d'une richesse reconnue.

Antimoine.—Echantillons de minerai d'antimoine qu'on exploite en Toscane.

2 *Produits de la Saline Royale de Volterra.*—Sel gemme des salines de St. Léopold. Sel obtenu par l'évaporisation des eaux salifères.

3 Echantillons de terres colorantes et de terres à tripoli de l'Ile d'Elbe et d'autres localités de la Toscane.

4 Echantillons de soufre des soufrières de Pereta (Province de Grosseto), soufre natif et soufre fabriqué.

5 Echantillons d'alun des mines Royales de Montioni (Province de Massa Marittima); alun cristallisé des mêmes mines.

6 *Mine de mercure de Levigliani* (Province de Pietrasanta).—Echantillons du minerai et du mercure métallique.

7 *Mine de cinabre de Ripa* (Province de Pietrasanta).—Echantillons du minerai et du mercure métallique.

8 *Mine de mercure de Iane* (Province de Volterra).—Echantillons du minerai et du mercure métallique.

9 *Mine de mercure de Castellazzara.*—Echantillons du minerai et du mercure métallique.

10 *Mine de mercure de Pian Castagnaio.*—Echantillons de minerai, de cinabre et de mercure.

11 *Mine de mercure de Capita*, près de Capalbio (Province de Volterra).—Echantillons du minerai et du cinabre natif.

12 *Hall Frères, Sloane et Coppi, Florence.*—Echantillons du minerai de cuivre de leur mine de Montecatini, en Val di Cecina. Echantillons des produits de leur fonderie de la Briglia, près de Prato.

13 *Vegni, Prof. Angelo, Sienne.* — Echantillons du minerai de plomb argentifère de la mine de Seravezza connue sous le nom de Bottino; échantillons des produits de la fusion.

14 *La Société Métallurgique.*—Plomb argentifère de la mine de Val di Castello, province de Pietrasanta.

15 *Mejean, G.* Florence.—Echantillons d'antimoine des mines de Montauto et de Pereta; produits de la fusion.

16 *Frediani, C.* Lucques.—Stéaschiste quartzeux ou pierre réfractaire pour la construction des fours de fusion; carrière dans le voisinage de Camaiore (Province de Lucques).

17 *Ammannati, le Capt. J.* Florence.—Deux fragments de tormaline de l'Isle d'Elbe. Collier de dame de diverses pierres de l'Ile d'Elbe monté en or.

18 Un collier de dame, en pierreries de l'île d'Elbe, monté en or.

19 *Caillou, Maillan, et Formigli*, Livourne.—Echantillons de leur mine de charbon fossile de Montebamboli, dans les maremmes Toscanes.

20 *Santi, Dr. C.* Montalcino.—Farine fossile de Castel del Piano. Briques flottantes faites avec cette farine.

PRODUITS CHIMIQUES.

21 *Querci, J.* Florence.—Echantillons de vernis de sa fabrique: 1. Une bouteille de vernis copal et une boîte de la resine avec laquelle on a fait ce vernis. 2. Une bouteille de vernis de mastic et une boîte de la résine avec laquelle il a été prepare. 3. Une bouteille de vernis d'amar et une boîte de la résine avec laquelle il a été préparé. 4. Une bouteille de vernis pour les métaux jaunes et une boîte de la résine avec laquelle il a été préparé. 5. Une bouteille de vernis pour les métaux blanc et une boîte de la résine avec laquelle on l'a préparé. 6. Une bouteille d'huile de pavo pour la peinture à l'huile et une boîte des graines dont on l'extrait.

22 *Corridi, G.* Livourne.—Echantillons de santonine et de quinine de sa fabrique.

23 *Conti, H. & Fils*, Livourne.—Echantillons de savons de leur fabrique: 1. Savon blanc liquide à l'huile d'olive. 2. Savon marbré tout à l'huile d'olive. 3. Savon blanc nageant tout à l'huile d'olive. 4. Savon à la résine. 5. Savon marin de graisse végétale et animale.

24 *Larderel, Comte F. de*, Livourne.—Albâtres et produits des Soffioni d'acide borique existants dans ses terres de Montecerboli, Castelnuovo, et Monterotondo.

25 *Ridolfi, Prof. M.* Lucques.—Couleurs pour la peinture à l'encaustique, composées par lui d'après un procédé qu'il a inventé; et essais de peintures faites par lui pour en démontrer l'effet.

26 *Mussini, Le Prof. C.* Florence.—Couleurs pour peindre, d'une nouvelle composition, et essais de peinture sur un plan de terre cuite pour en montrer l'effet.

SUBSTANCES EMPLOYEES COMME ALIMENTS.

27 *Brocchi, Chevalier V. de*, Florence.—Froment tendre blanc de la colline d'Arcetri, près de Florence.

28 *Sloane, F.* Florence.—Froment tendre blanc de ses propriétés de Careggi, près de Florence.

29 *Paoletti, F.* Pontedera.—Froment dur pour les pâtes de la plaine de Pise. Echantillons de pâtes superfines de sa manufacture.

30 *Ridolfi, Le Marquis C.*—Pommes de pin et amandes de pin, appellées *pinoli stiacciamano*, de ses propriétés.

31 *Orsetti, Le Chevalier T.* Lucques.—Echantillons d'huile d'olive, de ses propriétés dans les collines de Lucques.

32 *Ruschi Frères*, Pise.—Echantillon d'huile d'olive de leurs propriétés de Calci, près de Pise.

33 *Pacini, D.* Pise.—Echantillon d'huile d'olive de ses propriétés de Buti, près de Pise.

34 *Saracini, Le Chevalier A.* Sienne.—Echantillons de deux qualités différentes d'huile d'olive, de ses propriétés de Castel nuovo-Berardenga.

SUBSTANCES VEGETATES ET ANIMALES, EMPLOYEES SURTOUT DANS LES MANUFACTURES.

35 *Pastorelli, D.* Arcidosso.—Echantillon de blé, appellé marzuolo, pour paille de chapeaux.

35A *L'Institut Impérial et Royal de Technologie,* Florence.—Racines de garance des maremmes Toscanes. Les même racines pilées et réduites en poudre. Echantillon de paille de blé d'Inde, pour balais, de Campi, près de Florence. Echantillon de balais, tels qu'on les emploie en Toscane, faits avec cette même paille. Collection d'échantillons de bois Toscans, employés dans les constructions domestiques et dans les constructions navales. Echantillon des planches de sapin qu'on obtient des forêts Royales de Casutino.

36 *Lambruschini, R.* Florence.—Echantillons de cocons de vers-à-soie élevés par lui depuis 1842 jusqu'en 1850.

37 *Scoti Frères,* Florence.—Soie grège de leur filature.

38 *Della Ripa, L.* Florence.—Soie grège de sa filature.

39 *Poidebard, N.* Portici, près de Florence.—Soie grège de sa filature.

40 *Petrucci, Chevalier, C.* Sienne.—Soie grège de sa filature.

41 *Pieri, Comte J.* Sienne.—Soie grège de sa filature.

42 *Pannilini, Chevalier A. G.* Sienne.—Soie grège de sa filature.

43 *Franceschini, J.* Prato.—Soie grège de sa filature.

44 *Rimediotti, Mad. A.* Pistoia.—Soie grège de sa filature.

45 *Mordini, Chevalier J.* Barga.—Soie grège de sa filature.

46 *Davitti, L.* Loro.—Soie grège de sa filature.

47 *Lepori, T.* Modigliana.—Soie grège de sa filature.

48 *Ravagli, P.* Marradi.—Soie grège de sa filature.

49 *Zavagli, P.* Palazzuolo.—Soie grège de sa filature.

50 *Casuccini, Chev. F.* Chianciano.—Soie grège de sa filature.

51 *Savi, Prof. P.* Pise.—Soie grège provenant de vers-à-soie élevés avec les feuilles du mûrier des Philippines.

52 *Collacchioni, J.* Borgo S. Sepolcro.—Trois toisons de laine mérinos provenant de ses troupeaux.

53 *L'Administration de la Propriété de l'Alberese,* appartenant à S. A. I. et R. le Grand Duc de Toscane.—Trois toisons de laine mérinos croisé provenant des bergeries de l'Alberese.

54 *L'Administration de la Propriété de la Badiola,* appartenant à S. A. I. et R. le Grand Duc de Toscane.—Trois toisons de laine mérinos provenant des bergeries de la Badiola.

MACHINES D'UN EMPLOI DIRECT.

55 *Turchini, L.* Florence.—Machine pour le transport des grands fardeaux, présentée par lui comme son invention, et à laquelle il a donné le nom de Panattoforo.

56 *Pelosi, E.* Lucques.—Modèle de locomotion à système articulé, présenté par lui comme son invention.

INSTRUMENTS SCIENTIFIQUES.

57 *Gonnella, Prof. T.* Florence.—Machine pour mesurer les surfaces plunes, présentée comme son invention, et exécutée sous sa direction par les ordres de S. A. I. et R. le Grand Duc de Toscane, auquel elle appartient.

INSTRUMENTS DE MUSIQUE.

58 *Ducci, A. & M. Frères,* Florence.—Orgue à contrebasse, amisone, de 16 pieds de hauteur d'une nouvelle construction présenté par eux comme leur invention, à buffet taillé à jour, par M. A. Barbetti, de Sienne et doré par M. Vincent Sbolgi, de Florence. Baristate, instrument adapté à la basse d'un orchestre et récemment inventé par eux.

59 *Cuyère, Mad. (Veuve),* Florence.—Echantillons de peignes à tisser la soie, de sa fabrique de Florence.

TISSUS DIVERS.

60 *Padreddii, F.* Pise.—Tissus de coton de sa manufacture.—Echantillons de coton teint en rouge, de sa teinturerie à Pise.

61 *Manetti Frères,* Navacchio, près de Pise.—Tissus divers de coton, de lin, et mixtes.

62 *Franceschini, F.* Prato.—Couvertures de lit en bourre de soie; tissus de sa manufacture à Prato.

63 *Riva & Maffei,* Florence.—Brocarts or et soie de leur manufacture.

64 *Catanzaro, M.* Florence.—Etoffes en soie et coton pour l'intérieur des carrosses. Longueur de l'échantillon mètres 10,62; largeur 127 centimètres.

FEUTRES.

65 *Cini Frères,* S. Marcello, près de Pistoye.—Feutres continus de leur fabrication pour la manufacture du papier.

TISSUS DE PAILLE.

66 *Vyse & Fils,* Prato.—Tresses et chapeaux de paille de leur manufacture; tresse pointe façonnée en 27 bouts; tresse id., 11 bouts de 100 bouts, No. 72; tresse id., 11 bouts de 100 bouts, No. 80; un chapeau pour enfans, simple bord, id. pour garçon, id. pour homme; un cornet du No. 75 en 31 quattrins de longueur; un cornet du No. 80 id.; une capotte en deux pièces; la passe de 100 tours en 24 quattrins de longueur et la tête de 50 tours en 12 quattrins de hauteur.

67 *Nannucci, Mad. Agnes,* Florence.—Chapeaux de paille de sa manufacture; tresses et plusieurs autres ouvrages en paille.

PAPIERS.

68 *Cini Frères,* S. Marcello, près de Pistoye.—Echantillons de papiers à la mécanique de leur manufacture; papier vélin à lettre; papier vergé blanc; papier vergé azuré.

CISELURE.

68A *Mariotti, Silvestre,* Pontedera.—Une épée avec poignée et ornemens en argent doré d'après la méthode electro-galvanique; ciselure très-soignée, exécutée par lui.

OBJETS EN CORAIL.

69 *Raffaelli, P. & Fils,* Livourne.—Un collier de coraux ouvrés, couleur incarnat scherzoso ou rose; ce collier est composé de 73 coraux ronds avec fermoir du poids de onces 7½; une broche gravée; une paire pendants d'oreilles à la pompeyenne de 10 morceaux gravés.

OUVRAGES EN CRISTAL, TERRE CUITE, ET PORCELAINE.

70 *Nardi Frères,* Montelupo, près d'Empoli.—Appareils chimiques en verre, et autres objets pour usage domestique et commercial, de leur manufacture.

71 *Cantagalli, L.* Florence.—Poêle en terre cuite de sa manufacture.

72 *Ginori, le Marquis L.* Florence.—Objets en porcelaine de la manufacture de sa propriété, située à Doccia, près de Florence: Enlèvement des Sabines, d'après l'original de Jean Bologna; Galilée, d'après l'original du Prof. Costoli; Flore du Titien, réduite en petit tableau d'après l'original; tasse avec le portrait de Rubens; grand vase avec la vue de la manufacture et de la maison de campagne du Marquis Ginori.

OUVRAGES EN FONTE.

73 *La Fonderie Royale*, Follonica.—Echantillons de fonte de première fusion; un tabernacle appartenant à S. A. I. et R. le Grand Duc de Toscane. Panier de fleurs.

SCULPTURES EN BOIS.

74 *Barbetti, A.* Sienne.—Grand meuble d'ornement tout en noyer, pour un salon, composé d'une console et d'un encadrement pour glace soutenu par deux colonnes et terminé par des ornements très-riches; ouvrage d'une sculpture très-soignée et d'architecture dans le style de Baldassarre Peruzzi; petit secrétaire sculpté en noyer, tournant sur sa base; style grec.

75 *Lombardi, A.* Sienne.—Petit cadre, sculpté par lui, avec ornements et figures.

76 *Barbetti, R.* Sienne.—Cadre en bois de noyer, sculpté par lui.

77 *Barbetti, R.* Sienne.—Bas-relief, sculpté par lui en bois de noyer.

78 *Bigotti, L.* Lucques.—La Madonna della Seggiola; bas-relief en ivoire. Une demi-lune, avec figures et ornements; bas-relief en ivoire.

79 *Marchetti, L.* Sienne.—Encadrement de glace en bois de noyer, soutenu par deux colonnes posées sur deux lions qui reposent sur un socle.

80 *Barbetti, A.* Sienne.—Table de toilette, sculptée en noyer, style grec.

81 *Bonaiuti, C. & Fils*, Florence.—Un fauteuil de cabinet, style rocaille, imitation porcelaine, en bois sculpté, décors or et couleurs, recouvert de velours vert laine.

MARQUETERIE.

82 *Ducci, A.* Florence.—Modèle architectural fait par lui, pour montrer l'application en marqueterie des feuilles de noyer sur corniches, quelque compliquées qu'elles soient, sans être coupées aux angles. Jointure de carrelets faits par lui avec des rainures fort compliquées et fort difficiles. Coupure sur la tige du noyer, au moyen d'une nouvelle machine inventée et exécutée par MM. A. et M. Ducci, de Florence.

83 *Pasqui, P.* Arezzo.—Une corniche sculptée par lui en bois de sorbier avec le contour d'ébène.

84 *Falcini, Frères*, Florence.—Grande chaise, style du 16ème siècle, incrustée de bois de plusieurs couleurs, formant un très-riche dessin de fleurs et d'ornements.

85 *Banainti C. & Fils*, Florence.—Un bureau de dame, ébène noir, incrusté en bois de diverses couleurs et métaux; imitation mosaïque.

85A *Polli, F.* Florence.—Dessus de table à ouvrage en ébène incrusté en bois de plusieurs couleurs, avec des figures (les quatre saisons) et des ornements.

86 *Ragnini, E.* Chiusi.—Dessus de table octogone, incrustée par lui en bois de diverses couleurs; dessins de fleurs et d'ornements.

87 *Maggiorelli, Frères*, Florence.—Trois dessus de table avec application de feuilles de bois de Toscane.

88 *Marinetti, F.* Livourne.—Table rectangulaire en ébène soutenue par des pieds à ornements sculptés. Le dessus travaillé en marqueterie de bois divers et en nacre.

89 *Corridi, P.* Livourne.—Table carrée d'angélique, marquetée; bouquets de fleurs aux coins; grand cercle au milieu en velours de soie bleue.

90 *Mazzetti, A.* Chiusi.—Corniche quadrilatère à gorge renversée en ébène noir, incrustée de plusieurs bois de couleur, exécutée par lui.

TABLES ET FÛTS DE COLONNES EN MARBRE JASPÉ DE NOUVELLES CARRIÈRES.

91 *Nobili, Chev. de*, Lucques.—Un fût de colonne de marbre jaspé des carrières de St. Maria del Giudice, près de Lucques.

92 *Guidotti, J. M.* Lucques.—Trois fûts de colonnes en marbre jaspé de la carrière de Pescaglia, près de Lucques, sa propriété. Trois tables, dont deux rondes et une rectangulaire, en marbre jaspé de la même carrière.

93 *Guido della Gherardesca, le Comte*, Florence.—Deux tables en marbre rouge d'une carrière qui lui appartient dans les Maremmes Toscanes.

94 *Nanni, L.* Prato.—Une table ronde en marbre nommée *Verde de Prato*, des carrières qui lui appartiennent près de cette ville.

95 *Maffei, C. G.* Voltera.—Fût de colonne de la carrière de Monte Ruffoli, près de Voltera, appartenant à l'exposant. Le fût est la propriété de S. A. I. et R. le Grand Duc de Toscane.

96 *Panciatichi, Marquis*, Florence.—Table de marbre nommée Lumachella, de sa carrière près de Florence. Deux petites tables en marbre très-dur du torrent Marnia, près de Vallombrosa.

97 *Giovannini, P.* Florence.—Dalles de pierres lithographiques de sa carrière de Folle, marquetées de stuc très-dur et résistant à toute espèce de frottement. Esssai de sculpture sur cette pierre, représentant une petite orpheline, exécutée par M. Emmanuel Panini.

98 *Institut Technologique, Impérial et Royal*, Florence.—Table de marbre Cipollino, des carrières de l'Ile d'Elbe. Table de Broccatello, des carrières de Caldana, près de Campiglia. Table de marbre dit Porta Santa, de Caldana-di-Ravi. Table d'albâtre oriental des carrières de l'Alberese. Deux colonnettes de Broccatello de Caldana avec les chapitaux en marbre jaune de Sienne. Une colonnette de Bardiglio clair des carrières de Campiglia, appartenant à M. Michel Ristori.

CORDERIE.

100 *Ferrigini, J.* Livourne.—Câble blanc de sa corderie à Livourne. Ce câble peut servir de palan; posé verticalement, il a résisté à un poids de 15,188 livres de France. Son poids net est de 229 livres de France.

BRODERIES.

101 *Parlanti, E.* Borgo a Buggiano.—Broderie d'un très-beau travail en soie, représentant plusieurs dessins disposés d'une manière irrégulière, mais très-convenable pour l'effet.

MANUFACTURES DIVERSES ET PETITS PRODUITS.

102 *Tonti, L.* Florence.—Cinq cannes en petits morceaux de corne de diverses couleurs, avec des pommes en bronze doré.

103 *Ceru, C.* Lucques.—Mors de cheval travaillé en acier par lui.

104 *Cioni, G.* Empoli.—Serrure d'un mécanisme particulier, exécutée par lui.

106 *Marreti, —*, Mezzana, près de Pise.—Une serpe à ressort travaillée avec beaucoup de soin.

BEAUX ARTS.

105 *Dupré, Prof. A.* Sculpteur, Florence.—Caïn, après avoir tué son frère Abel, est frappé de la malédiction de Dieu. Statue sculptée en marbre par le Prof. A. Dupré, et coulée en bronze par M. C. Papi. Ce bronze, la propriété de S.A.I. et R. le Grand Duc de Toscane, a été coulé par ses ordres. Abel tué par son frère. Statue sculptée en marbre par le Prof. A. Dupré, et coulée en bronze par M. C. Papi. Ce bronze, la propriété de S.A.I. et R. le Grand Duc de Toscane, a été coulé par ses ordres.

106 *Costoli, Prof. A.* Sculpteur, Florence.—Christophe Colomb dévoilant l'Amérique aux trois parties du monde alors connues, disposées d'après leur ordre géographique. Groupe de quatre figures modelées en plâtre par le Prof. A. Costoli, et coulées en bronze par M. C. Papi. Ce bronze appartient à S. A. I. et R. le Grand Duc de Toscane, et a été coulé par ses ordres.

107 *Villa, I.* Sculpteur, Florence. — Agar donnant à boire à Ismaël ; groupe de marbre sculpté par lui.

108 *Nencini Prof.* Sculpteur, Florence. — Bacchus, ouvrage en marbre de Seravezza, exécuté par lui.

109 *Cherici & Fils,* Volterra. — Grand vase d'albâtre, style Etrusque, de leur fabrique à Volterra.

110 *Freccia, P.* Sculpteur, Florence. — Psyché, statue de marbre avec piédestal, exécutée par lui.

OUVRAGES EN PIERRES DURES.

111 *La Manufacture Royale,* connue sous le nom de *Galerie Impériale et Royale d'Ouvrages en Pierres dures.* — Grande table circulaire de mosaïque en pierres dures, d'un diamètre de 1·75 mètre, sur un fond de lapis-lazuli oriental. Cette table appartient à S. A. I. et R. le Grand Duc de Toscane. On voit dans le centre Apollon sur un char entouré des heures, soutenu par les nuages et attelé de quatre coursiers. Le sujet principal est encadré dans une guirlande de roses A l'entour on aperçoit neuf compartiments, de forme presque circulaire, ornés de contours de feuilles d'acanthe, encadrant les emblèmes des Muses. Vient ensuite une large bande circulaire où sont représentés trente-six bouquets de fleurs diverses. Tout ce dessin est enfermé dans une autre bande plus étroite que la précédente, où sont représentés cent trente-cinq petits ornements qui forment le complément de l'œuvre.

112 *Buoninsegni Frères,* Florence. — Table ronde en mosaïque de Florence, de leur fabrique. Cette table représente une guirlande avec un bouquet au milieu.

113 *Bianchini, G.* Florence. — Table ronde en mosaïque de Florence, de sa fabrique. Cette table représente plusieurs bouquets avec le lys de Florence au milieu.

OUVRAGES EN SCAGLIOLA.

114 *Della Valle Frères,* Livourne. — Table rectangulaire en scagliola avec différentes sortes d'ornements, entièrement marquetée ; imitation d'ouvrage en pierres dures, exécutée dans leur établissement de travaux en scagliola à Livourne. Table ronde en scagliola représentant Galilée recevant la visite de Milton dans sa prison à Rome, avec plusieurs ornements emblématiques à l'entour, marquetés en partie. Un vase en scagliola entièrement marqueté ; imitation de vases étrusques ; exécutés dans les même établissement.

OUVRAGES EN BRONZE.

116 *Papi, C.* Florence. — Grand panier de fleurs d'après nature, coulé en bronze d'un seul jet avec son pied, aussi d'après nature ; le tout composé et coulé par lui.

117 *Giusti, P.* Sienne. — Médaillon en noyer, sculpté par lui.

MEXIQUE.

Le Commissaire Mexicain, par l'entremise de MM. Lightly et Simon, Londres. — Un paysage dans un cadre doré, en relief, fait de camalote ; un cadre de fleurs en cire ; collection de bois ; huile de coquillo ; une esquisse encadrée ; fruits et reptiles en cire.

PERSE.

1 *Abbott, F. Esq.* 22 Jermyn Street. — Deux tapis de Perse ; deux caisses de cuillères en bois de poirier ; trois paires de couvercles de boîtes en papier mâché ; deux cadres à glaces ; porte-plumes ; deux couteaux persans ; quatre bourses.

2 *Araman, H. Esq.* Woburn Place, Russell Square, (agent, D. Müller, 32 Lowndes Street, Belgrave Square.) — Trois écharpes de soie, brodées en or ; deux écharpes tout soie ; deux robes de femme, en soie et coton ; robe pour homme en soie et coton ; coussin brodé en soie et or ; sacs en soie et or pour femmes ; pantoufles de dames brodées en soie et or ; deux paires de pantoufles pour hommes ; bonnets brodés en soie et or pour hommes ; un caftetan, turban ceinture en soie ; sacs et bourses brodées ; ornemens de diverses espèces, tels que : cachets, anneaux, &c. ; articles fabriqués à Jérusalem.

3 *Thompson, T. B. Esq. M.D.,* 5 Suffolk Place, Pall Mall. — Deux pièces d'ouvrage persan faits à l'aiguille ; deux belles écharpes en soie ; quatre pièces brodées en soie et or pour pantoufles, bonnets, &c. ; une bourse ; bois de senteur ; collier en grains de bois de senteur ; collier en nacre ; poignard persan avec manche en ivoire sculpté ; un narguilhé ou houka, pipe persane, embouchure en ambre pour dame ; trois bourses en soie ; deux paires de pantoufles jaunes pour dames ; habillement de dessous en coton de manufacture particulière ; un manteau en matière particulière ; tapis de table de fabrique perse ; une boîte contenant des échantillons de soie de Luedia près d'Antioche ; quatre boîtes sur lesquelles sont peints des sujets persans.

4 *Ede, F. & Fils.* — Quatre panneaux représentant des sujets de l'histoire persane ; le vieux roi Agis, sa fille Zulika, &c. ; Yussuff, son gendre et successeur.

5 *Watson, Bell & Cie.* 35 Old Bond Street. — Trois tapis de Perse.

6 *Copland, l'Alderman M.P.* — Un tapis de 34 pieds sur 9 pieds 6 pouces.

7 *Bidwell, J. Esq.* — Un tapis de table.

8 *Major, C. T. Esq.* 21 Billiter Street, Londres. — Deux carabines de Perse, et un sabre.

9 *Mills, W. F. Jeune,* Prop. Chelsea. — Divers articles dont M. Mills aîné, a fait une collection pendant son séjour en Perse.

10 *Hudson, J.* 132 Oxford Street. — Collection de pipes de Perse et d'Orient, tabac, &c.

PORTUGAL ET MADERE.

Agents : M. ANTONIO WALDEZ et M. J. VAN ZELLER, 5, Jeffrey Square, St. Mary-Axe.

1 à 17. Spécimens de minéraux.
18, 19. Lignite—*J. J. Roque, Delgado.*
20 à 27. Spécimens de minéraux.
28 à 30. Acides muriatique, sulfurique, et nitrique—*Hirsch & Frère.*
31, 32. Tartre et carbonate de potasse—*F. M. C. Leal.*
33 à 36. Spécimens de tartre—*A. J. Ferreira.*
37, 38. Tartres—*Serzedello & Cie.*
39 à 41. Tartres—*Garland & Cie.*
42. Nitre raffiné—*Serzedello & Cie.*
43. Sel gemme et en poudre—*Baron de Samora, Corrêa.*
45 à 47. Sels—*De St. Ubes.*
48. Sel—*Baron de Samora.*
49. Sel en pierre.
50, 51. Soufre et carbonate de soude—*Serzedello & Cie.*
52, 53. Carbonate de soude avec et sans sel—*Hersch & Frère.*
54. Chaux blanche—*F. A. Machado.*
55. Chaux brune.
56, 57. Chaux blanche—*De Minho.*
58 à 60. Minéraux.
61, 62. Nitrates de barytes et de strontia—*Serzedello & Cie.*
63. Sulfate de fer—*D'Algoza.*
64. Sulfate de fer—*Hirsch & Frère.*
65 à 67. Sulfate de fer et de cuivre ; sulfate ammoniac de cuivre—*F. M. C. Leal.*

68. Sulfate de cuivre—*Hirsch & Frère.*

69, 70. Sulfate de zinc ; oxymuriate d'étain—*Serzedello & Cie.*

71. Carbonate de plomb—*Maria Norzighá.*

72. Nitrate de plomb—*Serzedello & Cie.*

73, 74. Chromate de plomb ; iodure de potasse—*F. M. C. Leal.*

75, 76. Acétate de potasse ; tartre de potasse et de soude *Serzedello & Cie.*

77. Chloride de chaux—*Hirsch & Frère.*

78. Oxide rouge de mercure. 79. Sublimé corrosif—*F. M. C. Leal.*

80. Bisulfure de mercure. 81. Tartre émétique—*Serzedello & Cie.*

82 à 109. Echantillons de minéraux.

110, 111. Pierres lithographiques—*M. Déjeant.*

112, 113. Pierres lithographiques, tout l'une porte l'empreinte d'une veuve—*Fermiers de la Régie des tabacc.*

114. Pierre lithographique—*Duc de Palmella.*

115. Pierre id.—*M. Déjeant.*

116, 117. Chaux hydraulique—*Marapez & Felim.*

118. Scories hydrauliques volcanisées—*Bagacina.*

119. Echantillon de minéral.

120 à 231. Marbres.

232 à 247—250, 251. Marbres pour tables, &c.—*M. Déjeant.*

248, 249—252 à 257. Plaques de marbre—*J. J. de Figueiredo.*

258. Mosaïque (60 échantillons de marbre d'Alentejo)—*C. Bonnet & Dejean.*

259 à 274. Marbres—*M. Déjeant, Manufacture de Bulhoens.*

275 à 278. Briques réfractaires— 279 à 293. Briques de porcelaine—*Ferreira, Pinto & Fils.*

294 à 296. Flints et pierres à aiguiser—*Rio Major et Braganza.*

Règne Végétal.

297 à 307. Blés durs, de différentes qualités—*de Lisbone, Figuera, Santarem, Alemtejo ; ou exposés par le Marquis de Ficalho, J. J. R. Delgado, et les Vicomtes de Fonte Boa et de Benagazil.*

308, 309. Blé géant, en grains et en épis.

310. Blé de quatrième qualité—*J. R. de Avezdo.*

311. Blé tendre—*De Golegau.*

312. Id. première qualité—*A. M. Yavier,*

313. Blé tendre—*De Benavente.*

314. Blé tendre—*Des bord du Lado.*

315. Blé tendre—*De Gracioza, l'une des Açores.*

316. Blé tendre—*De Flores (Açores.)*

317 à 330. Divers autres échantillons de blé tendre et dur.

331 à 337. Seigle et farine de seigle.

338 à 350. Maïs, de diverses qualités, exposés par différentes provinces, &c.

351 à 356. Orges.

357, 358. Avoine.

359 à 372. Haricots, d'espèces et provenances diverses.

373 à 376. Pois (gräo de Bico.)

377, 378. Pois de Windsor.

379. Lentilles.

380. Pois.

381. Pois de caroq—*C. Bonnet.*

382, 383. Lupins—*Le Vicomte de Benagazil.*

384 à 389. Divers espèce de riz, et épis de riz.

390, 391. Millet—*D. C. V. Soares.*

392 à 400. Amandes tendres et douces ; noisettes ; noix ; châtaignes ; glands de chêne, &c.

401. Arachide—*A. de Sá Noguiera.*

401a. Bis arachide—*A de Sá Noguiera.*

401b. Ter-Cyperus Esculentus—*Le Marquis de Loulé.*

402 à 422. Fruits secs, de diverses provenances portugaises.

423 à 439. Marmelades ; conserves de fruits ; amandes sucrées ; pralines.

440 à 444. Olives.

445, 445a. Poivre.

446 à 451. Café, de diverses provenances.

452. Capres.

453, 454. Amidons.

455 à 457. Sucre en pain—*F. Pinto Bastos & Cie.*

458. Gomme copale.

459. Poix.

460 à 486. Huile d'olive, de provenances diverses, et appartenant à un certain nombre d'exposants.

487 à 496. Huiles d'amandes amères, de noix, de castor, de graines oléagineuses, &c.

497 à 502. Essence de lavande, de romarin, de genièvre, de citron ; acide citrique ; acide de tartre—*F. M. C. Seal.*

503. Acide oxalique—*Hirsch & Frère.*

504. Acide de tartre—*Serzedello & Cie.*

505 à 509. Bois et pierres Orchilla.

510 à 513. Sumacs.

514. Tan de liège.

515. Alcool absolu—*F. M. C. Seal.*

516. Salsepareille.

517. Capsules de copahu—*P. F. Norbeto.*

518. Graine de moutarde.

519 à 528. Macaronis et autres pâtes italiennes.

529. Biscuits de mer—*A. Wheelhouse.*

530 à 534. Lin et chanvre.

535. Fil d'aloès.

538 à 540. Coton.

541. Manioca et tapioca—*F. R. Bathala.*

544. Chardons.

545 à 551. Cure-dents.

552. Boîte faite de différentes sortes de bois.

553 à 579. Bois de 26 espèces différentes—*Le Marquis de Loulé.*

580 à 592. Arbutus unido, et autres sortes de bois.

Règne Animal.

593 à 598. Miel de différents pays, &c.

599. Capsules d'huile de foie de morue.

600. Mérinos blanc—*V. G. Cornea.*

601 à 603. Laines noires et blanches.

604 à 616. Soies grèges.

617 à 624. Cire blanche ; cire d'abeille.

625, 626. Gélatine.

627, 628. Glu.

629, 630. Charbon animal—*J. F. Pinto Basto.*

Manufactures.

631. Balances décimales.

632, 633. Instruments d'agriculture et de chirurgie.

634. Paire de ciseaux.

635 à 640. Armes à feu—*Arsenal Royal Militaire.*

641 à 645. Couvertures en cuir pour les lumières des canons ; autres objets pour l'exercise du canon.

646. Hache d'ordomance.

647. Cartes à jouer—*A. J. Loureiro.*

648 à 651. Moules pour la fonte de trois lettres ; pour perfectionner les caractères ; pour mesurer les caractères ; et pour les fondre, &c.

652. Une clé de Santarem.

653 à 700. Lin filé ; trame et chaîne ; toiles à voile ; coutils ; drap de lit, &c.—*La Manufacture de Janqueira, Torres Novas & Cie. ; J. Barboza.*

701 à 706. Calicos gris, toile de matelas ; taies de lit.

707 à 714. Châles de coton.

715. Couverture de coton.

716 à 720. Echeveaux pour broderies au tambour, &c.—*A. G. Loureiro.*

721 à 724. Fils et cordonnets—*Compagnie de Rio Vezelo.*

725, 726. Echeveaux bleus et noirs ; écheveaux pour tambour—*Compagnie des Tissus de Lisbone.*

727 Bas de coton.

728 à 747 Impressions de tissus pour vêtements.

748 à 787 Tissus imprimés divers.

787 à 797 Draps de différentes couleurs et qualités—*Larchers & Frères.*

798 à 803. Six spécimens de draps de qualité différente Correa & Frères,.

804, 805. Drap et cachemire—*Mello & Frères.*

806, 807. Tiretaine. 808. étoffe forte pour manteau.

809. Couvertures—*J. F. Loraine.*

810 à 852. Couvertures ; châles plaids de laine ; châles de laine imprimés ; tartan coton et laine ; ponchos ; bonnets de laine—*Lafourie & Cie.*

853 à 881. Gilets laine et coton ; gilets laine, coton, et soie ; quadrillés de fantaisie laine et coton ; châles et tartans de laine ; châles de laine imprimés—*B. Daufrias & Cie.*

882 à 904. Ceintures larges et étroites ; ceintures de coton ; jaquettes de laine pour enfants ; comforteurs de laine ; châles soie et laine ; tapis de table soie et laine ; droguets ; tapis de Kidderminster ; tapis de Bruxelles ; tapis de foyer —*Daufrias, & Cie.*

905-917. Etoffes d'or et d'argent—*J. M. S. Porto.*

918. Velours satin noir—*J. Moureira.*

919. Velours satin noir—*R. J. Martins.*

920 à 924. Plaids écossais en velours pour gilet; velours rayé pour gilet—*T. M. Pimentel.*

925 Velours noir pour gilets—*T. M. Pimentel.*

926 Satin noir—*D. F. Carmiers.*

927 Satin noir—*T. M. Pimentel.*

928 à 932. Robe de satin bleu ciel; satin de fantaisie ; satin gris ; satin de fantaisie pour gilets ; satin brodé—*M. J. Jorge.*

935, 936. Gros de Naples à raies de satin, et noir moiré—*T. M. Pimentel.*

937, 938. Gros de Naples rayé—*B. F. Carneiro.*

939 à 942. Gros de laine ; soie de fantaisie—*R. J. Martins.*

943 à 947. Soierie de fantaisie avec et sans ligne de satin ; gros de Naples foncé à lignes de satin ; gros de Naples à côte.—*B. F. Corneiro.*

948 à 950. Soierie noire forte ; soieries de fantaisie—*Joze Barboza.*

951, 952. Soierie bleue grenadine pour gilets—*T. M. Pimentel.*

953. Soierie de couleur pour gilets—*M. J. Torge.*

954. Echantillons de soieries diverses—*T. A. Ramières.*

955. Châles de soie noirs et bleus—*J. J. Da Silva.*

956. Châles de soie noire—*M. C. Moreira.*

957. Mouchoirs de satin, de fantaisie—*R. J. Martin.*

958. Cravates de soie noire—*B. F. Carneiro.*

959. Mouchoirs de satin—*T. Barboza.*

960 à 962. Mouchoirs d'homme—*B. F. Carneiro.*

963. Cravates de soie noire grenadine—*M. J. Jorge.*

964. Soie moirée blanche—*T. M. Pimentel.*

965. Damas—*M. J. Jorge.*

966, 967. Damas jaunes et rouges.

968 à 972. Bas pour homme de soie noire et blanche; bonnets de soie de fantaisie; jaquette de soie; rubans de soie pour décorations; damas pour voiture—*M. G. Jorge.*

973 à 977. Tricorne en soie ; tricorne en castor; chapeaux en soie ; castor noir—*Sottere Antonio Borges.*

978 à 984. Chapellerie—*F. C. Rocho.*

985 à 987. Chapellerie—*J. N. Kirth.*

987a à 989. Papeterie—*Le Comte de Tojal.*

990. Cordages—*J. F. Rodrigues.*

991 à 1014. Plombs et balles—*M. da Silva.*

1015 à 1020. Banc de jardin en fonte ; vases et ornements en fonte—*T. Bacheley.*

1021. Broche de diamant émaillée—*Pinto e Sousa.*

1022. Améthystes montées sur ouvrage en filigrane d'or —*A. de Franca.*

1023 à 1043. Carafes, verres à eau et à vin, taillés—*M. J. Alfonso.*

1044 à 1111. Dessin de fenêtre vitrée ; porcelaine de différents dessins, soupières, plats, assiettes, services à café et à thé, aiguières, bassins, &c. ; bouteille et jarre pour huile d'olive, en grès; poterie culinaire noire—*Pinto, Basto & Cie.*

1112 à 1115. Nattes de paille.— *G. B. Ferreira.*

1116 à 1118. Commode ; garde-robe et lit en acajou—*R. Fulcher.*

1119. Fauteuil d'invalide en acajou—*Arsenal Royal.*

1120. Barrique à vin—*A. P. Rangel.*

1121. Selle—*J. J. Figueirado.*

1122. Cuir de semelle—*D. da Cunha Fialho.*

1122a. Cuir de semelle—*T. M. Breets.*

1123. Cuir de bouvillon—*D. C. Fialho.*

1123a. Peau de veau—*M. B. Monteiro, Jeune.*

1123b. Peau de veau—*F. T. Barotto.*

1123c. Peau de veau—*C. J. F. da Silva.*

1123d. Peau de veau—*J. Bollo.*

1124, 1124a, 1124b. Maroquins de couleurs diverses.

1125. Peau de bouvillon—*D. C. Fialho.*

1125a. Peau de mouton—*F. M. Bratts.*

1125b. Peau de mouton, jaune.

1125c. Peau de mouton, blanche.

1126. Peau de seau à incendie—*L'arsenal Royal.*

1126a. Peau de chèvre—*J. G. Bollo.*

1126b, 1126c. Outre en peau de cochon ; bouteille à vin en cuir, en usage dans les campagnes—*C. A. Fragada.*

1127 à 1143. Ombrelles.

1144 à 1150. Parapluies.

1151. Cire à cacheter—*M. R. Lassa.*

1152, 1153. Grenadille artificielle ; camélia artificiel—*Vicente Ruball.*

1154. Gants de peau—*F. Baron.*

1155 à 1157. Cordons de sonnette et glands.

1158 à 1164. Différentes sortes de savon—*Les Fournisseurs Royaux de Savon.*

1165, 1166. Ouvrages de fil, de fantaisie.

1167. Beau fil—*De Guimarens.*

1168. Arbre fait de fil—*M. J. de Cotto Romão.*

1169, 1170. Bas à jour—*M. Parreira.*

1171. Soie pour tamis.

1172 à 1211. Tabacs à priser ; cigares ; feuilles de tabac coupées ; cigarrettes—*La Manufacture Royale des Tabacs.*

1212 à 1221. Bougies en cire ; bougies peintes ; paniers en cire.—*M. L. Carvalho.*

1222. Un fuseau doré.

1223. Un panier de marbre—*C. Bonnet.*

1224. Table ronde dorée—*J. Caetans.*

1225. Armes du Portugal sculptées en bois—*L'Arsenal maritime.*

1226, 1227. Chapiteaux de colonne, sculptés en bois—*L'Arsenal Maritime.*

1228. Sculptures en bois: Le Prince Henri ordonnant à Gonzalves Zargo et à Tristan Vaz d'aller découvrir de nouveaux pays—*T. Caetano.*

1229 à 1231. Sculptures en acajou—*T. Caetano.*

1232. Sculptures en bois: Jésus Christ et St. François crucifiés—*H. T. Vierra.*

1233. Tapis de table en toile cirée—*Le Comte Thomar.*

8234. Sculpture en ivoire : Prométhée—*M. T. Vierra.*

1235. Id. : Jésus Christ crucifié—*M. T. Vierra.*

1236. Chaîne en ivoire—*M. Mularinho.*

1237. Pupitre à écrire, incrusté de bois d'ébène et d'ivoire —*Le Roi du Portugal.*

1238 à 1251. Esquisses lithographiques de paysages portugais.

1252. Panorama d'histoire—*T. P. Monteiro.*
1253. Dessin à la plume—*M. N. Godinho.*
1254. Dessin sur pierre lithographique—*T. J. Lopez.*
1255 à 1264. Dentelles blanches.
1265 à 1276. Dentelles blanches.
1277 à 1293. Dentelles larges, blanches et noires.
1294. Gouvernail perfectionné—*Manufacture de Bicalho Oporto.*
1295. Dix spécimens de minerai de plomb—*De la mine de Bracal.*
1296. Portrait de la Reine Dona Maria II. (Calligraphie) —*A. S. P. da Silva.*
1297. Arbre généalogique de la Famille Royale du Portugal (Calligraphie)—*A. S. P. da Silva.*
1298. Oranger artificiel—*Vicente Russell.*
1299. Fleurs artificielles—*C. J. Marques.*

RUSSIE.

Commissaire à Londres : M. GABRIEL DE KAMENSKY, 32 Norland Square, Notting Hill.

1 *La Manufacture Impériale d'Alexandrovski,* près St. Petersburg.—Lin roui et étoupe de Pskoff, Melenkoff, Veli-koselsk, Poletzk.

2 *La Fonderie Impériale de Canons d'Alexandrovsk,* Gouv. d'Olonetz.—Minerai de fer; pierre calcaire; fonte pour canons de gros calibre.

3 *Les Usines Impériales d'Artinsk,* district de Zlata-oust.—Echantillons d'acier fondu.

4 *Les Usines Impériales de Barnaoulsk,* district d'Al-taïsk, Sibérie. — Minerais d'argent de différentes mines; pierre calcaire; sel de lac; brique réfractaire; scories et autres produits obtenus du raffinage des minerais argenti-fères.

5 *Fonderie Impériale de Koushvinsk,* Gouv. de Perm. —Fer en saumon.

6 *Usines Impériales de Cuivre de Perm,* Gouv. de Perm. —Spécimens géologiques des rochers du système permien de Sir Rodéric Murchison; pierre marneuse, argiles de marne; fer, acier, cuivre, étain, et malachite; dolomite décomposé; cuivre en lingots et en feuilles; quartz de Nerinsk; argile blanche réfractaire et briques qui en sont fabriquées; ma-tériaux employés dans les fourneaux pour la fonte des minerais de cuivre.

7 *Fonderies Impériales de Goroblagodatsk,* Gouv. de Perm.—Minerai de fer magnétique de la mine de Blago-datsk, et autres minerais de fer; pierre à chaux, employée comme flux pour favoriser la fusion des minerais de fer.

8 *Fonderies Impériales de Kamensk,* Gouv. de Perm, district d'Eckaterinbourg. — Minerais de Melnikovsk et autres (pierre-ferrifère d'argile, brune); pierre à chaux; silice; chaux vive; scories et fontes de fer.

9 *Fonderies Impériales de Koussinsk,* Gouv. de Perm, district de Zlatoust. — Pierre à feu, brique réfractaire, pierres ferrifères brunes, et autres spécimens géologiques; fer fibreux; fer forgé à gros grains.

10 *Fonderies Impériales de Nijne-Touriinsk.*—Fer en barre.

11 *Fonderies Impériales de Verkhene-Barantchinsk.*— Fer roulé, de formes et de dimensions différentes.

12 *Fonderies Impériales de Verkhene-Tourinsk.*—Fer en saumon.

13 *Fonderies Impériales de Votkinsk,* Gouv. de Viatka. —Fer pudlé et autres sortes.

14 *La Manufacture Impériale d'Armes-à-feu de Zlata-oust,* Orenbourg, district de Zlataoust.—Acier brut, forgé, damasquiné et fondu.

15 *Mines Impériales de la Pologne.*—Divers spécimens géologiques; fonte; fer; zink, &c.

16 *Fonderies Impériales de Nijne-Issetsk,* Gouv. de Perm.—Fer en feuille; fer en tôle pour chaudières.

17 *Fonderies Impériales de Satkinsk,* district de Zlata-oust.—Fer en fonte, forgé, et doux, de hauts fourneaux, et spécimens géologiques.

18 *Usines Impériales de Tomsk,* district d'Altaisk.— Acier fondu et damasquiné.

19 *Usines Impériales de Cuivre de Bogoslovsk,* Gouv. de Perm.—Cuivre natif de la mine d'Archangel, et minerais de cuivre; minerai vitreux, avec des pyrites de cuivre, im-prégné de quartz, de la même mine; malachite reniforme, &c.

20 *Fonderies de Khamounitsky,* (Ponomareff, Mme. Prop.), Gouv. de Viatka, district de Slobodsk.—Fer au charbon-de-bois, tôle de fer oxidé, et tôle de fer pour chau-dières.

21, 120 *Demidoff,* M. M. Prop. Nijne-Taghilsk, Sibé-rie.—Spécimens de rocs, trouvés dans des sables aurifères et platinifères; morceaux d'or natif. (Agents, Henri Hall & Cie., 34 Fenchurch Street).

22 *Minéraux* trouvés dans la Nouvelle Russie, la Bes-sarabie, et les Provinces Trans-Caucasiennes.—Gneiss; sy-énite; syénite-gneiss; syénite à beaux grains; diorite; feld-spath, &c.

23 *Pashkoff,* V. Prop. Gouv. d'Orenbourg, district de Sterlitamatsk.—Cuivre en lingots.

24 *Pashkoff,* M. Prop. Gouv. de Orenbourg, district de Sterlitamatsk.—Cuivre en lingots, en bloc et en tôle.

25 *Jacovleff,* Mme. Catherine, Prop. Gouv. de Riazan, domaine Grishino.—Acier.

26 *Kirshmann & Kijevski,* Fab. Varsovie.—Produits chimiques.

27 *Schlippe,* C. Fab. Gouv. de Moscou, district de Vereisk, Domaine de Plesninsk.—Prussiate de potasse; alun; muriate d'étain; acide oxalique; acide tartrique; vinaigre; leïocome.

28 *Sanin,* Fab. Gouv. de Kalouga.—Sucre de plomb; produits chimiques.

29 *Brusghin A.* Fab. Koselsk.—Prussiate de potasse.

30 *Verdan & Cie.* Fab. Moscou.—Leïocome; dextrine; albumine; amidon.

31, 101 *Karnowitch,* —. Prop. Gouv. de Jaroslaff.— Lin préparé d'après la méthode flamande; graine de navette.

32 *Koucheleff, le Comte,* Prop. près St. Pétersbourg, domaine de Ligovo.—Blé, et autres produits agricoles.

33 *Loshkareff,* —, (paysan), Gouv. de Simbirsk.—Blé.

34 *Hirshmann,* —, Prop. Gouv. de Lublinsk, district de Sedletsk, domaine de Sokolovo.—Blé à gros épis; seigle.

35 *Klepatsky,* —, Prop. Gouv. de Kharkoff, district de Koupiansk.—Blé de printemps ("arnaoutka").

36 *Dokhtouroff,* —, Prop. Gouv. de Toula, district de Kashirsk.—Sarrasin préparé; orge perlé; gruaux choisis.

37 *Les Cosaques de la Mer d'Azoff,* territoire des Co-saques du Don, Prod.—Blé de printemps à épis bleus ("boolgarka"), en gerbes et en grain; blé de printemps, à épis noirs ("boolgarka"), en gerbes et en grain.

38 *Morozoff,* —, (paysan), Prod. Gouv. de Kostroma, domaine de Korobeinikoff.—Blé ("Belotourka").

39 *Baguer,* —, Prop. près Kertch. — Blé dur ("ar-naout").

40 *Matveiff,* (paysan), Prod. Gouv. de Orel, district d'Eletz.—Sarrasin préparé.

40A *Bistrom, le Baron,* Prop. Gouv. de Courlande, dis-trict de Mitava, domaine de Patzen.—Orge perlé.

41 *L'École d'Horticulture,* Bessarabie.—Maïs.

42 *Shabelsky,* —, Prop. Gouv. d'Ekaterinoslaff, district de Rostoff.—Blé dur ("arnaout").

43 *Treshoff,* —, Prop. Gouv. de Varsovie, district de

Gostindsk, domaine de Khodove. — Blé, appelé " Sando-mirsk."

44 *Wielhorsky, le Comte, M.* Prop. Gouv. de Penza, domaine Znamensk.—Blé, " Wielhorka."

45 *N. N.* Gouv. de Kharkoff, district de Zmievsk.—Orge de Suède et d'Himalaya.

47 *Ropp, le Baron,* Prop. Gouv. de Courlande, domaine de Bixten.—Orge perlé.

48 *Rehke, A.* Prop. Gouv. de Courlande.—Orge perlé.

49 *Ratshinsky, —,* Prop. Gouv. de Smolensk.—Gruau.

50 *Vladimirsky,* (paysan), Prod. Gouv. de Novgorod.—Gruau de seigle vert.

51 *Zilfougar-Beck, —. Ishander-Beck-Ogli,* Prod. Gouv. de Shemakha, village de Matchakhi.—Chaltick ; gruau.

52 *Selivanoff, —,* Prop. Gouv. de Penza, domaine de Koutchouk-Portch.—Avoine.

53 *Hadji-Baba-Kelbalay-Oossein-Ogli,* Prod. Shemak-ha.—Soies teintes : cramoisi, noir, vert, jaune, et bleu.

53A *Volkonsky, le Prince, M.* Prop. Gouv. de Yaroslaff, district de Mologsk.—Avoine.

54 *Ounkovsky, —,* Prop. Gouv. de Novgorod, district de Mologsk.—Avoine.

55 *Safonoff, A. E.* Prop. Gouv. de St. Pétersbourg, district de Schlisselbourg, domaine de Kiritsk.—Seigle de printemps.

56 *Bobrinsky, le Comte, A.* Prop. Gouv. de Toula, district de Bogorodsk, domaine de Mikhailovsk. — Seigle d'hiver.

57 *Khalil-Beck-Saphieff,* Prod. Gouv. d'Erivan, district de Sharoor, village de Bashoorashen.—Riz ; farine de riz ; riz natif (" chaltick ") ; farine de ce riz.

58 *La Société d'Agriculture du Caucase,* Gouv. de Eri-van.—Riz.

59 *Pousanoff, —,* Prop. Gouv. de Koursk, district de Stchigrovsk, domaine de Nikitsk.—Millet ; millet noir.

60 *Ershoff, —,* Prop. Gouv. de Saratoff, district de Kamishinsk.—Blé, (appelé " koubanka "), et millet.

61 *Gooriel, le Prince Levan,* Prop. Cootais, district d'Ozerguet.—Millet du Caucase (appelé " gomia ")

62 *Miagkhoff, —,* (paysan), Prod. Gouv. de Jaroslaff, district de Rostoff, domaine d'Ugodinot.—Pois verts.

63 *Khohholkoff & Gregorieff,* (paysans), Prod. Gouv. de Yaroslaff.—Pois verts.

64 *Golovanoff,* (paysan), Prod. Gouv. d'Olonetz, district de Poudojsk, domaine de Sartchevsk.—Farine de fro-ment.

65 *Manin, —,* Nég. Gouv. d'Olonetz, district de Vite-gorsk.—Manne de Pologne ; belle farine de froment.

66 *Rousanoff, —,* Gouv. d'Orel, district d'Eletz.—Belle farine de froment.

67 *Sapojnikoff, Frères,* Nég. Gouv. de Saratoff.—Farine de froment.

68 *Nikitin, —,* Confiseur, Gouv. de Smolensk.—Fruits secs conservés.

69 *Sorokin, Catherine,* Prop. Gouv. de Jaroslaff, près de Rostoff.—Chicorée.

70 *Volkonsky, le Prince, V.* Prop. Gouv. de Tamboff, district de Shatzk.—Gomme artificielle de fécule.

71 *Roterman, C.* Fab. Gouv. de Reval.—Amidon de blé.

72 *Yurghenson, —,* Prop. Gouv. de Novgorod, domaine de Marieno.—Amidon de pomme-de-terre.

73 *Carapet, M.* Prod. Gouv. d'Erivan, district de Sour-maline, vilage d'Amaret.—Graines de la plante d'huile de castor (Ricinus communis) ; graines de luzerne ; graines de sésame.

74 *Les Héritiers Trescoff,* Prop. Gouv. de Varsovie, district de Gostindsk, domaine de Streltze.—Graines de navet.

75 *Mustapha, E.* Prod. Gouv. de Tiflis, district de Bertchalin.—Tabac turc.

76 *Spiglazoff, A.* Fab. St. Pétersbourg.—Tabac, ci-gares, et tabac à priser.

77 *Doodinsky, —,* Prop. Gouv. de Shemakha, district de Leucoran.—Tabac de Maryland et de la Havanne.

78 *Sangoushko, la Princesse Marie,* Prop. Shepetovka, Gouv. de Volhynie, district de Sasslar.—Sucre de betterave.

79 *Hirshmann, Hirshendorff & Ravitch,* Raffineurs, Gouv. de Lublinsk, district de Sedletsk, domaine de Soko-lovo.—Sucre brut et raffiné.

80 *Ejoff, J.* (Paysan), Gouv. de Vologda, domaine de Navoisk.—Soupe portative.

81 *Marimanoff & Armakouna,* Fermiers de la Pêcherie de Salyan, Gouv. de Shemakha.—Gélatine ; cartilage de poisson (appelé viaziga).

82 *Felkersam, Baron,* Prop. Gouv. de Courlande, district de Grobinsk, domaine de Papenhoff.—Madia ; diverses sortes de graines de tournesols.

83 *L'Institution Forestière de Lisinsh,* Czarskoe Sielo.—Térébenthine, et résine.

84 *Rudert, H.* Facteur d'Instruments de Musique, Varsovie.—Résine purifiée.

85 *N. N.* Smolensk, district de Dorogobouj.—Circ.

86 *Babaieff, A.* Prod. Derbent.—Racines de garance.

87 *Kerim-Raghim-Ogli,* Prod. Gouv. de Derbent, district de Cubi.—Racines de garance.

88 *N. N. Gouv. de Shemahka,* district de Shoosha.—Ecorce de grenadier sauvage.

89 *N. N. Gouv. de Stavropol,* sur les Bords du Terek, et dans la Plaine de Coumack.—Bois de teinture (*Statice coriaria.*)

90 *Kvaviloff, P.* Prod. Gouv. de Tiflis, district de Telaff.—Safran sauvage.

91 *Ayvazoff, S.* Prod. Gouv. de Shemakha, District de Baki.—Safran.

92 *Derbent,* District de Cubi. — Baies jaunes pour teinture.

93 *N. N. Gouv. de Shemakha,* District de Nookha.—Bois et feuilles de sumach pour tanneurs.

94 *Abdourza-Maram-Ogli,* Prod. Gouv. de Erivan, District de Sharour.—Coton natif.

95 *Babarikin, M.* Nég. Gouv. de Pskoff, ville de Kholm.—Lin.

96 *Djidjivadze, le Prince Niko,* Prop. Jmérétie.—Co-ton, produit de graines importées de l'île Bourbon.

97 *Ardamatsky, J. & T.* Nég. Soletz, Gouvernement de Pskoff.—Lin.

98 *Ardamatsky, J.* Neg. Gouv. de Pskoff, ville de Porkhoff.—Etoupe de lin, 1ère et 2ème qualités.

99 *Ardamatsky, Frères,* Neg. Novgorod.—Lin et étoupe de première et seconde qualités.

100 *Krashenenekoff, —.* Prod. Gouv. d'Orel, District de Sevsk.—Chanvre, seconde qualité.

102 *Kazalett, A.* Fab. St. Petersbourg.—Etoupe.

103 *Filemonoff, K.* Nég. Gouv. de Jaroslaff, ville de Rilsk. —Chanvre.

104 *Bukhareff, —.* Prop. Gouv. de Pskoff, District de Porkhoff, Domaine d'Jdanovich.—Etoupe.

105 *N. N. Gouv. de Jaroslaff,* Domaine de Velikoe.—Lin.

106 *N. N.* Esthonie, District de Viusk, Domaine de Valk.—Assortiment de lin.

107 *N. N.* Pskoff.—Lin, première et seconde qualités.

108 *Zakharoff, S.* Nég. Gouv. de Pskoff, ville de Kholm.—Lin.

109 *Volkhonsky, le Prince,* Prop. Gouvernement d'Orel, District de Sevsk.—Chanvre de première qualité.

110 *Milokroshetchnoi, K.* Nég. Pudoj.—Lin de Korelsk, première qualité.

111 *Melnikoff, —.* Nég. Gouv. de Vladimir, District de Melenkoff.—Lin, seconde qualité.

112 *Vaniukoff, J.* Nég. Soletz, Gouvernement de Pskoff.—Lin.

113 *Vaniukoff, T.* Nég. Soletz, Gouvernement de Pskoff.—Lin.

114 *Clarke & Morgan,* Gouv. d'Archangel.—Lin.

115 *Zemskoff, —.* Nég. Gouv. de Novgorod, ville de Staraja-Roussa.—Etoupes, première et seconde qualités.

116 *Sabinin.* — Prod. Gouv. de Toula, ville de Beleff.—Etoupe.

117 *Kauffmann, A.* Prop.—Spécimens de différents bois des Gouvernements de Grohno, Minsk, et la Volhynie.

118 *Le Gouvernement de Coutais,* Ozourget. — Bois de platane et de Rhododendron.

119 *Le Gouvernement de Tiflis,* Djarobelocan.—Bois de noyer et de hêtre.

121 *La Ferme de Gorigoretzh,* Mohibeff. — Laine brute de mérinos.

122 *Vassal, —.* Prop. Tauride, District du Dneiper.—Laine mérinos.

123 *Gamaley,* Prod. Bessarabie, District d'Ackerman.—Laine mérinos.

124 *Philibert, F. & L.* Prop. Tauride, District de Melitopol.—Laine mérinos.

125 *N. N.* Esthonie. Schloss Bargam, et Kaltenbrunn.—Laine mérinos.

126 *Shahnararoff, A.* Prod. Gouv. de Stavropol, District de Piatigorsk.—Laine blanche et noire, non lavée, des troupeaux de Caratchay.

127 *Narishkin, L. K.* Prop. Gouv. de Saratoff, District de Balasheffsk, Domaine de Serghievka.—Laine.

128 *N. N.* Schloss-Trikaten, Gouvernement de Livonie.—Laine.

129 *Youzbash,* Prod. Derbent, Khanate de Kiurin.—Laine blanche, non lavée.

130 *Gigolo, Chvili,* Prod. District de Gorsk.—Laine noire, non lavée.

131 *Abramoff, J.* Prop. Gouv. d'Ekaterinoslaff, District de Rostoff.—Belle laine de chèvre cachemire, non lavée.

132 *Des femmes cosaques,* Orenbourg.—Laine de chèvre, blanchie et grise.

133, 200 *La Tribu des Bashkirs.*—Laine de chameau, nettoyée, grise et jaune.

134 *Koriakin & Moujikoff* (paysans), Vologda.—Soies d'animaux.

135 *Semenoff & Faleyeff, Frères,* Fab. Kalouga.—Soies d'animaux, appelées "okatka."

136 *Zolotoreff, T.* Fab. Kalouga.—Soies d'animaux, première, seconde et troisième qualités. Soies blanches et noires.

137 *Juditska —.* Prod. Moscow. — Cocons, et soie de divers titres.

138 *Rier, —.* Prod. Tauride, District de Molotchansk.—Soie grège.

139 *Rebroff, A.* Prop. Gouv. de Stavropol, District de Piatigorsk.—Soie grège.

140 *Rayko, N.* Prod. Odessa. — Cocons; soies grèges, blanche et jaune.

141 *Vikoulin, —.* Prop. Gouv. de Voronej, District de Zadonsk.—Soie grège de différentes couleurs; organsin.

143 *Rebroff, A.* Prod. Gouv. de Stavropol.—Cocons; soie grège; organsin.

144 *Popoff, A.* Nég. Moscou.—Duvet de première qualité.

145 *Lapshin, J.* Fab. St. Pétersbourg. — Duvet d'oie; plumes blanches de Bejetsk; plumes grises.

146 *N. N.* Gouv. d'Erivan, District d'Alexandropol.—Poudre persanne pour détruire les insectes.

147, 155 *Mines Impériales de Pologne.*—Fer ouvré employé dans les trains d'artillerie; rails, d'après le plan de M. Vignolles; vis de fer, avec noix de cuivre jaune.

148 *Staffel, J. A.* Fab. Varsovie.—Machine à calculer; machine pour peser les métaux précieux.

149 *La Manufacture Impériale d'Alexandrovsk,* près St. Petersbourg. — Machines pour essayer la résistance des toiles à voile, le coton retors, et le coton filé, &c.

150 *Graff, H.* Inv. St. Petersbourg.—Machine à organiser la soie.

151 *Mentchinsky, A.* Inv. Gouvernement de Kieff.—Machine brevetée à tailler les limes.

152 *Heke, B.* Fab. Varsovie.—Machine à vide, pour l'évaporation du sirop de sucre.

153 *Demidoff, M. M.* Prop. Nijni Taghilsk-Sibérie.—Une table à laver le sable aurifère.

154 *L'Etablissement Impérial de Carrosserie de St. Pétersbourg.*—Modèle de roue sans jante; cercle de roue, en chêne.

156 *La Fonderie Impériale de Votkinsk.*—Fer ouvré pour trains d'artillerie; solives pour toitures.

157 *La Fonderie Impériale de Kouschvinsk.*—Boulet de canon.

158 *La Fonderie Impériale de Barantchinsk.*—Bombes et grenades.

159 *La Fonderie Impériale de Nijne-Issetsk,* Gouvernement de Perm.—Grenades.

160 *Ismaël-Abdool-Rughil-Ogli,* Gouvernement de Shemakha, District de Lagitch. — Canon de fusil et de pistolet.

161 *La Manufacture Impériale d'Armes de Zlataoust,* District de Zlataoust.—Sabres et lances: poignards de soldat et cuirasse.

162 *Khamoff, M.* Fort de Temir-Khan-Shoori, Daguestan-Nord.—Sabre caucasien, appelé "Chachka."

163 *Ouste-Catchey-Ooste-Ali-Beck-Ogli,* Gouv. de Shemakha, District de Noukha. — Sabre caucasien, appelé "Chachka."

164 *Bazalay, M.* Village de Cazanistch Nord, Daguestan.—Quatre dagues du Caucase.

165 *Ouste-Selim-Molla-Nouri-Ogli,* Gouv. de Shemakha, District de Noukha.—Une dague du Caucase.

166 *—Shah-Vedi-Ogli,* Orfèvre, Coubatchin, Derbent—Une carabine caucasienne.

167 *Les Usines Impériales d'Artinsk,* District de Zlataoust.—Faux d'acier fondu.

168 *La Manufacture Impériale de Machines d'Ekaterinbourg,* Gouvernement de Perm.—Outils mécaniques.

169 *La Manufacture Impériale d'Ijorsk,* près St. Pétersbourg.—Instruments de dessin; sextants; niveau avec support.

170 *Pick, J.* Fab. Varsovie.—Microscope, avec deux oculaires et trois assortiments d'objectifs achromatiques; un niveau avec deux téléscopes achromatiques; un verre grossissant quadrangulaire.

171 *Rudert, H.* Fab. Varsovie.—Un petit violon, dont le dessus est de sapin; les côtés et le dessous de la boîte, ainsi que le manche, sont de platane.

172 *Lichtental, M.* Fab. St Pétersbourg.—Piano impérial; piano-cottage.

172A *Vesofftchikoff, M.* Nijni-Novgorod.—Plateau de balance en fer.

173 *Rabeneck, L.* Fab Moscou, District de Bogorodsk, Domaine de Sobolevo.—Coton retors; velours uni; calico uni et imprimé; mouchoirs de poche imprimés.

174 *Popoff, T. & Fils,* Fab. Gouv. de Vladimir, Shouia.—Drap de grande largeur.

175 *Panteleeff, M.* Prop. Moscou, District de Bogorodsk.—Velours de coton de diverses couleurs.

176, 191, 199, 208 *Rochefort, J.* Fab. Moscou, Domaine de Perovo.—Robes de mousseline imprimées, de couleurs variées; châles blancs et noirs; fichus; dentelles; gaze rose Alexandra.

177 *Muyer & Zindell,* Fab. Moscou.—Indiennes.

178 *Fabrique d'Etoffes perses de Czarevsk,* Gouv. de

Moscou, District de Dmitrovsk.—Indiennes de diverses couleurs, et pour meubles.

179 *Lutch, J.* Fab. St. Petersbourg.—Indiennes

180 *Zouboff, D. & Stepounin, A.* Fab. Gouv. de Tsheringoff, Faubourg de Klintz.—Drap bleu foncé.

181 *Stumpf, F.* Fab. Gouv. de Varsovie, ville de Tomaschoff.—Draps vert et noir.

182 *Ahsenoff, J.* Gouv. de Tshernigoff, faubourg de Klintz.—Drap gris clair.

183 *Caci-Chvilly,* Prod. Gouv. de Tiflis, district de Djarobelocan.—Drap ossetien (tistick).

184 *Jsaieff, P.* Nég. et Fab. Gouv. de Tshernigoff, district de Sourajsk, colonie de Novi Meziritch.—Draps de diverses couleurs.

185 *Zuckhert, W.* Fab. Gouv. de Grodno, ville de Suprasl.—Draps de différentes couleurs; satin-laine.

186 *Tcharti-Obdvol-Ogli,* Prod. Gouv. de Tiflis, district de Djarobelokan.—Drap pour pantalons de caucasien; drap Lesghien.

187 *Tchetverioff,* —. Fab. près Moscou.— Drap-satin pour amazones, fabriqué de la laine des troupeaux du Comte Nesselrode.

188 *Tchuriloff,* —. Fab. St. Petersbourg.— Drap-satin pour amazones; cachemires quadrillés.

189 *Goutchhoff, E. & J.* Fab. Moscou.— Cachemire; mousseline de laine, unie et imprimée; tapis de table popeline.

190 *Volner,* —. Fab. Moscou.— Variété de mérinos français, cachemires, mousselines de laine, et satin de laine.

192 *Moss & Cie.* Fab. Gouv. de Grodno, près Belostok.—Satins de laine; échantillons satins de laine; fils de laine, Nos. 32-40.

193 *Narimoff, O.* Prod. Gouv. de Shemakha, ville de Shoosha.—Chaussettes de laine pour homme et pour femme.

194 *Ouste, Aluxar,* Brodeur, Gouv. de Shemakha, Nookha.—Coussins brodés de drap rouge et bleu.

195 *Favard, C.* Fab. Gouv. de Moscou, domaine de Poushkino.—Damas en laine.

196 *Les Tartares de Nogaisk,* Prod. — Drap fabriqué de poil de chameau.

197 *Donrassoff,* —. Prop. Gouv. d'Orenbourg, district de Bougourouslansk.—Drap fabriqué de poil de chameau.

198 *Des femmes de Cosaques,* Prod. Orenbourg.—Poil de chèvre filé.

200 *La Tribu des Bashirs,* Prod.—Poil de chèvre filé.

201 *Ayrapet, T.* Fab. Shemakha.—Pièces de taffetas.

202, 203 *Sitoff, Frères,* Fab. Moscou. — Franges d'argent doré, brandebourgs, et filigrane; échantillons de brocart.

203 *Kolokolnikoff,* —. Fab. Moscou.—Brocart d'or.

204 *Lokteff, J.* Fab. Moscou.—Velours; rubans; peluche; gilets de gros-gros; mouchoirs de poche.

205 *Poliahoff & Zamiatin,* Fab. Moscou.—Brocard d'or.

206 *Tedjoum-Beck-Melik-Shah-Nazaroff,* Fab. Gouv. de Shemakha.—Tissu de soie du Caucase (appelé " djidjim "), et taffetas.

207 *Jraf-Ogli,* Gouv. de Shemakha, district de Nouka, village de Khateuar.—Taffetas de soie et coton; foulards de soie; tissu de soie du Caucase (appelé "moff"); tissus de soie pour pantalons de Caucasiens, rouge, gris, et bleu.

209 *Zaloghin,* —. Fab. Moscou.—Gros de Naples glacé et quadrillé; gros-gros moiré et satin.

210, 219 *La Manufacture Impériale d'Alexandrovsk, près de St. Pétersbourg.*—Toiles à voile blanchies et bouillies; nappes damassées blanchies et demi-blanchies; un tableau en soie tissée; portraits en soie.

211 *Des Paysans de Kherson,* Prod. district de Tiraspol.—Coiffures ornées (appelées Naframa); draps de lit en soie; nappe et serviette en soie.

212 *Melnikoff - Gloushkoff, P.* Fab. Rjeff.— Fil de chanvre.

214 *Melnikoff-Gloushkoff,* Gouv. de Tver, ville de Rjeff.—Fil de chanvre.

215 *Bistrom, Mme.* Prop. Gouv. de Kalouga, district de Medinsk.—Toile à voile.

216 *Bruzghin, A.* Fab. Gouv. de Kalouga.—Toile à voile.

217 *Belibin, P.* Fab. Gouv. de Kalouga.—Toile à voile.

218 *Zotoff, Frères,* Fab. Gouv. de Kalouga, district de Kozelsk.—Toile à voile.

220 *Konovnizin, La Comtesse,* Prop. Gouv. de Kharkoff, district d'Akhtirsk.—Toile de lin.

221 *Julenius, Anna,* (Paysane), Prod. Abo, Finlande.—Toile de lin.

222 *Von Mengden, M.* Prop. Gouv. de Kostroma, district de Keneshemsk.—Nappes; serviettes; essuie-main; serviettes de déjeuner.

223 *Kazalett, A.* Fab. St. Pétersbourg.—Cordage; filet de corde.

224 *Koussoff, J. et Fils,* Fab. St. Pétersbourg.—Peaux à demi-tannées.

225 *Divers Négociants et Paysans,* Prod. Gouv. de Nijni Novgorod.—Peaux de mouton.

226 *Lithe, J.* Fab. Varsovie.—Veau verni; cuir de Russie (Yupht); peau de bœuf vernie, pour voitures.

227 *May, R.* Fab. Varsovie.—Veau verni, pour souliers; peaux de bœuf vernie, pour voitures; toile cirée noire.

228 *Ozeroff, T.* Prop. Gouv. de Koursk, district de Belgorod, village de Bessonovka.—Cuir émaillé, cuir de Russie, peau de chèvre, et peaux de veau blanches.

229 *Podsossoff, P. et Fils,* Fab. Gouv. de Nijni Novgorod, Arzamass.—Cuir de Russie.

230 *Des Paysans d'Ekaterinoslaff.*—Peaux d'agneaux.

231 *Shouvaloff et Fils,* Fab. Moscou.—Cuir verni.

232, 235 *Skvorzoff,* Fab. Gouv. de Moscou, district de Svenigoradsk.—Cuir et bottines de dames.

233 *Satournin, M.* (Paysan), Prod. Nijne-Novgorod, district de Balashinsk.—Cuir blanc et noir.

234 *Miller, M. Jeune,* Fab. Varsovie.'—Bottes pour hommes; souliers sans coutures, &c.

236 *Jalovitzin, J.* Fab. Kalouga.—Cuir pour semelle, tanné avec de l'extrait de seigle.

237 *Gribanoff, P.* Fab. Kalouga.—Cuir pour semelle, tanné avec de l'extrait de seigle.

238 *Boudelin, A.* Fab. Gouv. de Nijni-Novgorod Arzamass.— Cuir de Russie.

239 *Koteloff, P.* Fab. Gouv. de Kasan.—Maroquin, pour l'exportation en Chine, et la consommation intérieure.

240 *Bakhroushin et Fils,* Fab. Moscou.—Maroquins et veaux de couleurs diverses.

241 *Shouvaloff et Fils,* Fab. Moscou.—Bottes et galoche s imperméables, pour dames.

242 *Mahmet-Veli-Ogli,* Prod. Shoosha.—Couverture de cheval.

243 *Abdool-Mahomet-Ogli,* Prod. Gouv. de Shemakha, district de Lencoran.—Peau de chèvre sauvage.

244 *Abass-Bah,* Gouv. de Shemakha, district de Nookha.—Peau de léopard, de tigre, et de pélican.

245 *Mahomet-Ogli,* Gouv. de Shemakha, district de Nookha.—Peau et cornes des moutons de montagnes.

246 *Ali-Mehemet,* Gouv. de Shemakha, district de Salyan, village de Saydan.—Peaux d'antilopes; peaux de martinet.

247 *Semenoff & Falcyeff, Frères,* Fab. Kalouga.—Garnitures d'édredon.

248 *Bezrouhavnihoff-Sokoloff, A.* Fab. St. Pétersbourg.—Crin préparé pour meubles et matelas.

249 *Cassin-Oussein-Couli-Ogli,* Brodeur, Shoosha, Gouv. de Shemakha.—Harnais ornés de cheval, brodés de soie.

250 *Dada, Badanoff*, Fab. Shousha, Gouv. de Shemakha.—Selle du Caucase.

251 *Agadjan, Djifaroff*, Fab. Shousha, Gouv. de Shemakha.—Mors du Caucase.

252 *Arutin-Tabanoff*, Prod. Ville de Shousha.—Sacoche.

253 *Hussan-Ouste-Neftali-Ogli*, Prod. Shousha.—Housse de selle.

254 *Irza-Couli-Hadji-Cagraman-Ogli*, Prod. Noukha, Shemakha.—Housse de selle en soie; housses du Caucase.

255 *Raphi-Nuba-Ogli*, Prod. Shousha.—Sacoche.

526 *Roustam, C.* Fab. Shousha.—Etriers de Circassie.

257 *Gambartzoomoff*, Artem, Shemakha.—Etriers en acier de Circassie, incrustés d'or.

258 *Petit, A.* Inv. et Lab. Odessa.—Perruques.

259 *Ivanoff, P.* Fab. St. Pétersbourg.—Crin de cheval et autres crins, blanchis et non blanchis, et teints en rouge.

260, 302 *Vargounin, Frères*, Fab. St. Pétersbourg.—Papiers peints; papier à tracer et à écrire.

261 *Solenihoff*, —. Fab. Gouv. de Vladimir, District de Pokrovsk, Domaine de Serghievka.—Papier à écrire.

262 *Fetter & Ran*, Varsovie.—Papier; papiers peints; tapis de table en toile cirée; crayons.

263 *Kerbalay-Khoudha-Aghali-Ogli*, Prod. Ville de Baki, Gouv. de Shemakha.—Tapis.

264 *Baba-Iman-Verdi-Ogli*, Ville de Shousha — Tapis de feutre.

265 *Bardoffsky, T.* Fab. St. Pétersbourg.—Articles d'ameublement, et ustensiles fabriqués de feutre et de poils de lièvre.

266 *Levasheff*, — Nijni Novgorod, Prop.—Nattes.

267 *Ivanoff*, (Paysan) Prod. Gouv. de Kostroma, district de Vetloujsk, Starkovo.—Nattes quadrillées.

268 *Schultz*, —. Prop. Gouv. de Perm, district d'Ekaterinbourg.—Nattes tressées d'écorce d'Aspan.

269 *Hadji-Aga-Baba*, Gouv. de Shemakha, Ville de Shousha.—Tapis de table bleu en laine, brodé de soie.

270, 277 *Lafont, P.* Fab. Moscou. — Châle imprimé; gants de soie; tulle façonné.

271 *Fitzner, C.* Fab. St. Pétersbourg.—Chapeau à ressort, se fermant, &c.

272 *Lott, G.* Fab. Varsovie.—Chapeaux de paille pour dames.

273 *Benno-Niveta*, Fab. Varsovie—Gants en peau de Russie.

274, 291 *N. N.* district de Taganrog. — Bracelets et autres objets en argent; ceintures de rubans d'or; souliers brodés.

275 *Shikhonin, A.* Novotorjok, Gouv. de Novgorod.—Bottes de velours brodé; ceintures de soie et de clinquant.

276 *Shikhonin*, —. Fab. Torjok. — Bottes, bonnets, et autres articles brodés d'or.

278 *Khirghis*, d'Orenbourg.—Iergack, ou manteau de peaux de cheval.

279 *Kerbalay-Houssein-Ogli*, Prod. Gouv. de Tiflis, district de Djarobelocan.—Manteau de feutre de Lesghis, de Caucasien.

280 *N. N.* Abasia.—Manteau de feutre Caucasien.

281 *Merlin, A. & V.* Prop. Gouv. de Riasan, district de Jegorievsk.—Châle.

282 *La femme d'un Cosaque*, Prod. Gouv. de Orenbourg.—Un châle de poil de chèvre blanc.

283 *Ladighin, Mme.* Prop. Tamboff.—Articles fabriqués d'édredon: Un oreiller, dessin turc; manchon blanc tissé, avec bordures.

284 *Albertzoom, S.* Fab. ville de Shemakha.—Cols gallonnés du Caucase; gallons de trois qualités.

285 *La Fonderie Impériale de Canon d'Alexandrovsk*, Gouvernement d'Olonetz.—Statue de Napoléon, &c.

286 *Jakvleff, Mme. Catherine*, Prop. Gouv. de Riazan, domaine Grishino.—Articles de quincaillerie; couteaux, &c.

287 *Krumbigel*, —. Fab. Moscou. — Deux candélabres en bronze doré.

288 *L'Etablissement des Mines Impériales*, Pologne.—Ustensiles de cuisine, émaillés, et fabriqués de zinc.

289 *Buch*, —. Fab. St. Petersbourg.—Boutons de métal.

290 *Aga-Melih-Mahomet-Hadji-Ussouf-Ogli*, Fab. Baki, Gouv. de Shemakha.—Bijoux d'or émaillés.

292 *Petz, C.* Fab. Moscou.—Urnes à thé en plaqué.

293 *Valivski, Mme.* Prop. Gouv. de Kalouga, district de Mossalsk, Miliatino.—Verrerie.

294 *Moussin, Pouchkin*, Prop. Gouv. de Novgorod, district de Krestezk.—Verre à vitre.

295 *Kokhanoff*, —. Prop. St. Petersbourg. — Verre à vitre.

296 *Ameloung & Fils*, Fab. Gouvernement de Livonie, près Dorpat.—Glace.

297 *Gambs*, —. Ebéniste, St. Petersbourg.—Cabinet en bois de tulipe, ornements de bronze et de porcelaine.

298 *La Manufacture Impériale de Peterhoff*, près St. Petersbourg. — Table incrustée de diverses pierres en mosaïque de Florence, à pied à bronze doré; boîte d'ébine, ornée des bas-reliefs en mosaïque de Florence.

299 *Miller, G. jeune*, Brev. et Fab. St. Petersbourg.—Parquets à incrustation de couleurs, de divers dessins.

303 *Beseke*, Fab. St. Pétersbourg.—Savons de noix de cacao et d'Oleine.

305 *Matisen, A. & Cie.* Fab. St. Pétersbourg.—Stéarine massée, et bougies de stéarine.

306 *Alftan*, Fab. Gouv. de Viborg, Finlande, Paroisse de Kaklinsk.—Bougies stéarines.

307 *Pitansier*, —. Fab. Odessa.—Bougies stéarines.

308 *Nilson et Junker*, Fab. Moscou.—Bougies stéarines, &c.; savon de soude, préparé d'oleine.

309 *Sapelkin, V.* Fab. Moscou, domaine de Vladimirovo. Bougies de cire; bougies de mariage.

310 *Popinoff, Sophie*, Brodeuse, Tiflis. — Coussins de velours brodés; nattes à lampes; souliers du Caucase.

311 *Lerkhe*, —. Fab. St. Pétersbourg.—Galoches en caoutchouc; taie d'oreiller en maroquin, imperméable.

312 *Barshaghan*, (Paysan), Prod. Archangel.—Bottes de feutre blanc.

313 *Starkoff*, —, Prop. Gouv. de Nijni-Novgorod, district de Semenovsk.—Souliers de feutre pour dames.

314 *Plusieurs Paysans*, Prod. Gouv. de Nijne-Novgorod.—Souliers et bottes de feutre blanc et gris; bottes et souliers de feutre pour homme et pour femme.

315 *Tchupiatoff, T.* Fab. Rjeff.—Carmin de laque.

316 *Voloskoff, M.* Fab. Rjeff.—Carmin.

317 *Voloskoff, A.* Fab. St. Pétersbourg.—Carmin; extrait de carmin; laque carmin, et laque.

318 *La Manufacture Impériale de Porcelaine*, St. Pétersbourg.—Vases ornés de peintures; dessin de table.

319 *Loukutin et Fils*, Fab. Domaine de Danilkoff, Gouv. de Moscou.—Tabatières et porte-cigares; diverses autres boîtes.

320 *Flerovsy, M.* Fab. Tobolsk, Sibérie.—Boîtes d'écorce de bouleau.

321 *Startchikoff, N.* Fab. St. Pétersbourg.—Echantillons d'un tissu d'or breveté.

322 *Bolin, C.* Bijoutier, St. Pétersbourg.—Bijouteries.

324 *Demidoff, M. M.* Prop. Nijne-Taghilsk, Sibérie.—Différents objets en malachite.

325 *Likhacheff, P.* Fab. St. Pétersbourg.—Epaulettes en or et en argent plaqués; nœuds d'épaule en argent.

326 *La Manufacture Impériale d'Ekaterinbourg*.—Vase bordé de jaspe verdâtre, de trois pieds de haut.

327 *La Manufacture Impériale de Kolivan*, Gouv. de Tomsk.—Vases de jaspe.

328 *Tolstoy, le Comte*, Sculp. Vice-Président de l'Académie Impériale des Beaux Arts de St. Pétersbourg.—Mé

daillons et fontes plastiques et à l'électrotype ; médailles en gutta-percha, commémoratives des guerres de Turquie et de Perse.

329 *Heke, D.* Fab. Varsovie.—Copie en cuivre du vase de Warwick, au repoussé et non en fonte.

330 *Belitcheff, M.* Inv. St. Pétersbourg.—Teinture à cheveux.

330A *Vsevolossky,* —. Gouv. de Perm. Solikamsk.— Echantillons de fer en tôle.

331 *Abasheff, N.* Smolensk.—Pommes de terre sèches et fécule.

332 *Davidoff, B.* Gouv. de Tamboff, district de Morschansk.—Gruau d'avoine et farine de seigle.

333 *Pavloff, N.* Saratoff.—Blé.

334 *Photassoff, A.* Fab. Petersbourg.—Cigares, cigarettes, et tabac à fumer.

335 *Koukell Jasnopolshy, J.* Gouv. de Kharkoff.—Pain de sucre de betterave.

336 *Stchegoloff,* —. Fab. Gouv. de Vladimir.—Alun fabriqué.

337 *Konovnitzin, le Comte J.* Gouv. de Kharkoff, Nikitoffka.—Toison d'un mouton de trois ans.

338 *Vsevolojsy, N.* Astrachan.—Poisson sec, et colle.

339 *Erchoff, A.* Fab. Moscou.—Soies de divers animaux.

340 *Koudriaffsy-Jadenoffsky, B.* Fab. St. Petersbourg. —Echantillons de crin de cheval.

341 *Roch, L.* Fab. St. Petersbourg.—Instruments de chirurgie.

342 *Rosinsky, T.* St. Petersbourg.—Appareil substituant les sangsues.

343 *Zeitler, M.* Fab. Gouv. de Radm, Dombrovo.— Echantillons de fil de treillis, de clous, et de vis.

344 *Iakovleff, Frères,* St. Petersbourg.—Droshki, traineau, et harnais.

345 *Babounoff, B.* St. Petersbourg.—Droshki, traineau, et harnais.

346 *Touliakoff, Frères,* St. Petersbourg.—Droshki à deux places.

347 *Shalkin* (Paysan), Gouv. de Tver, Rjeff.—Une hache.

348 *Obkoutcheff,* Orenbourg.—Sel de roche d'Iletz.

349 *Phokhokoff, Frères,* Fab. Moscou.—Pardessus, robes-de-chambre, châles, cachemire, batiste, indienne.

350 *Des Paysannes de Bedlano,* Gouv. de Radom.—Etoffe en usage général chez les paysans.

351 *Fiedler, A. G.* Fab. Gouv. de Varsovie, près Kalich. —Draperie.

352 *Varen, A.* Fab. Gouv. de Tavasthousk.—Drap de laine de Finlande.

353 *Kondrasheff,* —. Fab. Gouv. de Moscou, Bogorodsk. —Soieries de fantaisie et damas.

354 *Solovieff, J.* Fab. Gouv. de Moscou, Bogorodsk.— Echantillons de velours.

355 *Dombowitch, C.* Fab. Gouv. d'Angonstow, Dobrowola.—Toile et linge de table.

356 *Dolgorouchy, le Prince,* Gouv. de Smolensk.—Cuir pour bottes et semelles ; cuir de Russie.

357 *Shechtel, F.* Saratoff.—Tapis brodé.

358 *Bondarevski, Prascovia, Olga, &c.,* Orenbourg.— Châle de poil de chèvre.

359 *Aristarkhoff,* Fab. Gouv. de Kalouga, Borovsk.— Papier à écrire ; papiers de couleurs.

360 *Riabzevitch,* Fab. St. Pétersbourg.—Echantillons de plumes d'oie à écrire.

361 *Revillon,* Fab. St. Pétersbourg.—Spécimens de caractères d'imprimerie.

362 *Dregger, F.* Moscou.—Chromo-lithographies représentant des antiquités Russes.

363 *La Compagnie des Manufacturiers,* Moscou.—Bougies stéarines et échantillons de stéarine.

364 *Stier, H.* Fab. Varsovie.—Savon de toilette.

365 *Chopin, F.* St. Pétersbourg.—Grand caudélabre (style Louis XV.) ; pendule (style Louis XIV.) ; statuette en net, représentant la première impression produite après l'application du procédé d'impression galvanique en 1841.— Masque de Pierre-le-Grand, en bronze fumé, modelé d'après la statue équestre de Cronstadt.

366 *Sazikoff, P.* Fab. Moscou.—Grand vase, caudélabre, coupes.

367 *Matvieff, P.* Fab. Moscou.—Cachemire et damas façonnés.

368 *Vekhovzoff, T.* St. Pétersbourg.—Bas-reliefs en argent, ciselés à la main.

369 *Koshkoff, M.* Fab. Walogda.—Articles d'argent en niello.

370 *Chtange et Verfel,* St. Pétersbourg.—Candélabre en bronze.

371 *Lapteff, N.* Fab. Moscou.—Soieries pour mantilles, robes, châles, &c.

372 *Sapognikoff,* —. Fab. Moscou.—Brocarts d'or.

373 *Molkchanoff,* Fab. Moscou.—Cotonnades usuellement portées par les Paysans.

374 *Chalowetz,* Fab. Moscou.—Batistes d'écosse, mou e lines, &c.

375 *Schoenfeldt,* —. St. Pétersbourg.—Table à ouvrage pour dame.

ILES DE LA SOCIETE.

1 *La Reine Pomaré.*—Huit belles nattes, de feuilles du Pacore, variété du *Pandanus odoratissimus* de Linnée.

2 Cinq coiffures (couronnes) et 18 pièces de tissu pour chapeaux de dames ; fabriquées de la plante appelée pia dans le pays, arrow-root par les Anglais, et Tacca pumalifida par les botanistes.

3 Trois pièces de drap blanc, fabriqué de l'écorce de jeunes branches de *l'Artocarpus* de Linnée, communément appelé l'arbre à pain, et nommé mariore ou Uru par les indigènes ; la frange jaune de ces draps est faite de l'écorse intérieure de *l'Hybiscus telaccus,* et fait partie de l'habillement des chefs natifs des deux sexes.

4 Un hinai, ou vase indien, où les Taïtiens enferment les ustensiles dont ils se servent dans leurs repas ; d'une substance très-tenace.

5 *Hurtel, M.* Colon Français.—Café natif ; coton natif.

SUEDE ET NORWEGE.

1 *Lagerhjelm, P.* Prod. et Prop. Christinehamn et Boforss, Suède.—Minerais de fer ; fonte en saumon ; fer en barre et en acier.

2 *Rettig, C. A.* Fab. Gefle et Kihlaforss, Suède.— Minerai de fer ; fer en saumon ; canons de fusil ; acier durci, et articles polis qui en sont fabriqués.

3 *Haut Fourneau de Grekasar,* Fab. Orebro et Grekasar, Suède.—Minerai de fer ; fer en saumon et en barre ; barre de fer tournée en spiral.

4 *Fonderie d'Hellefors,* Orebro et Hellefors, Suède. —Minerai de fer ; scorie et fer en saumon.

5 *Tamm, Baron,* Prop. Fonderie d'Osterby, Upsala et Osterby, Suède.—Minerai de fer ; fer en saumon et en barre ; acier ; scorie.

6 *Usine à fer et pour la construction des machines,* Fab. Motala, Ostergöthland, Suède.—Fer rond et carré, laminé ; tubes et bords pour les chaudières des machines à vapeur ; charpentes pour les vaisseaux de fer ; lames fabriquées de fer puddlé ; fer en saumons pour la fonte.

7 *Flood, J.* Fab. Porsgrund, Norwège.—Minerai de fer, et fer en barres.

8 *Hoe, H.* Fab. Drontheim, Norwège.—Chrôme.

9 *Manufacture de Cobalt,* Tunaberg, Suède. Cristaux de cobalt; cobalt lavé; oxide de cobalt; chaux métallique (calcinée).

10 *Zetterbery, C.* Fab. Eskilstuna, Suède.—Armes blanches.

11 *Taillanderie d'Eskilstuna, Suède:—*

Halleberg, L. J. Fab.—Coupeurs d'acier; aisseliers et mèches.

Heljestrand, C. V. Fab.—Rasoirs.

Lundqvist, A. Fab.—Coutellerie.

Osterberg, C. G. Fab.—Coutellerie.

Svalling, F. Fab.—Coutellerie.

Oberg & Cie. Fab.—Limes et râpes.

Rudberg, C. G. Fab.—Râpes.

Thunberg, C. Fab.—Limes et râpes.

Haglund, E. Fab.—Limes.

Hedlund, J. Fab.—Cadenas.

Björk, C. L. Fab.—Vis.

Lindberg, R. Fab.—Serrures.

Ulander, F. Fab.—Serrures.

Hallenius & Cie. Fab.—Serrures; quincaillerie.

Walen, T. Fab.—Quincaillerie.

Spangberg & Cie.—Quincaillerie.

12 *Articles d'acier,* polis, gravés, et dorés, par divers fabricants d'Eskilstuna: ciseaux, couteaux à papier, &c.

12A *Stille, A.* Fab. Stockholm.—Rasoirs et couteaux à papier, gravés et dorés.

13 *Les Forges de Godgärd,* (Norrköping & Godgärd), Suède.—Clous sans tête.

14 *Viberg, A. P.* Fab. Fahlun, Suède.—Balance de chimiste; compas universel; instruments de dessin.

15 *Littman, E.* Fab. Stockholm.—Instrument pour examiner le calibre des canons; balance de chimiste; quart de cercle pour mineur; instrument à niveler; microscope.

16 *Guldsmedshyttan,* (mines de), Linde et Guldsmedshyttan, Suède.—Argent et minerais de plomb.

17 *Johanson, J.* Fab. Stockholm.—Stéarine; chandelles de stéarine, et moules.

18 *Lamm, S. L.* Fab. Stockholm.—Chandelles et spermaceti.

19 *Laines de Norköping, Suède:*

Bergewall, F. Fab.—Draps de grande largeur.

Söderbeg & Arosenius, Fab.—Drap bleu teint en laine.

Malmgren, C. T. Fab.—Draps mélangés.

20 Laines Suédoises.

21 Lin roui; de lin cassé à la main et non sérancé.

22 Fil de lin, filé par une fille de treize ans.

23 Toiles fabriquée sur métiers à la main par les paysans d'Angermanland.

24 *Casparsson & Schmidt,* Fab. Stockholm.—Soies suédoises; satin; moire façonnée; gros de Naples; châle et cravate.

25 *Meyerson, L.* Fab. Stockholm.—Soies suédoises; brocatelle, de soie produite en Suède; taffetas quadrillé; gros de Naples; châles.

26 Cotonnades, fabriquées sur des métiers à la main par les paysans de Westergöthland.

27 *Furstenhoff, Emma,* Fab. Stockholm.—Fleurs artificielles, en cire et autres matériaux; pour ornements et pour l'étude de la botanique.

28 *Hamrén, Sophie,* Dess. et Fab. Halmstad,—Broderie sur mousseline travaillée à l'aiguile, représentant le Palais royal d'Ulriksdal.

29 *Horn, Mme.* Dess. et Fab. Halmstad, Suède.—Mouchoir de poche brodé.

30 *Almgren, K. A.* Dess. et Fab. Stockholm.—Portrait du roi Oscar I, tissé en soie.

31 *Hillman, A.* Prop. Geffe, Suède.—Statue en marbre d'un jeune berger, exécuté à Rome par M. Molin, sculpteur suédois.

32 *Liewen, Mlle de,* Suède.—Porait de Jenny Lind, découpé en papier.

33 *Johnsdotter, C.* Fab. Hernsaud et Sidensjo.—Echeveau de fil de lin, d'une longueur de 4,000 aunes suédoises, et pesant moins d'une demi-once; tissé par la fille d'un paysan.

34 *Usines d'argent de Kongsberg* Prod. Norwège.—Trente-deux spécimens d'argent dans divers degrés de fabrication.

35 *Lovenskiod,* Fab.—Skein et Fossune, Norwège.—Spécimens de minerai de fer et de fer forgé.

36 *Treschow, —.* Fab.—Laurvig et Tritzoe, Norwège.—Trois barres de fer nouées à froid, pour en démontrer la ténacité.

37 *Usine à Cuivre de Roraas,* Norwège.—Cuivre.

38 *Garmann, H. C.* Fab. Drontheim, Norwège.—Chromate de fer brut, et purifié.

39 *Manufcture de Leeren,* Drontheim et Leeren, Norwège.—Bicromate de potasse.

40 *Manufacture d'Armes de Kongsberg,* Norwège.—Mousquet d'ordonnance de l'armée norwégienne.

41 *Torstrup, C.* Norwège.—Collection de perles trouvées sur la côte de Norwège.

42 *Ahner, Mlle. Anna,* Soderhaum, Suède.—Portrait à l'aiguille de S. M. la Reine d'Angleterre.

43 *Thesen, J. P.* Christiana.—Divers objets en bois; sculptés par les paysans de Norwège; comme seaux, jarres, lances, boîtes, &c.

44 *Hjula Quarry,* Christiana et Bjula.—Vases en pierre, boîtes, &c.

45 *Rosenhilde, C.* (Major), Christiansand, Norwège.—Fenêtre de sûreté à ressort.

46 *Kullgrin, C. A.* Fab. Uddewalla (Suède).—Monument colossal de granit, en forme de croix, taillé d'un seul bloc. Le grain de la pierre est de la plus grande finesse, et exposée comme échantillon de qualité de matière, et comme spécimen d'execution. (V. les objets exposés à l'extérieur et à l'est du bâtiment.)

SUISSE.

Commissaires à Londres: M. le Professeur *Bolley,* & M. le Professeur *Colladon,* 39 Finsbury Square.

1 *Neuhaus & Blösch,* Fab. Bienne.—Fil de fer pour carder la laine et le coton pour bijoutiers, ressorts de montres, cables de ponts, &c.

2 *Suchard, P.* Inv. et Fab. Neuchâtel.—Chocolat.

3 *Keigel, F. A.* Fab. Couvet, Canton de Neuchâtel.—Outils pour pivoter, &c.

4 *Erbrau, J.* Fab. Travers, Canton de Neuchâtel.—Plaque tournante de 4½ pouces, avec burin à 5 motions, à cylindre, &c.; plaque tournante à pivot, à 12 crans, &c.

5 *Jeannet, F.* Fab. Locle, Canton de Neuchâtel.—Carabine à balles forcées.

6 *Bandelier, P. F.* Inv. Locle, Canton de Neuchâtel.—Ressorts à expansion libre.

7 *Junod, Frères,* Fab. Chaux de Fonds.—Une montre à répétition, de 19 lignes, avec boite en or, sonnant les heures, les quarts et minutes.

8 *Grandjean, H.* Inv. et Fab. Locle, Canton de Neuchâtel.—Chronomètres de chasse, avec boîte en or de 18 lignes, &c.

9 *Dubois, F. W.* Inv. et Fab. Locle, Canton de Neuchâtel.—Horloge astronomique, à échappement d'après un nouveau principe; montre de marine, &c.

10 *Favre-Brand, F. E.* Fab. Locle, Canton de Neuchâtel.—Chronomètre, échappement tourbillon avec thermomètre.

11 *Favre-Brand*, Inv. et Fab. Locle, Canton de Neuchâtel.—Instrument pour déterminer la courbe épicycloïde des dents et des ailerons de roues de montres.

12 *Vuilleumier, De la Reusille, C. V.* Fab. Tramélan, Canton de Berne.—Montre à répétition, sonnant régulièrement ou à volonté ; montres marchant huit jours, &c.

13 *Boret, F.* Inv. Bienne, Canton de Berne.—Montre marchant un an sans être remontée ; montre Lépine.

14 *Rauss & Colomb*, Fab. Chauxdefonds, Canton de Neuchâtel.—Montres en or guillochées, à 12 trous de rubis, &c., échappement à ressort en rubis.

15 *Mermod, Frères*, Fab. Sainte Croix, Canton de Vaud.—Montre en or de 12 lignes, à 9 trous boîte en émail ; montre allant huit jours ; chronomètre, boîte en or, système Arnold, &c.

16 *Dely, M.* Fab. Sonvilliers, Canton de Berne.—Montres de chasse en or, &c.

17 *Kopp, H. F. J.* Fab. Travers, Canton de Neuchâtel.—Montre à répétition à un seul train de rouages.

18 *Perret, A.* Inv. et Prop. Breuets, Canton de Neuchâtel.—Montre de poche avec répétiteur indépendant, sonnant les heures, quarts, et minutes.

19 *Borel, H. J.* Fab. Chauxdefonds, Canton de Neuchâtel.—Deux horloges de voyage, appelées impériales, allant huit jours.

20 *Moser, F. jeune*, Fab. Bienne, Canton de Berne.—Montre de chasse à cadran en vermeil.

21 *Perret & Fils*, Fab. Locle, Canton de Neuchâtel.—Montre de chasse en argent, à cadran émaillé ; montre en or, à cadran en or ; montre de chasse, en or, &c.

22 *Audemars, L.* Fab. Brassus, Canton de Vaud.—Montre à deux cadrans, système Breguet ; montre répétition à balancier de compensation ; montre à 4 aiguilles de secondes ; pistolet de vingt-deux pièces, pesant un demi-grain, &c.

23 *Favre, H. A.* Inv. et Fab. Locle, Canton de Neuchâtel.—Chronomètre de poche, échappement tourbillon, boîte de chasse en or ; chronographe, indiquant à un cinquième de seconde près le temps astronomique, &c. ; montre a secondes système Breguet.

24 *Grosclaude, C. H.* Inv. et Fab. Fleurier, Canton de Neuchâtel.—Montres en or, systèmes divers, &c.

25 *Lecoultre, A.* Inv. et Fab. Sentier, Canton de Vaud.—Chronomètres de poche, boîte en or ; assortiment de mouvemens, obtenus par un procédé nouveau, pignons, roues, &c.

26 *Paillard, E. & A. Frères*, Fab. Sainte Croix, Canton de Vaud.—Boîte à musique ; mandoline ; tabatière à musique jouant deux airs ; id. jouant trois airs.

27 *Jaccard, Frères*, Fab. Sainte Croix, Canton de Vaud.—Tabatière à musique à deux airs, boîte en corne ; id. boîte en écaille, &c.

28 *Vaucher, C.* Fab. Fleurier, Canton de Neuchâtel.—Montre boîte en or, à mouvement breguet, cylindre à rubis, 8 trous, &c.

29 *Evard, E. P.* Fab. St. Blaise, Canton de Neuchâtel.—Montre en or de 20 lignes, échappement à ancre &c.

30 *Girard, P.* Fab. Chauxdefonds, Canton de Neuchâtel.—Pendule de voyage, allant 8 jours, à carrillon bruyant pendant la nuit, modéré pendant le jour, &c.

31 *Boch, H.* Fab. Locle, Canton de Neuchâtel.—Montres en argent. Mouvement à ancre.

32 *Lecoultre, D. & Fils*, Fab. Brassus, Canton de Vaud.—Grande boîte à musique à deux peignes, jouant plusieurs ouvertures.

33 *Jaques, L. & Fils*, Fab. St. Croix, Canton de Vaud.—Boîte à musique jouant 8 airs, avec piano ; id. avec mandoline, &c.

34 *Courvoisier, F.* Fab. Chauxdefonds, Canton de Neuchâtel.—Chronomètre de poche de 20 lignes, réglé pour marcher de 15 degrés Réaumur au-dessous de 0 à 25 ou 30 degrés au-dessus ; montres de chasse en or et en argent, &c.

35 *Bovet & Cie.* Fab. Neuchâtel.—Impressions au cylindre, rose, ultra-marine, vert ; mouchoirs fonds variés, &c.

36 *Vaucher, Du Pasquier & Cie.* Fab. Neuchâtel.—Impressions sur étoffes de coton, 8, 7 et 5 couleurs ; impressions diverses, &c. ; id. d'une seule couleur, imprimées à Cortaillod, près Neuchâtel.

37 *Borel, Boyer & Cie.* Inv. et Fab. Neuchâtel.—Tissu couleur saumon gris, trame et chaîne en laine animale et végétale ; tissus de diverses couleurs, &c.

38 *Jeanneret, Frères*, Inv. et Fab. Neuchâtel.—Paniers ronds doublés en satin bleu ; chapeaux d'homme et d'enfant ; chapeaux de femme, fond en dentelle et en paille.

39 *Perret, Charlotte*, Fab. Locle, Canton de Neuchâtel.—Une pièce de dentelle large, de 4 aunes de long.

40 *Besson, A. D.* Fab. Couvet, Canton de Neuchâtel.—Blonde blanche de 2 mètres sur 83 centimètres.

41 *Mathey & Fils*, Fab. Locle, Canton de Vaud.—Cylindre d'acier de 57 centimètres de largeur, pour montres, pendules, &c.

42 *Schneiter, J. D.* Inv. et Prod. Tavannes, Canton de Berne.—Carte en relief de la Suisse.

43 *Dubois, A.* Dess. et Grav. Chauxdefonds, Neuchâtel.—Plaque en or, comprenant les 4 styles qui forment la spécialité de l'artiste ; figures ou emblêmes, ornements pour horlogerie, joaillerie, &c.

44 *Patton, J.* Artiste, Chauxdefonds, Neuchâtel.—Une plaque en or, lettres gravées, style caligraphique, &c.

45 *Kundert, F.* Artiste, Chauxdefonds, Neuchâtel.—Plaque en or, avec copie d'une vieille gravure allemande représentant un sujet Suisse ; paysage gravé sur or.

46 *Grandjean, P. H.* Artiste, Chauxdefonds.—Gravure sur or : repos après la chasse et paysage ; copie d'une gravure imprimée à Londres en 1770, applicable aux montres, &c.

47 *Fischer, J. C.* Shaffhausen.—Vue de l'intérieur d'une fonderie d'acier, et de fer ; démonstration de la méthode pour fondre d'acier, qui diffère en trois points matériels de celle en usage général, savoir les forges à fonte sont portatives, elles contiennent six creusets au lieu d'un ou deux, et le soufflet à chaud donne une grande quantité de chaleur, rarement obtenue par de hautes cheminées et un simple courant d'air.

48 *Lautenburg F.* Prod. 16 Rue de l'Arsenal, Berne.—Masse de minerai imperméable exposé pour sa consistance particulière et son usage général ; papier d'emballage ; carton et boîtes de papier imperméables ; produit minéral remédiant à l'humidité des murs et protégeant les métaux de l'oxidation, &c.

49 *Pedolin, P.* Fab. Chur.—Pierre graisseuse, remarquable par sa blancheur, &c. ; pouvant être employée pour graisser les machines et les voitures ; pierres polina d'un grain fin, aussi bonnes que celles du Levant ; marbres de diverses couleurs, plusieurs sont rares.

50 *Gwinner, J.* Fab. Berne.—Couleurs pour aquarelles, première qualité ; pallette et petites boîtes à étain contenant des couleurs ; assortiment de couleurs en gâteaux grands et petits.

51 *Soutter, G.* Campagne de Lugeon, près Morges.—Poudre à dents minérale et végétale, d'une grande consommation en Suisse, pour guérir le mal de dent, la carie et le scorbut, et améliorer les gencives.

52 *Baup, H.* Inv. Canton de Vaud.—Bœuf conservé dans son état naturel, sans ingrédiens étrangers ; quartier de bœuf conservé depuis 1846, &c.

53 *Roth, J.* Prop. Wangau, Canton de Berne.—Crins de cheval mélangés ; crins de bœuf, &c.

54 *Fogliardi, G. B.* Prop. Melano, Canton de Tessin.— Soie grège purifiée, filée d'après un système nouveau ; force, brillant, élasticité.

55 *Laue, Elisa,* Prod. Wildegg, Canton d'Argovie.— Soie grège, jaune et blanche, devidée et en cocons.

56 *Lendenmann, C.* Fab. Trob, près St. Gall, Canton d'Appenzell.—Gélatine d'os pour apprêt de soie et coller les vins.

57 *Stern, A. G.* Prod. près Thoune, Canton de Berne. —Bois dur et tendre pour instrumens de musique, principalement pour pianos de fabrique de France.

58 *Ledoux, A.* Inv. Genève.—Presse lithographique à effet double, s'ouvrant indistinctement à droite ou à gauche.

59 *Schilt, V.* Inv. et Fab. Soleure.—Machine à calculer.

60 *Bölstler, J.* Fab. Aarau, Canton d'Argovie.— Taille-pain perfectionné, au moyen duquel une seule personne peut, en une heure, couper du pain pour 150 consommateurs.

61 *Darier, H.* Genève.—Presse à béquilles pour estampeurs.

62 *Schelling et Cie.* Fab. Horgen, Canton de Zurich.— Cardes pour le coton, la laine, &c.

63 *Stotzer, F.* Fab. Buren, Canton de Berne.—Limes pour horlogers avec instrumens à polir ; dans un cadre rond.

64 *Pagan, F.* Genève. — Outils à ciseler et guillocher les montres, &c.

65 *Laue, F.* Inv. et Fab. Wildegg, Canton d'Argovie. —Appareil nouveau, breveté en France, en Angleterre et en Autriche, pour creuser des puits artésiens.

66 *Kapp, C. H.* Lausanne. — Collection d'arcs et d'arbalètes pour hommes et pour dames, avec incrustations en argent et ciselures, carquois et flèches.

67 *Peter, J.* Genève.—Carabine à un canon et à deux coups, perfectionnée.

68 *Sauerbrey, V.* Fab. Bâle.—Fusil de tir à canon en acier fondu, d'une portée de 200, 400 et 600 pas ; boîte en cuir et boîte en bois de noyer, munies de tous les accessoires.

69 *Vannod, J.* Fab. Lausanne.—Carabine perfectionnée pour amateur, avec accessoires ; le bassinet placé à gauche empêche la repercussion.

70 *Chollet, S.* Fab. Moudon.—Fourches, rateaux, serpette, &c.

71 *Destraz, L.* Fab. Houdon.—Carabine américaine avec accessoires ; barattes à disques, porte-laits, &c.

72 *Gisin, J. G.* Inv. et Fab. Bâle.—Charrue en fer perfectionnée ; d'après le système écossais et flamand.

73 *Aubert, L. A.* Fab. Lausanne. — Montre en or à échappement, à balancier de compensation.

74 *Baron & Uhlman,* Genève.—Montres à cylindres, à quatre trous ; boîte cuivre doré ; cadran métal doré, &c.

75 *Daguet, T.* Fab. Soleure.—Prismes rectangulaires en cristal anglais, &c., à l'usage des opticiens.

76 *Darier, H.* Genève. —Aiguilles et canons de clés de montre, tels qu'ils sortent de la presse.

77 *Du Commun, Girod F. W.* Fab. Genève.—Boîte à musique ; boîte sculptée ; id. en marqueterie.

78 *Elfroth, D. H.* Fab. Genève.—Porte-plume, contenant une montre, indiquant les jours du mois, l'heure, et les minutes, &c.

79 *Fatio, T. A.* Fab. Genève.—Montre en or, mécanisme système Lépine, à échappement libre, &c.

80 *Flechlin, C.* Fab. Berne. — Clarinette basse (cor anglais) système perfectionné ; 17 clés en cuivre ; en bois de grenadille.

81 *Homel-Esser, F.* Fab. Aarau, Canton d'Argovie.— Instrumens de mathématique en argent d'Allemagne, montés sur acier anglais ; compas de poche, et autres instrumens de précision

82 *Frey, A. J. G.* Fab. Genève.—Piano droit, à cordes obliques, en bois de palisandre, à sept octaves, et sommier métallique.

83 *Gay & Luquin,* Inv. Genève. — Boîte à musique compliquée, jouant six airs militaires des meilleurs auteurs.

84 *Goldschmid, J.* Prod. Zurich.—Planimètre, pour calculer les surfaces, quelle que soit la forme de la circonférence. Système.

85 *Gysi, F.* Fab. Aarau, Canton d'Argovie.—Boîte complète d'instrumens de mathématiques en argent d'Allemagne.

86 *Hübscher, C.* Shaffhausen.—Bugle à clefs cylindriques ; trompette en sol.

87 *Hüny & Hubert,* Inv. et Fab. Zurich.—Piano à queue de construction particulière, et à mécanisme calculé sur la force des cordes, &c.

88 *Kern, J.* Fab. Aarau, Canton d'Argovie.— Boîte contenant des instrumens de mathématique, en argent d'Allemagne ; id. en cuivre.

89 *Kützing, C.* Fab. Berne.—Grand pianos ; le chevet et le sommier sont en fer, ce qui donne aux cordes une plus grande vibration tandis que les sons en deviennent plus forts.

90 *Lecoultre, Frères,* Brassus, Canton de Vaud.—Boîte à musique, jouant quatre ouvertures, à deux claviers, &c.

91 *Leuba, H. aîné,* Fab. Bâle.—Montre de voyage à réveil-matin, &c.

92 *Golay-Lerèche, A.*—Chronomètre de poche à répétition, et à thermomètre, boîte de chasse en or.

93 *Lombard, Janpeau C.* Genève.—Jambe de bois pour amputations au-dessus ou au-dessous du genou, avec ceinture et brides.

94 *Lutz, aîné,* Inv. et Fab. Genève.—Ressorts spiraux d'une force et d'une élasticité remarquables, pour chronomètres marins, &c.

95 *Masset, L. S.* Inv. et Fab. Canton de Vaud.—Planétaire, avec méthode nouvelle pour enseigner ou apprendre les rudimens de l'astronomie.

96 *Mercier,* Fab. Genève.— Chronomètre à échappement de ressorts, monté sur pierres fines, balancier de compensation, cadran en émail, boîte en or ; demi-chronomètre pour sourds ou aveugles, invention nouvelle, &c.

97 *Metert & Langdorf,* Fab. Genève.—Boîtes à musique, jouant six airs ; mandoline.

98 *Meylan-Golay, H.* Genève.—Montre en or, sonnant les heures et les quarts, et répétant au besoin, échappement double, treize trous à rubis, &c.

99 *Patek, Philippe & Cie.* Inv. et Fab. Genève.—Chronomètres, simples ou à répétitions, pouvant être montés avec ou sans clef, invention nouvelle ; 70 montres ornées ; montre microscopique, &c.

100 *Pupinnat, F. H.* Fab. Lausanne.—Deux violons, deux archets ; violoncelle.

101 *Retor, F.* Genève.—Chronomètre ; levier d'échappement fort et détaché ; force constante.

102 *Schneider, F.* Prop. Berne. — Relief, représentant la Jungfrau (montagne), vue prise de Wengern (Oberland Bernois) ; dents artificielles, &c.

103 *Sprecher & Baer,* Fab. Zurich.—Piano des plus beaux et meilleurs bois de Suisse, &c.

104 *Jaccard, L.* Lausanne.—Verres convexes et concaves pour opticiens.

105 *Paquet-Fazy,* Genève.—Montre à ressorts en spirale, fabriqués du meilleur acier anglais, supériorité de qualité.

106 *Junod, T.* Inv. Lausanne.—Appareil hémospasique, (grands verres à ventouses) remplaçant avec avantage les sangsues.

107 *Wermuth, J.* Prod. et Prop. Canton de Berne.—Instrument de chirurgie (ostéotome.)

108 *Zeigler, H.* Prop. Wintherthur, Canton de Zurich. —Machine pour mesurer la distance au centre d'un trou de projectile d'arme à feu.

109 *Alder & Meyer,* Fab. Herisau, près de St. Gall, Canton d'Appenzell. — Mousseline brodée, pour robes de dames ; rideaux brodés au long point et à l'application, &c.

110 *Alther, J. C.* Fab. Speicher, près St. Gall, Canton d'Appenzell.—Application de mousseline, brodée en chenille de couleur ; id. brodée au coton blanc, &c.

111 *Anderegg, T.* Fab. St. Gall.—Guingams ; jaconas, batiste fine, étoffes pour camisoles, satin de coton, nankin, cotonnades, &c.

112 *Bünziger & Cie. T. T.* Import. St. Gall.—Mousselines unies, blanches, jaspées, peintes, brodées, rayées, façonnées, &c. &c.

113 *Beugger, J.* Fab. Wulflingen, Canton de Zurich.— Cordes de coton filé ; bobines, chaînes et trames.

114 *Blum, T. G.* Fab. Winterthur, Canton de Zurich. Coton filé.

115 *Boesch & Fils, T. M.* Fab. Ebnat, Canton de St. Gall.— Mousselines, guingams, cottoline d'Orégon ; guingams rayés satinés ; châles longs, mouchoirs, &c.

116 *Blumer & Jenny,* Fab. Schwanden.—Coton, mousselines, jaconas, mouchoirs imprimés, &c.

117 *Breitenstein & Cie.* Fab. Zofingen, Canton d'Argovie.—Toiles de coton pour robes ; id. pour tabliers ; nappes en coton ; mouchoirs de poche, &c.

118 *Bruderer, J. J.* Fab. Teufen, près St. Gall, Canton d'Appenzell.—Robes, mousselines unies, pour corsages ; tabliers, mouchoirs, &c.

119 *Braendlin, Frères,* Rapperswil, et *Hurlimman, J.* Fab. Richterswiel, Uznach, Canton de St. Gall. — Trois grandes cordes en coton ; chaîne faite avec du véritable coton d'Egypte.

120 *Buchler & Fils,* Fab. Kolbrunen, Winerthur, Canton de Zurich.—Fil de coton.

121 *Clais (Von), C.* Sebastian, Winterthur, Canton de Zurich.—Fil de coton en chaîne.

122 *Fehr, J. C.* Fab. St. Gall.—Jaconas, fond en couleur avec raies unies ; gaze, mousselines, &c.

123 *Greuter & Riester, Frères,* Fab. Winterthur, Canton de Zurich.—Calicos imprimés au rouge de Turquie ; mouchoirs de poche.

124 *Heiniger, J.* Fab. Berthoud, près Berne.—Canevas et beaux Javas en coton, de couleurs et rayé ; nouveau canevas.

125 *Hürlimann, J.* Fab. Richterswyl, Canton de Zurich. —Perses rouge et brune ; jaconas pour robes ; mousseline.

126 *Imhoof, B.* Fab. Winterthur, Zurich.—Echantillons de fils de coton.

127 *Imhoof, Brunner & Cie.* Fab. Winterthur, Zurich.— Mousselines.

128 *Kunz, A.* Fab. Uster, Zurich.—Fils pour rubans ; fil à coudre ; drap de laine.

129 *Lauterburg, J. & Cie.* Fab. Langnau, Berne.—Coutil blanc, fil et coton ; coton ; mixte de couleur.

130 *Leumann, Frères,* Fab. Mattweil, Thurgovie.—Fils de coton rouge-turque et rose, de différents numéros.

131 *Naef, M.* Fab. Niederngrwyl, St. Gall.—Moraines, mi-coton ; lusting satiné ; hakirs ; guingam.

132 *Rieter, T. J. & Cie.* Fab. Winterthur, Zurich.— Fil de coton.

133 *Rikli, A. F.* Prod. Wangen, Berne. — Coton filé teint en rouge.

134 *Schiesser, G.* Fab. Hard, Zurich. — Mouchoirs de poche imprimés des deux côtés.

135 *Schlüpser, J.* Fab. et Imp. Herisau, Appenzell.— Mousseline unie.

136 *Schmid, H.* Gattickon, Zurich.—Fil de coton, chaîne et trame.

137 *Schwarz, H.* Fab. Rickon, Zurich.—Fil de coton.

138 *Springer, J. J.* Imp. Schaffhouse. — Fil filé à la main.

139 *Sturzenneger-Nef, L.* Fab. St. Gall. — Cravates de jaconas imprimés ; jaconas teints à la vapeur, &c.

140 *Vonwiller, U. de G.* Imp. St. Gall. — Mousseline et tarlatan, blanc uni ; robes de mousseline, de fantaisie ; mousselines à dessins ; jaconas à pois, &c. ; cols et mouchoirs de poche ; cols et voiles brodés.

141 *Walty, Frères,* Fab. Schöftland, Argovie. — Foulards, cravates, &c.

142 *Winkler, T. C.* Fab. Friedthall, Zurich. — Fil de coton chaîné.

143 *Zühner & Schiess,* Fab. Herisau, Appenzell.—Tarlatan ; rideaux de mousselines ; mouchoirs de batiste brodés, &c.

144 *Zeller, H.* Teinturier, Zurich.—Coton filé, teint au rouge de Turquie.

145 *Zellweger, S.* Imp. Trogen, Appenzell. — Jaconas glacés.

146 *Ziegler, T. & Cie.* Fab. Winterthur.—Mérinos, cotonnades, et fils teints en rouge.

147 *Billeter, Z.* Fab. Herzogenmulle, Zurich.—Fils de coton.

148 *Custer & Schuchtler,* Fab. et Imp. Altstadten, St. Gall. —Orléans quadrillé, façonné et broché ; broché mi-soie.

149 *Ernst, F.* Fab. Winterthur, Zurich.—Cassinets de couleurs.

150 *Kelly, J. J.* Fab. Mettendorf, St. Gall. — Draps et tissus imprimés au rouge de Turquie.

151 *Müller, Pluess & Cie.* Fab. Zofingen, Argovie.— Merinos, tartans, et poils de chèvre, mi-laine ; tissus divers.

152 *Les Manufacturiers de Rubans de Soie.*—Vingt-une vitrines, contenant 2,814 echantillons de rubans, des maisons suivantes :—

H. A. Köchlin & Fils, Bâle.	F. Feer & Cie., Aarau.
H. A. Senn & Suter, Zofingen.	Waldner & Staehelin, Bâle.
J. F. Sarrasin, Bâle.	Dietrich Burckhardt, Bâle.
B. Staehlin, Bâle.	Goetz & Ecklin, Bâle.
Schlugger & Stuckelberger, Bâle.	Bawfin & Fils, Bâle.
	Freyvogel & Heussler, Bâle.
Buxtorf & Bischoff, Bâle.	Emmanuel Hoffmann, Bâle.
Frères Bischoff, Bâle.	M. Oswald & Cie., Bâle.
T. F. & T. Frey, Aarau.	Frey, Thurneisen & Christ, Bâle.
Charles Ryhiner, Bâle.	
Louis Preiswerck, Bâle.	T. B. Burckhard & Fils, Bâle.
Siber Bischoff, Bâle.	D. Preiswerk & Cie., Bâle.
Richter Linder, Bâle.	Soller & Cie., Bâle.
T. De Bary & Bischoff, Bâle.	Sarasin & Cie., Bâle.

153 *Quarante-deux Fabricants de Soierie,* Canton de Zurich.—Soieries ; velours pour gilets, tabliers, fichus. Exposés pour le bon marché et la qualité.

154 *Alioth, T. S. & Cie.* Inv. Bâle.—Soie filée pour foulards ; damas soie et laine, de déchets de soie.

155 *Götz, F. ; Wegner, T. R. ; Muller, F. ; Romain, (jeune),* Teinturiers, Bâle.—Soieries.

156 *Baenziger, Kolp & Cie.* Prod. Ebnat, St. Gall.—Mouchoirs de Madras ; Saxons ; quadrillés et rayés ; guingams.

157 *Bishoff C. J.* Fab. Bâle. — Satin noir ; gros du Rhin ; serge.

158 *Bölger, M.* Fab. Bâle.—Echantillons de soie filée ; chaîne pour étoffes de meubles ; laine pour tissus mi-soie.

159 *Cuendel, Adeline,* Fab. Genève.—Echarpe (point de Genève).

160 *Müller, T. B. & Cie.* Fab. Wyl, près St. Gall.— Mouchoirs ; châles ; damas ; tartans ; écharpes ; guingams ; satins ; demi-coton, &c.

161 *Ryhiner & Fils,* Fab. Bâle.—Fil de soie filé pour une machine, pour damas, foulards, gants, &c.

162 *Mühl, Frères, de,* Fab. Bâle. — Gros de Naples, quatre qualités ; serge ; taffetas ; gros du Rhin.

163 *Beck & Fils, Miescher & Fils, Fankhauser Frères, Schmid Frères,* Fab. Berne; Berthoud, and Eriswyl.—Mouchoirs en toile; linge de table: essuie-main; coutils; coutils laine et coton.

164 *Haag & Fils,* Fab. Libefeld, Berne.—Toile de fil.

165 *Hanselmann, J.* Fab. Güttingen, Canton de Thurgovie.—Jacquette du matin en toile fine de Turgovie. L'exposant a employé de 6 à 700 jours à la confection de cette pièce.

166 *Hunziker & Cie.* Fab. Aarau, Canton d'Argovie.—Coutils; toile et coton; toiles du Nord; cotonnades guingams; mouchoirs.

167 *Miescher & Cie.* Fab. Berthoud, Canton de Berne.—Fils à coudre.

168 *Raschle & Cie.* Fab. Wattwyl, Canton St. Gall.—Mouchoirs de poche; veronas; madras; paillacats; cotonnades; batistes, &c.

169 *Röthlisberger & Fils,* Fab. Walkringen, près Berne.—Linge de table et de ménage blanchi; toiles pour chemises blanchies, sans apprêt; mouchoirs de poche, &c.

170 *Reymond, cadet,* Fab. Morges.—Peaux diaprées; articles pour corroyeurs; cuir de veau verni, &c.

171 *Gissiger, V.* Fab. Gaufen, près Bâle.—Peaux préparées pour harnais; id. pour chaussures; id. pour couvertures de voitures, &c.

172 *Hauser, J. & J.* Fab. Wadenschwyl, Canton de Zurich.—Peaux de bœuf, tannées au tan de chêne, pour semelles; elles sont d'un grain serré et d'une solidité remarquable.

173 *Imhof, M. & Fils,* Fab. Bâle.—Cuir pour semelles, tanné suivant le système ordinaire; peaux tannées, par procédé perfectionné: solidité et imperméabilité, garanties; cuir de veau pour cordonnier, &c.

174 *Kappeler, F.* Fab. Frauenfeld, Canton de Turgovie.—Peaux de vache pour semelles, tannées.

175 *Mercier, J. J.* Fab. Lausanne, Canton de Vaud.—Peaux de veaux, tannées; maroquins; tiges de bottes; veau chamoisé, couleurs diverses, &c.

176 *Meyer & Ammann,* Fab. Winterthur, Zurich.—Peaux de veaux pour cylindre; id. maroquinées, pour relieurs; maroquins, chagrins, rouges, violets, &c.; peaux de mouton, diverses couleurs.

177 *Müller & Cie.* Fab. Aarau, Canton d'Argovie.—Peaux de veaux, préparées pour usages divers.

178 *Raichlen, L.* Fab. Genève. Peaux de vaches; id. de veaux; tiges de bottes, &c. Ce cuir est remarquable par sa force et sa tenacité; semelles fortes.

179 *Ressegueire, C.* Fab. Genève.—Peaux de veaux vernies et autres; cuir de Cordoue, de diverses couleurs; peaux de chevreau, préparées pour la ganterie.

180 *Schalch, A.* Fab. Schaffhausen.—Peaux, noir anglais pour souliers de dames; peaux pour relieurs diversement colorées; parchemin fin pour écrire; peaux de veaux préparées, à l'usage de peintres en miniature et dessinateurs au pastel.

181 *Spengler, H.* Fab. Hasli, Canton de Turgovie.—Peaux de vaches pour semelles fortes, tannées.

182 *Thurneisen,* Fab. Bâle.—Papier grand-aigle surfin pour impressions lithographiques et autres, unissant la netteté, le fini, et la transparence, à une grande force.

183 *Steinlin, F.* Fab. Sur la Syhl, ville de Zurich.—Papier à lettre et écolier, surfin, fin, ordinaire, blanc et couleur; papier à emballage; papier de soie; papier à dessiner, &c. de diverses qualités et nuances.

184 *Bontems, C.* Genève.—Boîte contenant des échantillons de soie noire à coudre, teinte avec du bois de châtaignier.

185 *Hug-Ith, H.* Import. Schaffhausen.—Drap écarlate. Ce drap a été acheté par l'exposant en Silésie dans sa couleur naturelle, et teint par lui à Schaffhausen.

186 *Sulzer, G.* Winterthur, Canton de Zurich.—Morées à flamines; coutnys à flammes satinés.

187 *Sulzer H.* Fab. Adorf, Canton de Turgovie.—Calicots, mi-double, façonnés.

188 *Bänziger, J.* Fab. Thal, près St. Gall.—Ouvrages à l'aiguille, consistant en robe de mousseline; bonnets; cols; jacquettes, broderies, écharpes, &c.

189 *Depierre, Frères,* Fab. Heiden, Canton d'Appenzell, près St. Gall.—Broderies d'art; corbeille de fleurs, brodée à l'aiguille sur tulle; voile brodée sur tulle noir et à l'aiguille; id. voile de tulle blanc; mouchoir de batiste, brodé au point d'arme. La supériorité de cette broderie est jugée par la difficulté d'obtenir sur tulle les effets de lumière et d'ombre. C'est un objet nouveau pour le commerce, et exécuté par de jeunes filles qui n'ont aucune notion du dessin.

190 *Eugster, Frères,* Fab. Speicher, Canton d'Appenzell.—Mousseline à rideaux brodée au crochet; store brodé avec application; idem, fond de mousseline brodé au grand point.

191 *Ehrenzeller, F.* Import. St. Gall.—Six rideaux brodés au tambour; id. au long-point et application; id. application, guipure, &c.; broderies de J. Bänziger, à Thal.

192 *Fisch, Frères,* Fab. Buehler, Canton d'Appenzell.—Robe de mousseline brodée en couleur; id. blanche; store brodé en blanc; paire de rideaux brodés en blanc.

193 *Forster, T. C.* Fab. Oberutzwyl, St. Gall.—Robe de mousseline brodée en soie de couleurs avec point à jour; id. brodée en paille, &c.

194 *Herrmann, F.* Fab. Diessenhofen, Turgovie.—Tapis américain; descente de lit américaine; calicots imprimés, &c.

195 *Holderegger, C.* Fab. St. Gall, Canton de St. Gall.—Rideaux de mousseline brodée; id. brodés sur tulle; id. application; application guipure, &c.

196 *Köllreutter, F.* Fab. St. Gall.—Cols; broderie en coton sur mousseline; chemisette brodée; mantille garnie; mouchoirs batiste de France, brodés.

197 *Mettler & Fils,* Fab. Hemberg, Canton de St. Gall.—Guingams; jaconas; toiles du nord; robes; mousselines laines; cravates; mouchoirs et châles.

198 *Nef, T. T.* Fab. Herisau, Canton d'Appenzell.—Mousseline de Suisse; gaze balzorine; gaze rayée; mousseline brochée. Ce dernier article est remarquable par la finesse du fond et la perfection des dessins.

199 *Pauly, G. A.* Fab. Canton St. Gall.—Cols; chemisettes; pélerines, brodés au tambour.

200 *Schiess, E.* Fab. Herisau, Canton d'Appenzell.—Voile de baptême brodé à l'aiguille.

201 *Schläpfer, Schlatter & Kursteiner,* Fab. St. Gall.—Store en dentelle brodé à l'aiguille; robe de mousseline brodée à l'aiguille, avec chenilles, et deux volants en dentelle brodée; châles brodés, &c.

202 *Schoch, Schiess & Fils,* Fab. Herisau, Canton d'Appenzell.—Echantillons de broderie fine; mouchoirs brodés (batiste de France); mouchoirs brodés, garnis de dentelle, extra-fins.

203 *Sutter, T. T.* Fab. Bühler, canton d'Appenzell.—Store blanc, brodé, avec application à jours variés; rideaux avec application, brodés; robes de dames brodées en laine de couleur et soie; mouchoirs (batiste de France), brodés, &c.

204 *Tanner, B.* Fab. St. Gall.—Mousselines brodées.

205 *Tanner, J. U.* Fab. Buhler, canton d'Appenzell.—Foulards de soie avec portraits brodés en coton; rideaux; tapis de table; couvrepieds, en mousseline et soie avec broderies en coton, représentant Guillaume Tell et les armes des 22 Cantons de la Suisse; spécimens de toute espèce de broderies.

206 *Tanner & Koller,* Fab. Herisau, canton d'Appenzell.

—Mousselines brodées au tambour ; robes, écharpes et châles de mousseline brodée ; robes, jupons, châles, brocade de gaze à franges et à pois ; mouchoirs en batiste de France à broderie riche ; rideaux avec broderies allégoriques, &c., de diverses fabriques, et de dessins variés à l'infini.

207 *Waldburger & Langenegger*, Fab. Bühler, canton d'Appenzell.—Robes de mousseline de soie et gaze de soie brodées ; ces robes sont des spécimens de l'industrie Suisse ; l'étoffe en a été tissée dans la manufacture de John Waldburger, à Bühler, avec le produit de vers à soie élevés dans les cantons de St. Gall et d'Appenzell ; la broderie a été exécutée par Mme. Elisa Langenegger, née Mennet, à Gais.

208 *Stäheli Wild*, Fab. Canton de St. Gall.—Tapis de table brodé ; id. au petit point ; rideaux de mousseline brodés en blanc ; mouchoirs en batiste de France ; broderie blanche à jour ; chemises d'hommes et gilets en batiste de France brodée, &c.

209 *Zuppinger*, T. Inv. Maennedorf, Canton de Zurich. —Tapis tissé en velours de nouvelle invention.

210 *Bally & Cie.* Fab. Schönenwerd, Canton de Soleure. —Corderie.

211 *Dietiker*, J. Fab. Berne.—Bottes vernies, à tiges de maroquin rouge.

212 *Frey*, J. F. & J. Fab. Aarau, Canton d'Argovie.— Cordons élastiques en coton ordinaire ; id. fins et mi-fins ; id. mi-soie ; jarretières et ceintures élastiques.

213 *Isler & Otto*, Fab. Wildegg, Canton d'Argovie.— Articles pour chapeaux de dames ; agréments, nouvel emploi de la paille comme matière première ; combinaison particulière du dessin et des couleurs ; tresses pour chapeaux de dames et pour cartonnage ; tous ces objets sont exposés pour la nouveauté du dessin, la qualité des matières premières et la supériorité de la main-d'œuvre.

214 *Lecoultre, Frères*, Brassus, Vaud.—Rasoirs à sonnettes ; id. à 2, 4 et 6 lames.

215 *Lecoultre*, J. Sentier, canton de Vaud.—Rasoirs à six lames séparées, à dos ; rasoirs à six, quatre et deux lames sans dos ; rasoirs à lame simple.

216 *Graeser & Schweitzer*, Fab. Rheinau, Canton de Zurich.—Velintuch (toile métallique) à l'usage des fabriques de papier ; cette toile est croisée et d'une durée considérable ; pot à fleur en fil de fer, pour ornement de salons.

217 *Scheitlin*, H. & D. Fab. Canton de St. Gall.—Boutons pour habits, pantalons et gilets ; id. pour dames ; anneaux de parapluies ; embrasses de rideaux, &c.

218 *Schopfer*, S. Fond. Gesnay, Canton de Berne.— Cloches pour vaches.

219 *Dutertre*, A. Genève.—Portefeuille doré ; id. boîte à cigares, ornée de peinture sur émail, et avec montre id. porte-monnaie, orné de peinture sur émail et pierres fines, avec montre ; bracelet incrusté de pierres fines, et canne à musique ; bague avec montre.

220 *Golay-Leresche*, Genève.—Portefeuille-souvenir en or, montre sur la couverture.

221 *Fries*, H. Dess. et Fab. Canton de Zurich.—Coupe à boire, en bosselage.

222 *Massy*, J. F. Sentier, Canton de Vaud.—Rubis mêlés ; échantillons de vitrifications ; taillés de grenats et grenats fins de diverses grosseurs, vitrifications taillées pour montures.

223 *Veret*, J. Nyon, Canton de Vaud.—Cristal de quarz du Bresil dans son état naturel ; topaze tirée du quarz du Brésil, par procédés particuliers ; topaze montée en épingle à cravate.

224 *Flükk*, J. Fab. Brienzé, Canton de Berne.—Table en bois d'érable.

225 *Meystre*, E. Lausanne.—Deux coupes et porte-montre faits au tour, en bois d'érable ; ces objets sont exécutés par un élève de l'asile des aveugles à Lausanne.

226 *Vogel*, A. Fab. Thoune, Canton de Berne.—Table ronde, en 28 espèces de bois différents, composée de 38,000 pièces rapportées de huit manières différentes.

227 *Abt (Frères)*, Bünzen, Bruggisser & Cie. Dübler & Fils, Geissmann & Cie. Isler, J. Jun., Isler, J. & Cie. Isler, J. & Fils, Meyer (Frères), Wohler & Cie. Fab. à Wohlen.— Paille cordonnet ; tresses ; tresses de jonc ; crins tressés ; passementerie ; plumes pour chapeaux et parure ; chapeaux de paille riches et de fantaisie ; tresses agréments et autres articles de fantaisie.

228 *Claraz*, A. Fab. Fribourg.—Echantillons de fleurs, plumes et guirlandes en paille tressée, pour modes, chapeaux de paille riches et de fantaisie ; tresses et agréments de paille.

229 *Fässler*, J. A. Fab. Appenzell.—Tine à lait, échelle réduite de la forme la plus commode pour le transport du lait.

230 *Hartmann*, L. & Cie. Fab. Fribourg.—Tiges de froment Suisse, préparées pour la fabrication de chapeaux de paille ; échantillons de paille tressée de 7, 14 et 15 bouts, simple ; échantillons de tresses en paille de couleur, à 30 bouts, double ; chapeaux de paille pour dames ; agréments de paille.

231 *Hurter & Buholzer*, Fab. Lucerne. Tissus en crins.

232 *Lendenmann*, J. C. Fab. Grub, Canton d'Appenzell. Rouleaux pour imprimeurs, en caoutchouc d'imitation de Suisse ; ce caoutchouc est une composition nouvelle inventée par l'exposant ; elle est élastique, soluble dans l'eau, ne se durcit pas, et est applicable aux températures humides, sèches, chaudes ou froides ; les imprimeurs se servent de ces cylindres pour appliquer l'encre d'impression sur les planches.

233 *Pièce*, L. Genève.—Bas en caoutchouc tricotés, pour malades.

234 *Sulzberger & Akermann*, Fab. Meisterschwanden.— Dentelle crin et soie ; id. en chanvre d'Ostende ; crin et soie ; blonde en crin et paille ; dentelle soie et paille ; échantillons de cabas, porte-cigares, &c. ; tresses soie et chanvre d'Ostinde ; cordons de paille, gros et fins ; paille cordonnet ; échantillons de paille blanchie, &c.

235 *Baatard*, J. A. Lausanne.—Boîte à ouvrage en plaqué, doublée en bois d'acajou.

236 *Bautte*, T. F. Fab. Genève. — Presse-papier en émail d'or, style roccoco ; groupes de fleurs, peintes sur émail d'or ; oiseau automate chantant.

237 *Wittle*, M. L. Fab. Berne.—Bureau mécanique pour dames. Ce bureau en bois blanc est construit pour écrire assis, ou debout ; il contient 17 tiroirs fermant au moyen d'une seule clef. Le corps du bas pour écrire assis, est pourvu d'un mécanisme particulier ; en tirant le tiroir, le dessus disparaît et agrandit la place pour écrire. Les sculptures représentent des scènes de la vie rurale et alpestre en Suisse.

238 *Flükk*, E. Fab. Brienz, Canton de Berne.—Boîte à ouvrage pour dames ; sculptée en bois d'érable.

239 *Baumann*, A. Brienz, Canton de Berne.—Boîte carrée en bois blanc, la sculpture du couvercle d'un seul morceau, représente une rose des Alpes ; boîte oblongue en bois de sureau, sculpture du couvercle, rose de jardin ; petites boîtes carrées en bois de sureau, à incrustations de bois blanc.

240 *Chenevard*, L. Genève.—Carte en émail des îles, formant le Royaume de la Grande Bretagne ; application d'émail pour cartes géographiques.

241 *Hess*, L. Peintre, au Jeu de l'Arc, Genève.—Peintures en émail : Le Marchand d'écrevisses ; portrait, d'après Netscher ; le Jeune Mendiant, d'après Murillo ; le Joueur de Cartes, d'après Jules David ; Jeanne d'Arragon, d'après Raphaël, &c., &c.

242 *Kehrli, Frères*, Swendi, près Meyringen, Canton de

Berne.—Boîte cotenant une cuillère et une fourchette à salade; gobelets pour enfans; casse-noisettes de diverses formes et dessins; couteaux à papier; boîtes à aiguilles à tricoter; boîtes à allumettes; boîtes à épingles, &c.

243 *Kessler, N.* Sculp. Fribourg.—Statue du Père Girard, Françiscain, dessinée et sculptée en bois de châtaignier, par l'exposant.

244 *Klarer, J. A.* Appenzell, Canton d'Appenzell.—Ecrin ou boîte à bijoux, en bois de noyer; les sculptures du couvercle représentent trois figures, en costume du Canton d'Appenzell, entourées des armes des 22 cantons de la Suisse. Les quatres côtés de la boîte représentent : Le Serment du Grütli, groupe de sept personnages, au nombre desquelles on compte Guillaume Tell et son fils; Guillaume Tell abattant la pomme de la tête de son fils, groupe de cinq personnages.

245 *Lombard, A. C.* Inv. et Prod. Genève. — Cinq émaux; boussole de poche; cadran, noir, avec inscriptions; cadran calendrier turc à cinq sections; cadran calendrier chinois marquant 24 heures; cadran romain avec calendrier perpétuel.

246 *Hallmeyer-Appenzeller, A.* Fab. St. Gall.—Ecran de cheminée : vue de Meyringen dans l'Oberland bernois. Cette composition combine l'art plastique et l'art du fleuriste artificiel. Le glacier au fond du dessin est peint à l'huile pour compléter la peinture.

247 *Mezener, J. T.* Meyringen, Canton de Berne.—Groupe de 10 chamois et chasseurs.

248 *Michel, G.* Sculp. Brienz, Canton de Berne.—Châlet de l'Oberland bernois avec ses dépendances; en ôtant le toit, l'intérieur depuis la cave au grenier, et l'ameublement des diverses pièces, sont exposés à l'œil.

249 *Dufoux, O.* Genève.—Portrait en pied de Sa Majesté la Reine Victoria; peinture en émail, d'après la gravure de Cousens, au moyen de couleurs d'émaux, inventées par Louis Dufaux, père.

250 *Schild, T.* Sculp. Brienz, Canton de Berne.—Table sculptée, représentant un châlet.

251 *Schaeck, Mme.* Genève.—Peintures sur albâtre, blanchi et durci, pour broches et autres bijoux; couvercle de boîtes et serre-papiers.

252 *Schoell, C. A.* Modeleur, St. Gall.—Plan en relief des montagnes d'Appenzell, comprenant une surface de 130 milles carrés. L'artiste qui a employé une année entière à cette œuvre, s'est servi d'instrumens techniques et de précision, en partie de sa propre invention, en partie perfectionnés par lui. La substance plastique du relief est aussi de son invention.

253 *Spalinger, J.* Schaffhausen.—Album avec planches gravées sur bois, exécutées par l'exposant lui-même, d'après les dessins de plusieurs artistes Suisses.

254 *Stötzner, C. T. & Cie.* Prod. Schaffhausen.—Planches galvano-typiques; cartes d'admission et de recommandation pour l'Institution Galvanique; planche à deux figures; couverture imprimée pour les chants nationaux et populaires de la Suisse; portrait du Général Maillardoz; planche représentant les quatre saisons. Les plaques galvano-typiques remplacent avantageusement la gravure sur bois. La manière de reproduction est le secret de l'inventeur.

255 *Jaun, T.* Sculp. Meyringen, Canton de Berne.—Un groupe de 9 chamois et chasseurs, sculptés en bois d'érable.

256 *Ueltschi, J.* Fab. Oberwyl, Canton de Berne.—Broches, clefs de montres; boutons de chemises et bagues, faits de cornes de bouquin.

257 *Wyttenbach, C.* Prop. Berne.—Plan en relief en carton, de la Cathédrale de Strasbourg, exécuté par Jules Leemann de Zurich, relieur et sculpteur à Berne. Ce modèle, premier essai de l'artiste, ne doit pas être considéré comme objet d'art seulement, mais comme œuvre de goût et de patience d'un ouvrier relieur. Cette magnifique imitation du chef-d'œuvre d'Ervin de Steinbach, a été taillée au canif, et l'artiste a consacré trois années de travail incessant à son exécution.

258 *Leemann, J.* Sculp. Berne.—Modèle représentant la magnifique fontaine érigée sur la Place du Marché à Nüremberg, Bavière, sous la direction des célèbres architectes Georges et Frédéric Ruprecht.

259 *Wirtz, J.* Peint. Berne.—Table en bois blanc, représentant une vue de la Chapelle de Guillaume Tell, et les différens costumes des 22 cantons; table en bois brun, vue de la chûte de Handeck; un bureau en bois blanc, vue du Siessbach, &c.; cuillères et fourchettes à salade, pointes; porte-monnaie, étuis à aiguilles, couteaux à papier, et autres objets en bois avec peintures.

260 *Ziegler-Pellis, J.* Fab. Wintherthur, Canton de Zürich.—Divers articles de poterie, brute et vernie.

261 *Geillinger, Frères,* Winterthur, Canton de Zurich.—Yosmas; drogues de teinture faites de cette substance.

262 *Lecoultre, J.* Fab. Canton de Vaud.—Rasoir à sept lames; rasoirs à une, deux, trois lames, &c.

263 *Lecoultre & Golay,* Horloger, Canton de Vaud.—Grand mouvement à vingt dents; autres mouvements à seize, douze, huit, sept, et six dents, fixés sur une roue.

264 *Schuchmann, W.* Graveur, Canton de Neufchâtel.—Deux médailles sur acier : l'une représentant un groupe de deux personnes, l'autre la tête d'un guerrier.

265 *Fischer, E.* Fab. Chur.—Carabine à deux coups et à une seule d'étente.

266 *Piguet, Frères, E. A.* Fab. Ste. Croix, Canton de Vaud.—Montre d'or à cinq rubis, cadran émaillé, double échappement.

267 *Taillard, Frères, E. A.* Fab. Ste. Croix, Vaud.—Montre d'or à cinq rubis, avec portrait de la reine de Hollande, monté en diamants; autre montre, se remontant avec le pendule.

268 *Kramer, A.* Fab. Locle, Neufchâtel.—Montre en or, secondes indépendantes, et thermomètre en métal; vingt trous en rubis; balancier à compensateur.

269 *Schmid, Frères,* Fab. Thalweil, Zurich.—Foulards en soie—tissés, imprimés, et finis par les exposants; chaîne de soie; spécimens de trames de soie filée, appelée " shappe sublime.

270 *Burkhardt, J.* Zurzach, Argovie.—Assortiment de rasoirs et cuirs de rasoirs perfectionnés.

271 *Perret, C.* Chaux-de-Fonds, Neufchâtel.—Dentelle de fil.

272 *Gimper, G.* Zurich.—Dentrifice.

273 *Piguet, Frères,* Sentier, Vaud.—Montre d'or.

TUNIS.

Produits Tunisien, envoyés à l'Exposition par ordre de Son Hautesse Mushin Basha, Bey de Tunis, par les soins de Sy Hamda Elmkadden, Pro-Commissaire nommé à cet effet, et de Moses Santillana, interprète de S. E. le Général Sidy Mahmoud Benyad, Commissaire du Bey, 9 China Terrace, Kennington Road.

Couvertu es de laine fabriquées à Gafsa, &c.; manteaux unis et à raies, soie et laine; burnous de toutes espèces; pièces d'étoffe pur burnous; châles; ceintures; thalets; joubbas, &c., de diverses formes et couleurs; manteaux à l'usage des Bédouins; vêtements complets de marins; manteaux de bédouines; pièces de lainage manufacturées à Tunis; bonnets rouges appelés calebasses; calottes d'uniforme; pièces d'étoffe de soie, imitation des Indes; manteaux et ceintures en soie; mouchoirs; rideaux; voiles pour femmes; turbans; vêtement religieux des juifs, &c.

Souliers d'hommes, mode algérienne ; pantoufles arabes pour homme et pour femme ; bottes jaunes et rouges ; sac en cuir, pour contenir de la poudre et du plomb ; fontes de pistolets ; ornements pour tête de cheval.

Spécimens d'ornemens, en arabesque, employés à décorer l'intérieur d'un appartement mauresque. 1 caisse de safran ; 1 caisse d'indigo ; 1 caisse de toile non-tissée ; 1 grand tapis, &c. ; 6 paires d'étriers en cuivre ; peaux de bouc à eau, &c.

Terre extraite d'une mine située dans la montagne de Slata ; plusieures caisses, contenant des minéraux et des métaux ; morceau de bois de jujubier ; cuirs non tannés, &c.

Selle pour mules ; selles complètes pour chevaux ; stilets ; éventails ; ornements en soie, pour collier de cheval ; chandelier en cuivre ; couvertures de cheval, rayées ; parasols simples et autres ornés de plumes ; 1 peau de lion, 2 peaux de léopard ; chaux ; balles de laine, &c.

Caisses en fer-blanc, contenant des chemises brodées en argent et soie ; pantalons id. ; écharpes en soie, argentées ; chemises en soie ; par-dessus de femmes, brodés en or ; vêtement complet d'homme, fait en velours ; petit manteau, tout brodé en argent ; 4 onces d'argent jaune ; mantille en gaze, brodée en argent, &c.

Vêtemens en drap pour hommes, dans le style algérien, avec ornemens soie et argent ; ornement de tête pour femmes ; bonnets de femmes, brodés ; mouchoirs de soie id. ; ornemens en soie, pour montres ; blagues à tabac ; sacs en soie, ornés de corail ; vêtemens de femmes, &c.

Herbes à fumer ; chapelet de corail ; plomb ; cruches en cuivre ; casserolles ; bouilloires ; cuvette et autres ustensiles de ménage ; chaudière en cuivre ; baquet ; panier, contenant des raisins secs ; échantillons de matières propres à tanner, &c.

Boîtes contenant 90 flacons d'odeurs différentes ; avoines, blés, &c., de diverses provenances ; pots, contenant des olives conservées, de la Semoule, du Kous kousou, &c. ; éponges ; abricots confits ; dattes ; 2 pièces de drap blanc ; 25 bouteilles de tabac à priser ; bouteille d'encre ; tentes arabes ; sacs pour donner à manger aux chevaux, &c.

Selles en velours, richement brodées, à l'usage des Bédouins ; bracelets, peaux de lézards, coussin en cuir ; boucles d'oreilles, anneaux pour mettre aux pieds ; glace en usage chez les Arabes ; essences diverses de toutes sortes d'odeurs et de parfums ; pommade ; colliers en ambre ; safran, &c.

Spécimens de Karoubier ; 25 livres de figues sèches ; feuilles de Houna id. réduites en poudre ; une poulie de puits ; 5 tamis ; 1 mesure turque, pour mesurer le drap ; 1 id. arabe ; 35 onces de ficelle ; 25 onces de fil ; 10 livres de tabac à fumer, haché fin ; 10 livres id. en feuille ; 10 livres id. de tabac à priser ; plumes d'autruches ; peau de brebis sauvage, &c.

Spécimen magnifique d'une ceinture mauresque ; ceinture complète d'officier général ; id. de major ; id. de lieutenant-colonel ; calottes ; bas de laine ; k-hol, substance employée par les Mauresques, pour noircir les paupières ; caisse contenant un morceau de marbre ouvragé ; divers morceaux de bois de différentes essences ; caisse contenant de l'ail et du poivre en poudre et en grain ; haricots ; pois ; lentilles, &c.

Grenades ; herbes médicinales, produit de la régence de Tunis ; ciseaux pour la fabrication des calottes rouges ; navettes ; tamis en crin ; souak, substance employée par les Mauresques, pour blanchir les dents ; 627 pièces de poterie ordinaire ; panier contenant du sel, &c. ; éponges ; eaux minérales ; poisson conservé ; miel ; beurre salé ; rayons de miel ; un peigne, &c.

Sel ordinaire ; gypse ; pierre à meule ; briques ; savon dur ; paillassons ; selles en paille ; instrumens aratoires ; poil de chèvre ; id. de vache ; cire jaune ; paillassons en jonc ; suif ; peau d'autruche ; huile ; savon mou ; balle de poil de chameau, &c.

TURQUIE.

Commissaire, M. Edouard Zohrab ; Agent. M. C. J. Major.

(S'adresser, pour les renseignements, à M. C. M. Major, inspecteur de la division turque.)

Matières premières, productions de l'Empire Ottoman, envoyées par le Comité central de Constantinople, par ordre de la Sublime Porte.

Cette collection, qui comprend plus de trois mille trois cents objets, est distribuée en royaumes végétal, animal, et minéral ; les matières premières et les produits sont classés sous le titre de manufactures. Les numéros ne représentent pas des séries, mais ils sont continus ; chaque article est étiqueté séparément.

Produits bruts.

Bois (de teinture et autres).—49 variétés de bois, arbustes, et plantes ; herbes, racines, fruits, huile de noyau, graines, et baumes ; faisant partie du commerce du Levant, &c., ou employés comme médicaments, &c. ; ou d'usage domestique et agricole ; arrangés par numéros.—Du sesdyiak de Jérusalem, Djibbe, Koniah, Egypte, Saide, et autres divisions de la Turquie. (No. 65-170).

Cire.—Deux échantillons de gutta-percha ; sept de cire jaune ; un de canne à sucre ; un de Saponiaca Egyptiaca, ou Soude (170-178 ; 2,015-2,063).

Coton-laine.—Gossipium, ou coton-laine (2,064-2,088). 25 variétés de laine de coton ; comprenant le No. 2,082). Un spécimen de corderie ou ocephala de Lana.—De Koniah, Cassabar, et plusieurs autres districts de l'Empire Asiatique et Africain.

Tabac.—Trente-deux échantillons, d'environ 25 provinces, (2,089-2,119).

Tabac à priser.—Six échantillons (3,120-3,128).

Éponges.—Six espèces (2,126-2,131).

Blé.—Vingt-huit échantillons, de Salonique, Damas, Koniah, Adrinople, Tripoli, &c. (2,132-2,159).

Blé écrasé pour faire le Pilauf.—Cinq échantillons (2,160-2,169).

Orge.—Quinze échantillons (2,165-69.)

Avoine.—Quatre échantillons (2,180-83).

Blé de Turquie ou maïs.—Quinze échantillons (2,184-2,198).

Riz.—Neuf échantillons (2,199-2,207).

Millet.

Piximum-Dix.—Sept variétés (2,208-15)).

Sésame.—Onze échantillons de la graine (2,216-26).

Taaac d' Uskeep, (2,227).

Lin.—Huit spécimens, 2,228-2,243).

Lin et chanvre.—Huit échantillons (2,228-2,243).

Autres matières premières, principalement du Royaume Végétal.

Teintures.—Herbes pour se teindre les doigts des mains et des pieds, et la barbe ; glands vallonea ; schumac ; racine de garance ; mûres jaunes et blanches ; noix de galle, blanche, jaune, grise, et noire ; feuilles de la fleur du cobuck ; feuilles de safran.

Baumes, Résines, Drogues.—Scammonée absynthe résineuse ; résine pure, végétale, et poix ; glu blanche (2,599-2,606) ; résine blanche ; baume de la Mecque ; térébenthine de Siam ; storex ; fleurs de camomile ; bois d'aloès ; cardameem ; colocquinte ; hellebore ; julep ; résine d'Anatolie, dont on fabrique des manches de couteaux et de fourchettes, (2,634) ; myrrhe ; frankincense ; calamite ; scammonée préparée ; sassafras ; opium (neuf variétés) ; feuilles du laurier nobiles; têtes de pavots; graines et feuilles de pavot; feuilles des roses damascenensis, certifo, et autres.

Racines.—Gentiane; valaréane; réglisse; menthe; angelica; safran; lillacum, plusieurs variétés; thym; asphodel ou lance-du-roi) préparé.

Autres graines.—Blés de Mars et d'Automne; maïs; millet; sésames; vesces.

Produits Pharmaceutiques et Alimentaires.

Gommes.—Arabique, trogacantha, karemanicum, cirasorum, masticum, cadaneum (2,607-24).

Poivre.—Capsicums, long.

Mauves de marais, bonnes à manger; pois gris (Astrayal foliac); fèves de Moka; nasturticem; concombres, variétés; citrouilles; gourde; pomme de terre douce; asperges; épinards; navets; choux (variétés rares du brassica); coriandres; moutarde; annis cumin.

Graines de coton, de chanvre, de lin, d'erribac; barnca; pois d'huile de castor: "Faba," grand et petit; phœsiole (neuf variétés) (2,254-2,262); fibres de lin.

Fleurs de pavot; spécimens d'héliotropes.

Fruits de toutes les provinces turques.—Mahalct et autres variétés de prunes, persicus, &c.; poires de beaucoup de variétés; 12 variétés d'amandes—douce, amère, à coquille tendre (Amygdal decortical) (2,648-59); tamarindes, cerises, mûres, jujube d'Egypte, orange, citrons.

Canne-à-sucre. Herbes.

Noix.—Noisettes, pistaches, châtaignes, marrons, noix.

Bois forestiers et de construction.—50 à 60 variétés de chêne, frêne, érable, fèverolle, saule, hêtre, platane, tilleul, sycamore, &c. (2,947-85.)

Plantes.—Tabacs, principalement des espèces nicotiana, hosch, Virginie.

Chanvre, lin, de variétés très-nombreuses.

Vins de 22 qualités, principalement de Damascus, Smyrne, et Koniah.

Produits végétaux et animaux manufacturés.

Sucres.—Brut et raffiné, ou blanc; sucre parfumé.

Huile d'olive.—Plusieurs variétés (2,757-65).

Autres huiles.—Huiles essentielles de cèdre, santal, et diverses autres huiles, comprenant les huiles de rose, d'amande, de laurier (concentrée) de térébenthine, composé d'huile, de sésame, et d'eau.

Eaux de senteur.—De rose, de miel, de violette, de jasmin; eau distillée de laurier, de violette, de carmin, d'ortie, d'orange.

Syrops.—De laurier, de violette, d'amande, jus épaissi de raisin.

Liqueurs fermentées.—Bière; vins rouges et blancs, produits de la Moldavie Turque et d'autres vignobles de l'empire.

Cire.—Blanche, jaune, épurées et non épurées.

ROYAUME ANIMAL.

Produits bruts végétaux et animaux.

Miel, commun et sauvage.

Suifs de bœuf, de mouton, de cerf, &c., produits de moële d'os (2,940).

Soie grège et cocons.—Soie grège en écheveaux, filée par les paysans de Broussa, Andrianople, Ruga, Damas, Smyrne, Wallachie (1,590-1,605); soies brûtes, en écheveaux et mateaux filées à la filature de Torosoglon, par des Tripoliennes; du d'jariok de Philipopoli; de la filature à vapeur de Yussack Bey Oglou, de Broussa (1,705); par les paysans de Damerdith (1,592-1,711); de la filature de Padtahy, Broussa (1,711); et des filatures de Jossy (1,970-1,975). Grand nombre de cocons; soies grèges, de la filature de Torosoglou, et de l'industrie des femmes de Tripoli.

Laine et crin.—Crin de chameau; laine de mouton; laine de chèvre, appelée "gillak;" crin de bœuf; cuirs de buffle et de bouc.

Cornes de buffle, de mouton, d'antilope, de capricorne, de rhinocéros; bois de cerf.

Ivoire.—Dents d'éléphant et autres ivoires.

Peaux d'ours, de lynx, de tigre, de daim, de renard, de loup, de chat sauvage, de lièvre, de blaireau, de loutre, de castor, de martre, de chèvre, de mouton, de chameau (999-1,096).

Trente-six espèces de peaux; poissons empaillés de classes diverses; ailes d'autruche; cantharides; cocons et vers-à-soie; gélatine; botargo (laites préparées de poisson).

ROYAUME MINÉRAL.

Rocs, Minéraux, Pierres sablonneuses.

Rocs.—Gypse (prismaticoidal; helerite avec gypse; pierre calcaires: carbonate, calcinée, prismaticoïdale, rhombohédrale; granit; quarts, variétés; gneiss; jaspe; porphyre; serpentine (vert); stéatite, ou pierre saponacée; pierres à aiguiser volcanisées.

Minéraux.—Or; argent; cuivre; plomb; fer; soufre brut et préparé; houille, et charbon de terre de Briar; sel gemme, gris, blanc, hexahédral, octohédral, d'ammoniaque; alun; vitriol, bleu et vert, employé comme couperose; bitume et poix minérale; pyrites de fer et de cuivre; nitre; résine minérale noire; naphta liquide noir.

Pierres.—Grenat (dodecahédral); jaspe opal; améthyste (rhombohédrale).

Minerais.—Fer, ocre de fer rouge (311—314,3,286—3,434).

Terres et Argiles.—Argile blanche; terre de pipe; tête de pipe en terre; terre céramique, pour la fabrication de la belle porcelaine; autres terres, pour vernir la porcelaine; calcédoine; potasse; terre de nitre; saltpêtre, trois variétés; aloysimum, ou écume-de-mer; terre de Fuller; terre de micassye; terre de vitriol; terre sulfureuse; terres de tuf; zéolytes verts, appelés "verme," ou terre de Cyprus; silices sablonneux, employés en Turquie pour blanchir le riz; marne: blanche, verte, jaune; chaux, espèce de marne employée comme pierre à repasser.

MANUFACTURES.

Les "articles manufacturés, produits de l'industrie turque, envoyés à l'Exposition par le Ministre du Commerce de la Sublime Porte," sont au nombre de 1,200 environ. Ces produits démontrent, par leur arrangement aussi simple qu'intelligent, les progrès de l'industrie, et des arts, les costumes, et les différentes matières dont ils sont composés, et tels qu'ils existent maintenant dans quelques-unes des immenses provinces du Sultan. Les numeros 1--12 de cette collection représentent la soierie:—Quatre pièces et une bride; soie noire, dont on fait des surtouts pour les résidents chrétiens; ceintures en soie, coton, et soie quadrillée; étoffes de soie et coton appelées "imitation Broussas," et "Abanches," pour turbans; taffetas pour robes; tissus de coton mélangés, appelés "Guézy;" taffetas à raies, et satin, soie et coton, ou "Eminick;" étoffes de coton et de soie, "Tchetari;" fabriqués respectivement par Seid Omer, Tripoli; Tchertchy, de Beirout; Omer Kiberij, de Tripoli; Eirnen, de Tripoli; Yashari-Hosein, de Tripoli (13—24). Etoffes de coton et de soie (Tchetari); étoffes de coton pour robes; jaquettes et gilets de soie et coton; fils de coton; cotonnades bleues et autres; fils d'or de différentes qualités—manufacturés par Yashari-Hosein, de Tripoli; Hadgi Mustaya Miher, de Zagekie: Hanonne, de Jérusalem; par les habitants du Mont Liban; par Nameh de Beirout (25). Bonnets de soie, coton, et or; ceintures de soie et de cordonnet; rubans de soie de couleur; ceinturons or et fil de soie; gaze de soie, chemise, voile, et manteau; ceintures à franges d'argent · en soie et fil d'argent; cordons, id.; tapis de coussin et bonnet, id. ; blagues ; bretelles ; pantoufles soie et or, pour dames ; manteau ; bourses de soie ; fil d'argent ; siège ; jarretières soie et argent ; glands pour bonnets Turcs ou Fez ; étoffes de soie, coton, et or, appelées "Tchetari" (179) et "Talsiz Abani" (184). Soie cramoisie de Damas pour meubles ; assortiment complet pour chaises, fauteuils, couches, sofas, divans, avec bordures ; fabriqué à Alep (192). Piqués de soie et coton ; tissu de soie, et de soie et or, pour turbans ; robes ; chemises de femme en gaze de soie, avec franges dorées (203), et draps de lit en soie à franges dorées (207). Toile, appelée "Riza Bezy ;" toile pour chemises en soie et coton et soie ; draps de lit, de coton ; essuie-main en toile ; id. brodé (225). Gants et bas de laine de chèvre ; drap de soie et argent, appelé "Fouzu," pour le bain (232). Gants brodés, fabriqués par les femmes d'Argov (235). Courte-pointe soie et or (234). Tapis de foyer en soie ; assortiment d'étoffes pour le bain (250). Etoffe de poil de chèvre, appelée "Soz" et "Shali ;" rideaux mousquitos en gaze de soie ; étoffe blanche de coton et de soie, pour pantalons ; essuie-main et bretelles de soie et coton ; tapis de foyer en poil de chameau, brodé (274). Tapis de foyer feutré (277). Etoffe de soie brodée d'or, appelée "Katnariar" (280). Drap brodé d'or pour habit de dame, tresse or et soie ; ceintures et bourses de soie ; serviettes, ou Tcheieres brodées ; étoffe soie et or pour meubles ; des mêmes matières — 3 paires de housses pour coussins, 2 grandes id., une pour divan, et un pour sofa (379) ; et autres étoffes d'ameublement brodées de la même manière, par Isaac Aga (395). Satins brochés d'or (536). Echarpe brodée d'or (567). Etoffes en poil de chèvre, brodées d'argent et or ; crêpe ou gaze de soie pour chemises et draps de lit (596). "Moshles" ou manteaux assortis ; châle de soie rouge fabriqué à Damas (617). Manteau écarlate brodé d'or (1720). Selle turque, housse, fonte, et pistolets ; drap et velours brodé d'or ; ceinture de laine blanche, et étoffe id., la ceinture est une imitation de Tripoli, l'étoffe de mérinos (306-307). l'bram de laine pour femme ; id. en soie, coton, et or (397). Housse de selle arabe (392). Chemises, tapis, et tapis de foyer arabes (499) ; manteaux ; housse de tapis, lit, et coussin, fabriqués par des femmes arabes.

Châle ou étoffe appelée "Shabaki" (544).

Bonnets et jaquettes de feutre (387-389) ; id. pour tentes. Ceinture en fil, imitation de Tripoli.

Drap, brodé ou or.—"Tcheure," ou serviette ; ceinture ; mouchoir de tête ; bonnets de dames (Fez) ; glands et ornements en fil d'or (403).

Toiles de coton pour turbans, appelées "Abane ;" id. pour le bain ; chemise d'arabe (391).

Mousselines.—Mousselines à fleurs pour turbans, appelées "Abane" (318). Mouchoirs brodés d'or, Tcherres (571-572). Serviette pour services à café, brodée à Constantinople, or et paillettes (573). Serviettes id. brodée en soie ; écharpe brodée en or (584). Mouchoir de tête brodé d'or et de perles avec franges d'argent.

Housses de coton et de mousseline de fil, &c.

Velours.—Blagues, brodées d'or, de perles et de soie ; jaquettes de velours, appelées "Saltah," aussi travaillées en or (v. Costumes).

Costumes.—Costume d'Albanais, brodé d'or ; jacquette, veste, guêtres, jarretières castanella, ceinture ; pièce de Shali ; costume d'Albanaise, chemise, robe, veste, jacquette, pantalons, châles, ceinture et pantoufles. Autre habillement de femme, tout en soie brodé d'or, complet (410-411). Peaux de daim d'Albanie (manufacturées) ; maroquin rouge, jaune et noir ; peaux de mouton tannées et teintes ; peaux de chameaux tannées (498). Bottes d'écuyer en maroquin rouge, brodées en similor ; souliers africain fabriqués à Tripoli (707).

Rênes soie et or ; cordes soie et or.

Divers.—Coupe et cuillers de porphyre, sculptées par Jacob Mislum, de Jérusalem ; coupe, en pierre bitumineuse, trouvée près du tombeau de Moïse, à Bethlehem, sculptée par Mordecai, Juif de Bethlehem (108-111). Boîte taillée de pierres de Jérusalem ; encrier fait de racines d'olivier de la même cité ; porphyre rouge, taillé par un pauvre Juif qui a appris la sculpture sans maître, et envoyé par le consul anglais de Jérusalem ; coquille de nacre, sculptée par Isaac, Juif de Bethlehem ; vaisselle d'argent, "Tarfs" ou tasses à café ; collier et boucles d'oreille d'or, bracelet d'argent ; id. en vermeille (121), &c. Ornements de bêtes de somme, appelés "Kesrak" (740). Plumes d'Autruche, fourrures, fil de crin de cheval et de coton ; fil de poil de chèvre, feuille d'or, feuille d'argent, fil d'or et de soie, dentelle d'or (807). Baguette de fusil, argent et acier (821). Etui d'encrier et plume, argent et acier ; sabre des mêmes métaux ; dagues, montées en or et en acier ; pistolets, acier et argent ; corde faite d'écorce de tilleul (859) ; id. d'une plante appelée "Elbran ;" gants en or et perles (874). Horloges d'Albanie (931). Pantoufles, appelées "Gilar," brodées d'or et de perles ; manteau en peaux de mouton porté par les bergers (1069). Bracelets, anneaux et ornements d'argent (1,102). Ciseaux d'or et d'argent (1,308). Savons parfumés ; poids ; robe brodée d'or (1,337). Ustensiles divers : en fonte, cuivre, vernissés, &c. Ouvrages de tourneur : cuillers en bois, corne, corail, nacre (1,384-1,3 2). Service de table en cuivre, gong, cymbales, &c. ; embouchures de pipes en ambre (1,441-1,447). Bols et couvercles, saucières, &c. en verre et porcelaine ; articles divers en porcelaine et verre (1,448-1,524). Cuillers en ambre ; coupes ; coupe en écume de mer ; fusils, carabines, pistolets, lames de sabre, couteaux, baguettes de fusil ; fusil d'argent, en filigrane ; pipe et tuyaux de pipe, en jasmin, ébène, cerisier (1,525-1,678).

Modèle d'un caique ou bâteau de ministre d'état ; cinq paires de rames, de bâteaux de particuliers ou de passage ; narguilés, ou pipes à eau en argent, à embouchures d'ambre.

LONDRES: IMPRIMERIE DE W. CLOWES ET FILS, DUKE STREET, STAMFORD STREET.

IMPRIMEURS DE LA COMMISSION ROYALE DE L'EXPOSITION, &c.

LE PALAIS DE CRISTAL,

Journal Illustré

DE L'EXPOSITION DE 1851 ET DU PROGRÈS DES ARTS INDUSTRIELS.

Prix à Londres—6 pence le Numéro.

UN NUMERO PAR SEMAINE,

Avec de magnifiques Gravures et 42 colonnes de Texte.

ABONNEMENTS pour PARIS et les DEPARTEMENTS, 25 fr. pour la durée de l'Exposition : six mois environ : port en sus pour l'Etranger. L'on s'abonne, à Paris, à l'Administration du Journal, 4, Passage Jouffroy, Boulevart Montmartre, et chez MM. Susse frères, Place de la Bourse, 31 ; pour l'EXPORTATION, chez Hector Bossange, 15, Quai Voltaire ; à ROUEN, chez M. le Brument, libraire ; ainsi que chez les principaux libraires de France et de l'Etranger, et au Bureaux de Postes des Messageries Nationales.

L'abonnement donne droit aux consultations et renseignments dont l'Abonné pourrait avoir besoin à raison de son industrie et de ses relations commerciales.

Les demandes d'Abonnement doivent être adressées franco et être accompagnées d'un mandat sur la Poste ou sur une maison de Paris.

Correspondants à l' Etranger :—Pour l'ALLEMAGNE, M. Alexandre, libraire, à Strasbourg ; pour tout le ZOLLVEREIN, M. Wolff, à Francfort-sur-Mein ; pour l'ESPAGNE, M. Monnier, libraire de M. la Reine, à Madrid ; pour la BELGIQUE, M. Beneau, directeur de la Presse Industrielle, Rue Leeken, 13, à Bruxelles ; pour l'ANGLETERRE, au bureau du *Palais de Cristal*, 2, Catherine-street (Strand), à Londres.

Toutes les lettres concernant l'Administration et la Rédaction doivent être addressées *franco* à l'Administration à Paris, 24, Passage Jouffroy.—S'adresser, pour les Annonces, à l'Administration.

Se trouve à *Londres* chez CLAYTON, 265, Strand, et 223, Piccadilly ; chez ONWHYN, 1, Catherine-street, Strand ; MECHIE, 31, Leicester-square ; et tous les Newsmen.   [F 112

OXFORD-STREET AND GRACECHURCH-STREET

Sont deux des plus grandes voies de circulation dans la Ville de Londres [...] leur position figurent en première [...] de l'Europe. [...] principales, mettant en communication le Siège du [...] du Commerce. Les Etablissemens commerciaux dans ces deux localités se distinguent par l'importance et par la riche [...] qui leur particulières, et, au nombre de ceux-ci, se trouvent placés ceux de

HYAM & CIE,

TAILLEURS, DRAPIERS, ET FABRICANTS,
86, OXFORD-STREET, ET 36, GRACECHURCH-STREET.

Etablissemens de HYAM & CIE. en Province.

MANCHESTER . 63, King-street	BIRMINGHAM . . 23, New-street	BRISTOL . . . 42, W[...]-street
MANCHESTER . 26, Market-street	LEEDS . . . . . 42, Briggate	GLASGOW . . 48, Argyle-street
LIVERPOOL . 63 & 65, Lord-street	HULL . . . . . 17, Market-place	DUBLIN . . . 30, [...]-street

Une foule de réclames seront, à coup sûr, faites par les spéculateurs, pendant cette saison des saisons, afin de fixer l'attention d'un Public [...] viendra, sans nul doute, nombreux et varié comme les produits de tout l'Univers qu'il vient admirer.

L'espace dévolu à HYAM & CIE. dans le Catalogue de l'Exposition exclut la possibilité de donner au Public autre chose qu'un [...] aperçu de leurs opérations commerciales connues depuis si longtemps, si importantes et surtout si variées. La devise " [...] " doit, par conséquent, être strictement observée, et les Propriétaires de l'Etablissement espèrent que le peu d'étendue de leur [...] en aucune façon, à son importance et à son exactitude.

Il est bien entendu, donc, que HYAM & CIE sont, pardessus tous, les fondateurs de ce système moderne qui garantit à l'[...] d'habillemens confectionnés avec des étoffes de première qualité, coupés dans le meilleur genre et faits par les plus habiles [...] prix qui dépassent à peine la moitié de ce qu'ils coûtaient autrefois.

Ce système nouveau et équitable (qui a pris naissance sous les auspices du capital, du travail, et de l'expérience) prit rapidement [...] l'opinion publique, et porta le nom de HYAM & CIE. à une hauteur à laquelle n'était encore arrivé aucun entrepreneur dans ce genre.

Il est donc facile à supposer que des négociants, dans une pareille position, ont fait, pour une saison aussi extraordinaire, des [...] moins extraordinaires.

HYAM & CIE. ont préparé une Exposition à eux : une Exposition qui ne peut manquer de jeter un brillant reflet sur leurs efforts [...] l'industrie du pays.

Les besoins de toutes les classes de visiteurs ont été soigneusement étudiés, et les spécimens de vêtemens sont tels que les Propriétaires eux-mêmes se sont surpassés.

Pardessus de Printemps et d'Eté ; Habits de Cérémonie, de Chasse, et de Négligé: Robes d'Amazones ; Pantalons et Gilets ; [...] d'Enfans et de Jeunes Gens ; Vestes de Promenade et de Chasse, &c. ; Robes de Chambre et Habits de Travail ; Livrées, [...] Voyage, Vêtemens de Pages, et autres Articles, tout prêts pour la Vente, et pour l'inspection des Personnes qui voudront bien [...] présence les Etablissemens des Propriétaires. MM. les Etrangers auront, en tout temps, le privilége de leur Entrée libre, les Propriétaires étant fiers de montrer les produits de leur pays.

On y parle Français. *Spricht man Deutsch.*

OXFORD est sur la Route de BATH, de BRISTOL, de CLIFTON, et de l'OUEST DE L'ANGLETERRE ; sur [...] de STRATFORD-ON-AVON, LEAMINGTON, WARWICK, KENILWORTH, BIRMINGHAM, et du NORD ; enfin, sur celle de CHELTENHAM, GLOUCESTER, et de GALLES DU SUD. BLENHEIM, NUNEHAM, et d'autres lieux intéressants se trouvent dans son voisinage.

Les Personnes qui visiteront Oxford, à une heure et vingt minutes de Londres, sont invitées à inspecter
l'Etablissement de

SPIERS ET FILS,

102 et 103, HIGH-STREET, EN FACE DE L'ANGLE DE L'EGLISE STE. MARIE.

Leur Assortiment, l'un des plus grands et des plus variés de Province, comprend les Marchandises de toute description propres à être offertes en présents, ou comme souvenir d'Oxford. Le Touriste y trouvera des GUIDES et des CARTES de l'UNIVERSITE et des ENVIRONS, de toutes sortes ; des Cartes Militaires ; des Gravures d'Oxford, et de ses Edifices publics ; des Pupitres, des Nécessaires de Voyage, de la Coutellerie, des Articles de Fantaisie, de Vertu.

FABRIQUE de *Papier Mâché Orné*, consistant de Tables, Ecrans, Meubles de Fantaisie, Pupitres, Albums, Portefeuilles, Boîtes à Ouvrage, Boîtes à Thé, Porte-cartes, &c., ornés de Vues d'Oxford et des Environs, comprenant [...] Sujets, d'Artistes éminents.

SPIERS ET FILS sont les Editeurs du "SOUVENIR ILLUSTRÉ POUR LES VISITEURS D'OXFORD," contenant des Vues, Cartes, et les Renseignements locaux nécessaires au Touriste.

On s'empressera de donner aux Visiteurs qui les désireraient tous les Renseignements possibles.

Dans le Bâtiment de l'Exposition, leur Vitrine, dôme semi-octagonale, est située à l'Avenue Centrale, près de [...]